本书由教育部人文社会科学重点研究基地“山西大学科学技术哲学中心”基金和山西省优势学科项目资助

科学技术哲学文库
丛书主编／郭贵春

认知、模型与表征

一种基于认知哲学的探讨

魏屹东 等 ◉ 著

科学出版社
北京

图书在版编目(CIP)数据

认知、模型与表征：一种基于认知哲学的探讨/魏屹东等著．—北京：科学出版社，2016. 1

（科学技术哲学文库）

ISBN 978-7-03-046097-4

Ⅰ. ①认… Ⅱ. ①魏… Ⅲ. ①认知科学-研究 Ⅳ. ①B842. 1

中国版本图书馆 CIP 数据核字（2015）第 252641 号

丛书策划：孔国平

责任编辑：侯俊琳 田慧莹 卜 新/责任校对：邹慧卿 赵桂芬

责任印制：赵 博/封面设计：黄华斌

科学出版社出版

北京东黄城根北街 16 号

邮政编码：100717

http://www.sciencep.com

北京凌奇印刷有限责任公司印刷

科学出版社发行 各地新华书店经销

*

2016 年 1 月第 一 版 开本：720 × 1000 1/16

2025 年 8 月第七次印刷 印张：50 1/2

字数：1 002 000

定价：458.00 元

（如有印装质量问题，我社负责调换）

“科学技术哲学文库”

编　委　会

总　　序

怎样认识、理解和分析当代科学哲学的现状，是我们把握当代科学哲学面临的主要矛盾和问题、推进它在可能发展趋势上获得进步的重大课题，有必要将其澄清。

如何理解当代科学哲学的现状，仁者见仁，智者见智。明尼苏达科学哲学研究中心于2000年出了一部书 *Minnesota Studies in the Philosophy of Science*，书中有作者明确地讲："科学哲学不是当代学术界的领导领域，甚至不是一个在成长的领域。在整体的文化范围内，科学哲学现时甚至不是最宽广地反映科学的令人尊敬的领域。其他科学研究的分支，诸如科学社会学、科学社会史及科学文化的研究等，成了作为人类实践的科学研究中更为有意义的问题、更为广泛地被人们阅读和争论的对象。那么，也许这导源于那种不景气的前景，即某些科学哲学家正在向外探求新的论题、方法、工具和技巧，并且探求那些在哲学中关爱科学的历史人物。"①从这里，我们可以感觉到科学哲学在某种程度上或某种视角上地位的衰落。而且关键的是，科学哲学家们无论是研究历史人物，还是探求现实的科学哲学的出路，都被看做是一种不景气的、无奈的表现。尽管这是一种极端的看法。

那么，为什么会造成这种现象呢？主要的原因就在于，科学哲学在近30年的发展中，失去了能够影响自己同时也能够影响相关研究领域发展的研究范式。因为，一个学科一旦缺少了范式，就缺少了纲领；而没有了范式和纲领，当然也就失去了凝聚自身学科，同时能够带动相关学科发展的能力，所以它的示范作用和地位就必然地要降低。因而，努力地构建一种新的范式去发展科学哲学，在这个范式的基底上去重建科学哲学的大厦，去总结历史和重塑它的未来，就是相当重要的了。

换句话说，当今科学哲学是在总体上处于一种"非突破"的时期，即没有重大的突破性的理论出现。目前我们看到最多的是，欧洲大陆哲学与大西洋哲学之间的相互渗透与融合；自然科学哲学与社会科学哲学之间的彼此借鉴与交融；常规科学的进展与一般哲学解释之间的碰撞与分析。这是科学哲学发展过程中历史地、必然地要出现的一种现象，其原因就在于：第一，从20世纪的后历史主义出现以来，科学哲学在元理论的研究方面没有重大的突破，缺乏创造性的新视角和新方法。第二，对自然科学哲学问题的研究越来越困难，无论是什么样的知识背景出身的科学哲学家，对新的科学发现和科学理论的解释都存在着把握本质

---

① Minnesota Studies in the Philosophy of Science. Volume XVIII. Logical Empiricism in North America. University of Minnesota Press, 2000. 6.

的困难，它所要求的背景训练和知识储备都愈加严苛。第三，纯分析哲学的研究方法确实有它局限的一面，需要从不同的研究领域中汲取和借鉴更多的方法论的视角；但同时也存在着对分析哲学研究方法的忽略的一面，轻视了它所具有的本质的内在功能，需要对分析哲学研究方法在新的层面上进行发扬光大。第四，试图从知识论的角度综合各种流派、各种传统去进行科学哲学的研究，或许是一个有意义的发展趋势，在某种程度上可以避免任一种单纯思维趋势的片面性，但是这确是一条极易走向“泛文化主义”的路子，从而易于将科学哲学引向歧途。第五，由于科学哲学研究范式的淡化及研究纲领的游移，导致了科学哲学主题的边缘化倾向；更为重要的是，人们试图用从各种视角对科学哲学的解读来取代科学哲学自身的研究，或者说把这种解读误认为是对科学哲学的主题研究，从而造成了对科学哲学主题的消解。

然而，无论科学哲学如何发展，它的科学方法论的内核不能变。这就是：第一，科学理性不能被消解，科学哲学应永远高举科学理性的旗帜；第二，自然科学的哲学问题不能被消解，它从来就是科学哲学赖以存在的基础；第三，语言哲学的分析方法及其语境论的基础不能被消解，因为它是统一科学哲学各种流派及其传统方法论的基底；第四，科学的主题不能被消解，不能用社会的、知识论的、心理的东西取代科学的提问方式，否则科学哲学就失去了它自身存在的前提。

在这里，我们必须强调指出的是，不弘扬科学理性就不叫“科学哲学”，既然是“科学哲学”就必须弘扬科学理性。当然，这并不排斥理性与非理性、形式与非形式、规范与非规范研究方法之间的相互渗透、相互融合和统一。我们所要避免的只是“泛文化主义”的暗流，而且无论是相对的还是绝对的“泛文化主义”，都不可能指向科学哲学的“正途”。这就是说，科学哲学的发展不是要不要科学理性的问题，而是如何弘扬科学理性的问题，以什么样的方式加以弘扬的问题。中国当下人文主义的盛行与泛扬，并不证明科学理性的不重要，而是在科学发展的水平上，由社会发展的现实矛盾激发了人们更期望从现实的矛盾中，通过人文主义的解读，去探求新的解释。但反过来讲，越是如此，科学理性的核心价值地位就越显得重要。人文主义的发展，如果没有科学理性作基础，那就会走向它关怀的反面。这种教训在中国的社会发展中是很多的，比如有人在批评马寅初的人口论时，曾以“人是第一可宝贵的”为理由。在这个问题上，人本主义肯定是没错的，但缺乏科学理性的人本主义，就必然地走向它的反面。在这里，我们需要明确的是，科学理性与人文理性是统一的、一致的，是人类认识世界的两个不同的视角，并不存在矛盾。在某种意义上讲，正是人文理性拓展和延伸了科学理性的边界。但是人文理性不等同于人文主义，这正像科学理性不等同于科学主义一样。坚持科学理性反对科学主义，坚持人文理性反对人文主义，应当是当代科学哲学所要坚守的目标。

我们还需要特别注意的是，当前存在的某种科学哲学研究的多元论与 20 世纪后半叶历史主义的多元论有着根本的区别。历史主义是站在科学理性的立场上，去诉求科学理论进步纲领的多元性；而现今的多元论，是站在文化分析的立场上，去诉求对科学发展的文化解释。这种解释虽然在一定层面上扩张了科学哲学研究的视角和范围，但它却存在着文化主义的倾向，存在着消解科学理性的倾向性。在这里，我们千万不要把科学哲学与技术哲学混为一谈。这二者之间有着重要的区别。因为技术哲学自身本质地赋有着更多的文化特质，这些文化特质决定了它不是以单纯科学理性的要求为基底的。

在世纪之交的后历史主义的环境中，人们在不断地反思20世纪科学哲学的历史和历程。一方面，人们重新解读过去的各种流派和观点，以适应现实的要求；另一方面，试图通过这种重新解读，找出今后科学哲学发展的新的进路，尤其是科学哲学研究的方法论的走向。有的科学哲学家在反思20世纪的逻辑哲学、数学哲学及科学哲学的发展即“广义科学哲学”的发展中提出了存在着五个“引导性难题”（leading problems）：

第一，什么是逻辑的本质和逻辑真理的本质？

第二，什么是数学的本质？这包括：什么是数学命题的本质、数学猜想的本质和数学证明的本质？

第三，什么是形式体系的本质？什么是形式体系与希尔伯特称之为“理解活动”（the activity of understanding）的东西之间的关联？

第四，什么是语言的本质？这包括：什么是意义、指称和真理的本质？

第五，什么是理解的本质？这包括：什么是感觉、心理状态及心理过程的本质？①

这五个“引导性难题”概括了整个20世纪科学哲学探索所要求解的对象及21世纪自然要面对的问题，有着十分重要的意义。从另一个更具体的角度来讲，在20世纪科学哲学的发展中，理论模型与实验测量、模型解释与案例说明、科学证明与语言分析等，它们结合在一起作为科学方法论的整体，或者说整体性的科学方法论，整体地推动了科学哲学的发展。所以，从广义的科学哲学来讲，在20世纪的科学哲学发展中，逻辑哲学、数学哲学、语言哲学与科学哲学是联结在一起的。同样，在21世纪的科学哲学进程中，这几个方面也必然会内在地联结在一起，只是各自的研究层面和角度会不同而已。所以，逻辑的方法、数学的方法、语言学的方法都是整个科学哲学研究方法中不可或缺的部分，它们在求解科学哲学的难题中是统一的和一致的。这种统一和一致恰恰是科学理性的统一和一致。必须看到，认知科学的发展正是对这种科学理性的一致性的捍卫，而不是相反。我们可以这样讲，20世纪对这些问题的认识、理解和探索，是一个从自然到必然的过程；它们之间的融合与相互渗透是一个由不自觉到自觉的过程。而

① S. G. Shauker. Philosophy of Science, Logic and Mathematics in 20th Century. London: Routledge, 1996.7.

21世纪，则是一个“自主”的过程，一个统一的动力学的发展过程。

那么，通过对20世纪科学哲学的发展历程的反思，当代科学哲学面向21世纪的发展，近期的主要目标是什么？最大的“引导性难题”又是什么？

第一，重铸科学哲学发展的新的逻辑起点。这个起点要超越逻辑经验主义、历史主义、后历史主义的范式。我们可以肯定地说，一个没有明确逻辑起点的学科肯定是不完备的。

第二，构建科学实在论与反实在论各个流派之间相互对话、交流、渗透与融合的新平台。在这个平台上，彼此可以真正地相互交流和共同促进，从而使它成为科学哲学生长的舞台。

第三，探索各种科学方法论相互借鉴、相互补充、相互交叉的新基底。在这个基底上，获得科学哲学方法论的有效统一，从而锻造出富有生命力的创新理论与发展方向。

第四，坚持科学理性的本质，面对前所未有的消解科学理性的围剿，要持续地弘扬科学理性的精神。这一点，应当是当代科学哲学发展的一个极关键的东西。同时只有在这个基础上，才能去谈科学理性与非理性的统一，去谈科学哲学与科学社会学、科学知识论、科学史学及科学文化哲学等流派或学科之间的关联。否则的话，一个被消解了科学理性的科学哲学还有什么资格去谈论与其他学派或学科之间的关联？

总之，这四个从宏观上提出的“引导性难题”既包容了20世纪的五个“引导性难题”，同时也表明了当代科学哲学的发展特征就在于：一方面，科学哲学的进步越来越多元化。现在的科学哲学比之过去任何时候，都有着更多的立场、观点和方法；另一方面，这些多元的立场、观点和方法又在一个新的层面上展开，愈加本质地相互渗透、吸收与融合。所以，多元化和整体性是当代科学哲学发展中一个问题的两个方面。它将在这两个方面的交错和叠加中，寻找自己全新的出路。这就是为什么当代科学哲学拥有它强大生命力的根源。正是在这个意义上，经历了语言学转向、解释学转向和修辞学转向这“三大转向”的科学哲学，而今走向语境论的研究趋向就是一种逻辑的必然，成为了科学哲学研究的必然取向之一。

我们山西大学的科学哲学学科，这些年来就是围绕着这四个面向21世纪的“引导性难题”，试图在语境的基底上从科学哲学的元理论、数学哲学、物理哲学、社会科学哲学等各个方面，探索科学哲学发展的路径。我希望我们的研究能对中国科学哲学事业的发展有所贡献！

郭贵春

2007年6月1日

目　　录

导论　认知哲学的兴起

认知哲学（philosophy of cognition）是当代哲学研究出现的一个新趋向。科学哲学、科学社会学与科学知识社会学的"认知转向"充分说明了这一点。不过，虽然众多科学哲学家、科学社会学家和认知科学哲学家的论著中论及认知哲学的内容，如D. 布拉登-米切尔（D. Braddon Mitchell）和杰克逊（F. Jackson）的《心灵与认知哲学》（2001）、克拉克（A. Clark）的《智件：认知科学哲学导论》（2001）、哈瑞（R. Harré）的《认知科学哲学导论》（2003）。但迄今为止，国外的相关文献中极少有这个概念，国内的相关文献中也几乎没有这个概念。因此，我们提出这个概念并试图使之成为一门显学科就是非常必要的了。

一、认知哲学是什么

什么是认知哲学？要弄清这个问题，我们首先要澄清：什么是认知？什么是认知哲学？认知哲学与相关学科或领域有何不同？它的哲学立场和问题域是什么？它研究什么？这是我们首先要着力探讨的问题。

（一）认知的含义

从词源来看，英语"cognition"（认知）这个词最初来自拉丁文"*cognoscere*"，意思是"与……相识"、"对……了解"。它由*co*＋*gnoscere*构成，意思是"开始知道"。《西方哲学英汉对照辞典》（2001）对"认知"的解释是："认知"源于拉丁文"*cognition*"，意指知道或形成某物的观念，通常译作"知识"，也作"*scientia*"（知识）解。

然而，"认知"这个概念在不同学科中意义相近但不尽相同。

在心理学中，"认知"是在个体的心理功能的信息加工意义上使用的，具体指个体的心理过程，与"心智有内在心理状态"观点相关。也有心理学家认为"认知"是思维的显现或结果，它是以问题解决为导向的思维过程，直接与思维和问题解决相关。在认知心理学中，"认知"被看作心灵的表征和过程，它不仅包括思维，而且包括语言运用、符号操作和行为控制。这是心理表征意义上的"认知"。

在认知科学中，"认知"是在更一般意义上使用的，旨在确定独立于执行认知任务的主体（人、动物或机器）的认知过程的主要特征。逻辑学、心理学、哲学、语言学、人工智能、脑科学是研究"认知"的重要手段。《MIT认知科学百科全书》将认知与熟化（aging）并列，旨在说明认知是熟化过程中的现象，与人的进化相关。在这个意义上，认知被分为两类：动态认知和具体化认知，前者指包括各种推理（归纳、演绎、因果、假设推理等）、记忆、空间表现的测度能力，在评估时被用于反映处理的效果；后者指对词的意义、信息和知识的测度的评价能力，它倾向于反映过去执行过程中积累的结果。在认知发展的意义上，这两种认知能力在熟化过程中表现不同。这是知识表征意义上的“认知”。

在哲学中，“认知”与认识论密切相关。认识论把“认知”当做产生新信息和改进知识的能力来研究。其核心论题是：在环境中信息发现如何影响知识的发展。在科学哲学中就是科学发现问题，因为发现是一个复杂的认知过程，旨在阐明未知事物，具体表现在三方面：①揭示以前存在但未被发现的客体或事件；②发现已知事物的新性质；③发现与创造理想客体。在西方哲学史上，笛卡儿将认知与知识区分开来，认为认知是过程，知识是认知的结果。斯宾诺莎将认知分为三个等级：第一等的认知是由第二手的意见、想象和从变幻不定的经验中得来的认知构成，这种认知承认虚假；第二等的认知是理性，它寻找现象的根本理由或原因，发现必然真理；第三等也即最高等的认知是直觉认识，它是从有关属性本质的恰当观念发展而来的，达到对事物本质的恰当认识。按照一般的哲学用法，“认知”包括通往知识的那些状态和过程，与感觉、感情、意志相区别。这是感知和发现意义上的“认知”。

在人工智能中，“认知”与发展智能系统相关。具有认知能力的智能系统就是认知系统。它理解认知的方式主要有认知主义、涌现和混合三种。认知主义试图创造一个包括学习、问题解决和决策等认知问题的统一理论，涉及心理学、认知科学、脑科学、语言学等学科。涌现方式是一个非常不同的认知观，主张认知是一个自组织过程，在这个过程中，认知系统在真实时间中不断地重新建构自己，通过多系统-环境的相互作用的自我控制保持其操作的同一性。这是系统科学的研究进路。混合方式是将认知主义和涌现相结合。这些方式提出了认知过程模拟的不同观点，研究认知过程的工具主要是计算建模，计算模型提供了详细的、基于加工的表征、机制和过程的理解，并通过计算机算法和程序表征认知，从而揭示认知的本质和功能。这是智能发展意义上的“认知”。

概言之，这些对“认知”的不同理解体现在三方面：①提取新信息及其关系；②对所提取的信息的可能来源实验、系统观察和对实验与观察结果的理论化；③提取通过对初始数据的分析、假设提出、假设检验以及对假设的接受或拒绝来实现认知。从哲学角度对这三方面进行反思将是认知哲学的重大任务。

（二）认知哲学的含义

认知哲学，顾名思义，就是立足哲学反思认知现象。它既不是认知科学，也不是认知科学哲学、心理学哲学、心灵哲学、语言哲学和人工智能哲学的简单加合，它是在梳理、分析和整合各种以认知为研究对象的学科的基础上，立足于哲学（比如语境实在论）反思、审视和探究认知的各种哲学问题的研究领域。它不是直接与认知现象发生联系，而是通过研究认知现象的各个学科与之发生联系，也就是说，它以认知概念为研究对象，如同科学哲学是以科学为对象而不是以自然为对象，因此它是一种“元研究”。在这种意义上，认知哲学既要吸收各个相关学科的理论成果，又要有自己独特的研究域，既要分析与整合，也要解构与建构。

笔者认为，认知哲学是一门旨在对认知这种极其复杂的心理与智能现象进行多学科、多视角、多维度整合研究的新兴研究领域，其审视范围包括认知科学（认知心理学、计算机科学、脑科学）、人工智能、心灵哲学、认知逻辑、认知语言学、认知现象学、认知神经心理学、进化心理学、认知动力学、认知生态学等涉及认知现象的各个学科中的哲学问题，它涵盖和融合了自然科学和人文科学的不同分支学科。

认知哲学之所以是一个整合性的元哲学研究领域，主要基于以下五个理由：

第一，认知现象的复杂性，决定了认知哲学研究的整合性。认知现象既是复杂的心理与精神现象，同时也是复杂的社会与文化现象。这种复杂性特点必然要求认知科学是一门交叉性和综合性的学科。认知科学一般由三个核心分支学科（认知心理学、计算机科学、脑科学）和三个外围学科（哲学、人类学、语言学）构成。这些学科不仅构成了认知科学的内容，也形成了研究认知现象的不同进路。系统科学和动力学介入对认知现象的研究，比如，认知的动力论、感知的控制论和认知的复杂性研究，极大地推动了认知科学的发展。同时，不同学科之间也相互交融，形成新的探索认知现象的学科，比如，心理学与进化生物学交叉产生的进化心理学，认知科学与生态学结合形成的认知生态学，神经科学与认知心理学结合产生的认知神经心理学，认知科学与语言学交叉形成的认知语义学、认知语用学和认知词典学，这些新学科的产生在很大程度上增加了探讨认知现象的新进路，也说明对认知现象本质的揭示需要多学科的整合。

第二，认知现象的根源性，决定了认知哲学研究的历史性。认知哲学之所以能够产生，是因为认知现象不仅仅是心理学和脑科学研究的领域，也历来是哲学家们关注的焦点。这里，笔者粗略地勾勒出一些哲学家的认知思想——奥卡姆的心理语言、莱布尼茨的心理共鸣、笛卡儿的心智表征、休莫的联想原则（相似、接近和因果关系）、康德的概念发展、弗雷格的思想与语言同构假定、塞尔的中文屋假设、普特南的缸中之脑假设等。这些认知思想与认知科学的基本问题一起奠定了认知哲学基础。可以肯定，这些认知思想是我们探讨认知现象的本质时不可或缺的思想宝库。

第三，认知科学的科学性和人文性，决定了认知哲学研究的融合性。认知科学本身很像哲学，事实上，认知科学的交叉性与综合性已经引发了科学哲学的“认知转向”，这在一定程度上从认知层次促进了自然科学与人文科学、科学主义与人文主义的融合。我认为，在认知层面，科学和人文是统一的，因为科学知识和人文知识都是人类认知的结果，认知就像树的躯干，科学和人文就像树的分枝。例如，对认知的运作机制及规律、表征方式、认知连贯性和推理模型的研究，势必涉及逻辑分析、语境分析、语言分析、认知历史分析、文化分析、心理分析、行为分析，这些多方法的运用对于我们研究心灵与世界的关系将大有益处。

第四，认知现象研究的多学科交叉，决定了认知哲学研究的综合性。虽然说认知过程的研究主要是认知心理学的认知发展研究、脑科学的认知生理机制研究、人工智能的计算机模拟，但是科学哲学的科学表征研究、科学知识社会学的“在线”式认知研究、心灵哲学的意识本质、意向性和心脑同一性的研究，也同样值得关注。因为认知心理学侧重心理过程，脑科学侧重生理过程，人工智能侧重机器模拟，而科学哲学侧重理性分析，科学知识社会学侧重社会建构，心灵哲学侧重形而上学思辨。这些不同学科的交叉将有助于认知现象的整体本质的揭示。

第五，认知现象形成的语境基底性，决定了认知哲学研究的元特性以及采取语境实在论立场的必然性。拉考夫和约翰逊指出：“心灵本质上是具身的，思维大多是无意识的，抽象概念大多是隐喻的”，我认为，心理表征大多是非语言的（图像），认知前提大多是假设的，认知操作大多是建模的，认知推理大多是基于模型的，认知理解大多是语境化的。在人的世界，一切都是语境化的。因此，立足语境实在论研究认知本身的意义、分类、预设、结构、隐喻、假设、模型及其内在关系等问题，就是一种必然选择，事实上，语境实在论在心理学、语言学和生态学中的广泛运用业已形成一种趋势。

（三）认知哲学与相关学科的关系

与认知哲学密切相关的学科主要有认知科学哲学、心理学哲学、心灵哲学、人工智能哲学、认知语言学。认知科学的兴起使得哲学领域发生了“认知转向”，科学哲学家试图从认知心理学和人工智能角度解释科学的发展，心灵哲学试图从形而上学的思辨演变为具体科学或认识论的研究，分析哲学试图从纯粹的语言和逻辑分析转向认知语言和认知逻辑的结构分析、符号操作及模型推理，心理学哲学中也开始流行实证主义和物理主义。同时我们发现，各种实证主义和物理主义理论的背后都能找到认知科学的影子，如认知心理学之于行为主义、人工智能之于功能主义，神经科学之于心脑同一论和取消论。因此，对认知的哲学研究越来越成为当代西方哲学和科学哲学研究中的一个新趋向和研究热点，认知科学家、人工智能专家、哲学家、心理学家和语言学家的论著中开始论及认知的哲学问题，认知哲学初露端倪。另外，科学社会学与科学知识社会学的“认知转向”也从侧面说明了人们对认知研究的关注。

那么，认知哲学与相关学科到底是什么关系？我们可以通过“超循环结构”来理解。所谓“超循环结构”就是小循环环环相套构成一个大循环。认知科学哲学、心理学哲学、心灵哲学、人工智能哲学、认知语言学等是小循环，它们环环相套构成认知哲学这个大循环。也就是说，这些相关学科相互交叉、重叠，形成了整合性的认知哲学。同时，认知哲学这个大循环又有自己独特的研究域，如认知的本原、认知的预设、认知的分类、认知的形而上学问题等。这种“超循环结构”见图 0-1。

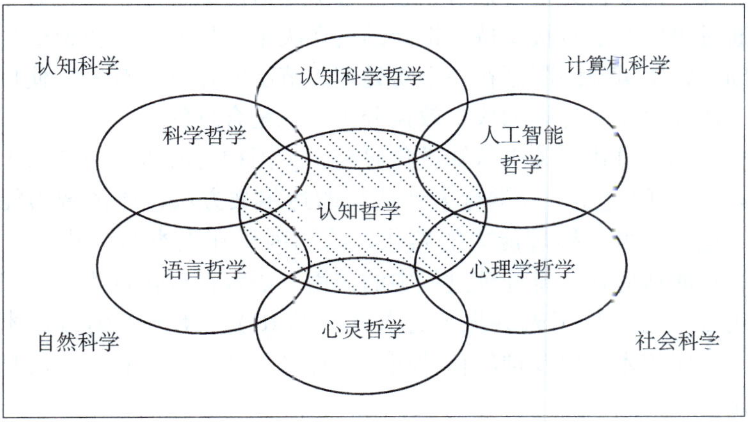

图 0-1　认知哲学与相关学科的关系

需要指出的是，与“认知哲学”极其相似也极易混淆的是“认知的哲学”（cognitive philosophy）这个概念。笔者认为，“认知的哲学”是关于认知科学领域所有论题的哲学探究，包括意识、行动者和伦理，最近关于思想记忆的论题开始出现，旨在帮助人们通过认知科学之透镜去思考他们的心理状态和他们的存在。在这个意义上，“认知的哲学”其实就是“认知科学哲学”。与“认知哲学”相似但还不相同。我们可以将“cognitive philosophy”译为“认知的哲学”，将“philosophy of cognition”译为“认知哲学”，以便将二者区别开来，就如同“scientific philosophy”（科学的哲学）和“philosophy of science”（科学哲学）有区别一样。前者是以认知（科学）的立场研究哲学，后者是以哲学的立场研究认知，二者立场不同，对象不同，但不排除存在交叉和重叠。

（四）认知哲学的相关领域

在我看来，与认知哲学相关的研究领域主要有 10 个方面：

第一，认知与情感。认知与情感是两个既独立又相互关联的概念。比如达格莱（Dalgleish）等1999年讨论了古希腊、中世纪和文艺复兴及近代的情感观，笛卡儿的情感观，情感状态的因果评价说明，非笛卡儿主义和行为主义，斯皮诺沙对传统观点的批判，哲学和心理学中对认知的表征。因此，从哲学和心理学探讨认知与情感的关系将是认知哲学的任务之一。研究表明：情感提供信息、预测未来的反应、影响推理策略、指示价值，以及指引注意朝向特征客体，但是很少有心理学家尝试把这些结果纳入关于认知和情感的整合性一般理论。（A. Damasio）（2010）主张情感是身体状态的原初表征，包括心理学水平的内脏的和肌骨骼的状态。事件类型与关联情感反应之间的关系被理解，以便当同类事件相遇时，或者同类行为被考虑时，它能够引起对应的情感。在他看来，身体需求有助于通过提供基于直接支持或拒绝的潜在决策结果的一个快速处理来减轻推理，这有助于将决策空间限制在一个易处理的范围，在整个范围，使用更传统的评价方法，比如对剩余选择的成本效益分析，就是合理的。

第二，认知与进化。关于认知进化研究，美国神经心理学家Platek和Shackelford（2009）专门论述了人类行为和认知的达尔文方法，流体智力能力比如知觉、记忆、运算速度、推理能力的熟化，认知因子在人类智力进化过程中的作用，形式和功能适应在信息处理过程中的作用，语言在进化过程中对发明创造和交流的作用等。它凸显了磁共振成像技术（fMRI）、经颅磁刺激技术（TMS）、电磁和电子脑照相术，以及神经精神病人和神经外科病人等在认知心理学研究中的具体作用。

第三，认知与逻辑。这主要是认知逻辑的研究范围。认知逻辑是用逻辑演算的方法来研究含有诸如知道、相信、断定、认为、怀疑等认识模态词的认识模态命题形式的一门学科。许多哲学家对认知逻辑做了哲学反思。比如，在批判逻辑学家试图建立一个对世界的纯逻辑表征理想的同时，帕斯特纳克（Pasternak）1999年提出一个关于认知的范畴方法（categorical approach），以避免传统和现代逻辑的陷阱，由此她描述了一个“哲学和诗视域的世界”，给出知识的定义，并为信念建立一个合适的模型。

第四，认知与知识（表征）。关于知识表征，戴维斯（Davis）等1993年认为它是表达事物的一个替代、一套本体论承诺、智力推理的一个组合理论、有效计算和表达的一个中介。迪特里克（Dietrich）2007年给出了知识表征的特征：持久性与短暂性、离散性与连续性、合成性与非合成性、抽象性与非抽象性、规则支配性与非规则支配性。他认为知识表征是信息在大脑或计算机中的显现方式，认知科学几乎所有领域都涉及表征，它也因此被认为是关于心智表征的科学。认知与知识的关系可看作是一个反馈环，认知通过感觉材料、信息感知、说明、类比思维、想象、直觉、规范、认识论和方法论等产生知识（确定的信念)，而先前获得的知识通过支持和形成认知过程，影响其他相关的作为意动和情感的心理过程，这反过来适应、激励或居于心理过程。人工认知支持和强化自然认知，并提供元认知和元知识，自然认知与意动和情感之间是一个小反馈环。自然认知、科学和哲学、过程知识与人工认知之间也形成一个大反馈环。

第五，认知与心灵（意识）。譬如，古里克（R. V. Gulick）2011 年讨论了意识和认知领域的几个核心概念，并对生物意识进行了分类。他认为，一个生物体如果是有意识的，它就能够感觉和察觉它的环境，而且有能力适应环境。生物意识的第二个意义是它不仅需要感觉和察觉的能力，而且需要能够当下主动使用那些能力。生物意识的第三个概念需要生物体不仅有意识，而且有自我意识，自我意识以不同等级呈现而且多维度地变化。因此，有意识生物可以被定义为有体验生命的生物。有机体有时被认为是有意识的各种客体，在这种意义上，意识被理解为有机体与它意识到的某些客体之间的一种意向关系。意识状态被看作具有现象特性的状态。表征主义理论主张，意识状态不具有任何心理特性，它们仅具有表征特性。高阶理论认为，意识状态把意识分解成为一种自我意识形式。

第六，认知与信息。莱恩斯基（Lenski）2010 年认为，从信息论的观点看，“认知”本质上是通过提供缺失的信息获得新信息和新知识的过程。那些缺失的信息对于减少不确定性是必需的。从熵的观点看，“认知”就是减少不确定性的能力，它通过改进环境的模型，通过提取新信息、产生新信息和改进知识，并反映自身的活动和能力来支持主体对环境的适应性。因此，“认知”是指信息的规范提取、知识的获得与改进，以及环境的建构与模型的改进。进一步说，信息至少有两个基本问题：信息在自然中是否独立存在？它是否是一种心灵或认知现象？一般来说，信息被假定为实在的原始本质。查尔默斯（Chalmers）1996 年设想了一个后申龙心理信息空间，穆尔豪瑟（Mulhauser）1997 年把算法信息理论用于认知过程，他们使用数学构造把信息作为逻辑空间处理。在意识科学的发展中，信息在复杂适应性系统中是一个关键成分。盖尔-曼恩（Gell-Mann）1994 年提出复杂适应性系统作为一个观察者，即著名的信息收集和使用系统（IGUS），这个 IGUS 可能为自我意识或心灵提供一个基础。在任何情形中，信息都处于这个认知科学范式的核心。

第七，认知与文化。认知人类学是文化人类学的一个研究取向。考尔比（B. Colby）等 1981 年试图解释人们共享知识、文化创新，以及历经时空而传承的模式，并使用认知科学的研究方法和理论（特别是实验心理学和演化生物学），并通过与历史学家、人类学家、考古学家、语言学家和其他专家的紧密合作，从事对于各种文化形态的描述和诠释。认知人类学关注不同群体的人们所知道的东西以及这种内隐的知识，如何改变人们感知他们周遭的世界，并与这个世界建立关联。费斯勒（D. M. T. Fessler）和马策里（E. Machery）2012 年认为，心理普遍性可以通过它的特征、过程、倾向或功能来定义，而这些特征、过程、倾向或功能是经过文化再发生的。

第八，认知与语言。20世纪80年代中期以来，语言学的研究中出现了“认知转向”。以拉考夫（G. Lakoff）、约翰逊（M. Johnson）、兰伽克（R. Langaker）、斯珀博（D. Sperber）、胡德逊（R. Hudson）等为代表的认知语言学在本体论和方法论上背离转换生成语法传统，从范畴结构、意象、概念等入手，用历时的、心理的、多视角的方法对语言系统及其运作规律进行描述，开创了语言学研究的新纪元。拉考夫认为概念隐喻不仅是一种特殊的修辞方式，更是一种认知手段和思维方式，是人类赖以生存和认知的基本方式之一。他发现，心灵本质上是具身的，思想大部分是无意识的，抽象概念大多是隐喻的。他的“概念隐喻”认知思想对于认知过程的澄清和对认知哲学的发展有着巨大的推动作用。爱穆莱（K. Emmorey）（2002）主张，一旦符号化的语言被作为自然人类语言，就打开一扇探讨世界的窗口。符号化的语言提供了研究人类语言和语言处理的本质、认知和语言间的关系，以及语言神经组织的一个有力的工具。符号语言的价值在于其形态。特别是对于感知而言，符号化语言依赖于高级视力和运动处理系统。对于生产，它们需要包括手和脸的运动系统的整合。这一主张已经产生了重要影响。

第九，认知与计算。这是计算主义的研究范围。派利夏恩（Pylyshyn）（1984）在计算框架下系统地阐释了心理现象，对计算和心理现象做了系统深入的研究，对认知科学的逻辑理解做了极具穿透力的分析。心理学家和计算机科学家主张认知是计算的一种形式，心理状态的语义内容与计算机表征一样被编码的。这是一个丰富而且持久的研究假设，它支撑着认知科学研究的主流方向。派里夏恩以分析哲学的风格集中论述了10个重要问题：①如何解决人类行为问题；②在认知解释中如何表述认知概括问题；③唯物主义信念与认知概括必须通过信念、目的表述观之间的不协调问题；④心理状态内容如何在物理上实现的问题；⑤认知工作假设问题，即认知的三个层次（生物的、符号的和语义的）相互作用问题；⑥如何通过计算为认知过程建立模型问题（计算是心理行为的实际模型而非仅仅模拟）；⑦方法论标准问题，即表征是如何通过符号系统实现的问题；⑧认知可穿透性问题，即功能建构是否根据语义层次的原则发生变化；⑨如何制约功能建构问题；⑩心理表征理论的问题。这些问题既是认知科学的基本问题，也是认知哲学要重点探讨的问题。

第十，认知与大脑。布鲁克（A. Brook）和阿肯斯（K. Akins）2005年将神经科学方法用于传统哲学问题，将哲学方法用于阐明神经科学中的问题。其中，丘奇兰德（P. Churchland）关于人的颜色感受观点与心脑同一论对立，也即，人感受的颜色与实际的颜色并不一致；扎克布（Z. Jakab）认为，人的颜色相似空间不能表征实际的颜色刺激的物理相似。伊丽史密斯（C. Eliasmith）认为心的计算机隐喻被过度使用，他赞成心脑作为一个动力信息处理器，支持现代控制论包括“内系统描述”和系统状态变化，这是一个比计算机隐喻更有解释力的隐喻，即“控制器隐喻”（大脑是控制器），表征就是大脑的编码与解码刺激，神经反应对物理特性进行编码，基本字母表就是神经脉冲。格鲁斯（R. Grush）和达穆（L. Damm）2012年认为大脑是一个行动的模拟器和一个假设的发生器，预感和预测基于过去记忆的行动的结果是大脑的基本特性之一。大脑作为开放性生态控制者，它以整合方式审视世界。这是极有创见的观点，值得认知哲学家重视。

（五）认知哲学的立场与问题域

无疑，认知哲学是一个具有自己独特研究对象和方法、基于学科综合的元研究领域。它奉行的哲学立场主要是语境实在论。语境实在论是当代认识论-认知语境论和科学实在论结合形成的一种新哲学范式。它已经在语言学、心理学、历史学和哲学领域有着广泛应用，比如认知语用学、认知生态学、认知行为分析、认知历史文化分析等均采取语境实在论立场。在认知科学的研究中20世纪90年代业已出现语境实在论的应用。比如，哈耶斯（S. Hayes）等1993年把语境模型用于心理现象与行为分析，应用语境模型发展现代心理学；巴尔斯（B. J. Baars）1988年运用语境分析研究意识的形成机制。因此，立足语境实在论立场研究认知及其哲学问题已经成为一种必然趋势。

那么，语境实在论是怎样一种哲学立场？我的理解是：在本体论上，语境实在论主张，认知是物理现象和精神现象的统一体，二者通过中介比如语言、文化等相互作用产生客观知识；在认识论上，它主张认知是积极、持续、变化的客观实在，语境是事件或行动整合的基底，理解是人际间的认知互动；在方法论上，它主张对研究对象进行层次分析、语境分析、行为分析、任务分析、文化网络分析，通过纲领计划、启示法和洞见提高研究的创造性；在价值论上，主张认知是负载意义和判断的，负载文化和价值的。一句话，在人的世界中一切都是语境化的，比如语境中的认知、语境中的思维、语境中的行动、语境中的理解、语境中的评价。

我将语境实在论的认知哲学观概括为四点：①认知不是发生在真空中，而是发生在语境中，一维认知发生在人脑中（想象、反省）；二维认知发生在人脑与世界的相互作用中（发现、观察）；三维认知发生在人脑、中介（语言、仪器）和世界的相互作用中，也即认知是语境中的思维活动。②认知行为是语境敏感和语境依赖的，意识的涌现是语境化的；心理表征大多是非语言的，认知前提大多是假设的，认知操作大多是建模的，认知推理大多是基于模型的。③判断思维的前提或者标准是认知主体能够“自语境化”，即能够自己主动地融入新语境中。④认知是一种目标引导的意向行为，有鲜明的命题态度（相信、意愿），清晰的逻辑推理和明确的意义蕴含。

如果说认知是人们如何思维，那么认知哲学就是研究人们思维过程中产生的各种哲学问题，其问题域我认为应该具体包括十个基本问题：

（1）什么是认知，其预设是什么？认知的本原是什么？认知的分类有哪些？认知的认识论和方法论是什么？认知的统一基底是什么？有无无生命的认知？

（2）认知科学产生之前，哲学家是如何看待认知现象和思维的？他们的看法是合理的吗？认知科学的基本理论与当代心灵哲学范式是冲突还是融合？能否建立一个囊括不同学科的统一的认知理论？

（3）认知是纯粹心理表征还是心智与外部世界相互作用的结果？无身的认知能否实现？或者说，离身的认知是否可能？

（4）认知表征是如何形成的？其本质是什么？有没有无表征的认知？

（5）意识是如何产生的？其本质和形成机制是什么？它是实在的还是非实在的？有没有无意识的表征？

（6）人工智能机器是否能够像人一样思维？判断的标准是什么？如何在计算理论层次、脑的知识表征层次和计算机层次上联合实现？

（7）认知概念如思维、注意、记忆、意象的形成的机制和本质是什么？其哲学预设是什么？它们之间是否存在相互作用？心身之间、心脑之间、心物之间、心语之间、心世之间是否存在相互作用？它们相互作用的机制是什么？

（8）语言的形成与认知能力的发展是什么关系？有没有无语言的认知？

（9）知识获得与智能发展是什么关系？知识是否能够促进智能的发展？

（10）人机交互的界面是什么？脑机交互实现的机制是什么？仿生脑能否实现？实现后是否能够像人一样思维和认知？

当然，在研究中无疑会有新的问题出现，因此认知哲学的研究域是开放的。

（六）认知哲学的研究内容

我将认知哲学的研究内容概括为五个方面：

一是本体论研究。梳理和挖掘哲学史上蕴含的认知本体论，比如苏格拉底和柏拉图的认知主义、亚里士多德的功能主义、中世纪经院哲学中的心理表征、斯宾诺莎的“身之观念”学、休谟的认知思想、里德的意识论、康德的功能主义和认知主义、胡塞尔的心的表征理论等；在此基础上，研究认知为何物（存在性）、认知的内涵（语义性）、分类、结构、维度、预设、假设、构架；认知表征（包括心理表征、知识表征、科学表征、宗教表征、艺术表征）的内涵、分类、维度、预设及其相互关系、表征的工具（脑、计算机）及实现过程、表征的实在性和客观性、元表征（meta-representation，也称二阶表征或高阶表征，它以表征本身为研究对象）；认知的先天性与后天性；认知的内在性与外在性；认知的生物性与社会性；认知的具身性与无身性；认知的语境依赖性与无语境性；认知的单一性与整体性；认知与心脑关系、心语关系、心世关系（知识、行为、意向和意义）；认知的命题态度与意向性；认知的感受性与感悟性；认知与思维的关系；认知与意识的关系；思维、注意、记忆、表象等核心概念的本原性；认知的文化基因遗传假设及其论证。

二是认识论研究。梳理和挖掘当代认知科学中的认识论思想，比如拉考夫的语言认知模型假设、乔姆斯基的语言认知与知识生成、塞尔的中文屋论证与机器思维、明斯基的框架理论与知识表征、德雷福斯的无表征智能、吉尔的科学认知模型、萨尔蒙的认知因果理论等等。在此基础上，探讨认知的起源、性质和限度；认知与知识的关系；认知的理性主义、经验主义、自然主义认识论；认知科学中的认知计算主义、联结主义、动力主义、具身认知和延展认知、嵌入式认知和强化行动认知（enacted）以及情景认知蕴含的认识论；心灵哲学中的种种功能主义、自然主义、行为主义包括方法论的和修正的行为主义、指称理论、工具主义与诠释主义、思想语言假设、内容理论包括宽内容的紧缩主义对窄内容的怀疑主义、取消式唯物主义、梅洛庞蒂和德雷福斯等的认知现象学蕴含的认识论；认知语境论的认识论；智能与记忆的关系（包括感觉记忆、短时记忆、长时记忆、情景记忆、语义记忆、工作记忆）、记忆与语言理解能力、注意及推理的内在关系等。

三是方法论研究。在认识论基础上，研究（心灵哲学中的）认知的个人主义、整体主义、唯我主义、唯物主义方法论；（认知科学中的）计算表征主义、自然主义、功能主义、联结主义、动力主义、生态学等的方法论；（语言学中的）语义学（包括二维语义学、博弈论语义学、信息语义学、目的语义学、拓扑语义学）、语用学、隐喻方法（“意识的聚光灯”隐喻、记忆的库隐喻、思维的计算机隐喻等）的方法论；（人文哲学中的）现象学（主要是知觉现象学）、存在主义等的方法论：（科学哲学中）实证主义、逻辑经验主义、历史主义等的方法论：（系统科学中的）控制论、信息论、协同学、混沌学等的方法论；（逻辑学中的）基于模型的推理、认知推理、认知表征（表征重述、图表征、语义网表征、符号表征、框架表征、脚本表征、基于规则的表征）等的方法论；（认知心理学中）的联想主义、内省主义、行为主义、注意模型包括过滤模型、衰减模型和反应选择模型、注意的隐喻方法；（语境论的）基于语境的表征与认知推理方法（模型的、案例的、规则的、证据的、情景的）等；其他相关科学如认知人类学、人工智能等蕴含的方法论（机器自动推理和搜索方法、人工智能计算机实现的方法论，包括工程学方法和建模法如遗传算法和人工神经网络）。

四是价值论研究。所谓价值就是对人有意义，认知的价值论就是研究认知的意义和判断问题，主要从四个层次研究：在进化层次，认知对于人的生存、发展的意义；在语言层次，认知本身的语义获得和语义负载问题；在知识层次，认知结果（知识）的真假判断（与逻辑、知识论相关）、知识的确证（与知识论相关）；在文化层次，认知内容的是非判断（与道德、文化相关）。认知的功能主要研究：解释功能（认知概括诉诸表征，表征是语义关系，具有解释作用）；建构功能（表征是问题解决的一个中心环节，表征不是由问题引起的，而是被建构的）；执行功能（为了思维必须在表征上进行计算操作）；语义功能（表征是有内容的，内容是思想的概括，并非实际所指对象）。

五是认知哲学的应用。运用案例分析，在四个层次上展开研究：（本体论层次）认知分类、认知表征等在自然科学和人文社会科学中的体现；（认识论层次）认知、知识与表征在自然科学和认知科学中的运用；（方法论层次）将所研究的方法用于认知科学、自然科学和社会科学的研究中，具体包括智能机器的“自语境化”判断、智能与意识、自我、心智问题、人工智能的逻辑思维与形象思维、灵感思维等；（价值论层次）在不同学科探讨认知的结果（知识）获得的意义、评价和判断；认知语境模型在自然科学及认知科学中的应用，比如克里克（Crick）的意识理论（“树突子”（dendron）假设和“心理子”（psychon）假设）；詹姆斯的意识理论：巴尔斯的全局工作空间意识（理论意识与自由意志、意识与觉知和非觉知的）；基于认知哲学的科学创造性案例（基本粒子发现等）研究认知、语言、逻辑和科学的结合在创新中的机制问题；认知语境模型对机器似人思维的可能性判断，人机交互的界面判断，思维机器的“自语境化”判断以及科学中的认知语境模型。

概言之，认知哲学要回答逻辑上内在关联的五个问题：认知何以存在？认知何以可能？认知如何实现？认知有何意义？认知有何应用？这些基本问题构成了认知哲学的基本内容。本体论研究是根本和纲领，在梳理和挖掘从古希腊到迄今哲学史上的认知思想基础上，分析并澄清其中的核心概念和观点，提炼与概括出认知哲学的一般原则，具体研究认知的元哲学问题，包括认知的内涵、分类、维度、预设、构架；认知表征的预设、内涵、分类、维度等。认识论研究是核心，在本体论基础上，探讨其中蕴含的一般认识论原则，包括认知与知识的关系、认知与思维的关系、认知与意识的关系、认知与意向性的关系、认知与感受性的关系。方法论研究是重点，在梳理和挖掘认知科学的基本概念、原理与理论的基础上，探讨其中的一般方法论原则，包括认知计算主义、联结主义、动力主义、具身认知和延展认知、嵌入式认知和强化行动认知，以及心灵哲学中的种种功能主义、行为主义、指称理论等的方法论，并将两个领域的方法论进行比较。价值论研究是关于认知行为的意义问题，包括行为的价值取向、价值取向的内容、意义和立场，认知的基本判断、内容获得、知识确证，认知价值实践。认知哲学在科学创新中的应用是目的，通过案例分析研究机器似人思维的可能性，人机交互的界面问题、思维机器的“自语境化”判断标准等。

综上所述，认知哲学是一门旨在对认知这种极其复杂现象进行多学科、多视角、多维度整合研究的学科。其内容主要涉及认知科学（包括认知心理学、计算机科学、脑科学）、人工智能、心灵哲学、认知逻辑、认知语言学、认知现象学、认知神经心理学、进化心理学、认知动力学、认知生态学等及其哲学问题，涵盖和融合了自然科学和人文科学的不同分支学科，是一门名副其实的交叉性的整合性学科。它是当代哲学特别是科学哲学和心灵哲学以及认知心理学研究出现的一个新趋向。认知哲学奉行的是认知语境纲领，本体论上采取语境实在论立场，主张认知现象是语境依赖、语境敏感和语境限制的；认识论上主张实在是积极、持续、变化的事实，语境是事件或行动得以整合的基底，理解是人际间的互动；方法论上主张对研究对象进行层次分析、语境分析，通过纲领计划、启示法和洞见提高研究的创造性。

在认知哲学框架下，我们运用认知-历史分析、语境分析、逻辑分析和概念分析，系统梳理和研究认知科学家、人工智能专家、认知语言学家、认知心理学家和认知哲学家的思想、观点和方法，特别是在哲学上挖掘其本体论、认识论和方法论，其目的一是试图建立认知哲学这一整合性学科范式，揭示认知现象的本质及运作机制；二是把哲学探究与认知科学研究相结合，使得认知研究在抽象概括与具体操作方面衔接起来，一方面避免陷入纯粹思辨的窠臼，另一方面避免陷入琐碎细节的陷阱；三是澄清先前理论中的错误，为以后的研究提供经验教训；四是提炼认知研究的思想和方法，为认知科学提供科学的、可行的认识论和方法论。

本书的创新与价值在于：①提出认知哲学的概念并给出定义及研究的范围，在认知哲学框架下，整合不同学科、不同认知科学家的观点，试图建立统一的研究范式。②立足语境实在论立场，运用认知-历史分析、语境分析等方法挖掘30位著名认知科学家的认知思想及哲学意蕴，并进行客观的、合理的评析，澄清存在的问题。③从认知科学及其哲学的核心主题——认知发展、认知模型和认知表征三个相互关联和渗透的方面，深入研究信念形成、概念获得、知识产生、心理表征、模型表征、心身问题、智能机的意识化等重要问题，以便得出合理可靠的结论。④选取的30个认知科学家及哲学家具有典型性和代表性，对这些人物的思想和方法的研究将会对认知科学、人工智能、心灵哲学、科学哲学等学科的研究者具有重要的启示与借鉴作用。⑤本成果是对迄今为止认知领域内的主要研究成果的梳理与概括，在一定程度上总结并整合了其中的主要思想与方法，旨在对以认知现象为研究对象的所有学科提供基础性的哲学依据。

二、认知哲学兴起的背景

认知哲学的兴起无疑得益于认知科学的迅速发展。认知科学是20世纪70年代中期兴起的一门前沿性、交叉性和综合性学科。它是在心理科学、计算机科学、神经科学、语言学、文化人类学、哲学以及社会科学的交界面上涌现出来的，旨在研究人类认知和智力本质及规律，具体领域包括知觉、注意、记忆、动作、语言、推理、思维、意识乃至情感动机在内的各个层次的认知和智力活动。近十几年来，这一领域的研究异常活跃，成果异常丰富。2010年8月在北京召开的国际认知科学大会吸引了来自全球二十多个国家和地区的数百名专家共同探讨和交流认知科学前沿问题。2011年9月，英国科学家罗洛·卡彭特编程的智能机器人Cleverbot让1334人在与其通过打字方式进行4分钟的对话后，以投票形式确定对方是人还是机器，其中有59.3%的人认为对方是人。这是对"图灵测试"的最好回答，影响巨大。认知科学的发展，的确为哲学研究提供了新的研究领域，难怪著名加拿大认知科学哲学家萨伽德指出，认知科学的发展使得科学哲学发生了认知转向，"它试图从认知心理学和人工智能角度出发研究科学的发展。"

针对认知科学的发展，发达国家纷纷在各自的国家科学战略计划中对认知科学研究进行了重点部署。1997年美国正式启动"人类脑计划"，支持20余所著名的大学和研究机构开展神经信息学（Neuro-informatics）研究。在面向21世纪发展科学技术的战略性行动纲领《塑造21世纪的科学与技术》中，美国政府将"认知和神经生物学"与"脑疾病生物学"分别列入基础研究和服务于人类健康的关键领域。21世纪初期，美国国家基金会、美国商务部、国家科学技术委员会纳米科学工程与技术分委员会联合提出了融合四大科技领域（nano-bio-info-cogno，NBIC）的会聚技术的概念。其中，C代表的就是认知科学。日本科技委员会（Council for Science and Technology）在1996年提出了为期20年的"脑科学时代"计划（The Age of Brain Science），总预算高达200亿美元，是该国"超级钢材料开发计划"的10倍，其中脑的认知功能及其信息处理是重中之重。英国政府提供1500万英镑资助大脑科学战略项目（Brain Sciences—A Cross-Research Council Programme），并希望这项由英国医学研究理事会牵头，生物技术和生物研究理事会、工程与物理科学研究理事会和研究理事会中心实验室理事会共同参与的研究，能够促进人类对大脑及其在健康和病变状态下的工作机能的认识。由德国政府投资于2001年建成的鲁尔大学神经科学国际研究生院（The International Graduate School of Neuroscience of the Ruhr University，Bochum）的研究工作重点之一就是高级认知功能。法国的国家科学研究中心（Centre National de la Recherche Scientifique）也投资成立了以发展认知机制方面的多学科交叉研究为主要目的的里昂认知科学研究所（Institute for Cognitive Science，Lyon -

France），旨在探讨大脑的认知机制和功能。Iphone 时代已经到了，相信 Ibrain[①] 时代已为时不远。

目前，“人类脑计划”已经成为与人类基因组计划相提并论的国际性合作研究项目，越来越多的国家和研究团体加入这一计划。与美国的战略防御计划和欧洲的尤里卡计划鼎足而立的多国合作的人类前沿科学计划（投资金额达 100 亿美元），在提出之初就把认知科学列为重要研究课题。在欧盟的第 6 次研究与技术发展框架（the Sixth Framework Program of Research and Technological Development，2002～2006）最新一轮的研究经费资助中，欧盟在大脑科学研究方面投入了 4500 万欧元的资金，而在 2007 年开始执行的第 7 次发展框架中欧洲议会还会进一步增加对大脑研究的投入。中国也积极加入重要的国际研究合作，于 2001 年正式成为“人类脑计划”的会员国之一，并成立了“中国人民解放军总医院神经信息中心”，这标志着我国“人类脑计划”和神经信息学工作正式启动，并拟在具有中国特色的传统医学（如针灸等）、汉语认知与特殊感知觉的神经信息学研究等领域做出贡献。2013 年 4 月，美国政府公布了“推进创新神经技术脑研究计划”（脑计划），该计划将让科学达到一个自从太空竞赛以来从未见过的高度。无独有偶，欧盟委员会年初也宣布石墨烯和人脑工程两大科技项目入选“未来新兴旗舰技术项目”，每个项目计划在未来 10 年内分别获得 10 亿欧元经费。可见，抢占脑科学研究的制高点不可谓不激烈。

由于认知科学领域日新月异的飞速发展，使得现代心灵哲学的研究已经从形而上学的思辨演变为具体科学或认识论的研究，并且极大促进了心灵哲学中物理主义的流行。各种物理主义理论的背后都能找到认知科学的支持，如认知心理学之于行为主义，人工智能之于功能主义，神经科学之于心脑同一论和取消论，心灵哲学的重大理论问题，如心身问题、感受特性、附随性、意识现象、思想语言和心理表征、意向性与心理内容的研究，无一例外地都受到来自认知科学的巨大影响与挑战。与此同时，认知哲学越来越成为当代西方哲学和科学哲学研究中出现的一个新领域和新趋向。

需要指出的是，虽然科学哲学家、科学社会学家和认知科学哲学家的论著中论及认知哲学的内容，但迄今为止国外的相关文献中极少提及“认知哲学”这个概念。也许是这个领域过于宽泛，也许是这个概念还无法给出明确的定义，但是，我们通过查阅这个领域的大量文献，通过挖掘著名认知科学家们的思想，或许能够为这个领域的形成与发展有所助益。这是我们写作这本书的初衷和目的。

在我看来，在认知科学飞速发展的背景下，探讨认知哲学具有重大意义：其一，由于认知现象既是复杂的心理与精神现象，又是复杂的社会与文化现象，这

---

① 这是编者根据 Iphone 自造的一个词，意指人造脑的可能性。

就决定了以认知现象为研究对象的认知科学必然是具有高度交叉性和高度整合性的学科。而认知哲学也无疑具有这一特征。其二，认知科学框架下的不同学科相互融合，形成探索认知现象的新学科，如心理学与进化生物学交叉产生进化心理学，认知科学与生态学结合形成认知生态学，神经科学与认知心理学结合产生认知神经心理学，认知科学与语言学交叉形成认知语义学、认知语用学和认知词典学。诸多新学科的产生，使人们得以从不同方面、不同层次切入认知现象，而对认知现象本质的揭示需要有整合功能的认知哲学。其三，认知科学的交叉性与综合性已经引发了科学哲学的认知转向，这在一定程度上从认知层面促进了自然科学与人文科学、科学主义与人文主义的融合。比如对认知的运作机制及规律、表征方式、认知连贯性和推理模型的研究，势必涉及逻辑分析、语境分析、语言分析、认知-历史分析、文化分析、心理分析，等等。显然，我们需要从哲学层面对自然科学与人文科学相关研究进行整合，才有可能真正揭示认知现象的本质。

另外，认知现象是西方哲学史上不同流派的哲学家共同关注的重大问题之一。比如，奥卡姆的心理语言，莱布尼茨的心理共鸣，笛卡儿的心智表征，休谟的联想原则，康德的概念发展，弗雷格的思想与语言同构假定，塞尔的中文屋假设，普特南的缸中之脑假设，等等，这些思想都与认知哲学相关。这些哲学家从不同视角对认知现象的探讨涉及信念形成、概念获得、心理表征、意向性、感受性、心身关系等诸多重要问题。他们提出的各种解释、方案、策略，为认知科学的基本问题如智能的本质、计算表征的实质、智能机的意识化、常识知识的计算机编程问题等的解决，提供了丰富的思想资源，奠定了深厚的思想基础。

认知科学作为一门新兴学科，自产生之日起就向世人展示了强大的生命力。自 1979 年认知科学学会（Cognitive Science Society）在美国成立以来，众多享有盛誉的学术机构组建了各自的认知科学研究队伍，仅在欧洲和北美就有 60 多所知名学府设立了专门的认知科学项目，其他很多院校也纷纷开设了与认知科学相关的课程。例如，加州大学圣地亚哥分校于 1986 年建立了世界上第一个认知科学系；脑与认知科学是 MIT 发展最快的专业之一，并被列为该校今后 10 ~ 20 年发展的重要研究领域；英国医学研究理事会成立了认知与脑科学所，主要研究人类的基本心智过程；法国巴斯德研究所神经科学系（Department of Neuroscience, Institute Pasteur）下属的 8 个研究小组中有 4 个从事与认知科学直接相关内容的研究。

与此同时，认知科学的飞速发展极大地推动并改变了心灵哲学的研究，一门超越心灵哲学的、与认知科学的多学科交叉特征相呼应的全新领域——认知哲学逐渐形成。20 世纪 80 年代以来，致力于认知科学与哲学研究的各种研究机构纷纷成立，比如知名的鲁特格认知研究中心、亚利桑那州立大学的意识研究中心、澳大利亚国立大学的意识研究中心等等。两年一度的图克森会议已经成为认知科学与哲学领域的盛会。由意大利帕维亚大学和中国中山大学共同主办的"哲学与认知科学国际会议"分别于2004年、2006年和2010年在广州举行，产生了较大影响。2014年9月20～21日，首届认知哲学国际学术研讨会在山西大学召开，来自英国、澳大利亚、比利时、中国香港和中国台湾的学者，以及来自内地各高校和科研院所50余名专家学者参加了此次会议，与会代表围绕认知哲学相关的诸多议题展开卓有成效的交流和讨论。这是迄今为止国内外首次举行的认知哲学会议。

虽然国内的认知科学及其哲学研究起步较晚，但仍积极有效地开展了对重大前沿问题的哲学探索，发展态势良好。各大高校和中科院各下属相关研究所已将认知科学研究列为重要课题，并积极给予政策和资金上的支持。例如，北京大学成立了以心理学系、生命科学学院、信息科学中心、神经科学研究所等单位骨干人员为核心队伍的脑科学和认知科学中心；北京师范大学建立了脑与认知科学研究所以及认知科学与学习教育部重点实验室，近期又整合力量成立了认知神经科学与学习国家重点实验室；而新近成立的脑与认知科学国家重点实验室，整合了认知科学、视觉信息加工和心理健康三个中国科学院重点实验室的科研队伍、仪器设备和配套设施，集中其各具特色的优势力量和资源，形成了一支高水平的实力雄厚的脑与认知科学研究团队。

随着国内外认知科学研究的升温，心灵哲学与认知哲学的研究越来越受到重视，相关研究机构纷纷成立。比如，浙江大学语言与认知研究中心围绕具身认知展开了大量研究；中山大学逻辑与认知研究所在认知逻辑方面所做的探讨；中国人民大学现代逻辑与科学技术哲学研究所致力于心灵与认知科学哲学问题的研究；西南大学逻辑与智能研究中心侧重现代逻辑与人工智能哲学研究；华中师范大学心灵与认知研究中心主要从事当代心灵哲学的研究；山西大学认知与分析哲学研究中心依托科学技术哲学研究平台构建认知哲学的研究，形成了近20人的研究团队。同时，从事科学哲学、心理学、语言学、人工智能等研究的许多学者纷纷加入认知科学哲学与认知哲学的研究，发表了一系列成果。认知哲学的研究队伍与规模已基本形成。

三、认知研究的维度

认知科学在20世纪70年代中期的兴起，使得以认知为研究对象的学科或领域迅速发展。心理科学、计算机科学、神经科学、语言学、文化人类学、哲学以及社会科学领域都涌现出了以认知为研究对象的迹象，包括知觉、注意、记忆、动作、语言、推理、思维、意识乃至情感动机在内的各个层次的认知和智力活动。近十几年来，认知科学的研究异常活跃，成果异常丰富，笔者将这些研究领域归纳为11个方面：科学的、技术的、心理学的、语言学的、逻辑学的、人类学的、宗教学的、历史学的、生态学的、社会学的和哲学的。这既是认知研究的维度问题，也是进路问题。接下来，笔者将逐一对这些维度做较详细的分析。

（一）认知研究的科学维度

这是从理论层面研究认知的维度，主要包括认知科学和认知神经科学，其中认知科学最引人注目，也与认知哲学最为密切。

1. 认知科学理论

认知科学将心理学、语言学、人类学、计算机科学和神经科学整合在一起，主要研究"在认识过程中信息是如何传递的"，后来认知科学不断发展出新方向——心智哲学、认知心理学、认知语言学、认知人类学、人工智能和认知神经科学。这些新兴学科之间互相交叉又产生出新兴交叉学科：认知控制论、认知神经语言学、神经心理学、认知过程仿真、计算语言学、心理语言学、心理哲学、语言哲学、人类学语言学、认知人类学、脑进化学、认知科学哲学，等等。

一般来说，认知是脑和神经系统产生心智的过程和活动。只要有脑和神经系统的动物一般都有某种程度的心智，具体涉及学习、记忆、思维、理解以及在认知过程中发生的其他认知行为。认知科学得益于脑科学的发展，而脑科学的发展又得益于脑成像技术的长足进步。计算机X射线断层摄影术（computerized tomography，CT）、核磁共振成像技术（magnetic resonance imaging，MRI）、功能性核磁共振成像技术（functional magnetic resonance imaging，FMRI）、正电子发射摄影术（positron emission tomography，PET）等被广泛应用于脑和神经科学的研究，促进了脑和神经科学的发展。

认知科学的研究领域一般包括：语言习得、阅读、话语、心理模型概念和归纳、问题解决和认知技艺获得、视觉的计算、视觉注意、记忆、行为、运动规划中的几何和机械问题、文化与认知、认知科学中的哲学问题、身心问题、意向性、感受性（qualia）等。认知科学家的兴趣在于研究人如何获取、加工、保存和使用信息，并将此作为获得后续知识的基础。他们通常采用两条基本策略：一是建立认知过程的计算机模型，然后将模型的运行状况与相似条件下人体受行为比较来改进模型，由于这种方法是基于电脑而非人脑，因此被称为"干认知科学"（dry cognitive science，DCS）方法；二是研究对真实脑进行电刺激或化学刺激的效应，观察脑损伤的影响，记录正进行信息处理的人脑活动。由于这种方法基于真实人脑，被称为"湿认知科学"（wet cognitive science，WCS）方法。干认知科学家通常把人脑和计算机类比，借此解释物质和精神之间的关系，比如各种计算机程序对被储存的信息进行加工处理就是智能机器人"脑"的工作方式。这种比喻使人们相信脑神经细胞起到与计算机晶体管相似的作用。这就是著名的

“计算机隐喻”。

相比而言，湿认知科学根据对真实脑的研究结果，提出关于意识精神状态的不同观点。神经科学家认识到，刺激、损伤或脑内神经化学的轻微改变可影响人精神的几乎所有方面，对脑进行电的或化学的刺激能轻易改变感觉和知觉，人们对现实的体验更多依赖于身体内部的化学反应，而不是身体以外的外部世界。也就是说，我们的意识特性如感觉和情感，与脑的物理和化学结构组成密切相关，它们的产生无需任何外界信息的刺激。从湿认知科学来看，精神的意识属性是脑的物理和化学组成的产物。这与干认知科学将脑视为通用计算机的看法截然不同。

迄今为止，认知科学所涉及的内容有感知觉（包括模式识别）、注意、记忆、语言、思维与表象、意识等。这些内容不仅是心理学家所关注的，也同样是哲学家、语言学家、计算机科学家、神经生理学家、人类学家们所关心的。因此，认知科学的研究包括从感觉的输入到复杂问题求解，从人类个体到人类社会的智能活动，以及人类智能和机器智能的性质。这些内容必然涉及现代心理学、信息科学、神经科学、数学、科学语言学、人类学和自然哲学等学科。

2. 认知神经科学

认知神经科学旨在阐明认知活动的脑机制，即人大脑如何调用其各层次上的组件，包括分子、细胞、脑组织区和全脑去实现各种认知活动。神经心理学、心理生理学、生理心理学、神经生物学和行为药理学吸收了认知科学的理论和神经科学的新技术，逐渐形成了认知神经心理学、认知心理生理学、认知生理心理学、认知神经生物学和计算神经科学等认知神经科学的各个分支学科。

认知神经科学的分支学科——认知心理学、心理语言学、人工智能和人工神经网络的研究虽然取得了重要进展，但仍然有许多问题难以解决，比如在认知心理学和心理语言学研究中，信息加工的并行和串行方式、外显机制和内隐机制、基于经验和知识的认知活动和靠灵感、顿悟的认知活动，其脑机制有何异同？在人工智能和人工神经网络的研究中，物理符号的离散表征和运算原理，与亚符号连续运算原理之间存在何种关系？人工神经网络的学习机制为何需要千万次训练，而人类的观察模仿学习一看就会？这些问题都尖锐地摆在认知科学各个分支学科的面前，更是认知哲学需要深入思考的问题。

生物医学构像技术特别是近年功能性磁共振成像可以用于对于人类认知活动的研究；脑事件相关电位、脑磁图和高分辨脑成像等生理学方法，可以为人脑认知功能研究提供许多新的数据；分子神经生物学和细胞神经科学，为人脑认知障碍和动物认知行为提供脑内机制的许多科学数据，包括动物的学习障碍和某些基因序列的关系。

认知神经科学主要研究脑的认知功能包括知觉、注意、记忆、语言和思维以及智能和意识等心理功能。神经生理学家和解剖学家一直按机能定位思想寻找各种认知功能的特异脑中枢。比如，20世纪60年代在治疗癫痫的脑手术病人中发现了大脑两半球认知风格的差异和海马记忆功能，认为海马是特异的记忆中枢，左半球负责抽象思维，右半球负责形象思维。70年代中期，人们试图以“功能模块”概念取代定位论说。神经病学家和心理学家们终于采用双分离原则发现了人脑功能模块性或多重功能系统，突破表现在多重记忆模块和复杂的认知功能系统。他们运用双分离原则将记忆至少分离为意识和无意识两类多重记忆系统。近年涌现出意识的“全脑工作空间模型”、“簇化模型”、复杂性模型”等。这些对意识与无意识过程的更为系统性的实验研究及对外界客体的真实知觉和想象之间的脑功能模块的对比研究，对脑高级功能的认识更加深入。

认知心理学和神经心理学研究发现，人类的学习、记忆至少由五个以上的脑功能系统实现多种学习记忆功能，包括重复启动效应、知觉启动效应、语义系统、工作记忆和情景记忆的多重记忆及熟练技能学习、知觉学习、语义学习等多种学习模式。学习和记忆的性质不同，参与的脑结构也不同。神经生物学研究发现，不仅学习中刺激呈现时间，而且学习之间的间隔期也制约着学习效果和稳定长时记忆的形成，其原因在于从学习到记忆必须有脑内记忆相关的基因调节蛋白的激活和基因表达。行为水平上所需的时间恰好与基因调节蛋白激活所需时间吻合。介于行为科学和分子水平研究之间的细胞学研究表明，脑的个体发育中，突触形成需要一定的神经化学环境，包括神经递质和神经生长因子。因此，作为学习记忆神经生物学基础，突触可塑性的研究已成为近年相关脑科学所关注的研究课题，寻求脑发育和不同认知功能发展的关键期和可塑性是当代心理学与生理学共同研究的领域。

在基本理论和方法上，认知神经科学取得了许多进展。在理论上，智能的本质和意识的起源是认知神经科学的基本重大理论问题。我们知道，认知科学发展出了四大理论体系：物理符号理论、联结主义、模块理论和生态现实理论。这四个理论分别与认知神经科学中的检测器与功能柱理论、群编码理论、多功能系统理论和基于环境的脑认知功能理论相对应。认知神经科学的这些理论，有些可以分别用于分析不同层次机制中，它们之间并无根本对立，但有些理论观点则很难相容，例如神经元理论中特化细胞与群编码观点就各自有各自的实验事实依据。在方法上，认知神经科学包括两大类互补的研究方法：一类是无创性脑功能（认知）成像技术；另一类是动物认知生理心理学研究方法。前者又分为脑代谢功能成像和生理功能成像两种；后者包括单细胞记录、多细胞记录、多维（阵列）电极记录法和其他生理心理学方法（手术法、冷却法、药物法等）。外显的意识过程和内隐的无意识心理过程的特性、控制加工与自动加工过程的特性及其相互转化的规律、心理容量分配的基本特性和规律、复杂心理过程的时序性和决策水平的特性等是心理过程的深层机制，它们不但可以进行实验操作的客观研究，而且还可找到与之并存的许多相应脑功能参数，如脑细胞或不同脑区神经信息处理和能量代谢水平的差异，同一心理过程脑激活区大小、多少和激活水平的差异等。

3. 认知科学的研究进路

一般来说，认知科学的进路有心理学进路、语言学进路、生物物理学进路、神经生理学进路、人工智能进路、广义进化论进路、复杂性科学进路，这些进路蕴含五大问题：①知识和概念化是人工智能的核心吗？②认知能力及其所预设的知识能否脱离其有机体进行研究？③认知的知识形态或信息形态的轨迹是否可用类自然语言描述？④学习能否与认知相分离加以研究？⑤是否有对于所有认知的统一结构？这些问题挑战心灵哲学中的三个问题：意向性、意识和心灵是否具身。

与这些问题相关的是人工智能的基本信念：①认知和智能活动是信息处理过程；②人工系统可模拟生命和智能过程；③通过研究虚拟世界各类人工智能的详情可以把握真实世界人类认知和智能的基本性质；④虚拟世界与真实世界具有同样的实在性。这些问题和信念构成了认知科学的六个基本假设：①功能主义假设（人类心理状态就是大脑的计算状态）；②物理系统符号假设（认知行为的计算主义形式化认知模型）；③联结主义假设（认知和智能是从大量单一处理单元的相互作用中产生的）；④行为主义假设（“刺激-反应”模式、“刺激-中介变量-反应”模式）；⑤动力系统理论假设（认知过程和智能行为是用微分方程表达的复杂动力系统）；⑥非还原的物理主义假设（弱化的物理主义）。在我看来还需要加上三个假设：一是认知的语境依赖假设（认知限于语境）；二是认知的文化基因遗传假设（文化可引起认知进化）；三是认知的生命-具身-延展假设（认知是生命体行动于世界的过程）。

4. 认知科学和认知神经科学的问题域

根据以上梳理与分析，当代认知科学和认知神经科学主要研究如下问题：

（1）人脑能够像计算机那样突然关闭吗？如果那样，将发生什么？

（2）人脑如何评估空间距离和时间传播（像 GPS 导航系统）？

（3）右脑和左脑（情感与理想）的区别还有用吗？

（4）有无一个好的认知测试能够预测真实生命的决策技巧？

（5）人类感觉的敏感度和频率范围是什么？

（6）感知是实在的吗？有无实体的心灵？潜意识存在吗？人类意识可传

递吗？

（7）有无神经科学家知道而大多数人不知道的事物？

（8）每个人的颜色体验相同吗？没有感受性能够思维吗？

（9）当有人看我们时我们如何知道？

（10）语法错误是大脑失灵的表现吗？

（11）鸟和动物的不同脑结构如何影响它们的认知和行为？昆虫有痛感吗？

（12）为什么遗忘对于驾驶和计算不同？

（13）提高工作记忆的最有效方式是什么？人通过实践提高执行任务能力的认知机制是什么？

（14）什么科学概念能够提高人的认知工具包？

（15）最重要的认知倾向性是什么？

这些问题既是认知科学和认知神经科学要研究的，也是认知哲学要着力探讨的。

（二）认知研究的技术维度

这一维度包括计算机科学、人工智能（包括认知工程学，运用涉及技术、组织和学习环境研究工作场所中的认知）和机器人技术。其中，人工智能最为突出。

1. 计算机科学

计算机科学是研究计算机系统结构、程序系统、人工智能以及计算本身的性质和问题的学科，它从抽象的算法分析、形式化语法到具体的编程语言、程序设计、软件和硬件等。其内容主要包括理论计算机、计算理论、信息编码论、算法、程序设计理论、形式化方法、并行和分布式系统、数据库和信息检索、应用计算机科学、人工智能、计算机体系结构与工程、计算机图形与视觉、计算机安全和密码学、计算科学、信息科学、软件工程等。或者说，计算机是一种进行算术和逻辑运算的机器，大部分是基于“冯·诺依曼计算机”和“图灵机”的，它们是实际机器的计算模型。邱奇-图灵论题表明，尽管在计算的时间、空间效率上可能有差异，现有的各种计算设备在计算能力上是等同的。

作为一个学科，计算机科学涵盖了从算法理论研究和计算极限，到如何通过硬件和软件实现计算系统。计算科学资格审查部（computing sciences accreditation board，CSAB）确立了计算机科学的4个主要领域：计算理论、算法与数据结构、编程方法与编程语言，以及计算机元素与架构。还确立了其他一些重要领域，如软件工程，人工智能，计算机网络与通信，数据库系统，并行计算，分布式计算，人机交互，计算机图形学，操作系统，以及数值和符号计算。理论计算机科学包括经典的计算理论和其他专注于更抽象、逻辑与数学方面的计算。按照戴恩宁（P. J. Denning）的说法，计算机科学的根本问题是“什么能够被有效地自动化?”计算理论的研究就是专注于回答这个根本问题，关于什么能够被计算，去实施这些计算又需要用到多少资源。

一般来说，计算机科学要解决：

（1）计算机程序能做什么和不能做什么（可计算性）；

（2）如何使程序高效执行特定任务（算法和复杂性理论）；

（3）程序如何存取不同类型的数据（数据结构和数据库）；

（4）程序如何显得具有智能（人工智能）；

（5）人类如何与程序沟通（人机互动和人机界面）。

2. 人工智能

人工智能是指由人工制造出来的系统所表现出来的智能，它是通过计算机实现的智能。其分支领域主要集中在解决具体问题，比如如何使用各种不同的工具完成特定的应用程序。人工智能的核心问题包括推理、知识、规划、学习、交流、感知、移动和操作物体的能力。主要研究演绎、推理和解决问题；知识表征、规划、学习；自然语言处理；运动和控制；知觉、社交和创造力；多元智能。

人工智能分为强人工智能和弱人工智能。强人工智能认为有可能制造出真正能推理和解决问题的智能机器，且这样的机器能将被认为是有知觉的、有自我意识的。强人工智能又可分为两类：似人的人工智能，即机器的思考和推理就像人的思维一样；非似人的人工智能，即机器产生了和人完全不一样的知觉和意识，使用和人完全不一样的推理方式。弱人工智能认为不可能制造出能真正推理和解决问题的智能机器，这些机器只不过看起来像是智能的，但并不真正拥有智能，也不会有自主意识。

两种人工智能在哲学上的争论点是：如果一台机器的唯一工作原理就是转换编码数据，那么这台机器是否是有思维的？塞尔认为这是不可能的。中文屋假设说明，如果机器仅仅是转换数据，而数据本身是对某些事情的一种编码，那么在不理解这一编码和这实际事情之间的对应关系的前提下，机器不可能对其处理的数据有任何理解，即使有机器通过了图灵测试，也不一定说明机器就真的像人一样有思维和意识。丹尼特认为，人只不过是一台有灵魂的机器而已，数据转换机器是有可能有思维和意识的。需要指出的是：弱人工智能并非和强人工智能完全对立，即使强人工智能是可能的，弱人工智能仍然是有意义的。

3. 机器人技术

机器人技术是对工业机器人的需求而兴起的，它是计算机科学与人工智能在工业上的应用。其内容包括机器人的机械结构、传感器在机器人上的应用、机器人驱动系统、机器人控制系统、机器人编程语言、机器人的应用。由于机器人有了一定的人工智能，因此机器人技术就成为人工认知的实际应用。

总之，认知的技术研究主要解决三个基本问题：①识别过程（将外界输入的信息向概念逻辑信息转译，将动态静态图像、声音、语音、文字等信息转化为形式化的概念逻辑信息）；②智能运算过程（输入信息刺激自我学习、信息检索、逻辑判断、决策，并产生相应反应）；③控制过程（将需要输出的反应转译为肢体运动和媒介信息）。人工智能今后要在自然语言理解、语音识别、机器视觉、传感与运动控制、概念逻辑运算和智能操作系统方面有所突破，以便达到能够与人类的智能相匹敌的水平。

（三）认知研究的心理学维度

这一维度主要包括认知心理学、认知理论（包括认知发展和认知性格学，研究动物在其自然环境中的心理体验）等。

1. 认知心理学

认知心理学是一门研究认知及行为背后之心智处理（包括思维、决定、推理和一些动机和情感的程度）的心理科学，旨在研究记忆、注意、感知、知识表征、推理、创造力，以及问题解决的运作。它的四个主要观点可以概括为：①人脑类似电脑的信息加工系统；②先前知识决定后期认知行为；③认知过程具有整体性；④认知是产生式系统。在认知过程中，通过信息的编码，外部客体的特性可以转换为具体形象、语义或命题等形式的信息，再通过储存保持在大脑中。从认知哲学来看，这些具体形象、语义和命题事实上就是外部客体的特性在个体心理上的表现形式，是客观现实在大脑中的反映，而大脑中反映客观事物特性的这些具体形象、语义或命题就是外部客体的心理表征。

2. 认知理论

认知理论（cognitive theory）是研究由经验引起的变化是如何发生的一种学习理论，强调机体对当前情境的理解。认知理论与 S-R 理论（刺激-反应）相对立。所谓认知，并不是个别的感知和部分的知觉，而是对含有格式塔心理学所说的形态知觉这种更大的整体的认识。认知理论也被称为符号完形理论，通过学习，生物体去制作对其本身具有意义的某种环境认知地图，学习过程也可以说是这种认知地图的形成过程。认知理论主要有三个观点：①认知失调论（指两种认识上的不一致而产生出紧张心理状态，产生动机冲突）；②认知一致论（强调人在认识中总是寻求一种平衡的、一致的、协调的状态）；③认知平衡论（系统达到平衡的形式在于改变现存的认识，或添加一种新的认识，以校正不平衡）。认知理论对于研究认知的本体论问题有重要借鉴意义。

（四）认知研究的语言学维度

这一维度主要有认知语言学、认知语用学、认知语义学、认知词典学、认知隐喻学、认知语法等。这些研究领域与语言哲学密切相关，也是认知哲学关注的对象。

我们知道，20 世纪 80 年代中期以来的语言学研究中出现了“认知转向”，拉考夫等是其代表，他们从范畴结构、意象、概念等入手，运用隐喻方法对语言系统及其运作规律进行研究，认为隐喻不仅是一种特殊的修辞方式，更是一种深刻的思维方式。乔姆斯基反对行为主义，主张“语言是通过学习形成的习惯”而代之以由转换规则构成的所谓“心理语法”来说明人们理解语言的能力，并认为儿童生来就具有一种天赋的“语言获得装置”。皮亚杰在“思维先于语言”的意义上与乔姆斯基的观点一致，但认为这种语言获得装置不是先验的，而是源于后天的感知运动能力。拉考夫的隐喻思维和乔姆斯基的转换生成语法对语言学本身以及对计算机科学和心理学均产生了深刻的影响。

不过，乔姆斯基的语言理论又主张这些“结构”是一种不限于自然语言的形式理论，它们可设置于所有的自然的或人工的语言之中，各种语言只不过是这些结构设置的不同的表现而已，形式语言结构是一种与实现载体无关因而也与人无关的所谓“纯形式”，所谓语法就是无意义符号的操作规则。这为神经认知语言学的产生奠定了基础。神经认知语言学的研究范围涉及言语形成、言语理解和言语交际的神经心理以及大脑局部损伤时言语过程的变化，其主要目标是理解和阐释语言与言语的神经基础，探讨语言使用的机制与过程的性质。

概言之，认知语言学的新转向突出表现在意义的新观点上，即强调语义的主观性，不再把语义仅仅理解为使语句表达之命题成真的充分必要条件，它还跟主体的认知状态有关，因而它是一种“主客观统一的语义观”，即，语义被理解为是概念化的——心理经验的各种结构和过程，一个表达式的语义就是说着或听着大脑中激活的概念。

（五）认知研究的逻辑学维度

这一维度主要表现为认知逻辑、认知推理和认知模型。比如，亨德里克斯和西姆斯（J. Symons）认为，认知逻辑与认识论密切相关，因为知识、信念和怀疑是传统认识论的三个主要概念，而形式认识论的三个主要概念是学习、信息和策略。认识论主要围绕两个主题来研究：一是给知识概念提供一个合适的定义并回答怀疑论的挑战；二是给动态的知识和信念提供一个合适的模型。从哲学反思认知逻辑主要有四个方面：基本认知概念的本质（如知识和信念）以及相关联的概念比如真和确证；信念的一致性和逻辑全能问题；认知算子的叠置问题，如相信某人知道；认知逻辑的量化问题。

费泽尔（J. H. Fetzer）（1997）运用逻辑方法研究了认知科学的逻辑规律问题，并提出了六个形式化的认知规律，我们将其概括为：心脑状态同一律（LC-1）、心灵状态因果律（LC-2）、心灵认知刺激反应律（LC-3）、心脑隐射同一律（LC-4）、脑认知刺激反应律（LC-5）和脑状态因果律（LC-6）（见第一章）。这些认知规律表明：大脑 B 的系统和心灵 M 的系统，大脑状态与心灵状态，刺激物和行为反应，环境因素和生理因素，普遍倾向性和或然倾向性之间具有相互作用关系；认知是依赖环境的，或者说是依赖语境的，不存在单纯的认知。不过，这些认知规律仅仅体现了心脑之间的逻辑性，反映了心灵潜在的认知规律，还没有揭示出认知科学更本质的问题，如意识是如何形成的，心灵是怎样表征信息的，思维的本质是什么，等等。

Gergely 和 Anšakov（2010）认为解决不确定性、从缺省到知识是认知过程的焦点，理解这些过程、建模、设计和建立人工认知系统长期以来一直是挑战性的研究问题。他们描述了一个新的、科学上已经确立的普遍进路的理论和方法，而且实现了智能形式的应用，应用范围涉及社会科学、认知科学、社会学和自然科学。这是一个整合性理解认知和建模的理论，其中“认知推理框架”（CR 框架）是其核心。CR 框架是由两个相互嵌套的内圆和外圆构成的推理过程，内圆由迭代推理算法构成，直到满足充分条件；外圆表征感知重复和推理阶段，这一过程贯穿认知主体活动的始终。

克莱戴尔（B. Crandall）等（2006）集中于认知任务分析（CTA）的讨论，CTA 有助于研究者理解，认知技巧和策略如何使得人们行动有效，并把事务做好。CTA 能够产生人们需要的信息，比如雇佣者面临的人事问题，市场研究者想弄清消费者思想过程，训练者设计教学教育系统。CTA 能够说明是什么促使工作场所工作，是什么使得它保持持续工作，它涵盖了 CTA 方法的“为什么”和“如何”问题，提供范例、指南，因为 CTA 的有效使用依赖于认知理论和认知研究中的某些概念基础，比如知道认知视角能够提供什么。总之，工作心智使得 CTA 方法论可行，它的技巧可用。

在基于逻辑的认知建模方面，马格纳尼（L. Magnani）和奈瑟斯安（N. J. Nersessian）（2002）探讨了科学中的诊断的、视觉的、空间的、类比的和时间推理，这些执行智能和创造的推理方式在传统推理概念比如经典逻辑中没有描述过。要理解科学中对于发现和概念变化的建模实践的作用，我们需要将科学推理扩展到包括创造性推理的复杂形式。他们阐释了许多类的基于模型的推理（model-based reasoning，MBR），“模型”包括内在表征和外在表征，这些模型被看作物理目标系统、过程、现象或境遇，它们是基于目标域的、潜在满意的显著约束建构。然而，在建模过程中，他们使用了不同的抽象形式，评价和适应按照结构、因果和功能约束进行。模型模拟能够用于产生新的状态，而且能够对行为和其他因素进行评价。

另外，约翰斯-莱尔德（Johnson-P. Laird）的《心理模型：走向语言、推理和意识的认知科学》讨论了不同的心理模型；费泽尔的《哲学与认知科学》讨论了中文屋假设与心理发展模型等；哈肯的认知协同模型和拉兹洛的认知系统模型，探讨大脑认知协同机制；帕沃斯（W. T. Powers）提出"感知控制论"，探讨了脑的结构及其认知控制机制；莫瑞恩（Morin E）建立了认知过程的大脑、精神和文化相互作用圆环模型。莫瑞斯（E. Morris）等把语境模型用于心理现象与行为分析；里斯（H. Reese）等应用语境模型发展现代心理学，并探索知识创新的心理过程；鲁梅哈特（M. Rumelhart）的交互激活模型描述了知觉的语境依赖性；巴尔斯提出全局工作空间（global workspace）模型解释意识现象，通过建模操作使心理建模成为认知推理的有效形式。

（六）认知研究的人类学维度

这一维度包括文化人类学、认知人类学（文化人类学的一个分支，旨在理解和描述人们如何在社会中设想和体验其世界）和认知考古学（研究过去社会中人们的思想和符号行为）。

文化人类学（cultural anthropology）是人类学对于人类的全貌视野研究的学科之一。它将文化视为有意义的科学概念，研究比较人类各个社会或部落的文化，借此找出人类文化的特殊现象和通则性，特别是研究人类的智力的演变和发展过程。文化人类学的学派有：进化学派、传播学派、功能学派、心理学派、新进化学派、结构主义学派、心理人类学、生态人类学、认知人类学等，其中认知人类学与认知哲学研究最为密切。

认知人类学（cognitive anthropology）的代表人物有考尔比、弗纳德泽（J. W. Fernandez）、克罗内费尔德（D. B. Kronenfeld）、德安德雷德（R. G. D'Andrade）（1995）等。他们试图解释人类共同知识、文化创新和传承模式，对各种文化型态进行描述和诠释。20 世纪 70 年代以后认知人类学发生了"心理学转向"。它与"民族科学"（ethno-science）、"民族语义学"（ethno-semantics）有着同一范畴，主要研究民间分类系统中的概念分类结构以及它们在系统中的意义编码，最初旨在强调文化相对性和认知类型，后将注意力转到建立普遍认知图示上。晚近时期关于人类系统的研究主要集中探讨概念分类的心理现实（psychological reality）。比如，许多范畴（categories）围绕"原形"（prototypes）组织，原形赋予范畴以突出特点（salience），使它能够影响记忆和推理。这一领域的大部分工作是由语言学家完成的，认知人类学家主要从事“图式”（schema）研究，即围绕图式如何与行动发生联系展开讨论。在认知人类学家眼里，图式不同于原形（由特定预期组成），是一种关系的组织框架，作为高度一般化的文化知识结构，它需要具体细节来充实。

为了探索普遍认知模式，德安德雷德（1995）运用人工智能开发和认知心理学的研究成果，采用文化网络分析方法发展了三个基本模型：信息加工模型、认知发展模型、感知经验模型。其中，信息加工模型探讨“并行分布处理”与“联结主义处理”；认知发展模型对不同文化进行比较，借此发现共同发展特征和主题；感知经验模型则认为在环境中对于感知过程和感知体验的共享，跨文化地塑造了人们的认知模式。近来认知人类学陷入一些具有深刻哲学渊源的困境，这些困境促使学者对于“认知本质”进行再思考，之后的发展使它不再囿于分析知识体系，开始进入一个新综合时代，并与心理学、认知科学交叉，这为认知研究提供了一个新的研究进路，极大地推进了认知的文化研究。

（七）认知研究的宗教学维度

这一维度典型的是宗教认知科学（cognitive science of religion）的兴起。这是一种从认知和进化视角研究宗教认知模式和行为的领域。该领域的学者①运用包括认知心理学、进化心理学、认知人类学、人工智能、认知神经科学、神经生物学、动物学及动物行为学在内的多学科的方法和理论，寻求解释人们心灵如何借助日常认知能力的途径习得、产生和传播宗教文化基因。巴雷特（J. Barrett）（2000）是这个领域的典型代表，他认为人们拥有一种叫做超灵敏中介探测装置（HADD）的认知构架，专司探测有目的的中介活动。HADD是一种假想的人类认知工具，根据HADD理论，过敏探测是人类的基本认知属性，信仰源于过敏探测及其后的思维推理过程。从这种意义上说，HADD是导致信仰产生的根本动因之一。人类出于生存与自我保护的需要，超灵敏中介探测装置非常敏感，且倾向于在信息不明朗时过高估计中介引发的有目的行为，因此会导致一部分假阳性的产生，这种倾向有助于人们对于宗教信仰的接纳，因此，超灵敏中介探测装置在宗教的产生环节充当了十分重要的角色，可解释为什么宗教具有普遍的接受性并获得成功。宗教认知科学的兴起，开启了宗教认知方式和模型的研究。

（八）认知研究的历史学维度

这一维度包括认知历史思想、认知科学的历史，一般的认知科学导论性著作

① 这一领域的著名学者有S. Atran，J. Bering，P. Boyer，A. W. Geertz，E. T. Lawson，L. H. Martin，R. McCauley，D. Sperber，A. Taves，H. Whitehouse，J. Barrett。

都涉及历史。比如史密斯（J. C. Smith）（1990）收录了德雷福斯、乔姆斯基、塞尔等15位著名哲学家的论文，内容涉及古希腊哲学家、中世纪经院哲学家、从笛卡儿到休谟和里德的早期近代哲学家、康德和19世纪现象学家以及20世纪行为主义和分析哲学的创始人的认知思想，并梳理了认知科学的28个根本（哲学）问题：信念形成/定式（fixation）（意向行为的民间或科学心理学解释中的信念指称问题）；（心灵主义的）黑箱问题（只根据观察到的外部行为来推断内在状态和过程的问题）。沙文主义/自由主义（心理学解释要么与我们的生理学联系得非常紧密，要么是十分宽泛的功能主义解释）；概念习得（解释概念范畴是如何运行，尤其是作为对知觉输入的反应问题）；意识（对自我心理操作的意识和对意向存在的“原始感觉”）；弗雷格假设（自然语言的结构揭示了思维的结构）；功能（关于作为心理属性之归因基础的内在状态、输入和输出之间关系的一系列问题）；小人/休谟问题（根据愈少的智能设备，或‘内在小人’的愈加复杂的交互作用来解释意向行为是不可能的）；影像/对象的表征 vs. 命题/推理的表征（有关图像形式作为心理表征的可能性的影像争论）；意向性（解释心理状态的“内涉性”的问题，包括表征非存在对象的能力，也包括其表征从来不属于输入-输出关系的对象的能力）；内省主义（认为一些自我意识的经验和证据，为关于心理操作本质的理论提供了充分的或重要的证据）；意义/内容（它构成了关注语言表征和心理表征的核心领域）；机械论（解释和预测一切有生命的、无生命的和具有意向性的行为）；心理系动词（在一个命题的心理表达式中，将主词的表征与谓词的表征联系在一起的东西究竟是什么）；心身问题（关于心和身的本体论地位的问题，或者心身间相互作用的解释力的问题）；模块性/官能论题（大脑/心智由在系统上独立的组件、模块、器官或官能构成）；自然主义/唯物主义 vs. 心理主义/唯心主义（实在全然存在于法则学上可解释的由物质、时空中的对象和事件构成的系统之中 vs. 实在是那些有规律的心理或观念现象的产物）；旧证据问题（贝叶斯难题，即证据是证实新假设的背景知识的一部分）。知觉问题（传统上解释感官刺激是如何产生对外部世界的知觉知识的问题）；边界问题（这是功能主义在说明内在状态的功能作用时，提供一种对输入和输出的话题中性的刻画所遭遇到的困境）；心理学解释（预测生命实体的智能行为和意向行为的理论）；感受性问题（一个通过‘原始知觉’进行完整的功能性解释时所遇到的问题，是指具有知觉或其他经验是什么样子）；可实现性/执行（关于如何以及何种‘殊型物质过程’作为它们发生的问题，即认知科学中的计算问题）；表征关系（内在状态对内容进行编码的能力，尤其是知觉过程和外部世界间的揭示真理关系的能力）；规则 vs. 联结（一切心理过程都可以解释为受规则支配的过程或程序的执行 vs. 否认这种解释对某些过程是可能的）；目的论（把目的或预期的结果归属于自然过程，包括根据自然事件通常产生的后果对功能作用所进行的刻画）；无意识心理过程（一些不可报告的但实验上证明了的信息处理事件，尤其与提到封装模块或官能的过程本质的问题时相关）；证实主义（陈述的意义及其词项是证实其为真的条件）。以上的认知历史思想基本上涵盖了当代认知科学及其哲学的基本问题，因此认知科学被定义为：一门对认知和通过意向行为中的知识的建构、储存和使用来确证的相关心理现象进行系统性科学研究的学科。

哈尼什（R. M. Harnish）（2002）从历史和跨学科两个视角，对认知科学基础问题进行了导论性的述评，描绘了从19世纪到当代认知科学领域某些核心理论如联想主义、行为主义、认知主义、联结主义、动力主义等发展脉络，考察了哲学、心理学、神经科学和计算机科学等学科对认知科学发展的重要贡献和影响，还从数字计算机和神经网络模型两个进路考察了心智理论问题。

（九）认知研究的生态学维度

这主要是认知生态学和认知进化的研究。认知生态学诞生于20世纪90年代中后期，是认知科学中一门新兴的综合性和交叉性研究领域，其代表人物是哈钦斯（E. Hutchins）（2010），他将生物学领域的生态学和进化论整合并纳入认知研究中。认知生态学关注的核心问题是：外在于大脑的生态要素如何与大脑的神经过程发生关系。它奉行语境论，主张在"语境"中研究认知现象，这里的语境"不是指一组固定的环境条件，而是指一种更加宽泛的动力过程，个体认知不过是这种动力过程的一部分"。总体上讲，认知生态学将认知研究指向认知生态系统中诸要素间的相互依存之网，将认知视作一种生物现象而不是一种逻辑运算过程，使认知科学的分析单元（研究对象）从系统要素之内在属性规定的单元转变为系统要素间关联的动力学模式规定的单元，试图从共时性和历时性两个维度探究认知现象。

认知研究在过去30年里至少有三个领域采取了生态学进路——吉布森（Gibson）的生态心理学，贝特森（Bateson）的心智生态学和维果茨基（Vygotsky）的文化历史活动论（CHAT）。这些思想在现代关于具身认知、境遇认知和分布式认知的论述中都占有一席之地。生态心理学拒斥心理学研究的信息加工方法，主张在生态语境中研究心理过程。吉布斯在《视知觉的生态学研究》（1986）中指出：心理过程只能通过动物与其环境之间的动态耦合来研究，知觉是行动的一种形式的洞见，我们的知觉系统在那些提供一系列有限不变量集的环境中演化和适应。同时，生态心理学还与认知的动力学系统研究相结合，形成了一种彼此有益的互惠关系。另外，奈瑟（U. Neisser）等（2000）将生态学方法和原理引入认知心理学，将人的认知与其所处的环境紧密地联结在一起，强调不能抛开主体所处的语境去孤立地研究认知的信息处理机制。他们提倡的认知生态学，对当代心理学的发展起到了一次革命性的范式转变，即认知生态心理学的范式转变。我认为认知生态学在本质上是一种语境论。

在心智生态学中，玛图雷纳（Maturana）和瓦雷拉（Varela）1987 年提出的自创生理论（autopoiesis）最具影响力，它描述了有机体借以通过与其环境间的结构耦合来保持自我的自组织过程，其核心观点是：环境不是预先给定的，而是有机体自身的活动创造的。基于自创生概念的生成视角整合了现象学哲学和控制论方法，致力于对循环因果性（而非线性因果性）、自组织，以及有机体与环境间的结构耦合的研究。文化历史活动论强调文化和历史在人类思维形成、发展和塑造中的作用，主张“世界”（在“大脑-身体-世界”系统中）是由文化建构的社会情境和物质情境构成的，人类大脑与人类文化是共同演化的，心智的分析单元一定是文化的/认知的生态系统。

上述三个进路所共有的一个显著特点是：它们都反对认知科学中占主导地位的认知主义。无论是生态心理学强调的生态语境，还是文化历史活动论强调的文化和历史语境，都不是抽象地、孤立地研究认知，而是将认知置于具体且丰富的多元语境中。生态心理学中的“知觉是行动”、“有机体与环境间的动态耦合”、“视觉经验是感觉运动”以及文化历史活动论中的“认知在文化和历史中演化”，无不是生成主义的典型观点。

（十）认知研究的社会学维度

这主要是社会表征和社会认知的研究。迪尔凯姆在《个人表征与社会表征》首次提出社会表征的概念。他认为知识是一种集体表征，心理学是关于个体及个体心理现象的微观研究，完全割裂了个人与社会；个体表征属于心理学范畴而集体表征属于社会学范畴。迪尔凯姆还将集体表征视为一种理解集体的静态形式，认为它缩小了个体主体性及其心理方面的作用以保证社会学因果关系的客观性。集体表征是预先建立的，一旦产生，就不受个体表征影响，是外在于个体的、不可改变的，这就导致了表征的强制性特征，群体成员只能服从。

法国社会心理学家莫斯科维奇（S. Moscovici）（1990）因感念于态度、刻板印象等现有社会心理学概念无力达成心理与社会的整合，而其他诸如意识形态、世界观等概念则又失之宽泛，无以解释社会知识的文化特异性，所以才接续迪尔凯姆对集体表征的构念。他把社会表征定义为“某一群体所共享的价值、观念及实践系统，并认为其兼有两种功能，其一是为个体在特定生活世界中的生存进行定向，其二则是提供可借以进行社会交流及对现实世界与个体、群体历史进行明晰分类的符号，使人际沟通得以实现”。也就是说，社会表征是集体成员共享的观念、意向和知识，这种思想的共识形态由社会产生，并由社会的沟通而形成的。

莫斯科维奇认为，科学知识的表征是通过锚定（anchoring）和具化（objectifying）完成的。锚定是负责整合原有知识与意义并将其变成新系统的过程，它是对不熟悉的事物命名或赋予特性，并以熟悉的名词来解释和定义，使其可以被解释和沟通的过程。具化则是将各种元素如规范、价值、行为等形成社会框架，在沟通压力下形成并组织在表征元素中，它使那些模糊和抽象的观念变得具体。它的产生有两种途径：拟人化（personification）和比喻（figuration）。而具化机制（objectifying mechanism）则是锚定机制的延续，它将其内隐的抽象产物具体化为主观上可见、可触、可控的"实存"现实，旨在了解常识知识和科学知识的关系、理解社会思维的一般性过程，以及在社会系统中人的行为与沟通模式的关系，特别是理解从新异事物到熟悉社会现象和人类经验的过程等内容。

社会认知研究与社会认识论相关。社会认识论研究受到罗蒂、安尼斯和古德曼的关注。罗蒂将这一理论称为"认识论的行为主义"，安尼斯称为"语境论的社会认识论"。安尼斯认为，人是社会动物，当涉及信念的确证问题时，哲学家倾向于忽略社会因素，特别是忽略语境因素的存在对于知识确证的重要作用。古德曼对传统的认识论和反传统认识论做了总结，他认为在如何理解"知识"，"社会"的范围是什么，社会认识论的研究目的是什么这些问题上，研究者并没有达成一致。传统进路研究真理、确证与合理性问题；反传统进路主张放弃这些问题，侧重研究知识形成的社会因素、信念形成的社会实践，强调知识在共同体、文化或者语境中的"制度化"，寻求知识产生的社会力和影响力，因为"不存在无语境或者超文化规范的合理性"。

20 世纪 70 年代兴起的科学知识社会学（SSK）是这一进路的代表。SSK 学家彻底或部分否定科学知识的客观性、实在性、真理性和合理性，主张科学知识是社会建构的，并由此引发了著名的"科学大战"，也导致了认识论的"社会学转向"。古德曼认为，社会认识论有社会和求真两个维度，它并不将其自身限制于孤独个体上，而是关注特定社会集团或组织，同时充分考虑集体的或具有合作性质的实体。

（十一）认知研究的哲学维度

这一维度包括认知科学哲学、人工智能哲学、心灵哲学、心理学哲学、现象学、存在主义、语境论、科学哲学等，在上述研究进路中均有所体现。《MIT 认知科学百科全书》（2000）用大量篇幅论述了哲学的 9 大问题：心与物关系、心与知识关系、第一人称和第三人称观点（我心和他心关系）；唯物主义与心理科学；自然主义转向；科学哲学中的认知研究；认知科学中的心灵问题；常识心理学观点；心理内容（心理语义学与意向性）；逻辑与心灵科学；认知生物学（自然进化、认知进化）。哲学被置于首位表明：哲学对于认知科学的发展是不可或缺的，它能够为其发展提供科学的认识论和方法论。

哈瑞（2002）从科学实在论立场出发，探讨认知科学的各种预设。哲学是研究各个学科预设的学问，概括是哲学的主要功能。基于这种思想，哈瑞研究了本体实在论预设、"三个世界"理论和探寻这"三个世界"的方法论。本体实在论认为科学依赖实在论的事实预设和概念预设，表达这两个预设的实在论是原子论和物力论，这两种实在论在科学的不同时期起的解释作用不同；"三个世界"为感知世界、仪器世界和想象世界，它们的边界是历史的、可变的，人们接近它们的方式不同；科学方法论为描述分类方法和模型解释方法，科学正是通过这两种方法认识世界的。关于认知的哲学研究目前主要涉及以下10方面：

1. 认知与意识的关系问题研究

发展一种系统的方法以研究认知与意识的关系问题始于笛卡儿。他的二元论至今仍颇具影响。赖尔1948年出版的《心的概念》是行为主义的第一次明确表达。乔姆斯基（1966）对行为主义提出了批评，由于脑科学和计算机科学的飞速发展，人们越来越关注心灵或意识与脑的关系。20世纪50年代后期，普拉斯（U. T. Place），斯马特（J. J. C. Smart），费格尔（H. Feigl）等提出的心脑同一论或类型物理主义，奠定了当代心灵哲学研究的基调，引发的争论延续至今。功能主义概念似乎是为新兴的认知科学定制的，因为它似乎设定了一个能够独立于其物理/生物的部分而能够科学地研究的认知领域。分析功能主义的代表如阿姆斯特朗和刘易斯为物理主义辩护，而机械功能主义的代表普特南和福多等却主张功能主义表述了一种对于物理主义的决定性的驳斥。在布洛克（N. Block）等的推动下，"非还原的物理主义"逐渐成为一种新的正统学说。查尔默斯提出的困难问题与容易问题的区分也被广泛接受。哲学家与认知科学家们纷纷提出各种意识模型或认知模型，如巴尔斯的全局工作空间意识模型、丹尼特的多重草稿模型，等等。意识与认知过程中的现象特征，也就是感受性（qualia）问题逐渐成为心灵哲学讨论的热点问题。从功能主义视角看，心智就是一种抽象的计算程序。霍布斯认为"一切推理都包含在心灵的两种活动——加和减里面"，并提出"所有推理只能是计算"的观点。这表明：思想就是对无意识存储于心智中的符号进行形式操作。这一思想是计算主义"思维即计算"的直接思想源泉。笛卡儿则更早就提出了心智的表征理论，即关于外部世界的所有知识都是通过表示外部事物的心理客体而获得的。这种心理客体既然可被操作，显然就具有表征的含义，它们是"表征外部客体"的。

2. 认知感受性与意向性问题的研究

感受性就是人感觉的本质特性。一般认为它是表征的基础，没有感受性就是不会有表征。关于感受性，实在论有一个流行假定：表征状态以两种变化出现：一种由概念组成如思想，不具有任何感受性；另一种具有感受性，但不具有概念成分如经验。这样，心理状态既可以自然语言的方式表征，也可以绘画、制图、照片的方式表征。所有表征状态依据其感受性具有其内容。比如劳埃德（Lloyd）等认为，表征是人们开始形成感受性的所有东西。布雷德曼（Brandom）、塞拉斯（Sellars）则认为，经验内容不需要感受性说明。查尔默斯、古德曼等主张，纯符号表征状态本身具有现象学特征。因果信息论主张，心理表征的内容以它携带的、由什么引起的信息为基础；功能理论认为，一个心理表征的内容是建立在它与其他心灵表征关系（因果计算、推论）基础上的。两种理论的分歧在于，这些关系是否包括所有其他心理表征，是否包括事件的外部状态。

关于非概念表征的当代争论涉及感受性的存在和本质，以及它们在决定感觉经验内容中所起的作用。丹尼特完全否认感受性这样的东西，布雷德曼、麦克道威尔（McDowell）等认为不需要感受性来说明感觉经验的内容。这是典型的取消主义。在实在论阵营中，关于感受性的观点主要是意向论和现象论。意向论主张心理状态的感受性可还原为一类意向内容，即感受性是表征的或意向的，而现象论主张心理状态的感受性不能还原。大多数还原的意向论者坚持这样的信念——意向性的一种或另一种自然主义解释是宽泛的、正确的概括，期望通过把这些理论应用到现象问题完成心理状态的自然化。意向论的辩护主要诉诸于经验的可穿透性。在意向论者看来，经验的感受性应归于它描述的客观的非经验的特性。这样，反省就是间接的感知，或者说，你开始知道你的经验具有的感受性，是通过知道它表征的客观性进行的。

3. 认知和现象经验关系的研究

德雷特斯科在探讨经验和思想功能的起源与本性的基础上，区别了经验和思想。一方面，感受性 P 的经验是系统的一个状态，这个系统的进化功能显示 P 在环境中的存在；另一方面，表征特性 P 的思想是系统的一个状态，这个系统的赋值功能是校正经验系统的输出。雷伊（Rey）把思想和经验看作思想语言中对句子的关系，并在这种句子的组成谓词的基础上区别了思想和经验。利康（Lycan）根据它们的功能/计算特性区别了思想和经验。泰（M. Tye）根据它们的功能作用和它们的表达工具的内在结构，区别了思想和经验，在类语言中介（language-like medium）中，思想是表征，而经验是由符号填充排列（symbol-filled arrays）构成的类表象表征（image-like representations）。泰（M. Tye）在首届认知哲学国际会议的报告“鱼是否有情感?”中指出，我们并没有关于什么情感这种现象经验的客观定义，因而也没有判断生物是否具有情感的客观标准，他通过翔实的实验材料和细致的论证表明：鱼至少具有某些我们所具有的情感，它们并不是只对刺激做出自动反应而没有感觉经验的僵尸（zombies）。

现象论者倾向于利用同类特性（功能、内在结构）解释思想和经验之间的某些直觉差异。但是他们没有假定这些特性穷尽了现象和非现象表征之间的差异。在现象论者看来，正是经验的感受性本身，才构成了经验和思想之间的基本差异。比如，皮考克（Peacocke）发展了知觉“场景”（scenario）概念，其含义是：在相应的“情景”（scene）中，如果一个语义特性是“正确的”，当它的现象相似物处于场景中时，其特性是分布式的。现象论者支持的另一类表征是“现象概念”（phenomenal concept），它是概念和现象的混合物，由现象学的“例子”（表象或正在发生的感觉）构成，这个例子整合了概念成分。麦克金恩（McGinn）认为，现象概念被要求说明显在的事实，比如，除非你自己例示这些特性，否则你不能形成有意识特性概念。梅洛·庞蒂的知觉现象学主张，“不通过身体的经验，就不可能理解物体的统一性”，“物体的综合是通过身体本身的综合实现的”，对外部事物的知觉“直接就是我的身体的某种知觉”。胡塞尔、海德格尔、皮亚杰、维果茨基等所进行的一系列开创性工作也都与现象经验有关。在胡塞尔的意义学说中可以找到与现象经验相汇的起点，即“在表达式与被表达对象之间存在的‘意义’层”。可以说，胡塞尔现象学的起点是一个有关世界（我们所谈论的世界）与主观被给予方式之间的“意义相关性”如何建立的问题。一句话，意义是主体和外部世界相互作用之活动的给予与建构。

4. 具身认知及其相关问题研究

认知与身体有关还是无关？近代以来的西方哲学由心灵来定义人，又由理性来定义心灵。理性不仅是我们的逻辑推理的能力，也是我们进行研究、解决问题、评价、批判、决策、理解的能力。分析哲学对理性的基本立场是：人类的推理能力独立于感知和身体运动，推理是一种“自治的”能力，即可以与身体相分离。语言的句法也是“自治的”，因而语言符号具有任意性且符号本身是无意义的，意义来自符号之间的关系或来自符号与外物的对应，即意义是外部世界的内部表征，且不认为它们与主体的身体经验有什么关系，因而所有意义都是非隐喻性的，即没有任何意义是基于隐喻和主体想象的。

拉考夫和约翰斯则将认知科学的发展分为两个阶段：20 世纪 50～60 年代是离身的（disembodied），基本上以传统英美哲学关于理性和心灵的概念为前提，致力于符号运算的研究；从 20 世纪 70 年代开始，完全抛弃了传统的心灵哲学。认知科学研究表明：理性并不是与身体无关的，而是产生于我们的大脑、身体和经验的本性。我们需要有一个身体来进行推理，这是一个引人注目的论断：理性的结构本身来自于我们具身其中的各个细节；同一种神经和认知机制使我们进行感知和运动，也创造了我们的概念系统和推理方式。因此，要理解理性，我们就必须理解我们的视觉系统、运动系统和基本的神经连接机制等方面的细节。理性绝不是与身体无关的心灵的一个先验特征，相反，它是由人的身体的特殊性质、由人脑的神经结构的特殊细节、由我们在世界中的日常举止的特殊情况塑造的。我们的理性、心灵、概念、推理、思维等，都是具身的，即依赖于我们的身体的生理结构。这一理性或者心灵的生物学观点与语境论的认知观相一致。

在心理学范围内，心智的具身思想甚至可以追溯到 19 世纪的格式塔心理学关于不存在“无意象思维”的观点。它从某个侧面反对思维的离身性，以及詹姆斯等的知觉运动理论，即知觉与身体运动的不可分离性，和吉布森（J. J. Gibson）的生态心理学立场，即主张从与环境的潜在的相互作用的角度来思考知觉的形成和发展。因此，与其说心智、理性能力有赖于身体的生理、神经结构及活动形式，不如说它们根植于人的身体以及身体与世界的相互作用之中。认识论探究人类知识的起源、基础、真理性和辩护，而认知科学则是哲学认识论的当代延续和扩展，它不仅关注心智是什么，还致力于人工实现智能的方方面面。

2014 年 9 月 19 ~ 21 日在山西大学举办的首届认知哲学国际会议上，具身认知、延展认知等外在认知观点受到极大关注。澳大利亚的哈托（D. D. Hutto）认为，认知革命摒弃了行为主义的范式并且奠定了心灵的表征和计算理论，但这些理论都预设了心理表征是包含内容的，这一点正受到越来越多的质疑，而认知哲学中的非表征主义进路也越来越流行，因此重新审视认知革命的时机已经成熟。他在报告中进一步揭示了内容的困难问题，提出了一种激进的具身解释或生成解释。比利时的迈因（E. Myin）也对认知科学的传统表征观念发起挑战，认为我们的认知能力并不必然以负载内容的内部状态为前提。中国学者李建会认为，虽然以具身认知（embodied cognition）、嵌入认知（embedded cognition）、生成认知（enacted cognition）、延展认知（extended cognition）以及情景化构成的“4E + s”运动为标志的理论模型试图取代传统的认知研究范式，但就目前为止，它们仍不足以掀起一场真正意义的认知革命。牛津大学的穆勒（V. C. Müller）试图调和这两种研究范式。他在对报告中对传统的认知主义观点以及具身性的不同论题进行了详细辨析，进而表明：具身性的经典论证所造成的主要影响是某种立场的转换而不是对认知主义的全面拒斥，特别是在关于人工智能或机器人的问题上，认知主义已经有办法重整旗鼓。因此，关于认知的传统理解与具身性可以整合在一起，认知主义与具身性并非完全不相容。

5. 认知的表征问题研究

表征是认知科学的核心概念之一，它是信息在大脑或计算机中的显现方式。由于表征涉及认知科学许多领域，认知科学也因此被认为是关于表征的科学。12 世纪意大利比萨的波浪第奥（Burgundio）首先提出感觉表征（表象）。此后的哲学家又提出内在表征（想象）和概念表征（心理表征）。肯茵（P. King）概括了它的发展方式：心理表征和被表征的事物形式相同或类似；心理表征由被表征的事物引起或指被表征的事物。近现代心灵哲学产生了各种表征主义（representationalism），如窄与宽内容的、显在和潜在的。普特南则区分了窄和宽内容表征，认为宽表征不依附脑中的内容。派里夏恩把心理表征看作思想语言中的句子，图表征是脑中的图画。心的计算理论（CTM）主张认知状态和过程由心灵/大脑中不同表征的发生、转化和储存构成。

关于知识表征，戴维斯（Davis）等认为它是表达事物的一个替代，一套本体论承诺，一个关于智力推理的组合理论，一个关于计算和表达的中介。迪特里克（Dietrich）给出了知识表征的相互对立统一的五个特征：持久与短暂性、离散与连续性、合成与非合成性、抽象与非抽象性、规则支配与非规则支配性。苏瓦（Sowa）认为知识表征运用了逻辑、本体论和计算三个领域的理论和技术。逻辑提供形式结构和推理规则，本体论限定事物的种类，计算支持知识表征的应用。这样，知识和推理不可分，它们构成一个表征推理系统。关于表征与命题态度，心的表征理论（RTM）把意向心理状态定义为对心理表征的关系，并用后者的语义性解释前者的意向性。福多认为，命题态度是具有意向内容的心理表征，用于预测和说明彼此日常行为的概括是大众心理学的。邱奇兰德等主张，心理生活和行为的成功说明和预测，根本不涉及命题态度以及它们所依托的表征状态，并进一步否认了命题态度心理学概括的真实性。

目前关于表征的讨论主要围绕三个问题进行：认知科学应该如何说明、确定和利用心理表征？表征内容如何依赖表征本身？心理表征的形而上学是什么？克拉克主张认知系统的非线性动力理论，认为大多数命题编码的知识是潜在地储存的，或非命题地储存在联结主义的权重矩阵中或 agent 生活的环境中。此理论与联结主义匹配，是非表征的，但是语境敏感的。卡明斯（Cummins）认为表征是同构（isomorphism）或结构共享（structure-sharing）。同构是基于相似性的表征。史密斯（Smith）的情景认知（situated cognition）理论强调了语境决定意义的重要性，表征行为使世界的对象和性质成为现实，任何谈论世界的尝试都是建构对象的表征行为。史密斯的理论不同于卡明斯的理论，表征的情景强调了认知过程和语境依赖，而同构是具有内容的静态结构，它必须说明它与产生行为的结构之间的关系。丹尼特主张显表征源于隐表征，内在表征是思维工具。他提出的“绚丽表征”（florid representation）新概念是一种具有自我概括能力的表征，用以说明 agent 如何表征世界。豪格兰德（Haugeland）分析了不同心理表征和不同表征内容，认为表征与对象的结合产生内容，意向性和客观性是“硬币的两面”。克拉平（Clapin）赞同丹尼特的意会表征（tacit representation），认为这个概念包括两方面：一是符号表征程式的语义性归于这个程式的潜结构背景；二是智能系统不用表征而本身含有信息。这样，意会表征就成为符号表征和涉身性或具身性（embodiment）之间的桥梁，显表征预设了隐表征，而不是相反。不过，在表征问题上哲学家并没有达成一致，不同表征及其关系蕴涵的哲学问题还没有澄清。

6. 认知的人工智能哲学研究

比如博登（M. A. Boden）收集了人工智能研究领域著名学者的15篇代表性论文，为计算机科学的发展和人工智能哲学的建立做出开创性的贡献。他总结了人工智能发展历程和趋势以及人工智能中的重要课题，其中现代计算机理论之父图灵的"计算机与智能"，美国哲学家塞尔的"心灵、大脑与程序"和博登的"逃出中文屋"影响深远。内森（R. Nath）2009年在具体的人工智能和一般认知科学的理论框架下讨论了一些主要哲学问题。人工智能研究者关注意识、人的主观性和创造性问题。认知科学和人工智能主张意识能够人工创造并以机器人的功能得以理解。机器人活动解释了包含在计算、语言加工、感知信息等中的机制。与此相反，哲学研究试图说明人类意识、思想等是更大的概念，需要在广阔的理论框架内去探讨。内森对心的机械论的理论提出批评，阐释了人工智能的根本基础及其在解释人类精神生活中的局限性。机器功能主义不能说明意识的主观特性和包含在意识行为中的创造性。这个观点有认识论和形而上学两个方面。在认识论方面，意识主体详尽地知道原初感觉或感受性；在形而上学方面，原初感觉是真实的因为它们是心灵世界的一部分，因此，我们几乎不能否认心灵世界的真实性。

7. 认知的心灵哲学研究

塞尔2004年梳理出心灵哲学的12个问题：身心问题、他心问题、对外部世界的怀疑论问题、对知觉的分析问题、自由意志问题、自我与人格同一性问题、动物有无心灵问题、睡眠问题、意向性问题、心灵因果关系与副现象论、无意识问题、心理的与社会的解释问题。前8个问题与笛卡儿有关，他将这些问题称为"笛卡儿与其他的种种灾难"。可以看出，塞尔立足于自然主义立场（一个我们居于其中的世界）来解决这些问题，一方面阐述自由意志、心灵因果关系的实际运作、无意识的本性与功能作用、对于感知的分析以及"自我"概念等问题，另一方面回溯12个问题。他以身心关系的讨论为主线，论证了"所有形式的意识活动都是由神经的行为引起的，并且实现于其本身也是由神经构成的大脑系统之中，但这并不意味着意识只是神经行为。"他以观察者为中心，将意向性分为固有意向性和衍生意向性，固有意向性是观察者先天具有的，衍生意向性是观察者在观察自然现象过程中形成的主观现象。这是值得我们关注的一个重要观点。

8. 认知的存在主义研究

麦克拉姆罗克（McClamrock）（1995）认为，当心智作为信息处理者（一个计算系统）的观念被广泛接受时，许多科学家和哲学家已经假设，这种认知解释表明：心智的操作独立于其与外部世界的关系。存在主义的认知观挑战内在主义的心智观，主张我们对智力、思想和行动的理解不能与世隔绝，我们只能够与外部世界相互作用，而且认为心智本质上是嵌入外部世界的。他提供了这样一个计划，它允许认知科学家描述一个人工智能中长期存在的问题，即“框架”问题，以及“有限”理想问题。同时，他将这个计划扩展到覆盖行为的其他研究的进展方面，包括语言、视觉和行动，重申了有机物与环境区分的重要性。他还讨论“在世心智的场所”（workplace of mind in world）这个更广阔的哲学问题，特别是关于意向性问题、主体性问题和现象学问题。在探讨哲学、认知和计算机科学、人工智能、心理学含义的同时，他综合了哲学和认知科学中艺术级的工作，说明心智如何与世界相互作用，产生思想、观念与行为。

9. 认知的心理学哲学研究

查特（D. Chart）（2000）提供一个对于“理解”的哲学和心理学的基本说明。哲学传统一直特别关注解释，并试图找到某些特点，通过这些特点能够将一种解释同其他表达类型相区别。查特认为这是错误的方法，任何提高理解的东西应该被认为是一种解释。当我们能够在更大范围的可能条件下预测某物将会做什么时，我们就能够理解它，而且解释是提高我们理解力的陈述。该理论把理解看作我们拥有一种心理模型，它提供了模拟事物和情景的能力。查特描述了这些心理模型的结构、关于它们工作方式的建议以及提高这些模型的表达方式的类型。来自认知科学文献的实验证据表明：这个真实的心理学模型对心智做了精确描述。立足于哲学和认知科学传统建立一种理解的新理论，查特为科学哲学家、心灵哲学家、认识论家和认知科学哲学家表达了他的重要见解。总之，理解是一种高级认知行为和过程，在其中心理模型起到重要作用。

10. 认知的语境论研究

从语境论视角探讨认知和意识问题是20世纪90年代以来认知科学及其哲学研究的一种新趋向。前面提及的巴尔斯的意识理论就是根据语境来探讨意识问题的一个典范。巴尔斯的意识全局工作空间理论（global workspace theory）用不同层次的语境及其合作与竞争来阐述意识经验的产生、发展和消失，并将语境分析贯穿到全局工作空间假设的所有认知模式中，试图用语境整合目标、自主控制、注意、自我和有意识的自我控制等看似互不相干的意识经验，从而使全局工作空间假设具有普适性。在全局工作空间理论中，“语境”（context）是指形成我们意识经验的内部世界，不是指理解词语意义所需的上下文。巴尔斯认为语境可以是一个系统，一个关系或一个事物，它形成了意识经验，而它本身并不成为有意识的。也就是说，语境是构成有意识事物的潜在系统。语境作为认知和意识的基底，是我们探讨认知机制必不可少的因素。

四、本书的主要内容与重要观点

本书选取了30位认知科学家、认知语言学家和认知心理学家及认知哲学家进行研究，包括费泽尔、丹尼特、乔姆斯基、奈瑟、萨尔蒙、查尔莫斯、阿姆斯特朗、古德曼、瓦雷拉、克拉克、巴尔斯、梅勒、巴比奇、拉考夫、塞尔、吉尔、卡拉瑟斯、米勒、科尔、史密斯、德雷福斯、巴特莱特、卡罗尔、布鲁纳、丘奇兰德、诺曼、明斯基、加德纳、达玛西奥、豪格兰德，而且从哲学立场出发，探讨了他们关于认知、意识、思维、智能、表征模型等等的本体论、认识论与方法论。这些认知思想涉及信念形成、概念获得、心理表征、意向性、感受性、心身问题，与认知科学的基本问题如智能的本质、计算表征的实质、智能机的意识化、常识知识问题等密切相关，为这些基本问题的解决奠定了深厚的思想基础。笔者深知，选取这些认知科学家、认知哲学家和认知语言学家并不一定完全具有代表性，但至少代表了目前认知研究的主要趋向，还是有一定代表性的。

本书分为三大部分。

第一部分研究了费泽尔、丹尼特、乔姆斯基、奈瑟、萨尔蒙、查尔莫斯、阿姆斯特朗、古德曼、瓦雷拉和克拉克十位认知科学家和哲学家等的认知发展思想。

费泽尔认为认知科学是有规律的。这些规律包括：心脑状态同一律、心灵状态因果律、心灵认知刺激反应律、心脑隐射同一律、脑认知刺激反应律和脑状态因果律。不过，这些认知规律仅仅反映了人的心灵潜在的逻辑性，还没有完全揭示认知科学的本质问题。

丹尼特在认知观上持反本质主义立场，认为意向状态不是某种因其内在本质而存在的实在，而是像“重心”一样的抽象实在，我们对某物的意识并不是该物在心灵中的表征。他的“多重草稿模型”意识观主张：意识经验是那些能在竞争中取得优势，能实现对未来行为、话语的控制权，并能产生较为长久影响力的草稿；“自我”则是由人的生理、心理、经历等叙事编织成的故事的主角，是一个叙事重心。

乔姆斯基的“先天语法”是唯物的而非唯心的，也即一种实证的生成语法观。该理论以人类的内在语言为目标，重视对大脑机能的探究，是一种非直观的研究。虽然人类大脑拥有一种先天的语言机能还是一种假设，也一直受到怀疑，但作为一种语言学理论，其语言内在主义、语言自然主义及其方法论是值得肯定的。生成语法的诞生使语言学不再被看作一门人文科学，而是被看作如同物理学、生物学和化学一样的自然科学。

奈瑟将生态学方法和原理引入认知心理学，将人的认知与其所处的环境紧密地连接在一起，强调主体所处的语境对于研究认知的信息处理机制的重要性。他的认知思想具有批判性，后期思想是对前期思想的否定和超越。他提倡的认知生态学对当代心理学和心灵哲学的发展具有革命性的意义。认知生态学在本质上是一种语境论。

萨尔蒙作为一位科学实在论者，主张通过标记解释、情感解释、目标解释和科学理解建构因果关系。实在论是从经验和逻辑方面进行论证，其中强调了公共原因的重要性，而在用理性认知对因果观和实在论进行分析时，他又着重从工具理性认知观、动态理性认知观和归纳理性认知思想进行论述，提出了“概率论”、“倾向性”和“关联性”观点。因果关系是一种倾向性，高概率决定了事物的真假，而一个团体中的事物之间都存在着相互关系。

查尔莫斯在二维语义的框架内，恢复了先天性与必然性、认知领域和模态领域之间的联系，强调意义与认知的普遍关系，为传统的描述论进行了辩护，同时又不排斥因果指称论。他通过语义分析为反物理主义论证提供支持，体现了心灵哲学和语言哲学之间越来越紧密的联系。二维语义学对传统的可想象性论证进行了修正，重建了可想象性与可能性之间的联系，从认识论前提合理地推出本体论结论是可行的，从而对物理主义提出了强有力的挑战。

阿姆斯特朗的真之制造理论由真之制造者、真之制造以及真构成。真之制造者就是认知主体，真之制造包括否真、一般真和模态真及其制造在内的过程，认知的目的是为了求真。从真之制造者到对真的认知，主要由蕴涵原则和可能性原则给予证明。在认识论意义上，他认为真之所以为真依赖于它的真之制造者，无真之制造者是非真之制造。真之制造理论已经是一个较完整的体系，顺应了当代科学哲学的“认知转向”。

古德曼认为社会认识论有社会和求真两个维度。社会认识论并不将其自身限制于孤独个体上，它关注特定社会集团或组织，充分考虑具有合作性质的实体。作为求真性认识论，它既关注知识，也关注作为其对立面的错误和无知；个体的求真认识考察的是个体化的、理念的、非社会实践的问题，而社会的求真认识考察的是社会实践问题，也即根据求真维度来评价特定的社会实践活动的。

瓦雷拉认为认知活动发生在一个有人、心智和世界组成的、已知的且相互沉变的情境中，通过各种因素的变动和调整，达到一种结构形式吻合，或各因素间协调共变的相适应状态。在这种状态下，人会得到关于对象的知识，心智结构也进一步增长；认知是具身的行为活动，不可避免地与活生生的历史情境交织在一起；认知的主体和对象都随着自然的演化作为历史而生成且变化；我们耦合的历史生成是我们具身性和世界反映的各种结构原理。这是一种典型的语境论。

克拉克提出了“具身化”和“认知延展”等论题。他首先关注身体在认知实现中的作用，其次认为认知并不局限于大脑和身体之中，而是在与世界的互动中向外延展，并倡导利用新的方法来研究认知过程中出现的问题，企图与传统计算表征划清界限。不过，克拉克并没有完全否定传统计算表征，而是试图将二者结合起来，提出“动态计算主义”这一概念，认为我们应该对心智、身体和世界之间的区别进行反思，甚至抛弃这些区别，让我们重新反思身—心—世界之间的这种三元关系，而不是心-世界之间的二元关系。

第二部分探讨了巴尔斯、梅勒、巴比奇、拉考夫、塞尔、吉尔、卡拉瑟斯、米勒、科尔和史密斯十位认知科学家和哲学家等的认知模型观。

巴尔斯的意识模型主要是一种隐喻性框架，并借助三个本体预设和两个处理原则来解释意识、意志力和自我机制等心理现象。他认为意识模型由许多特定的无意识处理器、一个全局工作空间和许多语境组成，它们为进入全局工作空间而发生竞争和合作。语境是其中最活跃的部分，它既可被视为专门处理器的一个稳定的联合体，同时它还会被去语境化而还原为一系列专门的处理器。语境的灵活性保证了全局工作空间在解释意识的产生、意识的神经病理学、意识与注意的关系、自我的本质等问题时具有一致性和连贯性。

梅勒主张时空观应以“A-系列和B-系列”为基点，并认为时间有A-时代和B-时代，前者是以“现在”为参照的相对时间表述，后者是不以任何事物为参照的绝对时间表述。在B-时代中，过去、现在和未来都是绝对的，不以任何事物为参照。B-时代与时态逻辑没有同源语，重复其归因不会制造一个真实的虚假或虚假的真实。A-场所和B-场所是物体的空间排列，比时间顺序复杂得多，因为空间是三维的，时间仅是一维的，但二者在A-系列和B-系列框架下呈现的结构是相似的，这种类似表现在A-场所和B-场所的空间分类方式上。

巴比奇认为差分机能够执行纯符号的数学运算，且可以模拟人类低级、繁杂的计算工作，最终能替代作为生物人的低级计算；分析机能够把分析作为一种智能，能真正像人一样思考，且能执行一套程序。虽然巴比奇的差分思想是计算机器早期的观点，但是它给我们产生了全新的视角和思辨的哲理，在一定程度上启迪了当代认知科学家，也在很大程度上激发了人工智能。因此，巴比奇无疑是计算机科学的先驱之一。

拉考夫认为概念隐喻不仅是一种特殊的修辞方式，更是人类赖以生存的一种认知手段和思维方式。他发现，心灵本质上是依赖于身体的，思想大多数是无意识的，抽象概念基本上是隐喻式的。他提出应该从经验主义的认知观念出发，抽象概念的理解依赖于隐喻，依赖于领域之间概念结构的映射。的确，他的“概念隐喻”思想对于我们澄清认知过程，以及对认知哲学的发展都具有积极的推动作用。

塞尔的“中文屋论证”在于探讨“计算机程序能否产生思维”问题。在他看来，计算机程序是语法的，思维是语义的，语法由于缺乏意向性是无法产生语义的。针对这个论题我们提出了两种尝试性的解答：第一种是试图用“联结主义网络”模式解决其中最难缠的“语境框架”问题；第二种是通过对“中文屋论证”的质疑，探究解决“计算机能否思维”的“比较三段论”方法，提出我们不应该彻底否决计算机思维的可能性。塞尔对意向性问题的研究主要体现在《意向性》、《言语行为》等著作中。他认为言语行为是表达世界中的对象和事态的能力是心灵通过信念和愿望等实现的。塞尔的意向性即精神状态的关涉性或指向性，这进一步深化了对意向性问题的思考，使其成为心灵哲学研究的核心。

吉尔的模型理论是一种工具性认识论，其目的是解释世界、解释科学。科学的描述并非是全方位的，而是有许多不同的理解，这样由于受到某些因素的影响而无法准确、完整获得科学解释。同样，科学模型这种理想化的结构，代表的科学也是从特定或有限的角度进行的理解。吉尔的模型是依据实际问题和情景，运用已知的方法进行的一种解决问题的过程，主要是运用工具模型表达对世界的一种看法，从某种程度上说，它是有意向性的。

卡拉瑟斯认为意识和微观实在之间是难以通约的，现象意识并非一种简单的还原假设，在微观事实与意识之间有许多是我们解释不了的。他的自然主义本体论主张，只有自然的个体、性质和关系才是实在的；一阶理论和高阶理论都是有可能提供对事物特征的还原性解释，但解释的顺序是不同的；在时间顺序上一阶理论占先，但从程度上则是高阶理论为重。

米勒认为，语言的获得过程体现在正常儿童身上大部分是相同的；语言是人类所特有的，甚至最与世隔绝的人群都有语言，但最智能的猿类却没有语言；所有语言的基本设计特征都是普遍的；特殊的神经结构促进了言语的感知和产生。米勒的心理语言学通过对语言现象，尤其是意义问题中的心理因素进行分析，以刻画意义形成机制和过程中认知因素，并形成通用认知模型的研究进路，实现了语言表述的指称意义和使用意义的语境一致，保证了语言陈述在描述世界上的客观性。

科尔认为文化因素在认知发展中起重要作用。他提出我们需要考虑三个层面：一是人类作为一种有血有肉的实体存在；二是社会团体作为特定地理和文化区域而表现出共同文化特征的社会群体；三是文化实践。这些层面相互作用，每个文化分析的小单元是包括空间和时间，空间指的是特定的文化语境涉及的人群，时间指的是一定时间跨度内表现出来的文化总体特征，这三个层面在分布上是相互嵌入的，认知分布于个体、时间、文化、社会中，认知通过文化中介而发展。

史密斯认为作为计算机科学基础的“计算”概念模糊不清，是计算机科学向前发展的隐患，因此有必要发展一种综合性的计算理论。在认知研究中史密斯采取注重情境的态度，认为注重认知活动的情境性，不仅可以更完整地解释意识本身，而且在人工智能的研究中意义远大，通过注重情境研究，可以造就更加灵活的智能体，有效提高它们适应环境的能力。他还进一步认为进化论作为一种研究进路，采取的是“过去式”的态度，即通过了解生命体意识的发生、发展、在环境中演变的过程更好地了解其现状，可以对其未来做出预测。

第三部分探寻了德雷福斯、巴特莱特、卡罗尔、布鲁纳、丘奇兰德、诺曼、明斯基、加德纳、达玛西奥和豪格兰德十位认知科学家和哲学家等的认知表征思想。

德雷福斯认为，常识知识问题将引起人工智能的崩溃，智能不能被表征，身体在智能行为中有着不可替代的作用，非确定的目标和需要不能被计算机模拟，以及人的行为是不依赖规则的有序行为。一些人工智能专家对此持反对意见，认为人工智能领域的“停滞”现象恰恰是因为相关的研究理念和计算机本身需要转换思路，从而谋求更大的发展。但是，德雷福斯的智能不能被表征观点对人工智能的发展产生了重大影响。

巴特莱特认为记忆是有规律且可预测的，并且受系统性误差的控制；记忆错误现象是受到记忆者的态度、信仰、图式等一系列预见综合地影响的。他提出把记忆作为一个建设性的过程加以考察，其中我们自己的解释和偏见对我们“记住”什么起了巨大的作用，而不是简单地仅从字面上逐字逐句记住特定的对象。他运用“每个正常人在日常生活中经常接触到的材料”来设计实验，主要是图片资料和民间故事的重复，着重研究这些材料在经历较长时间间隔以后被人复制或复述后产生歪曲和改变的方式。

卡罗尔认为人机交互模型有7种资源：语境、工作空间、任务、目标、事件、用户、角色，它们分布在整个认知活动中。认知活动包括内部的用户、角色、目标、外部的工作空间和任务，认知活动是通过资源和环境之间的同化和顺应进行的。或者说，认知主体将外部物体同化到其结构中，该结构被调节以顺应它在现实中遇到和未预见的部分。他预测未来的人机交互是追求“人机和谐”的，是以“人性化”的多维信息空间和“基于自然交互方式”作为交互风格。

布鲁纳认为认知研究应该协调计算与意义的“解释”和“诠释”的辩证关系，协调“自我”与“他者”以及个体性与社会化的辩证关系。对认知意义的探索和构建，布鲁纳希望以一种无限的可能性探究我们的现实世界和心灵世界以及二者间的关系，个体性和社会化如何进入科学的操作步骤，被我们客观地认识和联系，如何在不确定的关联中确定可能的规律性。为此，他将文化的深刻内涵包容意义，以重塑我们现实的一切意义。

丘奇兰德运用矢量空间来描述我们的大脑神经活动系统，认为我们的意识是由神经元之间的活动来传递的，神经元是一种基本的运作计算单元，它控制着我们的神经的输入输出，管理着我们的神经系统的变化。丘奇兰德从神经哲学领域对传统认识进行了大胆有力的批驳，对我们的认识有了颠覆性的改变，重塑了我们的语言系统，清除了我们以前习以为常的日常心理词汇，然后在神经哲学领域构筑心身问题的框架。

诺曼认为人类属性是由大脑的不同层次引起的，“情感化设计”是人脑中不同的认知加工层次在情感化设计中的反映。他把人类对外界事物的认知加工能力分为三个层次：本能层次、行为层次和反思层次，每一个层次都在人类的整个机能中发挥着不同的作用，每一个层次都需要一个不同的与之相对应的设计风格。因此“情感化设计”是一种广义设计，包含软件设计、产品设计、游戏设计和交互设计等，它是一种抽象的、更高层次的哲学理念。

明斯基的框架理论是一种针对人们在理解事物情景或某一事件时的心理学模型。他认为“大脑无非是肉做的机器而已”，心理框架是知识的基本单位，一组有关的框架连接起来整合成框架系统，系统中不同框架可拥有共同节点，系统的行为由系统的子框架的具体功能来实现，推理过程由子框架的协调来完成。框架理论类似于人工智能中的对象化程序设计。它的成功之处是利用框架这种结构将知识有机的整合起来，使其有一种特定的结构约束，同时保持了结构的相对独立性和封闭性。

加德纳的多元智能理论认为，我们在关注智能的内涵、智能多元性的同时，更要重视智能背后支撑其运作的认知机制，也就是心理表征的过程，关注信息加工过程中一元化的智能的处理程序，而忽视智能认知过程中的处理信息的内容。他试图解决认知科学当前面临的困难，即联结主义和符号主义的认知构架无法说明心灵中最本质的智能问题。该理论试图对两大范式进行整合，采取并行与串行结合的方式，在心理表征上通过运用逻辑、规则、类比、概念、联结、表象六种算法进行表征和计算。

达玛西奥从认知神经科学的角度，结合神经生物学、认知科学、脑科学及人工智能等不同领域的研究成果，向我们展示了情绪和感受在脑中的运作机制及情绪感受与身体、意识之间的关系。在对情绪和感受的生物学机制有了充分认识的基础上，达玛西奥通过对大量神经疾病患者的长期跟踪研究及实验分析，建构了他的情绪感受认知理论。他采用反面论证方法，证明情绪感受是有利于或阻碍推理决策，而且通过对具体的神经疾病患者案例的研究得出结论：情绪感受的缺失并不像人们所想象的那样会达到完全的理性，而是会严重阻碍推理决策的正常运行，特别是对涉及个人和社会领域的推理决策得出新结论：情绪在高水平的认知中发挥着非常重要的作用。

豪格兰德着眼于心灵的设计层面，从心灵如何形成以及如何工作的视角出发，以人类大脑结构和行为机制为主要研究对象，通过实验方式，构造智能人造物或智能系统的"大脑结构"和"行为机制"。他的心灵设计思想受益于心灵哲学，反过来又整合认知科学哲学、心灵哲学、脑神经科学等学科的历史经验而创立的一种新的研究路径。豪格兰德通过对心灵设计含义的阐释、心灵设计意向性特征的描述与辨析，以及对心灵设计的载体——智能系统的探究，进而完成了其心灵设计思想的建构。

最后需要指出的是：本书不是简单地重复或者深化过去各门学科对人的心智和不同认知科学家思想的研究，而是强调运用多门学科使用的工具和方法，从完整的意义上对认知系统进行全方位的综合研究。认知哲学的研究也不是简单地重复或者深化过去业已取得的成果，而是要进行更高层次的综合与更深刻的创新研究。

参考文献

Baars B J. 1990. A cognitive theory of consciousness. Cambridge, UK: Cambridge University press.

Baars B J, Nicole M. Gage. 2010. Cognition, Brain, and Consciousness: Introduction to Cognitive Neuroscience. New York: Academic Press.

Barrett J. 2000. Exploring the natural foundations of religion. Trends in Cognitive Sciences, (4): 29-34.

Begg A. 2000-08-22. Enactivism: A personal interpretation. Presented at a seminar at Stirling University.

Benjamin C. 1981. Toward a convergence of cognitive and symbolic anthropology. American Ethnologist (8),: 422 - 450.

BechtelW, George G. 1998. A companion to cognitivescience. Malden, MA; Oxford: Blackwell.

Boden M A. 1982. Artificial intelligence and biological reductionism. Brighton: University of Sussex, Cognitive Studies Programme.

Boden M A. 1996. The philosophy of artificial life . Oxford : Oxford University Press.

Boden M A. 2006. Mind as Machine: A History of Cognitive Science, . New York: Oxford University Press: 1-2.

Braddon-Mitchell D , Jackson F. 2001. Philosophy of mind and cognition. Oxford, UK: Blackwell Publishers.

Branquinho J. 2001. The Foundations of Cognitive Science. Oxford, UK: Clarendon Press. Broadbent D. 1993. The simulation of human intelligence. Oxford, UK: Blackwell Publishers.

Carruthers P, Stich S, Siegal M. 2002. The cognitive basis ofscience. Cambridge, UK: Cambridge University Press.

Carruthers P. 1996. Language, thought and consciousness: an essay in philosophical psychology. Cambridge: Cambridge University Press.

Carsetti A. 2000. Functional models of cognition: self-organizing dynamics and semantic structures in cognitive systems. Dordrecht;London:Kluwer Academic Publishers.

Casati R, Smith B, White G. 1994. Philosophyand the cognitive sciences: proceedings of the 16th International Wittgenstein Symposium, 15-22 August 1993, Kirchberg am Wechsel (Austria) . Vienna: Hölder-Pichler-Tempsky. Calvo P. 2008. Handbook of Cognitive Science: An Embodied Approach. San Diego: Elsevier.

Clapin H. 2002. Philosophy of mental representation. Oxford, UK: Clarendon Press, Oxford University Press.

Chalmers D J. 2002. Philosophy of Mind: Classical and Contemporary Readings. Oxford, UK: Oxford University Press.

Chart D. 2000. A Theory of Understanding: Philosophical and Psychological Perspectives. Ashgate Publishing Company.

Clark A. 2001. Mindware: an introduction to the philosophy of cognitivescience. New York, Oxford: Oxford University Press.

Clark A, Ezquerro J , Larrazabal J M. 1996. Philosophy and cognitivescience: categories, consciousness, and reasoning: proceedings of the Second International Colloquium on CognitiveScience. Dordrecht, London: Kluwer Academic.

Clark A. 1989. Microcognition: philosophy, cognitive science and parallel distributed processing. Cambridge, MA; London: The MIT Press.

Clapin H. 2002. Philosophy of Mental Representation. Oxford, UK: Clarendon Press, OxfordUniversity Press.

Cummins R. 1996. Representations, Targets and Attitudes. Cambridge, MA: MIT Press.

Cummins R, Cummins D D. 1999. Minds, brains, and computers: the foundations of cognitivescience: an anthology. Malden, MA; Oxford: Blackwell Publishers.

Currie G. 1995. Image and mind: film, philosophy and cognitivescience. Cambridge: Cambridge University Press.

Copeland B J. 1995. Artidficial Intelligence: A Philosophical Introduction. Oxford,

UK: Blackwell Publishers.

Crandall B, Klein G A, Hoffman R R. 2006. Working Minds: A Practitioner's Guide to Cognitive Task Analysis. London: MIT Press.

Damasio A. 2010. Self Comes To Mind: Constructing the Conscious Brain. New York: Pantheon Books.

Danesi M. 1995. Giambattista Vico and the cognitivescience enterprise. New York: P. Lang.

de Mey M. 1982. The cognitive paradigm: cognitivescience, a newly explored approach to the study of cognition applied in an analysis of science and scientific knowledge. Dordrecht : London Reidel.

D'Andrade R G. 1995. The development of cognitive anthropology. Cambridge, UK: Cambridge University Press.

Erneling C E , Johnson DM. 2005. The mind as a scientific object: between brain and culture. Oxford, UK: Oxford university press.

Ezquerro J , Larrazabal JM. 1992. Cognition, semantics and philosophy: proceedings of the First International Colloquium on CognitiveScience. Dordrecht, Boston: Kluwer Academic Publishers.

Frankish K, Ramsey W. 2012. The Cambridge Handbook of Cognitive Science. Cambridge, UK: Cambridge University Press.

Fetzer J H. 1991. Philosophyandcognitivescience. New York: Paragon House.

Fodor J A. 1981. Representations: philosophical essays on the foundations of cognitivescience. Brighton: Harvester; Cambridge, MA: MIT Press.

Fodor J A. 1998. Concepts: Where Cognitive Science Went Wrong, New York: Oxford University Press.

Fodor J A. 1998. In critical condition: polemical essays on cognitivescience and the philosophy of mind . Cambridge, MA; London: MIT Press.

Fodor J A. 2000. The mind doesn't work that way: the scope and limits of computational psychology. Cambridge, MA; London: MIT Press.

Gergely T, Anšakov O M. 2010. Cognitive Reasoning: A Formal Approach. Berlin: Springer.

GiereR N. 1992. Cognitive models of science. Minneapolis: University of Minnesota Press.

Giere R N. 1988. Explaining Science: A Cognitive Approach. Chicago, London: University of Chicago Press.

Gibbs R W. 2005. Embodiment and Cognitive Science. Cambridge, UK: Cambridge University Press.

Goldman A I. 1993. Philosophical applications ofcognitivescience. Boulder: Westview Press.

Goldman A I. 1993. Readings in Philosophy and Cognitive Scienc. Cambridge, MA: The MIT Press.

Goldman A I. 1999. Knowledge in a Social World. Oxford, UK: Clarendon Press.

Harré R. 2002. Cognitivescience: a philosophical introduction. London: SAGE.

Hardcastle V G. 1996. How to build a theory in cognitivescience. Albany, N. Y.: State University Of New York Press.

Harnish R M. 2002. Minds, Brains, Computers: An Historical Introduction to the Foundtions of Cognitive Science. Oxford, MA.: BlackwellPublishers.

Haselager W F G. 1997. Cognitivescience and folk psychology: the right frame of mind. Published: London : SAGE.

Helman D H. 1988. Analogical reasoning : perspectives of artificial intelligence, cognitivescience, and philosophy. Dordrecht: Kluwer Academic.

Hutchins E. 2010. Cognitive Ecology. Topics in Cognitive Science, (4): 705-715.

Hookway C , Peterson D. 1993. Philosophy and cognitivescience. Cambridge, UK: Cambridge University Press.

Horst S W. 1996. Symbols, computation, and intentionality: a critique of the computational theory of mind. Berkeley, London: University of California Press. Johnson DM , Erneling CE. 1997. The future of the cognitive revolution . New York, Oxford : Oxford University Press.

Kamppinen M. 1993. Consciousness, cognitive schemata, and relativism : multidisciplinary explorations in cognitivescience. Dordrecht, London : Kluwer Academic.

Kolak D etc. 2006. Cognitive Science: An Introduction to Mind and Brain. New York: Routledge.

Lepore E, Smith B. 2006. The Oxford Handbook of Philosophy of language. Oxford, UK: Oxford University Press.

Livingston P M. 2004. Philosophical History and the Problem of Consciousnes. Cambridge, UK: Cambridge University Press.

Lycan W G. 1999. Mind and cognition: an anthology. Malden, MA, Oxford: Blackwell Publisher.

Macnamara J , Reyes GE. 1994. The logical foundations of cognition. New York, Oxford: Oxford University Press.

Magnani L, Nersessian NJ2002. Model-Based Reasoning: Science, Technology, Values. Berlin: Springer.

Maloney J C. 1989. The mundane matter of the mental language. Cambridge, UK: Cambridge University Press.

Margolis E, Samuels R , Stich S P. 2011. The Oxford Handbook of Philosophy of Cognitive Science[①]. Oxford, UK: Oxford University Press.

Marras A. 1972. Intentionality, mind, and language. Urbana: University of Illinois Press.

Marraffa M, Caro MD, Ferretti F. 2007. Cartographies of the mind: philosophy and psychology in intersection. Berlin: Springer.

McClamrock R. 1995. Existential cognition: computational minds in the world. Chicago: University of Chicago Press.

McLaughlin B P, Cohen J. 2007. Contemporary Debates in Philosophy of Mind. Oxford, UK: Wiley-Blackwell.

McClamrock R. 1995. Existential cognition: computational minds in the world. Chicago, IL; London: University of Chicago Press.

Meyering T C. 1989. Historical roots of cognitivescience: the rise of a cognitive

① 具体书目: Allen C, Todd P M, Weinberg JM. Reasoning and Rationality.
Carruthers P. Language in Cognition.
Copeland B J, Proudfoot D. Artificial Intelligence.
Doris J M, Nichols S. Broadminded: Sociality and the Cognitive Science of Morality.
Egan F. Representationalism.
Fessler DMT, Machery E. Culture and Cognition.
Gelman S A, Ware E. Conceptual Development: The Case of Essentialism.
Goldman A I. Theory of Mind.
Grush R, Damm L. Cognition and the Brain.
Gross S, Rey G. Innateness.
Gulick R V. Consciousness and Cognition.
Jeffares B , Sterelny K. Evolutionary Psychology.
Knobe J, Nisbettl R E. Experimental Philosophy.
Laurence S, Margolis E. The Scope of the Conceptual.
Mole C. Attention.
O' Callaghan C. Perception and Multimodality.
Piccinini G. Computationalism.
Pietroski P, Crain S. The Language Faculty.
Prinz J J. Emotions: How Many Are Three?
Samuels R. Massive Modularity.
Samuels R, Margolis E, Stich S P. Introduction: Philosophy and Cognitive Science.
Shapiro L A. Embodied Cognition.

theory of perception from antiquity to the nineteenth century. Dordrecht, London: Kluwer Academic.

Moscovici S. 1990. The Origin of Social Representations: A Response to Michael. New Ideas in Psychology, 8 (3): 386.

Newell A. 1990. Unified theories of cognition. Cambridge, MA; London : Harvard University Press.

Neisser U, Hyman I E Jr. 2000. Memory observed: remembering in natural contexts. New York: Worth Publishers Inc. , U. S. .

Nowakowska M. 1986. Cognitive sciences: basic problems, new perspectives, and implications for artificial intelligence. Orlando: Academic Press.

Platek S M, Shackelford TK. 2009. Foundations in Evolutionary Cognitive Neuroscience. Cambridge, UK: Cambridge University Press.

Preston J, Bishop M. 2002. Views into Chinese room: new essays on Searle and artificial intelligence. Oxford, UK: Oxford University Press.

Pylyshyn Z W. 1984. Computation and cognition: Toward a foundation for cognitive science. Cambridge, MA: The MIT Press.

Pylyshyn Z W, Demopoulos, William. 1986. Meaning and cognitive structure: issues in the computational theory of mind. Norwood, NJ: Ablex

Ramsey W, Stich S, Rumelhart D. 1991. Philosophy and Connectionist Theory. Hillsdale, NJ: Lawrence Erlbaum.

Rescher N. 2006. Presumption and the practices of tentative cognition. Cambridge, UK: Cambridge University Press.

Rupert R D. 2009. Cognitive Systems and the Extended Mind. New York: Oxford University Press.

Ringle M. 1979. Philosophical perspectives in artificial intelligence. Brighton. Sussex: Harvester Press.

Rubinstein R A. 1984. Science as cognitive process: toward an empirical philosophy of science. Philadelphia: University of Pennsylvania Press.

Sharkey N E. 1989. Models of cognition: a review of cognitivescience. Norwood, N. J. : Ablex Publishing.

Slezak P , Albury WR. 1989. Computers, brains, and minds: essays in cognitivescience. Dordrecht: Kluwer Academic Publishers.

Sloman A. 1978. The computer revolution in philosophy: philosophy, science and models of mind. Hassocks: Harvester Press.

Smith J-C. 1990. Historical foundations of cognitivescience. Dordrecht, Boston:

Kluwer Academic Publishers.

Stainton R J. 2006. Contemporary debates in cognitive science. England; Malden, M A. : Blackwell Publishing.

Stalnaker R. 1999. Context and content: essays on intentionality in speech and thought. Oxford: Oxford University Press.

Stainton RJ. 2006. Contemporary debates in cognitive science. England; Malden, M A. : Blackwell Publishing.

Stenning K, et al. 2008. Human Reasoning and Cognitive Science. Cambridge, MA: The MIT Press.

Stein E. 1996, 1997. Without good reason: the rationality debate in philosophy and cognitivescience. Oxford, UK: Clarendon.

Stewart J, Gapenne O, Paolo E Di. 2010. Enaction: Toward a New Paradigm for Cognitive Science. Cambridge, MA: The MIT Press.

Stich S P. 1983. From folk psychology to cognitivescience: the case against belief. Cambridge, MA; London: MIT Press.

Stillings N A, Weisler S E, Chase C H, et al. 1995. Cognitive Science: An Introduction. Cambridge, MA: The MIT Press.

Thompson E. 1995. Colour vision: a study in cognitivescience and the philosophy of perception. London; New York: Routledge.

Turner S P. 2002. Brains, practices, relativism: social theory after cognitive-science. Chicago, London: University of Chicago Press.

Thagard P. 2007. Philosophy of Psychology and cognitive science. Amsterdam: Elsevier.

Thagard P. 2005. Mind: Introduction to Cognitive Science . 2nd ed. Cambridge, MA: The MIT Press.

Thau M. 2002. Consciousness and Cognition. New York: Oxford University Press.

Wagman M. 2000. Historical dictionary of quotations in cognitive science: a treasury of quotations in psychology, philosophy, and artificial intelligence. New York: Greenwood Press.

Waskan J A. 2006. Models and cognition: prediction and explanation in everyday life and in science. Cambridge, MA; London, England: The MIT Press.

Williams M. 1999. Wittgenstein, mind and meaning: toward a social conception of mind. London: Routledge.

Zahavi D. 2008. The Phenomenological Mind: An Introduction to Philosophy of Mind and Cognitive Science. Translate by Gallagher, S. Abingdon: Routledge.

第一部分　认知发展观

第一章　费泽尔：认知有规律

关于认知的规律性问题，美国哲学家费泽尔[①]给出了形式化的表达式。这些形式化的认知规律可以概括为心脑状态同一律、心灵状态因果律、心灵认知刺激反应律、心脑隐射同一律、脑认知刺激反应律和脑状态因果律。它们的内涵与不同形式反映了认知科学所蕴含的哲学含义。

宽泛地讲，人类所有活动都可以被看作是认知过程。这个过程涉及记忆、推理、判断、决策等活动，对这些认知活动的进一步探究，就延伸出了许多与认知结合在一起的研究趋向，比如，认知心理学和人工智能、人工智能与脑科学、人工智能与心理语言学，不同领域的交叉研究过程就是探索、概括认知科学内在规律的过程。认知科学充分利用了计算机科学、人工智能、认知语言学、认知心理学、发展心理学和进化心理学，以及社会生物学相整合的资源。那么，它广纳了如此多的学科，能否像其他的经验科学一样概括出普遍适用的认知规律？就认知规则或是认知规律方面的研究来看，费泽尔概括的形式化认知规律值得我们关注。

一、认知规律的内涵

我们知道，经验科学通过观察自然现象发现其背后的规律，包括可能系统性地预见人的行为，从而通过解释人的行为发现普遍原理。而这些普遍原理都有自然律的特征。这些自然律是自然界中的客观秩序或规律性，它们是不以人的意志为转移的，是人类合理预见的基础。随着经验科学内部详细分工的出现，物理学家就会尝试在经验科学中发现物理定律，化学家发现化学原理，生物学家发现基因、进化规律等。那么，基于各类学科综合基础之上的认知科学，它的研究者——认知科学家也会尝试发现另外一种自然律，即认知规律。但是，恰好在这一点上，认知科学和其他的科学之间似乎出现了某些差别。显然，我们很少不疑物理、化学等定律的存在，而与认知相关的规律是否存在就是另一回事？或者说，认知科学是否也像其他的具体科学一样有着自身的认知规律？

费泽尔认为认知科学存在着认知规律。他通过分析心身之间的区别，得出了存在认知规律的看法。他认为："'大脑'和'心灵'之间的一般区别，好像是

---

① 费泽尔（J. H. Fetzer，1940～　），美国哲学家，明尼苏达大学德鲁斯分校荣誉教授，在科学哲学、计算机科学、人工智能和认知科学方面颇有建树，发表了100多篇论文，出版了20多部相关领域的著作。

我们应该期待什么，即，大脑关注神经病理学结构，心灵关注认知功能。一方面是‘大脑’和‘心灵’之间特殊的差别；另一方面是‘心灵’和‘心灵状态’之间的差别。一方面是需要反映出神经病理学方面的倾向性和意向之间的不同；另一方面是认知的倾向性和意向之间的差别。”① 我们认为，费泽尔分析并得出这些区别是很重要的。他把心灵和大脑、心灵状态和大脑状态的关系用图表的形式表现出来，使人们更容易理解二者之间的差别：

	倾向性	意向性
认知功能的	心灵	心灵状态
神经病理学结构的	大脑	大脑状态

这说明，心灵和心灵状态都是具有认知功能方面的内容；心灵具有某种倾向性，心灵状态表现为意向性的特征。大脑和大脑状态都属于神经病理学结构范围内的物质结构。为了获得心灵状态的倾向性心灵，人们就会在维持那种心灵的学习的、条件的这种模式的基础上，预设它们的发现。例如，心灵操作映像时，可以在相似关系的基础上预设获得不同颜色、形状、大小等实例辨别的能力，心灵操作符号方面的内容时，通过使用凸显条件的方法，来预设获得区分不同原因或结果（如烟和火）事例的能力。

大脑状态为了获得大脑的倾向性，在相关条件的基础上，就会在大脑和大脑状态中引发预设各种具体大脑状态的所获之物（不仅包括治疗的步骤和其他的条件，还包括引发那些变化的个人条件作用的经历）。而对于大脑和大脑状态最重要的是具体的认知功能（倾向性和意向性），它们会通过各种关系与特殊的神经结构相联系。因此，正是由于心灵和心灵状态中存在着这样的认知功能，脑和大脑状态似乎才有意义。

这样看来，自然规律确实不同于认知规律。前者是不以人的意志为转移的客观性，人类不能任意改变、创造或消灭它们，尽管它们也是有意识的人在发现和利用它们；而认知规律是通过对人脑这种未知而复杂事物及其功能与关系的探究，这种研究对象显然不同于自然现象。自然规律可以离开人的实践活动而发生作用，如日食、地震等，人们可以借助自然规律来发现认知的产生与发展，以及认知过程中各个因素之间的内在的联系；认知规律的作用则是通过人的有意识的活动表现出来的。因此，认知规律虽然也是自然规律，但是它们是负载了心理现象的规律，由于心理现象的不可观察性和隐藏性，其复杂性和神秘性强于自然规

① Fetzer J H. Philosophy and Cognitive Science. Paragon Issues in Philosophy. New York: Paragon, 1997: 86-87.

律。这也是人们为什么怀疑是否存在认知规律的原因所在。

二、认知规律的不同形式

费泽尔在明确大脑和心灵之间、大脑状态和心灵状态之间所存在的基本问题的基础上，提出了六条认知规律。我们将这些规则概括为：心脑同一律、心灵状态因果律、心灵认知刺激反应律、心脑隐射同一律、脑认知刺激反应律和脑状态因果律。接下来我们将逐一进行分析。

（一）心脑状态同一律

费泽尔认为，人们应该首先思考一种可能的认知规律，这种规律应该是获得大脑状态 B^* 倾向性的大脑与获得心灵状态 M^* 倾向性的心灵的相关联的规律。假定这样的心灵是这样的大脑的永恒性是合理的，那么，永恒性的关系可以通过虚拟条件"… = = > ——"来表示，当心灵与大脑相关时，这种规律称之为第一种认知规律（LC-1），其基本的形式表达式为

$$(z)\ (t)\ (B^*zt\ =\ =\ >\ M^*zt)$$

其中，t 代表时间，z 代表事物，B^* 为脑状态，M^* 为心灵状态。认知规律 LC-1 主要说明的是：在时间 t 内成为大脑 B^* 实例的任何事物 z 必须同时是 M^* 的实例。换句话说，恰好是具有大脑状态 B^* 的大脑的事物，也必须是具有心灵状态 M^* 的心灵，因为心灵 M 的状态可能就是 B 类大脑状态的永恒性。

我们将这种形式化的表达式概括为心脑状态同一律。心灵的状态同一于大脑中的物理状态。"所谓的同一论或许可以被大致描述为这样一个理论：心即脑，或更为具体地说，心的事件、状态和过程就是大脑的事件、状态和过程。"① 这等于说，心脑状态同一律承认任何类型的心理状态等同于某种类型的神经状态。

这种观点可以追溯到哲学史早期的一些发现与争论，特别是围绕心灵和大脑，或心智与大脑之间的讨论似乎更显得模糊。例如，唯物主义质疑主观和客观、心智和大脑的区分，坚持认为表象的背后存在着一个实体，试图把心智和大脑统一起来。但是这两者的差别似乎都是很大的，不同时代的哲学家有着不同的看法。

我们知道，早在300年前法国哲学家笛卡儿就把心灵说成是通过松果腺来表达的实体。松果腺是位于脑中部的一个器官，它是人类所独有的。笛卡儿认为，松果腺是灵魂的所在地，心灵在松果腺中产生各种运动，这些运动转而又在神经中而后在身体上产生运动，给身心的相互作用指定一个地点。尽管笛卡儿关于松

---

① 斯马特．形而上学文集//尼克拉斯·布宁，余纪元．西方哲学英汉对照词典．北京：人民出版社，2001：469.

果腺的这种说法从当代脑科学的研究成果来看是错误的，但他有关心身之间关系的争论影响到后来理论的形成。例如，对松果腺的放弃，斯宾诺莎提出了平行论，马勃伯朗士提出偶因论，莱布尼茨提出前定和谐论。马赫认为心理的东西和物理的东西的吻合或差异才能确定实在。这种心智框架下的认知形式，使得我们在认识的过程中，必须把一些意识、观念、直觉、映像等加在被认识的事物之中。尽管他肯定了心智的作用，却是基于心智框架下的认识形式。

从本体论意义上讲，人的心智应该是独立存在的。主客观的分离并不能很好地认识事物本身，因为人立于其中，不可避免地夹杂了认识上的偏差。普罗泰戈拉的名言"人是万物的尺度"就蕴含了认识事物从主观出发，肯定了事物的存在，但事物的对错、是非及本质也由人而定，这样往往会导致相对主义。笛卡儿的"我思故我在"，使人开始从心智的角度去思考外在世界怎样存在于人的认识之中，怎样来表征外部的世界。洛克立足于经验，使用人的心灵直觉来解释各种观念及其形成。莱布尼茨更是认为人的心灵中自然存在着一些天赋的原则和观念，通过这些原则和观念把握事物的内涵和外延。贝克莱的"存在就是被感知"尽管取消了笛卡儿二元论所面临的难题，但夸大了心智的范围，从而容易导致主观与客观、心与身的对立。虽然关于大脑与心灵的理论层出不穷，但都未能像费泽尔那样形式化地表达出非常清晰的说明。

（二）心灵状态因果律

费泽尔认为："如果形式规律（LC-1）为真，那么它就具有支持其他规律的可能性。"① 这充分说明，如果认知规律成立，就可推出其他的认知规律。正如他分析的那样，心灵有三种类型：使用映像的心灵、使用指示的心灵和使用符号的心灵。而使用符号的心灵在某些可能值的限定范围内获得符号能力SA（symbolic abilities），而这样的符号能力会限定在一定的范围内（SA1 可能是英语，SA2 可能是法语，…），心灵会相应地在这样一个限定的范围内获得符号的能力SA（SA1，SA2，…）趋于降低的倾向。这里的界限很难详细地进行说明。但是我们通过分析得知，在一定的值域范围内恰好要得到的某个值会依赖环境并随着环境因素（environmental factors，EF）而发生变化，这些环境因素既包含社会的也包含生理的，它们可能是在更大的值域范围内下降的因素（EF1 可能是讲英语的父母，EF2 可能参加了一所讲英语语法的学校……）。于是，在特殊社会和生理环境范围内，也能够形成心灵状态 M^* 这样的心灵与具体符号能力处理相关的规律。

---

① Fetzer J H. Philosophy and Cognitive Science. Paragon Issues in Philosophy. New York: Paragon, 1997: 88.

这样，就出现了与第一种认知规律不同的认知规律。如果我们探究普遍强度 u（“… = u = > ——”）的和或然强度 p（“… = p = > ——”）的因果条件，分别用来表征决定的和或然的因果过程，通过把心灵状态 M^* 与具体符号能力的所获之物相联系起来，就能形成第二种认知规律（LC-2）：心灵状态因果律。它的形式表达为：

(a) (z) (t) $[M^*_{zt} == > (\mathrm{EF}_{zt} = u = > \mathrm{SA}_{zt}')]$。

(b) (z) (t) $[M^*_{zt} == > (\mathrm{EF}_{zt} = p = > \mathrm{SA}_{zt}')]$。

其中，时间 t 代表了大概的时间范围，时间 t' 则指的是具体的或分散组合后的时间，心灵状态所获得的两种不同的倾向性，即普遍强度和或然强度。符号能力（SA）受到环境因素（EF）影响而表现出两种趋向，继而进一步影响到心灵状态所获得倾向性的程度。这里的普遍强度和或然强度都是心灵倾向的两个特征，普遍强度指事物作用于心灵，心灵状态所表现出的稳定的、具有代表性的倾向。或然强度指事物作用于心灵，心灵状态所表现的或然的、可能的倾向。

因此，这种认知规律表征了决定性的因果联系。毫不例外，心灵状态 M^* 的心灵会获得符号能力 SA，这种符号能力 SA 会受到环境要素 EF 的限制。同时它也表征了或然性的因果联系，伴有或然性 p 的心灵状态 M^* 的心灵获得的那些符号的能力会受到相应过程的限制。心灵状态展现的这种倾向性特征，正如赖尔所言："具有一个倾向性特征并非处于一个特别的状态或发生一个特别的变化；它是当某一特定条件得以实现时，必定或易处于一个特定状态或发生某一特定变化。"①

形式化的表达式展示了这种心灵状态因果律主要受到的影响和限制，或者说，由于各种因果关系的存在反过来又作用于心灵状态和大脑状态，无论是大脑意在获得的倾向性，还是心灵意在获得的意向性，首先承认的是心的状态与大脑状态的同一，基于这样的根基，认知会在各种环境因果条件的限定下，做出相应的变化和调节。

（三）心灵认知刺激反应律

正如我们已经发现的那样，当符号系统出现的行为是具体的动机、信念、伦理、才能、能力和机会组成的复杂因果系统的结果（依赖于世界的状态）时，就会关系到人的行为。各种变化说明了某些具体限定范围内的人会处于 M（M_1，M_2'，…）这样的完整的心灵状态中。具有 M 这样的心灵会在映像、指示或符号的影响下做出回应 R（要么伴有普遍的强度，要么伴有或然性的强度）。这种认知规律的表达式（LC-3）是：

---

① 吉尔伯特·赖尔．心的概念．徐大建译．北京：商务印书馆，1992：43.

(a)　$(z)(t)[M_{zt} = = >(S_{zt} = u = > R_{zt}')]$。

(b)　$(z)(t)[M_{zt} = = >(S_{zt} = p = > R_{zt}')]$。

其中，M 代表心灵（mind），S 代表刺激物（stimulus），R 代表反应（response）。当人的行为在某一时间段受到某些刺激物刺激或限制时表现出的反应，同时心灵所表现出的普遍强度和或然强度的倾向。这种规律把作为结果的具体行为反应与作为原因的具体刺激物同心灵状态联系起来。这种认知规律（a）表征了普遍性 u 的因果联系，无疑体现了反应 R 这样行为的 M 这样的心灵受到了 S 这样刺激物的限制。认知规律（b）表征了或然性的因果联系，伴有或然性 p 的 M 这样的心灵体现了这些刺激之下的反应。纵观认知规律（LC-3）我们会发现，它实际凸显了“心理-行为”原则。这一原则主张：“任何个体外显行为的肇因是他所具有的内心状态，而且这种‘心理-行为’之间的因果关系具有规律性与普遍性。”① 依据这个原则我们会推知一个人的某种行为与他的心灵状态有关。例如，你看到有人把你的书弄脏了，你的心理肯定会发生变化，心灵的表现就会是强度的问题，只不过表现在行为上可能是程度的问题。

（四）心脑隐射同一律

费泽尔认为，由于心灵这种系统可以通过认知的各种变化的情况加以描述，因此，我们就会更好地思考大脑的潜在神经生理状态，而这些神经生理状态就是具有大脑的状态。心灵状态 M^* 的心灵是大脑状态 B^* 的大脑的永恒性。由此推出了他的第四种认知规律（LC-4），其表达式为：

$$(z)(t)(B_{zt} = = > M_{zt})$$

首先，从这种规律的表达式来看，在任何大脑 B 这样的系统的基础上，可以得到更好的心灵这样的系统。其次，这一认知规律好像又回到了认知规律（LC-1），但它们是有差异的。认知规律（LC-4）强调的是大脑就是心智，而认知规律（LC-1）意在说明脑的状态体现了心的状态。看似又回到了认为心智的运作等同于大脑的运作，任何心理状态其实等同于某种神经状态，心和脑没有什么不同这样的同一论。或许在一般人看来，存在心灵和大脑两个实体。心的世界泛指我们的感官经验、情感、情绪，我们的喜怒哀乐，爱恨情仇，我们的信念、欲望、想象、判断、思考、规划等心智活动。各种各样的心理现象、心理事件、心理状态及心理机能都构成了心的世界。而大脑就是依据这些心理的变化发生变化的。认知规律（LC-4）恰好说明了大脑所表现出的各种状态就是心灵要表现的状态。

① 彭孟尧．人心难测：心与认知的哲学问题．北京：生活·读书·新知三联书店，2006：48.

（五）脑认知刺激反应律

大脑B这样的系统受到刺激物的影响会产生各种反应，即普遍的倾向或者或然的倾向。费泽尔认为，如果把作为结果的具体行为反应与作为原因的具体刺激物的大脑联系起来，就可以假定下列的形式是成立的，即第五种认知规律（LC-5）：

（a）　$(z)(t)[B_{zt}==>(S_{zt}=u=>R_{zt}')]$。

（b）　$(z)(t)[B_{zt}==>(S_{zt}=p=>R_{zt}')]$。

认知规律（LC-5）中的（a）表明了一种普遍性 u 的因果联系，毫无疑问，大脑 B 状态中的大脑体现了行为反应 R 受到了刺激物 S 的限制。认知规律（b）表明了或然性的因果联系，伴有或然性 p 的大脑 B 状态中的大脑体现了那些刺激之下的行为反应。

从认知规律（LC-5）来看，我们会发现这里体现了众所周知的一个心物原则，即“心物差异原则”。大多数人都相信心与物有相当大的差别。一般的物理现象能观察到，但心理现象无法观察到。比如，一个人获得了诺贝尔奖，你可能看到他面带微笑，但你看不到他的内心已经是欣喜不已的状态。外表沉默不语，内心却波涛翻滚。或者说，行为的表现不完全与心理的表现一致，二者是有差异的。这恰好回应了认知规律（LC-5）的两种或然的和必然的因果联系。

（六）脑状态因果反应律

费泽尔认为如果把大脑状态 B 与符号能力 SA 联系起来，可以得到认知规律（LC-6）的表达式：

（a）　$(z)(t)[B_{zt}^{*}==>(EF_{zt}=u=>SA_{zt}')]$。

（b）　$(z)(t)[B_{zt}^{*}==>(EF_{zt}=p=>SA_{zt}')]$。

这个表达式说明：在时间 t 的事物 z 的大脑状态 B^* 蕴含了环境因素EF映射的普遍性（a）和或然性（b）的符号能力。这意味着，事物 z 拥有符号能力SA，但这并不意味着事物 z 会在 M 这样的心灵状态中，因为事物 z 可能表现出特殊的信念、动机、伦理、才能等因素，毕竟符号能力的处理只是组成心灵状态出现的一部分元素而不是全部。

因此，像心灵状态特性所表现出的对应符号的能力必须与在动机、信念等完整特殊固定范围内的心灵状态做出区分。从宽泛意义上来理解，符号能力SA（例如，使用英语的能力）仅仅是心灵状态的一个方面。由此可见，当影响行为的全部相关因素的结果（包括动机、信念、道德、才能和能力）出现时，对刺激物的反应就必然会发生。因为在特定心灵状态中引起的行为会受到超出符号使用能力之外，受到其他因素的影响。例如，你的心里想着要在晚上人少的时候乘公交车到超市购物，你就会耐心等到晚上，准备好钱和购物袋，乘车去。在车上你还会想买些什么样的东西，以便节约时间。这似乎说明了心理世界中的状态也会导致必然的与或然的物理世界的现象产生。反过来，当你回来时手里拿着许多东西，有人看见了，会认为你去购物了，你心理又会有其他的反应，可能会自问，是不是自己太奢侈了等问题。这表明：心与物之间会产生因果交互作用。

三、分析与讨论

通过上面的分析我们发现，这六条认知规律之间具有内在联系。规律（LC-1）反映了事物在具体的时间段所具有的特性，成为大脑状态的事物也一定是心灵状态的事物。如果第一条认知规律（心脑状态同一律）成立，就会推知第二条认知规律（心灵状态因果律）为真。规律（LC-2）反映了从时间 t 最初的心灵状态受到环境因素影响到符号能力时 t' 时间上心灵状态的变化。而这种变化呈现出普遍倾向和或然倾向的特点。承认规律（LC-2）为真就意味着第三条规律（心灵认知刺激反应律）也成立，因为符号能力受到环境或生理因素的影响，继而影响到心灵的状态，不管心灵状态是呈现出普遍的还是或然的倾向，都会把心灵和行为纳入其中。这样一来，就出现了把作为结果的具体行为反应与作为原因的具体刺激物的心灵联系在一起的情况。

与此相对应，从这三个规律又演推出后面的三个认知规律。规律（LC-1）和规律（LC-4）、规律（LC-2）和规律（LC-6）、规律（LC-3）和规律（LC-5）之间相对应的是因果条件的一个交替形式。这样的认知规律表明：大脑 B 的系统和心灵 M 的系统之间，大脑状态与心灵状态之间，刺激物和行为反应之间，环境因素和生理因素之间，以及普遍倾向性和或然倾向性之间具有相互作用关系。简单地讲，心灵 M 与大脑 B 这样的系统及心灵状态和大脑状态在刺激物 S 的作用下引发了行为反应 R（普遍的或然性的强度），而认知的变化会受到动机、信念、伦理、才能等方面环境因素的影响，继而影响到对心灵状态和大脑状态，影响到人们对心灵和大脑的描述。在这种意义上，认知是依赖特定环境的，或者说是依赖特定语境的，不存在单纯的认知现象。

这些形式化的认知规律试图以清晰简洁的方式揭示心灵与大脑、心灵状态与大脑状态之间呈现出的各种关系，旨在通过类似规律一样的形式化的表达进行更加细化的分类。然而，每一个公式化的表达暗示了无尽的特殊事例，每一个事例又确定了它们变化的范围。同时，这些公式化的表达式重在对相应现象的出现，构建了充分解释所需要的各种信息。例如，某种行为反应的实例可以用发现 M 这样的心灵状态与某种刺激物的影响是否为普遍的和或然的强度之间的因果关系进行解释；使用符号能力的实例可以通过发现引发普遍性和或然性结果等这样的 M^* 心灵和环境因素 EF 进行解释。同样，当遇到需要说明的事物时，我们可以把实例归入这些认知的规律之下，在构想科学的解释中解决遇到的特殊困难。费泽尔概括的认知规律虽然还不能涵盖所有规律，但它们至少在某种程度上和某些方面说明了当今认知神经科学研究的范围。我们知道人脑是由上千亿个神经元组成的复杂巨系统，这个复杂巨系统已经超过了单纯的医学或心理学研究的概念范畴，它实际上也是一个信息科学的概念，因为大脑为人类提供了知觉、运动、注意、思维、语言、情感、意识等重要的高级功能的认知行为。

过去人们一直认为人的认知活动是在“心”或大脑里面。最早的脑科学研究可追溯到19世纪中叶，当时一位名叫布罗卡的法国科学家在进行脑的解剖研究后，发现在额叶前面的一个区域。如果将其破坏，人就会产生运动性失语症。此后，布鲁德曼将人脑按照功能划分了50多个区来描述脑成像的范围，分析行为同大脑的区域形成的反应①。20世纪生命科学最伟大的发现莫过于DNA双螺旋结构的发现，由此揭开了生命的奥秘，而沃森和克里克也预言了脑科学研究的重要意义。比如克里克从20世纪70年代后期便开始将自己的研究方向转移到脑科学研究方面。著名的裂脑研究专家、诺贝尔奖获得者斯佩里指出：精神和意识是大脑的整体性质的一部分。在大脑活动的因果链中，意识经验以不可还原的突现形式出现在大脑过程的较高层次（认知层次）上。这些突现的心灵实体不仅在认知水平上相互作用，而且对作为组成成分的神经元的活动实施自上而下的控制。这充分说明认知规律与脑科学的研究有着密切的关系。

目前，脑的认知与行为的关系问题是人类在认知过程中必须解决的核心问题。认知神经科学是一门多学科、崭新的、发展迅速的新兴学科，其目的主要是阐明人类认知活动的心理过程和脑的机制，揭示出人类的行为，即人类所表现出来的活动与认知过程之间的关系，如，思维、语言、情感等的脑机制及生物学的基础。而在哲学界，普特南对缸中之脑的论证体现了心理学与脑科学研究相结合的这种趋势，神经元事件被看成是嵌入更高层次的因果现象之中。这充分说明，关于大脑状态不再是对应心灵状态出现的相关解释是很困难的事情，无疑，那些心灵状态就是那些大脑状态的永恒性。然而，费泽尔在这种公式化的表达中，出现了一种模糊的暗示，即只要保留了大脑状态的暂时性，心灵状态就是脑的状态的永恒性；而且有时会存在有关心灵状态与大脑状态对应的部分说明，但有时没有。费泽尔认为：“如果没有认知规律，当然就不会有认知科学。因此，对这种科学的展望会随着与这一活动相应的可能规律的发现而得到加强。”②

① 罗姆·哈瑞．认知科学哲学导论．魏屹东译．上海：上海科技教育出版社．2006：199-201.

② Fetzer J H. Philosophy and Cognitive Science. Paragon Issues in Philosophy New York：Paragon，1997：93.

四、结　语

从对费泽尔认知规律的分析开始，到发现这些认知规律所包含的哲学思想，我们实际上又回到了重新审视心身问题和意识来源的问题。尽管这方面的讨论很多，但并没有像费泽尔那样以形式化的表达式呈现出来。费泽尔有关认知规律的讨论为我们提供了存在这种认知规律非常有力的证明。事实上，似乎还存在几种不同的认知规律，包括作为结果的行为与行为反应的刺激物及心灵状态的因果相关的规律，心与脑相关联的其他规律。费泽尔揭示的认知规律说明，认知科学是有规律的。然而，费泽尔的认知规律仅仅体现了心脑之间的逻辑性，反映了人的心灵的潜在认知规律，但还没有揭示出认知科学更本质的东西。比如，意识是怎样形成的？心灵怎样表征信息？思维的本质是什么？…… 这些问题至今还未得到很好的解决，还有待于认知科学家与哲学家联起手来，共同做进一步的探究，从而揭示更深刻的认知规律。

第二章 丹尼特：认知无本质

作为一位自然主义心智哲学家，丹尼特（D. C. Dennett）一直致力于在塞拉斯（W. Sellars）所谓的人的两种形象——外显形象（manifest image）和科学形象（scientific image）之间做出调和。丹尼特认为，在人的外显形象中，最主要也最难于自然化的三个概念是意向性、意识和自我。传统的心智理论使人们对这三个概念有着根深蒂固的笛卡儿式二元论直觉：具有意向性的心理状态，如信念，似乎是某种因其本质特性而独立存在的实在；我们对某物的意识，就是该物在心灵或大脑中的再现，意识具有感质特征；而自我，则是那个审视“再现”的观察者或裁决者，是一个内部的小人。这种对意向性、意识和自我的本质主义解释是错误的，无论心智的哪种特性，都不应被当做是某种本质的东西。意向状态不是某种因其内在本质而存在的实在，而是像物理学中的“重心”一样的抽象实在，它的本体论地位是由其所属的意向立场承诺的；我们对某物的意识并不是该物在心灵中的再现或表征，丹尼特关于意识的“多重草稿模型”（the multiple drafts model）试图表明：有意识的经验是那些能够在竞争中取得优势、能够实现对未来行为、话语的控制权、并能够产生较为长久影响力的草稿。而那个审视意识经验的“自我”，则是由人的生理、心理、经历等各个方面的叙事编织而成的故事的主角，“自我”是一个叙事重心（a center of narrative gravity）。

一、意向状态：由意向立场承诺的抽象实在

像信念这样的意向状态的本体论地位如何？这个问题在心智哲学家那里长期争论不休。比较明确的两个极端态度是以福多为代表的强实在论和以丘奇兰德夫妇为代表的取消论。如果我们承认大众心理学所具有的强大的理解、解释、推理和预测能力，那么我们就不能像取消论者那样，轻易放弃使用这种在日常生活中被心照不宣地接受的常识性原则。但肯定信念实在性的强实在论观点要求信念的存在必须以脑中的某个实体或结构的存在作为保证，这使得该论点面临许多困难。

在丹尼特看来，将信念当做脑中真实存在的实体或结构，即信念是一种因其内在本质而独立存在的“自在”（in-itself）的实在，是一种对信念的本质主义理解，是笛卡儿主义在当代的延续。丹尼特主张：“像引力中心和力的平行四边形这样的抽象物一样，最高层次的立场（即意向立场）所假定的信念和愿望并不具有独立的、具体的存在性。”① 各种意向状态的本体论地位都是由其所属的意

---

① Dennett D C. Brainchildren: Essays on Designing Minds. Cambridge, MA: The MIT Press, 1998: 360.

向立场所承诺的。

丹尼特提出了三种解释和预测策略：物理立场、设计立场和意向立场。物理立场是最低层次的立场。如果我们需要了解一个系统的物理细节，或者需要从物理结构、过程和物理原理的层次才能预测系统的行为，我们就必须采取物理立场。设计立场比物理立场高一层次，它是通过考察系统的设计或功能来预测系统行为的。大部分人工制品都包含一定的功能在产品中，因此，都可以借助设计立场来进行预测。意向立场是最高层次的立场，当系统的行为相当复杂时，我们可以忽略系统的物理和设计层次，直接采用意向立场，即借助系统的意向状态来解释其行为。

丹尼特指出，一种立场不仅是一种预测策略，而且是一种理解世界的方式。"每种立场都有属于自己的一组对象或概念，一组恰当的问题，以及一个由适合于它的解释范式所构成的整体。"① 因此，每种立场都承诺了一组适合于该立场的实体或存在，每种立场都构成了一种谈论和解释的框架。我们是否应当对这些概念或范畴持实在论的态度，取决于它们的使用是否可以使其所属的立场获得解释与预测的成功，它们是否可以帮助我们更好地理解和把握这个世界的规律。这样，我们应该更关心这些概念的理论价值，而不是它的纯粹形而上学地位。

当我们采用物理立场时，我们使用"重心"这样的物理学概念去构建理论、解释现象。在物理层次上，"重心"这样的抽象对象是对物理世界的某种自然特性的简易表征，它对物理立场的成功具有重要意义。由此我们认为，在物理立场的范式中，重心是实在的。然而，当我们采用设计立场来解释和预测系统时，设计立场使用的是各种表征设计层次特性的"设计"或"功能"概念。例如，在解释恒温器的工作时，我们只会考虑恒温器的设计目的，即它的功能就是要保证温度的恒定。我们不会关注恒温器内部的实际工作状态或物理状态，因此，物理立场中的概念在设计立场下就失去了作为理论实体的地位。但像"设计"、"功能"这样的概念却因其在设计立场的成功中所具有的地位而获得了实在性。据此，"重心"和"功能"都是实在的，只是它们是属于不同立场的实在，它们也只有在各自所属的立场中才能成为实在的。

丹尼特曾多次表明：信念这样的意向状态应当被当做重心那样的抽象对象来看待。这样的类比有两层含义：首先，信念像重心一样，只是一个抽象概念，而不是本质主义所主张的某种独立的、具体的实在。就像我们不能指望重心是物体内部的某个真实存在一样，（有些形状不规则的物体的重心不在物体上而在物体外），那种希望为信念找到一个大脑内部的对应物，从而一劳永逸解决信念的实在问题的想法是不切实际的。其次，信念可以像重心那样拥有本体论地位。信念

---

① Thompson D L. Daniel Dennett. New York，NY：Continuum International Publishing Group，2009：92.

是属于大众心理学的概念，我们采用意向立场，就是像民间心理学那样借助信念、愿望等各种意向状态来解释和预测复杂的系统行为。如果意向状态的归属可以使民间心理学及意向立场具有强大的解释力和预测力，那么信念这样的意向状态的运用就是成功的。按照丹尼特的观点，意向立场策略的成功确保了信念的实在性①，就像物理立场的成功确保了重心的实在性一样。

由于信念的本体论地位依赖于意向立场的成功运用，因此，某一大脑过程作为一个信念的地位是从它所归属的意向立场派生而来的。事实上，没有任何事物可以在脱离立场的情况下独立地拥有属性。物体具有“重心”依赖于物理立场的采用，在设计立场或意向立场谈论物体的重心是没有意义的；系统具有“功能”依赖于设计立场的采用，我们也只能在此立场下才能识别功能的概念，在物理立场和意向立场是没有“功能”存在的；同样，某一系统具有“信念”依赖于信念归属的意向立场，我们只有采用意向立场才能辨别出系统所具有的信念，也只有在意向立场中，信念才是实在的。重心、功能和信念是分属于三个不同层次的实在，每个层次的实在都只有在本层次的立场下才有意义，并因此具有本体论地位。丹尼特的结论是：没有哪种属性是本质属性，事物也不是因为具有了某种本质属性而成为独立的实在；不同的立场承诺了不同的实在，实在是依赖立场的。

二、意识：多重草稿的竞争

意识被认为具有以下四个主要特征：一是主体性。每个意识经验都属于一个拥有它的主体，主体对他的意识经验不会出错；二是私有性。主体对于自己的内心世界具有特许访问的地位，意识经验只能被主体本身所把握；三是内在性。意识经验的质的方面是内在的、固有的，它可以在每个独立的感觉经验本身当中被找到；四是不可言说性。意识经验是无法用语言表达的，你无法向没有经历过疼痛的人说明疼痛的感觉如何。这四个特征使得意识看起来非常神秘且难以自然化。

关于意识究竟是什么，最有影响力的解释是被丹尼特称为“笛卡儿剧场”（the cartesian theater）的模型。在该模型中，意识是这样产生的：在心灵或大脑中，存在一个场所，它就像一个舞台或是一个屏幕。我们从体表的感觉器官所获得的信息，依照进入大脑的时间顺序排列在一起，形成一条平滑而单一的信息流，先后经过剧场的舞台，接受剧场里唯一的观众——“自我”的审视，进而成为有意识的经验。笛卡儿模型强调在大脑中存在一个明显的“界限”，一个意识的“魔法圈”，进入魔法圈的信息将成为有意识的，而圈外的信息则是无意识

---

① Dennett D C. The Intentional Stance. Cambridge, M A: The MIT Press, 1987: 15.

的，且信息将会以进入大脑的时间顺序依次排列，更早进入大脑的信息也将更早被意识到。这是一种关于意识的二元论的本质主义理论。表面上看，这种意识模型作为一个整体已被当代大多哲学家抛弃，但事实上，它对心智哲学的影响根深蒂固。许多哲学家都在无形之中贯彻着这种笛卡儿式策略。丹尼特指出："有一些人在公开拒斥超自然物的同时，实际上却承诺了一个我们不可能将其看作自然实体的自我概念（self-conception）"。① 那些认为感知存在的哲学家就是如此，他们奉行这种改头换面的二元论，拒绝接受意识可以被科学地解释的可能性。

丹尼特以当代神经科学和脑科学的研究成果为基础，对笛卡儿的本质主义意识模型进行了批判。他指出，"笛卡儿剧场"模型对意识的形成过程的解释过于简单。事实上，现代神经科学和脑科学对大脑信息处理的说明要复杂得多，其中有一些与传统观念相冲突的地方很值得注意。

首先，从体表器官或神经输入的信息并不是直接进入大脑区域，而是首先进入中枢神经系统的脊髓部分。有些信息中止于脊髓，形成无意识的反射活动；有些信息在脊髓那里被存储、编码之后经由感觉神经传送至丘脑，再由丘脑传送至大脑皮层的各个区域。这样，进入大脑的信息本身已经是经过脊髓加工的，并且分布在大脑中的各个相关区域，而不是一条信息流。

其次，大脑反馈给脊髓的信息并不是单一的。大脑接收的新信息片断往往会激活存储在大脑其他部分的信息，如记忆、情绪，还可能产生一系列生理反应，如激素水平的变化等，大脑中高层次的认知功能还可能修改甚至阻碍来自体表的信息。这样，经过脊髓、丘脑、大脑皮层以及其他大脑组织的存储、提取、加工等一系列复杂的信息处理过程之后，最终成为有意识的经验的信息很可能和最初体表接受的信息有天壤之别。意识经验将是结合了多种信息来源的信息混合体，而并非由体表直接进入大脑的原始数据。

因此，从生理学角度看，意识经验并不具有在每个独立的感觉经验本身当中就可以找到的内在的质，而是在与其他的经验信息相互关联、相互结合的过程中整体地构成的。每个单独的经验都必须依赖先前存在的经验以及后续的经验才能成为有意识的，意识不可能是一种本质主义的存在。沿着这样的思路，丹尼特提出了关于意识的反本质主义解释——多重草稿模型。

我们从体表获得的信息首先在周围神经系统和中枢神经系统的脊髓部分等大脑之外的信息处理系统中被初次加工，之后进入分布在大脑皮层各个区域的沟回中，它们会激活一些小的"识别器"（recognizer），识别器携带的内容是对外来信息进行第一次判断。例如，当我们看到远处有个黑影时，识别器可以将视觉信号判断为一棵树，或是一个人。需要注意的是，视觉信号激活的识别器可能不止

① Elton M. Daniel Dennett：Reconciling Science and our Self-Conception. Cambridge：Polity，2003：xiii.

一个，它会同时令许多识别器变得活跃，因此，做出黑影是树的判断的识别器与做出黑影是人的判断的识别器可以同时被激活，于是在它们之间便产生了一种竞争关系。当更多视觉信号进入后，会不断激活更多识别器，例如关于形状、颜色、质地等。这些识别器提供的后续信息可以对先前的判断有利或不利，因而在原本同样活跃的识别器中，有些变得越来越不活跃直至完全消退而失去竞争力，有的则不断得到加强，在竞争中保持优势，并进而激活大脑的其他认知功能如情绪、记忆、语言和行动。

丹尼特把每一个小的识别器产生的判断都称为一个“草稿”。外界刺激会在大脑中产生许多同时被激活的草稿，这些草稿一方面会使之前的草稿保持活跃或逐渐消退，另一方面其本身的后续状态又受随后产生的草稿的影响。草稿所承载的信息也可能因受到来自其他渠道的信息的“污染”而不断被修改。例如先前存储在你大脑中的有关红色衣服的记忆，可能会“污染”你对某个人的衣服颜色的信息，使你误认为昨天遇见的某个熟人穿着红色衣服，而事实上，他可能穿着绿色衣服。这样的事情在日常生活中经常发生，我们会“不自觉地”张冠李戴。这就是由于信息受到了“污染”。

任何时候大脑中都存在大量相互竞争的草稿，就像一场“群魔混战”。究竟哪些草稿能够成为有意识的，这与外界环境的变化有关。任何突发的外界刺激都可能会突然提升某些草稿的活跃度，使其暂时产生比其他草稿更大的影响力。如果你走在马路上，跃入眼帘的景物千变万化，那些飞驰而过的车辆和行色匆匆的路人都曾经对你的视觉系统产生冲击，也都会在大脑中留下瞬间的痕迹。然而，这些信息都没有成为意识的内容，因为没有后续的信息提升它们在大脑中的影响力，你会发现自己从来没有“意识”到那些人和物。如果此时有个熟人经过，他的外貌、体形、衣着、姿态等信息激活的草稿会进一步激活你关于这个人的记忆、情绪等信息，并对你的语言和行为产生影响，你会向他微笑或打个招呼。这个人的信息因此成为了你的意识内容。

丹尼特由此指出：“你对一个刺激物的意识并不是刺激物本身到达某个体表接收器或交换器这么简单，大部分对我们感官的末端器官的冲击从来都不会达到意识的程度。”[①] 信息在这种程度上是有意识的：它对大脑中的处理过程，以及随后的公开的行为有后续的影响[②]。成为意识的内容的草稿是那些能够在竞争中取得优势，能够实现对未来行为、话语的控制权，并能够产生较为长久影响力的草稿。丹尼特将具有意识和具有声望（fame）做了类比。一个有声望的人，一个名人（celebrity），他的声望将会持续相对较长的一段时间，在这期间，他的话语

① Dennett D C. Brainchildren: Essays on Designing Minds. Cambridge, M A The MIT Press, 1998: 131.

② Dennett D C. Sweet Dreams. Cambridge, M A: The MIT Press, 2005: 170.

和行为会对社会有更大的导向作用，或者说，他的影响力更大。意识就是“大脑中的声望”（fame in the brain），是大脑中最有影响力的名人。意识草稿因为种种原因变得更加活跃，它们持续相当长的一段时间，在此期间它们的影响力足够大，以至于主导了人的记忆、情绪、语言和行为。你所意识到的信息就是在竞争中暂时处于优势地位，即影响力最大的草稿所携带的内容。意识就是这样被定义的，它像声望一样，是一个功能现象。

三、“自我”：一个叙事重心

在“笛卡儿剧场”意识模型中，除了意识，还有一个概念特别难于自然化，那就是“自我”。根据笛卡儿剧场，“自我”被认为是位于心灵或大脑的某个地方的真实存在的非物质实体，是在现实世界里客观存在的东西。各种原始的感觉经验汇集在大脑剧场的舞台上，呈现在这个“自我”面前，接受它的审视，并成为意识经验。“自我”根据“看”到的经验材料发出指令来驱动人的身体。“自我”是身体里的“灵魂珠”（soul-pearl），是一切意识经验的见证者（witness），一个无与伦比的独裁者。

丹尼特认为，这样的本质主义解释与现代心理学和医学的临床经验不符。心理学和病理学的许多证据都表明，“自我”并不是人们通常所直觉的那样。首先，从时间上看，“自我”并不是从一个人出生之日起就一直存在，也不是在他生命存续期间一直持续着，“自我”的存在与生命的存在并不完全重合。刚出生的婴儿是没有自我意识的，他们只是潜在的而非真正的“自我”。进入昏迷状态的人和痴呆症患者，都是“自我”出现了障碍，因而也不具有真正的“自我”。其次，从空间上看，大多数人都只具有单一的人格或“自我”，一个“自我”占有一个身体。但是有些人会患有多重人格障碍（multiple personality disorder），以至于在他的身体里会同时存在多个性格迥异的人格，即多个“自我”共享一个身体。丹尼特据此认为，把“自我”解释为一个具有强大能力的、名副其实的“小人”（homunculus），不仅无益于说明“自我”，还会进一步将其神秘化，这与现代科学的精神相违背。

丹尼特主张：“一个自我不是任何古老的确定无疑的点（mathematical point），而是由无数的属性和诠释（包括自我属性和自我诠释）定义的一种抽象概念，这些属性和诠释构成了生命个体的传记体，而这个生命个体的叙事重心正是那个自我。”① “自我”不是一个孤立的实体，也不是一个发号施令者，它是一个功能概念，它的存在依赖于那些关于个体的叙事的存在。换句话说，关于个体

---

① 丹尼尔·丹尼特．意识的解释．苏德超，李涤非，陈虎平译．北京：北京理工大学出版社，2008：490.

的方方面面的描述构成了一系列的叙事或故事，故事的内容决定着“自我”的内容，故事的延续决定着“自我”的延续。“自我”是一个叙事“自我”。

在这种解释中，“叙事”是“自我”产生的一个关键因素，而叙事的形成得益于语言的使用。借助语言，我们不仅可以与他人交流，还可以与自己交流——自言自语，我们使用语言来描述自己的心理状态和情感，为自己的行为提供理由。我们因而获得了对自己的行为进行反思的能力，这种能力帮助我们实现了自我意识（self-consciousness）和自我控制（self-control）。我们开始意识到“我是谁”、“我的脾气和性格如何”、“我有什么信念和愿望”、“我应当或为什么要做这件事”、“我有哪些经历”，等等。当我们有意识地向别人和自己讲述这些关于我们自己的故事的时候，我们所使用的语言就编织成了一连串的叙事。随着我们不断地讲故事、不断地反思故事的内容，不断地在“自我”与他人之间进行区分和界定，不断为我们的行为提出合理的解释，关于我们的叙事或故事也变得越来越多、越来越复杂。这时候，我们需要一个主角来作为故事内容的承载者，“自我”就这样被创造出来了。“这些叙事串或叙事流好像是从一个单一的源头流出来的……它们在任何听众身上产生的效果，都是鼓励他们（试着）假定一个统一的行动者……简言之，鼓励听众假定一个叙事重心……这个心理学的或叙事的自我是另一种抽象，它不是大脑中的一个东西，而是一个非常强大的、几乎可以摸到的性质吸引子，是关于未获申领的东西的任何项目和特征的‘记录所有者’。”① 所有这些故事都是属于“自我”的，所有这些特性都是“自我”的特性。“自我”是对所有混乱而复杂的生理、心理过程的简化。

这样一来，“自我”就是在语言的习得和使用的前提下产生的，是关于人的各种叙事的副产品。婴儿之所以没有真正的“自我”，是因为他们还没有获得语言，还没有任何关于他们的叙事被编织出来。而多重人格障碍的问题则是，在一个人身体里，存在截然不同的叙事，它们属于不同的“自我”。多重人格的可能性暗示着决定“我们是谁”的那些因素是发生在我们身上的故事所产生的效果。例如，你的家庭环境、教育经历、情感经历、社会交往以及你与生俱来的基因。多重人格障碍的受害者往往有过不幸的童年、苦难的生活、家庭暴力或类似这样的悲惨经历。在成长的过程中，童年形成的扭曲的人格与在道德、法律约束下塑造的正常人格会交替控制人的身体，导致出现人格分裂。因此，有什么样的叙事，就有什么样的“自我”，“自我”不是叙事的创造者，而是被创造者。“自我”只是这一系列叙事的代言人。

自我是一种理论虚构（theorist's fiction），一个‘抽象物’，它不是与生俱来

① 丹尼尔·丹尼特．意识的解释．苏德超，李涤非，陈虎平译．北京：北京理工大学出版社，2008：479.

的自在的、孤立的存在，而是由人的各种经历和属性编织而成的。这些经历和属性不仅包括人的日常生活、社会活动、语言交流，甚至还包括人的遗传学和神经学特征。由属于某个人的全部生理、心理、社会因素组合而成的记录，就是关于这个人的“叙事”（narrative）或故事，故事的主角就是“自我”。这样的“自我”就像“重心”，不是那种细胞或桌子一样的存在，却是一个有用的建构。它可以简化我们对个体的描述，你可以说“这是我的意识”，也可以说“我对这件事负责”，这样，你就为在你大脑里进行的纷繁复杂的并行处理过程，或你的所作所为及其理由提供了一个所有者。“一个‘抽象物’，对它的评价不是基于它的本体论地位，而是基于它的解释力。”① 能够使我们更好地理解人的行为和责任的“自我”概念，一个作为叙事重心的“自我”概念，才是值得我们拥有的。

四、结　语

为了实现心智的自然化，丹尼特摆脱了哲学家只会坐在摇椅里思考的习惯，实际参与到自然科学的研究中去。他十分热衷于和其他领域的研究人员一起工作，并努力将成果融入自己的哲学框架内。正是因为有了其他学科的支撑，丹尼特才深刻认识到本质主义在解释心智现象中的无效性。因此，无论是借助行为主义的“倾向”和功能主义的“功能”来说明意向性，还是在神经科学和脑科学的基础上解释意识，或者是通过心理学实验和病理学证据阐述“自我”，其基本思想都体现出他的老师蒯因的反本质主义立场：任何心智现象都不是某种具有本质属性的孤立的、自在的存在，对它们的理解都要利用它们与其他心理、生理状态之间的关系。心智现象不是“非全即无”（all-or-nothing）的，而是功能的、语境依赖的。任何对心智的本质主义解释都不能帮助我们更好地理解心智。

---

① McCarthy J. Dennett and Ricoeur on the Narrative Self. New York，NY：Prometheus Books，2007：49.

第三章　乔姆斯基：语言认知生成知识

在语言学及语言哲学中，语言的本质是一个基本问题。自语言学产生以来，语言学家们便从各个角度对语言的本质进行了多方位的考察和探索，由此形成各种理论。例如，索绪尔（F. de Saussure）的语言结构论，认为语言是一种表达思想的符号体系；萨皮尔（E. Sapir）的语言功能论，认为语言是人类的重要交际工具；梅耶（A. Meillet）的语言社会论，主张语言是一种社会现象；洪堡特（W. von Humboldt）的语言心灵论，认为语言是一种构成思想的工具。这些语言学家们都从语言的某个侧面对语言做出了规定。然而，要给语言做出一个完整的定义，使它能全面地概括性地反映语言的本质特征，这对于目前语言学研究来说，如果不考虑语言与认知的关系，这个问题似乎很难弄清，因为语言所涉及的范围实在太广，而且语言本身表现出来的特征也很复杂。我们这里主要从语言与规则、语言与社会两个角度来探讨乔姆斯基之前传统的语言认知思想。

一、乔姆斯基的认知思想来源

（一）语言是受规则支配的体系

语言是指在个人的说话活动之外、互相关联而又有条理的语法关系总体。它是一种社会系统，具有社会性、抽象性。同时，语言还是一种社会行为。人的行为都要受到一定规范系统的制约。社会中人们行为的规范主要取决于“集体心智”，心理上的规范在于人类心理组织的内部机能，而语言行为的规范则在于语言规则。尽管人们从来也不需要预先考虑自己所具备的语言知识，但是当与他人进行交流时，没有人不受到语言规则的制约。语言规则是语言学科中具有普遍意义的基本规律。

语言是受规则支配的体系。人类使用语言不是单纯的机械模仿和记忆，而是不断理解、掌握语言规则，创造性地运用语言的过程。它是生活在某个社会中的所有人都必须遵循的规则。同时，语言系统本身有其内部结构和固有秩序。这种结构和秩序由语言系统内部各分支系统（包括语义、语法、语音等分支系统）之间的关系构成，这种关系的相互制约和依赖也构成了语言的内部规则。离开了语言的内部规则，语言系统便不具备存在的意义。索绪尔曾把这种语言系统比作国际象棋的规则系统。他认为虽然棋子可能由不同的材料制成，但是国际象棋的规则总是不变的①。

也就是说，语言是有规则的。如何使用语词，怎样使用语句，便构成语言的基本规则。词义或语义在于它们如何被使用，其深层含义与词和语句的使用规则有着极大的联系。因此，作为沟通思想的工具——语言，在使用时人们必须共同遵守一定的语言规则，否则人们之间就很难达到相互理解，从而使交流无法进行。遵守规则不是个体行为，规则总是公共的、约定的，“当我遵守规则时，我不选择，我盲目地遵守规则。”②

（二）语言是社会的产物

语言作为人类交际的符号工具，是一种社会现象。那么人们为什么会采取此种符号而不是其他？这主要取决于人们的主观意志、时空因素和社会生活习惯，也就是语言的社会约定俗成性。语言只有被社会约定俗成并赋以一定意义后才能成为交际工具。语言符号经社会集团公认和使用，就成了社会约定俗成的社会准则，社会各成员就必须遵循这个社会准则，谁违背这个准则，使用的语言就失去交际工具的功能。也正是社会对语言的这种作用，语言学流派都从社会对语言学的影响这个角度探讨语言及其本质。

1. 柏拉图的语言思想

古希腊的哲学家柏拉图曾提出这样的问题：人类的生命极其短暂。在这短暂的时光里，人类与世界的接触也极其有限，但为何他们能拥有丰富的知识？人类在语言上表现出的创造力也呼应了柏拉图问题。这个问题的本质即人类语言知识是如何生成的，是关于人类知识的增长机制问题。众所周知，首先，人类能够理解以前从未听到过的句子；其次，人类能够使用以前从未说过或听到过的无限量的句子。人类在一生中说出的句子有许多是他从未听到过或从未看到别人用过的，任何一个孩子在其牙牙学语时不可能听到他想说的所有的句子，但是几乎所有的正常儿童都在一个比较接近的年龄段学会了使用和理解语言。人为什么能在相对短的时间内学会运用复杂的语言？人的这种创造力来自何处？语言的本质到底是什么？

柏拉图在其《斐多篇》中，借托苏格拉底在狱中服毒之前，与他的一群朋友与学生的话别，阐述了其“理念论”。对话从讨论哲学家为什么不害怕死亡开始。苏格拉底用灵魂轮回说论证灵魂不朽，认为人活着时，由于灵魂受身体和情感的限制，不能认识真正的存在；只有当灵魂脱离了肉体的羁绊，才能认识真正

① 索绪尔．普通语言学教程．高名凯译．北京：商务印书馆，1996：46.

② 维特根斯坦．哲学研究．李步楼译．北京：商务印书馆，1996：219.

存在的理念。他重提“回忆说”：当灵魂再次与身体结合时，它原有的关于理念的知识忘记了；出生以后，通过对具体事物的感觉，回忆起理念的知识。他指出，理念和我们所见到的这个世界的具体事物根本不同，具体事物有生有灭，不断变化，是不纯粹的、相对的；而理念是纯粹的、单一的、不可分的、不变的、不朽的，是不可见的、神圣的、智慧的真理。

在柏拉图看来，知识是先验的，是被回忆起来的，这就是著名的知识“回忆说”。这种观点认为人在后天是无法学习到任何知识的，后天的经验只是唤醒了人脑中原有的内在观念或先验感知。人类感官所接触到的、由具体事物组成的感性世界是虚幻的、不可探究的，这是因为物质始终处于永恒不变的运动状态之中，“人不可能两次踏进同一条河流”。因此，他认为唯有理念世界是唯一不变的，并且只有通过灵魂才能达到对理念的认知，并且所有的知识都存在于不朽的灵魂之中，所有的学习不过是将人出生时因为某种原因遗忘的知识重新“唤起”而已，感性经验只是用来唤醒理性认识。柏拉图的理念论无疑是一种唯心主义认知观，唯物主义肯定是不会承认的。

2. 需参照社会阐述语言

语言存在于人和人的关系之中，存在于社会之中。不与社会相联系的任何声音，都不构成语言。同时语言也是一种社会事实和一种行为。抽象的语言系统是语言行为的外部制约因素，这种系统同一切社会惯例一样，是一切成员同意遵守的、约定俗成的社会制度。因此，作为人类交际工具的语言是一种社会现象，与社会有着十分密切的联系。首先，语言是伴随着社会的形成而出现的。其次，由于人类有了语言，使社会交往变得更加频繁，信息交流更加便捷，从而也促进了社会的发展，进而引起社会结构的变化、社会制度的变革。再次，所有智力正常的婴儿从其出生到五六岁，经过五六年的学习、训练，都能熟练掌握某种语言。而脱离人类的狼孩、熊孩当其回归社会后，无论你怎么刺激、训练，他们都无法像常人一样掌握语言。正是看到了语言与社会的这些特点，才产生了行为主义语言学派和系统功能语言学派。

行为主义语言学家认为，人的语言习得是外部刺激的结果，言语行为和人的其他一切行为一样，也是对刺激的反应，是借联想而形成、实现和改变的，是通过强化而获得的。也就是说，语言的学习就是不断的刺激、强化。他们列举了儿童语言习得来阐释这种观点，认为儿童对语言的学习就是不断地对环境刺激做出反应，反复强化，然后形成语言习惯，进而形成语言行为。其代表人物斯金纳（B. F. Skinner）就用“习惯”来解释人的语言习得。他认为语言行为是人对外部环境刺激的反映，人的语言能力是通过外部信号的反复刺激、不断强化而建立起来的“习惯”；人的语言行为也是通过强化而形成的刺激和反应的结合，它是对语言和非语言刺激的反应系统，是一组习惯。反应可以是外显的，也可以是隐含的。总之，在行为主义者看来，人对语言的新的形式的运用和解释都是类比了原有的语言形式，是一种习惯，是对刺激的反应。但是，人类所接触到的语言形式毕竟是有限的，而人类所听到的大多数句子却是新的，是人类从未接触过的，但是这些句子却能被人类轻松理解；同样，人类所说出的大多数句子也是新的，而它却能为他人所理解。由此可以看出，外部刺激对于人类来说是很有限的，人类面临着“刺激贫乏”（poverty of stimulus）问题，即使在这种不利条件下，人类依然形成了复杂的语言系统。因此，行为主义者关于语言习得是外部刺激的结果的这种说法显然很难成立。

系统功能语言学派受普罗泰格拉（Protagoras）和柏拉图的影响，主张语言是人类谈论事情的一种手段、一种活动方式、一种选择系统、一种社会行为，因而是社会活动的产物。语言的本质就在于它具有一定的功能。通俗地讲，语言的结构是根据社会的需求而产生的。系统功能语言学的落脚点是社会语言学，它从社会的角度出发来研究语言的内部系统以及各种功能。功能语言学者通过对语言与社会需求、社会结构、社会文化背景的关系的研究来探索语言的本质。首先，语言是一种社会符号，语言就其本质而言具有社会性。语言作为一种符号与这种符号所代表的意义是密切联系的，不可分的。同时，语言符号成为人们交流的媒介，也在于它所承载的意义，意义存在于语言的所有层面。语言是意义的源泉和潜能，是由各种语义子系统构成的大系统。其次，语言交际是人的一种活动，而人是社会的一员，是社会的人，因而语言交际就是一种社会的行为，即人与人、人与社会之间的一种行为。不同的社会结构会生成不同的言语体系或语言代码。最后，在儿童由一个独立的个体发展成为一个社会人的过程中语言也起着至关重要的作用。语言与社会以及人的思想之间有着十分紧密的联系，即语言不仅可以反映社会，反映人们的思想，而且语言具有相当强的建构能力，可以反过来维持、影响、建构甚至改变社会以及社会中人的思想。语言的根本性质之一就在于其能够帮助人类建构一幅关于现实的心理图画，从而使人类能够意识到自身的外部条件和内部经验。因此，语言不再被看作是被动地反映物质社会和精神生活的现实，而是能动地作用于现实并赋予现实以全部的意义。

概言之，语言在本质上是一个语义系统网络，并通过概念功能、人际功能和文本功能提供意义潜势。语言交际不是通过孤立的句子，而是通过文本和一定的语境来实现的，同时，存在于意义潜势中的各种意义也只有通过一定的文本、语境才能真正地具有现实的意义。因此，运用语言的能力是后天发展而成的，不是先天具有的。

二、乔姆斯基的内在主义

语言哲学和语言学把语言看作是一种纯粹的社会行为，它既独立于个人的心智或大脑，又独立于任何特定的说话者，是一种外在主义语言观。而乔姆斯基的语言观则是内在主义语言观。我们通过他对普特南的批判来阐述其语言习得机制（LAD）及语言先天性思想。

（一）对普特南外在主义的批判

关于语言，普特南提倡“非社会的外在主义”。从否定的方面看，他的意义理论既反对意义怀疑论，又反对意义实在论和内在主义。从肯定的方面来，语词指称的内容是由后天决定的，即必须通过科学方法从后天加以把握，因为客观世界自身的特点决定了人的思想内容。即使两个人具有相同的心理结构，如果其所处的外部环境与所接触的外部对象不同，那么其思想及语言的意义也极有可能是不同的。普特南明确提出：“语义确实不在头脑之内！”①

为此，普特南设想了一个著名的“孪生地球”思想试验。他假设有两个地球，一个是目前我们人类所生活的现实的地球，另一个则是作为此地球的分子对分子的复制品地球，这就是所谓的“孪生地球”。他又假设了两个人，一个是生活在现实地球上的地球人，一个是孪生地球上的作为这个地球人的复制品的孪生地球人。普特南认为，地球人和孪生地球人尽管有相同的内部结构——相同的感觉、相同的内部语言、相同的大脑结构和相同的心理结构，但由于其所处的外部环境不同，他们在用“水”表示各自星球上的相应的物质时，尽管其所指相同，但是其所代表的意义却是不同的。当然还可能有另一种情形，即不同地球的人使用不同的词如“水 1”和“水 2”指称同一种东西 H_2O。

也就是说，尽管两种物质都叫水，但地球上水的外延是 H_2O，而孪生地球水上的外延则可能是 XYZ。这样，两个人在看到他们各自星球上的水时尽管用的是同一个词“水”，但它们的意义和外延却是不同的。这说明语言的内容是因环境而个体化的，并且意义随着科学的发展和人类的认识的增长而不断地发生着变化。总之，普特南认为“传统的语言哲学，像大部分传统哲学一样，忽略了他人和客体世界，一个更好的哲学和更好的语言科学应该包含这二者在内”。②

针对普特南的这种观点，乔姆斯基对其在孪生地球的思想实验中所阐述的语义思想做了批判。首先，语义研究可以分为外在主义和内在主义。内在主义者比较注重内部语言和语言产生的原因，而外在主义者则更加注重语言对外部世界的

① Putnam H. Mind, language and Reality. Cambridge: Cambridge University Press, 1997: 271.

② Putnam H. Mind, language and Reality. Cambridge: Cambridge University Press, 1997: 290.

解释以及语言的使用。传统语言观的语义思想更多的是外在主义语义观。外在主义的语义主要包括两个基本因素：外部世界特征和语言团体规则。其次，外延、指称、真值等是技术术语，有其独特的内涵，它们都是语言学的专用术语，在非决定性的直觉探索中，这些术语并不能产生多大的帮助。再次，普特南在孪生地球的思想实验中所讨论的问题属于字典释义和语言团体的范围，因此，普特南所得出的关于语义方面的结论并没有充分的论据。最后，乔姆斯基认为孪生地球思想实验最大的漏洞是撇开了语言的语境来分析语义，这无疑是自欺欺人。

除对普特南语义理论本身进行批判外，乔姆斯基还批判了普特南的语义理论的方法论体系。乔姆斯基在评价孪生地球思想实验时说："无论它探索的是什么，它主要依赖保持神秘的'普通、公共语言'的观念。如果是日常对话的观念，它对任何形式的理论阐释都无帮助。"① 乔姆斯基要说明的是，无论日常语言中的语义是如何丰富多变，它都与语义理论不相关，因为对日常语言的分析的第一步就是首先将其转换为机器语言。

（二）语言习得机制

乔姆斯基认为，儿童的头脑中先天地存在着一个由遗传因素决定的"语言习得机制"。这是人类头脑中固有的内在的语法规则，即普遍语法。儿童运用这种语法，会很容易理解别人的言语，从而掌握某种语言。而再聪明的动物也不能习得像人类语言这样复杂的交流系统。无论对动物进行多长时间的训练，我们也无法使它掌握人类的语言，这是因为它们缺少这样一种机制。也正是这种机制，使人与动物相区别开来。因此，语言是一种物种属性（species character），是人类的一种遗传特征（genetic property）。"儿童语言学习就像儿童的身体在适宜的环境刺激和营养条件下，按预定的方式生长和成熟一样。"② 为了阐释"语言习得机制"，他提出了普遍语法（universal grammar）、语言能力（linguistic competence）和语言运用（linguistic performance）及表层结构（surface structure）和深层结构（deep structure）等概念。

1. 语言习得机制

在乔姆斯基看来，人头脑中存在着"语言习得机制"，这种构造决定了人具有一定的语言能力，每个人具有的这种能力也是相同的，这就是普遍语法。它假设人出生时大脑处于初始状态 S_0（具备 UG），而在出生后由于接触到其他人，

① Chomsky N. New Horizons in the Study of Language and Mind. Foreign language. Cambridge：Teaching and Research Press ，Cambridge University Press，2002：155.

② Chomsky N. Language and Problems of Knowledge. Cambridge，MA：The MIT Press，1988：25.

在与他人的交流中便积累了一定的语言经验，语言知识也随之逐渐扩大和丰富，同时，他的大脑也发生了变化，从初始状态S_0，经过S_1，S_2，S_3，…一系列状态，达到一个相对稳定状态S_s，即掌握了某种语言内在结构的状态。也就是说，说英语的人与说汉语的人的S_0是相同的，所不同的就是S_s。S_0就是普遍语法，从S_s中扣除S_0，剩下的就是个别语法。根据以上假设，人以大脑中的普遍语法为内因，以所处的语言环境为外因，从而获得完整的语法知识。

2. 语言的深层结构和表层结构

乔姆斯基认为，每个句子都有两个结构层次——深层和表层。深层结构指人在使用语言前存在于头脑中的句子结构，它是抽象的，而且是形成说出的句子的基础，显示基本的句法关系，决定句子的意思；表层结构则是由深层结构通过转换规则形成，具有语音形式，是说出的句子的最后形式，但表层结构往往无法反映对语义解释至关重要的语法关系。句子的深层结构通过转换规则变为表层结构。

在乔姆斯基看来，通过深层结构和表层结构可以把表面不同而意思相同的句子联系起来。各种语言在表层结构上可能相去甚远，如“约翰吃了苹果”和“苹果被约翰吃了”，从表层结构上看这是两个完全不同的句子，但只要稍有常识的人都知道其实这两个句子是在表述同一个意思。这是因为这两个句子的深层结构是相同的。深层结构反映的是普遍语法，是思维概念的基本特点。深层结构为不同的语言提供某种程式，在一定外部条件下转换为各种语言的表层语法。人类的语言官能也和视觉等其他官能一样要在一定的适宜环境中才能最终形成。他举了婴儿视觉发育系统说明这一观点。婴儿出生时便具有视觉，但是视觉却是在成长过程中日渐完善的，一个人只有在外界光线的触发下才可能发育出正常的视觉系统，如果没有外界的触发，他或者她不可能知道如何正确地使用视力，更不可能具备三维视觉。同样，人类尽管有先天的语言官能，但人类的语言及其能力需要外部条件激发来完善。如果一个孩子生活在汉语环境中，他或者她的语言机制就会把其头脑里的先天的普遍语法转化为汉语的语音、语法、语义等语言组件；如果生活在英语的环境中，他或者她的普遍语法就会转化为英语的语法、语音和语义等。在这里，乔姆斯基把语言分为三个部分，即句法部分、语义部分和语音部分。句法部分是其主要的部分，它构成一个句子的深层结构，并进一步转换成它的表层结构；语义部分对这个句子的深层结构进行语义结构说明；而语音部分对表层结构做出语音说明。

3. 语言内在主义

显然，乔姆斯基是一个语言知识内在主义者。虽然他没有明确定义内在主义，但他提倡的语言内在主义实际上指的是语言学研究应该以隐性的、内在的结构和解释原则为基础对语言的内在属性做理论上的探讨[①]。语言的使用不是一个遵循外部的、传统意义上的规则的过程，而是个体运用其大脑内的内化语言生成语言表达式的过程。我们将重点探讨乔姆斯基的"内在语言与外在语言"，以及内在语言与心智、大脑的关系。

首先讨论"内在语言与外在语言"的关系。乔姆斯基认为，语言可以被划分为"内在语言"和"外在语言"两种，内在语言是其研究的重点。所谓内在语言，就是存储在人大脑内部的语言规则和语言知识，与人类心智与大脑有着必然的联系，而与人类的外部经验以及所处的外部环境没有联系。"内在语言"是这种语言天赋的内在形式，"内在"具有三重含义："内部的"（internal）、"内涵"（intension）和"个体的"（individual）[②]。

"内部的"是指语言只是人类心智和大脑的内部状态的一种外显形式，仅仅与心智和大脑有着必然的联系，而人类的外部经验以及人类所生活的外部环境则与语言没有必然的联系。就像人类的肢体、五官等是人类进化的产物，而非后天的刺激。"每一个说一种语言的人都已经掌握了表达他这种语言知识的生成语法，并使其内化。"[③]

"内涵的"是与"外延的"相对应，是说"内在语言"是非外延的，是以内涵的形式规定的一种函项。与此相对，"外延的"则是指"内在语言"的结构，是对所有结构的描写所组成的集合。"原则上来说，两个不同的内在语言可以有相同的结构。然而经验上来看，没有两个不同的内在语言可以生成相同的结构描写集合。"[④]

"个体的"是指它仅涉及某个人，且个体性是由内在性衍生出来的。换言之，如果语言学的研究主体是内在语言，而内在语言又不是心理表征与外部世界的关系，那么，内在语言只能是内化于某个个体大脑的东西。同样，大脑的活动也只能是某个个人的大脑的活动，而不能被表述为集体的大脑的活动，因为大脑仅仅存在于个体之中。内在主义的研究范围也可以说明内在语言的个体性，他们是以说话人或听话人的大脑内部，而不是人脑与外部世界的关系为其研究对象。生成语法理论是研究大脑的内在语言，而内在语言却内化于个体的大脑，这样大脑的活动状态才可能是个体性的[⑤]。

在乔姆斯基看来，所谓的外在语言是指"行为、话语或与意义配对的语言形

① 戴曼纯．生成语法研究中的天赋论、内在论和进化论观点．外语教学与研究，2002，(4)．
② Chomsky N. The Minimalist Program. Cambridge，MA：The MIT Press，1995：6-7.
③ Chomsky N. Aspects of the Theory of Syntax. Cambridge，MA：The MIT Press，1965：8.
④ 龚放．乔姆斯基最简方案中的一些基本假设．外语教学，1999，(2)．
⑤ 程芳．乔姆斯基语言学哲学思想解读．现代外语，2007，(4)．

式（词，句子）的集合，或语言形式与事件的系统"①。简单地说，外在语言就是指普通意义上人们所说的公共语言。外在语言涵盖面广，含义模糊，包含着很多非语言的因素，是比内在语言程度更高的抽象。外在语言不是严格的技术性概念，不适合科学理论建构。而结构主义和描述主义语言学却忽略了外在语言的这些特性，它们倾向于研究外在语言。这种研究往往是将语言看作行为、话语或语言形式的总和，语法是关于某种语言的理论。这种外在主义的方法常常忽略了心智或大脑的特性。乔姆斯基的内在语言观是将语言视为人脑的内在属性而非任何外在物；语言是内在的，是大脑的一种状态，而不是一套句子的集合。内在语言就是"表征在某一特定个体大脑中的体系"②。

其次讨论内化语言与心智、大脑的关系。乔姆斯基假设，人的心智/大脑除其他认知系统外，还有一个系统叫"语言官能"，专管语言知识及其运用。语言知识内在于人类心智/大脑之中，是一个心智客体。每个人一出生，他的语言就处于由遗传决定的生物禀赋——初始状态，或称之为普遍语法。这对全人类都是一致的，且也是人类独有的一种生物特性。环境只是对语言的产生起触发作用，并且这种作用也是极其有限的。因此，游离于心智/大脑之外的语言是不存在的。同样，对于语言科学而言，其研究对象也只能是大脑中特殊的心智官能，而绝非大脑外的可观察到的任何语言现象。尽管它们在构建语言运作的理论时，为我们研究语言提供了各种证据和信息，但它们还是不可能成为语言学理论的本体。

因此，乔姆斯基坚持主张，语言的研究就是关于人类心智或大脑的研究。要认识语言的本质，就要对人类大脑结构和心智思想进行研究。语言机能作为人类心智的组成部分，归根结底是人类大脑的组成部分。语言是位于人类心智或大脑中的语言认知系统的状态，是一种心智器官，是人脑的一种属性。乔姆斯基主张从心理学和人的种属特性的角度研究人类语言能力的特征、语言习得和语言能力的发展等诸方面的问题。这里的"语言"是从人类自身抽象出来的一种能力，与我们日常所说的、看见的、听到的、甚至摸得着的"语言"概念有着本质的区别。换句话说，人们日常生活中所说的"语言"仅仅是我们这里所要说明的这种语言的一种外显形式，是具体化了的语言，不是我们所要探讨的语言的本质。

（三）语言知识的先天性

乔姆斯基语言学理论的核心是语言学习的天赋理论。这一语言学理论复活了西方哲学在认识论方面的理性主义的天赋观念学说。但乔姆斯基并不是直接套用

① Chomsky N. *The Logic Structure of Linguistic Theory*. New York：Plenum，1975：19.

② Chomsky N. *Language and Problems of Knowledge*. Cambridge，MA：The MIT Press，1988：36.

传统的唯理主义，而是利用近现代科学发展的成就，把自己的理论建立在唯物主义的基础上，并以科学的态度和方法，对语言的本质和规律进行了严谨缜密的研究，从而构建了实证的生成语法理论以及自己的唯物主义的语言观。这种观点既不同于柏拉图的唯心主义语言观，又区别于笛卡儿的二元论。生成语法理论认为，人的大脑中生来就有一种能让人在极短的时间内习得语言的语言机制。它有其独特的运作模式，是人类进化的产物，是一种带有普遍性的先天机制，由一些高度抽象、概括的普遍语法支配和调节。普遍语法在人出生时就以大脑物质和结构的形式固定下来，具有一种没有地域、种族差别的人类种属特征。儿童一生下来，在外部语言环境和后天经验的刺激下，头脑中固有的原始语法被激活，并且迅速设定目的语的参数，从而达到某种特殊语言的稳定状态。正是因为这种天生的语言机制，才使"不论多笨的人也能学会交谈，而最聪明的猴子也不能讲话"①。

接下来我们要探讨认识论的一个重要问题。在西方哲学史上，语言与思维的关系一直是哲学家们探索的领域。苏格拉底、柏拉图、亚里士多德、笛卡儿都通过各种方法如历史的、结构的、功能的、行为主义的对语言进行研究，也因此得出了各种关于语言的观点。例如，柏拉图的语言先天论，主张语言是通过回忆而重现出来的"绝对理念"，洪堡特的语言有限论，认为语言是由有限语言元件所组成的无限句子构成的。关于先天性与唯理论的关系，乔姆斯基把儿童语言获得的刺激贫乏现象称为柏拉图问题，这清楚地表明了他在认识论上的唯理论立场。在唯理论者看来，经验并不能形成知识，环境的刺激只能对观念或信仰的形成起到激发的作用，观念、信仰等都是天生植根于大脑中，经验只是激活了它们而已。从柏拉图、笛卡儿到洪堡特等许多唯理论哲学家也对语言的先天性提出自己的看法。这些看法都为乔姆斯基语言先天性思想产生了很大的影响。

乔姆斯基在1966年出版的《笛卡儿语言学》一书中对这些观点进行了综合分析和评述。他认为，笛卡儿本人对语言的论述虽然不多，但是他对语言性质的看法对乔姆斯基的哲学思想产生了重要影响。笛卡儿认为，所有动物的行为都可以归纳为机械的刺激—反应，而人类语言作为人的一种行为，不是仅仅机械的刺激—反应理论就可以合理解释的，它更多地表现为人类特有的一种属性，是人类区别于动物的一种本质特征。尽管动物也能发出各种声音，如小鸟的鸣叫，小狗的吠叫，鹦鹉的学舌等，但所有这些基本都可以归纳为动物本能的、受到刺激的反应，并不是某种意义上的语言。而与此相反，人类语言对外部刺激的依赖程度要小得多，并且也不是仅仅为了相互之间的交流，它更多地表现为表达各种思想的工具，以及对各种新场景做出正确反应的工具。由此他认为语言是人类特有

① 于善志. 文体学和语言学研究中的形式主义. 外语教学，2003，(2).

的，是天生的，是一种“天赋观念”，即“与生俱来的、不证自明的观念，包括公理和普遍原则、上帝观念和简单性质的观念”。关于知识的获得，他认为“从感性认识上升到理性认识是一个确认‘天赋观念’的学习过程，感觉经验的作用是确认这种‘天赋观念’，只有达到对‘天赋观念’的认识才能正确认识世界。理性认识本身不来自感性认识，但离不开感性认识的作用。尽管如此，他还是认为在某种意义上甚至可以说人类所具备的获取知识的这种能力是偶然的，只是上帝的善行的一个方面，离开了上帝，人类的这种能力便很难得到合理的解释。关于语言的使用，笛卡儿认为人类在语言的使用方面具备两种特点，即创造性和自主性。语言的创造性主要表现在这三个方面：①语言可以纪录思想；②语言表达不会因范围的变化而变化，即语言不会受到范围的限制，与后天的刺激无关；③语言具有跨时空性。笛卡儿把人看作“心智”和“肉体”二种成分的组合，这就是他的二元论。他认为，心智是思维的基础，起着“创造性原则”的作用，而肉体功能则遵循“机械性原则”，并进而把人类创造性的思维活动解释成“理性”，认为“理性”在人类对各种偶然性事件的处理中起着巨大的作用，人类可以在遇到偶然事故时及时做到适当的处理。而动物器官和机器在同样的情况下与人类相比较就显得迟钝很多，它们需要特别的调整和适应。

比如，有些动物经过训练后也能发出类似人类语言的声音，但是这种声音并不像人类声音一样负载着一定的思想内容，而仅仅是一种简单的模仿重复。因此，人类语言是思维的外在表现形式，而动物们所发出的声音更多的是一种本能，一种模仿。这是笛卡儿关于人类语言与理性的看法。之后的认知语言学研究通过实验从两方面完善了笛卡儿的理性语言观：一方面是不可以用简单机械论解释的语言，如具有新颖性、连贯性、相关性等特点的语言；另一方面是可以用机械论解释的，如模仿性话语和刺激后所发出的声音。

乔姆斯基并不关心笛卡儿的机械论解释问题。他关注的是笛卡儿关于语言的创造性方面。他认为，笛卡儿所强调的语言使用的创造性方面在洪堡特的语言学理论中得到了最有力的表达。洪堡特把语言定义为“心灵的作品”，认为对语言起着规范作用的是隐藏在语言背后的不为人知的生成法则，这种法则的特点便是固定性，即具有一定的稳定性，而在语言的实际使用过程中，语言及其使用方法却是不定的，存在着很大的差异性。他把这种隐藏着的、稳定的、不为人知的生成原则称为“语言形式”，它是一个系统结构，不包含孤立的具体成分。也就是说，“语言形式”是一种固定机制，这种机制依靠人类思维而产生无限的情景语句，也就是有限的手段可以无限地使用。洪堡特的这一理论对乔姆斯基后来的普遍语法也产生了深刻的影响。

乔姆斯基的儿童语言习得理论，以及最初的“生成”概念都与洪堡特有着很大的联系，但是乔姆斯基并不是仅仅简单模仿与照搬前人的思想，他指出了洪堡特认识论的几点不足之处：①洪堡特比较注重语言使用的创造性和生成性，但并没有进一步对“语言形式”进行准确界定，也没有建立一套具体的生成语法和个别语法所必须遵循的普遍原则。②没有明确表述其所研究的语言生成过程是属于隐性的语言能力范畴，还是属于显性的语言使用范畴。

概言之，人类在正常使用语言时，是不会受到具体的、可辨的外部环境的刺激，或人类自身的内部状态的限制，也不局限于任何实际的交际，而动物语言却不具备这些特点。人类语言使人类可以自由地思维与自我表达。对语言使用中的创造性特点也说明了人类思想和想象的无限可能性。语言为人类自由思维与自我表达提供了一个平台，是一种有限的手段，但是，人类利用这种手段却可以无限表达。形成这些表达的概念和句子受到一些规则的限制，这些规则有的是普遍的，有的却是特殊的。普遍规则存在于任何一种人类语言中，而特殊的规则仅仅存在于某种特殊的语言形式中，例如，汉语、英语、日语等各个语言体系都有自己特殊的语言规则，正是由于这种特殊性使它们互相区别开来。普遍部分是所有人共有的天赋。人生下来时头脑中就先天的有一种语言机制，它决定着人类语言的普遍原则，它的初始状态就是普遍语法，经过语言的习得过程，便会形成一个不同与原先普遍语法的个别语法。

可以看出，这是乔姆斯基对“外部经验刺激激活固有知识”思想的进一步发展。按照笛卡儿的二元论，先天知识是脱离人的肉体的、神秘的、无法解释的东西。乔姆斯基并不认可笛卡儿的这种思想。他认为，先天的语言知识是人类大脑长期进化的结果，是人类的区别于动物的一种特有属性。他用“心智/大脑”这个合并词来指代“先天知识”，以表明他与笛卡儿的二元论之间的区别。乔姆斯基也用儿童语言习得现象来证明他的语言先天论。这种观点没有沿着柏拉图的“绝对理念”的思路走下去，也没有像笛卡儿那样误入二元论和不可知论的歧途。用他自己的话来说，生成语法是对西方思想史上古典问题的现时思考的结果，是传统理性主义认识论和现代科学理论相结合的产物①。

另外，乔姆斯基“天赋”假设也继承了西方唯理哲学中的辩证思想，主要体现在以下三方面：

第一，人类没有办法区分描述性语法（descriptive grammar）与规定性语法（prescriptive grammar）。造成这种结果的原因有三点：①在语言研究中列举出全部的语言材料是一种不可能的事情；②可以被观察到的语言材料也是有限的，而事实上所存在的语言现象与语言材料却是无限的；③对语言的研究也不能仅仅依靠对相关语言材料的纯粹描写。正是由于这些原因，乔姆斯基更强调采用形式化

① Chomsky N. Language and Mind：Current thoughts on Ancient Problems. New York：Harcourt Brace Jovanovich. 1972：3-4.

方法和演绎方法论证语法的生成能力，认为应该把语法看作“能生成无限句子的有限规则系统”，即“有限规则的无限运用”。这种方式在一定程度上可以解决研究对象和研究材料的有限与客观存在的对象和材料无限之间的矛盾。

第二，乔姆斯基还坚持语言的习得过程遵循“内因是变化的根据，外因是变化的条件，外因通过内因起作用”的辩证思想。在这里，内因是指人脑的内部构造或属性，也就是普遍语法；外因则是指在语言习得过程中，人类所处的语言环境等全部的外部环境或经验。经验主义者不承认人脑的特定属性在认知活动中的能动作用，认为人脑起初并不具备知识，就像是一块白板，获得语言的过程实质就是刺激—反应—再刺激—再反应的过程；语言能力更多的是后天经验的刺激或后天学习的结果。但是，摆在经验主义者面前最大的问题就是：为什么只有人类能够学会并且使用语言，而对于动物无论进行怎样的刺激，它们最终还是无法习得语言，最多也只能是对人类语言的简单模仿，而儿童不管其所处的环境的差异性有多大，但只要对其进行一定的刺激，他们就都能在一个相对的年龄习得人类这种复杂的语言。

第三，人类的大脑中先天存在着普遍语法。普遍语法是人脑的心智器官；心智器官产生语言的最主要的原因便是它的创造性。“语言的正常使用具有创造新句的特点，这些句子与儿童经验中听到过的句子并不完全相同。而且建立这一语言系统的任务是由所有正常语言学习者以非常相似的方式来进行的，虽然他们在经验和能力方面存有差异。”①

由此可见，乔姆斯基把人类内在的语言官能看作语言产生的决定性因素，但他在肯定内因的决定性作用的同时也不否认或排斥后天经验或外部环境的“触发”作用与“定型作用”。外部条件的刺激作用可以保证内部遗传的语言机制按照其预定的方式和时间习得人类语言。无论对狼孩进行多少刺激训练，它都不会说话的原因就在于它在语言发生的最佳阶段时缺乏正常的社会语言环境的刺激。“人类的生物天赋本身含有一个决定人们获得语言的基本语法结构的原则系统，而经验以一种特定的方式对这些原则起到完善或强化作用。”② 因此，乔姆斯基不仅仅强调语言的内部机制，也重视外部环境对人类语言习得的积极作用。概言之，语言行为是生物遗传基因和社会环境相互作用的结果。

三、乔姆斯基的自然主义语言观

在乔姆斯基看来，“思维”是指世界的心智方面，“自然主义”是指用来探

① Chomsky N. Language and Mind：Current thoughts on Ancient Problems. New York：Harcourt Brace Jovanovich. 1972：171.

② Chomsky N. Cartesian linguistics：a chapter in the history of rationalist thought. New York University press of America，1966：64-65.

索世界的心智方面的一种“自然主义方法”，以构建强有力的解释理论为目的，因此，是否具有强大的解释力成为判断一种语言理论成功与否的标准。这即所谓的“方法论上的自然主义”。关于其自然主义语言观，乔姆斯基在《语言与心智研究中的自然主义和二元论》中，从各种自然主义观点出发，通过对更多种类的二元论的批判，进而系统地阐释了其对心身问题的看法与自然主义语言观。

（一）自然主义语言观

乔姆斯基认为，哲学家们喜欢将“心智”或“心智的”等概念与超感觉、超自然经验的形而上学实体联系在一起。乔姆斯基并不认可这种做法，他更赞成把“语言”、“心智”划分到自然世界之中，并且作为自然科学研究的实在对象。在“语言”、“心智”及其关系的研究中，乔姆斯基认为不能用机械的观点来看待相关的术语以及限制相关研究的界限和范围。

1. 对二元论的批判

二元论者强调语言与自然科学的差异，坚持对语言的分析研究应该使用与物理学、心理学、化学等自然科学不同的标准。乔姆斯基则强调语言是位于人类心智中的语言认知系统的状态，是一种心智器官。语言是心智的表现和组成部分，心智是与大脑紧密相关的，而大脑又是人的大脑，因此，人是物质世界的组成部分。语言必然也是一种自然客体，对这一自然客体的研究可以采用与自然科学相同的标准，而不应该有其他额外的限制条件。他在《语言与心智研究中的自然主义和二元论》中对蒯因、斯蒂奇（S. Stich）、埃德尔曼（G. Edelman）的二元论进行了批判。

蒯因认为，对于语言学习来说，“行为主义方式是强制性的（mandatory）”①，因为在语言获取的过程中，“我们严格依靠可观察情景中的明显行为”。乔姆斯基用营养与有机体之间的关系的类比对此进行分析。他认为，按照蒯因的说法，营养主义的方式在胚胎学中也应该是强制性的，因为在一个有机体由胚胎到其逐渐成熟的过程中，它的成长发育必须依赖外部世界所供给的营养成分；就像语言学家必须是行为主义者一样，生物学家也必须是营养主义者，并且将这规定在对营养吸收的观测上。进而他得出结论：很显然，由此所得出的营养与有机体之间的关系的结论是不成立的。因此，蒯因关于语言习得与行为之间关系的结论也是不可接受的。

斯蒂奇认为，“随着笛卡儿二元论的衰落，哲学家们开始设法将心智置于物质之内，将心智事件与某些物质世界的事件范畴等同起来”②。现在的哲学家们

① Quine W V. Pursuit of Truth. Cambridge, MA: Harvard University Press, 1995: 39.

② Stich S. From Folk Psychology to Cognitive Science. Cambridge, MA: The MIT Press, 1983: 36.

更趋向于用神经学的术语来解析心智的词汇，或是以行为的术语来探讨心智的概念。斯蒂奇认为这种做法是不可取的，容易促使哲学行为主义的产生①。对此，乔姆斯基指出，斯蒂奇没有搞清笛卡儿二元论不被现代哲学看好的原因。笛卡儿二元论的衰落是由于笛卡儿的物质概念或身体概念被驳倒，以及其对心物问题没有一个清晰的表述等。因此，对心物问题，只能采用自然主义的研究方法，也就是要以一切可能的术语来创建关于语言的解释性的理论，并努力使语言与自然科学统一起来。

埃德尔曼认为，心智理论与现代神经学的知识间的不一致，给那些相信神经系统精确得像是计算机的人们造成了危机，同时，也给联结主义和神经网络理论造成了危机。产生这种结果的原因是在现代科学发展与理论研究的背景下，人们要将心智理论与原子、细胞、神经元或其他已知大脑结构的特征联系起来还存在着很大的困难。针对埃德尔曼的论点，乔姆斯基评论道："根据类似的逻辑，人们不久前可以争论说，对于以颜色、化合价、固体状态和其他许多特征所进行的关于物质和有机体的研究存在着严重的危机；对更早些时候的电和磁、行星和天体运动的研究也存在着危机。实际上，整个科学都处于危机之中，因为在有关这些主题的所获知识和机械论哲学之间存在着极大的认识上的空白。"② 乔姆斯基主张，在科学发展史上，某些在其所处时代占主导地位的基础学科的理论对一些新的研究领域所得出的新理论的解释能力是极其有限的。例如，牛顿力学是与同时代占主导的机械论哲学相违背的；同样，在量子力学问世以前，经典物理学也不能为当时的化学研究提供有利的理论基础。在乔姆斯基看来，我们不能因为某些理论暂时不一致或某些知识暂时的空白就放弃所从事的研究。任何复杂的系统在被认识理解及其组织和功能被发现以前，都像是无望的混杂排列③。

总之，语言和心智是自然世界的组成部分。任何将语言和心智与自然世界的其他方面相对立或区别对待的主张，都是二元论的表现。这些二元论观点都会极大地阻碍人们对语言和心智本质问题的探索。

2. "统一"还是"还原"

乔姆斯基认为，"方法的二元论"不适用于语言研究，科学上的"还原"思想也同样不适用于语言研究，我们不能简单地用细胞或神经元的建构来概括语

---

① Chomsky N. Naturalism and Dualism in the Study of Language and Mind. International Journal of Philosophical Studies, 1994, (2): 205.

② Chomsky N. Naturalism and Dualism in the Study of Language and Mind. International Journal of Philosophical Studies, 1994, (2): 206.

③ Chomsky N. Naturalism and Dualism in the Study of Language and Mind. International Journal of Philosophical Studies, 1994, (2): 205.

言。尽管人们希望把思维理论与有关大脑及其他相关领域的理论统一起来，但是统一并不是非得以“还原”的方式进行不可。他说：“我们面对着科学中的一个典型的统一问题。这一问题，就像通常在过去一样，可能要求更基础的科学从根本上进行彻底的改变，才能使它与其他水平上的成功的理论相结合。”①

“统一”是科学史上一个持久的问题。大脑与思维的关系问题也一直被人们所关注，并引起人们越来越大的兴趣，人们越来越意识到人的思维与大脑有着密切的关系。美国著名神经生理学家、诺贝尔奖金获得者斯佩里就认为，主观意识和思维是脑过程的一个组成部分，它们的形成取决于神经回路及其相关的生理运动，是脑的高层次活动的结果。法国的神经生理学家尚格也在其著作《神经元的人》中提出，行为、思维和情绪等来源于大脑中产生的物理和化学现象，是相应神经元组合的结果。正因为如此，许多持有物理学或生物学理论具有优越性观点的人认为：语言学应该被还原为神经学。

乔姆斯基不认同这一观点。他认为语言学理论就与化学或生物学一样丰富多彩，语言不应该被还原为脑细胞或神经元。这是因为大脑本身就是一个巨系统，在这个巨系统，除了有左右半球两个子系统外，还有中脑、桥脑、延髓……功能模块、细胞、亚细胞等子系统，大脑这个巨系统和这些子系统以及子系统之间又有着多种多样的组合形式和联系方式，这就给脑科学的研究带来了巨大的障碍。并且过去脑科学采用的研究方法也存在一定的问题，主要是研究脑的各个区域的功能，然后再试图去搞清楚它们是怎样合在一起工作的。这就使得过去脑科学取得的成果并不显著。如果还坚持以细胞或神经元的建构来简单概括语言，那显然是不合理的。

3. 对身心问题的解决

乔姆斯基既不赞同“方法论上的二元论”，也反对科学中的“还原”思想。在对心智与身体问题的处理中，他认为应该分别考虑心智与身体这两个不同的术语。

首先是对心智的理解。我们不能对“心智”或“心智的”作寓意深远的理解，特别是要与形而上学的含义区分开来②。乔姆斯基列举了“化学的”、“光学的”、“电子的”等术语来说明在自然科学领域中许多不带有形而上学意义的术语。某些现象、事件、过程和状态被称为“化学的”，这种用法不表示任何形而上学的分界。这些只是世界的各种不同的方面。对心智的研究也应该像对待这些

① Chomsky N. Naturalism and Dualism in the Study of Language and Mind. International Journal of Philosophical Studies, 1994, (2): 207.

② Chomsky N. Bare Phrase Structure. In Webelhuth G. Government and Binding Theory and the Minimalist Program. Oxford: Blackwell Publishing, 1994: 181.

术语一样，不带有任何的形而上学性。他反对将“心智”或“心智的”等概念与超感觉、超自然、经验之外的形而上学实体联系在一起，主张“语言”、“心智”是自然世界的组成部分，是科学研究的实在对象。我们并不认为自己是在研究某种‘第二实体’的性质，这种实体和物质有别，又和物质以神秘的方式相互作用。也许还要通过神的介入，在抽象层面上研究物质世界的性质。

其次是对身体问题的理解。心智与身体问题归根结底就是思维对物质的作用问题，这一问题一直是哲学中争论不休的。自从笛卡儿的身体概念被驳倒之后，至今还没有形成一个一致的身体概念。在没有一致的身体概念下讨论心智与身体问题是没有意义的，也没有特别的因果关系，因此不可能提出心智与身体问题。

概言之，在乔姆斯基看来，目前人们关于语言和心智的知识还缺少某种笛卡儿所主张寻找的明确可靠的基础，但不能由此产生怀疑从而放弃或反对我们的探索和理论创建，转而接受心物二元论的观点。他将语言视为心智的一部分，而心智又不是脱离物质实体的“灵魂”或“心的世界”，而是客观存在的客体，即人脑的一部分，和人身上的任何其他部分一样是人体的有机组成部分，研究语言就是研究人的心智和大脑，设想把语言学纳入生命科学的一个分支，这样，“身”和“心”就达到了统一。正是在这个意义上，乔姆斯基是一元论者。

（二）形而上学自然主义和认知自然主义

乔姆斯基认为，他所支持的自然主义是与其他种类的自然主义不同的。为了阐明其观点，他区分了形而上学自然主义与认知自然主义。形而上学自然主义认为，我们的心智、知识和语言的哲学解释最终必须与自然科学相连和协调一致，其代表人物是丹尼特。当代认识论的自然主义则是蒯因的“认识论的自然化”，认为对知识和信念的研究必须体现在行为主义心理学的狭小范围之内，被认为是一种“哲学主张”。乔姆斯基对这两种观点做了批判。

1. 对丹尼特的形而上学自然主义的批判

按照丹尼特的看法，心智、知识和语言的哲学解释最终必须与自然科学一致。乔姆斯基认为这个观点必须回答两个问题：①自然科学的定义是什么？如果自然科学是人们在从事自然化的研究中所取得的一切成就的总和，那么这个答案不能满足我们的要求；②“关于我们的心智、知识和语言的哲学解释”是什么？它又如何区别于“科学的解释”，以及它如何“与自然科学相连而一致”？这种形而上学自然主义的主张并不意味着关于心智、知识、语言的理论应该与今天的物理学“相连”或“协调”。即使未来的物理学也很有可能做不到这一点。

乔姆斯基以化学与物理学的统一为例进行说明。在19世纪，有些哲学家认为，分子、相互作用、元素的特征、物质的状态等的化学解释，必须最终与自然科学相连和协调一致，自然科学在当时就是经典物理学的代名词。但是，由于当时的物理学并不像现在的物理学那样完善，这些化学解释根本不可能做到与物理学相连和协调一致。到了19世纪30年代，物理学产生了根本性的改变，新的量子物理学诞生了，这些化学解释才最终与之“相连和协调一致”起来①。由此，乔姆斯基指出要达到统一与协调一致，自然科学必须首先对自身做出修正，而不是对心智、知识和语言的哲学解释做出的修正或调节。

我们认为，形而上学自然主义的核心问题就是用机械的观点来认识和看待科学研究，看待不同学科和基础学科之间的发展和变化关系。这种思维方法阻碍了人们对客观世界不同事物和现象之间联系性和统一性的认识。在现阶段人们对人类语言和心智的研究及还不能与自然科学的主体学科物理学统一协调起来，但我们不能由此而放弃应有的研究和探索。

2. 对蒯因的自然化认识论的批判

蒯因提出自然化认识论的动机是改造传统认识论。传统的认识论主要是指经验论的认识论和唯理论的认识论。按照蒯因的观点，如果全部科学（包括数学、自然科学和人文科学）是一个紧密联系的整体，只是沿着边缘与经验相联系，那么分析—综合命题也就没有了明显的界限，这样，自然科学也就可以包含认识论问题了。由此出发，蒯因主张，对知识和信念的研究应该被限制在行为主义心理学的研究范围之内。

蒯因的自然主义有两个来源：一是整体论（holism）；二是非再生的实在论（unregenerate realism），其目的是建立科学主义（scientism），表现是“除了科学内部可以协商的、不确定的事物之外，毫无惶惑之感的自然科学家的坚定状态”。这两者的结合使蒯因认为应该放弃合理重构，从而诉诸于心理学，把认识论看作是对认识的实际进行过程的记录，因此认识论者成了科学地探究人类知识获取的经验心理学家，“认识论的地位仅仅降低为心理学（因此，是自然科学）的一部分”。因此“在现代语言学家中存在着很大程度的共识，关于观念的观念，关于语言形式的心理对应的观念，对于语言科学而言，比毫无价值还要糟糕。我认为，行为主义者所持的主张是正确的：谈论观念甚至对心理学来说都是一件坏事。”②

可见，蒯因的自然化认识论认为，传统的认识论虽然受到挑战，但在新澄清的意义上认识论还存在，不过此时它已经是自然科学（特别是心理学）的一部分了。它和传统认识论的一个明显区别便是我们可以自由地运用经验心理学。这

① Chomsky N. Language and Nature. Mind，1995，(104)：30.

② Quine W V. From a Logical Point of View. Publisher：Harper and Row，1953：21.

实质上就是把科学认识论降级到自然科学内部，从而取消了认识论的独立性地位，代之以心理学等自然科学。在乔姆斯基看来，蒯因把认识论同心理学、计算机科学、神经科学等自然科学联系起来，并认为是后者的一部分，这显然否认了认知的规范特性，使辩护、推理以及证据等规范概念失去地位，而代之以一些自然科学的概念。这实质上就是取消了认识论，走向了另一个极端。

显然，乔姆斯基反对蒯因的观点，更认同传统唯理论的认识论。传统唯理论的认识论主张，存在着自然直接赠予我们的“根植于心智中的原则或概念”；这种认识论没有把哲学与科学区分出来。根据这种观点，哲学与科学是统一的，“哲学”中包含着科学，科学被看作“自然哲学”。因此，作为自然科学的代表的物理学被看作自然哲学，术语“哲学语法”则更多的是指“科学语法”。与此相比较，当今的认识论自然主义却表现为一种纯粹的“哲学主张”，从而忽略了哲学与自然科学的统一。

四、乔姆斯基的语言认知方法

在乔姆斯基看来，语言是一种心智器官，人们对大脑的研究就是对自然世界的某种侧面的研究。但由于人脑除了其自然属性之外，还包括一系列的精神现象、过程和状态，因此，乔姆斯基主张对语言的研究应该采取自然科学的方法，但也不排除人文科学的方法。

（一）自然科学研究方法

乔姆斯基把语言看作人类区别于其他动物的一种基本属性，认为语言存在于人脑之中，由人脑中语言机制专门管理。他指出，语言研究的最终目的是为了揭示人脑、人的知识以及语言的本质，从而找出人类与动物的思维方式和认识世界的方式的根本区别。

1. 语言学是一种自然科学

乔姆斯基普遍语法认为语言是人脑的机能，为人类所特有，人类语言具有生物学属性，因此其研究对象应该是语言的生物属性及人脑的语言系统，而不是语言的日常应用。从这个角度来看，语言学应该属于自然科学的范畴，而不应该被列为人文科学。它以研究大脑与语言之间的关系，语言习得及机制等问题为目标，并最终解开柏拉图问题之谜，即语言的本质问题。

在他看来，语言学研究必须依赖对具有语言的人类通过大脑的语言观察，语言学不光要研究客观存在的能够被人们看到的这种语言事实，而且要研究这种语言事实背后所存在的人的大脑及其状况。因此，语言学不仅属于经验科学，而且属于自然科学。乔姆斯基并不对前者感兴趣，他更加关注隶属人脑心智的认知系统和导致语言直觉产生的内部语言。语言事实不是纯粹的社会行为，而是人类的心智能力的一种外显形式，是专属人脑一种固有的独特的属性，并且在与人的后天语言经验和后天语言环境的相互作用下而产生。语言学试图把人类的语言官能作为人类基因的一个研究部分。也即，语言是以大脑为物质基础的，反映人脑的初始状态。正是在这种情况下，“生成语法学是对人类大脑机能的一种研究，是在抽象的高度对大脑物质进行的一种研究，因此生成语法属于经验科学中的自然科学”①。

2. 语言学的自然科学研究方法

当代语言学研究将其视野扩大到语言的生物遗传性以及人类基因等生物属性上，正是从这个角度出发，乔姆斯基认为人类语言是一个“生物客体”。语言学的科学特征包括客观性、可操作性、可验证性、可预测性。具体而言，研究对象是客观的，研究方法是可操作的，研究结果是可验证可预测的②。因此，在自然科学中所采用的研究方法也应该可以合理地应用在语言学的研究之中，并且这种应用不是零散利用自然科学的某些研究方法，而是整体借用自然科学的模型和术语来描述和解释人类的语言现象，使语言学具有自然科学研究的特点，从而进入自然科学研究的领域。

乔姆斯基认为，没有什么科学是通过对已知现象的机械分析而建立起来的。他主张用自然科学中的“伽利略方式”来研究语言。所谓的“伽利略方式”即温伯格（S. Weinburg）在《自然界的力量》中提到的构造一些“有关宇宙的抽象的数学模式，至少物理学家认为这种模式能比通常的感性世界具有更高程度的现实性”③。这种模式有一个显著的特点，它要求人们必须容忍现阶段不能解释的现象，甚至与当前主流理论相违背的反例的存在。这种方式包含两种基本的研究方法，即抽象化和理想化。抽象的模型也许比感官感觉到的实在更有意义，更有解释力。乔姆斯基举例说，伽利略在最初创建关于物体运动的理论时，在当时的理论和科学发展水平下并不能成功解释物体为什么不会飞离地球的这种现象，但他容忍了其理论中的所存在的这种不足，坚持抽象的假设理论，这种假设也最终被牛顿万有引力定律所证明。因此，要建立具有强大解释力的语言学理论，语言学家也必须暂时容忍语言学中无法解释的复杂现象，而深入研究语言的本质问题。“当我们转而研究人和社会的时候，没有理由拒绝自然科学的普遍做法。任何对这样的一些课题作认真研究的人都会试图采用‘伽利略方式’，不论有多少

① 徐烈炯．生成语法理论．上海：上海外语教育出版社，1988：9.

② 金立鑫．语言学的经验科学性质．语言科学，2003，（14）.

③ Chomsky N. Rules and Representations. Oxford：Basil Blackwell，1980：218.

成效”[①]。他将他的语言学理论看作是建立在有限经验材料基础上的有待验证的科学假说。“我们没有理由拒绝把这些理论看作是真实的，然后寻找证据去证实、证伪它或使它明确化，同时我们要力求寻找带有我们所预设性质的机制”[②]。总之，乔姆斯基非常重视理论的构造，他相信假说会不断发展，会不断有新的论据来修正、完善已形成的理论体系。

乔姆斯基对收集素材、罗列事实这样的归纳法并不怎么看重。在语言学史上他主张使用演绎方法来研究语言。他认为重要的是对语言能力加以解释，得不到解释，收集再多再好的原始素材也是白费力气。他将自然科学中的公理推导作为它的基本认识工具和研究方法。公理推导系统在理论物理学研究中发挥了极为重要的作用，比如对黑洞的研究，而人脑也有这种可望而不可即的特点，所有采用公理系统的推导是可行的。在不同的自然科学领域，公理推演系统具有一些共同的基本特征：①数量有限的初始成分（primitives）；②基于初始成分的初始表达式；③对表达式加工处理的规则、公理、定理等。这种推导系统的公理性在生成语法中得到充分的体现。生成语法所采用的公理推导法也包括这些基本特征，它具有演绎性和解释性，是基于前提的预设、规则与推导，并且沿用“假设-求证-再假设-再求证”的过程。转换生成语法中的假设是以严格的事实为根据的，但从数量有限的事实中，从这些事实的相互联系中寻找事实背后的原因，提出关于这种原因的假设，在此基础上将这个假设在更广的、确实的事实中求证。然后，再修正假设，再到更广的事实中求证，如此不断往复直至实现目标。总结起来就是“对有限的工具无限地使用”。

最后，就具体的研究方法而言，乔姆斯基语言学的研究方法主要包括了比较归纳法、理想化方法、形式化方法、对比法、语言事实关联法、理论接近法、二元特征描述法等。

（1）比较归纳法。比较归纳法就是对各种个别语言进行比较归纳，即对不同的语种、不同的语系的比较研究。这种方法需要对至少两种语言现象或具体语法进行研究，首先比较这些不同语言现象或具体语法之间的异同，然后对比较的结果进行归纳，提出解释。

（2）理想化方法。具体的言语行为受到许多不确定因素如情感、环境、知识、个人性格等的影响，这些不确定因素与人类内在的先天的语言系统并没有多大的联系，但其往往阻碍人们对语言系统的描写和解释。因此，在语言研究时必须努力排除和减少这些因素。乔姆斯基想要描述的语言能力就是指理想化、纯粹化了的个人的语言能力，同时他的语言理论更加关注一个“纯净齐一”的语言

① Chomsky N. Rules and Representations. Oxford: Basil Blackwell, 1980: 219.

② Chomsky N. Rules and Representations. Oxford: Basil Blackwell, 1980: 105.

社团中的理想化了的言者和听者的语法。这些理想化了的言者与听者具备了自己语言的完整知识，不受那些与语言无关的因素如记忆力、注意力、情感等因素的干扰与影响，也不会犯现实生活中人们在语言使用时所犯的错误。

（3）形式化方法。由于普遍语法不仅是内在的而且是先天的，因此，它与先验的数学有很多相似之处，可以建构成与数学一样的形式体系。生成语法就是根据语法规则本身，而不是语言使用者的知识来判断句子是否合格，即用符号而非文字来说明规则。

（4）对比法。这是指关于相对概念的对比，如对合乎语法和不合乎语法的结构进行对照，从而提出合理的假设。通过找到语言材料的关键特征，形成最小差异来解释语言中什么能说，什么不能说。

（5）语言事实关联方法。这是对句子之间的相互关系进行研究，并且这种方法在语言学理论中更多的是指对句子之间的“转换”关系研究。

（6）理论接近法。这是基于某些语言事实对现有语言素材的归纳、分析，提出假设，建立模拟语法，然后再由其他另一些句子和语言现象来对假设进行验证，接着修正假设，把在验证中被肯定的部分保存下来，而被否定的部分则被剔除。也就是遵循“假设-求证-再假设-再求证”的模式，最后得到在现阶段最为完满的语法理论。

（7）二元特征描述法。这是对研究对象进行赋值，以正值表示肯定概念，以负值表示否定概念，进而再对元语言、词汇、句子等赋予属性进行归纳，得出能概述所有语言、词汇、句型的共同语法。

概言之，任何一个学科的方法论问题都是学科理论体系的一个重要组成部分，而且理论与方法是不可分的。语言学研究中的方法不仅由语言学科的性质所决定，也与语言研究的对象有着极大的关系。乔姆斯基句法理论开创了语言研究的先河，语言作为人类心智、大脑的一个组成部分，语言研究的方法也必然于此相一致，因此应该强调自然科学研究方法在语言学研究中的应用。

（二）语言研究的人文主义方法

作为一种理论研究方式，乔姆斯基更强调严格的自然科学方式，他极力倡导用自然主义的方法研究语言的生物属性，但他并不排斥人文主义的研究方法，通过学习历史、文学或其他人文学科获得的知识，要远远多于自然主义心理学。

首先，语言是人类的一种心智器官，对语言的研究就是对人类心智或大脑的研究。但是心智或大脑并不能被人类智力清楚地了解，这是由人类基因决定的。因此，乔姆斯基把人类智力世界分为“问题”与“神秘之物”两个部分。他指出，人的大脑中有一个与语言器官一样独立的“科学形成器官”，“问题”处于该器官所能了解的范围之内；但对于“神秘之物”而言，科学形成器官就无能为力了。

其次，与语言知识相比，人们对语言运用的了解就少多了。人类究竟怎样把语言知识投入实际运用或许将永远是个“神秘之物”，至少对此的了解还有很长的一段路要走。这是因为语言的使用者并不是一个确定的实在，人自身与其周围的环境对于研究者来说都存在着许多多变的、不易控制的因素。

由于语言学研究自身的特点及其限制条件，除了可以采用与自然科学相同的研究方法外，语言学还可以采用一些特殊的方法来研究。在乔姆斯基看来，语言学除了是心理学之外还是经验科学，因此经验科学研究中所采取的方法也同样可以被运用于语言研究，例如，实证研究法以及特殊的心理实验法——内省法（introspection）等。内省法要求本族语使用者根据直觉来判断某个句子是否合乎语法。例如，对于以下两个语句：

（1）Jack eats a lot.

（2）Jack eats a lot an apple.

本族语者根据直觉可以得出语句（1）是可以接受的，合乎语法的句子，而语句（2）则是不合语法的句子。乔姆斯基强调直觉的作用，认为应该将它作为必须解释的资源。对于合乎语法的句子，本族语者可以根据直觉判断其是否可以接受。在这里，直觉的实质是意会知识（tacit knowledge），是本族语者判断语言的一种依据。因此，“直觉是一种特殊的思维形式，以较少的信息为依据达到一般以较多信息才能得到的结论”①。

五、结　　语

语言是一个非常复杂的现象，一个极其庞杂的交际系统，仅仅一种理论是不可能涵盖语言的所有方面，每种理论都是一种研究立场和方法，都是对语言的某一领域或侧面的研究。乔姆斯基也不例外。他在前人理论的基础上，利用近现代科学成就，把自己的理论建立在唯物主义的基础之上，并以科学的态度和方法对语言的本质和规律进行了严谨缜密的考察，从而构建了实证的生成语法理论。这种理论以研究人类的内在语言为目标，是一种非直观的研究，重视对大脑机能的探究。他假设人类大脑拥有一种先天的语言机能，但由于这种假设还没有完全被科学所证实，因此一直受到人们的怀疑和批驳。

尽管如此，乔姆斯基的理论还是合理的。其理论建立的基础—大脑的语言机制—已经被现代医学所证实，大脑中确实存在着负责处理语言信息的部分。儿童在最初的几年快速习得语言，而对动物进行大量的训练和刺激都无法得到同样的结果。生成语法从其产生到现在，一直都在随着科学和语言学的发展在修正和更

---

① 戴曼纯．语言直觉的方法论意义．语言教学与研究，2000，(1)：19-25.

新自身。反对者质疑他的理论假设的可靠性，批判他的句法理论的稳定性，但乔姆斯基认为，科学就是在不断修正自身的缺点的过程中获得进步，否则人类社会就还会停留在原始社会①。

总之，作为一种语言学理论，乔姆斯基的语言内在主义、自然主义语言观及其方法论也许并不是最完美的理论，但他的生成语法的诞生使语言学不再被当做一门分类科学，而是被当做如同物理学、生物学、化学等自然科学一样的学科。语言研究的方法不再以归纳法为主，而以演绎-推导法为主。语言不再仅仅被当做交际的手段，更被看作思维的工具，看作人之为人的特有属性。所有的这些改变都使乔姆斯基语言学理论成为一种全新的理论，从而引起了一次语言学的革命，引起了哲学家们对语言的广泛关注。

① Chomsky N. Preface In David Crystal: The Cambridge Encyclopedia of Language. Cambridge: Cambridge University Press, 2002: 151-153.

第四章　奈瑟：认知生态学作为一种语境论范式

奈瑟（U. Neisser）是美国当代著名的认知心理学家。1967 年出版的《认知心理学》标志着认知心理学的诞生，在心理学史上具有里程碑的意义。他的认知理论模型中包含了本体论、认识论和方法论及其预设。他提倡认知心理学的生态学研究路径，并将此方法应用于研究知觉和记忆方面。在我们看来，生态学的研究路径实质上是一种认知语境论方法。

一、认知生态学形成的背景

奈瑟提出的认知心理学的生态学研究路径，是现代认知心理学自身发展的必然趋势。现代认知心理学兴起于 20 世纪五六十年代，旨在研究大脑是如何处理信息的，研究人的心智处理机制，包括如何获取、使用知识和从感官获取的经验。认知中的主要处理过程涉及知觉、学习、记忆存储、恢复和思考。各种类型的信息（视觉的、听觉的、触觉的、味觉的、嗅觉的、语言的等）依赖于并获取于感觉系统，它们由认知加工机制支配和控制。现代认知心理学的早期范式理论是符号加工理论（即信息加工理论），后期是联结主义理论。符号加工理论以“计算机”为隐喻，它的方法论基础是比拟和推演；联结主义理论“以网络理论为核心，认为认知过程不是简单的符号运算，而是网络整体结构活动的结果，类似于大脑神经元的大量处理单元相互连接在一起，每个单元都有其不同的活性，即可以激活或抑制其他单元，也可以受其他单元的激活或抑制。认知过程是网络从初始状态到最后完成的稳定状态，这个动态过程可以被看作是认知能力”①。

现代认知心理学背后的世界观是机械论的世界观，其核心指导思想是科学主义。在方法论上采取一种严格的可控制的实验室研究方法，将一切外界的环境因素看成是无关的干扰因素而加以排拒和摒弃，以期获得对人类认知内部表征机制的一般的规律性的理解。以这种方法论为指导，虽然认知心理学在一段时间内取得了丰硕的成绩，但是随着认知科学相关领域的迅猛发展，现代认知心理学也走向了它的末路，于 20 世纪 80 年代陷入了危机。其内在根本原因是实验室研究方法自身不可克服的缺陷所导致的。具体表现在心理学的实验室研究因其严格的可控制操作要求，导致完全忽略甚至拒斥主体认知所处的外界环境因素和表现在主体自身之上的情绪、愿望、需要、兴趣等主观因素，使得其研究成果的现实推广受到了严重的制约和限制。当时的批评者就指出“认知心理学发展的贫乏，它与

---

① 魏屹东．认知科学哲学问题研究．北京：科学出版社，2008：16.

日常生活（包括文化）的隔绝（insularity），与认知发展、进化理论、生物学理论的隔离。对于人性（humanity）的许多方面，基于计算机分析的计算机隐喻并不恰当，并且心智的计算理解对人的情感性和非理性方面并没有任何启发性。"①这种"隔绝性"正是奈瑟后期所极力批判和攻击的。

与此同时，生态学作为一门生物科学领域中的子科学则取得了长足的发展。生态学原理和生态学的分析和研究方法迅速被各门科学所采纳和推广，成为科学研究的新的有效工具。生态学的研究对象是生物个体、生态系统、种群，主要研究有机体与其环境之间相互作用的规律，以描述性分析为方法。当然，心理学领域也不例外，将生态学的研究和分析方法纳入认知心理学领域也成了众望所归，奈瑟就是其中最活跃的具有代表性的倡导者和推动者。他以生态学方法为指导，在认知心理学领域取得了令同行瞩目的斐然成就。

应用认知心理学于20世纪七八十年代兴起和发展，出现了自己的专业期刊《应用认知心理学》，刊发了大量的高质量的应用认知心理学的研究成果。在这种背景下，现代认知心理学的应用认知心理学转向就成为了其自身发展的历史必然。与理论认知心理学相对，应用认知心理学强调将认知心理学应用于现实环境中，研究认知加工机制在现实环境下是如何影响人的行为和表现的。它旨在为我们提供能在现实环境中实际应用的知识和洞见②。应用认知研究所强调的现实环境，正是奈瑟所极力提倡的生态效度。

关于奈瑟认知心理学的研究可划分为前期和后期两个阶段。他的后期思想是对前期思想的批判和反思。前期以其1967年出版的《认知心理学》为标志，他最初提出了计算机模拟的思想，主要以信息加工的观点研究心理学；后期主要集中于批判当时认知心理学研究中的方法论，以1976年出版的《认知与现实》为代表。《认知心理学》一书收集了当时心理学界以信息加工观点研究心理学的成果，总结和概括了当时的核心思想和观点，这些成为后来我们理解和研究心智的基础和前提。同时，书中首次提出认知心理学这一术语，标志着认知心理学这一门学科的诞生。书中把认知心理学这门学科定义为"是一门对感官接受信息后，经过转化、简化、加工等心理操作，从而获取知识、存储知识及应用知识等内在过程进行科学研究的学科"③。他的后期思想在深刻反思和批判当时的实验室研究方法之后，主张认知心理学的研究应具有"生态学效度"（ecological validity），强调心理学家应重视实验室之外的现实世界，认知研究必须关注认知主体所处的现实环境，实验室研究须采用更多的自然测试材料，并且应该在现实环境中进

---

① Michael I. Posner and Patrick Bourke Book Review. Cognitive Psychology by Ulric Neisser. The American Journal of Psychology, 1992,（4）: 621.

② Esgate A. An introduction to applied cognitive psychology. New York: Psychology Press, 2005: 1-7.

③ Neisser U. Cognitive psychology. New York: Appleton-Century-Crofts, 1967: 4.

行。他提醒当时的心理学家："我们都想知道人类在与他们的各种环境进行正常交往时实际上在做什么（或者看什么或者认识什么）。"[①] 因此，认知心理学的研究必须关注现实环境，"必须花大力气理解存在于一般环境和自然的、目的性的行动背景下的认知；必须高度注意知觉者和思维者居于其中的现实世界的细微之处，及现实世界所赋予他们信息的细致结构；必须以某种方式了解人们真实使用的认知技能，以及这些认知技能实际经历的系统发展状况；必须理解对人类本性的假设区别于行为主义者和心理分析者的重要性，并着重对其进行考查"[②]。他认为认知的现实环境研究比实验室研究更富有成效，并批评当时的认知心理学研究的主流过分将注意力集中于心理的内部加工过程，过分夸大了接受者的作用而忽略了主体周围环境的影响。他还认为，知觉和进化类似，都涉及对环境的适应性问题。他明确指出，如果认知心理学家的研究一味地局限于在严格控制条件下的实验室内从事与日常生活无关的研究，那么它的发展将会重蹈行为主义的覆辙。总之奈瑟认知生态学思想的产生是其个人思想转折的产物。

可以肯定，奈瑟的思想无疑是具有开创性和批判性的。他的《认知心理学》和《认知与现实》这两本著作分别代表了认知心理学发展的两个时代，都是具有标志性的。奈瑟既是现代认知心理学的先驱和奠基者，也是现代认知心理学的拷问者和反叛者，体现出了作为一个科学家的难能可贵的科学精神。

二、生态效度的内涵及其语境论特征

奈瑟所提倡的生态学研究路径，首先是由生态心理学家吉布森和巴克（R. G. Barker）提出的。他们都强调行为研究的"真实世界"（real world），反对实验室人为制造的环境，主张走出实验室之外，强调行为主体所处的现实世界、社会语境（social context）、情境（situation）、背景（setting）等的影响作用。吉布森就认为，动物和人类都处于与环境相互关联的一个系统当中，因此为了充分说明行为，必须研究行为发生的环境。他有句格言："重要的不是脑袋中有什么东西，而是脑袋在什么东西之中"。巴克也在其1986年出版的《生态心理学》中指出：人类行为从根本上讲都是境遇性的，换言之，你不可能对人类行为做出预测，除非你知道他所处的环境、情境等。显然，心理学研究的生态学路径与传统的实验室路径的不同之处关键在于对人的行为和经历与其所处的环境之间

① Neisser U. The future of cognitive science: an ecological analysis // Johnson D M, Emeling C. The future of the cognitive revolution. Oxford: Oxford University Press, 1997: 245-260.

② Neisser U. Cognition and reality: principles and implications of cognitive psychology. San Francisco: W. H. Freeman and Company, 1976: 7-8.

的关系的看法。传统观点认为人与环境之间是彼此独立、分离的关系，而生态学路径则认为人的行为与其所处的环境之间是相互依赖，而非孤立的关系。

生态心理学并非关注环境问题（如空气污染、能源利用、人口控制等），而是关注人的行为和经验是如何与其所处的日常环境发生关联的。它被定义为“研究人的具有目的导向性的行为与这些行为所发生的背景之间的相互依赖关系（interdependent relationships）”①，主张人与其所处的环境之间有着天然的必然的联系。

在这一新的研究进路的启发下，奈瑟将生态学的研究方法引入认知心理学并大力提倡，正式提出了“生态效度”这一概念，为认知心理学的发展增添了新的生机和活力。奈瑟将“生态效度”界定为一个理论或一个实验结果能够说明或预测人们在真实的各种不同情境中的行为的程度。这个界定凸出了“现实环境”的重要性。生态效度是心理学理论或实验室研究推广到真实生活情境的程度的指标，我们认为它无疑具有如下语境论特征。

1. 关联性和共生性。有机体与其周遭环境之间存在着密不可分的关系。有机体并非存在于像实验室人为控制的孤立的、隔绝的环境之中，而是存在于由各种复杂的关联性因素交织而成的现实环境之中。有机体与现实环境中的其他因素一样，只是构成现实环境之网中的一个点。它们之间彼此关联，共生于现实环境之中。奈瑟所倡导的生态学研究路径无论是从研究对象上还是从研究方法上都强调这种现实语境中的关联性和共生性。

2. 交互性（reciprocity）。有机体与其周遭环境中的各个因素之间相互依赖（interdependent）、相互渗透（interpenetrate）、相互作用、相互影响。有机体在受环境塑造的同时也在影响和改变着环境。有机体与环境之间时刻处于一种动态的交互过程之中。如奈瑟提出的用于解释有机体与环境之间如何发生交互作用的图式心理表征模型和知觉循环理论模型（这两种模型在下文中有详细描述）。

3. 历时性。奈瑟后期在关于记忆、知觉等的研究中都充分考虑到了时间因素在认知中发挥的重要作用。如他在对幼儿期遗忘症和现实环境下对生活事件回忆准确性的研究中就考虑到了时间因素。

4. 建构性。在奈瑟看来，认知并非是被动和僵死地去适应环境，而是积极主动地在环境中搜索、过滤、筛选、择取自己所需的信息，并对获取的信息进行加工、转化和存储。由此可以断定人的认知机制是在其与环境的不断交互作用中不断升级和变化的。

① Wicker A W. An introduction to ecological psychology. New York：Cambridge University Press，1984：16.

三、知觉的生态学研究

(一)“图式”表征模型和知觉循环模型

以生态学研究路径为方法，奈瑟从生物学的角度，提出了“图式（schemata)”心理表征模型，用于解释心智与环境的交互作用，即说明心智是如何从环境中获取信息，如何受环境影响，又如何影响环境。他认为，有机体对于其周围的环境而言并不是完全被动的，它有一个内在的认知器官用于引导其搜索、过滤、吸取周围环境信息，图式就是心智与环境发生作用的媒介。这个认知器官就是他所说的“图式”，属于神经系统的一部分，它是某种能动的心理结构和过程序列，不是大脑的中心部分，而是包括感受器（receptor）、传入（afferent）、传出（efferent）神经单元在内的整个系统。

在图式概念的基础上，奈瑟提出了知觉的循环理论来说明有机体与环境之间的作用机制。他认为，有机体在向周围环境获取信息之前就已经存在一个预期图式（anticipatory schemata)，用于引导有机体择取适合自己预期图式的可利用的信息。“我们只能看到我们知道如何去寻找的东西”。在获取信息之后，有机体所吸取的信息就会反作用于原始图式，使其发生变化并引导有机体以更高级的形式向环境探寻，同时又以探寻来的信息修正现有的图式。这样知觉就成了一个不断循环的圆圈式的过程，从预期图式到知觉行为（图式引导行动），从知觉行为到信息（知觉行动获取信息），从信息到图式（信息修正图式），从图式再到行为。这样，图式就处于不断进化升级的动态过程之中。图式与环境的相互关系可以用生态心理学中的一个概念“动态交互性”来刻画。

奈瑟从认知生态学的研究路径出发，分别从以上两个角度为我们解释了心智和环境之间的交互关系。图式心理表征模型揭示了行为有机体与环境之间发生交互作用的神经生理基础，而知觉循环理论模型则是从动态的视角刻画和还原了这种交互作用的实际工作机制。图式心理表征模型表明：奈瑟不是从单纯的实验室分析，也不是从单纯的行为解析，而是从行为主体与其所处的现实环境的关系中去研究心智的工作机制。同时，从知觉循环理论模型中，我们也可以看到，奈瑟的认知生态学研究方法也特别注重行为主体与其所处环境之间发生交互关系的过程性和历史性因素。认知生态学的这种强调现实环境、过程性、历史性的研究方法本质上就是语境论的思维方法。

总之，奈瑟的这种研究方法充分彰显了行为主体所处的真实而又鲜活的现实环境的作用，进一步拓宽了心智的研究范围，从而使人们对心智的研究有了更全面、更具体、更直观、更丰富的认识和把握。

（二）知觉循环理论模型所蕴含的预设

知觉循环理论（或图式理论）的预设有二：一是存在一个认知器官，即图式；二是这个认知器官随着人的认知活动的展开，处于一种不断升级和进化的状态之中。从中可以看出，奈瑟所讲的认知图式既是先天的，又是经验的，即认知图式是在人的各种认知经验活动中不断发展和演化的。显然，奈瑟的知觉循环理论思想表现在哲学上，就是理性主义和经验主义杂糅的产物。

知觉循环理论模型不仅有效地解释了有机体如何从环境中获取信息，同时也说明了它如何从环境中过滤、筛选信息，突出了环境与有机体的动态交互关系过程，是以生态学方法研究认知心理学的典范。然而，它还存在着一些问题和缺陷。其一，图式是如何引导行动又是如何由经验修正，对于这种内在的处理机制，知觉循环理论模型并没有给出确切的说明。它仅仅是对心智与环境之间交互关系的一种大而泛的宏观描述。其二，它只是从宏观的、整体的角度切入认知分析的，远不能解释人的认知机制的复杂性。这就需要以语境分析的方法来整合和综合认知心理学研究领域中的各种卓有成效的理论，如信息加工理论、认知主义和联结主义等。

由此，我们可以看出，认知生态学的研究方法并不能完全取代传统认知心理学的各种研究方法，还需要整合认知心理学领域当中一切富有成效的各种研究方法和研究成果。这种整合性的方法论我们认为是认知语境论，因为语境分析比认知生态学方法更具有概括性、整合性、综合性，更能够凸显意义。因此，可以说，语境论的分析方法在化解认知心理学领域中各家各派之间的冲突和对峙具有一定优势，从而有可能实现彼此之间的交流与合作，吸收和整合各家各派的精华，推进认知心理学研究。

四、记忆的生态学研究

（一）记忆研究的两大传统

关于记忆的研究在本质上有两种截然不同的方法，即实验室研究和现场研究。与此相应，形成了两种不同的流派：结构主义传统和功能主义传统。两者在今天的发展都很兴旺，而且前景广阔。这两个流派之间的区别主要不是方法的问题（即实验室研究与现场研究），也不是基于所涉及的学科不同（即神经科学与心理学），而是记忆中结构和功能研究的差别。前者以仓库（storehouse）为隐喻，着重于研究对过去信息的存储和使存储成为可能的神经结构，即信息处理机制的实验室分析；后者以行动（action）为隐喻，着重于研究存储的信息是如何被应用于现在的[①]。奈瑟主张后者，他认为功能主义传统要优于结构主义传统，因为它更好地解释了主体的建构性以及主体与其周遭环境间的交互作用，所以对主体的认知现象具有较强的理论解释力。仓库隐喻是说，信息在某时刻被放置于记忆中，在另一时刻又被提取出来，如同有价值的东西被储存起来，之后又被拿出来一样。多年来，这一隐喻引发了大量的有益的问题：大脑这个仓库究竟能容纳多少信息量？还是可能有好几个仓库？如果是这样，它们是否有不同的性质和不同的能力？这些问题直到如今在很大程度上仍旧是隐喻性的。然而，今天迅速兴起的神经科学正在超越隐喻而去揭示负责大脑中信息储存的真正的机制。记忆研究的结构主义传统很快被神经科学的迅猛发展所取代。与被动的仓库隐喻不同，行动隐喻预设了存在着一个充满活力的复杂的、由许多系统构成的集合体，并且这些系统之间彼此发生交互作用。记忆的功能问题研究将迎来它的关键时期。这些问题涉及记忆行为及其社会功能、记忆者的技能和其预设、这些技能间的相互作用关系和被记住的特定材料的预设、回忆中的闲谈和精确性的决定因素等。

奈瑟积极主张记忆研究的功能主义传统。奈瑟批判当时研究记忆的心理学家，认为他们基本上都忽略了现实环境，只是一味地去研究记忆“在实验室中神秘的形式”。他对记忆的结构主义的实验室研究的现状表示极大的失望，并斥责那些心理学家几乎完全忽略记忆在真实环境中的显现。因为记忆的实验室研究严重缺乏生态效度，所以他呼吁心理学家突破实验室研究的藩篱，采纳生态学的研究路径。奈瑟对现代认知心理学的研究现状提出了一个普遍原则：若 X 是记忆的一个有趣的或具有社会意义的方面，则心理学家们几乎都未曾研究过它[②]。他的这一原则不但指出了当前心理学研究记忆方面裹足不前的原因所在，同时也为我们指出了突破这种现状的道路，即记忆研究的生态学路径。他主张在自然语境下研究记忆，通过趣闻（anecdotes）、案例分析、关联（correlation），或者采用一些实验等方法。但是，在这里我们不要误解奈瑟的意思。奈瑟并不是要我们完全抛弃记忆的实验室研究，他仅仅是为我们指出了记忆研究的另外一个视角而已。毕竟记忆的实验室研究曾经辉煌一时，留下了许多重要的数据和一些新的理论框架。

在奈瑟看来，记忆的行为典型地具有目的性：它是一个目的指向性（goal directed）的行为，即某人因特定的缘由，在特定的时间和地点所做的行为。记忆与其说是被检索到的，不如说是被构造起来的，因为我们心中经常有一个特定的

---

① Neisser U. The ecological study of memory. Phil. Trans. R. Soc. Lond. B, 1997, (352): 1697-1701.

② Winograd E, Neisser U. Remembering Reconsidered: Ecological and Traditional Approaches to the Study of Memory. New York: Cambridge University Press, 1988.

目的。由于记忆具有目的指向性，所以记忆被认为是可能的。如果记忆碰巧忠实于原发的事件，它几乎被认为是准确的。但是除了准确性的问题，还有这样一个问题：记忆与其背景、材料和个人有何关系？这说明记忆的功能主义研究必然涉及记忆的生态性问题，即记忆者与其环境之间的关系。奈瑟试图从生态学路径出发对这些问题做出解答。

（二）影响记忆的生态性因素

1. 记忆主体的构建性。这具体表现为现实环境下主体自身的主观理解和回忆过程背后的情境理论推理。这在一定程度上解释了为什么记忆内容会发生扭曲、失真和变化。巴特莱特（F. Bartlett）是第一个将心理学描述为构建性（constructive）的心理学家。他认为，一般而言，回忆几乎不是对过去的事情以原初形式储存的刺激或反应的精确再现，而是记忆者与其当下的境遇相适合的新的产物。巴特莱特的著名的故事系列回忆（serial recall）研究充分说明了这一点。被试 A 先读一个故事，然后把这个故事讲给 B，B 又讲给 C，C 又讲给 D。在这个故事传递的过程中，故事的原貌发生了许多变化和扭曲。每个人所讲的故事都融入了自己的主观理解和理论推理，他们所讲的故事都是自己主观构造起来的。因为被试会试图去理解他们所接触到的任何信息。这就是信息传递过程中的失真性问题。许多传说之所以是传说，就在于它们已经远离了本意。

2. 记忆材料的约束性。对于一些像童谣、诗歌之类的特殊材料，却不受主体的理解和推理影响，不但不发生扭曲而且还能完整地被回忆起来。这些材料能被完整地记住是因为这些材料受制于多种多样的约束性因素，如诗中的押韵、头韵、前后元音一致等，这些约束性因素限制了主体，使主体能够完整被回忆起来。虽然如此，但主体回忆的过程仍旧是一个构造的过程，这种构造受到严格约束，以至于它每次总是产生相同的结果。

3. 自然环境（社会语境）的规定性。在自然环境中，记忆内容的准确性很少是回忆的目的。海曼（I. Hyman）于 1994 年进行的一项研究生动地说明了这一点。海曼改变了记忆的语境和目的。被试开始先读一则短故事。然后像往常的记忆研究一样，一些人单独地向实验者汇报，另一些人则与读过同样故事的人进行交流。两组人根据指示再进一步细分为：他们中的一半要求“回忆”已经读过的东西，另一半则要求说出“他们从故事中得到些什么”。结果证明社会语境和指示都非常重要。那些彼此交流的人虽然比那些向实验者汇报的人很少能提供详细的叙说，但是能做出许多评价性的和反思性的判断，而那些直接向实验者汇报的人则很少提及这些东西。同样，在和实验者照面的人与要求说出故事的意义的人之间也有类似的对比。纵观这个研究的设计过程，按标准的实验程序设计的那一组（即向实验者讲述所记的东西）很大程度上不同于自然语境下的那一组。

4. 影响记忆准确性的生态因素。奈瑟通过对地震案例的研究，分析得出影响记忆准确性的生态性因素有：个体参与（personal participation）、情感激发（emotional arousal）、经验的独一性（empirical uniqueness）、反复讲述（repeated narrative rehearsals）[①]。关于对事件的回忆，若回忆者恰好是当事人或参与此事的人，则他对此事回忆的准确性就相对会高一些。因为涉及此事的人对整个事件的经过有着真实的切身经历，所以他们能够对该事件产生深刻难忘的记忆。但这并不是必然的，日常生活体验告诉我们，有许多事情，虽然我们的的确确是真实的参与者、经历者，但是事情过后往往就会忘得一干二净。有人认为我们之所以难以产生深刻的印象，是因为这些事情太琐碎、太不重要，所以记忆的准确性就显得很低。因此，我们在探索记忆的准确性问题时，不能单看个体是否参与，还要考虑到事件对个体的重要性程度。事件对个体的重要性程度越高，个体记住它的准确性就会越高。例如亲身经历地震的人会对地震事件的经过记得清楚深刻，一个很重要的原因就是他不仅亲身经历了此事，而且地震对于幸免于难的他产生了难以忘却的痛楚、创伤、阴影，心理学家将这种记忆称之为创伤性记忆（traumatic memory）。

另外，一个重要因素就是回忆者在各种场合和情境中对此事的重复讲述加深了自己对事件的印象，从而在回忆的时候能够做到自信和准确。如在与家人的讲述中，在与朋友亲戚的讨论中，在别人的问询中，在媒体的采访中，以及在日记中能让个体有机会重复讲述的各种场合或语境，个体对事件的原本并不是很清晰地记忆变得越来越清楚准确。连续不断的重复讲述刺激了记忆，使记忆内容的准确度大大提高。以上这四个因素，奈瑟只是为我们提供了对影响记忆准确性在生态学方面的有趣的描述和分析，但不是必然的。

（三）自传体记忆中的心理表征模型：网状层级结构

奈瑟提出了一个解释自传体记忆的心理表征模型：网状层级结构[②]（nested hierarchical structure）。自传体记忆是一种关于个体生活中的特殊事件的特殊形式的记忆。构成自传体记忆的事件（event）并不是琐碎的、简短的、孤立的事件，它包含三方面的特征：发生于个体独自生活之中；具有持续性（duration）和网状性。网状层级结构模型属于哈瑞所讲的说明模型，它以说明自传体记忆的心理表征结构为主题，以空间位置的网状层级结构为来源。类似于一个位置（place）被嵌入比其更大的空间网，一个事件也可以被理解为嵌入另一个更大的事件。以

① Neisser U. Remembering the Earthquake：Direct Experience vs. Hearing the News. Memery，1996，(4)：337-357.

② Winograd E，Neisser U. Remembering Reconsidered：Ecological and Traditional Approaches to the Study of Memory. New York：Cambridge University Press，1988：356-373.

此类推，构成事件网（nested events）。这种事件网对应于心理的网状层级表征。一个心理表征是被嵌入另一个心理表征的，正如会议事件中的讲演、语句是被嵌入整个会议事件之中一样。我们经常能够意识到事件发生的网状结构，尽管我们的这一意识并不是很清楚明确。比如现在你正在听我的一个论述，你很可能没有意识到我的这个论述是被嵌入到更高阶的（higher-order）单元（如我的整个讲演、整个会议等）。然而，你确实知道我的这个论述是属于某个东西的一部分。

此外，自传体记忆的这种层级结构联系并不是永远持续的，各种不同程度的记忆都容易忘记，事件以及事件之间的联系都容易被忘记。较低程度的层级记忆比较高程度的更容易被忘记。对一个会议事件，你在忘记它之前就可能会忘记许多会议上发生的个别事情。这种由不同程度的层级结构导致的记忆中的细节遗忘常常将我们置于尴尬的境地。我们可能记住了总体事件的总体特征并能以此推断一些具体的特征，但我们并没有记住这些具体特征本身。这就是为什么自传体记忆容易发生无意的扭曲和为什么当它是错误时却常常看起来是正确的原因。

网状层级结构模型有效地解释了奈瑟早先所研究的约翰·迪安记忆的个案①。在这个案例中，奈瑟通过对比迪安对一系列发生在白宫的事件的回忆证词和总统回忆录、被秘密装置的录音记录后，发现虽然迪安关于特定谈话的证词经常是错误的，但是他对于实际上发生了什么，从根本上讲又是正确的。奈瑟通过分析研究指出，迪安记忆中发生的扭曲和错误反映了迪安个人的自我中心（self-centered）和自我表象（self-image）作用，即他在回忆中倾向于夸大自己在事件中所起的作用。记忆中正确的部分，既不是“语义学的”（因为他假装描述一些特定的事件），也不是“情节的”（episodic）（因为他对事件的陈述经常是错误的），而是“重复再现”（repisodic）。奈瑟引入了“repisodic”这一概念用于描述这样一种记忆：看起来是一个被记住的事件，实际上是一系列重复事件的再呈现。“重复再现”记忆基于系列相似事件的“重复出现”（repisodes）。“重复出现”加深了回忆主体对相似事件网状结构的印象，使得回忆主体逐渐构建起这些系列相似事件的总体的共同特征，从而使主体在记不清楚具体情节（episodes）的情况下，根据记忆中关于相似事件的总体结构特征，对类似事件的基本概貌照样能做出准确无误的描述。“重复出现”反映了关于系列相似事件回忆的一般特性。

网状层级结构模型假设：①存在一个自传体记忆的心理表征结构；②记忆事件的层级组织结构与自传体记忆的心理表征结构之间存在对应的同构关系；③这种心理表征结构使得自传体记忆成为可能。这是一种表征的同构观点。

自传体记忆的网状层次心理表征模型的缺陷是：它只是一种基于假想和猜测

① Neisser U. John Dean’s Memory：A Case Study. Cognition，1981，(1)：1-22.

的模型，缺乏可靠的科学论证和检验。这实际上是一种先验论的观点。网状层级结构模型的合理性仍值得怀疑。现实环境中的事件是复杂多样、变动不居的，网状层级组织是否是事件的唯一结构？事件的结构组织与自传体记忆的心理表征结构之间究竟在多大程度上存在着这种对应的同构关系？这种模型假设是否存在以及如何进行有效检验的途径？等等，都是需要进一步探讨和深究的问题。

（四）记忆研究的出路

当代绝大多数心理学家都认为，关于人类记忆的恰当理解能极大地促进认知科学的发展。但是对于哪一种研究方法是研究记忆的更富有成效的路径却没有达成共识。虽然生态学路径拓宽了记忆研究的范围，为记忆的心理学研究在过去所缺乏的自然观察方面提供了基础，一定程度上促进了记忆研究的发展。然而关于记忆的本质研究，生态学研究却似乎没有为我们带来任何重要的、新颖的洞见。事实上，具有讽刺意味的是，关于记忆研究的绝大多数鼓舞人心的理论都是由实验室研究做出的。单纯的生态学研究记忆，虽能取得一些有趣的有价值的成果，然而它却无法给予人以确定无疑的可靠科学知识，因为它没有约束变量，故而无法做到严格的重复和检测。在这一点上，奈瑟又表现出了自己的先见之明：“在将来，记忆研究的生态学路径和传统的实验室研究路径两者的关系将是互相补充的关系，而不是相互对抗的关系”，并且断言“一种新的记忆心理学已经开始形成——即最终产生一种关于实验室范式（laboratory paradigms）和自然主义现象（naturalistic phenomena）的理论上相一致的解释”①。看来，我们只能说记忆研究的生态学路径只是为我们提供了一个新的视角和方法，但它却不能完全替代其他路径。唯有将它们结合起来共同研究，才能产生富有成效的成果。这就需要以语境论的分析方法来整合。

五、人工智能的生态学研究

人们普遍认为“人工智能”的研究发展经历了两个阶段。在前一个阶段，人们几乎不相信机器可以像人一样思维。而在后一个阶段，人们却非常自信地认为机器能够实现像人一样思考的目标。奈瑟认为对人工智能的这两种态度都过于天真：“昨天的怀疑是基于对机器的无知，而今天的自信则反映出对思维本质的误解。”② 认为机器将会像人一样思维，这恰恰是对人类思维本质的误解。因为人类思维从本质上讲是社会语境化的，而机器智能则是独立于这种社会语境的。由此我们可以断定，奈瑟所持的是一种弱人工智能的观点，也是一种语境论观

---

① Neisser U, Hyman I E Jr. Memory observed: remembering in natural contexts. Worth Pulbishers, 2000.

② Neisser U. The Imitation of Man by Machine. Science, New Series, 1963, (1): 193.

点。下面我们考察他关于人工智能的生态学研究。

在奈瑟看来，机器智能与人类智能具有相似性，具体表现在以下三方面：

（1）都具有目的性（purposive）和自我导向性（self-directed）。有两个例子可以充分说明这一点。带有导航系统的导弹（homing missile）能够穿越障碍物去追索目标，直到完成自己的任务。程序要证明一个理论，它会采用一个又一个的逻辑策略直到证据被找出来，或者直到计算机内的资源被搜索殆尽。这说明机器智能同人一样也具有目的性和自我导向性。

（2）都能从经验中获得学习。一些简单的认知模式问题，如识别手写大写字母的认知模式问题已经得到了解决。这得益于编程者设计的程序：通过发现存储刺激物自身的一些关键特征而实现识别的目的。设计有能力学习的程序已经接近于成功。在某种意义上，计算机比人更容易学习。你可以教会一台一岁的计算机学玩跳棋游戏，但不能教会一个三岁的孩子。但这显然不能说明计算机比人更聪明。

（3）都能做出一些富有创造性的东西。机器不能产生出任何新的富有创新的东西，只能做被编程好的事情。这或许是被许多人所接受的消极信条，但是它首先被那些为数字计算机编程的人员所抛弃。程序员早就能成功地让计算机学习东西，或者有目的性地表现，它能够表现出惊奇、出乎意料、沮丧的神态举止。

机器智能与人类智能的不同点是：

（1）程序性和专一性。计算机是按照程序和指令运行的，表现出极强的程序性和专一性。它不会像人一样，当厌烦了做一件事情的时候，就会撇开这件事而去做别的事情，它会照着程序规定的目标一直不停地运转下去，除非程序停止或有新的指令。计算机程序会比人更有效率，但是它不会像人那样有灵魂地去行动。这种专一性也不总是优点：计算机很可能会浪费时间在一些微不足道的事情或解决一些无足轻重的问题上。

（2）受控性。与人相比，计算机更容易被掌控。只要输入一些删除指令，计算机就会很快地执行任务，彻底删除一些东西，不管是有用的还是有害的。而人则不同，不但思想难以被驾驭，而且人对自身的记忆、情感、欲望等常常很难得到有效控制。譬如，对一些伤心难过的记忆，有时我们拼命想忘却不能够。关键是，人类生活在一个不断变化的社会语境当中，因此人类的行为会常常发生变化而难以控制。相反，机器则因程序而可以轻而易举地避免这些问题。

（3）无情感基础。机器无情感，这是毋庸置疑的。而人则不然，情感与需求贯穿人类认知发展过程的始终。并且它们并非一成不变，而是在不断地变化和发展的，并给人的理智活动以实质性的影响。情感的发展是其与环境的相互作用的结果。那种认为在个体的生活中起重要作用的事件，在人类思维中不起任何作用的看法是很草率的。因此，计算机若要像人一样思维，它的程序就必须被赋予似人类的内在状态。

（4）无动机性。这是机器智能与人之间最根本的差别。程序都具有目的性，但它不会像人一样去获取和利用自己的目标。它向来一贯是保持行动和目的地高度一致性，从不陷于各种动机的冲突之中，尽管它们有时也可能会在行动的可选择过程中摇摆不定。因此，它们虽然善于解决问题，却从不会在运行 A 程序的同时去思考解决 B 问题。人类则不同，人类行为的一个重要特征就是能够同时服务于多个目的。譬如，若是计算机下象棋，它只能按照程序事先设计好的去运行，目的只有一个，就是赢；而人则完全不同，赢只是众多目的中的一个，还有别的目的，如娱乐、消遣时间、友情联谊，等等。人的每一种行为和想法都可以这样来分析。没有人做数学题会像计算机一样仅仅是为了解题，也没有人撰写科技论文只是为了交流技术信息，也没有人读这篇文章仅仅是为了知道。这种明显的意识方面的动机是重要的，它们彼此之间不是互相绝缘的。在早期的心理分析阶段，为了支持无意识的动机而贬低明显的动机是常见的，并且还假定认知活动就只是满足本能的需求。幸而，这种研究倾向已经不再普遍。但是，我们得小心不要让计算机程序的实用性所误导，人不是单一性的和逻辑的生物。

（5）缺乏自然语境。机器智能所表现出来的前面所讲的专一性、受控性、无情感性、无动机性，从根本上讲就是由于机器智能缺乏自然语境而造成的。因为人类所处的现实环境是程序所无法复制和还原的。

看来，人工智能不仅缺乏广度而且缺乏深度。计算机不能梦想它们所能做的之外的东西。我们不能确定为计算机设定什么样的梦想，但我们可以确定的是：计算机的大量的信息处理过程都是在人类有目的的行为之下进行的。它远不能达到人类智能的水平。比如，一些技能，人类无需直接的指示就能在不断熟练地情况下发展成为一种自发的本能，来服务于人自身的各种目的。显然，离开了程序和指令的指示，机器就会停止运行。

机器智能和人之间的这些差异并不是令人影响深刻的。而这也更加使人们意识到机器认知与人类认知活动之间存在着实质性差异。强调这些差异并不是要贬低人工智能领域当前的工作，只是指出了人工智能与人类智能相比所表现出来的缺陷性而已。他们所做的和正在做的研究都有重要的实践意义，也为我们提供了某些理解人类思维的富有价值的模型。

这里强调人工智能的不完整性的理由有二：对心理学家而言，当代的计算机模型都过于单一化（oversimplified），在同样的意义上，早期的刺激-反应心理学和早期的心理分析理论也都过于单一化；对于程序员而言，由于计算机越来越多地用于人类活动，不管是直接的（如模仿），还是间接的（如以心理的和社会的标准表现的情景中），许多新的难题将会出现。困难的焦点不再是认知、学习和记忆的模式，而是“动机”方面。奈瑟指出人类思维有三种基本的彼此相关的本质特征，这些特征是计算机程序明显不具备的：一是人类思维是发生于并有助于成长和发展的累积过程；二是人类思维一开始就与情感有密切关系，并且这种关系自始至终永远不会消失；三是几乎所有的人类活动，包括思维，不是服务于一个动机而是同时服务于多个动机。

这三个特征使得人工智能的发展前景广阔。计算机程序在智能方面的发展一定会有所突破。我们可以满怀信心地期望：将来，计算机会在许多复杂而又困难的任务方面比人做得更好，还能解决人类从未解决过的问题。我们对自身思维的了解将会随着对计算机程序所展示的智能方面的理解而得到进一步推进。人类与机器之间的深层差异已经被一些害怕机器将可能左右人类社会的人所本能地意识到了。如果机器真能像人一样思维，那么就没有理由去害怕它们。但是计算机智能又的确是非人类的：它不会生长，也无情感基础，并且只是被外在地促动。这些缺陷在技术方面的应用并不是很重要，成功地解决问题的标准相对来说是简单的。但是，如果要让计算机做出社会性的抉择，这些缺陷就显得尤为重要，因为我们的恰当的标准与人类思维本身一样是难以捉摸的和多样化地促动的。人工智能的概念表明了理性主义者的这样一个古老的假定，即人的智能是一种独立于人类生活之外的能力。幸而它并非如此。

从语境论的观点看，如果要使机器智能能够像人类一样思维，我们认为它必须能够像人类那样能够“自语境化”，这是判断机器智能能否像人类那样思维的最终标准。所谓“自语境化”就是主体（人或者机器）自动融入一种新语境的能力。人类无疑具有这种能力，比如我们能够依据环境的变化而变化，即适应性地变化，而机器显然不能做到。假如有一天机器做到了，我们就不得不说，它能够像我们人类一样思维①。

六、奈瑟认知生态学的语境化

我们可以将自然科学领域内的两种本体实在论——原子论和物力论，作为解释认知心理学发展前后期理论的本体实在论预设的模型。“原子论把世界想象为一群坚硬的物质粒子，原子在空虚空间中任意运动，时而彼此碰撞连接在一起；不直接接触时，这些基本实体被认为是彼此相对独立地运动着。物力论几乎在每个方面都与原子实在论的立场相反。它主张每一事物都主动与其他事物发生作用。空间充满力场，每当一些合适的、敏感的物体被置于力场时，便能迅速产生效果。法拉第的‘场’思想是有关力、电荷和场的思想的开始，是典型的物力论。”② 心理学发展前期的行为主义、认知主义都是建立在原子论的本体实在论

① 魏屹东．自语境化：智能机似人思维的关键．中国社会科学报，2013-6-10（B01）．
② 魏屹东．认知科学哲学问题研究．北京：科学出版社，2008：33.

基础之上。行为主义与认知主义虽然在各自的研究旨趣、对象和内容上有所不同，但它们都主张科学实验和实证分析，其在本体论方法论上都是原子论。后期的由生态学路径和生物进化路径导向的应用认知心理学和进化心理学都是以"物力论"为本体实在论预设。将两种本体实在论预设做比较，我们发现奈瑟前后期的思想分别对应于这两种本体实在论预设。然而，正如他所说的，传统的实验室实验操作和生态学路径所强调现场研究之间的合作关系一样，这两种本体实在论之间既相互竞争又相互补充，而非彼此对抗的关系。物力论的发展是建立在原子论基础之上的，没有原子论就不会有物力论的出现。两者背后的思维范式分别是形而上的机械论思维与辩证的语境论思维。

对认知心理学而言，原子论无疑能给予心理学以精确而严密的解释，但这也局限了它自身，表现在研究范围狭窄、现实推广性弱。相反，物力论的本体论预设则能较好地弥补这一缺陷和不足，但同时它也有自身的问题，如缺乏精确分析和逻辑论证，而这正是原子论所擅长的。而语境论的分析研究方法正好能将这两种研究范式很好地整合在一起。奈瑟的思想不仅在本体论上是实在论的，即"坚持存在不只是我们能感知的东西，也存在理论科学方法允许的范围内我们能想象的东西"①，在认识论上同样也是实在论的，即"我们拥有关于事物、结构、过程等我们不能感知的可靠知识"②。如奈瑟所提出的自传体记忆的层级结构模型和对相似系列事件回忆背后的"重复出现"。

奈瑟所强调的生态学研究路径实质是语境论的研究方法。他强调对人的认知研究必须重视主体与其所处的现实环境的交互作用，认为主体不能脱离于其所处的周遭环境，他的境遇、行为背景、社会语境、生态环境等直接影响并作用于主体，但作为认知活动的主体并非像行为主义那样是机械地反映，主体本身的认知活动具有建构性。显然，这与行为主义、心理实验、认知主义、联结主义范式的心理学所强调的实验室中的可控性操作的实验分析迥然不同。然而，奈瑟并非要否定心理学的实验室研究，对通过实验分析研究获得的许多富有成效的成果和洞见还是持肯定的态度的。例如，他在研究记忆问题时，就认为人的记忆活动本身就具有目的导向性和指向性，使其对周遭的巨量信息进行筛选和过虑，并且回忆活动也不是对原初存储的信息的简单还原和再现，而是受到周围环境各种因素影响，这其中既有外界的刺激又有主体本身的认知推理，因此记忆和回忆过程都是主体与环境交互作用的结果，充分彰显了主体认知的建构性。他引用的故事回忆实验和地震案例研究充分证实了这一点。由此我们也可以看出，奈瑟总能引导心理学的发展方向，总能及时地吸取相关领域的成果并创造性地应用于认知心理学

① 魏屹东．认知科学哲学问题研究．北京：科学出版社，2008：33.

② 魏屹东．认知科学哲学问题研究．北京：科学出版社，2008：33.

的研究中。

然而，正如前文所述，认知心理学的生态学研究路径还存在着其自身所无法克服的困境和局限性。生态学研究路径只是借用生态学的研究方法，从整体的宏观角度，探索了知觉者与其周遭环境之间的动态交互性，提出了图式表征模型和知觉循环理论模型，剖析了记忆者自身的主体性、建构性及其对周遭环境巨量信息的筛选性，还未从更广阔的语境（如知觉者所处的社会背景、文化背景等）和更微观的语境去研究和探讨，也没有与传统认知心理学各个领域的研究成果建立起对话和交流的平台。而对认知语境论的分析和研究方法因其自身所具有的强大的整合性、综合性和启示性，可以更好地弥补和充实生态学研究路径的缺陷和空缺，从而推进认知心理学发展的质的飞跃。

虽然说认知生态学的研究方法从属于语境论，但它不能涵盖和替代认知语境论，它只能被看作认知语境论的一种具体的、个别的表现形式。认知语境论的研究方法是一种更为抽象的研究方法，具有宽阔视野和无可比拟的整合性，是一种崭新的认识论和方法论。语境论的根隐喻是“语境中的行动”[①]，关注事件和行动在语境中的意义。它的核心观点是“主张事件或行动是语境依赖、语境限制和语境敏感的。它的认识论主张实在是积极、持续、变化的事实，语境是事件或行动的整合，人类理解是人际间的互动，实际知识和理论知识没有绝对的区分。它的方法论主张对研究对象进行层次分析，通过纲领计划、启示法和洞见提高研究的创造性，研究范式语境化、系统化，使理论、方法和语境多样化”[②]。语境论主张语境是事件或行动得以展开的前提和基础，因此理解事件或行动的意义，就必须研究它所处的语境。同样，认知也是依赖于语境并受语境制约和规定的，人的认知研究必须充分考察其所处的语境。语境作为一种活生生的现实环境，在实验室中是无法复制和还原的，因此它比传统的实验室可控操作性研究更具有前景性；语境化研究在广度、深度上比生态学研究路径更具有优势，更具有解释力和推广性，它是生态学研究路径的进一步的深化和拓展。因此，我们认为认知心理学的研究应该超越生态学方法，实现其研究方法的否定之否定，走向语境化的研究道路。

七、结　语

奈瑟的认知思想（后期）是语境论的认知思想，他本人实际上就是一个语境实在论者。他将生态学方法和原理引入认知心理学的研究，将认知与其环境紧密地连接起来，强调不能抛开主体所处的语境去孤立地研究认知的信息处理机

① 魏屹东．语境论的科学研究纲领方法论．人文杂志，2009，(4)：50.

② 魏屹东．语境论的科学研究纲领方法论．人文杂志，2009，(4)：50.

制。同时我们也可以看出，奈瑟的认知思想是具有批判性的。他的后期思想是建立在对前期思想批判的基础之上的，后期思想是对前期思想的否定和超越。奈瑟在认知心理学领域中所提倡的生态学研究路径，在当代心理学发展的潮流中方兴未艾，心理学面临着又一次革命性的范式转变，即认知生态心理学的形成。我们在探讨了奈瑟的认知思想之后，提出了要超越生态学的研究路径，走向认知心理学的语境化研究道路。这无疑也是一种探索性尝试。

第五章　萨尔蒙：认知因果性作为理解机制

萨尔蒙（W. C. Salmon）是一个科学实在论者，他在追求真理之路上探索因果观、实在论和理性认知三者间的关系，开辟了认知研究的一条路径。这一章我们探讨他的各种认知思想。

一、萨尔蒙的理性认知思想

随着科学技术的飞速发展，理性的地位空前崇高。韦伯认为，近代以来的一切欧洲文明都是理性的结果，足见理性对现代社会的影响。萨尔蒙的认知思想是一种理性认知观。科学、理性是一种必然的知识，怎样用哲学来解释这些知识？怎样从哲学角度来分析原因和结果之间的物理链接？他提出工具理性、动态理性和归纳理性三种路径来探讨认知。

（一）工具理性认知观

萨尔蒙的工具理性是一种追求科学合理性与客观性的工具理性。他的理念主要是源于这样一种观念："数学定理的概率可以作为确定理性的指导"，这样，"在我的基本逻辑中，依赖贝叶斯数学定理，我假定了一种科学合理性模型。"①

让我们来看看他是如何论证的②：

首先，这种假设要具有一种不可忽视的、占绝对优势的成功概率。

其次，如果这种假设是真的，那么可以推测，通过这种假设所观察的结果也是真的。

因此，观察结果确实为真，而且没有其他假设可以如此高概率地证实这种假设的真实性；针对这一预言，其他假设只具有可以忽视的、极小的概率。因此，这一假设就是真的。

萨尔蒙的这种工具理性其实是一种证明真理性的认知观，那是一种运用概率、计算来表述真理的观点。从这一方面探讨真理，萨尔蒙并不是第一人。真理性问题历来为科学家和哲学家所重视，从古至今，学者们在这一问题上耗费了无数的心血。古希腊哲学家在研究这一问题时，主要是从理论方面进行的；而在近代，由于数学、物理学，特别是计算机科学的迅猛发展，人们习惯于从科学、理性的角度探讨真理问题。

---

① Salmon W C. Reality and Rationality. Oxford，UK：Oxford University Press，2005：124.

② Cliffs E. Logic. N. j. Prentice-Hall. 1963：85-86.

在无数科学实验、论证的基础上，人们越来越质疑真理的绝对性，怀疑形而上学实在论。这种实在论可以这样表述：科学可以成功覆盖一切经验理论或元理论。这是皮尔士（C. S. Peirce）式的实在论。萨尔蒙追求的目标是如何在捍卫真理的同时又不会失去科学的合理性，要建立起一种“理由与真理之间的联系”①。方法就是建立一种高概率的模型。

事实上，模型就是一种思维工具。将一些我们不了解、不太熟悉的事实表征为有利于我们思维的方式，也是工具理性思考中常用的方式。我们通常了解的模型是实物的模型，比如一个太阳系仪可以被看作是行星系统的比例模型；原子的模型在物理书上也都见过。这是一种将无形或是我们难以观察的物体描述成我们日常便于理解物体的一种方式。萨尔蒙的模型更接近于一种数学模型，是一种表征模型，它起的作用是一种解释和分析的作用。

概率论从一定意义上是值得肯定的。万有引力定律中的常量、重力加速度 9.8 米/秒^2 等，都是概率的结论，而我们运用它进行计算也得出了很多符合实际的结论。在社会生活中，概率论的应用就更加广泛了，人口统计、人寿保险、股票、投资中都随处可见。但是有许多科学家提出，难道“概率就是真理吗?”在我们的意识中，为真理所下的定义是这样的：它是绝对的、唯一的、无可辩驳的，是摆脱怀疑的；但概率只是一种可能性，是有偏差的。二者不能等同。夏佩尔（D. Shapere）将科学这一概念归纳为三条：成功性、无怀疑性和相关性。要证明一个命题为真，必须要有实际的理由。这样，就很难证明一个真理确定为真，因为不管一个命题多么成功，在实际中总有可能会产生怀疑的具体理由，比如“所有的天鹅都是白的，只需要找到一只黑天鹅就可以推翻整个论证”，而暂时未找到黑天鹅，并不代表以后不会找到。在这里，夏佩尔认为，要证明命题的真理性，必须将理论上最有理由相信且没有具体理由怀疑的东西看作是真的，否则便无所谓真理了。而在没有找到黑天鹅前，我们可以认为“所有天鹅都是白的”这一论证是真实的、科学的和理性的。

这是真理的“符合论”，即当事实符合事先设定的假定时，就认为它是对的。金岳霖在《知识论》中将“真的意义”与“真的标准”相区别，认为只有当命题与行动相符合才能证明其正确性。但是二者的观点也有不足之处，就是没有提到真理的“共识性”。真理不仅符合事实的命题，还需要认知者们共同承认。所以当我们在探究一个命题是否是真理时，往往会考虑，这个命题是大家都承认的吗？这是一种真理认可问题，也即科学共同体承认的问题。比如在牛顿的经典力学时期，大多数人都认为它是真理，也就是得到了科学家的认可，但随着

① 达德利·夏佩尔．理由与求知-科学哲学研究文集．褚平，等译．上海：上海译文出版社，1990：39.

科学的发展，有一部分人开始对其有新的思考，这样就变为怀疑，接着进行实验，证明了它也有不适用的地方，由认可到不完全认可，这样就将这种经典力学变为了在一定条件下、一定范围内使用的力学，就与真理的定义相悖了。这表明真理具有相对性。

当然，萨尔蒙的概率论不能说错，因为直到现在为止，我们还没有确定哪一个定理是绝对正确、不容怀疑的。每当我们肯定一个命题时，随着科学的发展就会有新的命题出现，推翻原有命题。这种例子不胜枚举。在宗教最盛行时，绝大多数人都相信上帝的存在，然而随着时间的推移，又有很多例证否定了这一观点。爱因斯坦用相对论反驳了牛顿的经典力学，现在相对论又受到霍金宇宙理论的质疑。但是，他的真理概率论又是不完全的，将因果联系看作是一种概率模型来对待，这与我们现实生活比较符合，但与真正的、无误差的真理定义相违背。

让我们重审萨尔蒙的概率真理模型。其实这也可以看作是一个三段论模型。

A 前提：当某种假设占有绝对优势的成功概率时，便可以将其看作是真的。

B 论证：如果假设真，那么依据这种假设观察的结果也应该为真，而且是占绝对优势的成功。而观察结果确实是正确的，占有了绝对的成功率。这一点是可以通过实践、实验、时间检验出来的。

C 结论：这种假设是真的。

在这个三段论中，我们需要思考的是：

（1）依据一种假设进行实际操作，操作结果为真那么假设就为真，这一点是成立的吗？

（2）即使第二部分论证过程是正确的，证明出假设是真的，那么也只是假设是真的，能否说明占绝对优势成功率的假设为真？

让我们做进一步分析。仍然以牛顿的经典力学为例。依据这一假设，科学家进行过许多实验操作，而这些实验结果大多数都是正确的。但是牛顿的假设就是正确的吗？爱因斯坦的理论已经证明了其失误之处，所以通过 B 论证并不能推出正确的结论。真理不仅需要实验进行证明，更需要在特定的时空内，如果脱离了这个时空，真理也就不称其为真理了。萨尔蒙也意识到这个问题，他在其动态理性论证中对这一问题做了分析。

通过这个三段论，所证明出的结论并非最初要论证的结论。萨尔蒙要证明的是真理问题。他要证明的是：如果一个假设成功的概率足够大时，那么是否可以说这个假设就是真的。这表明，这个三段论的前提才是所需证明的。因此，萨尔蒙对于概率真理这个问题的论证还是有些模糊，并没有将其彻底弄清楚。

（二）动态理性认知观

在工具理性中，萨尔蒙阐述了概率的重要性，但他也意识到通过概率证明真理性是有缺陷的，而且最麻烦的事情是“我们如何就能够知道一类或多类事件的概率究竟是多少”①。针对这一问题，萨尔蒙认为“因果性”在其中起着至关重要的作用，而因果性又必须在时间和空间中才会发挥其作用，时间是单维的、连续的，这样，真理也就是一种动态的过程，属于一种动态理性。

萨尔蒙将动态理性定义为“包含着运用一种倾向性—或者说是概率原因—的尝试，而这种倾向性又是作为一种重要因素存在于实用的原则中的”。② 换句话说，在客观概率或短期频率中，动态理性包含着一种倾向性。就定义而言，倾向性是一种形式、思维、态度的走向，它与环境、科学、知识、观念等一系列因素相关。倾向性具有普遍性，无论是古代还是当今，不论是中国还是外国，无处不可以看到其身影；但倾向性又不是盲目的，它又有其自身发展的走向，就是朝向真理的倾向性。

我们知道，自古希腊以来，哲学家们就在探寻绝对真理，萨尔蒙的研究也是针对此来进行的。就以人们的研究对象为例“倾向性”一直都在发生着变化，从以下列举的行为，我们来寻找其相关之处。在古希腊时期，人们对真理的探寻还维持在朴素唯物主义阶段，以水、火、气等为万物之首，这是人们追求真理的“倾向性”；而到了中世纪，人们将真理转向了“神”、“上帝”，这是由于当时的认识水平发展所限，人们较早期的学者们有了更多困惑，思维水平有限，无法了解这些困惑的真实原因，只好将一切归结为是一种非自然力量的驱使，是一个万能的神的力量，“神”成为了真理的化身，成为了一种新的“倾向性”；到了近代，科学技术又有了进一步发展，科学家解释了或做出了一些只能是过去的“神”才能做到的事，这样就让人们对神的存在产生了质疑。在摆脱了神学的禁锢后，人们认为还是要崇尚科学，只有科学实验才是唯一能解决事件的源头，实验成为了一种“倾向性”；特别是近现代以来，逻辑和实验得到进一步完善，使得人们对真理的追求由精神层面转向了事实层面，无论是科学还是哲学，甚至对于“精神”都要用纯科学的方式来加以研究和解释，这是自神学以来的“倾向性”；20世纪70年代后，又有了新的“倾向性”，长期以来被科学家和哲学家排斥的意识、心灵和智能问题又重获人们的关注，越来越多的学者们开始正视这种主观现象，承认其存在，并开展了相关研究；到90年代，意识、心灵、精神、智能等作为科学研究的合法对象成为了主流科学家们必须考虑的问题，这种“倾向性”又表明了主观事物的合法性，甚至神学等原来被排斥的学科又重新登上了科学历史的舞台。

除一次又一次的“倾向性”的变化外，还有一个共同之处就是这些“倾向

① Salmon W C. Reality and Rationality. Oxford，UK：Oxford University Press，2005：126.

② Salmon W C. Reality and Rationality. Oxford，UK：Oxford University Press，2005：150.

性”和时间的联系都非常紧密。这就是萨尔蒙要强调的重点：“倾向性”和“时间”的联系。在他的研究中，只要提及动态理性（dynamic rationality），就必然会看到短期或长期（short-run or long-run），足见萨尔蒙对时间的看重。

倾向性随处可见，但又是有限制的。时间是其倾向性，空间同样也会影响其走向。民族性、地域性都是倾向性的影响因素。以宗教信仰为例。西方崇尚的是“上帝”，而中国尊崇的是“佛祖”，这就是民族性；就中国本土的信仰来看，又有佛教、道教、喇嘛教等许多形式。这就是空间限制。虽然倾向性受时间和空间限制，然而它并不是割断的，而是不断联系、不断发展、不断传承的，它的这种动态不是无目的，而是有规律可循的，那就是因果联系的作用。倾向性是受着原因支配而出现的。在追求真理的过程中，倾向性的出现并非无缘无故的，而是伴随着科学发展出现的，当科学发展无法解释一些现象时，人们就将其归结于非自然力量的支配；科学发展进步又使人们打破神学束缚，倾向于实验科学；科技的进一步又使人们看到了科技的局限性，主观意识的研究被搬上了历史舞台。所以，在动态研究中，倾向性并不孤立，而是按一种有序发展呈现的。

与这种思想不同的哲学家认为，因果联系并没有那么确定，它的倾向性也不是那么明显。比如休谟就主张“因果是习惯性的联想”，反对一种因果的必然性。而怀特海在因果联系方面，又为其增加了一种解释性，因果联系的效率是模糊的。同样，这种模糊性也是存在于空间和时间维度中的。他指出：“大多数详细的几何关系都具有不可忽视的模糊性；通过知觉方式，具体的区域一般是不可辨认的……”①。怀特海所谓的模糊状态在因果联系中就是一种无意识形态，我们的心灵、精神等现象都是以此种模糊性为依据的，“黑暗中的某些事物令我们疑惑而害怕；沉寂中自然不可抗力令我们压抑；在八月树林中虫子的低吟中，一切自然情绪流入我们心间，都使我们不知所措；……感官表象逐渐消失……”②在他的认识中，因果联系是不确定的，甚至是无意识的，我们能把握的只是现在的“自我”。

萨尔蒙的动态理性追求的是一种连贯性和因果必然性。就人类认知而言，这种对于解决认知科学的发展有着至关重要的作用。他的这种认知思想与萨伽德（P. Thagard）的认知连贯性比较相似。萨伽德认为，连贯性就是“限制满足性”，即“限制满足连贯性”③。连贯是依据多重限制的最大满足进行解释的。比如认识的合理性，一些命题被认为是合理的而被接受，其他命题则被认为是不合理的

---

① Whitehead A N. Process and Reality：An Essay in Cosmology. New York：Macmillan Publishing，1978：170.

② Whitehead A N. Process and Reality：An Essay in Cosmology. New York：Macmillan Publishing，1978：176.

③ 魏屹东．认知科学哲学问题研究．北京：科学出版社，2008：204.

而被拒斥。在这些过程中，连贯性将会说明限制在其中的作用。具有积极性的限制是来自于各个命题间的相似性类比，它是前后一致的；而消极性限制则是来自于两个命题间的矛盾之处，前后是不一致的。而不论是积极限制还是消极限制，都是连贯性所需要的限制性因素，它们为知识提供了来源和基础，因为现实中许多知识都是来自于认知连贯性的①。

就连贯性而言，萨尔蒙和萨伽德的观点有相似之处。然而就知识的来源，或者说原因的确证性、唯一性而言，二者又有所差别。在萨尔蒙看来，原因是确定存在的，只要有合适的链接，就会引出结果；而萨伽德认为，我们的知识并不像建立在坚固地基上的高楼，而是由许多相互连接的甲板构成的航船②。判断一个知识的真实性，是看它是否与其他相关知识有一种融洽性。我们赞同萨伽德的这一观点。无数现象都说明：我们的知识并非那么一成不变、那么不容置疑的。传统的哲学家和科学家都是在探求确定性的知识，甚至探求到了“神”。近代出现了认识论转向，确定性的知识转向了形而上学领域，其中洛克起了重要的作用，他在《人类理解论》中明确表示，“我的目的在探讨人类知识的起源、确度和范围，以及信仰的、意见的和同意的各种根据和程度”。③ 洛克承认知识有确定性，但还是为知识规定了范围，进行了限定：人的知识无法理解事物的本质。而且，无数的事实也证明，我们现在得到的确定无误的知识、不容置疑的真理，在几百年、几十年，甚至几年后都有可能被推翻。在爱因斯坦的“相对论”问世之前，人们一直将牛顿力学奉为经典，所有人都认为“光沿直线传播”是无可辩驳的真理，然而“相对论”的诞生将这一局面彻底打破。再比如，在电子计算机出现不久，作为计算机领域领军人物的比尔·盖茨曾发表过这样的声明：人类只要有40G的内存就足够用了，然而现今250G的内存正被绝大多数家庭使用，这些确定性知识的新观念打破了原来一直被我们奉为普遍必然性知识的旧观念。如果我们不改变观念，认为我们原有的知识基础很牢靠，是一种无需改变的、不容置疑的知识确定体，那我们将会被现实所淘汰。

所幸的是，萨尔蒙只是肯定了知识来源者原因的确定性，并未认为知识是一种静态的过程，而将我们的认知看作是一种动态的过程，是一种有特定倾向性的动态过程，是一种在时间、空间限制下的动态理性过程。动态理性是在时间中进行的，是一种连续性的因果联系，也是为探寻真理而进行的一种思考。这一观点类似于黑格尔的辩证思想。黑格尔认为，事物是运动、变化、发展的，事物整体的发展方向是“前进”的；而萨尔蒙的“倾向性”也是指在追求真理的方向上，

① Thagard P. Coherence in Thought and Action. Cambridge, MA: The MIT Press, 2000: 1.
② Thagard P. Coherence in Thought and Action. Cambridge, MA: The MIT Press, 2000: 45.
③ 洛克. 人类理解论. 第1卷. 关文运译. 北京：商务印书馆，1997：1.

人们始终是在朝着真理的方向前进的，虽然在短期内可能有各种不同的“倾向性”。这对于我们认识世界，从事认知研究很有启发意义。

另外，从动态的角度研究人脑的认知过程，比如对于“理解”是这样解释的。首先，我们得到了某种信息，它可以是从外界获得，也可以是自己内部产生的；接着，这些信息会在大脑皮层中被加工，而当它被纳入我们的知识体系并形成一个完整的反馈时，就说明我们可以“理解”，反之则是不可理解的。在这里，思维也成为一种动态的知识构成，是理性的一部分了，这和萨尔蒙的观点一致。

（三）归纳理性认知观

在萨尔蒙看来，归纳理性实际上是一种确定（confirmation）理性，但在他的观念中，这种确定性并非是一种简单的“是”或“否”论断，它与概率有关，但又有所区别。“在关联认知中，确定性并非是一种不容置疑的概率；就我们所知，它并非是与高概率完全等同的。”“关联度也不是一种概率，它能够起到否定的作用，而概率不能。然而，从某种意义上讲，它又是一个概率概念，确定度在某种程度上是建构在概率定义上的。”① 关于这一点，萨尔蒙主要依据概率作为一种工具在科学假设和确实证据间起作用的。

千百年来，哲学家们一直在追求真理，当科技越来越发达的时候，可以肯定的东西反而越来越少。现代的科学家和哲学家们在努力探索的是科学知识中是否有一部分是确定无疑的。萨尔蒙也在探索这个问题，并认为确定的知识只是相对的，不仅受时间和空间限制，还与概率有关，高概率成功的实验成果是对确定知识的一种保障。

在现代社会中，绝对确定性的知识最终虽然没有达到，但并不意味着科学家和哲学家们要采取怀疑论和不可知论的态度。学者们始终在运用自己的智能进行逻辑推理，我们对自然界的认识也是在这种世界观信念下才有所发展。虽然我们不能彻底否决怀疑论的作用，但我们的认识毕竟是在不断的谬误中逐渐发展完善的。这是一个逐步拓宽的过程，一个逐渐上升的过程，而且正是由于这种不完美才使得科学、思维有了更进一步发展的空间。萨尔蒙的归纳理性也是这样一种观念。要确定一种知识的无误性几乎是不可能的，但只要一种假设有很高的成功率，就可以将其归纳为正确知识一族，至少在某一特定时期或空间内是成立的。

从人类有思维开始，归纳就是人们不可缺少的重要思维方式之一。如果没有归纳，人类至今还在茹毛饮血，科学根本就不能发展。归纳的作用毋庸置疑，但归纳法有自身的困境。首先，归纳是要将有限的事物推广到无限，这是用有限来

① Salmon W C. Reality and Rationality. Oxford，UK：Oxford University Press，2005：236.

证明无限，这就是著名的“休谟问题”。例如，一只天鹅是白的，两只天鹅是白的，……九千九百九十九只天鹅都是白的，由这个有限的事实我们能推出“所有天鹅都是白的吗？这是归纳法的典型例证。其次，归纳是用过去的事来推测未来的事，但是过去能证明未来吗？过去曾见到几万次蚂蚁搬家后会有大雨，那么蚂蚁搬家后就一定会有雨吗？这是归纳法在时间上出现的困境。这种将单称命题过渡到全称命题在逻辑上是不成立的。萨尔蒙当然也了解这些困境，于是提出概率这个概念来解决这个难题。如果想确定一个知识、命题，可以从成功概率高低来考虑。从逻辑上是讲不通的，但在实际研究中很有用。我们现在的许多科学成就都是从这一点出发而得出结论的。这表明归纳法是人类的一种直觉思维方式，或者说，人类天生就会归纳。

在萨尔蒙的归纳理性认知思想中，还有个关键词是“关联性”。还是以刚才的例子来说明。一般情况下，雨前蚂蚁会搬家，然而地震前蚂蚁也会搬家，人们如果想通过蚂蚁搬家确定到底是下雨还是地震，以便采取下一步措施，这就需要用到“关联性”。雨到来前空气湿度一般都会增高，气压会降低，因此出现飞鸟低飞（翅膀上有水），小鱼浮上水面（气压低氧气溶解少）等现象；而地震前则会出现牛羊驴马不进圈，鸡飞上树猪拱圈，鸭不下水狗狂叫等现象，通过这种关联性大体能分出是要下雨还是地震，如果要更加精确就需要更精密的科学仪器的测量。可是我们也明白，再精密的仪器也无法确定是否真会有地震，否则也不会有那么多地震伤亡人员了。但是，经过一次又一次的失败，将这些经验归纳、总结起来，又会得到新的知识，会更加准确地预测未来的事，这就会提高命题的成功率。也就是萨尔蒙所强调的概率确定性。

我们知道，归纳问题由来已久。休谟将其推至一个新的高度，得出：一切推论的依据是因果关系，而因果关系的基础是经验，而经验是不可靠的，这样推论也就不可靠了；确证的知识虽然确定但只是知识的循环，也无法获得新的知识。休谟这一记重击，醍醐灌顶，简单而深刻的否定结论构成了对任何形式归纳推理的有效反驳①。它对哲学家的打击是致命的，因为他彻底驳倒了人类自以为的理智、自以为的推理、自以为的逻辑。如果归纳不成立，那么根据归纳总结得出的许许多多科学知识立足在哪里？

为了回应休谟的诘难，萨尔蒙提出了“关联性的高效率”方式，试图通过获得的归纳结果获得确定性知识。但有些学者认为这是徒劳的　因为概率论是一种纯粹的演算，从中想推出事物将来会如何发展和出现是不可能的②。

① Stegmuller W. The problem of induction：Hume′s challenge and the contemporary answers. Reidel Publishing Company，1977：73.

② Ayer A J. The problem of knowledge. London：The penguin Group，1988：72-73.

在我们看来，萨尔蒙的这种观念在理论、逻辑上是站不住脚的，因为再高的成功概率也不能说明一个命题就是真的，不会失败；再小成功概率的命题也有可能出现，也可能是真的。这种逻辑是哲学家或科学家都无法反驳的。而从实际情况来看，极小概率的事情出现的概率并不低，那么由萨尔蒙的概率论来看，这就是一种矛盾。举例来说，我们地球上生命出现的概率就低得近乎渺茫，以现代天文学视野所及的数十亿光年范围内，再也没有观察到任何生命迹象，无数偶然因素汇集形成了我们人类。如果依据萨尔蒙的思想，那么人类不会出现这个命题就是真的，在这种极低的概率下人类就绝对不可能产生，但事实却驳倒了这一理论。无疑，萨尔蒙的归纳理性有其合理之处，但像他自己的命题一样，这也是一种高概率的论述，无论是在逻辑还是实践中，都会出现能够反驳他观点的论证和事实。

二、萨尔蒙的因果观及其理性分析

因果问题是哲学家们从古到今一直追溯的永恒话题。从古希腊的亚里士多德到近代的笛卡儿、休谟，再到当代的弗兰斯、萨尔蒙，这些哲学家都在默默追寻，试图解决这个难题。科学可以说是因果性的产物，如果没有因果性，我们不知道科学会怎样。萨尔蒙对因果性有自己独到的理解。

（一）萨尔蒙的因果观

萨尔蒙的因果观主要探讨两方面的内容。因与果究竟是一种什么关系？二者是确定的吗？是有因必有果吗？如果从科学角度对因果关系进行解释，应该如何进行？

1. 因果关系问题

然而，几百年的辛苦追寻，比起休谟最初的论证来说，哲学家们实质上并没有任何的进展。休谟的“因果关系是习惯性的联想”这一论断，至今仍无人能够完全反驳倒，不论是从实际上，还是从推理论证上，这不得不说是哲学的无奈。

萨尔蒙也试图解决这个问题。用逻辑关系来解释这一因果关系“是近代哲学最不幸的错误之一”。[①] 为什么会这样说？让我们先来看一下休谟是如何对因果关系进行论证的。

在休谟看来，人类的一切理性对象都可被分为两类：“观念中的事物”和

① Salmon W C. Dynamic Rationality：Propensity，Probability，and Credence // Fetzer H. Probability and Causality，Reidel Publishing Company，1988：31.

"实际中的事物"。前者是一些先验的知识，它们的有效性不依赖经验，如数学推论或"人都要死亡"等一些具有确定性的知识；后者是与前者本性完全不同的知识，这些事物是无法确证的，它们的一切推论都是建立在因果关系上的，而由原因得到的结果不会凭空出现，便只能依靠经验来得出。而经验并不是确定的，只是由于我们的一些推理归纳而来的，这些推理并不像数学逻辑那样严密，只是依据"未来与过去相契合"这个假定而得，是我们自己联想而来的。然而，未来与过去一定是相契的吗？答案恐怕是否定的，这样便不能说明原因与结果间的必然性，使因果关系出现了一种不确定的危险，这样就会得出这样的结论：在人类认识领域内不可能发现经验推论或归纳推理之合理性的根据①。

无数的哲学家为了回应休谟的诘难都在做着不懈的努力，萨尔蒙就是其中之一。他认为一个进程实际上是原因和结果的物理连接。例如，（铁）茶壶的加热可使壶底的铁原子受热，从而影响了壶中的水分子。火焰是这些步骤的原因，通过上述过程，可以得到一个结果——开水。这说明事件其实只是两个或更多因果关系的岔路口，因果关系只是一种"交接结构"，它的作用是将"能量"或"信息"从一个空间位置转移到另一个位置。这一解释具有认知科学的性质，它导致一个占线（因果关系）和节点（因果关系-事件）的网络世界的形成。

这种因果联系也是有条件的。首先，这种传播过程必须是连续的，没有"间断"或"跳跃"的时空。然而，这还不全面，因为"伪因果过程"也是可以联系的，如闪电和响雷。闪电过后，会伴随雷声的出现，但二者并非具有因果联系。其次，要判定因果联系还应该有一个"标记"，这个标记是指在传递过程中，如果前者有"标记"或"要素"改变了，后者中相应的"标记"是否会出现变化。真正的因果联系有变化，而"伪因果过程"没有变化。

萨尔蒙的因果关系理论似乎比较符合科学解释。比如，基因可以说就是一种特别的因果"标记"。遗传学家将鱼类的抗冻基因加入番茄，就会产生抗霜冻的番茄。这样，抗冻基因就是这个因果关系的一部分。我们知道，基因是由DNA组成的，一个氮基的DNA正是控制着蛋白质在细胞中的形成，通过控制蛋白质的合成，基因也就决定了化学反应中的细胞生成，同时细胞的化学反应也会影响身体的化学反应。这样，一个小型的基因化学反应就会对一个特定的分子、甚至事物产生相当大的影响。

其实，休谟问题还可以表述为另一种形式，即，在我们的认识活动中使用归纳有合理性吗？因为它的否定论据适用于在前提和结论间没有逻辑蕴涵关系的推理，而这一点正是任何形式的归纳推理所必须具备的特征②。这也是萨尔蒙论证

① 休谟．人类理解研究．北京：商务印书馆，1997：40-42.

② Lowe E J. What is the 'Problem of Induction'. Philosophy 62，1987：325.

的核心。从某种程度上看，逻辑推导是纯形式、纯句法的，没有观念形式说明原因和结果间的语义关系。但在这种纯形式中，我们又必须考虑原因和结果的事实关系。这也是萨尔蒙考虑的重点，使得他将本体论引入了因果观念这种认识论中。

我们可以设想，当某人思考时，他的大脑和神经系统总是会处于某种状态之中。这点毫无疑问。然而，当我们发现相同类型的脑状态和相同类型的感觉同时存在时，这样我们便会更加倾向于认为在大脑和观念间至少有一个因果关系。有时，在观念同时或相继出现不断重复经历时，神经系统也会有一定的惯性作用，出现某种协同“标记”或振动。这种神经协同“标记”在哈特莱的陈述中也出现过：“我们可以猜想，与简单观念一致的简单微小振动是以同样的方式（联系）到一复杂的微小振动中，将会与产生的复杂观念相一致。”① 这涉及科学理解问题。

2. 科学理解

萨尔蒙在对因果联系的深入思考中，最根本希望解决的是对“为什么”问题的解答。而在休谟观念盛行的20世纪前半期，即使科学有突飞猛进的发展，但科学家和哲学家都不相信科学能对“为什么”给出答案。出现了这样的景象：没有人相信科学能理解、解释什么，大家都将其当做速记的描述方式或经济的思维方式②。在他们看来，科学仅能回答“是什么”，但无法追寻其原因。“科学的解释”被视为无稽之谈、伪命题，令其难以在科学哲学中立足。萨尔蒙在对因果联系进行了深入、细致了解之后，对科学理解这一论题进行了探索③并将科学理解分为四种形式：

（1）标记理解。这种理解又称为符号理解。标记的主要作用是传递信息、表明意义，然后达成一种交流。这种标记、符号不仅包括语言，还包括眼神、表情、肢体行为等。这种理解方式关键是要在交流者之间形成一种公共的意义，当然依靠的就是标记、符号。从某种程度上说，标记是交流的一种必要手段。

（2）情感理解。这种理解有些类似于我们的“同理心”，它主要是在人类中进行的，即我们在理解某人的情感、动机等心理因素时，需要设身处地地与他人进行关联。这也是我们人类常用的一种思维理解方式。比如公交车上的老年人专座就很好，人都有老的时候，上车时应设身处地地为老年人着想，为老弱病残让座。这就是一种很好的“同理心”。

① Hartley D. Observations on Man. Bath：Leake and Frederick，1749：790.

② Pearson K. The Grammar of Science. New York：Meridian Books，1957：xi.

③ Salmon W C. Carnality and Explanation. Oxford，UK：Oxford University Press，1998：8-9，82-85，178-190.

（3）目标理解。这种理解首先要立足目的，依靠目的来揭示相关的行为或现象。比如，警察在侦破案件时，在对嫌疑人的审判中，很多时候都是首先寻找其犯罪动机，有犯罪动机的嫌疑人要比没有犯罪动机的嫌疑人嫌疑更大。这种理解在日常生活中也很常见。

（4）科学理解。这种理解主要是要立足科学理论和事实对事物进行理解。当我们坐在树下，思考树上的苹果在没有其他外力作用下会怎样坠落，我们会认为它是向下的，这是根据万有引力做出的推测和理解。这种依靠科学理论和我们实际的经验做出的理解，就比较合理，较具客观性。

表面看，似乎只有最后一种是科学理解。其实不然。萨尔蒙的理解形式都属于科学理解。首先标记、符号是一切理解的基础，其他理解的方式都要通过符号来实现，或是语言，或是动作，或是文字，所有的交流、理解都需要用这些方式来进行，所以第一种理解是一种科学理解；情感是一种心理活动，现代科学心理学已经作为一门专门的科学，所以其中的情绪、意识等也属于科学理解；而目标理解更是应用广泛的一种理解方式，在社会科学、生物学中都有应用，是一种功能性的理解方式，也当然就是科学理解。

这些科学理解都是萨尔蒙对“为什么”问题的科学解答分析，通过视觉、听觉、触觉我们才与物质世界发生联系，这些感觉好似给予我们明白的知识。但是，这个世界是超出任何人类所能感知的界限的。一则科学的解释似乎是一则故事，它描述能使一些现象成为现实的过程。在某种程度上，解释和预言具有相同的逻辑方式，譬如，我们引用不同感知的病毒解释许多疾病，引用不可感知的电子束解释电视画面，这些都是表面上看不出来的，但可以预测出，这与科学解释有某种相似之处；像“重力场”、“原子”等概念都是一种“幕后”表达，但同样代表意义。这便是科学解释的意义和魅力所在。

在萨尔蒙看来，因果联系并不预设决定论，解释与推理是相关的。在某种特定的语境中，这些解释都是可得到批判性改进的，相应的背景知识是特定的科学理论的前提和保证，科学理解的相关性是科学研究的关键问题。比如，人人都具有某种潜在的自传性，虽然较少会公之于众，然而，每个人的故事作为同一个人生活的一个版本又会被呈现出来。这就是相关性在起作用。

总之，因果关系与科学理解有一种天生的联系，二者不论从外延还是内涵都是互补的，理解和因果联系不仅是一个事件，而是一种持续情况、一种倾向、一种过程。

（二）因果与理性的关系

一是因果与工具理性的关系。因果论题像斯芬克斯之谜一样一直是哲学界争论的焦点。萨尔蒙对此论题有自己的独到见解。因果关系实际上是一种物理连接，类似于一种交接结构，它受到时间和空间的制约。事实上，萨尔蒙并未解决休谟提出的诘难，只是将问题做了转移，使得休谟的因果问题成为了如何使原因高概率的产生结果这样一个实践性较强的问题。

萨尔蒙的工具理性和他的因果观是联系最紧密的。他的工具理性同样是为寻求真理而提出的。他使用的追求真理的工具是依赖贝叶斯定理提出的一个三段论假设，希望证明当某种假设占有绝对优势的成功概率时，我们便能够将其看作是真的。姑且不论证明过程是否妥当，论据是否充足，在这里，他也强调了概率的重要性，高成功概率是保证命题正确的一项必备方式。

如上所述，在萨尔蒙的因果观中，他提出了四种认知科学理解：标记理解、情感理解、目标理解、科学理解。第一种标记理解与工具理性联系比较紧密，首先标记的作用是传递信息，表明意义，而这也正是工具的作用；标记的形式是多种多样的，不仅包括符号，还有语言、眼神、肢体、表情等，而工具也不仅是现实中的具体工具，还包括模型、假设、论证等；标记是理解行为的基础，工具是寻求真理的开始，这些都是两者的共同之处。萨尔蒙的因果关系从某种程度上也可以被看作是追求真理的一种工具。一件事物或一个进程实际上是原因和结果间的链接，因果关系就是这个进程，它是原因和结果中间的逻辑过程，也是从原因追寻到结果的一种工具。运用恰当的工具，可以令人们更好的理解和解决科学问题。以天文学为例，随着观测仪器和信息处理手段的提升，天文学正在从观测科学转变为处理影像的实验室科学①。这就是工具的重要作用。

二是因果与动态理性的关系。因果联系本身就是一个从原因到结果的动态发展过程，是一种连续性。我们再来看萨尔蒙为动态理性所下的定义：包含着运用一种倾向性的尝试，这种倾向性又是作为一种重要因素存在于实用原则中的。在不同时期有着不同的倾向性，这种倾向性也是原因和结果的指导性。事物都不可能是一成不变的，世间唯一不变的就是变化。因果关系也不例外。因果联系是为真理而存在和产生的，为了确定知识而出现的，所以因果联系也会有一种倾向性，或称为朝向性，它的方向就是真理。动态理性的发展方向也不是像无头苍蝇一样乱窜的，它是有序的发展过程，而发展的动力或原因就是因果联系，倾向性都是受着原因支配的。

萨尔蒙的因果与动态理性有着一种天然的联系，这就是倾向性，类似于布雷塔诺的意向性。人类的认知过程也是倾向性发挥作用的过程，是一个社会互动的过程。动态理性不只存在于时间中，通过因果联系预测未来有可能会出现的情况，还是一个社会和谐发展的动力性因素。在萨尔蒙的观念中，因果联系是必然

① 诺尔-塞蒂娜．睡椅、大教堂与实验室．//载安德鲁·皮克林．作为实践和文化的科学．北京：中国人民大学出版社，2006：133.

存在的，原因只要有合适的链接就会出现结果。因果关系是普遍存在的，我们通过因果联系认识客观世界，而因果联系也不是一成不变的，它同动态理性一样，也会受到时间和空间的制约，只是在一定的时空中才存在，是一种连续性的因果联系。

可以看出，萨尔蒙的动态理性体现在因果联系的理解中，表现在情感理解和科学理解中。首先，情感理解是指一种“同理心”，作为一种设身处地理解他人行为或想法的因果联系，它就一定是变化的。首先是自己的心态，然后通过周围的环境、自身的素养，了解了别人的想法并能在实际行为中体现出来。这就是一种情感理解，它是一个动态过程；而科学理解毋庸置疑，是假设的科学前提，是运用所学知识对人们事先预想进行论证的过程，这也需要事先有一种想法，即倾向性。

萨尔蒙通过“倾向性”将因果与动态理性联系起来，使得思维也成为一种动态的知识构成，依据事实和社会可接受的方式进行表述。这种探求真理的模式在确定知识方面有独特的作用，可以促进不同时代的科学共同体的传承，也可以促进同一时代科学共同体的交流，达成具有连续性的共识，获得较为正确的结论。至少在一定时期内是正确的，有了合适的目标或倾向性，可以令复杂科学变得更加简单有效。

三是因果与归纳理性的关系。萨尔蒙在对因果联系进行思考时，最希望解决的是“为什么”问题，也是他的哲学研究的目标。这就牵涉到目标理解。目标理解首先是确立目标，只有这样才不会无的放矢。然而，萨尔蒙的因果联系并不是决定论的，而是在具体的操作中可以改变的。他的因果联系与科学理解具有相关性，都不是一种确定的形式，而是一种持续情况。

而萨尔蒙的归纳理性却是一种确定理性，或是希望获得确定性的理性。但他又强调，这种理性是与“概率”相关的，又是在“关联认知”中存在的。因果联系也属于关联性的一种，只是因果联系具有一定的方向性和时间的先后性，一般是原因在前而结果在后。归纳理性的主要依据是高成功概率，而这一点又是通过从原因到结果的转变过程的成功率来计算的。

归纳这种重要的思维方式其实是依据因果关系发展而来的。由原因推出结果就是一种归纳，所以因果和归纳是一脉相承的。在萨尔蒙那里二者也有个共同的制约之处，就是都未澄清确定知识的来源，都以高成功概率来判定命题的真假。这存在很大的不确定性，本来在大多数哲学家看来，概率推理不能算是真正的因果联系，因果联系是指一个原因必定推出一个结果，但在萨尔蒙那里就被描述为只要一个原因能够很高频率地产生一个结果，它就算是因果联系。事实上，小概率而获得预期结论也有很多，这就与萨尔蒙的思想有所背离。

我们的生活不是单一的，而是横向纵向相连的。人类的历史应被看作因果游戏和理性的混成物，康德也表述过类似思想。萨尔蒙继承发扬了这种观念，将工具理性的“概率性”、动态理性的“倾向性”、归纳理性的“关联性”与因果联系相连接，将人类存在于其中的物质世界与先验的世界相对比。我们不得不承认，至少在有些情况下，人类的行动更倾向于理性，从理性角度解释比从原因角度解释容易很多。

三、萨尔蒙的实在论及其理性分析

萨尔蒙的思想有其独到之处。因果观和实在论是他思想的两个主要方面。因果观主要是对人类理解方面的理性探讨，实在论是从实践方面对人类知识、事物的理性解释。

（一）萨尔蒙的实在论

在萨尔蒙看来，实在论和经验主义是认知科学研究的关键问题①。他的实在论主要包含两方面的内容：经验主义实在论和逻辑主义实在论。

1. 经验主义实在论

在经验实在论方面，他同意卡尔纳普、夏佩尔等的观点②。比如，在探讨原子假设的真假方面，他认为“它当然是了”；而对于原子是否存在问题，他的回答也是肯定的③。在经验问题和形而上学问题上，萨尔蒙反对无意义的抽象思辨，认为后者是不能用逻辑构造术语来表示的。

原子论是他支持的一种观点。若要取出许多单一的原子或分子是不可能的，而在一个被给定的化学元素中要确定原子和分子的数量也是不可能的④。在科学研究中，这确实是事实，虽然当今科技飞速发展，但现在科学家也并没有真正“看到”原子，原子论一直是作为一种科学假设而存在，但依据这种假设而进行的后续研究都是正确的。这说明：假设原子这种物质存在而进行的科学预设最后被证明都是正确的。这与许多认知科学的假设是异曲同工的。

在萨尔蒙看来，现实中并不能被看到的事物可能是存在的。如果能以其他方式证明存在，它就是真的存在，比如原子，比如分子，可将其看作是一种原子模型。模型通常是用来建构意义的，即用来解释及表征目标系统的。而在建模时并不一定要用同种范畴的命题来表示，这也正是模型的魅力所在。比如原子和太阳

---

① Salmon W C. Reality and Rationality. Oxford，UK：Oxford University Press，2005：3.

② Salmon W C. Reality and Rationality. Oxford，UK：Oxford University Press，2005：29.

③ Salmon W C. Reality and Rationality. Oxford，UK：Oxford University Press，2005：29.

④ Salmon W C. Reality and Rationality. Oxford，UK：Oxford University Press，2005：34.

系是有相似之处的，这样可以用太阳系模型来描绘整个原子结构。不同的元素会发出不同的光谱线，这很像不同的星体有不同的引力一样；而电子绕原子核运行就像行星绕太阳运行一样，这种甚至可以被称为“行星”电子；当电子从一个轨道跃迁到另一个轨道时，这些跃迁是不连续的，这和发射出的光谱是类似的，光谱也是不连续的。以上这些都与元素光谱的已知特性类似，这说明原子相对于太阳系来说是个好的模型。

我们仍以原子模型为例。这种经验实在论还可能提供可能实在的似真表征。比如，作为气体真实成分的表征中，氧分子、氮分子等在最低程度的本体论意义上是似真的，因为这样的模型表征可以预设很多无法问的结果。而通过这种预设又可以得到很多合理的结果，符合实际经验，符合事物发展，于是科学家就将其当做是真的。此时，原子模型就已经不单单是表征其他事物的模型了，它更是使自己作为某真实东西的表征。

其实，还有许多与原子模型类似的模型，比如电流概念系统，不是根据电本身进行抽象概括而来的，而是利用电在导体中的流动类比为水在管子中的流动，这是一种性质上的模拟。萨尔蒙在对有确凿证据支持的假说感到相当满意，这些假说是有关实在类型的实在本质的假说。他的观点又不同于实证主义，实证主义者倾向于承认科学分类的基础是名义本质，而萨尔蒙既承认实在本质又承认名义本质。

从某种意义看科学实在论者，和经验主义者是相同的，如果我们能够达到的知识仅是我们可观察到的部分。然而，二者是不同的。如果我们深入研究，就会发现他们对不可观察的态度是截然不同的。经验主义者只是要求在我们可观察到的事物中，我们有确定的知识就可以了，知识只能够在人类经验的范围内存在，超出了这个范围，就无法得到保障；而实在论者则对于不可观察物（只要它们可以通过其他方式证明其确实存在）也持肯定态度。作为一位实在论者萨尔蒙并不否认我们无法观察到的事物的存在，但他也更强调经验的重要性，认为经验在确定知识的过程中是非常重要的，没有经验做保障，无法观察到的事物作为知识就是不确定的。

就某种程度而言，萨尔蒙是一位科学实在论者。他承认科学理论的中心概念是有所指称的，这种中心概念确实描述了客观实体。这是认知科学发展的前提，如果科学没有假设，那么一切将会不存在，科学便不会有发展。比如，将思维模式的抽象表征转移到计算机模拟这项工程总体上时，这种模拟方法是认知科学可以接受的方法，如果我们没有这样的类比，这样的假设，那么认知科学就很难发展。一门科学若要发展，就是在两种甚至多种思想冲突的基础上产生，这样，没有无法观察事物的确认，也就没有模型的形成，甚至可以说，正是由于认知科学的发展，萨尔蒙才如此重视无法观察到的事物，它们是引导科学进步的一种力量。

2. 逻辑主义实在论

在逻辑形态中，萨尔蒙提出了一种公共原因（common casual）[①]，这种公共原因也可被认为是一种公共意义，也就是逻辑双方都认可的一种存在形式。近几十年来，因果关系形而上学的全面普及已经覆盖了私人和公众之间的最初表达关系[②]。

萨尔蒙之所以如此强调公共原因，是因为我们人类存在的世界是一个因果的世界，我们的世界又是时刻相互关联的世界，而其中若要使两种事物相互关联，二者就必会有公共相通的原因。根据认知科学，计算机和作为认知活动执行者的人之间是有共通性的，至少从表面上看，二者都能计算出同一问题的结果，都能绘制图表，等等。当人们看到了二者的这些相关性时，就会将二者进行比较，从而进行推论。比如，一个人在北美洲，一个人在欧洲，但他们有公共的原因：对亚洲文化感兴趣。这样，他们并会积极研究亚洲文化，在某种特殊的情景下，二者会在这一领域产生联系，便会产生交流。

萨尔蒙在逻辑实在论中主要强调了逻辑在知识中的确定性和重要作用。在逻辑中他着重突出了公共原因的特殊作用。在认知科学中他强调公共原因也起到不可估量的作用，联结主义网络的形成也与此有关。这种网络有一个真实特性，就是保存所有共发属性，只有在这种公共原因属性基础上形成的连接，才能将计算机的研究更加向前推进。同时，只有在逻辑的基础上研制的计算机形式，才能使客观、有效的情况展现出来。

那么，萨尔蒙的逻辑主义实在论与经验主义实在论有何区别？前者更倾向于说明逻辑在证明知识确定性中的作用，更突出公共原因的意义；而经验主义实在论则更重视不可观察事物是否真实存在这样一个事件。总之，二者都是实在论观点，都承认研究对象相对于科学家的独立性和科学理论中心概念的指称性。

（二）萨尔蒙实在论的理性分析

1. 实在与工具理性的关系

作为一个实在论者，萨尔蒙反对抽象的思辨，认为那完全没有意义。在他的因果关系和理性认知中，他也反对不切实际的空谈真理，将真理定义为一种拥有高成功概率的命题。

---

① Salmon W C. Reality and Rationality. Oxford, UK: Oxford University Press, 2005: 48.

② 罗姆·哈瑞. 认知科学哲学导论. 魏屹东译. 上海：上海科技教育出版社，2006：171.

萨尔蒙的工具理性与他的经验实在论有很大关联性。他的工具理想是为了追求真理和确定知识而存在的，是为了追求科学合理性与客观性的，是一种运用概率、计算来表述真理的观点。而在他的哲学理念中，模型就是一种思维工具，它不仅可以是实物，还可以是一种思维方式，用我们熟悉的内容描述我们不熟悉的事物。这也是萨尔蒙工具理性思考中常用的方式。

在萨尔蒙看来，原子理论是他很强调的一种观点。这也可以看作是一种模型，他的模型更接近于一种数学模型，一种表征模型，它起的是一种解释和分析的作用。模型是一些复杂实体的版本，通过简单化或抽象化产生。萨尔蒙的原子模型是为了更加了解现实产生的，他是通过这种模型工具达到对确定知识的认识的。在萨尔蒙的运用概率表述真理的工具理性思想中，他对于有可靠证据支持的假设很赞同，这些假设是有关实在本质的假设。如何在真理和原因间建立联系才是科学所需探求的问题。

通过工具理性可以达到实在论的目的，弥合主观和客观之间的所谓鸿沟，作为实在的重要一环，工具理性的作用不可忽视。如果人类通过工具拓宽知识领域，那么即使是很抽象的、深奥的理论也可以与知识相关，甚至可以使人的身体获得扩展①。萨尔蒙强调工具理性的实际意义，认为工具理性被作为一个系统，体现物质工具或精神工具的联合作用。萨尔蒙的工具理性三段论模型使得我们更加清楚地了解到他的思想，他将成功概率放在第一位，确认工具的有用性，以期达到最大功效。这也是他的经验主义实在论的另一种表现形式。

2. 实在与动态理性的关系

作为典型的实在论者，萨尔蒙认为探求一个科学理论是否正确，主要是看其与独立存在的现实是否相符合，相符就说明这种科学理论是正确的，反之亦然。一个假设的命题与依据它产生的结果能够高概率的符合就为真。

在萨尔蒙看来，当我们无法确实看到一个事物比如原子时，我们也不能否定其存在，这是智力的原因，也就是萨尔蒙肯定智力的存在。这也正是实在论者和经验论者的区别所在。这样，他首先就会承认理性的存在，如果他是个经验论者就无所谓理性，更不用谈动态理性了。

我们还是从他为动态理性所下定义出发。该定义包含运用一种倾向性，或者说是概率原因的尝试，而这种倾向性又是作为一种重要因素存在于实用的原则中的。在这里，萨尔蒙强调了“实用”原则，并将这一原则作为动态理性的依据。或者说，包含倾向性的动态理性是以实用为原则的。在追求真理和确定知识的过程中，萨尔蒙确定这种知识和评价优先存在，而它的发展机制是：尽管他并不会

---

① Dusek V. Philosophy of Technology：an Introduction. London：Blackwell，2006　22-23.

看到原子，他也承认它，主要是通过模型的创造或是先做出一个假设来进行。这也符合实在论者的一般思维方式。

然而，并不是任何的动态行为都能够达到实在，只有具有确定倾向性的才有这个功能；而这种动态的过程归根结底还是一种认知过程，是在时间和空间范围内的、朝向真理的过程，只有当假设与现实产生共鸣时，才能够说假设为真。类似的观点哈特莱也曾提过：正如由于在我们的经验中，观念同时或相继一起出现的重复经历而形成的联想引起观念的聚集，因此在我们的神经系统中一定存在协同的振动①。这类似于在我们观念中出现了共振，只有这样相匹配了，才能说观念是正确的；而萨尔蒙也同样是在假设和现实相匹配时，才能说明假设的正确性。这是在认知领域存在的理性探寻方法。萨尔蒙的动态理性追求的是一种因果必然性，有一定积极的意义。在对实在的探求中，萨尔蒙使用的方法是“概率法”，新的阶段有新的倾向性，当倾向性随着科学技术的发展又一次重新出现时，就是考验原有实在的时候了；如果依据它还能获得正确的研究结果，且概率极高，那就说明它在这一阶段也是可行的、正确的，反之就是该被淘汰了，新的倾向性将出现了。

3. 实在与归纳理性的关系

如前所述，萨尔蒙不仅是一位经验主义实在论者，还是一位逻辑主义实在论者。在逻辑形态中，他提出了一种公共原因，就是逻辑双方都认可的存在形式。他着重提出公共原因是由于我们这个世界是个相互联系的世界，是个有着原因和结果的世界。由于这些原因，在探寻知识确度时，就需要强调逻辑的重要性。逻辑的必然性主要来源于它描述了事物的存在状态的总汇。

归纳首先需要遵循的规则就是逻辑性，没有逻辑也就无所谓归纳了，因为当我们获得了大量的试验成果时，但不知如何从中总结、归纳出前所未见的知识时，这些成果还是无用的。归纳和演绎是哲学中的基本逻辑方式，演绎是由已知的知识延伸、拓展，不添加新的知识；而归纳是从已知推未知，所以引起的争议也颇多，在其中，逻辑起了很重要的作用，它决定了如何由已知推出未知。在萨尔蒙看来，归纳就是确定知识的过程。其中，关键是需要注意关联性，由一种现象与其他现象相关联，从而出现一种观念的联想。事实上，归纳方法本身是不可靠的，这一点萨尔蒙也有所意识，由一种单称命题过渡到全称命题不仅需要大量的事实为依据，还要有无可辩驳的逻辑，但从有到无，或从无到有，这种逻辑在哲学上从来都是行不通的，所以他也并不确定毋庸置疑的知识，而是采用知识的概率性。

---

① 罗姆·哈瑞. 认知科学哲学导论. 魏屹东译. 上海：上海科技教育出版社，2006：68.

萨尔蒙也并不是认为所有归纳出的结果都可以被称为“实在”，只有极高成功概率、极具关联性的归纳结果才能与“实在”相接轨。但萨尔蒙的这种观念在理论、逻辑和实践上是不成立的，单从地球生命产生这一点来看，它本来只有极低的可能性，但出现了，也就是说不论怎样的归纳都是不能与“实在”画等号的。

概言之，作为一位实在论者，萨尔蒙将其与工具理性、动态理性、归纳理性都联系起来，从中又衍生出了“概率论”、“倾向性”和“关联性”，虽然还有争议，但已是难能可贵了。在追求真理、实在、确定知识方面，萨尔蒙用他独特的方式让我们重新审视这个问题。

四、因果、实在与理性认知

从上述分析可以看出，萨尔蒙的因果观、实在论与其理性认知是紧密相连的，都是他在追求真理的过程中探索的问题。而因果、实在的关系究竟为何？萨尔蒙又是如何将二者同理性认知挂起钩的？这是我们接下来着重探讨的。

（一）因果与理性认知的关系

萨尔蒙希望能从理性角度探索确定的知识，这种知识一定是因果的。从休谟的“因果关系只是习惯性的联想”出现，因果关系的理性大楼就开始坍塌了，这对哲学和科学形成了一个挑战。

1. 因果是理性认知的基础

萨尔蒙认为，一个认知过程实际上是原因和结果的物理连接。在这里，他将原因和结果的用理性的方式加以解决，用科学的方法对其进行解释。因果联系这种“交接结构”类似一个能量转换器，使一种信息或能量从一个空间转到另一个空间，而且这种转变必须是联系的。显然，他的因果联系是一种“二维联系”，即在空间维度中的变化和时间维度中的连续性。而在这一过程中“介质”是关键因素。萨尔蒙的理性观念并不认为所有在空间上有变化、时间上连续的现象都是因果连续，只有这两种物质有一定的相关性、相同性，而且是由一种“介质”导致的才是因果连续，否则就是“伪因果联系”。这种介质是我们理解因果关系的关键。

在萨尔蒙看来，标记理解是理性认知最关键的因素，标记也就是一种符号和信息，是理性认知中所必需的，比如眼神、话语、表情肢体行为等。无论是从我们现实实际，还是科学研究来看，这些都是认知必不可少的，是最基本的要素，如果没有这些，就无法真正实际理解理性。比如，我们当今社会都在学习英语，这就是为了使我们的话语更加容易被理解。

萨尔蒙的因果观是一种追求高效的理论。这里的高效不同于工业中的“效率”，而是指一种“概率”。概率论也是科学认知中经常使用到的理论，我们无法确定“世界上所有的天鹅都是白天鹅”，但我们可以说，在我们现有观察到的天鹅中，百分之九十九都是白天鹅，使用这种方式就可以对下一只天鹅的颜色进行预测。科学中这种方式是十分常见的，木星的预测就是这样而来的。而且在科学知识社会学的研究中，认为没有确定的知识，只有高概率和低概率的知识。萨尔蒙对概率的强调，正说明了他思想的理性化和实际化，没有过分强调百分之百的知识，只是从实际出发来追求近似的真理。萨尔蒙的这种因果概率观念是他理性认知的精髓所在。

2. 理性认知是因果的保障

萨尔蒙的理性包括工具理性、动态理性和归纳理性，它们都是在追求真理、确定知识和命题的一种认知观点，是在他总结自己和前人观点的基础上，对这些信息进行加工而得出的。那么何谓理性认知？

要提出一个严格的定义是不明智的。认知领域包含很多学科，比如计算机科学、脑科学、神经科学、认知心理学，等等。而理性认知，在萨尔蒙这里是指可以通过认知的手段，真正获得理性，也就是确定的知识。萨尔蒙认为具体方法应该是以因果关联性为基础的归纳方法，但必须有所限制，那就是“极高的成功概率”、“坚定的朝向真理的倾向性”、“关联性”，而即使这些条件都满足了，还必须要有时间和空间限制，也就是说这种“真理”是“短期”（short-run）的，会随着科技进步、人类思维的完善有所变化。

萨尔蒙的因果观并不是一种预设的决定论，而是同特定的语境和方式相关的。只有在某种特定情况下因果关系才能确定，而特定的方式就是理性认知。萨尔蒙发现，归纳理性是原因和结果发生关系的保障，这是因为，我们若要探究原因和结果的联系，不是轻易就可以获得的，而必须通过理性思维、归纳而得。

作为理性认知的一种重要方式，归纳是原因和结果的思维联系。在归纳过程中，概率起到了很关键的作用。从“关联认知”角度看，归纳推理的主要依据是高成功率，而这点又是通过从原因到结果的转变过程的成功率来计算的。在大多数哲学家那里，归纳相比于演绎都是更加切实、更加可靠的一种方式，也是更容易获得确定知识的方式。萨尔蒙用一种比较确定的方式来对待因果，希望获得原因和结果的真正关系、科学关系、实用关系，这就是以高成功概率来判定命题的真假。所以因果和归纳是一脉相承的，在萨尔蒙这里二者也有个共同的制约之处，就是都未澄清确定知识的来源。

在萨尔蒙看来，因果关系与理性认知有一种天生的联系，是一种实质性的联系。因果联系本身就是一种确定的知识，而理性认知又是追求真理的一种方式。也就是说，理性认知是探寻因果联系的方式，这种倾向性是不可动摇的。

（二）实在与理性认知的关系

作为实在论者，萨尔蒙承认不可观察的事物，具体到原子、分子，抽象到一种信念、真理等，实在性是萨尔蒙理性的基础和支撑，是他向着理性进发的推动力。然而他也没有故步自封，停留在可望而不可即的真理信条一动不动，他运用了一种三段论模型来解释和分析自己的认知思想。这是萨尔蒙认知思想的研究纲领。

为了避免陷入一些不完善的科学概念所遗留下的旧陷阱，萨尔蒙以本体论为依据。事实上，在科学领域中关于确定知识，或者说究竟何物存在，主要有两种预设：一种是古典原子论，另一种是现代物力论。萨尔蒙的本体论依据主要是第二种。现代物力论是指“逻辑上连续交互作用中的依赖性行动者（dependent agents），在开放式的未来，由具有倾向性的属性定义，譬如电荷和场”。[①] 萨尔蒙的理性认知思想，首先是具有连续性的，这也就是时间概念，其次是处于一种交互作用中，这是在空间上的关联性，他的理性认知三段论确实是依赖于时间和空间上的关联性的，然后，它还具有倾向性，这些都符合“现代物力论”的要求。而萨尔蒙的进步之处在于，他在研究这种物力论时探究出了要想获得较为稳定的真理，只能多试验、多验证，将归纳和演绎相互交错运用，得到极高成功概率，无限接近确定知识，只有这样，才能获得新的知识。

在萨尔蒙看来，我们的生活是一个纷繁复杂的网状结果，人类的历史应被看作是因果联系和理性的混成物，其中工具理性的“概率性”、动态理性的“倾向性”、归纳理性的“关联性”都与实在论脱不了关系。与先验的世界相比，我们的现实世界更倾向于理性化，即，从理性角度解释比从原因角度解释更可取。这就好比说，我们要从电流中取出电子是不可能的，但我们却能确实感受到电子的存在，这就是一种实在论。我们不能因为没有用眼睛看到一项事物就说它不存在，如果这样就不符合科学实际和日常经验了。

（三）因果观和实在论的关系

萨尔蒙的因果观和实在论有着必然的联系。他的因果观是从科学角度解释的，是在理性认知基础上得出的；而实在论是以追求实在事物为目的的。这样，在因果观和实在论之间就存在着一种必然的联系。

---

① 罗姆·哈瑞．认知科学哲学导论．魏屹东译．上海：上海科技教育出版社，2006：13.

1. 经验主义的因果观

萨尔蒙承认科学理论的中心概念是有所指称的，那些中心概念确实描述了客观实在。这是他从日常经验中得到的结论。在日常生活中，确实有原因和结果的存在，它不是虚无的，是实实在在可以为我们所感受的。比如，我的胳膊流血了，这是由于今天出门我被车撞了一下。在这里“被车撞”是原因，“我的胳膊流血”是结果。二者在空间上是不同的，在时间上是有延续性的。在科学研究中，假设被认为是科学发展的前提，此时的假设是作为一种“原因”出现的。假如科学中没有假设，那么科学理论就难以产生。比如，牛顿是事先假设有万有引力的存在，才据此推出的万有引力公式，并对此进行证明。如果没有事先的大脑想象，科学的发展将是不可想象的。由此看来，没有无法观察到事物的确认也就没有模型的形成，甚至可以说没有认知科学的发展。所以，萨尔蒙十分重视无法观察到的事物，只要确实被我们认识到，它就可能是存在的，就是可以作为原因和结果的，这种经验中的因果性是引导人类进步的一种力量。

2. 逻辑主义的因果观

萨尔蒙认为，因果观在逻辑方面也是存在的。相比起经验主义，逻辑主义更加注重证明逻辑在确定知识中的重要性。其实，因果联系本身就是一种逻辑观念，在我们的世界中，逻辑是无处不在的，虽然谁都无法抓住它，但谁都能感受到它。“因为……所以……”这种关系，在逻辑中是作为一种确定知识被认同的。从某方面而言，解释和预言具有相同的逻辑方式。首先是承认因果关系的存在，只有当我们赞同这种因果关系时，我们才能真正认同一项推测。比如，我们相信科学，相信当人工智能发展到一定程度，机器人一定会思维。这就是将逻辑关系与经验主义结合起来的关系。萨尔蒙的逻辑主义因果观更倾向于说明逻辑在证明知识确定性中的作用，更突出公共原因的功能；而经验主义因果观则更重视无法观察到的事物是否真实存在这样一个事件。

五、结　　语

萨尔蒙无疑是一位实在论者，相信因果关系的存在，相信确定知识的存在，用他自己的经验和方式将因果、实在联系起来，并从理性方面对其加以解释和概括。他的因果观是从科学角度解释的因果关系，是通过对标记解释、情感解释、目标解释和科学理解四方面进行的因果关系。而实在论是从经验主义和逻辑主义两方面进行的论证，其中强调了公共原因的重要作用。

而在用理性认知对因果观和实在论进行分析时，他又着重从工具理性认知观、动态理性认知观和归纳理性认知观三方面进行论述，提出了“概率论”、“倾向性”和“关联性”等观点。因果关系形成一种倾向性，高成功概率决定了表征事物的真假，而一个系统中的事物之间都存在着相互关系。这些观点或许不被某些科学家、哲学家认同，但有它独到的解释，督促我们向真理迈进。

第六章　查尔莫斯：从二维语义探讨认知可能性

一、认知研究中的“怪人”假设

在认知现象的研究中，有一种被称为怪人[①]的假设特别引人关注。怪人被典型地描述为在物理上与人类相同但没有意识的某种系统。这种描述显得有些笼统。

首先，对于“物理的”这个词至少可以有三种不同的理解：行为的、功能的和微观物理的[②]，这里通常取狭义的理解，即在细胞甚至更基本的微观物理层次上的。从行为怪人到功能怪人，再到物理怪人，其与意识动物的相似程度递增，物理怪人蕴含功能怪人和行为怪人，与意识动物在物理层面完全一致——甚至是分子对分子、原子对原子的严格吻合。

其次，“没有意识”这种说法比较狭窄，事实上以下系统都可以视为怪人：缺失的感受性（absent qualia）、颠倒的感受性（invert qualia）、异质的感受性（alien qualia）、变动的感受性（dancing qualia）等[③]。“怪人”这一思想在哲学思考中反复出现，只是表现形式不尽相同，他心的认知问题就是一种表现形式。

怪人观念至少可以追溯到笛卡儿的自动机（automata）。按照笛卡儿的二元论，心灵和物质是两种完全不同的实体，前者是没有广延的纯粹思维，后者具有

---

① 怪人（Zombie）一词源自安哥拉的班图语，原意为“鬼魂”或者“逝去的灵魂”，最早伴随着海地的伏都教（voodoo or vodou）一起出现在威廉·B. 希尔布鲁克的小说《魔幻岛》中，在伏都教的传统观念中，巫师可以通过有魔力的符咒或者药剂使死人复活，或者使普通人丧失自由意志或灵魂，从而能够像使用奴隶一样随意支配他。根据希尔布鲁克的描述，这种人与常人一般但面无表情，目光呆滞，没有记忆没有意识，只是机械地服从控制者的命令。因此 zombie 通常译为“丧尸”、“僵尸人”、“行尸走肉”等等，令人顿生寒意，好莱坞甚至以类似题材演绎出了大量恐怖电影。但无论是海地的 zombie 还是好莱坞的 zombie，都与哲学上的 zombie 有着根本区别。哲学上的 zombie 指的是一种在行为、功能或物理方面与人类完全一样，但却没有意识或感受性的生物。上述通常译法过于毛骨悚然，并不适合哲学 zombie。虽然哲学上一般称之为“怪人”，但这一翻译并不确切，因为实际上哲学 zombie 表面上看来并不怪，他们的言谈举止与我们并无二致，换言之，即使放宽图灵测试中的限制条件，甚至完全去除这些条件，我们也无法得到我们想要的结果，——怪人并没有任何外在的可识别特征，他只是没有感觉经验的质。也有研究者根据发音直接译为“宗比人”或根据意义称为“失心人”，后者也不确切，因为“失心”有失魂落魄的意思，仍然可以识别出来，而“宗比人”则显得拗口，因此本文仍沿袭“怪人”这一译法。

② 这三种同一方式大致对应于三种理论，即行为主义、功能主义和同一论。Guzeldere G. Variesties of zombiehood. Journal of Consciousness Studies. 1995，2：326-333.

③ “Qualia”是意思是“可感受的特质”，学界一般有两种译法：一种译为“感受质”，另一种译为“感受性”，两种翻译意思是相同的。

广延而不能思维。笛卡儿进而认为，人体和动物都是自动的机器，按照类似“刺激-反应”的模式行动，其行为完全可用物理语言来解释。“我首先曾把我看成是有脸、手、胳臂，以及由骨头和肉组合成的这么一架整套机器，就像从一具尸体上看到的那样，这架机器，我曾称之为身体。”① 而灵魂或心灵寓居于身体中，根据自然法则而作用，如同舵手控制船只②。

赖尔将笛卡儿的二元论观点称为“机器中的幽灵的教条”③（将这种观点完全归于笛卡儿本人是不公正的），根据这一教条，真正的人既不能被定义为身体，也不能被定义为心身结合体，而只能是单个的心灵。总之，人体不过是一架机器，理性的心灵可以以一种神秘方式熟练操作它，而它也能够神秘地影响心灵的思维。并且，笛卡儿认为“即使里边没有精神，也并不妨碍它跟现在完全一样的方式来动作，这时它不是由意志指导，因而也不是由精神协助，而仅仅是由它的各个器官的安排来动作”。④

笛卡儿的这些观点被认为是完全机械论的。人虽然因心灵而与动物有着根本的不同，与人的机械行为相伴随的是他的意识和经验感受，但是否存在一种外表和行为看起来都和人类一模一样的机器？或者说人是否可以没有心灵而只以肉体的方式存在？笛卡儿认为可以从两个方面揭示自动机与人的区别：机器只能僵化地做出反应而不能创造性地运用语言，也不能在不同的条件下产生相应的非言语性的行为（non-verbal behavior）。因此，在笛卡儿看来，没有什么机器能够像人那样行动，他的结论是：解释人的行为必须诉诸超物理的非物质的心灵。

可见，笛卡儿的自动机还不是哲学怪人，因为这种自动机仍然具有外在的可识别性。怪人的可能性在笛卡儿那里也没有成为真正的哲学问题，因为在笛卡儿看来像真正的人那样举止言谈的自动机是不存在的。笛卡儿所提出的两个区分自动机和人的方法对于怪人而言是完全不适用的。怪人和正常人之间根本不存在这样一种可识别的问题，因此，笛卡儿并不仅仅是“只差拼出 zombie 这个词”⑤。

虽然笛卡儿的二元论解释很难解决心身如何发生作用这一问题，但他所提出这种实体二元论贴近常识，并且可以通过各种方式加以改造。马勒伯朗士、莱布尼茨等分别提出偶因论和平行论，试图通过否定心灵与身体之间的因果关系来克服笛卡儿所遇到的困难，但这些理论除了诉诸上帝并没有什么高明之处，赖尔的

---

① 笛卡尔．第一哲学沉思集．庞景仁译．北京：商务印书馆，1986：24.

② 笛卡儿后期进一步提出了更为精致的松果腺理论，尽管这个理论被科学的发展所证伪。

③ 赖尔．心的概念．徐大建译．北京：商务印书馆，1992：10.

④ 笛卡尔．第一哲学沉思集．庞景仁译．北京：商务印书馆，1986：88-89.

⑤ 参见：斯坦福百科全书“zombies”词条，该词条由 R. Kirk 撰写，在谈到笛卡儿的自动机时，他认为笛卡儿就差拼出 zombie 这个词了，但笛卡儿的自动机和 zombie 存在着重要的区别。

批判使人们逐渐抛弃了作为实体的心灵概念，现代科学技术则使人们越来越接受物理主义的一元论。

经典物理学认为物理世界是因果闭合的，每一个物理结果都有一个物理原因。当这一原则用于解释人的行为的时候便导致了神经生理学的诞生。但如果人类行为在物理上就可以获得完全充分的解释，那么意识将置于何地？一种最方便不过的解释是把意识也当成一种物理过程，比如，疼痛就是 C 纤维肿胀。然而，意识现象毕竟很难完全用物理学术语来解释，一些思想家断定其中包含非物理的因素。并且物理主义坚信，如果两个事物在物理方面相同一，则它们在一切方面同一。如果在物理方面与我们严格同一的怪人是可能的，那么物理主义的这一信条将面临危机。

一种妥协的观点是副现象论，这一观点承认世界的因果闭合性，也承认物理事件可以产生心理结果，但是心理事件是惰性的，不能产生任何物理上的结果，也不能干预物理世界的因果秩序，这样，意识现象就其因果性来说只是物理现象的“副现象”或“副产品”，因此允许怪人的可能性，斯多特（G. F. Stout）等就认为，如果副现象论是正确的，那么怪人就是可信的①。

20 世纪 70 年代，很多哲学家提出类似的设想以反对物理主义。较早作为心理物理同一论的反例提出来的有坎贝尔（K. Campell）的“仿真人”（imitation man），其脑状态在物理化学属性上与我们的大脑完全一样，但感觉不到疼痛，也看不到颜色。但最早大篇幅专门讨论怪人的应当是科克（R. Kirk），他于 1974 年连续发表了《知觉与行为》以及《怪人 vs 物质主义》两篇文章，明确提出了哲学上的怪人假设，认为怪人对于所有物理主义都是一个反例。科克设计了两种怪人，一个他称为“丹”，他的感受性正被剥夺，感觉属性正一个接一个地消失。只要它保留了完整的意识，大多数时候，它仍然做出合理的行为。另一个是“格列佛”，一队小人侵入其大脑，切断了输入输出神经之间的联系，监视从输入神经进来的信息，并输送信息给输出神经以产生和原先一样的行为。这时候格列佛在行为特征方面与先前无异，只是没有感觉和其他经验。

布洛克（N. Block）和肖梅克（S. Shoemaker）等也设计了一些其他类型的怪人，如行为或者功能上与人类无异但没有感受特性，与科克的设想基本一致。不过科克的文章之后的很长一段时间里鲜有哲学文献详细地讨论哲学怪人，相关的争论主要是围绕着“感受性”展开。

1994 年在第一届图克森会议上，查尔默斯提出区分意识的困难问题和容易

① 斯多特并没有直接谈到怪人概念，它只是描述了副现象论者的世界的不可思议性：如果从不曾有经验的个体出现，那么世界的结构和过程将是另一回事，人类的身体只是在机械地制造和使用桥梁、电话和电报，装模作样地著述和阅读、在会议上长篇大论、争论物理主义……参见斯坦福百科全书“zombies”词条。

问题，引起重大争论。意识的容易问题“可直接接受认知科学的标准方法的处理”①，可以用计算或神经机制的术语予以解释，而对于困难问题，这些方法无济于事，因为它涉及的是经验或者感受性。这一区分的意义在于反对用纯粹的物理科学方法对待意识问题，避免心灵哲学丧失其研究对象。1996年查尔默斯出版《意识的心灵》，在该书的第三章，他提出了反对物理主义的五个论证，第一个就是怪人的可能性问题②，引起哲学家们的强烈兴趣，成为了心灵哲学中的一个热点话题，围绕怪人的可设想性和可能性发表了大量论文。

钱德勒（T. S. Gendler）和霍桑（J. Hawthorne）2002年编的论文集《可设想性与可能性》反映了关于这一问题的争论。查尔默斯借助二维语义学发展并完善了传统的可设想性论证，由于二维语义学涉及可能世界问题，并且在指称问题上具有描述主义倾向，因此在语言哲学中也引起了激烈争论。加西亚-卡宾特洛（M. Garcia-Carpintero）和马西亚（J. Macia）2006年编著的论文集《二维语义学》收录了近年这方面的重要论文。

二、传统可设想性论证及其困难

怪人是作为一种思想实验被提出来的，以反对心灵哲学中的流行的物理主义。怪人问题在20世纪70年代并没有引起广泛关注，90年代查尔默斯重新提出后便迅速成为争论的热点。原因在于：科克等在讨论怪人的可能性时诉诸人的直观，仅仅强调其逻辑可能性，而查尔默斯的贡献在于他将怪人假设作为一种精致的可设想性论证提出来，攻击物理主义，尤其是后天物理主义。

（一）怪人假设和物理主义

怪人在物理方面与我们完全一致但没有意识经验，他们像我们那样举手投足，这一想法虽然令人不安，但能帮助我们弄清楚现象意识的问题，尤其是物理主义的问题。

目前，物理主义流派众多，观点各有差异，比如同一论、还原论、取消论、副现象论，等等。总的说来，除了少数极端的二元论者，当代哲学家几乎都相信世界是物理的，如果从这种极宽泛的意义上理解物理主义，那么关于物理主义和反物理主义的争论实际上大多都是物理主义内部的争论。具体来说，有非还原的物理主义和还原的物理主义之间的争论，也有物理主义和属性二元论的争论。因此，很难给物理主义下一个定义，但是物理主义者基本上都接受这样的观点，即

① 查尔默斯．勇敢地面对意识难题．高新民．心灵哲学．北京：商务印书馆，2002：361.

② Chalmers D J. The Conscious Mind: In Search of a Fundamental Theory. Oxford, UK: Oxford University Press, 1996: 94-106.

对这个世界的物理描述是对它的完整的描述，精神事实按照某种方式依赖于物理事实，并且从物理事实中必然地产生出来的。根据对这种必然性的不同理解，可以把物理主义分为先天物理主义和后天物理主义①。先天物理主义主张意识现象先天蕴含于物理事实，认为精神事件在逻辑上随附于物理事件，同一论和副现象论，甚至取消论均可归入这一类物理主义，查尔默斯称之为A型物理主义。先天物理主义认为意识研究中只存在容易问题，没有所谓的困难问题，否认现象事实和物理事实之间存在认知上的鸿沟，否认怪人的可设想性。这种物理主义有时表现为分析的功能主义或逻辑行为主义，它并不否认意识现象的存在，但只能通过功能或行为术语来定义。也就是说，我们有意识只是因为我们具有某种功能性的能力，对于意识，除了功能，没有什么需要解释②。

先天物理主义因为与我们的直觉相去甚远因而很难得到辩护。克里普克对后天必然性的论证似乎使他们看到了希望，物理主义者也试图用后天必然性来支持他们的观点。心身关系在某种程度上类似于水和H_2O或者基因和DNA、启明星和长庚星之间的关系，名称不同但是指称相同，这种同一并非来自概念分析，而是来自经验发现。因此，意识概念虽然不同于物理的和功能的概念，但是我们将会发现它们指称的其实是同一个东西。因此，这种后天物理主义者承认物理事实和现象事实之间存在认知上的鸿沟，但否认二者之间存在本体上鸿沟；怪人虽然可设想，但形而上不可能，困难问题和容易问题并不意味着本体论的区分。

查尔默斯承认这一观点很具有吸引力，但困难在于，这种类比并不恰当，意识现象和相应的物理现象之间的认知鸿沟并不存在于其他领域，克里普克本人也反对将心身关系的同一性（如疼痛和C纤维肿胀）与通常类型的科学同一性（如热与分子运动）作类比③，因为“在热与分子运动的事例中，有某种东西，即热的感觉，它是外部现象和观察者之间的一种媒介物。在心理-躯体的事例中，不可能存在这样的媒介物”④，换言之，“热”这个词的指称是由其指称对象的一种偶然性质确定的，而疼痛直接就是疼痛本身，它并不由某种偶然性质标示出来，而是由它的直接的感受性来标示。因此C纤维肿胀和被感觉为疼痛的C纤维

---

① 在康德那里，先天性和必然性是相等同的，先天性是必然性的来源、根据和保证。但克里普克论证了后天必然性和先天偶然性的存在。物理主义一般坚持物理事实必然蕴含现象事实，但这种必然蕴含是逻辑上的先天必然性还是后天经验的必然性则存在争议。

② 这类物理主义者论证其观点的策略无非两点，一是类比，即在其他所有领域中解释功能便理解了全部，意识同样如此；二是间接的否证，认为拒绝物理主义将导致二元论。

③ 克里普克区分了三种同一性论题：人与其躯体的同一；特定感觉与特定大脑状态的同一；心理状态的类型与相应物理状态的类型的同一。克里普克最为关注的是第三种同一性，即类型与类型之间的同一性，例如“疼痛”和“C纤维肿胀”的同一。克里普克认为“不能把这种情况解释为和通常类型的科学同一性相类似，例如和热与分子运动的同一性相类似”。

④ 克里普克．命名与必然性．梅文译．上海：上海译文出版社，2001：128.

肿胀显然是不同的，“在大脑状态与心理状态之间的对应性具有一种明显的偶然的因素”[①]，而“同一性不是一种可以偶然地存在于对象之间的关系”。这就意味着，如果一个人感觉不到疼痛，那就可以说疼痛对他而言不存在，而我们完全可以设想某人体内发生了 C 纤维肿胀，但是没有感觉到疼痛。查尔默斯认为，这就是为什么我们不能无矛盾地设想一个与我们的世界在物理上同一但没有水或基因的世界，我们可以设想一个与我们的世界在物理上同一但没有意识的世界。因此，除了物理事实所提供的，意识或者感受性还需要额外的东西才能产生，而如果没有这种额外的东西，那就意味着意识需要非物理的属性，而这种属性在纯物理的世界中并不存在[②]。但是要接受某种形式的二元论也面临很大的困难，毕竟显微镜和望远镜没有给意识留下任何藏身之所。正如克里普克所承认的那样“心身问题上一个悬而未决而且极其令人困惑的问题”。[③]

值得注意的一个问题是怪人假设与副现象论的关系。一种观点认为，从副现象论可以很自然地得出怪人概念，因为副现象论认为意识并不起因果作用，而如果意识起因果作用，我们就不会认为怪人是可设想的。事实上，怪人和副现象论之间并没有必然联系，很多后天物理主义者既承认怪人是可设想的，也承认意识起到因果作用。另外，在笛卡儿的二元论中，意识也起到因果作用，这种观点也和怪人的可设想性甚至可能性相容。

（二）怪人假设和反物理主义论证

主要的反物理主义论证包括：解释空缺论证、知识论证、模态论证、可设想性论证等[④]。这些论证彼此区别却又相互联系。解释空缺论证体现了反物理主义者的基本信念，即，意识的感受性和大脑的物理过程之间存在解释空缺，其他几种反物理主义论证都可以被看作是解释空缺论证的扩展和延伸。在这些论证中，可设想性论证比较特殊，因为知识论证和模态论证都可以转化为某种形式的可设

---

① 克里普克．命名与必然性．梅文译．上海：上海译文出版社，2001：131.

② 为了让生物“把中枢神经的刺激感觉成疼痛，而不是呵痒、或温暖、或木然无知”，上帝除了单纯地创造中枢神经的刺激之外还需要做些“额外的工作”吗？克里普克在讨论同一性的时候提出了这样的问题并且做出肯定的回答。但克里普克同时强调“对同一性论题的否定并不暗示我接受了笛卡儿的二元论”。

③ 克里普克．命名与必然性．梅文译．上海：上海译文出版社，2001：132.

④ 查尔默斯将属性二元论的观点也作为一种主要的论证形式，但属性二元论更是一种解决方案，而不是论证方法。查尔默斯认为属性二元论论证的要点在于，如果心理状态和物理状态是偶然同一的，或者说，如果心理状态和物理状态的同一并非先天的，那么它们必定是由不同的属性标示出来。其结构可以表示为：a. 对于所有物理术语 p 和现象术语 q，“$p=q$”并非先天的。b. 如果“$p=q$”并非先天的，则 p 和 q 经由不同的属性标示出其指称。c. 结论：对于所有物理术语 p，q 用来标示出其指称的属性不同于 p 用来标示出其指称的属性。显然，前提 b 和可设想性论证的 CP 论题有着密切联系，因为“$p=q$”并非先天的意味着 ~（$p=q$）是可设想的。

想性论证。

1. 解释空缺论证和可设想性论证

"解释空缺论证" 又称为 "解释鸿沟论证"。这个论证可以追溯到莱布尼茨的 "磨坊（或工厂）论证"（mill argument）。"我们必须承认，不能机械地解释知觉和依赖于它的东西，也就是说，不能用数字和运动来解释它。假设有一个机器的结构适合于产生思想、情感和知觉，而且我们设想它在体积被增大的同时仍然保持着原来的比例，这样一来，我们可以像进入一个工厂那样进入它里面。那么在进入它之后，我们将发现一些相互作用零件，却不能发现任何可以用来解释一个感觉的东西。"① 莱布尼茨要求我们设想的这架机器就是大脑，当科学家们研究大脑的工作机制时，他们所发现的只是一些物理事件，这对于解释经验的性质毫无帮助。

这一论证基于以下认识，即，无论物理学对人体和大脑的结构功能的了解得多么透彻，也无法解释何以某事物在我们眼里看来是红色而非绿色，何以 C 纤维肿胀便产生了疼痛。这就表明主观感受特性并没有在物理学上得到解释，甚至被排除在解释之外。因此，在意识感受特性和大脑物理过程之间存在着解释空缺，这种空缺在自然事物的解释中是不存在的。列文强调，或许物理主义在本体论上是正确的，但是在认知上却留下了解释空缺。这种将本体论上的必然性和认知上的先天性区分开来的做法显然仍是受了克里普克的影响。列文认为，怪人的可设想性论证是 "解释空缺的主要表现形式"，不过并没有什么有效的办法来填补这种解释空缺，即使承认怪人是可能的，这一问题依然存在。

怪人论证是最具代表性的可设想性论证，以至于可设想性论证成了怪人论证的代名词。这一论证的思路大致如下：

既然物理主义坚持 p 蕴含 q 是必然的，这就意味着 $p\wedge\sim q$ 形而上不可能，如果能证明 $p\wedge\sim q$ 形而上可能，那么物理主义的观点显然就是错误的。这里 $p\wedge\sim q$ 意味着只具有物理属性而没有感知特性，正是我们所谈论的怪人，我们可以设想它们的存在。如果能够从怪人的可设想性推出其形而上可能性，就能顺利驳倒物理主义，因而，这种可设想性论证又称为怪人论证，其基本形式如下：

（1）$p\wedge\sim q$（怪人）可设想；

（2）如果 $p\wedge\sim q$（怪人）可设想，则 $p\wedge\sim q$（怪人）形而上可能；

（3）结论：如果 $p\wedge\sim q$（怪人）形而上可能，则物理主义错误。

---

① 约翰·海尔. 心灵哲学导论. 高新民等译. 北京：中国人民大学出版社，2005：80.

2. 知识论证

知识论证是杰克逊（F. Jackson）提出的著名的思想实验。这个实验是这样的：熟知所有物理知识的天才科学家玛丽生来就被关在只有黑白二色的屋子里，她了解不同的颜色是由于不同波长组合的光线刺激视网膜所造成的，但是当玛丽走出黑白屋子或者得到一台彩电时，会发生什么？她是否学到了她之前所不曾知道的东西？直觉告诉我们，玛丽显然获得了关于视觉经验的新知，因而现象事实有别于物理事实，物理主义的观点是错误的。这个论证引起哲学家们的极大兴趣和热烈讨论，查尔默斯认为这个简单的论证并不足以推翻物理主义，因为"物理事实"这一术语还比较含糊，它既可以只限于微观物理学、化学、生物学等基础的、低层次的领域，称为"窄物理事实"；也可以在宽泛的意义上包含较高层次的属性和事实，称为"宽物理事实"．宽物理事实本身并不属于但形而上地随附于窄物理事实，也就是说后者蕴含前者。这样，知识论证就可以稍做如下修正：

（1）玛丽知道所有的事实都可以由窄物理事实推导出来。

（2）玛丽并不知道所有的现象事实。

（3）如果现象事实并非从窄物理事实中推导出来，那么它显然并不蕴涵于窄物理事实。

（4）并非所有的现象事实蕴涵于窄物理事实。

如果以 p 代替物理事实或物理真理，以 q 代替现象事实或现象真理，将推导理解为先天蕴含，把前提（1）和前提（2）合并，这样得到的论证在结构上类似于可设想性论证：

（1）p 蕴含 q 并非先天的。

（2）如果 p 蕴含 q 并非先天的，则 p 蕴含 q 并非必然的。

（3）如果 p 蕴含 q 并非必然的，则物理主义错误。

（4）结论：物理主义错误。

前提（1）相当于怪人可设想，前提（2）相当于怪人的可设想性蕴含其可能性。

这两个论证有着细微但重要的差别。p 蕴含 q 并非先天这一前提，比玛丽知道所有的事实都可以由窄物理事实推导出来这一前提更强，原因是后者之为真可以在以下情况仍得到保证，即，玛丽在黑白屋子里并不能获得涉及 q 的概念，比如，作为现象概念的"红色"，这样一来，玛丽当然就不能推出她所不知道的概念。

3. 模态论证

克里普克反对同一论的论证就是他的模态论证。查尔默斯认为这一论证与可设想性论证最为接近，设“p”表示一种特殊的疼痛状态，“c”表示一种相对应的大脑状态，或者是某个同一性论者所希望的与 p 相同一的大脑状态，如 C 纤维肿胀，这一论证的形式大致如下：

(1)“$p=c$”明显是偶然的。

(2) 如果“$p=c$”明显是偶然的，那么在认知情境中就会存在这样一个世界，其中有一个人和我在质上是同一的，但与“$p=c$”相应的陈述却是错误的。

(3) 如果在认知情境中就会存在这样一个世界，其中有一个人和我在质上是同一的，但与“$p=c$”相应的陈述却是错误的，那么在这个世界中“$p=c$”就是错的。

(4) 如果在某个世界中“$p=c$”是错的，那么“$p=c$”错误

(5) 结论：“$p=c$”错误。

这个论证同样可以转化成可设想性论证：

(1) ~（$p=c$）是可设想的

(2) 如果 ~（$p=c$）是可设想的，则 ~（$p=c$）是可能的

(3) 如果 ~（$p=c$）是可能的，那么“$p=c$”就是错误的

(4) 结论：“$p=c$”错误。

区别在于：克里普克的论证仅仅反对同一论，而不是一般的反对物理主义，但对这一论证仅进行适当扩展显然并不困难。

概言之，可设想性论证在反物理主义论证中具有特殊的重要性，其他反物理主义论证都在某种程度上与之相联系。因此，澄清可设想性论证也有助于理解其他论证。并且可设想性论证在逻辑上属于否定后件式，对物理主义的威胁更为直接。

（三）传统可设想性论证及其困难

上文已经给出了一个可设想论证的简单形式：

(1) 怪人是可设想的。

(2) 凡可想象的都是可能的。

(3) 所以，怪人是可能的。

显然，这个论证在形式上并没有什么问题。但是，它的两个前提都是有问题的，它们并没有清晰地表述出来，即使得到澄清也是存在争议的。问题的关键是——如何理解“可设想的”在这一语境中的含义。

许多哲学家乐于承认怪人在某种意义上是可设想的。但这个“某种意义”有时候显得过于宽泛。比如，说“疼痛和 C 纤维肿胀这两个概念并没有本质上的、先天的联系”，这一主张通过以下观点得到支持：“完整地掌握其中一个概

念而对另一个一无所知，这在原则上是可能的。”① 不过按照这种标准，说圆周率是有理数也是可设想的了。因此，前提（1）和（2）中所引用的可设想性须严格限定。更重要的是，这一论证还依赖于一条形而上学的假设：可设想的即可能的，或者说可设想性蕴含可能性（简称 CP 论题）。CP 论题长期以来几乎被当作公理直接拿来运用。显然，如果 CP 论题不成立，那么可设想论证就立刻失去了支撑。

1. 传统的可设想性论证

心灵哲学中的可设想性论证可追溯至笛卡儿。他在论证其观点时常常使用这一技巧②，在第六沉思中，他提出了一个完整的本体论二元论的可设想性论证：

“首先，因为我知道凡是我清楚、分明地领会的东西都能就像我所领会的那样是上帝产生的，所以只要我能清楚、分明地领会一个东西而不牵涉到别的东西，就足以确定这一个东西是跟那一个东西有分别或不同的，因为它们可以分开放置，至少由上帝的全能把它们分开放置；至于什么力量把它们分开，使我把它们断定为不同的东西，这倒没有关系。从而，就是因为我确实认识到我存在，同时除了我是一个在思维的东西之外，我又看不出有什么别的东西必然属于我的本性或属于我的本质，所以我确实有把握断言我的本质就在于我是一个在思维的东西，或者就在于我是一个实体，这个实体的全部本质或本性就是思维。而且，虽然也许（或者不如说的确，像我将要说的那样）我有一个肉体，我和它非常紧密地结合在一起；不过，因为一方面我对我自己有一个清楚、分明的观念，即我只是一个在思维的东西而没有广延，而另一方面，我对于肉体有一个分明的观念，即它只是一个有广延的东西而不能思维，所以肯定的是：这个我，也就是说我的灵魂，也就是说我之所以为我的那个东西，是完全、真正跟我的肉体有分别的，灵魂可以没有肉体而存在。”③

笛卡儿这一论证可以概括为以下形式：

（1）凡是我清楚、分明地领会的东西都能就像我所领会的那样是上帝产生的。

（2）如果我能够清楚、分明的领会对象 A 的存在与对象 B 的存在是完全分

---

① Hill C S. Imaginability, conceivability, possibility and the Mind-Body Problem. Philosophical Study, 1997, (87): 76.

② 笛卡儿在“我思故我在”的论证中实际上就已经潜在地涉及了 CP 论题，因为在笛卡儿看来，设想一个没有思想者的思想过程是极其荒谬的，换言之，没有主体“我”的“思”是不可设想的。笛卡儿同样采用可设想性论证来证明上帝的存在，这个证明真正来说应该可追溯到安瑟尔谟关于上帝存在的本体论论证。

③ 笛卡尔. 第一哲学沉思集. 庞景仁译. 北京：商务印书馆，1986：82.

离的，那么，全能的上帝能够使A和B的存在彼此分离（由（1）得出）。

（3）如果上帝使A和B的存在彼此分离，则A和B事实上肯定是完全不同的东西。

（4）我能够清楚、分明地知道我的思维（心灵）和身体的存在彼此分离。

（5）上帝是我的心灵和身体的存在彼此分离（由（4）（2）得出）。

结论：我的身体和我的心灵事实上是相分离的（由（5）（3）得出）。

对于前提（4），笛卡儿认为心灵和身体的分离是可设想的，我们可以设想无身的灵魂（disembodiment），也可以设想没有心灵的肉体（automata），因此，二者之间的差别是“实在的”①。笛卡儿给出了一个相对独立的论证：

（1）我知道我的心灵存在，并且它本质上是一个思维的东西。

（2）如果我的身体存在，我就知道它是一种广延的东西，因为对于身体而言广延是它的本质。

（3）我能够设想某个无广延而能思维的存在，反之亦然。

结论：我能够清楚、分明地知道我的心灵的存在与我的身体的存在是相分离的。

显然，这个论证把CP论题作为隐含前提直接运用了。休谟在反对“原因的必然性”时，同样把CP论题作为一条公设毫无保留的接受下来并加以运用②。他明确指出：“形而上学中有一条确立的公理，那就是：凡心灵能够清楚地设想的任何东西，都包含可能存在的观念，换句话说，凡我们所设想到的东西都不是绝对不可能的。我们能够形成一座黄金色的山的观念，由此就可断言，这样的一座山可能真正存在。我们不能形成一座没有山谷的山的观念，因此就认为这样的山是不可能的。”③ 与休谟同时代的哲学家大多接受这一“公理”，克拉克（S. Clarke）、普莱斯（R. Price）以及沃尔夫（C. Wolff）等甚至提出了一个更强的命题：凡不可设想的都是不可能的④。的确，当我们被问及某种事物是否可能时，我们总是试图去设想它，如果能够设想则认为是可能的，反之则不可能。

但这一直觉显然并不像“两点之间直线最短”那样令人信服，因为可设想性是一个认知概念，而可能性属于模态概念，前提（2）存在着从认知领域到模态领域的跨越。可设想性的门槛越低，接受前提（1）就越容易，而接受前提

① 从经院哲学派生而来的用语，即具有完全不同甚至相互排斥的本质的两个实体之间的差别。

② 原因的必然性可表述为“任何开始存在的事物都必须尤其存在的原因”，休谟认为这个命题既不具有直观的确定性，也没有论证的确定性。在说明后者时休谟指出：“……很容易设想任何一个对象在此时刻是不存在的，而下一个（时刻）就是存在的，而不用将该对象与其相区别的原因的观念或者生成原则的观念相连接。因此，对想象而言，这种在‘原因’的观念和‘开始存在’的观念之间的分离性是显然可能的；因而这些对象之间的现实的分离也就是可能的，其中并不包含任何矛盾和荒谬……”

③ 休谟．人性论．关文运译．北京：商务印书馆，1980：45.

④ Woudenberg R. Conceivability and Modal Knowledge. Metaphilosophy, 2006, 37（2）：210.

(2) 就越难，因此对可设想性论证的“常规诘难（standard objection）”就是反驳 CP 论题。对 CP 论题最具影响力的批评来自克里普克和普特南，他们在意义理论方面的工作直接切断了可设想性和可能性之间的联系。

尽管克里普克反对物理主义者将心身关系和“水是 H_2O”进行类比，但他严格区分了认知领域的模态领域，切断了二者之间的联系。可设想性是一个认知概念，事物对于某主体是否可设想取决于他知道什么相信什么，或者是他使用了什么样的概念或表征方式。按照这种认知的理解，可设想性并不直接蕴含可能性，因为这时候可设想性取决于我们所能提供的概念和背景信息，一个命题即使在现实中是不可能的，我们也可以设想它，换言之，认知设想中可能的未必形而上可能。比如，我们说哥德巴赫猜想无论正确还是错误都是可设想的，但这两种情况只有一种是可能的，而“水不是 H_2O”虽然可设想，但是不可能。普特南也指出，虽然就某种特殊的意义而言，“水不是 H_2O”是可设想的，但逻辑上是不可能的，可设想性并不是可能性的依据①。

2. 可设想性与可能性

事实上，我们的感知能力向我们揭示了什么是现实的。为什么会是这样？一个被广泛接受的解释是：我们的感知机制对现实世界很敏感，后者作用于前者，产生刺激和反应的系统模式。同样，我们的感知能力向我们揭示了什么是可能的，但是对于为什么以及在何种程度上是这样却没有一个普遍接受的解释。而可设想性论证的关键就在于 CP 论题，也就是“可设想性 - 可能性”（或者“不可设想性 - 不可能性”）推理。

这一论题包含四个方面的问题：第一，存在何种可能性，使得一种情形的可设想性可以被认为是那种情形的可能性的一个指示。第二，设想某事物是什么意思？第三，什么情况下可设想性能够可靠地导出可能性。第四，如何在特定实例中运用“可设想性 - 可能性”推理，以获得关于现实世界的主张②。前面两个问题要求对可设想性和可能性两个概念进行澄清，在此基础上才能确定 CP 论题成立的条件，最后则是如何具体运用 CP 论题。

可能性这一概念在笛卡儿那里意味着无矛盾性。正如他在第二组答辩里说的：“一切不可能性，或者，如果我可以在这里用经院哲学的话来说，一切矛盾性仅仅在于我们的概念或思想里，因为它不能把互相矛盾着的观念结合到一起，而并不在于在理智之外的任何东西里，因为，就是由于它在理智之外，所以显然

① Putnam H. Is Water Necessarily H_2O? // Conant J. Realism With A Human Face. Cambridge, MA: Harvard University Press, 1990: 55-57.

② Gender T and Hawthorne J. Introduction: Conceivability and Possibility. In Gender T, Hawthorne J. Conceivability and Possibility. Oxford, UK: Oxford University Press, 2002: 2.

它是没有矛盾的，而是有可能的。”① 这就是说，当我们错误地把互不相容的观念混在一起的时候，所有这些自相矛盾的或者不可能的东西都只能存在于我们的思维中，而不可能发生在我们理智之外的任何地方。因为正是有事物存在于我们的理智之外这一事实清楚地表明了它并非自我矛盾的，而是可能的。这种逻辑上的可能性意义最为宽泛，无法与可设想性建立内在的联系。这就需要对可能性概念进行进一步的分析，现在通常将可能性区分为认知可能性和非认知可能性。

认知可能性的定义与主体或主体的集合有关。具体而言就是提供给所涉及的主体以知识或证据。比如，某人 *S* 可以对认知可能性提供一种宽容的（permissive）解释，根据这种解释，*P* 对于主体 *S* 是认知上可能的，仅当 *S* 并不知道非 *P*，或者根据一种更严格的解释：*P* 对于主体 *S* 是认知上可能的，仅当 *P* 与 *S* 所知道的东西是形而上相容的（metaphysically compossible）。据此，我们还能够给出一种中间解释：*P* 对于主体 *S* 是认知上可能的，仅当 *S* 的证据并不保证相信非 *P*，或者说根据 *S* 所知道的我们不能合理地期望他能确定非 *P*。甚至还可以在一种更为宽泛的意义上来理解认知可能性，即，*P* 在认知上是可能的仅当非 *P* 不是先天的。

这些描述之间存在着重要的区别：按照严格的解释，认知可能性蕴含形而上可能性，按照宽容的解释，这种蕴含则不能成立。但是，不管这些描述的细节如何，无论在哪种意义上，可设想性显然并不一般地导出认知可能性。如果我知道那只猫在垫子上，那么对于我来说那只猫不在垫子上在认知上是不可能的（即使在宽容的意义上）。而且，我能够很容易地设想猫不在垫子上的条件，因此我能够很容易地设想认知上不可能的事物。

非认知可能性一般认为有三种：逻辑可能性、形而上可能性、规则可能性（如物理或生物学可能性）。按照通常的描述，*P* 是逻辑上可能的，仅当不能根据标准的演绎推理规则从 *P* 推出矛盾；*P* 对于相关的规则而言是规则上可能的，仅当 *P* 与那些规则所表达的真理是一致的；形而上可能性被认为是最重要的，可以用可能世界的术语来描述现实性和可能性：*P* 是现实的仅当 *P* 处于现实世界，*P* 是（形而上）可能的，仅当 *P* 处于某可能世界。按照这样一种描述，形而上可能性的范围比规则可能性宽，比逻辑可能性窄：无论哪种意义上都不能说某物既是红色的又不是红色的，某物比光还跑得快形而上可能但物理上不可能。

“设想（conceive）”大约是这样一种活动，即通过语词、观念来表征包含现实或非现实特征的情形，根据布里坦（C. Brittain）的考证，conceive 这个词和 concept 事实上是同源词，前者可追溯至拉丁语中的动词 concipere，后者则是其过去分词 conceptus，古代常用动词 concipere，conceptus 的名词性运用直到三四

① 笛卡尔．第一哲学沉思集．庞景仁译．北京：商务印书馆，1986：153.

世纪才出现，在此之前一直使用的是 notio（即英语中的 notion）。因此，对“conceive”一词的所做的较宽泛的使用是合理的，如想象、预想、构想、构思、思议、描绘、映像等。但休谟对可设想性的定义是纯粹逻辑上的：P 是可设想的，当且仅当 P 本身并不包含任何逻辑上的矛盾。这一定义显然过于宽泛，而且这一定义直接和逻辑可能性等同起来，于是可设想性和可能性之间就形成了循环定义：可设想的就是逻辑上无矛盾（可能）的，可能的就是可设想的。这也是笛卡儿和休谟将 CP 论题直接作为公理来运用的原因。

但是，当我们说某事物或者某情形可设想或者不可设想的时候，究竟是什么意思？尽管存在各种不同的解释，但是有一点是确定的，即，从根本上来说这是一个认知概念。这就是说，一种事物或情形对于某主体是否可设想取决于他知道什么或者相信什么。具体而言，*P* 对于主体 *S* 是可设想的，当且仅当 *S* 认为 *P* 可能为真；或者 *S* 不认为 *P* 必然为假；或者 *S* 不知道 *P* 是假的；或者 *P*（作为一种事态而非命题或句子）被认为是可能的①。按照这样一种认知的解读，可设想性并不直接蕴含可能性，因为这时候可设想性依赖于我们所能提供的概念体系和背景信息，明显的例子是我们可以设想现实中并不可能的命题。因此，单纯的概念分析并不能在可设想性和可能性之间建立牢固的联系。

三、基于二维语义学的可设想性论证

查尔默斯发展了一种认知的语义学，并用来恢复先天性和必然性之间以及认知领域和模态领域之间的联系，进而修正了传统形而上学中的 CP 论题，提出了一个精致的可设想性论证。

（一）二维主义的发端

宽泛地说，二维主义就是将表达式与两种不同的语义值联系在一起。在这种意义上，弗雷格关于含义和指称的区分也可以看成是一种二维主义②。弗雷格以来的描述主义传统认为，名称的意义不仅在于其指称，而且包含由描述语提供的认知信息，正是后者决定了名称的指称。而认知意义和先天性是紧密联系在一起的，如果一个命题在认知上是可能的，它就是先天的，因而也是必然的。

克里普克针锋相对地对描述主义传统提出了批判。第一，他认为名称是严格的固定指示词，而描述语只是貌似固定指示，一旦事实并非所预想的那样，其指

① Yablo S. Is conceivability a guide to possibility? Philosophical and Phenomenological Research, 1993, 53: 26.

② Chalmers D J. Two-Dimensional Semantics. // Lepore E, Smith B. The Oxford Handbook of Philosophy of language. Oxford, UK: Oxford University Press, 2006: 574.

称的对象可能就会发生改变；第二，不知道相关的认知信息并不妨碍我们对名称的正确使用；第三，我们所拥有的认知信息很可能是错误的，不能作为识别指称的唯一标准。这三个论证通常分别被称为模态论证、认知论证和语义论证，再加上克里普克对后天必然命题的说明，所有这些使描述主义遭遇到严重的困难。但克里普克的直接指称或因果指称理论似乎并未解决弗雷格的有新知的同一性陈述的难题，而描述主义也针对三大论证提出了各种反驳①。

至于后天必然性，这个概念看起来似乎是自相矛盾的：假定 S 为后天必然命题，既然是后天的，那么其 $\sim S$ 就是可设想的，如果没有经验证据来排除 $\sim S$，那就说明 S 是假的；而如果 S 是必然的，S 就不可能为假，也即，如果 S 是必然的，我们就不需要经验证据以知道 S。因此，如果 S 是后天的，它就不可能是必然的。

关于后天必然性讨论一直以来颇受关注，毕竟克里普克的说明线条粗犷，相比之下他举的那些经典例子显得更有说服力。索姆斯认为，二维主义产生的一个重要原因就是为了解释后天必然性。粗略来说，其主要思路是把表达式与两个相关命题联系在一起，后天必然的句子除了表达必然命题之外还与一个偶然命题相联系。这一思路其实并不陌生，因为克里普克对后天必然性的说明实际上已经包含了二维方法的萌芽。

克里普克承认“任何必然真理，无论是先验的还是后验的——都不可能作相反的证明”，② 但这并不意味着后天性和必然性这二者是矛盾的。“就某些必然的后验真理而言，我们可以说，在具有适当的定性同一性证据的情况下，一个适当的、相应的定性陈述可能是伪的。”③ 这句话是什么意思？克里普克解释道：“设‘R_1’和‘R_2’为等号两端的两个严格指示词。那么‘$R_1 = R_2$’这个式子如果是真的，它也就是必然的。‘R_1’和‘R_2’的指称可能分别由非严格的指示词‘D_1’和‘D_2’所确定。……虽然‘$R_1 = R_2$’是必然的，但是‘$D_1 = D_2$’这个式子却很可能是偶然的，我们之所以常会错误地认为‘$R_1 = R_2$’这个式子可能被证明为伪的，其根源即在于此。”④

在这里，克里普克已经提供了一种二维解释的雏形，其核心观念就是“一个适当的、相应的定性的陈述”（即“$D_1 = D_2$”），与原先的必然陈述“$R_1 = R_2$”不同，它可以是伪的，因为“如果这个世界可能被证明是另外的样子，那么它也许本来就是那种样子。否认这个事实就是否认自明的模态原理：由某种可能性所

① Soames S. Reference and Description：The Case Against Two-Dimensionalism. Princeton：Princeton University Press，2005：35-37.

② 克里普克．命名与必然性．梅文译．上海：上海译文出版社，2001：119-120.

③ 克里普克．命名与必然性．梅文译．上海：上海译文出版社，2001：120.

④ 克里普克．命名与必然性．梅文译．上海：上海译文出版社，2001：120-121.

蕴含的东西本身必然地是可能的”①。尽管“$D_1 \neq D_2$”不具有形而上的可能性，但在我们的认知设想中是可能的，我们不能先天地排除这种可能性，因而“$R_1 = R_2$”这一必然陈述是后天的，这就澄清了后天必然性这一概念的困惑。这种解释模式同样可用于对先天偶然性的说明②。显然，克里普克在这里区分了两种可能性：认知可能性和形而上可能性，尽管后天必然命题包含无法先天排除的偶然命题，但这种偶然命题仅仅是认知上可能的，并不具有形而上的可能性。

（二）早期二维主义

早期的二维主义代表人物有卡普兰（D. Kaplan）、埃文斯（G. Evans）等，他们具有明显的语境论倾向。卡普兰主要用二维方法对索引词（indexicals）的特性和内容所作的分析。以“我现在饿了”这个句子为例，按卡普兰的分析，如果这个句子是张三在 12 点的时候说的，那么当且仅当张三在 12 点时饿了该句子所表达的命题为真，命题表达了言语行为的内容；换一个语境，如果是李四在 18 点说了同样一句话，则表达的内容完全不一样。因此，表达的特性（character）就在于它是从语境到内容的一种函项，即在言语行为的语境中标示出该语境中的那个表达的内容。如果把这里的内容理解为内涵，那么表达的特性显然也是一种二维内涵。因此，可以说“我现在饿了”这个句子的特性在第一语境中标示出的命题是“张三 12 点饿了”，在第二语境中标示出的命题是“李四 18 点饿了”。同样的方式，该句子中索引词“我”和“现在”在第一语境中分别标示出“张三”和“12 点”，在第二语境中分别标示出“李四”和“18 点”。可见，“我现在饿了”这个句子只是在某些世界中其命题内容为真，但其特性所产生的命题在所有说出它的语境中都为真。

卡普兰认为，索引词和指示代词的特性反映了它们的认知意义。因此，如果“这个就是那个”在认知上有意义，则“这个”和“那个”虽然指称同一对象。但它们的特性不同。

不过，卡普兰的二维方法的运用基本上只限于直指词和指示代词，他认为名称（names）无论在何种语境中都指称同一对象。这样，共指称的名称将具有相同的特性，这显然和他们的认知角色不一致，和他之前对直指词和指示代词的分析也不一致。另外，对于直指词，其语境和认知意义本来就是紧密联系在一起的，而对于名称和自然种类词等许多其他表达，这二者之间并没什么联系，因此，卡普兰的方案更适合于分析表达的语境，而不是表达的认知意义。

---

① 克里普克．命名与必然性．梅文译．上海：上海译文出版社，2001：118.

② García-Caipintero M. Two-dimensionalism：A Neo-Fregean Interpretation. // García-Caipintero M，Macia J. Two-Dimensional Semantics：Foundations and Applications. Oxford，UK：Oxford University Press，2006：183.

埃文斯的分析关注的是摹状名称或者描述名词（descriptive names），即由摹状词确定指称的名称，他举的例子是“朱丽叶斯”，并规定用它来称呼发明“零”的那个人——如果有人独立发明了它，因此，就有下面的句子：

（a）如果有人发明了“零”，则朱丽叶斯发明了零。

根据克里普克的意思，这个句子表达的是一个偶然命题，“朱丽叶斯”在所有世界标示出实际的发明者，但由于在这些世界中是其他人（华兹华斯）而非朱丽叶斯发明了零，因此该命题在所有世界为假。然而在埃文斯看来，这只是表面上的偶然性，可以定义为：S 表面上是必然的，当且仅当“必然 S”为真。然而在更深层的意义上，句子（a）是必然的，他认为，一个句子是必然的，那是因为它表达了必然的内容，他还认为存在一条连接“朱丽叶斯”和零的发明者这二者之间的一条先天的语义规则，正是这条语义规则使得句子（a）的内容必然为真，这种必然性埃文斯称之为深层必然性（deep necessity）。进而，埃文斯将句子的内涵区分为表层内涵（superficial intension，即句子所表达的命题）和深层内涵（deep intension，即句子的内容）。具体来说，对于任意句子 S，它的表层内涵是 S 所表达的命题为真的世界的集，它的深层内涵是 S 的内容为真的世界的集。这样，对于句子（a），其表层内涵在某些世界为假，但深层内涵在所有世界为真。

可见，对于“朱丽叶斯”这样的摹状名称，深层必然性是与先天性联系在一起，深层内涵则与表达的认知角色联系在一起，把这种联系扩展到其他表达上将会是一件引人入胜的工作，但埃文斯没有讨论其他表达，而且如何进行这种扩展也还不清楚。

另一方面，埃文斯认为对于一般专名，存在一条联系名称及其指称的语义规则，因而，指称也是内容的一部分，如此一来，则包含一般专名的同一具有必然的内容，不仅是表面必然，而且具有深度必然性，因此，它们的深层内涵也就不存在什么区别。可见，在专名中，深层必然性和深层内涵并不像在摹状名称中那样紧密地和先天性或认知意义联系在一起。

可以看到，早期二维主义和语境有着密切联系，一些表达式的指称会随着语境的改变而变化，因此，表达式的指称似乎以某种方式依赖于外在世界的存在方式。这一点对于索引词尤其明显，但是否所有表达式都具有这样的性质？二维主义的支持者倾向于沿着这种思路进行扩展。

（三）二维语义的核心观点

上文指出，语义学的二维方法基于以下观点，即，表达式的外延甚至内涵都是以某种方式依赖于外在世界的性质。以“水”为例，如果水指称 H_2O 的世界成为现实的，则水在所有世界指称 H_2O，但如果其他世界（如，普特南的孪生地球）成为现实的，则“水”所指示的可能是完全不同的东西比如 XYZ 而不是 H_2O。

如果一个表达式的内涵取决于世界的性质，那么就可以用从世界到内涵的函项来表示这种关系，而内涵本身又是从世界到外延的函项，于是这就揭示了一种二维结构。

以“水”为例，除我们所处的现实世界 W_1，我们设想仍有两个可能世界：

W_2孪生地球，透明可饮用的水状液体其实是 XYZ；

W_3透明可饮用的水状液体由 95% 的 H_2O 和 5% 的 XYZ 混合而成（仍称水为 H_2O）；

如果以横轴表示现实世界的呈现方式，纵轴表示世界可能的反事实的呈现方式（每列表示一个可能世界），那么我们就可以用图 6-1 来表示“水”的外延对世界的依赖关系。

第二维：虚拟世界⟶

第一维：现实世界⟶

	W_1	W_2	W_3
@ W_1	H_2O	H_2O	H_2O
@ W_2	XYZ	XYZ	XYZ
@ W_3	H_2O	H_2O	H_2O

图 6-1　“水”的外延对世界的依赖关系

这里的@表示“现实的”或者“被视为现实的”，这样从@ W_1 到@ W_3 构成了这个矩阵的第一个维度。不同的二维主义对第一维度的具体规定有所不同，有时将它理解为表达的语境（比如卡普兰），有时理解为认知可能性（比如查尔默斯）。这里每一横行表示，当该行的世界成为现实的，或者被视为现实的时候“水”的内涵，称为第二内涵，它是从可能世界到外延的函项，可以表示为 $F(W\rightarrow E)$。

最上面一行从 W_1 到 W_3 表示的是世界可能的方式或者说反事实的可能世界，它们构成了这个矩阵的第二个维度，卡普兰将其理解为命题的赋值条件，查尔默斯将其理解为形而上的可能性。第一内涵是从视为现实的可能世界到外延的函项，可以表示为 $F(@W\rightarrow E)$，这样，当 W_1 或 W_3 成为现实的，“水”的第一内涵给出 H_2O，当 W_2 成为现实的，“水”的第一内涵给出 *XYZ*。这就是说，无论现实世界以何种方式呈现出来，“水”的第一内涵都只给出任何具有水这种物质的所有属性的物质。因此，第一内涵是先天的，相反，第二内涵并不是先天决定的，因为它本身取决于现实世界的具体特征。

这个二维结构直观地表示了一种二维内涵，即，世界的有序偶对（$W \times W$，W 表示可能世界）到外延的函项，可以表示为 F（$@W \rightarrow (W \rightarrow E)$）。对于句子"水是 H_2O"同样能够在二维结构中给出其真值（图 6-2）。

水是 H_2O	W_1	W_2	W_3
$@W_1$	T	T	T
$@W_2$	F	F	F
$@W_3$	T	T	T

图 6-2 "水是 H_2O"在不同世界的真值

这样，"水是 H_2O"的后天必然性就可以解释为命题的第二内涵在所有虚拟世界为真，而第一内涵在某些视为现实的可能世界为假。相应地，先天偶然性可以解释为命题的第一内涵在所有视为现实的可能世界为真，而第二内涵在虚拟世界为假。先天性和后天性、可能性和必然性都可以定义为两种内涵在可能世界的赋值。这就很好地解释了具有相同外延或指称的表达式为何具有不同的二维内涵和第一内涵，同时也能在理论上很好地解释克里普克的后天必然性和先天偶然性。

（四）二维语义方法与可设想性论证

如果把卡普兰的语义内容理解为表达式的内涵，那么他所说的"特性"显然就是一种二维内涵。不过，卡普兰对二维方法的运用基本上只限于直指词和索引词，他认为名称无论在何种语境中都指称同一对象，这一点和克里普克一致，况且卡普兰的原意就是捍卫直接指称，所以索姆斯将卡普兰的观点称为温和的二维主义，甚至承认在这种温和的意义上我们都是二维主义者①。但可以预见，如果将卡普兰的观点稍加扩展，便直接危及直接指称主义。查尔默斯 1996 年在其颇有影响的著作《意识的心灵》中就采纳了二维方法并用于反对心灵哲学中的物理主义，但查尔默斯当时的观点明显带有很强的卡普兰的烙印，之后十年里他致力于摆脱卡普兰语境因素的影响，发展一种认知的二维语义学，并试图用认知术语来定义模态概念，从而为可设想性论证提供支持。

1. 认知的二维语义学

二维主义的关键在于如何定义与先天性相联系的第一内涵。前面已经提到，对二维主义有两种不同的理解：一种是卡普兰式的语境理解，另一种是查尔默斯

① Soames S. Reference and Description: The Case Against Two-Dimensionalism. Princeton: Princeton University Press, 2005: 44.

所主张的认知理解。按照语境理解，第一内涵是从语境到外延的函项，按照认知理解，第一内涵是从认知可能的“情形”（scenario）到外延的函项。查尔默斯认为语境理解具有局限性，因为不同类型的表达式对语境的依赖程度不同，对于索引词和指示词，它们本身就和表达语境密不可分，对于其他表达式，如名称和自然种类词，这种分析就不大合适。而且，查尔默斯的目的是要恢复认知意义和先天性之间的联系，语境理解并不胜任[①]。从认知的角度来看，对于现实世界可能发生的事实，我们在认知设想中可以有这样或那样的假设，查尔默斯称之为“情形”，我们不能够先天地排除它们，而如果这些情形实现，那么相关的表达式可能具有完全不同的真值或意义。

基于这样一种观念，查尔默斯用认知术语对先天性、后天性以及必然性、偶然性等概念进行了定义[②]：

（1）句子 S 是形而上必然的，当且仅当 S 的第二内涵在所有世界为真。

（2）句子 S 是后天必然的，当且仅当 S 的第二内涵在所有世界为真，而第一内涵在有些情形为假。

（3）句子 S 是先天偶然的，当且仅当 S 的第一内涵在所有情形为真，而第二内涵在有些世界为假。

（4）句子 S 是先天的（认知上必然的），当且仅当 S 的第一内涵在所有情形为真。

（5）“$A\equiv B$”是形而上必然的，当且仅当 A 和 B 的第二内涵相同。

（6）“$A\equiv B$”是先天的（认知上必然的），当且仅当 A 和 B 的第一内涵相同。

在（5）和（6）中，A 和 B 是任意同类型的表达，“$A\equiv B$”是真句子当且仅当 A 和 B 有共指称，如果 A 和 B 是个体词，则 $A\equiv B$ 相当于“$A=B$”，如果 A 和 B 是句子，则 $A\equiv B$ 相当于“A 当且仅当 B”。（6）很容易让人想起弗雷格的观点：“$A=B$”不具有认知意义当且仅当 A 和 B 含义相同[③]。显然，和弗雷格一样，查尔默斯也主张，在意义和认知领域之间存在某种联系。

（1）和（4）定义了两种不同的必然性，而（1）描述的实际上就是克里普克的观点，即，如果 S 在所有可能世界为真，则 S 是形而上必然的。这是对形而上必然性的传统理解。（4）则是（1）在认知领域的反映，它是查尔默斯认知二

① Chalmers D J. The Foundations of Two-Dimensional Semantics. // Garcia-Carpintero M, Macia J. Two-Dimensional Semantics: Foundations and Applications. Oxford, UK: Oxford University Press, 2006: 65-75.

② Chalmers D J. Two-Dimensional Semantics. // Lepore E, Smith B. The Oxford Handbook of Philosophy of language. Oxford, UK: Oxford University Press, 2006: 586-588.

③ Chalmers D J. The Foundations of Two-Dimensional Semantics. // Garcia-Carpintero M, Macia J. Two-Dimensional Semantics: Foundations and Applications. Oxford, UK: Oxford University Press, 2006: 64.

维语义的核心观点，因为在其他的二维框架中，先天性和第一内涵（即认知内涵，在不同的二维框架中具体名称不同，如斯道纳克称之为对角内涵，杰克逊称为 A 内涵）之间的联系是受约束的，而查尔默斯使这种联系具有普遍性。在查尔默斯看来，二维语义的核心立场就在于，涉及专名和自然种类词的后天同一，其第一内涵必定在某些情形中为假。

根据这两种必然性，我们可以得到两种可能性：如果 S 的第二内涵在世界 W 为真，或者说世界 W 被视为反事实的，从而令 S 为真，则我们说 W 满足 S，即 S 形而上可能，查尔默斯把这种可能性称为第二可能性；如果 S 的第一内涵在情形 W 为真，则我们说 W 确证 S，即 S 在认知上可能，这种可能性称为第一可能性。

如果查尔默斯的定义方式是可行的，那就在认知领域和模态领域之间搭建了一座桥梁，我们可以说 S 是可想象的，如果它在认知上是可能的，反之亦然。因为 S 并没有被先天排除，虽然还不能直接得出可设想的就是可能的，但查尔默斯认为在可设想性和可能性之间仍然存在某种关联，通过对可设想性概念和可能性的分析，我们能够从有关可设想性的前提得出关于形而上可能世界的结论。

2. 二维语义方法中的 CP 论题

查尔默斯对 CP 论题的反例进行了分析。他的这种分析实际上可以分为两类，因为这些反例要么出于概念上的混淆，要么出于模态上的混淆。对于前者，很显然，并非所有可设想的都是可能的并不意味着所有可设想的都是不可能的，或者说，可设想性和可能性并非完全没有联系，这需要我们对可设想性这一概念进行辨析。

首先，查尔默斯区分了当下的可设想性（prima facie conceivability）和观念的可设想性（ideal conceivability），前者受到当下主体认知能力的限制，而后者依赖于观念上的理性反思。例如，“2 + 2 = 5”显然在这两种意义上都是不可设想的，设想一只会飞的猪却不存在什么困难，而复杂的数学真理的错误概念上不可设想，当下可设想（如果主体对相关知识一无所知）。

其次，查尔默斯又区分了否定的可设想性（negative conceivability）和肯定的可设想性（positive conceivability）。当 S 不能通过先天推理来排除，我们就说 S 在否定意义上是可设想的，如果主体能够毫无矛盾地设想 S 如此这般的条件，我们就说 S 在肯定意义上是可设想的。

查尔默斯认为，相比当下的可设想性，观念的可设想性更适合用来与可能性建立联系，因为前者显得过于宽泛。比如，当我们说哥德巴赫猜想和这一猜想的反面都是可设想的，这其中的可设想性就是指当下否定的可设想性，不可能两种情形同时都是概念上可设想的，也没有理由认为观念的可设想性蕴含可能性存在反例。

对于模态上的混淆，查尔默斯认为可以用二维方法来澄清。以“水不是H_2O”为例，根据二维语义学，当我们设想水不是H_2O时，我们设想了这样一个条件，即XYZ而不是H_2O充满海洋湖泊的孪生地球，没有理由怀疑这样一个XYZ世界（孪生地球）是形而上可能的，而如果XYZ世界成为现实的，我们就必须承认水是XYZ。因此，尽管XYZ世界并未满足“水不是H_2O”（因为XYZ世界不是现实的），但XYZ世界确证了“水不是H_2O”（因为XYZ世界是形而上可能的），也就说，“水不是H_2O”虽然不具有第二可能性或者说形而上可能性（因为其第二内涵在所有世界为假），但在某些情形中是可能的，因而具有第一可能性，即认知可能性。

其次，查尔默斯还认为，就“可设想性”的某种意义来说，水不是H_2O是不可设想的——如果水在现实世界毫无疑问地就是H_2O，那么任何水不是H_2O的可设想性条件（如孪生地球）更应被描述为水仍是H_2O的可设想性条件，只是其中的水状物质不是H_2O。因此“水不是H_2O”看似可设想，其实并非真可设想，查尔默斯把这种可设想性称为第二可设想性。第二可设想性往往是后天的，因为水是H_2O这一点我们只是通过后天经验科学才知道的。与此相对应的是涉及先天领域的第一可设想性。*S*是否具有第一可设想性取决于先天推理，否定的可设想性也是一种第一可设想性，因为它的定义方式是看什么东西能够被先天地排除，而“水是H_2O”并不是先天建立起来的，在这种意义上我们可以正确地说“水不是H_2O”是可设想的。

因此，当我们说“水不是H_2O”这类句子可设想但不可能的时候，我们是在第一可设想性的意义上使用“可设想”，而在第二可能性的意义上使用“可能”，第一可设想性当然不蕴含第二可能性。但我们可以说“水不是H_2O”具有第一设想性和第一可能性，这是否意味着第一可设想性蕴含第一可能性？查尔默斯并没有直接给出这种蕴含关系成立的依据，而只是指出我们找不到这种蕴含关系的反例①，因而第一可设想性蕴含第一可能性是无法拒斥的。尽管这样的论证并不充分，但已经足够在认知领域和模态领域建立起一座桥梁。结合上面对可设想性概念的分析，传统的CP论题就有了两个精确的阐释②：

（CP+）观念上肯定的第一可设想性蕴含第一可能性；

---

① 查尔莫斯承认可能存在潜在的反例，但是那会导致一种“强必然性”。根据二维语义的分析，像“水是H_2O”这样后天必然性的例子都具有必然的第二内涵和偶然的第一内涵，也就是说，这些陈述具有形而上的必然性而不具有认知上的必然性，这种必然性可以成为“弱的后天必然性”；而如果这种后天必然命题的第一内涵也是必然的，那么这种必然性就是一种“强的后天必然性”，可以简称为“强必然性”。如果否认第一可想象性蕴含第一可能性，势必会导致这样一种强必然性，而这种强必然性很难得到辩护。

② Chalmers D J. Does Conceivability Entail Possibility? In Gendler T, Hawthorne J. Conceivability and Possibility. Oxford, UK: Oxford University Press, 2002: 171.

（CP－）观念上否定的第一可设想性蕴含第一可能性。

由于否定的可设想性蕴含肯定的可想象性，因此 CP－蕴含 CP＋，但反过来是否成立似乎就很难确定了，因此 CP－或许比 CP 更强。比如“你不是人”蕴含“你是人”，反之并不一定成立。但这种区别对可设想论证并没有太大影响，因为在查尔默斯看来，怪人具有概念上的第一可设想性（无论是否定的还是肯定的）是显而易见的，按照修正的 CP 论题，怪人也就具备第一可能性。不过这时候怪人仍然不具有形而上的第二可能性，但解决这一点并不困难，因为，根据二维语义学，如果表达式 S 的第一内涵和第二内涵相同，则一个世界确证 S 当且仅当它满足 S，也即，只要 S 具备第一可能性，它同时也就具备了第二可能性。如果解决了这些关键问题，那么查尔默斯就对传统的可想象性论证进行了修正。

3. 修正的可设想性论证

通过对可设想性和可能性的二维语义分析，查尔默斯解决了 CP 论题的合理性，进而对传统的可设想论证进行了改进，论证过程为①：

（1）怪人具有观念上肯定的第一可设想性。

（2）观念上肯定的第一可设想性蕴含第一可能性。

（3）怪人具有第一可能性（由 1 和 2 得出）。

（4）物理术语的第一内涵和第二内涵要么一致要么不一致。

（5）现象术语②的第一内涵和第二内涵是一致的。

（6）如果物理术语的第一、第二内涵一致，则怪人具有第二可能性（由 3 和 5 得出）。

（7）如果物理术语的第一、第二内涵不一致，则怪人不具有第二可能性，因而现象事实被更深层的实在所蕴含。

（8）要么怪人形而上可能，要么现象事实被更深层的实在蕴含（由 4、6 和 7 得出）。

（9）如果怪人形而上可能，则物理主义错误。

（10）如果现象事实被更深层的实在蕴含，则物理主义错误。

结论是物理主义错误（由 8、9、10 得出）。

这个论证的前提（2）即修正的 CP 论题，前提（4）是一个分析命题，至于前提（5），涉及克里普克对有关感知特性的概念的理解。克里普克认为“疼痛”

---

① Chalmers D J. The Conscious Mind: in Search of a Fundamental Theory. Oxford, UK: Oxford University Press, 1996: 131-136; Also in his ‘Does Conceivability Entail Possibility?’ In Gendler T, Hawthorne J. Conceivability and Possibilit. Oxford, UK: Oxford University Press, 2002: 196-200.

② Chalmers D J. Consciousness and its Place in Nature. In Stich S , Warfield F. Blackwell Guide to Philosophy of Mind. Oxford, UK: Blackwell, 2003: 117.

等感受性是我们意识中最简单最直接的，我们无法区分疼痛本身和对疼痛的感觉，而对于物理概念我们能够区分其属性与实在。查尔默斯采纳了这一观点，认为现象术语的第一内涵和第二内涵是一致的，这一点并不会引起什么疑义①。因而关键在于分析当物理术语的第一内涵和第二内涵一致或不一致时将分别导致何种结论。

假定它们相同。根据二维语义学，如果句子 *S* 的第一内涵和第二内涵相同，则一个世界只有在满足 *S* 的情况下才能确证 *S*。也就是说，*S* 只有具备了第二可能性才能具备第一可能性。既然 *P* 和 *Q* 的第一内涵和第二内涵都一致，那么"$P \wedge \sim Q$"具备了第一可能性就必定具有第二可能性，因而怪人是形而上可能的，物理主义是错误的。

假定它们不同，这时候我们无法推出怪人是形而上可能的，而只能满足于怪人的第一可能性，但同样也会产生物理主义者无法接受的结果。物理主义坚持世界在微观层次上由基本粒子构成，如果物理术语尤其是微观物理学术语的第一内涵和第二内涵并不一致，那就意味着微观物理概念的指称通过特定的"理论角色"（即结构特征上的规定性）得以确定，但指向这些角色背后的内在本质。微观物理概念的第一内涵指向任意充当该角色的属性（不涉及内在本质），而第二内涵指向实际担当该角色的属性（也就是得到例示的属性，而不涉及其角色）②。

但是，既然怪人只具有第一可能性，那就意味着"$P \wedge \sim Q$"的第一内涵在某情形为真，而第二内涵在所有世界为假，也即，必定有某世界 *W*（如怪人世界）确证 *P* 且确证 $\sim Q$ 而没有世界满足 *P* 且满足 $\sim Q$。这样一来，世界 *W* 与我们的世界显然就是同构的（理论角色或者说微观物理层次上的结构相同），区别在于世界 *W* 中的"理论角色"由不同的内在属性来担任。这样问题就来了，我们的世界蕴含 *Q*，而物理上与我们的世界同构的世界 *W* 却不蕴含 *Q*，那么 *Q* 就不是由结构特征决定的，只能由不同的东西（即内在的属性）来蕴含。或者说，意识或感知特性萌生于内在的本质属性，这些属性的本质并不是通过感知或科学揭示给我们，而又与意识紧密地联系在一起，它们本身可能就是感知特性或元感知特性（即通过一定方式结合在一起从而构成感知特性）。这种观点查尔默斯称之为泛元心论（panprotopsychism），如果接受这一观点，那么，当我们想象怪人的

---

① 查尔默斯指出，前提（5）对于这一论证并不是必须的，即使现象术语的第一内涵和第二内涵并不一致，也能得出结论说物理主义错误。论证过程大致如下：首先假定物理术语的第一内涵和第二内涵一致，根据物理主义，$P \rightarrow Q$ 是后天必然的，按照二维语义的分析，这意味着 $P \rightarrow Q$ 的第一内涵是偶然的；令 S' 的第二内涵和 S 的第一内涵相同，则 $P' \rightarrow Q'$ 的第二内涵，即 $P \rightarrow Q'$ 的第二内涵是偶然的，因而 $P \rightarrow Q'$ 表达的命题也是偶然的；Q' 当然为真，但是按物理主义，对于所有真句子 S，"$P \rightarrow S$"是必然的，因而物理主义错误。而如果物理术语的第一内涵和第二内涵不一致同样会导致泛元心论，因此物理主义错误。

② Chalmers D J. Does Conceivability Entail Possibility? // Gendler T , Hawthorne J. Conceivability and Possibility. Oxford，UK：Oxford University Press，2002：197.

时候，我们在现实世界的物理系统中所确定的只是结构属性，而非内在的元感知特性。显然，这种具有二元论倾向的观点很难被物理主义接受，而如果把这些内在属性也视作物理属性又显得十分勉强①，毕竟物理学对于这些内在属性究竟是什么没有任何有效的说明。

可见，不论物理术语的第一、第二内涵是否一致，其产生的后果都是物理主义是无法接受的。如果一致，那么怪人就是形而上可能的，如果不一致，那就会导致泛元心论，两者对于物理主义都无法接受。就论证过程来看，这种基于二维语义学的可想象性论证非常严密，关键在于查尔默斯通过二维方法使得 CP 论题更加精致，更加容易辩护。但这并不意味着这种修正的可想象性论证解决了所有难题。

四、对查尔默斯论证的质疑和讨论

（一）怪人是否可想象

关于怪人的可想象性，巴罗格（K. Balog）提出了一个有趣的异议。其策略大致如下：

由于怪人世界是我们世界的精确的物理摹本，那么物理主义在怪人世界显然是绝对正确的，而怪人哲学家同样能够在他们的世界提出一个查尔默斯式的可想象性论证，以证明物理主义在他们的世界是错误的；如果查尔默斯的论证过程明确无误，那么这一矛盾就说明怪人论证的前提出了问题②。查尔默斯认为原来的论证有效并不代表怪人哲学家的论证也有效，原先的论证前提中的 Q 指的是某人具有意识现象，但怪人哲学家的论证中的 Q 相应的也是指“某人具有意识现象”吗？而如果怪人世界的两位哲学家就意识现象或感知特性是否存在这一问题发生争论，哪一种观点应该得到支持？正如普特南所指出的：“可能世界中的人们虽然能够想和‘说’和我们所能想、所能说的任何话语，但……他们不能指称我们所指称的东西。”③ 因此，原来论证中正确的前提在怪人哲学家的论证中则是错误的。

我们认为查尔默斯的辩护是有道理的。虽然巴罗格的异议颇有诡辩的意味，但给我们很多重要的启示；虽然怪人世界作为一种认知“情形”在某种意义上（先天无法排除）是可想象的，或者说它具有观念的否定的可想象性，但是否也

① 斯图加就要求扩展物理主义的内涵，他认为怪人是否可想象取决于我们如何理解物理属性，如果将这些内在属性也视为物理的，则怪人既不可想象也不可能。

② Balog K. Conceivability, Possibility, and the Mind-Body Problem. Philosophical Review, 1999, (108): 510-514.

③ 普特南．理性、真理和历史．童世骏，李光程译．上海译文出版社，2005：9.

具有观念的肯定的可想象性？毕竟后者要求我们必须在观念上毫无矛盾地构想使怪人世界如此这般的条件，我们还必须为条件填充细节。这其中就有两个问题：

首先，我们需要在多大程度上填充这样的细节？那些接受怪人可能性的人并没有充分地设想它们，丹尼特认为，“当哲学家们宣称怪人可想象时，他们总是低估了概念（或想象）的艰巨性，所想象的东西最终与他们原先的规定相违背。”①

其次，当我们充分地设想怪人的时候，立刻就会出现第二个问题——这种观念上的无矛盾的构想是否果真是完全无矛盾的？先天性并不等于观念或概念上的一致性，比如，“猫是动物”在概念上是协调一致的，但并非先天的。“一个特定的类别是不是动物的一个种这样的问题，是一个要求经验研究的问题。”② 概念分析不可能完全摆脱经验知识的背景，当我们运用部分概念构想怪人以及怪人世界的时候，这些概念之间或许是协调的，但在更广泛的概念背景中，这些概念能否获得其一致性就很值得怀疑。例如，在能量守恒和转化定律被发现之前，人们认为机械永动机在概念上是协调的，而在热力学第二定律被发现之前，人们又认为热能永动机在概念上是协调的。因此，概念上的一致性并不能保证怪人在肯定的意义上是可想象的。

当然，诚如克里普克所指出的，当我们谈论可能世界时，我们“只能部分地描述可能世界”，③ 完整地描述可能世界的全部细节既不必要也不可能，这一点即使在现实世界也不可能做到。但是，不能完整的描述可能世界，并不意味着我们不需要充分设想它们，提出一种假设与让我们相信它可能为真相比容易得多。巴罗格的异议实际上体现了我们对怪人的无知，事实上我们无法想象当一个物理层次上与我们一模一样但没有意识经验的孪生人站在我们面前时将是何等的情形，我们也无法预知这位孪生人的任何行为、动作、表情等等，可以说怪人的可想象性源于我们的直觉，但最终与我们的直觉相悖。

（二）修正 CP 论题是否成立

查尔默斯通过二维语义修正了传统的 CP 论题，但他的具体论证仍然存在明显的缺陷和不足，主要在于他并没有对第一可设想性蕴含第一可能性的论证提出直接的证据，并且强必然性是否存在也引起了极大的争议。

1. 第一可设想性是否蕴含第一可能性

关于 CP 论题，我们发现查尔默斯对第一可想象性和第二可想象性的区分其

---

① Dennett D. The Unimagined Preposterousness of Zombies. Journal of Consciousness Studies，1995，2：322.

② 克里普克．命名与必然性．梅文译．上海：上海译文出版社，2001：101.

③ 克里普克．命名与必然性．梅文译．上海：上海译文出版社，2001：23.

实很取巧，它们分别与第一可能性与第二可能性密切相关，查尔默斯强调关于可想象性的讨论只能在陈述的层面进行①。因此，一个陈述的可想象性实际上涉及两个方面：一是相关可能世界的可想象性，二是陈述在该世界中的真值。因此，当查尔默斯说陈述 S 具有第一可想象性，实际上是说，S 在想象的情形 W 中为真，而情形 W 本身是形而上可能的，或者说可想象世界与可能世界至少是共外延的，于是，从可想象性推出可能性就是顺理成章的事情了。

这里有两点值得注意。首先，与可想象性概念的前两种区分不同，第一可想象性和第二可想象性的区分一开始就和两种可能性的区分联系在一起，它们的定义方式甚至是一样的。我们说 S 具有第一可想象性，如果它在某情形中得到确证，那么 S 的第一内涵在该情形中为真，按照第一可能性的定义 S 当然也具有第一可能性。显然，第一可想象性蕴含第一可能性是预先规定好的，而不是通过证明给出的。事实上，查尔默斯对这一关键问题也从来没有给出正面的论证，而只是反复强调反对这一蕴含将导致一种无法辩护的强必然性。

其次，查尔默斯在这里有一个巧妙的转换。陈述 S 的可想象性变成了可能世界本身的可想象性，而后者是可能世界语义学的根本，因而，查尔默斯说，即使克里普克也不否认“水不是 H_2O”在认知上是可想象的。但普特南认为，我们对《命名与必然性》存在一种误读，克里普克实际上并不赞成说“水不是 H_2O”是可想象的，而只是说可以想象“水不是 H_2O”是可想象的。如果用“◇”表示模态算子“可想象的”，则“$\Diamond\Diamond p \rightarrow \Diamond p$”是不能接受的，② 虽然它没有违反模态逻辑通常的规则。这里普特南强调的是，即使我们能够想象水不是 H_2O 的孪生地球，但这不等于说水不是 H_2O 直接就是可想象的，更不能说水不是 H_2O 是可能的。

这里更进一步的分歧实际上涉及克里普克和查尔默斯对可能世界的不同理解。克里普克和普特南坚持认为可能世界是“由我们赋予的描述条件给出的”，③ 并不具有本体论的实在性。按照这一观点，像查尔默斯那样说“当某情形或可能世界成为现实的（或被视为现实）”是不恰当的，是对可能世界的误解，因此，克里普克的语义学考察本质上只能是一维的。很难说对于可能世界的理解哪一种更正确，但是取消现实世界的特殊地位更便于一般地讨论表达式在任意可能世界中的意义。因此，查尔默斯的二维方法对于解决语义学中长期以来的一些争论会很有帮助，并且在二维框架中我们确实很难拒绝修正的 CP 论题，尽管我们注意

① Chalmers D J. The Conscious Mind: in Search of a Fundamental Theory. Oxford, UK: Oxford University Press, 1996: 68.

② Putnam H. Is Water Necessarily H_2O? // Putnam H. Realism with a Human Face. Cambridge, MA: Harvard University Press, 1990: 55.

③ 克里普克. 命名与必然性. 梅文译. 上海：上海译文出版社，2001：23.

到查尔默斯并没有给出 CP 论题的直接的肯定性的证明。

2. 强必然性是否存在

根据二维语义学分析，像“水是 H_2O”以及“启明星是长庚星”这样后天必然性的例子具有必然的第二内涵和偶然的第一内涵，这些陈述具有第二必然性和第一偶然性：存在着确证其为错误的可能世界（孪生地球，或者启明星长庚星并不相同的世界）。如果 S 是这种具有偶然的第一内涵的后天必然命题，我们就可以说 S 是弱后天必然命题。相反，当且仅当 S 具有必然的第一内涵，我们就可以说它是强后天必然命题，强必然性指的就是在所有形而上可能世界都得到确证的后天必然性。

查尔默斯认为，很难给出这种强必然性的例子，所有克里普克的后天必然性的例子都是弱后天必然的①。首先，很明显 CP－意味着不存在强必然性，如果 *S* 是否定地可想象的同时又是第一可能的，则 ~*S* 将是强必然的。如果 *S* 是强必然的，则 ~*S* 就是否定地可想象的但第一不可能的。由于 CP＋较 CP－更弱，因此 CP＋是否意味着不存在强必然性并不清楚。当然，任何 CP＋的反例都会产生强必然性，但反过来就未必了。为了说明这一点，我们可以定义两类强必然性，看它是产生 CP＋的反例还是只产生 CP－的反例：

否定意义的强必然性：*S* 具有第一必然性和第二必然性，但 ~*S* 在否定意义上可设想；

肯定意义的强必然性：*S* 具有第一必然性和第二必然性，但 ~*S* 在肯定意义上可设想。这样，所有肯定意义的强必然的都是否定意义的强必然的，但反过来却未必。CP－和 CP＋分别相应于不存在否定意义的强必然性和不存在肯定意义的强必然性这两个论题。

反对者提出一个强必然性的例证。上帝的存在是形而上必然的但并非先天的。根据这一观点，“上帝存在”（设为命题 *G*）是后天必然的。*G* 具有第二必然性，~*G* 在否定意义上是可想象的（当然在肯定的意义上也是可想象的）。如果 *G* 是普通的后天必然命题，则 *G* 具有第一偶然性：存在确证 ~*G* 的形而上可能世界。但如果不存在上帝，那就没有这样的世界。“上帝存在”的第一内涵和第二内涵看来并没有什么区别，因此，如果一个世界满足 *G*，那么它也确证 *G*。如果 *G* 具有第二必然性，那么 *G* 也具有第一必然性，这就得出如果上帝存在这一哲学观点正确，那它就是强必然的：至少是否定意义的强必然性，而如果加上上面肯

① 在《意识的心灵》一书中，查尔默斯给出了更多说明：a. 强必然性不能通过与其他后天必然性的类比而获得支持；b. 它是一种比克里普克的例子更为极端的后天必然性，要求在世界层次上区分逻辑的和形而上的可能性；c. 它导致模态概念的过度增生；d. 对一致性提出强烈质疑；e. 强必然性是粗暴的和无法解释的；f. 在心身问题中保留强必然性的唯一动机是拯救物理主义。

定意义的可想象性的主张，它也是肯定意义上的强必然性。

查尔默斯认为，对于任何后天必然命题的 S，存在一个确证 $\sim S$ 的情形。而如果 S 是强必然的，虽然也存在一个确证 $\sim S$ 的情形①，但这一情形并没有相对应的形而上可能世界。在上帝的例子中，虽然存在一个（否定意义和肯定意义上的）情形确证“不存在上帝”，但根据这一观点，不存在于此情形相对应的中心世界，也不存在本身就确证“不存在上帝”的中心世界。我们可以在直觉上将这一点表述为：中心的形而上可能世界的空间比认知的可能情形的空间小，存在着没有相应世界的情形。显然，这一争论的关键点在认知可能性与形而上可能性之间的关系。

（三）二维主义是否适用

1. 二维主义是否是描述主义

名称在所有可能世界指称同一对象而相应的描述语却未必，因此名称不同于描述语。这是克里普克反对描述主义的模态论证的主要内容。索姆斯认为，二维主义本身就是描述主义的一种表现形式，为了避免克里普克的模态论证，它把名称和自然种类词当成是伪装的固定描述语。按照这种理解，二维主义产生于确定指称的过程中，非固定性描述产生第一内涵，固定描述产生第二内涵。

但查尔默斯认为，二维主义事实上并不依赖于这些描述主义的观点。尽管名称或自然种类词的第一内涵有时候似乎很接近描述语，比如，把“水”的第一内涵说成是“可饮用的透明液体”，凡是满足该描述的物质就是水的指称。但这仅仅是一种近似的用法，并不是说这种描述就是第一内涵本身。第一内涵严格来说只是一个函项，它体现的是语词中我们先天可把握的那部分意义，尽管这部分意义大抵只能通过描述语来表征。而且，一般认为名称的指称是名称的语言学意义的一部分，而相关描述语的指称却不是那些描述语的语言学意义的一部分，所以二者不是同义词。

因此，查尔默斯强调克里普克反对描述主义的论证并不适用于二维主义，但他并不否认二维主义和描述主义之间存在密切关系。他和弗雷格一样认为指称并不是意义的全部，人们直觉上仍强烈地感觉到像“长庚星”和“启明星”这样共指称的名称，其意义在某些方面是有区别的，而且，即使它们不共指称在认知上也是可能的。表达式在认知上的区别与这些可能性联系在一起。因此，通过可

---

① 如果 S 是肯定意义上的强必然性，则存在确证 $\sim S$ 的肯定意义的情形；如果 S 是否定意义上的强必然性，则存在确证 $\sim S$ 的否定意义的情形。

能性和必然性的分析把握这些认知区别就是一条值得探索的途径。查尔默斯认为这应该成为二维主义的一个指导思想。索姆斯也承认，当我们用这些词来表达思想的时候通常都会包含一些描述性的信息，但它们是非语义的。查尔默斯则指出，虽然名称和自然种类词是直接指称，但这依赖于现实世界的呈现方式。

虽然在二维主义和描述主义之间直接划等号并不合适，但说二维主义是一种弱的描述主义并不会引起什么争议。查尔默斯本人也承认这一点，同时他强调二维主义在继承描述主义的长处的同时又避免它的很多缺陷，比如，克里普克反对描述主义的模态论证和知识论证在二维框架内都可以得到很好的解释。

2. 名称和自然种类词是否是索引性的

卡普兰之所以区分名称和索引词，原因在于前者的指称确定条件是决定它们意义的前语义因素，因而其指称的改变也就意味着意义的改变；而索引词的指称确定条件是语义的，因而指称在语境之间的改变和意义无关。然而索姆斯认为，查尔默斯故意忽略了这一点，至少在《意识的心灵》中他确实把名称和自然种类词视为索引性的固定描述语，而且这种描述语本身并不包含任何名称和自然种类词，它是纯粹定性的，因而“水”和“我”、“现在”这些索引词一样，其通常意义运用于不同的语境会产生不同的内容。索姆斯坚持克里普克的观点，认为“水”在孪生地球的同音异义表达式只是有着完全不同意义的不同表达式，名称和自然种类词都是固定指称。而卡普兰本人也是一开始就明确区分索引词和名称，反对把索引性扩展到名称和自然种类词。

从语境依赖的角度理解，索姆斯的批评并没有什么问题。因为名称和自然种类词毕竟与索引词有着明显的区别。在任何一种语言中名称和自然种类词的使用都具有特殊的重要性，这类表达式的指称不能由于语境而变得无法捉摸，否则人们将无法把握它，所谓知识也就无从谈起。如果仅仅是把卡普兰的语境原则简单地从索引词扩展到名称和自然种类词，那么这样一种二维主义将很难应对指称论的诘难，——尽管这样做能解释后天性与必然性之间的“矛盾”。但问题在于二维主义是否必然蕴含了名称和自然种类词具有索引性这一观点。如果二维主义能够避免这一结论，那么索姆斯的批评便失去了目标。

首先，查尔默斯承认名称和自然种类词不是索引性的，其特性和语义指称是不变。同时，查尔默斯反复强调，他在《意识的心灵》一书中所描述的二维语义是不完全的，他本人也在“二维语义学基础”这篇文章中对语境的二维主义进行了细致的分析和批评，并明确倡导认知的二维主义。按照认知的理解，“水”这样的表达式在某特定语境中指称什么与第一内涵没有关系，因为第一内涵并不是卡普兰的特性或者语境内涵，重要的是孪生地球的某个特定描述在认知上蕴含了“水不是 H_2O”。这样一种认知主张与“水”没有语境依赖和“水”不是索引词是相容的。这一点我们将在下面继续讨论。

3. 认知内涵是否是私人的和非语义的

索姆斯认为，在《意识的心灵》一书中二维主义是作为一个语义系统出现的，它把弗雷格的含义一分为二，区分出第一内涵和第二内涵，前者是从视为现实的世界到外延，后者是从视为反现实的世界到外延，这种区分实际上与卡普兰对表达式的表达语境和赋值条件的区分相一致。因而第一内涵与卡普兰的特性关系密切，而第二内涵则相应于卡普兰的语义内容。但实际上，查尔默斯已经放弃了对第一内涵的语境式理解，转而采用认知概念来定义第一内涵。

索姆斯认为，这样一种转变实际上是从公开的意义转到私人的思想。其思路是：尽管我们都使用公共语言 *L*，但我们各自都有自己的内涵以决定我们在思想和交谈中对 *L* 的运用。因此，尽管句子表达思想，但思想又不必和它们在语义上用 *L* 表达出来的东西混为一谈。这种产生思想的系统实际上是一种私人语言，而认知的第一内涵就是把这种私人语言的特性运用于认知上可能的情形中而得到的。因此，所谓“水”和“长庚星”在不同的情形中指称不同物质，这并不是说它们在 *L* 中的语义指称改变了，而是说它们在认知的私人语言中的指称改变了。名称和自然种类词具有一贯的特性和不变的语义指称，但它们还具有随情形而改变的认知指称。

于是，这就一方面允许名称和自然种类词是非描述的、非索引性的，另一方面通过区分句子（包含 *L* 的语义性质）和句子的运用（在我们私人思想产生系统中）来解决关于认知意义以及先天性和后天性的问题。比如，在 *L* 中，“长庚星即启明星”在语义上可能表达一个先天可知的命题，即使它在我的私人的思想产生系统中不是先天的，因为我们平常使用这一思想来表达需要诉诸经验判断。

索姆斯把从语境内涵到认知内涵的转变说成是从公开的意义到私人的思想、从语义的到非语义的转变。这种解读是成问题。首先，认知是通往知识的状态和过程，虽然包含一定的心理因素，但并非完全是任意的私人的思想。其次，意义的某个部分和认知领域联系在一起，这并不意味着这部分意义是非语义的，除非像索姆斯那样预先规定语义内容是不变的。正如查尔默斯强调的那样，这些问题涉及我们应该在何种意义上使用“语义的”这个词，而很难说对这个词的哪种运用更正确。

另外，查尔默斯显然受了克里普克的启发，因为克里普克在解释“水是H_2O”的后天必然性时承认，虽然“水不是 H_2O”形而上不可能，但在认知想象中是可能的。因此，从认知的角度入手的确能够避免把名称和自然种类词索引化，但由此而来的另一个问题是：如果“水不是 H_2O”仅仅在认知想象中是可能的，那么二维主义就名不副实了。虽然关于名称不是索引词的论证不能驳倒二维主义，但查尔默斯需要证明凡先天可想象的都是形而上可能的。

4. 认知上可能的是否形而上可能

克里普克认为，我们只能从现实世界发现的对象和性质来理解可能性，对于某特定对象，其缺少偶然属性是形而上可能的，其缺少必然属性则形而上不可能，这两种情形之间并不存在直觉上和认知上的区别。形而上可能世界和认知可能世界都是宇宙可能具有的性质，并且只能通过关于现实个体和属性的约定来说明，即，我们关于可能性的全部知识都源自现实世界中的个体和属性。索姆斯赞同克里普克的模态主张，认为克里普克的后天必然性正是由于认识到某些认知可能状态的形而上不可能性。尽管我们需要关于本质属性的经验证据以排除某些认知可能世界，但对于其形而上不可能性我们却常常毫无意识，认识到这一点，二维主义就没有什么必要了。

索姆斯之所以像克里普克那样拒绝讨论仅仅认知上可能但形而上不可能的世界状态，是因为，他关心的是在真正可能的各种条件下表达出来的命题，而不是由于错误使用而表达出来的命题。换言之，作为语境的只能是形而上可能世界，认知可能的世界状态是命题的赋值条件，后天必然命题在所有形而上可能世界为真，而在某些认知可能世界为假；先天偶然命题不需要现实世界的经验证据也能获知，即使它们在某些形而上可能世界中为假。在索姆斯看来，二维主义的错误就在于把认知可能世界和形而上可能世界混为一谈，并由此解释后天必然性和先天偶然性，甚至把索姆斯对后天必然命题的解释也视为一种二维主义。

查尔默斯认为，没有明显的证据表明认知可能性和形而上可能性之间具有不可通达性，也没有什么能妨碍我们把先天无法排除的认知可能情形视为现实的。而实际上，我们往往很难分辨一种情形是否仅仅在认知上可能而不具有形而上可能性，至少克里普克和索姆斯贬低了认知可能性的意义。有人认为二维语义理论仍存在较大争议，解决这一问题只需区分“语义必然性”和“特性必然性”即可①，但这一区分仍然于事无补，因为克里普克持本质主义立场，在“水是H_2O”这个句子中，H_2O是作为“水”这一物质的本质属性出现的。在克里普克看来，一事物缺乏偶然属性是形而上可能的，但缺乏本质属性是形而上不可能的。正如索姆斯强调的那样，理解这种仅仅认知上可能但形而上不可能的情形是理解后天必然性的关键。“特性必然性”似乎没有注意到克里普克对本质属性和偶然属性这一区分的强调，尽管对于具体的区分标准还存在争议。

---

① 黄益民．二维语义学及其认知内涵．哲学动态，2007，3.

5. 先天性和认知可能性之间是否存在必然联系

索姆斯同意存在先天偶然命题，他给出的例子是包含模态算子“实际上”（用@表示，意即在现实世界或当下实际情形中）的句子[①]，如“*P* 当且仅当@ *P*”，这个句子表达命题 *S*：“*P* 当且仅当 *P* 在@中为真。” *S* 是偶然的，因此，其第二内涵在某形而上可能世界 *W* 中为假，而 *W* 同时也是认知上可能的，因此 *S* 的第一内涵在 *W* 中也为假。可见，先天性并不要求第一内涵在所有认知可能的情形中为真，因而二维主义的观点错误。

查尔默斯认为这一反驳是无效的。首先，索姆斯在解释后天必然性的时候说，如果命题 *P* 是偶然的和后天的，则后天必然命题@ *P* 在某些认知可能的状态中为假。显然，索姆斯的观点前后矛盾。

其次，割裂认知可能性与先天性之间的联系，也就是割裂了世界状态的认知可能性与命题的认知可能性之间的联系。因为如果某人得知命题 *P*，他就排除了所有～*P* 的世界状态。同样，如果某人先天地知道了命题 *P*，他就会先天排除所有～*P* 的世界状态；如果 *P* 先天可知且在某世界 *W* 中 *P* 为假，那么它就会先天地排除 *W* 这一认知假设。换言之，*W* 就不是认知可能的，所以，只要 *P* 是先天的，它就在所有认知可能的世界为真。

索姆斯承认这基本上是正确的，但是不能不加限制的使用，尤其是涉及包含“@”算子的命题。我们能够从先天命题“*P* 当且仅当 *P*”推出命题“*P* 当且仅当@ *P*”是先天偶然的，因为是现实世界@中的主体而不是其他可能世界中的主体能够从@中的真理 *P* 得出命题“*P* 在@中为真”，反之亦然。因此，在非现实世界中命题“*P* 当且仅当@ *P*”之为假与其在@中的先天可知性无关。但是查尔默斯认为，这一策略同样无效，其他世界的主体能不能知道所谈论的问题并没有什么关系，重要的是在我们的世界中先天地知道“*P* 当且仅当@ *P*”的主体知道什么并排除了什么。

另外，对于认知可能性这一概念，双方存在的分歧也是根本性的。索姆斯认为，认知可能状态是一个世界可能具有的最大完全属性（maximally complete properties），这些属性取决于现实世界中实际存在的对象和属性，而查尔默斯的认知可能性是最大完全句子或命题，这一区别显然涉及从物模态和从言模态的争论。如果按照索姆斯的理解，认知可能性的基础是现实世界中的对象和属性，那么“长庚星不是启明星”的认知可能状态是不存在，而只要金星存在，“长庚星是启明星”就是先天的。而查尔默斯认为，这明显与我们的直觉相悖，毕竟

---

① Soames S. Philosophical Analysis in The Twentieth Century. The Age of Meaning. Princeton：Princeton University Press，2003，2：417-422.

“长庚星是长庚星”和“长庚星是启明星”在认知属性上是有区别的。

五、结　语

怪人假设其实是哲学上的一种思想实验，它与科学中的思想实验有着显著的区别。科学家们总是努力把思想实验变成一种使辩论双方都能接受的判决性实验，从而推动科学理论的进步。由于一种明显的非经验性特征，这种进步在哲学中是很难找到的。通常，哲学中的思想实验非但不会消除争论达成共识，反而会使争论更加激烈，原因在于：哲学争论最终归结于本体论上根本信念和根本立场的差异，而这些信念是不可通约的，完全没有共同的基础。这一点在索姆斯和查尔默斯的争论中已经明显地表现出来。

因此，思想实验的提出就已经包含了根本信念，并且其目的也是为了巩固这种根本信念，这样当然只能使争论升级。但哲学如果没有争论也就不成为哲学。哲学中的思想实验固然不可能彻底解决争论和分歧，但能够有力地推动哲学争论向更深的层面展开，比如怪人假设，它能够帮助我们更加深入地思考意识的本质以及感受性和物理属性性质的关系等问题，同时也对我们理解物理主义和反物理主义的争论非常有帮助。因此，哲学中的思想实验并不像阿特金森（D. Atkinson）和佩吉伦伯格（J. Peijnenburg）说的那样是“贫乏的”，只具有破坏性的后果[①]。围绕怪人的可设想性论证以及CP论题展开的争论涉及的内容非常广，已经远远超出心灵哲学的范围，查尔默斯引入的二维方法更是涉及语义学、模态逻辑等，不同领域的理论和概念相互交叉融合，使得争论空前复杂。可以肯定，意识问题的研究也必定是沿着这种多领域多学科不断整合的趋势发展的。

---

① Peijnenburg J，Atkinson D. When are Thought Experiments Poor Ones? Journal for General Philosophy of Science，2003，(34)：305-322.

第七章　阿姆斯特朗：探讨真之制造的认知机制

阿姆斯特朗（D. M. Armstrong）的真之制造理论是其后期的主要哲学思想。真之制造理论由真之制造者、真之制造以及真构成。真之制造者即认知主体，真之制造包括否真、一般真和模态真及其制造过程，认知是为了求真，而真本身也是为了求真。因此，真之制造者与认知主体是一致的。我们运用阿姆斯特朗的蕴涵原则和可能性原则对真之制造进行分析，整体上把握阿姆斯特朗的真之制造理论的认知推理机制和认知意义。

一、真之制造者的含义

阿姆斯特朗的真之制造理论首要的概念就是真之制造者。真之制造者可以是整个世界、属性、关系、个体存在、实体等。所有真的东西都有一个最大真之制造者，即我们所生活的现实世界。从命题本身来说，每个命题都有一个最小真之制造者。我们所讲的真之制造者的一个重要因素就是属性，属性是使真之制造者之所以成为认知主体一个必要组分。

（一）何为真之制造者

真之制造者这个概念最早可追溯到亚里士多德。亚里士多德在其《范畴篇》中提到了十个范畴，其中最重要的一个就是实体。实体有第一实体和第二实体。第一实体是具体存在的个体、具体物体、实存。亚里士多德的实体要表明客观事物存在，它是命题或判断最普遍的谓词，事物之所以为事物就是因为它是存在的。比如命题“苏格拉底是有道德的”为真，就是因为有苏格拉底这样一个人存在，所有符合苏格拉底的属性存在组成了苏格拉底，所以他是存在的，所以命题是真的。此后一些著名经院哲学家对亚里士多德的论述进行了注释，但这个概念好像消失了，除了一些地方暗示外，但都没有明确指出过。

一直到了罗素晚期哲学中才提到“证实者”这个词。罗素针对‘真理’符合的对象明确提出了这一概念，才又有了真之制造者的意思。现在的真之制造理论主要是在澳洲哲学中有系统的发展，澳洲哲学家的很大一部分人也对这一理论进行了研究。阿姆斯特朗对真之制造的研究始于马丁，而阿姆斯特朗认为真之制造的理论也是始于马丁的介绍。但是在穆利根（K. Mulligan）、希蒙斯（P. Smons）和史密斯（B. Smith）1984 年合作的一篇论文《真，制造者》中，同一个概念、同一个词也由他们完全独立地引入了。他们提供了一段胡塞尔富有启发性的话，并且提到罗素及维特根斯坦的《逻辑哲学论》。所以，在阿姆斯特朗看来，真之制造的概念始于马丁。

阿姆斯特朗认为，真的真之制造者与真之符合论所设想的“符合物”的关系应该是一种确定的关系，但有保留。真之制造理论是一种符合论，但是它没有要求必须是一一对应的这种教条。这一点罗素从来也没有阐述清楚，但是他完全理解它。抛弃一一对应的教条所产生的自由式符合论获得新生，这里与绝对的真理符合论是有区别的。传统的真理符合论源于亚里士多德的真理观。亚里士多德认为，命题，或按阿姆斯特朗的常用说法“事件状态”，都是一种对客观存在世界的对应，即，命题是否为真在于是否存在现实的事物与命题相符合。而这里阿姆斯特朗的真之制造理论并非这种一一对应关系，一个命题的真之制造者可以不只是一个。这主要是在阿姆斯特朗的否真中体现出来的。例如“世界上不存在人面马身的东西”这一命题的真之制造者就是要穷尽世界上所有的事物，发现确实不存在这样一种动物，而我们可以说一个人、一匹马、一头牛……都可以作为这一命题的真之制造者。可见，阿姆斯特朗所说的真之制造者，并非是一种简单的“符合物”的东西，而是一种更为复杂的多层关系。

这里存在这样一种情形，它与谓词和性质之间的关系相类似。过去，许多哲学家假定与每一个不同谓词（这里指类型，而不是标记）相应的是它自己独特的性质。现在人们相当普遍地认识到，这种观点是需要加以限定说明的。有一种关于性质的看法（大卫·路易斯叫“充裕的”性质），即这种简单的关联对这种看法是适合的。但是在对性质的形而上学的另一种更重要的看法中（被路易斯称为“稀少的”性质），这种关联对这种看法却破裂了。许多人都会辩护说，这些稀少的性质（和关系）不应基于语义考虑而先验地设定，但应基于当代最好的科学后验地设定。谓词可能凭借一个性质析取式而适用，“游戏”可以是一个例子，而两种不同的谓词可能凭借一种单一性质而适用，比如“惯性质量”和“引力质量”。

以这种一般方式，真之制造理论能够恰当地接受一点：单独一个真能够有许多真之制造者。至少存在一个人，这是一个真命题。有了“存在”的永恒含义，每一个过去存在、现在存在或将来存在的人都是这个真的一个真之制造者。同样，多个真似乎可以有相同的真之制造者。“这个表面是有色的”和“这个表面是红的”似乎由于相同的表面而成为真的。

在这里，阿姆斯特朗的论述与一般真理观是不同的。具体来说就是与绝对真理符合论是不同的。一个真之制造者可以使许多真为真。一个显然的例子是：p 的一个真之制造者会同样是任何以 p 作为一个析取命题的真之制造者。而相反的一个真也可以有多个真之制造者。阿姆斯特朗的真之制造理论是多元化的、更为复杂的真之制造的过程。在下面的论述中，我们将以一般真、否真以及模态真来进行阐释，以此来说明阿姆斯特朗的真之制造理论的认知意义。

（二）真之制造者是认知过程的产生者

说一个真的命题存在，真之制造者就预设了这样一个条件——这个真之制造者是存在本体论意义的。真之制造者的寻求过程对实在论的形而上学是很有意义的，但是这里存在一个可修正性的蒯因问题，也就是我们所说的“可修正的谓词问题”①。这里提到蒯因问题的目的是，我们不要仅仅注意命题主词的形而上学的影响，而且还要关心谓词的重要性。在我们的本体论中，这里所讲的真之制造者是否也具有可修正性？也就是否真和一般真是否需要真之制造者？从科学认知的角度来说，一切可能的方法都是方法，真之制造者必须是所有命题中的真之制造者，而不仅仅是某一种，或某一类的命题的真之制造者。皮亚杰的“发生认识论”是从生物学出发，经由心理学通向认识论的桥梁。他试图通过对儿童认知结构发展的研究，寻求支配心理发展的一般原理，从而揭示人类认识发生、发展的规律。因此“发生认识论”实际上就是认知结构的发生发展理论。皮亚杰认为，人的认识是由主体的活动逐渐建构起来的，真之制造过程是真之制造者逐渐建构的过程，真之制造过程也即一种认知过程。从发生学的角度讲，真之制造者即认知的整个过程。

皮亚杰在其发生认识论中提供了认知发展机制的一个粗略的概念框架，即认知发展是由一个“同化-顺应（assimilation-accommodation）的动力模式推动的。所谓同化，就是已有的认知结构对外来刺激或输入信息的加工改造过程；所谓顺应，就是认知结构为了适应输入而积极改造自身的过程”。② 我们可以简单将皮亚杰的这个动力模式理解为信息的输入以及信息对自身的改造。比如，我看见桌子上有一本书，先是“有一本书在桌子上”这样一个信息被我看见，也就是这样一个信息反映到大脑之内，先有了一个同化。信息进入大脑进行分析我找到这样一本书，它是要放进书架还是打开来看，做出这样的决定也就是对自身的一个改造，而且这种改造是一种积极的，这个过程就是顺应。这样，在“同化-顺应”的动力模式推动下完成了一个认知发生的过程。从这个框架我们可以看出，认知主要是对信息的一种改造，信息输入要求客体的一种反应。真之制造也是对真的一种认识，对真的认知过程是一种信息分析过程，最后达到对真之制造者的认识。两者的理论框架是一致的，认知需要认知主体对信息的分析，而真之制造需要真之制造者来使命题为真，真之制造过程也就是一种认知过程。

在阿姆斯特朗的形而上学中，真之制造者的概念是一个重要的核心概念。阿

---

① 可接受的谓词问题是说一切科学都是假定的、暂时的，一切肯定都是可修正的，在本体论上讲是待修正的而不是所谓的理想主义。也就是说，一切问题都是可修正的，不存在绝对永恒的肯定。

② 李恒威，黄华新．“第二代认知科学”的认知观．哲学研究，2006，6.

姆斯特朗的真之制造理论是这样一种原则：世界上的每一个真理必须是其为真的一种东西。真之制造理论中处于首要地位的是真，真理孕育者即真之制造者是作为一种因素。作为一种认知过程存在，认知主体是一种要素或者说是一种属性，没有认知主体认知不可能存在。但认知主体不是认知过程的核心。就像皮亚杰所说人的认识是由主体的活动逐渐建构起来的。真理或者真的形成不仅仅是一种结果，它也是一个建构的过程。从这一层面讲，真之制造者也是作为一种认知主体存在的。

既然是作为认知的主体，这里就存在认知的建构问题。科学家是用理论建构来分析我们的可观察世界，还是有一定的可观察世界作为基础来建构我们的认知？皮亚杰对认识活动的理解是，认识论不能仅仅局限于分析当前此时此刻存在的知识，而且还必须追溯观念和运算的起源和发展。这里所谓的观念和运算的起源和发展可以简单理解为我们的客观是可观察的物质世界。认知是研究心智的，阿姆斯特朗作为“心灵唯物论者”所研究的真之制造理论不单单是逻辑真理的层面。阿姆斯特朗认为，真不是由个人的什么信仰决定的，而是由整个世界所是的方法所决定的。在传统的科学实在论中，“科学家在建构用于解释可观察现象的科学理论时，在不可观察层面悬设了作为理论基础的不可观察物”①。也就是说，科学哲学是在不可观察的层面预设了一定的理论，以这样的理论作为不可观察世界的基础，进而来研究可观察世界的科学现象。这正是科学实在论论述的一个起点式焦点，而这里我们讲的阿姆斯特朗的真之制造者作为认知主体的存在，它是一种主动去认识客观世界的活动，任何一个真的真之制造者的寻找都是一种主动的认知活动。这种认知是不同与传统的科学实在论的，真之制造者是我们存在的客观世界，可以是一个事件状态，可以是属性。认知主体是认知活动中起做主导作用的因素，而真之制造者在真之制造过程中也是起主导作用的因素。真不源于个人，真之制造过程是一种认知过程，真之制造者即在整个认知过程中产生真的东西。从发生学角度讲，亦是如此。皮亚杰的发生认识论也恰恰证实了这一点。

（三）认知的目的即求真

在真之制造理论中，一个非常重要的原则就是蕴涵定律。

假定 T 是命题 p 的一个真之制造者。进一步假定 p 蕴涵命题 q，那么 T 将是 q 的一个真之制造者。形式化②表示为

---

① 张镇寰．科学实在论的核心论题及其辩护策略．云南师范大学学报（哲学社会科学版），2008，4：67.

② Armstrong D M. Truth and Truthmakers. London：Cambridge University Press，2004：10.

$$\frac{\begin{array}{c}T\to p\\ p \text{ 蕴涵} * q\end{array}}{\therefore T\to q}$$

其中，T 推出 p，p 蕴涵 q，那么 T 就推出 q。这里的箭头就表示真之制造关系，* 字符表示如果这个原则是最普遍意义上的运用，那么这里的蕴涵并不是古典蕴涵。在古典蕴涵中，如果 p 是一个偶然真，那么 p 蕴涵所有必然真，任何一种这种真理都能被 q 代替，因此，任何一个偶然真的真之制造者依然是必然真。这样一来，真之制造理论的所有重点就局限在必然真的范围内，而阿姆斯特朗所希望证明的是与所有真相适应的真之制造者。这里的结论是 $T\to q$，也就是 T 使 q 为真，T 的目的是使命题为真，即蕴涵定律作为一种认知形式目的是为了求真。

另一方面，在古典蕴涵中存在偶然真。假定偶然真 p：这只鸟会飞。必然真 n：所有的鸟都会飞。那么 p 蕴涵 $<p$ 和 $n>$，$<p$ 和 $n>$ 是一个偶然真。用蕴涵定律说明就是：任何一个 p 的真之制造者就是 $<p$ 和 $n>$ 的真之制造者，整体的真之制造者也就是部分的真之制造者，就会得出 p 的真之制造者也是 n 的真之制造者。假设命题 p 的真之制造者是这只鸟，那么“这只鸟”是命题 p 的真之制造者，同时也是命题 n 的真之制造者 T，命题 n 的真之制造者却应该是所有的鸟。这显然是不成立的。

从传统的三段论中，我们可以说命题的真之制造者是一个极小真之制造者。假定 p 是一个真并且 T 是 p 的一个真之制造者。很有可能，存在一个由 T 所包含的 T' 和一个包含 T 的 T''，而 T' 和 T'' 都是 p 的真之制造者。可以说，一个特殊的真的真之制造者可以有不同程度的分辨性。真之制造者容纳性越大，它的分辨性就越小。对每一个真来说，所有真之制造者分辨性最小的是世界本身。世界使每一个命题为真，或至少使每一个有真之制造者的命题为真。

尽管如此，仍然有必要仔细考虑一个特定真的真之制造者的包含关系。它所同一的最明显的关系是部分与整体的包含，即最为简单的整体与专门部分的关系。纯逻辑组合学说认为，任何众多实体，无论是多么异质的，都是一个纯逻辑整体。这样，人们就可以总有一个单一对象做真之制造者。然而，部分-整体的关系可能并不是所需要的。有些人认为世界上有事实（事件状态），即“具有 a 是 F”和“a 与 b 有关系 R”这样形式的实体。人们普遍意识到，这些实体若是存在，则有一种非部分-整体关系的组合形式。然而，a 是 F 这种事物状态似乎明显包含 a 这个特殊的东西和 F 这种性质，它们是构成部分。此外，似乎恰如事物状态是真之制造者一样，构成部分似乎也可以是真之制造者。

在传统的物质世界中，我们所生活的这个世界可以说是最任意的真之制造者了。物质世界使我们所认为的真为真，或者说是使任何一个真为真的一个真之制造者。这是从最广泛意义上讲真之制造者，也是最基础意义上的真之制造者。而我们这里要讲到的最小真之制造者却比这个最普遍意义上的真之制造者要重要得多。如果 T 是 p 的最小真之制造者，那么我们就不能从 T 中再除去任何一部分东西了，相反，p 还可以有别的真之制造者。所以关于最小真之制造者不仅仅有一个，一个真可以有多个真之制造者。我们在这里主要寻求的是真之制造者这样一个概念，从一开始我们就谈到真之制造者与认知主体的同一。从认知的角度讲，认知的目的即求真。从这一点上讲二者也是同一的。认知科学以假定为前提，我们这里讲的真之制造理论也是以假定为前提。真之制造的目的是为了求真，找到真的真之制造者，认知科学的目的也是在假定的前提下寻求事实的真理，从而达到认知的目的。在蕴涵定律中，不管是命题 t、p 或 q，都是以命题为基础来寻求这个推理机制的正确性以及真为什么为真。这也就是一种认知过程。

二、真之制造的认知推理机制

认知的目的是为了求真，求真是为了得出真。那么真在认知过程中就是一种认知结果，认知也是为了得出认知结果。从这一角度讲，真就是一种认知结果。

（一）命题为真的属性依赖

在真之制造理论中，要回答本体论上的真之制造者是什么的问题，阿姆斯特朗认为应该从属性入手。他指出："我们应该采取一种怎样的路线来达到本体论意义上的真之制造者，我认为一个很好的开始就是属性。"①

属性是阿姆斯特朗真之制造的一种本体论意义上的认识。这里的属性也主要是指命题中的主体所具有的特征。比如命题"阿姆斯特朗坐在家里看电视"的真之制造者是阿姆斯特朗，这个真之制造者就是符合一个高个子、白头发、有点驼背、穿蓝衣服等所有属性的这样一个人的存在。关于属性阿姆斯特朗曾在2004年一次会议中作过解释，要说明属性的本质，就必须先弄清四个问题：

（1）属性是普遍的还是特定的？

（2）属性附属于特殊物质还是物质仅仅是属性的集合？

（3）属性是一种自然分类还是一种权力分类？

（4）如果属性依赖于物质，是肯定的还是必然的？②

阿姆斯特朗认为属性首先应该是普遍的，普遍性是作为一个实体存在，而不仅仅是一个特定的个体。普遍性存在于特殊物质上，特殊物质是一个基础分类。就像我们说床的概念是由一个一个的具体的床这样的物质组成的。因此，阿姆斯

---

① Armstrong D M. Truth and Truthmakers. London：Cambridge University Press，2004：39.

② Armstrong D M. Emeritus Professor of Philosophy at the University of Sydney. Property disputes Four disputes about properties，2004，（5）.

特朗认为属性是属于特殊物质的，事实是先有特殊物质，然后有属性存在。而不是物质有了各种属性才组成了物质。属性是一种类的自然分类而非权力的分类，属性依赖于物质是必然的。从这一点我们可以很清楚地看出，阿姆斯特朗是一个唯物主义者，也就是有物质才存在其他一切。对前两点的回答，从认知的角度，我们也可以看出真是一种认知结果，人们认知的目的是为了求真。从本体论角度出发，真是作为普遍来自于特殊物体的属性，认知也是从具体物质开始得出一般，才推出具体的过程，认知的结果就是找到真，得出结论。

在下面的命题认知中，我们可以看到缺少属性，真之制造者就不能成立。真之制造者使真为真，因此属性是真之制造者的必不可少部分。接着我们分别从否真、一般真、模态真方面进行阐述，以说明真之制造理论的本质。

（二）否真之认知

在真之制造理论中，我们怎样为不存在的命题提供一个真之制造者，比如我们说的“人首马身”、“独角兽”这类不存在的东西，我们如何来否定“所有的天鹅都是白的”这样的命题。要想找出这种否真的真之制造者，首先需要我们对“没有或者说不存在”与“受限制这样的东西”做出区分。独角兽是根本不存在的东西，而所有的天鹅都是白的只是我们没有看到黑天鹅。在特定的时间特定的地点只是限制了在这个地点这个时间的人，不是说其他地方就没有人存在。其实在选择限制的过程中已经包含了真之制造理论，否定这个其实表示你没有否定那个，在一定程度上可以说找到了真的真之制造者。比如命题“这堵墙是绿的”，那么同时就是说它不是红的不是黄的，不是红不是黄就可以是这个命题的一个真之制造者。

这方面最著名的就是罗素的逻辑原子主义。罗素认为应该将原子命题、实体论的命题、否真以及一般真排除在外。逻辑原子主义就是要将所有的命题分解为最小的原子命题，即对命题不断分析直到最小的原子命题。由于原子命题是一种不可再分的终极命题，所以终极命题是没有研究的意义的。只要是每个选言命题，就至少有一个真之制造者，比如“明天的天气或晴天或下雨或刮风或阴天”这样一个选言判断就是一个复合命题，就需要将其分解为几个原子命题。而明天的天气这样一个主体可以至少是一个原子命题的真之制造者。而阿姆斯特朗认为，在我们的真之制造者中需要一般真而不是更否定的命题。“在我们的真之制造者中，我们自己允许我们所需要的是一般真而不是更远的否定命题。”①

---

① Armstrong D M. Truth and Truthmakers. London：Cambridge University Press，2004：54.

1. 是否存在否真之制造者

在依靠属性的谓词与依靠缺少的东西之间存在本体论的区别。任何第一顺序的事实都有负属性，第一顺序的命题似乎才有真之制造者。“墙不是绿的”指的是墙而不是床也不是苹果，绿的这一属性在这里也是不存在的。“不是绿的”我们可以称它为负属性。这种方法对于我们获得存在的知识或理性信念更难而不是简单。许多真之制造者研究者认为，我们不需要对否真找出它的真之制造者，他们的观点是没有假制造者，任何一个真不管是否真还是肯定命题都不存在假制造者。从真而不是真之制造者的角度来考虑，例如真“泰特托斯不会飞”，泰特托斯具有所有肯定属性，比如我们知道他正坐着、像苏格拉底一样有一个大鼻子。这些特征是泰特托斯所具有的，但是我们并不去罗列他不具有的各种属性。泰特托斯不会飞是不同于他所拥有的属性的，一个主体不同于另一主体的真的真之制造者相对于主体本身来说并没有什么。泰特托斯的肯定属性不同于“飞”的属性，因为泰特托斯不会飞，他在具有自己肯定属性的同时就不具有飞的属性。泰特托斯坐着、穿着绿衣服等的肯定属性是“泰特托斯不会飞”这一否真的真之制造者的必要组成部分。

一个否真的真之制造者应该能必然推出这个真，但是阿姆斯特朗在这里只能说真之制造者不能必然推出，阿姆斯特朗借助于另一因素来完成这一推理。他认为：“如果我们能找到命题‘所有泰特托斯肯定属性的相关’，那么就会有‘泰特托斯不会飞’的真之制造者。”①

否真的真之制造者并不是说不存在，要得出一个否真的真之制造者，就必须先找到命题对立面的所有肯定属性正相关。“泰特托斯不会飞”这个命题的真之制造者就必须要知道泰特托斯现在是在坐着，长着什么样的鼻子、眼睛、嘴巴，他在跟谁谈话……那么我们所说的这一切都是这一命题的真之制造者。如果不存在假制造者，就需要知道所有这些真的真之制造者。这样，我们说否真的真之制造者是存在的。

2. 矛盾方法的解决

跳出泰特托斯的情况，就像罗素看到的那样，我们也可以看到存在一个巨大的一般事实或事件状态，也就是最大的事件状态，或者说是偶然事件状态。世界实际上比它自身还大。因此，通过蕴涵原则，大的事件状态是所有关于个体的否真的真之制造者。问题就转向第一顺序的肯定加上第一顺序的否定是否就能充分推出一般事实？假定只有两个原子个体存在的世界，每个个体都只有一个属性，

---

① Armstrong D M. Truth and Truthmakers. London：Cambridge University Press，2004：57.

F是a的，G是b的。在本体论上加入否定属性，a具有属性非G，b具有属性非F。如何扩张a和b的更多的肯定属性，似乎离真之制造理论越来越远了。

解决真之制造理论的一个一般形式可以表示为：对于每个否真非q存在一个肯定命题p，而p与q是相矛盾的。p存在一个直接的真之制造者，根据蕴涵原则，那么也是非p的一个真之制造者。假设p为真且与q相矛盾，p的真之制造者就会是q的假制造者，q的假制造者自然就是非q的真之制造者。用这种矛盾的方法来避免否真作为真之制造者。比如，墙是绿的，那么说明它不是红的。这样一种矛盾的解决方法似乎离我们的世界越来越远了，要想找出这种类型的真之制造者，我们必须穷尽所有的可能。这有点像经验主义的方法。比如，这只天鹅不是白的，那么它可能是什么颜色，就需要我们看到所有存在天鹅，知道所有天鹅的颜色，才可以说清。给予一般事实的这种解决方法的缺点就是这样，把所有相互矛盾的对立面找出，进而得出它的真之制造者，这样的方法似乎并不能被我们所接受。

3. 排除阻止方法

一个事件的发生可以借助第三方力量来阻止。第三方的阻止力量可以说是作为一种原因存在的。比如一个人因为过马路没有走人行道，由于他的大脑发出特殊信号他闯了红灯，导致他被车撞死这样一种他自己并不想发生的结果出现。本来他是应该站着不动等绿灯的，由于第三方力量阻止他停下来等，而他要过马路，所有车祸发生了。反过来我们可以说，这种阻止力是一种积极的力量，也就是阻止某些应该发生或也许发生的事情的力量。当我们说到因果联系的时候，是与缺失、阻止、防止这些东西相联系的，这其中也包括了真之制造者。当命题为真时，存在一定的肯定因素是其为真，它的真之制造者也会是与事实相反命题的真之制造者，也就是T是p的真之制造者，同时也是非p的真之制造者。

这里，我们要对先天原因与后天阻止做出区分。A 球直线冲击 B 球，中途被 C 球击中，那么 A 球就没有击中 B 球。这种情况我们可以说是一种先天没有预料的力量发生。再看另一种情况。比如吸食鸦片使人陷入昏迷状态，使人产生幻觉而我们可以阻止某些大脑程序来使其保持清醒。这样就是后天发生在两个主体之间中的一方发生变化而变化。本体论规律加上特定情况的方面就是反事实的真之制造者。我们再来看一下这个撞球的例子。A 球直线撞击 B 球，但是 A 并没有撞到 B，结果 C 撞到 A，A 走了一条不同的路线，只是经过了 B。也就是 C 阻止了 A 撞向 B。命题“C 阻止 A 撞击 B”的真之制造者似乎在这里是一种肯定原因起到了一个积极的作用。如果 C 撞击 A 失败，而 A 撞向了 B，那么我们也可以说，A 是一种积极引导“C 没有阻止 A 撞向 B”这一命题的真之制造者重新回到肯定的位置。

对一个否真的感知包括对整体的感知，也就是对一般的感知。在认知结果中，对否真的认知需要对否真的对立面（也就是一般）的认知。认知结果的出现就是要如何达到对否真的认知。否真的特殊种类也就是一般真，对整个世界的感知及认知就是要对否真加上对一般真的认知。

（三）一般真之认知

上面讲到了否真认知，否真的真之制造者就是要找出与否真属性相对的所有正属性，这就是我们这里要阐述的一般真。一般真就是所有要求我们穷尽所有一切。比如，所有的天鹅都是白的，就要看完所有的天鹅都是白的才可以。我们将所有天鹅的属性作为一个纯科学主体，那么这个主体并不能必然推出“所有的天鹅都是白的”这一命题。所有天鹅都是白的但是不是所有白的东西都是天鹅。因此，如果真之制造包括必然得出，那么这个客体并不能完全成为“所有天鹅都是白的”这个命题的真之制造者。

刘易斯和比格罗（J. Bigelow）则认为可以找出这种真之制造者，可以通过“每个真都有一个必然推出的真之制造者”这个原则来找到上面这个问题的弱点。对他们来说，假制造者就成为了一个关键概念，一个命题之所以为真可以说不是因为它存在真之制造者，而是因为它没有假制造者。刘易斯的解释是现实世界中没有独角兽存在，它为真就是因为我们在世界上没有看到任何的独角兽。而阿姆斯特朗认为“没有真之制造者的真”这一点并不重要。他认为刘易斯用一种很形式化的东西来削弱上面的原则。阿姆斯特朗用刘易斯的最初级的形式来说明，他将所有的实体包括属性和关系都叫作某物。“存在任一命题 P 和任何世界 W 以及任何世界 V，如果 P 在 W 世界中为真在 V 世界中为假，那么就会有任一某物存在于 V 而不在 W 或另一某物存在 W 而不在 V。”① 阿姆斯特朗用刘易斯的这个简单形式举例说，在 W 世界中不存在独角兽但是在 V 世界中却存在，P 命题为“不存在独角兽”。在 W 世界中 P 为真，因为缺少一个假制造者。但是在 V 世界中非 P 则是真的，真依赖于真之制造者。

刘易斯认为，从他的观点出发一些世界是存在的，一些世界是可能的世界，在我们的世界没有“除去”这样的东西，某些东西不在此世界则在彼世界，即没有非此即彼的东西，不在此世界则还可以在可能世界。一个命题是肯定的，且在一定的世界中是真的，那么就会存在一个真之制造者使这个真为真。独角兽这样的东西只是一种可能世界，在我们的真实世界中没有人看到过独角兽，假制造者在别的世界中是不存在的。我们的世界是一个存在的世界，它使每一个真为真。为了证明假制造者的不存在就要依靠非真实的可能世界。如果世界是一个仅存的

① Armstrong D M. Truth and Truthmakers. London：Cambridge University Press，2004：69.

世界，这个世界担负着真之制造的任务，那么假制造者的不存在就是一种不存在。如果说“独角兽不存在”不需要任何真之制造或者说不需要任何本体论支撑，那么这样也就放弃了真之制造的理论。阿姆斯特朗认为，在真之制造者中不需要添加任何其他的东西，一般事实、总的事件状态就可以。比如第一肯定的事件状态加上最高层次的事件状态就可以推出世界缺少的否定的东西。因为一般真本身对自身设定了一种限制，所以它同时也是一种否真事实。但是一般真没有推出更进一步的否真。有限制的命题与一般事件状态是没有区别的，比如 a 有 f 这样一个事件状态，只有 a 和 f 两个组分，a 与 f 就不是事件状态的非专门组分，事件状态是“更多的东西”而不是这些专门组分。

1. 一般真的逻辑形式

阿姆斯特朗认为，对于“存在”的真之制造者可以是事实、事件状态，也就是一种 Tot 关系，这种关系是在一定的专门客体和一定的属性之间的关系，T 作为真之制造者的一个保留。Tot 也就是 totality，是一种总体存在。“‘Tot’在这里当然代表的是‘totality’。”①

在多数情况下，属性其实是一种增加的属性，而不是减少的属性。比如我们看到这个湖里有一些黑天鹅，用总体方法就可以说所有黑天鹅在湖里。所有黑天鹅在湖里这样一个真的真之制造就是事件状态。可以这样来看，把总体包括有限和无限在内看成是电子，作为电子这个总体就站在临时属性的特殊关系中，这个属性就可以说是全体或者说是所有个体的总和，那么这个属性就没有其他总体的全部。进一步说，如果把包括有限和无限在内的总体看成是质子，那么它就是一个质子的集合，属性就是全部。这种关系的存在是很难被否定的，在任何情况下似乎都是同样的关系。可以用形式表示，“Tot”可以是形式命题 < X 的总体就是全部的 X > 的真之制造者、本体论基础。这样就对事物种类设了一种限定，也就是一种暂时性的全部。我看到一群黑天鹅在湖里游，那么我就将这群黑天鹅设定为暂时性的全部，说所有的黑天鹅都在湖里游。这种第二属性在本体上并没有添加任何其他东西。这些事件状态是在每个“Tot”情况下的事件状态，“Tot”关系可以被发现在甚至只有一个客体存在的情况下。如果我们能看到一只独角兽，我们就可以说有一只独角兽总体存在。而事实上并没有任何一个人见过任何一只独角兽。这样一种经验主义的方法就是我能看到有某物存在，那么就有某一类物种存在。

接下来我们再来看命题“所有的天鹅都是黑的”，这个命题的真之制造者是什么。一是存在所有的黑天鹅，二是存在所有的天鹅。当且仅当二者同一的情况

① Armstrong D M. Truth and Truthmakers. London：Cambridge University Press，2004：72.

下，命题为真，而且这个同一就是真之制造者，如果存在一只白天鹅那么命题就是假的。是否存在着两个可能的世界，在这一世界中有，而在另一世界中正好缺失？阿姆斯特朗说这里的总体是最高事实与最低实体相结合的总体。“总体命题是一种最高命题，在一般实体下总体命题由组成总体命题的存在构成[①]，”每一个可能的世界都必须有它们的事实基础。

2. 一般真的最小真之制造者

上面的逻辑形式是：我们看到一只黑天鹅就说存在所有的天鹅都是黑的，这是一种将个体作为全体来说的。我们再来看一下否真“北极不存在企鹅，不存在凤凰，不存在独角兽，不存在人首马身”，整个世界是这些命题的真之制造者，北极企鹅的最小真之制造者就是北极所有的动物，所有生活在北极的动物没有像企鹅一样的动物。那么这种事件状态就可以说是这个否真的真之制造者。同样，我们需要穷尽所有的鸟类来知道企鹅。最小真之制造者就变得更广泛，所有的真之制造者都包括在了总体和否定的东西。有一点要说明的是，阿姆斯特朗在这里讲的最小真之制造者并没有包括所有世界。

对于一般真的认知，结果存在两方面：一是向上的认知，以一概全，是一种经验逻辑方法；二是从最小的个体开始认知，对于否真的认知，需要肯定命题之外的东西。两方面所讲的其实都是一般真，这里一般真的真之制造者也就是整个世界，二者最终走到一条路线上。对一般真的真之制造者的研究就是我们这里所要讲的认知结果。

（四）模态真之认知

模态真的真之制造者是比较复杂的。多数哲学家还是同意图像论的，原子命题使可能真为真。例如可能真“明天可能下雨”，那么就会有原子命题明天可能下雨，可能刮风，可能晴天这样一些原子命题，这些原子命题使这一可能真为真，也就是命题的真之制造者。模态真就是说事物必然或可能的命题判断，必然包括了可能的现象。明天肯定下雨可以推出明天可能下雨这样一种情况。

1. 模态真的可能性

如果 p 是必然的，那么 p 是可能的，偶然命题也包括可能真。我坐在这里或者坐在对面的那里，这里、那里都是一种可能。也就是 p 和非 p 都是一种可能，如果 p 是偶然真，那么 p 就是可能的。阿姆斯特朗的可能性理论主要包括以下四方面内容：

---

① Armstrong D M. Truth and Truthmakers. London：Cambridge University Press，2004：75.

一是可能性原则。任何一个可能性命题都有与命题对立的可能性存在。“明天可能下雨为真，那么明天可能不下雨也是真的”。给定命题 p，且命题 p 为可能真，如果 p 是假的，非 p 可能真则是真的。可能 p 可以推出可能非 p。明天可能下雨为真，那么明天不下雨就是假的，因为明天可能不下雨是真的。假定命题 p 的真之制造者是 T，那么 T 是不是也是命题可能非 p 的真之制造者？任何一个蕴涵命题的真之制造者也是这个被蕴涵命题的真之制造者。大多数哲学家包括阿姆斯特朗在内都相信，“可能非 p ”是一个必然得出命题，偶然命题的对立面是可能的。这样我们就可以说，一个偶然命题的真之制造者也是这个偶然命题对立面的一个真之制造者。阿姆斯特朗将这个理论形式化为：

（1）假定（$T \rightarrow p$）；

（2）假定 <p 是一个偶然命题>；

（3）p 推出 <可能非 p >（根据条件（2）和偶然命题的本质）；

（4）$\therefore T \rightarrow$ <可能非 p >（根据条件（1）和（3）以及蕴涵定律）[1]。

阿姆斯特朗指出，这里的连接“→”并不是蕴涵，而是一种“必然得出”，也就是说 T 是 p 的真之制造者。T 在这里是一个真之制造者，也就是一种事件状态或者说是世界上的某些实体，具体取决于真之制造者的内容。如果 p 是可能的，必然得出命题非 p 也是可能的。每一个极小可能的可能真都有一个真之制造者，根据可能性以及蕴涵原则可以得出，“每个极小可能真都有一个真之制造者存在”。阿姆斯特朗就将这个原则定义为“可能性原则”。

假如有“实体 A 可能存在”，当且仅当“A 存在”是一个可能真，这里包含一个前提就是 A 还可能不存在，可能领域里的不同包括了很小可能的不同。如果可能性原则给定了很小可能真的真之制造者，那么其他可能性命题就变得很容易了。如果 p 是真的，并且是个可能真，那么 p 的真之制造者也是可能非 p 的真之制造者。如果 p 是一个必然真，那么不管必然真 p 的真之制造者是什么，它都应该是可能 p 的真之制造者。假设可能真 p 为“明天可能下雨”，如果天下雨，我们就说下雨这样一个事实是这个命题的真之制造者；如果天是晴朗的，这个事实也是命题 p 的真之制造者。命题非 p 为“明天不可能下雨”的真之制造者，可以是天气晴朗也可以是天气刮风。前一命题的真之制造者可以包括后一命题的真之制造者，也可以不包括后一命题的真之制造者。但是，如果必然真“明天一定下雨”为真，那只有天气下雨它才能为真，这个真之制造者一定包括明天可能下雨的真之制造者。阿姆斯特朗认为个体和属性是一种可能存在，但是个体的属性则是必然的。独角兽可能存在也可能不存在，独角兽的眼睛也可能存在也可能不存在。但是如果独角兽存在，那么它的眼睛是肯定存在的。从这一点，我们可以看

---

[1] Armstrong D M. Truth and Truthmakers. London：Cambridge University Press，2004：84.

出，阿姆斯特朗又回到了他的本体论意义上，即唯物主义倾向。

二是另一世界的可能性。另一世界的可能性刘易斯将它定义为“异国的(alias)”，意思是与本国不同的，异国的个体、异国的属性、异国的关系①。这与我们所说的彼岸世界类似，这些实体就是非真实存在的。比如独角兽是不存在的，但是它是由马、角等等这些存在的东西组成的。刘易斯认为这些东西在现实世界中是不存在的，而是在另一可能世界中是存在的。按照刘易斯的观点，个体的总和是不能等同于整个世界的，即使它在我们的世界中有相互对应物，另一世界的个体是依赖于我们的现实世界的。

而阿姆斯特朗认为，如果不只存在一个必然世界，那么情况就变了。按照定义我们知道异国世界是不存在个体的，说的更确切一些也就是它们属于很小的可能。有的哲学家通过允许一些非暂时性的属性及关系来构建另一世界的一种替代物，用这样的方法来证明另一世界的真之制造者也是受阻的。我们最多说它们存在的最大可能性是一种很小很小的可能性，接近不存在。以独角兽为例，我们只能是依靠它的各个部分在现实世界中可以找到原型，最多说它有一种很小可能的存在。

这样所面临的问题不仅仅是经验主义的问题。假设我们相信属性和关系可以构建它们的真之制造者，我们也会想我们是怎样错了，而不是会进一步看它们的属性和关系怎么与类存在相连。它们进一步的属性是不能到达我们的属性的，只能是一种经验的彼岸。

虽然我们从定义上否定了另一世界的不存在，因为它们的属性及关系是我们不能经验的。那是否也应该否定另一世界的真也是不可能的？举个例子说，有一只鸭子在一个房间里，另一房间没有任何鸭子，这一只鸭子是不能组成现实世界个体中的任何一只的。在另一世界中存在这个属性和个体是可能的，那么这个命题的真之制造者是什么？这个命题的属性及关系实际上是没有一点形而上学可能的。阿姆斯特朗在他的1989年所著的《可能性的连接理论》（A Combinatorial Theory of Possibility）中已经做出了详细的说明。这种可能性也就像我们说“水不是由 H_2O 组成的”这种可能性一样。对于这种可能真的真之制造者，阿姆斯特朗认为自己目前为止还是没有找到的。“对这种可能真的真之制造者的寻找并不是很满意，到现在我也是持一种怀疑的态度。”②

按照阿姆斯特朗的观点，假定另一世界是一种形而上的可能性，它们是通过一种极小可能来定义的，这个世界可以作为它的一个最大真之制造者，但它却没有最小真之制造者。如果按照前面的方法，比如“一”可以代表一类，那最小

① Armstrong D M. Truth and Truthmakers. London：Cambridge University Press，2004：86.
② Armstrong D M. Truth and Truthmakers. London：Cambridge University Press，2004：88.

的“一”也是不可能的。如果按照另一种方法，假定在另一世界中“独角兽不存在”，那么就需要我们穷尽另一世界的所有动物，才能发现另一世界不存在独角兽，而事实上，我们在另一世界中看不到任何东西。所以，阿姆斯特朗认为，没有最大真之制造者也就没有最小真之制造者，在另一世界中是不存在真的。

三是空世界的存在。前面我们讲到一般世界的可能真以及另一世界的可能真的真之制造者，分别对它们的可能真做了分析。第三种可能也就是空的世界，也就是什么都没有的无的世界的真之制造问题。在这一世界中可能包含必然存在和可能存在，像上帝、数字以及时空。

如果必然存在是可能的，那么它就必须存在，不管这种可能存在是什么，它都是必然存在的。“可能存在‘无’”是否是正确的？如果这是一种可能，那就是一种极小的可能，但是可能这个模态真是永真的。回到上面的另一世界中，存在这样的可能真，却没有这样的真之制造者。从阿姆斯特朗的可能原则可以推出，“可能存在‘无’的世界”是不存在的①。

假定世界是一个可能存在的世界，那么命题“至少存在一个可能存在”则是真的。如果这个可能世界存在，就必须有一个“可能存在”的存在来支撑这个命题。对这一命题就会存在无数个真之制造者来使其自身为真，必须有一个可能存在，这种可能就包括了所有的可能，是无数个真之制造者。在无数个真之制造者中至少有一个真之制造者可以使命题为真，但是每一个可能存在都是“无”，那么命题的真之制造者就是无。

对于空世界的真之制造者可以说是空，不管有多少个空相加，最终还是无。这就相当于0+0=0，如果“有”必然存在“无”，就需要有必然存在来作为它的真之制造者，但是不管怎么说，都是无，所以讨论这样的命题是无意义的，也是不存在的。

四是可能真的最小真之制造者。极小可能的真需要到现实世界中寻求真之制造者，在前面我们已经讨论过，这是不可能存在的。同样空的世界也是不存在的。在我们的现实世界中至少存在一个最大真之制造者，即我们的世界。非 p 的最小真之制造者不是 p 的最小真之制造者。例如，命题 p “所有的天鹅都是白的”，p 的真之制造者就是要看到所有的天鹅，且所有的天鹅都是白的这些属性，才能使命题为真。而命题非 p “所有的天鹅都不是白的”，非 p 的真之制造者则是要找到世界上所有的鸟，然后看看是不是所有的鸟都是天鹅，是不是所有的天鹅都是白的。非 p 的真之制造者则包括了整个世界所有的鸟。所以，它们的最小真之制造者是不一样的。

可能真的最小真之制造者需要先对两种命题做出区分：一种是类似“某东西

① Armstrong D M. Truth and Truthmakers. London：Cambridge University Press，2004：91.

存在是可能的”这种命题，另一种是“a 可能是 F”这样的命题。对这两种模态真的真之制造者需要从存在的可能性入手去分析。

假定命题“独角兽存在是可能的”为真，那么它的最小真之制造者就是成为独角兽的属性，也就是一种元素或者说存在的组合，因为独角兽自身是由各个部分组合而成的。独角兽的各个部分在现实世界中是存在的，而这样一种组合却是在我们的现实世界中不存在的。也就是这一命题的最小真之制造者是不存在的，我们找不到这样一个最小真之制造者使这一命题为真。独角兽的属性可以是一种组合来使其为真，先不管这个组合在本体论上是不是存在的，至少这个组合是可以组成的。而另一些组合是根本就不能组成的，比如圆形的方块，这样的组合是根本不存在的。阿姆斯特朗认为，这种情况是要求助于事件状态或事实的形式，至少是应该提供一个必然条件①。属性依赖于个体之上，有属性和个体两个因素。模态真的最小真之制造者应该是由它们自身的属性来决定的，属性和个体构成最小真之制造者的一个合理必然条件。

另一方面的真包括“一个人的存在”或者“一头猪的存在”，这类命题的真之制造者就是现实存在的一个人或者一头猪，就可以作为它们的真之制造者。这里还包括了比如“苏格拉底存在”和“苏格拉底可能存在”这样的命题，我们发现二者的最小制造者都是苏格拉底本人。

这里我们讲到两种可能真，前面已经说明了前一种命题的真之制造者，另一种命题<a 可能是 F>的真之制造者也可以用同样的方法说明。如果 a 和 F 都存在，那么命题的最小真之制造者就是 a 的最小真之制造者加上 F 的最小真之制造者；如果 a 和 F 是最简单的事物，命题的最小真之制造者就是 a 和 F 本身的集合，就是最小真之制造者；如果 a 和 F 是有限的组合，它们组成的最小集合就是最小真之制造者；如果 a 和 F 有一个是无限的，那么命题不存在最小真之制造者；如果或者 a 不存在或者属性 F 不存在，a 和 F 的组合因素让渡于 a 或者 F 是最小真之制造者②。

2. 模态真的必然性

模态真主要包括可能真和必然真两种情况。模态真中的必然真要比可能真复杂得多。必然真是必然真的命题，在任何世界中都应该存在必然真的真之制造者。

首先，必然真需要一个可能世界作为支撑。对一定的必然真来说，我们都希望这个命题包含一定的实体，这样就具有了一定的限制。比如，帝国主义一定会

① Armstrong D M. Truth and Truthmakers. London: Cambridge University Press, 2004: 92.

② Armstrong D M. Truth and Truthmakers. London: Cambridge University Press, 2004: 93.

灭亡，帝国主义是一个存在的实体，随着时间的推移和社会的进步，这是一个必然发生的结果。而对于科学命题来说，比如，1 + 2 = 3，那么我们希望的是有1、2、3这样三个实体存在，不管它是什么，我们都可以证明这是对的。而我们是不能找到1、2、3这三个数字存在的，我们不能看到1或者2或者3存在。那么这种必然真的真之制造者到底是什么？

还有著名的游叙弗伦难题①：敬神而做神所做；凡神所喜即敬神；敬神即在于侍奉神。那么这些是不是说在所有的可能世界中都有一个真之制造者？游叙弗伦难题需要我们对必然真的内涵与外延做出一个选择（这里讲的内涵并不是语义学意义上的内涵与外延，内涵相当于本质、属性）。必然真本身是必然的，具有必然性这一点就决定了它在所有世界中为真。在可能世界中内涵决定外延。从这种形而上的角度讲，可能世界也就成了我们的现实世界。作为欧洲哲学中的唯物主义者，阿姆斯特朗很显然不会从这个角度来切入研究真之制造者的。

阿姆斯特朗对此做出了一种心理学的解释。人类的思想是非常适合于“想”的外延的，可能世界只是我们根据现实世界的一个“虚构模型”。但是在哲学中，我们需要每一个我们可能找到的支撑点来证明，我们需要这种虚构的理论。阿姆斯特朗并没有找到一种命题来证明这种理论。虚构必须是命题或者类似的东西，并且是没有真之制造者的。这样，要想找到这种必然真的真之制造者，就必须向这种可能的世界寻求帮助。阿姆斯特朗在这里首先是将可能世界作为一种真之制造必需的依据来说的②。

可能真的自然真之制造者就是可能事件状态。假定必然真的真之制造者是由一些必然事件状态组成的，那么逻辑和数学思想如何抓住这些事件状态的存在？先验知识如何可能？阿姆斯特朗运用的是紧缩论的观点。

像多数经验主义哲学家一样，这是一种对命题的紧缩分析。这种紧缩论方法主要分两步。第一，必然真仅仅需要客体来作为它们的真之制造者，这种客体是与事件状态相反的。在这个前提条件下，真与数学和逻辑的可能就可以被证明了。还以1 + 2 = 3为例，等式的一边1和2是一组，3是一组。它们的关系是一种内部关系，给定实体1、2、3它们就必然存在这样的关系。假定实体1、2、3的真之制造者存在，那么这些真之制造者必然得出1 + 2 = 3。将这一命题紧缩为

---

① 柏拉图的著作中有一篇叫《游叙弗伦》。游叙弗伦这个人，他的父亲把一个杀人犯的奴隶绑缚之后，扔在沟里面，自己出去办事忘了。回来以后，这个杀人犯的奴隶，因为绑缚着扔在沟里死了。游叙弗伦就要去告发他的父亲，走到法庭的门口，碰到苏格拉底。苏格拉底让他三次下关于虔敬的定义，然后一次一次地引诱他入套，最后游叙弗伦绝望地走了。苏格拉底以巧妙的辩论术改变了游叙弗伦想去告发他的父亲的这样一个事实。苏氏说：你不能起诉你年迈的父亲，除非你确切地知道，什么是虔敬，什么是不虔敬？然后跟他在虔敬不虔敬的问题上绕弯子，最后使他悻悻而去，落荒而逃。这是西方思想史上的一个著名例子。

② Armstrong D M. Truth and Truthmakers. London：Cambridge University Press，2004：97.

（_+_） =_ ，假设这三个实体的真之制造者存在，那么就必然得出它们的必然关系。真之制造实体本身是它们自身存在的真之制造者，并且是“实体 X 存在”的真之制造者①。

必然真需要一个可能世界的支持。这个可能世界的可能知识通过一种紧缩论的观点成为可能。这里需要补充的一点是，数字的存在使上面的加法成为可能。那么数字是如何可能的？阿姆斯特朗的观点与柏拉图的另一世界是不同的，也与外延有所不同，他支持的是一种内涵主义的观点。数字 1、2、3 等等代表的是事物属性的类存在，它不是彼岸世界的东西，也不是数字所代表的所有外延的东西。

其次，理性科学中存在必然真的真之制造者。阿姆斯特朗认为理性科学也是一种与观察和经验无关的先天存在。必然真的充分真之制造者是与必然真相联系的实体，但是这些真之制造者是否是最小真之制造者还是需要讨论的。必然真一般来讲都是以自然的假定为前提，它们的形式常常是：“如果……那么……”比如 $1+1=2$ 就可以更明确的诠释为，如果有一个实体存在，还有更多的一个实体存在，那么结果就是两个实体。以颜色为例，如果这面墙全是绿的，那么它就不能同时都是红的。这里真中的客体，如数字、种类、红墙和绿墙，就是命题本身包含的。

在数学和逻辑中，运算通常要加入任何必然数学命题和关系的实体，这些实体并不是形式上假定的。这在现实世界中是没有什么问题的。而我们说时空世界就是我们所是的世界，那么无限就会遇到很多问题。1974 年德国数学家康托创立了集合论，有关无穷的概念震撼了知识界，证明了有理数是可列的，而全体实数是不可列的。数学最初是以本体论为研究对象的，到了 19 世纪后主要转变为对关系的研究。先验知识如何可能对现代经验主义来说仍是很难回答的。对于无限数字这样的科学所告诉我们的不是具体的世界存在怎样的实体，它提供给我们所研究的是一种可能性。无限大或者无限小所提供的是一种可能性。我们来看一个例子：存在 X 的集合，有 N 个 X 的集合。对每个 X 集合来说都有 $N+1$ 个数。如果这个是真的，那么 X 的集合至少存在一个无理数。假定这些都是真的，就比较容易找出必然真的真之制造者。对于可能性存在的证据是一些机械性的、纯概念的、语义学的。但是在实体中是没有具体数学逻辑的东西的。在这个意义上不是说实体概念没有数学和逻辑的参与，而是说从本体论的角度我们看不见这样的东西。这里存在一条狗，“一”这个概念我们是看不见的，我们不能说我看见了“一”。这是一个数学逻辑在本体论上脱离的问题。值得注意的是“一致性问题”和“独立性问题”都是关系问题。因为其几何元素既没有定义也没有直观的解

① Armstrong D M. Truth and Truthmakers. London: Cambridge University Press, 2004: 98.

释，所以，这种几何学可以有各个不同的解释或模型。“这种灵活性是以前的几何所从来没有的，它使人们从本体论的束缚下解放出来。使人们看到了种种可能世界，这就是所谓解释。”① 这对本体论的摆脱就是一种可能性的解释。

三、真之制造对认知推理的意义

在阿姆斯特朗的整个真之制造理论中，真之制造者扮演一个中心性的角色，而蕴涵原则和可能性原则是整个理论体系中的核心。他的真之制造的理论过程对认知推理机制产生了重要的意义和影响。卡尔哈特（J. Kalhat）认为，阿姆斯特朗的这两个原则都是错误的。我们这里主要不是对它的原则错误做过多的分析，而是从两个原则出发，从认知的角度来分析他的理论有什么重要的意义。

（一）蕴涵原则的认知意义

前面我们讨论了蕴涵原则的主要内容，也就是从公式

$$\begin{array}{c} T\rightarrow p \\ \underline{p\ \text{蕴涵} * q} \\ \therefore\ T\rightarrow q \end{array}$$

开始的。卡尔哈特认为，一个命题的真之制造者不能同时是它的否真的真之制造者。“苏格拉底存在”的真之制造者不能同时是“苏格拉底不存在”的真之制造者。而阿姆斯特朗的解释中前者的真之制造者是因为有苏格拉底这样一个人存在，这个人的属性具备了苏格拉底的所有特征，因为他是存在的，所以他是存在的。而后者中我们找不到一个具有这样属性的人存在，也就是我们没见过一个长着那样的鼻子、那样的嘴的人的存在。因为所有的人中没有一个苏格拉底的人，所以苏格拉底是不存在的。当然，这里的问题是如何知道“所有的人”？先不看这个问题，卡尔哈特的“问题本身”阿姆斯特朗已经做了证明，两个命题本身就不是同一个真之制造者。

撇开阿姆斯特朗的这个蕴涵原则本身的真假或是否成立不说，我们来看一下他的这种认知方式的意义。阿姆斯特朗的真之制造是对真如何是真的一种解释，在假说面前科学家首先要做的事就是检验它的真假性、经验性。数学知识是需要证明的：一个数学公式的正确与否首先要进行逻辑证明。而除了逻辑证明我们要做的是用经验的方法来验证我们的证明。逻辑实证主义者用逻辑规则来检验假说的真伪，用逻辑规则来指导人的思想的发展。同样，阿姆斯特朗这里的蕴含原则是一种指导性原则，我们用这样的原则来辨别一个命题为真是怎么为真的，是什么东西使其为真的。

---

① 李春泰．论数学摆脱本体论的过程．嘉应大学学报（哲学社会科学），2001，(4)：20.

阿姆斯特朗真之制造理论的认识论基础主要是从三个领域的假定开始的：

（1）通常我们说的摩尔命题，即摩尔用常识实在论对怀疑论难题进行的解答，摩尔命题用普通人的知识对怀疑论进行论证。我们确确实实看到的东西就是真实的存在，也就是每个常人都会想到的明确知识，不管是先天的还是后天的都是人们所熟知的。

（2）逻辑和数学意义上的知识。

（3）自然科学中的知识。①

从这里我们可以看出，阿姆斯特朗的理论还是注重唯物主义的，这些知识是否是合理的，需要从认识论的基础来说，我们看到是有常识、数学和逻辑，还有自然科学来作为保证。从人们获得知识的角度讲，认知来源于经验和观察，经过经验和观察得出结论，然后再放入经验世界进行检验。那么，我们看到阿姆斯特朗的蕴涵原则是从真、真之制造者、真之制造三方面入手，检验它们之间的关系以及如何成立的。蕴涵原则在这里提供的是一种支撑，对知识的认知结构的一种确证。

（二）可能性原则的认知意义

可能真 p 也可以说 p 和非 p 都是可能的，也就是 p 是可能的同时非 p 也是可能的。阿姆斯特朗把这种偶然性的发生叫作“极小可能性”，真之制造就是要找出这种极小可能性命题的真之制造者。“p 是可能的”为真当且仅当 p 存在是可能的。可能真的真之制造者就是真正的事件状态和最终组成的一般和特殊。可能 p 为真，p 的否定就是假的，而非 p 可能性则是真的。下星期一可能下雨是真的，下星期一不可能下雨就是假的，而下星期一可能不下雨就是真的。阿姆斯特朗认为这是由可能真的本质所决定的。一方面，可能性原则不同于真理符合论中的一一对应关系，他的理论是更复杂多元的关系；另一方面，他与反真理符合论观点也是不一样的。“它从语言学角度否认了理论及命题与对象、实在之间的对应关系，否认人类认识的客观性，具有典型的反实在论特征。”②

阿姆斯特朗的真之制造理论是从自然主义角度出发的实在论，首先他是实在论，其次他是不同于传统实在论的自然主义实在论。这里我们主要分析可能性原则的认知意义，可能性原则一方面是从可能存在的世界出发，是物理主义意义的可能性，这就使他的理论首先具有了认识论的基础和意义。其次，阿姆斯特朗的可能性原则是从一种极小可能的角度来说的，这也使他的理论与传统的现实世界理论所区别，对可能世界的研究使可能科学具有一定的理论基础的意义。阿姆斯

---

① Armstrong D M. Truth and Truthmakers. London：Cambridge University Press，2004：26.

② 刘魁．当代反真理符合论批判．哲学研究，1998，（10）：22.

特朗一再强调的可能世界是一种极小极小可能的世界，类似于无限小的可能，但是又不是不可能的世界。这一思想类似于数学中的“渐近线”概念，它无限接近一直线但又不能与之交叉。

可能世界的确证方式中有证明经验等方式。一般意义上讲，数学命题的确证方式是证明，经验自然科学的确证方式是实验。但是这不是绝对的。数学命题的确证可以不只是证明，康托的论证是集合论，哥德尔模型是一种模型方式论证，并且存在很大的偶然性。塔尔斯基从逻辑学角度给出了概念“真”的形式定义。数学命题为真不只是用证明的方式，还可以用直观的思考来断定。就像阿姆斯特朗的可能性原则一样，可能真 p 的真之制造者是 T，可能真 p 可以推出可能真非 p，那么 T 也是非 p 的真之制造者。有些哲学家说它是存在缺陷的，是错的，但是从认知方式上讲，我们可以说这种方式在进行真之制造过程中具有很重要的意义。在自然科学中，不是所有的科学理论都可以用实验确证，有些是不能用实验证明的，比如宇宙产生的大爆炸假说。在阿姆斯特朗的极小可能的世界中，“可能真 p 和非 p 都是可能的”，这种极小可能世界的真之制造者的认知也是存在的。

从以上必然真的论述，我们知道，对理性科学的研究脱离本体论的角度，是一种可能性的解释。解释就是要将不清楚不明白的东西以明确的方式让人们所接受，数学命题和科学知识及逻辑知识是我们所认为的科学哲学，科学哲学发生了“认知转向”，它试图从心理学的角度研究科学的发展。阿姆斯特朗的真之制造理论的认知基础我们在前面已经讲到，从他的认识论我们可以看出，这是一种认识论的基础及认知机制。从他的蕴涵原则到他的可能性原则可以看出，阿姆斯特朗的认识论是与当代科学哲学的认知转向是一致的。像我们前面提到的真之制造理论是一种确证关系，真之制造者是一种确证信念的东西，这与当代科学哲学中的认知转向无疑是一致的。“在认识论上是证明主义的，坚持确证的信念是认知的基础和前提。而在认识论意义上确证有两种：一是客观确证，即证明我们获得的东西是否为真；二是主观确证……”① 阿姆斯特朗主要是通过对命题的研究来达到他的认知转向。可能性原则的研究主要是对必然真的研究，数学逻辑等这些不是从经验中得到证明的命题主要是对命题可能性的研究。

（三）真之制造理论的认知意义

阿姆斯特朗的真之制造理论可以说是他的整个哲学思想的一个写照。作为一个心灵主义的形而上学者，阿姆斯特朗一直以来都是从心灵的角度进行哲学研究。这在整个澳洲哲学体系中也是一个重要组成部分，也是当代认知科学哲学中的一个重要组成部分。

---

① 魏屹东．当代科学哲学的“认知转向”及其成因．科学技术与辩证法，2005，（4）．

真之制造理论概括起来就是对每个真来说，在世界上存在一些东西使真为真。真首先是命题，但是通过阿姆斯特朗我们知道他的这些命题仅仅是一些偶然命题。使命题为真的东西是真之制造者，阿姆斯特朗最习惯用的一个概念是“事件状态”，这种事件状态是一种复杂概念，像我们前面所提到的一样，是个体、属性以及一般的综合。不存在的东西是不能作为真之制造者的。每个命题都是由许多属性所蕴含出来的，但这并不是在解释真之制造原则。阿姆斯特朗认为，真之制造是一种内部关系，是命题 p 和一些实体或者说事件状态 s 之间的关系。也就是说 p 存在和 s 之间的联系蕴涵真之制造关系的存在，并且所蕴含的这种真之制造关系是短暂性的①。或者说，p 存在和 s 的联系蕴涵 s 使 p 为真。只要有 p 存在，且有 s 与 p 相联系，那么就会有 s 使 p 为真。

阿姆斯特朗的真之制造是一种内在关系，这种内在关系的定义是没有一定的标准的。按照亚里士多德主义的观点，这里存在一个问题，属性或关系存在通过属性关系存在仅是短暂的。这与内在关系是不一样的，如果说 R 是一种 a 和 b 的内在关系，按照阿姆斯特朗的内部关系的定义，a 和 b 的存在不仅蕴涵 R 关系的存在，也蕴涵 R 是短暂的。暂时性是通过什么实现的？在阿姆斯特朗的本体论中没有必然存在，R 的暂时性必须是由偶然存在来实现的，而这种偶然存在是 a 和 b 自身存在所决定的。但是它们也可以是一小部分，或者 a 或 b 的组成部分。存在关系是 a 和 b 的内部关系，甚至是不存在 a 和 b 自身之间而仅仅是部分之间，也就是在 a 和 b 之间存在内部关系，而不是 a 和 b 的暂时性关系。但是真之制造关系并不是这样的，真之制造关系存在于命题中，也存在于个命题部分之间，如果一个命题的真之制造者同样也是这个命题各部分的真之制造者。命题 p“苏格拉底是一个有道德的人”的真之制造者是苏格拉底，同时，苏格拉底也是“苏格拉底是有道德的”和“苏格拉底是人”的真之制造者。

认知科学发展到现在开始从认知心理学和人工智能角度来研究科学，这种认知转向使当代科学哲学的发展困境得到一定的解决。阿姆斯特朗的科学实在论反对的是先验实在论，他的科学实在论是一种可能的实在论，在对可能世界的论述中以及可能真的真之制造论述中，都体现了科学实在论并非传统意义上的现实实在论，是一种对可能真理的解释，从可能真的真之制造过程中来对可能真理进行一种认知的解释。“传统科学哲学在本体论上是实在论的，认为存在‘自然类’，它被认为在成功的归纳推理和自然类概念获得的认知发展中起作用。”② 阿姆斯特朗在这里用真之制造的过程将认识世界归结为一种真的制造过程，与传统实在

① Beebee H, Dodd J. Truthmakers: The contemporary debate. Oxford: Clarendon Press, 2005: 145.

② 韩璞庚，刘魁．当代科学哲学的困境与自然主义的突破——评阿姆斯特朗对科学实在论的重构．学术月刊，1996，(8)：9.

论不同，阿姆斯特朗的实在论是一种“自然主义的实在论”。阿姆斯特朗对否真、一般真以及可能真的真之制造解释，从认知的角度讲是全面的，尤其是在对“数学真理、逻辑真理所做出的可能真理的解释，为现代科学中的理想实验、理想定律也提供了实在论的解释”①。阿姆斯特朗的这种可能世界以现实为基础，任何真的真之制造者必须是在我们现实中具体存在的东西，它不是什么彼岸世界或可能世界的“无存在”，这为实在论提供了理论基础；同时它又不同于传统的现实世界，以现实世界为依托寻找一种现实可能的存在，也就是他所说的极小可能的存在，即真的极小真之制造者。每个命题都有一个极小真之制造者。

与传统科学实在论的认知有所不同，阿姆斯特朗的真之制造理论是一种以实在为基础而寻求真的真之制造者，也就是真之制造理论中所说的个体、属性、一般、事件状态等。传统的科学实在论是从科学理论出发来寻求阿姆斯特朗真之制造理论中的真之制造者，这种认识的相反角度对认知科学有重大意义。传统科学实在论的认知基础是一一对应的真理符合论，而阿姆斯特朗的真之制造理论不是一种简单的真理符合论，一个真的真之制造者可以是具体存在的一个实体，而所有真都会有一个共同的真之制造者，那就是我们的世界。这些都充分说明他的真之制造理论是一种多元的真理观。“阿姆斯特朗通过对问题域的转换和对真理符合论的辩护，已不自觉的突破了当代科学哲学的困境……”②

阿姆斯特朗的真之制造理论的认知意义不仅在于他的理论反映在与传统实在论的不同，而且对科学哲学的认知转向，解决当代科学哲学的困境都有重要意义。按照阿姆斯特朗的观点，真之制造是一种内在关系，一种它自身概念的蕴涵关系。所有的内部关系是由“同一”或者“不同”所决定的。科学理论与外在客观世界的真理性描述关系在传统实在论中是理论描述来决定外在世界，而阿姆斯特朗的真之制造理论是由外在客观世界决定理论描述的。针对当代科学实在论的困境，一种可能出路是“超越现实，走向可能”③。阿姆斯特朗用极小可能这样的概念来描述，它不是不存在的东西例如“独角兽”之类的，也不是完全存在的我们可观察的物质世界，而是一种极有可能存在的物质世界，是一种不可观察却存在的世界，是一种微观存在的世界。这种方法的应用对于我们认识可能世界，建构可能科学提供了科学依据，具有一定的现实意义。因为“只有通过对不可观察的理论实体的各种可能状态的把握，才能达到合理理解理论实体的本体性

① 韩璞庚，刘魁．当代科学哲学的困境与自然主义的突破——评阿姆斯特朗对科学实在论的重构．学术月刊，1996，(8)：12.

② 韩璞庚，刘魁．当代科学哲学的困境与自然主义的突破——评阿姆斯特朗对科学实在论的重构．学术月刊，1996，(8)：15.

③ 郭贵春，成素梅．当代科学实在论的困境与出路．中国社会科学，2002，(2)：95.

的目的”①。

阿姆斯特朗在对一般真、否真、模态真的真之制造者论述中都提到最小真之制造者。比如命题“苏格拉底是有道德的”的真之制造者是苏格拉底，这样一个最小真之制造者是必须有一个长着怎样头发、怎样眉毛、怎样脸型等特性组成的那样一个所有符合苏格拉底的特征的人存在，才能是苏格拉底。对可能世界的建构有一种物理主义还原论倾向，还是刚才命题中“苏格拉底”这样一个真之制造者要还原为所有小的特征，比如什么样的脸什么样的头发这样一些特征。从这个角度来说，阿姆斯特朗的真之制造理论对认知科学的意义并没有突破当代科学实在论的困境，而是一种自然主义的实在论。这一点与阿姆斯特朗本人一贯的自然主义立场是一致的。

作为一个自然主义的心灵唯物主义者，在他之前的所有哲学思想中都有所体现。从开始的事件状态，也就是哲学家所说的共相论，到对真的论述，在阿姆斯特朗的整个思想历程中，我们可以看出，他的思想是一脉相承的。从他的晚期哲学思想对真的真之制造者、真之制造过程的论述中，我们也可以看出他的自然主义倾向。可以说阿姆斯特朗的真之制造理论对于认知科学的意义不仅仅是实在论与非实在论的论证中的一种解决途径，更重要的是他的真之制造理论尤其是对可能真、可能世界的论述对于科学研究有重要的意义，他的理论是以现实存在的客观世界为依托，以现实为基础建构理论，具有一定的可操作、可实施性，对可能科学具有重要的影响。

四、结　语

对阿姆斯特朗的真之制造过程分析主要是对各个真的分析。从真之制造者到对真的认知，主要由蕴涵原则和可能性原则给予证明。在认识论意义上，阿姆斯特朗的真之所以为真依赖于它的真之制造者。他对真之制造者、真之制造过程的解释，以及为什么是真之制造者，无真之制造者的真之制造的解释等，是认知哲学必须关注和研究的。

阿姆斯特朗的真之制造从一种内部机制研究人们认识的可能性，不再从外部世界的实体中来研究人们的认识。不管是真之制造者最大性原则也好，蕴涵原则也好，还是可能性原则都是从人的认识的角度出发，研究对世界的认识。这里一般真为真比较典型的就是“所有 S 是 P”这样的逻辑形式，对一般真的认知主要是从两个方面来看：一是从最大范围来说应用最大型原则，所有的真都至少有一个真之制造者，那就是我们生活的真实的实体世界。二是对真的最小真之制造者的认知，一般真存在一个最大真之制造者，还必须有一个最小真之制造者来确保命

① 郭贵春，成素梅．当代科学实在论的困境与出路．中国社会科学，2002，(2)：96.

题的真。这样的最小真之制造者就可以是真的属性，它是不同于罗素的原子命题的。罗素的原子命题主要是将命题分解为不可分的最小原子命题，而阿姆斯特朗的最小真之制造者是命题中一个具体实体的属性。比如“苏格拉底是有道德的”那么我们就要找出所有符合苏格拉底这样一个人的所有属性来保证命题为真。p 与非 p 并不是两个互相矛盾的命题，这样出现的模态真 $\Diamond p$ 可以是可能性，也可以是必然性。对整个模态真的认知运用蕴涵原则和可能性原则这样两个在阿姆斯特朗的真之制造中非常重要的原则，得出它们的真之制造者。总之，阿姆斯特朗的真之制造理论是一种从认知角度得出的结论，他的真之制造理论也是一种认知推理机制。

第八章　古德曼：认知的社会本质

在认识论领域，当代美国哲学家古德曼（A. I. Goldman）的社会认识论独树一帜。他的社会认识论有社会的和求真的两个维度，与传统的获取知识的个体化路径相比，通往知识的社会化路径更为重要。社会认识论并不将其自身限制于孤独个体上，它往往关注特定社会集团或者组织，充分考虑集体的或具有合作性质的实体；作为求真性认识论，它既关注知识也关注作为其对立面的错误和无知。个体的求真认识论考察的是个体化的、理念的、非社会实践的问题，而社会的求真认识论考察的是社会实践问题。社会认识论正是根据求真维度来评价特定的社会实践活动的。古德曼的可靠性理论从开始强调确证的"真"这一外在条件，最后逐步转向心理学解释模式这样一种内在主义进路。

一、古德曼认识论的求真维度

古德曼的社会认识论是一种"求真主义"，或者说是从属于一种真理定位的认识论。古德曼为社会知识论提出的问题域，包含在他的"求真认识论"（veristic epistemology）名下。求真的知识论关注的是知识的生产，这里的"知识"被理解为弱的意义上的"真信念"。古德曼的社会认识论把主体间的交往行为与引导、构造这种交往行为的社会制度结构看作是社会认识实践的主要特征，并以之为研究对象。他认为，"不论在科学、法律还是教育中，真信念比之假信念或意见，总具有某种价值，并且是真实性的价值"①。

（一）知识与辩护的路径

"知识就是真信念"是指我们拥有外在事物的信息，其中蕴含着真理。但是这种拥有只是蕴含而不是对信念做出必要的辩护。人们生活中处处弥漫着这种理解方式，如我们看新闻想知道当天的选举结果，老师对学生做出测试想了解学生是否知道了问题的答案。所有这些都是希望获得蕴含真理的信念而不是对此做出辩护。这就是古德曼所说的"求真"社会认识论。而认识论的困境就在于辩护。

在当代认识论中，最核心的问题是"知识是如何与辩护和信念相联系的?"这个问题之所以是认识论的核心问题，是因为在对"知识"的每一个传统说明中，信念和辩护都是知识的最重要的构成要素。而且，在很难获得知识的某些领域中，我们只能按照具有充分根据的信念来引导我们的生活和理论研究。实际

① Goldman A I. Knowledge in a Social World. Oxford：Clarendon Press，1999：3-5

上，西方哲学家对知识问题的关注与他们对知识价值的认识具有很大的关系。对西方哲学家来说，认识我们周围的世界不仅具有工具的价值，而且实际上也具有内在价值，因为这种认识是人类自我理解的一个本质方面，而且有可能成为我们自我理解的一个桥梁。

那么，我们的知识主张为什么需要得到辩护？我们称之为“知识”的东西与我们日常的意见和猜想是不一样的。知识主张要求一种特殊的认知地位。一般来说，没有谁能够声称他知道某个东西，除非他能够说出他是如何知道那个东西的。例如，假设你不知道一个几何定理是怎么证明出来的，那么，当你声称你知道那个定理时，你就显得有些荒谬。换句话说，你必须有证据证明你是如何知道那个定理的，即使你的证据有可能是错误的。认识论的主要任务就是要阐明在什么条件下我们应该相信或者不应该相信某个东西。在这个意义上，我们可以说，认识论的核心问题关系到信念的辩护，知识和辩护之间有着重要的联系。当然，知识和辩护的关系也是很复杂的。

历史地看，哲学家们普遍承认，认知辩护是知识的一个必要条件。早在古希腊时期，柏拉图就在其《泰阿泰德篇》中借苏格拉底之口提出了关于知识的定义。在关于知识的本性的讨论中，智者泰阿泰德认为可以将知识定义为“真的信念”，但苏格拉底则认为这个定义并不妥当，因为有可能出现这样的情况：我们相信关于某一件事的某种说法，并且这种说法的确是真的，但我们并不能因此就说我们拥有关于此事的知识。例如，在考场上，有一学生甲被指控作弊。假设甲确实在作弊，但监考老师并没有掌握确凿的证据证明甲作弊。于是，老师就使用自我编造的论断过程使得校长和其他老师相信甲是在作弊。在这一情境中，甲作弊乃事实，所以为真。校长和其他老师也相信甲作弊，所以是“真的信念”。但是，我们能因此就说校长和其他老师有关于“甲在作弊”的知识吗？显然不是。因此，苏格拉底对泰阿泰德的建议加上“必须经过证明”这一条件。

由此可见，知识得以成为知识必须满足“真理”、“相信”、“证明”这样三个基本条件。用现代哲学的术语来说就是：

某人 S 知道命题 P 当且仅当

（1）P 是真的；

（2）S 相信 P；

（3）S 的相信 P 是经过证明的。

在上述公式中，条件（1）是知识的“成真条件”，条件（2）是知识的“信念条件”，条件（3）就是知识的“辩护条件”。柏拉图关于知识的三条件说，构成了西方哲学史上关于知识的第一个定义。

1. 葛蒂尔的反例

柏拉图关于知识的古老定义在西方哲学史上的影响源远流长。直到如今，它依然是人们理解知识概念的基本线索。但是知识之所以成为知识，真只需要满足以上三个条件吗？最早对这一传统知识论的基本设定提出质疑的是葛蒂尔（E. Gettier），他于 1963 年在《知识是证明了的真的信念吗?》一文中用两个反例质疑这一从柏拉图开始的经典定义。

葛蒂尔的论证使用了分析哲学中惯用的一个技巧，即对一个论点提出一个反例。葛蒂尔提出了两个反例，试图表明传统的知识概念至少是不完备的，如果不是根本上错误的话。这些反例表明，尽管传统的知识概念所要求的那些条件都得到了满足，但在直观的意义上认知主体仍然没有知识。所以，葛蒂尔认为自己已经反驳了传统的知识概念。葛蒂尔自己提出的反例并不是非常明确的，不过，我们很容易构造出本质上相似的反例。比如，考虑如下两个案例：

案例 1：在王瑛工作的那家公司，他的同事林峰有一辆奔驰汽车，林峰时常向他的同事炫耀说：拥有一辆奔驰汽车，穿着奔驰牌子的圆领衫，接到奔驰汽车俱乐部发来的电子邮件，等等，对他来说是一件多么快乐的事情。按照这些说法，一方面，王瑛就推断她的一位同事拥有一辆奔驰汽车，而且强烈地相信这些事。事实上，林峰自己并不拥有一辆奔驰汽车——人们看到他驾驶的那辆奔驰汽车是租来的，而所有的其他的证据都是他精心设计的一个圈套，目的是要使人们确信他拥有一辆奔驰汽车。另一方面，王瑛的另一位同事何莉确实拥有一辆奔驰汽车，只是把那辆车放在了车库中，从来不去驾驶它，而且根本就没有向任何人提到她拥有一辆奔驰汽车。对于何莉以及她的奔驰汽车，王瑛没有丝毫的证据。

案例 2：假设石磊的女儿告诉她父亲，她已经买了一辆车。石磊知道他的女儿一向诚实可靠，所以不认为在这个场合她有理由会对他撒谎。这样，根据他女儿的话，石磊相信他家中有人买了一辆车。石磊是我的同事，有一天我们两人碰面时，我对他说："我听说家中有人买了一辆车。"石磊回答说："是的，我知道我家中有人买了一辆车。"但是，我们不妨假设，有两件事情石磊是不知道的：首先，他的女儿不同寻常地在这件事上对他撒了谎；其次，他的妻子确实秘密地买了一辆车，以便在他的生日的那天给他一个惊喜。

在这两个例子中，我们需要注意的是，其中所涉及的信念是一个一般的信念，而不是一个特殊的信念。例如，在第一个例子中，那个信念是王瑛的一位同事拥有一辆奔驰汽车，而不是他的同事林峰拥有一辆奔驰汽车。在第二个例子中，那个信念是石磊家中有人买了一辆车，而不是他的女儿买了一辆车。

现在我们问：在案例 1 中，王瑛确实知道他的一位同事拥有一辆奔驰汽车吗？在案例 2 中，石磊确实知道他家中有人买了一辆车吗？很容易看到，在这类例子中，传统的知识概念所要求的那三个条件都得到了满足。例如，在案例2中，首先，石磊家中某个人（即他的妻子）确实买了一辆车；其次，石磊一定相信他家中有人买了一辆车；第三，石磊的信念似乎是有恰当根据的，因为他的信息来自他的女儿，而他的女儿据他所知一向诚实可靠，所以石磊丝毫不认为他的女儿有理由对他说假话。这样，石磊确实具有一个恰当地得到辩护的真信念。然而，甚至从日常的观点来看，大概没有谁会认为石磊确实知道他家中有人买了一辆车，或者王瑛确实知道他的一位同事拥有一辆奔驰汽车。

据此，葛蒂尔认为，知识不可能就是得到辩护的真信念。因为从直观说，虽然这两个人的信念都是真的，而且在某种意义上得到了辩护，但那些信念只是偶然是真的——在石磊的家中，恰好有人确实买了一辆车；在王瑛的同时中，也恰好有人确实拥有一辆奔驰车。

面对葛蒂尔提出的反例，大多数哲学家认为，传统的知识概念是不完备的，我们需要对知识提出第四个条件。一旦我们发现了这个条件，那么，只要一个主张满足这个条件以及原来的那三个条件，它就可以被称为知识。很多哲学家致力于寻求这"第四个条件"，试图把我们从葛蒂尔的挑战中挽救出来。

不过，在考察对这个挑战的可能回答之前，我们需要注意这种反例所使用的两个技巧。首先，这些反例旨在表明标准分析所提供的条件对于知识来说是不充分的：在一些可能的情形中，那三个条件都得到了满足，但我们不能说我们具有知识。其次，那个挑战的有效性并不取决于确实有一些实际的情形，在这些情形中，标准分析中的分析项是真的，但被分析项是假的。任何虚构的例子都能有效地充当葛蒂尔类型的反例，只要它们能够表明确实有那种可能性就行了。

其实，分析到这里，不难看出，葛蒂尔问题的实质在于指出：人们可以从一个错误的前提中无误地推论出正确的结论。因此，这一问题促使人们去寻找除了"真理"、"相信"和"证明"之外知识的第四个条件。

2. 古德曼的"因果知识论"

有什么办法回答葛蒂尔所提出来的这个挑战吗？其实不难看到，在葛蒂尔提出的反例中，目标信念没有资格成为知识，主要是因为那些信念是以一种不正确的方式形成的。因此，在试图处理葛蒂尔提出的反例时，古德曼建议我们应该关心的是信念的因果起源，他的"因果知识论"（the causal theory of knowledge）也是20世纪60年代以来英美哲学界就葛蒂尔问题而讨论得出的重要的成果之一。

1976年，古德曼在《哲学杂志》上发表了他的那篇著名文章《关于知识的一种因果理论》。在此文中，古德曼讨论了葛蒂尔的反例，特别是其中的第二个反例。经典的知识定义其疏忽之处就在于未能清楚地界定我们信念的内容与信念之间的因果关系。为了阐明这一点，我们不妨再次考虑一下我们先前提到的那个例子。

石磊相信他家中有人买了一辆车。在这个例子中，石磊的信念有两个来源：一个来源是他的女儿告诉他的话，另一个来源是他的背景信念，即他的女儿向来诚实可靠。值得注意的是，他的女儿在那个场合为什么对他撒谎并不重要，关键是他的女儿其实并没有买了一辆车。然而，“他的妻子买了一辆车”这件事与他的目标信念并没有因果联系。并不是因为他妻子买了一辆车，石磊才持有他确实持有的那个信念。为了便于比较，我们不妨略微改造一下这个例子。假设石磊的女儿确实买了一辆车，并告诉他爸爸她买了一辆车。那么，既然他的女儿一向诚实可靠，在那个场合缺乏撒谎的动机，我们确实会说石磊知道他家中有人买了一辆车。在这种情况下，石磊的信念不仅是真的，而且有资格成为知识，因为那个信念是由使得那个信念为真的那件事情引起的。具体说，石磊的信念是由他的女儿告诉他的话引起的，而他的女儿告诉他的话是由“她买了一辆车”这件事情引起的。在这当中涉及一个因果链，正是这个因果链使石磊的真信念成为知识。

因此，通过诉诸信念的因果联系，古德曼对“知识”提出的因果分析就可以解决为什么有些真的信念可以算作知识，有些则不算。从知识的角度来看，一个真信念的因果起源比认知主体对那个信念是否具有辩护更加重要。当然，更有可能的是，认知主体对其信念既有辩护，而他的信念又具有正确的因果联系。不过，古德曼强调说，正是由于信念的因果联系，而不是由于认知主体对它的辩护，一个信念才算作知识。信念可以具有错误的因果联系，例如，我们的知觉信念可以是由幻觉引起的。如果一个信念的因果联系把那个信念与它所关于的东西恰当地联系起来，那么那些因果联系就是“正确的”因果联系。按照这个思想，他提出来如下定义：

某人 S 知道命题 P，当且仅当：

（1）P 是真的；

（2）S 相信 P；

（3）P 所相关的东西以恰当方式与 S 的信念 P 发生因果联系。

知识的因果概念是古德曼对可靠性学说提出的改进。这个概念的基本思想不难理解。假设你看到墙上有一只壁虎，并且在你知觉经验的基础上形成了相应的信念。按照古德曼的观点，你的信念算作知识，因为这个信念是你按照正确的方式与那个事态发生因果联系的结果，而且，只要那个因果联系是正确的，你的信念就不仅是真的，而且也得到了辩护。相比较，假设你喝醉了酒回到家里，在神志不清的状况下看见墙上有一只壁虎，并且据此相信墙上有只壁虎。但实际情况是：你的屋顶上挂着一只壁虎玩具，灯光把那个玩具投影到墙上去，你的信念实际上是被那个投影引起的。在这种情况下，你的信念就不可能算作知识，因为形成你的信念的因果链并不是一个正确的因果链。古德曼的观点确实传达了一个重要思想：有资格成为知识的那种信念必须与客观实在具有某些联系，而因果关系大概就是那些联系中的重要中介。正如柏拉图所认为的那样，一个具有知识的人必定已经以某种方式接近了客观实在，而单纯的信念肯定是主观的。比如我们常说的“一朝被蛇咬，十年怕井绳”，我们怕的是蛇而不是井绳，因为我们曾经被蛇咬过（原因），是蛇引起我们害怕（结果）而不是绳，我们是把绳误认为是蛇。也就是说，我们怕井绳的原因是蛇，我们把井绳当做蛇。

（二）内在主义与外在主义

我们已经看到，自从葛蒂尔提出了他对知识的标准分析的挑战以来，哲学家们主要试图通过修改标准分析的第三个条件来回应葛蒂尔的挑战。这些试图都有一个共同的特点，即倾向于以一种外在主义的方式来设想“知识”。内在主义者认为，只有认知主体能够以某种方式（例如通过内省和反思）意识到的东西才能影响认知辩护，外在主义者则否定了这个思想。只有当我们能够解决我们的信念的认知地位，而不预设有可能会导致怀疑论者怀疑的任何东西时，我们才能成功地回答怀疑论者在知识和辩护问题上提出的挑战。这个思想确实是内在主义的魅力所在。然而，外在主义者认为，如果我们仅仅局限于通过内省和反思我们能够确定的东西，那么，即使我们认为我们的信念在那个基础上得到了辩护，我们仍然无法保证它们就是真的，或者很有可能是真的。这样，外在主义便采取了一个激进的转向，即把知识放置在我们与外在世界的关系之中。

根据外在主义，在一个人的信念和使得那个信念为真的事实之间应该存在某种密切的联系，知识就被处理为与事实发生共变的信念。这个观点之所以被称为“外在主义”，就是因为它使一个人的知识取决于他可能认识不到的外在因素。外在主义者假设，如果一个人的信念要算作知识，那么这个信念就必须事实上满足一系列条件，但知识并不要求那个人意识到那些条件确实得到了实现。即使外在主义者通常假设一个人的信念必须是以某种可靠的方式获得的，但他并不认为，为了获得初级阶段的知识，一个人需要了解相关的认知过程的可靠性。外在主义的吸引力主要在于两个事实。首先，外在主义似乎维护了真理、信念与知识的直观联系；其次，外在主义似乎并不要求我们对理性反思的能力做出过分夸张的主张，从而允许我们把知识赋予某些动物、幼儿以及不太老练的成年人。

对外在主义者的批评主要是立足于内在主义的直观，而且把可靠主义设定为批评的首要对象。我们可以这样来看待内在主义批评的要点。假设有这样一个可能世界，在那个世界中，每个认知主体都受到了一个无所不能的邪恶精灵的有意欺骗。这样，即使我们认为我们的信念似乎都是真的，但从那个精灵的观点来看，它们其实是假的。在那样一个世界中，人们的知觉信念、归纳信念和数学信念都是假的，即使他们对那些信念具有的基础与我们在现实世界中对那些信念持有的基础是完全一样的。例如，每当那个世界中的人们似乎看见他们面前有一棵树时，他们就相信在他们面前有一棵树；他们也相信"2 + 2 = 4"这样的命题，因为那些命题对他们来说似乎是自明的，等等。尽管那些人是在一种极不可靠的方式形成其信念的，但他们普遍认为，他们在持有自己的信念上是有辩护的，就像我们认为我们在那些信念上得到了辩护一样。既然他们就像我们一样对信念具有同样的根据，并且对其形成采取认知上负责任的态度，那么我们就遇到了一个令人困惑的问题：假若我们认为我们的信念确实得到了辩护，那么我们何以能够认为他们的信念得不到辩护？如果我们认为他们的信念同样是有辩护的，那么似乎我们就只能得出这样的结论：信念形成的可靠性并不是知识和辩护的一个必要条件。因此，如果一个人对其信念产生过程的可靠性没有任何的认知行动，那么可靠性本身对于辩护来说不可能是充分的。当然，我们无需否认信念产生的可靠性确实是决定辩护的一个主要因素，但不管怎样，那个因素不可能是决定我们信念是否得到辩护的唯一因素。

那么，什么是外在主义认识论的根本问题？这个认识论的关键概念是"可靠性"的概念。正如我们已经看到的，如果我们想要按照那个概念来说明知识，那么我们就只能在某些合理的条件下来设想"可靠性"，而不是相对于每一个可设想的状况来理解那个概念。这个规定也符合我们对"可靠性"概念的日常理解。例如，在我们的正常生活条件下，如果一辆汽车能够正常地行驶，那么我们不会因为它在撒哈拉沙漠或者在南极洲行驶得不够好就认为它是"不可靠的"。可靠性概念是相对于我们的利益或兴趣来定义的，其标准是由我们来制定的，而不是仅仅由自然来设定的。因此，即使外在主义者试图按照"可靠性"概念来阐明知识的辩护，认识论不可能被完全"自然化"。我们不可能完全用非规范的语言来阐述和说明我们的认知活动。

外在主义者正确地认识到，为了把信念转变为知识，信念就必须满足某些条件，那些条件关系到认知主体与认知对象的关系。然而，外在主义者错误地认为，为了有资格具有知识，认知主体无须知道那些条件都得到了满足，或者甚至无须对那些条件具有某种程度的认知接近。我们认为这个主张是错误的，因为如果一个人自己有一切理由相信他用来形成信念的方法完全是不可靠的，但他又确实依靠那个方法来形成信念，那么我们无法合理地认为他是认知上负责任的，即便他所使用的那个方法是可靠的。问题就在于：一方面，他自己并不知道那个方法其实是可靠的；另一方面，根据他所具有的一切理由，他认定那个方法是不可靠的，但又按照那个方法来形成信念，因此，在这样做时，他就违反了某些合理性原则。

（三）认识论的可靠主义

古德曼对外在主义的改良是通过可靠主义来进行的。他是可靠主义认识论的一位先驱。就像他的可靠主义理论是按照直觉知识的模型提出来的一样，他对知识的因果分析也是按照他对直觉知识的分析提出来的。不过，古德曼试图把这个概念扩展到经验知识的一般情形。

我们可以举古德曼提到的一个例子来说明这一点。假设有一位野外地质学家实地观察到火山岩的某种分布状况，他因此断言那座山脉几千年前经历了一次火山爆发。火山岩的分布状况确实是很久以前火山爆发的结果，因此，那位地质学家做出的判断是正确的。现在我们假设，那座山脉在过去的某个遥远时刻确实经历了一次火山爆发，从那次爆发中产生出来的残骸分布到那片土地上，但是有一些巨人曾经清除了那些残骸。在后来的某个时期，由于审美趣味上的变化，下一代的巨人又重新恢复了那些残骸，如此经历了几次的反反复复。按照这个假设，那位地质学家所得出的结论只是碰巧与事实相符，因此我们就很难说他确实知道历史上那座山脉曾经发生过火山爆发，因为他据以推理的火山残骸的实际分布是人为制作的，并不是那次火山爆发的实际结果。按照我们的直观认识，如果那位地质学家所看到的状况是那次火山爆发的实际结果，那么他就具有知识；如果那个状况已经被改变，那么他就不具有知识，因为它所相信的事实与他对那个事实持有的信念并没有因果联系①。

哲学家们几乎一致认为，对知识进行分析归根结底是要回答：究竟是什么东西把一个真的信念转变为知识？他们也普遍同意，知识既要求“真理”又要求“信念”。但是，只是满足这两个要求对知识来说是不充分的，因为我们可以碰巧拥有一个真的信念，但这样一个信念并不能被称为“知识”。为了使一个真信念有资格成为一个知识，我们就需要对那个信念提供辩护。然而，在知识要求什么样的辩护上，哲学家们就存在分歧了，葛蒂尔提出的挑战表明：传统的知识概念是不完备的。为了回应葛蒂尔的挑战，一些哲学家试图为知识提出第四个条件来挽救传统的知识概念。许多哲学家都认为，一个认知主体的证据是由他的信念和经验状态（例如感觉状态、内省状态、记忆状态和直觉状态）构成的。认识论的内在主义者进一步认为，一个认知主体的信念和经验状态，为了充当辩护一个信念的证据，必须是他可以直接认识到的。因此，我们也可以得出这样一个结论：一个认知主体对其信念的辩护也是他可以直接认识到的。

然而，很明显，这个结论是站不住脚的。大概正是出于这样一种考虑，有部分哲学家建议说，我们不应该把知识和辩护过分密切地联系起来，也许知识并不

---

① Goldman A I. A Causal Theory of knowing. Journal of Philosophy. 1967，64（12）：357-372.

要求辩护，而是要求某些其他的东西。在这种思想的影响下，“认识论的外在主义”转向产生了。这种理论最成熟的一种，就是最近三十年来在认识论中日益流行的“可靠主义”①。

可靠主义者认为，为了把一个真信念转变为知识，我们并不需要对那个信念提供一个证据的辩护，而只要求那个信念是以某种方式可靠地产生出来的。正如古德曼所说：“如果一个信念要算做知识，它必须是由一个一般来说是可靠地（认知）过程引起的。”② 我们的知觉信念一般来说是真的，因为产生知觉信念的那个过程一般来说是可靠的。按照他们对知觉信念的理解，可靠主义者试图把这个思想推广到其他的认知过程，例如内省、记忆和理性直观，认为只要一个认知过程是可靠的，那么通过这个过程产生出来的信念一般来说就是真的。因此，按照可靠主义的观点，我们就可以说，把真信念转变为知识的那种东西，就是我们认知过程的可靠性。

可靠主义的基本思想是：只要一个信念是按照一个可靠的方法产生出来的，或者是从一个可靠的程序中产生出来的，那么那个信念就不仅具有辩护，而且也有资格成为知识。可靠主义者认识到，知识，尤其是经验知识，是我们通过可靠的研究方法获得的东西。然而，如果仔细地加以分析，我们就会发现可靠主义的理论要么过分简单，要么本身并不对“知识”和“辩护”提供一个充分合理的说明。可靠主义理论的根本困难主要在于它未能对“可靠性”概念提出一个充分明晰的说明，尤其是未能把那个概念与认知辩护的概念恰当地联系起来。为此，一些哲学家就提出了建议：知识不仅需要以可靠的方法为基础，而且要求认知主体与认知对象具有某种实际“接触”。比如，认知主体与认知对象必须有某种“直接的”因果相互作用。按照这个观点，把知识与真信念区分开来的东西不是辩护（或者抽象地考虑辩护），而是信念的因果联系。如果一个信念具有正确的因果联系，那么它就是知识；如果具有错误的因果联系，那么它就仅仅是真的信念，而不是知识。这种观点的代表理论就是我们前面提及的“因果知识论”。

总之，可靠主义通过古德曼、阿姆斯特朗等被确立为应对葛蒂尔问题的一种进路。作为一种新的知识和确证的论证途径，可靠主义发展为当代知识论的重要范畴，其后的知识论家对它的范畴进行的扩大和修正，可靠主义也因此并没有成为明日黄花。在某些意义上，求真主义与可靠主义是内在相容的，或者可以说求真主义是可靠主义的表现。关于求真主义的知识社会化，可以通过可靠主义的路径来加以实现。古德曼的求真主义是与社会实践、社会主体关联的。社会实践就

① 可靠主义的主要代表人物有：阿姆斯特朗、德雷斯克（F. Dretske）、古德曼等。

② Goldman A I. Epistemology and Cognition. New York：Harvard University Press，1986：51.

是产生知识的一种过程，只有在实践中，知识才得以实现。或者我们也可以理解为，实践过程就是知识形成的过程。

二、古德曼认识论中的社会维度

从不同维度对知识进行分类，就会相应产生出不同的结果。相对于群体认知，个体认知似乎更早出现，传统的认识论，历来都专注于个体认知者和他们的心智，这其中所包含的预设则是认知者都是个体，认知的产生由这个个体的心理过程实现，并同时存留在其心脑之中。但即便如此，在传统知识论中排除“社会性”（the social）也是不合适的，因为成年人的大部分世界观都依存他们所处的社会而形成。通过语言这种工具，他们很大程度上都能通过社会交互作用而对其他认知者施加影响。从这个角度看来，认识论具有社会的维度就是必要甚至必需的。不过，这种社会维度应该如何理解和构建？古德曼在《社会世界中的知识》一书中就谈到了到个体知识中社会因素对认知工作分配的影响①。虽然他并没有说明这些知识的存在条件是社会的，但是由此可以看出个体理性或者说个体知识对于科学来说所拥有的价值并没有群体知识来得重要，至少并没有我们想象中的那么重要。而群体认知又被称为集体认知或团体认知，由于这类知识的获取来源不再是个体单个的心理过程，而成为某种社会语境或社会环境，因而这样的认知过程就很明显体现出社会性与人际交互性的相关特征来。

（一）群体性认知及其本质

这个问题关注的主要是什么样的人拥有知识：除了个体学者之外是否还有集体性的学者，是否一个群体可以拥有其成员所不能拥有的一种信念，是否存在着群体性的知识、辩护以及理性。

在古德曼看来，“社会认识论的社会性可以表现为：第一，社会认识论关注的是知识的社会路径；第二，社会认识论并不把自身限制在单独的奉行者那里，它常常关注于一类集体、群体并检查团队成员间信息或错误信息的传播。它强调在更大的社会群体中知识或错误的分配”。②

传统认识论对知识获取的途径并没有详细划分是个体信念还是群体信念，在传统认识论那里并不是很重要。但是认识论发展到如今，人们的认知活动很大程度上开始依赖社会调查系统和知识分配系统，因此，通向群体的社会认知活动更显得加重要。在现代如此复杂多变的外部世界和科学活动中，重视以社会群体为活动主体的认知活动是我们必要与必然的选择。以社会认识论为理论工具，我们

---

① Goldman A I. Knowledge in a Social World. Oxford, UK: Clarendon Press, 1999: 203-221.

② Goldman A I. Knowledge in a Social World. Oxford, UK: Clarendon Press, 1999: 10.

可以认识群体知识的本质及其认知特点。

尽管哲学家在一定程度上意识到知识的社会属性，把关注点放在影响或决定个体知识和认知方法的社会因素上，但社会群体自身是否可以成为传统认识论意义上的具有辩护真信念的认识主体，对这种问题的思考是在社会认识论研究逐渐成熟、走向具有自己学科定位和学科建制的理论诉求的过程中逐步产生出来的。与之相适应，首先就是对这一术语及其相关概念的研究。其内容大致可以分为以下三个问题[①]：

第一，什么是群体性知识？

第二，群体辩护与认识优势在哪里？

第三，群体辩护如何区别，又以什么方式区别于个体辩护？

所有这些问题都从新的角度对认识的群体意向性、理性甚至可辩护性做出新的解读，促进了当代认识论研究，同时也成为其中最有吸引力的论题。

古德曼对认识的层次有着不同的划分。他主张初始确证的基础性地位，而人际的或社会的认识确证维度仍然依赖于个体内在的理由。有学者认为，认知者能够诉诸物理世界而非心理状态来确证一个信念。然而，无论主体为辩护其信念说了什么，也都必须表达心理状态，包括其前提信念、知觉，等等。使某人确证的东西并不必然是可以被说出的那类陈述，而是那些陈述所表达或描述的心理状态。因此，信念持有者的心理条件，或者他所执行心理操作对确证性来说都是根本的，而对这些内容进行报告的能力至多只具有衍生意义。这一点或许可以成为我们探究个体维度知识的重要考虑之一。这就是心理表征问题。

（二）因果可靠性的社会路径

我们注意到，与在知觉知识、一般经验知识的情形中不同，认知主体的信念其实是推理的结果。例如在那位地质学家的情形中，他的信念是经过这样一个过程形成的：火山爆发→火山残骸的分布→地质学家看到火山残骸的分布→按照某些地质学的背景知识进行推理→形成了这个地方历史上曾经有一次火山爆发的信念。为了形成这个信念，地质学家就需要在心理上重建一个有关的事件发生的因果链。为了处理这样的情形，古德曼提出了两个要求：

（1）认知主体以正确的方式与世界的相关部分发生因果联系。

（2）认知主体在心理上正确地重建了那个因果链。

按照第一个要求，因果联系必须是正确的。在前面设想的那种情行中，那位地质学家就没有处于正确的因果联系，尽管他的信念确实是真的，而且在某种意义上是有辩护的。通过强调这个要求，古德曼认为他就能处理葛蒂尔提出的反

① 殷杰，尤洋．社会认识论的理论定位、研究路径和主要问题．哲学研究，2009，(4)．

例。按照第二个要求，如果在对因果链的心理重建中认知主体犯了错误，那么他最终得到的信念也没有资格成为知识。一旦我们对心理重建施加了这个限制，我们可以避免把偶然为真的信念看作知识。

在古德曼看来，"知识就是真信念"是由可靠的过程产生的。如果一个信念是"由一个一般的、具有可信性的过程所形成"的话，那么它才能作为知识。换言之，如果一种信念来自于一个可靠的过程，则这种信念就是知识。古德曼的过程可靠主义经历了四个阶段的发展：从提出历史可靠主义开始，进而接着是规则可靠论，继而引入强与弱的双重确证论，最后是德性确证论。信念是一系列可靠的以及有条件的可靠的认知运作过程的结果。

1. 知识的传递

知识最初只属于个人，必须通过传递才能将之传送给他人或共同体，乃至整个社会。因此古德曼认为，通往知识的最普遍和基本的路径就是观察信息从一个个体到另一个个体之间的传递。更简单地说，就是考察决定报告的观察者，及赋予报告人信任的接收者，即观察信息的人际传递。

首先，只有当集体成员观察到一个或者以上事实时，"发现"才会出现，只有在此时被观察到的事实实际上才是事实，也就是真，尽管这里把发现描述为"个体的实践"，但它又并不纯粹是个体的。其次，第二阶段涉及是否确定、如何交流、交流什么以及与谁交流，涉及诸多具体的选择，且这四个选择的维度可以互相独立，传递的媒介或方式的选择或许就限定了有多少信息量可被发送，而信息的对象或许也会影响其内容，反之亦然。再次，在上一阶段之后，谁接收了信息、接收了多少，是否得到了适当理解不同程度的成功交流的存在，会导致知识总量的水平上的差异。最后，一旦某个信息被一个或以上听者所接收，那就进入"接受"的环节，也就必然对报告的内容采用相应的信念态度，即相信、拒绝还是保留判断。当然，这涉及具体的置信度①。

面对认识语境的逐渐扩大，当代认识论的认识主体需要扩大至集体对象。但是，认识论的标准特征还必须保留，社会化的认识论必须具有规范的研究路径。这样，知识的社会语境考察就意味着辩护方式的规范性与社会性融合起来。其实，在知识的传递过程中，古德曼已经变相承认了社会因素，以个体为认识主体的知识过程也可以转换到社会主体的知识或证明过程。因此，传统可靠主义可以转换到社会可靠主义的范畴。认识论的社会取向是一个漫长的过程，社会可靠主义则为我们的认知活动打开了崭新的一页。

---

① Goldman A I. Knowledge in a Social World. Oxford，UK：Clarendon Press，1999：104-105.

2. 可靠主义的统合

可靠主义的统合对应于两个视角的知识路径，即个体维度和社会维度的。通过对古德曼个体维度和社会维度知识的了解，（虽然社会维度贯穿的是求真主义的线索，但与隐含的可靠主义脉络还是相是一致的）。除了关于知识的辩护难题外，更主要则是其社会性的不足，强调社会性的可靠主义正是我们所积极探求的方向。因为只有这样，可靠主义才能统领个体与群体、自然与社会等两个相对的领域。这里的规则仍然是可靠主义，只是这样的可靠主义不再是单纯的古德曼理解的个体过程可靠主义，而是结合了社会认知的角度。强调认知的视野需要个体与群体之间的转换，从心理过程扩大到社会认知，那么对社会意义的可靠主义加以准确定位似乎很关键。

在古德曼看来，社会群体产生或形成地位、权威和社会权力的系统，一旦那些被赋予高层地位的社会群体出现了错误，那些错误的言论或学说可能获得广泛的传递，甚至在面临强有力的反证前也很难消除。权威人物的影响可能会固化某些思想框架，并抑制新事物和发明①。因此，从社会维度来看，知识的辩护或者说规范的辩护（虽然说我们缺乏严格意义上的知识所要求的那种“完备辩护”）同样可以成为社会认识论的研究内容；而研究的目标则更注重与世界、他人的联系和沟通。只有通过认识的互动过程，定义、理解、实践和反思其中的时代特征与理论价值，所产生的社会事实和社会认识才具有意义。

（三）社会认识的“社会”意义

一般认为，“社会的”意义的多样化理解，带来社会认识领域中不同学科之间的区别。比如在早期的知识社会学中，“社会因素”根本上指的是各种兴趣或利益，比如传统的兴趣、政治兴趣或者其他与权力和政治的“真正的”或“存在的”世界有关的东西。曼海姆、默顿等就把自然科学从那种影响其他信念范畴的“社会的”或“存在的”影响因素类型排除出去。科学被看作是相对于其自身的社会，很大程度上是独立于社会的其他部分。

不过古德曼认为，后来科学社会学家们也倾向于提出同样的排除式的特征，“强纲领”理论所体现的也被社会因素所影响，而这里的“社会因素”是指与阶层、政治学相关联的兴趣或倾向，或者其他与科学问题无内在关系的社会运动。对强纲领内的科学史实的研究已经表明，科学家是如何受到因为考虑那些“外在于”他们所面临的科学论点和证据的影响。因此，社会因素在这里成为证据或认识域之外的因素，“社会的”与“理性的”形成对比。

---

① Goldman A I. Epistemology and Cognition. New York：Harvard University Press，1986：137.

然而，“社会的”不同观念或许使得社会因素始终处于理性和认识的范围之中。这样的观点也被很多科学的社会认识论家所认同。也许从认识的社会视角，群体信念的某个概念被证明有效并不够，还要求群体信念要具有认识的属性，这个观点必须要同样被证明有效、合理，才可以说团体或者群体是认知者。在古德曼看来，并不是每个人都愿意接受群体信念这样一个概念的，就更加不会认为群体信念是社会认识论的重要研究对象了。传统的认识论仍然是内在主义的天下，他们认为只有个体的认知主体能够以某种方式（例如通过内省和反思）意识到的东西才能为认知活动辩护。同时他还强调在通往知识的途径中，个体与其他主体之间的关系具有重大作用，这在古德曼的《社会世界中的知识》一书中都有相关论证。社会认识论的构建既可以基于社会成员中个体之间的社会关系，也可以基于拥有认识属性的集体或社会化的主体之间的关系①。

概言之，17 世纪以来，认识论问题就已经成为哲学的核心问题之一，而当代的社会认识论研究，更是透过“知识”这一重要媒介，将人类固有的社会性很好地展现出来。可以说认识的个体化也好社会化也好，二者在本质上是并不相互冲突的，甚至只有这二者之间更好地融合借鉴，才能更好地服务于我们社会认识论的理论构建和认知探索。

三、古德曼两种认知维度的哲学统合

如前所述，社会认识论有社会的和求真的两个维度。之所以有社会的维度，其理由是社会认识论并不是将其自身限制在单一个体上，而往往关注于特定社会集团或者组织，社会认识论充分考虑集体的或具有合作性质的实体；之所以具有求真维度，是因为认识论是对社会实践进行求真性价值分析的学科。求真认识论既关注知识（通常知识被理解为“弱”意义上的真信念），也关注作为其对立面的错误（虚假的信念）和无知（真信念的缺乏）。求真认识论的主要问题是：与错误和无知相比，哪种实践活动对知识具有相对积极的影响？个体的求真认识论考察的是个体化的、理念的、非社会实践的问题，而社会的求真认识论探讨的是社会实践问题。

在求真主义的概念中，社会实践或制度要根据其促进真信念的倾向去评价。考察个体化的、理念的、非社会实践的问题时，我们可以看个体的求真维度。认知主体在获得知识或获取真信念、避免错误中，其兴趣既是内在的，也是外在的。这就涉及如何评价这类认知实践对真知或谬误本身所做出的因果贡献，只有系统的构建理论框架，这样的评价工作才会得以完成。古德曼正是在此意义上理解认识活动的，即从真理关联性的求真主义维度评价认识实践。对古德曼来说，

① 方环非，黄华新．知识与确证——可靠主义的视野．浙江大学博士论文，2008，(4)．

社会行为的评价依据是对于认识论上有价值的真理或知识之类的事物是否起到促进作用。

古德曼的认识论，不管是社会维度还是求真维度，都与他的过程可靠主义相联系。社会认识的可靠主义，体现着可靠主义在知识与确证的自然和社会意义、个体与集体意义的统合。他甚至一直在试图对其内在主义与外在主义的争端进行调和。这将不可避免地引入可靠性概念。正是可靠主义统合了社会认识论的两个维度。

（一）个体到群体的求真路径及其价值

从个体求真到群体求真的道路，也就是从“主观”直觉到“客观”知识的转化过程，也是传统认识论中内在主义所无法逾越的鸿沟。面对这种境况，古德曼的过程可靠主义为其提供了一种解决方案。

作为可靠主义者，古德曼说：“我把认识论看作是一个评价性的或者是规范性的领域，而不是一个纯粹的描述性的领域。”① 就是通过直觉、内省和意识三种表现形式对个体知识的路径进行阐述的，这也是他所称的“过程”的内容。在其方案中，古德曼不是要放弃作为可疑的证据之源的直觉，而是要努力表明直觉分析作为证据或信念产生有效性的形成路径。在行为主义和实证主义大行其道之时，内省经常被视作个体的过程或方法的原型，但遭到一定的质疑。从科学的角度看，它没有满足科学知识、甚至知识所要求的必须“以公共的或主体间的信息，以及公共的方法为基础”的标准②。但不能否认的是，人们有时确实就是通过内省来确定他们的意识状态。我们姑且抛开依赖于内省的方法在认识论意义上是否有效，而着力于运用某些途径对其展开，这样或许才是比较现实的。

在古德曼看来，我们需要按照“正确的”规则系统允许我们相信的东西来说明“辩护”。这里我们需要引进一个古德曼的认识论概念，即 *J*（justified，确证的）规则的进路，也可以理解为“确证规则体系”。*J* 规则进路是说：只有运用体系内的规则或规则组合成为一个体系，并且这个体系内的规则和组合均被认可接受时，这个体系才能称得上是适合的。尽管此时那些被许可的信念并不一定都为真。如果体系 *R* 内的某个规则在与 *R* 的其他规则组合时，不能全部被许可接受，那么 *R* 这个体系就是不适合的。因此，在与其他规则组合时，如果某个规则不能被其他规则接受，那么它就不能属于一个适当的体系③。

对于个体进路，*J* 规则的许可条件并不涉及他人，它们会把自身限定在认知

① Goldman A I. Epistemology and Cognition. New York：Harvard University Press，1986：3.

② 这段文字中关于古德曼对个体认知的描述，参见方环非，黄华新．知识与确证——可靠主义的视野．浙江大学博士论文，2008，(4)．

③ Goldman A I. Epistemology and Cognition. New York：Harvard University Press，1986：390.

者自己的心理内容范围内，比如预先的信念、知觉域，表面记忆、认知操作，等等。绝大部分传统的认识论都注重这种心理状态，但它们并非完全心理主义，通常还包括预先信念与目标信念间的逻辑关系。这种逻辑关系自身并不是心理上的。然而，因为它们并没有关涉他人，因此还是可以成为宽泛意义的“心理主义”进路，并且与心理主义有些类似。在这个层次上，古德曼认为 J 规则需要拒绝和排斥社会的或人际的进路，因为在古德曼的认识的层次论中，这属于初始确证，而如果涉及社会维度或人际维度，则属于另一个层级。

概言之，知识最初只属于个人，必须通过传递才能输送给其他人、共同体，乃至社会。通往知识的最基本和最普遍的路径就是观察信息从一个人到另一个人的传递。从更常见的意义说，要考察决定是否报告和报告什么的观察者，以及那些决定赋予他们收到的报告多少信任的接收者，信息从观察者传递到接收者，观察信息是人际传递的。

至于古德曼求真路径的价值，求真主义社会认识论的目标在于根据它们的求真输出来评价社会实践。这里的求真输出包括知识、错误和无知等状态。可以归结为求真意义的价值或负价值和工具意义的求真值，前者如知识、错误及无知这样的状态，后者如促进或推动根本求真价值获得的那些实践。

古德曼在对带有根本价值的信念状态的分析中，提出了两种模式[①]。第一，把对命题的信念态度分为三类，即“相信”、“不相信”和“判断悬置”，此谓“三分法”；第二，允许无穷多的信念程度或强度，表示方式是在单位区间，如 0 ~ 1 范围内的任一点，这个就是信念度或置信度（degree of belief）。置信度等同于主观概率。那么这样的模式能否在实践中应用？显然并非所有信念都涉及“完全的确定性”。在古德曼的词汇里，他也承认没有完备的、确定的表述，因此他对求真价值的分配有时就预设了某种等同性或对等性，而出发点则是更看重一种方便之需。

在建构求真价值状态的模型中，古德曼采用了问答模型，认为后者提供了最为满意的理论框架[②]。比如，主体 S 的信念状态，不管是三分法还是置信度类型，都具有价值或负价值，如果它们能够回答 S 所感兴趣的问题，或者更普遍意义上，如果其他主体对 S 之知道的那些答案感兴趣。

为什么 S 会产生相应的兴趣？假设 S 对以下问题一无所知，比如门口这堆沙子共有多少颗沙子，今天为什么是阴天，美国第一任总统为什么是华盛顿，等等，那么对这些问题的答案一无所知会构成或带来其糟糕信念情形的求真条件么？这些无知状态是否意味着他的信念状态应该具有低求真值或低求真层次？即

① Goldman A I. Knowledge in a Social World. Oxford, UK: Clarendon Press, 1999: 88.

② Goldman A I. Knowledge in a Social World. Oxford, UK: Clarendon Press, 1999: 88.

使对此毫不感兴趣，古德曼也倾向于认为主体 S 对此一无所知不会有损于其信念状态的求真值。无论如何，如果或其他任何人都对此没有兴趣，那么这也不会降低其信念状态的求真值；

简言之，求真值应该始终根据感兴趣的问题进行评价。有时主体感兴趣的问题并不言明，而不是显明或者完全明确的，但不管是哪种问题，对古德曼来说都具有基本相同的意义①。古德曼进一步将关于求真性价值的分析模式运用于科学、法律、民主和教育领域，认为在全部社会生活层面都可以进行相关的求真性价值分析。

（二）社会的求真认识论

古德曼将求真主义问题进一步分化，认为它涉及两个问题，即如何能够原则上识别被改善的社会实践，以及如何能对于那些开始就运用不同选择实践的主体之间能够达成协议。古德曼通过天气预报的例证加以说明②。

假设地方气象台要为天气预报确立求真意义上的最好实践，需要根据现有五个气象预报员的判断进行综合，最后成为气象局对外预报的第二天天气状况，简单说就是有雨或无雨。显然，气象台希望天气预报越准确越好。那么，如何综合，才能实现求真意义上五个预报员的最好社会实践？假定两个预报员对有雨和无雨的预报准确率为0.9，其他三个则为0.6。那么至少有三种方式形成气象局的判断：一是无权重的多数原则，也就是多数专家赞成的预测就应成为气象局的最终天气预报信念，这样气象局正确的概率就为0.877；第二是权威原则，即气象局采纳其最有能力的预报员的预测，那么这里就有两个准确率为0.9的预报员，从中随机选择一个判断成为气象局对外公布的天气预报，这里的正确性概率为0.9；第三则是加权选择，认为一个最大的真理导向加权模式是把满足以下方程的权重 W_i 分配给每一专家 i：$W_i \propto \log\ (P_i/\ (1-P_i))$。其中，$P_i$ 代表专家 i 做出正确预测的概率。那么符合这一规则的权重分配就是0.392/0.392/0.072/0.072/0.072，比较高的选择权重0.392是前两个准确率为0.9的预报员，而0.072则是后三个准确率为0.6的预报员，这样的差异显然很明显，后面三个预报员的预测能力只稍好于随机预测。按照这样的加权选择模式以及得出的加权选择，最终形成气象台对外预报的判断，正确的概率为0.927。这在求真意义上显然要好于0.900的权威原则以及0.877的无权重多数原则。这种加权选择模式如何提高、改善单一的最大化权威专家预测？因为它隐含着无论何时他们达成一致，预测能力最强的两个专家的共同选择就会出现，而只有当他们意见不一致

① Goldman A I. Knowledge in a Social World. Oxford, UK: Clarendon Press, 1999: 89.

② Goldman A I. Knowledge in a Social World. Oxford, UK: Clarendon Press, 1999: 81-82.

时，余下其他专家的多数意见选择就会出现。通常情况下，如果使得气象台按照加权选择模式，我们就会认为是它可以采用求真意义上的最好实践。

问题是人们何以认为加权选择实践是求真意义上最为理想的，或者至少比其他两个方法要更好？这样的观点是如何形成的？古德曼提出了三种想法①。第一，人们可以用数学证明确立这个命题的定理，或者查看其他人的证明。无论哪一个都会正确地产生这个目标社会实践，即加权选择的选择实践；第二，人们或许是在加权选择模式之下有分歧地开始于选择实践。比如，某人A一开始遵循多数原则的实践，他个人接受多数专家形成的判断，而没有试图对他们的意见予以加权，他就某一问题咨询的大部分专家，尽管没有提供证明，但都认为加权选择模式是求真意义上理想的。因此，A就转向这种实践。另外一个人B一开始遵循权威原则的选择实践。对于任何问题，他都会辨别在他眼中对此问题最为权威的那个人，然后不管专家说什么都接受。那么在B的情形中，如果被选择的专家认为加权多数原则是求真意义上理想的方式，那么B就会转向这种实践。

以上例证至少表明三个问题：一是人们有时能够成功地识别求真意义上合适的目标实践；二是人们可能开始于某个实践作为他们的选择实践，然后将其运用到对一个对立的目标实践的认同；三是人们可能始于人际间不同的选择实践，但最终就理想的目标实践而达成一致。因此，成功或者准确性与协议或一致性在求真之域内都是可能的。古德曼试图表明：尽管在准确知晓专家能力时，加权选择模式或许是理想的，但这个条件却很少得到满足。那么有可能存在几个情形，使得这个实践或模式能够得以切实可行地操作。

（三）古德曼求真主义的社会性困难

在评价实践时，其应用的对象不是单个问题，而是可能的或实际的问题，范围极广，求真主义出现模糊性就不可避免，由此出现应用的相关性问题，即求真与相应的可能应用。我们只要考虑与实际世界相反的可能应用对象即可②。求真主义的认识理论致力于评价人们当前涉及的实践和团体，并探究是否可能还有更好的实践来替代当前应用的那些实践。这表明被评价的实践一定是那些到目前根本没有追踪记录的。为了评价这些实践，人们必须考虑它们在更广应用范围中的表现。我们必须考虑它们的求真“趋向”，而不是“频率”。实际上，同样问题也存在于那些具有先前追踪记录的实践。无论那个追踪的实践是什么，可能部分因为各种偶然特征，而这些特征并不稳定地导向未来实践的表现。我们这里要再一次考虑可能的以及实际的应用。确定实践的未来表现并不容易，直接的经验观

① Goldman A I. Knowledge in a Social World. Oxford，UK：Clarendon Press，1999：88.

② Goldman A I. Knowledge in a Social World. Oxford，UK：Clarendon Press，1999：91.

察也不能确定这样的未来表现，起决定作用的只是理论上的考虑，而这些考虑与背景经验信息有着显著的关联。

同样，求真主义似乎还蕴含某种自我支持，因为求真主义标准确保了不管已经=经有什么样合适的方法或实践，都将会被认同。而这种自我支持的纯粹自由主义太过随意，这些都使得求真主义理论显得困难重重。

其实，出现上述困境的根源在于求真主义的社会性问题，也可称为“社会化不足”。之所以无法确定客观真理，原因在于不同认知者具有不同结果，一个信念状态对应于不同的求真值。因此，社会成员间的互动因素需要列入考虑的范围。这就要求在确定命题真假的时候，必须诉诸其他社会成员的意见，即通过社会成员间的对质、比较，然后根据自己具有的可分辨因素来作为确定的标准。因此，求真主义要继续发展就必须做到评价标准诉诸其他社会成员的意见，强调成员间的互动。这里其实还有一个普通大众对专家的认识依赖这一现象，在《知识之路：私人的与公众的》一书中，古德曼为了强调外行个体对专家意见的依赖性，提出我们应探究多种外行对专家意见的抉择依据。正是通过这类消息源的可用性，外行或者说普通个体才得以形成对专家意见的依赖。这也正是我们的可靠主义统合中的“社会可靠主义”所要努力加以拓展的。

四、结　　语

认识论中的可靠主义可以说是一个典型的、具有范式意义的外在主义概念。古德曼的可靠主义因其独特的视角对当代知识论研究产生了重大影响，成为20世纪80年代以来独树一帜的外在主义主流学派。但古德曼的可靠性论述也存在着很大的局限性，最明显的就是他的可靠主义证明其实已经陷入了循环论证的困境。可靠主义的提出是为真理的证明提供保证，但是这个保证的核心是知识产生过程的可靠性，所以这个解释其实就是对于可靠性本身的解释。古德曼从开始强调确证过程的可靠机制，最后又力图转向心理学解释模式，走向了一种不彻底的自然化进路。对于古德曼改良后的可靠主义，实质上与内在主义和外在主义已经不可分了。无论是从实证的立场出发，还是从知觉研究的立场出发，他都已经陷入以词解词的困境。从这一点上来看，古德曼的认识论虽然没有割裂“真理”与实践的关系，但是把真理作为研究基点，还是存在着难以克服的局限性的。

诚然，我们或许对改良的可靠主义有所怀疑与不满，但充分考虑一下，这种新的可靠主义形式也为认识理论和知识探究开启了一个某种程度上崭新的视野，这个视野根植于传统的知识分析的理论，尤其是可靠主义的个体性，这里没有把社会可靠主义作为传统可靠主义的并列形式，而是作为社会知识与陈述确证的一种“自然化”路径，对人类知识的自然化和社会化路径进行更为细致的考虑与验证，并以一种新的视角探究人类知识的社会维度。

在大科学时代，人们处在科学共同体、学术机构、社会制度和文化传统等构成的认知网络交叉点上。只要承认社会因素，以个体为认识主体的知识过程可以转换到社会主体的知识或确证过程。从传统到改良的发展，可靠主义的变化自然也在潜移默化地进行。由此，传统可靠主义可以转换（改良）到社会可靠主义的范畴。

随着社会的变化，认知规范也在变化，而不同的认知规范如何能使跨越不同时间、不同来源的人获得共同认知思维方向？分布于不同空间的人们为什么会在几乎相同的时期产生出几乎相同的思维结果？不同利益之下的磋商如何形成思想的群体类型？达成共识的磋商机制和磋商原则是什么？如果说一切都是相对的、偶发的、受利益和权力驱使的，那么集体的综合判断力来自何处？虽然古德曼的认知理论从认识论的角度做出了一部分解释，但终究仍然不能令人完全信服。

在古德曼的理论体系中，求真维度与社会维度都是依靠可靠主义来统合的，我们首先要确定其相应的理论基础或者统合的可能性。这里不仅涉及对可靠主义的扩大理解，即从可靠主义延伸到可靠性的理论，而且基于古德曼本人对内在主义与外在主义的明显调和倾向，在对外在主义确证路径的阐述中，似乎更加强调知识必要条件与背景信息以及接受系统的融贯性，这突出体现了认识确证的“社会性”需求。同时，为了使其有更大的解释力量和应用范围，可靠主义确证的路径本身也在修正中。

针对葛蒂尔问题，无论是内在主义还是外在主义，都未能顺利解决。因此，为了解决知识确证问题，这种新的内在主义与外在主义联合的路径不失为一个好的方向，而且古德曼的可靠理论的此种意向近期越加明显。

综上所述，当代社会认识论的研究，透过“知识”这一重要媒介，将人类固有的社会性呈现出来，打开了与以往不同的看待世界的认识图景，并且在对科学事业的全新构建和合理组织的基础上，更加优化了认识资源。在这种全新的认识潮流中，认识的个体化与社会化之间本质上并不是冲突与对立的，而应该表现为一种相互借鉴和融合，只有这样才能更好地服务于人类对外部世界和自身的认识。随着社会认识论的相关概念、主题和研究方法的演变，随着对不同特点的认知领域的深入了解和剖析，我们的认识论体系必将在全面的构建中得到进一步丰富和发展。对认识论的讨论还在继续，作为一种展望，可靠主义的研究应该与认知心理学相结合，通过认知心理学的视角可以很好地补充可靠主义在论证中的薄弱与模糊之处，很好地扩展了认识论的认知视野。希望这是一条值得注意的关于知识确证的新进路。当然，真正知识论研究的道路在何方，仍然需要我们继续进行更为深入和漫长的探索。

第九章　瓦雷拉：认知是生成的

作为认知科学家，瓦雷拉（F. Varela）奉行认知活动的具身性，其生成认知观是区分第二代认知科学不同认知观的典型特征。瓦雷拉认为，生成认知活动发生在一个有人、心智和世界组成的、已知的且相互流变的情境中，它通过变动和调整各种因素，达到一种结构形式的吻合，或者达到各因素间协调共变的适应状态。正是在这种状态下，人才能获得关于对象的知识，心智结构也进一步增长。这种生成认知观即生成主义：一种典型的认知语境论。

一、生成性的内涵

“生成的”（enactive）是瓦雷拉、汤普森（E. Thompson）和罗施（E. Rosch）合著的《具身心智：认知科学和人类经验》一书的核心概念。“enactive”在英语中是形容词，其名词 enactment 的意思是“生成性”。从英语词源上看，“enactment”由三部分构成：前缀“en-”，中心词“act”，后缀“-ment”。“en-”在英语中的释义为“to put into the thing or condition mentioned”，意为“置于……之中，使处于……状态，赋予”；在此其意义为：使事物处于某种状态，这是事物存在的环境，事物认知的结构，事物认知的对象。“act”释义为“to behave in a particular way”其意指行为、行动；在此意义为：在某种特定方式下的行为进路。在时间纵向上，各种因素致使结果的产生；在空间范围内，事物变化的结果是瞬间完成的。“-ment”为英语的常用后缀，其释义为“the action or result of”，意为某种事物的行为或结果，在此，该后缀更加注重某种行为之后的结果、影响或者意义①。

显然，生成性在词语中注重三个方面：事物的环境、行为的关系及结果的影响；在此处整体意义为：事物置身于与之存在的环境（语境）中，互为因果，相生相伴，历史性地相互生成。

（一）生成性的哲学解释

第一代认知科学（认知主义或计算表征主义）主张，人（认知主体）对客体主动感知；客体是被动的，与人是相对立的；人和认识对象是不相联系的。显而易见，在对立的认知行为中，不可能产生主体理解客体结构的认知。梅洛·庞

---

① Hornby A S. 牛津高阶英汉双解词典（第七版）. 王玉章，赵翠莲，邹晓玲等译. 北京：商务印书馆，2009：8.

蒂曾经说过，“现象学的最重要的成就无疑是在其世界概念或合理性概念中把极端主观主义与极端客观主义结合起来了”。① 第二代认知科学（联结主义）最重要的特点便是完全摒弃了认知上的二元论。

无疑，瓦雷拉的生成认知主义属于第二代认知科学。它摒弃了认识上的二元论：认知活动中的人，既是第一人称经验的主观实在，又是客观存在；既是认知的主体，又是认知的客体。人的身体、心智、世界三者相互联系，而人的心智就存在于身体与外部世界构成的情境中；心智又成为破解三者联系结构的主体；环境的变化影响着人和心智结构，人此时成为第三人称认知中的客体。

基于上面的哲学认识，认知活动中的“生成性”体现在三个方面：

第一，我们认识到的或通过行动实践得到的知识或经验，既不是外界事物性质的外显，也不是我们先验的、主观臆造的，而是通过人的身体和世界相互作用的结果。任何事物只有在其存在的环境中谈论才有意义。同样，认知必须给定在一个情境或语境中。这个情境就是人的身体、心智、世界相互作用的大环境。每个因素的变化都会扰动情境的平和；情境的变动会对存在因素有着潜移默化的影响；情境的变化是人的实践认知活动所产生的，反过来又影响人通过心智结构来理解世界。情境及其因素的波动是认知活动的相互生成性的具体体现。这是一种典型的认知语境论。

第二，人和环境是相适应、共涌现的。涌现使人和其环境处于相互适应的最佳状态，人与物的同一性在其状态下“涌现”出认知结果，涌现类似于人们生活工作中的“灵光一闪”。新的、正确的认知结果代表着心智结构的精确和复杂；人更能认知深刻的事物。人是认知活动的重要主体，又是认知情境变化的根本推动力。因此，在认知活动情境变化及其各因素的相互影响下，更能体现出个体生成性。

第三，结构耦合通过心智结构的相互嵌套得出认识结果。不同的认识对象有不同的结构耦合方式，不同的结构耦合得出不同的认识结果。比如，红绿色盲患者与正常人的身体机构不同，因此，在认识过程的结构耦合中存在不同的结果。认知研究的目的是认识到不同特定情况下存在不同的认识结果，这样我们才能增长心智结构，得出更确定的知识。在认知活动结构耦合的历史中，人类认知能力的增长和心智结构的复杂化正是历史生成性的生动写照。

（二）生成性与具身性的区别

“心智原本就是具身的（embodied）”②。这是认知科学的重要发现之一，也

① 梅洛·庞蒂. 知觉现象学. 姜志辉译. 北京：商务印书馆，2001：16.

② Lakoff G , Johnson M. Philosophy in the Flesh：The Embodies Mind and Its Challenge to Western Thought. New York：Basic Book：1.

是第二代认知观念的显著特征。这个发现确定了在认知科学研究过程中，人及其存在方式不能简单地以哲学上的二元论或一元论为基础。人作为认知过程中的智能体，既不是主体主动感知，也不是客体被动接受；既不是纯粹的物理-生物形式的物质存在，也不是纯粹心灵-意识的精神存在。具身的心智是一种混沌的存在。认知活动是物质和精神特性相互作用、彼此规定，两者交织在一起，共同完成的。因此，生成认知主义与具身认知科学是一脉相承的，有些学者甚至将“具身性”和“生成性”等同。

瓦雷拉也经常使用“具身”一词。他对具身心智强调：①认知依赖于我们身体对外界环境的感知，这种感知更注重身体机能中的生理感觉；②对外界环境的感知植根于自身和外界环境共同营造、彼此适应的一个更广泛的生物的、心理的和文化的情境之中。当使用“生成”一词时，我们意在强调感知和行为过程，也就是知觉和行动本质上在活生生的认知过程中是不可分离的，是在一起演化并合为一体的。我们的语言、我们的知识，正是在我们的身体与我们所处的社会和自然环境相互演化、彼此适应而存在的；我们的生成化正是在这个世界中不可分离的存在；知识不存在于我们的心智中，它存在于我们与世界共同生成的环境中，并且在我们和我们实践的世界彼此蕴含，并相互演化、不断生成。因此可以说，生成认知科学是在具身认知科学基础上发展来的，也更印证了具身认知的普遍性。在解释人的认知过程中，生成认知更加强调人、心智、世界三者共同构筑的环境的相生相映性以及三者各自的演化的生成性。

（三）生成认知情境中的要素

生成认知科学中的各种结构和因素都在时刻流变生成：一种结果的产生，通过与之相对应的各种关联因素“姿态”的调整来适应新的“环境”。生成认知科学主张，一个人的认识结果是随着空间变化、时间延续而改变的。一个人通过认知活动所得到的知识，并不是个体的知识结构，它是在整个环境中，各因素相互作用、相互发展的集体性的创造。在生成认知科学产生的语境中，也时刻体现着流变生成的动态结构，也即，认知行为是在个体、心智、世界三者相互作用的情境中产生的。而随着语境的改变，认知结构也随之调整，继而得出不同的认知结果。

瓦雷拉的生成认知主义就是建立在一个封闭的环境中的。在这个环境中有三个要素：个体、心智、世界。个体包括人的身体和基本心智，基本心智在与人的身体及外界的接触中生成；心智具有情境属性，蕴含着个体和世界的心智结构，具有在结构上的同一性；世界就是我们的认知对象，也是认知三体有着适应个体和心智改变而调整结构的能力。情境下的三要素是构成认知活动的充要条件和必须环境。认知过程没有认知主体和客体的区别；在情境结构的调整下，认知对象与主体的位置相互调换来确定结构的稳定性。生成认知的情境并非一成不变，它也随着行为活动的拓展而改变整个情境的认知结构；人的心智的成熟也使得认知结构复杂化。接下来，我们对这三个构成要素做进一步的分析。

首先是作为认知个体的人。休谟说："对我而言，当我亲热地进入我所谓的我自己时，总是碰到这样或那样的直觉，如冷或热，明或暗，爱或恨，痛苦或喜悦。任何时候，没有知觉我就把握不到我自己，而且除了知觉也观察不到任何东西。"① 个体除了能感受到个体的感觉（知觉）之外，什么都不存在了。人的认识就是人对自身的自我感觉开始的。

在佛学中关于人生轮回中的"受"（感觉）"色"（感官）的理论认为：在接触外部世界时，人能够通过自己的感官感受到感官所承受的接触变化，"自我"意识由此觉醒。人类的所遭受的苦难的原因就是没有"自我"。在命运轮回中，正因没有自我意识的觉醒，人终处于一个被动接受的肉身；也是因这种无尽的肉身感受让个体意识觉醒。命运的冲动正是个人在没有找到自我的境地中试图与外界建立一个可以自我感受的另一个自我。"一切皆苦"的意义就是人（肉身）在追求自我时所产生的必然结果。

无论东方和西方的哲学，都对个人的自我存在进行论述。自我感的产生源于个体与外界的相互接触感受中。西方哲学认为是人的知觉产生感觉，致使人的身体和人的思想、心智等分离；佛学认为静心修行中所产生的正念或觉知导致自我感觉的产生，而正念产生的目标就是要将认为"一切皆苦"的肉身感受转化为没有自我肉身的"一切皆空"的精神境界。两者有一个共同点：人的身体通过知觉感受到依赖身体而存在的另一种存在，即心智。这种心智和人的身体相互依赖、相互产生，共同构成"人"；心智是人的身体的一部分；认知过程中的个体指的是个人包括人的身体和基本心智。

在认知活动中，人是由人的身体和能够接受刺激做出反应的基本心智构成且存在于情境中。人的身体是载体和受体，基本心智能够使人辨析出外界的不同感觉，这也是人产生自我存在意识的基础。身体和基本心智在认知活动中构成了认识中的个体"人"。

其次是人的心智结构。明斯基提出将心智作为一种社会来研究。人的认知原理正是心智把外物属性的结构进行拼接的处理过程。他说，"人的心智的活动由许多的行动者组成，行动者组织的结构凸显出人的认识结构；这些细微的行动者的能力很大程度上被限定在一个情境下，使得人的认知只能在限定的情境下进行。"② 也就是说，人的心智只能观察到情境世界中的结构组合并予以表征，对

① Hume D. A Treatise of Human Nuture. London：Oxford University Press，2007：5-6.

② Minsky M. The Society of Mind. New York：Simon ，Schuster，1988：44-45.

于限定之外的情境认知是无能为力的。在这个理论中，心智不是人的身体、大脑的同质实体，也不是情境中飘忽的各种组织结构虚拟的组合体，而是不同情境下，非物质的、统一且异质的集合体。该理论引起了认知科学界的强烈共鸣，说明个人心智的结构与情境世界的结构具有同一性，使得个人的心智活动在整个认知活动情境下成为可能。

这说明人的心智也不是人的大脑那种结构，而是赋予了在整体环境中所产生的自身结构。心智不仅寄宿在人的身体之中作为器官的官能，更是在情境下人与外界接触的产物。在情境中的心智也已融入情境，有着自身的结构，而人的认知正是某种意义上的心智同外界结构耦合的产物。只要认知活动产生，就不可避免地进入情境条件下的心智结构，这种心智正是脱离自我感而存在的心智，它是一种社会心智。心智不仅居于个体中，也存在于认知情景中，是由基本心智和社会心智构成的。基本心智是认知个体在情境中的一种精神意识方面的存在；社会心智寄存于世界中，是世界客观真理“一种上了锁的存在”表现。基本心智和社会心智的精神同一性使得在认知过程中，个体和世界在精神结构上达到了统一，取消了主客体对立的隔阂，使得个体和世界相互生成的认知成为可能。

再次是世界本身。世界就是我们理解的认知对象。一个认知活动的产生，必然有认知主体和认知对象。认知主体和对象在不同情境下的置换使得认知活动成为个体、心智和世界相互作用的结果；个体和世界在认知情境下具有同一性、统一性和同质性，是认知成为可能的先决条件；认知主体和对象在情境下的置换性，模糊了以往认知科学的主客区分。

世界作为认知对象，它包括外部事物、人本身和心智本身。认知对象可以是包括一切已知和未知的任何存在。认知科学本身的研究主题就是研究人如何认识事物的，因此，心智就是作为认知对象来研究的。基本心智代表着个体人的心智，社会心智代表着世界的结构，通过心智，个体和世界组合在一起。因此，世界是在认知活动情境下的个体与周围世界相互作用和相互生成的世界。狭义地讲，认知活动的语境就等同于世界环境。

（四）生成认知活动论

瓦雷拉的生成认知主义引入第三人称的认知主体，即认知主体也会是彼处的认知对象，认知个体与世界置换角色。认知个体和世界的相互作用，经由心智结构的显现而完成。瓦雷拉的生成认知活动的一个认知循环有两点：两种生成进路（感觉-刺激环路，知觉-行动环路）和两种生成机制（结构耦合和涌现）。

1. 两种生成进路

生成认知主义不同于以往的认知科学的根本原因在于：认知主义大多关注符

号表征的逻辑过程，继而不能实现有机体在自然环境中具备一些应付世界基本行为的适应能力；生成认知主义将关注点转向了有机体在情境中所实现的无意识的具身认知行为。它包括两个环路：

（1）感觉—刺激环路。盲目的行为是认知活动的开始。盲目的人的活动必然和周围环境发生联系，即由基本心智将个体带入情境中，获得更多的感觉。认知的动力源于对象的属性和主体活动的意向。为了生存，有机体必然和其周围的物理和化学成分发生作用，这种作用的产生和感受正是有机体的神经中心和感官运动的固有性质；有机体总是追逐着敏感的刺激物，也是其生存下去的方式和结果。由此，认知个体在接触世界的第一感觉就是感觉—刺激环路的结果。在感觉—刺激环路中，个体无法选择什么样的感觉，只靠基本心智的概念来确定，例如，吃到糖时感觉到的是甜的，吃到盐时感觉到是咸的。

（2）知觉—行动环路。个体身体的感觉刺激导致行为活动的继续。个体的生成认知行为是由感觉—刺激环路，经过知觉—行动环路来完成。在这个环路活动中，个体并没有加入特意的思考作为中介，各项活动都是盲目或者潜在进行的。我们感觉的触觉接受到刺激形成知觉，知觉又指引行动；行动的结果又反馈给知觉；各个环路都相互协调，对外部的刺激形成正确的知觉—行动导向。知觉的产生是由于基本心智的结果，而在如何处理什么样的外界刺激产生不同的知觉行为时，其中个体潜移默化地领悟到了社会心智的结构，从而对世界有个大致模糊的认知。行为是对这一粗略认知结果的验证。这两个环路的过程就是一次认知的生成进路。

2. 两种生成机制

“结构耦合”是瓦雷拉和玛图雷纳（H. R. Maturana）[①] 在自创生理论中提出的。它是指有机体在维持其同一性条件下，在有机体和其环境之间，当环境扰动有机体的同时有机体也扰动了环境。它表明有机体和环境之间存在协调和共变。

在生成进路中，结构耦合能够促使两个环路循环往复，找到正确认知方向。在感觉-刺激环路中，这种纯生物方面的环路能够在无意识干扰的情况下与认知对象达到一定的结构耦合，这种耦合的结果并不一定是最优的；然后，人体神经机能会把各种感知信息以电信号的形式传递给人的脑中枢，形成知觉；个体在决定采用何种行动回应这种认知；这就完成了一个认知循环。经过多次的进路循环，才能得到普遍的认知结果。

涌现促使生成进路的循环，使各个因素之间能够行为有效。涌现使得在个体与世界构成的认知情境中，能够促使循环和互惠因果的双向过程。涌现是系统科

---

① 智利生物学家，弗朗西斯科·瓦雷拉的导师。

学、联结主义等理论中的组分按照系统结构方式相互作用、相互补充、相互制约而激发出来一种组分间的相干效应；只有全局的因素相互适应协调才会产生涌现性，涌现是系统非加和的属性，“整体大于部分之和”与“整体小于部分之和”这样的整体与部分差值就是涌现。在这里，涌现出现在大的环境中，该环境像是一个封闭的整体，各个因素的相适应性、协调性使得整体上凸显出涌现性；认知的结果和心智的形成、成熟均是涌现的结果，涌现正是情境中认知循环生成的动力。

概言之，涌现是一种整体抽象的属性，具备一定的物质基础，并且能够引发、触发新的情境。情境中所得到的涌现属性是个体所感知到的心智结构就是真正的知识。涌现属性正是最优结构耦合的结果；结构耦合是涌现属性显现的必要过程。因此，结构耦合和涌现在认知活动情境中是同一的。

二、瓦雷拉的生成认知主义

瓦雷拉的研究随着时间推移不断升华，从生物学、佛学到现象学，各阶段的研究相互穿插，互为基础。在研究生物学时，瓦雷拉也研究佛学，且是身体力行的禅修修行者。晚年，尤其在一次手术之后，瓦雷拉有“重拾”生物学中的脑研究，通过在静养期间的参悟和器官移植相互联系，更加深刻研究了现象学与认知科学的关系和自我在意识科学研究中的意义。

（一）生成认知主义在生物学上的实践来源

生物学与认知科学有密切联系。瓦雷拉在生物学上的结论是“生物的特征是不能与它们的环境分离”①。这一研究对其今后的研究奠定了实验和理论基础。

1. 自创生系统论与认知情境理论

自创生系统论是瓦雷拉和玛特纳共同发现并完成的。这个词在生物学上意味着自我生产系统。以细胞为例。细胞能够存活因自身就在不断地生产更新自己。自创生系统明确的定义是：一个动态的系统，它是一个由部件生成的网络合成的实体，通过相互作用迭代的生产、再生产出自己的网络；能够实现该网络的实体要能产生出与它所在的相互作用的背景分离的边界。据此理论，一个生命体系统是独立的内生控制和自我完善组织系统，自身自主需要的最低限度形式和足够的生物表征的生命体就是一个自创生系统。

自创生系统论认为，在生命系统中都使用着一种简单的、惯性的、无意识的方式来行动的；生命系统的行为都是通过系统中包含的各部分之间的相互作用生

① Varela F. Explorer of the phenomenal world. Biological Research, 2003,（36） 13-15.

成来完成的。生命系统中的各部分之间的关系及与整体的联系称之为系统的结构，在这个系统内，结构发生相互作用，并赋予了整体的生命系统以不可分离性。对生命系统整体内各部分的解释都是非目的论的；生命系统中各部分的相互作用关系纯粹地反映生命系统的行动。

该理论最显著的特点是：没有任何环境包括有机生物体和心智是被客观化的，都是以自身组织相互影响的系统中来呈现的；任何生命都生活在一个相互作用、彼此生成的一个“细胞壁”内。这种观点是“生成认知活动发生在一个三因素相互作用的情境中”思想的实践和理论来源。

2. 神经涌现与结构耦合

自组织理论是20世纪60年代末期建立并发展起来的一种系统理论。它的研究对象主要是复杂自组织系统（生命系统、社会系统）的形成和发展机制问题，即在一定条件下，系统是如何自动地由无序走向有序，由低级有序走向高级有序的。我们的脑系统正是这种自组织研究的范本，也是联结主义的模型。在脑神经生物学方面，大脑是各类神经元大规模相互联结组成的，具有一定结构和功能的系统，大脑的运作被看作是基于分布式的大规模相互联结，以至于神经元全体之间的实际联结因经验而改变。脑神经科学研究表明：传递感觉的神经元是按某种规律进行排列的，这种排列促使了各个神经元之间的具备一定的相互关系，正是这种排列所促成的结构能反映外界刺激的特征。不同的神经元的不同排列规则、不同的排列结构使得整个神经系统分成了功能不同的区域，不同的区域对不同的刺激产生不同的激励信号。各个神经元在响应刺激时，是通过各自之间的自适应过程完成的。自适应的过程正是体现了神经元之间的组织及其结构关系。

脑神经的自组织理论和自创生理论有着千丝万缕的联系。脑神经相当于整体系统，神经元相当于部分；部分与部分之间的相互关系构成组织；部分之间与整体的相互关系构成结构；组织的不同和结构的迥异使得整体具有抽象性。神经网络以简单行为为起点，以动态的方式，在结构的框架内，各个组织紧密联结起来建立认知系统。当各种有关神经元参与到运作行为中，会达到一种相互适应、默契、满意的状态，这时将自发地涌现一种全局协作。关于涌现属性还没有统一的理论形式，但在组织中存在的满意状态会使这个系统产生新的属性。这种神经系统的涌现不是此系统特有的，凡是有各个部分密切组成联结所构成的集合体都会有涌现属性的显现。

瓦雷拉的研究结论说明：涌现属性对于大脑本身的运作是基本的。大脑神经系统中保持着一种内在一致性的结构形式，对于任何协调情况发生时，系统会适应性的调整，并不会对自身系统造成突变式的改变。以人的眼睛系统为例。眼睛作为视觉系统的最外围终端，在大脑接受来自眼睛的各种信息时，也通过了非视觉神经子系统的大脑皮层的相互协作。各种神经组织在各自活动区域内相遇时就会涌现出一致性的结构模块，从而产生共振与大脑皮层的状况产生主动匹配的一致性。各个神经元相互联系会产生具有一定结构的组织系统。然而，这种具有一定结构的组织系统并非一成不变，它是通过外界刺激发生自身结构信号"轻重缓急"的变换；然后通过对下一部神经子系统的匹配来传递信息；这种结构在处理各种信息时，并没有发生物质基础的变化，只是在各个神经元之间或其总的情境中发生物质交换。总之，人类获得外界相关的信息是人与外界一致适应性的涌现属性。

3. 泛进化论与生成循环

从瓦雷拉的自创生系统论、自组织理论和认知情境论，神经涌现与结构耦合的生成认知机制的联系可以看出，各种理论中包含着相互作用的各种因子聚集在一起，相互作用在生成认知理论中发挥着一定的功能与行为。瓦雷拉对进化论思想有所发展，生成循环正是进化论思想的体现。

狭义的进化论是用来解释生物在世代与世代之间具有上一代的遗传和下一代突变现象的一套理论。现存的物种可能是远古的物种演变而来，世界并不是想当然地处在现在的世界并且一成不变。当代进化论是以达尔文进化论为主的，现已成为生物学和其他学科相通的"公理"，其核心思想就是"适者生存"。物种个体会继承上一代的基因，在此基础上来获得生存的物质基础和必要技能；同时，遗传基因在传承方面会发生某些盲目地改变。时过境迁，环境会有些变化，那些具有适应环境的基因突变体就会更加适应环境而生存下来，不适应环境的基因突变体就会在不利的环境变化中消亡。环境的改变和物种是适应是相互作用的两个主体。

自组织系统论就直接源于进化论，同时印证了认知情境的流变性。由于三个要素的置换性，导致个体在认知过程中的情境的变化。情境的改变就要求个体调整自身的认知来适应新的认知情境。适应的过程是经过感觉—刺激环路，知觉—行为环路来完成的，通过调整个体的认知活动，来达到认知结果的生成。不断的改变，不断的调整，如此往复，在不断的认知活动中，不断生成，不断"进化"成更明确的知识。

4. 颜色生成实例

视觉是我们"知觉相互作用的结构"。生成认知下的颜色知觉本质上是事物性质、观察者的具身性和知觉感官的三要素的相互作用的结果，颜色的世界正是事物、生理上的身体，和个体的具身性共同构筑下的情境中相互作用生成的。

瓦雷拉对颜色的案例研究得出：

（1）颜色显现的结构有两个特征。一是我们能看到的颜色都是由基本颜色组合而成的，六种基本颜色是红色、绿色、黄色、蓝色、黑色、白色。我们看到绿色，就是该基本颜色的显现；看到橙色，便是红色和黄色组合显现而成。二是颜色显现随着三个维度的变化而变化，三维度是色调、饱和度、亮度。视网膜中有三种不同的但相混合镶嵌的锥形细胞，这些细胞构成了对一定波长光线的感受器。颜色的显现正是经由锥形细胞传递的，光线的波长不等，接收的光线就显现不同的颜色。

（2）颜色是作为世界中事物的被知觉的属性。我们不能简单地认为，一个物体的颜色是该物体的反射光的色彩饱和度、周围环境的色调和波长的组合，继而将我们的颜色经验当成是世界中该物体的属性。反之，我们在接受颜色的过程，是我们的大脑在多重神经元集合中考虑复杂性且又被部分地理解的协作比较过程。就视网膜而言，该协作比较过程根据它们所达到的相适应状态，继而达到全局涌现状态时，将颜色赋予物体，且个体可以感知。一句话，我们必须把颜色定位于一个知觉的或经验的世界中，在此，颜色由我们的结构耦合历史地生成了。

（3）人的视觉系统不是先验的，而是决定事物以及事物认知的边界、质地、相关性质以及作为知觉属性的颜色情境中，由视觉系统不断完成的复杂过程。对颜色知觉而言，我们将换一种观察颜色的方式。我们抛开观察者本身，将考虑颜色本真，或将它作为事物的一种属性来认识。我们对颜色的经验既是知觉的又是认知的：我们将知觉到的各种颜色三维度地组成颜色范畴。

在语言学方面，有些国家的语言并不能包括所有的颜色，但是并不表达人们对颜色的认知匮乏；有些给定的语言中包含了整个颜色空间。例如，新几内亚部落中的语言在形容白色和黑色这两个基本颜色时，用了一个词，该词语对颜色做了情绪的考量，“白——暖色”“黑——冷色”。

前人一系列的实验工作证明了颜色记忆起着给颜色命名的功能。该实验说明了命名在文化上是相对的，认知也被证明在文化上是相对的。颜色的范畴完全由人类视觉神经系统的涌现模式决定的。而要产生这些颜色的情形的认知运作有两种方式：一是对我们的物种是普遍的；另一个则是文化特异所决定的。同一种颜色在不同地域的文化结构中，有可能就参与了不同的文化性质。

概言之，颜色不是客观的，这也很好解释了昆虫眼睛里的事物色彩比人类视觉里的更简单或复杂；颜色也不是我们主观臆造或想象力的发挥，例如白色的事物在任何情势下都会被认为是白色，而不是黑色。颜色范畴不可能独立于我们的知觉和文化的那个预先给定的世界中被发现，它依赖于我们结构耦合的生物的、文化的历史。颜色经验是一部生动的关于生成认知主义理论在颜色如何生成方面的实例。

（二）生成认知主义的知觉现象学基础

瓦雷拉在第一人称的经验是对科学的一种贡献，达到此目的的方法是引入现象学并将现象学参与其中。在这种意义上，瓦雷拉的认知主义是建立在知觉现象学基础之上的。

自20世纪80年代以来，心理学、语言学、生物学、人工智能等涉及认知科学研究领域出现了以人的身体与所处环境为研究重点的具身认知科学研究方法。欧洲大陆现象学的兴起更是加重了哲学家对传统认知哲学研究的反思，对具身认知科学的研究起到推波助澜的作用。现象一词在很多文献中都存在着，现象不是表象，不是一般哲学家理论中的外部世界的展现；也不是唯物主义或本体论哲学中的本质意思；这种现象没有界定，是现象学哲学的研究对象，是人们理性研究的对象，是一种不同于任何心理经验的"纯粹意识内的存有"[①]。在瓦雷拉看来，现象学侧重的是一种方法，反思还原的策略使得我们得到关于世界和我们自身的经验。在反思中，我们将自身的直接体验得以净化，将我们与我们自身和世界相互影响结果进行描述，摒弃用以往的经验、逻辑上的因果循环等，以免影响我们对每个事物的本真的体验。

（三）生成认知机制与印度佛学

20世纪70年代，瓦雷拉颠沛流离的人生际遇和佛学思想中的因果循环理论、追求心理平静达到了"共振"，使他皈依了佛教，并潜心研究佛学。瓦雷拉认为"佛学中的智慧来源于自身经验的教义""佛学是教授唤醒智慧的心智的学问"。瓦雷拉在认知科学和佛学这两者关联上迈出了试探性的一步。传统的东方思想和西方认知科学都从彼此汲取营养的这种思想原则在精神上和存在上都影响了他的工作。70年代末，瓦雷拉是那洛巴学院[②]（Naropa Institute）的夏日科学项目组织者，学会的宗旨是使西部大学的课程和东方的冥想联合起来。之后，瓦雷拉和佛学修行人员的会议促成了心智与生命学会的成立，该组织的任务就是组织科学与佛教之间的交流。《具身认知：认知科学和人类经验》正是以上工作的思想结晶。

1. 佛学中的"命运"循环

据说佛陀在觉悟前夕不久发现了因果关系，即，因果循环的锁链，每一个环节像锁链一样彼此制约和决定，同时又构成了一种人生模式，无止境的循环追

① 梅洛·庞蒂．知觉现象学．姜志辉译．北京：商务印书馆，2001：124.

② 那洛巴学院是美国科罗拉多州的一个小学院，由一个藏传佛教老师创立。

逐。追逐一个永恒的主体这种循环，被称为生命之轮或业之轮（wheel of karma），在一些语言中，与“宿命”、“命运”同义。“业构成了对心理因果的描述—关于习惯如何形成以及如何随时间而继续。”① 业循环链中存在着 12 个环节，我们称之为因缘，其内容描述如下：

①无明。无明是所有因缘行动的基础和开始。它意味着不知道，对世界处于无知的状态、混沌困惑的境地。这种无知，让我们有冲动去认识外界，感受外界。②行。出于无明，一个人会基于自我来行动。这种行动是盲目的、无条件的。无知是行动的基础，行动的性质是无知的。③识。指感知力，任何生命中的识的开始都是在给定的情境中开展的。行的第一步就是识，但是识并不是能够达到无所不明状态的唯一方式，它只是“开端”而已，并蕴含在行的各个环节中。④名色。“识要求身体和心智在一起，给定情境的识的时刻可能倾向于名色的一端或另一端：也许识起初是感官的，也许它起初是心智的。”⑤六感。人有六种感知，包括身体上的和心智上的。每一种感知被分为很多时刻，这些时刻有人的视觉、听觉、触觉、味觉、嗅觉和反思。⑥触。将分管每一感知的感觉领域叫作触。当它拥有适当的对象时，便会触发感觉与对象接触之后产生的感知。没有触，就没有我们的感官经验。⑦受。所有的经验都有一个感受质，让我们觉得舒服、愉快或痛苦等。受的结果让我们身心在经验品质上的回应上有了不同的性质。⑧爱。爱是人的身体机能和心智好恶的一种基础的、自动的对受的反应。有很多种爱，基本的爱的形式是渴望乐受（使人愉悦的）及厌恶苦受（使人痛苦的）。爱是这个锁链里重要的一环，具有承上启下的作用。对某些“受”有偏爱的人可以做一些与该状态相关并有延续的事情；对某个“受”感觉到苦时，便可以打断这个锁链，避开对痛苦的承受。感官六感的存在使得人的整个心理上、身体上的有机体的存在；同时，人的感官六感也感受到人个体的存在，自我的感觉意识也就存在了。⑨取。取缘于爱，对乐受拥有，对苦受摒弃。⑩有。对所选取的事物有拥有权。在对所有的“有”引起对应的反应，继而形成了新的情境。在这个新的情境中，由前几个环节的积累，对当下情境的无明又开始行动起来；新的走向和趋势在这一刻形成了，产生了新的模式。⑪生。在生中，一个新的情境存在着。在这个点上，具有“无明冲动”的我们总是想对所有做些什么。正是这种行为的动机和能力使得生时时刻刻处在一个不确定的边缘上。⑫死。在生的地方同时就有死的存在；两者相生相克。当生结束时就在死正在进行时。在整个的循环链条中，此刻的消亡正是下一次生的因果前提；正所谓，生到死，死到新生。

---

① 瓦雷拉 F，汤普森 E，罗施 E. 具身心智：认知科学和人类经验．李恒威，李恒熙，王球，等译．杭州：浙江大学出版社，2010：88-101.

瓦雷拉认为，这种由十二因缘构成的循环链条类似于自组织系统。任何行动都是从每个链条的行动和整个循环中涌现出来的，就像行动者必须在与其他行动者的关系中才能被定义。各种倾向和模式的历史形成便是通常说的业，也正是这种在爱的链条上的历史积累赋予了个体以自我存在感。这个过程激发或持续的因素便是思。思在爱的锁链下有留上倾下的痕迹，形成了对各种习惯、倾向和反应的积累。思是在爱的锁链上产生的，并在人类的历史经验积累中起到主要的条件作用，并贯穿到业的各个环节中。在这种业的循环之中，考虑个体行动的主题是很复杂的过程，但明确的一点是，在爱这个环节上，个体的取合具备思的考量的性质，而所说的正觉正是主动思的结果。不过，我们认为，这种生成过程还缺乏科学的证据，仅仅是一种宗教式的猜想。

2. “命运”循环与生成进路

我们已经看到了个体的一个瞬间如何被分析为主体、感知对象以及它们向后作用的命运循环。如果将业的 12 个因缘看成一个整体，这个整体抽象出来的属性便是心智。

“触”不单作为一种接受感觉的感官区域。在这里，它将被视为感官与其接触对象的某种情境下的融合体。在不同的情境中，触会引发不同的感官区域，同时触也会影响情境的生灭；触既是原因，又是结果。触在这点上，是在感官的属性与反应对象及其情境的属性两者之间，三者相互作用的属性。这种属性是涌现的属性。在没有自我感受的情况下，无我的经验也会产生，基于多次无我经验的历史生成，有自我心智的经验也就相应的衍生了。“受”是一个中性词，它是一个被动接受形式，那种形式不会因为自我经验的生成而改变，是由触所感受到的，并存续下来的反应或容器。在这个“受”因缘上，佛学修行者潜心感受不苦不乐受的精神境地，这种精神不会遭受自我意识的排斥，也不会被寻求物质和精神控制的摒弃。

“爱”是一个集合体，具有自我主观的心智体现并对未知的未来有着方位性的影响。爱不同于取，爱是取的过程，该过程自我的意识发挥得淋漓尽致，更带有个人身体和心理自我诉求的色彩。爱是思考，是六感的延续，是一种取舍与表达的行为。爱是摒弃自我的正念的觉醒；是重回无我的自在之境的思考，促使自我意识的产生，促使人们好乐驱苦，趋利避害的心智的产生。佛陀身体力行的修行鼓励佛徒们通过禅修与静心有关的修行方式打开爱的大门，让正念喷涌而出。“触”和“爱”正是瓦雷拉认知活动中生成进路中感觉-刺激环路和知觉-行为环路在佛学概念下的解释。

3. "正念"与涌现

正念是个体进行分析时对本身心智变化的分析。通过正念的修行，我们开始在爱的环节上终止条件化的行为的模式，反过来从其他方面加强了从我的注意领悟到无根源、无自我、超脱的知觉的扩展。正念的行为摆脱了无明的冲动，也同时摒弃了基于无明的、自我中心意志的行为，改变了盲目的、习惯性的循环的愿望和能力。正念的产生于业的十二因缘，那是个被各种环节相互制约的因果循环。"要变得更加自由，就要敏感于条件作用和某些当下情势的真正可能性，并且能够以不受执著和利己一直所条件化的开放方式行为"①。

涌现是系统科学、联结主义等理论中按照系统结构方式相互作用、相互补充相互制约而激发出来，是一种组分之间的相干效应。涌现在瓦雷拉的生成认知主义促使生成进路的循环，使各个因素之间能够行为有效和互惠因果的双向流变。正念产生于循环的因果制约之中，正念的产生是对世界认知的正确调整；涌现是对世界认知各种因素的调整而产生的，从而达到各种因素在情境下的一种最佳状态。因此，正念和涌现在产生和作用目的上是一致的。

三、瓦雷拉生成认知主义的意义

生成认知主义作为第二代认知科学研究领域最具代表性的理论而备受关注。生物学的实践本身就是一篇生动的生成认知观的生动解说；知觉现象学关于身体与世界的理论为此理论提供了哲学认知基础；佛学上的命运循环理论等是对生成认知主义在交叉学科方面的交流与融合的典范；在具身认知论的基础上发展的生成认知主义，更强调了以自然选择的生成进化的特点使自身独树一帜。生成认知主义的意义具体体现在三方面：

第一，促进一元论到二元论的认知转变。认识论是探讨人类认识的本质、结构，认识与客观实在的关系，认识的前提和基础，认识发生、发展的过程及其规律，认识的真理标准等问题的哲学学说。通过研究瓦雷拉生成认知观的理论来源，可以更清楚的探讨人类认识的本质和结构，清晰地梳理在认知过程中，认知与认知对象的关系，并明确其发展轨迹。

人类认识发展的轨迹大致经历了两个阶段。第一个阶段是认知二元论，主张人是认知的主体，世界是认知的客体，二者是对立的，世界在认识活动中被动呈现；第二阶段是认知一元论，主张人和世界是同质的，人和世界在认知过程中是一种相互作用的关系，不是主动被动的关系，认知是个体和世界在情境中相互适

① 瓦雷拉 F，汤普森 E，罗施 E. 具身心智：认知科学和人类经验. 李恒威，李恒熙，王球，等译. 杭州：浙江大学出版社，2010：88-101.

应的状态。

瓦雷拉的生成认知主义是一元论，认为世界和人在物质构成和精神结构上是一致的。心智本身源于人与世界的相互影响而历史生成的，属于世界存在的范畴，而心智的特点也表现出世界的结构，人与世界的相互作用，更是通过心智的中介而完成认知活动的。也就是说，心智结构与世界结构的吻合恰好反映人和世界在认知活动中协调、适应的一种形式，促使心智的拓展和认知的形成。

第二，促进静态到动态的认知生成。瓦雷拉认为“生物的特征与其环境不可分离”。任何存在都不可能离开它所生活的那个环境，如果离开了那个环境，那么这个存在就是非存在。也即，瓦雷拉的生成认知主义更像是在一个环境中，各种因素相互作用，共同适应。

在生物学方面，自创生系统论和细胞自组织的理论旨在确立一个在哲学上也具有同一性的环境，这个环境就是情境或语境。在生成认知科学中，这个情境是由个体、心智和世界组成的，每一个存在都会与其所存在的环境发生关联。个体、心智和世界相互存在、相互影响，它们互为环境。在自组织理论中，各个子系统具有不同的功能，使得整体具有某种属性而使涌现得以产生。正是三者相互影响、相互作用，产生认知过程的相互适应的结构状态，致使涌现产生。涌现的产生，使得人的心智产生和完善，也是人在社会中生存能力所在。涌现是人产生心智，是对外部世界产生认知的动力和结果。在现象学方面，认知展现于我们的“生活世界”，人是“主体”，也是“身体”，人是认知的个体和对象，人又具有知觉，具有感知世界心智结构的能力。在人和世界构成的环境中，人的生产生活得以展开，人的认知能力和认知活动也随之进行。人必须置身于人和世界共同形成的情境中，否则，人的认知无从谈起，人的认知活动也成了无本之木，无源之水。

瓦雷拉的生成认知主义是从个体、心智和世界三者构成的情境中生成的，每一次新的认知结论的产生都会改变人的心智认知结构，从而构成更高的认知追求。人的认知路径就像是螺纹，一圈一圈地循环，但总体是往复交替地上升。不同的认知结果也会随着情境调整而改变，只有那些对人的生存有益且能够促使个体心智结构改变的知识，才是人类认知活动所追求的最终价值。总之，瓦雷拉的生成认知观认为，人与世界接触并相互作用产生认知行为，人对世界的各种刺激经生成进路而完成。

第三，促进认知科学与其他科学的融合。通过对生成认知观的探析，我们发现，瓦雷拉的研究是层层递进的，始终围绕一个中心问题——一种更科学的认知理论。这促使他把生物学的、佛学的和知觉现象学的理论相结合。例如，它发现生物学的神经涌现和佛学的正念和冥想有着极大的类似性，神经涌现是在神经各种子组织在共同官能下达到一种相互适应的、共同机理的新状态。通过不同学科之间不同理论的整合，使得瓦雷拉的生成认知主义更具有科学性。

当然，瓦雷拉的生成认知主义不是对人工智能、神经科学、印度佛学、生物学、现象学、计算机联结主义等理论的大杂烩。它厘清了生成认知观的中心问题，追本溯源，对其相关的各个领域进行研究，然后对各领域内的理论同一性和共通性进行归纳和类比，找到生成认知观中的主旨。

瓦雷拉的生成认知主义也不是一成不变的。它也是随着情境的改变对环境的适应，而做出个体对世界的调整。并非每一次世界结构的调整都能带来个体对世界心智结构的把握。每一次的认知行为和结果都会对情境下的个体的心智结构产生影响，影响的维度和强度会随着认知行为的深度增加和个体-对象的情境改变而累积。当个体的认知结构发生“质变”时，将会对整个世界的结构产生影响。

四、结　语

生成认知主义被认为是一种新的认知观而被排除在当代认知科学中占绝对优势的经验哲学之外。然而，当代认知心理学、神经科学、人工智能、语言学、进化论、东西方哲学的相互交流，越来越多地指向认知活动的生成性上。从生成认知主义我们看到，认知是具身的行为，它不可避免地与历史情境交织在一起；认知的主体和对象都随着自然的演化作为历史而生成且变化。我们耦合的历史生成是我们人类的具身性和世界反映出的各种结构原理，也只是人类社会在世界中各种可能发展演化之路的一条。生成认知主义只是对过去人类认知历史的分析和探索，它对未来的认知科学抱有一种严谨的、科学的、包容的态度。这正是生成认知观的价值所在。

第十章 克拉克：从具身化到认知延展

在笛卡儿身心二元论的影响下，以符号计算主义为核心的第一代认知科学和以联结主义为核心的第二代认知科学都把心智和外部世界人为割裂，受到众多哲学家的批判，当人工智能的进一步发展遭遇瓶颈时，新的认知科学随之兴起，即具身认知科学。为讨论方便起见，我们将符号计算主义和联结主义统称为“传统认知科学”，而将新兴的认知科学称为“具身认知科学”。

与传统认知科学基于表征的计算观点和基于神经网络观点不同，具身认知科学指出认知和心智是基于身体这一物理结构和活动图式及其与世界的动态耦合，提出了一些解决方案，概括讲包括具身认知、嵌入式认知、生成认知、延展认知和情景认知等。这些认知方式的讨论大都结合了现象学思想和人工智能的研究成果，试图对身体、大脑和环境之间的关系做出新的思考，所涉及的问题有：认知究竟有没有边界？这个边界处于哪里？身体和环境是不是认知的组成部分？心灵是如何被延展的？

作为新的认知科学的代表人物之一，克拉克①的具身认知思想，尤其是他的“认知延展论题”试图从中得到某些线索和方法，而且认知主义之后兴起的这些方案，并没有形成统一的纲领，因此，我们将从克拉克作为切入点深入具身认知内部进行剖析。

在理论方面，传统的认知研究中的计算表征范式认为心智就是操作符号进行计算的程序，联结主义主张认知是神经网络并行运行的结果，它们无视身体和环境在认知中的作用，心身联系被割裂了。20 世纪 80 年代以来，“具身化”这一概念越发受到重视。具身认知也被称作“涉身认知”或者“寓身认知”，它是指身体的物理结构及其活动图式在认知过程中发挥着重要作用，身体与认知紧密联系，认知是通过身体的体验和活动图式及其与世界的耦合作用形成的，心智始终是具体身体的心智，认知始终与具体身体的物理结构和活动图式有内在的密不可分的联系。克拉克首先关注了身体在认知实现中的作用，认为认知并不局限于大脑和身体之中，而是在与外部世界的互动中向外延展，并倡导利用新的方法来研究认知过程和过程中出现的问题，试图与传统计算表征主义划清界限。当然，克拉克并没有完全否定计算表征主义，而是试图将二者结合，提出“动态计算主

① 克拉克（A. Clark）是英国著名的哲学家、认知科学家和当代心灵哲学研究的领军人物，擅长具身理论、联结主义、人工智能和机器人学方面的研究。克拉克曾任美国印第安纳大学的哲学系教授和认知研究中心主任，之后又曾在美国华盛顿大学和英国苏塞克斯大学任教，现任爱丁堡大学哲学系教授和逻辑与形而上学系系主任，认知研究中心主任。

义”这一概念。他进一步认为，我们应该对心智、身体和世界之间的区别进行反思，让人们重新反思身—心—世界之间的关系。

在实践方面，哲学家们首先对身心二元论进行反思并提出质疑，认识到认知主体与世界的相互联系和影响，倡导的具身认知论题最初也只是一种哲学思辨，但之后借认知科学的发展，哲学的认识论探讨逐渐发展为认知科学的理论，并开始反过来影响到认知科学。如今，具身认知不仅仅在哲学思辨的层面被讨论，而且走向了实证探讨，许多实验，尤其是心理学实验开始证实具身认知的基础假设。因此，具身认知研究对心理学、实验科学、人工智能等学科的发展，甚至对教育发展都有实际意义。

一、具身认知的历史思想

认知是脑和神经系统产生心智的过程和活动，而认知科学就是以认知过程及其规律为研究对象的科学。从根本上说，认知科学的目标就是要探索人类心智的奥秘。莱考夫和约翰逊根据研究范式的不同，将认知科学的发展划分为以表征-计算为基础假设的“第一代认知科学”和“第二代认知科学”，即传统认知科学和具身认知科学，第二代认知科学是针对第一代认知科学提出的。但是有许多研究者提出具身认知科学只是包括具身的认知、嵌入式认知、生成认知、延展认知等的一种研究方案和思路，而且自身存在很多局限，到现在也不能把它作为一种真正的研究范式来取代计算-表征范式而获得在实证领域的主导地位。夏皮罗认为只能将它们看作是一种研究纲领，基于此，有学者将它们称为“后认知主义”。

然而，随着对人类认知和生物身体更全面的了解，未来的研究走向到底如何，现在的任何结论都为时过早。我们在此只是把具身认知理论或思想作为对之前认知主义的一种反思，同时也重在探讨具身认知理论中所包含的思想，作为对未来认知科学的一种展望。

“近代哲学之父”笛卡儿认为：“实体是一个不依赖其他任何东西而自身存在的东西，”① 即不依赖自身之外的任何事物而独立存在，在此意义上，只有上帝才是唯一的实体，但笛卡儿同时又认为“实体”其实是个多义词，只要意义相近，就可以运用于不同的对象。这样一来，心灵和物质也是不需要其他任何东西而独立存在的，因而可以得出心灵和物质也是实体，上帝在这里只是个“虚位”。在本体论意义上，只有心灵和物质才是实体。从它们的本质属性来看，心灵的本质是思想，而物质的本质是广延，思想没有广延，广延也不能思想，而且思想和广延没有任何相同之处。这样，笛卡儿得出了二元论的结论：心灵和物质

① Descartes R. The Meditations and Selections from the Principles of Rene Descartes. translated by Veitch J. Open Court，Rarebooksclub. com，1948：156.

是本质不同的两个实体，是彼此独立存在的，它们之间没有任何相互作用。但人和自然物不同，人不但有形体，而且有意识和自我意识，于是，人是两个实体的组合：身体是物质，自我意识是心灵，即所谓的“身心二元论”，但人的本质在于能思考，拥有心灵，而非身体。

传统认知科学的研究取向是符号计算主义和联结主义。它们认为人的认知只是脑中的活动，并非与外部物质有关，整个认知既不来自大脑，大脑只是恰巧能进行抽象心智活动的工具和具有这样的功能，同时认知也不受整个身体活动和环境变化的影响，是非具身的；相反，身体行为是在大脑的信息输入与输出的基础上形成的。认知就是对外在事物的一种符号表征，思维就是心智对表征结构的操作计算，因此，传统认知科学只是主要研究其形式规则，用计算机模拟人的智能，因为心智可以发生在任何一个这样的计算系统中，心智和身体可以分离，心智的发生不依赖于身体，从而忽略了身体活动和外部环境变化及其之间的互动对心智的影响。因此，心智的认知功能是无需考虑它们在身体和大脑的实现方式而可以被独立研究的。追根到底，传统认知科学是受到笛卡儿身心二元论的影响，认为心灵和物质是二分的，身体和心灵彼此独立，心智就是纯粹的精神实体，是不依赖于肉体，与肉体没有本质联系的独立存在。“心智就是一种抽象的对符号进行操作的计算程序，既不来自大脑，也不受大脑的影响，是非具身的、可以运行在任何合适的硬件上；而我们的大脑只是恰巧能够运行抽象心智的工具和手段，身体的神经生理结构和活动图式对认知研究价值不大”。①

符号计算主义将人脑对信息的加工过程比作是计算机系统对符号的处理，即“计算机隐喻”。人就是一个对世界的抽象表征的符号进行信息加工的系统，认知就是对符号信息的加工，即对信息进行转换、存储、加工和使用的所有过程。其实，“符号计算主义是以西蒙和纽威尔提出的物理符号系统假设为理论基础的。这个假设认为物理符号系统具有必要的和充分的条件来实现一段智能行动。所谓‘必要的’是指，任何表现出一般智能的系统都可以经分析证明是一个物理符号系统。所谓‘充分的’是指，任何足够强大的物理符号系统都可以通过进一步组织而表现出一般智能”。② 计算机系统就是遵循一定的逻辑规则对所表征的符号进行计算和加工，从而实现智能化。这样一来，认知过程就可以划分为几个阶段，每个阶段是一个对输入的符号按照逻辑规律进行计算和加工的单元，而反应就是这些阶段计算和加工的结果。这个过程是以有界限的顺序进行的，时间上有先后，方式上是以系列或序列进行的。

按照符号计算主义的观点，心灵是抽象表征符号的加工者，而身体感知系统

① 成茵．第二代认知科学与心理学的具身转向．长春：吉林大学硕士学位论文，2011.

② 博登．人工智能哲学．刘希瑞，王汉琦译．上海：上海译文出版社，2001：101.

是用来刺激输入和输出结果的，在这一过程中心灵与外部世界的联系是被割裂的，表现在人工智能中就是抽象符号加工的计算模型。

然而，人工智能在20世纪70年代末至80年代初受到严峻挑战，尤其是美国哲学家塞尔提出的“中文屋论证”① 之后。这个论证说明了计算机程序只能产生语法系统，而无法产生对语义的理解。而且计算机可以在十亿分之一秒的时间内对输入的信号进行加工处理，但是人类的神经元则需要3毫秒才能对刺激做出反应。而“人在300毫秒内只有100多个神经元可以对刺激做出反应，这与人可以在300毫秒内再认一个复杂视觉刺激的事实不符，因为对整个复杂视觉刺激所形成的发射弧远远不止几百个神经元构成。这些都表明了人对信息加工方式是有别于计算机的系列加工方式的”②。除此之外，“计算机对信息加工是基于二值逻辑算法的，它对模拟人类认知过程所输入的数据是明晰和明确的，但是人类知识和经验却是模糊的和粗略的”。③ 而且，与人类相比，计算机缺乏自己组织和自己学习知识的能力。因此，人们在符号计算主义进入瓶颈期后提出了联结主义。

与符号计算主义将心智类比计算机对符号的处理不同，联结主义模拟人脑的神经网络结构，因为这种网络实现的方式和状况基本与对象世界的状态一致。“联结主义系统”的基本概念是“神经网络”和“并行分布式处理”（简称为PDP）。联结主义认为，认知不是按照特定的逻辑规则进行计算和操作的计算机系统，信息不仅仅固定在某一神经单元，而是激活有序动态活动的网络结构。联结主义者的工作就是要设计一个更接近真实神经活动的认知模型，当然这种模型具有复杂的联结网络。他们认为知识的表征是一种平行的、非线性的、分布式的加工。不同于符号计算主义的系列或序列式的信息处理方式，平行分布式处理更有效率。除此之外，通过单元间的网络联结及调整和改变联结的强度，就可以寻求到最佳的解决问题的方式了，这样得到经验的学习和参考，而且大脑本身就是神经细胞的复杂联结，这样的模拟更接近大脑的真实工作状态，如此看来，联结主义比符号计算主义更接近实际。

但是，联结主义模型也有自身不可避免的问题。它模拟的仅仅是近似人脑的生物结构，并没有考虑到人脑在适应不同的自然环境和社会环境中的变化，人脑是经过数亿年进化而来的，而且还在不断进化中，当前的人工智能水平还无法完全准确模拟它的结构。因此，要成功获取它的功能和工作机制是不可能的。而且虽然联结主义进一步模拟了一个与人脑类似的认知加工模型过程，看起来比符号计算主义更胜一筹，但是同样没有认识到身体及其活动在认知活动中的作用，它

① 1980年，为了反驳“强人工智能”，塞尔在一个房间里按照一套句法规则操作中文字符，从而使得整个房间作为一个系统用中文来和图灵测试考官对话，并且顺利通过了图灵测试。

② Sternberg R. 认知心理学. 杨炳钧译. 北京：中国轻工业出版社，2006：85.

③ 叶浩生. 西方心理学理论与流派. 广州：广东高等教育出版社，2004：158.

们在本质上是一致的，联结主义中的认知活动仍然是一种抽象的形式规则和过程。正如丘奇兰德所认为的，“联结主义并没有彻底否定功能主义的两个重要背景假设，而它是认知主义的哲学基础。第一个假设是，认知生物体确实在进行着某种复杂的功能计算。第二个假设是，无论什么样的计算活动都能够实现于不同的物理基础”。[①]

正是在传统认知科学面临困境和挑战的背景下，新的认知科学应运而生，它试图为认知科学，尤其是人工智能的进一步发展找到出路。克拉克便是这样的代表人物，他提出了“具身化”的概念，而后提出了“延展认知”、“延展心灵”等认知延展论题，使“具身的认知”得到进一步发展。也有学者提出前者是“温和的具身认知观”，后者是“激进的具身认知观”，[②] 属于具身认知的两种不同进路。

在传统认知科学受到挑战而寻求新的替代方案时，具身认知科学正是借助了现象学资源脱颖而出的，从笛卡儿式研究范式走向了海德格尔式研究方法，强调身体的重要性。克拉克“具身化”明确强调认知是认知主体通过身体、身体的活动、身体与环境的互动而形成的，因此，要把身体、大脑、环境联系在一起。而“认知延展”在强调身体和环境在认知活动中的重要作用的同时，还将其发展得更为彻底，认为外部世界的某些工具或环境其实是认知过程和心灵的一个部分，它们不是孤立的、静止的，这样身体和心灵得到延展，从而消除了身体、心灵和世界的界限。在我们看来，克拉克的“具身化”和“延展论题”其实是紧密结合在一起的，这样的强调和重视身体在认知中的重要性的观点其实有深刻的现象学基础，或者更确切地说，是海德格尔的“此在”概念和梅洛·庞蒂的身体学说引发了人们对心身关系的新思考，这对于克拉克的具身理论极具启发性。

海德格尔提出“此在”就是指人的存在，有所作为是人存在的首要方式，因此必须与其他事物进行交流，这样的事物、这样的交流便成为了人所生存的环境的一部分，“世界”的概念由此形成。海德格尔认为人的存在方式是“在世之在”（being-in-the-world），正是在这种存在方式中，其他事物才显示出来，作为世界中的存在物，彼此联系的存在物。“世界”是人的存在的方式，是其他事物向人显示的结构。在人的“在世之在”中，所有事物都与人的生存及其环境有密切的联系。主客二元论的划分被“在世之在”这一概念所替代，主体与客体的界限变得模糊，存在是在世界中的存在，人以恰当的方式通过身体与世界中的

① Churchl P M. Functionalism at Forty：A Critical Retrospective. Journal of Philosophy，2005，102（1）：33-50.

② 何静．具身认知的两种进路．自然辩证法通讯，2007，（3）：30-35.

其他物体交互作用而形成了对世界的认识。身体学说就是克拉克整个具身认知思想的出发点和立足点。克拉克将认知主义和后认知主义称为是“笛卡儿剧场”向“海德格尔剧场”的转变。

梅洛·庞蒂尤其关心的问题就是如何克服笛卡儿的二元论，提出“回到事物本身”，于是在其代表作《知觉现象学》中创立了“身体—主体”这样一个概念。他首先把心灵的根源放在身体之中，放在世界之中，说明身体和主体是同一个实在。“身体—主体”是一个现象学概念。这里，身体既是显现的主体，又是被显现的对象；既是存在着、经验着的现象，又是现象的身体、现象的场所。“知觉世界”是“身体—主体”向身体以外的空间的扩展。在知觉中，世界不是意识的对应物，而是身体—主体的对应物。同时，梅洛·庞蒂提出了“世界的肉身”来说明这种对应关系，“肉身化”既是“身体—主体”的外在化，即知觉对外物的直接接触，又是世界的内在化，即外物向知觉的显现。我们是通过肉体去感知世界，并不是某一个器官在起作用，而是整个身体联系在一起的作用。在知觉中，“身体—主体”与世界彼此开放，主体与客体、内在与外在、心灵与形体之间并不存在二元对立，即通过身体去融合主客二分，把身体既当主体，又当客体，这样感知者与被感知者相统一。其次，梅洛·庞蒂认为感觉有可逆性，身体与主体之间、“身体—主体”与世界之间、我与他人之间都有可逆性，某一器官会影响到整个器官的感受，肉体成为人存在的显现方式，而后延展到是整个世界的存在方式。总之，现象学的身体学说强调身体的重要性及其与世界的互动，这与意识在本质上无法计算相一致。

认知心理学对具身认知也有深刻影响，其中的很多观点都强调了身体对意识和认知的影响，比如它一直强调“心理不能离开身体独立存在”。从早期心理学家的很多观点中就能看到具身的影子，并且随着具身认知理论的不断发展，认知心理学也向着具身发展，成为认知心理学的新取向，从中可以看出心理学与具身认知的深刻联系，如美国实用主义代表詹姆斯的机能主义，实用主义的集大成者杜威的经验和知识论，皮亚杰的发生认识论，维果茨基的内化理论，以及吉布森的知觉心理学理论，等等。

詹姆斯主张心理学的目的不是把复杂的心理分解为一个又一个的元素，而是要研究心理在适应环境中的机能作用。意识并不是简单元素的排列组合，这与构造主义有很大不同。构造主义认为心理是可以与外界没有联系的、独立自主的、自己独有的经验世界。詹姆斯的机能主义认为人的心理是一种生物适应的工具，心理的作用就是通过对经验的获得、保持和评价来指导行为，从而更有效地适应环境，心理学最重要的功能就是要研究意识在适应所处环境时发挥的作用。此外，他还认为随着年龄的增长，经验的丰富，个体适应环境的能力会越来越强。

他与丹麦生理学家朗格都提出“生理变化先于情绪体验”[①]，大脑对于当前情境的生理反应进行感知和意识，之后我们判定某种情绪的存在。

杜威认为经验是一个单一、动态的完整有机体，不仅与产生经验的情境有关，而且本身就是一个不断发展的历程。人类不仅作用于环境，环境本身对人类也有“施为”，作用与施为的交互便产生了经验。同时，他反对把知识看作客观世界的存在物，反对知识可以脱离认知者，知识虽然是逻辑运行的结果，但这不是结果，只有个体与环境在具体的情境中进行交互作用，不同的情境产生不同的结果。因此，知识只能作为参考，必须结合具体的情境来看，否则就是无意义的。

皮亚杰从研究儿童语言和思维等认识的发展，创立了发生认识论。他认为认识既不起因于主体，也不在客体，而是主体和客体的相互作用造就了认识的发生。认识的发展不仅仅是经验的增长造成的，更重要的是个体在认知过程中的积极作用。认识论的形成，不是外界事物的简单复制，也不是心智内部先天结构的展开，而是主体世界和客体世界相互作用形成的一整套系统。

维果茨基和皮亚杰一样，都偏爱机能主义，也试图对儿童的心理机能进行探讨。维果茨基认为儿童高级心理机能的发展是由外部向内部、社会机能向个体机能的转化而来。由于语言和文化的工具是人类所独具的，在较低智能向较高智能发展时，知识不是个体自主建构而来，也不是外界授予个体的，而是在互动过程中建构的，把天生的能力发展为更高阶的心理智能，“内化”是使认知发展的主要机制，即个体将外在事物、他人的心智运动转化为自己内在表征和知识。而人运用语言符号，对外界事物的认识从低级的感知运动转变为高级的语言思维。

在知觉理论中，吉布森认为，知觉是一个有机体在认识世界时表现出来的行为，是激活了的个体的主动的过程，不仅成人，儿童也能在环境中主动地发现、探索和获取有用信息。吉布森强调，在具体环境中，人的知觉的自然行为其实可以看作适应行为，为了适应环境，需要对周围环境中的对象、空间位置等事件进行知觉，人的知觉和认知是一个不断增长的过程。

具身认知理论受到了动力学理论的深刻影响，运用了诸多动力学方法，如耦合、自组织、涌现等许多概念都来自于此。具身认知科学与传统认知科学的研究进路不同，其中也主要有研究方法不同的原因，传统认知科学运用符号的计算-表征方法，而具身认知科学运用的则是动力学的数学方法。动力学系统是用来描述事物随时间变化而发生变化的系统，是一种数学工具，时间是这一系统的核心。克拉克具身认知理论认为身体-大脑-世界就是一种动力系统。

动力学系统是非线性的，它的混沌同步采用单向耦合的控制方式，是基于常

---

① 保罗·萨迦德．认知科学导论．朱菁译．北京：中国科学技术大学出版社，1999：178-180.

微分方程数学模型的十分复杂的系统。也正是由于动力学系统比较复杂，对专业数学能力要求极高，非专业人员很难理解，使得人们不能轻易理解具身认知理论。“在自组织现象中，动力学系统主要研究复杂自组织系统，如生命系统等的形成和发展机制，即在一定条件下，自组织系统是如何从无序走向有序、从低级向高级发展的。”① 由于有生命、智能和人类社会等的存在，人类社会就可以被看作是复杂的自组织系统，自组织系统其实也是一个优胜劣汰、不断完善的自我发展的过程。

具身化思想具体萌芽于拉考夫和约翰逊的《我们赖以生存的隐喻》一书中，但没有提到“具身”这样的字眼，随着具身思想受到越来越多的重视，具身认知也从单纯的哲学思考进入了实证的领域。直到 1991 年，哲学家瓦雷拉提出了“具身”（embodiedness）概念，并为其提供了一种新的范式，至此形成了新的认知科学研究纲领，即具身认知，一定程度上弥合了经典人工智能和新人工智能之间的鸿沟。尽管具身认知作为一种新的认知科学研究路径而被广泛讨论和研究，但由于具身认知理论涉及学科众多，理解视角不同，对这一概念没有确切表述。对于具身认知的观点，威尔逊就总结并区分了六类，而这些观点中，有些是一致的，有些甚至是相冲突的，这也影响了对具身认知的深入研究，因此，研究者们都呼吁统一的研究纲领的出现。

具身认知是指人的认知依赖于身体这个物理结构和活动图式的，认知与身体紧密相关。传统认知科学认为人的心智只是独立地存在于身体的某一角落，通过对世界的表征和计算来指导行为，它是人类身体的核心，大脑和身体只是这一核心的载体。而具身认知理论认为人的认知活动不是在大脑中独立地密封的，而是存在于大脑、身体这个物理结构中，也处在身体所在的环境中，并是在和它们相互作用的基础上形成的，因此对认知的研究不能脱离对身体和环境的探究。从心智和认知的发生和起源看，它们是以处在特定环境中的身体物理结构和活动模式为基础的。心智始终是具体身体的心智。具身认知既不赞成计算主义，也与生物还原论不同，具身认知认为意识是身体各部分的交互及与环境的交互作用中的突显。换言之，具身认知就是指我们的身体结构和活动图式决定了我们的认知，决定了我们怎样看待世界，即我们的认知是身体结构及其与世界的交互所决定的。

理解具身，首先要理解认知过程的方式和步骤是如何被身体的物理属性所决定的；其次要理解认知的内容是身体提供的，身体的主观感受和体验为语言和思想提供内容，人类经常用隐喻来认识和了解事物，即用熟悉的事物理解不熟悉的事物，但说到底，人类最了解的还是自己的身体；再次还需理解认知是具身的，身体又是嵌入环境的。身-心-世界是一个动态耦合系统，并不是决定与被决定的

① 成茵．第二代认知科学与心理学的具身转向．长春：吉林大学硕士学位论文，2011.

单向因果关系，而是处在互相影响和作用的动态非线性系统中。

我们发现，具身认知是在广义和狭义两种意义上被理解和使用的。广义的具身认知是针对传统认知科学而言的，包含了具身的认知、生成认知、情境嵌入式认知和延展认知，我们把它们统称为“具身认知科学”，而狭义的具身认知其实是区别于生成认知、情境嵌入式认知、延展认知等的具身认知，称其为“具身的认知”更恰当。因为狭义的具身认知与生成认知、情境嵌入式认知和延展认知等相关理论的核心概念有某些重叠，它们都认为身体、心智、环境是整体的，强调身体和环境互动的重要性，只是它们的侧重点不同，“生成”强调认知是在身体、心智和环境的复杂的互动中形成的，不是被动接受客观世界的能力；“情境嵌入”强调认知依赖具体情境、具体身体、语言和社会环境。因此，这也就导致了人们在认识和使用上的不同程度的模糊，我们在文中使用的是广义上的具身认知概念。

二、克拉克的具身认知思想

正如前文提及的，在传统认知科学受到质疑和批判，尤其是人工智能在符号计算范式的指导下遇到了前所未有的挑战。人工智能研究者们围绕一个先天的表征系统来获得抽象概念，在这样的系统中，研究者们事先设定能想到的情境而让机器人去解决问题、应付干扰，但是当有突如其来的环境变化问题时，机器人就显得手足无措，于是新人工智能就提出不设置具体情境，而是让机器人成为一个认知主体，自己判断具体环境并提出解决问题的方式，从而产生合适的行为。机器人就要考虑自身的感觉运动能力和环境，在自身和环境的互动中形成表征，产生行为。这样，研究者们从探究计算和表征的心智的高阶能力走向了对感觉运动的低阶能力的研究。但是认知主体如何对环境做出实时的判断和反应，这是新人工智能需要回答的问题。

瓦雷拉认为这是“常识化的突显”，即“一种合适的自主结构的姿态”，“一个生命系统，在它自身的资源之外，在它做出下一步行为的瞬间找到合适行动的路径，这是自主的关键”。[①] 在瓦雷拉看来，认知其实是活生生的，这就要求使主体和身体耦合在一起时，感觉和行动之间的连接的细节突显出来。这样，具身认知就在经典人工智能和新人工智能之间起到了桥梁的作用。1997 年克拉克结合现象学思想提出具身认知思想，并成为这一领域的先锋人物，他借鉴认知科学的实证研究成果，对非具身的、静态的心智观念和计算表征研究范式进行批判：他反对将心灵看作认知主体的行为控制中心，反对将感知看作被动地接受客观世界的信息，主张心灵是内在地嵌入能交互作用的身体和世界。“心灵是有漏洞的，

① 瓦雷拉．具身心智：认知科学和人类经验．李恒威译．浙江：浙江大学出版社，2010：113.

总是要逃离它的自然界限而参与到身体和世界中。”①

（一）认知“具身化”思想

克拉克早在1993年《微认知》一书中就指出了自己的观点与传统认知主义相对立。1997年《此在：重整大脑、身体和世界》一书中全面阐明了“具身性”概念。而在其近作《拓增心灵》中使这个问题得到进一步发展。总的来说，他认为计算表征主义不能弥补心智和世界之间的鸿沟，它忽视了认知实现过程中需要依赖的必要因素：身体、技术、工具和环境条件等。因此，对心智及认知实现的整体系统的研究必须把对世界、身体、行动、技术工具的研究纳入其中，这也是克拉克在《拓增心灵》一书中所采取的立场。在这本书中，克拉克的“具身化”与“认知延展”是紧密联系在一起讨论的。

1. 身体-大脑-世界构成动力耦合系统

克拉克在《拓增心灵》开篇，就通过机器人、婴儿等例子说明了具身认知的三条基本原则——“因果拓展”（casual spread），“生态组配”（PEA）和“感知耦合”（perceptual coupling），表明了与传统认知主义的不同认知进路。在克拉克看来，计算表征范式有一套自己的符号系统，各个符号都是外部对象在内部心智中的表征，心智与外部对象就是表征和被表征的关系，心智按照一定的“法则”对这些符号进行“计算”，进而形成“思想”。克拉克并没有完全否认计算表征范式的积极意义，认为它在为人类认知建模方面做出巨大贡献。但是，计算表征范式把心智看作是认知的核心，只有外部对象对其进行刺激和输入信息之后，这些信息才能称为所谓的“知识”，这样的“计算”可以发生在任何一个物理系统如电脑之中，因此割裂了内在的知识符号与外在身体、行动和世界之间的关系。克拉克认为，身体-大脑-世界是一个功能耦合的动力系统（DST），三者是整个认知系统中的构成部分，“三位一体”。“动力系统为计算表征范式增加了一个时间性的、动态的具身向度”。② 因此，他也把自己的理论称为“动态计算主义”（dynamical computationalism）。

首先是他的“面向行动的表征”。克拉克运用世界上最先进的类人型机器人Asimo为例，说明了人类认知并不是由一个中央处理器来决定认知先后顺序的系统，恰恰相反，它是由身体-行动-环境来共同决定的。Asimo能够顺利走路，识别人脸和声音。尽管只有有限的智力水平，但具有高流动性和可操作性的优势。

① 刘晓力．延展认知与延展心灵论辨析．中国社会科学，2010，1：6.

② 姜宇辉．“具身化”：知识、行动与时间性—从安迪·克拉克到吉尔·德勒兹．华东师范大学学报（哲学社会科学版），2010，（4）：23.

它没有控制中心，却由于一些简单的机械装置和外部配对，就能实现流畅行走，仅仅是利用本身身体装置和外部世界的环境的相互作用就能实现自己的行动。克拉克还通过婴儿的例子说明，刚出生的婴儿的大脑是没有发育完全的，随着时间的推移，他们能够抓、爬行、走路等等，但在不同的环境里，这些能力的发生是完全不同的，他们并没有完全依靠基因的发展而形成，相反，是通过身体行动和环境之间的相互作用而形成的。于是提出了“面向行动的表征”这一概念，联结主义意义上的大脑应该发挥的功能有很大一部分被行动所代替。

我们在识别物体的时候，经常会利用物体的颜色、形状等来辨别，等再一次碰到类似的物体时，我们将不用再做判断，一眼便能认出来。当然，这种方法只在特定的环境中奏效。这表明了认知中包含了很多局部环境提示，而且“这种对我们环境的有效构建能够为我们后来的计算减负”。① 这就是“局部表征”，是对外部结构的积极运用，从而促进了内部结构的发展。而面向行动的表征是世界及与特定环境相关行动的表征。在一个复杂问题的解决中，其中的表征已经指向行动了，在这一具体情境中，我们不需要判断信息的正确性和行动的合理性，也无需考虑内存和计算时间，那些“编码”已经融合在行动当中了，会通过具体行动而做出判断，并变得有意义。在这里，行动承担者与世界是一种耦合关系。在具体的环境情境中，由外部世界决定的局部的和面向行动的表征才具有真正的价值，因此，具体环境改变的时候，一切都将改变。由此可见，具身的系统并不是事先运用内在模型去解决问题的工具，而是把行动融入其中，作为整个解决问题过程中的一部分。这样，就大大减少了计算的复杂性。克拉克认为上述概念代表了具身理论的核心概念：“认知科学必须认真对待（这些概念）……但这对于纠正（传统）非具身的知性论者的偏见还远远不够。”② 但这里需要注意的是，这并不意味着局部和面向行动的表征与大脑中的计算表征不相容。在这里，不仅减少了计算的复杂性，而且拓展了表征的意义，从而纠正了传统问题的解决路径。

其次是他的动力系统理论。以上论述都在表明，认知并不是线性发展的，它是复杂的非线性的。克拉克所认为的身体-大脑-世界构成的系统即动力系统DST，在这里，身体的积极感知和时间耦合展开的方法有时与（或全部）功能的、计算的、信息处理和学习心灵和认知的信息理论的方法相比是相当赤裸裸的。在面临着清晰的、本质的、具身的且丰富的时间化现象时，适当的解释工具，就会被说成是动力系统的几何结构和微分方程。动力系统理论是在动力学的、计算的和信息理论的方法之间最近试图再次把大脑-身体-世界统一起来的成

① Clark A. Being there: Putting Brain, Body and World together again. Cambridge MA: The MIT Press, 1997: 150.

② Clark A. Embodied, situated and distributed cognition. Bechtel W, Graham G. Companion to Cognitive Science. Oxford: Blackwell Press, 1998: 511.

果之一。在处理它时，之前关于表征、计算和动力学的解释的观点都将得到克制。于是，在一个更积极的脉络中，目标在于把计算的、表征的、信息理论的，以及动力方法揭示为一个成熟的心灵科学的补充元素。这种互补性是克拉克想强调的。

DST是一个强大的框架，它描述和理解时间演化的长期连续的因果关系的复杂系统。一个典型的解释就是，具有具体的一组参数，其集体进化是由一组微分方程来描述的。这样的方程总是涉及时间因素，因此，时间是考虑该方法的核心。此外，这样的解释很容易就能跨越有机体和环境。在这种情况下，这两个组件是作为一个耦合系统在特定的技术意义上使用的，是描述每个系统的演化方程中包含的一个术语。因此，只有理解了身体-大脑-世界的动态耦合系统，才能在一种非线性的复杂框架中更好地了解认知。动力系统理论的核心是“状态空间的观念吸引子或空间中可能吸引子组的观念以及运用数学连续的或离散的来对决定这些吸引子形状的法则进行描述”。① 也就是说，DST能从较少的变量中产生复杂的行动，它们之间是一个相互作用、相互影响的整体，其中任何一个变量的变化都能引起整个系统的改变，是一个强大的描述和理解随时间演化而发生变化的复杂系统，其中时间是核心。而在这一交互系统中，产生了涌现现象。在一个具体环境中，没有任何一个单一的因素能够控制行为，行为是许多因素共同作用的结果，这一现象就可以被认为是涌现现象。当然，表征和计算在这一系统中发挥了重要作用，克拉克认为大脑是嵌入环境的，“表征是局部的和面向行动的，而不是客观的和独立于行动的”。② 这样的表征和计算对于解释内在思维是必要的，它们与外部环境事件的整体是有系统协调性的。

克拉克是这样描述它的认知研究的：“越来越清楚的一点是，一旦我们认识到了身体和环境……在问题和解决方法建构中所发挥的作用，为了达到某种解释的目的，大脑、身体和局部环境的整个系统就构成了研究恰当而统一的对象。然而，这种重要洞见的整体复杂性与研究认知的计算和表征进路是完全相容的。”③ 这样，他就提出了“动力计算主义”，这与激进主义用动力系统完全替代计算表征范式的观点不同，而是在表征计算中增加动态、行动和时间的因素来解决问题，是一种温和的具身认知进路。

可以说，传统认知主义就是提前设定了符号系统，然后运用表征-计算的内

---

① Clark A. Being there：Putting Brain，Body and World together again. Cambridge MA：The MIT Press，1997：99.

② Clark A. Being there：Putting Brain，Body and World together again. Cambridge MA：The MIT Press，1997：161.

③ Clark A. Being there：Putting Brain，Body and World together again. Cambridge MA：The MIT Press，1997：169.

在方式进行思维，然后再对身体的具体行动进行指导和协调，但动态计算主义则是将表征和行动联系起来，这里的表征是面向行动的表征，表征在一开始就指向了行动，受到了行动的指导。克拉克的身体-大脑-环境是一个“异质聚合体”。[①]因此，整个动力系统是没有一个控制中心的、非线性的、动态的、复杂的网络系统。但在整个系统中，内在的神经系统和外在的环境之间，认知是以生物体为核心的，但不局限于生物体内。

2. 身体在认知中具有能动作用

在克拉克所说的认知动力系统中，身体-大脑-世界是相互作用的耦合关系，产生的现象被称为涌现。在整个系统中是以生物体为核心的，即大脑和身体在认知中有极其重要的作用。当然，具身认知科学和传统认知科学最核心的、最根本的区别就是强调身体在认知活动中的重要作用。

不同的具身认知观对于身体在认知中的作用的解释是不同的。认知是具身化的，可以简单理解为认知依赖于身体及其与外部世界的相互作用，但这是远远不够的，因为传统认知主义也认为认知是需要一个物理载体的，它们也不否认身体和世界之间的互动。我们将通过比较不同的具身认知进路中的不同的身体观，来理解克拉克的具身化思想。

首先，身体是“中立化”的。一种最弱意义上的具身认知观认为，认知是依靠人的物理性的身体的，它是认知的基础，认知并不只具有抽象过程。例如“我把关于物理基础的考虑作为具身化认知研究的核心的定义性特征”。[②] 威尔逊也提出身体的物理特性和大脑之外的身体在认知中有因果作用。这种意义上的具身认知观与传统认知主义基本是一致的，只是对身体的物理特性和因果关系做了强调。另一种意义上的具身认知观认为，认知主体的身体体验是认知过程的构成要素。支持这一论题的哲学家吉布斯（R. Gibbs）声称，“人们关于他们行动中的身体的主体性的感觉经验，为他们的语言和思想提供了基本的、奠基的一个部分。认知是当身体与物理的和文化的世界相作用而发生的，必须通过人们与环境之间的动态互动来研究”。[③] 这种意义上的身体不仅强调身体的物理特性，更重要的在于认知主体的身体体验。这是现象学意义上的身体-身体性体验，并且这种体验是嵌入一个心理的、文化的语境中的。当然，这种意义上的身体研究导致许多学者把具身认知和现象学研究结合起来。

不同于以上两种具身认知观中的身体含义，克拉克算是比较“中立化”的。

① Clark A. Supervising the Mind: Embodiment, Action and Cognitive Extension. Oxford, UK: Oxford university Press, 2008: 85.

② Anderson M. Embodied cognition: A guide. Artificial Intelligence, 2003: 91-130.

③ Gibbs R. Embodiment and Cognitive Science . Cambridge, UK: Cambridge University Press, 2006: 9.

他强调身体的功能是认知过程中的一部分。比如儿童用掰手指的方法帮助自己运算，那么手指就成了他认知中的构成部分。此外，还有身体在信息的自身结构化的过程中发挥的作用。例如婴儿的抓、戳、拉、吸吮和推搡创造了一个时间锁定的多式输入流。这种多式输入流已被证明可以帮助分类学习和观念的形成。这种能力的关键是机器人或婴儿有保持感觉与环境的协调参与的能力。这些工作表明，自生成的机动活动是神经信息处理的“补充”。在人身伤害和改变后的自我恢复也是信息自我构造的能力。正如他所说的“身体是意愿活动的处所、感觉发动的汇集点、理智卸载分流的路口，和在支持某些理智活动的计算中可以依赖（不需要表象）其特征和关系的稳定的平台”。他又称，“我们的目标不仅仅是一个神经控制系统，而是一个复合的跨越大脑、身体和世界的认知经济学（cognitive economy）。在这个复合的经济学中，身体扮演一个关键性的角色。它是主动感觉的器官、信息自身结构化的手段、与赋予支持拓展的解决问题的组织的多样性以能力的结构”。[①] 在此功能意义上，身体辅助了认知，那么外部世界的技术、工具等非生物的东西也辅助了认知，如计算器、笔记本等，克拉克认为它们的功能也构成了认知的一部分，于是将认知拓展到了身体之外。

其次，身体延展是基于等价原则的。上面谈到克拉克的具身化概念总是和认知拓展紧密联系在一起的。他的“拓展”也包含着身体的拓展，这就增加了身体和环境之间的联系，身体成了沟通内在和外在的信息交流的“中介”。当然，不同于梅洛-庞蒂现象学中认为的身体是心灵和世界的“中介”，克拉克更为强调的是身体可以与非生物的技术、工具和外在环境联系在一起，成为一个整体。这样，身体就得到拓展。在这里有一个很重要的概念需要弄清楚，即“等价原则”（parity principle），不是外界所有的事物都能构成认知的一部分，只有符合这一标准，才能说身体得到拓展了。克拉克明确指出：“当我们面临某项任务时，如果外部世界的一部分作为一个步骤而发生作用，并且如若这个步骤是在头脑中进行，我们将毫不迟疑地接受其为认知过程的一部分，那么，这个部分（在当时）就是认知过程的一部分。”[②] 比如，在进行数学运算时，我们把每一个步骤都写在纸上，最终才得出结论，这样就代替了在脑中的计算。因此，笔和纸都构成了认知过程的一部分。

然而，假如在学习的时候，外面的雨滴打在了窗檐上并发出声响，但不能说雨滴构成了认知的一部分，因为它虽然发生在学习的过程中，却没有在这一认知过程中发挥作用，没有在身体-大脑-世界的认知系统中起到能动作用。因此，即

---

① Clark A. Supersizing the Mind：Embodiment，Action，and Cognitive Extension. Oxford，UK：Oxford University Press，2008：207-217.

② Clark A. Supersizing the Mind：Embodiment，Action，and Cognitive Extension. Oxford，UK：Oxford University Press，2008：77.

使把技术元件植入人体之内，也不能就简单地认为是身体得到拓展了。在现在的实际生活中，外部工具和记忆存储很大程度上帮助了内部计算的完成，整个认知过程就依赖于这样的外部环境，克拉克将其称为“认知生境建构”（cognitive niche construction）。用“生境”这个词，就是要突出认知行动者与外部工具和环境之间水乳交融的依存关系。实际上，这些认知生境并不仅仅成为了认知过程的构成要素，促进了内部计算的形成，而且这些工具一旦被制造出来，它们反过来深刻地影响着信息的获取、交换和处理方式，从而也就全面地而且持续地改造着内在表征系统。丹尼特借用斯特雷尼（Sterelny）的话来说，“对人类的发展环境的改造也改造着人类大脑自身”。[①] 因此，身体-大脑-世界本身就是一个互相影响的动态系统，对世界和身体的探讨在研究认知中是一个必不可少的成分。

此外，克拉克还认为语言是人类的终极人工产物，也是延展认知的力量，并不是人类认知的成果。语言是我们在与世界的交互过程中发展而来的，是外部客观事物的稳定的抽象概念的集合，语言帮助我们重构内在观念，使我们能够超越思维过程中时间、空间和特殊性的束缚。

3. 心智、身体和世界之间的模糊界限

在谈到身体在认知中的作用时，讲到身体向外部世界的拓展，其实是在功能的意义上谈论的。在之后的讨论中，克拉克将进一步发挥延展的功效，将认知和心灵得到全面拓展，因为他的“具身化”是与“认知延展”紧密联系的。其实，克拉克从 1997 年《此在：重整大脑、身体和世界》开始，经过 2003 年的《天生赛博格》（*Natural-Born Cyborgs*）就越来越向着“拓展化”的方向前进。以往的认知主义认为认知就是在“脑”中的活动，不依赖于外界衍生物而客观存在的。因此，离开“脑”，认知就不存在了，由此身体、心智和世界的界限很清晰明了。现在看来，克拉克一直强调身体、心智和世界是一个动态耦合的整体网络系统，而且身体和认知，甚至心灵都可以向外延展，这样三者之间的界限就变得模糊，关于“认知是什么”这样的问题的答案都变得扑朔迷离。但是克拉克也强调，“具身”并不意味着内在表征和外在行动之间没有界限，而只是强调这个边界是根据具体情境而发生变化的。因此，我们就要根据具体情境的不同，切实进入对整个认知循环过程中各个组成部分所起到的作用，以及它们之间的相互作用进行考察。不过，还有一个要点有待阐明。虽然整体的认知耦合系统是没有一个控制中心的，但在相对稳定的内在神经系统与外在补充性的资源之间确实存在着不对等，最终看来，生物体还是居于主导地位的。尽管认知并不仅局限在生物体内，但是生物体在认知过程中仍然是核心。虽然有核心，但这并不与“动态系

---

① 丹尼尔·丹尼特．意识的解释．苏德超，等译．北京：北京理工大学出版社，2008 38.

统”这一原则相矛盾，因为在认知过程中，大脑或身体虽然处于核心或主导地位，但它本身是一个异质多元的混合系统，是一个复合整体，因为它至少包含着两套并不矛盾且相互作用的异质性机制：“有意识的、受控的、缓慢的过程与迅捷的、自动的、不受控的过程。”① 虽然两种机制的特点和规律是不同的，但它们都可以在一个整合的认知过程中发挥各自的作用。

（二）“认知延展”思想

克拉克批判了以往认知主义中的离身认知，强调了身体、行动和世界在认知过程中的重要作用，认知是具体身体的认知，提出了“具身化”思想。从离身到具身，克拉克并没有就此停下脚步，从1997年的《此在：重整大脑、身体和世界》到1998年克拉克和查尔默斯共同写的一篇名为《延展心灵》(*The Extended Mind*) 的论文，这些论著中都主张身体和心灵的向外延展，但是受到了强烈质疑。而在2008年克拉克在《拓增心灵》中进一步全面阐述了这一思想，对其中的质疑进行了回应和辩护。

认知不仅仅局限在头脑和身体中，身体可以向外拓展，同样，认知和心灵也可以延展，整个认知活动发生在人、脑、世界的动态耦合系统之中，外在环境影响了认知，认知部分地由外在环境决定。这一思想一经表达，就受到了人们的强烈质疑和批判，可以说，对这一观点的批判远远超过了对他的支持。克拉克也试图通过“认知延展”这一论题来整合具身认知科学中出现的解决认知主义困境的方案，它们或相容或矛盾。暂且不说这一论题的合理性和可行性，它引起了人们对于什么是认知，认知有没有边界等问题的广泛讨论，这对于整个认知科学和心灵哲学的意义不可小觑，而哲学最吸引人和最大的魅力就在于思考的过程，而不在结果。

1. 认知不局限在头脑中

克拉克和查尔默斯在《延展心灵》中一开始就提出：心智在哪里停止，世界在何处开始？这样的问题引来了两种不同的回答，一些接受颅内主义观点的人认为，认知的界限就是皮肤和颅骨的划界，即认知只存在于身体中，身体之外的便是心灵之外的东西；也有人不支持这种观点，认为心智不局限在身体里，即我们话语中的意思“就是没有在脑袋里”，并认为关于意义的外在主义延续到了关于心灵的外在主义。克拉克提倡一种外在主义的非常不同的种类：基于环境在认知过程中的积极作用而提出了一个积极的外在主义。克拉克用一个俄罗斯方块的

① 姜宇辉．“具身化”：知识、行动与时间性——从安迪·克拉克到吉尔·德勒兹．华东师范大学学报（哲学社会科学版），2010，(4)：25.

游戏来说明了“积极的外在主义”和“延展认知”论题。

一是“延展认知”论证。克拉克和查尔默斯通过一个电脑游戏来证明自己的理论，说明认知不局限在身体或头脑里。他考虑了人类解决问题的三种情况，例如一个人坐在电脑前要运用三种不同的方式来旋转这些图块，使得与相应的图块槽（slot）匹配。第一种情况：面对这些图块，个人只是在脑中对他们进行旋转和移动，来达到匹配；第二种情况：不光只是在脑中旋转，而且辅助了键盘、鼠标等外来设备，进行移动，即脑＋外来设备；第三种情况：赛博格时代，在脑中植入神经系统之类的东西，能够迅速调动脑中的优势资源，从而快速移动图块。那么，这三种不同的认知本质上是一样的吗？

克拉克认为三种情况都是通过移动图块而找到相应的匹配槽来实现的。有神经植入的第三种情况和第一种情况显然可以相提并论，都是通过脑中的活动，没有借助外部设备，差别只在于有没有神经系统的植入。此外，三种情况的计算结构是相同的，都是脑中的活动与计算机的联结，即都是内部与外部的分布，只是第二种情况借助了外来设备。

试问，如果我们认为第三种情况是认知活动，那么凭借何种理由不认为第二种情况也是认知活动？我们不能简单地把皮肤或骨骼认为是认知的界限，这种边界的合法性正是问题所在。这不是之前所说的外部计算资源出现的问题，而是人类正在不断地依靠环境支持来进行推理，这是一个总体趋势。在利用笔和纸执行较长的乘法运算，在拼字游戏中利用字母顺序的物理重组来提示字母的安排，或者航海计算尺等工具的使用，甚至日常生活中的语言、书籍和图标等的普遍使用。在这些所有的情况下，大脑只是执行其中的一小部分，其余都交给外部设备。认知活动本来就是内在与外在的统一的耦合系统，不管任何东西，只要是脑袋思考进程中的一部分，那么我们就应该毫不犹豫地承认它们也是认知过程中的一部分，因此，“认知不只是在脑袋里”。正如在《拓增心灵》序言中讲到的，计算器、手机代替了记忆存储的功能，它们已经是认知过程中的一部分了。

这样看来，只要外部环境和设备在人类认知中起到作用，帮助了认知活动的完成，在身体-脑-世界这样的动态耦合系统中发挥了功能，那么我们大可以放心地认为它们就是认知过程的一部分，认知延展到了世界当中。然而，这个耦合系统的内部机制是如何的，它又是怎样实现认知的？我们脑中的意识是可以随时调动使用的，是一定恒定认知中的核心，但是外部设备的调动则是不容易的，是需要条件的，那么它们在认知过程中是如何发挥作用的？对于这些问题的回答，克拉克用“认知加工漩涡说”来说明。他以语言在认知中的作用为切入点，生动地描绘了这个动态耦合系统的工作机制。

克拉克认为身体-大脑-世界在认知过程中是耦合的、纠缠在一起的，正如在水中游泳的鱼儿，鱼和水就形成了一个“漩涡”，它们一起构成了一个统一的稳定的游泳动力环境。而人类环境中的语言也正是这样，不管任何人，始终存在于语言的大海中，那么语言就成为我们一种稳定的认知资源，在人类认知过程中发挥着重要作用。一旦我们认识到环境在制约认知的演变和发展中的重要作用，我们就能知道延展认知是一个核心的认知过程，而不是额外附加的。语言似乎是由认知过程延伸到世界的核心手段。想到一群人围着一张桌子的“头脑风暴”，或者一个哲学家认为可以很好发展他的思想的途径是写作，这可能是语言的进化，在某种程度上使我们的认知资源在积极的耦合系统中能进行这种拓展。因此，语言作为一种外在环境赋予的力量而使我们的认知过程延展到了外部世界。这样，身体-脑-世界就在这样的漩涡中促进人类认知的进步，它们是一种动力，同时更是这个整体中的一部分，缺一不可。我们认为这是一种认知的语境论，即主张人的认知是语境化的。

二是积极的外在主义。外在主义在哲学界的影响是长久而深刻的，克拉克反对颅内主义认为的认知仅仅存在于大脑里，局限在身体里。于是他从外在主义的理论中建构自己的具身认知观，但他又不局限于这样的外在主义，而是试图冲破这个枷锁。在上面谈到的电脑图块的游戏以及语言的作用后，我们可以认识到，人类有机体与外部实体在双向交互上相联系，创建一个自认为是认知系统的耦合系统，系统中所有的组件都发挥着积极的因果关系，并且在相互作用中指导人类行为。可以想象，如果我们去掉了外部设备，系统的行为能力就会下降，就像是拿掉了脑中的部分意识一样。我们的观点是，不论它是不是完全在头脑中，这种耦合过程的计算跟认知过程一样。

克拉克特别强调，他自己的外在主义与普特南等的外在主义所倡导的标准有很大的不同。普特南通过著名的“孪生地球”的思想实验得出结论：“意义不在大脑中”，就是说某些词语的意义并不仅仅是由我们的大脑的物理结构决定的，而且认为社会情境对意义和心灵内容具有决定作用，是一种社会外在主义。以往的外在主义者们认为所有心智的内容都是外部环境决定的，或者至少部分是由外在环境决定的。决定心智内容的“这些因素存在于物理和社会的环境中，存在于主体与环境交互的历史中”。① 这种外在主义受到行为因果性问题的困扰，即心灵的内容是存在于外在社会的环境中的，而心灵内容是与行为有内在关联的，那么当前行为就应该包含当前的外在环境中的事件的，但是如果行为往往包含以往的历史事件，并不是当时当地的事件，这应该做何解释？

在克拉克看来，虽然这种外在主义使人们对于心智和认知有新的理解，但是这种理论并不能阐明心智和认知的本质。主要原因在于，这种外在主义说明了心智和外部世界只是处于比较远的、历史的因果联系中，都处于漫长的因果链条中

① 刘晓力．延展认知与延展心灵论辨析．中国社会科学，2010，1：2.

的另一端。正如在我的信念中关注的标准水的特质，即使我到了孪生地球，我也关注它，这是因为我的历史，在这些情况中，这种外部环境是被动的，它们在现在的认知过程中并没有发挥作用。这种远端性质正如我和我的孪生兄弟，尽管我们有本质区别，但是我们的行动在身体上是没什么区别的。

相比之下，在克拉克描述的示例中，相关的外部环境是活跃的，并在认知过程中的当时当地发挥了至关重要的作用。因为它们与人体组织、与认知是耦合的，它们对生物体及其行为有直接的影响。在这些情况下，世界的相关部分处在一个认知循环中，并不是在一个长的因果链的另一端晃来晃去。根据这种耦合关系，克拉克认为这是一种“积极外在主义”，而以普特南为代表的则是一种“消极外在主义”，克拉克在此基础上便提出了自己的“延展认知论”。

概言之，即使普特南等对有关心智内容的外部性质是正确的，但是目前尚不清楚这些外部方面在行为中发挥的因果性或解释性作用。在内部结构保持不变，但这些外部特征被改变的情况下，行为看起来完全一样，所以内部结构似乎在做着更重要的工作。我们暂且把这些问题搁置起来，同时我们就能注意到，积极的外在主义是没有受到任何这样的问题威胁的。耦合系统的外部环境起着积极的作用，如果我们保留内部结构，但改变外部环境，行为有可能完全改变。这里的外部特征与大脑的典型的内部特征有因果关联。

有些人当然不赞同这种理论，其中一个很重要的原因可能是很多人用意识来识别认知，他们似乎认识到了意识超出了大脑这种似是而非的观点。但是我们可能知道并不是所有的认知过程都是一个意识进程。可以被广泛接受的观点是超越意识边界的各种外部环境在认知加工中发挥了至关重要的作用：例如记忆的检索、语言和技能获取在认知中的重要性。因此，仅仅是这个事实即外部环境是外部的，意识却是内部的，这样的事实没有理由否认这些外部环境是认知的一部分。

克拉克在这里提倡的观点是通过研究认知科学中越来越多的对身体的研究来体现这样的因果耦合关系。但这种研究不同于情境认知理论，现实世界的机器人研究，儿童发展的动态方法研究等，在环境过程中采取的认知往往是连续的。因此，把认知看作是延展的不仅仅是一个专业术语，它对科学调查方法有很重要的启发。实际上，可能一度被认为只适合“内部”流程分析的解释方法，现在正被适用于外部的研究。

我们可以设想，在未来，我们也许能够把不同的模块加入我们的大脑，来帮助我们。例如，当我们需要额外的短时记忆模块时，当一个模块被插入，涉及它的过程就像认知一样，结果它们曾经一直在那里。更甚的是，它也许就是生物大脑实际上已经以一些方式进化和成熟，可操作的外部环境中的可靠元素也是在这样的方式下存在的，这些能力都专门倾向寄生于当地环境，以减少记忆负荷，甚至变换计算问题本身的性质。我们的视觉系统已经发展到以各种各样的方式依靠它们自己的环境，比如它们利用自然场景的结构这样可能的事实；它们利用由身体运动带来的计算捷径。或许还有许多其他情况，在进化的地方发现了可以利用认知循环中的环境的优势。如果是这样，那么外部耦合就成了我们将承担对世界的认知过程中的一部分。这些都充分证明着我们对认知的研究会越来越丰富。

2. 心灵可延展到世界

在《此在：重整大脑、身体和世界》一书中，克拉克认为："过去将心智视为一个'档案柜'的观念将通过人工神经网络予以纠正。这种心智的形象就像一个装满了消极的语言符号一样的储藏室，等待着被中枢神经系统处理单元搜索和控制。"① 克拉克认为这样的心智只是作为一个对输入的符号进行分类和计算的一个控制中心，这样忽视了心智与外部世界的相互联系与互动。思想是由大脑产生的，但思想的发生和发展依赖于外部环境及他们之间的相互作用。克拉克进一步指出："人类的推理能力被真实地分布到了认知的引擎上来：我们用外部资源来扮演特定的计算任务……我们将看到真实的推理引擎既不以皮肤为界限，也不以颅骨为边界。"② 克拉克试图通过以往对心智的档案柜式的看法进行反驳，将它与外部世界联系起来考察。

在对"延展认知"的论证中，克拉克认为认知不局限在大脑中。大脑与外部世界具有因果耦合关系，互相影响、彼此交互。如果外部世界在认知过程中起积极意义，那么我们便认为它们也是认知的一部分。但是，克拉克进一步提出大脑中的心灵也能与外部环境构成因果耦合关系，心灵不只存在于头脑中，更延展到了身体之外的世界中了。那么克拉克是如何从延展认知过渡到延展心灵的？他认为心灵最重要的特征是包含有信念，于是，他把信念作为切入点而开始论证。

首先，考虑嵌入记忆中的信念的一个例子。英戈（Inga）从朋友处得知在现代艺术博物馆有一个展览，决定去看看。她想了一会儿，并回顾说，博物馆是在53街，所以她走到53街，并进入博物馆。英戈认为，这是她咨询了自己的记忆，并确定博物馆在53街。这样的信念是被放在记忆中某一个角落而等待被发现。

其次，考虑嵌入外界设备中的信念的例子。奥托（Otto）正在承受着阿尔茨海默症（失忆症）之苦，他依靠环境中的信息来帮助自己，从而构造他的生活。不管他到哪里，都带着一个笔记本。当他学到了新的信息时，他就写下来。当他需要一些旧信息时，他就查阅。对于奥托来说，他的笔记本扮演着生物记忆的功

① Clark A. Being there：Putting Brain，Body and World together again. Cambridge MA：The MIT Press，1997：58.

② Clark A. Being there：Putting Brain，Body and World together again . Cambridge MA：The MIT Press，1997：63.

能。今天，奥托听到了在现代艺术博物馆的展览，并决定去看看。他就咨询了笔记本，上面说博物馆在第53街，所以，他就走到第53街并进入博物馆。

显然，奥托走到第53街因为他想去博物馆并相信博物馆就在第53街，正如英戈在咨询她的记忆时就已经有了自己的信念，于是就有理由说奥托在咨询他的笔记本时就相信博物馆在第53街。笔记本对奥托的作用正如记忆对英戈的作用是一样的。笔记本里的信息就像构成一个普通的信念的信息，于是信念超越了皮肤，心灵延展到了世界。

克拉克指出，如果奥托在咨询它的笔记本之前对这件事没有信念，充其量，他认为，博物馆坐落在笔记本上的地址。但是，奥托却不断地用他的笔记本作为记忆的补充。在这样的方式下一个普通记忆在普通生活中也是处于同样的位置。同样的信息可能会想出一次又一次，也许偶尔会被稍微修改。当说到笔记本被填满或信念消失时，这跟说英戈的信念消失是一样的，即当她不再关心它们时。在这两种情况下，信息被需要提供给意识，用来指导行动的时候是可靠的，当然这也是我们期待的信念的方式。

只要信念和愿望是被解释性的角色所规定，奥托和英戈的情况本来就可以相提并论：这两种情况的本质是因果动态准确地互为镜像。当谈到她现在去博物馆的欲望和他坚信博物馆在第53街时，我们很高兴解释她的行为，同时我们应该很高兴地以同样的方式解释奥托的行为。解释他的正在发生的去博物馆的愿望的另一种方法是，他坚信该博物馆是在写在笔记本的位置，笔记本可提供的事实是：博物馆是在第53街；但是很不必要让解释变得复杂。如果我们必须以这种方式来解释奥托的行为，那么我们也必须这样解释他的笔记本里涉及的其他无数的行为；在每一个解释里，会涉及笔记本这样的额外术语。笔记本对于奥托是一种常态，在相同的方式下，记忆对于英戈也是一种常态；在每一个信念或欲望里，解释都是多余的。在一个解释里，简单就是力量。

再次，可以考虑与上面奥托有相同物理结构和心理结构的孪生奥托，他也用笔记本代替自己的记忆，唯一不同的是他认为博物馆在第51街。孪生奥托是被很好地规定为与奥托是一样的，但他们的信念却有所不同，奥托认为博物馆在第53街，孪生奥托认为在第51街。这从反面说明了，信念不只存在与头脑中。这给予我们的启示是，涉及信念的心灵并不局限于头脑和皮肤中，外部世界的事物扮演的角色，让我们没有理由拒绝心灵的延展。

同时，这再次反映了与普特南等的有重要区别的结论。在普特南等看来，构成信念差异的外部特点是远端的和历史的。因此，孪生奥托应该产生物理上难以区分的行为。而在我们所描述的情况下，在这里和现在的相关的外部特征发挥的是一个积极的角色，对行为产生直接影响—奥托走到第53街，孪生奥托走到第51街。有人可能也会认为，例子中的英戈是咨询了自己的记忆，这种方式更可靠。因为毕竟，有人会随时拿走奥托的笔记本，但英戈的内在记忆是安全的。但这与令人难以置信的恒常性是没有关系的。的确，奥托总是使用他的笔记本，它在其认知状态起到了一些作用。但是如果奥托咨询的笔记本是作为一次性的，我们将不太可能认为那是他的一个恒常信念。但在原来的情况下，奥托访问笔记本是非常可靠的，这是可以肯定的。有人可能会担心，奥托不可能不间断地一直查看他的笔记本，他淋浴的时候就没有笔记本，他不能查看它时，他的脑海就是空白的，那么他的信念从何而来？克拉克认为我们可以解决这个问题，在任何情况下，一个偶然的暂时的断开连接不会影响到我们的信念。毕竟，当英戈睡着时，或者当她陶醉时，我们不能说她的信念就消失不见了。真正重要的是，当主体需要这种信念时，它是容易获得的，而且这种规范同样适用于这两种情况。如果奥托的笔记本往往无法对他的信念起作用的时候，这就构成问题了，因为信息将无法发挥行动导向的作用，但如果它在大多数情况中都是容易获得的，相信不会受到威胁。

从上述论证中，我们可以看到，克拉克已经从延展认知过渡到延展心灵了，他的辩护极为简单：“如果认知过程已经延展到外部，如何还能说，心理过程只能在内部？也许感觉经验可以是内部的，但对于认知主体的行动产生影响的信念完全可由外部因素部分决定。假定如此，心灵就延展到世界了，在对心灵进行说明时，一定要设置头骨内部和外部的界限，完全是多此一举。……如果抛弃心灵只在生物脑中的偏见，打破用头骨和肌肤为心灵划界的霸权地位，我们就能更好地理解人类作为世界造物的真正本性了。”①

3. 消除心灵与世界的界限

克拉克认为心灵能向外延展，但它到底能延展到何种程度？克拉克在这里又用例示方法来说明。比如在一个杳无人烟的村子，唯一一个孤独的村民在每一件物品上都写上了名称标签，这些标签代表着什么？我在备忘录中的信息能算作我记忆的一部分吗？如果奥托的笔记本被篡改，他是否相信新填写的信息？我的认知状态是如何通过互联网传播的？

克拉克认为所有这些问题并没有明确的答案。不过，为了更好地理解延展心灵中的推理，至少我们可以再次检视上一节提到的例子。第一，笔记本在奥托的生活中是经常被使用的，他在咨询笔记本之前很少采取行动。第二，在笔记本电脑上的信息可直接得到，没有任何困难。第三，他会主动地相信笔记本中的检索结果。第四，过去在某种程度上，笔记本上的信息被有意识地赞同了，当然，这种赞同确实产生了某种结果。克拉克认为把第四个特点作为判断信念的标准是值

① Clark A , Chalmers D. The Extended Mind. Analysis, 1998, (5): 7-19.

得商榷的，一个人也许可以通过知觉或者通过记忆获得信仰。但前三个特点无疑起到了关键作用。

上面提到的带有迷惑性的例子并不具备这三个特点。“信念”这一概念在这些例子中不具有适用性。如果在咨询我的备忘录之前，我很少采取相关行动，那么备忘录在我的认知系统中的地位将类似于笔记本在奥托的认知中的地位。又比如，如果我用“不知道”来回答问题，或者我在咨询备忘录前就经常行动，那么备忘录在我的认知系统中几乎没有任何作用。如果我没有经常依赖电脑等技术，那么网络在我的认知中就没有发挥很大作用，但是电脑文件里的信息却是有很大的作用。在中间的情况下，关于一个信念是否是存在的问题可能是不确定的，或者答案可能取决于在不同的提问语境中的不同标准。但这里的任何不确定性并不意味着关于笔记本的答案是不明确的。

以上论述了个人认知的延展，那么社会延展认知是怎样的？难道我的心理状态部分由其他思想家的状态所决定？在原则上我们没有理由认为不可以。在一对不同寻常的相互依赖的情侣眼里，其中一个人的信念在另一个人那里的作用就跟笔记本对于奥托的意义一样。在这里，高度的信任、依赖和可适用性便是核心。虽然在一些其他社会关系中，这些标准可能不那么清晰地应验，但它们仍可能在特定领域内达成。例如，在我最喜欢的餐馆里的服务员便可能成为我记忆中最喜欢的食物的储存库（这可能被理解为欲望延展的情况）。在其他情况下，一个人的信念可能会嵌入在一个人的秘书、会计师，或一个人的合作者中。

在上述每种情况下，主体之间的耦合主要通过语言来进行。假如没有语言，我们更像是将笛卡儿的“内在的”心灵扩散开来，这种高层次的认知很大程度上依赖于内部资源。但是，语言的问世让我们把这种内部耦合扩展到外部世界中去。语言并不是我们的内心状态的一面镜子，而是它们的补充。它以外部工具所没有的方式来使认知得到延展。事实上，现时代中的知识爆炸一方面是由于我们独立个体内心资源的不断发展，一方面也在于语言使认知延展成为可能。

最后，我们可以讨论关于自我的一些情况。延展心灵是否暗示了自我的延展？看起来好像如此。我们大多数人已经接受的是自我就是意识或心智的界限；例如我内心倾向性的信仰构成了我是谁的深层意识。如果这是正确的，那么这些边界可能就越过了皮肤。奥托的笔记本是之所以把他看作是一个认知主体的一个核心原因。得出的结论就是奥托被认为是一个生物有机体与外部资源共同耦合而形成的延展系统。如果要拒绝这个结论，我们就不得不把自己束缚在当前的状态下，严重威胁着它的深层心理的连续性。远不如采取更广阔的视野，认为主体已经延展到外部世界中去了。

如同其他任何我们对自我的重新界定，这种观点将呈现显著后果。这对心灵哲学和认知科学的方法论研究有明显帮助，但它也将在道德和社会领域产生影响。例如，在某些情况下人与环境的影响将具有相同的道德意义，如果这种观点受到重视，社会活动的某些形式可能更会被重新构思为思想，而不是交流和行为。任何时候，一旦皮肤和颅骨的界限被破除，我们或许可以更真实地看到自己只是世界的创造物。

（三）从深刻具身化走向认知延展

克拉克把具身化分为三个层次，单纯的具身、基本的具身、深刻的具身。单纯的具身所体现的生物或机器人仅仅是一个身体和传感器，能够在内部配置中从事与世界的互动，但人的身体是什么，是一个能通过高度可控的手段来实现目的的有机体，并且保有纯粹理性。基本的具身体现的生物或机器人将是一个身体能够行动自如的，它们的身体不只是一个空间的问题，而是需要恒定的微观控制，即其自身的特点和动态，如安置传感器来连接肌腱和肌肉群等，可以积极利用设置进行越来越流畅的行动选择和控制。大部分（但绝不是全部）当代机器人的工作已经探索到这个中度具身的实施方案。然而，这样的系统却先天不足，后天也无法学习新的开发解决方案，并得到发展。与此相反，生物系统（特别是灵长类动物）似乎是有专门的功能设计可以在自身和世界中不断地寻找机会，以使大部分的身体和世界互动，然后在不同的时间尺度，不同程度的困难防御系统中，利用新的非常深刻的微积分资源，创造全新的途径，在这个过程中与世界耦合，同时表征世界。有深刻具身体现的生物或机器人，能够利用高度工程性能使学习中最大的问题简单化，身体内部的或外部的资源能够被无限制使用。

为什么说这才是深刻的具身化，而不是像过去一样把心灵作为一个真正的脱离现实的控制机构？克拉克指出正因为之前认为它们只是脑中的活动。相反，它们是混杂在世界，并和世界相互作用的。它们在世界中不断地测试，并随时纳入新的资源、技术和解决问题的制度结构，深入探索问题解决的可能性。使用克拉克的行话，“自然出生的、靠机械装置维持生命的人”的系统不断重新审视自己的极限、组件、数据存储和大脑的连接。在这个问题上，身体与世界的流通极为重要，因为在解决问题的关键阶段，它不是简单的点或线的传导过程的实际问题，现在呈现的是一种丰富的内部表示格式，是神经网络式非线性的。相反，我们成功的表现取决于常数和微妙的形态之间的权衡，真实世界的行动和机会即神经控制策略的体现。而且这个系统赋予身体不断与世界流通的可能，构建每时每刻的意志行动，以及由此产生的感官刺激。

克拉克还认为，恐惧和厌恶之类的情绪现在就可以让位给更有价值的东西了。它们看到了可怕的场面仅仅是表面的表征在增强，比如，人的老、弱、有限的可怜等可能是老年性的。在这种担忧的背后，是被我们所发挥的表征所深深误导的形象。如果它们发挥的作用都锁定在人类主体时，就可以发现特定的心灵

（一个完全由给定的生物大脑构成）和身体固定在一个更广阔的世界中。幸运的是，人类的头脑不是被困在一成不变的老式的大脑中和日益微弱的肉体中的。相反，令人惊讶的是，它们塑造心目中的深刻的表征主体：表征身体、感知、思维、推理和世界的边界都是灵活的，并多次被行动所编织。

在具身化的三个层次中，深刻的具身主要体现在身体的能动感知和身体、心智与世界的动态耦合中，在不断的互动中，人类主体才展现出"超能力"。但在这个整体的动态系统中，人类认知能否真扩大、增强文化和技术的调整，或者制造一个闪亮的新工具？克拉克认为外部信息处理和非生物资源给予我们很大的启发，它们不是简单地以知识为基础的使用，而是伴随着工具的真正同化或新的与众不同的身体结构的种类。

外部信息首先可能有助于这种认知延伸显示逻辑的可能性。对于这种可能性，有些人可能会觉得，认知拓展要求的是认知操作的资源能够理解认知主体的目的。如果是这样，那么认知拓展将永远是肤浅或明确的意义：它会提供工具，同时让用户从根本上触及。即使自己的大脑（即使是那些成熟以后在开发过程中显示的元素）的认知操作是有缺陷的，然而，这些操作一定会帮助我的认知来表征我。此外，它还有助于反映生物大脑有时为了发展协调做出新的改变，旧的活动和过程（例如，通过成熟和成长）由新的结构或微妙地改变。因此，至少在原则上，新的非生物工具和结构，同样充分融入我们解决问题的活动中，以产生新的主体而构成新的整体。

一些现有的神经系统或一个复杂的问题解决程序系统，使各种外部强大的生物提供某些操作信息，这就相当于认知。如在游戏图块的复制中，大脑解决问题的常规部署的直接因素，在某些类型的信息的可用性中由某些类型的行动体现。因此，非生物信息资源。暂时或永久被深深纳入个人定义的一个解决问题的整体。在这种情况下，解决问题的程序是微妙地面向外部设备的，内部和外部形式的信息存储几乎是平起平坐。围绕着内部编码，而不是绘制图画曲线，从而扩大我们的存储和检索的有关神经内的生物资源、环境结构和认知的对象，如笔记本和笔记本提供的数据和操作。当我们走向一个充满计算和无处不在的强大的信息接入的时代时，我们的大脑微妙地适应自己内心的认知惯例，而且必将越来越密集和强大，或许认知工具和认知主体之间的界限将越来越模糊。

三、克拉克具身认知思想的特征与意义

我们认为，克拉克的温和的具身认知观具有以下三个特征：

其一，层层递进性。尽管克拉克提出的"认知延展"论题受到较多的批评和质疑，但在"具身化"论题中他强调身体在认知中的能动作用，认为身体-大脑-世界是一个动力耦合系统。这样的观点对解决认知主义面临的困境和促进人

工智能的发展，以及对心灵哲学和认知科学的方法论研究有着不可磨灭的影响。克拉克从具身化出发，认识到了身体可以向外部世界延展，从而提出外部世界构成了认知的一部分，认知得到延展，这样外部世界进入人的内部世界。显然，克拉克还不满足于这样的结论，认为心灵也向外延展，心灵不仅仅局限于身体和脑袋里，而是向外延展到世界中来，这是从人的内部走到外部世界中。由此，心智内部和外部世界的相互影响和互动，即内外的耦合在克拉克认知思想中占有多么重要地位。但是，克拉克最终将认知延展理论发挥到极致，主张超越外部界限，将个人认知延展发展成为社会的认知延展，甚至将认知主体界定为是生物有机体与外部世界耦合的结果，人类自身只不过就是世界的创造物。

其二，动态整合性。克拉克在否定身心二元论的同时，认为身体、心灵和世界是认知系统中的组成部分，只要在认知过程中有实质意义，它们就都属于认知的一部分。因此，如果外部环境成为认知的组成部分，那么身体得到延伸，外部世界即进入人的内部世界，认知成为内在与外在共同完成的一个活动。还有，克拉克提出心灵也向外部世界延展，而且不仅个人，整个社会的认知结构都是向外延展的。这样，世界中的存在物都在彼此影响，彼此互动，尽管有时不是那么明显地能够感受到。整个世界的存在物都是彼此的产物，于是身体-心灵-世界的界限就被消除了，它们构成了世界的一部分，构成了认知的一部分，整个认知活动形成一个紧密联系的整体。

在认知这一活动的整体过程中，三个组成部分是以一种动态方法整合的。身体-大脑-世界构成动力耦合系统，时间是这一系统的核心，不同的时刻形成了不同的认知，不同的构成因素也形成了不同的认知，整个过程都是在不断变化和影响的，这正好解释了认知的复杂性和多变性。因此，克拉克的具身认知思想在消除身体-大脑-世界的界限的过程中体现的正是一种动态的整合的认知观。

其三，无意向性。对于克拉克具身认知思想，人们提出了很多质疑。总结来说，主要是针对其对等性原则、耦合构成、心灵延展的无节制性等问题。此外，人们注意到克拉克并没有对认知的含义和认知标志作明确的界定，这也是人们对他诟病的地方。其实说到底，克拉克之所以认为认知和心灵能延展到外部世界，前提是他把认知看成是一个动力系统，也没有看到外部世界与心智的根本区别。福多认为，心灵与外部物理设备区别的最重要的标志是它的意向性，心理状态一定具有心理内容。同时亚当斯（F. Adams）和艾泽瓦（K. Aizawa）认为“心灵和认知可以跨越大脑、身体和世界”的观点只是一个逻辑上可能的论证。由外在环境作为构成要素产生的偶然延展的信念或当下的心灵，仅仅反映了不具有独立性的派生的心理内容，而心理的内在内容只是决定非派生性表征的东西，它们只能定位在大脑中。[①] 鲁伯特（R. Rupert）则指出，所谓“延展的记忆状态或过程”的外部部分，完全不同于内部的记忆状态和过程（如回忆过程），它们必须区别对待。因此，要想摆脱重重障碍，必须在意向性和认知的含义问题上作进一步澄清，这也是具身认知研究者们今后要努力的方向。

克拉克具身认知思想的意义表现在三方面：

第一，由二元论到多元的一元论的认知转变。克拉克的具身认知观与笛卡儿的身心二元论是相对立的，他曾把具身认知转向认为是从“笛卡儿剧场”走向了“海德格尔式剧场”。[②] 不管是符号计算主义还是联结主义，其本质都是受到笛卡儿二元论影响的，都是身心割裂的。克拉克认为身体-大脑-世界构成一个动态耦合的认知系统，三者是系统中的组成部分，相互影响，彼此互动。认知是基于身体的认知，心智必须要依靠身体这个物理结构及其活动图式，同时也是在与外部世界的互动中产生的。但同时应当看到，心智并不是由身体及其活动决定的，即不是由生理决定了心理，环境在认知过程中也起着举足轻重的作用。对于以往认知主义中存在的对身心关系的两种极端看法，克拉克具身认知理论的意义就在于指出了认知是基于身体的，但不局限在身体里，它可以向外部世界延展，可以与外部世界互动，正是在互动中才涌现出意识，涌现出思维，而我们的行动在一开始时就融入其中了。在这里，身体-大脑-世界构成一个动力系统，凡是在认知过程中起作用的都是认知的一部分，把外部世界纳入认知，消除了身心之间的界限。最终，身、心和外部环境都是世界的创造物，世界是真正的“一”，但是身体、心智和外部环境也是实在的存在，是世界和认知的组成部分，因此，又是多元的。同时，在身心关系问题上，克拉克具身认知观也展现了一种新的方法论，即转向人的本体的方法论。认知主义认为心智就是对外部世界的表征和计算，就是客观世界决定主观世界或者线性因果决定，而具身认知观认为认知是具体身体的认知。因此，要认识客观世界，必须首先了解人类主体自身。

第二，由静观到实用的哲学方法的转变。长久以来，我们作为“人类”而骄傲地活在这个世界中，因为有着其他存在者没有的理性和智慧，我们便“主宰”着这个社会。正如康德哲学通过先验概念来建构人类理性，同时强调人类主体的建构能力，为心智和外在环境的联系搭建桥梁，不同于此前哲学家们认为的人的认知是主观对客观事物的符合，康德认为知识是客观对主观的符合，说到底，是强调了认知的主体性。但是从克拉克具身认知思想看来，我们应该看到身体-大脑-世界是一种动力耦合关系，它们互相影响，相互作用。因此，我们在看到人的主体性的同时，应该注意找到人与自然，人与社会的一个平衡点，让世界

① Adams F , Aizawa K. The bounds of cognition. Malden, Wiley-Blackwell Press, 2010: 43-64.

② 克拉克针对丹尼特的“笛卡儿剧场”而提出的强调身体的认知转向。

和谐发展。

从这里可以看出，克拉克认为整个认知过程和世界都是随着时间的变化而变化的一个动态过程，而不是把它置于时间和空间之上的永恒存在。同样，哲学本体论也没有停留在静止的物质实体上，也没有把心智当做基础，认知就是要面向生活，就是要面向世界之流，处在不断运动变化中。因此，它表现出了一种实用主义的经验方法，将经验合理化。最终，把经验和自然，主体和客体融合统一起来，并归于世界。

第三，促进人工智能的发展。具身认知理论是逐渐兴盛于当代西方哲学界和心理学界的一股强劲的思想潮流。其基本原理在于："人脑能够借助镜像神经元系统模拟自己、他人和自然事物的形态、动作、意图及情绪状态等特征，进而内化外在信息、建构自我知识和获得社会认知能力。"① 因此，研究具身认知理论不但有助于我们深刻理解人类心智的运作机制，而且有助于我们深刻理解人脑与电脑之间的根本差别，进而充实与完善人工智能的技术设计理念。

克拉克具身认知思想提出的初衷就旨在解决人工智能发展中遇到的问题。关于电脑和人脑的区别，学术界有很多不同的看法，仁者见仁，智者见智。具身认知的理论可以让我们看到，人与环境是一个整体的动力耦合系统，环境的变化会引起心智的变化，而身体对环境的感知与反应就变得尤为重要。我们认为现在人工智能发展虽快，但永远不可能超越人，因为人类有感知事物的感官和情绪系统，这些系统是在经过几百万年的生物进化过程中形成的，安德森指出，"人类的情感随着人类的语言和身体语言、行为而表现。情感的表现机能在人体的生理与心理上是随机的、弥漫式的"。② 人工智能要想取得更大的进步和发展，更接近人脑，能够产生感知知觉、情绪表达和正确使用自然语言的能力，就必须在人工智能系统中"安装"类似人脑中的神经感知区域和相应的管理器，从而进行自我管理和控制，根据具身认知理论的启发，这将是未来人工智能必须跨越的障碍和发展的方向，很值得期待。

概言之，克拉克的具身认知思想是在认知主义面临种种责难的情况下提出的，试图为认知科学研究提供一个新思路和新方向。尽管到目前为止，对于"传统"还是"具身"的问题没有达成共识，原因在于为解决"传统认知科学"困境而提出的种种不同的认知观中，它们内部也存在着矛盾，研究基本概念的不统一、研究方法的侧重点不同等种种问题导致了还没有形成统一的研究范式。而克拉克作为具身认知理论的先锋人物，提出了"具身化"和"认知延展"等论题，

① 丁峻．当代西方具身理论探微——兼论人脑优于电脑的根本特性．宁夏社会科学，2012，（5）：130.

② Anderson M. Embodied cognition：A guide. Artificial Intelligence，2003，（149）：124.

尤其是“认知延展”论题，一经提出，便引发了人们的争相讨论，虽然不乏批评者，但这又何尝不是一种好的现象。他把自己的理论与以往的，以身心二元论为基础的计算表征假设对立起来，认为身体-大脑-世界构成一个动态耦合的认知系统，身体可以向外部环境延展，认知和心灵也延展到了世界中去。这一理论引起了人们对于认知的含义及界限、心灵的边界问题的思考，是真正意义上的对认知和心智问题及身心关系的重新考量，具有认识论和方法论意义，同时也具有理论思考和具体实践的双重价值。

四、结　　语

通过上述论述我们得出以下结论：身体在认知过程中具有能动作用，认知是具体身体的认知；身体-大脑-世界三者共同构成一个认知的动力耦合系统；身体向外部世界延展，同样，认知和心灵也不局限于大脑和身体中，它们都延展到了外部世界；最终，克拉克试图消除心灵与社会、心灵与世界的界限，认为认知主体是生物有机体与外部资源共同耦合而形成的延展系统。这样，认知主体延展到了外部世界。一旦皮肤和颅骨的界限被打破，我们可能更真实地看到，我们自己只是世界的创造物而已。这一理论让我们重新审视身、心、世界三者之间的关系，反思人与世界的关系，甚至开始思考对“人”的重新定义；而在实践方面，促进了人工智能的完善和发展。从“具身认知科学”这一概念广义地看，其理论内部还有很多缺陷和不足，如基本概念的不明确、没有统一的研究纲领，有些观点甚至相互矛盾，以及动力研究方法的复杂性等问题。这些问题导致具身认知科学暂时还未能取代认知主义的主导地位，但随着认知科学的理论研究和科研成果的不断发展，未来走向如何我们不能盖棺定论，或许具身认知取代认知主义，或许未来更多的可能是两者相结合。

第二部分　认知模型观

第十一章　巴尔斯：意识的语境模型

意识问题无疑是21世纪认知科学和认知哲学最具挑战的难题之一。也许没有任何一个问题能够比意识更能够牵动哲学家、心理学家、认知科学家们的神经了。也许正是众多的智力资源投入意识的研究，才使得意识问题的研究经历了巨大的起落。从19世纪开始意识一直是哲学（意识与身心问题紧密联系在一起）、心理学的主要研究对象，到20世纪整个学术界以“非科学”为由摒弃了与意识有关的学术问题的研究，比如心理学中的行为主义、科学哲学中的逻辑经验主义就坚决否认意识是一个合理的科学命题，理由是意识主观不可信，还没有科学的方法加以观察，既不能证实，也不能证伪。在科学领域中，我们通常总是通过比较一个事物存在与不存在所产生的影响来获得对该事物的认识，显然我们无法像把软件程序从计算机中卸载下来那样，把我们的意识从我们的大脑中卸载下来，然后去观察它。但是，美国心理学家、认知科学家巴尔斯（B. J. Baars）[①] 却从同一个事件的意识状态和无意识状态的比较中找到了切入口，证实了意识经验是存在的，同时也是可以用客观的方法来测量的，即使是短暂的意识也是有痕迹可寻的。这就为其建构基于语境的“全局工作空间”（global workspace）意识理论找到新的研究对象奠定了基础。

那么，对于种种意识现象，如我们瞬间感知到的外部世界、内部言语、视觉表象、短时记忆、快乐、悲伤、激动的情绪、澎湃的情感，等等，我们应当如何解释？我们如何把这些意识现象产生的机理纳入一个统一的体系框架？巴尔斯在大量的心理学和神经生物学证据基础上，运用对比分析、隐喻分析和语境分析，提出了基于语境的意识模型（巴尔斯称为全局工作空间理论）。该模型就意识是什么、意识如何产生以及意识具有什么功能三个问题进行了详细的分析。我们试图挖掘该模型蕴涵的本体预设和方法论，为进一步探讨意识的秘密和本质提供新的路径和启迪。

一、意识的语境模型及其本体预设

在巴尔斯的意识理论中，语境（context）是全局工作空间（意识）周围起

---

① 巴尔斯曾是纽约州立大学石溪分校和赖特研究所的心理学教授，现在是神经科学研究所的研究员。他在《心理学中的认知革新》（1986）、《意识的认知原理》（1988）、《意识剧场：心灵的空间》（1997）中，形成了基于语境的意识模型。该模型用不同层次的语境及其合作与竞争来阐述意识经验的产生、发展和消失，并将语境分析贯穿到所有意识模型中，试图用语境整合目标、自主控制、注意、自我和有意识的自我控制等看似互不相干的意识经验，从而使该模型具有很强的解释力。

支撑作用的事物，它们通过专门处理器渗入全局工作空间，从而对意识施加影响。没有这些不同层级的语境，全局工作空间就是孤立的，也就不会产生意识。我们把这个模型称为基于语境的意识模型。在这个模型中，巴尔斯假设了意识的三个本体预设——专门的无意识处理器（special unconscious processors）、全局工作空间和语境，认知本体是"如果人类意识具有所'是'的本质，"是"必须具有什么特征"（海德格尔语）①。这三个概念是巴尔斯在构建意识理论时运用到的基本概念，其他意识模型都是在此基础上的进一步补充和扩展。

巴尔斯把大脑中的神经元称为专门的无意识处理器。这些处理器是分散的，各自处理着各自领域的事情，例如知觉分析、信息输出、行为图示、句法分析，计划和控制等。它们通常在处理自己领域内的事情时是非常高效的，而对超出自己领域外的事情的处理就会非常低效，甚至是无用的。例如，处理视觉信息的处理器无法处理语言信息。由于控制基本上是分散性的，所以不存在一个把问题分配给某个处理器，或者命令处理器执行某些任务的中枢执行者。对于不同的问题，不同的处理器都可能作为执行者而加以处理，有时它们相互间会以一种很灵活的方式把执行控制分配给对方。处理器本身会保留处理过程的主动权，即，它们决定处理什么，忽略什么②。正如市场经济的运行那样，其在本质上也是分散的，诸多市场主体在微观经济的运行层面并不受政府的指令行事，而是自主处理其相关的经济事务。

但是，专门的无意识处理器间的相互作用、合作和控制却需要一个中央信息交换场所，巴尔斯称之为"全局工作空间"，这是一个隐喻式假设。向神经系统输入信息的专门无意识处理器为了进入全局工作空间会彼此进行合作和竞争，一旦某个处理器或处理器的联合体进入了全局工作空间，其所负载的信息就可以向整个神经系统传播。"工作空间"作为一种隐喻，它仅仅是作为一种工作记忆的存在，在这个记忆里，不同的系统可以执行它们的活动，"全局"这个词就意味着这个记忆中的符号通过众多的处理器被分配、传递开来③。

语境就类似于"被激活的知识结构"、"心灵表征"、"语义网络"、"框架"、"基模"、"剧本"，"计划"，"预期"和其他在认知科学中被广泛讨论的有关对知识的表征。它是形成我们意识经验的内部世界。因为有形的环境只有能够被内部心理世界所表征时，才能影响我们的意识和行为。也就是说，物质世界的语境只有通过大脑中的语境才能形成我们的意识经验。巴尔斯强调，"语境"并不是任何一个心理表征，它是一个无意识的表征，并会影响到另一

① 尼古拉斯·布宁，余纪元．西方哲学英汉对照辞典．北京：人民出版社，2001：4.

② Baars B J. A cognitive theory of consciousness. Cambridge：Cambridge University Press，1988：43-64.

③ Baars B J. A cognitive theory of consciousness. Cambridge：Cambridge University Press，1988：87.

个有意识的表征①。这个特殊的意义在其他的术语中并没有被表达出来。因此，在神经系统中标出心理语境是非常重要的。

在基于语境的意识模型中，语境被视为已经以某种方式处理相关信息，且具有进入全局工作空间优先权的、由无意识处理器组成的相对稳定的联合体。正是这个联合体形成、储存和控制了意识经验，而联合体本身却没有变得有意识②。例如，当我们听一段交响乐时，该段音乐的整个曲调，相关主题的最初表述，曲调的发展和变化，所有这一切必定构成了我们体验一段交响乐中的一个单独的乐句的基础，而当我们体验这个单独的乐句时，这些基础性的东西并不是有意识的。因此，没有语境就没有意识经验，任何意识经验都不是凭空产生的，只有在无意识的语境限定中，意识经验才得以形成和呈现。

在巴尔斯看来，全局工作空间中存在着多个语境性的限定，例如知觉、概念和目标相关的语境限定。巴尔斯把相容的一系列语境视为合作语境，把不相容的语境视为竞争语境。在语境层级中，合作语境在全局工作空间中占据优势地位，竞争语境虽然与合作语境处于相同的层级，但它们在工作空间中却不占优势。只有优势语境才会对意识经验的形成产生影响和限定③。当然，语境虽然会把无意识的限定条件施加到意识内容上，但是并不限制输入的信息，它不会对意识经验做出完整的预测，正是通过这种方式，人类才不断地界定和重构我们的世界。

根据意识的三个本体预设，基于语境的意识模型表现出三个特点：①众多的输入处理器为了进入全局工作空间会彼此进行合作或竞争，一旦某项信息进入全局工作空间，该信息就会向更广泛的接受处理器传播；②在同一个时间内，全局工作空间中只有一个连贯的信息可以被传播；③在全局工作空间周围有许多语境限制着对该信息的理解，图 11-1。

二、意识的语境模型的工作机制

基于语境的意识模型是如何工作的？巴尔斯强调意识是在全局工作空间中产生的。当人类面对并处理某个新刺激物时，特定的智能处理器就会提出自己的处理方式，为了使自己的处理方式获得其他处理器的支持，它就必须进入全局工作空间以传播自己的信息，此时它可能会和其他的处理器合作或竞争以进入全局工作空间。一旦获准进入，全局工作空间中的各种语境就会对它加以选择、限制，各种语境也会通过竞争或合作的方式对该信息进行认知分析，直到获得最佳的结

① Baars B J. A cognitive theory of consciousness. Cambridge, UK: Cambridge University Press, 1988: 135-139.

② Barrs B J. In the theatre of consciousness. Global work space theory. A rigorous scientific theory of consciousness. Journal of Consciousness Studies, 1997, (4): 303.

③ Baars B J. A cognitive theory of consciousness. Cambridge: Cambridge University Press, 1988: 162-165.

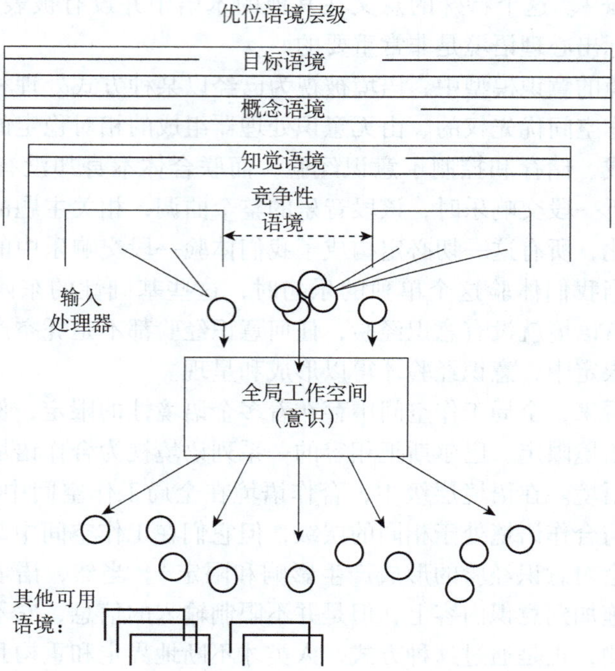

图 11-1　基于语境的意识模型

果。正是在这个过程中，我们对进入全局工作空间中的信息产生了意识。当然，这仅仅是对基于语境的意识模型的基本预设，还没有涉及它的根本特征，因为这个模型无法从新输入的信息中区分出旧信息，也无法决定某个信息的重要性，更无法避免重复地传播相同的信息。巴尔斯形象地将这个基本模型比作一份对新闻没有任何喜好的报纸。因此，巴尔斯进一步对适应性、自发的问题解决模式、自主控制、注意和自我进行了研究，并力图通过语境分析将其纳入全局工作空间之中，以使该模型能够对各种与意识有关的现象做出一致性的解释。

我们首先来分析适应性。适应性是指“表征一些输入信息到理解这些输入信息，直到这个输入信息最终成为自动、可预测的过程”①。这其实就是我们对某个事物的整个认知过程。当我们学习新知识时，刚开始我们总是带着许多的困惑和未知。通过关注某个问题，当我们对所学的内容有意识时，就会有一种豁然开朗的感觉。随着多次的实践，这部分内容已经被我们烂熟于心，变得容易预测了，它就从我们的意识中消失了。我们非常熟悉的东西就变成无意识的。

根据基于语境的意识模型，适应性包括了三个阶段：建立语境、适应和冗余效应的产生。我们以学习知识为例作进一步分析。

① Baars B J. A cognitive theory of consciousness. Cambridge：Cambridge University Press，1988：183.

第一个阶段是建立语境。所解决的是对所学习的各个部分进行界定。或者说，当面临一个新刺激物时，我们需要建立一个理解该事物的工作语境，例如人们通常会告诉我们什么是有趣的或重要的内容，这个事物属于什么领域，是哪一方面，等等。在建立语境阶段，人们对所有学习的内容是没有意识的，即使对输入信息有暂时的意识性理解，或者某些有意识的片段，或者对分析的某个阶段有了短暂意识。只有在建立语境阶段完成后，我们才对所学习的对象产生了意识。

第二个阶段是适应。虽然我们已经建立了一个相当稳定的理解输入信息的语境，但是信息接收处理器和语境化过程中还需要减少一些不确定性。不确定性主要是指全局工作空间中的目标语境会就该刺激物产生几个不同的心理表征。通过接受处理器与输入信息之间的单向反馈，以及接受处理器和意识经验之间的双向反馈，不确定性会因此适应反馈过程而不断地减少。只要接受处理器对意识内容感兴趣的部分，它们就会把它反馈回来，直到最后语境对该事物形成了习惯性的预测。因此，意识是负载信息的，它帮助我们在这几个心理表征中做出选择，从而减少了处理器和语境的不确定性，（图 11-2）。

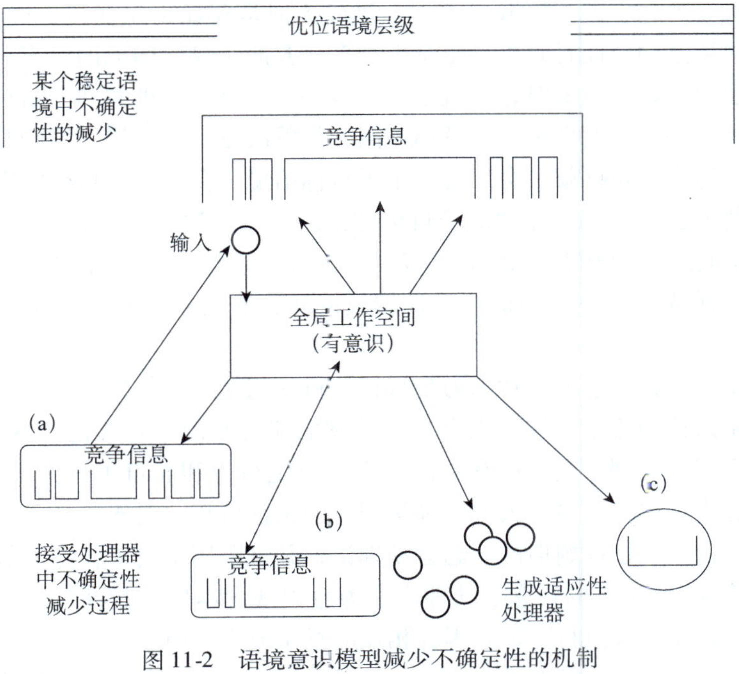

图 11-2　语境意识模型减少不确定性的机制

第三个阶段是冗余效应的产生。正是这个反馈循环，被适应的重复性输入信息就从意识中消失了。随着适应反馈过程的发展，进行反馈的接收处理器会越来越少，直到最后只剩下一个适应处理器，此时该刺激物出现就不再需要意识的介入，针对该刺激物也就形成了常规的无意识处理器。这个过程就是冗余效应。冗余效应使得多次重复的信息成为无意识内容而积淀下来，积淀的无意识内容就有又成为语境。

那么，人们解决问题的这一心理事件是有意识的，还是无意识的？通常，当我们面对一个难题时，一开始可能什么想法也没有，此时我们可能常常会暂时搁置该问题，不去想它，当我们再次思考该问题时，不知道什么时候，大脑中可能就会突然冒出一个决定性的解决方法，“灵光一闪”，我们甚至不知道它是如何产生的。根据经验观察，巴尔斯把解决问题概括为由意识—无意识—意识（CUC）这样一个三元结构组成的过程：①有意识的问题分配阶段；②由无意识的、占据有限能力的目标语境指引的对答案无意识表征和运算阶段；③有意识的展示解决方法①。事实上，当我们面临一个问题时，我们把关于该难题的意识事件理解为一个目标，神经系统会召集一个目标语境和一系列的专门处理器自发地解决问题，由此产生的解决方法会再次变得有意识。

当然，这种解决问题的三元组模式在运用时会被扩展为一系列的三元组，即，三元组也会成为子目标的组成要件。因为在基于语境的意识模型中，语境之间并不是孤立的，它们层层嵌套，一个语境不但是存在于先在目标的更高层级、更恒定的语境之中，而且其本身也是由许多嵌套的子目标构成的。当表征某个问题的心理意象变得有意识时，它就会吸收解决该问题的处理器和子目标，如果这个过程进展顺利，它们就可以运算出该问题的解决方案。如果它们的某个子目标无法实现，这个子目标就又会成为一个子目标语境，会召集子目标的有意识的目标意象去传递这个障碍，并动员子目标的处理器去解决这个子难题。以此类推，直到最初的目标得到解决。巴尔斯指出，在这个模型中并不存在自觉的解决问题，系统在元认知上并不知道这是在解决问题，它仅仅是不由自主地做分内之事，（图 11-3）。

人类是否存在意志力？意志力是真正的科学问题吗？与物理主义和行为主义相反，巴尔斯认为意志力这种人类自主控制的能力是确实存在的，并通过失误、自动行为和精神病理学例子中存在的一系列自主行为和非自主行为的比较研究，他断言意志力是解决许多重大的心理学问题的关键所在。对于自主控制理论，巴尔斯几乎全盘接受了詹姆斯的观念运动理论，并试图用全局工作空间假设来重新解释该理论②。詹姆斯的观念运动理论认为意识观念本质上是冲动的。如果一个意识目标意象无法被执行，那是因为相反的意象或意图阻止了它。相反，如果某个意识目标意象没有遇到有效竞争，它就足以引起一个复杂的、高度协调的无意识行为。

---

① Baars B J. A cognitive theory of consciousness. Cambridge: Cambridge University Press, 1988: 233-239.
② Baars B J. A cognitive theory of consciousness. Cambridge: Cambridge University Press, 1988: 246-266.

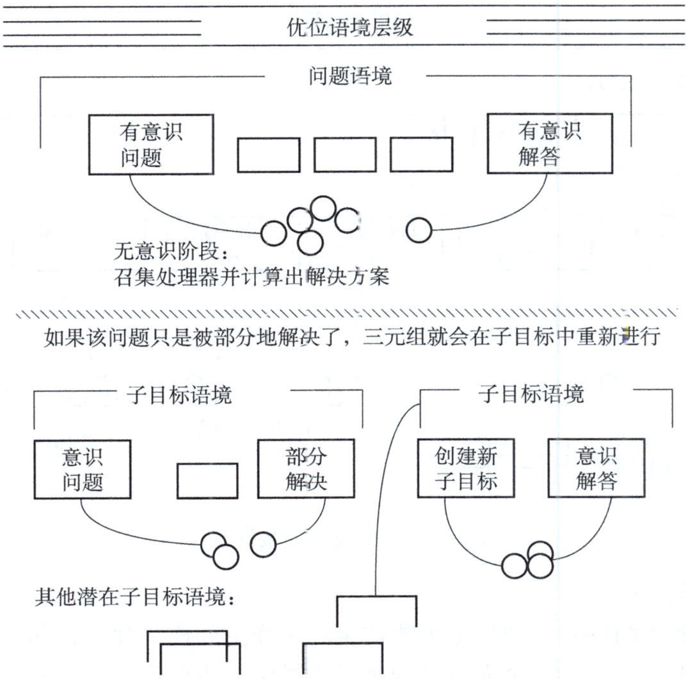

图 11-3　解决问题的三元组模型

这一点与全局工作空间假设的观点是一致的，即意识事物可以被全局性地传递，任何意识目标意象可以激发任何一个专门处理器。因此，它们既可以召集和引起能执行与该意识事物一致的行为的无意识目标系统和处理器，也可以引起与该意识事物相抵消的意识目标意象及其处理器。如果该意识事物的目标意象战胜了其他抵消的意识目标意象，该意识目标意象就会被自动地执行。如果抵消的意识目标意象发现了原来意识事物的目标意象中存在错误，它就会对该目标意象进行修改和纠正，甚至可能把该目标意象从意识（全局工作空间）中驱除，这种修改的过程就是我们自主控制的过程。因为任何系统都可能存在与目标意象潜在的竞争，所以被真正执行的意识目标必定默许被众多相关系统修改。因此，自主行为就是在执行前默许其意识成分被修改的行为（图 11-4）。

对于注意这一心理现象，巴尔斯采纳了“注意控制意识经验的通道”这一观点，并赞同将注意区分为自主注意和自发注意这一传统的分类方法。自主注意是对意识通道的有意识控制，即我们对将要注意什么事物是有意识的，对什么事物将要成为意识事物是有意识的。例如，我们可以自主地决定看电视、逛街、吃苹果等。自发注意是对意识通道的无意识控制，即我们对下一个将成为意识事物的事物没有意识，只有当该事物出现时，它就会从众多无意识事物中突显出来进

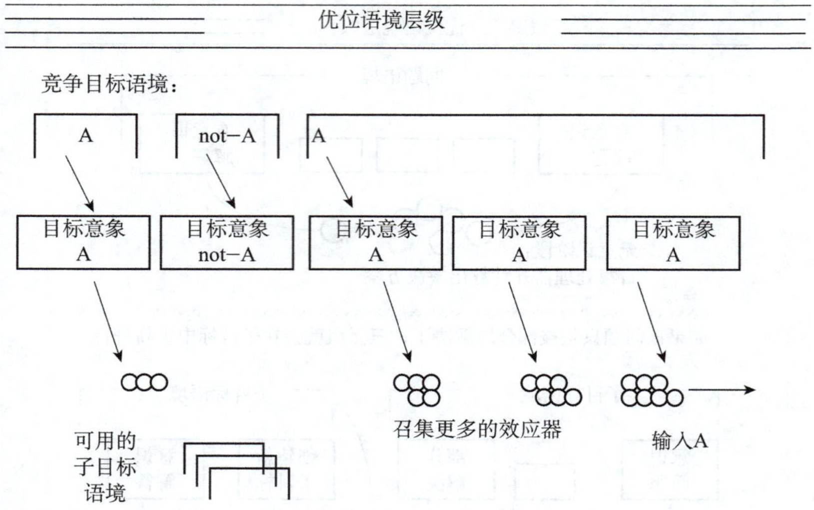

图 11-4　目标意象的激发过程

入我们的意识之中。

那么，上述两种心理现象是否能被全局工作空间模型化？巴尔斯认为，在自发注意控制中，一些具有个人意义的刺激物虽然与当前优位目标等级中的低层级目标不一致，但却激活了优位目标等级中的高层级目标，从而控制了意识的通道，拥有了意识通道的优先权。此时，由于支持该刺激物的高层级目标语境被激活了，它就会中断原来的低层级目标语境（即支持先前意识内容的目标语境），然后传递该刺激物的目标意象，并召集一个能够解释和支持该目标意象的一系列新语境。

例如，正当我们观看一个有点沉闷的足球比赛时，突然听到有人说到我们的名字，尽管说话人有意压低了说话的声音，但还是被我们听到了。显然输入信息即我们的名字由于具有个人意义而激活了优位目标等级中的高层级目标，它中断了观看足球比赛这个低层级目标语境之后，在全局工作空间中广泛地传递，并召集一系列新语境，诸如知觉语境——是熟悉的声音还是不熟悉的声音，是男性声音还是女性声音，是成年人的声音还是小孩的声音等；概念语境——对名字进行确认，对说话者进行确认等（图 11-5）。

对于自主注意，巴尔斯认为由于自主注意是建立在元认知之上的，所以在自主注意中添加一个能够使各个选择性的事物有意识，且可使被获取的选择语境更加便利，它就像是电脑程序中的文件目录或菜单，它显示了各自下一步的内容。我们人类可能拥有这类随时可调用的心理目录。由于选择语境显示了潜在的意识内容的选项，优位目标等级中不同的目标就可能支持不同的选项，从而产生竞争，专门处理器联合体就会向一个或另一个选项投票，最终获胜的选择就会通过

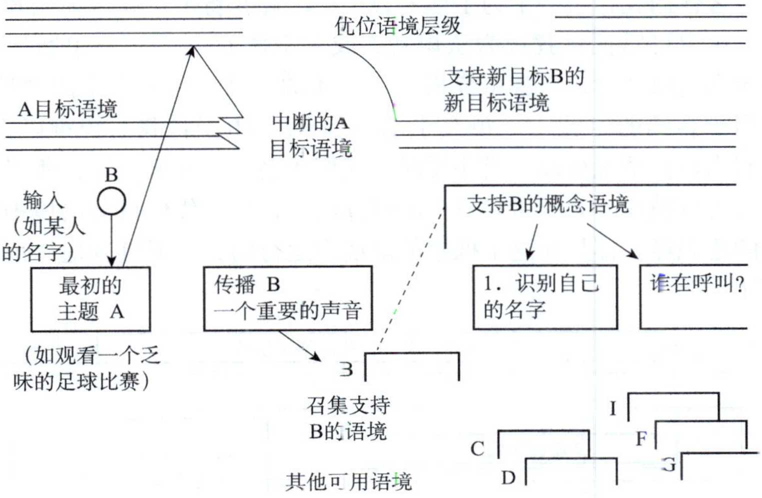

图 11-5　输入信息激活优位语境

意念运动控制并激发适当的处理器和子目标①（图 11-6）。

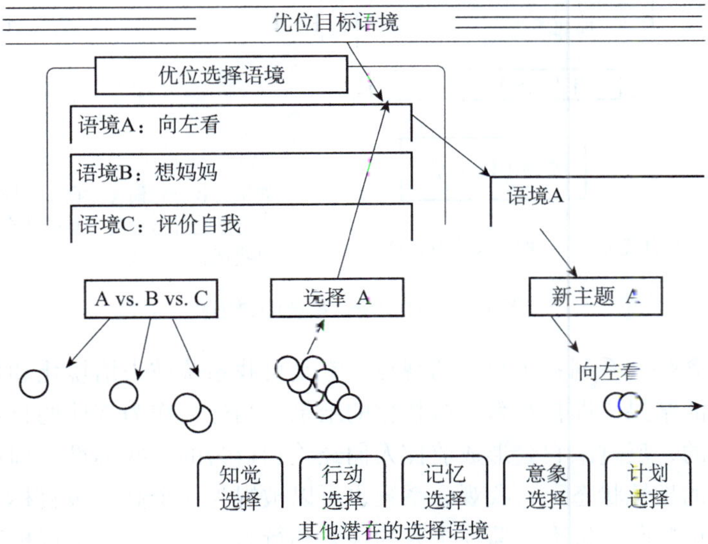

图 11-6　选择语境激发优位目标语境

在心灵哲学中，自我是一个不可回避的问题。詹姆斯早就指出："整个自我，一部分是认知对象，一部分是认知者，一部分是客观，一部分是主观……我们可

① Baars B J. A cognitive theory of consciousness. Cambridge：Cambridge University Press，1988：306-314.

以称一个为客体的我，另一个为主体的我……因此我将把自我视为认知对象或者客体的我……也可以把自我视为认识者，或者主体的我。”① 巴尔斯把自我区分为自我系统和自我观念，自我系统相当于主体的“我”（英文中的“I”），而自我观念相当于客体的“我”（英文中的“me”）。由于自我系统难以直接感知、内省，只有当自我系统被改变或违反时，我们才会对其有所意识，所以巴尔斯认为自我系统可以被理解为经验和行为的持存语境，位于优位目标语境中的最高层级，所有的意识经验都是在这个框架的语境中运行的，并促进其他局部语境的连续性（图 11-7）。

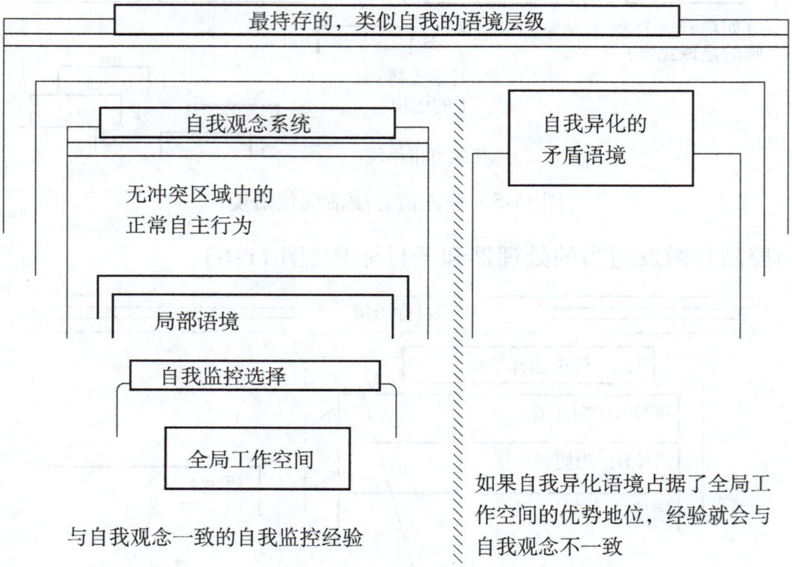

图 11-7 自我观念系统的语境化

自我观念是一系列关于自己的观点。它是自我系统被去语境化和作为意识客体而被意识的结果，即自我系统被物化的结果。当然，作为客体的自我观念并不是完全被动的，反过来它会形成监控人们经验和行为的一些标准，即产生一个人们试图达到的理性状态。自我观念系统也可以被视为一个高层级目标语境，它会借助一些评价判断和标准来监控个人的经验和行为。在意识的语境模型中，自我观念作为一个监管性的目标语境是在一个持存的、类似于自我的语境层级中运行的。事实上，作为客体化的自我观点比语境化的自我系统更容易进入全局工作空间。同时，与自我观念处于同一层级的还有自我异化的冲突语境，它们之间为进入全局工作空间而彼此竞争。如果自我观念语境获胜，我们所感知的经验就会与

① William J. Psychology. New York：Holt，1892：189.

我们的预期一致，如果自我异化语境获胜，我们所感知的经验就与我们的自我观念不一致，从而出现自我感丧失①。

三、意识的语境模型的方法论

从上述的论述我们知道，“全局工作空间”从同一事件的意识状态和无意识状态的对比入手，不仅证实了意识经验的存在，而且可用客观方法测量，即使是短暂的意识也有痕迹可寻，这显然不同于以往把意识现象排除在科学和科学哲学之外的做法。那么对于种种意识现象，如瞬间感知的外部世界、内部言语、视觉表象、短时记忆、快乐、悲伤、激情等，应当如何解释？我们如何把这些意识现象产生的机理纳入一个统一的理论框架？巴尔斯通过对比、隐喻和语境分析大量的心理学和神经生物学证据，提出了一种新颖的剧场意识理论②，其中包含了丰富的方法论的启迪。

1. 对比：探究意识奥秘的参照基准

巴尔斯把对比分析引入意识研究，具体说就是将相同的意识过程和无意识过程进行对比。通过比较他发现，当我们有意识进行计算时，其效率是较低的，易受到其他意识过程的干扰，容易出错；而当我们处于无意识状态下时计算效率反而较高，不易受到干扰，准确性也较高，例如擅长心算的人因长期受到训练学会了自动做大量计算的能力。对意识的研究，巴尔斯并不仅仅局限于各种意识现象，而是把相对应的无意识现象联系起来考察。事实上，我们对一个事物的有意识状态和无意识状态总是交织在一起的。例如，当我们进入一个房间时，我们首先会对进入眼帘的沙发产生意识，随着视线的转移（即选择性注意），我们会对房间另一个角落的电视产生意识，此时对于沙发的意识就从我们的大脑中退却了，但是大约 10 毫秒左右我们还可以把对沙发的意识再回忆起来。这种能够准确回忆的能力本身就表明：对意识内容的无意识记忆会在我们大脑中维持一段时间，在我们的记忆中同时存在着意识部分和无意识部分。

正是通过对日常生活中的意识现象和无意识现象的对比，巴尔斯找到了意识经验存在的经验证据，为研究意识经验提供了现实的土壤，开启了研究意识经验的第一扇大门。运用对比分析，巴尔斯详细分析了有意识和无意识处理能力之间的区别，概括起来有四点：

---

① Baars B J. A cognitive theory of consciousness. Cambridge, UK: Cambridge University Press, 1988: 336-341.

② Baars B J. In the theater of consciousness, The workspace of the mind, New York: Oxford University Press, 1997: 291-295.

第一，在计算方面，意识处理能力是低效的，无意识处理能力却是高效的。这具体体现在三方面：①意识事件的速度相对较慢。单个的反应时间，即针对特定的刺激，人脑做出反应所需的时间最多约100毫秒。相反，无意识处理过程是以神经放电的速度产生的，40～1000次/秒，比意识反应的时间快得多；②意识事件易受到干扰。不同形式的知觉经验、心灵意向、发生在情感或身体上的任何感受、有意识行为、内部言语等意识事件总是会相互影响和相互干扰的。这是我们生活中常见的事实。我们的听觉会影响我们的视觉，内部言语又会对我们正在进行的行为产生抑制作用。相反，无意识过程之间却很少互相干扰。无意识过程是由具有固定程序、自动化功能模型（无意识的处理器）运行的结果，它们之间鲜有干扰[①]；③意识事件易出错，甚至是最简单的心算也难以保证不出任何差错，更不用说有意识的句法结构分析、视觉景象分析了。意识的易出错这一特性在现实生活中是很常见的，比如飞机失事、道路交通事故和工业事故具有很明显的人为错误的特征。相反，无意识过程出错率较低。自动化的功能模型之间有其各自专属的处理事项，在其专属的范围之内，处理器可以很好地完成任务。一个明显的例子就是我们在打字时，当我们有意识地盯着键盘时，打字速度就会慢下来，而且还容易出错。当我们不看键盘，不去刻意回想哪一个是什么键时，速度反而快了起来，还极少出错。

第二，意识处理过程包含了大量可能性的内容，但是任何一个无意识处理器的范围却是有限的。我们能够对其产生意识的事物的范围从根本上说是无限的，因为我们对周遭世界的感知而产生的意象、梦想、内部言语、情绪感觉、快乐和悲伤是无限的。如果把信仰、概念和意图的意识部分包括进来，我们可能对其产生意识的事物的范围还会更广。无意识处理能力的有限性在于无意识处理器的专属性。如果存在一个无意识的句法结构的处理器，那么它不可能很好地分析视觉景象。李森（Reason）收集的行为错误恰恰证明了专门的功能模型是存在的。李逊把功能模型称为行为图式。“这些行为图式可以被单独激活，以一种充满活力的和高度竞争的方式运行并试图影响整个行为”。[②] 例如有人敲办公室门，与此同时，电话铃声响了，张三拿起电话说“请进”。这个例子就是典型的行为中的插入错误。我们可以把张三的整个行为分解为两个功能模型：当有人敲门时，我们对应的行为是说“请进”；当电话铃声响起时，我们对应的行为是拿起电话说“你好”。只有当功能模型具有专属性，也就是有限性时，才不会出现上述的行为错误。

---

① Shiffrin R M, Dumais S T, Schneider W. Characteristics of automatism. In Long J, Baddeley A, Attention and performance IX: Hillsdale, NJ Erlbaum, 1981: 223-238.

② Reason J. Absent-mindedness and cognitive control. In Harris J, Morris P, Every memory, actions and absentmindedness, New York: Academic Press, 1984: 113.

第三，意识处理能力具有较强的关联能力和语境敏感性，但无意识处理器是相对独立和自主的。关联能力是指能使两个意识事件相互发生联系的能力。条件反射训练就是一个很好的例子，其中一个有意识的刺激是作为另一个有意识刺激的信号。例如，在试验中人们会形成铃声表示食物来了，红灯亮表示电击等的条件反射，尽管在铃声和食物间、电光和电击间并没有必然的联系，这些联系是任意性的。然而，在适当的条件下，任何一个有意识的刺激都可以作为另一个强化刺激出现的信号。语境敏感性是指我们的意识经验会受到无意识语境的影响和限制。例如我们在和别人交谈时，对于对方当前所说的句子，尤其是包含了新的信息而我们在理解上存在一定困难的句子，我们就会回忆对方所说的话，根据回忆对方之前所说的话来帮助理解当前的句子。这表明：我们理解任何新信息的能力关键是依靠先前的、主要是无意识的知识①。无意识的预期引导着我们对世界的有意识理解。无意识处理器是相对独立、自主的这一结论，仍然可以从日常的行为错误中推导出来。当我们的行为发生错误时，出错的行为本身是执行得相当好的，只不过其对应的语境发生了错误。例如你在节假日起床，穿上衣服上班。穿上衣服上班这个行为本身是流畅且高效的，但是行为却没有根据外部环境的变化而调整，没有进入节假日这个新语境中，所以产生了错误。那么，谁来对行为错误中那个本身做得很好但与环境不相适应的行为负责？我们怎么解释这个错误的行为？无意识处理能力的相对独立和自主性对此似乎是最好的解释。

第四，意识经验具有内在的连贯性，是串行的，但无意识处理器可能是相互矛盾的，是并行的。关于意识经验内在的连贯性这一点也有大量的经验证据。比如，我们绝不会把两段内容不同或发音不同的话混淆在一起。同一时刻我们不能思考两个互斥的观点，尽管我们可以一个接一个地思考两个互相矛盾的观点。矛盾本身是可能存在的，只要矛盾本身没有成为有意识的。哈钦斯（Hutchins）的实验证明了这一点。哈钦斯假定一个人整天都站在山顶上，早上他指向正从东方升起的太阳，晚上指向将要从西方落下的太阳，那么请问，这个人在早上和晚上分别指向太阳的两条线在哪里交叉？大多数人的答案是在这个人这里交叉，但答案是错误的，事实上，这个人虽然没有移动，但是他随着整个地球绕太阳公转，所以这两条线交叉的点是在太阳那里②。即使我们知道地球围绕太阳公转这个事实，但我们在思考这个问题时，很明显运用的却是“地心说”的观念。这就表明我们可以同时持两个相反的观点，即无意识的矛盾本身是可行的。意识处理能力的串行性是指意识经验是一个接一个的事件，如詹姆斯所说是一个“意识流”。即使是两个同时发生的意识事件，人们要么把意识经验集中在一个事件中，

---

① Brasnford J D. Human cognition, Bemont, C A, Wadsworth, 1997: 21.

② Hutchins E. Culture and inference: a Trobriand case study. Harvard University Press, 1980 5-7.

要么一个接一个地发生，“还没有两个独立事件同时发生的真正的心理事件”①。大量的神经生理学研究表明：无意识处理能力是并行的，大脑的许多领域是同时活动的②。

巴尔斯进一步认为，在意识事件和无意识事件的经验性对比中，最为核心的问题是意识的有限性和无意识的无限性。意识的有限性是指大脑的有限能力机制，它包括瞬时记忆、选择性注意及有意识事件的竞争性。瞬时记忆研究表明：当面对众多的信息时，仅仅一小部分新颖的或零散的信息可以被我们记住。选择性注意表明：人只对提供的两个信息流中的一个有意识并排斥另一个。有意识事件的竞争性研究表明：两个有意识的任务会互相削弱或降级，即我们不能同时产生两件有意识的行为。从这一点看，大脑似乎是一个相当缓慢的、在一个时间点只能做一件事且易出错的器官。无意识的无限性是指单纯从大脑进行观察，它是众多的神经元的巨大的连接体，每一个神经网络、神经皮层或神经连接体都各自负责处理各自特定的事务，例如，分析视觉图像，维持体温、身体的平衡，肠壁的蠕动，等等。这些特定的神经网络并不受某个控制中心的指示，分散地同时运行，有序且互不干扰。它们绝大多数都是无意识的，且在例行的事务处理过程中极为高效③。

为什么如此巨大的神经系统在意识性能方面却有着如此令人费解的局限性？我们如何看待意识能力的有限性和无意识能力的无限性这对矛盾？它是神经系统功能上的特点还是在进化过程中出现的一个错误？这些核心问题为我们提供了一个基本的理论隐喻，意识就如同一扇大门，它开启了通向神经系统各个部分的通道，即意识赋予了神经系统一些无意识处理过程不能给予的选择性优势，创造了进入大脑各个部分的路径，并调动了处理特定事件的各个无意识系统④。人脑中有许多无意识的区域，通过意识，单个神经元和大脑中众多的神经元建立起了生物反馈控制，我们才能够进入众多的无意识知识源，并将语境中的各个分离的部分加以整合，从而产生意识内容。因此，意识就好比大脑的一个公共机构，它使得信息的获取、传播和交换更为便利，并有助于全局性的协调和控制。

---

① Blumenthal A L. The process of cognition，NJ：Prentice-Hall，1977：87.

② 著名的模型研究文献有：Grossberg S. Studies of mind and brain. Boston. Reidel Press，1982；Rumelhart，McClelland ，the PDP Group，Parallel distributed processing：explorations in the microstructure of cognition. Vol. I. Foundations. Cambridge，Bradford：The MIT Press，1986.

③ Baars B J. A cognitive theory of consciousness. Cambridge，UK：Cambridge University Press，1988：84-85.

④ Baars B J. In the theatre of consciousness. Global work space theory. A rigorous scientific theory of consciousness. Journal of Consciousness Studies，1997，(4)：292-293.

2. 隐喻：探究意识本质的概念框架

在科学研究中，许多原理是借助日常隐喻被发现的。隐喻是帮助我们从已知进入未知的工具。在16世纪，借助“钟表隐喻”，天文学家弄清了行星间的相互运动，哈维借助“泵隐喻”发现心脏给静脉和动脉中的血液加压。20世纪初，物理学家把原子结构想象为一个太阳系，为我们认识亚原子结构提供了一个有用的途径。

对于意识的探索认知科学家运用最多的是“剧场隐喻”。不同时代的哲学家有着各自不同的剧场隐喻版本——柏拉图的“洞穴寓言”、弗朗西斯的“聚光灯隐喻”、笛卡儿的“剧场”和丹尼特的“多重草稿（multiple drafts）”，等等，它们都是对意识的隐喻说明。巴尔斯的“全局工作空间”是剧场隐喻的最好运用①。这就如同正在上演剧目的剧场，意识就如同舞台中心那道“明亮的光束”，选择性注意就好比舞台上方的“聚光灯”，它指引着这道“光束”照向何处。这道“明亮光束”的周围被一些极其重要但却有些模糊的意识事件所包围②。由这道光束获取的信息被广泛传递到剧场中两类复杂的无意识处理器中：一种处理器位于黑暗的舞台下方，它们只是作为“观众”被动接受光束所传递的信息；另一种是无意识的语境系统，它们位于舞台幕布的后方，正是它们导演了光束所要展示的内容，即意识内容。那么，巴尔斯的“全局工作空间”这个“意识剧场”隐喻有什么特征？

第一，巴尔斯的“意识剧场”隐喻是一个结构系统。它包括了五个主要部分：①舞台，相当于大脑中的工作记忆；②用于照亮舞台的聚光灯，相当于我们的注意力；③舞台上的演员，相当于意识经验的各种内容，例如潜在的想法、意象或感知；④幕布后面的工作人员，他们指导着整个舞台的演出，如导演、编剧等，相当于形成意识经验的各种语境；⑤观众，相当于各个分散的无意识的专门处理器。整个剧场的运行规则是：舞台上站着一些演员，这就好比人脑的工作记忆中各种各样的信息，比如感官信息、抽象的概念等；演员们按幕后工作人员的指令进入舞台上聚光灯照射的明亮位置，一旦被灯光照耀，该演员的表演就可以被台下的观众看到。这就好比各类无意识的语境系统接受了上运信息，并通过竞争或协作的方式对该信息进行分析整理，最终形成意识经验；同时，该意识内容向整个大脑中分散的无意识处理器全局性地传输，就如同观众对舞台上演员的表演是喜欢还是不喜欢，完全由各个观众自己决定那样；分散的无意识处理器也是

① 魏屹东．认知表征的方法论：隐喻、假设与建模．山西大学学报，2009，5：27-28.

② Mangan B, Gopnik A, Galinet D, al. Taking phenomenology seriously: the fringe' and its implications for cognitive research, Commentaries. Consciousness and Cognition, 1993, 2 (2): 89-154.

按照自己的运行规则来对该意识内容进行处理，它们自己就可以自主决定是响应该意识内容还是跳过该意识内容，而并不存在一个有关意识的中枢的指令系统。

第二，巴尔斯的“意识剧场”是一个巨大的神经元网络空间。它与笛卡儿剧场是全然不同的。笛卡儿剧场认为意识来自于大脑中某处确定的位置，可能是位于大脑中的松果体中，大脑中存在一个无法用单位来测算的点，它连接着意识和大脑，这个地方是灵魂与身体交汇的点，通过这个点，灵魂或意识才能指挥我们身体各个部分的运动①。巴尔斯的“意识剧场”是神经元、神经生物学上的隐喻，“显然我们并不是期望在大脑中找到任何微型的剧场，在全局工作空间中也不可能存在任何小矮人在观看表演，但是，我们可以找到一些显示和传播意识内容的神经元结构，大脑皮层的感知区域和与此相连接的周围的大脑皮层就可能是意识产生的舞台，大脑的其余部分就可能是舞台下无意识的观众”。② 相对于笛卡儿剧场中的“实在的点”，它指的是一个巨大的神经元网络空间，神经元包含的内容就是意识，它们对无意识系统的其他部分是全局可用性（global availability）的。

第三，巴尔斯的“意识剧场”隐喻实际上是“一个由神经元组成的机械的机器，是一种关于对最高级的、具有最高水平的大脑组织运行时的算法的假说”。③ 它是由单一或众多的神经元组成的各种各样的模块，所有的模块都直接相互交流，它们争相进入全局工作空间。感知系统的各种输出信息、需求、目标以及突发事件都充斥在全局工作空间中，它们大声“喧哗”企图获得大脑机器的注意，是否被选中是由模块间的相互竞争和抑制来决定的。这类似于赛尔弗里奇（O. Selfridge）提出的“泛魔识别模型”（pandemonium model）④。当某一个或少数的模块被选中后，它们就在全局工作空间中占据主导地位，直到当前的任务被完成或被其他模块抢占其主导地位。当然，是否被选中还要基于任务的急迫性，通过竞争被选中的模块会广泛传播它的信息，以获得大脑中履行该被选中的功能的其他模块的支持与加入。同时，形成的意识内容会进入短时记忆并被储存到长时记忆中。

---

① Dennett D C, Kinsbourne M. Time and the observer: The where and when of consciousness in the brain. The Nature of Consciousness: Philosophical Debates, 1997: 141-174.

② Baars B J. In the theatre of consciousness. Global work space theory, A rigorous scientific theory of consciousness. Journal of Consciousness Studies, 4, 1997: 292-293.

③ Bridgeman B. What we really know about consciousness, review of A Cognitive Theory of Consciousness by Bernard Baars. Psyche 2, 1996: 30.

④ 这是 O. Selfridge 1959 年提出的一种学习范式，也是一种早期联结主义的人工智能技术。该模型认为人的大脑是由许多精灵程序组成的，每一个程序都负责一个单独的任务。Selfridge O G. Pandemonium: a paradigm for learning // Blake D V, Uttley A M. Proceedings of the Symposium on Mechanisation of Thought Processes. London: HM Stationary Office, 1959: 511-529.

第四，巴尔斯的“意识剧场”也是一个分散的系统。在这个分散系统中，并没有中枢的执行者——系统，它不会把问题分配给适合的神经元（专门处理器），或命令它们执行某些任务。本质上，这些神经元是在一个分散的环境中运行的。对不同的问题，不同的处理器可能作为执行者去处理，有时它们相互间会以一种很灵活的方式把执行控制分配给对方，控制基本上是分散性的。神经元本身会保留处理过程的主动权，即，它们决定处理什么，忽略什么。正如市场经济在本质上是分散的那样，诸多市场主体在微观经济的运行层面并不按政府的指令行事，而是自主地处理其经济事务。但是，即使没有一个真正的执行者，处理器间分散的集合体仍然需要一些中枢性的机构，通过专门处理器可以互相交流，尤其是在遇到一些新颖事物时更是如此。这种中枢信息的转换可以被称为“全局工作空间”、“黑板”或“公告板”[①]。

第五，作为隐喻的“工作空间”仅仅是作为一种工作记忆的存在。在这个记忆里不同的系统可以执行它们的活动。“全局”意味着这个记忆中的符号通过众多的处理器被分配、传递开来。当然，每一个处理器都可能产生一些局部的变量并运行，但是它对全局性的符号、信息却是相当敏感，可以及时做出感应。意识正是在全局工作空间中得以产生的。当我们面对、处理已形成习惯的刺激时，专属的智能处理器会按照惯常的方式自动加以处理，此时，我们对该刺激不会形成任何意识。当我们面对全新的以及与习惯性刺激存在差异的事物时，我们的各种感官都会产生定向反应，同时各种智能处理器会通过合作或竞争的方式在全局工作空间中展示它们对该新事物的认知分析方案，直到获得最佳结果，并使得我们对新事物产生意识。

为了让问题更容易理解，巴尔斯把“全局工作空间”进一步比喻成一个专家会议[②]。假设集会者被召集起来解决一系列问题，这些问题是任何一个专家单独没有办法解决的。每个专家就问题的不同方面可能产生一致或分歧的意见，但是这些意见如何进行交流，才能使得每个专家更好地理解和表达他或她通过技术术语所要表达的意思？当然可能会存在这些技术术语使其他专家并不能充分理解的情形。解决这个交流问题的一个好办法就是在会堂前面的大黑板上公开这个全局信息，以致大体上每一位参与会议的专家都能读到这个信息并对其做出回应。事实上，只有能理解它或部分理解它的专家才会阅读这个信息，但我们并不能事先知道谁是专家，因此有必要使会堂的任何人都了解该信息。在任何时候都会有一些专家试图传播全局性的信息，但是这个黑板并不能同时容纳所有的信息——

① Erman L D, Lesser V R. A multi-level organization for problem solving using many, diverse, cooperating sources of knowledge. Morgan Kaufmann Publishers Inc, 1975: 483.

② Baars B J. A cognitive theory of consciousness. Cambridge, UK: Cambridge University Press, 1988: 87.

不同信息常常也会互相矛盾并排斥。因此，一些专家为了使用黑板会发生竞争，而有一些专家会通过合作达到传播全局性信息的目的。全局性信息的其中一个作用就是导致专家间的合作，甚至包括不是特别了解该信息的专家。通过使用黑板，专家的联合建立起来了，该问题的解决办法也就形成了。意识的产生大体也是如此。

3. 语境：探究意识经验的潜在系统

在全局工作空间理论中，“语境”（context）不是指理解词语意义所需的上下文，而是指形成我们意识经验的内部世界。在这里，语境分析表达的是一种整体论的思想，如果我们把一个词语从它所出现的句子抽离出来孤立地看，我们就不能很好地理解这个词语的意义；把某个思想的某个组成部分分离开来，使其脱离该部分所处的特定环境，我们就无法理解该思想的这个组成部分。毕竟，有形的物质环境只有被内部系统所表征时才能影响我们的意识和行为。因此，外部世界的语境只有通过大脑内部的语境，才能形成意识经验。而且，内在的语境会保存过去的重要信息，而这个信息从我们现在的环境中是无法获得的。在认知方面，巴尔斯认为语境可以是一个系统，一个关系或一个事物，它形成了意识经验而与此同时它本身并不成为有意识的①。也就是说，语境是无意识的，它们是构成有意识事物的潜在系统。

既然语境是无意识的，那么如何证明语境是存在的？巴尔斯认为，虽然我们并不能直接意识到语境，但却有大量的证据证明它是存在的。广泛存在的启动效应就是一个例子。当一个经验可能影响到另一个类似的经验时，我们就可以说前一个经验“启动”或形成了后一个经验的语境，尽管此时前一个经验在后一个经验产生时已经消失了。语言心理学研究大量的证据证明：广泛的关联关系是理解对话中某个单词的必要条件，尽管我们对这些关联关系的意识性并不强②。比如，当我们听一个演讲时，我们对当前注意到的某个句子的理解是根据我们已听过的、而此时并没有注意到的和仅仅只保留了一个大概含义的所有句子来理解演讲者当前所说的句子，但我们在理解这个句子时，却并没有意识到我们动用了这些无意识的语境。同样，我们在听一段交响乐时，它的整个曲调、相关主题的最初表述、曲调的变化，所有这一切必定构成了我们体验一段交响乐中的一个单独乐句的基础，但是当我们体验这个单独的乐句时，这些基础性的因素并不是有意识的。

---

① Baars B J. A cognitive theory of consciousness. Cambridge, UK: Cambridge University Press, 1988: 138.

② Clark H, Carlson T B. Context for comprehension // Long J, Baddeley A. Attention and performance IX. Hillsdale, NJ: Erlbaum, 1981: 313-314.

不过在去语境化的情况下，那些原本无意识的语境知识会变成有意识的内容。事实上，我们所听或所读到的每一句话都预设了在它能被理解之前，其语境性的信息必须先被理解。如果这些语境性的预设被违反了，我们就会意识到这个语境假说的存在。这个过程就称为“去语境化”。例如在交谈语境中，西方人会认为，如果其他文化背景的两个人面对面的距离是6英寸，他们觉得这是不可接受的。因为这样，西方人会觉得很不舒服或觉得受到了冒犯，但这样一来，我们就会对曾想当然的事物有了意识：即，我们也接受了一种特有的社交距离这个事实。此时，无意识的传统和习惯开始受到重视。这就证明了无意识的语境假定是存在的，当它被严重违反时，就会变得有意识①。无意识的语境假定也说明，在一种文化中被认为是理所当然的东西，在另一种文化中可能是不可接受的。比如在西方家庭中孩子对其家长的直呼其名，在中国文化中就被视为对家长的不尊重。

巴尔斯根据语境所影响或形成的意识经验的不同，把语境区分为五种不同的类型：知觉语境、意象语境、概念思维语境、目标语境和交谈语境。知觉语境就是形成我们有意识的知觉经验的预设。例如，给我们一张月球火山口的照片，但是照片被上下颠倒了，此时我们就会以为照片中是一座小山，火山口的深度被我们理解为小山的高度。这是因为我们对图片的理解是基于光线从上方照射过来这样的预设。因此，凹面就会被视为凸面②。其实，我们通常发生的错误的知觉经验正是由于我们预设的知觉语境造成的。意象语境是指存在着许多无意识的限定条件制约着我们心灵意象的形式和内容。例如，视觉表象赋予我们的是一个平面的椭圆形的范围，同时在空间上是一个潜在的三维立体。概念思维语境是指业已理论化、系统化的且被我们绝对相信的知识体系。它是科学家们进行研究工作的一个基础性的，或说是背景性的科学范式。科学范式通常都是无意识的，只有当一些科学家开始质疑那些在已有的科学发现中被认为是永恒的预设时，科学范式才会发生转变，从而变成有意识的。目标语境是能引起和形成有意识的行为。在理解需要解决的问题和进行有意识的控制时，目标语境是很有帮助的。当然，目标语境通常都是一个有序的等级序列，而不是一个孤立的个体。随着时间的流逝，环境的改变，各个目标的等级会发生改变，因此有序的目标系列是意识经验流的语境。交谈语境是由两个及以上的人在一起交流而形成的。为了交流，我们必须彼此分享关于我们自己、某个事物、我们的概念框架和知觉世界的无意识的预设。这就是为什么两个熟悉的人，他们之间通常可以进行简洁明了的交谈：一个单词，一个眼神，意外的沉默——他们都能理解其中的意思，原因就是他们有

① Baars B J. A cognitive theory of consciousness. Cambridge，UK：Cambridge University Press，1988：139

② Rock I. The logic of perception. Cambridge，MA，Bradfour The MIT Press，1983：59-60.

着许多共同的语境，以至于他们不必使所有的表达都清楚详细。

那么，语境对于意识经验到底有什么重要的意义？巴尔斯借助语境，如何构建意识的全局工作空间理论？

第一，巴尔斯假定语境就是专门处理器组成的一个稳定的联合体。任何相互合作的专门处理器组成的联合体，只要能形成意识经验，且有一个常规性的、稳定的处理信息的方式，就可以被视为一个语境。同时假定在联合体形成和竞争的过程中，语境需要经过一段时间来形成，这就类似于在议会中占多数席位的政党逐渐在它的成员中形成一个足够多数的稳定联合体。

第二，巴尔斯把当前发生作用的一系列语境称为当前优位语境等级（the current dominant context hierarchy）。当前优位语境会把无意识限定条件施加到意识内容上。也就是说，在任何时候，优位语境都是由知觉语境、意象语境、概念语境和目标语境等组成的一个连贯一致的混合体。在任何时候，我们的经验都是由许多彼此连贯的语境控制的。例如，我们在观看一部电影时，对于某一个情节的理解，可能不仅是由电影开头所展示的整个时代背景控制的，而且也是由以前的生活经历中，当我们遇到与主角类似的情况时会有什么态度和处理方式控制的。当这些语境因素彼此一致时，它们就会联合起来控制全局工作空间；如果不一致，例如以前我们对类似情况的处理和主角不一致，那么以前无意识的语境因素就会变成有意识，并与当前的意识经验发生竞争。

第三，语境并不会对意识经验做出完整的预测。如果输入的信息百分之百是意料之中的，我们就会对它习以为常，它就只会是无意识的。只有它存在某种程度的新颖性时，才会引起我们的注意，我们才可能对它有意识。这就表明语境不会对当前我们所感知到的意识经验做出完整全面的预测，它总是会留下一定程度的意料之外的东西。这个意料之外的东西就是我们的新的意识经验。当我们适应了这个新的意识经验时，它就会产生一个新的语境，然后再遇到一个意料之外的新的意识经验，这样不断循环下去。巴尔斯认为这就是我们认识和再认识世界的内在的认知动力。或者说，只有当我们遇到我们未料到的事物出现时，我们才会意识到其语境的存在，这就是为什么有经验的赛车手都会预先熟悉新赛道的原因。

第四，语境作为一个等级体系，它总是趋向于保持一致。例如，当某一个语境层次被违反时，该被违反的语境就会进一步细分，在被违反的层次上进行重建从而复原一个运行良好的目标语境，但是更高层次的、未被违反的语境层次仍然会保持完整。这就可以解释为什么我们在解决某个难题时，当某一个解决方案行不通时，我们会积极寻找另一个方案，直到找出最终的办法，而不是轻易放弃这样一种锲而不舍的意志力。

第五，不同的语境之间存在着合作和竞争的关系。虽然我们不可能同时意识到两个意识内容，但是在全局工作空间中，却可以有两个或多个语境的限定。巴尔斯把相容的一系列语境视为它们彼此在进行合作，不相容的语境视为竞争。当然，在全局工作空间中，互相合作的语境处于优势地位，而与其竞争的语境虽然和前者处于相同的语境等级，在全局工作空间中却不占优位。事实上，语境的影响无处不在。当我们面对一个新的环境，进入一个新的语境如开始阅读一本新书、认识一个新朋友等简单的日常生活时，我们预设的语境就会潜移默化地、无意识地影响并形成我们当下的关于这本书、这个新朋友的意识经验。如果我们的预设和新的信息一致，无意识的预设就会遁入无形之中，我们就会完全察觉不出它曾经存在过。但是，如果这两者不一致，无意识的预设就会进入全局工作空间中，变成有意识的内容，并且和当前这个新的意识内容发生竞争。如果已成为有意识的语境假定获胜，那么新的意识内容就会退出全局工作空间，我们就仍然会保持我们原有的观点，如对于这本书所讨论的问题，我们就不会接受作者的观点，而继续相信自己的观点是正确的。如果新的信息在竞争中获胜，那么我们就会修改我们原有的语境，当我们适应、熟悉了这个新信息时，新信息就会变成无意识的语境，对后来的意识经验进行限定。

概言之，全局工作空间理论认为是无意识语境引起、选择和形成了意识经验。事实上，我们总是置身于许多正在运行着的无意识系统之中，这些无意识的系统形成和界定了我们的经验。没有语境就没有意识内容。新颖性虽然可以对意识经验的一些特征做出解释，但是它无法全面地解释意识经验产生、发展和消失的整个过程，它也无法解释为什么一些丧失新颖性的事物又会再度成为意识内容。语境及其合作与竞争，至少从目前看来，的确可以对意识经验的所有特征及其演变的整个过程提供一个合理的分析路径，其潜移默化的基底作用是不容被忽视的。

四、意识的语境模型的优势与缺陷

如上所述，在有意识和无意识的对比分析中，巴尔斯的全局工作空间假设孕育了意识在神经系统中的作用及其在理论上的隐喻。隐喻分析几乎是所有科学家在提出自己的理论时都会运用的一种方法，它能形象地向读者表明需要表述的内容。显然，巴尔斯的目标并不是要寻找大脑中那个微型的剧场，他只是以一种有趣的方式和我们相对能理解的术语说明了意识的全局工作空间假设在大脑中的运行机制。更重要的是，巴尔斯运用语境分析试图阐述意识经验产生、发展、消失的整个过程。意识经验的许多一般特征，意识经验的形成机制都可以通过语境及其合作和竞争来解释。没有一个意识经验不是在其特定的语境中生成的。

不过，语境与意识经验之间的紧密程度，让巴尔斯也有些困惑。是“语境引起、选择和形成了意识经验”,[①] 还是“意识经验引起、修改和创建了新的语境”[②]? 到底哪个是更基础的? 谁是因,谁是果? 抑或二者并存? 显然,巴尔斯是在对比分析、隐喻分析和语境分析的基础上创建了全局工作空间这一意识的解释模型。意识的全局工作空间假设获得了哲学家查尔莫斯[③]的赞誉,有的学者还以全局工作空间假设为基础提出了关于大脑神经的假说及其计算模拟,如富兰克林(S. Franklin)的IDA(intelligent distribution agent)理论[④],同时也受到一些质疑,比如布莱克摩尔(S. Blackmore)认为:“意识流的观点只是一种假象”。[⑤]巴尔斯部分赞同这种观点:“也许意识流的连续性就如同电影的连续性一样是个假象。”但是,他反驳说,“关于互不相容的几个意识内容的连续性是可以通过客观的实验研究加以证明的。事实上,潜在的意识事件的呈现相互间大约会间隔10毫秒”。[⑥] 具体来说,基于语境的意识模型的优势有三点:

第一,基于语境的意识模型把意识问题与哲学紧密联系起来考察。巴尔斯作为神经科学家,始终有意识地和认知哲学家共同关注意识问题。然而,他清醒地认识到,神经科学和认知哲学是两个不同的领域,存在着泾渭分明的知识“边界”。就意识现象而言,神经科学通过实证研究意识,使用“科学”的方法进行“试错”,其本质是“经验性的”,而哲学通过概括与反思,运用分析论证手段澄清意识概念和理论中的前提假设,但它无法解决任何的实验问题[⑦],其最终目的在于揭示意识的“先验性”本质问题。尽管历史上不乏诸如笛卡儿、康德、莱布尼茨这些伟大哲学家在经验科学方面做出的重要贡献;反过来,科学家在哲学领域要做出重大贡献则属鲜见。这一事实意味着经验科学在缺乏哲学分析的情形下,其概念以及与之相关的概念问题是难以澄清的。神经科学的发现也许会不断提出新的概念问题,但始终无法为哲学问题的解决提供方案。神经科学只能在预设意识概念的前提下,才存在进一步研究意识经验的可能。反之,哲学论证不能解决实验问题。巴尔斯正是在这一扭结上,以哲学方法论连接了神经科学和认知

---

① Baars B J. A cognitive theory of consciousness. Cambridge, UK: Cambridge University Press, 1988: 176.

② Baars B J. A cognitive theory of consciousness. Cambridge, UK: Cambridge University Press, 1988: 167.

③ Chalmers D J. The conscious mind: In search of a fundamental theory. New York: Oxford University Press, 1997: 37-39.

④ IDA被称为“智能分配者”。这一软件是为美国海军开发的,目的是将成千上万的水手分配到不同的工作岗位。它必须使用自然语言与水手进行电子邮件通信,同时必须无偏差地执行许多海军政策,随时了解工作需求。它实现了全局工作空间理论,但它没有自我意识。Franklin S. IDA: A conscious artifact? Journal of Consciousness Studies, 2003, 10 (4/5): 47-66.

⑤ Blackmore S. There Is No Stream of Consciousness. What is all this? What is all this stuff around me; this stream of experiences that I seem to be having all the time? Journal of Consciousness Studies, 9,2002,5(6): 17-28.

⑥ Baars B J. The conscious access hypothesis: origins and recent evidence. Trends in Cognitive Sciences, 2002, 6 (1): 47-52.

⑦ 贝内特,哈克. 神经科学的哲学基础. 张立,等译. 杭州:浙江大学出版社,2008: 426.

哲学之间的“鸿沟”。

第二，基于语境的意识模型突出了意识问题研究中方法论的重要性。对比分析历来就是科学研究中最常用的方法，阿基米德的“金冠测试”，伽利略的“两个小球同时落地”，近现代科学研究中的例子更是举不胜举，探索意识问题无疑也非常需要“对比分析”。对比就是比较严格匹配的意识与无意识事件，从而剖析意识的内容。对比的结果就是要寻求意识与无意识事件的差异，探求意识事件的一般规律。隐喻分析方法从产生之日起，始终面临着“不够科学”的质疑。然而，隐喻分析恰恰是恰当解释某一理论时必要的方式，尤其是在理解人类思维的认知领域，我们进行认知解释时，不得不求助于隐喻，可以说，隐喻就是一种概念框架。因为人们总是习惯于理解和接受“已知的”和“熟悉的”事物，隐喻方法就是通过变换语境做了从“已知”到“未知”的类推。考察人类研究意识问题的历史，从“书写板”到“洞穴之喻”，尤其是17世纪以来层出不穷的科技发明，使得“印刷术”、“机械钟表”、“照相术”、“留声机”、“电话”，特别是“计算机”和“网络”的出现，每一步的科技革新都对同一时期的隐喻分析产生重大影响。在巴尔斯看来，当今世界最令人兴奋的学术进展会通过脑成像技术产生①。他从笛卡儿剧场中选取基石，将“一个由神经元组成的机械化”的分散系统架构其上。在对比分析的基础上，剥离了附着于意识问题外壳上的无意识粘连，同时在隐喻分析的推动下，使得“全局可用性”明朗化。

第三，“语境分析”开启了“自我”理论分析意识问题的“终结模式”。可以说，语境分析的运用是巴尔斯意识理论中的方法论核心。他将理论建立在人类的“感受”基础之上，在“全局工作空间”中，无数的信息进入这一庞大而分散的复杂系统，各个专家处理器展开竞争，形成不同的语境层级，语境间的协作进而形成了我们最终的意识。据此，语境成为意识问题的起点与归属，成功地避开了问题的无限循环。这种分析方法对于经验科学的解释，必然为“自我”理论分析意识问题时打开一条新的通道。而且语境分析的深远意义还在于对人类思维领域中最不可捉摸的无意识“直觉”、“意象思维”和“情感”问题给予了回答。“深蓝”可以战胜国际象棋大师，只是因为国际象棋的规则是“逻辑”的而非“意象”的。计算机无法做到和围棋大师对弈，不能像资深老中医那样进行“望、闻、问、切”，更不能理解爱人之间难以言说的“爱”的呼应，因为对于逻辑规则的“语境”是程序化的，而对于上述问题的“语境”则是“意象性”的，但问题最终的解决就如同找到逻辑规则的“语境”那样，找到一切意识问题的语境。意识问题的最终解决就是寻求其根源的“语境”，我们对于人类思维

① Baars B J. In the theater of consciousness: the workspace of the mind. New York: Oxford University Press, 1997: 121.

语境的理解就能解释所有思维领域的“难题”。因此，意识问题迷宫的“前庭”被巴尔斯找到了！

一般来说，经验科学的认识事物的方法是通过分析某一事物具备了某些属性，所以只要能够剖析出该事物的全部属性，就能够彻底理解该事物，进而再造或还原。然而，人类的科学发展深入某一事物的内部已经达到了“纳米”级数，然而，至今也无法再造或还原“一片树叶”！因为，我们对一片树叶的认知是由我们发现的许多“组织结构”形成的，但这些“组织结构”整合起来，并不能很自然地被还原为“树叶”。此类问题的困惑，直接就导致了先前众多科学家不可避免地使用“热素”和“生命力”的概念。语境分析的应用，就可以规避此类“热素”概念的再度应用。巴尔斯作为经验科学家对于哲学领域的贡献是不言而喻的。如果说，丹尼特是“将意识解释没了”，巴尔斯则是将意识解释完了。

当然，基于语境的意识模型也不是完美无缺的，其不足表现在以下三点：

首先，巴尔斯的全局工作空间是一种隐喻式假定，它本身是一个巨大的、庞杂的神经元之间相互连接的网络，这些神经元对无意识系统的其他部分具有全局可用性，它们包含的内容是意识。意识的内容就是在全局工作空间中被处理的各种表征。正如所有奉行“自我理论”[①] 的哲学家一样，巴尔斯在作为“人”的统一实体中，也就是在人类的大脑中的“某一区域”或“某一特定的点”存在着具有“全局可用性”的“剧场”。自我系统作为语境层级中的一部分，会对什么东西纳入聚光灯范围，或登上意识这个剧场的大舞台产生影响。同时，自我系统占据基础地位。“如果自我系统包含的信息是可报告和可用的，意识天生需要与它互动[②]。”自我在这里就成为意识的语境存在，自我与意识构成语境与内容的关系。在全局工作空间理论中，存在着如此庞大的由神经元组成的巨大网络，并且还被分为无数不同层级的语境，不同语境之间相互竞争，目的只为进入全局工作空间的“通路”——感觉和自传体记忆系统，这是任何可报告的意识体验所必需的。因而，自我不再是一种错觉，而是一个处在高级水平的优位语境等级结构。“自我系统在延续，自我也在延续着”[③]。显然，“全局可用性”是巴尔斯理论的核心属性，人类正是由于具备了这一属性，真正的意识才得以产生。这一论点在现有的意识理论中是非常具有诱惑力的，特别是在人工智能领域，如果我们建造一台机器，使得这台机器具有“全局可用性”或该机器能够像人类一样自发产生“全局可用性”，这台机器就有了意识。问题是，我们如何在实践中实现

---

① 牛津哲学家 Parfit D 指出，自我理论奉行，自我是一个统一的实体，是人们体验的主体，也是人们行为和决定的发出者。Parfit D. Reasons and persons. New York：Oxford University Press，1986.

② Baars B J. In the theater of consciousness：the workspace of the mind. New York：Oxford University Press，1997：131.

③ 苏珊·布莱克门. 人的意识. 耿海燕，李奇，等译校. 北京：中国轻工业出版社，2008：198.

这种“全局可用性”？根据基于语境的意识模型目前我们还不能建成这样的机器。

其次，基于语境的意识模型没有在本体论意义上对意识究竟是什么做出说明。科学的发展表明，方法论的革新常常会为研究课题提供一个崭新的视角，甚至会导致颠覆性的结论，但方法论本身并不能代替本体论的问题。巴尔斯通过对比分析、隐喻分析和语境分析阐述了“全局可用性”这一意识的所谓核心属性，但意识究竟是什么？意识究竟从哪里来？这些原初的问题被回避了。即使一台机器真具有了该种属性，也并不能证明这种机器具有意识。比如，前面提及的美国数学家富兰克林的IDA是以全局工作空间结构为基础建立的，通过多个无意识的处理器共同形成一个全局工作空间，并在此发布各种信息来召集其他处理器以帮助解决问题。但批评者很轻易就能指出，这种理论本身是错误的，这样的机器根本谈不上具有意识①。经验科学是预设某一概念为前提进行研究的，不承担澄清概念本质及与相关概念的关系的任务，而追问某一概念的预设的本质及澄清相关概念间的关系则是哲学家的工作。所以，巴尔斯仅仅发现意识迷宫的“前庭”，对于意识问题的最终解决还是远远不够的，甚至也可能走到了意识问题的反面。

最后，全局工作空间是否可以被“复制”或传导？如果我们通过脑科学和神经科学的未来发展，是否可以将整个“剧场”复制或传导，人类不是可以“永生”或“太虚任遨游”了吗？在电影《阿凡达》中，在Na’vi的精神领袖的带领下，Na’vi族人用自己的感受器（辫子）与神树相连，借助神树的力量，将杰克·萨利的灵魂转移到他的阿凡达身上，杰克最终成为了这个星球上Na’vi人的领袖。这不也就是做了一次“笛卡儿剧场”的整体搬迁吗？那么，“杰克”到底在哪里？生理上的持续性如何转化为感觉体验？这些问题是基于语境的意识模型还不能解释的。

诚然，基于语境的意识模型将意识问题研究的基础向前推进了，像所有的意识模型的命运一样，从形成之日起，批评就铺天盖地而来。其中，丹尼特的“多重草稿理论”直指基于语境的意识模型的根源：全局工作空间假设依然是“笛卡儿剧场”这一传统模型的现代应用，一开始就建立在错误的出发点上，却又试图过早地推测大问题的答案②。在意识问题上也许没有对错，正如巴尔斯自己所言：“你就是你的体验的感知者、行为者和讲述者，尽管这究竟意味着什么还远未明了。”③

---

① 苏珊·布莱克门．人的意识．耿海燕，李奇，等译校．北京：中国轻工业出版社，2008：198.

② Baars B J. In the theater of consciousness: the workspace of the mind. New York: Oxford University Press, 1997: 143.

③ 丹尼尔·丹尼特．意识的解释．苏德超，李涤非，陈虎平译．北京：北京理工大学出版社，2008：3.

五、结　语

如上所述，巴尔斯的全局工作空间理论孕育了意识在神经系统中的作用及其在理论上的隐喻。隐喻分析形象地向我们表明需要表述的内容，巴尔斯的目标不是要寻找大脑中的微型剧场，他只是以一种有趣的方式和我们相对能理解的术语解释了大脑运行的机制。全局工作空间理论获得了查尔莫斯的赞誉，称该理论为研究意识开辟了新路径[①]，富兰克林（S. Franklin）还依据该理论提出了大脑神经假说及其计算模拟的“智能分布行动者”（IDA）理论[②]。同时，它也受到一些质疑。比如，布莱克摩尔（S. Blackmore）认为：“意识流的观点只是一种假象。”[③] 巴尔斯也部分赞同说：“也许意识流的连续性就如同电影的连续性一样是个假象。”丹尼特的“多重草稿理论”直指该理论的根源，认为它依然是“笛卡儿剧场”这一传统模型的现代应用。[④]

当然，全局工作空间仅是一种隐喻式假定，在技术上还无法实现。巴尔斯假设在人脑中的“某一区域”或“某一特定的点”存在着具有“全局可用性”的“剧场”，自我系统作为语境会对什么东西纳入聚光灯范围或登上意识这个剧场的大舞台产生影响。这正是全局工作空间理论处理自我的方式。[⑤]

总体上看，作为一种隐喻性框架，基于语境的意识模型由许多特定的无意识处理器、一个全局工作空间和许多语境三个部分组成，另有为进入全局工作空间而发生的竞争和合作两个处理原则。巴尔斯正是借助这三个本体预设和两个处理原则的相互结合来解释许多关于意识、意志力和自我机制等心理现象。其中，语境无疑是最为活跃的部分，它既可以被视为专门处理器的一个稳定的联合体，随着时间的流逝它们获得了进入全局工作空间的优先权，同时它还会被去语境化，还原为一系列专门的处理器。正是语境概念的灵活性才保证了全局工作空间理论在解释意识的产生、意识的神经病理学、意识与注意的关系、自我的本质等涉及意识的现象时具有一致性和连贯性。

更为重要的是，语境化思维作为当代科学哲学发展的一种强烈趋向，也已经

---

① Chalmers D J. The conscious mind：In search of a fundamental theory. New York：Oxford University Press，1997：37-39.

② Franklin S. IDA：A conscious artifact? Journal of Consciousness Studies，2003，10（4/5）：47-66.

③ Blackmore S. There Is No Stream of Consciousness. What is all this? What is all this stuff around me；this stream of experiences that I seem to be having all the time? Journal of Consciousness Studies，2002，5（6）：17-28.

④ 丹尼尔·丹尼特．意识的解释．苏德超，李涤非，陈虎平译．北京：北京理工大学出版社，2008：3.

⑤ Blackmore S. 人的意识．耿海燕，李奇等译校．北京：中国轻工业出版社，2008：198.

由语境概念上升为语境方法论[①]，因此，意识的语境化研究就成为必然。应该说，语境分析方法的运用是巴尔斯全局工作空间假设中的方法论核心，他将意识理论建立在人类的“感受”基础之上。相对于以弗朗西斯·克里克为代表的神经科学家把人类的认知、思维、感知和意志等各种能力归结为脑的功能所引起的“部分论谬误”最终倒向变相的笛卡儿主义，巴尔斯的全局工作空间假设将人的上述各项能力归结为“人”本身，实现了其认识论和方法论上的语境整体论的统一，从而在哲学分析层面杜绝了类似的“小人谬误”。

总之，在基于语境的意识模型中，语境已成为了意识问题的基点与归属，成功地避开了问题的无限后退。这一哲学方法对于经验科学的解释，必然为“自我”理论今后在分析意识问题时打开一条新的通道。

① 魏屹东．广义语境中的科学．北京：科学出版社，2004：13.

第十二章 梅勒：时空同构认知模型

时空的话题历久弥新。没有时空，也就不会有认知。认知与时空密切相关。从古希腊开始，它一直是思辨哲学追寻的终极问题之一。近代时空又与以物理学为首的自然科学紧密相连，成为哲学和科学共同研究的焦点议题。在“时空”（spacetime）研究领域，各种观点纷至沓来，针锋相对，以期获得对这个问题的实质性认识。在这些观点中，梅勒（D. H. Mellor）的见解独树一帜。有学者称，他的思想以系统新颖、逻辑严密而著称①。他的时空观是以“A-系列（A-series）和 B-系列（B-series）”作为研究基点，将“时间（time）”、“空间（space）”同“事件（event）”的关联作为研究内容，对时空进行了一种科学的、合理的剖析。我们通过对当代时空概念的变化以及发展路径的梳理分析，基于梅勒的时空同构（spacetime isomorphism）模型，提出了一种时空同构认知模型的认知策略。

而在时空研究的众多方法中，模型建构成为了其中最重要、最具实用价值的方法。莫里森（M. Morrison）指出：“模型不仅具有以其正确的方式为说明特殊问题提供解决方案的特征，而且，它们甚至可以代替所要表征的物理系统成为研究的主要对象。”② 模型建构方式又是多种多样的，伯曼斯（M. Boumans）曾用“烘蛋糕”（baking a cake）这一术语来描述模型建构过程，力图说明其多元性。但是不论以怎样的方式去建构一个模型，均有三个问题是必须回答的：模型的内涵是什么？模型为什么能够成立？我们如何判定模型成立与否？同样，这也是构建时空同构认知模型的三大必备条件：模型的内涵、模型的归因和模型的表征。

一、时空同构认知模型的内涵

空间是“时间的空间类似物”（spatial analogues of time）③。这不仅是梅勒时空同构观点的最本质体现，同时也是时空同构认知模型的内涵所在。梅勒的时空观是基于两种分类方式产生的：A-系列和 B-系列。这种分类方式是麦克塔格特（McTaggart）在《时间的非现实性》（1908）一文中首先提出的④，梅勒对它给

① Paul L A, Comments on D H. Mellor's Real Time II. in Oaklander L N. The Importance of Time. Dordrecht: Kluwer Academic Publishers, 2001: 69.

② Morrison M. Modeling Nature Between Physics and Physical World. Philoosophia Naturalis, 1998, (1): 65-85.

③ Mellor D H. Real Time II. USA, Canada: Routledge, 1998: 47.

④ McTaggart J E. The Unraelity of Time. Mind, 1908, (18): 457-484.

予了高度评价。正是麦克塔格特的这种观点改变了21世纪的时间哲学[①]。麦克塔格特认为，A-系列是一种时间量度，它是以“现在”为参照的一种模糊时间概念，在这种观念中的时间是相对的，“现在”只是一种比过去晚一些、比未来又早一些的相对量，这种以“现在”为参照的时间表述就是A-系列。比如，“我两个小时以后就下班”就是一种A-系列时间表征方式，它将“现在”作为参照物，陈述了“从现在开始两个小时以后”我的情状。而在B-系列的时间表述中，时间是绝对的，它无需任何参照物，自身就能将情状的时间表述清楚。比如，“我十八点下班”就是一种B-系列的时间表述，任何人都不会将“十八点”误认，这种时间表述是绝对的、清晰的。

但是，麦克塔格特仅将A-系列和B-系列作为一种时间分类方式，而在梅勒的理念中，它的应用不仅体现在时间领域，在空间领域和事件领域，这种分类方式同样有效。而A-系列和B-系列在时间领域和空间领域的应用，为梅勒的时空同构搭建起一座基本框架，形成了梅勒“时空同构”中结构相似的真正表征。

梅勒时空观中的“时空同构”并不是指时间和空间是相同或相似的，相反，他正是这种观点的坚决反对者[②]，这一理念在他前期或后期思想中都有体现，在谈到二者的相似性时，他以不被“指责为‘空间的’时间”为傲[③]。但是，他又承认二者的关联性，认为时间与空间是不可分割的，是它们共同构建了我们这个四维世界及其内容，即所谓的“块状宇宙”[④]。那么，二者的关联性到底体现在哪里？答案是时间和空间的结构是相同的。

梅勒延展了麦克塔格特的时间分类方式，将A-系列和B-系列的表述扩展到了“时间”领域和“空间”领域，这样就形成了时间领域和空间领域的A-系列和B-系列，它们分别是：A-时代（A-times）和B-时代（B-times）[⑤]，A-场所（A-places）和B-场所（B-places）[⑥]。

梅勒的时间分类方式A-时代和B-时代与麦克塔格特的A-系列和B-系列较为相似，前者是相对时间表述，后者是绝对时间表述。同时，梅勒通过这两种不同的时间分类方式，对过去、现在和未来进行了定义。

在A-时代中，现在是过去和未来的参照，过去是从这一刻（现在）开始直到最远的过去并返回这一时间段，未来是从这一刻（现在）开始到最远的未来

---

① Mellor D H. The time of our lives. In O'Hear A. Philosophy at the new Millennium. Cambridge, UK: Cambridge University Press, 2001: 45.

② Mellor D H. Real Time II. USA and Canada: Routledge, 1998: 50.

③ Mellor D H. Real Time. University of Cambridge: Syndicate, 1981: 73.

④ Mellor D H. Real Time. University of Cambridge: Syndicate, 1981: 125-127.

⑤ Mellor D H. Real Time II. USA and Canada: Routledge, 1998: 8-11.

⑥ Mellor D H. Real Time II. USA and Canada: Routledge, 1998: 47-50.

并返回这一时间段，但是过去和未来都不包括这一时刻（现在）①。然而，A-时代这种时间解释是有局限性的，即对“现在”的定义似是而非，它究竟是一个时间点还是一个时间段？如果是一个时间点，那么它就是无穷小的，但在这样一个无穷小的时间中的内容是如何表述的？如果它是一个时间段，那么这一时间段的两端是以什么标准分割的？时间是可以被割裂的吗？这些问题的存在使得按照A-时代进行时间分类带有了很大的不确定性，这种不确定性体现在一种称为“时态逻辑（tense logic）”的东西中，它是指像所有的A时代那样以独特的方式表述时间的逻辑，如果这种时态逻辑发生改变，就有可能使真相变得虚假，谎言变成事实②。比如，“我两个小时以后就下班”是真实的，那么“一个小时之前（参照物），我两个小时以后下班”就是虚假的，虽然听起来别扭，但正是时态逻辑真实变虚假的实质所在。

而在B-时代中，过去、现在和未来都是绝对的，即不以任何事物为参照。这就剔除了“现在”概念的不确定性，保证了B-时代时间表述的清晰度和准确性。B-时代与时态逻辑没有同源语，重复其归因不会制造一个真实的虚假或虚假的真实。所以，梅勒更赞同B-时代的时间表述方式。

但是，A-时代与B-时代并非全无相同之处，二者的连接点在于：将“现在”定义为一个具体的时间点。比如，将“现在”定义为1804年2月12日，那么无论说“现在，康德去世了”（A-时代）还是说“1804年2月12日康德去世了”（B-时代）都是正确的。

关于A-场所和B-场所，在梅勒看来，物体的空间排列无疑比其时间顺序复杂得多，这是因为空间是三维的，而时间仅是一维的③。但是二者在A-系列和B-系列框架下呈现的结构却是相似的，梅勒将空间表述为“时间的空间类似物”，这种类似具体表现在A-场所和B-场所这两种不同的空间分类方式上。

同A-时代相类似，A-场所是指以“这里”为参照物，是一种相对的空间所在。比如，“往北走一百里是天安门”就是一种A-场所的空间表述。同样的，A-时代的不确定性在A-场所中都有体现，它也有可能混淆真相与虚假。比如，如果“往北走一百里是天安门”是真实的，那么“我在距天安门往北二百里处（参照物）时说，‘往北走一百里是天安门’”就是虚假的。

但是B-场所不会有这种困扰，它显示的是陆地地图的空间场所，这些场所是可以用经度和纬度显示出来的，这就如同B-时代可以用确定的年份、时刻表示出来一样④。B-场所是“固定的”（fixed），不会随着空间变化而变化。比如，天安

① Mellor D H. Real Time II. USA and Canada：Routledge，1998：9.

② Mellor D H. Real Time II. USA and Canada：Routledge，1998：36-37.

③ Mellor D H. Real Time. University of Cambridge：Syndicate，1981：58.

④ Mellor D H. Real Time II. USA and Canada：Routledge，1998：48.

门的位置是（北纬 39°54′27″，东经 116°23′17″），它同康德的去世时间一样都是不会改变的。

据上所述，梅勒的时空观就是一种以 A-系列和 B-系列为基础的时空同构观，在这里，空间是时间的空间模拟，二者的结构是类似的。这样，梅勒的 A-系列和 B-系列就成为时空同构认知模型的框架，在这个框架下，时间和空间的关系也就明了了。

二、时空同构认知模型的归因

在建构任何一种语境模型时，对为什么问题的回答都是不可或缺的，范·弗拉森（C. Van Fraassen）是这种观点的坚决拥护者①。梅勒在 A-系列和 B-系列的基点上构建了一个时空同构观，但是这种观点是否成立，梅勒却没有回答。这就需要我们探寻这个问题的根源，分析梅勒的时空同构观是否恰当。

首先，在梅勒的观点中，时间和空间同构是以一种已知形式提出的。在这个思想中隐含了一个预设：时间和空间是可以类比的。那么，我们不禁会问：这个预设成立吗？

我们知道，时间是一维的，它是有流动性和序列性的，用以形容时间的概念是“前–后”。而从结构上来看，空间可以分为三种类型：立体空间、平面空间和线性空间。这三者是有关联的，它们都是空间系统，都具备了必要的“空间”要素：参照物（实体）、起点、终点、方向等。但又是有区别的：立体空间就是我们日常生活的世界，用维度表示是由长、宽、高三个坐标轴构成的，是三维空间；平面空间是一个二维空间，由长、宽两个坐标轴构成；而线性空间又是平面空间的抽象化结果，用一个坐标轴（前–后）表示，是一维空间（图 12-1）。比如，我们的房子、家具等就是立体空间，纸上的图画、电视里的图像等就是平面空间，而在一条马路上向南或向北是属于线性空间。

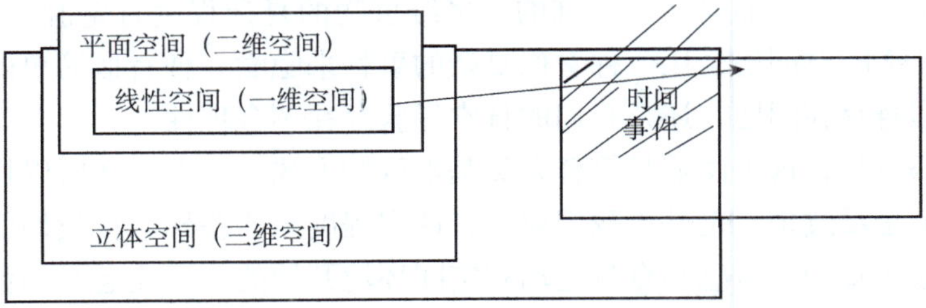

图 12-1　立体空间、平面空间和线性空间的关系

① Van Fraassen C. The Pragmatics of Explanation. In D. Klemke Introductory Readings in the Philosophy of Science. NewYork. Prometheus Books, 1998: 264-277.

从上述三种结构来看，立体空间和平面空间由于维度的原因，与时间的类比不是那么明显，但是线性空间与时间的类比关系很明确：二者都会用“前-后”概念来表现认知。比如，“我在王庄前100里”（这里的“我”和“王庄”都是一个抽象的点），或“我1小时后出门”。所以说，时间和空间的类比是具有可行性的。

其次，在梅勒的时空同构中，空间是被看作“时间的空间类似物”的。从表面上看，它是用时间来定义空间，但究其实质，“时间的空间类似物”中空间才是真正的参照物。正如我们会说“伏尔泰蜡像是伏尔泰的类似物”，但是不会说“伏尔泰是伏尔泰蜡像的类似物”，在这里，伏尔泰才是参照物。所以，梅勒的时空同构是以空间为原型来比拟时间，再通过二者的这种结构相似性来表明其关联的。在这里，空间是本体，而时间是喻体，梅勒是通过空间来隐喻时间的。虽然，在拉考夫（G. Lakoff）和约翰逊（M. Johnson）看来，“我们赖以进行思考和行动的一般概念系统，从本质上说都是隐喻性的”。① 但是，空间是否可以作为时间的本体，这个隐喻是否成立？

其实，“以空间隐喻时间”正是对时空关系的最好诠释。它不仅仅是一种语言表达方式，归根结底，它是一种人类认知的基本方式。许多学者也都采用这种方式来对时间和空间的关系加以研究的。比如，陈振宇曾给“时空同构”下过的一个定义：在时间认知史上，借用了空间的结构特征来确定时间的结构及诸范畴就是时空同构②。而蓝纯也认为，“在世界上大多数文化中，用来认识时间概念的模式在本质上是空间的”。③

然而，这种隐喻方式并非是一目了然的。在最初接触这个隐喻时，我们有可能会产生这样一个疑问：就我们的日常经验来说，通常是用一个简单事物来隐喻一个复杂事物，只有这样才便于更好地理解这个复杂事物，更清晰地辨明二者的关系。但是，很明显，空间是个较时间更为复杂的事物，究其原因，正如梅勒所言，空间是三维的，而时间是一维的，多维事物的复杂程度肯定胜于单维事物。那么，为什么时空同构会用一种看似复杂的事物来隐喻一种看似简单的事物？是这种隐喻本身存在问题，还是我们的日常经验存在不合理性？

答案都不是，这个隐喻是符合人类基本认知方式的。人们之所以用空间隐喻时间，而不是反过来，是基于我们对二者认识程度上的差异。在我们的日常经验中，人的最初感知是从感知自身运动和空间环境开始的，相比起时间而言，它是人类身体的直接体验，所以空间更便于理解和想象，以空间隐喻时间正是在用较

---

① Lakoff G , Johnson M. Metaphors we Live By. Chicago: The University of Chicago Press, 1980: 3-4.

② 陈振宇．时间系统的认知模型与运算．上海：学林出版社，2007：41.

③ 蓝纯．从认知角度看汉语的空间隐喻．外语与外语教学，1999，(4)：12.

熟悉的事物隐喻陌生的事物，这与我们的常识经验是完全相符的。在拉考夫和约翰逊看来，空间是人类生存的第一要素，隐喻的很大一部分来自空间概念。在认知世界的过程中，人们通常会将自身的体会投射到新的认知对象上①。这也就是为什么在建构时空同构时，梅勒会用空间来隐喻时间。所以说，上述两个条件①时间和空间可以类比，②用空间隐喻时间是恰当的，都是成立的，梅勒的时空同构观是可行的。

从这里我们可以看出，梅勒的时空同构观其实是一种“结构映射观”（structure-mapping view）。结构映射是指，首先要发现已有的共同结构，再将与共有系统相关联的特征从喻体映射到本体②。在梅勒的时空同构观中，“A-系列和B-系列”是作为已知的共同结构提出来的，通过将这种“时空”共有系统的特征从“空间”这个喻体映射到“时间”这个本体来对二者的关系——“时空同构”——进行剖析的。

三、时空同构认知模型的表征

在对时空同构内涵和存在归因理解的基础上，我们需要对时空同构认知模型进行建构，即时空同构是如何得以体现、如何被表征的。

在梅勒看来，时间和空间虽然是时空同构中的主体，但是我们要展示什么是时间、什么是空间、二者相似的结构形式是如何体现的，就必须从设想一些关于它的东西开始。时空同构的根本在于“以空间来隐喻时间”，然而在实现空间对时间的隐喻时，我们需要找到这个“隐喻点”。这个点就是事件，事件被梅勒看作了时间和空间不可分割的共存之物。用梅勒的话说，即使是形而上学的砖块也是需要一些稻草的，而这些稻草就是事件③。梅勒不赞成一些学者将时空作为绝对的、孤立的存在④，他认为时空只是事件的属性，离开了事件而抽象地谈论时空是没有意义的。所以，他将事件看作是联系时间和空间的纽带，是时空同构的重合部分，是空间隐喻时间的落脚点，（图12-1）。

然而，梅勒在探讨时空同构时所寻找的切入点一开始并不是事件，而是事实（fact），他区分了A-事实和B-事实的概念，并在此基础上，对事实和事件进行了辨析，进一步分析了事件对时空同构的重要意义。

---

① Lakoff G，Johnson M. Metaphors we Live By. Chicago：The University of Chicago Press，1980：25.

② Gentner D，Bowdle B，Wolff P，Boronat C. Metaphor Is Like Analogy. Gentner D et al. The Analogical Mind：Perspectives from Cognitive Science. Cambridge，MA：The MIT Press，2001：199-253.

③ Sellars W. Time and the World Order. In Herbert F，Grover M. Minnesota Studies in the Philosophy of Science. Minnesota：Minneapolis，1962：593-595.

④ 将时空看作是独立存在的学者不在少数，比如柏拉图、牛顿等，参见赵展岳．相对论导引．北京：清华大学出版社，2002：3-7.

梅勒在延展麦克塔格特的时间分类方式时，除了将A-系列和B-系列的表述扩展到“时间”和“空间”领域，还将其扩展到另一个领域——“事实”领域：A-事实和B-事实①。

同A-系列和B-系列类似，A-事实是指一种偶然事实，而B-事实则是指没有蕴涵A-事实的事实，包括如2+2=4这样的必要事实②。比如，“康德去世是两百多年前的事了”，或“我在离北京200里的地方”是A-事实，之所以说它是偶然的，是指作为参照物的“我”或“我现在的时刻”是随时会改变的，不是固定的，当参照物发生变化时，A-事实就可能变得虚假，不再是事实了。而“康德是1804年去世的”，或“北京是中国的首都”是B-事实，它是不会随着时间或地点的不同而发生变化的。

从梅勒对A-事实和B-事实的定义可以看出，A-事实就是发生在A-系列（包括A-时代和A场所）中的事件，而B-事实则是发生在B-系列（包括B-时代和B场所）中的事件，它们与A-系列和B-系列是具有结构相似性的。

但是，梅勒并没有将“事实”作为时间和空间的连接点，而选取了“事件”担任这一重任，他认为，在现代物理学中，相对论比力学原理更加充分地体现了时空的本质，其中事件是起关键作用的东西③。梅勒之所以如此重视事件在时空中的作用，主要有两个原因：

第一，事件比事实更具客观性。对于事实，梅勒同意斯特劳森的看法④，事实是可以被重新、不止一次地确认的特定事物。而对于“事件”，梅勒认为它的主要特性在于：一个事物x在不同时间t和t′所具有的互斥的属性F和F′⑤。这表明，事实更加强调事情的真实性，但是这种真实性是建立在人的主观意识之上的，它具有主观性；而事件本身就是一个客观存在，我们无需证明其是否真实，相对于事实而言，事件更具有客观性。而时间和空间的结构相似性是一种客观存在，无需人的主观意识加以判别，这是梅勒选用“事件”作为时空同构连接点的第一个原因。

第二，事件具备了空间要素和时间要素。梅勒将所有时间中的实体称作“事件”⑥，那么，就事件本身而言，它就既具备了时间因素（时间），也具备了空间因素（实体），事件成为了一个有内容的方向结构框架，实体和量度是其中的关键要素。当放入了空间要素，如物体、空间方向（南北、前后等）时，它就是

① Mellor D H. Real Time II. USA and Canada: Routledge, 1998: 19-23.
② Mellor D H. Real Time II. USA and Canada: Routledge, 1998: 19.
③ Mellor D H. Real Time. University of Cambridge: Syndicate, 1981: 73.
④ Strawson P F. Individuals: an Essay in Descriptive Metaphysics. London: Methuen, 1959: 2-12.
⑤ Mellor D H. Real Time II. USA and Canada: Routledge, 1998: 98.
⑥ Mellor D H. Real Time II. USA and Canada: Routledge, 1998: 85.

空间结构；而放入时间要素，如时刻、时段、时间方向（几分钟前、几小时后等）时，它就是时间结构。正是基于此，事件才成为连接时间和空间的纽带。

那么，事件是如何将空间和时间连接起来的呢？它是如何体现空间隐喻时间的？答案是，它是通过其中的关键要素实体和方向来体现的。

首先，空间实体和时间实体是同构的。空间实体是指在空间场所中担任参照点任务的物体，它是由实体名词或名词短语表示的。只要一个事物稳定地占据一个空间位置，我们就可以称它是一个空间实体，比如“这里、妈妈那儿、山西、学校”，等等。时间实体是指在时间场所中可以担任参照点的时间表述，比如，过去、现在、未来、1987 年、12 点，等等。

空间实体和时间实体的同构性表现在三个方面：

（1）二者都是有 A-系列、B-系列之分的。空间实体是有 A、B-系列之分的，不确定的物体是 A-空间实体，如这里、那里、这所学校等；而确定的专有名词是 B-空间实体，比如：中国、北京等。相应的，时间实体也是有 A、B-系列之分的，不确定的时间表述是 A-时间实体，如现在，一小时之前等；而确定的时间表述是 B-时间实体，如 1987 年、康德去世时间等。

（2）二者都是有“段”和“点”之分的。实体点和实体段是依据场所的范围和事件发生的长短来分的，二者有联系也有区别。从某种意义上来说，后者是前者的一种特殊情况，是指当实体段的场所或发生时间趋近于无穷小，但这一实体又确实存在时，实体段就成为了实体点，而发生在实体段中的事件就成为了实体点事件。二者虽有区别，但是都能在空间和时间中找到相应物，这也是空间实体和时间实体同构的另一种表现。

空间实体段是指一个有空间范围的场所，可以是有明确界限的，也可以是界限模糊的。比如中国就是一个有界空间段，而宇宙的界限就是模糊的。同样，时间实体段也是指一个有时间边界的时段，它也可以是界限明确的，或界限模糊的。比如，抗日战争期间就是一个有界时间段，而宇宙生成史就是界限模糊的。

而空间实体点是指一个趋近于无穷小的空间场所，它一定是有界的，比如，阿基里斯与龟之间的距离最后就趋近于无穷小，但从理论上说，这个距离（空间）是确实存在的。而时间实体点也同样是时间实体段的无穷小时间表述，它也是有界的，比如“康德去世了”这一刻的时间就是无穷小的。

（3）二者都是有内、外之分的。空间实体和时间实体还有一种结构上的相似性，即二者都是有内、外之分的，包括空间实体内和空间实体外，时间实体内和时间实体外。空间实体内就是指在参照点之内的场所，反之，空间实体外指的是参照点之外的场所。比如若将“山西省”看作一个参照点空间实体，那么空间实体内就是指山西省之内的场所，而空间实体外指的是除山西省以外的其他空间场所。

同样，时间实体内指的是在参照点之内的时间表述，时间实体外反之，例如，“康德在世时间”是一个时间参照点，那么，“1724 年 4 月 22 日至 1804 年 2 月 12 日”就是这个参照点的时间实体内，而“1724 年 4 月 22 日之前的日子和 1804 年 2 月 12 日之后的日子”就是这个参照点的时间实体外。

从以上三个角度可以看出，空间实体和时间实体虽然内容不同，但是结构是相似的，它为空间隐喻时间提供了第一层可能性。

其次，空间方向和时间方向也是同构的。空间方向是指含有方向性的空间表示，包含于其中的事件就是空间方向事件；同理，时间方向也是一种含有方向性的时间表述，其中的事件就是时间方向事件。例如，“从这里到北京”就是一种空间方向，“12 点以前”就是一种时间方向。

空间方向和时间方向的同构性表现在三个方面：

（1）二者是有 A-系列、B-系列之分的。同空间实体和时间实体类似，空间方向和时间方向也是有 A-系列、B-系列之分的，这是空间方向和时间方向同构的另一种表现。B-空间方向是指有唯一指向性的、直线式的空间方向，其间包含专有名词；反之就是 A-空间方向，它是随着参照点不同而发生变化的。比如“从天津到北京”是一种 B-空间方向，而“从这里到那里”就是按照参照点不同而有所变化的空间方向，是 A-空间方向。同样，有唯一指向性的时间方向就是 B-时间方向，其间包含特定的时间表述；而 A-时间方向会随着参照点的不同而发生变化。比如，从“1724 年到 1804 年”是 B-时间方向，而从“现在到 1804 年”就是一种 A-时间方向，如果“现在”是“1724 年”，那么时间方向就是朝后的，而如果“现在”是“2014 年”，那么时间方向就是朝前的。

（2）二者都会用“前-后”概念来表示方向认知。前面提到，空间和时间都会用“前-后”概念来表现认知，而这个“前-后”所描述的就是一种方向，它是空间隐喻时间的一种重要表现。

（3）二者都会用“方向介词”来表示事件的不同阶段。无论是在一个空间方向事件，还是在一个时间方向事件中，通常都有源点、中介和终点三个阶段，有时这三个阶段中的其中一个或两个会被省略，但是未省略的部分一定是有“方向介词”的，比如“从、到、沿”等，这些方向介词表示了方向事件的三个阶段，如图 12-2 所示。

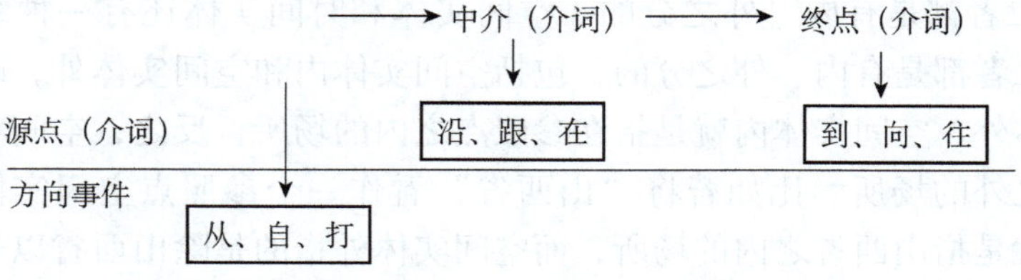

图 12-2　方向介词表示事件的三阶段

据上所述，作为事件的两个关键要素的实体和方向都是空间隐喻时间的，它们的同构也就体现了事件在连接时间和空间方面起到的重要作用，表明事件确实能够成为空间隐喻时间的落脚点。这也是时空同构认知模型建构的最后一步——时空同构通过事件得以表征。因此，基于梅勒时间观的时空同构认知模型就是要在A-系列和B-系列基础上，建构一种以时间和空间为主体，以二者结构相似性为框架，以事件为时空同构表征的时间系统模型。

四、结　语

模型建构的重要之处不在于它是否独立于理论和经验，而在于它能为理论提供一种思维方式。瑞特坎普（F. Ruttkamp）把模型的作用概括为两层含义：一层是基于模型和原型之间的类比对科学发现的启发作用来显示的；另一层是“模型是理论的一种可能解释”，它赋予了模型一种语义意义①。时空同构认知模型也不例外，它的建构为我们了解时间和空间提供了一种新的视角，为“空间隐喻时间”提供了一种新的语义表述，既是对梅勒时间观的一种完善，又是对整个时空知识系统的一种有益补充。不过，这种时空同构认知模型也存在缺陷，比如，时间与空间是相似还是同构？相似与同构是有区别的。事实与事件都是时空中的东西，二者的区别并不十分明确，为什么事件可以表征时空，而事实不能？这些问题都需要做进一步的研究。

① Ruttkamp F. A Model-Theoretic Realist Interpretation of Science. Dordrecht：Kluwer Academic Publishers，2002：1-3.

第十三章 巴比奇：计算机器模型的建立

巴比奇（C. Babbage）是“计算机”分析机模型的奠基人。虽然他是现代计算机科学形成前的一个人物，但是他对计算机器有着深厚的认知哲学根源。我们从本体论、认识论、方法论分析这一认知模型的工作原理，以及这一模型所引发的哲学思考，如心灵作为计算机器、机器的功能解释及其对功能主义的影响，仍然对认知哲学有着重要意义。

一、巴比奇计算机器的产生

计算机的发明极大地改变了人类认识世界的方式。而计算机的主要先驱者应首推英国数学家巴比奇。我们通过考证法国工程师闵那布利（L. F. Menabrea）记录的有关巴比奇的讲演内容和拜伦[①]翻译他的文章所做的注释，试图发现在心智探索方面巴比奇是他所处时代卓越的认知科学家，探讨导致巴比奇发明分析机的原因，厘清他的思想及其对后来计算机发展的启示与影响。

（一）分析机的发明

1840 年，巴比奇在意大利科学家普拉那（B. G. Plana）的邀请下做了有关自己计算机器发明的演讲。当时这个机器没有被制造出来，也不会被制造出来，但是巴比奇已经准备了机械图、图表和其他资料。在欧洲，巴比奇希望这个新发明能够引起人们的兴趣。为此，乔凡尼写了一篇关于巴比奇演讲的文章，在讲稿中给了巴比奇和新机器下了一个合理的定义，但那时乔凡尼已 60 多岁，比巴比奇大 10 多岁，由于身体欠佳，他让闵那布利（比巴比奇小 20 岁）继续记录巴比奇的讲演内容。

1842 年 10 月，闵那布利发表了一篇关于巴比奇分析机理论和性能的文章，向公众介绍并高度评价了巴比奇关于分析机的设计思想。这篇文章一年前发表于法国的一个杂志，他因此也成为巴比奇分析机设计思想的坚定支持者。这篇文章所记录的机器在伦敦建造，闵那布利记录的是关于分析机及其产生的历史作用，然而在巴比奇著作中的一开始就对读者发出严重警告：不要拒绝早期的差分机，每个英国人都需要了解制造这个机器的失败原因。

---

① 拜伦（A. A. Byron，1815～1852）是巴比奇思想的坚定支持者，曾为分析机设计出第一个程序，她认为：只要我们给分析机一个正确的指令，它就会用来作曲、制图、做研究。下面的文章里称她为拜伦。

作为一个科学家，巴比奇的声望很早就确立了。1812 年，当他还是一个剑桥大学的学生时，就和他的两个朋友〔赫歇尔（J. Herschel）、皮科克（G. Peacock）〕组成了剑桥分析学会。该学会的主要任务是取代微积分，提出要吸收欧洲大陆数学发展的成果，结束牛顿逝世后近一个世纪以来英国数学的停滞状态。17 世纪，莱布尼茨发展了微积分。在剑桥大学，牛顿和莱布尼茨之间一直在争论，牛顿的理论很难利用代数，他们之间的争论伴随着数学 50 年来的发展。巴比奇、赫歇尔和皮科克旨在反对剑桥的点-主义“dot-ism”，并拥护莱布尼茨的 d-主义“d-ism”①，巴比奇为此撰写了《和大陆竞争对手立于同一基础的英国数学家们》。此举在剑桥大学校园立刻引起了一场轩然大波，受到了许多学生的欢迎②。

1816 年，在惠威尔（W. Whewell）的帮助下，巴比奇和同事在计算杂志上发表了一篇关于微积分的论文。他虽然是一个同盟者，但从来没有成为一个分析协会的成员，设法恢复剑桥大学数学教学的活力是他的愿望。1820 年，巴比奇许多论文中都论证了莱布尼茨的微积分，称这个革命是成功的。巴比奇把大陆数学介绍到了剑桥大学，因此成为了皇家学会的一员，那时他仅仅 24 岁。同年，巴比奇、赫歇尔和其他创业家建立了天文学会，这个新生的天文学会接受赫歇尔（W. Herschel）的 12.192 米（40 英尺）反射望远镜。该天文学会是通过构造一套新的天文学的表格开始建立起来的。天文学会虽然赢得了争论，却疏远了皇家学会。

当巴比奇忙着发现经度表格里的错误时，他想发明一个机器用来计算和印刷。他设计的机器贯彻一个共同的数学方法——“差分法”，这台机器因此被叫作差分机。1822 年，巴比奇建立了一个小的工作模型，1823 年赢得了天文学会的“金奖”，并申请了皇家的赞助。吉尔伯特（D. Gibert）是皇家学会的财务主管，他要求政府支持巴比奇的差分机并为机器的建造支付 1000 美元。巴比奇发现制造机器比预想的贵得多，要求政府给更多的钱。1833 年，巴比奇已经收到 17000 美元，但机器仍然没有被制造出来，政府被激怒了，推迟了这个项目，并告诉他如果要完成这个机器，应该首先预算此机器的制造需要花多少钱。

巴比奇没有被困难压倒。制造机器比想象的要难得多。他访问了英国的很多工厂，并做了调查。1827 年，跟巴比奇生活了 13 年的妻子突然去世了。他在悲伤之余游历了整个欧洲，却从来没有停止过工作，在这期间学习了大陆的工业和制造理论，并被任命为剑桥大学卢卡逊数学教授。

---

① 这是指两种不同的微分记号，牛顿的记号是用符号右上方的一个点表示，比如 t′，莱布尼茨是用 dt 来表示，由于后者更简洁实用与合理，现在微积分均采用莱布尼茨表示法。

② 浦根祥，钱卉．查尔斯·巴贝奇：计算机史上被误判的先驱者．自然辩证法通讯，1996，(18)：101.

1830 年早期，英国爆发了一场大的政治动荡。1832 年通过了第一个改革方案，大量选民投票从边远的市区转移到城市的工业中心，选民包括将近 25 万中产阶层的公民，巴比奇作为一个银行家的儿子，站在改革的立场，主持选举委员会的改革。1829 ~ 1831 年，剑桥大学选举委员会拥护威廉。1830 年在英国出版了《衰退科学的反思》，公开抨击皇家学会，而英国新首相吉尔伯特早在十年前就支持差分机建造①。

1832 年，巴比奇发表了《机器制造经济学》，这本书被认为是引起计算机发明的成果之一。在这本书里，他描绘了在法国革命中普罗尼组织的一个重大的制表计划。而正是这项工作激发了他设计差分机的想法。18 世纪后半叶，法国进行了统一度量衡的改革工作，决定在数学中普遍采用十进制，例如将圆周分成 400°，而不是 360°，这样几乎所有的三角函数表和其他有关的表都需要重新进行计算，这是一项计算量极其巨大的工作。法国人普罗尼出色而有效地组织人力完成了这项工作，其做法是：将人员分成三组。第一组 5 ~ 6 人，都是出色的数学家，任务是提出要计算的解析公式。第二组 8 ~ 9 人，是比较好的数学家。他们将第一组数学家提出的计算公式转换成有利于计算的形式。第三组有 60 ~ 80 人，他们仅能做加减运算，不懂更多的数学知识，任务既简单而又单一，仅是按照第二组人员给出的计算公式和初始数据用手工进行快速计算。普罗尼对不同人员的这种合理而细致的分工充分发挥出了所有人的特长，从而大大提高了工作效率，在很短的时间内就圆满地完成了任务②。此时，巴比奇参考了史密斯（A. Smith）关于“什么是智能”的结论，提出要设计的计算工具真正能代替第三组人进行单调繁复的计算工作，他运用自己丰富的数学知识，研究多项式的数值差分规律，得到了多项式数值表的极简单的计算公式。这个机器正好能实现这种固定的计算公式，使人们能够拥有程序所需要的技能和知识：我们应避免雇佣这些人，因为他们一天只能工作 8 ~ 10 小时。

1833 年，巴比奇第一次见到拜伦。拜伦从来没有见过父亲，当她仅仅一个月大时，父母就离婚了，无论拜伦走到哪儿，父亲的阴影都笼罩着她。拜伦 17 岁时，巴比奇很出名，她被邀请去伦敦学会，这些学会展示了巴比奇的差分机和别的一些机器装置。

根据拜伦的记载，1833 年 6 月中旬，在巴比奇的家中看到被称为“会思想的机器”，她很感兴趣，因为巴比奇似乎总是很小心地避免提到此机器能“想”③。就像拜伦所认为的那样，这个思想还不成熟，尽管巴比奇没有制造出

① Patterson E C. Mary Somerville and the cultivation of science1815-1840. The Hague：Martinus Nijhoff, 1983：55-68.

② 张志群. 计算机先驱者巴贝奇. 自然杂志，1998，（10）.

③ Stein D. Ada：A life and a legacy. Cambridge, MA：The MIT Press, 1985：42.

来。她记录了巴比奇为客人介绍这个机器能计算平方和立方，然后展示机器如何能计算到 10000，但在机器操作上没有明显的改变，突然开始在每一个数字中间增加 10002、10005、10009 等。在记录中提到了巴比奇的另一个客人弗雷德（S. Frend）。弗雷德回忆道："我记得陪着拜伦来看巴比奇的分析机时，当别的参观者用各种表情注视着这个仪器工作时，拜伦了解他的工作，并看到了伟大的发明，因为她在一定程度上已经了解差分法。"在拜伦为巴比奇的文章所做的注释中经常表露出"机器能思想"，但这不被人相信，这是考虑到巴比奇尚未设想分析引擎，甚至没有建成一个。直到 1840 年，拜伦还没有开始研究微积分①。

弗雷德虽不著名，却是主要的合作人，也是拜伦的一个终身朋友。弗雷德的数学观点非常传统，不相信有复数存在，且还不是剑桥分析学会的成员。1840 年 6 月，摩根（A. D. Morgan）发表了微积分论文，首先提出了数学归纳法和德摩根定理。1840 ~ 1842 年，在巴比奇的建议下，德摩根教拜伦数理逻辑，但在拜伦和巴比奇之间没有任何合作，巴比奇仅仅在设想分析机。

在 1830 年中期，巴比奇开始为新机器设计一个"分析机"，此机器不像差分机，它能执行任何计算。事实上，巴比奇声称分析机将能执行符号代数，远不仅仅是一个技术操作的数学表达方式。例如：

$$a + b = b + a$$

a 和 b 代表数量。无论什么数字都可以代表 a 和 b，并且都满足这个规律。只要满足这个条件，这些数量就能增加。"+"不一定代表加，而意味着替代。"+"是有规定的，代表联结。如果 a 是 b，那么 b 也是 a，因此 a + b 仍然等于 b + a。最终巴比奇考虑使这个表达成为理性形式中最高的一种。为了完成这项特殊的任务，巴比奇借用了 1801 年法国人贾卡德（Jacquard J）的提花织机的穿孔卡来进行控制，使用一套精密安排的穿孔卡与金属齿轮上的针相互作用，通过允许或禁止针穿过卡片，将会发生一系列指定的机械行为。事实上，穿孔卡指示创建代数运算的规则，我们今天称之为"程序"，而当时叫"磨坊"，这些卡片存储在他称之为"储备室"的地方，我们今天称它为"存储器"。

巴比奇试图为新方案获得一些支持。但是几乎没有人能理解这个新方案的潜力，也没有人认为制造一个如此复杂的机器是可行的。没有完成的差分机给了他一个惨败的教训，尽管这个机器在理论上能成立。

1843 年 2 月，拜伦告诉巴比奇，她想将闵那布利的文章由法语翻译成英文。据巴比奇说，当拜伦将译文给了他时，巴比奇根本没有预料到，他问拜伦为什么不就这个题目写一篇原创性的论文。巴比奇建议她在翻译文章的同时加进自己的独特见解。拜伦以极大的热情去写作论文，在 245 页原文中加注了 297 页注释。

① Stein D. Ada：A life and a legacy. Cambridge，MA：The MIT Press，1985：41.

1843 年的夏天，一封封信和草稿在拜伦和巴比奇之间传递，一直到 1843 年 8 月，拜伦翻译完信件，她的译文和注释以《关于巴比奇先生发明的分析机简讯》为题出版了。拜伦在文章中说明了分析机的结构原理和能力，发表了许多与计算机理论问题相关的深刻而有意义的见解。这篇文章被认为是关于程序方面的第一篇杰作。

更重要的是，拜伦为分析机编制出了第一批程序。在巴比奇的帮助下设计出一个几乎完整的计算伯努利数的程序，此程序对重复使用一组卡片做描述，其作用很像今天计算机程序中的子程序。她是当时那个时代对巴比奇的思想有深刻了解和正确估价的为数不多的人物之一。巴比奇在其自传中表达了对拜伦的崇高敬意，他曾写道："注释的作者充分探讨了全部与该课题有关的非常难概括的问题。"① 另外，巴比奇还在写给拜伦儿子的一封信中写到："在闵那布利先生的学术论文中，特别是在你母亲所附加的精彩注释中，你会发现它是世界上数学家们对分析机的威力所表达的唯一全面的观点。"② 可惜的是，这位才华出众的女性，一生受尽疾病的折磨，1852 年 11 月 27 日，即将年满 37 周岁之际，就过早地离开了人世。

还有一位坚定地支持巴比奇事业的人是他的小儿子亨利，在巴比奇死后还为分析机的研制继续奋斗并出版了涉及这些问题的一个论文集。他说："总有一天，类似的机器将会制成，它不仅在纯数学领域中，还将在其他知识领域中成为强有力的工具。"③ 如今这些预言都早已成为了现实。虽然这个翻译是匿名的，每一部分的首页写着"A. A. L."。不过，这在伦敦科学界是公开的秘密。

（二）分析机思想的认知可能性

拜伦所翻译的闵那布利的文章没有像巴比奇所希望那样有影响。其中有关巴比奇的最重要的部分，虽然在当时被很好地接受，但很快就被忘记了。直到今天，随着现代计算机的发展，他的机器思想才真正被发现。在 1949 年哈特里（D. Hartree）的"计算工具和机械"中有一个简短的说法，④ 但是在图灵的著名论文"计算机器与智力"中，声称拜伦是第一个反对计算机绝不是心灵的本质，

---

① Ralston A. 计算机科学与工程百科全书．编译委员会编译．天津：天津科学技术出版社，1991：828.

② Ralston A. 计算机科学与工程百科全书．编译委员会编译．天津：天津科学技术出版社，1991：828.

③ 张志群．计算机先驱者巴贝奇．自然杂志，1998，（10）．

④ 哈特里说："这并不表明，没有可能建造一台这样的电子装置：它会'为自己所想'，或者用生物学术语说，人们能在其内部建立条件反射，以此作为'学习'的基础。这在原理上是否可能，是一个刺激人和令人兴奋的问题，某些新近的发展已经暗示出这一点。但是看来那个时代制造或设计的机器并不具有这种特性。"

机器仅仅能做我们给它所设想的计算工作。

拜伦和巴比奇频繁地扮演着“开拓者”的角色，不仅关于计算机科学，还包括认知科学。然而，问题是，这个身份是否合适，是巴比奇还是拜伦是“分析机真正能思考”（像人类的思想那样）的真正的“开拓者”？拜伦有时编程犹如她相信它能变成事实，但是别的时候发生的事情就直接否定了程序的可能性。

首先，我们将为认知理论中的心灵表征细查拜伦所翻译的文章，如果存在应该出现在哪里？然后我们将考察有关巴比奇的评论，试图为其提供一种解释。

闵那布利声称这个数学任务可能被分成两部分。其中，一个可能被叫作机械的；另一个需要理性的干涉，属于这个“理解”的特殊领域。分析机器可能实施机械的数学部分，但拜伦不情愿地否定了分析机和差分机之间的关系，“在研究分析机作用方面，我们发现特有的和独立的思考能力，那些所有的数学分析属于运算，作为显著区别于运算对象和执行对象的结果，被明显地规定了”。①

解释那些字符运算是可取的，我们指的是任何程序能改变两个或多个共同的关系，也可能是某一种关系（在抽象的数学中，运算改变那些被卷入数和空间的关系），但这种运算的科学性是它本身的科学价值和抽象的真理，就像逻辑推理一样有其本身抽象的真理和价值，我们使用它的推论和程序独立于主体。

这里可以引用拜伦的演算老师德摩根的观点，我们向代数靠拢有相当标准的公式。德摩根期盼拜伦认识到接近代数的方向，在他教拜伦演算的那段日子里，他们的信中几乎没有理论上的争论，然而，德摩根指定她读皮科克的论文，1830年此论文第一次被革命性划分在演算的代数中，传统的数字操作通过符号来表达，一个先进的符号操作的规则是“算术形式是单一的”。② 在拜伦的笔记中，关于深奥代数的主张和解释，她最想引证的观点之一是：“音乐的和谐之美依赖于音程之间正确的数学关系，从而在音乐与数学之间建立了密切的联系。”③

让我们设想，调音在协调科学和作曲的基本关系方面易受表情的影响，这将构成复杂科学的一种乐曲，因此分析机是科学运算的一个具体化。今天，就像创作乐曲一样，这篇文章经常被误认为主张“引擎将有足够的智能”。填充深奥代数和数学之间缝隙的目标是来展示运算能操作那些代表对象的符号，而不是数。为了使机械装置在无限的种类和范围中兼有一般符号，一个装置环被建立在物质的运算和深奥的智力程序之间。到目前为止，我们还没有意识到分析机正在表明：自然界作为现实的可能，要多于这个思想或机械。

① Morrison P, Morrison E. Charles Babbage and his calculating engines: selected writings by Charles Babbage and others. New York: Dover, 1961: 225.

② Dubbey J M. The mathematical work of Charles Babbage. London: Cambridge University Press, 1978: 95-107.

③ 桂起权. 科学思想的源流. 武汉：武汉大学出版社，1994：13-16.

拜伦提出如何在精神和物质之间将分析机作为一个装置环，但在笔记的最后似乎又回到一个人提及像分析机的机器没有超越会思想的机器。

回到闵那布利最初的文章，说差分机能取代法国人普罗尼的第三组工人——进行单调繁复的计算工作，他继续声称，虽然不是完全明确的，新的分析机也能取代第二组人员（将第一组的数学家提出的计算公式转换成便于计算的形式）。然而，他很小心地指出机器必须排除所有尝试的方法和臆测，并且只允许直接的计算程序，这是必要的。因为这个机器不是思维的存在，只不过是法则强加于自动机器。但是拜伦在这篇文章中做了一个注释：不适合的风格一定不被理解，这个引擎是可行的，在某种条件下，两个或多个可能性已经发生了。

在考虑机器的两种不同方式时，拜伦指的是分析机是物质和精神的元素，她不能称其为“会思想的机器”，但很情愿称其为意识里的“情感”。根据闵那布利的看法，分析机一定不是“会思想的机器”，仅仅是自动机器。关于在分析机和人类思想的运算中可能的关系，闵那布利在文章中没有说太多，但是拜伦在自己的文章中包含了一个更主要的思想，那就是一个世纪后，图灵称为计算机器与人工智能的东西。

不过，夸大形成分析机的能力是不可取的。分析机自己没有主张，无论它源于哪一种，它能履行我们强加的命令并能接着解析，但分析机没有任何预期的分析关系。如果拜伦曾经相信机器能思考，闵那布利似乎不相信机器能思考，当然图灵也同样认为如此。但是，结合拜伦早期关于使心智和物质融为一体的陈述，我们很难确切知道此观点归因于她还是巴比奇。拜伦的有关巴比奇的注释是很谨慎的，她总是提到机器能取代智力活动的能动性，或者是类似的精神活动，但能够实现是很难的。例如，在巴比奇的自传中，中间部分讨论从一组数到另一组数增加的问题是机械地执行程序，机械意味着他使用执行单元分析到运算记忆的才能。同时，完成另一个智力程序的机制对于他来说可能会发生。

迄今，代替运算执行的机械是通过智力劳动来实现的，想办法通过改变机器的某一部来实行特殊的功能能够使机器执行或制止。心灵行为和运算之间的相似性推动人们同样使用隐喻，如“引擎的智能”这个概念隐喻指的是分析机计算结果中的其中一个可能性已经发生，通过在下一步计算中以一种特定的方式被强制执行，在这个概念下的确定性已经发生改变。巴克斯顿（H. W. Buxton）一开始就为“引擎的智能”隐喻进行辩护，他认为代数学的语言比通过声音表达的文字符号更简单和准确，所以在我们智能的范围内能够使我们的思想转换成数学语言的形式，并且适合我们关于分析机运算形式的思想。

不过，巴比奇夸大分析机的能力的可能性是没有疑问的，它远远超出深奥的分析的领域。然后他立即转移到霍布斯的主张，即“推理是一种计算”。巴克斯顿认为，分析机已经能实现霍布斯的主张，只要它已经装备上字母表中的字母和加号、减号，还有数字。然而，得到这些以后，他不承认在这个主题上巴比奇已经没有记录他的观点，他可能被认为是自负的，在推测或涉及没有想到的细节。即使巴比奇最亲密的朋友也不认为，他相信他的机器将会智能地思考。

（三）认知机器所引发的问题

无疑，巴比奇的分析机对我们现在的认知科学做出了贡献。当时拜伦已经称差分机Ⅰ型为“会思想的机器”，巴克斯顿也认同这个观点。然而，除巴比奇以外的每个人都相信分析机是真正的智能，但害怕学会的责难而不敢公开说明。1830年，皮科克明确地转向宗教问题，甚至赫歇尔也对“智能的机器”表明虔诚的态度[①]。1833年，当威廉的地理学论文发表时，论文中明确地为“上帝创造了自然界”辩护，巴比奇被迫做了回应。威廉主张在演绎的科学中没有发现神，而是在知识的归纳形式中。巴比奇辩护说，不仅因为从“神圣的真理”领域排斥数学的真理，而且因为威廉的评论专门贬低大陆科学家的贡献。巴比奇认为，英国政府应该改进科学，然而威廉赞同哥白尼、玻意耳和牛顿等科学家的观点[②]。虽然巴比奇坚持认为这个神圣的机械装置可能会存在，但是潜在的规则人类还不能完全理解，他主张上帝不是这样的一个机制。相反，一个神圣的智能在自然界中能制造这个如此复杂的机制。

巴比奇似乎不认为分析机作为一种智能，或者关于人类思想的本质未展示任何特殊的意义。现代认知科学家认为他的这些观点是过时的，巴比奇对引擎首先感兴趣是在工业和经济方面，并且意识到把分析机从劳工机制带到支持制造的智能领域。确实，人们可能认为引擎的能力区别在于：人类思想的那些方面仅仅是机械的和那些被认为是创造性的、理性的，它们在字母或符号方面都是有用的。

二、巴比奇计算模型的工作原理

认知现象的研究往往是隐喻式的。自然种类的真实本质是什么？哈瑞认为必须求助于科学思维的主要工具——模型。科学模型包括认知模型是高度抽象组织化的观念，这些观念来自基于观察的推理，科学思维就是建造模型和使用模型。反过来，模型是思维的工具，模型在于构造一些和人类智能并不完全一致的有用的算法，帮助人类完成艰难的任务，是人们对一些受制约事件的表征更有利于我们对其进行思考的方式之一[③]。为此，我们有必要分析巴比奇计算模型的工作

① Richards J L. The art and science of British algebra: A study in the perception of mathematical truth. Historia Mathematica, 1980,(7).

② Richards J L. The art and science of British algebra: A study in the perception of mathematical truth. Historia Mathematica, 1980,(7).

③ 罗姆·哈瑞. 认知科学哲学导论. 魏屹东译. 上海：上海科技教育出版社，2006：40-50.

原理。

（一）差分机模型的工作原理

20 世纪以来，关于可能有思维机器的观念的迅速发展，对已经输入并在机器态中合适表征的问题给出正确答案的表达。19 世纪，巴比奇试图设计出这样的机器，它们会给出以适当的编码输入一部机器的认知问题的有用答案。

巴比奇第一个开始尝试设计认知机器，并建造了可以模拟人类一些基本认知性能的一个装置。他曾写道："当人们不断地重复简单的计算操作时，免去那种令人难忍的单调的工作和疲劳，人类智能的这种低等管理工作应借助于重力或其他动力驱动的机械机器，机器应当能代替人来完成思维中最缓慢的一种操作。"①巴比奇所设计的机器就像一个现代的袖珍计算器，当进入表征一个算数问题的初态时，在一个能够被认为是错误答案的表征状态时停下来，并且能够发出低低的响铃。这台机器所遵循的是从初态到终态的物质过程，并不像人类所获得一个算数问题答案的过程，然而每个物质系统，计算器或大脑，可能都实现了符号操作的相同抽象模式②。

差分机计算的基本原则是：

（1）利用差分法将任一变量的函数值求出数学式的值。

（2）十进制表征。每一组数字可在对应的数字轮上，每项计算数值由相吻合的一组数字轮的旋转方位显示。

（3）计算操作在输入时运行，储存在三个寄存器中（并能辨别正确或错误的数据）。每个寄存器固定在支架上的带有六个字轮的垂直轴上，每个字轮代表十进制数字中的某一位，字轮上有十个不同位置用以分别代表阿拉伯数字，寄存器可以保存 3 万个以内的数字，同时这些寄存器又是运算器，可以进行加法运算。

差分机主要由三个部分组成：①存储器；②执行单元；③控制器。存储器是存储信息的，相当于人使用的纸张，可以在这些纸上做演算，也可以用来印出充满规则的书。当人在头脑里做演算时，一部分存储由他的记忆承担。执行单元的作用是完成演算中所包含各种具体的运算。这些具体运算的内容因机器而异，一般情况下可以完成相当长的运算，如"$3540374823 \times 7278926338$"，但是在有些机器中，只能做非常简单的运算，如"写出 0"。供计算机使用的"规则书"可以用机器中的一部分存储替代，就称它为"指令表"。控制器的职责就是监督这些指令按正常顺序正确执行。控制器的构造方式决定了这种结果必然出现。

① 阿波京 J I E，卫梅斯特洛夫．计算机发展史．张修译．上海：上海科学技术出版社，1984：114.

② 罗姆·哈瑞．认知科学哲学导论．魏屹东译．上海：上海科技教育出版社，2006：102-110.

存储器中的信息一般被分成大小适中的数据包。例如，在差分机中，一个数据包可能由10个十进制数字构成。存储器中存放着各种信息的数据包，数字按照某种系统方式被分配到存储器的这些部分中。一个典型的指令可能指示：“把存储在6809位置上的数字加到存储在4302位置的数字上去，并把结果放入后一存储位置。”

当然，指令不可能以英语表达方式出现在差分机中，它很有可能以这种方式编码：6809430217。这里“17”指的是，在各种可能的运算中，要对这两个数字执行哪一种运算。在这一情况下，运算时如上所述：“把数字……加上。”这个指令用了十个数字，从而构成一个信息数据包。在正常情况下，控制器会使这些指令按照它们存储位置的顺序一一执行，但是偶然也会遇到这样的指令：“现在执行位于5606处的指令，然后由此继续。”或者，“如果位置4505存的是0，接着执行存在6706处的指令；否则，按原有方式进行”。这两种指令因为它们能够使一个运算序列一遍遍地被替代，直到某个条件满足为止，但是在这样做的过程中，不是每次执行新的指令，而是一遍遍地重复执行同一些指令①。

那么，差分机模型有何哲学意蕴？认知科学在运用计算表征模型探讨思维、记忆、知觉、推理、心理表征、问题解决等这些认知问题中，涉及许多深刻的本体论和认识论问题。在科学发展方式的每个方面，都有其存在被预设的事物的目录，即它的本体论；哲学家反思所利用某种方法获得的知识陈述的价值和地位，这些反思的结果就是科学的认识论②。

第一，差分机模型有着本体论和认识论意义。差分机既是一个物理系统，又是一个抽象计算装置。只要它处于一种特殊物理状态，也就处于一种特殊机器状态，并执行一些特殊的计算，如加法运算。作为一个物理装置，它的操作可以根据其物理性质的因果结构来描述。它的状态当被看作一个物理装置时，是根据物理描述的同一性确认的。因此，它的不同状态的转移由物理规律决定。这里没有什么关于它的计算状态与物理状态如何相关的问题，也不存在心身问题。

这种物理机器如何能够执行像加法这样的心理操作？我们可以假定，系统的每一机器状态，就是可计算描述下的系统的物理状态，并声称，这对于人也可能是真实的，因为差分机可以表征任何人类显示的低级的信息处理系统。它是一个有限的物理系统（虽然极大）。如果我们是物理地显示的信息处理系统，那么我们在功能上就等同于这类数字计算机。由于差分机处于一个特殊机器状态（它是心理状态的类似物），等于它处于一个特殊功能解释的物理状态。因此，断言我们处于一个特殊心理状态，就等于一个特殊功能解释的物理状态（可能是中枢神

① 玛格丽特·A. 博登. 人工智能哲学. 刘西瑞，王汉琦译. 上海：上海译文出版社，2001：48-49

② 罗姆·哈瑞. 认知科学哲学导论. 魏屹东译. 上海：上海科技教育出版社，2006：3-4.

经的生物状态），就完全是似是而非的。如果这样继续推下去，差分机能够在任何物理媒介中实现，包括心理和神经特质。对于一台差分机，如果我们知道相关的物理参量，从物理状态到计算状态的映射，这样的序列是可以实现的。

从计算机器发展到今天的计算机，差分机模型的确蕴涵了深刻的哲学思想。现在，我们借用当今认知心理学家对认知计算所持的观点，可以预设存在或将存在一些硬件，使所谓的“计算”运行。可以把这个硬件比作一个大脑和中枢神经系统，我们正在追踪的认知过程就在其中发生。问题是，任何无机机器及其运行的方式可能会是大脑及其工作方式的一个适当的解释模型吗?

我们注意到，人工智能作为工程学的一个分支和作为心理学的一个分支之间是有区别的。人工智能工程师试图设计出这样的机器，它们会给出以合适的编码输入一部机器的认知问题的有用答案。这个计划是否成功?它跟“大脑是计算机器”这一论题没有必然的联系，尽管大脑的材料与制造微型电脑所用的材料有很大的不同。这个被编码以能让机器处理的问题值得人们思考。作为问题答案的输出需要人们更多的理解。心理学家不仅仅把计算机看作理解认知的一个模型，而且也看作用来模拟认知问题的输入和输出方面的一个实用装置。当我们根据科学模型的应用来看时，以上两个问题有很大的不同。我们应当依照认知可计算的要求，尽可能以形式化方式表征认知过程，这一思想是创造心理过程的分析或启发式模型的一个思路。我们应该尽可能表征大脑机制，以使这些认知过程得以实现。这提出了创造一个与认知相关的神经学过程的解释模型的建议。我们有充分理由怀疑后者能够转到支持前者。大脑是我们执行认知任务的工具，选择哪种形式的计算机器作为大脑的模型很像传说中的检察官的问题：“你停止打你的母亲了吗?”，不论被告说“是的”或“没有”，他都承认曾经打了他的母亲一次。我们预先假定硬件能够作为大脑模型，这使我们有理由确信思维是计算的一种形式①。

第二，差分机模型有着方法论意义。差分机运用了数学上的有限差分原理，利用差分方法可以求出任何数学式的值。以下就是运用差分法得出任意数 n 的数值：

以数字“3”为例，令 $y=x^3$。一级差分值由 $2^3-1^3=7$；二级差分值由 $(3^3-2^3)-7=12$；三级差分值由 $(4^3-3^3)-(3^3-2^3)-12=6$。按照此算法，我们可以发现，三级差分值恒等于一个常数“6”。运用此规律，我们可以得出这样的结论：n 次方的级差分恒等于 $n!$。反之，我们可以用回归（逆向加法运算）也可以推算回到3次方的其他数值。

巴比奇知道差分法能被运用于所有的数学函数，它们可以变换为多项式，且

① 罗姆·哈瑞．认知科学哲学导论．魏屹东译．上海：上海科技教育出版社，2006：106-109.

n 阶多项式中的第 n 项的 n 级差分总归是常数，恒等于 $a_n \cdot n!$ 在特殊情况下，当 $a_n = 1$ 时，此常数即 $n!$ 正是它构成了差分法的基础[①]。后一步函数值是在前一步计算的基础上得到的，只要前一步正确，后一步函数值就必定正确。通过依次连续的计算就能得出最终的正确结果。

同时，巴比奇也设想人类的心理过程实际上是一种计算。他想把数学中的差分原理引用到差分机原理中，差分机能够计算一个形式等价的函数，也就是机器可能被做得能够表现出与一个被指定的函数相同的输入-输出行为。差分机可以产生任何的输入-输出函数，它所能实现的函数只有一个，该函数将它的输入和确定的输出配成对。一部分被指派上一组指令作为一种特许的解释，或作为一个特定的输入-输出函数的详述；另一部分被处理为该函数的适当的输入。在输入或输出方面，差分机隐含了一种计算模型与生物人之间的对应关系。

差分机的输入被看作是由符号组成的。这些符号确认指令，或者以有限的方式确认函数，因此这需要语义学的解释。然而，如果我们将差分机看作是在被语义解释的输入和输出（如数字）上实现某一功能，那么系统的其余符号也必须被解释，就像转换表达式的规则必须被解释一样。在这种情况下，要解释为什么系统会产生某些输出，必须求助于数字的算法（差分法），求助于用数字表现的算术规则。当考虑对解释的需求时，一种由计算机制实现的对符号处理功能的更加精细的分析就变得有关系了[②]。巴比奇由此转到了分析机的研制方面。

（二）分析机模型的工作原理

巴比奇开始研制一个新型计算机器。此机器要比差分机更完善、功能更先进，它就是“分析机”。按照他的设想，分析机应由以下四部分构成：

（1）“堆栈”：保存各种运算的变量和数字信息的齿轮式寄存器，命名为“仓库”，其功能相当于现代计算机的“存储器”，用来存放各种数字。

（2）“工厂”：可以对从堆栈中输出的数据进行各种运算的装置。它的功能相当于现代计算机中的“运算器”。

（3）控制操作顺序、选择所需处理的数据的装置。其作用相当于现代计算机的控制器。

（4）计算机的输入和输出装置。他曾设想分析机的三种输出办法：一是打印一份或两份结果；二是进行铅板印刷；三是将数字结果穿孔在卡片或金属片上。他设计了一种现在叫作条件转移的指令，使机器可以代替人进行逻辑判断。

---

① 浦根祥，钱卉．查尔斯·巴贝奇：计算机史上被误判的先驱者．自然辩证法通讯，1996，(18)：101.

② 派利夏恩．计算与认知：认知科学的基础．任晓明，王左立译．北京：中国人民大学出版社，2007.

分析机被要求来计算的公式包括：代数学确定的运算根据给定的字母被执行；别的确定的修改凭借数字分配给这些字母值。分析机有两套卡片：一套是支配实行运算的特性，这些叫作运算卡片；另一套支配在卡片上被要求运算的特定变量，这些叫作变量卡。每一个变量和常量被存在柱状物的顶部，其中包含一些所需数量的数字。

在这样的安排下，当任何公式被要求来计算时，一套运算卡片必须被紧紧捆绑在一起，它包含一系列的运算顺序，然后另一套卡片必须在一起，要求变量纳入“工厂”，命令它去执行。每一个运算卡片将需要 3 个别的卡片，2 个用来代表变量和常量，并且在先前的运算卡片上得出数值，一个用来暗示变量运算的算术结果被寄存在运算卡片上。但是每个变量在相同轴的下面，一定的数字在其边缘表明是个数字，上面的数字通过打孔被放置在机器里。无论何时变量被命令进入轧机，这些数字都会被带入，并且上述卡片履行的运算结果也会被存放在“堆栈”。

因此，分析机是一个最一般特性的机器，不论什么公式被要求的法则必须通过两套卡片，当它们被放置时，引擎为特定的公式。它的恒定数值必须被放置在下面的轮子的柱子上，在引擎的运算下将数字公式计算并印刷。分析机能够使用或制作任何数字。如果需要，将有一张特定的孔表示下面的数字（图 13-1）。

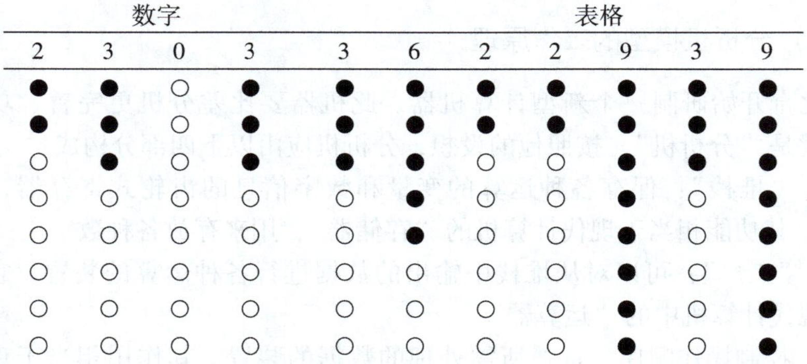

图 13-1　分析机的数字-表格关系

图 13-1 中代表 11 个垂直的孔，每一行有 9 个或任意小的孔，表格栏中的号码是 3622939，而数字栏中是 2303。事实上，前面的数字是后面的对数。

分析机在表格中的数字卡片上计算和打孔，引擎会核实它要求的卡片上的数字是否正确，并且总是通过一直很低的响铃拒绝一个错误的卡片，且自动停止工作，直到提供给一个所需要的正确的卡片。正如巴比奇认为的那样，他想让分析机有这样的能力，在图表中表示每一个所用的数字，它将使任何数字相乘在一起，然后通过图表中的数字将分开这些数字的乘积。

巴比奇假定分析引擎计算的速度比每分钟 12.192 米（40 英尺）慢，那么：

60 个数字的加减在一分钟内被运算和输出；

一个两位数乘法，50 个数字中的任何一个在 1 分钟内完成；

一个 100 位数字除以另外的 50 个数字，运算在 1 分钟内完成。

在各种各样的分析机的机械构造的变量的绘图中，他总共标记了 30 种，两个重要的原理展示到无限的程度：

（1）完全控制算术运算，不管多大，并且无论什么，可能是数字中的数。

（2）完全控制代数符号的组合，不管被要求延长哪些工序。

他认为，要履行这两个条件可能引起数学家和机械家产生怀疑，有能力审查这些问题远远比涉及的算术困难。为此他列举了八种条件：

（1）引擎的任一恒定的数字必须是没有限制的。

（2）进入引擎的常量必须没有限制。

（3）运算的数目仅仅是“4”，但是“4”可能被重复成一个无限的数目。

（4）那些数目可能发生在任何的命令下，或遵循一个无限数目的法则。

接下来的情况可能涉及分析机的代数部分：

（5）常量的原义必须是无限制的。

（6）变量的数目必须没有限制。

（7）代数符号的组合必须没有限制。

（8）所用的函数的常量必须没有限制。

在上面所列举的条件中，每一个关于常量的组合都是绝对无限制的。有限的机器没有包含无穷大，在一些情形下，无限的疑问能转化为无限的思想。建造一个占据无限空间的机器是不可能的，但是通过无限的时间建造有限的机器是可能的。巴比奇已经利用无穷大的时间和空间来限制引擎的大小和仍然保持它的无限的能力①。

分析机模型蕴含的哲学意义表现在两个方面：一方面，分析机模型有着认识论启示。分析机是一台完全程序控制的自动机器，它的运行是从一个完全确定的状态，转变到另一个完全确定的状态。我们可用下表描述它，机器的内部状态（用轮子的位置来描述）记为 S_1、S_2、S_3，输入信号是 I_0 或 I_1（杠杆的位置），任一时刻的内部状态可根据下表，由它的终端状态和输入信号来确定。

终端状态：

输入	I_0	S_1	S_2	S_3
		S_2	S_3	S_1

① Babbage C. Passages from the life of a philosopher. New Brunswick：N. J. Rutgers University Press，1994：85-106.

S_1　S_2　S_3

输入　I_1

状态　S_1　S_2　S_3

输出　P_0　P_0　P_1

一旦确定初始状态，它的输出状态也就确定下来①。拜伦曾在关于分析机的回忆录中写道："分析机无权说它创造出什么新的东西，它所能做的都是那些我们知道怎样命令它去执行的事情。"一种说法来自于拜伦的反对意见，它认为"分析机从来不做任何全新的事情。"换句话说，分析机永远不会使我们出乎意料。这种观点中的假定是：一旦事实呈现于心灵，这个事实的全部后果就会与之同时涌入心灵之中②。这个假定很容易让人上当，仅仅从数据和一般原理推出结论，是毫无价值的。

在哲学层面上，分析机能使我们做的事情就是利用一些装置，以便以系统地把符号表达式与其解释相联系的方式来表征认知状态。表征对应于这些符号的规则，从而将这个系统映射到物理学的因果定律上，使整个装置可以运行，或者产生保持解释一致性的从状态到状态的或从表达式到表达式的转换。这不仅仅是构建计算模型并且对计算模型进行经验探索的重要工具，而且为理解心灵的物理基础提供了可能性，或者至少是为理解物理学与心理主义之间的相容性提供了一种方法，还使理解意义成为可能。在这个意义下，认知过程的心理概念可以是人类生命有机体内进行的智力活动的实际上真实的描述，因为我们将程序看作是发生在计算机中真实的计算过程，它并不是一种隐喻③。程序的存在不仅对认知科学的发展有重要意义，而且也为某些类型的被语义地解释的过程与唯物主义的相容性提供一个存在性证明。

另一方面，分析机模型有着方法论启示。在认知科学的方法中，要使用某方法或某组原理来说明一个特殊的智力技能，必须要展现出一个可行的程序。分析机就是以程序的形式表达认知过程模型的，而不是对认知行为的模拟，它能为人们处理复杂性问题，为探索各种原理的推论以及各原理之间的相互作用提供了一个卓越的智力模型。对人类的认知而言，有许多的理由使我们坚信，从其复杂性的质和量方面来说潜藏的因果机制是无与比拟的。事实上，理论性的理解包括最一般的抽象原理，这个抽象原理隐藏在复杂的对象背后，我们必须有一个能聚焦于对象的因果关系特征的理论，否则对每一个对象而言，它的研究是极复杂的。

对于某些用前理论方式阐述的现象加以说明时，对理论的要求是决定理论复

① 玛格丽特·A. 博登. 人工智能哲学. 刘西瑞，王汉琦译. 上海：上海译文出版社，2001：52.

② 玛格丽特·A. 博登. 人工智能哲学. 刘西瑞，王汉琦译. 上海：上海译文出版社，2001：44-72.

③ 派利夏恩. 计算与认知：认知科学的基础. 任晓明，王左立译. 北京：中国人民大学出版社，2007：79.

杂性的一个主要因素。例如，我们如何理解语言，如何记忆我们过去的事情，在下棋时如何决定下一步做什么，在对话交际中该说些什么，如何计划一次旅行，等等。虽然只有发展中的理论取得成功，我们才能明确指出应当如何形式地表述我们的问题，但是，前理论的阐述不是任意地可以适应这些要求的；这些现象具有一些我们坚持要使理论去满足的特征。另外，理论本身也有一些我们坚持认为它必须具有的（构造性的、机械的、与唯物主义相容的）特征。即使我们假定所有的初始假设都不是不可违背的，这样一个前理论要求的背景仍然能够决定一个理论所能消减的最低限度的复杂性，并保留对我们希望解释的原初现象的一个说明①。

很明显，解释与构造并不一样。在解释中，我们需要在各个不同的层面给出一般的原理并分离出行为的各个前提。然而，如果将构造性的方法应用于任何类似于我们称为认知现象的事物，那么复杂性也许是自生于我们的方案中的。从这样的可能性得出一般性的结论可能还为时过早，它肯定不能为这样的主张提供保证：人类的行为太复杂以至于不能顺从于一种构造性分析，但这可能是为什么在实际的分析机上实现理论不仅仅是为了方便的一个原因了。鉴于我们的充分性要求，如果没有这个模型，过程的内在复杂性也许永远无法把握。

这里可以列举一个关于拓扑学中四色定理构造性证明的类比②：人们至今能够给出的关于这个古老猜测的唯一证明包括了大量的案例分析，它是如此复杂，以至于没有计算机器的帮助要完成它无论如何都是不可能的。与此相似，要实现关于心灵的构造性理论，计算机器也许是不可缺少的。行为主义者要求借助人们的信念和愿望来解释他们做事的原因需要一个行为的模式，一定有某个以人的信念和愿望为基础的故事可以解释它。在当时，巴比奇就把这个故事构想为一个操作模型，即一个计算机器的程序。

巴比奇把程序想象成指令的序列，它们在固定的路线上行进直至某个条件分支操作检测到一个特定的条件，以至于其他的组织形式不容易出现在生物的人脑中；然而，那只不过是控制的一个组织类型，其中控制经过的是一个从操作到操作的线性序列。当一个操作完成时，它将控制交给下一个操作。

在为计算系统设计控制结构时，在过程引导和数据引导的程序调用之间找出平衡的尝试，这是巴比奇当时关心的一个主要问题。我们看到，现代计算机的快速发展，计算机程序系统开发研究的进步，很明显的一件事是：命令和其他类型的表达之间的区别，比他那时分析机最初显现的样子更微妙。这个区别决定于一

① 派利夏恩．计算与认知：认知科学的基础．任晓明，王左立译．北京：中国人民大学出版社，2007：80-85.

② Apple K，Haken W. The Solution of the Fourcolor Map Problem. Scientific American，1977，(10)．

个特定的符号结构在系统中所起的作用。例如，可能会有这样的编程系统，其中命令的概念并不明显地出现，每一表述都以断言的形式出现。在这样的情况下，一方面，主要的问题不是某表达式究竟是一个步骤还是一个数据，而是关于控制的信息是如何表达的，是明显的（从而是可编程的）还是隐含的；另一方面，在有些编程系统中，每一个表达看起来像是一个命令或一个步骤。在这种系统中，控制被彻底地分散了，启动各个步骤的责任被分配给了程序操作的对象，而不总是来自先前执行的程序。显然，这些任务与根据对于控制的洞察来理解心智的知识系统被组织起来的可能方式是密切相关的①。

三、巴比奇计算机器所引发的问题

纵观巴比奇的有关计算机器的思想，我们会发现他的思维是多变的，而且对人工智能的发展有很重要的意义，特别是对功能主义所产生的影响。

当我们考察一台计算机时，从硬件抽象到它所执行的程序层面，这实际上完全撇开了硬件，两台内部结构完全不同的机器能够执行相同功能的程序。我们通常将巴比奇称作是第一台可编程计算机的设计者，在他的设计中有黄铜齿轮、汽缸、连杆、控制杆以及各种其他机械小装置组成的装置，如果装配好这台机器，它可能有火车头那么大。假设这台机器已经装成，那么它有可能会执行（尽管很慢）现代计算机所完成的各种计算。那时他使用的是齿轮和汽缸，20 世纪 50 年代和 60 年代早期制成的早期计算机则用的是真空管，现在我们使用的是数以亿计的镶嵌在硅片上的微缩晶体管，即集成装置。

当我们从黄铜齿轮过渡到真空管，再从真空管过渡到晶体管时，计算机的尺寸便随之缩小了，这种缩小对于我们想让一个特定的装置去执行那些计算具有实际的意义。然而，如果我们考察的仅仅是计算本身，那么所有的装置在这个意义上是等价的。一个可能比另一个更慢，或更不可靠，或更便宜，但是它们都执行着相同种类的运算。基于这一点，当我们讨论计算（形式规则一致的符号处理）时，我们便抛开了执行计算装置的物理本质。而且，在这样做的过程中，我们将是在较高层次上描述那些计算装置的行为。

计算的过程是物质性的过程吗？倾向于功能主义的人更喜欢说：计算过程是由物质系统实现的。在巴比奇的机器里，实现一个特定的计算序列的物理过程与在当代计算机中实现该序列的物理过程不同，它也不同于装配了真空管而不是晶体管的过时装置实现该序列的物理过程。而且，如果存在着非物质性实体，或许完全相同的过程可能具有一个非物质性的实现。

① 派利夏恩．计算与认知：认知科学的基础．任晓明，王左立译．北京：中国人民大学出版社，2007：83.

我们可以把计算机看作是这样的一个装置，这个装置以这样的方式运行着，即它允许我们把它描述为通过符号进行的运算。这样的一个装置可能是由任意数量的物质，或是由任意数量的非物质性的精神材料组成的，并且以任意多种方式组织起来。因此，我们把一个装置当做计算机来考察时，并不考虑它的物质组成。这正像我们在几何证明中撇开了几何图形的大小、颜色和空间位置一样，我们在把计算机作为计算装置进行考察时，也抛开了计算机的物质构成，即，我们是在没有物质性的抽象意义上谈论计算的。

（一）作为计算机器的心灵问题

假设我们对心灵是用大致相同的方式来看待，心灵是一个能够执行特定类型的运算装置。心灵状态跟计算状态有很大的相似，至少它们在原则上能共有任意数量的物质（或许是非物质）系统。我们在较高层次上谈论心灵和心理运算的话语，实际上抛开了实现它们的物质系统。

功能主义的特点是仅仅对心灵的初步描述。比如，具有心灵的人，只不过是一台机器。我们使用计算机类比并不是要去说明：我们就像机械式的机器人，去做程序严格让我们所执行的事情。这一观点也不是要更进一步说明：心灵与其物质性载体之间的关系和计算机程序与运行于其上的装置之间的关系有很大的相似，在某个或别的物质装置里或许包含每一个程序。但是，在完全不同种类的物质装置上能运行完全相同的程序。同样我们还可以假定：每一个心灵都有某种物质载体，尽管心灵可能具有完全不同种类的物质载体。对于人类来说，我们的大脑就具有某种物质载体，我们的心理软件正是在它上面运行的。相比较而言，半人半马怪生物可能具有我们所具有的心理结构即心理软件，然而却具有完全不同的、或许是无碳的硬件①。

如果以上观点是正确的，那么心灵和身体如何相互联系起来的问题已不再是那样的神秘。心灵并不是非物质性的实体，它与身体是因果相关的，在“较高层次”上关于物质系统的话语实际上就是心灵的话语。想起伦敦或感觉到不舒服已不再是大脑过程，这里可以打个比方，两个整数相加的运算已不是一个齿轮和汽缸的过程。大脑过程和硬件过程实现了思想与计算，但是，思想、情感和计算是可以多重地实现的，它们能够包含在潜在的、无限的有机体或装置里。

（二）机器的功能解释问题

如果我们还坚持计算机类比的观点，我们就可以把研究心灵的两条不同思路统一起来。一条是解释性的，另一条是本体论的。在这里我们主要考察机器的功

① 海尔．当代心灵哲学导论．高新民译．北京：中国人民大学出版社，2006：89-91.

能解释。

假设你是一个哲学家，面前有一台巴比奇的分析机，你可能十分想知道分析机是如何来设计的。你可能需要运用逆向操作方法才能做到这一点，最好运用反向运行。比如先观察输入和输出，更进一步猜想联系输入与输出的计算程序，紧接着要用新的输入与输出来检验这些猜想，然后你对分析机装置程序的理解由陌生到熟悉。我们可以这样认为，心灵的科学研究与刚才所述的是一项相仿的事业。心理学家面对的是"黑箱"，即控制着人类行为的机制。他们的任务就是为控制着这些机制运行的软件提供解释①。

理解一个装置程序的任务与弄清其机械本质的任务，我们可以用来作一个对比。电子工程师将对这台分析机产生浓厚的兴趣，他们也许想知道：这台分析机是怎样组装起来的，又是怎样运作的。他们只对它的物理性质感兴趣，而不对它的软件感冒。解释一台计算机的运作时，一个操作员的解释和一个人工智能学家的解释是有区别的，即完全不同种类的解释，因为一种解释是"硬件层次"的，一种解释是"软件层次"的。我们没必要把这些解释看作是相互对立的，因为它们解释的是同一对象，或是一个特定装置的运作，解释只是在层次上不同而已。

同样，假设神经科学家对于智慧生物的神经系统所作的考察，以及他们对于它们的运作和行为所提供的硬件层次的解释，但没有必要认为，这些解释与前面所述的心理学家所提供的软件层次的解释是相互对立的。尽管习惯上认为硬件层次与软件层次是截然不同的，实际上我们可以预想：科学家之间进行跨层次的相互交流是完全可能的。如果你设法破译一台特定的计算机程序，那么你可能会通过弄清楚与机器的机械组织相关的某些问题而得到帮助。另外，一个试图理解该装置的硬件的工程师可能从对于该装置是怎样运作的理解中得到巨大的帮助。假设我们在这里引进第三方，即一个检修工，其职责就是当该装置失灵时修好它。检修工既懂该装置的软件，又懂该装置的硬件。一台计算机的"崩溃"可能是由于软件的"病毒"，也可能是由于硬件的问题或故障。

我们期待着心理学家和神经科学家在从事各自事业的时候互为人梯、相互借鉴、共同发展。另外，检修师如医师、临床心理学家、精神病医师最好受到这样的训练，以便能诊断各种各样的故障，如心理的（软件病毒）或生理的（位于神经硬件中的小故障）。

（三）本体论的功能解释问题

我们在解释计算机运作时会碰到硬件与软件的层次解释，这类似于功能主义

---

① 海尔．当代心灵哲学导论．高新民译．北京：中国人民大学出版社，2006：92-93.

者津津乐道的解释层次，但是，功能主义者也承认两者在本体论层次上的差别。这不只是意味着，谈论心灵及其运作是在更高层次上谈论纯物质系统是什么。更确切地说，较高层次的心理术语指示的是这样的属性，这些属性被看作是不同于被较低层次的术语所指示的属性，这些较低层次的术语是关涉心世界物质构成的科学家所用的术语。虽然心理状态和属性要通过物质状态和属性来实现，但是这些心理状态和属性并不能等同于那些物质状态和属性。以疼痛为例，依据功能主义的观点，它实现于神经系统之中。但是处在疼痛之中这一属性就不是一个物质属性。这是心灵哲学中的感受性问题，也即生理状态与心理状态之间的关系问题。

再仔细考察一下计算机的类比。一个特定的计算程序可以通过各种不同的装置来实现：实现于巴比奇的分析机，实现于一个充斥着真空管和电线的房间，实现于一个由硅片和晶体管组成的装置，甚至实现于一个由装满水的管子和阀门组成的水压装置。大脑，甚至是许多生物系统，似乎都能够进行计算。并且，如果存在着非物质的精神，那么就有理由认为这些非物质性的精神也能够实现计算操作。事实上，能够完成一个特定计算装置的种类是没有限度的。但是，如此一来，执行计算的过程就不可能是一种物质过程。考察一下一个早期的计算机器实现的这样一个过程，它完成了 $7+5=12$，而不是一个真空管-电线过程。如果它是这样的过程，它就不可能在一个算盘上完成，也不可能发生在一个正在学习加法的六岁小孩的大脑里。算盘和大脑里既没有电线，也没有真空管。

至此，功能主义者会进一步说：同样的观点也适用于心理状态。以疼痛状态为例。虽然完全有这样的可能，即你的C-纤维的膨胀事实上应该对你处在疼痛之中负责，或者说你处在疼痛之中是由你的C-纤维的膨胀所实现的，但是处在疼痛之中并不像同一论者所说的那样，就只是一种C-纤维的膨胀。或者说，没有C-纤维的生物就不可能体验到疼痛。然而，完全有理由认为具有完全不同的物质构成的生物都能进入疼痛状态①。

当我们在说心理属性（或计算属性）不是物质属性时，功能主义者并没有这样的意思：心理属性就是非物质的属性，或者非物质实体的属性。抛开幻想不说，具有一个心理属性可能正好需要一个物质性“基础”，即必须具有某种物质属性或其他属性，正是这种属性实现了心理（或计算的）属性。功能主义者的观点恰恰在于：感觉到疼痛和 $7+5$ 的计算这样一些较高层次的属性不能等同于

① 或许是非物质的精神，如果有的话。这是存在还是不存在“心理实体”的问题，与物质实体相比，心理实体是一个难以让人接受的概念。然而，各种精神或者心理现象又是存在的，比如人的各种心理活动，这引发了唯物主义与唯心主义、实在论与反实在论、物理主义与反物理主义、功能主义与行为主义、心理主义与表征主义等观点之间的争论。

或者还原为或误解为它们的实现者①。

（四）功能主义的唯物论解释问题

功能主义者为什么拒绝他们所说的内在于唯物主义心灵理论的那些还原倾向？还是来看一下计算机类比。正如我们已经知道的那样，一个计算过程能够多重地实现：尽管在一个物质系统内的一个特定过程可能实现一个特定的计算过程，但是计算过程并不能等同于这种物质过程。假设巴比奇的分析机通过把一些黄铜齿轮排成一列来计算 7 + 5。假使我们设想：加法运算就是调整这些黄铜齿轮，那就大错特错了。你在对账时所用的微型计算器就能够执行上述计算，但该计算器根本就没有齿轮。

正像我们已经看到的那样，功能主义者主张，在这些实例中存在着两个东西：计算和实现或将计算具体化的过程。功能主义者则认为，这是把系统的较高层次的特征与较低层次所实现的特征混淆了。你的袖珍计算器或巴比奇的分析机只要经历一些状态变换，就能进行特定的计算。但是，如果你以一种特定的方式挥动你的手臂，那么你便表达了向左转的信号。然而，我们不能由此得出这样的结论：发向左转的信号就只是一种手臂运动②。同样，执行一种特定的运算并不只是一种硅片状态的改变，也不只是一种齿轮的运动。

或许，计算过程像打手势让某人向左转一样，尽管是可以多重实现的，但它们必须实现于某种物质系统或是其他的某种系统之中。假如是这样，那么唯物主义就需要辩护了。但是，我们至少可以设想：存在着离身的精神，即能够经历各种非物质状态变化的非物质性实在。既然那样的话，就会有这样的结果，即一个特定的可多重实现的计算过程，能被一个非物质的外在系统实现。如果这种系统是可能的，那么功能主义正像迄今所述的那样，似乎与唯物主义就不是一致的，因为计算没有必要从物质上加以具体化③。

目前，这些问题还是非常棘手的。功能主义很像哲学里的大多数主义一样，不是一个单纯的、没有歧义的观点。功能主义者从一系列共同的洞见和信念出发，然后以不同的方式加以阐述。功能主义是随着人工智能的发展而诞生的。我们已把程序和计算与实现这些程序和计算的硬件区分开来了。功能主义者断言：我们在说明心灵的时候，可以做出同样的区分。心灵可以被看作是在复杂的、大块的硬件上运行着软件的装置，就人类而言，这个硬件就是人类的大脑。正像计算操作是由计算机硬件的过程实现的，而同时这种计算又不能等同于该过程一

① 海尔．当代心灵哲学导论．高新民译．北京：中国人民大学出版社，2006：93-94.

② 不难想到，你有办法发出信号，但不需要挥动你的手臂。

③ 海尔．当代心灵哲学导论．高新民译．北京：中国人民大学出版社，2006：94-96.

样，心理状态也实现于大脑的状态，而又不能等同于大脑的状态。

无论如何，在我们有可能评价它们之前，我们还需要一个关于形而上学领域的更清晰的观点。这时，我们暂时做出这样的结论：正像我们迄今所作过的说明那样，尽管最终能证明不存在非物质的物体、属性和时间，甚至能证明非物质的物体、属性和时间由于某种原因是不可能的，但功能主义仍有可能是正确的。认知科学发展到今天，它的认知可计算的观点对功能主义产生了重大的影响。如果在这里借用认知可计算的观点，功能主义能够说明心身关系吗？很显然，认知科学有不同的理论版本。其一是它断言它所假定的过程和结构在“人脑中”；其二是这些所谓的过程和结构反映了心理实在。大多数的哲学家也开始接受认知科学的实在论解释，认知科学及认知理论解释和描述抽象层面必须要以真实的存在为基础。功能主义也没有攻击人脑支持层面的实在性，人脑可以共享不同的硬件构造物，并在某种意义上，独立于硬件层面。直到今天，意识在功能主义的眼中还是那么神秘，不知该如何去解释意识现象，但我们不能因为它的不合理去污蔑它。认知科学还在研究着这些抽象结构和过程，并且使它们为真，它为我们指引了前进的方向。

四、结　　语

在有关认知科学的各个领域中，计算概念一直占据着一个统治地位，计算和符号操作在认知思维过程中的作用引起了许多学派的关注。认知科学有各种流派，最具影响力的是信息处理学派和表征学派，它们之间的分歧是复杂的，然而它们所持的计算观点是一致的，即把智能和认知看作计算。

西蒙在 1981 年就明确宣称，无论计算机和人脑在硬件水平上可能如何地不同，但在计算理论水平上它们都具有产生、操作和处理抽象符号的能力，它们被看作认知系统，不论是人脑还是计算机都是物理符号操作处理系统。派利夏恩认为，计算在科学中被当做一个工具。这些认知科学家忽视了哲学层面的思考，哲学向心理学的渗透是必然的，它对心理学的影响是极大的，哲学和认知心理学的相互影响成为了 21 世纪心理学的一个特征。哲学的天职是澄清和反思，这种澄清和反思可以使我们站在更高层次思索。

巴比奇的计算机器作为一种认知模型，有着本体论、认识论、方法论的启示。通过梳理和分析他的思想，我们发现他在不同时期有着相应的变化。在巴比奇的初期，他提出了差分机构想，此机器执行了纯符号的数学运算，并且可以模拟人类低级、繁杂的计算工作，最终要替代生物的人低级的计算，由此给予我们方法论的启示，同时它对认知科学的发展也有积极的作用。后来，巴比奇又提出了分析机设想，认为分析机作为一种智能，能真正像人一样思考，并且能执行一套程序。这给人们产生了全新的视角和思辨的哲理，在一定程度上启迪了认知科学家，也在很大程度上启迪了人工智能专家。

我们认为，巴比奇在不同时期提出了不同的计算模型。他的理想是把数学的抽象运算机械化运用在工业上，并且一生不断完善计算模型。这是一种对真理不懈追求的精神，他敢于突破常人的思维模式，设计一些给人启迪的装置，给人以不同视觉的冲击和思考。我们也不难从上述巴比奇的思想中发现其蕴含的哲学问题，表明哲学同样对认知科学的发展起着不可估量的作用。

第十四章 拉考夫：从概念隐喻到认知模型

在传统语言学中，隐喻是作为一种语言现象和修辞手段来看待的。从哲学观点看，隐喻不仅是一种特殊的修辞方式，也是一种认知手段和思维方式。拉考夫（G. Lakoff）在对隐喻进行了大量的研究后，提出了应该从经验主义的认知观出发，认为抽象概念的理解依赖于隐喻，依赖于不同领域之间概念结构的映射。我们通过论述由概念隐喻引发的体验哲学的三个特征，即心智的体验性、认知的无意识性和思维的隐喻性，以及体验哲学对西方传统哲学的批判，阐述拉考夫“概念隐喻”的认知思维在人类认知过程中的重要性和对哲学发展的巨大推动作用。

一、“概念隐喻”的历史思想

英文词“metaphor”（隐喻）源于希腊语“metapherein”。在希腊文中“meta”是“beyond”（超越、在……之上）的意思，“pherein”则是“to bring”（带来、产生）的意思。英语中的“metaphor”一词据考证大约出现在16世纪。“metaphor”这个词首先是作为一种修辞格的指称而出现的。从词源学及构词法的角度来看，“隐喻”最为基本的内涵表示一种意义的转换或转移[①]。在历史上人们对隐喻的态度也是不尽相同的，应该是毁誉参半。传统理论基本上都把隐喻作为一种语言现象、修辞手段来看待，所以从某种意义上说，人们只是把隐喻作为一种锦上添花的配角来看待的。

然而，一切理论的产生与发展都是在前人研究的基础上进行的，最后通过自己的研究、总结与反思而得出的结论。人们对隐喻的研究也不能脱离它的背景来闭门造车，凭空想象。我们首先就历史上哲学家的隐喻观做一个大体的梳理，然后找出拉考夫概念隐喻的理论源泉以及认识上的基础。

（一）古希腊罗马时期的隐喻观

古希腊罗马哲学是欧洲哲学史的开端，而人们对隐喻的研究也大约始于此。

早先的哲学家们试图描述我们周围世界的构成要素时，就采用了隐喻这种方式。赫拉克利特用“我们不能两次踏进同一条河流”这句话表达了“一切都处于流变之中”的永恒变化的思想，认为这种流变的思想不仅运用于河流，而且运用于所有的事物，包括人类的灵魂。

柏拉图和亚里士多德无疑是哲学史上最有影响的人。亚里士多德是柏拉图的

---

① 郭贵春．隐喻、修辞与科学解释．北京：科学出版社，2007：9.

学生，但这师徒二人对隐喻的态度却是不尽相同的。柏拉图对隐喻持贬斥的态度，而亚里士多德对隐喻持赞赏的态度。究其实质，二者所持的不同态度与当时哲学研究的主流思想有着很大的联系。

柏拉图哲学的基础是他对知识的解释。他确信，世界存在着不变的普遍真理，而人类理性是可以把握它们的。虽然柏拉图对隐喻持贬斥态度，但在对话《国家篇》里，柏拉图还是生动地用著名的“洞穴”和“分割线”隐喻来作为例子。

“洞穴”隐喻暗示了我们绝大多数人都居住在洞穴的黑暗之中，人们在模糊不清的影子世界中产生了他们的思想。引导人们离开洞穴进入光明世界是教育的功能。教育并非仅仅将知识灌输给本来没有知识的灵魂，正如视觉并非仅仅将景象置入盲目的眼睛。就其要求一个器官能够接受它而言，知识就像视觉。囚徒不得不把整个身体转过来以使他的眼睛能看到光明而不是黑暗。因此，柏拉图说，不是“将看的能力置入灵魂之眼中，灵魂已经拥有它了，而是保证它没有看向错误的方向，它朝向它应该朝向的方向。”而当那些从洞穴中被解放出来的人达到最高的知识时，他们必定不被允许逗留在较高的沉思世界。相反，他们须返回到洞穴中参与囚徒们的生活与劳作。这表明存在着两个世界：黑暗的洞穴世界和光明的世界。柏拉图发现，如果我能够知道的完全只是影子，那么我们事实上永远也不会有可靠的知识。因为这些影子在大小和形状方面，由于我们所不知道的实在事物的运动，总是变化着的。柏拉图确信，我们可以发现在各种影子后面的实在的物体，并由此达到真知识。

在“分割线”的隐喻中，柏拉图提供了关于我们能够获得的知识层级的更多细节。在发现真知的过程中，我们依次通过发展的四个阶段，在每一个阶段，事物都对应于一种它使之可能的思想。这些事物以及与它们相对应的思想类型见图 14-1①。

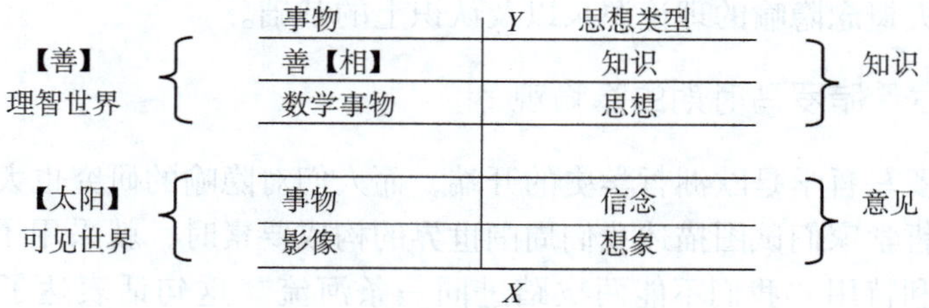

图 14-1　事物及与其相对应的思想类型

它们代表了观看同一事物的四种不同方式。在此，我们也可以看出，在对待

① 斯通普夫 · 菲泽．西方哲学史（第七版）．丁三东，等译．北京：中华书局，2005：71.

隐喻的态度上，柏拉图是言不由衷的。

亚里士多德对隐喻持赞赏的态度。他的隐喻观在西方的影响是全面而且久远的，可以说正是从亚里士多德开始的对隐喻的探讨，才真正构成了西方隐喻研究的历史，并为其奠定了初步的基础。他当时是站在哲学角度谈论语言修辞中的隐喻的，因为一切哲学的研究都是离不开语言的。亚里士多德在《修辞学》中指出，“日常词语只传达我们已经知道的东西，通过隐喻我们才能最好地把握新鲜的东西。”亚里士多德不仅强调隐喻在诗歌创作中的价值，也特别看重隐喻在修辞学中的积极作用。他说：“隐喻使言辞清晰，富于魅力，别出一格，这是别的手段办不到的，也是不能从别人那里学来的。”[①] 至于隐喻的本质问题，亚里士多德在《诗学》提出“隐喻是用一个陌生的名词替换，或者从种借来用于属，或者从属借来用于种，或者从属借来用于属，或者通过使用类比”。亚里士多德的这一番论述道出了对隐喻实质的独到看法。可以说，亚里士多德在隐喻研究上的成就是空前的。

罗马时期的隐喻研究也没有太多的建树。西塞罗是罗马共和末期的一位演说家和拉丁语著作家，被称为罗马时代折中主义哲学的代表。他坚持神、灵魂等精神实体的存在，同时对隐喻也进行了诸多有益的探讨。“西塞罗将隐喻比作衣服，衣服的产生首先是为了御寒，后来是为了装饰身份和地位。隐喻也一样，首先是因为语言的贫乏，缺少足够的表达思想的手段，后来就是为了愉悦了。”[②] 西塞罗把隐喻词汇的借用，在几种对比形式中证明一个论断或装饰语言方面起到了一定作用。

昆体良从修辞学的角度出发，把自亚里士多德以来对语言和隐喻研究的古典主义方法论推向了顶点。昆体良在《演说的原理》一书中对古典隐喻理论做了系统的阐述，着重指出了隐喻四个方面的转义特征：①有生命的转义为无生命的；②无生命的转义为有生命的；③有生命的转义为另一有生命的；④无生命的转义为另一无生命的。和亚里士多德一样，他将隐喻视为“点缀在风格之上的高级装饰品”[③]。

普罗提诺在他的“流溢的隐喻”观中认为：如果神是太一，他就不可能创造，因为创造是一种活动，而且活动意味着变化。那么我们怎么能够说明世界中的许多事物？为了坚持神是太一这个思想的逻辑一贯性，普罗提诺是通过这样一种说法来解释事物的起源的。他说，事物来自神，但不是通过创造这种自由的活动，而是通过必然性。为了表达他所说的“必然性”是什么，普罗提诺运用了

① 刘宇红．隐喻研究的哲学视角．外国语，2005，(3)．

② 刘正光．隐喻的认知研究——理论与实践．长沙：湖南人民出版社，2007：1.

③ 谢之君．隐喻认知功能探索．上海：复旦大学出版社，2007：2.

一些隐喻，特别是关于流溢的隐喻①。

（二）中世纪经院哲学的隐喻观

对于中世纪的大多数哲学家来说，天空低垂，因为这暗示了天堂和人间的密切结合，也就是哲学和神学的结合。经院哲学是中世纪的基本的哲学形态。它继承和发展了古代的哲学和基督教神学，成为中世纪占统治地位的哲学，是联结欧洲古代哲学和近代哲学的中间环节。

欧洲封建社会占统治地位的意识形态是基督教神学。恩格斯在《路德维希·费尔巴哈和德国古典哲学的终结》中指出："中世纪只知道一种意识形态，即宗教和神学。"所以经院哲学是为神学作论证的。在这历时长达一千多年的人类文明史上的漫漫长夜里，神学高于哲学，信仰高于理性，哲学成为了神学的婢女。而此时的隐喻研究与哲学的命运一样，也成了神学的婢女，更失去了其在哲学上的独立性及重要性，沦为一种论证上帝存在的工具。

中世纪早期著名哲学家波埃修的名作《哲学的慰藉》也体现出了非常浓厚的隐喻的味道。该书是一本对话文集，是作者自己和一个作为哲学之化身的人之间的对话。对话涉及上帝、命运、自由，以及恶的主题。波埃修对哲学做了一个比喻性的描述，引导他以这种比喻性的方式去看待哲学的，是他在监狱中感到焦虑时，试图通过写诗来克服他的忧郁。在这方面，他被一种新的凭借巨大的想象力所制定的哲学视野所打动。波埃修把哲学比喻为"一位高贵的女人向他走来"，用她敏锐的眼睛来暗示哲学具有高于人的本性的力量；用她给人的印象来表明哲学是青春常驻的；用她长袍上的希腊字母来象征实践哲学与理论哲学，以及在它们中间有一架梯子显示了向智慧攀登的阶梯。

经院哲学信仰唯理论，反对唯名论。坎特伯雷大主教安瑟伦在思想史上之所以著名，主要是因为他的上帝存在的证明，即上帝存在的本体论，而在哲学史上占有重要地位。作为思维最大的可能对象，上帝不可能不存在，否则他就不会是最大的思维对象。安瑟伦确信：信仰和理性可以得出相同的结论。他还承认，人的心灵不可能猜透上帝的奥秘。

经院哲学家阿奎那的伟大成就在于他集中了古典哲学和基督教哲学的各种见识。阿奎那首先是作为一个基督徒来进行思考和写作的，在写作神学著作时他又对亚里士多德的哲学及隐喻思想有着很大的依赖性，在寻求真理的过程中，哲学和神学是互补的。阿奎那的时代正处于基督教神学和经院哲学受到多方面冲击的时代，传统的基督教哲学遇到了严重的危机。阿奎那适应新的形势的要求，他以神学为基础，修改和利用亚里士多德哲学中对其有利的部分，论证基督信条，形

① 斯通普夫·菲泽．西方哲学史（第七版）．丁三东，等译．北京：中华书局，2005：174-175.

成了一个相当系统的神学哲学体系。显然，阿奎那是一位知识渊博的神学家和哲学家，为了不使神学信条与人们的常识相矛盾，他博采众说，调和信仰与知识、感性与理性、经验论与先验论，这就使得他的神学哲学具有混乱庞杂的折中主义特点。对隐喻的态度上，他认为在《圣经》中使用隐喻“既是必要的，又是有益的”。他的基本主张是，既然世俗的事物可以通过与另一物的相似性得以描述，那么神性的真理也可以通过与世俗事物的比较来让人领悟①。可见，中世纪对隐喻的态度是：隐喻如果用于维护其神学的统治地位就是好的，如果超出它的范围和底线就应该受到抵制。

但丁是中世纪末期最杰出的思想家之一，在他开始创作《神曲》时，中世纪已经开始解体，所以我们也能在其作品中看到一个经历全盛时期的世界观。《神曲》记述了一次经过地狱、炼狱而升入天堂的旅行，但在旅途中，作者实际上通过隐喻向我们提供了一个中世纪思想的概要。

（三）近代哲学的隐喻观

文艺复兴是人类文明史的一个重要转折点。中世纪的漫漫长夜在此终结，哲学研究的对象从面向神转变为面向人和自然。在批判神学和经院哲学的斗争中，以人和自然为中心的人文主义、自然哲学思潮蓬勃兴起。但此时“具有科学头脑”的、理性的哲学家们重视的是经验和经过实验验证的科学命题，隐喻由于具有感性的、艺术的特质而得不到经验主义哲学家的认可。这一时期隐喻的典型特征是：隐喻是比喻表达法的一种装饰，它们对于话语的认知意义并无贡献，只是赋予话语以色彩、生动性、情感效果等②。因此，在现代，人们对隐喻的看法反而倒退了。

此后，经验论哲学家和唯理论哲学家似乎都对隐喻不是很感冒，隐喻研究的前景也更是不容乐观。英国著名哲学家霍布斯便是这一时期的典型代表。霍布斯坚持认为隐喻对于精确理解是一种障碍。霍布斯写道：“流变的命名永远不能成为任何三段论推理的确实基础。隐喻和其他言语修辞格都不能。”在霍布斯看来，诗歌中的隐喻是宽容的，因为它们坦率地“承认自己的流变性”并且仅仅旨在“愉悦读者”。但在哲学中，霍布斯发现隐喻是荒唐可笑的，误导情绪的，是“沼泽中愚弄旅人的光”③，态度又是极度轻蔑的。

之后，英国另一位经验主义哲学家洛克也持和霍布斯同样的观点，认为隐喻是一种“滥用”，是修辞的工具和真理的敌人。虽然他的“白板说”很明显体现

① 刘宇红．隐喻研究的哲学视角．外国语，2005，(3)．

② 郭贵春．隐喻、修辞与科学解释．北京：科学出版社，2007：10.

③ 雷可夫等．我们赖以生存的譬喻．周世箴译．台北：联经出版公司，2006：285.

了隐喻的色彩，但他还是认为："使用隐喻只会在言语中渗入错误思想，转移人的情绪，并因而做出错误的判断，所以实在是彻头彻尾的欺骗行为。"霍布斯和洛克的共同点在于：他们坚持认为，尽管哲学家们利用隐喻来交流他们的思想是一个很好的方式，但他们自己在哲学运用的过程中是尽最大可能避免使用隐喻的。贝克莱是深受洛克影响的经验主义哲学家，他对隐喻没有太多的论述，只是告诫说"哲学家应避免使用隐喻"。

自18世纪始，哲学家对待隐喻的态度才逐渐从贬斥转向了赞赏，隐喻研究的道路开始一步步变得平坦。可以说，这个时代对隐喻来说应该是非常幸运的。

意大利杰出的法学家和哲学家维柯，在人类历史上是第一个从语言和文化的角度对原始人类的人性、思维方式、意识形态、宗教、社会制度、法律、历史、习俗等文化现象进行统一而全新解释的人，他把人们使用的各种语言、人们所创造的神话和传说放到它们所产生的环境中来审视它们所依赖的方式，因为语言与其所表达的客观世界是密不可分、有机结合的。这个方式就是隐喻，因为它总是处于"人的创造"的中心①。

法国启蒙运动思想家卢梭强调隐喻在语言发展中的过渡作用，并且认为人类语言的起始就是隐喻性的。法国哲学家拉美特利在其著作《人是机器》中提出"人是机器"的著名命题，主动地使用隐喻，从而将所要认识的抽象的事物变得具体化，使人们更好地理解事物的特征。康德对隐喻的作用是大力推崇的，认为人的普遍创造力表现在对隐喻的运用上，富有创造性的隐喻比直白的概念能带给人更多的理性上的思考。在他论述美的时候，表现得尤为突出。黑格尔在论述语言与隐喻的关系时指出："每种语言本身就已包含无数的隐喻。它们的本义是涉及感性事物的，后来引申到精神事物上去。……但是这种字用久了，就逐渐失去隐喻的性质，用成习惯，引申义就变成了本义，意义与意象在娴熟运用之中就不再划分开来，意象就不再使人想起一个具体的感性观照对象，而直接想到它的抽象意义。"事实上，人类的大部分概念在其起初出现的时候都是作为隐喻概念而使用的。没有隐喻，一种语言就不成其为语言②。

尼采是一位伟大的哲学家、语言学家。他具有哲学家的理性和语言学家的敏感，所以尼采对隐喻的把握、运用是恰到好处的，对真理的阐释也更有见地。也正是尼采把隐喻提升到语言本体论和认知本体论的高度去探讨、研究的。他的著名论断"上帝死了"就充满了隐喻的色彩并成为其思想的顶峰。在尼采看来，上帝的死亡已是定局，上帝已属于过去。尼采宣布上帝死亡，实质上就是运用隐喻而产生的一次价值革命，是对传统价值体系彻底的变革。

---

① 谢之君．隐喻认知功能探索．上海：复旦大学出版社，2007：2.

② 郭贵春．隐喻、修辞与科学解释．北京：科学出版社，2007：11.

（四）当代哲学的隐喻研究

20世纪上半叶西方哲学的主流是逻辑实证主义，它的哲学三张有两种：实证主义和科学主义。实证主义认为隐喻命题是不能通过经验证实的，比如谁也无法验证“爱情是一次旅程”这一命题；科学主义认为隐喻是属于非科学的。这让人们感到隐喻与追求逻辑严密和可证实性的科学理论似乎是背道而驰了，但事实上科学家们往往在科学理论的陈述中又自觉或不自觉地运用着隐喻性思维与语言。

以上所有关于在哲学上的隐喻思考，为20世纪的隐喻研究提供了深厚的认识论基础。可以说，从这个时候开始，隐喻的春天到来了。理查兹的《修辞哲学》是这一时期的标志。理查兹是“互动理论”的始作俑者，他指出隐喻是事物的本体和喻体之间的互动。他在对隐喻研究的目的、本质以及隐喻的工作机制等进行了非常细致深入的研究后，提出了著名“隐喻是无所不在的”原则，并且认为隐喻是人类的思维方式之一，抽象的哲学是离不开隐喻的。

布莱克在《模型与隐喻》一文中从结构主义的角度对理查兹提出的“互动理论”进行了发挥和阐释，使之更加完善。布莱克提出，隐喻不仅仅是对理论化的刺激（正如“新鲜空气”一样），而且是“达成洞见的一种特殊模式”。布莱克认为，阴雨可以作为特定域的一种模型，因此它和关于那个域的理论的关系不像新鲜空气那样是“纯因果性”的①。从布莱克开始，人们开始更加广泛地关注隐喻。

1975年，法国著名哲学家、符号学家利科（P. Ricoeur）出版其隐喻研究专著《隐喻的规则》，全面评述传统修辞学在隐喻研究方面的贡献和局限，在话语语言学范围之内对隐喻进行研究，并主张从词汇单位过渡到句子单位来考察隐喻的功能。20世纪下半叶的隐喻研究获得了前所未有的大发展，这主要表现在语言学家拉考夫和哲学家约翰逊在认知科学背景下的隐喻研究。两人的第一本合著《我们赖以生存的隐喻》，更是一部关于隐喻研究的具有划时代意义的著作。他们认为“隐喻不仅仅是一种语言现象，人的思维过程大体上也是隐喻性质的”。这样的论断石破天惊，使隐喻第一次真正地获得了语言本体、思维本体、活动本体的至高无上的地位②。伴随这种变化出现的是哲学观的转变。隐喻认知的研究进入了一个全新的时代。

二、拉考夫的概念隐喻理论

20世纪下半叶，隐喻研究进入了一个新时代，其标志是拉考夫和约翰逊的《我们赖以生存的隐喻》一书，隐喻研究的范围也拓展到包括哲学、认知科学、

① 戴维·E. 库珀. 隐喻. 郭贵春，安军译. 上海：上海科技教育出版社，2007：15.

② 刘宇红. George Lakoff 语言理论的发展历程. 山东外语教学，2002，(5).

语言学等领域。“正是因为对隐喻的定义见仁见智，这不仅反映了隐喻研究中的认识论和方法论问题，同时也反映了隐喻研究涉及层面的广泛性。”①

（一）“概念隐喻”的含义

拉考夫和约翰逊指出：“人类思维的概念系统是建立在隐喻基础之上的。”②隐喻的实质是用一种类型的事物去理解、体验另一种类型的事物。人类思维的深化和发展，在很大程度上是借助或依赖于隐喻手段来进行的。人们要达到认识和解释事物，并最终要解决问题这样一个目的，其认知过程总是循着由近而远，由浅入深，从具体到抽象，从已知到未知的一个逐步向前的过程，而在这个过程总是伴随着隐喻的参与。

对多数人来说，隐喻是一种诗意的想象与修辞性夸饰的技巧，即一种与日常语言完全不同的表现，加之隐喻被看作是纯属语言的，属于言语方面而不是思想或行为方面，大多数人便认为在日常生活中并不需要隐喻。与之相反，拉考夫发现，隐喻在日常生活中普遍存在，遍布语言、思维与行为中。我们用以思维与行为的日常概念系统，在本质上是隐喻式的。

概念主导我们的思维，除了智能方面，还有日常生活的运作以及种种世俗小事。概念建构我们的感知、活动与人际沟通等通道，概念系统则充当一个确认我们日常现实的中心角色。如果我们所谓的“概念系统本质上是隐喻的”这一假设正确，那么，我们的思维方式、经验、日常行为等也大部分是隐喻式的。

其实，概念隐喻与修辞格中的隐喻是不尽相同的，它们之间既有联系，又有区别。概念隐喻是建立在人们对修辞格隐喻进行认知分析基础之上，对修辞格意义上的隐喻进行认知分析才产生了概念隐喻。它们之间的区别在于修辞格隐喻是一种呈现于表面的东西，而概念隐喻实质上就是人的一个内在的认知过程。

人们在日常的生活中，通过隐喻对一些基本范畴和常用的概念，进行不同角度的思考，进而用所了解的形象去理解和解释其他的事物，如“上下”、“内外”等。这其实与人们认识的深化是分不开的，是人类认知过程的进化。人类这种隐喻思维过程的结果，形成了许许多多系统化的隐喻，揭示了事物的本质。这些隐喻又反过来影响着人们的语言表达和思维。可以说，在对隐喻的使用过程中，它对人的认知能力的提高有着很大的作用。

譬如，人们经常自觉或不自觉地运用某些隐喻来说明事物，表达思想，进行社交活动，但并没有意识到自己思维方式中存在的这些“概念隐喻”。拉考夫在反观传统隐喻研究基础上，认为隐喻不仅仅指修辞格层面上的隐喻，而且包括人

① 谢之君．隐喻认知功能探索．上海：复旦大学出版社，2007：3.

② Lakoff G，Johnson M. Metaphors We Live By. Chicago：The University of Chicago Press，1980：5.

们思维和行为的方式。隐喻首先是一种思维现象，在人们的生活中是无所不在的。比如我们在日常生活中很多对话是隐喻的，如“小丽是天使”，这实际上是思维中的概念隐喻在语言中的体现。当人们面对那些具体的、直观可见的概念时，由于人类自身体验的关系，很容易掌握。而在面对那些抽象的、结构复杂的概念时，人们便只能借助于具体事物，通过具体事物进行体验、比较，来认知抽象的事物和意义，比如“电流”，这时具体事物的某些意义往往转移到抽象的概念上，即从一个认知域转移到另一个认知域的映射过程，最终达到认识事物的本质的目的。

（二）“概念隐喻”的类型

拉考夫把隐喻分为空间方位隐喻、实体隐喻和结构隐喻三类。下面我们将对这三个类型作一个详细的分析，以便更好地理解概念隐喻的实质。

1. 空间方位隐喻

空间方位隐喻是指以概念之间的相关性为隐喻思考的对象，是组织起的整个概念系统。此类概念大多与空间概念有关，如参照上下、内外、前后、深浅、中心、边缘等。空间方位隐喻实际上就是以空间方位自相组织起来的隐喻，是人们可以直观理解的、基本的概念隐喻。它以自然现象与人类活动的相互关系为出发点，以人们的身体体验在其所处的环境中发挥功能作用。空间方位隐喻赋予每个概念一个空间方位，如“快乐”就是情绪高涨，代表“上”；而“悲伤”就是情绪低沉，代表“下”。空间方位隐喻与空间方位有关，对空间方位的感知属于人的基本认知能力，诸如“上、下、左、右”这些方位都是人体直接经验的体现，因此也比较容易掌握。

空间方位隐喻并不是任意性的，它立足于我们身体体验与文化之间的经验。尽管处于两级对立的“上下、内外、前后、深浅、中心、边缘”等概念在本质上属于肉体性经验，但以它为基础的空间方位隐喻却是因文化而异的。随着人类认知能力的逐步提高，人们用最直接的空间方位概念来表达一些抽象的概念，以达到认识事物的目的。下面以“上、下”为例，以人的身体对自然的体验和社会文化等为基础来解析空间方位隐喻。

隐喻：快乐是上，悲伤是下。

我今天情绪高昂（上）。

我今天情绪低落（下）。

我提起精神来加班（上）。

你怎么萎靡不振（下）。

我们从平时的体验中可以得出：直立向上的姿态伴随着积极向上的情绪状

态，而低垂的姿势伴随着情绪低落。

隐喻：有意识是上，无意识是下。

我已经起床了（上）。

他睡下了（下）。

他平时很早就起来了（上）。

他处于一种迷糊状态之下（下）。

在日常生活中，人们睡觉时是躺下，而在清醒的状态人们往往是站立的。

隐喻：强势是上，弱势是下。

他的权力地位上升了（上）。

他不掌权了，开始走下坡路（下）。

我掌控了他的一切（上）。

他是我的掌中玩物（下）。

斗争中的优胜者通常居上，而失败者处于被打倒或击败的地位，通常居下。所谓“胜者王侯败者贼”

隐喻：道德是上，堕落是下。

他是位正直善良的人（上）。

他品德败坏，卑鄙下流（下）。

正义战胜邪恶（上）。

我被他拖下了水（下）。

有道德就要依据社会或社会中的个人所定标准来行事。“道德是上”就是道德行为符合社会或个人所认定的社会秩序。由于以社会性为基础的隐喻是文化的一部分，所以社会或个人的观点就起决定性因素。

隐喻：理性是上，感性是下。

他做什么事情都很理智（上）。

他是一个容易冲动的人（下）。

理智战胜了情感（上）。

他无法摆脱感情的束缚（下）。

在我们的文化中，人能自觉地操控自然及其周边环境，是因为人具有独特的理智能力。

随着人类认知能力的提高，人们以自己的身体为参照建立起来的空间方位隐喻概念，表现出人类共有的身体经验隐喻化的结果，而使得不同的语言有着在很大程度上类似的方位隐喻的原因。

2. 实体隐喻

“实体隐喻是人类用客观物质去理解我们的经验，使得我们能够选择出经验的组成部分，并把它们看成是统一体中有区别的实物与物质。”① 它是将无法区分和划界的抽象和模糊的事件、活动、思想情感、观点等无形的概念视为是具体的有形的实体与物质。“实体隐喻为多种目的服务，而各种隐喻也反映这种目的。”② 拉考夫以“通货膨胀正在降低我们的生活水准”为例，通货膨胀就被他看作是一个实体，同时把通货膨胀带来的物价上涨进行具体分析，使得通货膨胀这样一个经验实体化，从而把抽象的经验表述为具体的、形象生动的事实。

人们利用客观世界中的实体和物质已有的经验结构，为人们提供了通过认知来理解其他经验实体的基础，这正如我们把一些抽象的经验（事件、活动、思想、情感、观点等）看作是现实生活中一些有形的实体与物质。但为这些目的而运用的实体隐喻的类别是多种多样的，基本上可以分为以下几种：

（1）指示：

这个问题就摆在那里，很棘手。

国家荣誉在这场战争中受到威胁。

我们在为和平努力。

不要背上思想包袱。

这里的“问题”等词都是一些极为抽象的概念，在理解它们时，人们不可避免地把这些虚的概念进行一个实体化的过程，即用实体的概念和事物来理解这些抽象的概念。把“问题”比作一个实体（物件），可以摆放在那里，并且摸起来有一种“棘手”的感觉，通过对抽象概念实体化的过程，就达到了理解那些抽象概念的目的。

（2）量化：

我觉得心里好像缺少了什么，空落落的。

你心中的敌意太多。

千山万水也挡不住我对你的思念。

处理这件事情有不少阻力。

模糊地量化修饰词是我们日常生活中惯用的一种表达思想的方式，在这些表达方式背后实际上包含了我们的隐喻思维，是实体概念隐喻在现实生活中的体现。

（3）确定其特征：

我赶不上现代生活的节奏。

我们的感情彻底完了。

他的工作至今还是没有头绪。

---

① Lakoff G, Johnson M. Metaphors We Live By. Chicago: The University of Chicago Press, 1980: 25.

② Lakoff G, Johnson M. Metaphors We Live By. Chicago: The University of Chicago Press, 1980: 26.

他最近情绪恶化了。

“节奏”赶不上、“感情”完了、“工作”没有头绪和“情绪”恶化，这都是对一些概念进行实体化，以此来认识这些抽象概念的特征。

（4）确定其原因：

他陷入懊悔之中，不能原谅自己。

喝酒伤身，他病了。

因为要和客户见面，今天不能早早回家。

她这样做完全是出于报恩。

将抽象的概念实体化，有助于我们认识到事物发生的原因，进而更好地把握事物的本质。

（5）表明其动机和目的：

他到北京谋求更好的发展。

为了让你快乐，我推掉了很多应酬。

他从未放弃过他的理想。

他希望能得到宽恕。

就像确定原因一样，表明动机和目的也同样需要借助于抽象概念的实体化。

此外，实体隐喻中的“容器”隐喻也是概念隐喻中一个非常重要的类型。人是独立于客观世界的一个实体，认识世界是以自己为中心的。容器概念隐喻便是以人所认识、感知的物质基础为依托，把我们所能构想出的诸如“地盘”、“视野”、“事件、行动”等有边界的可视空间作为容器来进行隐喻性思维，因此，容器隐喻在隐喻思维中是极为普遍的，也是非常重要的。

就实体隐喻本身来说，以上的几个类型中似乎看不到隐喻的影子。因为实体隐喻也如空间方位隐喻一样，它们的使用范围有限，比如指示和量化等等。如果单纯把抽象的概念比作事物实体并不能增进对这些事物的了解，那么这些实体隐喻是自然地、普遍地存在于我们的思维之中，并被看作是心智现象本身自然不自然的直接描述，而我们也并没有在使用的过程中意识到它们其实是隐喻性的。但这样的隐喻正是有关心智模式所不可缺少的部分。

3. 结构隐喻

结构隐喻是指通过一个概念去隐喻性地构建另一个概念[①]，即后者的构建是人们借助于对前者的隐喻性思维来完成的，是通过“结构映射”的方式把源概念映射到目标概念上的一个思维过程。如我们常说的“时间就是金钱”这句话，时间和金钱是两个毫不沾边的概念，且分属不同的概念系统，但是现在通过结构

① Lakoff G, Johnson M. Metaphors We Live By. Chicago: The University of Chicago Press, 1980: 14.

映射，把时间这个源域映射到金钱这个目标域上，使人们更加清楚地认识到它们的相似的地方，从而把抽象的时间隐喻成形象化的事物，使人们充分认识到时间的宝贵。正如拉考夫等所说："结构隐喻使我们能用一个构建性较高的、能清晰描绘的概念去构建另一个概念，它所起的作用要远远超过以纯粹的肉体概念为基础的空间方位隐喻与实体隐喻"。①

在结构隐喻中，本体概念系统与喻体概念系统具有某种结构上的相似性，而这样的相似性具有系统性。主要表现在三个方面：

一是用多个具体、直观的概念和事物对一个抽象的概念和事物进行说明。

人们对事物概念的认知并非杂乱无章，而是具有一定的结构特征。结构隐喻都是抓住所述对象的某一方面来进行对比，进而达到帮助人们形象认识事物某一方面的目的。但是，一事物的一面并不能完整地代表另一事物。因此，人们必然会从多个角度来对其进行认识。以时间为例：

时间就是金钱。

时间就是生命。

时间是流水。

时间是商品。

以上四个概念隐喻都是围绕着一个中心"时间"'展开的，因为时间这个概念具有抽象性，所以我们才用其他事物来认识它。

二是用多个具体、直观的概念和事物对一个抽象的概念和事物进行说明。

如在一首流行歌曲中这样唱道："你是我心中的日月"，从歌手口中唱出的"日月"本身是一个我们大家非常熟悉，人们都能直观把握的自然现象，即太阳和月亮，但它代表了人们的一种美好向往，所以也可以表达为：

日月是甜蜜的爱情。

日月是人生的理想。

日月是美好的愿望。

日月是幸福的家庭。

这个结构隐喻的例子中把日月这个源域映射到爱情、理想、愿望和家庭的目标域中，在对具体事物认知的基础上，通过在这个过程中获得的事物的本体特征，来认识其他抽象的事物。同时也突出了那些具体事物作为源域向外界客观事物映射的重要作用。

三是喻体和受隐喻概念影响和制约的言语表达中的有关词语组合成一个有机联系的系统。

概念隐喻中的喻体作为人们认知的一个对象，它的特征是多层次、多角度

---

① Lakoff G , Johnson M. Metaphors We Live By. Chicago: The University of Chicago Press, 1980: 61.

的。概念隐喻可能由本体与喻体的某一个或某几个特征构成，而一旦这个隐喻概念形成，喻体的其他潜在特征就有可能随着人们认识的深化而得以显现。如“争论是战争”这一隐喻概念的产生可能是由“战争”的“进攻”、“防守”等特征而引发，在进一步使用这一概念对争论进行认知的过程中，就有可能展现出“战争”的其他特征来，如“谋略”、“开火”、“消灭”、“撤退”等，它们都属于战争的概念隐喻系统，且这个系统不是封闭的，而是开放的。

由此看出，隐喻不仅限于语言层面，不仅存在于常用的修辞格中，而且也存在于一般的日常语言表达中，并且制约着我们的思维方式和行为方式，是人类赖以生存的方式之一。

（三）概念隐喻的理解及其工作机制

拉考夫的概念隐喻理论认为，隐喻是人类重要的思维方式和行为方式，主张概念隐喻以人的身体对现实的体验为出发点。这一具有革命性的论断，推翻了几千年来人们普遍认为的隐喻是一种修辞方式的传统观点。要证明概念隐喻在人类认知思维发展过程中的重要作用，对隐喻的理解以及对隐喻的工作机制的把握是非常必要的。

隐喻的理解方式是通过具体和形象的源域来理解抽象的和难以理解的目标域。大部分对隐喻的研究都集中在隐喻的理解方式与过程上，这正是科学解释隐喻的重要手段。在研究隐喻的理解过程中，人们一方面关心隐喻理解所涉及的外部因素，另一方面关心隐喻的内部机制的作用过程。而隐喻的工作机制便是映射，映射具有方向性，一般情况是从具体和形象的源域向抽象的和难以理解的目标域映射。

纵观隐喻研究史上的“替代”、“对比”和“互动”等观点，实质就是对隐喻的这种工作机制的历史阐释。但从这些理论的解释力来看，当时的哲学家们提出的“替代”和“对比”由于其认知局限和传统观点的影响，把隐喻的理解过程过分简单化了。“互动”虽然指出了隐喻理解过程的性质，而且也突破了传统观念的局限，但对其所阐释互动过程的具体特点没有充分的描写，只是把隐喻的内部机制描述成两种不同的事物之间的相互作用。由于以上观点都是基于对隐喻的某一方面、某一观点来试图解决隐喻的工作机制，虽然也有一定道理，且与人们的认知有关，但不全面。

拉考夫和约翰逊在对上述观点的总结和反思中提出了概念隐喻理论，说明了在人的思维与语言中充满了隐喻，主观体验是通过人对外界客观事物认知的过程中的隐喻思维来进行概念化的。现实中的各种事物都存在着许多的联系，通过认知我们可以发现它们之间的相似之处，或者通过想象使它们之间建立联系。拉考夫指出："隐喻的基本功能是通过一种经验局部地解释另一种经验"。① 这时的隐喻实际上已经成为人们对范畴进行概念化的过程。

三、"概念隐喻"的认知模型及其功能

在近年来的哲学研究中，人们逐渐认识到，认知程度的深化往往借助于模型的介入。所谓模型就是与原型系统有着一定相似性的实物系统和观念系统。无论何种模型都有着高度抽象综合性的特点，它是研究高度复杂的组织系统的有力手段。人们在研究中通过模型来揭示出事物本身的形态、特征和本质，从而促进认知思维的发展。所以，在我们对拉考夫概念隐喻的认知模型做一个细致全面的解析之前，很有必要对认知模型有一个大体的了解。

（一）认知模型

模型是思维的工具。它是我们把一些题材的表征变成更利于我们对其进行思考的方式。例如，某物"R"可用两种主要方式来表征别的东西"T"。根据惯例，一个任意符号能被赋予一种确定的用途来表征某物。☺表征"微笑"，然后，用图标表示模型。由于在模型和其原型之间存在着相似性和差异性的平衡，某物的一个模型是一个类比，表征它的原型。一个孩子的玩偶是人的一个模型。它具有人身体必需的表面特征②。在人们的认知过程中，对那种抽象、不易掌握其性质，但客观存在的整体系统，认知模型提供了一种有效的解决办法。我们可以建立一种"认知模型"来模拟客观的人类认识活动。

认知模型的种类是多种多样的，如在现实生活中我们在售楼部里看到的房模和作为玩具的车模，它们与真的房子、汽车一样都具有共享的特征，这是最基本的一种模型。在学习中的模拟试题是模仿学习如何把某物做到最好的模型或理想程序。此外，还有语言模型、逻辑模型等。

隐喻，特别是根隐喻的观念，作为表征的模型和作为理想的模型，可以为假设提供范式。"模型"一词作为真正和想象事物的这两种用法在自然科学中都能够找到。这些词要么是别的东西的类比，要么是某些事物的理想化模式。关于我们不可观察世界区域的知识，虽然在理论上是可修正的，但其实还是可信赖的。证明这一主张表面上看来是难处理，然而我们一旦学会把科学思维和实验作为模型的建构以及模型的应用，就会顺利地解决这些问题。

认知模型的建构需要以大量确凿的科学观察和实验资料为基础。只有对客观存在的物质进行深入细致的观察，抓住了事物和现象的本质后，认识模型才能得

① Lakoff G, Johnson M. Metaphors We Live By. Chicago: The University of Chicago Press, 1980: 154

② 罗姆·哈瑞. 认知科学哲学导论. 魏屹东译. 上海：上海科技教育出版社，2006：39.

以建立。模型作为一些复杂自然实体的一个版本，通过理想化和抽象化产生。抽象化是忽略它的某些方面，而理想化是过滤和简化其他方面①。

认识是人类运用诸如推理、概括、演绎、监控和记忆等心理活动的认知过程。一般说来，这个过程起始于互动式的感知体验、意向图式、范畴化和概念化。我们在与现实世界互动体验的基础上，形成了意向图式，建立了认知模型。也可以说，认知模型就是人们在认识事体、理解世界过程中所形成的一种相对定型的心智结构，是组织和表征知识的模型，由概念及其间的相对固定的联系构成②。

（二）拉考夫“概念隐喻”的认知模型

拉考夫发现隐喻在日常生活中的语言、思维与行为中普遍存在。我们用以思维的日常概念系统本质上是隐喻的。这直接导致了隐喻的认知观对传统观点认为隐喻是词汇层面上的一种修辞手法的否认，把隐喻放在了人类思维方式的高度，得出了隐喻是人类思维方式、经验、日常行为、言语的基础，是我们赖以生存的基本方式。在这里，概念隐喻作为一种基本的认知模型，是源域（source domain）向目标域（target domain）的结构映射（structural mapping），从而使喻体通过喻源置于空间物质的经验中（图 14-2）。

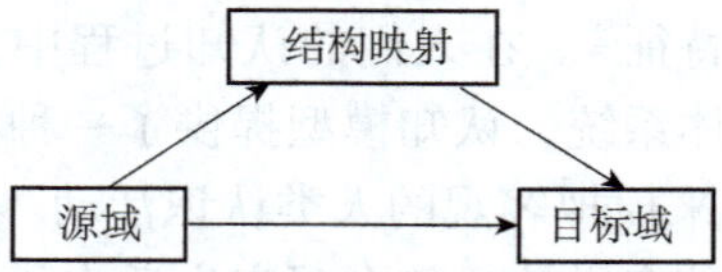

图 14-2 “概念隐喻”的结构

我们知道，隐喻的实质就是用一种类型的事物去理解、体验另一种类型的事物，它以人们所感知的事物之间的相似性为基础。事物的相似性很大程度上取决于人的肉体体验。概念隐喻所要论证的就是源域和目标域这两个重要的方面，即隐喻就是将源域的结构映射到目标域上。这个过程很有力地说明，与传统观点将隐喻看成是一种修辞手法的观点不同，认知语言学把它看作人类赖以生存的思维方式。同时，也说明了以上所指的隐喻并非指具体的、在修辞意义上的隐喻表达式，而是指体现在这个隐喻表达式中的概念隐喻。自拉考夫和约翰逊《我们赖以生存的隐喻》一书问世后，才真正确立了隐喻在认知中的地位，也把人类的思维在认知层面上推到了一个顶峰。

在概念隐喻理论框架中，隐喻被分析为一种存在于两个概念域之间的稳定而

① 罗姆·哈瑞．认知科学哲学导论．魏屹东译．上海：上海科技教育出版社，2006：41.

② 王寅．认知语言学．上海：上海外语教育出版社，2006：203-204.

系统的关系。起点的事物叫作源域，终点的事物叫作目标域，它们构成了隐喻结构的基本要素。源域通常是比较具体、可以直观把握的概念，而目标域往往是较为抽象的、人们不能直接掌握的概念。但人们对事物概念的认知不是杂乱无章的、凭空想象的，而是具有系统性特征。在概念隐喻中我们需要做的是，对所述对象的某一方面的概念通过多事物、多角度的对比，借此来达到帮助人们能形象具体地认识事物某一方面的目的。

我们仍以"时间"为例。时间是一个抽象的、不好把握其性质的事物，所以我们只能借助于其他一些具体的事物的知识来认识它，通过概念隐喻的认知模型，分别认识时间这个抽象概念的一个侧面。如"时间是金钱"这个概念隐喻使我们能够通过货币能消费并能获得个人需求等方面的特征对时间在价值方面进行把握；"时间是生命"通过人一生的诞生、成长到不断完善等方面来说明时间的重要；"时间是流水"通过流水的状态和外部特征来说明时间一去不复返；"时间是商品"通过商品的产生、流通等方面对时间的其他方面进行把握，说明了时间的利用价值。它们都以隐喻方式进入了"时间"的概念系统。当然这个系统是开放的，其开放性表现在隐喻概念的不可穷尽性和各个概念之间功能上的多样性，如其结构既可以用"金钱"隐喻来理解，也可以用"流水"隐喻来解释；其价值既可以用"商品"隐喻来领会，也可以用"生命"隐喻来把握，甚至可以扩展到我们在认知思维中的各个领域，形成一个广泛意义上的概念隐喻系统。把上面所举例子中的概念隐喻模式在认知过程中通过图式化的构思，我们可以得出下面的关于"时间"的概念隐喻的认知结构（图 14-3）：

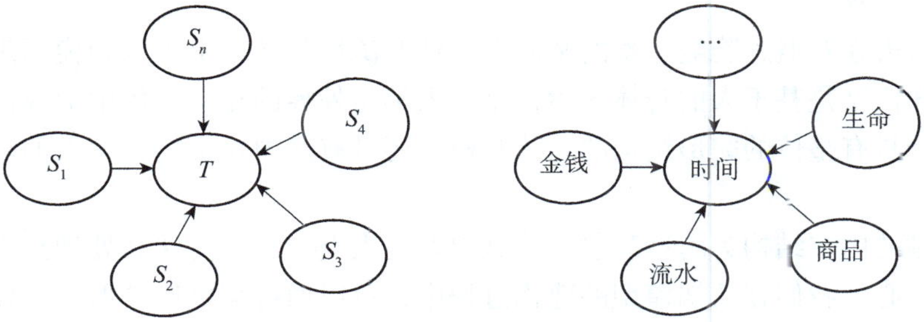

图 14-3　"时间"隐喻的结构

其中，S（source）代表源域，T（target）代表目标域。

再如上述所举的"心中的日月"例子。我们也都清楚日月是一个具体形象的客观事物，即我们天天都能看到的太阳和月亮。我们正是通过这个具体事物来对"爱情"、"家庭"、"愿望"、"理想"等抽象事物进行认识。人们在对具体事物有较多感知的基础上，获得较多的本体特征，人们倾向于用这些特征来认识其他较生疏的抽象事物。实际上，人们对于"日月"概念已有的丰富的经验知识运用到其他的抽象事物，如“爱情”、“时间”、“生活”等事物的理解上，就形成了一个概念隐喻（见图 14-4）。

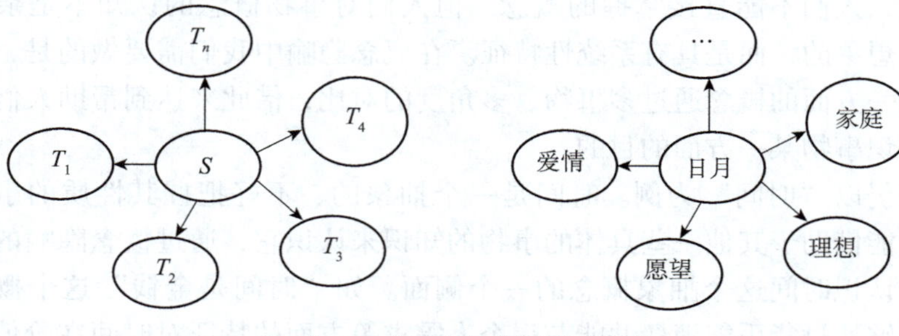

图 14-4　“爱情”等的隐喻结构

在空间方位隐喻中，概念之间的相关性为隐喻思考对象，组织起整个概念系统。在“上”和“下”的概念隐喻中，其实是把一个图式投射到一个纵向空间中，如我们人类，对于踩在脚下的地面，是处于上的位置；而相对于头顶上的天空，则是处于下的位置。在这个空间方位隐喻中，通过对人与天、地之间的方位描述，体现了人与周围环境的相关性，人与存在于他周围的事物是互相关联的。把空间方位隐喻中的“上”与“下”这些比较容易理解的概念向一些抽象的事物映射，我们就可以得出像“皇位”、“地狱”这样的隐喻思维，由此把简单的表示空间方位的“上”和“下”认知意义向更深的层次推进。通过这样一个人们在内心中形成的认知模型，体现了人作为一个主体对周围的客体能动的反映的一个认知过程。

拉考夫在对概念隐喻考察的基础上，针对源域范畴提出了认知模型理论。他认为认知模型是基于人的身体体验，是在人类与外界的相互作用中形成的，且认知模型是具有整体的完形结构的。认知模型还具有其内在结构，是人的一种认知方式。

隐喻的内在结构为跨域映射。跨域映射是人类生成、传递和处理意义等认知活动的中心。我们在认知模型的建构过程中，可以通过那些比较形象具体且结构相对清晰的源域范畴去理解、构建那些相对抽象难懂的且缺乏内部结构的目标域范畴。在这里，我们依然以“时间是金钱”为例，来揭示隐喻模型在范畴化中的认知的构建力。

在“时间是金钱”这个概念隐喻中，我们通过“金钱”这个源域范畴去理解、构建“时间”这个目标范畴。我们不光拿金钱与时间做一个类比，找出它们之间的相似性，更是用对金钱的思考方式去思考时间。这就说明了时间既是一种有价值的商品，也是一种有限的资源。在这里，我们可以在用途方面对其有一个认识，那就是金钱可以用来花销、可以投资、可以挥霍等，这是一个认知不断深化的过程。由于在我们的社会生活中，金钱往往是一种有限的资源，而有限的资源无疑是有价值的商品，因此，在“时间是金钱”的这个概念隐喻中包含“时间是种有限的资源”以及“时间是有价值的商品”两个次范畴化概念隐喻，三者的关系表现为蕴涵的关系，即“时间是金钱”蕴含“时间是种有限的资源”和“时间是有价值的商品”两个范畴。

通过上面所举的例子我们可以看到，人们对抽象范畴的构建必然会造成对同一范畴的多个不同的隐喻认知模型，这为人们从不同视角理解认知范畴提供了种种可能，也使得范畴结构的某些方面在某种程度上得以彰显或隐藏。

认知模型不是客观存在的，而是人类在与外部世界互动的基础上通过对知识进行组织和表征创造的。每一种认知模式都是一个结构性整体，一种完形结构，我们对世界的认识的过程就是一个如何对事物进行范畴化和概念化的过程。简单的范畴可能只涉及一两种认知模式，但复杂的范畴可能就涉及多个认知模式。

在认知模型的基础上，拉考夫又提出了理想化认知模型理论来说明人类范畴化问题和解释概念结构。所谓理想化认知模式，就是指特定的文化语境中说话人对某领域中的经验和知识所做的抽象的、统一的、理想化的理解，这是建立在许多认知模型之上的一种复杂的、整合的完形结构，是一种具有格式塔性质的复杂的认知模型①。理想化的认知模型是一种基础的认知模型，也是一种整合的完形结构。理想化的认知模型主要是运用命题结构原则、意向图式原则、隐喻映射原则和转喻映射原则构建起来的。王寅把认知模型与理想化的认知模型的主要内容总结为以下五点②：

（1）认知模型包括：概念及概念间相对固定的联系。

（2）认知模型的性质：体验性、互动性、基础性、抽象性、结构性、完形性、内在性、原型性、开放性、稳定性、相对灵活性、选择性、关联性、无意识性、普遍性等。

（3）认知模型可分为：基本认知模型（包括空间、时间、颜色、温度、感知、活动、情感）和复杂认知模型。后者又可分为：结构性结合和完形性结合。

（4）$ICM = CM_1 + CM_2 + CM_3 + ... CMn$

（5）理想化的认知模型可分为四大类：命题模型、意象图式模型、隐喻模型和转喻模型。

此外，理想化的认知模型还与域（domain）、图式（schema）、框架（frame）、原型（stereotype）、脚本（script）、辖域（scope）、基体（base）等密切相关，它们作为理想化的认知模型理论的来源，反过来直接影响着理想化的认

① Lakoff G , Johnson M. Metaphors We Live By. Chicago: The University of Chicago Press, 1980: 68.

② 王寅. 认知语言学. 上海：上海外语教育出版社，2006：208-209.

知结构①（图 14-5）。

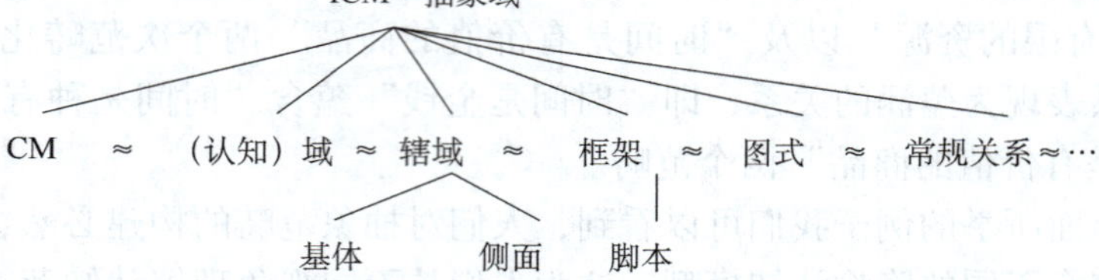

图 14-5　理想化认知结构

认知模型和理想化的认知模型在隐喻中的广泛运用，使得拉考夫的概念隐喻认知模型理论不断趋于完善，并形成了一个比较完整的系统，从而促进了人类的认知思维向更广阔的领域迈进。

（三）拉考夫“概念隐喻”的认知模型的意义

拉考夫的基于概念隐喻的认知模型，为解决人在认知过程中所遇到的难题指出了一条新路，对于我们认识一些抽象事物和解决认知过程中的难题有三点意义：

首先，概念隐喻的认知模型的建立，可以把一些抽象的、复杂的认知活动简化，使人们对客观事物的认知有一个清晰的、直观的感受，从而达到认知的深化。尤其是对抽象事物认识的过程中，概念隐喻在人的思维模式中有深刻的体现。人类在认识生疏事物的过程中，可以借助一些实体性的事物作为其表征的对象，从而更丰富我们对于生疏、抽象事物的认识。同时，对同一个认知范畴也可以建构不同的隐喻认知模型，这为人们从不同视角、不同方面去理解认知范畴奠定了基础。概念隐喻认知模型的建立，也使得范畴结构的某些方面在某种程度上得以彰显，并把我们的认知带入了一个理想的状态，使我们对事物的认知与表达更加丰富多彩。

其次，概念隐喻的认知模型使我们的哲学研究方法更加规范化、形式化。传统的隐喻只是把隐喻定义在语言学的研究范围，并没有把隐喻的概念引申到人的思维领域。拉考夫的概念隐喻的认知模型，首次把概念隐喻视作是人类思维方式与行为方式的一种认知模型。概念隐喻的内在结构为跨域映射，映射的内在机制是由源域范畴到目标域范畴。通过人的隐喻思维，把源域向目标域映射的过程以一种模型的方式展现出来，形象地表征出人类思维的微观机制。这样一个模型的建立是人类的认知过程的一个缩影，进而实现对认知系统的层次、结构以及人类认识的本质和规律的揭示。概念隐喻作为人类思维的内在机制以一种模型的方式

① 王寅．认知语言学．上海：上海外语教育出版社，2006：213.

表现出来，使人们更加清晰地认识了人类认知过程的奥秘。

最后，可以使人类的认知更好地与现代科学技术成果紧密结合，鲜明地体现出时代科学精神。概念隐喻认知模型的建立对于认知科学和智能计算机的发展都有积极意义，使得人类有可能更进一步了解人类个体和人类社会的认知过程，进而把人的自我了解和自我控制提高到前所未有的高度。

四、从概念隐喻到体验哲学

（一）拉考夫基于概念隐喻对传统哲学的批判

在人类认知发展的过程中，对事物进行抽象概括的哲学解释总是先于自然科学的具体解释。古代的自然科学总是被包括在自然哲学中。只有到了认识论崛起的近代哲学阶段，各门自然科学才从哲学的母体中分化出来，开始进行分门别类的研究。

在西方哲学中一直贯穿着感性与理性、经验主义与理性主义的争论，这种对立观点以不同的形式反映在人类生活的各个方面。人类存在的矛盾性，直接地表现为人的感性经验与理性思维的矛盾，或者更为简洁地说，感性与理性的矛盾[①]。无论在人的实践过程还是认知过程中，人的感性与理性之间的矛盾是对立统一的。在人们试图从理论上解决这种矛盾时，哲学中的经验主义和理性主义之间的论争便不可避免地开始了。

经验主义是对知识和实在的一种哲学研究方式。作为一个传统，它可以追溯到亚里士多德，并已深深扎根于中世纪以来的英国思想传统中。古典的英国经验主义者包括霍布斯、洛克、贝克莱和休谟，20 世纪的罗素、艾耶尔是它的主要代表。它的中心论点是：一切知识或一切有关世界的有意义的论述，都与感觉经验相关，而且可能的感觉经验的范围就是可能的知识的范围。不同的经验主义者对知识怎样建立在感觉的基础之上有不同的观点。经验主义主要对感性知觉的范围感兴趣，所以它对知觉问题、感觉材料和物质对象的关系问题、外部世界问题、科学的结果和方法论等诸如此类的问题，提供了详尽的考察。这一研究方式推崇具体性和特殊性，提倡严格的明晰性和精确性标准。

经验主义主张，科学为我们提供了关于实在性的最佳知识。它怀疑抽象和普遍化，拒绝一切非理性的、迷信的主张。经验主义面临的主要困难是提供对普遍概念，以及对数学和逻辑的先天必然真理的满意说明。经验主义与作为一种认识论研究方式的“理性主义”相对立，后者贬低感觉经验的作用，强调理性能力本身在认识中的中心地位。不过，如果理性主义泛指尊重理性，拒绝非理性，那

① 孙正聿．哲学通论（修订版）．上海：复旦大学出版社，2006：234.

么，经验主义也是理性主义的一个类型。现代学术拒斥某些17世纪的哲学家对经验主义-理性主义所作的过于尖锐的区分。

理性主义是17、18世纪在欧洲发展起来的一个哲学传统，主要以笛卡儿、斯宾诺莎和莱布尼茨为代表。认识论的理性主义断定，知识是运用理性或理智带来的，感觉经验不能达到确定性。理性方法是通往真理之路。理性主义把数学当做知识的模型，赞赏公理化方法，认为哲学方法应当与数学方法是一致的。它认为一切知识都是相联系的，可以从某个自明的第一原理推演出来。它还承认先天知识或理性真理的存在。理性主义试图构筑一个理性的自然科学，试图解决某些形而上学的问题，像关于世界的普遍结构、心身关系、灵魂不死等问题。理性主义与英国的经验主义传统相对立。经验主义主张一切知识最终来自经验。康德赋予理性和经验两者在知识的获得和正当性证明中至关重要的作用，以此将两个传统综合起来。不过在当代语言哲学和其他领域中仍然可以看到这两种认识论探讨的对立。在后康德时期，由于大陆理性主义传统主张理性是最高认知官能，所以它仍然认为理性的运用应当超出自然科学的范围之外。它将理性的运用扩展到政治、历史、艺术、宗教，并一般用于人文科学，试图在这些领域中建立普遍的知识。

在《我们赖以生存的隐喻》中，拉考夫和约翰逊把经验主义称为主观主义（subjectivism），而把理性主义称为客观主义（objectivism）。拉考夫认为，客观主义与主观主义需要对方才能存在，各自将自己定义为对方的对立面并视对方为敌。客观主义视真理、理性、精确、公正、不偏不倚为盟友，主观主义则与情感、直觉洞察力、想象力、人性、艺术以及更高层次的真理结盟。两者各自统领自己的王国并自认较对方高明，两者并存但是均自成一体，每个人的生命中也兼有两者，受其统辖的比例，因人而异，因文化而异，有人甚至尝试终其一生为其中一个神话而活着①。

拉考夫和约翰逊总结了传统哲学中客观主义的10个观点和主观主义的5个观点②。

客观主义的观点包括：

（1）世界由客观存在的物质组成，具有独立于人类经验之外的特性。例如岩石，它是坚硬的，即使没有人和生命的存在，它仍是一个坚硬地存在着的事物。

（2）人们通过体验感知到物质的特性以及它与周围事物之间的联系，而获得对物质的认识。例如，我们通过观察、感觉和移动石头，发现石头是独立存在

① 拉考夫，等．我们赖以生存的譬喻．周世箴译．台北：联经出版公司，2006：283.

② Lakoff G，Johnson M. Metaphors We Live By. Chicago：The University of Chicago Press，1980：186-188.

的。我们通过摸、挤、踢和碰撞，发现石头是坚硬的。

（3）人们通过范畴和概念来理解世界上的物质。这些概念和范畴对应于物质自身具有的特性和与其他物质的关系相一致。例如，我们通过它是固体、坚硬、密度大、天然生成等特性来理解“岩石”这一概念。

（4）存在一个客观的真实，事物可以客观、绝对和无条件的为真或为假。人们不能依靠主观判断来认识事物。

（5）词语有固定的意义，语言表达我们用来思维的范畴和概念，为了精准地描述真实，我们需要能表达出清晰简洁意思的词汇。

（6）人们说话时只有运用清楚、直观、正确地反映现实的语言才能达到客观。

（7）客观话语应当尽量避免隐喻等修饰性语言，因为它们不能正确地描述客观现实。

（8）客观的好处在于，只有客观的知识才能称得上真知，才能正确地理解自己、他人以及外部世界。

（9）客观的就是理性的，主观的就是非理性和感性的。

（10）主观的危险性在于与现实失去了联系，引起偏见，是不可靠的。主观的任性夸大了个人的作用。

主观主义的观点包括：

（1）我们日常生活中的实践依靠感觉和可以信赖的直觉，有外部干扰的时候，个人的感觉和直觉是最好的行动向导。

（2）人的感情、美感、道德行为以及精神意识是纯主观的，没有丝毫纯理性或纯客观的成分，它在我们生活中是最重要的。

（3）艺术和诗歌超越了理性和客观，它们使我们对接触到的感情和知觉与更重要的现实接触。我们获得的这种意识的过程中，运用的是形象力而不是人的理性。

（4）具有想象力的语言尤其是隐喻，必须表述我们经验中独特的、对个人而言是最重要的方面。词汇对于人们的理解是没有用武之地的。

（5）客观可能因为忽略了对个人而言最重要和有意义的部分，所以是“危险的”。

客观主义的认识论认为，知识的源泉和正确性来自外部对象，而主观主义的认识论则认为知识的源泉和正确性主要来自我们的感觉和我们形成概念的能力。主观主义和客观主义互相依存，彼此对立。客观主义以科学事实、理性、精确和公正为挡箭牌，而主观主义以感情、直觉、灵感、想象、人性和艺术为武器。人的生活何时以主观为主何时以客观为主因人而异、因文化而异。在西方文化中客观主义占据上风。客观主义排斥隐喻。隐喻被看作修辞手段，能够“混淆视听”，不利于理解绝对客观的现实①。

拉考夫和约翰逊通过对传统哲学中客观主义和主观主义的反思，发现了它们所存在的局限。当前流行的认知语言学是以身体经验为基础来研究人类的心智和认知，既具有经验主义的成分，又具有理性主义的成分。拉考夫既不接受客观主义所认为有绝对无条件的真理存在的观点，也不赞同主观主义把真理看作能通过想象力而获得的且不受外界环境影响的观点。在拉考夫看来，客观主义和主观主义都忽略了人们是通过与外部世界的相互作用来理解认识一切现存的事物。客观主义忽略了真理是与文化概念系统相关的，且不被一些中性的概念系统所限制，也忽略了人类的概念在本质上是隐喻的。隐喻思维就是想象在许多方面涉及用一种事物去理解和构建另一种事物。主观主义忽略了人类的理解（包括最具有想象力的理解）是立足于我们在一定文化环境中成功运用的概念系统，也忽略了隐喻思维涉及的隐喻蕴含（理性的一种想象形式）②。而隐喻思维由于整合了理性与想象力，因此是一种最具想象力的理性，并且我们日常生活中的思维范畴与日常推理的隐喻蕴含以及平凡的理性在很大程度上是隐喻的。

综上所述，拉考夫坚持认为认知语言学和认知科学的哲学基础既不是经验主义，也不是理性主义，而是在客观主义和主观主义之间做出了第三个选择并最终创立了另外一种全新的哲学体系——体验哲学（embodied philosophy）③。其标志是他与约翰逊合著的《体验哲学—基于身体的心智及对西方思想的挑战》。

（二）一种全新的哲学理论——体验哲学

20 世纪 70 年代认知科学的兴起为隐喻的研究提供了更广阔的视角，在认知背景下的隐喻研究也促进了哲学的发展。体验哲学就是拉考夫和约翰逊在概念隐喻认知研究的基础上，在对主观主义和客观主义的反思中，在发现传统哲学的不足之处后创立的一个全新的哲学体系。它的三个基本原则，即心智的体验性、认知的无意识性和思维的隐喻性是人类认识史上的一个里程碑。

一是心智的体验性。说到体验，我们不得不想“我们用什么体验?”和“我们体验什么?”这两个问题。当然是用我们的身体来体验，我们体验的是我们周围的环境。这两者就是我们的认知形成的基础。这说明，人类的认知过程虽然是一个漫长而艰难的过程，但它首先是基于人的身体对外界事物的体验，它既是人类原始思维的出发点，也是人类形成想象力和创造力的基础，并对人类认知思维的形成起着重要作用。

---

① 谢之君．隐喻认知功能探索．上海：复旦大学出版社，2007：54.

② Lakoff G，Johnson M. Metaphors We Live By. Chicago：The University of Chicago Press，1980：193-194.

③ 著者注：在哲学界国内的翻译有具身哲学、涉身或者寓身哲学。这表明，不同学科对“Embodied”一词的理解有所不同，但都说明该词是与身体相关的，体验也是身体的感受，而不是心灵的感受。

拉考夫和约翰逊指出："概念是通过身体、大脑对世界的体验而形成的，并且只有通过它们的体验才能被理解。概念是通过体验，特别是通过感知和肌肉运动能力而得到的。"① 从这个意义上说，人类的推理首先是一种动物推理。我们的范畴、概念、推理和心智并不是外部现实客观的、镜像的反映，而是我们的身体在对客观事物的体验中形成的，特别是由我们的感觉运动系统所形成。我们大部分推理的最基本形式依赖于空间关系概念和身体、大脑与环境的互动，并且提供了日常推理的认知基础。体验哲学的这一发现具有深远的意义，"人类的推理是动物推理的一种形式；我们的身体、大脑与环境是互动的，为我们日常推理提供了大部分无意识认知的基础"。②

人们在经验和行为中形成了概念和范畴。反映在语言中的现实结构是人类心智的产物，而人类心智又是身体经验的产物。心智和推理基于身体经验，概念通过身体经验而获得意义，它们不是纯心智的③。认知科学强调人类经验的重要性、人类身体的中心地位的认知结构及组织的作用。从人类的诞生之初，人们就开始从认识自己与认识空间来认识世界。如初生的婴儿，从来到世界的那一刻开始，就首先对他或者她所处的空间进行一个模糊的认识。我们的身体和空间概念是我们得以形成若干抽象概念和范畴的两个主要基础，它们因此成为人类原始思维的出发点，也是人类最重要的隐喻源，并把它作为衡量周围世界的标准。

人们在自己的经验和行为中形成了诸如概念和范畴的东西，使得在人与现实之间出现了认知和概念这一中间层次。可以说，如果不依靠认知结构和范畴等方面的知识，人们就无法接近现实，也不能对人类的认知起到推进作用。由此可见，反映在人类认知过程中的现实的结构是人类的心智认知的产物，而人类心智又是体验的产物。我们在日常生活中的大部分抽象概念都通过隐喻来进行建构，它们不是自治的，也不是独立于身体之外的心智能力，而是基于身体体验对客观事物的认识。

进一步说，意义基于心智的体验，心智的体验基于生理构造，所以认知结构和感知机制之间密切相连。人类利用自身来感知世间万物，理解它们之间的各种关系。根据体验哲学，概念和意义是一种基于身体经验的心理现象，是人类通过自己的身体和大脑与客观世界互动的结果，它们通过体验得到认知上的启示并使之成为意义。思维和推理也是基于体验的一种认知方式。意义通过身体经验和大脑而产生，而不是通过符号与世界的连接产生，也不是通过对模型理论的运用产生。因此，身体和大脑对于意义的形成具有第一位的作用，符号和模型等至多是

① Lakoff G, Johnson M. Philosophy in the Flesh: The Embodied Mind and its Challenge to Western Thought. New York: Basic Books, 1999: 497.

② 王寅. Lakoff 和 Johnson 的体验哲学. 当代语言学，2002，(2).

③ 马春雨. "体验哲学"对西方传统语言学的挑战. 外语学刊，2004，(3)

第二位的。

此外，心智的体验性的另一个主要功能是移情作用。人一出生就有模仿别人的能力，逼真地把自己想象成另一个人，做被模仿人的动作，经验他所有过的经验。这种想象映射能力也是一个很重要的认知能力。如果从经验上来说，这种能力是具有"先验性"的①。

二是认知的无意识性。认知的无意识性是指我们对认知过程中的所思所想没有直接的感觉，即便是理解一个简单的人与人之间的对话、交流，也需要涉及许多认知运作机制和神经系统的加工过程。我们大部分的思维过程都是在一种无意识的状态下进行的。在这里，拉考夫与约翰逊所指的认知无意识与弗洛伊德所指的压抑不是一个相同的范畴。拉考夫的认知无意识是指思维的操作过程不被人所感知，因为认知的过程是极其快速，分析是如此复杂，是人的感觉所无法觉察到的。认知操作的神经模型也属于认知科学的一部分，因此视觉、听觉、嗅觉、感觉等神经的加工过程，实质上就是一个思维认知的过程。这个过程是无法被意识到的，而且大部分推理也不能被意识到。

根据隐喻理论，人类的抽象思维和范畴根据原型与其之间的联系进行概念化。我们可以把每一个原型概念化为一个神经结构，可以使我们利用它进行与此范畴相关的推理和想象。尽管基于原型的推理十分常见，但是由于它在我们感知的过程中不易觉察，从而占据了实际推理的很大比例。体验哲学认为大部分认知和推理是无意识的，它决定了全部知觉思维的结构。传统英美分析哲学认为，所有思维都是有意识的，且通过先于经验的反思就能完全知晓。在传统哲学中，认知仅仅被看作是概念或命题结构，也包括附加在这些结构上的规则运算，意义不能通过心智和身体来定义，只能通过外部世界的所指来定义。体验哲学认为这是无法做到的。

总之，认知的无意识性主要是在认知科学层面意义上的一种认知。我们的大部分认知都是无意识的，没有这种无意识思维，也就没有有意识思维。

三是思维的隐喻性。隐喻是一种将情感、美感、道德等主观经验用运动感知领域内的经验来加以描述、认知的途径和手段。隐喻是身体、大脑、经验和心智的产物②。亚里士多德没有意识到隐喻的概念性以及隐喻的认知作用，而是认为它是在修辞层面上的一种词语的用法，在日常言语的使用中是不适合的，仅适合于修辞和诗歌方面。对隐喻的理解也只是局限于它的"相似性"，即相似于外部世界某一客观特征。

传统的分析哲学和形式主义哲学认为，概念都是非隐喻性的，可通过弗雷格

---

① 王寅．Lakoff 和 Johnson 的体验哲学．当代语言学，2002，(2)．

② 谢之君．隐喻认知功能探索．上海：复旦大学出版社，2007：55.

的系统意义来确立，或通过抽象符号与独立于心智的世界之间纯粹的、客观的关系来确定。弗雷格将符号的客观意义与主观的观念区分开来，他的意义主要是指与我们身体的体验无关的内容。因此，思维的隐喻观针对这一传统哲学观展开了尖锐的批判。拉考夫和约翰逊认为，隐喻在日常生活中是普遍存在的，不仅存在于我们的语言中，而且存在于我们的思维与行为中。从此，隐喻才被放在人的一种思维的层面被探讨和研究。

拉考夫认为，隐喻是基于身体经验的，我们在日常生活中对外界的体验活动引导我们去获得基本隐喻，这是一种思维。它是我们的身体、经验、大脑和心智在认知过程中的产物，意义只能通过体验获得。这样就把主观判断与人的感觉经验连接起来。我们不可避免地，且是无意识地获得这些思维隐喻模式，而且在认知的过程中要借助于隐喻这种思维模式。隐喻的体验性说明它们不可能是任意的。

在对客观事物进行概念化的隐喻思维过程中，使得大部分抽象思维成为可能，“人的主观经验无论多么丰富，人类将其概念化，推理和可视化的极大部分方式都来源于其他领域的经验。这些领域就是感知运动领域。隐喻提供了将主观经验领域用感知运动领域的约定性心理意象来描绘的途径”。[①] 这种认知思维的形成是不可避免的。如在“时间是金钱”的隐喻中，时间本身不是金钱，而是一个抽象的、人们不易把握的概念，人们通过隐喻把时间概念化成像金钱一样的资源，通过金钱的用途、价值等方面来对时间进行理解。最终使时间也和金钱一样具备了可以浪费、节省等意义。

隐喻的理解方式和隐喻的工作机制使得人们认识抽象思维现象成为可能。这种理解方式是通过具体和形象的源域来理解抽象的和难以理解的目标域。隐喻的工作机制便是具体和形象的源域映射向抽象的难以理解的目标域的映射。哲学也是基于隐喻的。哲学运用相对少量的隐喻形成了统一的核心理论，如毕达哥拉斯运用了“存在是数”的隐喻，他就将数学中的本体映射到了一般的存在之上。可见，人们在哲学思考中会自觉不自觉地运用到隐喻思维。

概言之，隐喻不是伟大诗人的创新，也不是人们无端的凭空想象，而是人类的一种对客观世界认知的方式和人类特有的一种思维方式。拉考夫在对概念隐喻研究基础上形成的体验哲学，开辟了认知语言学研究、认知科学研究的新途径，并对哲学的研究提供了一些新的方法论视角。拉考夫和约翰逊对传统哲学中的主观主义和客观主义反思、批判的过程中提出的“心智的体验性”、“认知的无意识性”和“思维的隐喻性”三个基本原则，可以说是人类认识史上的一个里程碑。在注重人的身体体验方面，拉考夫对历史上两千多年来的人们因为低估人类

---

① 刘正光．隐喻的认知研究——理论与实践．长沙：湖南人民出版社，2007：12.

身体的价值而贬低人类生活的传统看法进行了反驳，从而突出了人自身的主体性和重要性。

五、结 语

从古希腊至今，隐喻以其独特的魅力和丰富的内涵，把人类的认知思维进程淋漓尽致地展现出来。在人们对自然和社会的不断探索中，人的认知能力和认知水平有了极大提高。无论是人们在最初对隐喻在修辞层面上的探讨也好，还是今天人们对隐喻在思维范畴方面的研究也罢，都体现了人类的认知水平在逐步向一个更高的层次迈进。可以说，隐喻与人类的进步和哲学的发展是如影随形的，润物细无声般地影响着哲学的走向和人们的思维。

在隐喻的研究史上，拉考夫可谓功不可没。拉考夫的概念隐喻理论把隐喻从传统哲学的苑囿中彻底解放出来，他认为隐喻不仅是一种修辞手段，而且植根于我们思维中的人类赖以生存的认知方式和行为方式，从而把隐喻提升到了一个至高无上的地位。这正是拉考夫概念隐喻理论区别于以前任何一种哲学思维方式的分水岭，也正是它把认知科学的视角带向了一个新的领域。此后，拉考夫在概念隐喻研究的基础上，在反观传统哲学中的主观主义和客观主义的过程中，形成了自己的哲学体系——体验哲学。

最后要说明的是，一切理论甚至是真理都是人们在特定时期思想的产物，"概念隐喻"理论以及随之而来的体验哲学也不是一个非常完善的、无懈可击的最终真理，它也有一个产生、发展和完善的过程，甚至会有穷途末路的一天。在拉考夫的理论表述中我们也能看出一些比较偏激的观点和逻辑上的不当之处，当然，这是任何一个思想家和理论家都在所难免的。

第十五章 塞尔：机器思维可能产生言语行为

人工智能研究的兴起，深刻地影响了我们的生活和思维方式，也带给我们众多思考。“计算机能否思维”是其中争论最激烈的论题之一。塞尔的“中文屋论证”正是针对此问题的经典论证，其实质在于探讨“计算机程序能否产生思维”。这一章的后一部分探讨了塞尔的言语行为理论与认知的意向性关系问题。

一、“中文屋论证”的内涵与隐含悖论

1956 年夏，在美国达特茅斯大学举行了一次盛大的学术会议，宗旨是探讨在物理学、神经学、心理学和电子工程学等方面如何用计算机模拟人的智能行为。在此次大会上，美国科学家麦卡锡（J. McCarthy）第一次提出了“人工智能”（AI）概念，标志着人工智能研究的开始，从此拉开了人类探讨机器思维的可能性的序幕。

（一）“中文屋论证”的内涵

早期的 AI 研究主要是围绕着数学中的定理证明展开的。之后，它不断拓宽研究领域，分别在知识工程、机器学习、语言系统等多方面开展了系统性研究。其间存在有许多富有哲学意味的争论与反思。“计算机能否思维”问题就是其中极具争议性的论题。它也是 AI 的最本质问题，许多科学家将其誉为“AI 研究两大派别的分水岭”。许多科学家、哲学家穷其毕生精力致力于此研究，得出的结论也各有不同。塞尔的见解独树一帜，“他的说明以全面系统、思想深刻独到而著称”。[①] 这主要归功于 1980 年他的“中文屋论证”的问世。“中文屋论证”正是针对“计算机能否思维”问题而提的，引发众多学者的探索和争论。

1. “中文屋论证”的提出

1950 年，在“计算机器与智能”一文中图灵发问“机器能够思维吗?”，并给出了自己的回答。为此，他设计了一种非常巧妙的检验方法，被称为“图灵测试”（Turing test）。在这个测试中，图灵明确指出：在未来，计算机可以具有智能属性[②]。“图灵测试”隐含的“计算机可以思维”论断对 20 世纪 40 年代后期兴起的 AI 无疑是强有力的声援。然而，“图灵测试”仅是一种“模拟游戏”，是

---

① 高新民．现代西方心灵哲学．武汉：武汉出版社，1996：596.

② Turing A M. Computing Machinery and Intelligence. Mind，1950，(59)：433-460.

以“对于提问者提出的问题，一台计算机能否给出与人类相似的答案”的标准来定义“计算机能否思维”的。

针对这种“模拟游戏”，塞尔的“中文屋论证”诞生了。它充分诘难了“图灵测试”的有效性。在这个论证中，塞尔设想，他被关在一间充满中文字条的屋子（称为 Clerk）里，通过在窗口传递中文字条与外界发生联系，并使用一本英文指令书将各种中文字条配对而后输出。由于他可以正确回答屋外中国人的提问，因此屋外人认为他懂中文。但在塞尔看来，自己仍然对中文一窍不通。

“中文屋论证”的提出是有感于一个称作“脚本”（scripts）的程序，它是香克（Schank R）于 1977 年设计的，主要是用来模仿人类的“思维”方式和行为，好似已经通过了简化的图灵测试；但塞尔认为这个程序并非是像人那样的“思维”，用计算机来代替中文屋中的人，即使计算机通过了图灵检验、可以正确回答人提出的问题，也并不能说明它真理解了人类所提出的问题，因而也就没有意识；或者说，在判定某种机器是否正在以人的方式执行着认知任务时，图灵测试或“脚本”等其他比较方法都是无用的。塞尔还指出：“计算机是永远无法代替人类心灵的，原因很简单：计算机程序只是语法的，而心不仅是语法的，更是语义的，即人心不仅仅是一种形式，它是有内涵的。”①

2. “中文屋论证”的实质与内涵

人们对于“中文屋论证”的理解常常会出现这样的偏差：塞尔反对“人脑是计算机”，反对“一台机器能够思维”。然而，塞尔认为：“从某种数学角度来看，任何东西都可以被描述成似乎是一台数字计算机。”② 同时，又指出：“由于人脑同样能执行多种计算机操作，人脑当然也是数字计算机，而人脑当然是会思考的。”③

由此可见，塞尔并不反对“计算机能够思维”，他反对的是这样的观点：任何东西仅仅因为具有一种正确的程序就被认为具有了思维能力。这也是“中文屋论证”的实质。因此，“计算机程序不能思维”才是塞尔所要论证的重点，甚至塞尔的整个论证体系都是由此引申、绕此展开的。

事实上，塞尔并非无意解决“计算机能否思维”问题，只是从其中的一个方面——计算机程序——来对其进行论证。他将“计算机程序”看作是一种语法，而将“思维”当做语义，用语法无法产生语义的观点阐述了“计算机程序不能产生思维”。这样，塞尔就将“计算机能否思维”问题上升到哲学层面，从

① Searle J R. Minds, Brains, and Science. New York: Harvard University Press, 1984: 31.

② Searle J R. Minds, Brains, and Science. New York: Harvard University Press, 1984: 35.

③ Searle J R. Minds, Brains, and Science. New York: Harvard University Press, 1984: 35.

“语法”和“语义”的角度来探讨这个问题。

对于“语法能否产生语义”问题，塞尔给出的答案非常明确——语法无法产生语义。是什么原因令塞尔如此确信？这是因为语义较语法多了一样东西——意向性，“形式符号操纵本身并不具有任何意向性，它们是无意义的，它们甚至都称不上是符号操纵，因为符号是不能将任何东西符号化的。用语言学的术语来说，它们只有语法而没有语义”。①

其实，大多数AI学者也已承认意向性是心的本质特征。但是，塞尔的“意向性”并非指我们日常的“想要”，他另辟蹊径地把“意向性”放在与其他相关事物属性的相关性中予以分析，对传统的意向性做了大胆的超越。在他看来，意向性满足的判别条件是：“言语行为与它所要表达的心理状态的满足条件是一致的。”② 而“有意识的心理状态与意向性心理状态是有重叠部分的，但并非等同，也不是一类包含另一类的关系”。③ 比如一些无名的烦恼等心理状态就没有意向性，这是因为它们没有针对它们之外的东西。而“某些非心理的事件或状态也可能是具有意向性的，比如计算机没有心理状态，但其内部计算也可能有意向性”。④ 在这里，塞尔非常明确地辨析了计算机与计算的差别。

从上述分析可以看出，“符号操作本身”——计算机程序——无法产生语义，我们并不能否认“计算机程序”中是包含有内容的，但塞尔认为，这种内容与“计算机程序本身”并无关联，它只与编写程序的人有关。也就是说，程序本身的“言语行为”与其心理状态并不符合，甚至程序本身根本没有心理状态、没有意向性。举个简单的例子，计算机翻译一本书，但是计算机本身并不知道，自己是翻译成功了或是失败了。它为什么不知道自己成功与否？是因为它没有意向性。

这样，塞尔就以自定义的“意向性”为媒介，论证出“语法没有意向性，无法产生语义”，“计算机程序本身没有意向性，无法产生思维”，从而将“计算机能否思维”论题上升到哲学层面，论证了“计算机程序没有意向性”，这也正是“中文屋论证”的哲学内涵。

（二）“中文屋论证”隐含的悖论

尽管“中文屋论证”比喻精当，为解决“计算机能否思维”提供了新的途

① Searle J R. Minds, brains, and programs. Behavioral and Brain Sciences, 1980, (3): 417-457.

② Searle J R. Intentionality: An Essay in Philosophy of Mind. New York: Cambridge University Press, 1983: 10-11.

③ Searle J R. Intentionality: An Essay in Philosophy of Mind. New York: Cambridge University Press, 1983: 2-3.

④ 高新民. 现代西方心灵哲学. 武汉：武汉出版社，1996：596.

径和思路，然而，它也并非无懈可击，自身仍隐含了某些悖论。

1. “整体”悖论

在对“中文屋论证”的众多反对观点中，有一种观点是十分流行的：在中文屋中，尽管“我”这个在屋中处理符号的人不懂中文，但我只是整个屋子的一部分，我不理解中文，并不能代表整个屋子不理解中文，因为整间屋子除了我，还有许许多多符号和其他组成部分，当将这些看作一个整体时，这个整体是可能理解中文的。针对这一观点，塞尔反驳说：“作为符号操作中心部件的‘我’，既然都无法理解任何一个符号的意义，那么整个系统也同样应是如此。”①

我们认为，塞尔的反驳有些牵强。人们并未否定中文屋中的“我”无法理解的真实性，也就是说，他们没有认为纯语法可以产生语义。在这个屋子中，我若只是单纯地按照规则书来翻译英文，我确实不懂中文，但与其他事物相关联起来，整间屋子是有理解中文的可能性的。例如，在人脑庞大的神经元系统中，其中某部分的某一些神经元是控制人类的绘画能力的，而我们知道它们是单个神经细胞与相互间的突触连接而成的，在我们通常的认识中，这些单独的神经元和突触是能够理解绘画，还是能够绘出一幅图画？答案都是否定的。脑中这些单独的神经元和突触是无法进行绘画理解的，但是它们又是一个人进行绘画加工的最关键部分，虽然它们无法领会绘画，我们也不能说一个人无法理解绘画，画不出图画。同样，中文屋的中心部件“我”无法理解中文，也不能说明整间屋子无法理解中文。

2. “能力”悖论

在塞尔看来，计算机程序之所以无法思维，是由于计算机程序不具有思维甚至计算能力，在“中文屋”中的体现就是：中文屋中的“我”之所以无法理解中文，是由于中文屋中的“我”没有思维能力；整间屋子无法理解中文，是由于整间屋子不具备思维能力。但是，中文屋中的“我”真没有思维能力吗？让我们看下面这个例子就会清楚了。

二战期间，图灵设计了一种破译德国海军密码的方案，称为“Enigma”（谜）。Enigma 任务最初是被“Wrents”（鹪鹩）② 操作运行的，它是通过使用人类计算机、依照图灵设计的破译程序进行的。为了保密，Wrents 对于她们得到要输入的东西和产生后需要输出的东西（还有关于潜水艇位置、德军情况等信息资料）完全不知道，这一切全在一种“黑暗”的状态下进行。‘Wrents’只做她们

① Searle J R. Minds, Brains, and Science. New York: Harvard University Press, 1984: 33.

② 这一团体的成员都是由英国女子皇家海军团中挑选的杰出、优秀女性来担任的。

被指定的任务而完全不知道原因。这就有点像塞尔的中文屋了。

如果“Wrents”的工作被一种机器来做，这些机器同样也是有智能的——如同“Wrents”一样；图灵将这些机器命名为“Bobmes”，这种机器在1940年3月18日被正式启用①。让我们观察这个真实状态下的中文屋实验版，情形似乎是“Wrents”正在做一件有智能的（破译密码信息）无意识事件。霍奇（Hodges A.）在他的记述中曾这样阐述：图灵“着迷于这样一个事实，人们可能很清楚是在操作某事，但以一种无思想的方式进行”②。

正如我们看到的，整个Bobmes与中文屋很相似。“Wrents”相当于中文屋中的“我”，二者都不知道输入和输出的内容，在整个事件中唯一了解的就只是行动的规则而已；不论是“Wrents”破译密码，还是“我”翻译中文，二者看似都是一种无意识的行为，但我们就可以说二者没有思维、理解能力吗？很明显，“Wrents”是有思维能力的，那么中文屋中的“我”也就并非不会有思维这种能力了。

在“中文屋论证”中，“我”被看作“计算机程序”，那么“我”有思维能力，如何就能否认“计算机程序”有思维能力的可能性？在‘计算机程序能否思维”论题中，即使计算机不能理解某种事物，如制表、绘图等，但是不能否认计算机有可能具有思维这种能力。

3. “隐喻”悖论

有学者认为，塞尔的“中文屋论证”之所以会产生如此大的影响力，不仅由于其独特的角度，更重要的是它的隐喻十分精当。在这个论证中，可以看出：如果以计算机代替中文屋中的人，即使计算机通过了图灵检验，可以正确解决或回答人提出的问题，也并不能说明它真“理解”了人类所提出的问题，因而也就没有意识。更准确地说，应该是用中文屋中“我”的行为代替计算机程序，“我”只是在进行英文转化为中文的程序操作，“我”并不理解中文。同样，计算机程序在执行相同事情时，也不会懂得所输出内容的真正含义。

依据上述论证，塞尔将中文屋中的人、输入与输出的内容、屋中的规则书等一切事物都进行了一对一的隐喻，在这样狭小的隐喻范围内，一句“我不懂中文”确实可以产生“程序不会思维”的效果。但是这个隐喻真那么精确吗？

首先，在某个隐喻中，两个被比较的事物肯定不属于同一类事物，但它们最基本、最主要的部分是类似的。举例来说，“张三是头蠢驴”，在这个隐喻中，

① Hodges A. Alan Turing: The Enigma. New York: Simon , Schuster, 1983: 191

② Hause L. Nixin' Goes to China, In Preston J , Bishop M. Views into the Chinese Room: New Essays on Searle and Artificial Intelligence. New York: Oxford University Press, 2002: 134.

张三和驴不同类，但二者有着最基本的相似处——蠢，只有这样才成为被比较的双方；如果我们知道张三极其聪明，但蠢驴极蠢，而且论证的目的是说驴蠢，那么这个隐喻根本就不会成立。

接下来，让我们重新审视“中文屋论证”中隐喻的双方：

A：中文屋中的人。

B：计算机中的程序。

塞尔将A与B进行隐喻类比。A的特性是：有思想，会思维；而B最主要的、也是论证的目的所在是：没有思维能力。塞尔将这两种特性完全不同的事物进行比较，将这两种在最基本原则上出现抵触的事物进行比较，而且最终是试图证明最基本的抵触特性中的被隐喻方是正确的，即用一方A的特性证明与其有相抵触的特性的一方B拥有与它截然相反的特性。这显然是不合逻辑的。所以，塞尔的“中文屋论证”从逻辑上很难成立，它采用了两个在最原则性特性上完全不同的事物作为自己的隐喻对象，而且这两者还是他所论证的最主要目的，这个隐喻就显得不那么恰当了。

我们可以假设中文屋中的人没有思想，不会思维。当然，如果中文屋中的人真无法思维，他就不会懂得英文，或许塞尔会反驳说这只是计算机的一种“输入”，并非“懂得”，即使这种说法成立，那么中文屋中的人最后说：我不懂中文，从这句话可以得出，他只是不懂中文，但他是有思维能力的，否则他不会得出这样的结论①。

我们再设想，如果想证明B是无法产生思维的，那么A与B的最基本特性一致，也就是中文屋中的我是没有思维能力的，那么他是不可能得出“我不懂中文”结论的。同样，我们更不可能证明出计算机程序能否思维，便会重新陷入“程序能否理解”的困惑中。这样看来，塞尔的“中文屋论证”也没有证明出“程序无法产生思维”。

4.“结论”悖论

塞尔“中文屋论证”的结论是：计算机程序无法产生思维，它是语法的，不具有意义。针对“计算机程序是语法的”观点，还是有许多学者持有异议的。博登②就从“语法和语义不可分”这一观点出发对塞尔的论证进行了批判；类似的看法也见于斯洛曼（A. Sloman）③ 的论述。他们都认为程序指令和计算机符号与其他现象并非不相关，在一定意义上，它们应被看作是有语义的。

---

① 此点在上一个“能力”悖论中有较详细的阐述。

② Boden M A. The Philosophy of Artificial Intelligence. Oxford, UK: Oxford University Press, 1990: 89-104.

③ Sloman A. What sorts of machines can understand the symbols they use? Proceedings of the Aristotelian Society, 1986, (61): 61-80.

在众多的论证中，沙格里厄（O. Shagrir）的观点有其独到之处，他在《计算机科学是研究什么的?》一文就试图反驳这种观点：计算机程序是“非语义”系统。如果仅仅将计算机程序等同于某种依赖句法的特性，它实在是不可取的。

他首先阐述了一个执行抽象自动机 S（图 15-1）的物理系统 P。

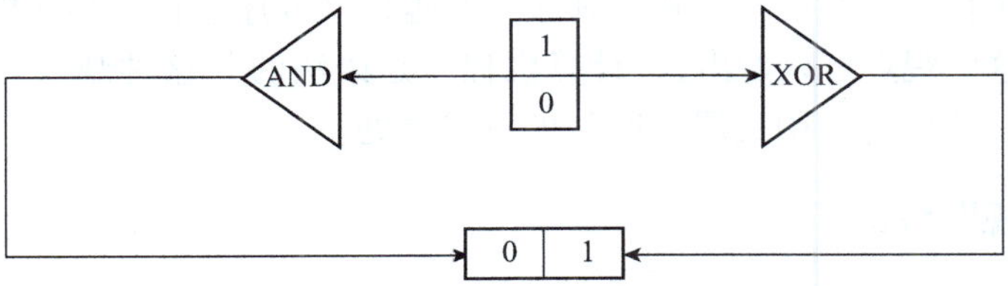

图 15-1　抽象自动机 S

而后，他设计了一种新型抽象句法系统装置 S'（图 15-2），S'同样是在执行物理系统 P。

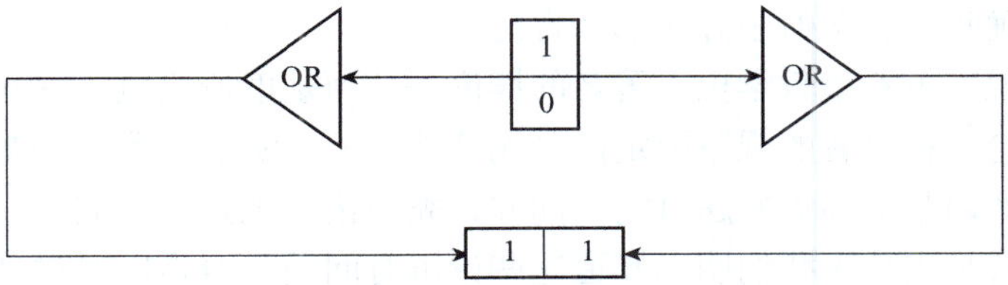

图 15-2　抽象自动机 S'

可以看出，物理装置 P 的执行既可由抽象装置 S 进行，也可由抽象装置 S'进行。换句话说，正是这同一个物理系统 P 不仅执行了抽象系统 S，而且执行了抽象句法系统 S'。这样，从句法的观点看，P 的行为可用两种函数来描述：f 和 f'。换言之，结构 S 和 S'，以及函数 f 和 f'是对 P 的功能的两个不同的句法描述。沙格里厄试图证明计算机程序是有语义的，这是他论证的第一步，也是最重要的一步：

步骤 1：物理系统可能执行不只一种句法结构。而后，通过另外两个步骤：

步骤 2：系统计算上的等同在不同背景中会改变。

步骤 3：系统的内容会影响它计算上的等同①。

由此，沙格里厄得出物理系统内容和背景是相关的。虽然系统计算的判定是由该系统在履行一项给定的任务时所执行的句法结构所确定的。但是，该任务在任何给定的语境中却（至少部分地）是用语义规定的。这样他大致勾画出一种计算程序的语义概念。

① Shagrir O. What is Computer Science About. The Monist, 1999,（82）：137-149.

1992 年，塞尔提出了“普遍的可实现性”观点。他认为：“对于任何程序或是任何复杂客体，我们会有某种描述，但这种描述中执行着的却是我的‘程序’(思维)。”① 而沙格里厄的上述论证较塞尔的这种观点温和，他并不像塞尔认为的任何程序执行的都是“我的”程序。系统任务本身就是处在某些语义环境下的，它不仅执行了“我的”程序，还按照其他语义程序进行了某些操作。

从以上这些观点可以看出，“计算机程序是语法的”这种观点并非如塞尔讲的那样确定，这也是“中文屋论证”的不妥之处。

5. “突现”悖论

退一步来说，假设我们不考虑中文屋中的“我”和整间屋子的关系问题，也不考虑隐喻双方的特性是否必须一致。我们只是简单认为：塞尔的“中文屋论证”确实可以导出“计算机程序不能产生思维”，塞尔的整个推理过程是无懈可击的，那么过程的正确就能得出结果的正确吗？“计算机程序不能思维”这个观点就一定正确吗？答案似乎并非那么肯定。

举例来说，古希腊哲学史上著名的悖论——阿基里斯追龟，它在理论上近乎完美，整个论证在论者的规范限定内毫无破绽。但事实上，我们都知道阿基里斯会在一定时间内赶上乌龟并超过它。同样，秃头论辩也是，我们知道，头发掉到一定限度就会是秃头。我们明确知道这些论辩有问题，但难以通过理智的论证来反驳它们。

人工智能领域的一种新型理论——“集群智能”(swarm intelligence)就是从这样一个全新的角度来探讨“计算机程序能否思维”问题的。集群智能是指智能或认知是信息处理发展到一定程度突现的结果，此理论运用复杂性科学中的“突现”概念反驳塞尔的论证，它是指系统的组分在不同的结构方式作用下会产生整体具有但系统组分没有的属性和特征。也就是说，中文屋中的“程序”或“语法”在一定数量、速度或时间内确实无法产生“思维”和“语义”，但是当“程序”的数量大到一定程度、速度快到一定程度，在某一时刻“程序”或许就突破了限制，产生了思维，正如人的头发掉到一定程度时就成为秃子一样。同理，“语法”在某种程度下也不能排除产生“语义”的可能性。

那么，“中文屋论证”究竟是如芝诺悖论一样“华而不实”，还是确实给出了“计算机程序能否思维”或“计算机能否思维”问题一个准确的答案？“中文屋论证”的以上悖论究竟是否真是反驳塞尔观点的有力论证？理论上的成果在遭遇现实时会出现怎样的状况，我们还无法预料。或许在金属机器人有自己的思维，甚至可以控制人类前，我们不会知道计算机与思维最准确的关系的。而且，

---

① Searle J R. The Rediscovery of the Mind. Cambridge, MA: The MIT Press, 1992: 208-209.

在现实未来临之前，种种计算主义心智学说坚定的支持者和反对者们仍会处在长期的唇枪舌战中，他们仍希望能通过自己的推理为自己所支持的观点画上完满的句点。

二、“中文屋论证”与“计算机能否思维”之争

上述主要阐述的是“中文屋论证”的实质及隐含悖论，然而它之所以能在哲学界和AI界引起如此强烈的反响，原因不仅仅在于此，更重要的是它包含着值得进一步探讨的问题：思维究竟是什么？计算机可以思维吗？大脑在计算方面的性能是否足以生成大脑产生心理状态的功能？

（一）“计算机定义”之争

要想得到“计算机能否思维”的答案，首先必须了解“计算机”是什么。如果要明白计算机的定义，第一步应研究的就是计算机的发展历程。明确提出“思维可计算”思想的是莱布尼茨。进一步推进这一思想的人是巴比奇（见第十三章）。19世纪时，他设想出一个通用计算的装置①，然而这个装置也只是一种设想，并没有实际建造出来。20世纪初，图灵设想的“图灵机”将计算机的发展带到了一个新的时代。

当冯·诺依曼（J. von Neumann）提出了“储存程序”的概念时，计算机就从理想变为了现实。1946年，世界上第一台通用数字电子计算机ENIAC问世。之后，计算机获得了突飞猛进的发展。依照计算机及计算思维的发展，我们是否可以给物理计算机下这样一种定义：它是一种物质动力系统，是能够执行诸如图灵机之类的物理存在物。这样的定义却引起了另一个更加麻烦的问题：把计算机与其他物理动力系统区分开来的东西是什么？

一些学者的答案是：一个是计算机是执行算法的系统，它是指它们能对各种算法履行形式的说明。持此观点的哲学家不在少数，卡明斯②和查尔默斯③在其作品中对此都有所涉及。AI学者科普兰就曾指出：“计算就是指在执行某种算法。更准确地说，如果说某种装置或身体器官在计算，就是说在它和与此相关的

① Wilson R A, Franke K. The MIT Encyclopedia of The Cognitive Science. Cambridge, MA: The MIT press, 1999: 187.

② Cummins J. Elective language learning: Design of a computer-assisted text-based ESL/EFL learning system, G. Thill. Sustainable development in the Islands and the roles of research and higher education, 2000, (2): 41-45.

③ Chalmers D J. The Conscious Mind: in search of a Fundamental Theory. Oxford, UK: Oxford University Press, 1996: 131-136; Also in his Does Conceivability Entail Possibility? In Gendler T, Hawthorne J. Conceivability and Posibility. Oxford, UK: Oxford University Press, 2002: 196-200.

某种算法的形式阐述之间存在着一种模式化的关系……”[①] 这种观点也并非那么精确。我们可以设想：整个太阳系是按照若干种算法运行的，人类甚至可以推算出某些算法，否则便不会有那么多新星体在还未被观察到之前就已被科学家精确预测出所处位置、运行速度等，那么太阳系是计算机吗？这显然令人怀疑。

然而，强 AI 学者针对这一问题却给出了肯定的答案。他们中的有些人甚至认为整个宇宙是一台巨大的计算机。这些观点当然遭到一些哲学家的质疑，塞尔便是其中一位，他对计算机下的定义是具有代表性的。塞尔反对将任何东西都看作是一台数字计算机。比如，桌上的钢笔也可以被看作是一台数字计算机，因为它在执行一个程序：“待在那里。”[②] 他认为这是一种全然空泛的观点。塞尔定义的计算机的范围是比较狭小的，他的计算机不包含任何隐喻成分，普通的人造物不是计算机，类人机器不是计算机，人脑更不是计算机，计算机仅仅是指依据冯·诺依曼的“储存程序”概念所制的机器，仅仅是 1946 年世界上第一台数字电子计算机 ENIAC 问世之后的通用机器，甚至排除了用其他材料所制机器成为计算机的可能性[③]，用他的话来说就是“我们所定义的计算机”。

针对“计算机”的内涵，不同学者有各自的看法，各个派别有各自的定义，这是“计算机能否思维”的第一个交锋。

（二）“思维含义”之争

在“程序能否产生思维”问题中，“思维”成为了整个命题的核心，它的含义将直接导致最后的判定结果。依据这个词汇的不同含义，可以引申出许多截然不同的观点；而如果这个词汇的定义不能确定，要探寻“计算机能否思维”这个论题的答案就会成为天方夜谭。

虽然 AI 研究者都将“思维”看作是大脑皮层的一种加工编码，但有些学者认为，这种“思维”只是大脑的一种特殊操作，不可能应用于其他事物中，比如塞尔、德雷福斯等就持有这种观点；而另有一些学者认为，既然“思维”是一种加工编码，是进行信息处理的，那么为什么只有在大脑中才能进行？在计算机中也是可以进行操作的，甚至世间万物只要是可以进行信息处理的物体都是可以思维的、有心智的，持这种观点的学者也不在少数，图灵、西蒙等就是这种观点的坚决拥护者。

前一种学者认为“思维”并非简单的程序操作，人脑和电脑在进行信息处

---

① Kaplan R S，Norton D P. The Balanced Scorecard. Harvard Business School，1996：335.

② Searle J R. Minds，Brains，and ScienceNew York：Harvard University Press，1984：35.

③ 塞尔认为：假设我们制造出一台与一个活人的每一个分子都一样的机器，那么你能复制其作为原因的身体，你也就大致能复制其作为结果的心灵了。而这样的机器当然是不会被塞尔包括在“计算机能否思维”问题中。

理的模式上毕竟有很大的不同：人脑是一个能够处理大量反馈信息的动态系统。电脑的程序运算即使能够对问题进行程式化应对，也难以根据反馈信息做出精确调节。塞尔认为："思维绝不仅仅是在处理一些无意义的符号问题，它的内容是包含有语义的。"① 这便是塞尔的"思维"，他将"思维"限定在这样的范围内，通过一个设想，试图证明"程序"是无法产生这样的思维的，这个设想就是"中文屋论证"。对"思维"定义持这种观点的学者并非少数，心灵哲学家们提出了许多反对物理主义②的论证和假说。除了塞尔的"中文屋论证"，比较有名的还有：解释空缺（The Explanatory Gap）、知识论证（The Knowledge Argument）和怪人（Zombies）假说（见第六章）。它们都揭示了物理属性与意识概念之间存在着的不搭界问题③。

在后一种观点中，AI研究者们就将计算机程序等同于一种"思维"。图灵④正是其中典型的代表人物，在他的图灵测试中，他有一种检验事物是否有思维的独特方法——"看"，即看被检验的事物是否能通过他提出的测试，只要通过模拟测试的物体就是有智能的。也就是说，只要看起来像是能够"思维"，在实际中它就是"能够思维"的。而西蒙在"计算机能够产生思维"上态度更加坚决，在他看来，大脑和数字计算机尽管在结构和机制上全然不同，但可被看作同一类装置的两个不同特例，只要通过形式操作就可以产生智能。再有，沃维克（K. Warwick）明确指出："意识的存在（即"思维"）意味着一个人的能力、相关感觉和交往都是受一定控制的，很简单，一些机器现在已经有意识了。"⑤ 若是以上述科学家、哲学家为"思维"所做定义来给"计算机能否思维"下结论，计算机显然是可以思维的。

综上所述，由于学者们对于"思维"的不同定义，或是"思维"应用范围的不同限定，使得"计算机能否思维"问题就更加扑朔迷离，答案更难以统一。针对"思维"的定义，学者们对于"计算机能否思维"问题产生了第二次交锋。

（三）"强AI与弱AI"之争

针对"计算机能否思维"问题，AI界出现了两种截然不同的观点：强AI和

① Searle J R. Minds, Brains, and Science. New York: Harvard University Press, 1984: 36.

② 在这里，对于"物理主义"需加以阐述，它至少可以有三种不同的解释：行为的、功能的和微观物理的，大致对应于三种理论，即行为主义、功能主义和同一论，参见 Guzeldere G. Variesties of zombiehood. Journal of Consciousness Studies, 1995, (2): 326-333.

③ Crance T. Elements of Mind. Oxford: Oxford University Press, 2001: 70-101.

④ 1950年，图灵在《计算机器和智能》一文中，对此问题从行为主义角度给出了定义，并反驳了反对机器能够思维的9种可能的意见。

⑤ Warwick K, Encounters A, Preston J, Bishop M. Views into the Chinese Room: New Essays on Searle and Artificial Intelligence. New York: Oxford University Press, 2002: 314.

弱AI。二者针锋相对，每一派都有与之相联系的研究纲领，每一派都使出浑身解数，以期得到承认。

1. 强AI：计算机能够思维

强AI的纲领是：心灵和计算机都是物理符号系统，计算机同样可以造就心灵。在强AI科学家看来：AI是人造机器所表现出来的智能性，这里的智能涉及诸如意识（consciousness）、自我（self）、心智（mind）[①] 等问题。持这种观点的科学家或哲学家认为“计算机能够做到心灵做到的事”的假定是可以实现的，只不过是时间问题，也就是说计算机可以思维，可以拥有人类心灵的一切能力。

（1）强AI模型的最初构想：图灵机。

图灵是强AI的典型代表人物，他的通用图灵机设想为强AI的发展指引了方向。科普兰对它作过极好的说明：图灵机的任何物质实现都是用于某数字串的一组抽象程序的物质模型。图灵机的目的是求解任何可计算的函数，那么在图灵眼中的“可计算”是怎样的？

针对这个问题，图灵认为人们不应当依据日常预设的“思维”定义来考虑这个问题，而应看这种机器能否进行一种“模仿游戏”来判定，这就是非常著名的“图灵测试”。这个测试包括了三个问题：

①在未来，这种机器真能以所设想的方式回答问题吗？

②在这种机器中，程序（一种严格定义的计算过程）能够生成这种（以设想的方式回答问题的）性能吗？

③而这种性能又足以使计算机具备智能属性吗？

图灵对以上每个问题的回答都是肯定的。

“图灵测试”隐含着“人心等价于一台计算机”的论断。这一论断无疑为刚兴起的人工智能方案提供了声援，它独特的角度使得人工智能学者从另一个方面对“计算机能否思维”论题进行探索，由此引发了一场大争论。

（2）强AI模型的假设：符号系统假说。

在那些与图灵一样坚信强AI可行的人中，纽厄尔（A. Newell）和西蒙（H. Simon）可谓其中翘楚了。在计算机同心灵哲学的关系上，无论是抽象的任务分析，还是细致的实验观察，没有人比他们持更不妥协的态度了。

1961年，纽厄尔和西蒙在他们的“符号系统假说”（SSH）中给出认知计算模型的形式表达。他们认为：一个符号就是一个物理模式，并以物理方式通过各种途径同另一些模式发生联系，以构成复合表达式。虽然人脑和计算机在结构和组成上全然不同，但可被看作是同一类装置的两个不同特例，而这类装置的共性

① 这里的思维包括无意识的思维（unconscious mind）。

是通过用规则操作符号来产生智能行为。而且依照 SSH，思维也是根据指定的符号结构对符号进行排列组合，因此只要有符号，有指定的程序，计算机便可以思维，也就是"计算机可以造就心灵"。也可以说人类的心灵本就是符号按照指定的程序排列而已。纽厄尔和西蒙的观点使强 AI 达到了极致。

（3）强 AI 模型的物理实验：冯·诺伊曼构架。

以上提出的都只是构想，而将这种构想付诸实施，提出能够执行抽象数字计算工作的真实机械装置设计或构架的人是冯·诺伊曼，我们现在的计算机就是"冯式"机器。

根据冯·诺伊曼构架建造的图灵机的任何具体版本：数据都用寄存器的物理状态表征，计算规则则用真实物质状态表征，各项规则由存在于这个机器的物质结构和物质状态中的一个真实物理过程表征。这种以冯·诺伊曼型机器技术为基础的 AI 又被称为 GOFAI（good old fashioned AI），即"好的老式 AI"①。冯·诺伊曼最后的一本著作《计算机与人脑》，贯穿全书的就是用计算机隐喻人脑的思想。全书由两部分组成：第一部分讲计算机，概述了计算机的一些最基本的设计思想和理论；第二部分讲人脑，探讨了神经系统的控制及逻辑结构。以上这些都是用人造的机器——计算机同天然的自动机——人脑来进行比较。

虽然 GOFAI 机器的制造成功使图灵设想向现实迈进了一大步，也使人们开始重视计算机，然而 GOFAI 机离产生思维还有相当一段距离。为了更好地增强计算机功能，为自己的理论提供物质基础，科学家们还在不懈的努力中。

2. 弱 AI：计算机无法思维

目前的计算机还无法思维，就连那些在 AI 可行性方面与纽厄尔和西蒙有着共同信念的人，比如斯洛曼②，也将 SSH 这一定义批评为过分的物理主义。近些年，强 AI 的研究处于一种停滞不前的状态，而主流研究集中在弱 AI 上，并且一般认为这一研究领域已经取得可观的成就。

弱 AI 观点认为，人类永远不可能制造出能真正具有推理和解决问题能力的智能机器，如果有类似的机器出现，那么这些机器也只不过是看起来像智能的，但是绝不会有自主意识，所以，计算机无法造就心灵。以下是三个有力的论证：

一是"哥德尔"论证。若论起弱 AI 的研究，在智能科学家脑海中浮现的第一人一定是哥德尔（K. Gödel）。他虽是 20 世纪的数学家，但"哥德尔不完备性定理"的哲学意蕴一直是学界争论的热点，在人工智能领域的影响也是深远的。

---

① 此观点是豪格兰德（Haugeland）提出的。Haugeland. The Nature and Plausibility of Cognitivism. Behavioral and Brain Sciences，1978，（1）：215-260.

② Sloman A. What sorts of machines can understand the symbols they use? Proceedings of the Aristotelian Society，1986，（61）：61-80.

20世纪70年代，哥德尔曾在与王浩的讨论中说，图灵的论证再附加两个假定之后就会站得住脚：没有与物质相分离的心和大脑的功能基本上像一台数字计算机。哥德尔曾明确断言，“大脑的功能不过像一台自动计算机”，而心的本质并非如此①。对于哥德尔定理，相对于它揭示形式规则局限性这一点而言，人们更倾向于认为它论证了这一观点：计算机产生思维的不可能性。

二是“皇帝新脑”论证。牛津大学的彭罗斯在《皇帝新脑——计算机、心智和物理定律》一书中，对强AI观点进行了最猛烈的抨击，试图从哥德尔定理出发直接论证“人心超过计算机”，被称为“对哥德尔定理令人吃惊的强应用”。他对于“人类的意识主要是因为在进化过程中依靠了‘自然选择’而实现的”这一观点有所怀疑，也对物理世界的规律是否全包含在理念世界中存有疑问②。通过哥德尔定理，他排除了计算机和理念世界交流的能力，认为人类的感性直觉是通过计算机无法获得的。人类大脑在思维时是具有非计算性的，而计算机是计算性的，所以计算机永不可能产生思维，它不过是强AI专家所钟爱的一副“皇帝新脑”而已。可见，计算机根本无法造就心灵。

三是“模块说”论证。模块说是福多的主要观点。福多被称为“彻底的认知科学家”③。1983年，他在《心的模块性》一书中将大脑分为“输入系统”和“中心系统”两部分。而在每个系统中，由于各自不同的功能又划分为许多模块，各模块只有在相互协作中才能共同完成任务。这就是“模块说”。他指出：“功能主义者可以是物理主义者，他们只否认特定类型事物之间的联系是具有物体特性的……而形而上学的功能主义者则根据心理状态的因果联系来提取特征”。④ 所以说他的功能主义只是一种弱化的功能主义，他并不像其他的极端功能主义者一样完全忽视硬件的作用，肯定模块或非模块性的认知机制与特定的神经结构间的必然联系。换言之，功能主义把心灵想象为一种句法发动机（syntax engine），而福多则把心灵想象为一种语义发动机（semantic engine）。

从这里我们可以看出，福多与塞尔的观点有相似之处，都反对“计算机程序能够产生思维”。只是他的观点更加明晰，他要求设定一个具有“心理表征”功能的模块系统，这些模块就构成了福多所谓的“思想的语言”，它类似于普通计算机中的“记号”，是一种生物学意义上特定的记号。

然而，强AI和弱AI之争并没有结束，“计算机能否思维”论题还没有确定的结论，无论肯定或是否定的答案都会遭到另一派别的驳斥。当科技还没有发展“电脑”真能如科幻小说中所述的拥有七情六欲，甚至可以控制人类时，这个问

---

① 刘晓力．哥德尔对心－脑－计算机问题的解．自然辩证法研究，1999，(11)：30-31.

② Penrose R. The Emperor's New Mind. Oxford：Oxford University Press，1989：429-430.

③ 熊哲宏．认知科学导论．武汉：华中师大出版社，2002：25.

④ Fodor J A. The modularity of mind. Cambridge：The MIT Press，1983：26.

题的结果就不会盖棺定论。但我们仍在不息地探索，寻觅着问题的答案，或者并非为了那简单的一个字——“是”或“否”，而是为了能够提供拓宽思路的新方法；技术与哲学是分不开的，哲学领域的许多思想都有可能给技术以创新的灵感，这也正是哲学的魅力所在，即使不一定有物质的收获依然能令无数学者为之倾倒，为之默默奉献的原因所在。

三、“计算机能否思维”论题的尝试性解答

通过上文阐述可以看出，由于当今科技的限制，我们并不能完全揭开“计算机能否思维”的奥秘。然而我们相信理性提出的问题一定可由理性解决。在此，我们不揣简陋，提出一些设想，希望能对这场“脑对脑的挑战”有所裨益。

（一）“联结主义”研究范式

1. “语境框架”：AI研究的关键点

强AI和弱AI自AI研究产生之日起便进行着激烈的交锋，互有胜负，难以裁定。就目前而言，主流研究仍集中于弱AI上，强AI的研究则一直难以有所进展。其实，这种现象的产生并非偶然，强AI的实现必须解决一个难题——“语境框架”问题，它的解决可以成为解密“计算机造就心灵”的一把钥匙。

人类认知的难点被称为“框架问题”[①]：一个人无论决定什么框架规则，一些事先预料不到的“意外”情况总有可能出现，致使这个框架不完整不适当。早在1988年，博登就曾指出：我们从不处于一种无框架的情形中，为了进行人类的计划，必须使用某些概念规则，至少可以被用于在局部环境识别我们所感知的东西[②]。从语境论的观点看，人类是语境化的，并且人类时刻处于各种不同的语境之下，有语境便会有限制它的框架，人类虽不能决定所处环境，却可以依据自身的独特性对框架进行调整。

再看计算机的“框架问题”：在GOFAI计算机中，一个普通通用的框架不可能被逐条输入其中，这需要太多数据，而且每条数据又具有本身特有的框架敏感性，所以说没有任何可能的方法使一个框架丰富得足以在内容上覆盖所有可能发生的事情，并把这些事情输入一部GOFAI计算机内，即使我们能够逐条地聚集这些数据[③]。由此可见，计算机所产生的框架问题，有一种不同于人类的特殊性，计算机是非语境化的，它的框架并不会像人一样随着语境的变化而自发变

① 早在1975年，明斯基就提出了一个类似框架的定义，指出一个框架便是一个等级结构。

② Boden M A. Artificial Intelligence in Psychology. Cambridge，MA：The MIT Press，1988：24-56.

③ 罗姆·哈瑞．认知科学哲学导论．魏屹东译．上海：上海科技教育出版社，2006：125.

化。在这里，我们将这种特有的框架问题称为“语境框架”问题。

2. “联结主义”：“语境框架”的探索之路

“语境框架”的解决是强AI实现的必经之路，然而它的解决又成为摆在强AI科学家面前的难解之题。当人们在做了各种哲学层面的思考后，认为心物问题，也可称为“语境框架”问题的最终解决还是要取决于科学的进一步发展。在尝试调和强AI和弱AI矛盾的道路上，在试图研制一种能表现人心灵特征机器的路途上，在解决“语境框架”的探索之路上，人类一直在进行着不懈的努力。

早在200年前，莱布尼茨和稍后的法国物理学家帕斯卡（Pascal）就做过自动计算机器的尝试，但由于当时科学技术水平的限制，AI在实践上基本没有发展。第一个模仿通过图灵检验的计算机软件是柯比（K. M. Colby）在20世纪60年代中期研制成功的“心理治疗专家系统”，一定程度上，这个软件通过了部分图灵检验，但它的更多对测试者的答复却仍旧使人困惑①。

20世纪80年代以后，认知科学发生了一场“人工神经网络革命”，研究AI的“联结主义”范式基本取代了符号主义范式，开辟了AI研究的新领域，使人们看到了“语境框架”问题解决的曙光。“联结主义”是一种亚符号神经计算。“联结主义革命”已经触动了“认知可计算主义”的核心，“联结主义”之所以被称为革命，是由于它使认知科学研究从“离散符号研究范式”向“亚符号研究范式”进行了转换。联结主义最重要的特征之一是叠加的可能性，能够在一个网络上使用相同的权重组合来执行多种工作，这同样是联结主义的优势所在。美国科学家韦（Way）对这个问题进行过深入的探讨②：

（1）因为叠加是可能的，所以一个网络能够存储某人遇到范例的所有信息。这是因为这个网络并不是单一的，类似于人类所能遇到的各种各样事件的集合。

（2）相似性问题消失，网络会逐渐调整到追踪概念之间的最佳关系。

（3）网络联合的真实特征，将有可能保存所有共发属性，不需要在本质和特性间做取舍。

联结主义的叠加可能性在一定程度上破坏了计算机的框架，使计算机在一定的规则内有可能产生更多的结果，为“语境框架”的解决提供了一条可能路线，使强AI科学家看到了“计算机造就心灵”的未来前景。

当然，联结主义也有很多不完善之处。我们无法确定“联结主义网络”就真可以解决“语境框架”问题，而且它也并不能那么轻易地冲破分类心理学的

① Penrose R. The Emperor's New Mind. Oxford：Oxford University Press，1989：12-13.

② Way E C. Connectionism and conceptual structure. American Behavioral Scientist，1997，(40)：729-753.

防线，在使分类认知心理学实现为混合心理学之前，我们仍有足够的保留意见。现今乃至今后很长一段时间里，AI研究仍然任重道远。正如斯梅尔（Smale）[①]所述，人工智能极限问题的解答，除了与哥德尔定理有关外，还需要对大脑和计算机模型作更深入的研究，探索其最本质的东西，这些都不是能一蹴而就的，需要科学家作着永不松懈的努力。

（二）“计算机思维”的三段论证明

在“中文屋论证”的争论中，有些是论述“计算机思维可能性”的，有些是反驳塞尔“程序思维”的，这些论述都有一定道理。既然塞尔的“中文屋论证”并不能彻底反驳“语法无法产生语义”，而且它的关键也并非讨论“计算机能否理解”，那么我们要论证“计算机能否理解”就需另辟蹊径。在此我们提出了一种新的证明方法——“比较三段论”证明法，它是通过人类与计算机各方面的比较，得出有关“计算机思维”的认识的。

既然我们要讨论“计算机能否思维”，那么一定要有一个比较对象的，这个对象就是“人类可以思维”。于是，我们可以通过“人类”与“计算机”的比较来看待这个问题。

归结起来，可以得出一个“‘人类VS计算机’三段论”：

大前提：人类可以思维

小前提：计算机与人类有诸多相似之处

结论：计算机有思维的可能性。

要从“大前提”、“小前提”推出结论，必须通过两个步骤：

首先需要确定，如果“大前提”、“小前提”成立，是否就可以得出结论？

派利夏恩指出：“从最抽象的层面上看，计算机能使我们做的事情就是利用一些装置，以便用符号表达式与其解释相联系的系统方式（亦即以一种保持其相关区别的方式）来表征认知状态；它不仅仅是构建计算模型的工具，还是对计算模型进行经验探索的重要工具，而且为解释心灵的物理基础提供了可能性，或者至少是为理解物理学与心理主义之间的相容性提供了一种可行性方法。”[②] 从这段话可以看出，当计算机利用一些装置（自身的或与其相关的外部设备），在某种程度上（在最抽象的层面上）是可以达到物理学与心理主义的某种融合，即在合理的装置情况下，计算机理解是有着实现可能性的。

塞尔也承认，“从某种意义上来说，我们都是机器……对于任何可能制造的、

① 史蒂夫·巴特森．突破维数障碍：斯梅尔传．邝仲平译．上海：上海科技教育出版社，2002：280-291.

② 派利夏恩．计算与认知：认知科学的基础．任晓明，王左立译．北京：中国人民大学出版社，2007：79.

具有相当于人的心理状态的人造机来说……必须具有相当于人脑的能力”。[①] 也就是说，人类与计算机如果有足够多的相似之处，计算机完全有可能理解，这一观点在塞尔的许多著作中都有所提及。博登[②]、纽厄尔[③]和西蒙[④]在他们的理论中也都指出：如果计算机或某些机器模型足够先进，我们对于它的思维可能性是较难做出反驳的。

既然如此，为什么我们从塞尔的文章中还是会看到否认计算机可以有智能的倾向，当然在这里仅仅是倾向。塞尔虽然承认机器有可能思考，但这只是因为他将人也归属于机器中，人脑会思考，所以才得出“机器也就会思考”的结论。我们必须看到，在他的文章中，大部分篇幅都是在阐述人类与计算机的种种不同之处，强调大脑的生物性特征，强调计算机理解的诸多不可能性，以上问题的原因为何呢？归根究底，还是计算机与人类的大脑有着太大的差距；差距我们固然要承认，但是我们也必须了解科技的发展速度是多么的惊人，在未来，科技的超飞速发展一定会为 AI 界带来新的曙光。而就我们目前的科技水平来看，人类与计算机、生物学器官与物理学设备在产生心灵方面也是有许多异曲同工之处的。我们将从两个方面对二者进行比较。

1. “人类 vs. 计算机”的外在设备

人脑是一个生物器官作用于电化学信号[⑤]。从脑的构成来看，组成脑的细胞有神经细胞（又称神经元 neuron）与神经胶质细胞（简称神经胶质 neuroglia）两大类，神经细胞之间有许多突触（synapse）连接。神经元具有连接刺激和传导神经冲动的能力，单个神经细胞是无法单独完成某项脑部功能的，因此突触、神经元之间的连接部位，是神经信息传递的关键组织，被称为有突触开关（synaptic switch）。而我们人脑是通过神经元、神经胶质和突触来完成信息传递的，人类的理解行为也完全无法离开这些生物器官。

计算机是一些物理装置作用于电学信号[⑥]。它的基本构造是一些金属元件，众多金属元件合成了集成电路，组成了计算机的五大部分：输入设备、存储器、运算器、控制器、输出设备，其部件也分别与人脑的各种器官对应，计算机之所

---

① Searle J R. Minds, Brains, and Science. New York: Harvard University Press, 1984: 33-41.

② Boden M A. Intentionality and Physical Systems. Philosophy of Science, 1970, (37): 200-214.

③ Newell A. Physical Symbol Systems. Cognitive Science, 1980, (4): 135-183.

④ Newell A, Simon H. Computer Science as Empirical Enquiry: Symbols and Search, Margaret A. Boden. The Philosophy of Artificial Intelligence. New York: Oxford University Press, 1990: 105-132.

⑤ Warwick K, Encounters A, Preston J, Bishop M. Views into the Chinese Room: New Essays on Searle and Artificial Intelligence. New York: Oxford University Press, 2002: 314.

⑥ Warwick K, Encounters A, Preston J, Bishop M. Views into the Chinese Room: New Essays on Searle and Artificial Intelligence. New York: Oxford University Press, 2002: 314.

以又名“电脑”，正是由于它是模仿人脑进行工作的。五大部分通过电路的连接进行信息传递，以完成信息的输入、处理、输出，计算机的信息传递正是基此才完成的。

可以看出，“人脑”与“电脑”虽然构成材质不同，但二者还是有诸多相似之处的：都有物质客体将信息进行有序的收集、传递和储存。若要论证“计算机思维”的可能性，仅从人脑与计算机的这些表面特征来比较还是不够的，需要更深层次的挖掘和探索。以下将会用“人造脑”的一些最新成果来与人脑进行对比。

从20世纪80年代起，许多人工智能专家就已开始进行一些有关计算科学哲学的专门研究了，主要是将AI研究中的某些方法体系应用于计算科学的研究中。比如萨伽德（P. Thagard）运用机器学习等手段，对拉瓦锡的化学革命做了模拟研究，得到了一些很有价值和启发性的成果①。英国的西摩（B. Simo）用磁力共振成像扫描仪，研究了14个志愿者在学习如何分辨好坏对带时的大脑活动。通过这台仪器，他们将志愿者的大脑活动绘制到扫描器上，并用图谱形式进行分析，从而产生一些可靠的数字信息。之后，通过对这个图谱的分析，科学家们得出了这样的结论：人脑的信息数据和机器人学习过程中的数字操作数据居然几乎完全匹配。更确切地说，应该是这些人造计算机的工作原理与人类大脑的工作原理是十分吻合的。这样我们便可以了解到，人类与计算机的比较中，不仅是外在的物理设备相近，内在的工作原理也十分类似。这就不得不承认人类与计算机在很大程度上具有相似性。

从认知角度来看，若说人类思维活动最生动的体现那非情感莫属。针对计算机拥有“感情”的研究在认知科学界有一个专门的研究领域，它被称为情感计算（affective computing）。它主要是通过计算机的分析，将情感的研究从感性上升为可计算模型，试图创建一种能识别人的情感，并依此做出反应的计算系统，而它的研究成果可以算作是计算机程序与思维联系最紧密的例子了。

我们知道，AI研究，甚至整个认知理论都面临着一场整体性的变革。针对机器智能的某些理论障碍，我们必须从新角度、新思路来对其进行研究。这些问题的解决，除了哲学思辨，还需要依赖科技的发展，需要对大脑和计算机更精细的模型作更大胆的探索。人类必须在新领域探索新概念，以摆脱理论和实践的困境。而以上的诸多科技成果也表明，我们已朝“人造脑相当于人脑的能力”的方向迈进了一步，朝“计算机思维”又接近了一步。

2. “人类vs计算机”的内在规则

在“人类vs计算机”的规则论证中，我们并不打算采用上述“外在设备”

---

① 任定成．科学哲学认知转向的出色范例．哲学研究，1996，(9)：48-55.

中的论证方式来证明二者的关联性。上述论证采用的是相互类比的方式进行论证的，在这里我们则重新从对“规则”这一定义的分析来探讨“人类与计算机”的相似性。

关于“人类遵循规则”，塞尔反对认知主义的观点。他认为“人类遵守规则的情况远远要比认知主义所主张的少许多”①，而且，“如果从人类遵守规则的本意上来看，计算机并不是在遵守规则，它们只不过是按照一定形式程序去执行而已”。②

然而这个定义是否太狭隘了？让我们来看一个例子。当我们玩扑克牌时，都会事先定一些规则，在人们对规则不熟悉时，都会心里想着规则行事，这是遵守规则；当人们对于规则逐渐熟悉后，脑中就不会再来想着规则，“仿佛”是不按规则行事的。事实上，这些游戏规则一直对人们起着制约作用，而且人们也相信自己是按照这种规则来行事的。

我们需要为规则确立新的内涵，它包括两方面的含义：

(1) 我们心里想着“遵守规则”的同时所遵守的规则。

(2) 我们在心里并不想着必须要遵守哪条规范、规则，但在我们实际的活动中，确实是依照这种规则的含义来进行操作的。

那么，即使计算机并未强调“我们一定要遵守规则”，但是与人类相似的是，它也确实是按照规则内容的实际意义来运行的，那么“人类 vs 计算机”在遵循规则上也有很大的相似性。

由“大前提”“小前提”得出的结论虽与塞尔“中文屋”论证有相似之处，然而侧重点是截然不同的，塞尔的论证更侧重于计算机理解的困难性③；而我们则更倾向于认为：既然计算机与人类有着如此多的相似之处（小前提），再依据人类“可以思维”这个大前提，从“思维”的角度看，计算机思维就不再是那么可望而不可即的。

诸多科研成果显示了计算机向人类迈进的步伐，也表明了计算机产生思维的可能性，或许这是个漫长而遥远的过程，但认知科学家们一直在不懈地努力着。虽然直到目前为止，“计算机能否造就心灵”的问题还没有确切答案，强 AI 与弱 AI 也无法知道谁是真正的胜者，然而通过无数科学家、哲学家对 AI 问题的研究和探讨，AI 已经对心灵哲学和认识论研究做出巨大的贡献。无论是“图灵测试”、“中文屋论证”，或者是这个尚不成熟的“比较三段论”，都是人类向认知秘密迈进的阶梯。正如丹尼特所指出的：AI 研究虽然尚未揭开任何古老的心灵

① Searle J R. Minds, Brains, and Science. New York: Harvard University Press, 1984: 49.

② Searle J R. Minds, Brains, and Science. New York: Harvard University Press, 1984: 49.

③ 在塞尔早期的作品中，他是反对计算机理解的，在后期作品中才逐步对计算机的可理解性有了重新的修改和认识，但是也还是更着重强调计算机理解的难度。

之谜，但是它为我们提供了规范和拓宽想象力的新方法，至于对这些方法的利用，我们还只是刚刚开始①。

综上所述，我们以“中文屋论证”为例，从其实质内涵、隐含悖论以及它对于“计算机能否思维”论题的指导意义来评述它的价值，从而使我们更深入地了解塞尔的认知思想。我们不能因为“中文屋论证”没有给出“计算机能否思维”问题一个确切的答案就认为它是“贫乏的”。事实上，它意义重大，它不仅帮助我们更深入地思考思维的本质、意向性的定义和计算机的内涵等问题，同时还促使我们从新的角度看待生物科学和计算机科学，有助于这些学科的进一步发展。不管认知科学家们如何看待哲学和哲学家，我们都无法否认真正的认知科学问题都内在地、固有地包含着它自身的哲学问题。而当现实无给出“计算机能否思维”问题的答案时，哲学的引导性就起到了重要的作用，它规范和拓宽了这个问题的研究角度和方法，为技术的创新提供了理论基础。对人类精神世界进行探索并揭开其奥秘是一个艰苦而漫长的过程，甚至是最终可能并不会有结果的过程，“中文屋论证”可以说是这浩瀚征程中的一段路途，为人们向更深层次的研究提供了助力。

四、自语境化：判断机器能否思维的关键②

根据以上分析，我们给出判断机器能否思维的一个最终判据——自语境化。回眸哲学和科学发展的历程，我们发现，几千年来人们探讨“认识世界和自身”的主题几乎未变。然而，认知对象的确立并未给哲学和科学带来安宁，认知方式和认知结论的多样性给予了哲学和科学无穷的变数，如何认知（认识论）和认知如何（本体论）的讨论从未停息。我们将后一个问题暂且悬置，仅对前一个问题进行剖析，力图就如何认知自然界、人类社会和人类自身建构一种方法论。在这里，我们提出一种新的认知方式——自语境化认知，试图阐明这一方式的缘起、内涵、实现的条件和可能性及它的特征。

（一）自语境化认知的缘起

认知源于古老的心灵问题，主要解决的是“人类如何认识世界、认识自身”的问题。从根本上讲，认知是人类探索自然奥秘的过程，是人脑接受外界输入信息，经过头脑加工处理、转换成内在心理活动，进而支配人们行为的过程。然而，人类究竟是如何进行这种认知活动的？或者说，这种认知活动是如何成为现实的？

---

① Dennet D C. When Philosophy Encounter Artificial Intelligence. Daedalus, 1988, (117): 283-295.

② 魏屹东. 自语境化：智能机似人思维的关键. 中国社会科学报，科学与人文，2013-6-10（B01）.

针对这一问题，每个阶段、每个民族，甚至每一个具体个人的答案都不尽相同。特别是到了近代，随着认知科学的兴起，这一问题牵涉的领域越来越广，观点林立，争论如潮，出现了内省主义、认知主义、联结主义、动力主义、功能主义、行为主义、建构主义、自然主义等众多流派。但是，这些观点要么将认知完全心灵化，如源于现象学的内省主义以内省方式审视意识，将认知看作是一种心智直觉，或将认知物质化，将其还原为一种大脑或神经元过程，如源于物理主义的还原主义和源于脑科学的联结主义；要么将认知行为化，否认任何心理活动，强调刺激-反应的支配作用，如源于心理学的行为主义。不可否认，这些内在主义和外在主义观点都加深了我们对认知的了解，但是它们并不是解决问题的最佳方案，而且还会导致认知问题的求解越来越单一化、片面化，远离它本质的尴尬局面。

为此，一些科学家、哲学家、人工智能学者转换思路，寻求新的研究视角。在这种寻求中，学者们越来越强烈地意识到，我们不能仅仅站在心理学、人工智能、生物学、哲学等单一角度来思考认知，而应将相关学科知识加以融合，用一个统一的基底、选取一种完善的进路对这个问题进行深入探讨，从而为认知问题的解决提供新契机。我们认为，合理的研究进路应满足两个基本要求：①普遍性，这是认知进路的涵盖范围。一个完善的认知方案应当尽量能够解释物理、精神等认知领域的所有现象，这体现了一种彻底性。虽然说世界是一个无限可能的集合体，这种彻底性永远不会完美无缺，但是，只有尽量将所有重要位置填满，尽可能多地解释世界中的现象，才能逐渐逼近对世界为真的描述。②验证性，这是认知进路的诠释目标。认知应当是有形可检的，即认知方案是可检验的和可实践的。一种好的方法论就如同一种实用的工具，需要在实践中进行检验，应当经得起详细推敲。同样，一种好的认知方案必须符合自然规律，符合我们的经验，它不能是一种虚妄的人为构想，必须是人类认知与现实世界的一条有效的沟通纽带，通过它我们可以解释日常现象，预测事物走向。

我们发现，符合上述两个条件的认知进路是基于语境的认知方案，如实践语境化认知方式、语境论认知方式和再语境化认知方式。实践语境化认知方式源于瓦托夫斯基的科学认识方法论，他强调人的认知模式是随着社会历史实践的发展而进化的，脱离了这种实践语境，认知是无法实现的。语境论认知方式与辩护的“回归问题”紧密相连，基础主义认为阻止辩护的唯一办法是运用“自我确证的基本信念”，但是这种信念本身还需辩护，容易陷入循环论证，而语境论方法将语境作为回归的基点，语境无需再确证①。这样，任何命题的意义都由与其相关联的语境决定，并随语境的变化而变化。人类的认知也不例外，它也应以语境为

① 魏屹东．广义语境中的科学．北京：科学出版社，2004：51.

基底。再语境化认知方式是基于语境论认知方式而提出的，是对已有语境的重新设置与重新建构。这种观点是罗蒂提出的，他认为人们的思想、认知是信念、欲望、命题态度的语境，这种语境不断接纳新的信念、欲望、命题态度，从而不断产生新的语境。

相比内在主义和外在主义这些单一的认知方式而言，上述三种以语境分析为基础的认知方案已经有了质的飞跃，它具有一种综合概括性；而且它们将语境作为认知的基底，一方面避免了认知的循环困境，另一方面为认知提供了一种思想源泉。但是，这些认知方案也或多或少有着不完善之处，实践语境化认知方式虽然强调了实践和历史语境对认知的重要性，但忽视了语言对认知的意义①；而语境论认知方式只是强调了语境对一个命题的基底作用，并未体现出人类认知的动态化过程；再语境化认知方式完善了前两种认知方式，提出了信念、命题态度对认知的意义，但并没有说明人类认知的根源。

从以上分析我们发现，这些认知研究方式既有可取之处，又有所欠缺，无法涵盖或较为完整地解释认知的内涵、特征、过程及根源。鉴于此，我们立足上述认知方式，试图在认知主体和认知客体之间搭建一条宽阔、牢固的认知进路——自语境化认知，力图对人类认知进行一种完善、合理的诠释与剖析。

（二）自语境化认知的涵义

自语境化认知是一种以语境化方式为基础，取各类认知方式之长的新型认知方式。因为“在认知系统中，认知过程是语境化的，心智的涌现是语境依赖的，意识的产生也是语境限制的。……在人工智能中，科学家要使得计算机能够像人那样地思维，就必须使它由‘被语境化’（人为它设置了语境）转化为‘自语境化’（计算机主动融入语境或自己设置语境）。这是一个非常艰难的过程，甚至可能是永远都难以实现的过程。不过，语境化肯定是人和智能机器区别的重要标准之一”②。因此，在阐述这种认知方式之前，我们需要弄清何谓语境化认知方式。

语境化认知是以语境为基底的一种探析人类认知的方法论。要了解这种认知方式，对语境的阐释就成为关键。语境（context）源于语言学，这一概念首先是由英国民俗学家马林诺斯基（B. Malinowski）提出的③。英国语言学家弗斯（J. Firth）继承并发展了马林诺斯基的语境理论，提出了意义语境理论，它是以语言

---

① 魏屹东．语境论与马克思主义哲学．理论探索，2012，(5)：10.

② 魏屹东．语境论与科学哲学的重建．北京：北京师范大学出版社，2012：536.

③ Malinowski B. The Problem of Meaning in Primitive Languages. Ogden C K，Richards I A. The Meaning of Meaning，London：Routledge，1923：146-152.

交际的效果、价值、意义为出发点，以语言的“上下联系”为切入点来研究语境的[①]。而后，随着语境概念越来越被人们所熟识，含义也越来越多样化，例如社会语境、文化语境、历史语境等，也即语境已经超越了语言层面，升华为了广义语境。郭贵春就曾指出，语境是一种具有本体论性的实在，是一切人类行为和思维活动中最具普遍性的存在，“一切都在语境之内”，“所有语境都是平等的”。[②]

从这些学者对语境的论述可以看出，语境是一个系统，它涵盖了语言学、心理学、社会学等各个领域的知识。同时，语境又是一种基底，是进行一切研究的不可还原的保障。我们在研究某种事物、现象时，要有底线，否则就会陷入无穷倒退或无限循环中，这种底线就是语境——一种静态的实在。相对于语境这个静态实在而言，语境化更趋近于一种动态的变化，它与语境的关系就如理论与理论化、系统与系统化一样，前者指科学认知命题研究的基底，后者则指将研究主题融入各个情境的一种动态方式。

其实，相对于语境，语境化离不开语境分析，它是了解世界、解释现象的一种手段，是指从历史、语言、情境等的关联中透视事物的方法论。语境化认知的手段就是语境分析。语境分析是当代分析哲学运动的基本诉求之一，导源于弗雷格的方法论原则[③]。福多就曾说过，在当代学科融合、渗透的大背景下，无论是逻辑分析还是日常语言分析的走向，都离不开语境分析方法论，这已是一种历史的必然趋势了[④]。在我们看来，语境化是对语境分析方法的一种继承和发展。首先，语境化继承了语境分析的方法论意义，二者都是以语境为基底进行科学研究的一种手段。其次，二者的偏重不同。语境分析侧重于对事物的关联与意义的分析。语境化方法不仅涵盖了语境分析，而且将对事物的研究融入语境转化的动态，更具整合性。

我们知道，认知的根本目的是为了赋予世界以意义，认知过程就是表征意义的过程。在我们所能及的世界范围内，人作为具有认知能力的智能体，是世界体系中的一环，人的一切活动都离不开周围环境。因此，要弄清认知问题，就必须将“人”作为认知主体，以“人”为出发点，将人的认知系统与其环境系统综合起来考察，在二者的相互作用中探索认知奥秘，这是自语境化认知方式的本体论根源。

---

① Firth J R. Papers in Linguistics 1934-1951. London：Oxford University Press，1951：190-215.

② 郭贵春．语境与后现代科学哲学的发展．北京：科学出版社，2002：1-5.

③ Frege G. The Foundations of Arithmetic：A logico-mathematical enquiry into the concept of number. translated by Austin J. New York：Harper & Brothers，1953：xxii-xxiii.

④ Fodor J，Lepore E. Out of context. Proceedings and Addresses of American Philosophical Association，2004，（2）：77-94.

由此可知，在人的认知过程中，包含两个重要因素：认知主体和认知客体，前者是人类，后者则包括自然界、人类社会和人类自身。现在的关键问题是：人类是通过何种方式认识自然界、人类社会和人类自身的？纵观人类历史，我们发现，人们会依据自身经验或所处环境对所观察的对象产生不同的认知；即使同一种现象，不同的人也会依据各自的特殊情况而获得对这一现象的不同认知，并会依据这种认知产生相应的语言、情态、行为等回应。

我们以“闪电”为例来说明这一点。有人会将“闪电”看作自然现象，从日常经验出发，他们发现闪电与打雷下雨密切关联，因为我们总是在看到闪电后会听到雷声，而在打雷闪电后一般都会下雨。而随着科学的发展，闪电的秘密被逐渐揭开：它是云与云之间、云与地之间或云体内各部分之间的强烈放电现象。有人在将闪电与雷、雨联系的基础上，会对闪电的由来产生兴趣，他们好奇为什么天空会出现这样一道“火链”，甚至会将树木燃烧？由于没有合理的解释，他们就将其与宗教、神话传说等联系起来，认为这是“神的活动”，依据不同的环境，这种“神的活动”的称谓也有所差别：中国人认为闪电是由“电母所创”，西方人则认为是“宙斯发怒”。随着人类知识的增长，人们了解到闪电只是一种放电现象。而后通过一系列的实验，有人又创造了“闪电”——在两根电极之间加高电压，并将其慢慢靠近到一定距离时，它们之间就会产生电火花，这就是所谓的“弧光放电”。即使了解了闪电的由来，还有人会进行更深入的思考，提出这样的疑问：为什么同样看到闪电，人们的感受会如此不同？有人认为它很平常，有人则将其看作神迹。依据这些经验和感受所进行的反馈活动为何会有如此大的差异？有人习以为常，有人却通过探寻创造了闪电。这是为什么？因为人们的语境化的程度迥然，认知的结果也就大相径庭。

可以看出，依据外部语境（观察环境、所处环境和时代背景）的不同，人类对闪电的认知有差别。然而，在看到闪电到创造闪电的整个过程中，除了这些外在的环境因素（即我们强调的自然语境）以外，还有没有别的因素能够引发认知结果的差异？答案是肯定的，它就是人类自身认知能力的差异性。人类自身的认知能力分为两种：先天禀赋和后天努力，前者被基因决定，是不可控的；后者是一种主观能动性，通过它我们可以发现或创造历史。就闪电现象而言，看到闪电、能够思考是绝大多数人都能够进行的活动，然而只有少数人强化了自身的主观能动性，将其与雷、雨联系起来，发现了有利于农耕的知识；又只有个别人进一步通过科学实验探得了闪电的本质——一种放电现象；更只有极少数人基于已有知识，自主地将这些知识融会贯通，最终“创造了闪电”。当然，这并不是结束，还有人将这一研究重新运用、反馈于我们的现实生活，又为我们创造了新知识、新经验、新财富。从这里我们可以发现，在同样的条件下，人类对事物的认知是不同的，而之所以造成这种差异的根源就是人类自身的主观能动性，也就是我们称作的“自主性”[①] 这种“自主融入语境”的能力，这是自语境化认知方式提出的认识论根源。

通过上述分析我们会发现，在整个认知过程中，人类是遵循一定规则进行认知的，这些规则概括起来有以下五个：

（1）自主规则。在认知过程中，认知主体和认知客体是必不可少的。认知主体不仅具备一定的感觉能力如听觉、视觉、嗅觉、触觉等，而且还要有一定认知能力如推理、记忆、联想、语言能力，这些能力既有先天的也有后天的。要进行认知活动，认知主体还要具备自主融入语境能力，也就是自主性，它表明了一种人类对环境的反馈能力。

（2）语境规则。认知过程是在特定语境下进行的，认知主体的认知符合所处的语境。依据时间和空间的不同，语境可以分为历史语境和所处语境，所处语境又包括情境语境、社会语境、文化语境等不同形式。这些语境是通过认知主体的自主性体现的。

（3）选择规则。自主性对环境的反馈不是单一的，而是多元的。这些反馈情形可以组成一个“行动可能候选集”。认知主体依据自己的经验和所处的环境选取一个或几个符合自然规律、社会实践的选择项。比如看到闪电可能将其看作是一种自然现象，也可能将其当做一种“神的活动”，这就是“可能候选集”；而后认知主体将会依据自身经验、时代背景等进行选择，最终将选择项融入语境，生成新知识，并通过实践来检验这种选择是否正确。

（4）语义规则。整个认知过程需要语言的参与，无论是环境对人类的影响还是人类自主地反馈都是需要语言表征的。语言是主体见之于客体的媒介，创造语言就是在建构世界，就是在发现和认识未知世界[②]。人作为一种生命体，其存

---

① 在这里，我们需要将自主性与反身性、意向性和自由意志等概念区别开来。这些概念都与人的心理活动相关，但也各有不同。通常而言，反身性（reflexivity）是指自我反思能力，它与自主性的区别在于认知对象的差异性，前者更多的是对人类自身的一种反省和认识，而后者则是对自然界、人类社会、人类自身的一种共同认知，而且二者的主要研究领域也不尽相同，反身性是人类学与社会学在 20 世纪的主要成果之一，而自主性则更侧重于哲学、认知科学等领域的研究。意向性（intentionality）一词来源于经院哲学，它的含义是多样化的，比如布伦塔诺明确地把意向性当做区分心理现象和物理现象的标准，而塞尔则认为，意向性具有某种非零的符合方向，是一种信念成真、欲望满足的心理状态。但是无论是哪种意向性，它都仅被看作是一种心理状态，而自主性则更倾向于认知和实践，它可以作为人类行为选择的一个标准，人类是依据自主性来认知、理解这个世界的，而且二者的研究领域也有差别，意向性主要集中于心理学、语言学、哲学领域。自由意志（free will）与自主性的差异较大，自由意志是一个哲学信条，指相信人类能选择自己行为的信念或哲学理论，与其相对的概念是“决定论”，主要探讨的是人类是否能够选择自己的行为；但是自主性是将自由意志作为一个前设而提出的，也就是说，在自主性观念中，人类肯定是能够自主选择行为的，但是这种自主性是通过被动性进化突现而来的。

② 魏屹东，郭贵春. 论科学与语言的关系. 科学技术与辩证法，2002，2：34.

在本质就是由能说话来规定的①。语言之于解释世界的重要性就如同空气之于人的重要性。

（5）循环规则。整个认知系统不是断裂的，而是循环的，它是一种螺旋上升的循环认知体系。这个认知过程的循环不是一种无限循环，而是以语境为基底的循环。在对每一个认知对象进行研究时，都以其所处的语境为基底，从而产生了一种新知识，这样新知识就成为了新的认知对象，新的认知对象又以新语境为基底，从而对最初的认知对象形成了深入的了解。

遵循这些规则，我们就可以推出自语境化认知方式的内涵：在确定认知对象的基础上，认知主体依据自身天赋自主地融入语境，并从语境中获取相关信息，得出一组“行动可能候选集”，而后通过自身经验、科学研究、实践检验选择出最适合的行为响应，最终获得这种认知对象的螺旋上升认知。

简言之，人类的认知是一个“自主融入语境”从而进行行为选择的过程②，是通过自主性将认知主体与认知客体在语境中加以融合的过程，这个过程需以语言为媒介，以自寻优、自组织、自学习、自适应、自进化方式存在。

（三）自语境化认知的实现条件

事实上，在探寻人类认知进路时，类似语境方法来阐释认知已不是一个新议题了。克拉克（A. Clark）就从处境（情境）性出发来分析心智的认知行为③，戈尔德（T. Gelder）也认为认知系统必须将环境因素考虑在内④，他们都强调了语境在心灵认知过程中的重要性。而将认知作为一个循环系统加以分析的学者也不在少数，比如拉兹洛的信息流循环式认知机制就认为，认知是适应性自稳和适应性自组交替过程的结果⑤；而皮亚杰的同化-顺应认知机制也指出，认知就是主体与环境不断同化、顺应、建构、再建构、由低级向高级的发展过程⑥。也有一些学者认识到了自主性对人类认知的作用，比如马克思提倡意识的反作用力；而索普拉（W. Thorpe）提出了学习式认知机制，这种“学习”是对固定不变的行

---

① 海德格尔．存在与时间．陈嘉映，王庆节译．北京：生活·读书·新知三联书店，1987：43.

② 许多学者对行为选择进行过研究。比如，布鲁伯格（B. Blumberg）认为，动物的行为选择是在内部和外部的双重刺激下，从潜在候选集中选择出最恰当的行动行为集的过程；泰瑞尔（T. Tyrell）也认为行为选择是（主体）及时从一组“可能候选集”中选择出最适合的行为。

③ Clark A. An embodied cognitive science? Trends in Cognitive Science，1999，(3)：345-351.

④ Gelder T. What Might Cognition Be，If Not Computation ? Journal of Philosophy，1992，(7)：345-381.

⑤ Laszlo E. System，Structure and Experience：Toward a Scientific Theory of Mind. New York：Routledge，1969：3-11.

⑥ Piaget J. The Principles of Genetic Epistemology，translated by Wolfe Mays. London：Routledge & Kegan Paul，1972：5-53.

为模式的调整和修正①；克瑞斯雷（R. Chrisley）、泽马可（T. Ziemke）也认为认知主体必须与环境互动②。但是，上述认知方案并没有将“自主性”这一关键要素提升到应有的位置。这种“自主融入语境”的“自主性”是人类认知中唯一的可控要素，只有通过它我们才能融入并影响周围环境，从而获得新的认知。现在，我们的目标是要探索一条认知新进路，即自语境化认知方式，我们就必须对其中的关键要素——“自主性”的由来有一个清晰的认识，即这种自主性是如何出现的，又是何以可能的？如果这个问题不解决，我们就不能将自语境化认知当做是一种完善的认知方案。

在人类认知中，“自主性”并不是起始便存在的，它是“进化地突现”的结果。人类的认知起初是被动的，因为人适应环境就是被动的。人类是被大自然的规律、被周围的环境所支配而存在发展的，它是一种“被语境化”过程，相对于自语境化的“自主融入语境”，被语境化是指“被动地融入语境”，而支配被语境化行为的既可以是自然规律，也可以是人为规则。这种现象无处不在，我们仍以闪电现象为例。人类并非一开始就能够将其与雷雨联系起来，也不是一开始就能够将其运用于农耕中，这是一个从“被自然规律支配”到“自主行为选择”的过程，用哲学术语讲就是从“必然王国”到“自由王国”的过程。再比如，计算机就是一种被人为规则支配的事物，它被“人类所设计的程序规则”所控制。因此，被语境化就是一种被自然规律、人为规则支配的行为响应模式；它并非一种自主认知方式，而只是行为主体与周围环境发生联系的一种行为描述而已，是自语境化认知的一个必经阶段。但是，要从“被语境化行为”到达“自语境化认知”并不是一件简单的事情，它是一个漫长而艰辛的过程。我们认为自语境化认知要成为可能需要满足三个条件：目的性、进化和突现，它们是自语境化认知得以存在、发展、成熟的“三种土壤”。

从发生学角度来看，目的性是指发端于行为之前指导其操作方向，并预先设定了可能行动效果轮廓的一种现象，它是人类自主行为的一个前提条件。没有目标，我们就没有努力的方向和前进的动力，认知也就无从谈起；没有目标，人类就只会被环境支配，没有主观能动性。德雷福斯认为人类智能（认知）必须受到有机体中目的和有机体从当前文化中获得的目标的驱动③，而本格则将目的性

---

① Thorpe W. Learning and Instinct in Animals. London: Methuen, 1963: iii-xxii.

② Chrisley R, Ziemke T. Embodiment. Encyclopedia of Cognitive Science. Macmillan Reference Ltd. www.cogs. susx. ac. uk/users/ronc/papers/embodiment. pdf. 2006-06-05.

③ Dreyfus H, Dreyfus S. Making a Mind Versus Modelling the Brain: Artificial Intelligence Back at a Branch-point // Boden M. The Philosophy of Artificial Intelligence. London: Oxford University Press, 1994: 325-332.

作为认知发生模式的最高级别①。从这些学者的观点可以看出，在一个认知过程中，目的性是认知的出发点和归属处。

人类的自语境化认知与目的性是息息相关的。人类之所以能够自主融入语境，最初便是由生存和繁衍这两大目标驱使的，而后超越生物诉求的更高级目标出现了——理想、自由、荣誉、自身价值的体现等目标成为了人类的“新宠”。正是由于目标的不断更新和升华，才使得我们能够更好地认识这个世界。所以，自语境化认知源于人类的各种目标，目的性成为自语境化认知产生的一个必要条件。

从进化角度来看，进化成为自语境化认知产生的重要因素，其中时间起着不可估量的作用，而语境则成为了滋生“人类自主性”的温床。进化-具身认知理论将认知看作是进化的产物，而且将认知与应对环境紧密联系起来②。平克（S. Pinker）也赞同进化心理的观点，他将人的认知行为看作是一种“瑞士军刀”式的“达尔文模块”，即人的认知是适合于解决进化问题的集合③。

但是，自语境化的认知又有其独特之处，它是从被语境化行为发展而来的一种阶段性进化认知。人作为动物性（生物性）和社会性的统一体，其行为包括三种：被语境化行为、拟语境化行为和自语境化行为，这三种行为呈现的是一种由低到高的发展态势。相应于这三种行为，人类也有三种认知状态：被语境化状态、拟语境化状态和自语境化状态：

被语境化状态的人类虽然能够采用“行为响应模式”，但却不存在自主认知行为。这时的人类行为只是依据自然规律或人为规则进行的一种“机械”行为，就如我们给钟表设定了走向，它就会一直按着我们设定的规则运行一样，钟表是不会自主认知的④。

拟语境化状态是自语境化认知状态的过渡形态。在这种状态下的人类也能够进行“行为响应模式”，但这种行为响应是以“生存、繁衍”为目标的，比如单纯的生殖、繁衍，或者是饥荒年月的食人现象，战争中你死我活的行为等，这种状态下的人就好似低等动物，只会依据自己最原始的冲动做出行为选择。所以，这种状态下的人类认知只能是一种拟认知。

自语境化状态是在前两种状态的基础上发展而来的。不满足人类“生存、繁

① 发生模式包括：混乱、随机、因果、协同、矛盾、有目的性。

② Anderson L，Rosenberg G. Content and action：the guidance theory of representation. The Journal of mind and Behavior，2008，（1）：59-60.

③ Pinker S. The Language Instinct：How the Mind Creates Language. New York：William Morrow and Company，1994：420.

④ 这里，我们必须强调“无意识行为”，它也是一种被语境化行为，因为这种行为不会受人类目标等因素的影响，它完全是（人类）不可控的，并非一种认知行为。

衍”的需求，也就不会有“理想、自我价值”等这样更高级的人类追求。自语境化认知是最高级的人类认知状态，也是一种完善的认知状态，它能够自我修复、自我进化，在这种状态下的人类活动呈现的是一种上升的状态。

可以肯定，人类的认知是一个从无到有、从低级到高级的发展过程，但是这种发展并非与时间绝对成正比。我们不能说原始社会的人类就只能进行被语境化行为，或者说当代社会中的人进行的全是自语境化行为。自语境化认知并不是一蹴而就的，也是经历了艰辛而漫长的发展过程才成为了今天“我们能时时感受到的‘自主性’选择”，它是一种进化的结果。这三种状态是随时都可能发生的，只是认知等级会有所差别（如图所示）。

然而，目的和进化并不能使自语境化认知成为必然，人类的自语境化认知若要出现，还有一个因素的是必不可少的，它就是“突现”（emergence）。自语境化认知是进化中“突现”的结果。

本格（M. Bunge）曾对突现下过明确的定义：“设 x 为一具有 A 合量的 CA（x）系统，P 为 x 的属性，则有：当且仅当 x 的每一个“A 分量”（component）都具有 P 时，P 是“A 合量”（resultant）的一个属性；否则，若 x 的任一 A 分量都不具有 P 属性，则 P 是 A 合量的突现”.①戈德斯坦（J. Goldstein）也对“突现”下过类似的定义：在复杂系统的自组织过程中突然涌现出的、新的、和谐的结构、类型和功能，它是在宏观层面上出现的现象②。那么，相对于“进化”的缓慢演变，“突现”就是一种短期、突然的现象。这容易使人们误会进化和突现是对立的；其实，二者并不对立也不矛盾，而是相辅相成的。本格曾说过：“每一个突现都是某一进化过程中的一个阶段。”③ 如图 15-3 所示，自语境化认知（c）是由被语境化行为（a）和拟语境化认知（b）发展而来的，每个阶段的发展、进化都离不开突现。自语境化认知产生的整个过程是一种宏观现象和整体变化，我们无法将其割裂开来，就如同我们不能说 a～b 或 b～c 是在哪年哪月或者在哪个地方发生的一样，这种阶段性的变化在微观层面上是不可预见的。

复杂自适应系统理论（CAS）对突现的阐释很好地解释了自语境化认知的出现过程。在这一理论中，突现是一种“介于秩序和混沌间的整体适应度”④。这种

① Bunge M. Scientific Materialism. London：D. Reidel Publishing Company，1981：29-31. 在《突现与会聚：质的新颖性与知识的统一》（2003）一书中，本格的突现定义有所修改，他使用了复杂性科学的术语“全局性质”来定义突现：“所谓P是K类系统的一种突现性质，简言之就是，P是K系统中分量所不具有的全局性质”。但是，这里的突现仅强调了突现的空间性（“部分与整体”性质），并未强调突现的时间性、历史性，所以笔者还是采用了他早年的突现定义。

② Goldstein J. Emergence as a Construct：History and Issues. Emergence（11），1999：287.

③ Bunge M. Scientific Materialism. London：D. Reidel Publishing Company，1981：42-44.

④ 沃尔德罗．复杂——诞生于秩序与混沌边缘的科学．陈玲译．北京：生活·读书·新知三联书店，1997：126-159.

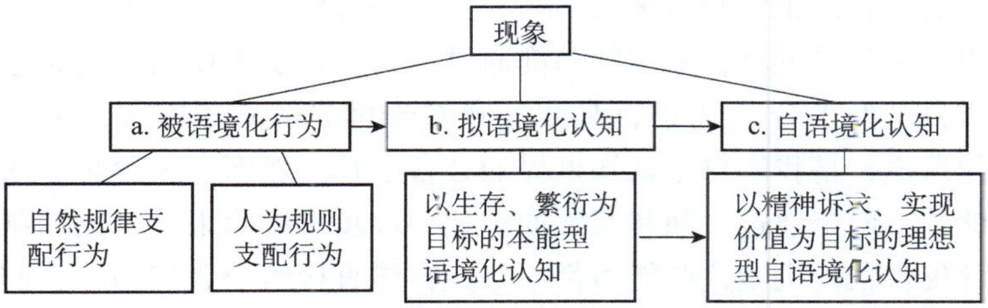

图 15-3　自语境化认知的关系

"秩序和混沌"体现在两个方面：一是时间方面，从宏观来看，a ~ c 是一个依照时间顺序发生的过程，是"时间有序的"；但从微观来看，我们又无法具体确定每一个阶段的发生时间，它又具有"时间无序性"；二是逻辑方面，从宏观来看，图中的三个阶段是一个从无到有、由低级到高级的过程，是"逻辑有序的"；但从微观来看，a ~ b 是不可能出现的，因为逻辑上讲究"无不能生有"，它又是"逻辑无序的"。而正是"突现"将这种"逻辑有序"和"逻辑无序"、"时间有序"和"时间无序"协调、统一起来的，突现在自语境化认知的产生过程中起到了不可估量的作用。因此，人类的自语境化认知是目的性、进化和突现共同作用的结果。

（四）自语境化认知的特征

作为反映人类认识世界和自身的一种新方式，自语境化认知有其不同于其他认知方式的特质和优势。一方面，自语境化认知延续了语境化认知的五种特征：本体论性、认识论性、方法论性、终极性和综合性①。因为无论是自语境化认知还是语境化认知，它们的认知主体（人类）与认知客体（自然界、人类社会、人类自身）都是客观实在的，而且主客体间的认知关系也是客观实在的，这是本体论性的体现。二者所表现的都是人类认识世界与自身的一种方式，这是二者的认识论性特征。同时，二者采用的都是内在主义与外在主义相结合的双透视认知进路，具体运用经验-理性的认知方式，这是方法论性的体现。这两种认知方式区别于别种认知方法的最根本特征是其终极性，它们是源于语境又止于语境的两种认知进路，人类的任何认知都不会超过其所认知的环境，这一特征可避免使认知陷入无限循环的困境；而且，这两种认知方式涵盖了日常认知现象的整个范围，具有一种综合性和普遍性特征。同时，它们都还有语言性和历史性。因为人类是生活在特定语言世界中的人类，其认知也就无法离开语言。人们要认识物理现象，需要物理语言，认识数学现象，需要数学语言，不同国家、不同人种的人交流也是以语言为媒介进行的。所以，人类如果要自主地融入各种语境中，就需

① 魏屹东. 广义语境中的科学. 北京：科学出版社，2004：172-174.

要各种不同的语言，正如伽达默尔所言，“语言是理解本身得以实现的普遍媒介……一切理解都是解释，一切解释都通过语言媒介发生作用，同时这种语言又会成为解释自己的平台”。[①] 语言是我们存在于世界的基本方式，是世界构成的无所不在的形式，是我们自主认知世界的必备工具。然而，这种必需的能力也不是一蹴而就的，而是通过时间和实践的洗礼一步步发展而来的。比如制造工具防御野兽、种粮食抵抗饥饿这些能力都不是大自然直接给予我们的，它们是在自然给予我们“自主性”能力的基础上发展而来的。自语境化认知方式的形成如同自主性能力的增长一样都是需要时间的，从被语境化行动到拟语境化认知再到自语境化认知是一个漫长的过程。而通过这种方式对客体进行认知也是需要时间的，首先要确定认知客体，而后通过自身经验做出反应，回馈于认知对象，最后通过实践检验自身认知的正确性，这个过程有可能用时很少，有可能用时很长，时间是其中不可或缺的支撑力量。海德格认为认知具有时间性或历史性，提出了“前有”、“前见”和“前设”；而伽达默尔则将“历史性”看作构成我们全部体验力的最初直接性[②]。

另一方面，自语境化认知具有一些不同于语境化认知的新特征。

（1）自主性。康德认为，“应该蕴涵能够”（ought implies can）——理性的个人，想要成为一个有道德的人，就必须具有一种有意识的选择自由，这是所谓的康德法则。自主性能力是大自然赐予的，大自然只是如后母般地为我们准备了达到我们的目的所必需的能力[③]。在自语境化认知中，环境被设想为不断变化并积极影响人类思维的一种基底，而人类的“自主性”又成为人与环境相互关系中唯一的可控要素，自主性因此就成为自语境化认知的最根本特征。塞尔始终坚信自主意愿在认知活动中的重要性，“正是对于意愿性行为的体验，才给予了我们对于自己自主认知的坚定信念”。[④] 这种意愿性就是人类的自主性。通过它，我们可以把认知客体的状态告知认知主体，从而对认知主体和客体都产生一定程度的影响；通过它，我们的认知能力才能够由低级向高级发展，最终认识世界、认识自身。

（2）目的性。自语境化认知中的“自主性”并不是盲目的，它是依据一定的目标而产生的“自主融入语境性”。比如，“在我们需要与其他人沟通时，语言产生了”。在这里，语言是基于某种目的——与人沟通——而产生的。目的性

① Gadamer H. Truth and Method, translated by J. Weinsheimer, G. M. Donald. London: Continuum, 2003: 441.

② Gadamer H. Truth and Method, translated by J. Weinsheimer, G. M. Donald. London: Continuum, 2003: 299.

③ 康德. 实践理性批判. 邓晓芒译，杨祖陶校. 北京：人民出版社，2003：200.

④ Searle J. Mind: A Brief Introduction. New York: Oxford University Press, 2004: 99.

认知其实就是对事物意义的探索，胡塞尔也认为，“一个有可能界定事物意识的规则本质上是一种预先刻画了类型的规则”①，他十分重视目标导向（目的性）在人类智能和认知中的重要作用。所以，目的性是自语境化认知的前提及保障，是它的根本特征之一。

（3）渐突性。自语境化认知的渐突性有两种含义：一种是向前、上升的连续发展性；另一种是发展过程中的中断阶段性。从自语境化认知的内涵和过程可以看出，人类认知是从无到有、从低级到高级的进化，这是一种连续发展性；而其中被语境化行为、拟语境化认知和自语境化认知是认知的三个阶段，每一阶段的发展都是“突现”的结果，这是认知的中断阶段性，二者综合就是自语境化认知过程的“连续-中断二象性”——渐突性，类似于光性质的“波粒二象性”。

（4）实践性。这是自语境化认知最重要、最实用的特性，也是合理认知方式——可检验——的重要体现。认知最根本的目的就是要应用于现实生活，进而指导人类的思想和行为；自语境化认知也不例外，我们需要用它来指导我们的日常生活和科学研究等。比如，通过自语境化认知我们能够更深入地了解人类与环境的关系，了解认知在这一关系中的作用，即人类的认知是环境和人类自主性双重作用的结果。

自语境化认知的优势表现为四点：

第一，它体现了认知主体与客体的统一。自语境化认知的两大要素是认知主体-人类和认知客体-环境，人既然是世界等级体系中的一环，那么人肯定离不开其所处的环境，认知过程同样也离不开其环境。人类这种认知体与其环境是相统一的，自语境化认知中主体与客体是相统一的。认知主体与认知客体在自语境化认知中的集中体现是人类的自主性与语境的基底性。这也是它与其他认知方式的区别之处：在外在主义认知中，环境是认知的基础，人类的意识性只是环境作用的产物而已；在内在主义认知中，人类的自主性又成为了凌驾于环境的更高层次的事物；而语境分析方式则更加强调语境之于认知的重要性，这三类认知方式都有局限性。自语境化认知将将人类的自主性提高到与环境相一致的地位上来，使得这二者达到有机、合理地融合。

第二，它体现了认知过程与意义的统一。人这种认知体不仅生活在物质世界中，更生活在意义世界中。人类认知的目的是对意义的探索，包括世界的意义和人类自身的意义，在这个探索过程中，人的自主性起到了极其重要的作用。自语境化认知强调的正是人和人的自主性在整个认知过程、意义呈现过程中的重要作用，它通过“人”将认知过程和意义表征统一起来。

① Husserl E. Cartesian Meditations. Translated by Cairns D. The Hague: Nijhoff, 1960: 45.

第三，它体现了理性与非理性的统一。人类心智不仅具有理性特征，更具有非理性特征如意志、情绪、动机等。忽视非理性因素成为物理主义、功能主义、行为主义等外在主义理论的共同点；而将非理性特征无限夸大，认为它是私人的、不可传递、不可认识的又是唯心主义的主要观点，这两种认知方式都是不可取的。自语境化认知方式既重视心智的理性特征，比如逻辑推理、言语表述等因素，又重视人的自主性、意愿性等非理性因素对认知的作用。

第四，它体现了事实陈述与价值判断的统一。自语境化认知将认知与自然视为一体，力图对自然界进行一种为真的事实陈述；但是，这种事实陈述不是中立的，它体现着一种价值取向。自语境化认知中的认知是受到自然约束的认知，我们不能为满足自身的各种需求而随意去描述自然，我们要对认知建立起“善”的行为规范，与自然和谐相处，不应该自私地利用自然。这就是自语境化认知中事实陈述（自然规律）与价值判断（尊崇自然）间的统一。

五、言语行为与意向性

自语境化不仅是一种言语行为，也是一种意向行为。因此我们有必要进一步探讨塞尔的言语行为与意向性思想。意向性问题历来受到哲学家的青睐，塞尔是其中的典型代表。“意向性的问题将当代哲学中的两个核心的问题联系起来：语言怎样与实在相关联（这是所有语言哲学家都以这种或那种方式涉及的问题）？什么是人类行为的本质？什么解释一个行动？为什么自然科学的方法不可能在人类行为的研究中引起那类他们已经在其他地方成功的结果？这两类常见的问题都汇合于意向性的难题上来了。”① 在塞尔看来，意向性是表达一个完整言语行为的前提，说话者通过言语行为的意向性传达其意义。换言之，意向性是构成完美言语的骨骼，并与其有着深层的关联性。人们通过语言或肢体进行交流，利用符号或工具传递信息，并非是因为他们本身含有某种意义，而是因为他们具有意向性。

然而，对于意向性问题的探究并非是现代哲学的“专利”。古希腊的哲学家就对意向性问题有过朴素探索，中世纪哲学家进一步深化了该问题，直到现代“布伦塔诺命题”的提出，言语行为中的意向性问题才真正走入现代西方哲学家的视野，开启了真正的现代意义上关于言语行为中意向性问题的研究。在胡塞尔看来，意向性是打开现象学之门的一把不可替代的万能钥匙，它始终与现象学哲学的发展紧密相随，只有把握了“意向性”才能真正理解现象学的本质，意向性是理解现象学的必由路径。维特根斯坦亦从语言的维度入手，对意向性问题给予了特殊的关切。奥斯汀从对日常语言的分析角度，阐述了对意向性问

① 麦基．思想家．北京：生活·读书·新知三联书店，2004：240.

题的观点。可以说，自20世纪以降，关于言语行为中意向性问题的研究可谓异军突起、见仁见智，涌现出一大批观点各异的意向性问题的研究者，如戴维森、丹尼特、哈贝马斯、福多等，他们从不同的维度拓宽和深化了对意向性问题的认识。

塞尔对意向性问题的研究主要体现在《意向性》、《言语行为》等著作中。他指出："言语行为表达世界中的对象和事态的能力，不过是心灵经由信念和愿望之类的精神状态，尤其是通过行动和知觉把机体与世界相联系起来的那些在生物学上更根本的能力的扩展。"① 可以看出，塞尔以实证分析的手法对意向性问题进行了充分的论证。在塞尔看来，所谓意向性，即是精神状态的关涉性或指向性，譬如，不能说"我认为"、"我假设"等，而要说"我认为某某"、"我假设某某"等。塞尔在分析言语行为的同时，将研究目的转向了言语的意指、意向上来，即言语行为的意向性问题，继而进一步深化了对意向性问题的思考，使其成为心灵哲学研究核心。

实在性如何通过言语来表达？声音与符号究竟是通过什么样的形式被创造？诸如此类的问题为塞尔意向性问题的研究提供了原动力。塞尔意向性研究的基本思路是：以言语行为为出发点导引出意向性问题，继而通过意向性寻找语言的意义，即言语-意向性-语言发展的一个过程。塞尔在研究人-语言-世界的关系时，深入意向性的结构、本质特征。最终，塞尔认为，意向性较言语行为更具实在性。相对于其他研究者而言，塞尔意向性理论的独特贡献之处就在于提出了集体意向性理论。按照他的理解，社会所表征的实在性是不能以个体性的意向性展示出来，而是通过集体意向性构架出来。集体意向性才是社会实在的根本。集体意向性关涉社会实在的全部，很难想象集体意向性的缺失对于社会制度、政治经济、法律规范、文化生活等会造成什么样的影响，或者说，我们稳定有序的社会生活因集体意向性的缺失而变成什么样子。塞尔在思考这一问题时，合理有效地解决了人-意向性-语言的问题。

无疑，塞尔集体意向性问题的研究，对于人类日益面临的各种各样矛盾的化解与平衡，有着重要的理论与现实意义；对于人类相互交流与发展，国家之间增强互信与合作都有着重要的指导价值。塞尔关于意向性理论研究的学术意义在于："首先，语言哲学试图弄清语言和实在的关系问题，但若不了解精神状态是如何表达世界中的对象和事态，不了解语言和心灵之间的关系，则是绝对办不到的。……其次，意向性的研究在心灵哲学中本身具有重大意义。"②

---

① Searle J R. Intentionality An essay in the Philosophy of Mind. New York：Cambridge University Press，1983：7.

② 邱仁宗. 20世纪西方哲学名著导读. 湖南：湖南出版社，1992：622.

（一）意向性问题的哲学追问

1. 古希腊：意向性问题的产生

言语行为中的意向性问题并非是一个新颖的话题，它有着深厚的历史渊源。西方哲学史表明：从古希腊哲学先贤，特别是智者学派的讨论中，对言语行为中的意向性问题始终都在进行着朴素的追问。

"意向性（intentionality）"一词出自拉丁语"intentio"，有"意指、目标"的含义。柏拉图在《泰阿泰德篇》中探讨了人们在日常生活领域如何对非存在的事物进行思考的问题。亚里士多德将人的心灵比作蜡块，认为人们的认识就是外部事物投射在蜡块之上的印记。德谟克利特也做出了较之亚里士多德相类似的解释，与之不同的是他将人们的认识理解为一种"影响说"，并以此来阐释有关意向性的问题，其观点具有明显的唯物主义倾向。按照亚里士多德的观点，形式是优于质料的、主动的，人们的认识并非是一种被动的"影像"，而是主动的形式对于被动质料整理的一个过程。中世纪的阿奎那沿着亚里士多德的路径，深化了对心灵在认识过程中所产生的特殊心象和图式的认识，认为这种心象和图式是心灵对事物意向的一种内部把握的能力，对言语行为中的意向性问题的研究更加明朗化，"被思考的东西的意向性存在于思维者的心灵中……被欲求的事物的意向性存在于欲求者之中"。①

总之，早期的研究主要还是从意向性问题的指向性这一概念入手来进行阐释的，对其意向性的特征、内容以及实质的研究还处于起步阶段，这为现代意向性问题的研究留下了足够的发展空间。

2. 布伦塔诺：现代意向性的引入

如果说阿奎那是从心灵角度首次直接使用"意向性"一词，那么布伦塔诺则是第一个从心理意识现象角度把意向性引入现代哲学，自此打开了现代哲学关于言语行为中意向性问题的研究。在《从经验的观点看心理学》一书中，布伦塔诺对意向性进行了明确的说明："每一种心理现象的特征，就是中世纪经院哲学家称之为对象的意向的（心理的）内在存在的那种东西，也就是我们现在称之为内容的指向、对象（我们不应该把对象理解为实在）的指向或者内在的对象性的东西，尽管这些术语并不是完全清楚明白的。每种心理现象都包含把自身之内的某种东西作为对象，尽管方式各不相同。在表象中，总有某种东西被表象了；在判断中，总有某种东西被肯定了或被否定了；在爱中，总有某种东西被爱

① 刘景钊．意向性：心智关指世界的能力．北京：中国社会科学出版社，2005：29.

了；在恨中，总有某种东西被恨了；在愿望中，总有某种东西被期望；如此等。意向的这种内在存在性是心理现象独有的特征。因此，我们可以给这种心理现象下定义，即心理现象使那种在自身中以意向的方式涉及对象的现象。”①

可以看出，布伦塔诺对意向性的探索有其独特的一面：第一，布伦塔诺强调意向性是出自于精神状态之中，是意指事物本身而不包含精神状态；第二，事物反映意向内存在的属性，是意向性的指向；第三，仅有精神状态才能体现意向性，意向性是心灵活动所独具的，并不包含物理现象。“意识是关于某物的意识，即使这个‘某物’并不必总是一个‘实物’的东西。”② 这样，布伦塔诺的意向性就成为心理现象与物理现象相区分的标准。随后，他又将意向性分为表象、判断和情绪三类，在阐释了意向性特征的同时，特别指出意向性实质是一种内存在，这对于后世哲学的发展有重要启迪。

3. 胡塞尔：意向性是哲学的核心

在胡塞尔看来，“意向性是进入现象学的一个不可或缺的、作为出发点和基础的概念，意向性表达了意识的基本性质，全部现象学问题——都是依据它来分类的”。③ 意向性问题在胡塞尔现象学中占据着核心位置，是理解一切现象学的基础。换言之，逻辑严密的胡塞尔现象学哲学体系正是建立在意向性问题的基础之上才得以完善，正是作为理论核心的意向性问题是构成胡塞尔现象学的根本内容，因此“意向性是涉及整个现象学中的一个问题名称”。④

胡塞尔通过辨别“客体化行为”与“非客体化行为”来讨论意识体验的问题，并通过这种方式揭示出意向性是一切意识的本质属性。意识的存在是通过意向性展示出来的，它是意识的本质属性，并非是作为一种客观物理对象的存在。“对于被称作‘活动’的这一现象的研究，而活动是由意向性这种特征的存在来规定的。”⑤ 胡塞尔以此作为研究的重点，对意向性的基本内容进行了细致的考察，包括意向性的质料、对象、本质与属性。对于意向性问题的结构，胡塞尔说：“每个表述都不仅仅表述某物（etwas），而且它也在言说某物，它不仅具有其含义，而且也与某些对象发生关系。”⑥ 在这里，我们明显可以看出，胡塞尔的意向性是一种动态的运动过程，即意向活动是通过意向行为的意指所引起。胡塞尔将意向性当做意识的本质属性，进一步对意向性的状态进行了分析，认为自

① 迈克尔·达米特．分析哲学的起源．上海：上海译文出版社，2005：29.
② 刘景钊．意向性：心智关指世界的能力．北京：中国社会科学出版社，2005：31.
③ 刘景钊．意向性：心智关指世界的能力．北京：中国社会科学出版社，2005：51.
④ 胡塞尔．纯粹现象学通论．北京：商务印书馆，1996：350.
⑤ 施皮格伯格·赫伯特．现象学运动．北京：商务印书馆，1995：156.
⑥ 胡塞尔．逻辑研究（第二卷）．上海：上海译文出版社，1998：48.

我、客体以及意向性活动是构成意向状态的三要素。其中，意向性活动的主体即“自我”；“客体”即意向性活动的对象；意向行为所引起的对象活动即“意向性活动”，如“杰克祈祷道路畅通”。在这里，“杰克”为主体，即“自我”；“道路”为客体；“祈祷”为意向性活动。

在胡塞尔的现象学中，意向性问题始终是其哲学研究的核心内容，他摒弃了以往仅建立在心理现象层面的意向性分析，实现了先验与本质层面的还原，一定程度上消除了主客观的二元对立。正如黑尔德所说：“要想从现象学上理解‘意向’概念，‘充实’概念是不可或缺的。在理论语境中，‘充实’标志着那些在感知时或在理解一个含义时意向性地‘被意指’之物的本原直观——‘自身给予’。”① 由此可知，尽管胡塞尔现象学的意向性问题的研究，还不是十分完善，但由他开创的以现象学为基础的意向性问题的研究，打破了西方哲学史上对于意向性问题的传统认识，并在此基础上开辟了研究的新路径。

4. 奥斯汀：意向性是言语行为

语言哲学家奥斯汀在继承传统基础之上创造性地提出了“语言也是人的行为，”把语言作为一种行为来进行理解。“说话就是做事……只要一个人理智地活着，他就有行为。”② 这与传统意义上对言语的理解是完全不同的——将言语仅当作人们向外部世界表达意义的中介，并非是一种行为。奥斯汀在《完成行为式表述》一文中将言语的作用概括为两种：一是报告真值条件；一是行事性。行事性言语不存在对真假问题的辨别，其目的亦不在于对事实的报告，而是对于人们行事的一种影响。施太格缪勒说：“说起来真是荒唐，而且对于过去2500年间所有那些以任何一种方式研究语言的人来说，这也是一件令他们感到羞耻的荒唐事……我们借助于语言表达可以完成各种各样的行为。”③ 奥斯汀还将言语行为划分为以言行事、以言指事与以言取效三类。“我们不可能说出任何话语而不完成某种有关的语言行为。”④ 意即“说话就是做事”，言语行为在说话中实现。可见，奥斯汀将主要观点放在了“以言行事”的言语行为上，并进一步将其分为“施言、断言、注言、托言、行言”五种以言行事行为。

“言语力”是奥斯汀在分析“陈述式话语”与“完成行为式话语”时提出的新的研究方式，目的在于加强对“意义”的深层挖掘，更加有效的解释人们内

① 刘景钊．意向性：心智关指世界的能力．北京：中国社会科学出版社，2005：49.

② 钱冠连．语言人类最后的家园——人类基本生存状态的哲学与语用学研究．北京：商务印书馆，2005：28.

③ W·施太格缪勒．当代哲学主流（下卷）．北京：商务印书馆，1992：66.

④ J·L·奥斯汀．记述式与完成行为式．载涂纪亮．语言哲学著名选集．北京：生活·读书·新知三联书店，1998：211.

在的言语行为，如“希望”、“疼痛”等。最终，奥斯汀借助于感知、知觉等内在的语言形式解释了言语行为与意向性之间的关系。

说话者所处的环境与他的意向是构成言语行为恰当性的条件，奥斯汀对此尤其重视。可以说，奥斯汀关于言语行为与意向性关系的阐述还停留在表面层次上，过多的侧重于对言语行为的分类上，对意向性问题的深入探讨缺乏相应的研究，但从语言哲学的发展来看，却有着不可替代之处。其对意向性问题的初步探讨，无疑为后来研究者留下了宝贵的资源。塞尔就是这一资源的继承人。塞尔对于言语行为中意向性问题的完善做出了重大贡献。

（二）塞尔言语行为中的意向性问题

1. 言语行为理论中意向性问题的提出

人们日常交流所使用的言语行为无不包含着意向性，意向性就暗藏于人们的日常言语行为中，如果缺少言语性的意向性，那么人们的交流将陷于瘫痪之中：信息将无法正确传输，意思也将会被误解。因此，研究意向性问题，一方面对于人们日常言语行为的交流有着重要的帮助，另一方面对言语行为中意向性本身有着重要的意义，更是走进人-语言-世界的根本。

（1）意向性问题的拓展。

继奥斯汀之后，塞尔进一步对言语行为理论做了深入研究。他在遵从其老师对言语行为理论的研究基础之上，创造性地提出了间接言语行为、间接意向等理论，这从一定程度上拓展了言语行为理论的研究空间。按照塞尔的理解：“每一个有意义的语句借助意义可以来施行一种特定的言语行为，而因为每一种可能的言语行为原则上可以在一个或若干语句中得到表述。因此，语句意义的研究和言语行为的研究不是两种不相关的研究，而是一种从不同角度进行的研究。”① 塞尔对奥斯汀的言语行为进行了必要的修正，特别是将奥斯汀的三分法修正为四分法，即“说出行为，以言表意行为，以言行事行为，以言取效行为。”在这四类言语行为中，由于以言行事与以言取效的行为中蕴含了说话者的意指、意图，因此，塞尔通过抓住说话者的意指行为的意义，将其扩展至对意向性问题的思考上来，较之奥斯汀又深入了一步。

在塞尔看来，言语即行动。塞尔并非一味的停留在奥斯汀对言语性的认知上，而是重新考察了语用行为，并对其标准进行了新的划分。在这一过程中，塞尔看到了意向性与言语行为之间的密切关系。“在以言行事行为的完成中，意向

① Searle J R. Speech acts: An Essay in the philosophy of language. New York: Cambridge University, 1969: 58.

性有双重层次，一层是行为的完成中所表达的意向状态，一层是完成行为的意向。”[1] 很明显，塞尔意向性的双重层次直接体现了言语行为与意向性之间的密切关系。

可以说，塞尔对于意向性问题的研究可谓异军突起，在分析哲学中占据着举足轻重的地位，他在继承了奥斯汀关于言语行为理论的基础上，又对其进行了必要的修正、补充与完善。塞尔从言语行为出发，考察了说话者心灵的内在意图、意向，并以此上升到社会结构的形式上，从语言-心灵-世界之间的关系维度深刻阐明了意向性的内在本质与特征。

（2）意向性是心灵所具有的独特特征。

塞尔对意向性的拓展，尽管还存有奥斯汀的影子，但实际上已经超越了传统意义上对意向性的阐释。塞尔在阐释过程中给予了意向性的逻辑特征一定的关注，这使得他对于意向性问题的研究独具特色。塞尔意向性问题的特征主要表现为：

第一，并不是所有的心理现象都具有意向性的特征，还存在一部分心理活动不具有意向性的基本特征。譬如：人们莫名产生的烦躁、紧张、痛苦、压抑等一系列心理活动。这些莫名的心理活动，它们只是引起人们在感觉上感到烦躁、紧张、痛苦、压抑等，并不是有目的的意指或针对某种特定的事物，它与意向性无关。“而某些非心理的事件和状态也可能有意向性，例如计算机就没有心理状态，但计算机也可能有意向性。”[2] 布伦塔诺这一观点，塞尔对此是持相反的意见。根据布伦塔诺，意向性是心理所特有的，是区别于一切非心理因素的基本特征。

第二，意向性最基本的表现就是指向性和关涉性。“意向性是某种心理状态的特征，由于这种特征，心理状态指向或是涉及世界中的客体和事物状态。”[3] 比如，“汤姆希望明天下雨”，这时，汤姆在这里的指向性就是“下雨”这一事物状态。心理状态和事物状态的属性就是意向性。这里需要指出的是，它并非是一切心理状态或事物状态的属性，而是排除在部分之外的绝大多数的心理状态或事物状态的属性。判断心理或事物是否具有意向性，就是要看它是否具有指向性和关涉性。凡具有这样的特征，则就具有意向性。譬如，人们心理的一些倾向：盼望、希望、认为等。一个人产生希望，必然想要获得某一物品或状态。所以，这些具有指向、干涉行为的心理活动又可划归为“意向状态”。“它们都是针对或关涉某事物或某物的，所谓的指向性、关涉性就是心理状态和事件的性质，心凭借这样的性质从而关涉到世界上的客体。”[4]

---

① 王建平．语言哲学．北京：中央党校出版社，2003：235.

② 高新民．现代西方心灵哲学．武汉：武汉大学出版社，1986：596.

③ 约翰·塞尔．心、脑与科学．杨音莱译．上海：上海译文出版社，1989：111.

④ 高新民．现代西方心灵哲学．武汉：武汉大学出版社，1986：121.

第三，意向性不等同于意识，两者分属不同的领域，表达不同的意义，且两者之间没有必然的联系。胡塞尔认为意向性仅指人所特有的属性，其范围也仅限于人的心理现象之内。对此，塞尔给予了强烈的反驳，强调意向性并不等于意识，意识也并不能反映出意向性的特征。毕竟，存在着一些不具有意向性的意识，譬如：人们所产生的某些焦躁、不安等状态。但也存在着一些无意识的意向性，比如感应等。感应的产生必然是指向某种事物。因此，“有意识心理状态与意向性心理状态是交叠的，但不是等同的，也不是一类包含另一类”。[①] 意思就是说，意向性存在着各种各样的形式，但其与意识相区别的关键之处就在于是否具备指向、关涉的特征。

可以看出，塞尔对于意向性问题的研究是宽泛的，既包含一定的心理状态也包含一些非意识的存在。可以说，只要某一状态指向或关涉到心理之外的客观事物的属性，意向性的特征就被充分地展现出来。意向性是心灵所具有的独特特征。

2. 塞尔对言语行为理论的超越

塞尔的言语行为理论是在继承奥斯汀的思想上发展起来的，他对奥斯汀的观点持肯定态度。言语行为是语言交流的基本单位，是构成完整语言的不可或缺的基本要件，“说一种语言就是从事一种由规则支配的行为方式。”[②] 也就是说，言语行为如同社会活动一样会受到社会规则的支配。言语行为内含于人们所使用的一切话语之中。基于此，塞尔在继承奥斯汀言语行为理论之时又超越了奥斯汀，并其对言语行为的认识进行了新的划分。

首先，塞尔对言语行为再分类。在奥斯汀对言语行为三种划分的基础上，塞尔将其进一步修正为四类，从而拓展了对言语行为的研究：“说出行为，即说出语词（语素和句子）；以言表意行为，即进行指称和断定；以言行事行为，即做出陈述、提出问题、下达命令、进行允诺等；以言取效行为，即说者的话语在听者的行为、思想或信念等方面产生某些效果和影响。”[③] 其中，“说出行为”即发话行为是塞尔所独创的；以言表意行为与奥斯汀的理论有着相同的意义；在此，塞尔仅将以言行事与以言取效行为这两者保留。塞尔特别指出了发话行为与其他三者的不同之处，发话行为仅仅是对一些词语的发出，并不像命题行为和以言行事行为那样具有某种意向性的指示。言语行为的完成并不能以一种发话行为的完成来表达，但一种言语行为的完成必定可以通过几种发话行为来实现。

---

① Searle J R. Intentionality An essay in the Philosophy of Mind. New York: Cambridge University Press, 1983: 2-3.

② 车铭洲．现代西方语言哲学．成都：四川人民出版社，1989：395.

③ 王建平．语言哲学．北京：中央党校出版社，2003：222.

塞尔通过举例来阐释命题行为，譬如：

（1）杰克喜欢吃鱼。

（2）杰克喜欢吃鱼？

（3）杰克，你是喜欢吃鱼！

（4）希望杰克喜欢吃鱼。

（5）假如杰克喜欢吃鱼，我也吃鱼。

通过分析以上内容可以看出，杰克吃鱼是其中的一个共同点，并且这五句话中都含有作为行为主体的杰克，他所要实施的事情就是吃鱼。根据塞尔的理解，“杰克吃鱼”就是一个命题，“命题行为”就是指这个命题对某种行为的完成。在这里需要强调的是，命题并不是对某一话题的陈述或断定，因为后者是一种以言行事行为。塞尔认为以言行事行为表示主语在被说出带有某种力量，在绝大多数用以完成以言行事行为的语句中，都包含有一个标志命题的成分和标志以言行事的成分，标志以言行事的力量的手段，除了许多完成行为式动词外，还有语调、语序以及语气在内。

“以言取效”行为是塞尔意向性问题研究的创新之处。以言取效即人们日常语言交流所产生的让人感到兴奋、高兴、恐惧、反感等行为，塞尔进一步指出：“与以言行事的行为相联系的是这样一个概念，即以言行事的行为在听话者的行动、思想或信念等上产生某种后果或影响。例如，通过论证我可以说服别人或使别人相信，通过警告我可以使别人感到害怕或震惊，通过请求我可以使别人做某件事情，通过告知我可以使人确信（受到启发、熏陶、感悟或理解）。以上这些加下划线的词，都表示以言取效行为。”① 在普遍交流的情况下，有些言语行为也会具有以言取效的功能，但凭此并不能将两者等同起来，毕竟存在着绝大多数言语行为是不能取得相应的语言效力。

塞尔基于奥斯汀将其言语行为重新划分为四类，从而使得对言语行为理论的研究更加深化。一方面，标志了塞尔言语行为理论对传统的超越；另一方面，说明了塞尔言语行为理论的完整之处。

其次，划分“以言行事”的标准。塞尔对“以言行事”的研究有着独特的一面。命题与话语是以言行事的两个必备的结构，“以言行事的结构是 $F(p)$，这里 F 就是以言行事的力量，p 就是命题内容”。② 显然，对 $F(p)$ 中 F 的划分即对以言行事的划分。在这一点上，塞尔和奥斯汀的理论有着相同的一面，但与维特根斯坦有着极大的分歧，因为在维特根斯坦看来，语言游戏并非是单一的，

① Searle J R. Speech acts：An Essay in the philosophy of language. New York：Cambridge University，1969：23－25.

② 约翰·塞尔. 心灵、语言和社会——实在世界中的哲学. 上海：上海译文出版社，2001：143.

其种类更是难以计算，多种多样。而塞尔则认为，维特根斯坦之所以难以算计出语言游戏的种类，其错误就在于他疏于对语言游戏划分标准的思考。“人们之所以产生语言的用法无限多样的这一幻觉，这是因为他们极不清楚能用什么标准将一种语言游戏（或用法）同另一种语言游戏（或用法）区别开来。如果我们把以言行事的要旨当做依据以区分语言用法的基本概念，那么我们使用语言所能够做的事情是相当有限的。”① 在此，塞尔的认识是深刻的，一方面抓住了维特根斯坦语言游戏的死穴；另一方面其在言语行为上的划分标准也是有着独特之处，对于进一步深入研究言语行为中意向性问题有着根本性的意义。

关于以言行事的标准，塞尔认为存有 12 个方面的标准，依据其在其中占据的不同作用，他选取了其中最为重要的三个作为其划分的依据与标准。因此，分析这三个标准也就成为必要。

首先，以言行事行为目的与意图上的差异。按照塞尔的解释，任何言语的交流都是以某种目的为基础，目的上的差异必然导致言语行为的不同，可以说，行为目的是划分标准的根本。比方说我们要求某人去做一件事，其目的就是某人对这一事情的完成；进行言语交流的说话者双方的目的就是使双方明白各自的意思。在这里，塞尔还强调了言语行为的目的与“言语力”上的差异，并对他们的效力做了说明。

其次，以言行事行为者心理上的差异。塞尔认为，人们并不会无辜地表达某种意思，而是伴随着一定的心理状态，尤其是在以言行事中，这一状态更为明显。比方说，玛丽发誓要嫁给杰克，此时，玛丽在心理上就体现出要嫁给杰克的意向。对以言行事的完成则意味着一种心理状态的完成。或许人们在一行为中，他表达的某一心理与真实心理有着一定的差异，但从本质上看，他已经表达了且产生了不同的效果。其心理状态与塞尔的“真诚条件”是一致的。所以，以言行事行为者心理上的差异也是重要的标准。

最后，话语与世界关系上的差异主要是指各种以言行事行为与世界的适应关系不同。有的是试图让言语适应世界，而有的则是试图让世界适应言语。譬如，我们按照购物单上所列的清单去购买物品，此刻，购物清单所表达出的意思即一种希望或保证，具有世界向购物清单的适应指向。这时，我们要做的就是买回购物清单上的物品。如果我们买回的不是购物清单上的物品，那么，话语与时间关系的适应指向就没有完成，因此，将其作为划分以言行事的标准有着一定的合理之处。

从以上分析可知，塞尔将以上三个标准看作是在十二个标准里最重要的标准，并把它们当做是划分以言行事的基本标准，以此来区别与其他言语行为的不

① 涂纪亮．现代西方语言哲学比较研究．北京：中国社会科学出版社，1996：111.

同之处。在此基础上，塞尔继续将以言行事进行了分类："第一种是断定式（assertive）的以言行事要旨。第二种以言行事要旨是指令式（directive）。第三种以言行事要旨是承诺式（commissive）。第四种以言行事要旨的类型是表情式（expressive）。最后一个以言行事要旨的类型是宣告式。"① 不难看出，塞尔对言语行为的划分标准是细致的、其严谨性更是不言而喻。这在一定程度上为研究意向性问题打下了坚实的理论基础。

3. 塞尔意向性问题的确立

自意向性问题进入现代西方哲学家的视野之后，对其的研究与探索就未曾停止过，涌现出一批杰出的包括布伦塔诺、胡塞尔在内关于意向性问题研究哲学大家。继布伦塔诺之后，塞尔对意向性问题的研究更进一步，做出了一些独具特色的创新之处，塞尔指出："意向性是表示心灵能够以各种形式指向、关于、涉及世界上的物体和事态的一般性名称。"②

（1）意向性的分类。

塞尔认为，意识具有本体的主观性，主体的感知是产生一切意识行为的前提。但仅仅是依靠这种方式来完成意识或意向性，并找寻出其中的原因则是不现实的。最初的生物学意义上的意向性行为无非是那种满足生命需要的行为，譬如对食物的需求。假使我们能认识到这种行为的出现是来自于生物意向的行为，那么我们就可以通过这样的方式，将这样的行为运用到其他领域中去分析不同意向性在相同条件下或在不同条件下的作用。在此意义上，塞尔对意向性问题的分类进行了深入的研究。

内在的意向性（intrinsic intentionality）。并非只有人才具有内在意向性，相反它是一切生物共有的特征，是生物内在的意向行为，与其他描述没有关系。例如，人在没有食物的情况下，会感到饥饿，对食物有着强烈的要求，同样，动物也会有这种感觉和要求。

仿佛意向性（as-if intentionality）。仿佛意向性指的是一种比喻性的、象征性的意向性行为。例如，稻田里的稻子感到渴，原因是长时间没有灌溉了。

派生意向性（intention of the derived）。"派生意向性是指说话人可以用它们来表达他们的意向性。"③ 比如，英语"sunshine"可译为"阳光明媚"。这时候，它是具备意向性的，因为它传递了说话者的心理，并非是指它的字面意义。

可以看出，意义诞生于说话者的言语行为中。塞尔将意义看作是意向性的真

① 约翰·塞尔．心灵、语言和社会：实在世界中的哲学．上海：上海译文出版社，2001：145－146.

② 约翰·塞尔．心灵、语言和社会：实在世界中的哲学．上海：上海译文出版社，2001：83.

③ 约翰·塞尔．心灵、语言和社会：实在世界中的哲学．上海：上海译文出版社，2001：92.

实存在，它是说话者内在意向的表达。这样，塞尔对意向性的研究就超越了传统在身心问题上所犯的错误，以此打通了在心灵、意识、意向性方面的新路径，这一切都源自对意向性的分类。内在意向性一般不依赖观察者，派生意向性则需要依赖观察者，且只有与观察者、使用者相关联，它才具有它所具有的意义。塞尔关于意向性的分类，为塞尔今后的研究奠定了基础。

（2）意向性的内在结构。

塞尔从生物学意义的角度深刻揭示出大脑是产生意向性思维的器官，大脑的结构对意向性有着决定性的作用。“回答意向性状态是如何在世界存在中得以实现这一问题，就好比回答我们特定的言语行为是如何得以实现的。”[①] 可以说，言语行为的完成是以不同种类——语言、文字、视图等各种符号——的形式存在于世界范围中，但需要注意的是，这种完成与其逻辑并无太大的关系。因为那些非语言形式存在的东西是没有思维的，只有言语才反映出逻辑的基本特征，我们才可以判断其真伪。塞尔正是借助于阐释言语行为如何在世界存在中的完成形式来分析意向性的结构。因此，分析意向性的内在结构是把握主体意向与意向指向的根本之所在，同时也是认识意向内容所必需的。

塞尔对意向性的内在结构做了以下分析：

首先，塞尔明确了意向状态（意向性）的构成，认为心理模式与表征内容是构成意向性不可或缺的两个基本结构。关于意向状态的表象，塞尔认为言语行为的实现与否是其基本内容。构成意向性的两个基本结构包含了一切意向状态。例如，“你可能希望天下雨，害怕天可能相信天下雨。在每种情况下，我们都有相同的内容——天下雨，但这种内容存在于不同的意向性的样式之中”[②]。其中，表示心理模式的为希望、害怕、相信，表征的内容为天下雨。可以说，心理模式与表征内容是构成完整意向状态的基本结构。

其次，塞尔分析了适合方向的作用，指出适合方向是架构言语行为与客观世界的中介。塞尔语言行为中“存在‘言语到世界的适合方向’（断定类）、‘世界到言语的适合方向’（指令类和承诺类）和无适合方向的言语行为（祝愿等）；意向状态相应的也有三种适合方向，即‘心到世界的适合方向’（如信念）、‘世界到心的适合方向’（如欲望）和无适合方向的意向状态”。[③] 适合方向就是实现这两者的结合，实现在世界中的存在。譬如：汤姆按照杰克的购物清单去购买物品，此时的汤姆与购物清单就有着相互适合方向的作用，否则，汤姆购物的愿望将不会实现。

---

① Searle J R. Intentionality：An Essay in the Philosophy of Mind. New York：Cambridge University，1983：15.

② 约翰·塞尔．心灵、语言和社会——实在世界中的哲学．上海：上海译文出版社，2001：97.

③ 涂纪亮．现代西方语言哲学比较研究．北京：中国社会科学出版社．1996：48.

再次，言语交流者的真诚性是意向性内在结构不可缺少的。人们在进行言语交流时，有这样或那样的意向心理，或真或假，但都表达出一定的意向性。塞尔指出，那些具有相互一致意向的交流者，其言语行为才具有真诚性。“在实行每个带命题内容的间接言语行为时，我们表达某个该命题内容的意向状态，意向状态是该类型言语行为的真诚性条件。”①

最后，意向性的完成，满足条件在其中起了重要作用。是否能够在世界存在中实现意味着判断言语行为的真假问题。“对每一种具有适应指向的言语行为来说，当且仅当所表达的心理状态得到满足，这种言语行动将被满足，且言语行为的满足条件和其表达的心理状态的满足条件是同一的。”② 满足条件是意向性实现的重要形式，一个信念被满足则意味着客观世界如同人们的希望是一致的。在这中间满足是适合于一切意向行为的，它与意向心理是相匹配的。“每一种意向状态都是某种心理模式下的一种有意识的内容。当有意向性的内容是一个完整的命题，且存在匹配方向时，该内容就决定了其满足条件。”③ 譬如，汤姆希望能吃到鱼。“能吃到鱼”是满足的条件。我们心理所希望的事情能够实现，是因为完成了满足需要的条件。一旦满足需要的条件具备，即需要一条鱼，那么必然有一个事实的发生，即“汤姆能吃到鱼。”

总之，在塞尔的言语行为理论中，意向状态、适合方向、真诚性条件都与满足有着巨大的关联。换言之，判断意向性的实现与否或命题的真假，就是要看是否与满足条件相符合。满足条件是理解意向性内在结构的关键。

（3）意向性的本质特征。

认识与把握意向性的主要特征是理解意向性核心思想的实质所在。塞尔在深入分析意向性问题的同时，对意向性的主要特征进行了探讨。

第一，指向性是意向性的首要特征，“它是心理状态和事件（在以下这些词的特征含义上）指向、关于、涉及或表现某些其他客体和事态的特征”。④ 例如，杰克盼望花开，杰克所希望的事实就是一个心理状态，其指向的事情就是花开；又例如，人们心理产生的焦虑，这样就必然存在着一种事情或者其他情形足以造成心理上的担心。意向性所具有的这种指向性的特征是意向性最为典型的标志，它反映着人们心理状态和事件的指向，即人们对某一事实给予希望、担心、焦

① Searle J R. Intentionality：An Essay in the Philosophy of Mind. New York：Cambridge University Press，1983：9.

② Searle J R. Intentionality：An Essay in the Philosophy of Mind. New York：Cambridge University Press，1983：10.

③ Searle J R. Intentionality：An Essay in the Philosophy of Mind. New York：Cambridge University Press，1983：12.

④ 约翰·塞尔. 心脑与科学. 上海：上海译文出版社，2006：110.

虑、相信等事件的关涉。

第二，双重逻辑结构是意向性所特有的特征。这种双重的逻辑结构是“一种意向状态，比如一种信念、一种愿望或一种普通意义上的意向，从其特性上来看有两个组成部分。一个是我们可以称为‘内容’的部分，它使心灵涉及某物；另一个是它‘心理的方式’或‘类型’的部分”。① 我们可以用 S 来指代心理模式，用 r 指代内容，那么意向状态就可以表示为 $S(r)$。譬如：汤姆不喜欢（害怕、讨厌）吃鱼，r 表征着吃鱼这一内容；不喜欢、害怕、讨厌构成 S，所有这些意向的心理都表征一个内容，即“吃鱼”的事实。在这里，并非一切意向状态都表达着完整的内容，还存有一些是不能表达的。把握意向性这一特有的双重逻辑结构，为理解意向性的主要特征开辟了新的逻辑方式。

第三，意向性状态具有表征世界的能力。意向性表征世界的能力主要表现在与世界关系方面。这种关系是靠“满足条件”来实现的。某一意向的实现即意味着与客观世界存在是相符合的。可以说，满足条件是判定意向状态表征世界能力的标准，凡与满足条件相符合，则表征世界的能力就能实现，反之，则不能实现。正是在这个基础上，塞尔以意向状态所具有的表征世界的能力来阐释了人-语言-世界之间的关联。

第四，真诚条件是言语状态的实质。话语施事行为所表达出的心理状态即真诚性条件。依照人们的言语习惯，人们交流话语的同时就表达出与命题相一致的心理意向。“言语行为的完成必然是相应的意向状态的表达。”② 因此，人们“定义”某一施事行为必然是希望与其定义的心理是相一致的，依次下去，可以适用于多种施事行为中。可以说，真诚性条件是塞尔意向性问题的最基本的内容之一，也是其言语状态的实质。

第五，因果作用是意向性的基本事实。塞尔在研究意向时指出，一些外部客观事实的发生与意向有着一定的因果联系，“我们行动中的身体动作是由我们的意向引起的。意向使事情发生，所以它们是原因”。③ 譬如，室内的达到一定温度时，就要将空调打开。在这里打开空调的结果是因为室内的温度偏高或偏低使人们感到热或冷的意向心理。这里需要强调的是，意向性的因果作用并非完全是按照物理因果关系来断定的，但这种关系为理解意向性的主要特征起到了积极的作用。

第六，意向性状态是一个庞大的网络系统，在意向网络中各个意向相互联系、发挥作用。塞尔说，人们拥有的意向不可能是单一的，而是有着这样或那样

① 约翰·塞尔．心脑与科学．上海：上海译文出版社，2006：50.

② Searle J R. Intentionality：An Essay in the Philosophy of Mind. New York：Cambridge University Press，1983：38.

③ 约翰·塞尔．心脑与科学．上海：上海译文出版社，2006：54.

的意向，且这些意向并不因重复而丧失。譬如，我期盼“十一”长假这个意向，在它背后必定存有许多个相应的意向相互联系而发挥作用，如某一景点的选择、交通工具的选择等诸多的意向状态。很明显“任何意向状态只是作为一个其他意向状态之网的一个部分起作用。”在此，塞尔一方面看到了意向状态相互联系、密切多样的一面，另一方面从整体角度来看待意向功能作用的发挥，表明塞尔对意向性的研究更进一步。

第七，社会属性是意向性的基本属性。塞尔意向性的独特之处，就在于超越了个体意向性，提出了集体意向性这一范畴，继而从社会属性的维度来考量意向性。可以说，集体意向性是在对以往探讨个体意向性的一种突破，是塞尔意向性理论的重要组成部分。人们日常的社会生活无不是以社会性为基础的，它为实现人-语言-世界之间关系的相互转换提供了可能性。从社会意义的角度来把握意向性的主要特征，对于实现意向性与社会发展的连接有着重要的意义。简言之，整体意向性“对于我们的存在本身是非常常见的实用的而且确实是本质性的”。①

第八，塞尔始终从分析自然生物现象的角度来把握意向性，因此，塞尔的意向性是有着自然主义特征的意向性。按照塞尔的划分，意向性可以划分内在意向性与派生意向性，且二者的区分表现在是否对观察者的需要上，前者需要而后者不需要，这对于塞尔从自然生物的角度来把握意向性提供了直接的素材。动物也具有意向性，但动物的意向性仅限于维持基本生命的基础上，而人则不同，人的意向性是多种多样的，具有强大的意向性网络系统，探索意向性就是要将人从与动物有着相同的内在意向符号中划分出来。所有意向心理都是人们不可或缺的元素，对于以往传统唯物主义的意向观与二元论的意向观，塞尔给予了强烈的反驳。塞尔坚信，凡世界存在的东西都是自然的、物理的，都具有自然主义的特征，意向性也不例外，同样具有自然性质，自然性质是任何意向心理都不能超越的。另外，塞尔还阐释了心身之间的微妙关系，“心灵根本上是生物现象，对心身关系问题的正确解决不在于否认精神现象的实在性，而在于恰当地认识到生物本质”。②

4. 言语行为与意向性的关联

在人们的日常生活中，人们通过言语的方式进行着交流、沟通，实现着人-语言-世界的相互实现。世界借助于言语让人们得以认识、探索，人借助于言语能够认识、理解世界。在其中，实现这一意义的形式即是意向性。因此，言

① 刘景钊．意向性：心智关指世界的能力．北京：中国社会科学出版社，2005：223.

② Searle J R. Intentionality：An Essay in the Philosophy of Mind. New York：Cambridge University Press，1983：48.

语行为与意向性关系密切，言语行为表达了意向性，意向性传递了言语行为的内容。

（1）语言如何表征实在

语言能否表征实在，是言语行为研究的重点所在。意向性的实现意味着言语行为对于实在的满足。塞尔在继承语言哲学的基础上深入探讨了意向性的实质，对于语言表征实质方面有着独特的见解。

在语言哲学家的视域下，心灵内在的意向性、意识的意向性是言语行为产生的缘由。人们用以交流的言语意向性的产生来自于交流者双方意识的意向性，当交流者双方彼此明白对方言语的意义时，则意味着完成了意向-言语-世界的联系。人们意向性意义的表达是通过言语行为来完成的。人与世界的关系并不是直接的、现实的，而是抽象的、间接的，人要实现与世界的沟通必须通过言语行为来完成。“我口中发出声音，我写在纸上的文字或符号，画布上的色彩或颜料，这些都纯然是物理性的东西，它们本身是无所谓意义的，但是这些物理现象确实又具有惊人的表现世界的能力，这是为什么？原因是讲话者、符号使用者把自己的意向强加给了对象。”① 作为意义最小的基本单位言语行为，以语言的形式存在于交流者的言语行为中。言语行为一方面反映了语言与世界的关联，另一方面也反映了人的意向行为，这是语言的特点。心灵意向是通过言语行为来完成对于世界的认识的。

按照塞尔的解释，心灵意向性对言语行为有着决定性的意义，语言表征意义正是由此派生而来，语言的核心内容是意识的意向性。在人们日常语言的交流中，交流者的意向通过语言符号传递，继而派生出心灵意向性，最后以言语交流的方式实现着意向意义的表达。因此，可以说，人们的日常交流能够完整的传递信息、明白意思等，完全得以于人们内在的心灵意向性。

另外，从意向性的本质来看，意向本身并不会传递、表达其意义，它是内存于人们心灵、大脑的一种心理状态。假使没有言语行为，那么这一切的意向性意义将无法表达，人们也不能明白言语交流的意义。因此，言语行为是打开心灵意向的必备通道。所以，言语行为与意向性密不可分，彼此表征，但从功能分析来看，意向性占据核心位置。

（2）意向性状态与言语行为的关联

塞尔认为，内在心灵的意向性是言语行为表征世界的根本。“当他发出一个声音，或在纸上做出一个记号，使之成为一种语言交际的事例或作为一种消息时，包含在他如此发声和作记号中的一个事实就是，他应当把他所发出的声音和

① Searle J R. Intentionality：An Essay in the Philosophy of Mind. New York：Cambridge University Press，1983：102.

做出的记号视为一个具有特定意向的人给出的。他不能只将它视为像一块石头、一道瀑布或一棵树那样的自然现象。”① 塞尔在探讨语言如何表征实质的基础上，肯定了言语行为与意向性的密切关系，指出这种关系类似于维特根斯坦的“家族相似性”关系。塞尔从以下四个方面分析了意向性与言语行为的关联。

第一，类似的逻辑结构是两者必要的关联，即 $F(p)$ 与 $S(r)$ 之间的关联。在 $F(p)$ 即言语行为中，F 指代言语力，p 指代命题内容；在 $S(r)$ 即意向性中，S 指代心理模式，r 指代所表示的内容。例如，汤姆命令杰克开枪；汤姆建议杰克开枪；汤姆预言杰克开枪。在这中间表达言语力的词有：命令、建议、预言；“杰克开枪”则为命题的内容。这一组命题也可以表示为：汤姆希望杰克开枪；汤姆相信杰克开枪；汤姆担心杰克开枪。这中间心理模式可以表示为希望、相信、担心；“杰克开枪”则为表征的内容。在这两组例子中，前者是施事话语，以言行事即意味着这些话语的表达，即表达了命题内容“杰克开枪”。在后者中同样也有“杰克开枪”这一内容。尽管他们都含有共同的命题或表征内容，但比较而言，他们在言语力与心理模式上存在着差异。

另外，塞尔还指出：“$F(p)$ 中的 p 总是用语言来实现的，而 $S(r)$ 中的 r 则不一定。r 可以是命题，也可以不是，但总是存在的，而 p 有时候却可以不表示任何东西。”② 也就是说，在意向状态中存在着一部分不能以完整命题来表征的内容，它们以其他方式存在，譬如：情、仇等是不能用完整的命题表述。需要强调的是，凡是意向性都有着一定的意指内容，这与是否有完整命题的表达并无关系。

第二，真诚条件是关联言语行为与意向状态的内在心理。譬如，汤姆认为花会开，则命题内容“花会开”就是汤姆所相信的结果；汤姆对某事提出建议，则代表着汤姆对某事的关心。可以说，人们对命题内容的陈述，即意味着对命题内容的认可。可以说，言语行为中的意向性就暗藏于言语行为中，某一言语行为的实施也就是某一意向性的表达。言语行为与意向性密不可分，言语行为是意向性的外在表现，意向性是言语行为的内在灵魂。二者之间的关联是内在的。实施某种言语行为就会表达某种意向性，这其中“真诚条件”起着关键性作用，因为还存在着偏离意向性的事实，类似于我们所说“言不由衷”。譬如，汤姆在吃鱼，其实汤姆最讨厌吃鱼；杰克欢迎汤姆到家里做客，其实杰克并没有表现出邀请的意思等。可见，即便是不具备真诚性条件，仍然能表达出一种意向性。这种不真诚的意向性也是存在的，不可忽视。“言由心生”意味着真诚性条件的满足，所以，真城条件是关联言语行为与意向状态的内在心理。

---

① 俞吾金．二十世纪哲学经典文本．上海：复旦大学出版社，1999：550.

② 刘景钊．意向性：心智关指世界的能力．北京：中国社会科学出版社，2005：155.

第三，两者都具备“适应指向”的关联。命题内容的真假可以通过“适应指向”来判断，它是辨别以言行事种类的基本标准，诸多的肯定式的断言可以被认为是言语与世界存在的符合。假设由言语行为所表达的命题内容与世界存在相符合，则命题为真，反之，则命题为假。与此相对应，还有着从世界存在指向言语行为的方式，譬如，承诺类与指令类，只有世界存在适应指向言语行为，言语行为所表达的内容才为真。另外，还存在着一些零指向的意向，譬如祝贺、高兴、忏悔等。“适应指向”同样也存在于意向性状态中，即适用于心灵与世界的关系中。比如，“信念的适应指向是从心灵指向世界，它可以是真也可以为假；而愿望、意图等只存在是否实现或达到目的，无所谓真假之分，适应指向则是从心灵指向世界。”① 同理，意向性状态也存在着零指向，如遗憾、兴奋等。

第四，“在存在着适应指向的情况下，言语行为和意向性都可以用满足条件作为某种衡量标准”。② 即两者“满足条件”的关联。例如，判断言语行为所表达命题内容的真伪，就在于是否具备“满足条件”，即“满足条件”在实现言语行为中起着决定性的作用。这种“满足条件”决定了意向性状态，也即言语行为的满足条件与相关被表达的意向性状态的满足条件是相同的，且这种“满足条件”对于言语行为和意向性状态都是内在的。

可以看出，塞尔对言语行为与意向性之间关联的研究有着实际的意义，对于把握与分析言语行为与意向性之间的关系起到了画龙点睛的作用。塞尔提出的这四个关联，充分展现了意向性状态与言语行为的“家族相似性”特征。

（三）塞尔意向性的独特性与理论意义

1. 集体意向性与社会实在

塞尔意向性研究的独到之处就是提出了集体意向性。集体意向性较之个体意向性更为广阔多样，是个体意向的集合，具有明显的社会性属性。考察社会活动的实现，不得不考虑集体意向性，可以说：“集体意向性是一切社会活动的基础。”③

（1）集体意向性的不可还原性

在塞尔看来，尽管集体意向性是个体意向性的集合，但绝不是个体意向性之和，它是固定在人们心灵之中的原初意向性，因此，集体意向性是不可还原的，即不能还原为个体意向性，与个体意向性有着根本的区别。比如，从形式上看，

---

① 刘景钊．意向性：心智关指世界的能力．北京：中国社会科学出版社，2005：124.

② 段开成．塞尔意向性理论．西安外国语学院学报，2004，(3)：7.

③ 约翰·塞尔．心灵、语言和社会——实在世界中的哲学．上海：上海译文出版社，2001：116.

表示个体意向性的是："我认为…"、"我愿意…"、"我害怕…"等；表示集体意向性的则是："我们认为…"、"我们愿意…"、"我们害怕…"等。这两者显然是不同的，更不可将后者拆分为前者。"企图把集体意向性还原为个体的意向性，互为信念的全部立场都是混乱不堪的……集体合作的行为意向性同个人行为的意向性之间仍有重要的区别。"① 比如，一个合唱团中的每个人的音调都是服务于整个合唱团的音律的，这其中个人的音调是作为整体的一个部分完成的，并不能将整体的合音还原给其中的某一人。同理，其他诸如此类的集体意向都是同样的道理。

在集体意向性研究的同时，也曾有一些语言分析学家支持"还原论"。集体意向性就是一些个体意向性的简单相加，因此，还原集体意向性也是可能的。"如果你认为集体的意向性是不可还原的，那么你似乎就不得不假设某种集体的心理实体，某种无所不包的黑格尔主义的世界精神，某种神秘地飘浮于我们这些众多个体之上的'我们'，而我们作为个体只是它的表现。但是，由于我所具有的所有意向性都在我的头脑中，你所具有的所有意向性都在你的头脑中，因此，我们面临的难题就是：怎么可能有不可还原的集体意向性这种东西?"② 这在塞尔看来是不可能的，因为塞尔认为，集体意向性是固有在人们大脑、心灵中的原始意向性，具有自然生物的特质。塞尔说："一个物种一旦能够具有意识和意向性，那么并不需要迈太大的一步就能达到集体的意向性。"③ 因此，集体意向性是人与生俱来的，这样，人就是一个复合体，既有个体意向性又有集体意向性，但永不能将两者等同。以狼为例，狼是最具意向性的动物，狼的一切活动都是以集体意向性来行动的，在狼的捕食行为中，是个体意向性与集体意向性的统一。以此相类比，人亦如此，足见，集体意向性是一种原初的具有自然生物特质的意向性。

集体意向性意味着人们共同的心理指向，这其中包含了每个个体的意向，或者说，每个个体的意向共同指向某一行为意向。譬如合唱团的每个合唱者的声音、音质等；相互配合的篮球运动员的队形、运球等所有这一切都体现着集体意向性的功能，同时也是集体意向性将每个个体联系起来共同发挥作用。在社会历史领域中，集体意向性推动着历史的进步，它是社会进步的有力杠杆。

可以说，人们自由的选择，共同做出重要的决定，团体与团体之间的合作，国家与国家的彼此交流，都得益于集体意向性。虽然人具有个体意向性与集体意向性，但集体意向性在人的发展、交流与合作中起着决定性的作用。这种人所具

① 约翰·塞尔. 心灵、语言和社会——实在世界中的哲学. 上海：上海译文出版社，2001：116-117.

② 约翰·塞尔. 心灵、语言和社会——实在世界中的哲学. 上海：上海译文出版社，2001：115.

③ 约翰·塞尔. 心灵、语言和社会——实在世界中的哲学. 上海：上海译文出版社，2001：131.

有的普遍的、固有的集体意向性，真正意义上反映着人的本质。

（2）集体意向性与社会实在的建构

塞尔认为，意向性是理解言语行为的关键，语言不过是意向性的派生。塞尔意向性理论的研究是在探讨心灵-语言-世界的关系中发展起来的。他在探讨社会的与制度的实在时，提出了集体意向性、功能的赋予与建构性规则。在这三者中，集体意向性居于核心地位，是有效发挥其余两者基本功能的必要条件，在其名作《心灵、语言和社会》一书有着详尽的阐释。既然集体意向性在其中居于核心的位置，那么分析集体意向性与社会实在的建构就是必需的。

塞尔首先阐述了无情性实在与社会性实在两种实在观点，并指出了两者的不同。所谓无情性实在是一种完全独立于世的实在，与人们内在的心灵无关。“有一个实在的世界完全不依赖于人类，不依赖于人们对它怎样想、怎样说而独立存在，有关这个世界中的对象、事态的陈述是真的，还是假的，有赖于世界中的事物是否真像我们所说的那样。”[①] 其中，并不体现观察者的意指，满足条件在世界与意向的关系中居于主导地位。不同的是，社会性实在则与观察者密切相关，其意向性也是以无情实在为基础而发展。“把社会性的事实随意地规定为涉及两个或两个以上具有集体的意向性的行为者的任何事实。”[②] 诸多的动物身上也反映着社会性的基本事实，但动物身上所表现出的社会性并非是真正意义上的社会事实，仅是维持生命意义的简单集体意向性的表现。人则不同，人具有比动物更强的能力，在本质上与动物有着根本的差异，“人类具有能够使之超越单纯的社会性事实而达到制度性事实的非凡能力”。[③] 人能够按照自己的意愿去行事，建立相应的社会制度、经济规则，文化生活等，只有这样，人的集体意向性才能够充分展示出来，也只有这样，人才能够将集体意向性在社会实在中实现。事物之所以能够被认识、与人们息息相关的社会制度实在之所以能确立都得益于集体意向性的功能。譬如，人们使用的车票、流通的货币、交易的黄金等，从本质上讲它们都是作为普通的物品的存在，它们之所以能够在社会活动中发挥出重要的作用，就是因为集体意向性。

至于集体意向性的作用，在实际生活中随处可见。譬如我们习以为常的交通信号灯，作为自然的特性它仅仅是红黄绿颜色的一种信号的变化，但作为交通规则的信号，它是人们按照红灯停绿灯行的信号来遵守的。假使人们疏于对这种信号的遵守，那么通畅无阻的交通将得不到保障。人们之所以遵守这样的信号是因为人们赋予了这些信号以特殊的功能。按照这样的功能，社会团体的合作、国家

① 约翰·塞尔．心灵、语言和社会——实在世界中的哲学．上海：上海译文出版社，2001：125.

② 约翰·塞尔．心灵、语言和社会——实在世界中的哲学．上海：上海译文出版社，2001：118.

③ 约翰·塞尔．心灵、语言和社会——实在世界中的哲学．上海：上海译文出版社，2001：118.

之间的交流等实在都受着集体意向性的影响，这就是集体意向性对于社会制度实在的建构。

按照塞尔的理解，尽管社会实在受集体意向性的制约，但集体意向性功能的发挥又是以言语行为的形式表现出来的。社会制度性实在的存在是基于言语行为的，"语言是根本的人类制度，其他制度诸如货币、政府、婚姻、游戏等都需要语言，或者至少需要类似语言的符号系统的形式，而在某种程度上语言的存在并不需要其他的制度"。[①] 也就是说，语言是一切社会制度建构唯一的源泉，但在形式上并不是唯一的，而是有着多种多样的途径。

显然，集体意向性无论是对于人类社会的发展还是对于社会实在的建构都发挥着决定性的力量，它对于人认识自身与把握世界的关系都起着推动作用。塞尔尤其强调这一点，并指出："一个物种有了集体意向性便自动地具有了社会的事实和社会的实在性。"[②] 塞尔抓住意向性与社会实在的特殊关系，尤其是集体意向性对社会实在的建构，为我们理解意向性的实质开辟了新的空间，并在此基础上深入揭示了人-语言-世界的基本关系。

2. 自然主义立场的意向性归属

在哲学史上，对于身心问题的研究历来受到诸多哲学家的青睐。由心灵所产生的意向性，以及由此而衍生的心灵与世界存在的关系问题等都成为其研究的重点。塞尔对于意向性问题的研究依然无法回避这样的问题，身心是等同的，二者之间不存在传统哲学上所认为的隔阂，并由此扩展至对意向性归属问题的讨论。关于意向性的归属问题，塞尔是持一种生物学自然主义立场的。

我们知道，笛卡儿开了二元论的先河，此后，关于身心二元的讨论日益激烈，在二者之间是否存在统一性问题上出现了鸿沟，"20 世纪一些最富有理智的探索一直在为填平这条鸿沟而努力，由此产生了一门关于人的行为的科学，它既不是常识性的传统心理学，也不是科学的神经生理学。时至今日，为填平这条鸿沟所做出的种种努力毫无例外的遭到了失败"。[③] 按照塞尔的解释，身心之间根本就不存在着鸿沟，它们是彼此融合、互为一体的，那些力图消除鸿沟的人都是在做着毫无意义的工作，鸿沟本身不存在，是人们误解了身心的关系。他进一步指出："意向心理现象是我们自然生物生命史的一个组成部分。感觉口渴、具有视觉经验、怀有愿望、恐惧和期待与呼吸、消化、睡眠一样都是一个人生物生命史的组成部分。意向现象与其他生物现象一样，是某些生物机体的真实内在特

---

① 约翰·塞尔．心灵、语言和社会——实在世界中的哲学．上海：上海译文出版社，2001：149.

② 约翰·塞尔．心灵、语言和社会——实在世界中的哲学．上海：上海译文出版社，2001：131.

③ 约翰·塞尔．心脑与科学．上海：上海译文出版社，2006：31.

征，它们与有丝分裂、减数分裂、胆汁分泌一样是某些生物机体的真实内在特征。”① 显然，塞尔意向性的研究是基于生物学的自然主义，并由此展开对意向性归属问题的研究。意向性并非远离人们视域的、超自然的不可认知性，相反，它不过是自然实在的内在属性。

塞尔从生物学的自然主义出发详尽地阐释了意向性的自然属性。我们先看塞尔对意向性的划分，譬如：汤姆相信比尔是老板；汤姆看见火车经过；Es regent可译为下雨；花园里的花感觉到了泥土的湿润。这四个句子的共同之处是意向性的归属，且各不相同。在第一句中，它完全归属于一种个人的意向心理；第二句则是一种心身一致的意向，因为在于客观事物与心灵的条件满足，即满足了彼此的“适合指向”条件；第三句则是派生的意向性，因为它可以指代任何一种事物或不表示任何意义；最后则归属于隐喻意向性，因为花是无法感觉的，花被赋予了感觉的比喻的形式，或许它是出自一种内在意向，但仍不具备真实性。由此，我们可以将前三者归为一类，因为它们属于真实意向性归属，而后者则不是。或者说，内在意向性是在脑中进行的神经生物过程所导致的，且在大脑结构中发生和实现的一种意向性，它存在于行为者的心脑之中而不需要赋予意义，派生意向性则是一种需要赋予其特定意义才能被理解的一种意向性。人们对饥饿的感觉，对某事抱有意愿，对某物产生感情等都是一种内在的心理意向，是作为自然生物所必不可缺的元素。从这一点来看，人的意向现象并是超生物、超自热的现象，而仅仅是人自然生命的内在心理活动。

概言之，塞尔将意向性看作是自然生物的一部分，是生命有机体所具有的自然属性，但相较于其他生物而言，人的意向心理又优于其他生物，其原因在于人能够实现意向与世界存在的满足条件，动物则不能。塞尔坚持了意向性的生物自然主义特性，一方面破解了长期以来身心二元论的争论，为意向性的归属问题找寻了新的出路；另一方面解答了后来在认知科学的发展过程中出现的一系列问题，为我们从整体上把握意向性理论做出了贡献。

3. 塞尔意向性问题的缺陷

任何一种理论都不是完美无缺的，相反，它应该是开放的、接受着实践检验，不断以新的内容注入。意向性理论也是如此，塞尔对于意向性问题的探索也未曾止步，在研究的同时也接受着来自多方面的挑战，意向性问题的研究自始至终都受到诸多哲学家的关注，成为其理论研究的焦点。分析塞尔的意向性理论，我们看到在取得成绩的同时，依然存有值得让人深思的问题。

首先是界定意向性的矛盾性。塞尔在对意向性进行界定时，出现了前后逻辑

---

① 约翰·塞尔．心脑与科学．上海：上海译文出版社，2006：113.

的矛盾、各自独立的情形。其一，意向性是具有生物自然主义的性质，外在于心灵之上，但在考察其地位时，塞尔又将其置于生活实在的范畴之中。塞尔认为内在意向现象是由在脑中进行的神经生理过程导致的，并且在脑结构中发生和实现的。然而，塞尔仅仅论述了其基本的事实，而未能给出科学依据。继而，他又将意向性看作是经验的一种满足。一方面，塞尔否认了科学实在中的一些非确定性因素，譬如，"汤姆好像喝酒了"等；另一方面，他认为这些非确定性因素是没有任何意义的，只能引起混乱，如汤姆本来就没有喝酒，我们为什么说他好像喝酒了呢？这样，仿佛一种自显性又占据了意向性。显然，塞尔的这种解释是很难站住脚的，对于意向性的证明也只能陷入指称的循环。其二，"拒绝任何形式的行为主义和功能主义"①。这主要表现在意向性的作用领域。人们日常的交流所传递的是一种内在的意向行为，这种内在意向行为以间接的方式对意向性的结构进行了分析，表现出了行为主义的分析特性，这也是当代心灵哲学的基本理论意指。相反，塞尔对此是持反对态度的，他明确提出了意向性是不能还原的，意向是意识的自然属性，这与心灵哲学有着一定的区别。为显示这种区别，塞尔在探讨意向性性质时，尽量不将功能一词引入其理论中，虽然说功能主义带有很大适用效力，但如果将其引入，就会产生一系列无法避免的矛盾。譬如，关于功能的定性问题，其属性是抽象的还是派生的？坚持前者，则具有取消论的性质，坚持后者，则具有了二元论的倾向，对此，塞尔以"中文屋"假设的方式区分了意向性理论与功能主义。在我们看来，这也只不过是塞尔的一厢情愿，仔细考察塞尔的意向性理论会发现这两者却有着较为一致的一面。"功能主义认为心灵与其物质性载体的关系类似于计算机程序与它们运行于其上的装置之间的关系。"②这与塞尔理论中认为意向性是一种心灵的指向、关涉是一致的。显然，塞尔的这种区分有失严谨。

其次是缺失"意义"理论的完整表述，对其表述仅仅停留在外在层面上，没有进入深层次。一方面，塞尔"意义"理论的缺失主要表现在言语理论中，譬如，我们日常交流的语言，通常情况下包含有两方面的意义，即字面意义与所表达的真实意义，在塞尔的理论中，主要探讨字面意义，而对后者则疏于探讨，因此，它缺失"意义"的完整表述；另一方面，语言研究深度不足。"塞尔只分析了意向内容及其与意向状态满足条件的因果关系，而没有对能够被人的心理直接思维和加工的心理语言和根源于心理意向性的自然语言的意义，以及根源于心

① Searle J R. Intentionality：An Essay in the Philosophy of Mind. New York ：Cambridge University Press，1983：8.

② 约翰·塞尔．当代心灵哲学导论．高新民，殷筱，等译．北京：中国人民大学出版社，2006：104.

理语言的心理意向性给予必要的说明和研究。”① 显然，塞尔的表述过于简单化，其“意义”理论的研究还有着广阔的空间。

最后是未能明确界定语义与言语力之间的关系，“取效行为”的模糊阐释直接导致交流意向的研究不足。塞尔一方面并不否认话语 X 有相对独立于语境的约定俗成的意义，即“句子意义”；另一方面承认在以言行事行为的过程中，X 还有新的意义，即“言语力”。言语力是以语义为基本条件的，但与交流者所传递的真实意义密切相关。这样，塞尔就忽视了这两者的矛盾。另外，塞尔同其他理论家一样，过度强调意向性理论的内在结构，忽视对取效行为的研究，其研究仅停留在与交流真实意义的表达上，在深层次的关系方面却缺乏相应的科学论证。因此，取效行为的模糊阐释导致了交流意向的研究不足，进而影响意向性理论的深入探究。

4. 塞尔意向性的理论意义

在当代西方哲学中，对意向性问题的研究已经成为哲学发展主流，可以说，它既是西方哲学发展的核心概念，又是实现语言哲学向心灵哲学转向的动力所在。塞尔正是站在了时代的高度，在探讨言语行为的基础上研究了意向性的问题，得出了一些独特的见解。塞尔意向性的理论意义主要表现为以下几个方面：

第一，塞尔意向性问题的研究有利于从本质上深入理解言语行为本身。语言的功能主要表现在对世界的描述上，表现在人们日常活动的交流上，它是沟通人与世界存在的一种特殊符号，为人们提供真假命题的判断。这一切，也是逻辑实证主义者的基本观点。塞尔意向性问题的研究既立足于前人又超越了前人，尤其是对奥斯汀的超越，提出了间接言语行为理论，强调语言在本质上不过是人自身的一种自然属性。塞尔的研究并没有止于此，而是沿此路径继续探索，直到对意向性问题有了独到的认识。塞尔对意向性问题的研究是同对言语行为的研究是一致的，对意向性的研究则意味着对表现意向心理的言语行为进行研究。因此，相对于言语行为，意向性则更具真实性，意向性是言语行为的灵魂，语言只不过是心灵意向的一种外在表现形式。换言之，意向性是内在的、根本的，语言、言语行为仅是外在的、变动的，言语行为之中内在的意向才最为实在。这样，语言与心灵，意向性与心灵之间的关系，就充分展示了出来。

第二，塞尔意向性问题的研究开启了心灵哲学研究的新领域。在西方哲学的发展历程中，心理哲学家的研究视野一度停留在对心理意识与外在世界存在的关系之上。他们试图通过解答心理意向现象来解释与外在世界的关系，事实上，对心理意识现象的解答还依然停留在思辨的阶段，并没有任何实质的进展，这一问

① 刘景钊. 意向性：心智关指世界的能力. 北京：中国社会科学出版社，2005：154.

题直到20世纪初才有大改变，语言学的转向直接为心理意识现象开启了现代化研究的大门。意向性问题的提出则将困惑已久的心理意识现象与物理现象从本质上区分开来。究其原因是，意向性既是人心理意识最为基本的内容，又关涉人们的日常行为。意向性所具有的这种独特的关涉性，为后来阐释心理意识现象起到了重要的作用。尽管意向性将人的心理意识与物理现象在一定程度上做了区分，但人们依然受到来自外部客观世界与内在精神世界的困扰，“一方面是‘外部的’物质世界：树木、森林、声波等，另一方面则是包含意识经验的‘内部的’精神世界：视、感、听、味、嗅所构成的经验内容，而尤其重要的是，体现于这些意识经验中的事物的第二性的质是不可观察的”。① 人的脑部神经活动在现代神经学发展的条件下人们可以清晰地看到，但对于意识的感知及人们对于味觉的经验依然无法获得。或者我们可以这样理解，那些无法获得的意识经验正是来自于我们的心理，暗藏于我们的心中。这也从另一方面说明，心与脑是不同的，作为意识指向的物质并不能用以指代心，即，心是作为一种非物质的实在，它不受任何物质对象的约束。对于这一问题，诸多心智哲学家曾借助于科学的手段对其进行分析，尽管在一定程度上取得了不同的研究成果，但依然存有一系列的问题使其无法解决，一度困扰着意向性理论的研究。正当哲学的研究停止不前时，塞尔打破了这一理论研究的困境，他在前人研究的基础上，不断的超越创新，在意向性理论的研究上取得了巨大的成果，将意向性问题从纯理论的哲学研究引入现实生活；他对意向性的研究建立在语言哲学与心灵哲学密切结合的基础上，并以此种方式研究了心灵问题，特别是他的意向性的生物学自然主义特性，直接挑战了长期以来占据主导地位的二元论，从此开启了心灵哲学研究的新领域。

第三，塞尔意向性问题的研究为语言哲学、认知科学等众多学科的交汇研究做了启示性的导引。20世纪70年代以来，认知科学的研究逐渐引起人们的注意，“过去30年来，认知科学从计算模型转移到认知神经科学模型，大脑作为认知的基础已经取代了数字计算机作为认知的基础，神经生物学的大脑成为人类认知的基础”。② 显然，认知科学的研究领域也已转入对于心灵与语言关系的研究，对这方面的解答一时间成为认知科学研究的热点。塞尔的意向性理论正是回应了认知科学所关注的焦点，因此，塞尔意向性的研究极大促进了认知科学的研究。同时，认知科学所取的成果必然反过来给予意向性的研究以帮助。此时，人工智能也已步入人们的视野。自人工智能建立以来，人类通过模拟形式在计算机智能上所取得的成绩已远远优于人类自身的智能。伴随着一系列问题迫使人们去思考，譬如，计算机能否取代人类？怎样处理人类大脑与“计算机大脑”的关系等。

---

① 约翰·塞尔．当代心灵哲学导论．高新民，殷筱等译．北京：中国人民大学出版社，2006：124.

② 刘景钊．意向性：心智关指世界的能力．北京：中国社会科学出版社，2005：144.

塞尔从意向性的角度对这个问题给予了解答，“意向性的分类、中文屋假设”有力的解答了人工智能思维与人的思维之间的关系，为人工智能的进一步发展做了启示性的导引。反过来，在人工智能方面所取得的进步又为意向性的发展提供着丰富的经验。这二者相互促进，共同发展。塞尔明确指出，正是计算机模式的开发，才使我们有了对认知科学的认识，但他又进一步强调，不能将二者完全画等号，毕竟计算机是不能独立思维的，不存在独立的意向性，是人按照相应的程序编排进去的，而人不同，人的思维有着丰富的内容，并且指向外部世界，是“满足条件”的内在思维。

第四，塞尔意向性问题的研究开启了语言通向心灵之路。古希腊时期人们对语言与心灵就有着朴素的研究，主要集中于语词、言语意义的探讨上。20 世纪语言学的转向，使更多的哲学家尤其是语言哲学家将研究的焦点再一次投于语言与心灵的关系上。语言与心灵的关系既是语言哲学理论研究的核心内容，又是语言分析哲学所关注的热点问题。而一些英美语言学家则将主要研究的内容放在了指称、真理问题的研究上，对于语言与心灵关系即意义问题的研究却相对较少。塞尔并没有墨守成规，他从言语行为入手并以此打开了研究心灵的窗口。塞尔并没有仅停留在语言的角度来分析与心灵的关系，而是以多种方式，不同纬度来阐释其关系。人们之所以用语言进行交流，彼此明白交流者双方的意思，传达准确的信息，就是因为语言传达了人们心灵的意向性，只有透过语言的背后才能真正把握心灵所具有的内在特质，继而揭示出语言与心灵的关系。简言之，通向心灵的自由之路必然是语言。塞尔沿着这一思路继续探究，进一步修正完善了言语行为理论体系，并在此基础上提出了独具特色的意向性问题的研究理论。这不仅对于塞尔而是对于整个现代西方语言哲学的发展都有着重要价值。

（四）进一步的讨论

我们知道，塞尔意向性问题的研究是从言语行为入手的，并在此基础上回答了语言-心灵-世界这三者的关系。塞尔对于意向性的探究总是受语言哲学的影响，这样，塞尔就从语言哲学的维度出发，为我们开启了一条新的意向性问题的研究路径。塞尔在意向性问题的创新之处就在于：“意向性具有心理模式和表示内容的逻辑结构；有三种特定的关于世界与心灵的适合方向；在适合方向上有其满足条件；每一种表达都带有特定的意向状态即真诚性条件；每一个意向状态都依赖一个完整的意向网络而发挥作用；在这个网络背后存在非表象的能力性背景。”[①] 生物学的自然主义是塞尔意向性问题的基本属性，在对待唯物主义的问题上，塞尔尽量避免谈论唯物主义，表现出模糊性，甚至可以说塞尔对待唯物主

① 刘景钊．意向性：心智关指世界的能力．北京：中国社会科学出版社，2005：47.

义是持反对态度的。在他的理论中，包含着对物质世界认同的思想，他确立了心灵意向在物质世界中的位置，区分了集体意识与个体意识，并阐释了集体意向的不可还原性特点，将意向性看作是人所特有的一种内在的心理活动，这与自然意义上的心理活动有着根本的区别。同时，塞尔在探讨意向性问题时，一味将注意力放在了理论的研究上，而忽视了对其进行足够的科学论证，这一点受到了诸多语言分析哲学家的责难。

不过，我们也应该清楚地看到，塞尔在意向性方面的研究，对于心灵哲学、语言哲学的发展来说却提供了新的思考路径，力图通过语言背后的形式来说明心智与世界的关系是语言分析学家所探讨的最基本的研究内容。塞尔对意向性的研究，则是站在了一个更宽阔的维度，他将意向性与语言紧密结合并纳入到现代科学的语境中来阐释意向性的基本问题，这样就排除了从传统意义上将意向性仅仅看作是一种简单的实在；他提出了意向性自然化这一重要特征，指出意向性是生物内在的一种真实属性。塞尔在意向性问题上的这一独具特色的观点，为意向性的研究开启了新的路径，确立了意向性的自然属性，从此揭开了心灵的真实面目，在一定程度上为机械的实在论做了补充与完善。塞尔集体意向性与意向网络观点的提出，又赋予了意向性以动态的形式。虽然说塞尔的这些理论相对缺乏足够的论据，其观点在科学性方面还有待于继续考证，但他打破了以往仅在传统意义的角度关于意向性问题的研究，将意向性问题置于一个新的语境下。这一方面再次深化了人们对意向性问题的认识，从言语行为的实际存在角度来进行考察；另一方面有利于人们在日常交流中更有效的发挥语言的基本功能。

总之，在人们的日常生活中，语言作为一种交流的工具传达着说话者的意图、目的，实现着历史的传承。也正是借助于语言的形式人类开展着各种各样的活动，国与国之间的文明才得以交流。相对于动物而言，人类语言更具有真实性，动物仅凭声音才传递信息，而人则是以语言符号的形式来表示。任何学科的发展都离不开语言这一基本形式，特别是对于话语意义的阐释，且只有在言语的交流行为中才可得以展示。话语的意义反映着人们交流所表达的目的、意图，目的与意图才是话语意义的实质。塞尔将意向性的研究从最初的自然主义过渡到社会制度这一广阔的领域，赋予了意向性以特殊意义，语言被看作一种动态的交际行为。人类的认识路径从关注物质世界中寻求世界的基础开始，经历了对人的思维的重视，到对语言本身的关注，以及塞尔在生物学自然主义基础上对语言的动态研究，这是一个从本体论到认识论和科学方法论的发展过程。在现代意义上，语言早已成为了众多哲学家所关注的对象。语言学研究的重心则是放在了话语意义与结构形式上；认知科学则注重从认知加工过程来分析话语的意义；哲学所关注的重点则是言语行为中命题的基本关系。意义问题是语言哲学始终无法回避的一个问题。对待语言的意义，塞尔以前的诸多语言哲学家都未能给出一个合理的科学解释。塞尔“从意向意义出发探讨了语言意义与人的关系问题，在人类心灵层面上为语言提供了依据，为语言意义提供了本源性基础，大大丰富和发展了言语行为理论”①。对意向性问题的研究也随之进入探究语言与心灵的关系，这从另一维度说明语言意义的内在特征，启迪了语言哲学的发展。

塞尔言语行为理论博大精深，其对意向性问题的探索直到今天依然是现代西方哲学关注的焦点，他对于意向性问题的研究既继承前人又超越前人、不断修正完善，所提出的观点与方法、独特新颖。但塞尔对于意向性问题的研究并没有止步，有些思想、观点尚缺乏科学依据，所有这一切，有待于我们日后的研究来完善。

① 高新民．现代西方心灵哲学．武汉：武汉出版社，1986：83.

第十六章　吉尔：认知模型的表征

在科学上，模型被认为是思维的一种工具。在哲学上，模型比较抽象化，它会随着研究纲领的不同而演化。吉尔（R. N. Giere）的模型理论总体上可被认为是一种工具性认识论，它的研究目的是解释世界和科学。科学的描述并非是全方位的，而是各人有各自不同的理解。这是由于每个人理解语境的不同造成的。同样，科学模型的结构是依据实际问题和情景给出的，不是纯粹的数学建构，而是具有一定的经验适当性和可靠性。

一、认知模型理论的思想来源

从某种程度上说，模型就是思维的一种工具。它可以把一些题材的表征变为更有利于我们思维的方式之一。比如图标就是一种模型工具，“♡”一出现，就表明心或爱的意思。这种工具性，在数学和逻辑中运用尤其明显，记号的抽象系统都是为了不同目的发展而来的。比如，理论上的考虑有时会导致运行模型中理论序列核心的改变。例如，通过对源于来源的属性进行抽象化和理性化来创造这个模型，在类型的等级结构中创造同一水平的子型，在这种等级结构中，这种子型又会作为一种新模型在这一结构中占据一个位置。吉尔的模型理论总体上可被认为是一种工具性认识论，它试图通过工具使自然主义拥有解释世界和解决问题的两方面能力，使认识论问题“实证”化，模型、思想的演化是其中的重要内容。吉尔的模型理论的主要来源有四方面：自然主义、人工智能、认知心理学和认知神经学，尤其是后三者，是吉尔模型理论的根源所在。

（一）自然主义模型

在某种意义上，吉尔的模型是“自然主义”的产物，特别是“进化自然主义”的产物。若要解释这个问题，则有必要探寻自然主义的根源及实质。

“自然主义”这个话题并不陌生，而使得自然主义在科学哲学中得以兴起，则要归功于蒯因。他的自然化认识论启发了许多科学家、哲学家从自然主义的角度探索科学的奥秘，衍生出许多相近的自然化认识论观点。吉尔的“进化自然主义”便是其中具有代表性的观点之一。

事实上，吉尔的自然化认识论具有相当浓厚的抽象理论特色。自然主义前期的代表人物主要是从一些具体学科对其进行分析的，如库恩、汉森、蒯因和坎贝尔（D. T. Campbell）等着重从心理学、经济学以及计算科学等方面分析论证自然化科学哲学。在吉尔看来，这些学科的研究分析并不能使人们真正、彻底地认识自然主义认识论；如果要对自然主义认识论有更加深入、细致的了解，还必须进行语言哲学、心理哲学等方面的研究。

传统方法论的科学哲学都没有达到预期效果。比如，卡尔纳普的归纳逻辑受到严厉的批判；劳丹的元方法论被认为是一种直觉主义的方法论，而我们通常认为科学判断若以直觉知识为起点是不合理的；波普的证伪主义虽从一种全新角度来阐明看待问题的方法，然而在吉尔看来，若被证伪的理论是要遭到排斥的，那么一切理论都应被排斥，这显然是不合理的。基于这些原因，吉尔在思考科学哲学问题时便主张应放弃方法论，选择自然主义。吉尔认为："对任何科学来讲，都不存在哲学的基础，也不存在探讨科学的理论深度的哲学方法，存在的仅是科学方法本身。"①

正是在这种情况下，吉尔将认知科学融入自然主义的研究，将认知科学作为一种哲学研究的手段。为将这种研究手段推向深入，他提出了三种模型，更准确地说是将认知科学分为三类：人工智能、认知心理学和认知神经学，而其中每一类都为科学哲学的研究提供了模型。这也是他的进化自然主义，或称工具化认识论的核心所在。在这里，特别需要指出的是，从 1988 年开始，吉尔便将工具化认识论作为他的主要研究方向，在他的认识中，工具化认识论便是自然化科学哲学，即"理论并不涉及理论选择合理性原则等问题，它是由某种包含着个体判断和社会关联的自然过程决定的，由它们决定（某种认识）是被接受（或放弃）"。②

（二）人工智能模型

人工智能的目的是探索智能的实质，并希望产生一种与人类智能类似的机器。计算机就是科学家模仿人脑产生的一种模型物。早期的图灵机是一种抽象化的人工智能思想，而将这种构想具体化，机器的最普遍种类的设计是由冯·诺伊曼完成的。这种冯氏机是最初的人工智能模型，也是吉尔认同的模型。

在吉尔的认知思想中，特别提到一个词是"认知资源"（cognitive resources）③。或许人们会将模型与认知资源等同起来，"但我并不这样认为，我认为能力，甚至是技能，都能与模型工作，在新事件中发挥作用，在计算中使用它们"。④ 在探讨模型与人工智能方面，他认为"起源于认知资源的模型结构变得

① Giere R N. Explaining Science：A Cognitive Approach. Chicago：The University of Chicago Press，1988：XVI.

② Giere R N. Explaining Science：A Cognitive Approach. Chicago：The University of Chicago Press，1988：7.

③ Giere R N. Explaining Science：A Cognitive Approach. Chicago：The University of Chicago Press，1988：213.

④ Giere R N. Explaining Science：A Cognitive Approach. Chicago：The University of Chicago Press，1988：214.

更加依赖计算机，而计算机使用编程、甚至能将它自己写程序的能力变成一种更重要的认知资源”①。

人工智能的任务就是要设计出具有计算能力的网络，而这种计算并非是我们所认为的计算机通过编程算出的“1+1=2”能力，这种计算必须是原先由心灵完成的。在确定和设计这种网络时，需要通过构造工作模型得以补充，而人类心理也是这种认知资源的一部分。这种认知资源包括从感觉的输入到复杂问题求解，从人类的个体到人类社会的全部智能活动，是多种学科交叉发展的结果。而在众多模拟模型中，“计算机模拟”是认知科学家最感兴趣的模型理论，在认知科学的发展中，这种模型通常被看作一种有用的隐喻或者计算装置。这种认知资源是与自然语言、感觉感知等一系列复杂的行为为基础的，通过它可以使人类获得更多的自我了解和全新看待问题的角度。

可以看出，吉尔的人工智能模型较倾向于强人工智能观点。当计算机发展到一定程度时，能够做到心灵做到的事，也就是说计算机有思维的可能性。这种强人工智能的模型有图灵机，这是人工智能的最初构想；符号系统假设也是强人工智能的代表思想，根据这种思想，人类也是一种计算机，这便将强人工智能推向了极致。但这两种都只是设想，而真正为强人工智能带来曙光的是冯·诺伊曼构架，它也是现代计算机的鼻祖。

吉尔认为，人工智能能够帮人们认识心灵究竟是什么，它是怎样工作的。这是所有计算心理学家都共同认可的。吉尔的人工智能研究是从数学定理证明开端，以计算机为工具，对机器学习、心灵发展、语言系统、神经网络等多方面进行系统性研究的，在这些研究中，神经网络的研究是最先进也是最困难的。

显然，由于计算机的高速发展，认知科学也有了飞速进步，但这方面相关问题也越来越多。我们不应将心灵和大脑分割开来。这是因为一些科学家在将心灵看作计算状态的同时，认为可以脱离大脑来直接研究心灵，但是随着脑科学、神经科学的发展，人们越来越认识到大脑与心灵不是谁决定谁的问题，而是一个统一体。普特南曾说过：“既非心灵单方面地创造了世界，也非世界单方面地创造了心灵，而是心灵与世界一起创造心灵与世界。”② 这样，在人工智能方面，最关键的问题是应将大脑和心灵的研究置于一定的背景中进行研究，可以用计算机来表征大脑，这里的表征包含有实物表征和心理表征两种形式。在吉尔看来，模型最重要的特性就是，它们能够指称对象、过程或其他模型，而正是在这种指称过程中，目标对象就能得到解释，而我们所了解的人工智能模型，即计算机和人

① Giere R N. Explaining Science：A Cognitive Approach. Chicago：The University of Chicago Press，1988：214.

② 普特南．理性、真理与历史．上海：上海译文出版社，2005：11.

类。在计算机教我们知道符号如何能由机器加工之前，思维一直是一种不可捉摸的、难以名状的东西，若是我们能从一个问题域中抽取出相关信息，并运用某种方式对这些信息进行加工、整理、搜索，从而使得特殊计算的基础性质表征在物理世界中得到理解，这样也便为人工智能的探索发展贡献了力量。

（三）认知心理学模型

在探讨认知心理学模型前，我们先来看一个例子。一位病人抱怨自己“慢性疲劳”，而在做身体检查时又不能发现任何损伤。那么这个人是在装病吗？现在的医生倾向于相信病人告诉他们的东西，这就意味着疲劳真使人衰弱，可以将病人从装病的困境中解脱出来。这就是一个认知心理学的问题。为了从怀疑走向信任，病人的叙述必须引起共鸣，哪怕是最小的共同点的共享意义，这对精神病医师或心理学家必须是可理解的，才会认为病人所说的为真或有深刻意义。这种认知是有相通性的。

吉尔的模型理论在描述这一方面时，强调认知问题是一个分类问题。比如，这种慢性疲劳症应该被界定为社会心理障碍，还是被界定为某种身体不适的疾病？这便需要一个“定位”，在定位这个社会过程中，每一个行动者所处的事件都可被看作一种认知心理模型，它是一种动态过程，这种模型，在真正社会交往的相互往来中，说话和做事的权利和责任随时可能建立、失去或再建立。

认知心理学是以心理学与信息加工理论相结合而形成一门新科学，其中一个重要的要素是对事物真假的判定。当人们认为一个事物为真时，便容易认同它，反之则不能遵从它。在对认知心理进行研究时，吉尔综合阐述了多个哲学家的思想，比如波普的“证伪主义”、拉卡托斯的“理论证伪”、库恩的“范式理论”等[①]，其中拉卡托斯的研究纲领是吉尔特别提到的[②]，这种“研究纲领”主要是为了对人类的认知有更清晰明了的了解。

在吉尔看来，一种精确的研究纲领包含三种元素：

第一种元素是规律“硬核”与一种“假设附件”的“保护带”的结合。在这一元素中，规律是起决定性的支配作用的，这是因为如果想要对目标物有所认识了解，首先就必须遵循着一定的规律进行探索，规律是基础。比如，动物由它在环境中的目标驱动。当熊看见蜜蜂在一棵树上飞进飞出的时候，它就会接近这棵树，这是它的一种天性，熊打开一个蜂巢获得蜂蜜，是因为得到蜂蜜是熊的一个天生目标，在这里，感知蜜蜂、树和蜂巢的整个组合的天性对熊十分有益。熊

① Giere R N. Explaining Science：A Cognitive Approach. Chicago：The University of Chicago Press，1988：130－139.

② Giere R N. Explaining Science：A Cognitive Approach. Chicago：The University of Chicago Press，1988：39.

寻找蜂蜜是依靠一种内在的天性在起支配作用，而这种内在的天性也是一种规律。如果这种规律性不太明显，那么在人类社会中，规律的支配作用会更明显。古人常说“靠天吃饭”，不要逆天而行，也就是不要违背自然规律，现在提倡的和谐共建也是人遵循规律的表现。

在规律这个“硬核”之外还必须有其他的元素进行配合，以起到辅助性作用。这些元素就是“假设、假想”，没有假设的科学不能称之为科学，没有假想科学也就无法向前发展。1900 年，希尔伯特在巴黎数学家会议上提出了 23 个数学问题，这些问题并非是规律，也没有被完全证明为真，但这些假设问题却引领着 21 世纪数学的发展，为 21 世纪数学的发展指明了方向，这不得不说是假设的魅力和作用所在。所以有了规律这个“硬核”做保障，又有“假设”这种思维做引领，二者相加才更能发挥“探索”精神，二者都是“探索程序”不可缺少的部分。

第二种元素是一种“反面启示法”。这一元素也比较好理解，当一个孩子晚上睡觉时向妈妈要一颗糖吃，妈妈便会举某某小孩老是牙疼的例子来制止孩子的这种行为，这便是最简单的反面启示的例子，当然这也是认知心理的一种，只不过是比较简单的一种。

第三种元素是一种“正面启示法”。当人们探索一个事物时，正面的启示自不必说，有许多这样的例子，这里就不再赘述。

概言之，吉尔的认知心理模型是一个动态的过程模型，是人的认知慢慢累积形成的过程。

（四）认知神经学模型

早期的认知神经学是丘奇兰德提出的“拓扑形态映射图”。它并非简单的大脑“映射图”，是因为这个模型图在度量上是可变的，就像橡皮制成，还可以某种方式拉长。吉尔的认知神经学在某方面也借鉴了丘奇兰德的思想。认知神经学必须借助某种工具才能实现，这种工具有可能是图表、仪器，也有可能只是一些数据，但依靠工具是必需的。

我们知道，神经系统是由相互联系的细胞组成的，它是一个神经元网络，而其中每一个神经元都有一个细胞体和一个轴突，这些细胞的激活类似于计算机的二进制关系，只有两种形式“全”或“无”，而细胞的整体活动除了单个细胞的活动外还需看其与其他细胞的相互关联性。麦卡洛克和皮茨在他们的文章“神经活动内在概念的逻辑演算”一文中证明：一定类型的（可严格定义的）神经网络，原则上能够计算一定类型的逻辑函数①。

① W·S·麦卡洛克．神经活动内在概念的逻辑演算，载玛格丽特·博登．人工智能哲学．刘西瑞等译．上海：上海译文出版社，2006：24-43.

在这里，我们可以将“网络”看作是真实的神经联结的模拟形式，这便是类似于吉尔的认知神经学模型。神经系统就不再是低级的单一计算机操作，而是包含了许多环形通路。这样，它们的活动将不再是单一的编程规定的活动，而是可再现任意一个参与神经元的刺激。程序的参照就会变得不那么确定，这样神经学便与认知科学联结起来，使得人们能够更加清晰地了解人类的思维。

二、认知模型理论的内涵

针对“模型”这一概念，主流观点认为，它具有结构性，即它是依据一定关系组成的实物的集合体，而这种集合体与其目标系统是同构的。这种观点又被称为“模型结构主义”。而反对者对此提出了质疑，因为物质有结构，可以用与其同构的集合体表示，但心灵世界是难以用同构的物质表示的，那么模型就只能表示物质世界，而不能表征精神世界吗？吉尔指出：“原则上，模型并非用来解释形式系统的，而应被作为表征世界的一种工具”①，所以“模型结构主义”并不能完全表征世界，它是不全面的，可以表征世界的是工具。

吉尔的模型理论以工具为出发点，试图通过工具使自然主义拥有解释世界和解决问题的两方面能力，主要是将认识论看作心理学的一部分，使认识论问题“实证”化。

（一）认知模型理论的假设

作为一名自然主义的科学哲学家，吉尔的目的是试图用科学的方法论解释科学的本质。吉尔运用的方式是“模型”理论结构，“某个科学理论，其实同现代的演化论相似，都需要建立在能掌握科学发展的‘深层结构’模型上”②。科学理论的前提或是模型理论假设的前提是实践和经验，而假设的关键是选择，何种模型适合一种科学理论是一种选择过程。

一个模型揭示它所代表的各个因素之间的定量关系，假设包括一个或一个以上的随机方程式，可以有效描述其中的定量、变量特征。任何一个模型都需要三个要素支持：理论、方法和数据。理论是指所研究现象的行为理论，是一切研究的基础；方法是研究模型的工具和手段，从中分析这个模型和模型代表的事物的特性；数据是指反映研究对象活动、联系以及外部环境数据、信息，这需要认真调查研究，而后才能获得这些资料，也是模型研究的原始资料。

---

① Giere R N. Using Models to Represent Reality // Magnani L, Nersessian N J, Thagard P. Model-Based Reasoning in Scientific Discovery. New York: Kluwer Academic/Plenum Publishers, 1999: 43.

② Giere R N. Explaining Science: A Cognitive Approach. Chicago: The University of Chicago Press, 1988: 17.

吉尔的模型理论首先是建立在假设基础上的。在模型建立之初，要确立建立模型的目的，这样假设其中的变量以及变量间的相互关系。在吉尔的模型假设中，有两种方式是不得不提的："概率模型"（probabilisticmodels）和"随机样本"（random sample）。

"概率模型"着重探寻模型的方法。它是指一种为了说明人类身体或其他复杂模型何以被表征，但不能被概率模型决定，也就是说高概率的原因不一定会出现结果，反之亦然①。这种情况在日常情况下很常见。比如，一个人开车走某段公路，这段公路的交通良好，发生事故的概率只占到十万分之一，但是并不代表这个人在这段公路行驶就绝对安全，如果他不小心，还是会出现交通事故的。

"随机样本"是指模型中的数据、资料，在这种情况中，有一点是值得注意的：如果这个模型不能适应真实世界，那么我们所有与其有关的规则都是不适用的②。举例而言，在一次农产品质量检测过程中，如果依据一种模型决策检测出的结果不符合现状，检测其他情况也不符合现状，那么这个模型就是不成功的，与它相关的规则也是不适用的。

选择变量、确定变量间的关系和拟定模型中的参数范围是理论模型的主要部分，也是模型假设的主要内容。按照时间进行划分，模型假设形式有两种：历史数据假设和截面数据假设。第一种是指在某段时间内，这个模型中定量和变量的数据收集整理，一般是按照时间先后进行统计，假设的变量是要受到时间控制的，比如，希望寻求到改革开放前后煤炭行业生产模型的市场需求影响因素，可以事先假定一些变量，如居民收入、出口额等，在具体的收集整理过程中，可以寻找到底哪些因素是影响市场需求的因素，且随着时间的流逝，这些影响因素的作用力是加强还是减弱。第二种截面数据假设，通常是指发生在同一时间截面上的调查数据。比如，人口普查、科学普查等，从数学上讲，是从母体中随机抽取样本进行估计。

吉尔指出，在模型假设中，必须注意以下问题：其一，所选择样本区间内的客观条件是否相同，比如，希望调查计算机能否思维问题，图灵测试也是将计算机和人假设成为同一种情况，至少对于提问者，是看不到二者的，这样计算机和人就被置于同一种情况下，这样才能保证样本的一致性。其二，要避免样本值过于集中的情况，比如在研究中国的计算机知识普及率，就不能只将目标关注在某些地区，若是关注北京、上海等大城市，自然会得出普及率高的结果；倘若关注西北一些农村，又会得出不同的结果，这都是不正确的。

---

① Giere R N. Explaining Science: A Cognitive Approach. Chicago: The University of Chicago Press, 1988: 202.

② Giere R N. Explaining Science: A Cognitive Approach. Chicago: The University of Chicago Press, 1988: 177.

在科学以及科学实在论中，对于某些迄今为止仍不可观察的事物和结构进行模型假设是科学的关键所在，比如原子模型、宇宙模型等。在假设中，我们必须解决一个问题，我们是如何将我们无法感知到的事物赋予模型的？这主要是靠对客观事物的抽象化和理想化。例如，人们从来没有见过黑洞，这只是人们依据某些情况或数据推演而得的，更不会知道黑洞中有哪些未知成分，这些概念都是通过对可感知事物的特性抽象化而得的，黑洞具有吸收任何东西的特性等；同样，也没有人能够直接观察到气体的真正成分，但是科学家们可以凭借规范想象力进行感知，并做出推测，最终进行模型建构。

抽象能力和想象能力在模型的假设中起着极其重要的作用。前者是忽略模型建构的其他方面，专注于它的目标建构方面；后者是简化其他方面。模型毕竟不能够同真正的原型相比，比如我们建构的太阳系模型是无法同真正的太阳系相比的，但当我们需要弄清楚太阳系各个星球间的引力关系时，就必须建立相应的模型，考虑到有可能影响相互间引力关系的变量时，便会将这些设置到模型中，比如各自的质量、运行速度，等等，进而收集数据，看看是否是这些因素的影响，这些因素是怎样影响各个星球间关系的。

在模型假设中，首先需要做的是决定假设目标，也就是我们要干什么，这必须建立在大量的思考、数据分析基础上。一个好的目标、计划是成功的一半；而最耗费脑力的是决定使用的方法，好的工具或手段可以起到事半功倍的效果。在决定使用方法时，必须将相关方面考虑清楚，选择最恰当最省力的方法，只有这样才会使得之后的模型建构容易些。

在变量的选择、解释过程中，还要分清两个关键词：解释变量和被解释变量。被解释变量是模型建构前就必须确定的，比如，在进行分子模型建构时，被解释变量就是分子的特性，而解释变量就是分子的质量、形状、体积等。同样，在社会科学中，也有解释变量和被解释变量。比如，我们需要理解经济现象中的经济行为规律，就要先确定，被解释变量是经济收益与投入是成正比的吗？而解释变量就是投入的技术、资本与劳动等方面，这时将投入与收益相比，可以得出结论：经济收益与投入有很大关系，但也不是完全成正比，它还与操作者的文化素质、教育程度等方面有关。

在吉尔看来，进行模型假设还要考虑的问题是数据可得性，这就要对模型建构的相关内容有透彻的了解。在同样情况下，一定要选择容易获得的数据进行模型建构。在模型假设前，一定要彻底了解原本的数据情况，选择可靠的、存在的数据进行讨论，引入一些重要的变量条件，只有这样才容易使模型的建构可行，否则有可能所有工作都付诸流水。

在模型假设时，物理学、数学、统计学知识都会用到，这些知识都是相互融会贯通的。实证主义者问，我们是如何对我们身体、心灵能够感知到但不能通过实验达到的领域进行表征？比如，我们无法看到电流是如何通过导体流通的，但是我们都见过日常中水流过水管的情形，通过丰富的想象力，还有极其严密的抽象能力，我们可以想出，电流有可能是像水流一样流动的，这样就设定了一个目标电流是怎样流动的，从中假设一些变量；如果电真和流体一样流过导体，会有一定的现象产生。比如，一根长长的导体前后获得电的时间一定是不同的，将它设定为变量，可以更好地进行观察，从而验证最初设想的正确与否。

模型参数的估计方法是模型假设的核心内容。就一般情况而言，当建立了模型理论并收集到了相关的样本数据后，就可以选择适当的模型了，模型参数的估计包括识别、估计方法的选择等，是一个纯技术的过程。通常，模型会随着研究纲领的追求而演化，这也是吉尔模型理论研究的重点。有时一个模型中理论序列的核心发生了变化，有时模型必须被改变接受新的实验，这些就又需要改进模型或是建构新的模型。当我们审视科学思维时，我们就会发现这个道理，模型的建构不是一成不变的，它受到现象制约，受到产生模型的来源制约。

模型的最大特征就是似真性。一个科学模型为解释一个被解释变量，必须提供原型的资料、属性、状态、结构等。然而原型有时也会发生变化，这也使得模型的变化成为了必然，尤其是在社会科学中，原型并不像自然科学中的那样是较少发生变化的，可以说时时在变，所以要想建构出合适的模型，必须随时与社会保持同步，接受外来资料进行解释。对社会条件的“掌握”程度直接关系着模型建构的成功与否，所以社会模型有时更需要仔细构建，将其受限因素，如政治、经济、文化等方面的因素都考虑进去，充分把握社会特定环境复杂性这一重要特性，只有这样才能建构出合乎理性的模型。

这是吉尔模型理论的假设前提和模型进化的最基础部分，也是一切自然科学、社会科学进步的起点。

（二）认知模型理论的检验

提出了模型假设，也对模型进行了建构，如何检验这个模型是否符合实际情况和规范？这就需要进行模型检验了。在吉尔的观念中，提到了一种模型检验方式“统计模型”（statistical models）。什么是统计模型？吉尔做出了回答：“它是受到掌握着的数据的影响，并且决定了哪种模型与这些数据相关。”[①] 它并不像看起来那么难，因为只有三种可能出现的随机模型以供选择：比例、分配、关联。比例是指带有两个数值的一个变量，分配是指带有三个或三个以上数值的变量，关联是在两个数值与两种变量之间交替出现的。

---

① Giere R N. Explaining Science: A Cognitive Approach. Chicago: The University of Chicago Press, 1988: 177.

在吉尔看来，统计模型是模型检验的一种情况。统计模型是将数据加以收集、整理，并从中获得整体的、合理的统计数据。其实，到了模型检验时，可以说一个模型或是理论模型已经初步建立起来了，模型的检验不一定非要等到最后结果出来后，得出是否符合最初的模型目标时才可以鉴定，这是最后的鉴定。事实上，在模型的具体操作过程中，随时都可以进行模型检验，只有这样才能够随时调整模型建构方案，制订最合适的模型方案。模型检验的原则是按照某种理论去建立模型，然后用已经发生的样本数据去拟合，如果合适说明这种理论模型是可行的，反之拟合不好，则说明这种模型是不合理的。

一般而言，模型的检验必须通过以下五个程序：

第一，审视模型是否符合提供可能实在的似真表征。这一点除了最后的检验外，还可以观察它与其他子型范例的关系来评价，如果它的子型是比较接近世界的示例，那么它的父型也就比较符合最初的预期。还是以气体真实成分为例，子型分子在最低程度上是似真的，因为它符合最初的假设预想。而气体真实成分这个父型也是牛顿经典力学的子型，它符合最初设想，也是牛顿力学向前迈进的阶梯。

第二，检验模型建构的稳定性。当一个模型建构之后，进行鉴定的结果是准确还是不准确时，就需要考虑对模型重新修正了。比如，天文学家根据事先设定的模型进行预测，推测出某一时间，有哪些行星可能出现，实际情况是，有些行星出现了，而有些没有出现，那么这时就说明事先设定的模型有其可行之处，但也有不合适的地方，需要适当修改，力求准确。

第三，检验模型相对样本容量变化时的灵敏度，当样本数量发生变化，模型是否也会随之变化，也是检验模型是否完善的条件之一。比如，三层次的神经网络海马回模型，当其中细微的神经发生变化，如果模型也会随之进行变化，如同正常的海马回变化一样，这就表明，这个模型是符合事先假设的，否则就不符合。

第四，模型的检验是通过数据统计而得的，通常需要通过拟合优度检验、变量和方程的显著性检验等，目的在于检验模型的准确度，而在计量学鉴定中更加严格，通常的检验准则有随机误差项的序列相关鉴定和异方差性鉴定，解释变量的多重共线性鉴定等。

第五，确定所建立模型的适用范围。这是当模型建构成功之后进行的工作，具体的鉴定方法可以利用扩大样本数量和范围进行鉴定，将新的鉴定值同原来的估计值相比，看看是否有差距，并检验差距的大小，分析原因，以便建立更加完善的理论模型。

通过上述的鉴定，可以检测出模型是否符合预期的目的。如果符合，自然说明这个模型的价值是十分突出的；但是如果经鉴定，或是在被引入真实装置中时被证明这个模型是不合理的，是一类错误的事物，那么我们也不要完全抛弃做过的一切操作，我们还拥有一个启发式模型，可以指导日后不犯同样的错误，这也是有一定作用的。

模型检验的主体是具体事件，模型中的实验仪器可以被看作是面向自然机制、自然过程或自然环境的模型。仪器室遵照自然环境所操作的一个类比物，可以称作一个“驯化的自然”。显然，这两个实体在不确定的许多方式中有许多地方是相似的。举一个简单的例子，气体燃化计是宇宙原始状态某些方面的一个模型，而量热器是海洋的一个模型。气体燃化计是指让 2 份 H 和 1 份 O 在一个试管中混合，之后插入电极，在试管壁上就会出现小水珠，并会伴有轻微的爆炸声，这些类似于宇宙中的雷雨和闪电现象；量热法是指当一个装满水的容器冷却到 0 摄氏度时，水就开始结冰，而另外一个容器中装满水，水温到了 -4 摄氏度还没有结冰，其实这个容器中装的是冰盐水，类似于海洋海水温度，这是这个方面的模型。

在上述这两个例子中，实验仪器是子型而自然是父型，模型和原型间存在着某种程度的相似性，经过鉴定，说明这个模型是合乎原型的。在模型-原型的世界中，我们拥有了两个相关存在方式的实体，用模型表征世界，就如同警察抓犯人时，绘制的一张嫌疑犯的拼图一样，鉴定如同是看到底能不能依照这张图抓到嫌犯，这正是鉴定的意义所在。

（三）认知模型理论的解释

吉尔模型理论的解释允许建构有关能用来解释可观察现象的不可观察过程和结构的假设，譬如，太阳系的结构，原子、分子的内部结构，电流通过导体的情况等等，它们是对自然的一种“驯化”选择。

模型的解释牵涉到质、量、二维、多维的结构描述，经验事实和形式构架是科学概念和理论表述的两大基本要素。模型的解释可以扩展或减小人类环境的边界，作为人类向世界探索的向导。模型解释的手段是多样化的，可以有效描述复杂的系统结构，进行有效的功能模拟。

模型是复杂开放系统的整体定量形式化描述。模型的解释是揭示模型内部各部分间相互关系的一种方式，如果想要对原型进行有效的形式化描述，就必须体现其与原型的同构性。寻求同构性也是模型解释的意义所在，这样可以进行有效的功能模拟，任何功能都是由结构决定的，尽管不论是自然科学还是社会科学都存在着无限的复杂性，但当用模型表征出来时，就会便于科学家理解和检验，便于让更多人了解事物的本质。模型解释的意义主要在于表述模型的内涵和推导模型向更深远地步发展，使模型具有更加普遍的意义。

吉尔模型理论是通过分析“原因和结果”进行的。为此，他提出了“因果模型（causal models）"[①]。许多有用的科学发展都是与原因相关的，他设置的几种因果模型，目的是为了让我们更好地理解假设。因果模型的特点是：无因果联系的关联性，因果联系是非对称的。而概率模型在于概率的高低，与事情的发生并不无绝对关系。

任何科学研究都不可能不涉及事物之间的联系。在经典科学中，一般都是一因一果的联系，较少涉及多因多果，这不符合科学研究的精神，也为模型的建构造成了困难。然而，事物不可能是孤立的，它必须放到一个网络中考察，这就是模型父型子型环环相套的原理。吉尔的模型理论研究更接近于多因多果的分析，因为它是从一个更加宏观的角度看待"原因和结果"联系的。

1. 原因和结果并无关联性

吉尔认为原因和结果并无关联性，并非有原因就一定能有结果。在通常的现实生活中，因果关系被定义为"引起"和"被引起"的关系，用"因为……所以……"的表述关系，其实这些并非都是因果关系。休谟的思想对吉尔有着较深的影响。休谟认为"因果联系只是习惯性的联想罢了"，这样就无所谓原因和结果的关联性，也无所谓确定的知识了。

其实，原因和结果的关联性问题自古至今都是人们研究的主题。知识是否有确度，它的缘由何在？知识的确度是否可以用标准的尺度来衡量，即它是否有保证？如果存在这种衡量尺度，那么此种正确知识是否会恒久不变？即使存在这种恒久不变的正确知识，人类是否可以获得它？这些问题几千年来一直在困扰着哲学家们，而对它的答案也如同斯芬克斯之谜底一样一直被人类孜孜不倦地探求着。

关于因果联系，知识的确度问题，早在古希腊时期就已出现。先哲们对因果系统进行了详尽的分析，进而衍生出一系列有关知识问题的探讨。古希腊先哲仅仅把知识确度当做人类的理想，还没有开始探讨其究竟如何得之；而中世纪神学权威则把它寄托在对上帝的信仰之中；直到近代，哲学家们才终于认识到只能从自身及自然对象中寻找其缘由和保证。笛卡儿清楚地意识到知识确度的基础只能在形而上学中寻找，但他并未完成为知识确度提供基础的任务。洛克历史地承担了这一使命，通过两个转向开辟了寻求知识确实性的新领域。

众所周知，近代西方哲学到洛克这里实现了两大转向：一是近代哲学史上著名的"认识论转向"，虽然笛卡儿是此"转向"的第一个代表人物，但是首先明确主张将认识论放在哲学中心位置的却是洛克；第二个转向是探求知识的确度仅

① Giere R N. Explaining Science：A Cognitive Approach. Chicago：The University of Chicago Press，1988：198-203.

靠认识论是不能获得的，还要转向对语言的分析。事实上，这两大转向都是为一个问题“事物的缘由”服务的。为什么这么说？原因有两点：首先，洛克的认识论研究并非完全不考虑人的观念是由物质作用而产生的这个问题，在他讨论物体和观念的关系时，也曾粗略思考物质的微粒结构，只不过他的这些猜测都是为了他的认识论服务的，是为最终说明原因确实性而作的一个本体论预设，因为他想确定我们在哪些问题上，在何种程度和何种范围内能够合理地得到哪些确定的原因，这一点是他认识论转向的主要目标；其次，明白了确实性的知识是他认识论研究的中心问题，便需要探寻获得原因的具体方法，于是出现了第二个转向——对语言的分析。洛克明白在普遍命题的表达和交流方面，词语的使用是必不可少的，而只有对词语进行考察、对命题进行分析才是知识确度问题解决的必要条件，这便是洛克第二个转向的意义所在。

1690 年，洛克出版了他的哲学名著《人类理解论》，此书正是探讨他对客观世界可靠、确定知识的认识，在“引论”中他便开宗明义地指明了自己的哲学旨趣：“我的目的…在探讨人类知识的起源、确度和范围，以及信仰的、意见的和同意的各种根据和程度……”① 洛克承认人类的知识是有确定性的：“只要我们能确知，那些观念和事物的真相相符合，我们就有确定的、实在的知识。”②那么，他认为哪些知识是确定的？

在洛克的观念中大部分知识都是实在的：数学的知识是实在的，道德的知识亦是实在的，绝大部分知识都是实在的。即使绝大部分知识都是实在的，那么所有的认识都是知识吗？如若不是，那么知识的范围是怎样限定的？洛克依据“知识只是对观念的契合与否的知觉，所以它的范围只能以观念为限”的观点，得出了同一、共存、关系、实在的存在四种知识的范围，认为“所谓知识只是描写事物的真相的，并非写照人的梦昧和想象的”。③ 这里的真相并非指本质，而是指事物的外在，人们可以直接看到的表象。由此，洛克认为人类获得知识的确度是有限的：人的知识只能达到事物的现象，对于事物的本质却无法认识。他对于知识确度的理解，一方面，可使我们将自己的思想限制在理智所能达到的范围内，抛弃自以为是的幻想，使真正有用的知识得到发展；另一方面，如果人的认识仅以事物的现象为界限，便会限制人们对事物本质的认识，限制知识的发展。

洛克认为知识确度是有限的思想也给了吉尔很深的启发，二人都否认了原因的必然性，但还是有所不同。洛克反对原因的确定性，但吉尔认为原因和结果间不存在必然联系，但并不反对某些结果的产生还是有原因基础存在的。

---

① 洛克．人类理解论．关文运译．北京：商务印书馆，1997：1.

② 洛克．人类理解论．关文运译．北京：商务印书馆，1997：566.

③ 洛克．人类理解论．关文运译．北京：商务印书馆，1997：555.

2. 原因和结果并无对称性

在吉尔的“因果模型”中，原因和结果并无对称性，一个现象的出现是否必然会伴随另一个现象的产生？而这种伴随现象就是因果关系吗？吉尔不同意，在他看来显然不是，打雷之后必然会有闪电，但是二者并非因果关系。

在吉尔的这一思想中，原因和结果是不对称的，这是从形式上分析“因果模型”。传统科学在处理原因结果问题时，通常使用的是改变一个变量使其他变量保持不变，这样进行实验，用的是线性模式解决问题，很难达到描述普遍联系的整体模型。

在现实情况中，有很多时候并非是一因一果，原因与结果没有那么对称；一因多果，或是多因一果的情况更加普遍。社会的因果是循环的一个大结构，并非如线性方程那样直观明了。这种情况也类似于并联和串联的关系，“并联现象”和“串联现象”是相关现象中常有的两类关系，在一个电路中，串联开关必须每个都开，灯泡才会亮，而并联时，只要一个开关打开，灯泡就会亮，而在安装电路时，常常出现“串联”与“并联”的“混联”现象，现实世界中原因与结果的关系较这种“混联”情况更加复杂，是一个“混联”中的“混联”。

还有，现实情况中，原因与结果的情况也不像“打开灯泡，所以灯泡亮”这样绝对的先后，有时候原因与结果是互为因果的，也就是原因也是结果的结果，结果是原因的原因。这话说起来拗口，其实内容非常容易理解，也是日常经常会遇到的情况。例如，老师教学生得十分尽力，希望他继承自己的事业，再攀学术高峰；学生非常刻苦，进步之快超出教师的预料。于是，二者互为因果，互相促进。还有一个例子能够更加简单明了的表明这一观点：

“你的头发怎么一天比一天少?”

“因为我天天都有忧虑的事。”

“你每天都忧虑什么?”

“我忧虑我的头发一天比一天少!”

从这个事件中，我们可以大概了解原因和结果的互为关系。“多因一果”现象是指，社会中很多现象都是由于不止一个原因引起的，比如贪污腐败，经济增长缓慢等等。美国大选，奥巴马获得成功，这是亿万选民支持的结果，所以亿万原因引起了一个结果。“一因多果”的情况也很常见，比如世界金融危机，将这一现象看作原因，那么它会导致物价上涨、工人失业率增高等一系列结果。现实世界中，“多因多果”现象是最常见的，吉尔也正是看到了这种现象，所以才认为原因和结果是非对称性的。

3. 因果模型中的概率问题

概率问题也是吉尔因果模型的一个组成部分。概率再小的事件也可能发生，而且这个概率发生的时间和地点是无法确定的。这个理论在现实生活中也是可以得到验证的。我们的现实生活是一个概率的世界，小概率事件是其中的一个重要组成部分。这类似于数学中讲的小概率事件。比如，博彩这种事，本来是一个小概率事件，一个人买彩票赢得大奖的概率是10万分之一，并不是说前面有99999个人买彩票没中，第10万个人买就一定会中。也许第20万个人买也没有中。但也不排除有人刚买了一张彩票就中的情况。这发生在一个人身上，也是如此：有些人买了一辈子彩票，都没有中；有人只买几张，就全中。

通过这种小概率事件，吉尔也认为理由是不那么明确、确切的，由于数学统计出的原因和结果也是不那么确定的，那么哲学中的理由自然也会出现这种情况。

概言之，吉尔的模型理论共包括三方面的内容：模型理论的假设、模型理论的检验和模型理论的解释。首先他的模型理论是建立在假设基础上的，在确立建模的目的情况下，假设其中的变量及变量间的相互关系。“概率模型”和“随机样本”是吉尔模型建立的两种方式。模型假设和建构完成后，便需要考虑这个被建构的模型是否符合实际和规范，而在这个检验过程中，“统计模型”成为了重要的检验方式，吉尔提出模型检验必须通过五个程序才能最终完成。在模型检验合格后，我们还需要将其与现实联系起来，就需要进行模型解释。吉尔模型理论的解释允许建构有关能用来解释可观察现象的不可观察过程和结构的假设，是对自然的一种“驯化”选择，其中“因果模型”是重要的模型解释方法。

三、认知模型理论的演化

模型理论的假设、检验和解释是吉尔模型理论的三个主要方面，但是在吉尔看来，模型并非是一成不变的，而是不断演化、不断发展的。因为模型并非是天生完美的，只有在演化过程中才能不断完善、不断进步，所以在吉尔看来，模型理论的演化和完善是其模型理论中不可或缺的部分。

（一）认知模型演化的内涵

当一个模型理论建构完成后，什么样的因素决定它能够传递给下一代的科学家，为新生代的科学家所接受？或者，决定一个模型理论对环境的适应度如何，是通过什么来判断？为什么有的模型理论能够很好地被后世科学家继续沿用，而有的模型理论却很短命？吉尔认为，这个过程可以被统一看作模型理论研究的一个部分，这也是一种模型——“演化模型”。一个完整的“演化模型”必须以科学史上的诸多重要事件来充实其内容①。只有这样才能形成一个科学共同体，才能在竞争后继续存活，才能透过教学传递给下一代，吸引下一个时代的科学家投入这个科学共同体②。

吉尔的模型理论并非一蹴而就的。在1988年的书中，吉尔只是简单以几句话的方式勾勒出了演化模型可能运行的机制，它是需要科学事件充实的。而在1999年的书中，他就进行了较为详细的论述，并将科学演化同生物演化进行了类比，尤其是达尔文的思想，他将达尔文诉诸动物喂养与人工选择的事实来指导自然选择理论的发展③，作为自己模型理论演化的依据，举出二者的相似之处，从而进一步分析了演化模型可能会出问题的地方④。

在吉尔看来，在对某一范围的现象作详细阐述时，这种阐述理论可以作为下一种理论判断的依据，旧理论可以作为新理论或旧理论新表述的理论依据。这一点不仅在哲学研究中被广泛应用，在生物学中和其他学科中也是应用很普遍的。比如马尔萨斯主义就是达尔文进化论思想的灵感来源。达尔文说："所有的有机生物之间的生存竞争"都体现了"被应用于整个动物与植物的王国之中的马尔萨斯学说。"⑤ 这一点和科学、哲学中的演化模型理论类似，演化模型理论也是将原有的科学事实或模型应用到新模型中，而在引用过程中，原有的模型理论被作为新理论的依据。比如，薛定谔波动力学理论的提出，很大程度上受到光学和力学之间类比的影响和提示，这点在他1928年的一次讲座中有所表现，薛定谔说："将普通力学引向波动力学的进步就类似于惠更斯的波动光学取代牛顿理论的进展。（从这些理论中）我们可以得到这样的一个过程演化：普通力学、波动力学、几何光学、波动光学。而典型的量子现象类似于像衍射与干涉这样典型的波动现象。"⑥

从上述分析可以看出，旧理论和新理论的演化过程，旧理论是新理论的依据，通过科学事实的填充，旧理论可以演化为新理论，而这同样要受到时间和事件的检验。这就是吉尔演化模型的基本依据和内涵。他的这一思想，深受达尔文思想的影响，他认为模型也同生物进化一样，是一种变化的、前进的、适者生存的模型演化过程。

然而，用生物演化来类比科学发展、科学模型的演化就完全正确吗？比如，科学演化的环境同生物演化的环境是类似的吗？一种是科学模型发展的社会环

---

① Giere R N. Science without Laws. Chicago：The University of Chicago Press，1999：46.

② Giere R N. Science without Laws. Chicago：The University of Chicago Press，1999：46-55.

③ Charles C. On the Origin of Species. CambridgeMA：Harvard University Press，1964：127.

④ Giere R N. Science without Laws. Chicago：The University of Chicago Press，1999：46-55.

⑤ Charles C. On the Origin of Species. Cambridge MA：Harvard University Press，1964：5-63

⑥ Schrdiner E. Collected Papers on Wave Mechanics. New York：Chelsea，1982：152.

境，一种是生物生存的自然环境，难道二者没有区别吗？生物演化的所有方面都能与科学演化类比吗？生物演化的"渐进"思想是否适合于模型演化？演化理论究竟是一种"理论和概念的演化"，还是一种"科学家和科学共同体的演化"？吉尔比较倾向于后者，因为在他看来，科学理论的研究主体是人而非概念，只有科学家才可以使得理论和概念得以延续。科学活动是在持有各自不同理念和概念的科学共同体中演化的，这些科学共同体在相同或不同的环境中将自己的理论进行完善，以便使这种理论能够在环境变动中生存下来。对于支持不同理论的共同体，设法扩大自己对环境的适应度是支持这个模型理论存活的最基本、最主要依据。

在吉尔看来，模型演化的机制有两种：一种是个别科学家的认知能力和心理机制模型；另一种是社会和制度环境模型。显然，后者更为复杂，所以他对达尔文进化理论的引用是对前者的思考和应用，在对这两种模型演化机制的思考中，他先处理了前者①。这就是吉尔之所以重视和引用达尔文进化思想的原因。但是，吉尔在继承了达尔文思想的进化理论，并将其运用到科学研究中时，对于社会和制度机制的思考也从未间断过，社会机制模型演变并非是一种"渐进式"的，而是一种"变革式"的演化。

在对模型演化进行建构和分析时，吉尔有意将"演化"和"革命"进行对比。这与库恩的思想有些接近。库恩是将政治隐喻中的"革命"带入哲学研究。在库恩看来，一场政治革命就是某一时期的政权改变，我们在诉求演化观念时，通常会将这种改变认为是一种革命，这种演化已不是一种渐变，而是包含了选择的意义，是在一种或多种变项中进行选择的机制。而吉尔认为，演化并非是一种简单的发展，而是一种具有意向的选择过程，是一种科学事实对模型的选择，如果这个模型适合一些科学事实，那么这个模型就是合理的；否则当提出的模型不适合一些科学事实时，就说明这个模型是需要修正和演化的，这样就会有目的性、选择性地提出一种新的模型。从这一点上看，他的这种演化模型更接近于库恩的理论，而非达尔文的理论。

以演化理论来作为科学发展的研究对象是个有趣、讨喜的提议。在不同的思想背景下，吉尔和库恩都对演化提出了自己的见解。虽然各自有不同的强调方面，一个是生物演化融入科学，另一个是政治革命融入科学，但是总体方针似乎是统一协调的。这样就从整体上探究了吉尔模型理论演化的内容来源和含义，主要是对模型概念本身和模型概念的执行者科学家的研究和探讨，二者都不是一成不变的，都需要经过长时间的变革、演化，只有这样才能得到真正的模型理论。

---

① Giere R N. Science without Laws. Chicago：The University of Chicago Press，1999：49.

（二）认知模型演化的类型

当然，吉尔勾勒的图像仍只是雏形，还没有被广泛认可，就连他自己也承认，“如何去发展一个科学的演化模型，当前并没有共识。在此我只能指认出主要的几种选择，并指示进一步研究的方向——对我而言，这是最有前途的方向”。[①] 而他选取的最有前途的研究方向就是“统计假设演化”和“因果模型演化”。

1. “统计假设演化”[②]

吉尔的统计模型演化不单单是指一些数据的罗列和演算，它还将社会因素考虑在这个统计模型之内。在计算一个模型是否真符合要求时，除却单纯的数据统计、变量、定量的计算外，最主要是看这个模型是否能够符合当时的社会发展，而在社会发展的诸多因素中，最主要考虑的是利益因素。统计模型演化过程中，加重了利益的分量，要求这个模型既符合数据统计，又要符合社会规律。

吉尔模型理论的每一种统计研究都与真实世界中某种特定的人数相关，相比起原来的统计假设模型，这种统计假设更难以识别，指出相关人之间的利益关系是其中的一种方法。他的这种模型理论假设主要集中于对人与人之间的利益关系的研究。这一思想在经济活动中能够得到更好的体现，可以用这种思想来判断一种模型的好坏。比如针对国际贸易竞争，斯密提出了“绝对优势贸易”模型，认为国际贸易中无论是进口抑或出口都会给本国带来好处。这是因为贸易的基础是国家之间技术的差别，而各国出口的应是自己国家高劳动生产率的产品，而进口的一定是自己国际劳动生产率低的产品。这样国际贸易间就存在差别，而国家就可以从进口和出口之间赚得差额，所以国际贸易对本国只有好处。

但是通过实践检验，这一模型不符合实际，是需要改进的。通过“统计假设”模型演化中的利益要素的要求，我们可以想到国际贸易的建立既是在生产者又是在消费者的分析框架基础上建立起来的。那么我们就应该考虑多方面的因素，不仅要考虑本国的利益收入，还要考虑他国甚至是世界的利益收入；必须从交易效率提高角度来解释国际贸易如何从国内贸易而来，并重新阐释和补充斯密的“绝对优势贸易”模型。通过这种思考，李嘉图就提出了一种新的贸易模型——“自由贸易理论”。在这种贸易模型中，李嘉图在斯密的绝对优势贸易模型基础上，提出了更加系统的自由贸易理论模型。李嘉图认为，当国与国进行贸

---

① Giere R N. Science without Laws. Chicago：The University of Chicago Press，1999：46.

② Giere R N. Explaining Science：A Cognitive Approach. Chicago：The University of Chicago Press，1988：178.

易交易时，并不会仅限于劳动生产率的绝对差别，应该从资源的最优配置角度对其进行论述，相比起斯密的模型，李嘉图的自由贸易理论在一定程度上将贸易理论整合到一个统一的框架之下。

从这两种的模型对比我们发现，由于社会等其他因素的加入，使得原有的模型有所变化，变得更为完善，更符合利益的要求。吉尔还指出一点，即在“统计假设”模型演化过程中，选择模型是一个重要方面。首先科学家、哲学家或是社会学家在进行模型选择时遵循的一条规律是“选择最好的”，然而这一点比较难以达到，那么就会出现“满意的选择”、“比较好的选择”和“比较不好的选择”等等。“最好的”、“满意的”和“比较好的”选择都是符合选择标准的，而“比较不好的选择”就不符合选择标准，但它也是实际情况中可能存在的，也是一种选择情况——不选择。因此“选择”就是一个相对的概念。

在这里，吉尔的统计假设演化将“选择好的”作为他的模型理论演化的选择依据，将社会因素中的利益作为他的模型理论演化的最基本理论，他的比较和演化是一个从静态到动态的变化过程。

2. “因果模型演化”

统计假设模型演化是发展一个科学的演化模型必不可少的类型，而另一种类型是“因果模型演化”，它也可以指示进一步的研究方向。因为在我们对一个模型进行研究时，如果这个模型中变量定义明确，变量间因果关系也比较明确，那么就认为该模型具有较好的效度，其研究层次水平也就较高；反之，如果一个模型中变量及其因果关系不确定，那么就表明这个模型研究质量和效果较差。

据此，吉尔将他的因果模型演化分为因果关系理论模型建构和因果关系数据模型验证两部分，而在这两部分之间又通过因果模型对其自身的模型理论进行解释，在解释过程中，他又对其中两个方面进行了深入探讨：首先，在预期假设方面，理由的多元性思维加强了①；其次，在试验假设中，由于受到社会因素的影响，因果模型的伦理性也有所加强②。

第一，在制定因果模型时，首先必须对模型进行设计。在设计过程中，必须对模型进行规划和预期，因果模型中的“因”就占据了首要地位，要对其进行多元化构想。这种多元化包括：①模型建构或研究要求具有较高的效度。这种效度主要是体现在构建模型的内部效度和构思效度。在构建模型时，首先必须考虑到模型的内容涵义是否翔实、充分。其次，这种模型的构思是否新颖，不能是别

① Giere R N. Explaining Science：A Cognitive Approach. Chicago：The University of Chicago Press，1988：226.

② Giere R N. Explaining Science：A Cognitive Approach. Chicago：The University of Chicago Press，1988：242.

人早已有过的构思，必须保持一种创新性。第三，在构建与数据有关的模型时，需要考虑到统计方面的知识，看看统计结论是否与因果模型的外部效度一致，只有当统计结论符合模型外部的效度时，才能证明这种数据模型是合乎设想和规划的，否则需要重新制定模型构思。②吉尔发现，所构建的模型必须满足自抑式条件。所谓自抑式条件，首先是存在于与“因变量”有关的自变量和中介变量，其次是这些条件或模型必须明确表明自变量对“因变量”的影响因素和效果，以及与中介变量的联系。在这些要素都满足时，还必须对这个因果模型进行明确的理论边界界定，使其符合最后的关系和模型所设定的情境。

第二，在具体的模型试验假设中，伦理学的作用十分突出。它主要是针对人类行为进行的模型演化。在人类的行为中，一定是辩证统一的，既有逻辑理性的一面，也有情感、伦理等非理性的因素。有时我们可能更关心非理性情感、伦理的结构性，这是因为这个方面正是“心”不同于“脑”的方面，正是人类不同于计算机的方面；而且进行伦理、心智的分析更有利于对心理现象的解释和预测。所以，伦理研究在因果模型的建构中尤其重要。

第三，因果模型的建构是建立在群体研究活动基础之上。吉尔发现，在群体模型研究层次上的因果模型要优于单一研究层次的因果模型，这是因为群体因果模型是一种大众化的行为和模型建构方式，是在单一研究层次基础上提出新情况，解决新问题的模型。

第四，吉尔的因果模型建构主要包括三方面内容：多元化、伦理突出和群体活动。在这三项内容中，群体层次上的因果模型建构问题最令吉尔困惑。这是因为在他看来，如何将因果模型建构从单一研究层次转向群体研究层次是一个难题。

第五，吉尔引入了“因果的中介”这一推论过程。他将一些“缓冲变量”引入研究中，这些变量仅仅适用于描述性研究；而且牵涉的这些中介变量是在不同条件下的因素，人的伦理因素也不能忽视，它适用于更高层次的解释性和预测性研究。

由上述分析得出，吉尔因果模型的发展趋势主要有四点：一是为了增强多元化构想，应着重提高因果模型建构效度和满足其自抑式条件，强调构思的网络化。二是强化伦理学的作用，加大情感、伦理等非理性因素在因果模型建构中的分量，构建动态特征的综合型模型。三是因果模型建构要把握群体研究的基础，建立一种适合大众化的行为方式模型。四是重视“缓冲变量”的作用，完善因果模型建构的方法和技巧。

（三）认知模型演化的过程

吉尔的模型演化过程是他的研究从始至终都贯彻的一项内容。各式各样的模型都不是一成不变的，都是在变化发展中取得进步的。所以前进性是吉尔模型理论演化的首要方面。

首先，不论是在人类发展的历史长河中，还是自然科学发展的过程中，事物都是随着周围情况在不断变化发展的，而且从最终的模式来看，不是倒退也不是停滞不前，而是在不断向前发展的。从这一方面衍生到模型建构方面，吉尔认为模型理论演化也是在不断发展的，是一个从简单到复杂、从单一到融合的过程。从模型的方式来看，最初是简单的工具模型，后来发展到复杂的机械模型，到现今的网络模型，这是人类思维发展的过程，也是模型演化的必然趋势。

其次，吉尔之所以注重演化在模型中的重要作用，与他重视全面性是分不开的。模型演化是一个集合过程。吉尔的模型演化思想是基于这样一种理论建构起来的：一种理论即限定系统的抽象模型集合。这一思想表现最突出的方面在于吉尔模型理论演化过程不仅包含了哲学、心理学的内容，还包括了自然科学、认知科学的内容。模型建构是各个事物相互联结、相互促进的过程。比如现代物理学也无法离开自然科学、工程技术等知识，而且是和历史发展不可分割的。

最后，在模型演化过程中，吉尔提出了一种方式，认为事物的演化是不确定的，这主要是由于人们的决定完全是不确定的①，正如他自己的这个模型演化的过程也并非一开始就知道会发展成这样，而是通过事物的不断进步，新知识的接纳、融洽，再经过自己的思考进而发展来的。如果是要在短期内进行选择，或许用赌博的方式最恰当，因为人们不会知道到底哪种结果是好的，而且暂时的好结果也不意味着就会一直好下去，有点类似于“祸兮福所倚，福兮祸所伏”的思想。

从这三个方面来看，模型演化是一个动态的过程，我们不应将其视为一成不变的事物。通常人们总是将科学理论简单地理解为对定义，也就是对一个事物下一个确定的定义，这是不可取的。科学是一种不断充实、发展的过程，所以他偏好用“理论”来指称那些模型假设，比如“某种情感系统适合某种特定的模型”之类的形式。这是吉尔模型理论的突出之处，且在他看来，模型演化的成功与否要用实践进行检验，只有通过时间、实践检验的才是完整的、可靠的模型。

同时，我们也要注意到，吉尔对模型理论的认识并非是片面的，而是辩证的、多方面的。还以物理学为例。物理学的发展带给人们无穷无尽的好处，这个过程已经根本改变了我们地球上的生活条件；而且人们也必须意识到，它已远远超出人类力量所能控制的范围，这项工程也不是全然只有好处的。比如，核武器的发明就再清楚不过地显示出这种精髓，既为人类创造出无穷的能力、好处，也

---

① Giere R N. Explaining Science：A Cognitive Approach. Chicago：The University of Chicago Press，1988：268-272.

使无数家庭因它而丧命。

吉尔自己也承认，他的演化模型还处于胚胎阶段，还有很多不完善之处，但我们必须承认，整个科学的“模型”也仍是处于初级阶段，吉尔的演化模型也不可能跳出这个现实框架。所以吉尔没有处理“不可通约性”在“演化模型”中的地位。而且，他也反对各种对“意义的不可通约性”的诠释，包括库恩的理论，他主张的是统一的“不可通约性”，只是这种特性是要与“革命”相配合的①。

从某种程度上说，吉尔的演化模型具有不可知论的嫌疑，因为他将“不确定”性放在明显的地位，认为任何事物都是事先难以控制的；但他的模型演化又不是完全的不可知，不论是在自然科学，还是在社会科学方面，模型演化都是前进的、全面的，是可以用实践来检验的。吉尔的目的只是希望人们在了解事物时，从多方面、多角度进行探讨研究，加深对世界的认识。

四、认知模型理论的意义

吉尔模型理论是一种工具性理论，它的对象是人工智能、认知心理学和认知神经学，这三者也是它的主要应用范围。合理性即工具性，自然主义的科学哲学不需要定义合理性，因为“理论选择的方式是‘自下而上’的，它是从行为者在实际科学生活所面临的种种选择开始”.②“对我来说，存在的唯一合理性便是为达到已知目的而去运用经验策略的工具”。③

我们可以通过一个简单的建构来解释吉尔的模型理论的意义。在计算机方面，最初的机器构建无疑是图灵的二进制图灵机。从理论上，这种模型是成立的，它能够被编程以便计算所有的可计算函数，但从具体“工具”而言，任何曾经试图为它编写程序的人都会告诉你这种机器上的大多数计算都是极为复杂的。这便是当有了合适的工具才可以认识一种事物。同样，在使用二进制过程中，一台图灵机可以模仿寄存器在执行算法时采取的每一步骤，也就是模仿它所经历的一系列状态，这样在其中就有了两种工具：一是寄存器的内部建构；二是在这种建构中的算法。这两种工具都是这一事物所必需的模型。

如果放弃真理标准，社会指向的科学哲学用什么来评价科学认识？吉尔的标准是：“科学理论是通过其与平等主义和其他某些道德理想的一致性来进行评价的。”这样，问题就变为，在众多从经验上可以理解，或是在实践中可以接受的理论中，如何选出那些认为“支持平等主义目标的理论。”④

---

① Giere R N. Science without Laws. Chicago: The University of Chicago Press, 1999: 38.

② 吉尔．自然化的科学哲学．程炼译．哲学译丛，1989，(1)：43.

③ Giere R N. What the Cognitive Study of Science Is Not. Cognitive Models of Science, 1992: 42.

④ Giere R N. A New Program of Philosophy of Science. Philosophy of science, 2003, (19): 18.

(一) 作为解释科学的一种工具

科学的基本认知机制是表征和判断，吉尔模型理论的意义也正在于此。模型最主要的性质是作为提供可能实在的似真表征，这些被看作是人类可接近世界的例示，相对于客观存在的原型而言，模型是抽象和类比的表示。吉尔模型是一种定量的抽象和概括，是科学发展的一种方式。

解释科学是吉尔模型理论的目的之一。为了获得客观世界在不同范围内的一系列规则、定理及推论，对世界各层面进行有效、客观的描述，模型产生了。在吉尔的模型理论中，他认为不同的模型表征着不同的客观事物，而即使同一种模型，在不同人、不同时期，它表征的意义也不同，模型并非一成不变的，随着科技的发展，模型也会随之改变或完善，或彻底退出历史舞台。模型的演化正是吉尔模型理论的重点，演化模型是对科学最好的表征。在他的很多著作中，“演化”(evaluating)这个词被经常提及，在论述中有“统计假设演化”、“原因假设演化”、“选择演化”等，这说明他的模型、假设是一种动态的过程，不同的时期对不同事物的理解是不同的，这样更有利于促进他对科学的理解。

事实上，现代科学大部分都是实验科学，物理学体现实验科学的本质特征。吉尔的模型理论也有物理学成分，比如原子模型、力学模型等，他将物质世界的基元这些物理、数学形式表述的观念客体，表述成由具体可见、可想的事物，在这些认知机制基础上，选择或接受一种模型的判断是十分重要的。在吉尔看来，整个科学界的事物千差万别，表征它们的模型也大有不同，针对种种表征，科学家的判断也不同，相对于整个世界环境，从原子、分子到宇宙各领域所有客体有共同规则。这些保持不同表征的科学家，也会有各自不同的适应度，并依各自的表征对世界进行有效描述。正是这种多元化使得世界、科学的发展也多元化。

吉尔的模型理论主张重新定位人类的认知体系，要通过实验使认知与操作结合起来，在实验控制下，去尝试、去改造。这种可操作性，使得模型解释世界成为可能。这一思想与梅洛庞蒂的思想有些相似：“唯一的条件是在实验控制下，去思考就是去尝试、去操作、去改造，只有一些高度‘加工过的’现象才会起作用，我们的仪器生产这些现象，而不是记录它们。”① 在吉尔的观念中，模型类似于这里的仪器，通过这些模型产生一些新的事物，从而获得对世界新的认知，这才是模型的意义，只有基于实验的模型才可能将抽象的理论知识形象化、实体化。这是模型的表征方式。

哲学界、认知科学界希望有如同一个系统这样的整体概念来统一哲学和认知思想。许多年来，也一直在孜孜以求地追求着，企图将各个研究、各个模型统一

① 莫里森·梅洛庞蒂．眼与心．杨大椿译．北京：商务印书馆，2007：31.

起来，但不同的系统就是不同，这不仅是表面上的一种不一致，而是本质上的不同，如果只是进行粗糙的类比，强制的同一，是对事物的一种不负责任。然而，在不同的模型又有各自相连接的部分，这好比一系列连续的环，环环相接，共同构成事物的整体，也就是世界的整体。因此，一方面，所有的理论都只是抽象模型的自我表征，并非是可以统一的，哈金（Ian Hacking）在《实验室科学的自我辩护》一书中指出，理论并非如同我们期望那样是被动接受检验的，也不是能够形式化进行整体猜想的，高度总结、高度抽象的定理至多对那些从仪器中抽离的现象而言是真的①。离开这一现象，情况就不好说了。另一方面，理论与应用是难解难分的，任何理论都不能纸上谈兵，都必须言之有物，必须能对实际操作进行指导或引导，所有科学原理都是为了应用于实际当中的，只有一种概念能够成为一种技术时，它才能被称作是科学的概念，这与萨加德的认知思想实证化不谋而合，在《计算的科学哲学》一书中他指出：用某种计算机程序来解释计算观念问题同科学理论的发现、应用是分不开的②。

总之，吉尔的模型理论是一种解释科学的工具，这个意义也是许多科学家赞同的，理论概念的意义正在于发现程序，并在实验中检验程序，从而解释客观世界，解释科学，在科学的探索过程中，模型、理论和实验都是基本的，不可偏颇。

（二）作为社会现实的一种反映

吉尔的模型理论不仅可以作为解释科学的工具，还是对社会现实的反映。吉尔的模型也从注重科学自身转向了注重科学的社会性上，这是一种对科学、认知和社会因素给出的综合看法。比如吉尔很关心全球变暖，或是政府的各项决策，实际上，这是一种科学的社会模型。他的目标是将个体的认知，或是单个的模型的理解与社会这个共同体结合起来，将科学、哲学、社会学结合起来，将科学共同体看作是分散式的人工智能。

吉尔的这种模型理论的表现类似于理论语境。模型理论在一定范围内将科学理论和科学发现作用于社会现实，其中实证主义对模型理论的规范和描述是起到一定作用的。吉尔的模型理论是一种方法，如果没有现实中规范的力量，模型理论就不可能完善，它并非是某些自然化的表征，而是科学、社会中各种变量相互关系的研究。吉尔的模型理论中包含各种变量，其中一个或几个变量发生变化也会对其他变量产生影响，这是不可避免的。比如政府的各项决策也是

① 安德鲁·皮克林. 作为实践和文化的科学. 柯文·伊梅译. 北京：中国人民大学出版社，2006：59.

② Thargard P. Computational Philosophy of Science. Cambridge, MA: The MIT Press, 1988: XI/2-3.

一个大的模型。这个模型中还包含着经济决策、法制决策、政治决策等一系列内容，其中每一个决策又可以看作是一个模型。在这些模型中有一些共通点，首先在决策之前应制定一个目标预期值，同时，通过分析、求解这个模型，得到决策的变量值；其次，在决策中，将不同变量/政策代入模型，计算出目标值，以便做出决定；最后，选择最好的政策，选择最优的方法，二者的结合将会实现目标预期值。

同自然科学相比，社会科学的理论模型更加多样化、复杂化，不确定因素更加突出，这样也会产生更多的争议性。吉尔的模型理论也注意到这一点，所以他更加注重在社会科学方面的理论演化，"统计模型演化"、"因果模型演化"都是社会科学中的模型演化，社会学的研究对象由于完全是人为的，所以它的过程也是受制于人的意愿的，并不像科学技术那样确定。由于描绘社会现实的不同方式，对于评价一个模型好坏的标准就会产生质疑，就会从根本上存在争议。

实际上，每当我们对社会模型进行探究时，就被遇到这样的问题，社会现象是极具独特性和复杂性的，席美尔和迪尔凯姆就十分强调这一点。然而，我们必须注意到，模型毕竟是模型，它只是对社会的一种表征，并非是如实地描述社会的每一个特征，吉尔认为没必要将其看作是一种统一的、一成不变的东西。任何单一的理论模型都不可能占据统治地位，虽然这是每一个哲学家、社会学家梦寐以求的。

如果人们接受了社会科学的工具模型，那么就需要承认它的不确定性，这些应用性知识需要同行为环境联系在一起。举一个例子，以城市化程度作为一个模型，其中的变量有很多，比如出生率和离婚率，出生率上升、离婚率下降会导致城市化程度上升，事实上，城市化程度并非一种"开放"的尺度，影响它因素还有许多。在大多数情况下，相对于社会中个体和团体的行为，科学家的见解对社会造成影响所能施加的控制是有限的。

不可否认，吉尔的模型观念对社会现实的反映是有一定作用的，可以对复杂的社会进行经验性的表达和有效控制。然而它也是有限的，只有更加全面、详确的了解才能真正抓住事物复杂现象的实质，进行决策发布和理解，任何一个因素的不重视都会造成无功而返的结果。总之，吉尔模型理论源自科学和社会，又应用于科学和社会，是一种较为完善的理论。

（三）因果认知模型的意义

那么，吉尔因果模型的意义在哪里？模型的建构一定是为了指导实践或是解决疑难。在这里，吉尔建构因果模型的目的是为了明确原因和结果的相互关系，明确知识的确定性。

随着近代科学的长足发展，当人们对知识的确度问题已不满足于前人所提供的观点，而正在寻求新的突破。当今知识的确定性问题已不再是知识的确定不变性问题，而当今的时代也并非是那个将牛顿力学奉为绝对经典的时代；现在的人类知识是随时都会有新鲜血液注入的知识，当今的时代也是不断变化发展的时代，当今的知识确度也呈现出一种新的状态。正是针对这种现象，吉尔提出了因果模型，他将知识归结为两类：一类是物理经验；另一类是思想，即主体意识。但二者必须通过一中介物将自身连接起来，它便是“逻辑思维”。思维实际上是动态的知识构成。比如我们从外界获取了某个信息，或从内部产生了某种信息，这些信息在大脑皮层会被加工编码，最终被我们“理解”或“不理解”。当一种信息被纳入我们已存在的知识体系中并且形成一个完整的反馈通路，又回到它自己时，这种信息就会成为知识体系中不可分割的一部分，即被“理解”，反之则“不理解”。

吉尔认为，当今世界的原因或是知识是一个由无数论证纠葛在一起的巨大的逻辑圈，而且这个逻辑圈是融入了许多新知识的逻辑圈，是人类扩展自己认识能力的逻辑圈，是呈现一种循环上升结构的逻辑圈。在这个逻辑圈中，知识也是随着论证的深入不断增长、充实的，而知识确度也并非仅仅指知识的确定性、必然性，它正在随着知识的增长呈现上升状态。比如，在相对论问世前，牛顿力学被奉为经典，“光沿直线传播”是无可辩驳的真理，然而相对论的诞生使人们认识到先前的错误，增加了新的知识。再比如，电子计算机出现不久，计算机巨头比尔·盖茨认为人类只要有 40GB 存储就足够用了，然而现今 250GB 存储正被绝大多数家庭使用，这些确定性知识的新观念打破了原来一直被我们奉为普遍必然性知识的旧观念，使得知识的确度得到升华。

五、结　　语

吉尔模型理论是一种具有意向性的工具认识论。这在哲学上是有其特殊意义及其合理性的，但也有其缺陷。例如，当我们比较两个模型优劣时，吉尔就过分强调自然性，比如自然的直观推理、自然的模型技巧，这样容易对模型的具体构造、模型是否符合实际、系统模型是否合理论证产生相对不足。总体来说，他并未解释清楚模型合理性问题。在模型理论方面，他对创造性、反应性等特点的措述相对不足。有些学者认为：“吉尔的众多洞察和深刻的分析的结合并没有像他所说的那样能真正地解释科学。”[①]

然而，事实上，吉尔除却对科学、认知哲学的分析外，还侧重于社会科学的研究和分析，在他的著作中，有专门进行政治决策的分析，他认为政治决策也是

---

① Noah J E. Fron and Menachem Fisch, Science Naturalized, Science Denatured. History and Philosophy of the Life Science, 1991,(2): 187-222.

不确定的，同人的决策类似，都是受到环境支配所影响的，谁的决策就是绝对正确的？恐怕没人敢这么说，即使有时看似正确的决策也会导致错误的结果，因为世界是不断变化的，所以决策也应该随之改变。这正是吉尔模型理论的核心所在，也是其模型理论演化的方向。

第十七章　卡拉瑟斯：心灵本体的建模

近几十年来，心灵哲学研究领域爆发并正在进行着一场“本体论变革”。卡拉瑟斯（P. Carruthers）是这场变革的主将，形成了自己的思想体系，即“心灵本体论”。卡拉瑟斯心灵本体论首先用“解释空缺”阐述了意识和微观实在的难通约性，现象意识并不是一种还原假设，在微观事实与意识之间有许多是我们解释不了的；用意识的自然主义将他的本体论思想完全表现出来，这是以自然主义为基础的本体论，主张只有自然的个体、性质和关系才是实在的；用“解释的优越性”对意识和实在之间的表述关系进行了分析，一阶理论和高阶理论都有可能提供对事物特征的还原性解释，但解释的顺序是不同的，从时间顺序上而言是一阶理论占先，但从程度上而言则是高阶理论为重。卡拉瑟斯心灵本体论的困境是还原论的困境、属性二元论的困境和系统解释缺失的困境。

一、心灵本体论的思想渊源

近代西方哲学已将思维与存在、人与自然的关系问题当作了哲学的核心问题。后期很多思想家、哲学家对身心问题的研究无不受这一时代思想家的影响。随着人工智能的发展，人类对心灵问题的研究也逐步深入，这些研究成果对卡拉瑟斯身心理论的发展起到了至关重要的作用。

（一）心灵的表征理论

近些年来，计算机科学有了突飞猛进的发展，科学家和哲学家对人工智能的研究也渐渐深入，人们普遍认为可以用计算机模拟人脑，从而探索意识的奥秘。有人认为，只要给计算机输入恰当的程序，它便可以和人一样具有思维、理解能力；甚至有学者认为，人本身就是计算机，人脑就是计算机主机，既然人可以思考，那么计算机就已经能够思维。支持这种思想的学者被称为强人工智能论者。纽厄尔和西蒙可谓其中的杰出代表。他们断言：“计算机由于其工作可被认为是一种操作数字的机器。赞同这一观点的人都必须承认，无论任何东西都可以经编码称为符号，什么都不例外。”①

“心灵表征”是近年来非常流行的一种理论，由它引发的思想也俯首皆是，如单因素理论、多因素理论、狭义理论、广义理论等。福多是这一理论的坚定捍

① Newell A. Intellectual Issues in the History of Artificial Intelligence. New York: Wiley, 1983: 196.

卫者和主要倡导者，被称为“彻底的认知科学家”①，主张建立关于心理内容的自然主义理论是研究心灵哲学必不可少的方面。“如果常识意向心理学被摧毁了，那么这将是我们物种历史上无可比拟的、最大的理智灾难。”② 从这里我们可以看出，福多对自然主义的关注程度非比寻常，他的思想对卡拉瑟斯“意识的自然理论（natural theories of consciousness）”的产生颇具影响。

心理表征理论主要注重两个方面的描述：对常识概念的描述和对自然现象的表征。对常识概念的描述主要是指一般性描述。如“这朵花是红的”，“我很困”，这种描述虽然也需要心理活动，但是无需经过大脑的精密思维，或可以称为是一种浅层思维。在这种思维中，描述作为其对事物认识和判断的基础，而在认知心理学中，大量的工作都是通过研究这种最基本、基础的实践知识而形成的。通过对物理世界的描述性行为，可以使我们的心灵增强对世界的感知和表达，这也是所有人类心灵功能中最基本的一项。心理表征主义者对这种描述是十分重视的，依赖直观的反应必须被环境所建构，实践是这种反应最基本的元素，没有环境也就无所谓这种对常识的描述和表征。这点对卡拉瑟斯自然理论中一阶表征（FOR）理论的建立不无影响，卡拉瑟斯的这种认知思想也是从这种低层次的大脑活动过程中发端的。

作为对自然现象的心理表征是较前一类更高级的心灵表征方式，因为现象是一种较常识更复杂的东西，它不仅需要对常识或是对具体事物的描述性表达，还需要对这些事物构成的一种或多种现象进行综合表征。这就掺杂了人类较复杂的心灵思维过程。比如，“花是红的”，这是一个常识描述。“红色的花代表喜庆”就是一种现象，这种现象的描述就比前一种复杂。一个人只要能看见，不是色盲就知道花是红的，但他必须经过一段时间的摸索，而且在特定的环境下才会有这种“红色的花代表喜庆”的想法。比如在某种环境下，一个男人给一个女人送了一束红玫瑰，“红色的花”就不代表喜庆，而代表爱情，而“红色的花代表喜庆”这种思想也不会出现在这个人的思维中；有的国家红色的花并不代表喜庆，如果在这种环境下，这个人就不会产生这种思维方式了。因此，对现象的表征是比较复杂而且是需要特定的、限制性比较强的语境，卡拉瑟斯的高阶表征（HOR）理论与心理表征理论的这一思想有着相通之处。

心灵表征理论不仅在这两方面对卡拉瑟斯产生影响，还从方法论上影响着他的思想。心灵的表征理论就是为了表征心灵提出的，它是指设定一个具有“表征心灵”功能的符号系统，这个系统是一种“思想的语言”，是一种生物学上的编码，类似于计算机的物理编码。福多在《心的模块性》一书中指出：“功能主义

① 熊哲宏．认知科学导论．武汉：华中师大出版社，2002：25.

② 福多．心理语义学．波士顿：麻省理工学院出版社，1987：xii.

者和物理主义者是相似的，都否定特定事物之间的联系是具有物体特性的……形而上学功能主义者主要根据人类心灵所处的状态获得特征。”① 这样一来，人们更容易理解心灵的奥秘。因此，这种对于心灵的表征便有了很大的吸引力，使心灵研究不再那么神秘，使我们有可能研究出心灵和意识究竟从何而来，当学者们去除了心灵神秘化因素将其明确整合到物质世界中时，便有利于更深入的探讨这个问题。这种方法论思想也同样引导卡拉瑟斯去除了心灵中神秘化的东西，他的“解释优先性（Explanatory Advantages）”概念的提出，使他产生了解释心灵的信心。

（二）塞尔的心灵思想

如果说心灵表征理论更多的是倾向于从方法论上引导卡拉瑟斯的思想，那么塞尔就是从本体论意义上对他的理论形成产生作用。塞尔本身就是一位自然主义者，他反对心灵表征理论将人心看作机器，反对认为机器被赋予正确的形式也能产生心灵的观点；意识是人类的生物学特征，心理特征必须是在生物学特征基础之上才能产生的，而机器人或人造物要产生心灵，这个人造物也必须是能够生长、繁殖、分泌的，只有具备了生物特性，人造物才能思维。塞尔明确指出：“对于任何我们可能制造的、具有相当于人心理活动的人造物来说，单凭一个计算机程序是不足以产生的，这个人造物必须具有同人脑相当的能力。”② 可以看出，塞尔对人的自然特征有多么重视。在他对心灵多年的研究中，尤其是后期，他将研究重点放到神经科学领域，在这一领域的研究使他更加确信，人类大脑的神经系统是多么复杂，意识是大脑中神经元作用的结果，是不能被还原的。

塞尔还以独特的方式阐明了意向性观点。他认为意向性有三个特征：首先，它是存在于某种心理类型中的一种内容构成；其次，意向状态取决于它们的满足条件，即，意向状态是否满足取决于世界与意向状态的内容是否相符合；最后，意向状态有时导致事情的发生，它们通过意向的因果导致一种符合，即导致它们所表现的事态，导致它们自己的满足条件③。

塞尔的意向性特征对于卡拉瑟斯倾向性的研究很有启示。卡拉瑟斯将高阶理论中的“倾向性”（Disposition）看作意识的最高形式，塞尔的意向性特征在他的“倾向性”中得到继承和发展。而塞尔也对意向性给予了很多解释：意向性是心智的一种特征，这种特征所指的方向是世界中的事态；意向性同意识是分不开的，但又不同于意识，它主要是表达人内心希望、信念的一种意识状态。塞尔

① Fodor J A. The modularity of mind. Cambridge: The MIT Press, 1983: 26.
② 约翰·塞尔. 心、脑与科学. 杨音莱译. 上海：上海译文出版社，2006: 32.
③ 约翰·塞尔. 心、脑与科学. 杨音莱译. 上海：上海译文出版社，2006: 51.

试图通过对意向性的解释来证明意识是自然世界不可分割的一部分，意识并非是一些哲学家认为的超验现象，而只是人类大脑浮现出的性质。意向性不同于意识之处在于，意向性具有一种指向，没有指向的意识不是意向性。比如，我们时常有这样的状态，自己也无法解释的一种莫名的焦灼、烦闷，这种情况肯定是意识，但不属于塞尔的意向性；我希望今年我能买一所大房子这样的期望，或是通过努力我一定会成功这样的信念才是意向性。显然，意向性在塞尔的心中是比意识更高级的一种形式，这在卡拉瑟斯"倾向性"高阶理论中可见一斑。

在意向性的最初描述中，神经生物状态不具有意向性。而塞尔的提议改变了这种概念，他论证的依据是神经状态能够以引起有意识状态的同样方式被引起。在我们的大脑中，会存在一些电过程和化学过程，大脑除了作为人的认知工具外没有其他的用处，这样，神经生物特征肯定是为了产生意识或产生意向而存在的。比如我们的眼睛是为了能够看东西而存在，耳朵是为了能够听声音而存在，如果一个人被关在一个黑屋子许多年，那么他的眼睛就会同我们正常人的不同，就会怕光，而且他的眼睛在黑暗中会产生一些视力，这就是人类进化的能力。如果人身体上的器官不适应环境，那么就会变得毫无用处，甚至消退，这也是达尔文进化论的观点，也是被无数事实证明合乎理性的观点。

从这个角度来看，塞尔证明了意识和人脑是有关系的，而且意识也只有在人的大脑中才能产生，给机器输入正确的程序并不会使它产生具有人类思维的能力。为证明这一观点，他设想了一个思想实验——中文屋论证。他假设如果一个人（只懂英文）被关在一个屋子里，他只有通过一个窗口和外界取得联系，外界的人从这个窗口传入一些字条，屋子里的人按照屋子中的中英文配对规则的书籍，将这些字条进行翻译，从而将其通过窗口传到外面，外面的人一看，这些字条的意思是正确的，就以为他懂中文，其实他自己知道自己根本不理解中文。塞尔用这个隐喻来说明：语法无法产生语义，形式永远不可能产生意义。"以脑在计算方面的性能来解释脑产生心理状态的功能根本不够……人脑是生物性机器，关键在于人脑的生物学性质"。①

中文屋论证的提出使得哲学界和人工智能界震惊不已，这是对于机器人能够思维观点的一次重大打击。塞尔通过这个论证更加奠定了思维的生物特性，更加坚定了自然主义的立场。他坚信，内在意向性是自然世界的一部分，而意向这种心理现象也如同分泌、消化、生长和繁殖一样都是我们自然生命体的一个组成部分，精神现象的存在是以生物现象为基础。自然主义是由于心灵是自然的一部分而产生发展起来的。尤其是意向性，可以作为真实认知的一个标志，因为意识和意向都是真实存在的。一些取消主义或是虚无主义者否认意识的存在是没有道理

① 约翰·塞尔．心、脑与科学．杨音莱译．上海：上海译文出版社，2006：31.

的，正如他们否认自己的思想一样，如果没有意识，那么他们取消一切的思想是如何提出来的？就连笛卡儿也说，“我思故我在”，我不能怀疑的就是我可以思考。当人类没有了意识，那么人类还能称之为人类吗？人类区别于其他动物的最大不同就在于人能够思维，这种思维是人类能够真实感受到的，确实存在的活动，是同我们流汗、分泌一样的生物现象，如果谁否认这一点，那么就一定会陷入一种不可知论的深渊而无法自拔，而对人工智能的发展也是没有任何益处的。因此，塞尔断言：“痛觉和其他心理现象正是脑（也许还包括中枢神经系统的其他部分）的特征。”①

塞尔的这种观点深深影响了卡拉瑟斯。他在意识的自然理论思想中，无不体现了意识的生物特性。卡拉瑟斯也同样认为，意向性是心灵的一部分，而且是高级部分，意向性的产生离不开生物特性。也许有人会问，心灵表征理论和塞尔的心灵理论不是存在完全相反的思想吗？为何都会对卡拉瑟斯产生影响，而且还这么切合地融合到一起？心灵表征理论的核心是为了表征心灵而提出的，只要一个具有表征心灵功能的符号出现，就可以说它是相当于人脑的能力了，生物学的编码和计算机的物理编码是没有区别的；而塞尔心灵理论的核心思想是反对将人心看作机器，反对认为正确程序能够产生思维，只有生物特性才是产生思维的条件。然而，我们也可以看出，心灵表征理论对卡拉瑟斯思想最主要的影响是方法论方面，而塞尔对卡拉瑟斯的影响则主要体现在本体论方面。具体说，心灵表征理论主要是让卡拉瑟斯的意识的自然理论去除了心灵中神秘的东西，让他对解释心灵产生信心；而塞尔的思想则从生物特性角度给予卡拉瑟斯意识理论的本体支持，让他坚持自然主义的理论，从而产生了意识的自然理论。这两种互为对立的理论都给予卡拉瑟斯思想产生了灵感。这也是卡拉瑟斯思想产生的独特之处。

（三）莱文的解释理论

除了上述两种思想，卡拉瑟斯的思想与莱文（J. Levine）的解释理论也不无关系。莱文认为，我们的解释功能和经验之间存在着解释空缺（explanatory gap）②。无论将来的科技如何发展，通过研究究竟了解了多少人类大脑的秘密，我们还是无法解释这些问题：为什么大脑的这种状态就会产生某种特定的意识感受性，或是一种大脑特性会产生不同的意识感受性？为什么我们只能感受到我们自身的感受性，比如酸、疼？为什么我们无法感知到别人的感受，即使别人明确告诉了我们，或是表现出和我们疼痛时同样的症状，我们也无法明确知道他是否

① 约翰·塞尔．心、脑与科学．杨音莱译．上海：上海译文出版社，2006：12.

② Levine J. Materialism and qualia：the explanatory gap. Pacific Philosophical Quarterly，1983，(64)：354-361.

真疼，我们知道的只是他看起来是很疼，而我们却不会有他疼的这种自我感受性？对于可观察事物的模糊、无序的解释是无法令人信服的，人类一直在寻求一种可靠的对世界的解释。在这漫长的过程中，出现了无数对这一思想的解释和论证，科学家和哲学家孜孜以求，也是为了能够彻底解决这个问题，但是到目前为止，还没有任何人能够做到。生物的复杂性是令无数科学家啧啧称奇，而大脑作为生物的中心构造更令科学家和哲学家无从入手，将其作为一种神秘的、无法解释的现象，或是像西蒙那样简单、草率地将其归结于正确的程序、形式，这都是一家之言，谁都无法说服对方。

很多哲学家希望通过对语言的研究来解释经验或实在。他们认为将语言研究清楚了，或许就能够解释清楚经验的实在问题。所以许多哲学家首先是语言学家，从对语言的研究开始，对思维、哲学进行探讨，但是结果并不理想。语言本身就具有一种复杂性，这种复杂性决定了它和经验之间的空缺性。语言分为语法、语形和语用。语法是语言最基本的构成部分，语形是对语言的外在限制，语用是语言的根本目的。语言又可被称之为“符号”。一些科学家和哲学家认为符号就可以表述意义，比如用“红灯”表示“停止”，“绿灯”表示“通行”，但这种思想不能被很多学者认同。

首先，语言是人类创造的，一个地区的语言和另一个地区的语言是不同的，不同地区的语言就具有不可通约性，语言翻译工作不可能完全正确地将一个地区的语义告诉其他人。语言，或是“符号”，在与可想象物之间存在着一种限度，这种限度也是令哲学家着迷和苦恼所在。一些哲学家和心理学家认为思想是独立于符号存在的，我们人类的思维是无限的。有人说，世界最远的距离是我站在你面前却不知道你心里想什么，由此可以想象思维的宽广性和无垠性，我们人类思维可以达到无限的地方，比光速快千百万倍，而且是一种非语言形式。若是一定要将其用语言形式表述出来，只会让自己感觉力不从心。而用语言来约束思想的做法更是要不得，这不仅会显示出语言的笨拙，也会对思想造成一种束缚，最终使得人类这种伟大的思维方式被束之高阁。

维特根斯坦曾认为他用语言、逻辑分析将一切哲学问题全都解决了，但即使此时，他也承认还是有“不可说”的事物存在，他前期思想的全部意义是以一句话为基点：“凡是可说的东西，都可以明白的说；凡是不可说的东西，则必须对之沉默。”① 经过长时间思考，他又否定了前期的思想，认为哲学问题还是存在的。他从另一个角度研究了“意义”这个词，从对语言的研究中解放出来。他也认为，语言问题并不足以解决思维从何而来、思维究竟为何的问题。比如私人语言是没有办法进行交流的，因为它只是自己一个人知道的语言，在使用语言

① 维特根斯坦．维特根斯坦全集（第一卷）．陈启伟译．石家庄：河北教育出版社，2003：187.

描述我们的私人经验和使用它表达我们的经验时，会产生一种不被人理解的感觉，所以维特根斯坦提出了“反对私人语言的论证”。在这一论证中，他强调了私人语言的非公众性：当我们真感到快乐和痛苦时，确实有私人感觉要表达，但是口述的私人语言和感觉之间不是被描述客体的关系，有时我们自己都会觉得说出的话变味了，这就是语言的有限性。

通过我们的日常实践也可以了解到，语言本身就具有局限性，比如我们在梦中出现了一种很奇怪的事物或现象，你希望将这一事物或现象与他人分享，但这种事物或现象是你原来从未接触过的，或者是对方从未接触过的，这样你的语言就会显得苍白无力。人类语言的苍白感早在我国古代就有人叙述过，“只可意会，不可言传”这句古话流传至今，足见人们对这一观点的肯定。因此，语言不能穷尽对经验的解释。

其次，从心理学角度看，解释功能和经验之间也存在着空缺。莱文认为，“心灵的材料”所指的内容是我们内心的真正意向或意向流，心理现象被认为是行为的属性，按照意义在局部文化中被赋予的方式对其进行的解释。比如，我们要知道“点头”的含义，一些人认为，点头无疑是代表同意的意思，但是在另外一个语境中，同样的行为可能表明点头的一方根本没有明白对方说什么，只是一种机械性的活动，或是点头者对于对方无动于衷。心理学的任务是要产生关于人类的那些具有某种属性的思维、感觉和行为的话语。一些微妙的、语境敏感的、关于执行某行为范畴的权力和责任分配，是其中关键的要素，这些分配预设对语言似乎有一种天生的限制性，在日常生活中这种影响也是存在的。

思维问题在我们生活中是微妙的，但又与行动分不开。“按照漫述心理学的观点，对于行动流的研究，正是心理学首先要被引导，或将被引导的方向。正是这个行动流，才是隐喻的某一个等级结构和对应模型应用的对象，而且只运用于该行动流。”① 但是行动流究竟该怎样表述，怎样用心理学阐明，这是令我们所困扰的。无论是科学家还是一般的社会人，都在为这个问题烦恼。举一个现实生活中的例子。当一个男性向一个女性求爱时，如果这个女性能够知道男性内心的感受，则可以知道他是否真爱自己，但是事实上她永远不可能知道这个男性心里的真正想法，即使这个男性表现出对这个女性的无比热爱，也不能说明他就是真爱这个女性。这和塞尔对通过图灵测试（turing test）② 的计算机想法一样，即使真出现这样一台计算机，它能表现出和人一样的行为方式，甚至可以表现出人的情感，但也不能说它就是可以和人类一样进行思维。有人认为，这种思维的不可

① 罗姆·哈瑞．认知科学哲学导论．魏屹东译．上海：上海科技教育出版社，2006：161.

② 图灵测试是指一个人无法说出与他/她正在交互作用的是另外一个人还是一部计算机，那么我们必须说计算机能思维。

通约性限制了人们思想的真正联系，这就成为人类解释世界的一个困境。心理学的研究实质就是对人类行为的研究，但它又是一种特殊的人类行为，是人类行为中最隐秘的一种。当我们探究经验和对其的解释方面的话题时，不得不考虑这样一种行为研究。但心理行为的这种不可让渡性、不可通约性，让人们对它的研究充满了神秘性和不可感知性。

总之，在我们的经验和对其解释中存在的这种空缺，是人类无法弥补的。人类无论用语言或是符号来表述经验，这中间存在缺陷，而且这种语言和符号又是不可通约的，这从心理上也是一种无法填补的空白。卡拉瑟斯也意识到了对世界解释的限制性，所以在他的思想中，“解释空缺”也成为他思想构成部分的一个重要方面。

二、心灵本体论的内涵

卡拉瑟斯在对众多科学家、哲学家、人工智能学者成果的研究基础上，提出了具有自己特色的心灵思想理论，他的理论是在承认心灵存在的基础上发展而来的，主要包含三方面的内容：心灵解释的空缺、意识的自然理论和心灵解释的优越性问题。

（一）心灵解释的空缺

对于现象意识不能被还原的理由，许多哲学家如杰克逊、麦克金（McGinn）、查尔默斯等都对其进行过深入探索。他们认为解释空缺的存在将会成为本体二元论的支撑①；而另一些哲学家莱文、麦克金并不支持这种观点②。

卡拉瑟斯对解释空缺问题十分关注。他从对这一问题的思考和研究出发，提出了自己具有创造性的意见——解释空缺。在卡拉瑟斯看来，“解释空缺”主要存在于物理的、功能的和意向的事实之间。一方面，它针对的是现象意识的事实；另一方面，它探讨为什么现象意识不能被还原解释③。对于“解释空缺”，他将莱文的观念进行了完善和补充。这不仅说明了在现实世界中概念解释和经验之间存在不可通约性，功能和意向之间也存在解释空白，而且解释了在什么情况下会出现这种空缺，意识在什么情况下会存在，它的根源是什么等问题，对“解释空缺”理论进行了完善。

---

① Jackson. Epi phenomenal qualia. Philosophical Quarterly，1982，（32）：127-136；Jackson. What Mary didn't know. Journal of Philosophy，1986，（83）：291-295.

② Levine J. Materialism and qualia：the explanatory gap. Pacific Philosophy Quarterly，1983，（64）：354-361.

③ Carruthers P. Consciousness：Essays from a Higher-Order Perspective. New York：Oxford University Press，2005：18.

在卡拉瑟斯看来，现象意识并非是一种还原解释。所有微观事件 M 中并不隐含现象意识，但是如果要进行还原解释，那么必须要以 M 为先决条件，也就是说是要在 M 中进行。世界的所有微观事件中，并非每一件都含有意识，比如天下雨，墙倒塌，或是人走路，在这些现象中就不含有意识现象。但是如果我们要对意识进行分析解释，就必须以现实的微观事件为基础，所以他对心灵问题的解释是基于自然主义的。我们自己并不能解释这些微观现象，更不必提这些现象背后的原因和其中的现象意识了。这也是我们无法回避的一个问题。在微观事实与意识间有许多是我们解释不了的，这样就产生了二者间的解释空缺①。

卡拉瑟斯不仅承认"解释空缺"的存在，而且积极投身到对"解释空缺存在的原因、分析意识存在的条件"这一问题的分析研究中。他不同意取消主义的观点，在取消主义者看来，意识根本就不存在，或者认为自己有意识只是一种假想。比如，我们人类认为机器人或计算机没有思维，或许在机器人或计算机看来，我们人类也没有思维，因为思维是不可通约的。如果自己承认自己有思维，就是真有思维，那么机器人说它有思维，人却说它没有，这就无法解释了。基于这个原因，取消主义者认为意识这种无法言说的东西或许根本不存在。这种思想遭到很多人的批判，也是不符合我们的现实生活，因为我们每个人都感觉到自己确实可以思维。如果说没有思维，那么我们是如何创作出小说、散文等作品的，又是如何制造出一些世间原本没有的东西的？比如，我现在写文章，如果说这不是思维作用的结果，那么它是如何形成的呢？卡拉瑟斯正是基于这些原因和考虑才认为思维是存在的。

但随即而来这样一个问题就摆在他面前：什么情况下，意识会出现？他列举的两个条件也是符合现实实际的：一个是世间现象的存在，一个是生物特征。我们的意识是在客观事物基础上才能存在的。没有事件的发生，没有人的生理特征，就不会有意识的产生。意识的产生以这些条件为基础，但是当这些条件齐全了也不一定会产生意识。比如，如果什么事都没有发生，我们的意识没有来源，那么我们就不会拥有意识，这正应了一句俗语：无风不起浪、无火不生烟，世界上没有无根的木，无源的水。意识思维都必须有相应的基础，而且具有连续性。哈瑞曾说："理解不是一个事件，而是一种持续情况，一种倾向。它只有在正确表现中才能得到显现。"② 而如果没有人的生物特征，也就不会有意识的产生。比如，一个无脑的人，肯定不会有思维和意识，而一个脑死亡的人也同样不会有意识。卡拉瑟斯的这些思想类似于塞尔的自然主义心灵观，但是它较塞尔意识产

① Carruthers P. Consciousness：Essays from a Higher-Order Perspective. New York：Oxford University Press，2005：28.

② 罗姆·哈瑞．认知科学哲学导论．魏屹东译．上海：上海科技教育出版社，2006：263.

生的原因多了现实环境的影响这一因素。而且他也没有将思维、意识绝对化，认为只要具有现象和生物特征就必定有意识，也就是说微观事件和生物特征只是意识产生的必要条件，而非充分条件。

另外，卡拉瑟斯特别指出，如果我们想对目标意识进行解释，那么我们必须让这些意识处于一种正确的状态之中，然而这不太可能，无所谓正确或错误，这些意识本来代表的是一种状态，但是我们不了解，将其解释成另一种状态，这就导致了“解释空缺”。他对意识的“解释空缺”进行分析时，有一个概念是不得不提的，那就是“还原解释（reductive explanation）”。针对这一概念，不同的哲学家也有不同的看法，布洛克和斯坦尔耐克（Stalnaker）认为现象意识的还原解释在理论上是可能的①，其他更多哲学家则提供了这种解释的实际可能性，比如丹尼特和泰（Tye），卡拉瑟斯也是这一观点的支持者。

在卡拉瑟斯看来，现象意识是以生物特性为基础，我们就可以设想从研究大脑构造等方面对意识进行研究。我们可以模拟大脑的某一个区域，进行大脑原型提取，这样就比较容易对大脑的内部构造和功能加以了解。比如大脑主要由两个细胞群组成——阿蒙氏角（Ammonis C）和齿状回。我们通过 PET 对大脑进行扫描，从而确定视觉、嗅觉、听觉的终极来源，确定其在大脑中的控制区域。如果说这些思想在原来只是设想，但随着人工智能的发展，越来越多的科学家已经在致力于这方面的研究，而且取得了卓有成效的功绩，这就使我们的感觉找到了在大脑中的控制范围，就是对人的意识运用科学手段进行还原解释。比如，我的痛觉是受大脑中哪些区域甚至是哪个细胞影响，如果将这个细胞切除是否我就不会有痛感？卡拉瑟斯对他的回答是肯定的，他坚信人工智能对意识的解释作用。

卡拉瑟斯运用“解释空缺”的观点，对莱文等一些科学家和哲学家的思想进行了批判、继承和发展，从而形成了关于意识产生的理论。他强调，虽然我们的解释概念和经验间存在差异，但是我们对意识问题也并非是毫无办法的。首先我们应该承认意识的存在，并设法分析出它存在的条件：微观现象和生物特性；最后从现实和人工智能方面的成果得出，要想对意识进行更深入的研究，还要从人类大脑原型出发，对意识进行还原解释，只有这样才能真正探索出意识的奥秘。

（二）意识的自然理论

许多人认为意识特别是现象意识，或者说“感觉”（feeling）是神秘的。对于意识，无数的科学家、哲学家为其耗尽了毕生心血，但都没有确实的、确切的

① Block N, Stalnaker R. Conceptual analysis, dualism and the explanatory gap. Philosophical Review, 1999, (108): 1-46.

结果，我们还是什么也不知道。这样难免会使人产生一种无力感，一种对人类、对生命、对心灵的好奇，认为这些问题是神秘的，甚至可能是永远无法解决的问题。卡拉瑟斯不同意这种“神秘意识”观因为当这种感觉出现时，哲学家便容易陷入神秘论和不可知论中，从而对意识的研究产生困扰。

对于意识问题的研究，有不少学者同意查尔默斯有关意识是“困难问题”的解释①，然而，卡拉瑟斯却不同意这种观点，意识并非神秘的，也不是困难到无法解决，而是一种通过科学手段可以了解、解决的事物，就如同我们的生物现象，“困难问题”并非真正的困难②。或许有些人会认为他是口出狂语，从古希腊研究至今仍未能解决的大难题不是难题，那么还有什么是难题！针对这种责难，卡拉瑟斯提出了“意识树”理论③（图 17-1），进一步对意识的自然理论进行分析和解决。

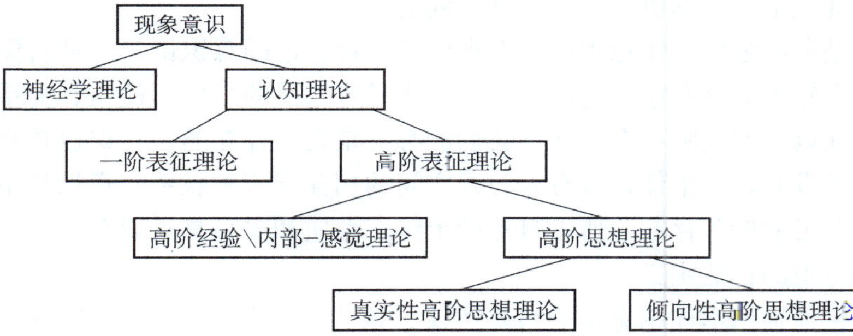

图 17-1　“意识树”的结构

根据“意识树”理论，在对意识现象进行解释时，我们首先必须决定是从神经学角度研究还是从认知角度研究，神经学角度比较偏向于具体的物理性质，而认知角度更加倾向于心灵。如果要从认知角度进行研究，我们就需要了解一阶理论和高阶理论。一阶理论是指纯粹环境的表征，是主体自身所表现出来的现象意识，这是最初层面上的。比如针扎这种“疼”的感觉；好多天没喝水“渴”的感觉，就是一种纯粹身体的表层感觉；而高阶理论则是指主体自身的精神状态。比如，一个人在思考一个哲学问题，或是进行一项心理测验，这就属于高阶理论范畴。高阶理论分为意识的内部感觉理论和高阶思想理论。前者主要是指经验。比如，当我和一群人打架时，我被一个很强壮的人打得很惨，但我却将一个

① 这是查尔默斯于 1996 年提出的观点。

② Carruthers P. Consciousness: Essays from a Higher-Order Perspective. New York: Oxford University Press, 2005: 60.

③ Carruthers P. Consciousness: Essays from a Higher-Order Perspective. New York: Oxford University Press, 2005: 39.

较瘦弱的人揍了一顿。这样，以后再打架的时候，我就会避免和强壮的人起冲突。中国的一句俗语“一朝被蛇咬，十年怕井绳”，就是高阶经验的典型例证。后者就比前者更加复杂一些，主要是指人的思维能力、判断能力等一些更高层次的活动。比如，我看到一条状似蛇的物体，我从它身边经过是一条近路，那么我就需要进行判断，它是蛇还是绳子。如果真是蛇，那么我必须绕道而行；但如果是绳子，那么我就可以从它身边经过了。

对于高阶理论思想，卡拉瑟斯又将其分为两类：真实性和倾向性。真实性是用意识限定一种状态，而倾向性是关于意识的最深层含义理论。例如，对于出外旅游，我很开心，这是一种真实的感觉状态，而我为什么会这么开心，从旅游中我学到了什么，这就是倾向性。如果一阶理论可以提供意识是必然问题的解决资源，就如德雷特斯克（Dretske）和泰所展示的那样，那么高阶理论，特别是其中的倾向性理论，能够更好地表述这一问题。

这就是卡拉瑟斯对于意识的自然理论的解释。他的意识论是一种自然主义立场，他的自然主义具有本体论的特征，主张只有自然的个体、性质和关系才是实在的。他强调现实实际存在，认为我们的心灵是真实存在的，意识也是真实存在的，而如果没有自然个体，没有人与人之间的相互交流和联系，意识是不可能产生的，更不可能持久存在，所以自然的个体、性质和关系是意识存在的前提。这就是他的意识的自然主义。

同时，他强调本体论意识的自然主义，认为它们是通过自然科学得到确定，而且更重视方法论的自然主义，看重它对心的解释，这种解释必须诉诸于自然科学或与自然科学的方法相一致。就是说，要想解释自然主义，就必须将其与自然科学方法融合在一起，必须用科技、人工智能的方法对其进行分析解释，如果不使用科学的方法，终究会使意识研究沦为神秘主义的范畴。综合自然主义立场对心灵哲学的两个方面要求，将心灵自然化，就是将心灵纳入自然的秩序，并对心灵的本质和作用等提出一种自然主义的解释——一种与自然科学相一致的解释。

我们认为，所谓的自然主义实际上就是对哲学的“原初本欲”的追求。自然是实在的，没有任何实在能够超出物质的自然界。我们现实的世界是一个自然的世界，我们每个人都生活在这个自然世界中，没有任何超自然的存在、能量和事件。在这里，他将意识的自然主义基础绝对化，认为自然现象是唯一现象，否认超自然力量、事件的存在也是有待商榷的，或者他认为只要存在自然中的现象就都是符合自然规律的。以百慕大三角为例，有人认为是不符合我们日常规律的，但卡拉瑟斯认为这就是自然规律的一种表现。他反对假设任何非自然的、从理论上推出的实体、官能或原因，如果有人认为时间可以倒流，当这个事件出现时，他也认为是有道理的，但这个事件没有出现时，便是一种可能性。卡拉瑟斯反对科学探究无法接近的超自然的存在物和过程。我们对意识的研究依赖的是认知科学，依赖的是自然主义，要是抛弃这个，只将意识作为一个单独的存在研究，那是不符合实际的。他对意识的研究，不仅吸收了科学技术发展的成果，还结合了更多的自然和社会科学成果，例如神经科学、人工智能、人类学、心理学等。但从某一方面而言，他的自然主义理论成为了一种绝对化理论，成为了一种认知的实验性发展，所以，试图通过哲学的自然化而实现一种作为严格科学的哲学可能性是值得深思的。

（三）解释的优越性

从“意识树”框架中我们可以看出，卡拉瑟斯将意识分为一阶和高阶理论。一阶理论由大脑中的初级指令控制，而高阶理论由大脑中的高阶指令①控制。他认为在解释概念和经验之间存在着“解释空缺”，概念无法对经验进行有效的解释。对于这种“解释空缺”，卡拉瑟斯还提出了一种新的理论“解释的优越性”。该理论主要是说，概念对经验进行解释时，会出现一种解释快慢的现象。一阶理论在对经验解释时会首先出现，但是高阶理论对经验和现象的解释却更加完整、可靠。在对经验进行解释时，一阶理论在时间上占先，而在对经验解释的程度上而言，则是高阶理论占先；一阶理论在对特征的解释时会出现偏差，与事物的具体情况出现差距，但高阶理论可以更好地解释这些特征，可以更好地还原事物的本来面貌，所以一阶理论和高阶理论在对经验的解释方面都有优越性，是两种不同的优越性。

具体而言，我们首先会优先解释“一阶理论”，对于“高阶理论”则是另一种解释，这里将“人的心理活动”分为“初级”和“高级”，“初级”指“C 纤维肿胀引起的疼痛等感觉”，“高级”是更加具有心理活动的感觉，是会思考的人类心理活动。

解释的优越性是卡拉瑟斯的一个创新。这两种不同的优越性理论被称为双内容理论（daul-content theory）。卡拉瑟斯对于双内容理论很有信心。一阶理论和高阶理论都有可能提供对事物特征的还原性解释，但是解释的顺序是不同的，从时间顺序上是一阶理论占先，但从程度上而言则是高阶理论为重②。

其实，一阶理论就是我们的感受性和随附性问题。感受性即人在经历感觉等心理状态所体验到的主观特征或现象学性质。非物理主义者认为，物理主义已能同化各种“反例”，但是不能同化感受性。感受性是心理世界的“新大陆”，是物理主义无法说明的非物理的东西。随附性是心灵哲学中的一个新问题、新范

① 这里的高阶指令主要是指这种指令的倾向和其使用者真正语义上的一种融合。

② Carruthers P. Consciousness: Essays from a Higher-Order Perspective. New York: Oxford University Press, 2005: 114.

式，指的是心理现象由物理现象所决定、依存的伴随或随带发生的特征。当然也可泛化到其他关系、属性之上，从而成为一个具有普遍意义的哲学范畴。卡拉瑟斯试图进一步把握心理现象的本质、特征以及在宇宙结构图景中的地位，在还原论和二元论之间寻找出路，解决那些涉及决定、还原、必然性、心物规律等心灵哲学和宇宙观的重大问题。

高阶理论包含的内容比较广泛，主要指高层次的思维、意识，它不仅包括贯穿于人的意识心理现象中共同的“觉知”、“知晓”特征，还包括思想语言和心理表征。前者指的是不同于自然语言的“机器语言”，是人脑思维的真正媒介。因为在许多人看来，自然语言有形、声等特点，根本不可能为人脑所加工。后者指的是人们认识世界和自身所得的信息的存储、加工的表达形式。对命题态度的理解必须包括对解释言语需要什么所做的把握，也就是要考虑当我说出某个语句时，你理解我所说的东西可能涉及什么。如果你和我说同一种语言，你就可以不假思索地理解我说的话。当你和我说不同语言时，理解起来就复杂得多，需要复杂的能力和技巧，需要一些使你能够把我说的话与某种意义联系起来的原则。这些研究真正深入心灵世界的内部结构、运作及机制。

在卡拉瑟斯看来，高阶理论的最高层次是倾向性和内容问题。语言哲学和心灵哲学正是在此相交汇的。自然语言的意义与心理状态的意向性有关，而后者又根源于思想的语言、心理表征的语义性。卡拉瑟斯的解释优先性，主要表现在思维对物理实在的回馈作用。我们的解释不能仅仅停留在对某种机制的设计水平描述上，还应当通过揭示它们构成的更简单机制去说明这些机制。例如，认为视网膜具有特定的智能，这种认识是通过发现视网膜由视网膜杆、视锥细胞组成并与其他细胞相协调而得到的。当我们系统分析它的组成部分时，我们就深入了解所关注的焦点或单元。在这个分析水平上，发现单个细胞只不过就是去探查特定的化学物质并相应地通知相邻细胞即可。当我们达到这一分析水平，也就不再是采用设计立场，而是采用了“物理立场”。在这里，通过考察细胞的化学成分就可以看出细胞是如何行使其功能的。霍布斯在严格的唯物主义基础上提出了心理学。心理领域仅仅是“运动的物质”，因为“感觉的原因就是外部的物体或客体，施加于每个感觉器官的方式……感觉不过是物体对我们感官施压的各种不同的物质运动”。①

莱文对解释空缺论证提出了这样一个问题：物理主义能够理解意识吗？他的回答是不能，这是由于我们对思维为何物知之甚少，这是我们的一片“空白”，所以，无论我们是否能够发现某些意识状态的因果性，都无法弥补这种缺失的空白，都无法将意识用物理主义解释出来。与它相似的论证还有杰克逊提出的“知

① 罗姆·哈瑞．认知科学哲学导论．魏屹东译．上海：上海科技教育出版社，2006：77.

识论证”（knowledge argument）。杰克逊认为，即使我们意识中具有某种知识概念，物理主义也无法解释其究竟是什么。比如，某人完全可以具有关于颜色视觉的物理学知识、生理学知识、心理学知识，但是他看见红色时就完全不知道他看到的是什么。这个论证的前提和结论是：如果一个人从未见过红色，但他知道红色的所有物理事实，但是当这个人第一次见到红色时，他还是会认为这是一种新事物，而并非他脑中那些关于红色的概念。从“知识论证”可以看出，物理主义属性概念与意识概念之间存在不搭界的问题。

就卡拉瑟斯“解释空缺”而言，“解释空缺”和“知识论证”与其说有相似之处，不如说表明了物理主义和意识概念之间存在差异性。但他又不认为意识完全无法解释物理事件，这样，卡拉瑟斯提出“解释优先性”试图将物理微观事件和意识概念联系起来，希望可以化解微观事实和意识间的矛盾。

三、心灵本体论的困境

卡拉瑟斯认识到心灵问题的重要性、物理事件和意识概念间的差异性，也试图提出自己的见解来消解这种差异性。他希望通过心灵本体论能够真正将意识这个不是“困难问题”的问题得到解决，但事与愿违，他的核心理论却带着先天的缺陷，不可避免地陷入了各种困境中。

（一）还原论的困境

卡拉瑟斯的自然化方案在揭示心理内容的起源、基础、机制、个体化和必要条件等方面都做了富有建设性的尝试，为我们认识内容的深层本质和结构提供了科学基础。但是，他的思想具有很强的还原性，并将研究重点命名为“还原解释”。但他的还原论方案是有局限性的。一方面，命题态度及其内容有自身的实在性、复杂性，每一个个例都是由特定的复杂系统实现的，不能对应于自然界的某一种实在，或属性。即使是内容相同的命题态度，由于态度的不同，或内容的微妙差异，实现它的物理个例、自然机制就有区别，因此它不可能用别的某个术语加以还原。

这是一般还原论的共同缺陷。卡拉瑟斯的“解释空缺”思想试图缓解或消除理论无法解释实在的困境，他是否做到了？我们认为没有。他的这种解释空缺只存在于一阶理论和高阶理论中，而这两种理论是心理方面的，对于物质方面我们也有很多无法解释的，或是无法定义的。比如我们现在就无法给“非物质”定义，这就是语言存在的漏洞，或者说是我们的科技发展还没有达到那个程度。在还原方法的解析下，世界图景变得如此简单。早在 19 世纪，德国物理学家亥姆霍兹（von Helmholtz）就曾说过这样的话，一旦将一切自然现象都化成简单的力，而且证明自然现象只能这样来简化，那么科学的任务就算完成了①。这和卡拉瑟斯认为意识问题不是“困难问题”就比较相似了，运用还原论将一切都变得前所未有的简单。并且，卡拉瑟斯用“解释空缺”将微观世界中无法解释的现象进行说明，但并未说明这个“空缺”怎样填补。就如同在一个由使用语言的诠释者和被诠释者所组成的共同体中，没有意向性的安身之所；没有解决之道，只是提出这种观念，难免会令人不服。而且，如果我们把自然化还原论的研究思路推向极端，就有可能走向一种取消主义的立场，这不利于认知哲学的发展，也不利于心灵哲学的发展。

另一方面，还原主义的原则和方法，不管是物理主义，还是自然主义，其自身都有不合理性。通常意义上，“还原或还原作用是指事物和原因的可分解性”。② 近代还原论可追溯到笛卡儿，笛卡儿认为：“我们的意见之所以产生分歧，并不是由于有些人的理性多些，有些人的理性少些，而只是由于我们运用思想的途径不同，所考察的对象不是一回事。”③ 而后他又确定了四条规范“途径”，以便“将对象了解得更清楚、更分明”④。还原论本身的不合理性首先是还原基础，例如物理学、生物学本身就不完善；其次还原论将一切事物看得太简单，将任何事物的解释都用物理学、生物学标准、用“四条规范途径”来表述，这样容易犯削足适履的错误。比如，对于心灵究竟是什么，现在无论是神经生物学还是认知科学中都没有统一定义，有人认为心灵就是物理实在，卡拉瑟斯就持这种实在论观点，并从这个观点出发，延伸出自己的自然化研究方案。对心灵进行这样的定义和解释，容易使人们认为，即使一些低级动物也可以拥有心灵，这也是卡拉瑟斯还原论的困境所在。

从卡拉瑟斯的“解释空缺”和“解释优先性”对微观事件和概念问题关系的解释中可以看出，卡拉瑟斯并没有解释清楚物理事件同意识之间的关系，反而让自己的论证陷入一种自相矛盾的境地。就“解释空缺”而言，他也认为物理事件同意识之间存在不搭界问题，但他并未彻底否定二者间的联系，用“解释优先性”将二者联系起来，但这之间存在着矛盾。卡拉瑟斯引证“解释空缺”和“知识论证”来阐明他自己的“解释空缺”观点，这一点是没有问题的，因为不论最终在实践或人工智能的发展过程中证明其结果是否正确，对物理主义认为物理事实都是可以解释的这一观点都是一个不小的冲击，但截至目前的人工智能水平而言，从理论上来说这些论证确实有自身的合理之处。但是我们可以设想，也可以用莱文的“解释空缺”和杰克逊的“知识论证”思想实验对卡拉瑟斯的

---

① 刘大椿．科学活动论、互补方法论．南宁：广西师范大学出版社，2002：317.

② 欧阳莹之．复杂系统理论基础．田宝国等译．上海：上海科技教育出版社，2002：55.

③ 笛卡尔．谈谈方法．王太庆译．北京：商务印书馆，2000：3.

④ 笛卡尔．谈谈方法．王太庆译．北京：商务印书馆，2000：16.

“解释优先性”理论进行反驳，因为物理事实与经验之间存在的差异性，决定了意识难以对现实进行解释，但卡拉瑟斯提出的“解释优先性”前提却是用意识解释事实，用生物学上的还原来解释意识现象，这是卡拉瑟斯心灵本体论自身存在的缺陷。

卡拉瑟斯的“解释优先性”也对杰克逊的“知识论证”有一定的驳斥作用。意识是可以解释物理实在的，这是他提出解释优先性的前提。在他的观念中，我们通常的心理状态都是对某个语义命题各种可能的态度，这里牵涉到身心问题研究中的命题态度。一方面来，一个人的命题态度是由他自身的特征决定的，比如他的大脑状况如何，他自身的感觉如何，这是现实中可以理解的问题；另一方面，一个认定命题态度还由他的外部因素决定，如他所处的历史背景、自然环境及社区语境等原因。当卡拉瑟斯认为意识可以被认识时，他认为意向性可以被还原为更简单的物理现象。

举一个简单的例子。指南针的物理系统就能展现意向性特征，因为指南针总是指向同一个特定的对象。如果在物理世界中老虎的出现总能以一种非常可靠的方式在因果性上引起一个生物的某种心理状态 R，那么状态 R 就是老虎的一个可靠的指示物，我们也可以说状态 R 的意向内容就是老虎。在这里意向性被还原为物理世界中的一种因果性。如果一个生物的某种心灵状态 R 的功能就是指示老虎在自然世界中的出现，而这种功能是以一种群繁衍为目的在亿万年的进化过程中逐渐形成的，那么显然状态 R 的这种功能就是老虎出现的非常可靠的指示物。（否则，这种生物早就因被老虎吃光而灭绝了。）因此我们可以说状态 R 的意向内容就是老虎。在这里意向性得到一种自然世界中的进化论解释①。卡拉瑟斯将这种指向性运用于物理事实和意识之间，就是说，一个事件总是能在一种特定的、可靠的方式下产生一种命题态度 R，那么这种态度 R 是否就是这一事件的解释，在“解释优先性”中卡拉瑟斯承认这个观点，但在“解释空缺”中他否认这种观点，令他自身的论证出现困境。

（二）属性二元论的困境

物理主义要求所有的现象原则都可以做出物理的解释，而且在对宏观事物进行解释时可以用微观对象的属性来进行。但是，解释空缺论证指出，对于大脑何以导致或构成意识状态的系统性知识我们知之甚少。而且，我们是否能够真正寻找到意识状态的因果性还不清楚，这也就是所谓的“还原解释”的困境。“怪人假设”就是对卡拉瑟斯“还原解释”的一种限定。这个思想实验揭示了心灵可

① Carruthers P. Consciousness: Essays from a Higher-Order Perspective. New York: Oxford University Press, 2005: 40-42.

能无法解释物质，一阶理论和高阶理论无法解决还原解释的问题，这对卡拉瑟斯的思想是一个冲击。

同时我们可以看出，由于卡拉瑟斯认为可以解释的微观事件既具有物理特征，又具有精神特征，这种实体同时具有两个特征，这时就会出现哲学上有名的“属性二元论”。属性二元论起源于斯宾诺莎。他认为当实体只有一个但实体包含的属性有无数个，而其中的两个属性分别是精神性和物质性时，这个实体就具有一种属性二元论的倾向。它是同一个实体（神或自然）的两个方面。属性二元论认为，同一实体既可以具有心智属性也可以具有物质属性，它试图说明这一问题，例如，心与身之间是什么因果关系？

首先，卡拉瑟斯的二元论就具有属性二元论的特性。心灵或思维是可以对物质进行还原解释的，这种物质当然包括人的身体。对心灵、身体进行解释，首先要承认心灵、身体的存在，然后要承认它们的相互关系，这样身体这种实在就既具有心智属性又具有物质属性。这样就是产生了一种身体实在的属性二元论，这是许多哲学家所不认同的。因为它将一种客观实在或是微观事件本身只赋予了精神特征，当这种情况出现时，我们还用考虑精神这种心理状态吗？它本身就已经有了意识，有了精神。这是不符合实际情况的。物质虽然是精神产生的基础和载体，但是并不能说明有物质就一定会有精神的出现，精神更不可能和物质同时、必然存在于一个事物之中，精神只是在一定的情况下才存在，只有在许多条件限制下，当这些条件都满足时才存在。卡拉瑟斯对事物的还原解释让人们这样理解他的意识和精神，即意识和精神原本就是存在大脑中的，只等着你去发现，去了解，这是不切合实际的，或者说是不确定的，因为这个问题正是哲学家和人工智能学家一直在争论和探讨的问题，不能作为一个思想体系的前提。从另一方面来说，卡拉瑟斯也没有对事件、身体这样的实体进行界定和限定，这样就容易产生误解。我们知道现实的人或实体，本身只有物质属性，如果不将这点表明，而一味地追求物质和精神的混合，是不符合科学精神的。

其次，心灵对物质具有附随性。按照这一命题，物质上相似的对象一定在心智上相似；没有物质的变化就没有心灵的变化。心理属性附随于物质属性。附随性，也可以这样理解，心理属性以某种方式依赖于或植根于物质属性，这种心灵的从属性质是不恰当的，心灵虽然不能脱离人身体这个生物特征单独存在，但是生物特性并不决定心理特征的存在。附随性的这种观念不仅指具有心理属性的每一个实体都具有物质属性，而且认为实体的心灵属性和物质属性同在，这就有点不合适了。

最后，在卡拉瑟斯的研究中，他将心与身之间的因果相互作用看作身体对心灵单方面的作用，而忽视了心灵对身体的重要影响，这是不符合实际的。当我们拥有好心情时，我们的身体状况也会很健康，好的心情甚至能抵抗和治愈疾病，这种强大的功能已经令很多科学家和心理学家非常重视了；而当我们心情郁闷时，我们的身体则会变得虚弱，这也是“心病还需心药医”的道理。卡拉瑟斯对身体生物特性的重视自然是不错的，但没有对心理特性进行强调也是他研究的一个缺陷所在。

当卡拉瑟斯用“解释优先性”来解释物理现象时，“知识论证”和“怪人假设”可以对它产生威胁，而当他用“解释空缺”和“知识论证”为自己辩护时，又产生了“还原解释”的不可解释性。但是，如果说意识和心理状态的出现都是以未解释语句（uninterpretedsentence）的形式存在的，也就是指在对意识进行程序操作时，不考虑这些程序或是符号的意义，当我们不考虑符号的意义，那么经过他得出的结论如何存在？它们的意义又是如何呢？这就是令人费解的问题。如果仅将意识机械还原为自然事物，又会出现过于简单化的问题，这是比较困难的一个问题。柯林伍德指出：“自然科学的具体研究以自然观念为基础，并非意味着自然的一般观念或作为整体的自然观念，是在脱离对自然事实的具体研究情形下首先产生的；也不是说当这种抽象的观念成形后，人们便在此基础上建立具体自然科学的上层建筑。它所指的是一种逻辑关系而不是时间关系。”①

我们依据此观点来分析卡拉瑟斯的理论。“解释空缺”和“解释优先性”虽然都是以自然主义为基础的，但对微观事件的经验解释都建立在原本就不合理的生物学基础之上，便产生困境。如果当你具有某一特定的心理状态时，你认为可以还原到你大脑中某一种状态，可以制造出同样的机器人，也有这样的物质装备，这样计算机也可以有意识。这点可以用塞尔的“中文屋论证”进行驳斥，单纯的程序或形式是无法产生意识的。而且我们也必须要承认有这种可能性会存在，使产生心理状态（疼痛）的大脑部分是 A 区，但是使马产生疼痛的心理状态有可能是 B 区。那么如何从神经生物学角度解释这些存在区域的不同形式？当我们难以确定意识经验在大脑中的特定位置时，是否可以用卡拉瑟斯提出的“解释优先性”来解释，还是一个无法被证实的问题。要么这些特性是可以通过分析解决的，要么物理事件和意识之间是不搭界的，这里存在一个解释二元论的困境。

（三）系统解释缺失的困境

卡拉瑟斯心灵本体论从整体上而言缺乏一种系统性的解释。这种狭隘性使得他的整个思想体系中存在着许多漏洞，无法合理地解决微观事件和经验之间相关联的观点。这主要表现在三个方面：缺少对他人意识方面的研究、将自然主义绝对化以及忽略了直觉的重要性。

① 罗宾·柯林伍德．自然的观念．吴国盛，柯映红译．北京：华夏出版社，1999：1.

第一，卡拉瑟斯的整个心灵思想理论都只是在研究自我意识，对他人意识方面没有进行深入研究。这样他的研究范围狭小，无法达到一种普遍性的影响。无论是“解释空缺”还是“解释优先性”，这些用经验来对具体事物进行的解释都是处在一种自我的范围之内，虽然经验是一种自我的意识，但若是仅将这个作为整个心灵本体论的基础还是不恰当的。而且，人的心理行为是在人与人交往中产生的，不是孤立的，这些行为者同他人是相互关联的一个共同环境。没有他人就无所谓自我，没有他人就难有意识的产生，没有意识就更无需对此进行解释，意义的整体规定性必须通过语境的结构性去体现。而且，环境和人与他人的关系是不随人的意志而变化的，是自然发展中的真实结论，它只依据特定实验，并且只在实在的某一方面才有效。一方面，他人是个人行为思想产生的源泉，无论是在实践还是理论方面，我们都必须把握好这个发展脉搏和主流，对于意识的研究，如果不重视个人与他人的关联性，那么一定会得出片面的结论；另一方面，他人也是个人思想和行为的参照，没有了这个参照便不会有自我意识的产生和发展，当我们仅从自身角度，完全不顾及其他人思想时，那我们对意识的研究也就无法进行下去，会走入一个死胡同。

可以看出，当卡拉瑟斯提出意识、经验这种自我的东西时，如果不从社会和他人的视角去理解，那么这个体系本身就是不完整的。我们是生活在社会中的人，脱离了社会和他人，对心灵问题的探讨是不符合现实的，不论是从物质世界还是从精神世界进行分析，都是一种缺乏系统研究所表现的方式。这种研究将自我置于意识的中心地位，而这个中心地位又占地太广，给其他事物和意识思想的存在留下极其有限的空间，这种缺乏系统性的研究是无法取得理想的效果。

第二，卡拉瑟斯的心灵理论是一种自然的意识理论，但他的自然主义过于绝对化，纯粹研究自然现象，抛弃和否认任何超自然主义的现象，这也是不符合实际情况的。在我们的日常生活中，有时会出现一些超自然现象，是现在科技无法解释的，比如为何在古代埃及会建造像金字塔那样用现代最精深科技都难以完成的事，也是我们现有的思维无法想象的，而卡拉瑟斯认为这就是自然现象，虽然我们不知道他的原因，但它是自然现象无疑。不解释原因，只说结论的这种论证是大家所无法接受的。如果说这个例子还不能表明他过于绝对化的自然主义，那么用心灵意念弯曲勺子的现象（这可能是魔术），可以算作超出我们规律范围内的东西了吧！而且还有许多从科学角度目前无法解释的事物，如果都用将来会被解释的、它只是自然主义的一个方面等肤浅的理由来搪塞，是难以服众的。或许有人会说，如果研究超自然现象，不是将对意识的研究陷入神秘主义的境地了吗？其实不然，我们并非是将超自然现象作为一种研究对象，而是我们在考虑意识、心灵等问题时，需要穷尽各种可能性，超自然现象虽然极少，但无法否定其存在。比如，我国西藏喇嘛在升天之前都要寻找转世，而转世和喇嘛似乎冥冥之中就有着联系，这就是用科学力量无法解释的。当我们用经验来解释这些事件时，也会出现“解释空缺”，但是此空缺不是卡拉瑟斯以自然为基础的空缺。我们也可以这样反驳，或许现在没有超自然主义现象，但是不代表将来不会有，这样的反驳当然是站不住脚的，正如卡拉瑟斯也不能用同样的方式、同样的理由敷衍我们一样。所以，他的思想体系中存在一种绝对自然主义倾向。

第三，解释优先性虽然是卡拉瑟斯思想的创新，但还不够成熟，因为他忽略了直觉的重要性。在解释的优越性中，对于微观事件解释程度方面是高阶理论占优，对事物的意识、经验解释是经过深入思考的，是正确的，是看到事物的第一反应比不上的。卡拉瑟斯的这种思想虽然强调了理性的重要性，但忽略了直觉、感性的重要性。“在实践中，理性对完全性的追求不仅受到信息不完全性的制约，而且在一定情形下的理论选择可能导致最终的非理性结局。”① 这样，理性选择应当算是一种高阶理论了吧，但可能产生不恰当的、非理性的结果。当然，这样说并非让人们不要思考问题，而是应该从全方位的角度认识这个问题，不要轻视或忽略直觉的重要性。在卡拉瑟斯的思想中，尤其是“解释优先性”，关于意识对事件的不合理解释，会影响人们的思维方式，而且也会使人们对卡拉瑟斯的整个哲学体系产生不系统的认识。

总之，卡拉瑟斯心灵本体论的困境产生的原因是多方面的。有些是由于他体系本身的矛盾性决定的，有些是他在研究问题时不全面、不系统造成的，这样便使他整体的哲学思想出现了漏洞，不从整体、宏观、语境的角度看待整个意识观念，就会出现理解的片面性。

四、心灵本体论的出路

卡拉瑟斯心灵本体论存在困境，如何走出这些困境就成为我们需要探讨的问题。我们试图通过神经生物学、具身认知和认知语境论研究来寻找出路，对这些困境提出可能的解决路径。

（一）神经生物学出路

神经生物学的研究有利于意识问题的科学化探讨，对卡拉瑟斯还原论困境有一定调节作用。卡拉瑟斯的还原论困境将意识完全还原为物质特征，这是片面的，也是不恰当的。我们可以从神经生物学方面对其进行引导，通过神经生物学的研究证明意识是否完全可以被还原于生物学，是否可以部分被还原为大脑中的某些区域，还是全部可以被还原为脑中的部分，或者当大脑的物质形式积聚到一定程度突然出现了意识，这个程度是什么程度？这些问题正是神经生物学要解决

① 刘劲杨．哲学视野中的复杂性．湖南：湖南科学技术出版社，2008：213.

的问题。如果这些问题解决了，那么也就从根本上解决了卡拉瑟斯还原论的困境。

人脑是一个生物器官作用于电化学信号①。从大脑的构成物质方面来看，主要包含：神经细胞（又称神经元 neuron）和神经胶质细胞（简称神经胶质 neuroglia），而在神经细胞之间有许多突触（synapse）连接。它们的功能也各有不同，各司其职。神经细胞和神经胶质是基本的组成单位，可以刺激和传导神经冲动，大脑内有无数个神经细胞，单个的个体是无法实行某项操作的，必须在神经元、神经胶质和突触的共同作用下才可以进行信息传递，我们人的每一个行为都是与这些生物结构分不开的。人类的意识都是以大脑为基础，所以对于身心问题的研究很多都需要借助神经生物学的原理和成果。

神经生物学的研究主要有两种方式：一种是直接对大脑进行研究，比如刺激大脑的某一部分，从而观察是否会产生身体的相应变化，或者当身体发生变化时，看看大脑的哪一部分会有反应，当然第一种情况运用比较广泛；另一种是将大脑作为模型，用其他物质进行模拟，获得大脑某部分的功能，研究大脑产生的原理，大脑对意识产生所起的作用。随着神经科学的发展，大脑的研究也跨入了新的领域。在认知计算主义纲领的指导下，一些行为主义科学家开发了研制各种机器人或是模拟机，从存储、记忆到学习、自适应、自组织特性的控制和操作。而一些科学家和计算机学家省略表达和推理环节，直接将一些感知和行为连接起来，这样使物质和精神省去了语言这样的表面环节，从本质上对意识等心理状态进行研究。近年来，人工智能学家都在试图用机器模拟人的行为，比如学习、适应环境能力等等，产生一定的成效，而联结主义的兴起使计算机和机器人发展又上了一个新台阶。但目前最高级的机器人适应环境的能力也是非常有限的，即使借用最新的模拟进行计算，在目前看来也是一个没有终点的行为。适应环境能力只是最初等的，更谈不上“自主”和“进化”了。

然而，科学家对于意识是如何产生还是有一些发现，现在比较盛行的观点是“涌现”（energence），意识是涌现于集群系统动力学方面的研究成果。从这一观点可以看出，意识并不是天生存在的，而是形式发展到一定阶段的产物。

在对大脑神经动力研究时，可以发现有一种信号循环传输的“再进入过程”，这种过程依赖于丘脑皮层网络和其他网络而产生，这些网络是由神经元、神经胶质和突触共同构成的，是一个神经元集群。这些集群组织具有相当复杂的整体性，是由一群对意识产生有贡献的神经物质构成，通过在大脑内的相互联结形成了信号的循环和信息的交换，这些会随时间变化的神经物质集群被称之为

① Warwick K. Alien Encounters. In John Preston，Mark Bishop. Views into the Chinese Room：New Essays on Searle and Artificial Intelligence. New York：Oxford University Press，2002：314.

“动态核”。虽然我们目前还没有理论和模型能够清楚地表现这种自涌现的现象，也没有人工系统能显示每个神经元主体与成百上千的通过突触连接的其他神经元主体的相互作用，但霍兰对意识和认知的涌现特征做了精细分析，从理论上为神经生物学研究提供了基础。

霍兰等神经生物学家认为，意识或意向性的涌现主要是源于这些“动态核”，这些集群动力组织和周围的环境相互作用，并由环境激发而产生意识等心理状态①。从中可以了解到，神经生物学对于意识起源问题确实有自己的解释，而且是经过无数实验检验过的，具有科学性。神经生物学的发展有利于微观事件和经验关系的进一步明朗化，它在对大脑的研究过程中着重探讨意识从何而来，是大脑的附属品吗？显然不是，植物人没有意识，正常人也不是时刻有意识的，而通过神经生物学研究最终表明：意识是大脑中神经元、神经胶质和突触发展到一定阶段“涌现”的产物。类似于水达到了100摄氏度就开了，量变达到一定界限就出现了质变，但是依目前的人工智能水平，是无法知道我们大脑中神经物质运动到什么程度就会达到质变，“涌现”出意识；而在产生一阶理论和高阶理论时，神经物质运动达到怎样的程度才会出现？如果只需要达到同样的运动程度就会出现，那为什么会有一阶理论和高阶理论之分？如果需要达到不同运动程度才会出现，那么这个标准是什么？一阶理论和高阶理论的划分可以有无数种，那么神经物质产生意识的运动临界点也有无数种吗？如果情形是这样，还有什么标准可言？盖尔曼曾对“涌现”做过这样的解释：“涌现的本质就是由小到大，由简入繁。”② 这些都是关于意识“涌现”的问题，如果不解决，就永远不会了解意识产生的奥秘。

从某些方面而言，人类认知活动的基础不仅要依靠大脑中神经物质的运作，而且需要脑与身体以及周围环境交互作用共同完成，这时大脑才会选取适合神经活动的某些分布模式加以实现。而且研究表明，人类的心智是一种达尔文式的进化心智理论，主要是通过大脑物质活动达到一定程度而涌现出意识，“动态核”的研究在意识产生方面起着非常重要的作用，这是因为作为意识经验基础的神经过程就发生在这种“动态核”上。大脑中神经信息的交换是指这些集群和“动态核”在时空两方面的相互映射活动。这种神经元、神经胶质和突触的相互作用使得由集群构成的“动态核”产生了一种交互并发行为，这种行为使得人类的意识和心智成为可能。

事实上，从神经生物学解释心灵是很多哲学家所做的工作，虽然也受到很多批评和质疑，但是目前为止，自然化意识研究是最科学、最深入的一种方式。这

① 约翰·霍兰．涌现：从混沌到有序．陈禹等译．上海：上海科学技术出版社，2000：269.

② 约翰·霍兰．涌现：从混沌到有序．陈禹等译．上海：上海科学技术出版社，2000：3.

是因为人类要想获得对意识的研究和认识，对大脑的研究是必不可少的，对自我和世界的相互作用的研究也是必要的，这就需要对思想产生的过程加以了解。从这一方面来看，意识最重要的特征是它的自指性、非定域性和涌现性等。如果这样，神经生物学的研究就可以试图逐步解释意识等问题，至少是从科技或纯物质角度进行一些符合现实的解释，意识并非是附随于大脑内，它是一种涌现的结果，而且可以将这种科学的解释融入计算机研究，进一步检验这种定义是否恰当。从某种程度上讲，也有利于卡拉瑟斯还原论困境的解决。

（二）具身研究出路

卡拉瑟斯的哲学本身就存在着属性二元论的缺陷。对于这个问题，可以通过具身认知研究进行试验性解决。所谓具身认知，是一种对有机体与其所处环境之间的交互作用，在认知过程中身体起重要作用。一般来讲，具身研究成立的前提是：①在某一阶段发生的，而且是系统的行动是第一位；②认知的类型主要是通过具身的方式来决定的；③具身性决定了认知是建构式的。认知的这些前提也是它的核心假定内容。对具身的强调是认知的必要条件，而认知又是身心研究的主要方面，所以具身研究对身心问题的作用是非比寻常的。

卡拉瑟斯的属性二元论将物理事件、身体等被认为是一种既具有物质属性又具有精神属性的东西，通过具身研究可以从生理学、进化论和实践角度对这种思想加以修正。从生理学角度来看，我们的视觉器官、感觉器官、触觉器官都具有意识性。具身性研究就是将心灵的本质，通过神经示例等方式与所处环境进行融合的一种方式。神经元是大脑中最基本的构成单位，而且也是我们人类能够感知外界情况的内在依靠物质。意识是依靠“动态核”的涌现而形成的，而且是一个极其复杂的过程，我们目前也没有弄清其中的关系，或是可以使意识涌现的“动态核”活动程度。从这个方面来讲，生理学虽然是具身性研究最容易想到的一种方法，也是科学上最难解决的一种方法。他需要无数科学家和人工智能学者对其精心研究。具身性的生理学研究会对知觉和运动神经的独特之处产生基础性作用。我们人类的生理学涉及对意识及其产生都有直接的影响，而且对生理的研究也是意识研究的最行之有效的方法。对生理进行限定研究，最主要是指对身体产生意识影响因素进行分析，这样可以有利于避免卡拉瑟斯关于身体这个物质实体的多元化，即一会儿将其用到与心智等同的地位，一会儿又将其置于心智的基础地位之上。

从进化的角度来看，自达尔文进化论产生并被广泛认同起，它就成为了一项在很多方面都有应用的理论。而由于对意识和认知的研究，科学家和人工智能学者逐渐发现，“理性也是进化的”，这一发现从某种程度上对人类中心主义有了冲击，这是因为人类通过这一理论忽然发现我们并非是唯一有理性的动物，我们的理性只不过是从动物时期发展而来的，其他动物也能够拥有理性。这就将人类这个行为主体放置于历史进化的长河中进行讨论，从这方面得出，理性不是区别于我们和其他动物的本质特征。这种进化思想为卡拉瑟斯二元论思想提供了改进的机会和条件，也提供一种理论可能性。当我们的理性只是所有生物、动物中的一个进化阶段时，意识解释的优先性便不是那么重要了。

从实践活动的角度来看，具身性研究有利于意识产生原因的发现。我们个人主体是与世界进行交互作用而共同引发的一种内在关联性，它包括行为主体的实践活动，以及由这种活动所产生的语言、思维和情感的变化，只有主观和客观相融合的实践活动产生，才是具身研究的最好方式，是对意识如何产生这一问题的最好认知方式。卡拉瑟斯属性二元论也应强化意识对物质的反作用，而不仅仅是说明事件对意识的决定作用。因为意识和物质这种交互作用，本身就是在更广阔的社会文化语境中被建构起来的。

根据具身观点，对“具身”的强调是认知研究的必要条件。而具身认知理论研究也必须要在行为主体意识同复杂环境的交互作用中形成，大多数实在世界的思维都是发生在某种特定环境之下的，而且需要控制外界并利用与外在事物互动的可能性才有存在或产生的可能。卡拉瑟斯的属性二元论忽视了意识对物质、环境对意识的作用，这正是具身性研究的对象，我们可以从中借鉴、吸取经验，对卡拉瑟斯二元论的解构和重建会有很重要的意义。

（三）语境研究出路

针对卡拉瑟斯心灵本体理论系统解释缺失的这一问题，我们可以尝试用“语境”研究来解决。语境是一个具有内在复杂性的系统整体，是诸多要素的相互关联。事实上，语境研究应用范围很广，每一个行为体都是生活在语境中，这些语境是依赖于大量相关因素而重构。卡拉瑟斯整体理论都存在一种缺乏系统性的解释，针对他缺少对他人意识方面的研究、将自然主义绝对化和忽略了直觉的重要性这三个问题，我们分别从语境角度加以理解和充实。

首先，由于卡拉瑟斯的整个心灵思想理论的重点是对自我意识的研究，对他人意识方面没有进行深入分析。这就需要有一种环境观念，将心灵研究主体“我”放置于社会大环境中进行研究，而研究的主要方面不仅包括对“我”的神经生物学探索，还要从我与他人关系方面进行研究，他人是我的一个参照对象，没有了这些参照物也就不会有“我”的存在，不会有“我”的意识的存在。与他人和社会的联系是很重要的，“科学心理学的可能性预设原则第一条就是：人类积极地参与公众和私人话语这个有意义的行为流”。[①] 比如，研究我心情不好，

---

① 罗姆·哈瑞. 认知科学哲学导论. 魏屹东译. 上海：上海科技教育出版社，2006：140.

可以从神经学角度进行探讨，我的大脑中哪些神经元发生了变化，从而导致我的心情发生了变化。还可以从社会角度研究，我为什么会产生压抑、郁闷的情绪，是由于工作不顺利。只有将在意识中心地位的“我”同周围环境相联系以研究，才是对意识研究的合理方式。

其次，卡拉瑟斯心灵理论的自然主义绝对化缺陷也可以用语境分析来解决。卡拉瑟斯将心灵理论置于自然主义之下是正确的，但是用一种绝对自然化的观念来对它进行研究是不恰当的。卡拉瑟斯否认超自然现象是将意识研究孤立起来，没有从多方位、多角度对其进行研究，结合现实实际是对这一方面问题解决的最好出路。从某种角度来看，联结主义也是一种语境论，研究自然主义要用到人工神经网络的多种知识，有些意念能够改变物质属性的情况，在人工神经网络方面也是存在的，那么若还是将物质放在主要地位，意识放在次要地位来研究这个问题，就是不可理解的了。

最后，关于卡拉瑟斯对直觉的忽略，用语境分析方法进行研究也是有其合理之处。卡拉瑟斯解释的优先性认为，在微观事件的解释程度方面是高阶理论占优，这也是没有系统地分析我们周围的事件，在我们周围的事件中，直觉的成功率不在少数。还有一种情况是，人们有时会冥思苦想而无结果，或是没有什么好的办法的情况下，产生用最初直觉做决定的想法。当人们运用高阶理论分析受阻时，由于情况的变化会产生一种“柳暗花明”的感觉，这就是语境对人造成了影响，而人的直觉又为人类行为起到了解释作用。

概言之，造成卡拉瑟斯心灵本体论困境的原因不同，针对原因采取的解决方式也会有差异。从神经生物学、具身研究和语境分析对他的思想进行补充或许还有不完善之处，但可以从宏观、整体上对其进行把握，不失为一些好的出路。

五、结　语

卡拉瑟斯是研究心灵问题的新派哲学家。他的思想以意识的自然理论为基础，以“解释空缺”和“解释优先性”为主要研究内容，有其新颖、独到之处。在纷繁多样的心灵研究领域，卡拉瑟斯的心灵本体论如同一股清流，将自然主义和本体论对心灵的作用阐述得淋漓尽致。

卡拉瑟斯的心灵本体论延续了心灵表征理论的方法论，从而使他坚信心灵存在的必然性，否定了取消主义认为心灵虚无的看法，揭开了蒙在心灵问题上的神秘面纱。卡拉瑟斯继承和发展了塞尔关于心灵问题的研究，在此基础上提出了“意识的自然化”理论。而莱文的解释理论为卡拉瑟斯“解释空缺”提供了思想来源和理论依据。卡拉瑟斯在对这三种思想的批判继承过程中，不仅确定了“意识的自然化”主题，提出了“解释空缺”思想，还从一个新的角度提出了“解释优先性”理论。

不过我们应该看到，卡拉瑟斯的心灵本体论虽然比较新颖，但还不完善，存在着一些困境。通过神经生物学、具身研究、语境研究方法来解决这些困境，也存在许多问题，如神经生物学研究在科学界和生物学界就没有定论，很多成果无法究其对错，还有很多方面没有研究清楚，用这种方法是否就能够解除卡拉瑟斯的还原论困境？在实践意义上，这一问题值得商榷，但就其理论意义而言，神经生物学研究至少为这一困境提供了一种可能解决思路，为心灵研究和人工智能发展增添了新的理论依据。

第十八章　米勒：意义的语境表征

米勒（G. A. Miller）[①] 是美国著名心理学家，主要集中认知心理学尤其是心理语言学和交流问题的研究。米勒最著名的论文是《神秘的数字七，加减二：信息加工能力的极限》，描述了人类信息处理能力的限制，而且进一步论述了如何避开我们短时记忆的瓶颈。其他著作还有《语言与交流》（1951）、《计划与行为的结构》（1960）、《心理学，对精神生活的研究》（1962）、《交流的心理学》（1969）、《语言与感知》（1976）、《语言和言语》（1981）以及《词的科学》（1991）。米勒致力于建立一种信息处理机制的认知心理学，这种心理语言学的研究贯穿了一种认知纲领，而心理语言学的发展也验证了其认知纲领的正确性。

一、心理语言学中的认知纲领

（一）心理语言学与心理学中的“认知革命”

心理学中的“认知革命”是一场二次革命。米勒在论述这场革命时指出，由巴甫洛夫和一些生理学家的主导的革命将心理学重新定义为研究行为的科学。这种用行为研究取代心理事实研究的心理学“新范式”是实验心理学领域的重大进展，但是到了20世纪50年代却难以为继。这种对心理学的简单定义将思维等重要范畴范排除在外，使其在解释刺激-反应模式之外的记忆及其他高级心理过程时无能为力。因此，如果科学的心理学要继续发展，就必须有新的“心理”概念整合和解释关于行为的数据。这场革命首先出现在语言学研究中。

心理语言学引入了新的“认知”概念代替传统的“心理”概念。米勒在对语言习得和用途的研究中逐渐发现：心智在获取并控制我们称为语言的复杂符号系统。米勒承认他的这一发现深受乔姆斯基的影响。他指出，20世纪50年代以来，乔姆斯基改变了语言学中的人类学研究路径，因为乔姆斯基的定义“语言理论简单而言就是心理学的一部分”，使得语言学成为认知心理学的一个重要分支。米勒同意乔姆斯基的观点，认为语言学的主题是语言使用者的能力，而非他们的表现。外在的语言行为仅仅是我们研究语言能力的证据，而心理语言学的目的之

---

① 米勒曾供职于洛克菲勒大学、普林斯顿大学、麻省理工学院和哈佛大学的心理学系。米勒和布鲁纳在1960年成立了哈佛认知研究中心，并且成为认知心理学的奠基人之一。他于1962年当选为美国国家科学院院士，1963年获美国心理学会颁发的杰出科学贡献奖，1969年当选为美国心理学会主席，1991年获美国最高荣誉的科技奖——美国国家科学奖，2003年获美国心理学会颁发的心理学终身贡献奖。

一就在于根据这些证据描述这种能力。正如他自己指出的：这种心理学研究将人类语言视为人类特殊的“心理官能”，因为语言的使用者掌握了高度复杂的知识体系。

这样，米勒放弃了行为主义的语言解释，而转向了心理语言学的研究。因为在行为主义范式中，语言只是一种言语行为，而同语言习得和运用密切相关的记忆成为一种学习，感知则成为一种偏见。米勒的心理语言学研究，即对心智现象的认知研究，所采取的这种心理学与语言学研究相结合的进路，将语言现象的解释与认知能力的探讨相结合。一方面为语言现象寻找到了科学的基础，即将人们对世界的感知知识设定为语言的心理学基础；另一方面也为认知能力的研究提供了一种有效进路。因为语言是遍布于个人及公众的主要交流方式和意识表征方式，所以，语言为心智研究提供了可观察的和可测量的研究对象，为心智研究正式进入心理学领域扫清了障碍。这是心智研究中的一项重大进展。

正是心理语言学领域的进展使得心理学家重新定义了心理学。因此，心理语言学引发的这场革命所挑战的不仅是行为主义的语言观，而且是整个行为主义范式的心理学——这种意义上的心理学是一种建立在严格行为法则基础上的客观科学，而心理学领域的认知革命则将“心智”的概念重新带回到实验心理学领域。这场革命不是对旧式哲学心理学或者心理学整体论的回归，而是在保留行为主义的客观研究方法，即严格的实验基础上的更高阶段的科学心理学。

（二）语言作为一种心智表征

米勒的心理语言学尤其强调语言对心智能力的外在表征作用。就语言的特征及其使用而言，意义的形成，表征了一种基于独特生理基础的感知及表征操作能力；有意义地交流，表征了一种对意义表述的理解以及对心智意向的识别能力。

首先，米勒通过实验表明：语言，尤其是有意义的语言表达，是一种内在的心理活动，而并不仅是一种纯形式的，外在的遵循规则的行为。这说明使用语言有意义地表达并不是一种对刺激的简单反应，而是人类所独有的基于特定生物因素的先天语言能力的表现。有意义的言语不仅是一种行为，而且是从具体环境中抽取出来的心理实体。因此，意义就不仅是一种交流方式，而且更是人类心智的一种直接映射。而且，意义在语言应用中也发挥了核心作用。因为不是语言的所有物质符号都可以表达意义，语言能力将语言的物质符号依据意义表达的需要进行了区分鉴别。最后，米勒还通过区别语言中词汇的意义和指示对象进一步阐明了这种语言观。米勒指出，刺激反应可以解释词汇的对象，但是词汇意义需要由符号之间的关系结构而定。因此，对意义的理解依赖于语言使用者的相关知识及认知能力。

其次，米勒进一步对语言知识的体系进行了说明。研究意义表达需要将语言的规则和语言使用者的规则相区分。语言知识的规则包括：在句子中生成和组合单词的句法规则，解释词的组合的语义规则，以及由于人们的观念差异而产生的对概念说明的语言使用的规则，其中的重点是规则的生成性。而语言运用模式不但要包括生成规则，还要包括信息储存和信息处理这两个组成部分，才能模拟语言使用者的实际行为。心理语言学的工作就是提出并且检验语言运用的规则模式。具体而言，语言知识的体系可以分为两个部分：语言的产生及其应用。

语言知识体系的核心是语言的产生。米勒从语言习得的角度指出，儿童在学习过程中用来塑造语言的是一整套先天的和普遍性的语法体系，即从他们特殊的语言群的要求发展为生活世界中的语言。至于语言使用的问题，米勒强调语言知识可以使语言使用者将语言字符和意义表述相联系，乔姆斯基强调了语言知识终结于将意义表述指派给语言字符，因此，语言习得的经验数据就具有认知上的理论意义。米勒还进一步强调了语言使用中的两个问题：语言的先天性和交流性的问题。

米勒综合语言、词汇和句法中的证据说明了语言的先天性：①语言的获得过程体现在所有正常的儿童身上大部分都是相同的；②语言是人类物种所特有的，甚至与世隔绝的人群都有语言，但是最智能的猿类都没有语言；③所有语言的基本设计特征都是普遍的；④已经证明：特殊的神经结构促进了言语的感知和形成。

至于交流性问题，米勒认为人类语言是两种高级生物所独具的两种体系——表征体系和交流体系的结合。表征体系表明语言是一种对周围世界的再现与互动的过程。该过程是在进化出高度具体的表征体系的器官，即人类大脑中发生的一种表征混合操作，信息加工的表征转换过程。这一进化发展过程的关键肯定是一种能力的发展，即形成一种长久的、复杂的结构化发音，并且将语言学表征投射到关于人物、事件、物体的非语言学表征上。该过程就是在发音和意义的对应关系之间的关联。这种结构提供编码和解码的系统向语言学家提供用于句法分析的主体内容。关于交流体系，米勒试图表明：交流不仅需要编码信息的准确转换，更重要的是对交往源头意向的识别，即从分布广泛可能的意向中选择合适的信息量。因此，交流的使用效果既依赖于语言意义，也依赖于对使用条件的表述。

（三）心理语言学中的认知方法

米勒心理语言学在批判行为主义范式中机械的研究方法基础上，转向了一种认知方法。米勒最初接受的是香农的信息理论，但是他发现这种信息理论在处理自然语言中遇到了困难，因为其采取的 Markov 程序无法在书写文本的字符顺序分析之外进行扩展，所以米勒转向了乔姆斯基的句法理论，将句法结构作为研究人类语言的结构部分认知程序的基础。在句法理论中，掌控句子和词组的语法的规则不是行为的，而是对我们观察到的言语行为背后的认知程序所做的心理假设。这是米勒心理语言学的重要方法论基础，也是米勒“认知革命”的开端。

随后，米勒对行为主义的语言研究方法进行了集中批判，指出这种形式化的研究策略根本错误在于忽视心智的作用，并且用解释简单行为的刺激-反应的方法结构，来解释语言和思维等高级现象。

首先，米勒指出了行为主义的方法论忽视“意义”在语言中的作用，将言语行为作为因刺激而产生的发音。言语中的意义表达和物质形式是有区别的。许多词在发音和书写方面是一样的，但意思却差别很大；同音异义词在物质形式上相同，却具有完全不同的意义；还有许多语言表述在物质形式上相同，但是通过意义所传递的心理因素却不同。而且用加权平均数的统计方法来统计意思不可能预测句子的意思。因为句子意义的理解具有层次性，即句子是按层次组织起来的。行为主义的语言观认为，听见一个句子只是对一个个单词做出反应的简单化理论，无法很好解释言语行为。因此，心理语言学的研究方法就是将意义表述中的概念以组的方式结合，使每组中都成为包括若干语言成分的意义群，并且保证每个意义群都是合语法的。

其次，米勒指出了行为主义方法论在解释语言习得上的缺陷。按照行为主义的学习理论，语言使用者在学习一种语言时应首先从声音和字母开始，然而再学习如何进行组合以进行有意义的表达。但是对语言习得的心理实验却证明了，语言使用者一开始就确定了语言中有意义的物质特征，并且在学习过程中逐渐加以区分。因此，米勒的心理语言学建议对语言研究采取一种现实的纲领：即将研究兴趣由鉴别学习转向科学假设；由对反应的巩固转向对假设的估量；由语言习惯转向语言规则；由概括性转向创造性，由教授口头反应的特殊方法转向人类的内在的、普遍的能力；由条件刺激转向语言符号；由单词或发出的声音转向句子，由一连串的反应转向语言结构。简而言之，从行为主义的学习理论转向语言本身。

最后，米勒还预测了心理语言学研究的未来发展方向，即生物学的和计算机的进路。神经科学家做出的明显进展能揭示神经元内部和位于神经元突触的过程，提供了理解记忆——至少是部分记忆的生物化学基础。同时，米勒还强调，最好的建构和检验对于理解大脑复杂性和人类心理生活复杂性理论的最好机会就是通过计算机模拟。计算机有强大的处理语言的能力。我们现在能设计计算机程序为许多合语法的句子指派合理的语义理解。但我们还没有发明出向人类一样能轻松处理交流问题的复杂系统。

米勒后半生致力于 WordNet 的建构，即依据心智储存和使用语言的方式建构一种语言学数据库，以及一种依据心理语言学中的人类词汇记忆组织理论而设计的英语指涉性体系。这种可用于机器阅读的、并能在多种平台上运行的在线词典的成功，验证了其心理语言理论的正确性。因此，生物学和计算机的进路，不仅是心理语言学的未来方向，也为认知心理学提供了很好的研究路径。

二、认知意义论的本质特征

米勒将语言问题作为认知心理学研究中的重要问题，尤其强调语言意义的作用。米勒主张，意义是语言使用的中的核心问题。人们使用语言，目的在于获得意义。如果无法获得意义，语言将成为“无意义的声音符号”。米勒尤其重视对词的意义研究，认为“理解词义为理解更大单元的语义现象奠定了基础，是理解语义现象最重要的一部分”①。米勒在意义问题上持心理内在说，坚持语言意义的心理内在立场，认为意义是心理建构的结果，而且意义的组织方式也呈现出心理结构特征。米勒的认知意义说是其认知理论的重要内容之一，也预示了对意义问题中的认知因素进行研究的前景。

（一）认知意义论的属性特征

米勒将语言作为认知心理的重要内容，并且通过对人类语言现象的认知心理过程进行程序式分析。米勒得出了这样的结论：意义是内在于心理之中的，而且意义的形成是对语义关联进行心理建构的结果。这种心理学研究将人类语言视为特殊的“心理官能”（mental organ）。这也为意义问题赋予了心理特性，因为建构意义就必须要理解概念之间的语义关联，而这种理解能力正是一种心理能力。因此，米勒将其语言学成果命名为心理语言学，而这也是对乔姆斯基观点的继承，即语言研究的主体应是语言使用者的语言能力，而非对语言现象的描述，“语言理论简单而言就是心理学的一部分”。② 这样，米勒继承了乔姆斯基的定义，将语言研究定义为一个认知问题。

1. 意义的心理内在性

米勒认为，语言表达的意义既不在于它所指称的外在对象，也不在于它在人们头脑中所引起的观念；既不以语用效果单独呈现，也不仅在于语句为真的条件。意义是概念之间的语义关联。因为概念是人类认知结构的产物，所以意义同时也反映了人类认知结构间的语义关联，这种意义的呈现方式是关联性语义学。关联性语义学通过将词的概念置于不同的“域”中而赋予语词不同的意义，这样的关联语义学不仅说明了词义的指涉性基础，也通过对词汇用法的描述，从而

---

① Miller G A. The Science of The Word. New York：Scientific American Library，1991：147.

② Miller G A. The Place of Language in a Scientific Psychology. Psychological Science，Blackwell Publishing on behalf of the Association for Psychological Science，1990，（1）：9.

形成了完整的意义理论。

米勒针对传统的哲学语义学研究提出了质疑。传统哲学语义学的目的在于给出“意义”这个词的所有特征以及人们如何使用其相关形式。这意味着一套完善的理论在为我们提供意义时，也要依据我们的语言表述为我们提供一种逻辑上的一致性。米勒进一步提出，这样的研究方法必然会使每一种理论都面临着许多无法回答的问题。米勒选择了两种哲学语义学理论进行了说明。其一是传统的对意义的内涵和外延的区分。传统的形式逻辑区分出意义的内涵和外延。外延决定一个词所能指示的一切，而内涵决定外延。这种理论的缺陷在于，并不是所有有意义的词都符合上述两个条件。比如“of”、“and”等词有意义却无外延。其二是真值条件理论。根据这种理论，知道一个语言表述的意义就是知道其应用的真值条件。比如，我们知道“黄金”这个词的意义就是要判断在什么情况下“这是黄金”这句话为真。但是米勒指出，“这是黄金”这句话的真值条件要取决于个人的认知能力，因为“黄金”的概念对牙医、金属学家是不同的，他们评判真的标准也不相同，但不妨碍他们理解“这是黄金”这句话的意义。所以意义问题和真并非是密切关联的。

米勒的意义定义所表述的不是客观世界，而是一种心理世界，一种基于认知能力的概念化世界建构。因此，意义就是一种概念化的认知模式（而非可能世界中真值条件）。这样的语义学的首要标志是——意义是心理性的。更准确地说，研究意义问题的语义学可以被看作是语言学同心理实体（mental entity）的对应，是语言学与语言使用者心理结构的联系。

2. 意义的形成是一种心理认知能力

概念为意义形成提供了指涉性基础，但是意义理论不能仅仅满足于对指涉物的描述，还应包含对语言使用规则的说明。塞尔指出：“任何一种意义理论都必须不仅说明讲话者通过其话语表达的是什么，还必须说明讲话者是如何表达它们的，讲话者是在什么样的精神状态下表达真值条件的”，“任何无法说明这种情况的理论，都称不上是一种意义理论”。[①] 孤立、静止的概念只描述了词语意义的指涉基础，完整的意义理论还必须包括使用的说明。这种说明是通过对语义关联的掌握来实现的。语义关联的作用是通过将词语置于“词典域”中，对词语的用法作语义说明。同时对语义关联的掌握也满足了对语用效果的刻画。这种对语义关联的掌握能力主要是交流和理解。在《语言与感知》一书中，米勒为词义设定的心理学基础指出，语言和认知存在于人们的头脑里，所以语义必须按照心理现象来描写，将人们对世界的感知知识（perceptual knowledge）和语言使用

① 塞尔 J R. 当代美国哲学. 崔树义摘译. 哲学译丛，2001，(2)：9.

相联系。所以米勒尤其强调交流和理解对意义形成的作用。

米勒认为，意义是一种对语义关联进行心理认知的结果，所以意义不可能脱离理解或感知而单独存在。理解能力提供了心理词库（mental lexicon），即词和意义的知识——这些只能关于语言使用的知识存在于语言使用者的长时记忆中。心理词库正是词典概念的总和。

米勒进一步指出，语言是表征系统和交流系统的良好结合。建立在人类独特的生理结构基础上的表征系统提供了概念化世界，即语言意义的概念基础；而交流系统则扩大了表征信息的范围，表征信息不再是很少量的选择出来的信息，不只局限于个体表征的产物。因此，交流说明了语言的使用条件。交流为意义形成，为语义关联的理解提供了语用效果的条件说明。

米勒引用乔姆斯基的观点说明，语言知识可以使使用者将字符和意义表述联系起来，强调语言知识将终结于将意义表述指派给语言字符，而非语言使用者使用语言的目的。这样，对语言使用和语义关联分析的需要，使得描述语言使用者的知识系统成为认知心理研究的中心任务。而且“语言习得的经验数据也因此具有理论意义，对语言理解所进行的认知研究逐渐繁荣”。①

具体而言，米勒论述关联性语义学时描述了三种域：指示域、符号句法域和词典概念域，指出了语词获得意义的三种情境。首先，他引用了米勒的结论，区分了两种不同的连接词的域：指示域（pointing field）和符号句法域（symbolic-syntactic field）。指示域有助于我们理解你、我，此时，这里涉及不同人物在不同时间和不同地点所使用的语词；符号句法域的作用在于为词的意义提供了固定的语言结构。最基本的语言结构是句子，单个的词无法获得意义，除非其置于一定语言结构中。米勒认识到，掌握词与词之间的句法结构是理解意义的必要条件。“they are flying planes”的不同意义取决于“flying”一词被作为动词还是修饰词使用（它们是飞行的飞机，它们是正在飞行的飞机）。米勒强调结构性关联。尽管米勒的真是关联性的真（relational truth），这种真只取决于句中的关联和所指事物关联的一致，而非逻辑真值。其次，米勒发展了词典概念域的概念。大多数非指示性词（nondeictic）——也即大多数词——并非像指示词那样本身无意义，也并非在合语法的句子中才能获得意义。米勒举例说，“line”一词在不同的句子中有不同的意义，其意义受到使用的限制；即使先不论使用，一个名词作为“line”的多义词也不能像指示代词 that 一样指称许多不同事物。词典概念限制了“line”的意义。

① Miller G A. The Place of Language in a Scientific Psychology. Psychological Science, Blackwell Publishing on behalf of the Association for Psychological Science, 1990, (1): 10.

（二）认知意义的结构特征

意义是语言使用者基于认知能力进行心理建构的结果。意义的心理结构特性体现在词的意义上，是语言使用者通过语义关联以心理结构的形式组织起来的。而且米勒参照认知科学的研究成果，通过语义关联对词义的组织方式进行研究，建立起词语意义的组织结构和人的心理结构之间的联系。

米勒运用词的关联测试说明，单个词可以通过词义激活广泛的词典知识，并且通过填装（priming）技术测出数据，保证了大量人群的数据集合可以作为单独个体的内在词库这个心理学结论的可靠性。这样，米勒从词的关联测试中找到了语义关联间的多样性和复杂性的直接证据。

首先，米勒区分了两种类型的语义关联：指示性关联（denotative relation）和意义关联（meaning relation）。在指示性关联中，概念不能随意流动，这里概念必须是关于某物的概念。一只鞋和鞋概念之间通常被认为是一种表征（representation），概念是某种物理东西（physical thing）的心智表征。“鞋”这个词作为一种事物之间的指称语义关联，和具体的鞋之间的唯一联系就是这种由关联所建立的心理表征。这样，最简单的情况就是，词义是对概念的表述，一种心理表征。意义语言学（sense linguistic）即概念之间的关联方式，存在于词典概念之中。

其次，米勒通过广泛调查得出的语义关联表明了语义关联的作用：通过广泛的语义关联，词汇意义具备了检索功能，为词汇在分类结构中定位。具体的语义关联有以下四种：

（1）上属（superordinate）、同属（coordinate）及所属的形式：通过分类树安排事物。

（2）属性形式：陈述事物属性值的修饰形式。

（3）整体-部分关联：为某物的一部分命名的形式，或者命名这个事物所属的整体。

（4）功能形式：指定事物最后结果的形式——事物通常的用途。

再次，米勒强调区分性特征的作用。在语言的日常使用中，我们经常需要明确指示所谈论的究竟是什么，但又不需要做出明确鉴别。相对区别通常就足够了；如果一个表述能提供足够的信息，达到区分预期（intended）指称物和其他同交往目的相关的其他事物，那么这个表述就是成功的。为了能成功地交流，对具体的对象来说，我们最重要的不是能在任何可能条件下能正确地通过名称识别指称物的能力，而是区分所指与其他可能混淆的事物的能力。

一种意义理论不仅要提供客体的名称，而且要使客体有区分性特征的名称。这些区分性特征（distinguishing feature）不仅对指称陈述是必要的，而且对定义也是如此。一个名词概念原型首先同它所属的形式相关联，接着要附加一个相应的条件以区别于其他例子（种加属差）。这些有区别的特征被用于区分。

最后，米勒在基于上述语义关联研究成果基础上归纳和总结了意义的组织原则方式——树形结构。用于组织词汇数据的分类原则是建立在集包含（set inclusion）基础上的。被用来指示嵌套（nested）集合的词与词之间的关联被称为上位层（superpordination，或 hyponym）。米勒对语义关联的形式做了补充说明，属性、功能、部分在句法（syntactic）种类之间也同样适用，因为属性、组成部分和功能只有用词表达出来才能进入定义。“属性”最常用形容词和形容词短语表达，“组成部分”用名词和名词短语表达，“功能”用动词和动词短语表达。这样他就对概念的使用做出了进一步的说明。

（三）意义的认知特征

米勒的认知意义说所坚持的意义的心理内在性和心理结构特性、意义必须通过理解才能得到解释的观点，强调语言使用者的语言知识，和“感知”、“交流”等心理能力在意义刻画中的作用，这样既弥补了哲学语义学中“意义是自然之镜”理论的缺陷，也为认知意义赋予了认知特征。

1.“反心理主义修正”中的语用分析

任何意义问题都必须要包含意义如何对语言使用者呈现的问题，或者说是如何获得意义的问题。这就不可避免地涉及“理解”等心理因素。但是在哲学语义学中却存在着一种“反心理主义”的传统。弗雷格就在意义问题上坚持反心理主义，即坚持在心理与逻辑、主观与客观之间做出明显的区分，要求意义理论必须立足于意义的公共性和可交流层面，在对概念和语言规则的说明中排除对意义的心理学解释。但是，这种外在实在论的意义理论逻辑上存在冲突。弗雷格一方面反对将意义的理解解释为一种心理能力，“对意义的实在论说明与它有必然的关系，即与那种客观的、独立于我们知识的事物的判断真假方式有关，而与我们决定句子真值的程序（逻辑）无关。”① 另一方面，承认意义与语言使用者判断真假的方式有关，这就意味着弗雷格的意义概念与个人的认知状态密切相关。这样，弗雷格对意义的客观性与交流能力的坚持就与其外在实在论立场产生了明显冲突。因为，语义与理解之间的明显区分要求我们把对意义的掌握解释为一种能力，它的内容对公共标准是开放的。因此，在对反心理主义进行修正时，必然要把“理解”等认知因素融入意义理论。

就意义理解的层面看，对理解机制的心理学分析具有更客观、更基本和更科

① Dmunett M. Frege aced Other philosophers. Oxford：Oxford University Press，1991：278.

学的特征。因此，要想获得语言表述的全面解释，就必须坚持心理机制的作用。米勒坚持“理解”、“交流”等心理能力在意义建构中的作用，并通过对语义关联的分析，用语言知识的形式，实现了意义的指涉基础和使用方法的有效统一。这样就将语用分析融入到对自然语言的意义分析之中，因为“自然语言具有两个最基本的特征：第一，使用语言是为了表达讲话者的交流意向；第二，这种语言的语句可以包含开放的“索引表达”（indexical expression）”①

2. 认知意义论的“意义具身性”

米勒坚持基于人的生理特性的“理解”和“交流”等心理能力对意义形成的作用，也就承认了意义的具身性基础。意义形成过程是和对语义关联的把握及语言使用者的认知状态密切相关的。因此，任何对语言意义及使用的方式的表述，都必须建立在考察语言使用者的心理状态和能力的基础之上。

著名的认知科学家普特南曾提出了“缸中之脑”的思想实验说明了表征存在于我们的自主心灵和世界之间，在词语与自主心灵之间不存在没有指称的联系。我们的语言和思想无法指称独立于心灵的客体。因此，就此意义而言，不存在独立于心灵的客体。我们不能指称独立于心灵的客体，但能指称我们想象世界中的某一部分，我们所谈论的客体没有独立于心灵的。普特南指出，人的思维或思维都是具身性的，思维离不开身体，思维与身体同一。

米勒的认知意义说也解答了“缸中之脑”思想实验提出的是否存在人的认知与外在世界的界面问题。“缸中之脑”的思想实验说明在认知过程中，人们知觉到的并不是事物本身或客体的全部信息，而是我们借助于观察的各种手段所获得的客体信息。客观的描述知识只是一种，对它的性能的确定需要我们加以具身性的知识和内在体验。这样，人的认知与外部世界存在着界面，从而影响了我们的认知。“由于拘泥于将我们的感受视为我们自己和客观外界之间的“界面”，而看起来存在着一些致命的不足。”② 米勒的意义定义所表述的不是客观的外在，而是一种心理世界，一种基于认知能力的概念化世界。人的认知和世界是相互渗透且相互作用的。

米勒凸显心理特性的意义理论是一种内在主义的语义学，因而也是突出语言使用者主体地位的语义学。这样的意义研究方式具有重要的方法论意义，在哲学领域也显示了特定的优越性。首先，认知意义理论更有利于对日常语言的语义分析，有助于我们解决成真条件语义学所面临的困难，也体现了语义学研究的自然化趋向。其次，认知意义理论的作用机制强调了在语义分析过程中对言语者双方

---

① 郭贵春．语义学研究的方法论意义．中国社会科学，2007，（3）：79.

② 普特南．美国半个世纪的哲学．姚申海译．现代外国哲学社会科学文摘，1998，（2）：47.

主体性的坚持，这样就可以通过语义分析的过程将“理解的主体”和“被理解的主体”进行有效整合，以便把语义分析的形式规范性与言语者的心理自然性有效地结合。因此，这种语义学能更加确切、合理地反映意义、知识的形成与产生，从而在更高的层面上推动语义学的新进展。这是因为它“把‘主体’嵌入语义学的内在结构之中，使语义学成为一种有鲜明‘主体’的语义学，是后现代语义学的一个重要走向。更具体地说，是把‘理解的主体’和‘被理解的主体’都嵌入语义分析的过程，而不是仅仅强调语义分析的形式规范性和自然的理想化”①。并且“主体的嵌入更强化了意义的可通约性，进一步防止了不同语境下语义的断裂”②，保证了意义的公开性和可交流性。

米勒的认知意义理论也得到了认知语言学家的赞同。拉考夫就用理想认知模型（idealized cognitive model）表明人类可以借助范畴之间的语义关联，“不需要非常固定的意义（sense）和指涉物（referent）就能使用语符进行交流”③。这种意义理论放弃了传统的意义上与外界的完全对应，完全描述客体的意义理论，进而追求一种基于个体心理认知能力的、对世界进行重新范畴化和概念化的理论。因此，认知意义理论有着很好的前景。

三、词汇语义研究中的语境范式

在词汇语义学（lexial semantics）的研究中，米勒通过在“场”（field）中阐明和分析语义关联（semantic relation）表明了词汇意义形成的语境属性。具体来讲，就是通过关联分析，阐明意义载体在语义关联方面的语境依赖，给出词汇意义的形成及表述框架和内在机制。这种策略，有效地融合了指称的意义论与使用的意义观，开辟了词汇语义研究的新路径。

（一）词汇语义学中的“语境”原则

米勒坚持了自弗雷格以来的那种语境原则，主张在“场”语境中通过各种形式的语义关联来刻画概念的意义，确定词汇的语义值。具体地讲，就是通过在语境中研究作为意义载体的语义关联，来确立一种词汇语义学的意义观。这种思路的主要看法在于，强调意义不是独立存在的。意义的各种要素只能存在于同其他要素的整体关联中。这样的意义观点，不但确证了词语意义作为系统的语境化经验发生于各种语境信息的因果链条和关联之中，而且保证了词语所表达的概念在复杂关联系统中的恰当性。

---

① 郭贵春．语义学研究的方法论意义．中国社会科学，2007，(3)：86.

② 郭贵春．语义学研究的方法论意义．中国社会科学，2007，(3)：86.

③ 王寅．语义外在论与语义内在论．外国语，2002，(5)：27.

总体来讲，米勒在其词汇语义学的探讨中所确立的语境原则蕴含三层含义：

首先，它是一种整体论的研究策略。尽管米勒并不赞同语句是语词存在的唯一语境这一观点，但他仍坚持了整体论的研究方法。他指出，“语词不可以单个研究，任何自然语言的词汇组成的都是一个关联性系统”①。所以，应将词在特定语境中所形成的语义关联作为其意义的载体来看。“人类心智通过建立关联而创造了意义：词——无论是词形还是词义——都只能在同其他词形或词义相关联时才会发挥表征的作用”②。这样，只有从整体上掌握并理解特定语境条件下各种具体的语义关联，才能让我们真正获得语词的意义。

其次，语词所表达的概念的意义只有在能够对其使用方式做出说明的公共语境中才能显现。这表明，语境信息不仅给出了语义关联的内容，而且给出了理解语义关联的必要条件。因此，作为意义载体的语义关联只有在语境中才能得到理解。弗雷格在论述语境原则和概念的确定时指出，词的“表象和被思考的东西的联系可以是完全表面的、任意的和习惯的”③；所以，“为了获得数的概念，就必须确定与数相等的意义”④。在由不同的使用语境所决定的意谓之间，语词的意义实现了融贯和一致——即对象意义上的同一性，这确保了语词所表达的逻辑概念的普遍性。

最后，语境给出了判定语义关联恰当性的客观标准。这主要是针对词语在具体使用中的一词多义现象而言的。语词可被理解为一种以词形为载体、在特定的语用语境中生成的语义映射，语义关联即对映射关系的一种说明。一词多义现象所显示出的多种语义关联并存的现象，表明了语义关联同语境之间存在着恰当性问题。

我们认为，米勒的词汇语义学借助于语境化表征实现词形和意义的自动识别，确定了多义词的词义。这种在特定的语境中消除潜在语义模糊性的语义学研究，为我们提供了一种选择合语境的语义关联的有效途径。他的语境原则，揭示了词汇语义学的基本研究策略。他通过确立语境平台，给出了词汇语义的可靠基础，同时也确立了对意义载体的语义关联进行语境分析的必要性。

（二）“场”语境中的关联分析

米勒对词汇语义的特点做出了说明。首先，他明确考察对象是开放类（open class）的词，包括具体的名词、动词、副词、形容词等。这些词通常具有指示语境信息的作用，而且对新成员是开放的。开放类语词体现了词汇库的创造性。米

---

① Miller G A. The Science of The Word. New York：Scientific American Library，1991：147.

② Miller G A. The Science of The Word. New York：Scientific American Library，1991：147.

③ 弗雷格．算术基础．王路译．北京：商务印书馆，1998：77.

④ 弗雷格．算术基础．王路译．北京：商务印书馆，1998：78.

勒之所以研究开放类语词，是因为这些词在概念表达上具有独特的优势："不仅新的开放种类的词可以表示新概念，而且熟悉的开放种类的词可以表示新概念。"① 同时，这些词还有两个重要的特征："数量众多，而且它们的意义以复杂的（intricate）形式相互关联。"②

其次，词汇语义学的意义形态是对概念构造过程的一种描述。在词汇语义学中，词义通过建立在直接的感知经验（immediate perceptual experience）基础上（如雨、月亮、狗、火等词表达出来的概念），或者以某些更复杂的形式表示（用民主、心理学等词表达出来的概念）。这些词在具体使用时通常具有指示语境信息的作用，而且所表述的概念体现出"组合性"（compositionality）的特征。这种组合性是指："复杂表达（或概念）是由它们的成分——不太复杂的表达（或概念）构成的。"③ 这种概念意义构成的过程同时也是经验的语境化过程，即语言表达选取合适的语境过程，词汇语义学便是对这种过程的一种描述。因此，米勒将词汇语义学定位为一种描述性语义学——一种为自然语言所表述意义的概括，以区别于设定意义本质的传统的逻辑语义学。米勒放弃了传统逻辑语言学的语句分析，而选择在"场"语境中对意义载体的语义关联展开语境分析，从语形、语义和语用的角度揭示语义关联的内在机制，对词汇意义的形成机制进行语境阐释。

1. 语义关联的语形分析

语义关联的语形属性首先说明了语义关联的结构特性，即对词汇意义的形成框架给出了说明。从语境论的角度看，意义揭示了语言表述和语境信息的一种映射关系。因此，在语境论的意义框架中，语义关联的语形分析要对语词与语境信息之间的作用形式予以说明。

首先，米勒回顾了对词的形式的两种分析方法，得出了语义关联的两个源头——关联的和组合的（relational and compositional）。关联的方法研究由卡尔纳普以意义假设的形式首创，每个假设都是陈述词之间语义关联的表述。一个语义假设可能是一种如狗-动物这样直接的感官经验，也可能是包含逻辑形式的概念分析，如单身汉-男人而且未婚（如果 x 是单身汉，则 x 是男人而且没有结婚）这样的概念解释。这样，词的意义就被看作是词语本身所产生的一组意义假设而构成的关联结构。第二种方法是分析式的词汇语义学，由凯兹和福多（Katz& Fodor）首创，它采用句子分析式的方法将词义分析成不同的语义成分。这些基

① Miller G A. On Kowing. The Word Psychol，1999，（5）：50.

② Miller G A. On Kowing. The Word Psychol，1999，（5）：50.

③ Borg E. Meaning and Representation. London：Blackwell Publishers，2002：61.

本的语义本身并不是语词，而是为了描述词义和解释词的语义关联而假设的抽象元素。例如，对“单身汉”可以这样表述：动物而且是人，而且还是男性，而且还是成年人，而且还是未婚。对“男人”的表述可以是：动物，而且是人，而且是男性，而且是成年人。

其次，米勒认为尽管这两种语义分析方法在形式上存在差异，但它们所处理的语义学关联却相似，即两种语义关联都在“场”语境中通过一系列的形式转换，确定了词语的语义值。语义成分之间的隐含规则（implicational rules），例如人-动物的蕴含，使意义假设同意义陈述具有了相似性。

最后，米勒强调语义关联可以通过语境中的形式转换来描述。例如，在描述开放类词之间的一项基本的语义关联——同义性时，就是用这种替换形式做出定义的：如果两个词在一个（类）陈述中可以互换，而且不影响陈述的真值，那么这两个词就是同义的。同样的描述方法还可以用来定义覆盖各种词汇学的反义（lexical opposites），同时包括了某些渐进属性之间的中立区域。另外，另一种动词之间的语义关联（troponymy）也可以用“x 是 y 的一种”这种形式的句子做出描述。因此，我们通过对语义关联的语形分析可以得知，语义关联是语义值相同的词汇经过不同的语境转换之后的结果，作为意义载体的语义关联描述了意义元素与语境信息的对应关系，同时也揭示了作为意义形成机制的语境推理过程。

因此，对语义关联的语形说明给出了定义和描述词汇意义的形式框架，即词汇意义的形成和表述通过语义关联与语境信息之间的语境推理和转换过程中来进行。在此框架中，词语是通过语义关联的形式来确定其所指涉的语境信息，并参照心理词库中的整体意义，对意义做出规定和说明。词汇语义学需要通过阐明语义关联来进一步揭示概念的呈现、语境信息和词语意义形成之间的内在关联，从而完全揭示决定词汇意义的语境信息和形成机制。所以，“词汇语义学的一个核心问题是使辞典化概念之间的关联明确”①。

2. 语境化表征的语用阐释

从语言的语境性讲，语用学是对语言与语境相互关联的研究。语境与语义内容之间相互作用的过程是通过语境化过程来揭示的。因为语义关联必须通过语境化的过程进入语言学语境，而且理解语义内容的信息也是源于语境的，因此从语义关联到语境的语用结构阐释过程需要借助语境化表征。

具体而言，米勒强调，研究语义关联的内在机制，需要借助语境化表征——“一种对特定的词形可以用来表达特定意义的语境进行设置的认知表征”来揭示语义关联所蕴涵的语义和语用信息。语境化表征的作用就在于在语境信息与意义

① Miller G A. On Kowing. The Word Psychol，1999，(5)：5.

内容之间建立联系。具体地说，语义关联是对意义与语境信息在特定使用条件中的映射关系的描述，语境化表征即对这种映射机制及过程的动态表征。因此，语境化表征整合了生成语义关联的两个过程：经验的语境化过程——客观的经验事件在语言使用者的意识中转换为语境信息和意义元素的过程，和意义的构成过程——语言使用者运用语境信息形成意义的过程。在语境化过程中，语义关联的使用条件由语境化表征给出了说明。这样，语境化表征就建立了语境和意义载体的语义关联间的关系。在这一意义上，对语义关联的内在机制、对词语意义形成机制的阐释，就需要借助语境化表征来完成。

语义关联是依赖语境的。不仅语义关联的内容是在语境化过程中决定的，而且对语义关联的理解需要语境化过程中的信息。语义关联的语境依赖性尤其体现在多义词的意义确定问题上。一词多义现象的出现表示多种语义关联可能同时出现在同一使用的语境中，因此就出现了依据语境信息选取最适合的语义关联问题，而问题的答案就在于语境化表征中所蕴涵的语用信息。米勒是通过分析词义获得过程阐述了语境化表征对语言使用者识别词语意义的促进作用来具体解释这个问题的。

首先，“我们学会了词义也会获得使用语境的一些具体表征”①。语言使用者理解了一个词，那么他在获得词的指涉值（referential value）的同时必然伴随着语境化表征的获得。以“foot”一词为例。如果我们获得的是“foot”作为身体一部分的意义，那么就无法获得“foot”指示距离的表征。因此，明确使用语境是避免一词多义现象的有效方法。

其次，米勒还从语言使用的角度对语境化表征进行了定义：“语境化表征——作为认知内容——属于语境设定的一部分，是一种能促进识别特殊语境，使特定的词在其中表达特定的意义的知识。……语境化表征自身并不是一种语言学语境，而是一个词所出现的语言学语境的累积，并且能够促进相似语境的识别。”② 米勒明确表示，人们知道一个词就一定知道该词所用于表达的意义和每种意义的语境化表征。

最后，语境化表征是词语意义在何种条件下能符合语境的具体说明，也是语言使用者词语知识的重要组成部分，直接体现了语言使用者能“将语词合适地置于有意义的语言学情境中”的语言使用能力的本质。因此，语境化表征作为确定词义不可或缺的一部分，是阐释语义关联内在机制的重要成分。

米勒通过对词义获得问题研究后指出，语言使用者在语境化过程中消除潜在

---

① Miller G A. Contextuality. // Oakhill J，Garnham A. Mental Models in Cognitive Science：Essays. Honour of Phil Johnson-Laird. East Sussex，England：Psychology Press，1996：18.

② Miller G A. Contextuality. // Oakhill J，Garnham A. Mental Models in Cognitive Science：Essays. Honour of Phil Johnson-Laird. East Sussex，England：Psychology Press，1996：18.

的语义模糊并实现了词形和词义的自动确认。他认为，语境化表征是“一种对特定的词形可以用来表达特定意义的语境进行设置的认知表征”，这一看法凸显了语境化表征将语境信息以概念化方式储存的表征作用。这样，语境化表征包含着能够决定词语语义和使用说明的语境信息，而这些语境信息给出了语义关联的语义和语用属性。通过对语境化表征中所包含的信息进行分析，语境化表征不仅给出了语言使用者在决定词义时的心理信息，而且体现出决定词语意义的心理机制。

米勒经过分析，得出语境化表征具体包含三种信息：条件语境、主题语境和具体语境信息。条件语境信息是指实验者的意向对心理实验结果的影响，具体到决定词义时，则是一种能使语言使用者“将注意力集中在可选择范围内”的信息；主题语境信息指通过对词语使用的范围进行限定而限制词语可能意义的信息；具体语境信息则是指，通过上下文的意义，从意义整体出发决定词义。此外，具体语境还是主题语境的一种补充说明，因为主题语境不涉及词的使用顺序。

另外，米勒不仅指出了语境化信息的源头，而且通过在心理学领域中模拟意义确定，即词汇-意义的自动识别（automatic word-sense identification），具体地阐释了语境化表征信息是如何用于阐释语义关联的，或者说，如何在语境中确定多义词的意义。

米勒引用盖勒等（Gale et al.）所采用的一种方法，将主题语境信息应用到意义识别中。多义词的发生按照不同的意义说明进行了划分，然后用贝叶斯式（Bayesian）的确定理论的分类法（classifer）作为统计工具，寻找主题诊断或目标词的合适意义的共生（co-occurring）词。例如，摄影学中的镜头（lens）和相机（camera）。依据语境的信息进行主题分类，然后用统计学确定意义的研究方法基本上是准确的（有71% ~76%的正确意义识别）。这种统计的分类法可以依据所提供的信息识别语境。他借用了普林斯顿大学研究生所进行的一项实验。实验要求学生通过一份共生词的名单（颠倒了字母排序）来确定“line”这个词的准确意义，实验证明了统计结果和分类指示结果的总体相似性，证实了主题语境信息应用于意义确定的可靠性。米勒还借用实验的结果，指出这种统计的系统已达到了依据所提供的信息进行语境识别的上限程度，即“仅依据主题语境的信息，有20% ~30% 的例子不能被指示”①。

最后，米勒对多义词意义识别的实验数据分析，概括出了语境化表征在意义形成机制中的作用：不同的语境信息在多义词的确定过程中，通过数据的统计分

① Miller G A. Contextuality // Mental Models in Cognitive Science: Essays. Honour of Phil Johnson-Laird, J Oakhill, A. Garnham. East Sussex, England: Psychology Press, 1996: 18.

析，选择出符合语境要求的语义关联。这种选择语义关联的过程是语境推理过程，词语的意义就是不同语境推理结论的表征。呈现在不同使用语境中的语义值，就是词语意义本身。意义不是独立于词语的实体，意义就包含在使用中，这体现出后期维特根斯坦“语言游戏”说中的倾向。语境化表征还揭示出，意义关联的形成是语境推理过程，也是不同条件下语义值的集合，这是对语义关联本质的静态描述和生成过程的动态分析。从“语用学是要表明语境是被语法规则化了的或是在各种语言场景中可被解释的结构”的视角来看，语境化表征的阐释是一种语用结构的阐释。

3. 使用意义与指称意义的语境一致

关于词语意义的本质，一直存在着两种意义理论的分歧。以指称论为基础的意义理论强调，词语的意义是对外部世界的指涉功能。弗雷格指出，一个表达的含义（意义）就是使其所指得以呈现的方式。因此，含义就作为确定指称的辨识方式，通过指称阐述了词语与世界的对应关系。这种意义理论的核心在于，指涉关系在意义形成中的作用以及有关语言词语的具体类别的指称是如何被确定的。因此，指称论的意义理论是一种静态的意义观。它只说明了语言表述本身的意义，而无法阐述语言在不同使用条件下的语义值，也无法阐述词语意义的形成机制。

以使用论为基础的理解的意义理论则强调，语言使用者的理解和知识在意义构成和应用中的作用。在达米特所倡导的这种意义理论中，语言使用者对语言表述的理解被看作一种语言知识，从而成为意义理论中的一个基本问题。一方面，从语言使用者对语言知识的掌握出发，可以有效地说明意义。“一个表达式的意义是当某人理解它时所必须知道的东西。”[①]“意义理论是一种理解理论，即意义理论必须告诉我们，当某人知道一门语言时，当他知道该语言的表达式和语句的意义时，他所知道的究竟是什么。”[②]因此，只有阐明这种语言知识，才能解释语言是如何被有意义地使用的。另一方面，语言知识的“显现”是构造意义的重要基础。语言使用者真正地理解语言，就意味着具备了某种语言知识，而且是隐含的知识。意义的形成体现在隐含知识的显现过程中，即语言使用的不同方式中。因此，理解的意义理论能充分阐述词语在不同使用语境中的语义属性，但是却无法准确定义词语意义的本质。

米勒则通过在语境中对语义关联的整体阐释，说明了这两种意义理论是共存的、互补的，它们的有效结合更有利于词语意义的刻画。他通过对意义载体的语

---

① Dummett M. Origins of Analytical Philosophy. Dnckworth, 1993: 159.

② Dummett M. The Sea of Language. Oxford: Clarendon Press, 1993: 3.

义关联进行语形和语用分析后，认为定义可作为一个词所指涉的语境信息的描述，语境则可被看作是描述了如何使用这些词做出指称的过程。这两个过程都包含在经验事件的语境化过程中，无法独立存在。因此，语境范式的词汇语义在语义关联的基础上，立足于阐明语境与意义的关联机制，并通过语境化表征的知识显现，“将以指称为基础的意义理论和以使用为基础的意义理论实现了结合”。[①]

米勒的语境范式的词汇语义学显示出独特的价值。一方面，开放类的词数量众多，并且其意义以高度复杂的形式相互关联。它们所指示的“场”语境中的信息也是以多种方式高度结构化的，远不是按照字母表顺序排列的辞典所能揭示的。这些辞典化概念（lexicalized concepts）之间多样的相互关联需要一种基于语境的词汇语义学研究。另一方面，在哲学语义学中，在句子语境中对词汇意义进行分析的传统研究方法无法完全揭示词汇所蕴涵的全部知识和功能。对词和词的意义的研究通常被归为指称理论，其目的在于揭示词和其所描述的对象之间的对应关系。例如，在弗雷格所奠定的语义学传统中，语词与外部世界的语义关联在于，语词通过逻辑上的真在句子的语境中获得意义。至于词与词之间的关系，可以表述为语词通过一定的语法规则构成句子，并组合成为更大的语义单元。但米勒指出，词语除了指涉功能外，还具有推断功能，这种功能是语言使用者所具备的词语使用知识的重要部分，“当人们知道一个词的意义时，他所知道的是一种能力而不仅是事实，这种能力能将语词合适地置于有意义的语言学情境中”[②]。尤其是当代的语义学，将语义学作为研究表达和其所表示的对象之间的关系，特别是符号与符号所指客体之间的关系以及符号在各种指代关系中的意义。因此，这种基于语境的范式以语义关联为载体，研究词的意义及知识的语义学研究代表了语义学发展的新方向。

四、结　　语

在探讨了米勒认知意义论的普遍规则及特征基础上，我们详细论述其词汇意义分析，即在语境论的认知模型中，通过阐释语义关联的语形因素及语境化表征信息，构建了一种描述词汇意义的体系。米勒的认知意义论在本质上是一种心理语言学研究，但却具有重要的哲学意义和价值。这种通过对语言现象，尤其是意义问题中的心理因素分析，以刻画意义形成机制和过程中的认知因素，并形成通用认知模型，实现了语言表述的指称意义和使用意义的语境统一。这既保证了语言陈述在描述世界上的客观性，同时也成功地揭示了语言使用者的认知能力及

① Miller G A. Contextuality. In Mental Models in Cognitive Science: Essays. Honour of Phil Johnson-Laird, J Oakhill, A Garnham, East Sussex, England: Psychology Press, 1996: 18.

② Miller G A. On Kowing. The Word Psychol. 1999, (5): 5.

状态。

哲学语义学对认知因素的态度由拒斥到重视历经了一个漫长转变的过程。在语义学传统中，弗雷格坚持一种“反心理主义”立场，将概念与对象严格区分，并坚持命题意义的脱离心理的客观实在性，拒斥意义中的认知因素，以保证科学陈述的客观性；后期的维特根斯坦则认为“意义即使用”，暗含着语义与语用之间界限的动摇，为认知因素引入哲学语义学扫清了道路；达米特进一步认为，意义的判断取决于成真条件的把握，肯定了认知能力在意义形成中的作用。米勒充分关注客观主义的语义学在指称世界方面的巨大优势，同时又结合了语言学、认知科学、心理学的相关成果，将语言归于人类的认知能力，指出该能力在意义形成过程中将语音符号和表征符号相关联的重要作用，为语言能力客观化和量化研究奠定基础，同时也丰富了哲学语义学中对语言使用者认知能力的研究。因此，我们希望通过研究认知能力对意义形成的作用，进而系统阐述研究一种基于认知的意义形成过程和机制，促进哲学语义学的进一步发展。

米勒的认知意义论也体现了其将心理学与语言学相结合的研究方法的巨大成功。首先，这种新的意义论充分重视了语言使用者的认知因素在意义形成和阐述中的作用，对哲学语义学忽视认知主体的传统进行了补充；其次，这种新的意义论具有重要的方法论价值。在哲学上，认知意义论既强调意义对世界的指称功能，也强调对心智的表征功能，这样就将语言哲学与心灵哲学的研究有效结合，同时也丰富了心灵哲学的研究成果。在人工智能领域，米勒将其认知意义论应用到了 Wordnet 系统，这是一种依据人类心理词库组织形式而建立的模拟人类储存及使用语言方式的语言数据库，可用于电子辞典和词语检索等多种用途。WordNet 系统后来又产生了多种应用形式，如早期的网络搜索工具 Simpli，后成为 Google 广告技术 Adsense 的关键技术之一。因此，米勒的认知意义论有着很好的应用前景，值得我们重视。

第十九章　科尔：文化语境认知模型

作为加利福尼亚大学圣地亚哥分校比较人类认知实验室的资深研究员，科尔（M. Cole）在继承维果茨基的社会文化历史心理学理论的基础上，通过人类学田野调查实践，对人类认知进行了跨文化研究。他特别关注文化和学校教育，认为人类认知是通过文化中介而发展的，认知分布于个体、时间、文化和社会中，人类认知与文化语境有莫大关系，文化语境是人类认知的基底和预设，并将科学哲学中通常忽视的社会历史文化因素在人类认知研究中得以显现。

一、文化语境认知观的不同形式

科尔的文化语境认知观源于两方面。与其同事多年从事田野跨文化认知研究，是其学说建立的首要条件。其思想渊源涉及马林诺夫斯基的文化语境论、维果茨基的文化历史理论。在梳理思想渊源前，我们有必要剖析第一代认知科学的危机及其语境转向，正是危机才造就了科尔文化语境认知观的诞生。从文化语境角度看，我们很容易找到与之相类似的学说，我们将这些学说称作文化语境认知观的“家族相似”。

（一）传统认知科学的危机及其语境转向

受实证主义哲学观和方法论的影响，西方哲学一直崇尚经验主义，拒斥历史、文化分析方法，总体来说是一种哲学的自然科学化，以17世纪英国经验主义为代表，如培根的经验主义和洛克的“白板说”。相反，大陆唯理论者笛卡儿的“二元论”也在相当意义上催生了认知革命，因为它提出精神实体与物理实体可以共存的预设。人脑可以思维，计算机可以计算，这是“传统认知科学”的基本假设。它以认知的符号加工和联结主义为主要研究策略，却陷入“离身”危机。意识到危机的存在后“具身认知科学”应运而生，提出“具身认知”概念，将人的认知放到现实的生活中去考究，认为认知在本质上是活生生的人在环境中的活动，主要在于强调认知的情境性、具身性、动力性。情境性就反映出认知与语境的紧密联系，这便是一个极大的语境转向。许多学说在诞生之前都有一个理论诘难，正如康德在提出“先天综合判断”一样，是在经验论与唯理论争论不下综合出来的，不可否认的是，这种综合富有成效却非常不易。传统认知科学也是遭受了诘难和反思之后才发展到具身认知科学的，情境性与科尔的文化语境认知观似乎与此有些不谋而合，它将人类认知的语境性因素得以显现。

1. 传统认知科学的危机

大多数学者认为，20 世纪 50 年代在欧美国家爆发了一场“认知革命”，诞生了一门新兴学科——认知科学。这门科学是研究人类从感觉到思维如何进行信息处理，如何进行智能活动，以及人类智能与机器智能的性质。也有学者认为认知科学作为一门学科是由美国语言学家、哲学家乔姆斯基于 20 世纪 60 年代开创。它大致由五六个分支学科组成，核心是人工智能研究①。拉考夫在《体验哲学》中将认知科学划分为第一代认知科学和第二代认知科学。第一代认知科学的基础源于笛卡儿的“二元论”，物质的本性是广延、精神的本性是思想，二者是彼此独立、互不相干的两个实体，以此作为计算机诞生的理论依据。这种认知科学主要研究心灵如何工作，它以计算机为隐喻，其中有一个大胆的预设：人脑是计算机，思维是计算，人的认知过程就和计算机的运算过程一样是可以计算的。计算机作为一种隐喻成为哲学家、心理学家以及人类学家研究人类认知的范式。此时认知科学被认为是“计算机主义”。

在这种预设下，既然思维是一种信息处理系统，很多人怀着计算机最终能像人一样思考的信念来尝试人类认知模型，认知科学家可以尝试把人的知识系统化地输入计算机上，形成数据库，但这种数据库完全由语言组成，人的身体、直觉以及其他非语言的东西却不能植入计算机。另外，计算机也不能和人一样去适应各种不同的环境。因此，所有的尝试并没有成功，因为计算机的符号加工模式最终还是缺乏人的灵活性，不能反映人类的认知过程，心智绝不同于计算。计算机表征主义陷入了危机。

20 世纪 80 年代后，认知科学家将冯 · 诺依曼计算机放弃了这一认知科学构想，转向“神经网络计算机”，也就是我们常说到的“联结主义”，它是以神经的网状结构为核心，在一定程度上克服了表征主义的弊端，促进了认知科学的发展，但并没有最终解决“表征主义”的难题，二者之间在认识论和方法论上存在着共同的特征和局限②。同样，奥斯贝克（M. Osbeck）也认为“联结主义”没有跳出符号加工模式的束缚③。叶浩生认为符号加工模式和认知的联结主义两者之间的共同特征和局限如下：其一，本体论上都坚持笛卡儿“二元论”观点。他同意普里莱特斯基（Prilletensky）的观点，即“笛卡儿的‘二元论’不仅对于解释身心互动有很大困难，而且也无法解释心灵和社会语境的相互影响，正是由于认知心理学家接受了笛卡儿的‘心’的概念，因而其所说的人是一个抽象的

---

① 刘钢．看心的计算机是如何下课的．http：//sci-cul. ihns. ac. cn/showarticle. asp？id＝293.

② 叶浩生．认知心理学：困境与转向．华东师范大学学报（教育科学版），2010，（1）：42-47.

③ Osbeck L M. Transformations in cognitive science：Implications and issues posed. Theoretical and Philosophical Psychology. 2009，29（1）：16-33.

人，是远离了社会文化历史背景因素的人”①。其二，认识论上坚持个体主义。因为身心的二元截然划分使得精神实体得以独立地存在，过分强调精神实体会陷入个体主义。个体主义在启蒙时期强调个体理性、个体意识，从狭隘的个体角度透视社会认知现象，认为个体才是社会的主体，与马克思主义学说中人民群众是历史的创造者完全相对，对于社会的整体解释会还原到个体内部机制，这便是一种认知科学中呈现出来的个体主义倾向。加德纳在《心灵的新科学：认知革命的历史》一书中，对心理学中将研究重心由行为转向内部认知机制而忽略文化、语境和历史因素的作用也提出质疑②。比少波（B. C. Bishop）也认为用个人主义来分析人类行为时，强调的只是内部认知机制如何加工信息……没有重视本该予以考虑的对自我影响深远的社会因素③。其三，方法论上坚持了元素主义。“认知论上的个体主义易于走向方法论的元素主义。”“主流认知心理学在方法论上体现出元素主义倾向。符号加工模式认知过程为信息的接受、编码、提取和输出的过程，信息在各个独立的加工单位中依次得以处理，最终输出信息，对行为进行调节。尽管人们对世界的体验是整体的，但是对这种体验的分析却不能体现出整体性。相反，认知心理学家是通过对认知机制的元素性分析而得出结论，这种分析从性质上讲是去情境化和分解式的。”④

然而，情境作为语境是非常重要的，我们根本不能脱离语境去解释任何东西。传统认知科学的危机就在于脱离文化历史语境去解释人类的认知现象，缺失了一个绝对存在的文化语境基础。

2. 具身认知科学的“情境性”

当传统认知科学（第一代）表现出身心二元论、个体主义认识论和元素主义方法论三方面的危机时，计算机隐喻以及联结主义已不能克服离身谬误，因此，认知科学家不得不进行深刻的反思，以拉考夫和约翰森为代表的新认知科学基本抛弃计算机隐喻，主张“要了解心智，必须回归大脑”，形成一种新的哲学体系即“具身哲学”（第二代）。在《语言与认知文库》的总序中，有这样的表述：“‘第二代认知科学’将认知主体视为自然的、生物的、活动与日常环境中的适应性主体，认知就发生在这样的状况中。”并且明确地写出“概括起来，第

① Prilleltensky. On the Social and Political Implications of Cognitive Psychology. Mind and Behavior，1990，11（2）：129-131.

② 霍德华·加德纳．心灵的新科学——认知革命的历史．周晓林，等译．沈阳：辽宁教育出版社，1989：18.

③ Bishop B C. Cognitive psychology：Hidden assumptions. // Critical Thinking about Psychology：Hidden Assumptions and Plausible Alternatives. Slife B D，Reber S，Richardson C，eds. Washington，American Psychological Associations，2005：163.

④ 叶浩生．认知心理学：困境与转向．华东师范大学学报（教育科学版），2010，（1）：42-47.

二代认知科学倡导的认知观念是：认知是具身的、情境的、发展的和动力学的”。拉考夫和约翰森认为，只有第二代认知科学才是真正的认知科学①。在这里我们更加关注的是情境认知，它与科尔的文化语境认知观有相通之处，都强调人类的认知是在一定的历史文化语境中进行的。持“情境认知”观点的学者认为学习和认知同属一个整体，存在于人们的日常活动中。

情境认知强调人类要通过实践活动，在与语境的互动中发生认知过程，认知本身并不只是发生于个体内部，应该放置到更大的社会环境中，放到认知的文化语境中。符号加工模式因其忽视了认知的社会文化语境因素，而受到情境认知的反对。认知是一种基于社会文化语境的一种互动活动，毋庸置疑，人是一定文化语境中的人，根据外延性原则，人的认知也逃不开一定的文化语境。

（二）文化语境认知观的“家族相似”

对于科尔的文化语境认知观，语境在这里是一个不可忽视的概念，也是其他有关语境学说的“母体”或者“家族相似”。维特根斯坦在《哲学研究》中提到“家族相似”，他认为虽然语言中没有共同的本质的东西，但在语言游戏中有其相似性。他说：“我想不出比‘家族相似性’更好的表达式来刻画这种相似关系：因为一个家族的成员之间的各种各样的相似之处：体形、相貌、眼睛的颜色、步姿、性情等等，也以同样方式互相重叠和交叉。——所以我要说：‘游戏’形成一个家族。”在此意义上“家族相似”乃是共同基点。在此套用“家族相似”是想说明文化语境认知观作为广义语境论的一种，与它有其相似之处。我们将广义语境论作为语境说的“母说”，其他如马林诺夫斯基的“文化语境”、维果茨基的“文化-历史理论”以及“活动理论”都属于语境论的“子说”，都有其家族共有的特征。科尔的文化语境认知观亦属于此家族，并共享其特征。

1. 语境论

从语词构成看，“语境”是由“con-”和“text”一起构成。从语义上讲“con-”指“共同”、“一起”，“text”指“本文”、“原文”的意思，合起来就是指“上下文”。美国语用学家尤尔给“context”下了一个定义：“语境是某一词汇能够运用的物理环境。”② 从语用上讲，“语境”含有环境、处境、条件、范围的意思。虽然“context”在不同的情况下有不同的意思，但仍有其恒定的内涵，魏屹东指出，context 的“基本意思均指某一事物的意义存在于与周围事物的关联

① Lakoff G , Johnson M. Philosophy in the Flesh: The Embodied Mind and Its Challenge to Western Thought. New York: Basic Books, 1999: 57.

② Geroge Y. Pragmatics. New York: Oxford University Press, 1996: 21.

之中”。他在语言层面将语境进行划分，分为“文本语境”和“实践语境”，前者等于是理解者 + 文本；后者等于语言使用者 + 语言环境，包括时间、地点、场合、文化背景、心理状况、时代特征等。具体说，语境主要表现为以下特性：实在性、结构性、制约性、历史性、共时性、基地型、整体性、关联性。他还对语境论与其意义相近的概念也做出了区分，诸如语境与背景、语境与情景、语境与环境。总体来讲是这样的：“语境与其主体事物相互作用构成语境”，情境只包括主体事物的处境，并不强调语境的历史性和环境的大背景，语境与环境不同的是语境 = 系统 + 环境，即语境是系统与环境的有机统一体。系统强调的是事物静态关联，是环境的中心事物，而语境着重事物与周围其他因素的动态关联①。

语境论的方法论是语境分析法，它源于语境特征。语境不只是一个概念，已经成为方法论，在哲学方法论中发挥着重要作用。“整个 20 世纪中，科学哲学运动先后经历的语言学转向、解释学转向和修辞学转向”②，以及目前的认知转向，都本质地与语境相关联。这是在语言哲学和科学哲学中的一个语境现象。而在科学史学中，有很多具有历史学背景的科学史学家关注科学理论和科学实验背后的文化和意识因素，运用语境的历史性和共时性解释不同的历史时期会产生不同的科学实践。在科学社会学和科学知识社会学中，历史主义在本质上讲是语境分析法，对科学进行了人类学和社会文化研究。如果说科学必然要研究人类认知，那么，历史主义就是以语境方式研究人类认知，表人物有柯林斯、惠特利等。科尔的文化语境认知观也不例外，其理论基础仍然是语境论。

2. 林诺夫斯基的文化语境论

英国人类学家马林诺夫斯基于 1923 年提出“文化语境（cultural context）”这一概念，它的是某一言语社团的特定社会规范和习俗，不只限于语言因素内语义的上下文，更包括非语言因素，诸如历史、文学、地理、政治、经济、宗教信仰、社会风俗、等各种历史文化因素。人的认知活动范围包括记忆、决定、推理、分类、计划等等③，认知不能脱离文化，文化因素是认知赖以存在和发展的基础。不同的地域有不同的文化习俗，在认知进程中就会出现不同的情况。马林诺夫斯基最初提出“情景语境”概念，指明语言的分析必须突破言语语境的局限，拓展到具体情景中、文化和社会心理④。

由于马林诺夫斯基对人类文化的关注，他着重强调：“对原始话语的分析表

① 魏屹东．广义语境中的科学．北京：科学出版社，2004：54-56.

② 郭贵春．后现代科学实在论．北京：知识出版社，1995：2.

③ 罗姆·哈瑞．认知科学哲学导论．魏屹东译．上海：上海科技出版社，2006：3.

④ Malinowski B K. The Problem of Meaning in Primitive Language. Ogden C K，Richards I A. The Meaning of Meaning. London：Routledge，1923：299-306.

明了意义的复杂性. 从而需要把意义的分析从纯语言的分析拓展到对文化和社会心理的分析”，“语言本质上植根于文化”，就土著居民来说，“人们生活的环境和文化可能与我们不一样，因而对他们所说的任何语言的研究，都必须要对他们的环境和文化的研究同步进行”①。马林诺夫斯基的文化语境主要凸显了语境历史性与共时性，语境是时间的函数，随着时间的变化而变化，在文化语境中形成的主体同周围事物是共存互依的。

3. 维果茨基的文化–历史理论

20 世纪 30 年代苏联文化历史学派的维果茨基主张把历史研究作为建立人类心理学的基本原则，其代表作《高级心理机能的发展》论述了文化–历史理论观。该理论认为人的高级心理机能是社会历史活动的产物，受社会规律和历史条件的制约，人们的心智功能分为较低的和较高的，较低的心智功能与其他哺乳类动物所共有，高级层次的心智活动是人类所独有的，包括对语言和其他文化工具的使用，这样一来就修正人类认知活动所缺失的历史文化因素。维果茨基的“文化–历史理论”包括以下理论：高级机能的社会起源理论、活动理论和工具理论②。

维果茨基认为心理发展有两种不同的过程，一种是天然的、自然的发展，是动物由单细胞向哺乳动物的进化，其神经系统也是不断地复杂化，导致心理也随之向前发展，这是心理的种系发展，完全受生物进化规律制约。另一种是文化历史发展过程，即心理的“人化”过程。从古猿进化到人，心理发展进入一个新的阶段，产生了如注意、记忆及抽象思维的高级心理机能，这是人独有的另一种性质的发展过程，不受生物进化规律的制约。

活动理论依据的基本思想是：人的心理是在活动中发展起来的，是人与人在交往过程中发展起来的。这些活动和交往形式的不断内化形成了高级心理机能。活动又是通过工具和手段来进行。心理工具是一种进行“精神”生产的特殊工具，它是在人类物质生产过程中所发生的人与人之间的关系和社会文化历史发展的产物。

心理工具理论回答了这样一个问题：既然各种高级心理机能是在人的文化历史发展过程中形成的，那它又是如何形成的？是通过高级心理机能的中介过程！工具理论的主要内容是高级心理机能的中介性阐释。这种中介就是要借助各种辅助手段如语言或符号发生作用。低级心理机能却是非中介的，它不借助任何的辅

---

① Malinowski B K. The Problem of Meaning in Primitive Language // Ogden C K, Richards I A. The Meaning of Meaning. London: Routledge, 1923: 305-306.

② 龚浩然，黄秀兰. 维果茨基科学心理学思想在中国. 哈尔滨：黑龙江人民出版社，2004：6-16.

助手段。在人类社会初期，中介符号是比较原始的，例如结绳记事。随着交往的不断发展出现了语词，语词是符号的一种。在维果茨基看来，符号，尤其是语词这类心理工具，也是社会交往的产物，就像劳动工具一样。工具作为中介结构是高级机能产生和发展的重要机制。因此，可以这样认为，所有的高级机能都是在社会文化历史中产生并得到发展的，伴随着中介，也伴随着人类活动。任何高级心理活动一定伴随着认知，因此，维果茨基研究的心理理论与认知有着莫大的关联，他对历史文化因素的强调正如科尔在文化实践中强调一样。

4. 哈钦斯的分布式认知理论

20 世纪 80 年代中期，加利福尼亚大学的哈钦斯等为科学认知领域研究认知现象指出一种新范式——分布式认知。分布式认知理论实质上也是基于语境论的一种理论，因为分布式认知不只重视认知个体本身的认知力，而且将个体之外的其他可视可觉的、不可视不可觉的因素全部考虑在内，尤其是地域力和文化力因素。同样，分布式认知理论与具身认知科学一样，肯定机体不能离开语境本身，心理认知活动绝非孤立地存在于真空般的个体活动中。认知不但是依赖于认知主体，还依赖于认知语境，包括周围的其他认知个体、认知对象、认知工具等在内的认知语境。一个人认知活动的完成，不仅存在于个人的大脑内部，也存在于社会文化语境之中。

为了更好地理解个体的分布式认知，萨洛蒙画出一个个体认知和分布认知的交互关系图（图 19-1）。参与认知活动要有人的要素，又有物的要素。A_1、A_2、A_3 表示人，B_1、B_2、B_3 表示物。他认为参与认知活动的每一个体既保持独立的地位，又相互影响，并与其他个体交互影响。认知活动产生时，呈现螺旋发展趋势。如果某一个体产生变化，也会带动其他地方发生变化。各个体共同属于一定的认识活动语境中，一定的认知语境影响个体的认知活动。

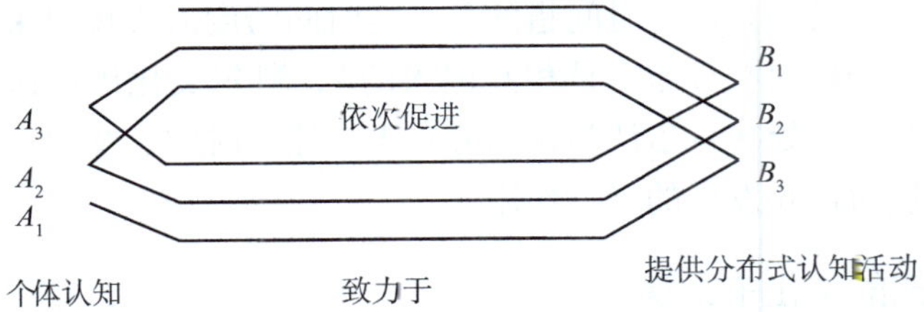

图 19-1　个体认知和分布认知的交互关系

无独有偶，哈钦斯根据学生在教室的认知活动设置出分布式认知的同心圆模型（图 19-2）。最里的圈代指个人力，在分布认知中居于核心地位，个人在认知活动中带有自身的经验倾向。中间一圈代指地域力，是指直接影响个体认知行为的语境因素，诸如学生在此教室中所享有的资源设备、教师的能力与风格。比如学生在此教室中所受到的物理约束。最外圈代指文化力，包括信仰、惯例、活动等，这些都超越了特定的情境。这给我们的启示是：个体的学习不是在自己头脑中的符号操作，而是以“文化生成物”为中介的同所在语境中的一切因素相协调的活动，这个语境包括文化力、地域力和个人力。

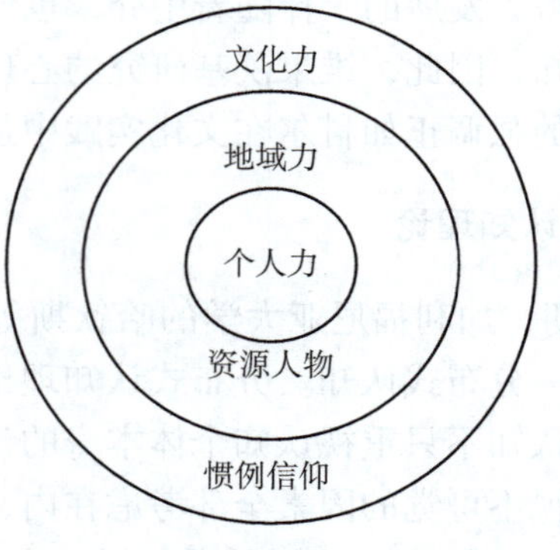

图 19-2　分布式认知的同心圆模型

分布式认知考虑到了认知过程中的所有要素，肯定个人力是认知发展的核心，也强调认知分布于个体内、个体间、媒介、场景与社会文化之间。这将文化历史因素置于认知活动的大基底中，是一种认知的语境论。

二、文化语境认知观的基本内容

科尔认为理解文化因素在认知发展中的作用，要考虑到社会的三个层面：一是人类作为一种哺乳动物，即人是一个有血有肉的实体存在；二是社会团体，也就是作为特定地理和文化区域而表现出共同文化特征的社会群体；三是文化实践。这些层面并不彼此独立。每个文化分析的小单元包括空间和时间，空间是指特定的文化语境涉及的人群，时间指的是一定时间跨度内表现出来的文化总体特征。因此，这三个层面在分布上是相互嵌入的①，科尔文化语境认知观中的文化与分布式有其共同之处。科尔认为认知分布于个体、时间、文化、社会中，他特别强调文化语境对认知发展的巨大作用。

（一）认知的文化中介观

在科尔的著作和论文中，“文化”一词出现的频率相当高，其观点基本上是围绕文化展开的。要考究文化是如何对人类认知发展产生影响，就得考虑到文化

① Cole M，Cagigas X E. Cognition. // Bornstein M H，ed. Handbook of Cultural Developmental Science. New York，London：Psychology Press，2009：127-142.

中介。何为文化中介？比如翻译中的“文化中介论”，它是由斯蒂芬于1981年首次提出，目的要突破传统的翻译“语言中介论”，认为文化因素是决定翻译的一个重要因素，译者作为中介者要识别文化语境的差异。心理学中苏联历史文化学派的理论认为，高级心理机能是在社会文化历史中产生并得到发展，高级心理机能以工具为中介。认知科学中，分布式认知理论中有一点就强调了文化以间接的方式影响人类认知。科尔对人类活动的基本结构进行了文化历史的总结，形成了认知的文化中介观。

1. 文化的内涵

文化的概念是多元和模糊的，“人类学对文化概念的界定已经超过了300多种，但依然没有形成共识”。[①] 汉语中的“文化”一词主要是指“以文化教”。从词源讲，英文中“文化”一次源于拉丁语，不仅有“耕耘”之意，“而且还指照料土地、饲养动物。通常意味着照料人们的生活，如穿衣、装饰身体、照料和关心朋友及家庭、敬神；还意味着居住在城市或城区，以及培养正确的道德与心智”。[②] 1871年人类学家泰勒给文化下过这样的定义：“文化是一个符合整体，它包括知识、信仰、艺术、道德、法律、风俗以及作为社会成员的人所获得的其他任何能力和习惯。”[③] 文化的范围之大涵盖了存有人类的任何地方和任何时代。在最普遍意义上讲，“文化”是以往的人类行为模式和成就的社会传承体，是当下社会生活的资源。虽然通常学者们同意这样的概念：文化构成人类的社会继承，但有一种观点把文化直接二分为物质文化和精神文化。很多人类学家与心理学家包括科尔设法超越这种二分，科尔的提议是要考虑到文化中介。这样的文化中介是回溯于人类起源上的、在前人创造的人工制品中改变的环境。在这里文化中介既指工具，如维果茨基的“文化-历史理论”中的工具论，认为中介结构是人类认知发展的重要机制，这种结构不是自发地从个体内部产生，而是儿童在与成人的交往中形成，它起源于社会文化生活。中介在最开始要受到外部社会文化的刺激，经过内化才能变成个体的心理工具最终作用于人的认知，促进认知的发展。

科尔用到一个术语“制品”。一件制品是物质世界的一个方面，这个物质世界在历史中包含了目标指导下的人类活动，并得到改进[④]。由于创造过程中带来的改变，因此人工制品既是观念上的，也是物质上的。它们是观念上的因为它们的物质形态在历史参与中已经被塑造，在社会交互活动中，它们先前的一部分变

① 施海涛．对文化概念及人类学研究的反思．云南大学学报，2009，（5）：1-7.

② 庄孔韶．人类学通论．太原：山西教育出版社，2004：22-25.

③ Tylor E B. Primitive. New York：Harper &Row，1958：23.

④ Cole M. Cultural Psychology. Cambridge MA：Harvard University Press，1996：38.

化了。它们是物质上的，因为被赋予物质形态。

不管在形态学（语言学）中的发音、书写，还是类似符号的单词，还是像固态的物体都具有人工制品的观念形态与物种形态。德安雷德（D' Anrade）提出这个观点时写道："物质文化——桌子椅子、建筑与城市——是人类思想在固态媒介中的具体化。"① 这些人工制品的基本作用是协调人类与自然界。总体上，文化可被视为人类发展种属特异性的中介，它为人类与世界的交互活动设定神经系统。科尔对"人工制品"二分的统一也就印证了他对文化二分的统一。科尔还将人工制品延伸到瓦托夫斯基（Wartofsky）提到的"次制品"②，它是原始制品的代表和使用模型，次人工制品在保持和传播方法、信念、准则、习俗之类的社会文化起着重要作用。

概括地说，科尔所指文化中介就是工具中介，也是制品。文化是整个文化语境认知观的核心，科尔在发表的一些论文和著作中反复强调文化，目的在于强调文化在认知发展中的作用。同样，认知和发展也是至关重要的。一般地，认知运用于习得知识的过程，这种过程被设计成感觉、参与、记忆、推理等方面。发展一般应用于人在时间上的变化，文化渗透这些概念中的每一个。

2. 文化语境与认知发展的关系

科尔所指的文化语境仍然是人类学意义上的文化语境，正如马林诺夫斯基认为的文化语境是某一言语社团的特定社会规范和习俗，不只限于语言因素内语义的语境，也包括非语言的历史、地理、信仰、风俗等文化因素。这样说并不意指文化语境的概念大到无所不包，其外延是相对的，但也如语境一样有其层次性，文化语境要具体到特定的时间和地域。科尔对文化语境与认知的关系进行了实验人类学研究，跨文化地考察了文化与认知。他将利比亚北部的克派列部落作为研究的文化语境，在心理学正发生着文化转向之时，也觉察到"心理学'应该'研究世界上任何一个文化中的行为，而不仅仅研究主流文化中可观察到的行为"。③ 如果将每种文化语境中的认知进行横向与纵向比较，可以发现人类认知过程中某些具有启示性的东西。科尔的跨文化实验人类学研究是将不同种类的文化语境看作一个自变量，认知看作因变量，文化语境决定了人类认知的发展。

魏屹东在《广义语境中的科学》中列出文化语境的三个特征④：人文性、整合性、规范性。人文性指的是文化语境中的哲学、宗教、文艺，它们处处体现文

① D' Anrade R. Three Scientific World Views and the Covering Law Model. // Fiske D-Shweder R. Metatheory in the Social Sciences. Chicago: University of Chicago Press, 1986: 22.

② Wartofsky. Models. Dordrecht, The Netherlands. D. ReidelPublishingCompany, 1973: 58.

③ 孟维杰．心理学与文化精神论纲．北京：中国社会科学出版社，2011：125-127.

④ 魏屹东．广义语境中的科学．北京：科学出版社，2004：133.

化的历史性、积累性、价值性和自由性；整合性指的是文化语境中能将科学和人文进行整合；规范性指的是文化语境中的法律制度和道德对社会中的人类行为加以规范。科尔的文化语境认知观突出地体现了文化语境的这三个特征。

语境有其历史性，随时间的变化而变化；文化有其特殊性，不同的地域有着不同的文化，因此，文化语境是时空的函数。一定时间内某个地域内的道德、法律、习俗形成一定的文化语境，文化语境是人类认知发展的预设，它对人类认知发展有很大的影响。科尔说："不管在哪种特定文化语境中，人一出生就带有早期智人的一般特征，但要清楚一点：文化在人类认知发展过程中起着重要的作用。"① 文化因素对个体的生物学发展进程是一个极大的补充。可以这样说：早期智人和晚期智人大概最早分别出现在 20 万年前和 1 万年前，从早期智人到晚期智人的生物进化大概有 19 万年，这是一段很漫长的时间，生物进化在某一时间段内几乎察觉不到，因为进化得实在太慢。而现代人工智能的发展，速度之快，难以想象。究其原因是发展进程中有无文化因素参与。因此，文化因素与种系的生物学发展是互补的。

那么，文化语境为何是人类认知发展的基础性因素？

首先，最明显的是文化语境为人类提供了一个庞大的问题可解库，这些问题是人类经常遇到并已经得到解决的。尽管因为环境、技术、社会情况变化，人类经常需要修正解决问题的方式。婴儿绝不会出生在一个重新创造的世界，而是出生在已经拥有认知资源的世界，他们已经提前适应并接受这些文化资源。其次，迎接新生儿的是一个社会化的世界，人们生活于其中，早就习得了大量的文化知识，新生儿也将会习得这些文化知识，并被这些文化知识塑造。孩子们早期经历的完全是一系列杂乱的事件，这些事件由表征社会文化遗产的制品调节，它们本身就是文化资源。这些文化资源使孩子们即将经历的社会实践条理化，获得其父母和亲属的经验知识，然后将他们的文化知识传给下一代，这样社会在文化一代又一代的传承中得到发展。

科尔强调的文化语境是在孩子出生之前大人们为其提供的社会资源，这些资源是促进孩子们发展至关重要的因素。家长要求孩子们积极地获得这些文化知识蜕变成社会的成员，使他们的潜在力量得到最大化，以摆脱无知的束缚。简言之，孩子们必须通过前人带给的文化资源来调整自己的行为，使他们成为社会的人。从这个角度讲，认知发展是孩子们从出生习得家庭和社会的文化资源，并用其驾驭世界和自身的过程。如果这个过程是成功的，他们最终会改变，可能在预料不到的条件下为文化资源注入新东西，使得认知能力得到极大的提高。

---

① Cole M，Cagigas X E. Cognition. // Bornstein M H，ed. Handbook of Cultural Developmental Science. New York，London：Psychology Press，2009：130.

总之，科尔对文化的普遍特征时强调三个方面。一是社会遗产，这是孩子出生时能就可以继承的文化。二是孩子在社会生活中对文化的适应。三是孩子在文化遗产中的活动。这三方面使得一个人从出生以后变成一名能干的社会成员①。本质上说，科尔的文化语境与维果茨基的“最近发展区”具有一致性。维果茨基认为儿童有两种认知发展水平，一是现有的认知发展水平，指的是儿童在独立活动中所达到的解决问题的能力；二是即将达到的认知发展水平。“最近发展区”是儿童在“有指导的情况下借成人的帮助所达到的解决问题的水平与在独立活动中所达到的解决问题的水平之间的差异”②，它是两种认知发展水平的过渡地带。认知的发展在很大程度上取决于儿童在最近发展区之间的活动。文化语境为儿童即将达到的认知发展水平提供风俗、习惯、信念等文化语境，儿童在此种语境中活动交往，达到他们的认知发展的高级水平。因此，文化语境为人类认知的发展提供了一种预设，它决定了认知发展的模式。

3. 认知在文化中介中的发展

人类认知的基本结构来源于传统的三角形工具中介理论（图 19-3）。科尔认为“自然的（无中介的）”功能是这个三角形的基础，“文化的（中介的）”作用是主体和被辅助方式调节的客体之间的相互作用，三角形顶点代指这一作用。虽然鲁利亚最初的陈述似乎是暗示文化线完全取代自然线，但在他和他同事的作品中的很多地方明确表明这两种线是同时存在的。他能得出这样的这结论是必然的，因为人类拥有创造、转换和获得文化的能力，因此人类自身是不会停止系统进化的生物。

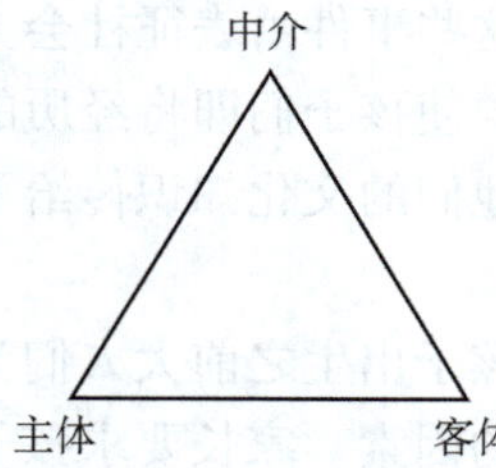

图 19-3　三角形中介图

鲁利亚的工具中介理论的方法可能使人倾向于认为，他在心灵中拥有像锄头和盘子等工具。他和他的同事把语言看作文化中介过程中的一个部分，这是“工具的工具”，是明显的工具中介理论的双边观点。正如维果茨基在他的专题论文

① Cole M, Cagigas X E. Cognition. // Bornstein M H, ed. Handbook of Cultural Developmental Science. New York, London: Psychology Press, 2009: 130.

② 维果茨基. 学龄前的教学与智力发展的问题. 龚浩然译. 教育研究, 1983, (6): 71-76.

中所解释的那样“工具和符号”，我们习惯上的工具和符号是同一现象的两个方面，工具中介是外在的，符号中介是内在的。符号中介指向“自我”，但两者都附着于每一个文化人工制品中。后来，鲁利亚总结了文化中介行为的心理学成果，认为语言最大的优势在于带来人类世界的双重性。没有语言，人类必须直接处理知觉和操作到的事情。在语言的帮助下，人类就可以处理那些他们间接知觉的和早期时代经验到的事情。这样，语言就给人类世界增加了另一个维度。动物只有一个关于客体的世界，而人类世界因语言的存在成为双重的。对此，科尔也颇为赞同。

这里可以清楚看到古典中介三角形理论描述了个体人类认知的基本结构约束。但是这样的静态描述背离了鲁利亚所描述的动态双重世界。因此，科尔要把另外一种维度即时间增加到这个结构图中。这两重世界（环境直接给予的世界和文化中介的世界）不断地融合在一起，为人们在世界中的活动行为提供心理基础。对基本中介三角形观点的发展体现在图 19-4 中，这个图强调认知需要至少两种实时信息源的分析和综合。

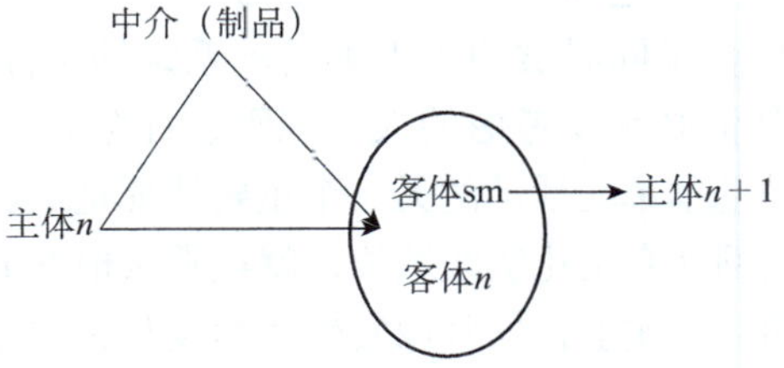

图 19-4　三角形中介的时间单元

图 19-4 表明主体在中介（文化）和直接（种系发生）两种作用下表现出的状态。主体 n 表示主体在时间 n 的状态；客体 n 表示客体在时间 n 的状态；客体 sm 表示经中介过的客体；主体 $n+1$ 表示主体认知在时间 $n+1$ 达到的新状态。

科尔认为，此观点的最重要意义是能对现在的人和过去的人进行认知设想。文化中介在对人类认知能力的形成中发挥着非常重要的作用①。这种观点被维果茨基称为“文化发展的普遍法则”：符号的发展理论在一个更为普遍的法则意义上指导了行为的发展，这是心理学的基本法则。其本质在于儿童认知发展开始于运用同前人活动相同的模式。儿童自身获得社会行为形式后将这些行为形式置转化成自己的认知模式。符号始终是一种社会联系方式，是一种影响他人的方式，是人类在运用同时再发现的符号。在科尔看来，虽然人类认知功能的最简化的图 19-3、图 19-4 很有意义，却仍旧不能解释人类活动和活动系统的集体性。它们只

① Cole M. A Cultural-Historical Approach to Distributed Cognition: Psychological and Educational Considerations. Salomon G, ed. Distributed Cognitions Psychological and Educational Considerations. Cambridge, UK: Cambridge University Press, 1993: 7.

是描绘了个体的认知模式。在图 19-5 中，科尔增加了三个非常重要的抽象元素。“团体”标签表明个体构成团体。它说明主体和团体之间的联系是也是中介的。一方面，通过团体所有的中介制品联合；另一方面，通过规则（成员一起活动时正确的、并使人认可的规范和制裁）联合。继而团体表明劳动分工，不断的劳动分工使活动系统中参与者的任务、权力和责任得到细化。

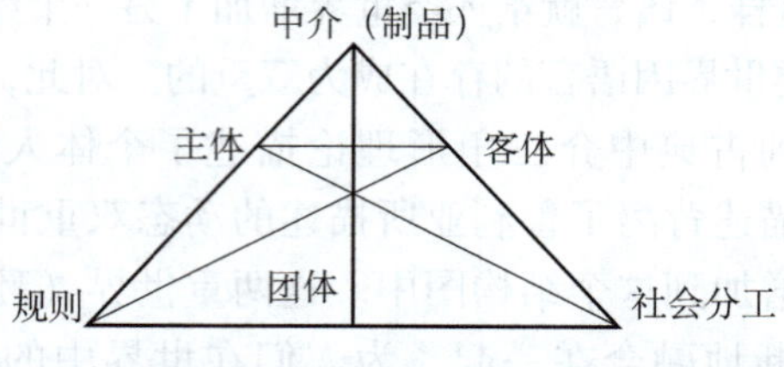

图 19-5　加入规则、团体和社会分工的三角形中介图

科尔在图 19-5 中在主客体之间加入规则、团体和社会分工，以此来说明活动系统是基本的分析单元，这具有很高的洞察力。它给人类认知分布点在概念上给出一个地图，不仅包含了同时被归入人类活动系统的主体，也包含了除主体之外的人类活动系统中其他必须要考虑的人、规则、社会分工①。

作为分析人类活动基本单元活动的另一个重要特征是惯例。当活动成为惯例就更为坚定持久。一旦惯例拥有文化实践地位，就经常从根本上比目标指导下的个体活动具有更长的半衰期。事实上，那些像发生在学校和医院办公室的活动系统会以一种似乎单调和重复的方式一遍又一遍地复制相似的活动，它以一种似乎压倒性的力量给予活动一种文化约束。进一步分析表明：转变和改组在活动系统中是持续进行的，这个活动系统是人类进化动力学的基本部分。因此，最好认为活动系统是不存在平衡的复杂形式，紧张、失调和本土创新是变化的规则和引擎。当一个活动系统被时间引导时，性质完全转变也是由时间引导的。正如恩格斯特伦（Y. Engestrom）所说的：“有组织的活动系统似乎是需要持续数年的发展才能发展。”②

我们可以将科尔人类活动基本结构的文化历史概念总结为如下 8 个方面：

（1）与类人猿相同的心理机能，也称为自然功能，并不按照心理机能发展的原则发展，心理机能发展是以工具和规则中介的，例如，文化功能。

（2）文化中介创造了特殊的种族——人类、人类认知的普遍结构、相关形态活动。

（3）文化中介发生循环、双向影响，中介活动同时调整环境和主体，并且

① Cole M. A Cultural-Historical Approach to Distributed Cognition: Psychological and Educational Considerations. Salomon G, ed. Cambridge, UK: Cambridge University Press, 1993: 9.

② Engestrom Y. Learning by Expanding: An Activity-theoretical Approach to Developmental Research. Helsinki: Orienta-Konsultit, 1987: 16.

是不断地调整着。

（4）文化制品既是物质的也是符号的，是环境与人之间相互作用的结果。文化制品就是工具，言语是最主要的工具。

（5）儿童成长的文化语境包含了前人所积累的知识。在通过客体调节它们活动的过程中，人类不仅受益于自身经验，也从他们祖先的文化中得益。

（6）文化中介暗含了认知发展变化的种特性模式。在这种发展变化中前人的成果累积到现在，是环境中特殊的人类部分。文化就是当前的历史。

（7）文化中介表明社会在人类认知发展中有特殊重要意义。因为只有人类在社会中才能为将来的发展创造特殊条件。

（8）人类行为研究分析的基本单位是活动系统，个体与他们最近人文环境系统之间的关系是通过历史逐渐适应的。

其实，文化中介理论早有雏形。20世纪20年代末和30年代早期，文化历史学派学者撰写了大量论文和专著，他们坚定支持达尔文的人类种系进化论，其中一个主要的信条是“人类行为的历史发展过程与生物进化过程并不一致，后一个过程并不是前一个过程的继续，但每一个发展过程都有自己遵循的法则”。[①] 文化历史学派的发起者用多种连锁方式来假定人类和动物发展之间的性质是中断的，比如哲学家杜威就认为经验在个体的内部并不是简单进行的。总之，我们从出生到死亡都是生活在一个由人组成的世界中，我们权衡事情是根据已经做过的事，而且这个事情是由先前的行为引发出来的。忽略了这个事实，经验就被认为是外在于个体的身体和心灵。我们不能非常肯定地说经验不是产生于真空中，外在于个体的资源也会产生经验。

鲁利亚提出了著名的论点“人与动物不同在于人可以制造和使用工具”。[②] 这些工具不仅仅能根本改变人的生存环境，甚至会对人也起到直接作用，改变人和人的精神世界。引起工具中介理论震荡的结构性变化是“儿童不是直接把它的自然功能应用于解决特殊问题，而是把功能和任务放在一个特定的辅助方式中，通过这种方法，儿童得以成功完成任务”[③]。这个辅助方法其实也就是科尔提到的中介，这也显示出科尔的文化中介观确实在理论上是文化历史学派的继承。

（二）认知的分布观

分布式认知理论囊括了认知主体、环境、文化、媒介、时间等全部要素，对人类认知的各种要素进行了有层次的划分。科尔的认知分布观与分布式认知理论

---

① Vyotsky L S. The Developmental of Higher Psychological Fuction. Moscow：Sotsekgiz，1960：71.

② Luria A R. The Problem of the Cultural Development of a Child. Genetic Psychology，35：506.

③ Luria A R. The Problem of the Cultural Development of a Child. Genetic Psychology，35：495.

有很大的相似性，但有一点要说明的是：科尔对认知个人力的强调远没有分哈钦斯等强烈。我们认为，个人力是认知的核心力量，但也不能忽视其他因素对认知的影响。既然知识是根据个人、时代、职业、阶级、种族和制度等分布的，那么文化必然是一种可分布的现象。人类认知通过文化中介而发展，因此，认知也必然是可分布的，而且分布于个体、时间、文化、社会之中。

1. 认知分布于个体中

虽然科尔一再强调文化语境是认知发展的基础性因素，在他看来文化和个体在大脑中并不是均衡分布的①，主要分布于文化语境中。但他并不否认个体的认知结构对认知也有作用。

认知心理学中的模块说是认知分布于个体中的典型学说。1966 年加西利（J. Garcia）等发现，老鼠喝完带味道的水并受到电击后，很难意识到以后不能喝这种水。但老鼠在喝过有味道的水后肚子难受时，立刻意识到以后不能喝这种水。他们对此的解释是，因为老鼠的生理机制决定了它只对特定的刺激有意识，而对一般的刺激无意识，是生理机制决定了认知②。另外，德国生理学家缪勒提出的“神经特殊能力学说”，认为感觉不取决于外部刺激，而是取决于感觉神经自身的性质。

虽然我们不能离开个体的人来研究认知，但是人类确实是生活在文化语境中的，因此科尔更强调外在环境对认知发展的影响。他说聆听肖邦的诙谐曲与欣赏夏加尔的油画能会使大脑有截然不同的活动模式，并且以上两种体验与分娩体验也是相当地不同。大脑范围内活动的异质性部分地受到事件结构的影响。

鲁利亚在一篇文章中明确提出认知分布与身体无关，在他看来认知发展过程的自然科学解释和心灵主义学说一直存有分歧，直到我们发现自然过程（比如机体成熟和感觉机制）和文化过程相互作用才使成人具有高级心理机能，否则二者的分歧难以调和。我们应该站在机体的外面来发现人类心理活动的特殊形式③。现代神经科学家们格外关注鲁利亚的观点，他们极力强调一个事件的特殊性关键在于这个事件中的文化构成。

2. 认知分布于时间中

科尔认为认知分布于时间中。图 19-6 有五条时间线，最底部的时间线代表

① Cole M. Cultural-Historical Approach to Distributed Cognition. Psychology and Educational Considerations. Salomon G，ed. Cambridge：Cambridge University Press，1993：1-46.

② Garcia J，Koelling R A. The Relation of Cue to Consequence in Avoidance Learning. Psychonomic Science，1966，4：123-124.

③ Luria A R. The Making of Mind. Cambridge，MA：Harvard University Press，1979：43.

“发展范围”，这是认知发展的可能范围。但认知也在这个范围内受到约束，文化历史学派也赞同此种观点。最上面的线可以称为“自然时间”，也可叫作物质世界的历史时间，它在地球上生命出现之前已经存在。第二条时间线是种系发生时间，也可以叫作地球上生命的历史时间。第三条时间线是文化历史时间，这与种系发生时间共同进化。第四条线代表个体发生时间，也就是单个人的历史时间。第五条线代表微发生，也就是个体经验的每时每刻。椭圆垂直分布指代对个体事件的分析。下面四条水平线相当于四种类型的发生和四种时间尺度，包括种系发生、文化发生、个体发生和微发生，较低层次的发生嵌入其上层次的发生。

科尔在图 19-6 中加了时间维度，至少可以说明在单一的社会语境中促成个体从出生到后来认知的发展。种系发生、文化发生、个体发生、微发生时进行结构调整。从箭头指向看，个体的认知可以追溯到文化历史中，也能设想未来的认知程度。认知垂直地分布于不同的时间维度，受每一参与要素的影响。这在一定程度上说明了人的社会性。人类不同于其他种物种是因为人类会使用文化，他们继承过去的文化，也设想未来的文化，并将未来的文化带入现在。这就激发科尔也同维果茨基一样关注高级心理机能。总之，认知分布于横向分布于每个认知个体的时间维度上，垂直分布于个体的过去、现在、未来。成人通常根据自己的经验和文化来解释儿童行为。

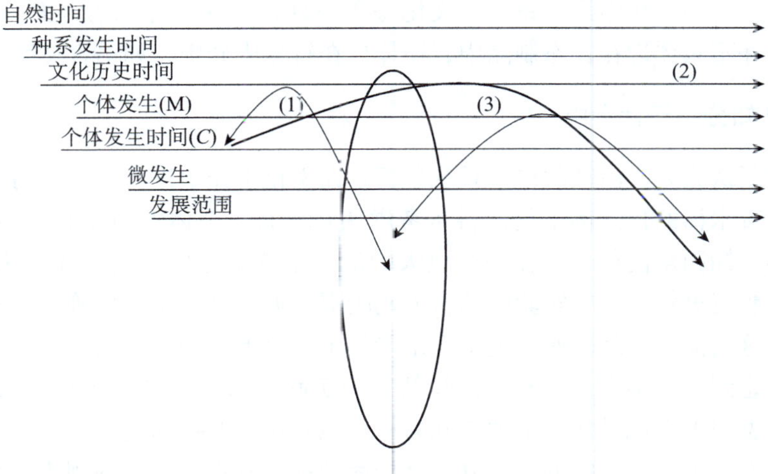

图 19-6　认知分布于时间的结构

3. 认知分布于文化中

毫无疑问，文化是一个基础的概念。人类学家已经为我们理解认知的文化中介做了大量工作。科尔认为贝特森提出的思想实验基本上暗示了认知的文化中介分布。这个思想实验是这样的：假如我是盲人，要用一根木棒。我到底从哪里开始用？是不是我的神经系统控制着木棒还是皮肤控制着？是从木棒的中间用起还是从顶端用起？

贝特森认为上边问题的改变是由已经构想好的事件决定。心智分析不仅要涉及那个人和木棒，而且也要考虑到当时的语境。当这个人坐下来吃午餐时，与心智相关棍子的意义完全改变，已经变成进餐所用的刀叉。因此，心智的分布主要由一个人在动机下使用工具来决定，这样一来就可以说认知分布于特定的语境中。这个特定的语境内文化中介是很重要的因素。活动中介通过制品将人类认知分布于个体、中介物、环境中，活动中介的改变会造成根本的改变。科尔援引了怀特的观点："人不同于猿，也不同于目前我们所知道的其他生物，原因在于人有符号行为。人能运用语言创造一个富有思想和理念的新世界，这个世界正如他感觉的物质世界一样真实，感官到的外界绝不会有理念世界的连续性。理念世界不仅包含现在，而且包含过去和未来。时间上并不是一系列断开的事件，而是两个方向的无限延伸。"① 科尔认为怀特在这里是强调文化的理念属性。但文化作为认知发展的中介，也有其固态的存在。在怀特看来，制品作为文化物态形式，具有主观性和客观性。他说："斧子具有人的主观成分，没有概念和态度，斧子是无意义的。如果概念和态度没有在行为和言语方面公开表达，它也是无意义的。因此每一种文化因素、每一种文化特质都具有主观和客观的方面。"② 当然，文化中介并不只体现在物态制品中，还体现在符号中介中，如语言文字。

4. 认知分布于社会中

科尔还认为人类活动的单元系统分析是在文化中介中进行的。贝特森思想实验中的拿着木棒的盲人例子促使科尔考虑认知分布于个体、中介制品和环境中。这些人类认知因素使科尔能在一个更大的活动系统中定位人类个体行为。例如，我们可以假定贝特森思想实验中的盲人刚刚喝完咖啡又去拿一瓶啤酒，并与朋友聊天，在这之前他还从一座大厦走下来参加了一个地方的喜剧活动。这个大视角使我们注意到一个事实：走和坐的短暂行为实际嵌入集体的、相对持久的状态。在盲人的思想里意识是从一个地方到另一个地方转移的技术过程，当他坐在桌子旁边，他就成了活动系统的一部分，这个活动系统有它的不变的规则、共性和劳动的分工。盲人和咖啡的同伴也是参与者，他们的身体可能没有移动，但他们的心理活动可能被他们短时间参与的完全不同的活动来组织。简单来说，盲人认知过程的构成成分被定位成当前环境和即将到来的活动中。这样，像记忆和决定这

① White J. On the Use of Tools by Primates. Comparative Psychology, 1942, 34: 372.

② White J. The Concept of Culture. American Anthropologist, 1959, 61: 236.

些认知行为就不仅分布在人工制品（菜单、桌椅的安排、指向洗手间的符号）中，而且分布在规则（离开前要先付费、与陌生人坐一起要征得对方的同意）中和有劳动分工的个体中。（服务员要负责咖啡消费者服务，洗碗工负责洗碗，门卫必须要注意放好拖布和水桶，消费者和业主可以向服务员和门卫付小费，等等。）因此，认知分布于具体的情境中，认知分布于社会中。

（三）认知的实践形成观

宏观来讲，科尔的文化语境认知观是在直接地继承了马林诺夫斯基、维果茨基等的一些“家族相似”理论的基础上，对人类认知进行了跨文化人类学研究得出的。这两者是科尔文化语境认知观的语境。它一方面源于先前的思想，另一方面源于文化实践考察。当科尔问到人类认知进程是怎样地与自身所形成并生存的文化语境相关时，他认为这是人类审查自身本性时反复遇到的问题。很多观点会瞄准文化语境和认知的一般问题，其中有几个很普遍的观点在一些社会科学家那里很有影响，并得到认同。有的学派坚持信息与分类系统的不同不过是不同习俗对认知进程的微小影响。而持相反观点的学派则坚持信息差异或分析系统差异都不能作为足够的证据证明人类认知的差异；持完全不同观点的学派则认为来自群体现象的所有证据如信念和言语种类与认知进程无关，只有对群体和个体成员进行研究才可能得到关于文化和认知信息。对此，科尔走出书斋，在20世纪60年代进入利比亚北部部落克派列地区进行考察，证实了文化语境对认知的发展有极大影响，人类认知通过文化中介得到发展，人类认知分布于个体、时间、文化、社会中。由于是田野考察，我们的论述要从具体案例展开。

1. 认知在农业活动的田野考察中形成

克派列人主要从事农业劳动，正如吉布斯指出：“‘克派列’这个词可以翻译为‘务农’（farm）或‘工作’（work）。”[①] 克派列有一句谚语“一个人没吃米饭就等于他没吃饭”，说明水稻在这个地方的重要性。克派列人根据水稻的颜色、产量、种植水稻的土质等把水稻进行分类，一共有20多种。种植哪种水稻要根据如下因素而定：种子类型、土地类型、时节、上一年水稻的存储状况等。传统的克派列人主要在坡地种植旱稻，这是他们最耗时的生产活动，采用合作作业方式，当地人称作“kuku”。尽管依据美国的标准看克派列现在的水稻种植技术简单，克派列人依然努力种植。虽然他们对传统的水稻种植技术很娴熟，但水稻种植不失为一种极其复杂的工作。首先要开辟土地，把棉白杨砍倒、焚烧，清扫、浸渍、疏松土地，至少要7年时间土地才能种植。之后是播种、田间护理、

① Gibbs J. The Kpelle of Liberia. New York: Holt, Rinehart, Winston, 1965: 200.

收割、晾晒、储藏水稻，克派列的成人和孩子都参与这一项农业活动。

科尔在田野考察中发现克派列人有一套非常精密的测量水稻系统，他们擅长对大米进行估量，这方面做得比美国人好得多。计量大米最大的单位是袋，大米袋装后在利比亚地区之间买卖，这也是克派列人经常从事的交易活动。

西方文明的传入也为克派列带来了较新的农业技术。国外专家几年来一直努力说服克派列人在沼泽田中种植水稻，避开丘陵山坡。如果运用正确的技术，产量会提高，土地也可以无限期地利用，隔上几年后需要的劳力也会减少，种植水稻的同时养鱼来提供蛋白质食物。在科尔进入克派列考察的那段时期，尽管已经有非克派列人成功地种植沼泽水稻，但大部分克派列人仍然坚决反对。

传统的克派列水稻种植中清理和焚烧灌木、播种、护理稻田以及收获谷物都属于公共活动。他们特别重视砍伐森林活动，伴着歌手和鼓手的鼓励，大家一起唱着，将灌木砍成碎片。在清理田地的过程中，男人们显示了他们的力量与热情。丰收也是一个重大的、具有社会意义的农业活动，活动中会举行一些比赛，比谁在工作中力量大、速度快，工作最快的会得到一顶特殊的帽子，分到最大份额的食物、棕榈酒、蔗汁。相反，在沼泽地种植水稻被视为又脏又累的活动，不能在集体活动中展示人们的力量。沼泽地是那些丈夫去世或远出的妇女仅有的劳作土地，她们得不到坡地，播种时节的最后在沼泽地种下水稻，收成未知。另外，如果克派列男人在沼泽地里建造农场，那就是对祖先的不敬。因为他们的祖先先前耕耘在这块土地上，虽然已经去世，但他们的精神一直存在于这个部落中。

传统的克派列人一直在坡地种植水稻，对此情有独钟，从种植到储藏，他们对这些程序如数家珍，已经习惯并满足于低产量。即使沼泽水稻产量高，也很难说服他们变更。克派列人的习惯、传统、偏爱以及独有的地域特征就构成了他们的文化语境，文化语境对克派列人的认知有很大影响，这决定当时传统的克派列人在农业活动中的倾向（见图 19-7 的解释）。

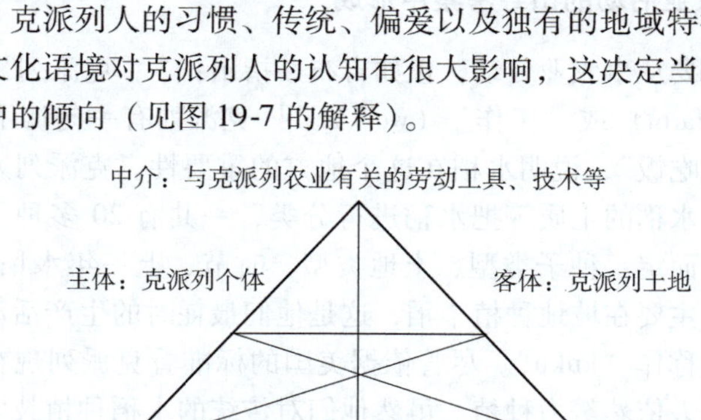

图 19-7　克派列人的三角形文化中介图

根据科尔的文化中介观，克派列个体和土地之间的联系是通过具体的农业劳动工具、技术等中介的。另外，克派列个体和他所在的社团之间的联系也是中介的，一方面，通过其所有农业活动中的工具、技术来联系；另一方面，通过社团的规则和习俗来联系。劳动分工使农业活动参与者的任务、责任等细化。图 19-7 中所有的要素构成克派列人具体的文化认知语境，就传统的克派列个体而言，农业工具、技术相对落后，信仰保守、社会分工简单，绝大部分人都从事坡地水稻生产活动，这种文化语境下就决定了克派列人倾向于传统的坡地水稻种植。要改变这种倾向，文化语境中的所有元素应得到改变。

2. 言语能力在田野考察中形成

科尔还考察了一个特定的问题：言语的社会语境和言语在克派列人完成普通任务中所起的作用。言语在人类活动中有极其重要的作用，而“无文字社会的非正规教育是无声的，儿童日常学习是观摩的形式”①。当时克派列部落大部分儿童接受的是非正规教育，以观摩的形式学习日常礼仪、习俗和生活技能。在克派列，儿童经常在村子里练习成人要用到的技能，科尔称这段练习期为“实践期”。其间，儿童分成若干小组，有的组用棍子刨地、有的组割草。成人与儿童的言语交流很少。这种“实践期”的学习是一种语言以外的认知过程。引用布鲁纳等的话：“正在学习的是认知语境中本质的东西，并不需要言语指导就能习得。”② 因此，克派列儿童在实践期内虽能学到生存技能，但另一方面言语指导的缺失似乎使儿童在以后的言语交流存在困难。科尔的实践考察很多例子可以说明这一点。

科尔的一位朋友是一位志愿者，他决定建造一所房子，而镇长分给他的地是一块坡地。观察过地形之后，他决定将房子的地面弄平，后墙比前墙更高些，以抵消坡面，房子里准备用土填平，使之与前墙地面持平。工人们抱怨房子造出来会“丑陋不堪”，但考虑到劳酬也同意建造。但是，后来一直还能听到抱怨声，反对这样建造。科尔那位朋友查找反对的理由，但在开始并没有什么发现，还是局限于房子不漂亮。但后来明白是因为很多技术不能解决一个难题。因为按理应该是后墙的长木受屋顶的保护。若填平，下雨时后墙的长木将会暴露，被雨淋湿，这样就使后墙不坚固，破坏地基。因此很多人反对将地面弄平的提议。

这个事件中突出两点：第一，工人们清楚地知道建造房子的关键要素在于考虑到天气等因素。第二，虽然明白原因所在，但克派列没有一个人能详细说明，只是略述出一些零星的解释。调查者必须向工人提问很久后将得到的零星解释拼

① Greenfield P M. Cultural and Learning. Edited by Conerly Casey and Robert L . Edgerton. A companion to psychological anthropology：modernity and psychocultural change. Oxford：Blackwell Publishing Ltd，2005：75.

② Bruner J S，Olver R ，Greeenfield. Studies in Cognitive Growth. New York：Wiley，1966：61.

合在一起才能够明白。在这种文化语境中，克派列人建造传统房子的技术还算可以，因为他们能从房子的结构上避开天气等不利因素，但是在传达言语时却显得笨拙不堪，究其原因是在克派列传统文化语境中，儿童在实践期时言语交流的缺失，使得在言语层面的认知水平仍处于低级阶段。

还有案例可以说明：传统的克派列人倾向于旱稻的种植，抵制高产的水稻种植。除非有人一直坚持甚至是粗鲁地说服克派列人在沼泽地种植水稻，否则他们绝不会用言语表示反对，更不会以抽象、叙述的形式表达。此外，如果政府官员为使农民做出改变而使得克派列人不耐烦时，只会给一个愤愤的、不顺从的表情，而不会用言语反驳。

科尔认为这些观察资料可以表明：用言语方式来处理问题并参与活动并不是克派列成人的特征。从别人的报告中也明显地显示非洲其他部落共有这一特征。例如，科尔早期的工作①与杜布的调查②表明：当要求部落人谈及他们的行为和文化时，总是遇到同样的言语难题。

人的言语活动包含了复杂认知过程，人类对言语的使用包括言语的理解和言语的产出。言语理解就是能明白别人说话的意思，言语的产出是指把自己的想法表达出来。“言语的理解虽然包括对话语和阅读的理解，但尤以对话时的言语理解显得最为突出。从对话来看，言语的理解过程或机制需满足对话的要求。首先，言语理解机制应能迅速地工作，以便能跟上说话的速度。其次，句子的分析大体应能按照说出来的字词顺序进行。此外，言语理解机制还应容许丢失某些信息和说话的差错，而不损害理解。”③ 根据科尔的调查我们发现，利比亚人的言语理解方面不存在问题，但是在言语的表达方面却显得大有故障，他们在阐述问题时很不流利，即使信念已定，理由充分也只能给出一些零星的解释，更不能抽象表达。“语言有一个环境，它不能脱离文化而存在。”④ 这表明，文化语境对人类认知有一定的影响，克派列社会的文化决定了成人和孩子间的言语交流很少，孩子在实践期只是学习技术，技术是通过观察习得的，并不需要言语的指导，因此，在这种文化语境中言语指导的缺失使克派列人的言语产出成为问题。

3. 教育在田野考察中形成

科尔的考察主要集中在 Sinyee（克派列的一个小村），这是克派列传统社会和西方生活方式相互交汇的代表区域。在这里，克派列传统的教养方式与体现政

---

① Gay J，Cole M. The New Mathematics and an Old Culture. New York，Holt，Rinehart and Winston，1967：80.

② Doob L. Becoming More Civilized. New Heaven：Yale University Press，1960：53.

③ 王甦，汪安圣. 认知心理学. 北京：北京大学出版社，2006：347.

④ 吴健青. 文化语境和语言学习策略建构. 湖北广播电视大学学报，2008，2：117-118.

府学校教学的新制度相对。

传统的克派列部落有自己的学校，称作简易小学。年长者只鼓励儿童在简易小学接受传统教育。简易小学里涉及的教学内容只有克派列礼仪、规范、习俗等。在 Sinyee，科尔向几位年长者问到愿意儿童接受何种教育方式，他们回答应该让儿童多学些有用的知识，比如当地历史、风俗、传统以及尊重长辈、谋生等。在年长者看来，理想的教育能把儿童培养成具有四种品质的人——尊重长辈、学会谋生、懂得传统、英勇无畏。

随着西方文化的渗透，受影响最大的地方是学校，在克派列西式学校逐渐建立。虽然 Sinyee 是克派列传统与西方生活方式相互交汇的代表区域，但由于长时期忙于农场或其他家庭事务，这里大多学生只上几年学，学校教育过早地中断。只有极少部分学生接受了相对较多的学校教育。这部分学生保留着传统的气息，也接受了西方文化。新制度考验着儿童们对传统教育模式的忠诚。

简易小学是克派列长期以来就存在的机构，它们的意义和价值深深地刻在传统克派列人们的心中，这种价值已经成为克派列文化的核心。相反，西方教育方式对这种文化来说是新鲜的。新的价值标准给克派列人限定了一个价值标准，但大多数情况下与旧的标准相悖，有时候意味着完全改变。因此，西方生活方式对克派列人来说是自相矛盾的，有好处也有坏处。它已经打破了原来的部落机构，瓦解了当地村落和整个社会，当地的法律变得无效，孩子们开始对传统的生活方式不敬。本质上，简易小学现在已经是克派列社会的一个附属品。

一个克派列大学生认为，虽然他在简易小学学到了很多传统习俗，身上带着浓重的部落气息，但还是珍惜能接受西方教育的机会。进入政府学校后，他与刚接触西式教育的学生冲突严重，因为他内心里只肯定西方生活方式，对传统文化开始轻视，西方与传统文化的鸿沟致使他与未西方化的克派列儿童沟通困难。这些少数的接受西式教育的学生想从自己开始改变克派列的传统文化，让兄弟姐妹、子孙后代挣脱传统落后的樊笼，从而过上西方的生活。

科尔考察还发现，整个克派列地区的人们很传统，特别是年长者，他们的传统思想观念根深蒂固，却在部落人中间显得很重要。这种固执的克派列保守主义使得克派列人的教育倾向坚持传统，相对落后。他也明显地觉察到由于传统的克派列文化受到西方文化的冲击，克派列人的文化语境也发生了改变，变成了传统文化与西方文化的混合语境，他们在选择教育的时候不自觉地会受其影响，发生改变。因为文化语境对人类认知有影响，选择判断就是人类认知表现的一个方面，所以文化语境直接决定了克派列人的教育倾向。他们在选择教育模式的时候有了不同的认知倾向。文化语境的改变诱导了克派列人认知方式的改变。

而传统的文化语境滋养着克派列年长者，他们接受的是传统教育（以实践期的学习和简易小学为代表）、认可传统教育。在传统文化与西方文化的混合语境中，学生倾向于接受西方文化，过西方的生活，并在观念领域也相应地有所改变，有了新的判断标准，不赞成克派列传统的生活方式与教育方式，无论在生活方式还是观念选择上都倾向于西方方式。虽然科尔进行的是人类学田野考察研究，考察起来十分细致，但是他也注重整体性，认为对人类认知的研究要重视整体的、系统的研究，与社会文化历史学派一样，把人的研究置于宏观的社会背景中，重视个体和社会的相互作用。

三、文化语境认知观的意义

人类认知与文化语境有着天然的联系，这在科尔的理论与实践研究中已经是不争的事实，但到底是如何地影响，需要更进一步的研究才能清楚说明①。虽然研究还在进一步的进行中，但他强调认知在文化中介中发展是对传统发展二元论的超越。另外，科尔文化语境认知观在认知科学领域内具有重要意义，是对认知科学的一种补充。再者，科尔的文化语境认知观是基于田野实践考察而印证了的理论，所以有必要从哲学的维度来考究田野考察的方法论意义，这种方法从细微入手，关照了文化语境的整体性，促进人类学、文化人类学、教育人类学发展，是理论研究和实践研究的重要方法之一。

（一）超越二元论

图 19-8 历史地显示了发展根源理论框架图。在前三种框架中，发展被看作是两种因素交互作用的结果，第四种观点认为两种因素通过间接的文化中介交互影响发展。它们的不同之处在于两种因素所起作用大小的不同。前三种发展框架中显示了 20 世纪关于发展的三种主流二元理论。第四种框架显示的是科尔提出的将文化视为“第三力量”的观点。

图 19-8 中第一行的典型代表是 20 世纪 40 年代美国心理学家格赛尔的观点，他认为成熟机制对人的发展起决定作用，即内在因素是认知发展的主导因素，它贯穿人生的每一阶段。每一阶段以有机体已有的机体结构和有机体与环境的互动为特征。“虽然环境决定行为的方方面面，包括行为的时刻、强度和其他相关的方方面面，但它并不促成行为发展的基本过程，行为发展是由生物体固有的成熟机制决定的。”② 这就是他的成熟论。1945 年他还对此做了补充：“身体和文化均不包含生长机制的任何组织。文化在积累，但它并不会生长，正如手套的大小以

① Cole M, Cagigas X E. Cognition. Handbook of Cultural Developmental Science. Edited by Marc H. Bornstein. New York, London: Psychology Press, 2009: 128-142.

② Gesell A. The First Five Years of Life. New York: Harper and Row, 1940: 13

手为标准，手的大小决定了手套的大小。”① 这说明发展的实质是由有机体内部的成熟机制决定。格赛尔不仅认为人机体机能的发展受到生长规律制约，而且所有其他能力，包括道德都受成长规律的支配。格赛尔的成熟论在 20 世纪 50 年代与主流观点不符，但最近几年先天有机体限制认知发展的理论以格赛尔的理论为依据并使它重新流行。一些人仍然认为内在结构限制环境作用，个体的发展取决于个体成熟。

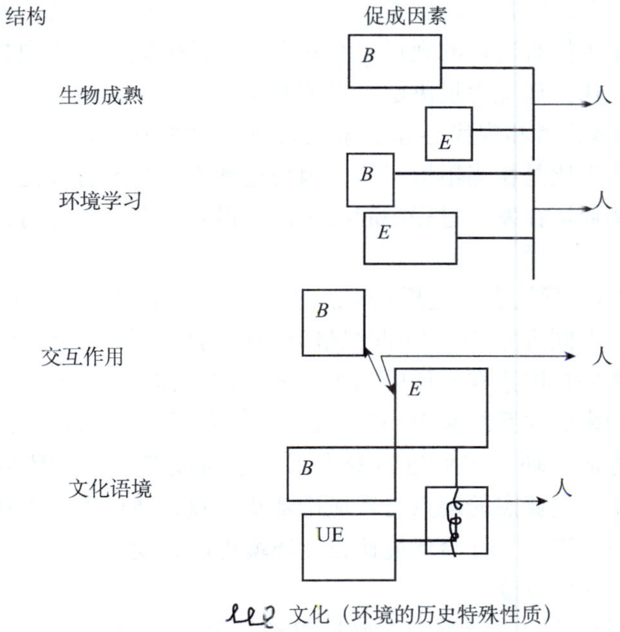

图 19-8　发展根源理论框架图

B，生物的；*E*，环境的；UE，文化语境

图 19-8 第二行显示出文化环境和自然环境影响认知发展变化。斯金纳是坚持这一理论的典型代表。他用类比法提出一个比较极端的观点，认为基因组并不是发展的活化剂，环境才是发展的活化剂。具体类比如下：操作条件反射强化行为，正如雕刻家雕刻一块石头。尽管某一时刻雕刻家似乎已经雕刻好一个新物体，但我们总能回到原来未雕刻的石头上，也能不断地回到原来的状态，雕刻出我们希望大小的雕像。决不会出现雕刻之前没有发生的情况，最终雕刻出来的东西似乎具有特殊的完整性。雕刻家不仅是石头逐渐发生细微变化的根源，而且还是变化中出现新形式的根源。斯金纳把环境类比为雕刻家，雕刻家不断地雕刻促成雕像的形成，石头本身并没有发挥作用。因此，有机体的自发反应并不是在机

① Gesell A. The Embryology of Behavior. New York：Harper and Row，1945：358

体发育完全时出现，而是不断强化的结果。

斯金纳还认为有机体有应答性行为和操作性行为，在有机体的发展中，操作性行为发挥着更重要的作用，因为操作性行为是有机体对环境的主动操作。在雕刻家是社会的隐喻性体现的范围内，发展是同时代社会文化环境促成的结果，这个观点认为发展的决定因素在于环境学习。这与外在论的基本观点类似，因为环境论强调人的发展主要依靠外在力量，如环境的刺激或要求，以及他人的影响和学校的教育等。有机体自身的因素，有些人认为是需要改造的，如中国古代性恶论的代表人物荀子持有这样的观点；有些人认为机体犹如一块白板，本身没有内容，可以任人涂抹，环境力量决定了机体的发展状况，类似的还有洛克的“白板说”。甚至是环境论者和现代心理学家认为斯金纳的观点有点言过其实，他将有机体与石块进行类比是相当不恰当的，因为这种类比暗示着人是完全被动的有机体。当然，强调环境在发展过程中起决定作用得到很多人的支持，生物进化论的支持者大多属于这一类。

图 19-8 的第三行代表了这样的观点：内在因素和外在环境因素是促成发展的两个因素，二者同等重要。20 世纪最有影响力的发展理论家皮亚杰就强烈地认为内在因素和外在因素在发展中同等重要。他声称：“智力增长离不开身体成长，神经系统和内分泌系统到 16 岁才成熟。”① 虽然皮亚杰强调人作为积极的有机体，通过努力适应环境来促进自身发展，这与成熟塑造和环境塑造的观点相对。但总的来说。皮亚杰的观点与环境论基本一致，他认为人类从出生就受自然环境和社会环境的影响，社会环境比自然环境更能改变个体认知结构，个体从两岁开始就受到文化的改变。

格赛尔、斯金纳和皮亚杰都明确地将环境分为文化（或社会）环境和自然环境，他们认为文化与生物体相分离。这种截然的二分忽视了文化在认知中的因素。科尔认为在任何社会中，文化在完成发展的进程中是必需的，文化和发展具有因果关系。正如图 19-8 第四行明确地将文化列入发展的构成要素中。根据文化中介理论，前边两种观点中提到的两种交互影响的因素并不直接发生作用，而是通过第三个因素间接地发生作用，这第三个因素就是文化、知识积累、经验和习得前人知识的中介。从这个角度讲，认知发展是生物、社会、文化一起作用下发生的改变。

显然，科尔提出的第四种观点是对前三种观点的超越，发展不单单是有机体内发的、环境外发的，而是有机体在环境中通过文化中介来发展的，在这一意义上，科尔的文化语境认知观中的文化中介理论是对文化发展二元论的超越。

① Piaget J , Inhelder B. The Psychology of the Child. New York：Basic，1969：89.

（二）推动认知科学理论的发展

科学哲学在20世纪先后经历了“语言转向”、“解释转向”、“修辞转向”[①]，这些都蕴含着认知困境，也呼唤着“认知转向”。但在认知科学中一般重视计算机科学、心理学、语言学的研究，忽视了人类学对它的重大影响，或者说脱离文化历史语境解释人类的认知现象，缺失了一个文化语境基础。怀特在《文化的科学：人类与文明研究》的前言中就明确说明人之所以为人，是因为人是文化的动物，人的出现是文化的创造，不得离开文化而研究人，人类认知的发展是文化的结果[②]。也就是说，特定文化的各种因素组成了一定的文化语境，文化语境与人类认知有极大的关系。虽然我们不能纯粹断言文化就是认知，不能将人类的认知都归于文化因素，但是其间必有深刻的联系。

自从马林诺夫斯基提出“文化语境”后，对语境、文化语境的研究过多地局限于语用学、语义学，就连马林诺夫斯基本人也致力于研究文化在语言研究中的重要作用，明确地指出：“对原始话语的分析表明了意义的复杂性，需要把意义的分析从纯语言的分析拓展到文化和社会心理的分析。”[③] 因此，研究认知与文化语境关系的领地显得有点“冷清”。而走在学科前言的传统认知科学却忽视了对文化语境这一基底因素的考虑，不仅陷入“离身危机”，还陷入“离文化语境”的危机。科尔的文化语境观主张文化语境是在考察人类认知时必须要考虑的前提性因素，是人类认知的预设，在文化层次上推动了认知研究。

心理学中也广泛地研究了人类认知，但将关注的焦点局限于人类心理的自然属性层面，相对于人类心理的社会属性较少地涉及。心理的自然属性层面意指人类认知是一种自然存在，遗传决定了人类个体大脑的成熟。心理的社会属性，即心理的文化属性，在人类认知中也带有一定的自觉性，文化为人类的社会生存提供了空间。“文化提供了物质与符号工具，概言之，人类心理不仅仅是一个自然进化和社会化的过程，也是一个内在价值、意义体验和获得的过程。”[④] 这正如维果茨基继承的马克思在《论费尔巴哈》中的两个前提假设：其一，人的心理是由社会环境决定的。其二，人的心理起源于社会活动，并从外到内进行内化。这样说来，科尔的观点也是与马克思的基本假设一脉相承，心理学研究人类心理过程、认知过程，认知心理学、认知科学也围绕这些中心问题展开，可以肯定的

---

① 郭贵春．后现代科学实在论．北京：知识出版社，1995：2-3.

② 怀特 L A．文化的科学——人类与文明研究．沈原，黄克克，黄玲伊译．济南：山东人民出版社，1988.

③ Malinowski B K. The Problem of Meaning in Primitive Language. Ogden C K and Richards I A. The Meaning of Meaning. London：Routledge，1923：299-306.

④ 石中英．教育学文化性格．太原：山西教育出版社，1999：169-170.

是，人的认知生活是发生、融贯在社会生活、文化和历史当中的，因此，可以通过社会、文化历史来理解人类认知，也可以通过人类认知解释社会、文化和历史。具身认知主张把认知工作放置在环境中、环境是认知系统的一部分，因为心智和外在语境的信息交流非常紧密，认知科学家如果单独研究个体心智并不是十分有意义的①。就情境方面而言，“认知是一个系统的事件，而不是个体独立的事件，因为认知不是排除了身体、世界和活动而专属于个体的心智（大脑）并由它独立完成的事件”②。在以科学为中心的当代文明离不开科学，科学不是传统意义上的科学，而是人性化、人文化了的科学。从根源上讲，科学是从文化中发生的，只有在文化语境中，才能理解科学的发展轨迹，因此，科尔的文化语境认知观不仅促进了认知科学的发展，而且彰显了人类文化在科学发展中的重要地位。诚然，文化实践是关注文化最直接、最有力的方法，研究时必须跨文化地实地考察，才能从宏观和微观两方面把握我们当今人类所处的文化语境，更好地促进人类认知发展、促进科学发展。

（三）推动哲学方法论的完善

科尔建构的文化语境观是基于人类学田野考察而获得的，是理论与实践的完美结合，对研究人类认知时文化语境的缺席是一个极大的补充。我们可以借鉴科尔的田野考察这一人类学的研究方法来研究认知现象。

田野考察是英国功能主义大师马林诺夫斯基创立的，它“是经过专门训练的人类学者亲自进入某一社区，通过参与观察、深度访谈、居住体验等方式与被研究者经过一段长时间的了解，获取第一手资料的过程”③，被称为人类学家的“成年礼”。田野考察强调“参与观察”与“深度访谈”。一般来说人类学家一般必须经过以下过程才能“成年”：理论吸收-田野考察-撰写民族志-得到认可。为了收集更多的资料，调查者应该在所考察的地方长期居住，学习当地语言并取得当地人的信任，投入当地人们的生产实践活动中获得最可靠的原始资料。这也是我们对大量的文化事实进行较多叙述的原因，目的是为了深入体现科尔对文化语境认知观做调查时难得的细致入微，也为了体现他在这细微的文化事实背后透视整体性的精髓。就科尔《学习和思维的文化语境》一书的问世出版并得到认可来说，首先是吸收了苏联历史文化学派的理论观点，然后去利比亚部落进行了田野考察，然后进行了系统撰写，其研究成果已被很多学者接受并应用，比如“第五维”语境模式的创建和对脑创伤儿童在治疗过程的应用。同功能主义人类学家

① Wilson M. Six Views of Embodied Cognition. Psychological Bulletin and Review, 2002, 9: 625-636.

② 李恒威，盛晓明．认知的具身化．科学学研究，2006，(2)：186.

③ 范正勇．对人类学研究方法——田野调查的几点思考．青海民族研究，2007，(3)：16-18.

一样，科尔也细微专注于特定社会克派列部落的研究，注重整体性原则，这使他的文化语境认知观得以印证。

概括地讲，田野考察是所有理论工作者获得第一手资料的最基本的方法，通过观察参与一个个具体的文化事实，然后对其进行分析，反过来会对田野考察方法改进，做到了理论与实践的结合。就田野考察的具体意义和价值，我们可以有这样的概括：一是在于“文化的体验”。研究者不只是在特定的文化语境中做调查研究，而且是他们自身在实地的真实生活和情感体验。二是可以准确把握文化的整体特征。三是验证正确理论，排除错误假说。四是破除意识形态霸权，因为各民族拥有自己独特的文化，研究者要意识到表征相同的社会现实和问题背后的文化根源[①]。五是研究者的参与考察可以对特定的研究地域赋予人文关怀。因此，田野考察不仅是人类学的“成年礼”，而且是其他与历史文化因素关系密切的学科从书斋研究走向具体文化语境的重要方法。

本质上，田野考察这一人类学方法也是一种语境论的方法，因为田野考察本身就是人类学学者置身于特定情境中的研究。“语境论已成为科学哲学发展的重要纲领。”[②] 其中首先要把握的是语境概念本身，加强对语境的文化-历史考察，这是非语言层面的考察，但也凸显了文化-历史在语境概念中所占的重要分量。我们既然要强调语境论的方法，就应该进行实地的人类学田野考察。

四、结　语

人类在不断地发展，对认知的研究永无止境。自然科学家和人文科学家都对此做了孜孜不倦的研究。实际上，认知科学过多地追求人工智能，游离于文化语境之外而考察认知，这已经受到了诸多质疑。

科尔的文化语境认知观给我们许多启示。首先，坚持将人类的认知研究放到特定的社会历史区域内，先考虑整体认知的人文因素，再探究个体的认知差异，把文化语境视为人类认知的基本预设。其次，要坚持用田野考察的方法来验证理论，在细微中把握整体，从理论到实践，从实践到理论，循环往复，不断推进理论和实践的发展创新。最后，研究人类认知这一基本问题要考虑的不仅仅是文化语境这一层面的内容，科尔对它的强调只是在弥补传统认知科学上对文化因素考虑的不足，并不是将传统认知科学全盘否认，计算机科学、脑科学等认知领域的研究仍然走在科学的前沿。

长期以来，传统认知科学陷入身心二元论、个体主义和元素主义的三重危机

① 卢芝叶，樊娅苹，崔建爱. 教育人类学的成年礼——田野考察. 和谐教育研究，2011，(8)：14-15.

② 江怡. 语境与意义. 科学技术哲学研究，2011，(2)：8-14.

而不能自拔，计算机主义和联结主义不能克服离身谬误，也不能强调情境性，将认知的文化语境置之度外，根本不去考虑这一基底性、预设性的东西。理论上科尔提出的观点是对传统认知科学的补充。但是，我们也应该明白文化在认知科学中的“离场”不是偶然的。这种情况与传统思想中对“科学”的狭隘理解有莫大关系。原因在于现代主义思维中，过多地强调了科学理性，把科学的理解局限于逻辑和理性本身，把人类认知的理解局限于机械思维。我们只有将科学置身于社会文化语境中才能真正地理解科学，也只有将人类认知置身于社会文化语境中才能更好地研究认知因素间的相互关联。这些见解看起来是平凡的，但更是深刻的，因为在人类的思维中总是倾向于忽视预设。总之，在认知研究过程中，我们要将文化语境运用其中。

第二十章 史密斯：认知进化模型

当前，计算机科学发展神速，计算隐喻渗透了公共话语。计算领域的术语广泛进入各种理论解释中，而没有多少人注意到概念上的困难。尽管计算地位显赫，但计算概念的基础却出奇地晦暗不明。甚至在最基本的问题上也并没有一致意见：计算究竟是什么？它是具体的还是抽象的？是形式化的还是非形式化的？是符号性的还是非符号性的？我们能否有一个综合性计算理论？这些问题都还不清楚。

史密斯（B. C. Smith）① 指出，在当代作为计算机科学基础的“计算”概念模糊不清，是计算机科学向前发展的隐患，有必要发展一种综合性的计算理论。在认知研究中史密斯采取情境的态度，注重认知活动的情境性，这不仅可以更完整地解释意识本身，而且在人工智能的研究中意义远大；通过注重情境研究，可以造就更加灵活的智能体，有效提高它们适应环境的能力。认知科学家大多都喜欢讨论进化论，作为一种研究进路，进化认知在研究中采取的是“过去式”的态度，即，通过了解生命体意识的发生、发展以及在环境中演变的过程，更好地了解其现状，并对其未来做出预测。认知进化一直是史密斯认知研究的重点所在。他认为进化论在认知研究中很有启发意义，尤其重要的是，在智能研究中引进进化论，可以更好地模仿生命体的适应环境、应对环境的能力。

一、认知不是“符号处理的”

认知科学作为交叉学科，注重学科之间的整合，要求研究者们涉足更多的领域。当代很多认知科学家，很难被归类到一种思想流派之中。史密斯长期从事认知科学研究，博采众长，对计算机科学、哲学、进化论、情境语义学都有涉猎。不过究其思想核心脉络，我们发现他主要继继承了 20 世纪经典“物理符号处理”、巴威斯和佩里的情境语义学以及皮亚杰的认知建构论。

“物理符号处理系统”假设以计算机类比人的大脑，认为可以把我们的心灵在计算机中建模，坚信从某种抽象的程度上讲我们就是计算机，它也被称作心灵的计算理论。史密斯认为在“研究心灵的历史中，没有什么观点比这更加

① B. C. Smith 是加拿大多伦多大学教授，是一位计算机科学家、认知科学家。他早年侧重于研究计算概念基础的理论以及在信息科学、认知科学、生物学领域中计算隐喻的使用。他曾努力建立一个系统的形而上学，试图调和实在论和建构论。过去十几年他的工作主要集中在更根本性的本体论、形而上学以及进化认知、情境认知等领域。他是个跨领域的专家，兴趣广泛，且在许多领域都有所建树，有其独特的见解且很有启发性，在认知科学领域影响很大。

激起人们的激情"[①]。它第一次让人们感到有可能把意识之谜完全彻底的解释清楚。

"物理符号处理系统"思想可追溯到近代的霍布斯、莱布尼茨以及现代的弗雷格、罗素、怀特海。霍布斯认为"世界和人都是机器"，莱布尼茨相信所有的疑问可以通过数学或逻辑的演算得到答案，弗雷格为澄清日常语言的模糊性，建立了概念语言。罗素对"物理符号处理"思想的形成有直接的影响，怀特海提出"人的心智是符号地进行活动的，即经验的某些成分发出意识、信念和情感，而这种活动关联着经验的另外的成分。这些成分的前一个集合就是'符号'，后一个集合则构成了符号'意义'。这种符号转化为意义的有机的功能称为符号的所指"。他的观点对后来的"物理符号处理"思想的形成有非常大的影响。"物理符号处理"思想的代表人物是西蒙和纽厄尔。他们把人脑比作计算机，认为计算机的"计算"就是人的认知或者思维过程。

史密斯以巴威斯（Barwise）和佩里（Perry）在《情景与态度》中的情景语义学为标准[②]，强调在决定意义中语境的重要性，倾向从彻底的语境有关的表征开始他们的意义理论。一个符号的意义是怎么样的取决于什么时候、在哪儿、谁在使用它。巴威斯和佩里曾表示"我们认为可能世界的观点是完全错误的和完全不适合的，不论是哲学上还是数学方面"[③]。巴威斯和佩里认为现实世界是意义的来源，现实世界中充满着生命体适应意义的信息，语言的意义处在这个现实世界的环境中；自然语言根本上是为了相互交流，人工智能的主要功能在于信息的传送、接受和处理。可是传送和接受语言信息时，经常被语言的情境所制约。

总之，史密斯重视智能体与情境的平衡和调节，认为这是智能发展的动力，反对老式人工智能的认知观，认为社会环境在认知的发生与发展过程中是不可缺少的，在认知研究中要注重认知的情境性和具身性。

---

① Smith B C. On the Origin of Objects. Cambridge, MA: The MIT Press, 1998: 58.

② 20世纪80年代初，巴威斯和佩里共同创建了一种新的语义学，即情境语义学，它是为了代替可能世界语义学而被创立的。情境语义学是一个交叉性很强的研究领域，它既面向人工智能又面向自然语言。情境具有排斥性，处于一定的时间和空间中，相同的个体相同的时间和空间下的情景是同一的，相同的个体在不同的时间与空间下是没有交集的，在特定的时空之下相同的个体的情境不能既是这个又是那个情境，可是不同的时间和空间下不同的个体就会有不同的情境。情境具有时空性，这是它最明显的特点，每一个事件都是在一定的时空下发生的，就算是有些事件无明显的时空因素，但是情境仍然发挥作用。情境之中主体和环境是紧密相连的，在情境中，主体和作为客体的现实世界是相统一的。主体在现实世界中有很大的能动性，主体选择所处环境的一部分作为自己的情境，情境由主体所能感受到的现实世界构成，能否成为情境是由主体所决定的。情境并非现实世界的全部，它是现实世界世界的一部分，现实世界为事件的发生提供场所，构成情境，但不能说它等同于情境。也就是说，在现实世界中只有与主体的事件相关的部分才能被称作情境。

③ Barwise J, Perry J. Situations and Attitudes. CSLI, 1999: Preface, 13.

二、计算是“野生的”

史密斯认为“目前至少存在六种计算概念的解释形式，在认知科学有三种：形式化符号处理、有效可计算性和信息加工过程”[①]，这几个范式在很大程度上是相互交叉，人们很多时候把它们看作相同的东西。而“形式化符号处理。”（即物理符号处理）是最主要范式。

史密斯曾长期致力于建立一个综合性的计算理论。一方面，他考察了作为经典计算理论的“物理符号处理”思想；另一方面，他通过学科形成的必要条件入手，考察了“计算”能否满足那些必要条件，指出不仅我们现在没有一个合格的计算理论，“在未来也不会有这样一个理论，我们将永远不会有关于计算的理论”[②]。他给出的理由是：

第一，计算的经典理论是失败的。“物理符号处理”思想主张，应从“符号层次”探测心智，计算机和人都是物理符号系统，人和计算机的思维都是符号的处理即计算。西蒙和纽厄尔的理论假设的形成主要来自计算机科学和心理学的研究。他们提出“信息加工”这一范畴用来描述人的认知过程，认为一个信息加工系统的概念可从计算机对智能行为的模拟中抽象出来。而“计算隐喻”是“物理符号处理”范式赖以确立的前提和基石。他们来“大脑”看做计算机，相信计算机程序语言作为一种形式语言可以用来表示人的心理过程，把计算机作为一种模拟装置可以用来检验心理学理论关于行为的一些预测。在纽厄尔看来，理解人类心智和智能的工作原理是科学家多少年来的追求目标。如果说认知科学是在这样一个总目标下把许多有关的学科组织综合起来，那么人工智能和计算机科学对此能做出的贡献就是物理符号系统的观念。

史密斯结合对“物理符号处理”思想的科学批判和哲学批判，指出作为经典理论的“物理符号处理”思想“是错误的”[③]。他分别从其解释计算实践的能力不足、哲学上的难题、对“认知”本质理解上的错误三个方面指出了其失败的几个原因：

（1）一个合格的计算理论应该“给具体的经验实践以公道”[④]。这是考核合格的计算理论的标准之一。史密斯指出现实世界里的计算，实际上在任何可辨的关于“形式化”的解读上并不是形式化的，计算的结果往往都是嵌入它们所处环境中，它们更加具体更加具有情境性。以这个标准而言“物理符号处理”是

① Smith B C. On the Origin of Objects. Cambridge，MA：The MIT Press ，1998：15.

② Smith B C. Age of significance . http：//www. ageofsignificance. org/people/bcsmith/.

③ Smith B C. On the Origin of Objects. Cambridge，MA：The MIT Press ，1998：56.

④ Smith B C. On the Origin of Objects. Cambridge，MA：The MIT Press ，1998：16.

失败的。它显然无法解释现实世界中的计算实践。它的哲学基础是传统的二元论。这种思想主张精神和物质是两个领域，它们虽然同步却无交点，物质无法影响精神。相应的“物理符号处理”思想强调认知的合理性、抽象性、形式性，一个符号的意义是固定的，不管在哪种情境之中，这漠视认知中的情境因素，根本无法解释具体性、情境性的计算实践。

（2）“物理符号处理”的计算机或由独立于其语义的符号处理所构成，这个论断被证明是过强了。如果把一场复杂的调查研究缩减到一句话，可以这样讲：“形式化符号处理。”这一构想最终失败是因为在现实世界的情形中，语义域构成性地卷入定义于其内、其上、其间和其周围的计算过程。现实世界的计算机是积极主动地卷入它们的客体，是它们所表征的世界里的重要选手。在它们的一来一往中，它们实质上有效地使用、实质上影响着它们的符号结构所关涉的事态。史密斯提出“形式化符号处理这一构想也会被证明是失败的。但这次却不是因为它不是关于计算的，因为它确实是关于计算的，而是因为它是错误的”。①

史密斯认为不仅“物理符号处理”是失败的，就连同它齐名的可计算性与计算复杂性理论，即以“计算的理论”之名行世的理论，也是失败的。“其失败不是因为它关于计算做出了错误的断言，而是由于它根本不是关于计算的（野生的也好，家养的也好）。”② 反之，它更像是关于差分因果作用的数学理论。具体物理东西的那种构型或安排可以为有限的物理过程所切换、移动或变化为完全具体的东西的其他构型或安排。这些变化需要时间，使用空间。尽管可计算性与计算复杂性理论完全是有效机制的理论，史密斯认为它也根本不是有意义的机制的理论，没有在任何意义上超过任何有意义的机制都必须遵守机制的规律，这是一个非常空洞乏味的理论。如果计算确实事关意义与机制的辩证互动，那么这个重组之后的可计算性理论，我们现在可以把它叫作关于效力的理论，或者关于差分因果作用的理论，而且它只适用于计算机，正如它将适用于人、星系、气体凝结等，但它不是计算的理论，因为它作为理论并不是关于计算机的或者计算的计算性的。

（3）史密斯指出“物理符号处理”不仅无法解释现实世界的计算，而且它本身又面临着众多的无法解答的哲学上的诘问，它根本无法回答这些诘难。他分别以塞尔和德雷福斯为例解释了为何如此的原因。他认为“以塞尔那声名卓著的‘中文屋’为例，塞尔以它来论证说，纯粹的语法（或形式化）符号处理不能产生心智”③。“中文屋”思想实验的大概情况是，一个不懂汉语的人——吉姆被关

① Smith B C. Age of Significance . http：//www. ageofsignificance. org/people/bcsmith/.

② Smith B C. Age of Significance . http：//www. ageofsignificance. org/people/bcsmith/.

③ Smith B C. Age of Significance . http：//www. ageofsignificance. org/people/bcsmith/.

在一个屋子里，通过一个通道与外部取得联络。他有一个手册　通过它可以知道他所接受的中文字符的意思，也通过它，可以找到一系列的中文字符又把它们送到外界。吉姆送出的字符作为汉语被外界的人所理解。对于外界懂得中文的人们来说，他们得到了正确答案，这是一个有意义的事情。但是对于吉姆来说它只是个无意义的程序处理过程，他根本不懂得字符的意思。

塞尔想通过这个实验说明，尽管计算机可以模仿一些人类的行为，但它们有根本的区别的，那就是人的理解能力。对计算机来说，只是简单地物理符号处理，而对于懂中文的人来说这是个有意义的活动，塞尔最终想表明：计算机只能模仿人的简单行为，但是意识内在的过程是无法模拟的。

与塞尔相似的是"德雷福斯开创性的《计算机不能做什么》一书中的'新海德格尔式论证'，即常识论证，指出那不可言说的背景和默然的知识是一切真正的人的能力的基础"①。德雷福斯认为以"物理符号处理"为传统的人工智能是无法处理作为背景的常识知识问题。他论证说人工智能是按照严格的逻辑符号程序来构建的，它们处理逻辑命题，但因为我们的日常知识不表现为命题，以至于我们无法在计算机中把它表征出来。常识是人们在其特定的社会文化之中成长的过程中慢慢了解到的。它是流变的，常识知识随着时间的推移和地域的不同采取不同的形式。而且常识知识的核心部分是负责社交和处理事情的技能，技能是难以表征的。在德雷福斯看来，他们面临着两难的抉择，或者要退却到自然语言的表征、专家系统或者更加专门化的子领域之中，这会使得他们难堪。或者他们面临着输入超巨量的常识的任务，在当代常识的指数性增长使得这个任务几乎不可能完成。显然，不管是塞尔的"中文屋"论证，还是德雷福斯的"常识"论证，都揭示了"物理符号处理"思想在哲学上面临的巨大的障碍。

（4）"物理符号处理"无法模仿意识的意向性。"物理符号处理"者们最初的愿望是要造出类人的智能体，可是他们忽视了人的意识的本质，即意向性。意向性被布伦塔诺用来说明心理学研究对象和物理学研究对象之间的区别，心理的研究对象就依附于意向性，而非物质不依赖于意识而存在，意向性是纯粹的，"即使意识与外部实在（它们是产生各种具体心理活动的原因）没有发生关系，意识也因"指向"某物的活的而保持自身的完整性与自主性"②。意向某物是意识的最基本的结构，意向性既是意识的本质，也是赋予外部实在意义的先验存在，而计算机只是简单地符号处理没有也不可能产生意向性。

基于以上理由史密斯认为，"物理符号处理"思想根本无法应对这些挑战，它不是一个合格的计算的理论，当然也无法对"计算"做出的基础性的说明。

---

① Smith B C. Age of Significance. http://www.ageofsignificance.org/people/bcsmith/.

② 赵敦华．现代西方哲学史．北京：北京大学出版社，2001：104.

第二，“计算”不能作为一个学科。史密斯指出，就以能否成为一个学科来说“计算”也是不够格的。一个科学研究计划有两个部分组成。一个是确认和分类被研究对象的方法；另一个是产生和解释这些对象的过程的方法。分类任务通过从分类法概念获得的有关范畴与种类的系统完成。而后续解释的任务要求通过有关模型完成。在一个研究规划开始时，真正的机制通常不能被观察到，随着规划的实施，把实验技术和观察技术的资源扩展到先前世界隐藏区域内的方法得到了发展。那么科学研究是如何缘起的？哈瑞认为科学由以下因素构成①：一是要有一个有序的现象目录；二是要有一个模型系统，需要它表征出可被观察现象的无法观察的内在机制。与此对应，科学家需要具有：一个概念系统，用它可以对有序的现象进行分类。概念系统不仅要定义种类与类型，还可以创建一个分类法；一个已经被接受的概念集，它作为一种控制和建立模型的方法，能通过表征可以产生出可观察现象的不可观察的程序。而理想的分类系统和解释模型的指令系统，应该在一个连贯的完善系统中相连接。

就“计算”来说它不具备这些特征。史密斯认为，“计算理论所要关涉的东西并不存在”②。运算、计算或者任何计算机自身并不具有它们要构成真正的客体所必须具有的东西，它们不够特殊。一个关于计算的理论必须要把“关于计算的”作为实质性的属性，因而也就要求计算这一类别有所限制。必须要有一个“如此这般”，即必须要有关于计算的理论所能关于的东西。计算现象必须构成全部事物的一个确定的子集，或者至少可能成为那样。不过，每个这里将要探索的理论，当它加以严格检查的时候，都将会失败或者是因为它太狭隘了，不适用于我们应该叫作计算机的东西，或者是因为它如此宽泛而在本质上是空洞的，相当于一种索然无味的物理主义。

通过对经典的计算理论和一个学科形成的必要条件这两方面的考察，史密斯否定了我们拥有关于计算的充分的理论理解的观点。他认为，不仅仅是说我们过去没有关于计算的充分理论，也不是说现在仍然没有充分理论，结论似乎要强得多，即未来我们永远也不会有这样一个理论。他预测计算机最终会被证明其实更像汽车：它有着不可估量的社会、政治与经济上的重要性的东西，但其自身却并非注定要成为深入、多产、智识上令人满意的解释的客体。

第三，“计算是野生的”。所谓“‘野生的计算’（computation in the wild）是指那些革命性地改变了20世纪后期和21世纪早期生活的那一系列蓬勃发展的实践、网络、技术、制度和行为”③，它是史密斯仿照哈钦斯④的概念而得出来的。

① 罗姆·哈瑞．认知科学哲学导论．魏屹东译．上海：上海科技教育出版社，2006：7．

② Smith B C. On the Origin of Objects. Cambridge，MA：The MIT Press，1998：78.

③ Smith B C. Age of Significance . http：//www. ageofsignificance. org/people/bcsmith.

④ E. Hutchins 现为加利福尼亚大学圣地亚哥分校认知科学系教授，著有 Cognition in the Wild.

一般来说，计算的理论被人们看作独立于实践，独立于情境的抽象的符号演算系统的理论，它们遵循自身的内在逻辑，被看作是一个或多个有关计算本质的独立论断的组成部分。在认知科学和人工智能领域，最有影响力的论断是：计算机是形式符号处理者。

"符号"是指一个概念、名称、单词、想法、表述、形象、数据结构或其他能够传达关于另一事物信息的成分所拥有的任何有效的内部标记。"形式"可以从两方面来理解：一方面，就是类似语法的东西；另一方面，就是独立于语义属性的东西，如参照、真相。"符号处理"是指计算是一个活动的、内嵌的过程，一个真实发生过的东西。只要给两组数据结构，例如，将"苏格拉底是人，所有人都会死"进行编码，计算机就会显现出苏格拉底会死是永恒的结论。

史密斯从情境认知出发批评了这种肤浅的意识模拟方案，指出现实世界中的人的认知是由多种因素共同影响的结果，在现实中并不能完全得出符合逻辑推断的结果，一个符号的意义受到情境因素的影响，一个人的推理也受到推理内容以及所处环境的影响。他指出"野生的计算"更能体现人的意识的复杂性和情境性，各种嵌入式的情境式的遍布全球的小软件包括汽车的电子音乐播放器、商店的电子门铃，各种智能小配件都是"野生计算的"成果。他认为，我们关于计算所说的、所被告知的大部分的关于计算的理论都是错的。可是每一个程序员们都对"计算"有着深入骨髓的默然理解，那么，整整一代程序员如何可能在一开始就被教一些错误的东西，到后来却能够具有对如此重大的事情的深入而隐含的理解呢？史密斯指出这是因为"野生的计算"归根到底是关于实践的。

如今计算的概念已经渗入学术各个领域，各行各业大谈"计算主义"，它早不是独立的理论了。就以认知科学计算主义的处境来说，生物学越来越多基于"信息"的解释，以及整个学术界对计算解释与隐喻存在其他使用，在整个智识的众神殿里，基础性讨论越来越多地来自计算机科学与具体计算实践的混合。

在史密斯看来，计算实践的重要性是显然的，它是检验一个计算理论是否合格的根本标准，一个好的计算理论不仅要对心灵计算作概念辩护，还要对计算的实践作经验辩护，必须对他称作"野生的计算"——20 世纪末人类生活产生可感知到的巨大影响的实践、技术、网络、机器和行为的暴发——做出本质的、经验的说明。他甚至认为"计算的现象本质上是人类实践，因而更适于从社会科学与人文甚至艺术的角度来研究。"①

不可否认，计算的概念已经超越计算机科学领域，渗入其他领域，计算的实践也超出当前计算理论的制约，深刻改变着人类的生活。只有在多学科联合的背景下才能探究它的本质，由此史密斯发展了他的情境认知理论。

---

① Smith B C . Age of Significance. http://www.ageofsignificance.org/people/bcsmith/.

三、认知是情境化的

史密斯指出："在相当长时间里被豪格兰德叫作'老式人工智能'的心智模型在认知科学里占统治地位。"① 所谓"老式人工智能"，即认知主义的观点。认知主义者们认为，尽管动作、感观、对物理世界的适应性反应仅存在于兽性中，高级的概念化更具挑战性且是人之所以为人的佐证。在他们看来大脑就是计算机，思维就是机械的符号处理，在20世纪后半期相当长的时间里，认知主义一直是认知科学研究的主要范式。

不过，现今的部分转变否定了认知主义的观点。20世纪70年代认知主义的弊端越来越明显，也被众多研究者所批评。20世纪80年代，情景性认知作为反对当时占主导地位的传统心灵观点而兴起。情景化研究范式将理论的重心由抽象的推理转换成具体的活动，比如，他们把场景经常设置成这样："一个人被要求做3/4份菜肴，这个菜肴又需要2/3杯浓干酪，他就会量出2/3杯奶酪，挤在一个压平了的圆饼上，再将做出的馅饼去掉1/4。"② 这强调认知的场所的重要性和认知活动的具体性。

史密斯指出，那种传统的去身的和非语境性的古典模型作为日常生活与事件对应的模型，已经为大多数认知科学家所彻底拒斥了，而代之以通常称为"情境"的方法③。以"情景语言、情景认知与学习、情景行为为代表的情景化运动，把智能性人类行为看作是根植于社会性和物质性的活动，看作是在外在环境特定所给予的具体细节中发生的"④，而不是看作抽象的、分离的、具有一般目的的、逻辑上或形式上合理性的过程。与此相对，史密斯强调认知的社会性、具身性、局域性和意义性，指出只有在情境之中认知活动才有了意义。为什么是这样？

首先，认知本质上是社会性的。认知是社会性的而非个体性的。认知发生在人类所建构的情境之中，这些情景被纳入整个人类共同体中，认知主体所处的社会环境极其关键，"我们从社交活动中明白什么是可以接受的、正确的，什么是不可接受的、错误的"⑤。这些判断是来自社会的而不是个体的。正因为我们都

① Wilson R A，Keil F C. The MIT Encyclopedia of the Cognitive Sciences. Cambridge，MA：The MIT Press，2000：770.

② Wilson R A，Keil F C. The MIT Encyclopedia of the Cognitive Sciences. Cambridge，MA：The MIT Press，2000：771.

③ 在著者看来，情景是当下的语境，语境多是过去的相关因素，因此情景也是一种语境，只是更强调和突出当下性，在这种意义上，情景认知也是一种语境认知。

④ Wilson R A，Keil F C. The MIT Encyclopedia of the Cognitive Sciences. Cambridge，MA：The MIT Press，2000：768.

⑤ Wilson R A，Keil F C. The MIT Encyclopedia of the Cognitive Sciences. Cambridge，MA：The MIT Press，2000：769.

属于社会，我们做的种种判断才有意义。与之形成鲜明对照的是，说计算机犯了错误，或无法证实其信念，却是无的放矢没有意义的。计算机只是执行预定的程序指令，正确和错误的标准与它的处理表现毫无关系，只有那些存在于社会环境之中、与之相互作用，并被看作是其一部分的主体才能这样被评判。

认知活动是生命体与其周围环境相互作用中产生的，它总是在一定的社会和自然环境中发生的。认知发生于其内在情境引导并支撑着认知的产生，人类的知识也是在心灵和情境相互影响的整体之中发生的，因为它被某个个体或群体理解或感受从而被赋予意义。在情境认知中，自然环境、社会环境、个体、他人被组成一个整体，它们的存在使得认知活动的产生成为可能，也是其意义的来源。人们认知的对象、认知的方式和认知行为被认为是高度依赖于特定环境的偶然事件，是处于变动之中的。认知活动得以发生的环境和物质条件具有基础性。

史密斯将目光由抽象的推理转向具体的社会活动，就像“做晚餐、在拥挤的地铁平台穿行、在交谈中轮流发言”①，他不仅将这些行为看作是非凡的成就，而且认为它们是体现人类智力的例证。人的认知能力具有高度的灵活性，人的认知能力在情境之中随着具体的情境变化做出相应的调整，从而达到对世界的完整把握。我们认为，情景方法将认知作为嵌入环境的东西，它至少是非符号性的甚至是完全非表征性的，本质上是社会性的，并且是高度依赖语境的。从这一新的视角看，具体现实世界中的依赖语境的即兴创作，并非是抽象的推理，它们是智能活动的典范形式。

其次，认知是具身性的。认知活动是具身性的，不仅在认知活动中，在理论上也是，认知主体的身体的物质方面是非常关键的。所谓“具身”是哲学家瓦雷拉提出的概念，认为心智过程不仅是由大脑的过程构成，而且还由它与更广的身体结构和过程组合而成，认知就是具身的行动。认知的核心是在情景化的和具身的行动中知道如何巧妙地运用技能。认知结构和认知过程从循环的感觉运动那里涌现出来，控制着在自主的和情景化的认知主体中的知觉和行动。认知作为知道如何的技能，并不能还原为提前设定的问题求解，因为这种认知系统摆出了和设定了什么样的行动需要用来解决这个问题的姿态。

史密斯甚至认为在涉及行动时，应将注重点转移到即兴发挥，而不是事先安排上。他主张，具身的表征能够创造性的利用其外界环境情况而回避直接的表述与推理。与执行预先概念化的计划相比，人类行为包含了持续的、创造性的灵活变通性，以及对周围环境提供的大量资源的占用。人们几乎不可能事先把一切都计划好，并且人们的叙述不应当被看作是对事件如何发生的真实报道，而应该是事后的重建，通过回顾将事件描述得浅显易懂，或许同时形象化。

① Smith B C. On the Origin of Objects. The MIT Press，1998：16.

再次，认知是局域性的。认知主义认为认知特别是高级认知是形式化的、普遍的。而史密斯依据认知情境观认为，认知是语境依赖的，是局域性的。“语境依赖是所有人类事件的一个核心特征，也是所有人类事务得以可能的前提。”①指示语、时态及其他依赖背景的语言结构可以被情境化语言所解释，诸如“这里”、“我”及“现在”被不同的人用于不同的场合指代不同的人与地点。当两个人同时喊道“我是对的，你错了”时，他们的话在词义上是一样的，但理解起来就不一样了。类似的，“下午四点”可以被当做是一个单一、常规的词，它能给语境附上带有日期与时区的时刻。从方法上来看，这需要将焦点从句子类型转移到单独的语境。比如，如何理解“明天”，我们用“昨天”来指代现在所谓的“今天”，系统性讲这是取决于使用环境的。从形式来看，处理此种依赖背景的情形需要两层语义，即将词句的本义与特定语句的理解区分开来。

说认知是语境相关的，“不仅我们做的、我们说的、我们如何来到世间的依赖于我们的环境情况，就连人们对现实世界的理解也是在一定语境中建构的”②。从逻辑上看，情景范式导致了可塑世界观。与传统意象中的朴素实在论相比，情境认知者认为，世界至少部分是社会构建的，这毫不奇怪。人类的认知活动发生于一定的情境之中又要依赖语境，注定是局域性的。

最后，认知是意义活动。出于笛卡儿主义传统，认知主义者关注的是意识的客观表征，他们早期不怎么涉足意识本质问题的探究，尤其是物理符号处理范式，可以说根本不关注意识的意向性问题。那些作为意识的标志性特征的像“他心”、主观经验这样的问题，完全被研究者们忽视了，即使到了今天，联结主义依然不是一个合格的研究范式。如今的解释意识模型都没得到完全认可，在认知科学的解释模型中，如何解释意向性是至关重要的。认知是有意义的活动，表征是怎么样出现又是如何被赋予意义，这是情境认知研究的一个重点。

情境认知者认为，意义是在生命体和社会或自然环境的相互影响的关系之中被完整显现的，它既不客观也不普遍。就连一般被看作具有普遍性的知识，也是有意向性的，它不是纯粹的理智的，也不是先验的心智状态。知识是个体积极地介入环境，并不断地改造、引导、塑造环境的人类实践活动。正因为如此，生命体和现实世界才能相互作用相互影响，必然地交织在一起，世界才不是外在于我们、独立于我们意识的外在物。

在人工智能研究中也存在情境认知。人工智能的研究者，特别是持强人工智能观点的研究者们最终的目标就是要造出能达到人类智能水平的智能体。现在，

---

① Wilson R A, Keil F C. The MIT Encyclopedia of the Cognitive Sciences. Cambridge, MA: The MIT Press, 2000: 772.

② Wilson R A, Keil F C. The MIT Encyclopedia of the Cognitive Sciences. Cambridge, MA: The MIT Press, 2000: 771.

人工智能的研究进步很小，研究的领域愈来愈狭窄。迄今，已经很少有人讨论那个最初的目的。作为人工智能研究主要范式的认知主义遭到了重创，人工智能的研究也退到了专门化的小领域。

史密斯认为，过去人工智能的研究者们按照笛卡儿式的原则，把认知仅仅看作是数学与逻辑类的理性能力，根本上是过于简单理解了人的认知能力。大多数的经典人工智能研究者早已嵌入一种强工程传统。在这样的传统中，设计者们事先去分析可能发生的情境，然后将这些情境加以分类，再提出对这些情境的解决方案，最后试图应付各种可能的干扰。分类的结果就是让机器人在可以预计的情形下完成特定任务。经典人工智能为自己设定了一个一般的、形式的、逻辑的和有所限定的方案，这个方案预先计划好了解决问题的未来图景。然而，当需要回答知识和认知是什么的时候，经典人工智能就不得不将所有答案通过抽象的方式来回答。当机器人在面对一个突如其来的环境变化所带来的难题时，机器人程序中预先设计好的知识和认知却无法自如地解决。这时候经典人工智能研究者们发现自己的理论已经捉襟见肘。甚至人类小孩子都能轻松完成的任务，人工智能却无能为力，现在的智能体根本无法完成通过摆满杂物的屋子的任务①。

要改变如今的状况必须要对认知主义进行深刻的检查，另寻人工智能研究的新路径。新的进路必须要充分考虑到人类认知的复杂性、情境性、具体性和局域性，创造物必须能够很好地适应环境并不断更新自己，而不仅仅是人的认知能力某些方面的无限放大。它应该和人类生活在一起，认识能力上不亚于人类。要想达到上述的要求，使智能体要么很好地适应环境、分辨情境，那么在研究中造出的智能体必须要有目的性，一定要做些什么，也可以说赋予其生存的意义。有一定的适应环境的稳定性，也就是说不能因为对环境太过敏感而造成智能体对环境微小变化的反应极大造成不稳定。

而过去的智能研究只专注于模拟人的高级认知能力。它们通过传感器来与现实环境取得联系，并用搜集到的数据了解环境得到一个关于外部世界的概况模型。智能体在运用这些数据设计出大致目的的路径，并付诸实践，所以说造出的智能体一般来说大部分运算能力都耗费在先前认识上，能用来应对环境和行动上的时间是极少的。这样，造出的智能体应对情境的能力异常弱小，常常是错误的。

人工智能研究中应该简化先前步骤，即智能体的存储的世界模型，而应该专注于智能体的应对环境能力的建构上，智能体和环境是和谐交融在一起的，情境不是与智能体无关的存在，环境是认知形成的必要条件，是造就认知形成的必要资源。所以说，情境既是形成思想的物质条件也是语义的来源。智能体的认知是

① 玛格丽特·博登. 人工智能哲学. 刘西瑞，王汉琦译. 上海：上海译文出版社，2001：198.

以适应的意向性的活动为导向的，因此无须把认知和智能体的环境对立起来，我们也无须用地图来完全代替实际的地域。

史密斯的情景化范式将一切看作是语境相关的，语言是指引性的。在这个纲领中，从那些在传统大框架下融合了一定程度背景信息的提议，到包含大量方法与形而上学承诺的更激进的建议，情景化研究范式有着很大的变化。此类方法及认知的考虑，发展到了更为激进的情景化状况。比如，在“冰箱里是否有水”这个问题中，“水”的意义取决于提问者是否口渴、还是担心湿度与结霜。认知研究由逻辑、数学、计算机科学和个体心理学向社会学、人类学、科学研究、大众认知和哲学归属的变革，这些转变还涉及从生物体外部到内部研究方法的转化，由统计调查与实验向真实生活中人类行为的详细描述。从广义来说，情景化运动的基本原则已经得到了认可。语言、认知、活动根本上是依赖于情境的，这一理论具有不言自明的真理性。但仍有争议的是，情景化直观到底该如何利用。

四、认知是进化的

认知科学家们大都喜欢在自己的研究中使用达尔文进化论的方法。这是自20世纪末以来的一种强劲的趋势。从“进化的视角”研究认知无论如何都不失为一种好的方法或策略。史密斯便是其中之一，丹尼特评价史密斯时说，“在我看来，史密斯的宴会上的幽灵是令人惊奇的达尔文”，① 值得注意的是，史密斯视进化论为工具，指出“进化可能是规范到达我们当前站台所乘坐的火车……为何我把进化比作火车更清楚一些，但不要将其混淆为火车上运载的货物”②。

近代以来人的认知能力被还原为人的认知结构，如莱布尼茨的“大理石的纹路”，康德的“先验形式”等，这些结构是如何形成的？史密斯认为这是在长期的自然选择之下形成的，也可以说是在漫长的适应环境的情况下形成的，而自然的选择考验的是生命体的适应能力。他的思想可以概括为如下三方面。

1. 适应性：认知进化的基本原则

达尔文的进化论核心论点就是“物竞天择，适者生存”，这句话我们也可以理解为，如今生存下来的都是些适应能力很好的物种，而那些无法灵活应对其生存环境变化的物种将会被淘汰，生物只有适应环境才能生存下来。那么什么是适应性？史密斯认为它指的是自然选择为了产生成本效益分析而设计的一系列基因编码的发展过程，目的在于回应一系列特定的环境偶然性。为了处理这些偶然性，它组织神经效应器运作，以保证在祖先的适应性环境中产生这种决策加工的

---

① Clapin H. Phylosophy of mental Representation. Oxford, UK: Oxford University Press, 2002: 234.

② Clapin H. Phylosophy of mental Representation. Oxford, UK: Oxford University Press, 2002: 245-269.

等位基因，比其他决策加工装置繁衍得更好。物种每一次的成功适应过程之中生命体得到了促进，它们更好地应对环境的信息。适应是生命体在周围环境的压力之下产生突变，通过自然的筛选形成的。在环境的压力下，无益于生存的变化被逐渐淘汰，有益于生存的突变被保存并加强。在这种突变的作用之下加上其他原因的相互作用，一个物种渐渐地被分化，从而形成亚种或者产生出新的种类。这就是自然的选择性淘汰。

每一个组织结构或者心智机制一旦被证明对生命体的生存与繁衍有益，那么它就会被自然选中，在历史过程之中保存下来。这些心智机制是在进化过程中形成的对特定情况的解决办法，它是反映人类本性的特殊适应器。这些心智机制通过进化选择被塑造成只对特定的刺激按照决策规则做出特定的反应，最后以生理活动的表现来显示出来，或者产生对其他心智机制有用的信息。因此，理解个体的生活经历和人类的进化历史是解决当今个体心理机制的关键所在，人的认知能力是在解决问题的过程之中进化而来的，通过功能分析可以明白心理机制问题。人的心理呈现出模块性特征，它是伴随着人类解决生存问题和繁衍种系的过程之中形成的，要想了解现实的人的心理，我们就必须探究他的生活经历和整个人类的进化史。时间性是人的心理活动的明显特征，人的大脑是随着人类的生存繁衍，在与自然相互作用的情况下形成的。

根据适应性原则，环境决定人的认知，认知不是仅仅发生在人的大脑之中的过程，它是在环境与个体的相互作用之中产生的，并为外部环境提供了足够的资源，而使得人的认知的发生成为可能。

2. 认知进化的种类

一方面，认知装置是进化的。人的认知装置——大脑，与身体的比例明显高于其他物种。现代科学的发展使得我们可以通过某些技术手段接近人的大脑，人类对于大脑的各个部分的不同的结构和功能有了更进一步的认识。可是问题随之而来，到底是何原因使得人的大脑与身体的比例如此之高？

人类的高明之处在于，人的大脑是可以随着时代而进化的。同样，大脑的进化对人类而言也意义重大，人类大脑进化的能力可能如铁器时代的炼铁技术的发展那般，从根本上改变历史的面貌。如今，在自然的选择之下能幸存下来的是最能适合环境的生命体，适应能力不好的都在历史之中被淘汰了。大脑发达的种群更容易适应环境，从而赢得繁衍种群的机会。我们和其他物种之间（主要是灵长类）认知机制是不同的，这种机制的不同使得人的大脑可以在几百万年的发展中以不同于其他物种的方式进化。

神经科学研究表明，大脑是最能耗费能量的身体组织，大脑与身体比例的大意味着更多的食物以及能量的负担，也负担起主要的进化责任。很明显，所谓大脑是其他组织进化的附属品是站不住脚的，在人类的进化历史之中，相对其身体来说大的脑部是人类进化历史中的极其重要的优势。在面对复杂的环境的挑战时，人类不仅形成其祖先相似的能力，也进化出不同的能力，它们是与人类发达的前额叶新皮层有着紧密联系的推理能力、更长时间的记忆组织能力、语言能力、实施计划的能力、抽象思维，等等。这都证明着人的大脑是进化的。

另一方面，语言是进化的。人的语言能力是进化的。语言能力一直是人类与动物乃至高级灵长类的一个明显区别，它是随着人类社会联系中的频繁应用和人的机体机构的进化尤其是大脑的进化而不断发展进化的，是社会交往和人类身体进化的共同的结果。人们发现在灵长类动物和人的大脑中有镜像神经元，它在人类的语言能力形成过程中及其重要，从最简单的手部抓取动作到最终的语言能力的形成，都有其参与其中，是大脑语言机制得以形成的关键所在。几百万年前的人类祖先的大脑与身体比例不到如今人类一半的水平，现在能进化到能学习当今世界几乎所有的语言，这也证明身体的进化是语言能力形成进化的重要原因。

另外，人类在社会联系中频繁地使用语言，推进了它的发展，从与最简单的手势、面部表情以及身体姿势相关的声音再到那些抽象的、异常复杂的符号处理，一般认为，人的两个脑半球负责不同的任务，大脑左半球负责语言处理，但是最近研究发现右脑在处理语言时也参与进来，很大程度上证明了社会交往对推进语言进化的作用。可以说，语言的进化就是人类机体进化与社会文化发展的共同结果。

3. 人工智能研究中的进化认知

史密斯认为，现代智能体研究不尽如人意，在人工智能的研究中引入进化认知的方法是非常有必要的，通过它可以使智能体更加灵活更容易对情境的变化做出反应，他指出："除了进化没有什么能使我们到达这里，没有什么能完成所有这些工作。"①

认知进化论在人工智能研究的实际表现就是注重行为分析，这被称为行为主义范式。行为主义虽然在大的理论方向上为人们所诟病，它的刺激-反应研究模式无法区别人的高级认知能力和动物性的本能反应，但是在人工智能的研究领域却受到了愈来愈高的评价，通过这种研究纲领专家们可以造出更加智能化的、更好应对不同情境的智能体。

这种行为主义范式首要目的就是考察智能体的适应性行为。它的一个明显特点是，在研究中简化了表征世界的模型，省去了感知与行为之间繁杂的计算步骤，直接建立与世界的联系，希望智能体在外界的刺激下通过适应性自己能产生

---

① Clapin H. Phylosophy of mental Representation. Oxford，UK：Oxford University Press，2002：234.

出恰当的反应。这一理论的目的是能预见并掌控行为，认为智能发生于智能体和其情境的相互影响之中，智能体一定要在现实世界的变动的情境之中进行训练。

人工智能的行为主义范式与传统研究的最大不同是——智能体可以主动的应对变换的情境，不必再依赖研究者建立的逻辑模型。要想达此目的，一定要使用某种模式使得智能体与周围环境相适应。所以，找到这种模式成为了他们的主攻方向。

当前有两种研究方法能实现此模式。一种是进化计算，使用这种方法，能在智能体里建造一种行为模型，通过遗传计算明确智能体的实时状况，而后使用计算驱动模式，从而使它产生应对情境的反应。遗传计算是进化计算的一类，它是以大规模知识为基础的系统，而模糊逻辑的系统在实践中需要先验知识。智能体在源源不断的数据的输入与输出中得到学习能力，它是一个注重概率性的算法，使用了启发式的方法，在智能研究中表现良好。它可以在变幻的环境之中，协调效率和功能之间的关系，提升智能体存活能力。另一方法是强化学习，在忽略外部环境的现实模式之下，运用简便的控制效果的实验作为进行学习的过程。强调智能体的学习过程，这是智能体能动的应对环境研究的必要的一部分。

智能研究中的行为主义范式和进化计算推动了智能体的研究。持强人工智能主义的研究者认为，生命体的外在行为是可观察的，而它的内部状态可以通过计算获得。他们认为物质并不重要，把碳化合物换成硅材料同样可以造出不同于当今生命形态的生命体，即，智能体的进化能独立于它们特有的物质形式，可以在某些简单的计算机程序中发生，这时可以运用遗传算法创造出一个大脑，能通过遗传算法运用计算机程序对现实生命体的生存状态和习惯做出模拟。在这个模拟过程中最重要的是，生命体适应环境的能力，它们在进化中造就了自身。生命体的这些特点是各类人工智能研究的重要内容。

根据认知进化观，史密斯认为如想造出更加情境化的智能体必须满足 5 个要求：

（1）它们必须是并行的，而非串行的。

（2）它们的组成结构不能被赋予表征的或语义的内容，这个特别明显。

（3）虽然最终会被赋予此项内容或说明，但那完全是基于使用或体验，而非纯粹的指示或描述，毫无观念韵味可言。

（4）它们更像是用于塑造动作、知觉、方向、发动机控制、肢体运动及世界发生联系的其他形式，并非如传统认知强调推理和演绎。

（5）它们更加像是“实时的”，即它们需要在计算过程的暂时性与主旨域之间的封闭连接。

认知的进化观作为人类探索、解释自身认知能力的一种新的思维，影响颇大，在人工生命的研究之中表现突出，必定会推动认知科学的发展。与所有理论一样，它也有其不可避免的局限。史密斯也看到了这种局限，“我不想接受我的教堂是建立在进化这块岩石之上的。不过，我可以接受它是飞拱，是从外部支撑我的教堂的东西”①。

首先，自然主义的进化观容易造成环境决定论，意识的产生不仅有环境刺激的因素，还要诉诸于生命体本身的机制，两者不可或缺，但它过分强调自然环境在产生人的意识时的重要性，着重从刺激-反应的角度研究意识，忽视了生命体内在机制。

其次，虽然它也承认智能是动态的进化过程，但是它只重视生命体行为与自然环境之间的相互影响，忽略了社会历史环境对生命体对大脑进化的影响。人类大脑的进化不仅经过了漫长的史前岁月，在文明社会建立之后也在不断随着社会历史、生活环境的变迁而进化。特别是近几百年，社会生活节奏的变快，社会政治的影响无孔不入，可以说社会环境的影响已经超过自然界成为首要的影响因素。所以不能单从大脑中探寻意识之谜，意识的产生绝不仅仅是简单的生理化学反应。

最后，进化认知的人工智能研究无法摆脱还原论的桎梏。进化认知虽然承认人的高级的认知能力，但在研究方法上仍然是还原论的，既把人的高级认知能力还原为低级的感受性。它本质上是认知主义的，把大脑的活动比喻为计算，运用简单的计算程序模拟思维过程。但是意识的产生和思维的过程迄今为止还是个谜，人们普遍认为意识的本质在于意向性，人的意识总是指向某物的，外在物是意义的来源。人们的价值选择有很大程度上受到社会环境和本能的触动，是难以模仿的。

五、认知进化思想的意义

首先，推动哲学与科学的对话。作为计算机科学家的史密斯曾长期致力于形而上学的研究，“史密斯想在有效的老式人工智能与动态的非标准系统之间掌舵……他和霍奇兰德是本体论者，他们认为要将这些工作做对就得回溯并修复形而上学”②。1999 年在澳大利亚悉尼大学召开的认知科学学术论坛上，史密斯在回答丹尼特时说道：“我对形而上学与存在论的兴趣，已经越来越超出对计算机科学和人工智能基础的长期关注。”③ 他认为到了今天，哲学的重要性依然没有降低，没有哲学的科学理论将是散乱不堪的，提倡哲学家应该积极把科学的研究成果作为反思对象，也倡议高傲的科学家们多了解哲学的发展，“用只有哲学家才

---

① Clapin H. Phylosophy of mental Representation. Oxford，UK：Oxford University Press，2002：269.
② Clapin H. Phylosophy of mental Representation. Oxford，UK：Oxford University Press，2002：237
③ Clapin H. Phylosophy of mental Representation. Oxford，UK：Oxford University Press，2002：261.

能理解的语言阐明只有计算机科学家才能有的感觉”。① 在他看来，在科学研究中哲学的作用是不可替代的，科学的地位是毋庸置疑的。

在这种背景下有必要重提哲学的重要性。哲学推动不同门类科学之间对话。科学的成功依赖于对劳动的合理分工以及与之相关的分工和取得成功的策略。现实中有的只是具体的科学，如数学、神经科学、生物学、遗传学、解剖学，而没有抽象的科学，每一门科学都有众多的子科学或子学科都有其严格划定的范围，而要区分它们的范围，就必须对它们可以探讨的问题做出规定。没有一门科学愿意面对这样的任务，不过，这种不负责任的做法对于哲学是有益的，当这个任务无人问津时，在多数情况下，必须要推给某一门科学。有时候，那个任务会被所有的科学推掉。事实上，并不是所有的科学都用一个声音说话，即使每门科学都在各自的领域内取得了完全的成功，我们仍然需要追问：这些领域之间有什么联系，为什么不同的科学有时会提出相互对立的主张。显然，任何一门具体科学都无法解决这样的问题。

哲学，更具体地说是形而上学，为事物是其所是的原因提供一种总体性的概念。这种功能不是去完成具体科学的任务，而是对许多不同科学的结论进行综合。这种功能还包括把科学与日常经验调和起来的尝试，每门科学都把日常经验看作理所当然的东西。科学之所以被称为实证的，就是因为它可以通过观察提出令人信服的实验结果。但观察本身的内在特征却没有被科学所触及。观察作为被直接意识到的外部经验，其本质是处在科学的界限之外的。科学的实践离不开观察者和观察。然而，科学却始终无法了解这两者的内在本质。这个责任被科学推卸掉了。如果我们需要一个完整的图景，这个图景不仅包含着科学所描述的世界，也包含着观察者和观察，那么我们便只能寄希望于严肃的本体论研究。有鉴于此，人们不可以不理会这些形而上学的问题。

史密斯认为，在认知科学中出现的许多问题归根结底是形而上学的问题。心智是什么？什么是意向性？什么是有效可计算性？……无论从哪方面来看，这些问题都是合法的和不容回避的。在类似问题的研究中哲学的思辨是不可或缺的。有许多哲学家对形而上学持怀疑的态度，丹尼特就认为“传统的或纯粹的形而上学是一个没有创意的游戏、一个与其余人类探究如此隔离以至于极其不可能有足够影响使我们注意它”②。更多的哲学家则认为，我们为了理解心灵和它在世界上的地位而下了一笔最大的赌注，这笔赌注无异于彻底和哲学说再见。按照这些哲学家所鼓吹的观点，心灵哲学是或者应该是所谓的认知科学的组成部分。但是这并不能否定哲学的地位，反思澄清这些学科的基本概念和思想基础是哲学当仁

① Smith B C. Age of Significance. http：//www. ageofsignificance. org/people/bcsmith/.

② Clapin H. Phylosophy of mental Representation. Oxford，UK：Oxford University Press，2002：266.

不让的任务。

譬如，哲学对科学研究的原则、过程、成果等进行反思。哲学家提出问题而很少回答问题，但是这并不能说哲学是无用的，事实上，哲学史上提出问题比回答问题更有价值，每一个有价值的问题的提出意味着将把现有的理论推入危险之中，促使理论家们对他们的理论进行修订，使科学的研究更深入一层。熟知并非等同于真知，哲学的反思将使得理论的基础更加坚固。在史密斯看来，哲学在科学研究中还能够起到一种综合性的作用，即把那些对认知科学有用的科学观点精心地筛选出来，进而将其综合成一幅完整的图画。这似乎属于一种被弱化了的形而上学的工作。在一定程度上，这种弱化了的形而上学，不仅排除了传统的本体论的工作，甚至也排除了像物理学这样的科学所承担的对心灵的本体论的思考。

科学哲学的重要任务是对科学研究的成果进行逻辑或学语言的分析，哲学提出问题，科学试图回答问题，哲学再对科学的成果进行分析，提出问题，这便是一个循环。许多名词被人们看作是实有的东西，也被当做科学研究的对象。维特根斯坦认为哲学的任务就是语言分析，就是要澄清这些复杂的隐晦的概念，我们的语言中存在着大量的"特殊词汇"，这些词汇把我们引入歧途，让我们把它当做其他一般的词汇对待，如："时间"、"度量"、"知识"等等它们并非实有的东西，它们只提供某种现象的标准，把特殊词汇的当做一般词汇使用就会混淆事实①。

史密斯还认为，哲学的作用如同那个无形的背景一样很少有人关注它，但如果去掉它附着的一切将崩塌掉。正如怀特海在《科学与近代世界》一书中所言："实际的情况是这样，现代科学事业开始时，继承了亚里士多德后继者的哲学中最薄弱方面的许多观点。从某些方面来看，这是一个不错的选择。它使17世纪的物理和化学知识能用一种完整的方式表达出来，这种完整性一直持续到现代。但生物学和心理学的进展可能由于不加批判地使用了许多半瓶醋的真理而遇到了障碍。如果科学不愿退化为一堆杂乱无章的特设，就必须以哲学为基础，必须对自身的基础进行彻底的批判②。相对于科学，哲学被认为是研究科学的前提假设的学问，哲学的本体论存在于科学的预设之中，而这决定了科学的研究必然无法回避对哲学的探讨。

其次，超越了认知主义。认知主义以再造人类智能为目的，以"物理符号处理"为主要方法，以"计算机隐喻"为基本纲领，经历了从20世纪50年代至今的发展，几乎以彻底的失败告终，就连首先提出人工智能概念的明斯基（M. L. Minsky）也不得不承认"人脑在进化过程中形成了许多用以解决不同问题的高度

① 赵敦华. 现代西方哲学史. 北京：北京大学出版社，2001：196.

② AN. 怀特海. 科学与近代世界. 北京：商务印书馆，1959：201.

特异性的结构，认知和智能活动不是由建基在公理上的数学运算所能统一描述的现象，无论是符号主义还是联结主义都受害于唯理主义倾向，都是用在物理学中获得成功的方法和简单为漂亮的形式系统来解释智力”①，要想在认知科学有所突破，我们必须建立新的范式，20世纪80年代情境认知作为人知科学中具有挑战认知主义的新的研究进路而现出在人们眼前。

史密斯指出，在当代，计算机科学家推动着更具体、更置身于语境的具身与嵌入式的实践与理论。计算作为真实世界的、具体的、活生生的现象，正在经历与其同源的认知领域里相同的巨变。不光是心智是什么的经典观点受到挑战，计算实践正在改变关于计算是什么的同样经典的观点，也包括经典的认知科学家所预设的那种“逻辑主义”的构想。现代实时嵌入式处理系统背后的实际计算系统，比如那些支撑世界各地互联网上数据传递的数据包路由器，还有几乎所有当代汽车里都有的那些控制刹车的计算系统。这些与认知科学家有过的任何关于心智由何构成的建议相比，是同样“具体”和“情境”性的。

虽然与认知主义同样关注心智表征的问题，但史密斯的情境认知更加强调，表征是如何开始、怎样发展、又是如何变得有意义的。史密斯认为表征主要是用来交流的而不是机械的信息加工，它的主要任务在于传达意向性意义。对于意义的注重使得人类的认知行为不再是独立于人的抽象的符号处理过程，在情境中认知有了人性，人赋予了其意义，因为人就是意义的来源。史密斯的情境认知观认为，人类在“意义”的领域中生活。环境对人类而言是至关重要的，我们感受到的并非单纯的环境，而是环境对于人类的意义性。就算是再微不足道的东西，我们也会以自身为轴心，以自己的目的来评价，赋予物意义。如：“天空”，指的是“我们能感觉到的天空”，“声音”，指的是“与我们有关的声音”，“草坪”，指的是“我们踩踏过的草坪”。

史密斯批判了认知主义的主客分离观，认为认知主义过分注重认知的逻辑分析，忽视了对认知赖以形成的环境的关注。他的情境认知弥合了一直以来在西方哲学传统中占主导地位的主客二元论所造成的人与自然之间的割裂。情境认知注重对“意义”的研究，这也体现了当今西方哲学研究上的变化。哲学与语言学在起因上很靠近，即理解了被表达的东西跟表达的方式之间的“意义”的层面。他认为人类的认知本身就是有意义的意向性的活动。他的情境认知关注认知活动的目的性，认为环境与认知活动必然纠缠在一起，因为认知活动开始时就是主体的意向性指向被感受的环境的活动，所以“意义”是需要被主体解释的，它不可能独立于人而存在。

史密斯还指出人类的记忆并非是储存式的记忆而是过程记忆，这体现了认知

① 刘晓力．认知科学研究纲领的困境与走向．中国社会科学，2003，1：107.

活动中的动力学现象。总的来说意义是解释性的，思想则是在生活过程中被建构的，这与认知主义相比进步明显。史密斯认为认知不仅仅是某些先验的抽象能力，而是表现为在某种特殊的环境中的生命体的适应环境的能力。他的情境认知拉近了认知活动和生命本身之间的距离，认知不再被视为与情境无关的表征世界的符号处理，而是作为与环境相互影响的不断进行进化的动力学系统。在那里人的理性能力不再是某种特殊的东西，理性被认为有一个很长的进化史。人和环境之间的相互影响是连续的，不去认识这个连续性，我们就不能完整的理解认知的本质，尤其是无法解释人类的某些高级的认知能力，会跟那些认知主义者一样把认知视为抽象的理性的碎片，那将会失去认知本质的意义。

可以说史密斯的情境认知在哲学上撼动了身心二元论。认知活动是生命体在与外界的相互作用之中产生，所以认知是有情境性的。人的大脑、身体、外部环境构成了一个异常复杂的系统，而它的各个子系统都有各自不同的功能，又相互依存。人类对认知现象的研究是不断演进的。从认知主义替代了行为主义，成为主要范式，到如今情境认知对认知主义的挑战表明了人类对自身认知能力的不断的探究。从研究离散的、个体化的、抽象的认知到如今注重生命体与环境的相互作用，这不仅是认知科学新的范式的转换，更是加深了人类对自身心理活动的理解。

最后，在概念上整合了“意向性科学”。史密斯提出了“意向性科学”[①] 的概念。所谓“意向性科学”指的是处理符号、意义、指称、解释、真值之类的学问，他以这一词来概括关乎“计算”的科学，包括，信息科学、生命科学、计算机科学等等。随着21世纪信息革命的日渐深入，以计算机科学为核心的“意向性科学”将可能成为科学研究的新范式，在不久的将来可能上升为主导性科学。

在史密斯那里，计算的科学显然被认为是“意向性科学”的核心。而计算机科学似乎代表了自16、17世纪科学革命以来就掌控了人类想象力以及后来的“自然科学”发展的所谓“机械论哲学”的巅峰。在经过三、四百年里科学的无情扩张之后，特别是由于用计算模型来驯化神圣的关于人的主题，比如意识、利他性、社会性和心智，这方面的进展，对许多人而言，计算机已经成为代表机械论世界观之顶峰的这种说法，是毫不为过的。史密斯认为“计算”其实是一块场地，是历史性的机遇，让人们看到一般的、无限制的关于意义与机制的关系的展开，而不是可确定的客体，允许有它自己独有或独特的理论，他认为这是“值得雕刻到后世的学院建筑的外墙上的”[②]，计算是一个无比重要的场地，标示着

① Smith B C. On The Origin of Objects. Cambridge, MA: The MIT Press, 1996 : 12.

② Smith B C. Age of Significance. http: //www. ageofsignificance. org/people/bcsmith/.

三百年来物质主义自然科学的终结。科学作为一种局限于由因果作用规律性来解释物质、材料与机制研究的知识形式的终结。取而代之的是计算与信息技术，而且越来越与生物、神经科学和纳米技术结合，全都在开始被以合流的意向术语来理解，作为智识历史上一个正在出现的时代的接生员而发挥着作用。他认为，这个时代，最终是会与物质科学的时代一样重要。他把这个时代叫作“意义的时代”①。

如果说传统自然科学在其解释物质、材料和机制的努力中拥抱了各种形式的基于因果作用的解释，那么未来是“意向性科学”的时代，我们的知识范围在扩展，逐渐理解世界的机械方面如何辩证地与意义、解释、语义、规范性这些更广阔的问题互相牵扯。在这一质变中，过去与今天的计算实践将扮演特定角色，他相信历史将会把如今的计算理论叫作“符号学炼金术”（semioticalchemy）。正如14、15世纪以异常丰富的散乱、合成性、未理论化的物质实践为特征，它们后来被回避，而现在却被认为是科学兴起不可缺少的先导。他相信20世纪与21世纪的计算将会被视为可类比的无序、杂乱而未理论化的实践，开始时在农舍、地下室、车库以及学术研究实验室里进行的，而现在已经在整个社会生根了的实践，这些实践体现了大批丰富的实用与实践性的，哪怕是还没有被很好理解的专门知识。

史密斯给我们设想了魔幻般的未来，“设想去探索一座老房子，在走廊某处打开一扇门，期待着进入一间没见过的屋子。让你惊诧的是，这扇门打开了一个完整的世界，有着田野、森林、开阔的远景、城市与村镇、人们忙碌的活动。你的第一反应或许是认为你不小心撞上了一个魔幻王国，自身完整的、一个虚拟的世外桃源。不过，当你继续探索，先是走几步，然后走得更远些，把东西推开，发现它们反推回来，修房子，抚养孩子，长途旅行，逐渐探索并驯服它”②，你发现它其实和你一直所知道的世界是同一个。但不是“同一个旧世界”。就好像你从那个魔幻之门的进入毫不相关似的。事实上，那扇门所提供的是进入你一直以来所知道的那个世界的神秘入口，但带来了这更清晰、更活跃、几乎魔法般更有力的视角。

史密斯认为，在“意向性科学”时代，计算的科学将扮演重要的角色，计算的实践将为我们打开新的领域，不是这个世界的一个独特的角落或者一个孤立的新现象，甚至不是对世界之一角或者新现象的一种新理解。它们使我们对世界作为有意义的整体有更清晰、更深刻、更有力的理解。

六、结　　语

史密斯从综合性计算理论的可能性、可作为替代范式的情境认知以及进化认

① Smith B C. Age of Significance. http：//www. ageofsignificance. org/people/bcsmith/.

② Smith B C. Age of Significance. http：//www. ageofsignificance. org/people/bcsmith/.

知等方面考察了认知科学。

首先，对于“计算”，史密斯从经典的“物理符号处理”思想和一个学科得以形成的必要条件这两个方面对综合性计算理论可能性做了探讨。他得出结论，我们不仅现在没有一个合格的计算理论，未来也不会有这种理论，指出对于“计算”的探讨必将涉及多种学科。他给予了“野生的计算”很高的地位，指出这种散乱的、遍布世界的“计算”实际上在任何可辨的“形式化”解读上并不是形式化的，它们更加具体更加具有情境性，它们代表了“计算”的未来。

其次，史密斯从认知的情境观出发批判了认知主义，强调认知的社会性、具身性、局域性和意义性，指出“语境依赖是所有人类事务的核心特征”①，情景化范式将一切看作是语境相关的。“不仅我们做的、我们说的、我们如何来到世间的依赖于我们的语境状态，而且世界是什么样的也取决于特定的语境”②。他的情景范式可能会导致可塑世界观的形成。

最后，史密斯从进化认知观出发，指出进化是我们规范的目的地的必要途径。同时，认知的进化论研究进路虽然很有新意，但作为其基础理论的进化认知心理学的理论是无法证伪的。史密斯对“计算”的未来给出了异乎寻常的答案，他的情境认知和进化认知都是对于传统认知主义在理论上的超越，他认为认知的根本性问题的探讨必将回溯到本体论，主张哲学与科学的积极对话。显然，他的认知思想既全面又新颖独到，相信随着时间的推移，会受到更多的重视。

---

① Wilson R A，Keil F C. The MIT Encyclopedia of the Cognitive Sciences. Cambridge，MA：The MIT Press，2000：770.

② Wilson R A，Keil F C. The MIT Encyclopedia of the Cognitive Sciences. Cambridge，MA：The MIT Press：771.

第三部分　认知表征观

第二十一章　德雷福斯：智能无需表征

德雷福斯（H. Dreyfus）在《计算机不能做什么》中，提出了一些重要的、带有根本性的问题。他把人工智能基础研究进展缓慢看作是存在着不可逾越的障碍的标志，而不是那种为克服困难取得成功之路上所应付出的正常代价。德雷福斯正是站在哲学的高度将两者有机地结合起来认为常识知识问题将使人工智能陷入困境，智能难以被表征，身体在智能行为中不可被替代，非确定的目标和需要也难以被计算机模拟，以及人的行为是不依赖规则的。一些人工智能研究者对此持反对意见，认为德雷福斯对最基本的编程知识和计算机设计概念不了解，人工智能领域的“停滞”现象恰恰是因为相关的研究理念和计算机本身都需要积聚更多的能量来谋求更大的发展。也有学者非常赞赏德雷福斯的无表征智能理论，认为他对梅洛·庞蒂思想的运用给认知哲学注入了新鲜活力。

一、“智能无需表征”的思想渊源

任何一种思想的产生都有它发生的“土壤”。每个思想都是它所处时代的产物。德雷福斯的认知思想也不例外。海德格尔、梅洛·庞蒂以及后期维特根斯坦的理论对德雷福斯认知哲学思想有重要影响。

早在他读研究生期间，他就选择了研究有关知觉的哲学问题，同时他对现象学也抱有浓厚的兴趣。海德格尔和维特根斯坦声称，认知并不是由思维表征产生的一种“物理符号”以及对它进行操纵的规则。他们认为人类的身体状态、情绪以及各种体验是交织在一起的，并在此基础上产生了不同个体对于这个世界的不同知觉情况。因此，理性主义所说的规则是不成立的，因为没有什么规则是能够和特定个体的具体生活经历相提并论的。德雷福斯非常赞同这一说法，他完全不同意那些人工智能研究者的说法，认为人工智能是有极限的，并非所有的问题都可以形式化，尤其是语言和常识、技能以及人所处的局势、文化背景等都是不能找到规则的。

梅洛·庞蒂曾经指出，我们的头脑对这个世界来说是开放的。我们是直接与这个世界和其他人进行动态交流和互动的，而且我们这种交流并不是通过思维表征这种中介来完成的。德雷福斯正是受到这种思想的影响，才坚定地认为人工智能必将以失败告终。梅洛·庞蒂的意向弧和身体最大把握的思想为德雷福斯提出无表征智能理论奠定了深厚的基础。这两个思想主要是表明人们并非预先对目标做出表征，而总是倾向于去获得对情境的最大把握。继而，德雷福斯提出了技能的五阶段理论，说明在技能发展的高级阶段，技能处理是无需大脑或命题表征的，尤其在专家阶段，专家完全不依赖于规则而更多的是依靠直觉，从而发展和丰富了无表征智能理论。

维特根斯坦因为找不到他所需要的原子事实和基础客体，最终放弃他的所有理性主义哲学。他认为，将日常情境分析成为事实和规则，这种做法本身只有在某个语境中和为了某个目的才有意义。和维特根斯坦一样，海德格尔发现日常世界不能用一组与语境无关的元素来表述。海德格尔指出，除了把事物作为由一组谓词定义的客体与之发生联系的方式之外，还存在着另一些与事物“相遇”的方式。当我们使用一件像榔头这样的工具时，我们是在一个由工具、目的和人的角色通过社会方式组织起来的连接关系的语境中，使一种技能变为现实。这个语境，或世界以及我们在其中应付自如的日常方式，即海德格尔的“周全性”，并不是我们想出的什么东西，只是我们社会活动的一部分，它形成了我们的存在方式，对日常生活做出完全理论叙述的任务其实比最初预想的困难得多。

鉴于维特根斯坦的转向和海德格尔的观点，德雷福斯预见到符号信息加工的麻烦，并提出：将人类活动的语境分析研究作为离散的元素是注定要失败的。他的分析源于这样的观点：人们并不使用日常世界的理论，科学也不能表达这样的理论，知识是熟练的技能，不同于过程规则、表达方式或知识内容，甚至我们关于形式系统的知识也不能不借助于有关怎样延续数学序列或应用逻辑规则的背景直觉。

在德雷福斯早期教授的学生中，很多来自人工智能实验室。这些学生说：“一个学哲学的人，是永远不可能真正理解人类的思想、语言以及知觉等各种不同的大脑机能。但是通过编程计算机可以解决和理解很多问题。”[①] 计算机真能做到这些吗？德雷福斯带着极大的好奇心，转而研究人工智能的相关材料。他在研究人工智能的程序当中，发现人工智能遇到许多无法解决的困难，以致进展缓慢。但人工智能研究者仍然认为肯定存在着可以完成人的任务的数字方式，心灵和数字计算机都是物理符号系统。纽厄尔和西蒙假设道：人类大脑和数字计算机尽管在结构和机制上全然不同，但是在某一抽象层次上具有共同的功能描述。在这一层次上，人类大脑和恰当编程的数字计算机可被看作同一类装置的两个不同的特例，这一装置通过用形式规则操作符号来生成智能行为。因此，德雷福斯从哲学层面来分析人工智能研究者之所以如此乐观的根本原因是他们继承了西方的理性主义传统。只有放弃这种形而上学假想，才能使人工智能得到进一步发展。

现代人工智能的发展，在物理符号系统遭到困扰时，认知神经科学以及生物信息学便得到了发展。既然物理符号系统有着不可解决的缺陷，那么神经网络模拟就有了巨大发展空间。神经网络试图运用计算机来模拟大脑的理想模型，也被

① 哈里·亨德森．人工智能：大脑的镜子．侯然译．上海：上海科学技术文献出版社，2008：132.

称作联结主义。人工神经网络是一种具有大量连接的并行分布式处理器，具有通过学习获取知识并解决问题的能力。就目前来看，许多人工智能专家对联结主义模型及其前景充满信心，认为联结主义模型能够体现人脑的基本特性，是人脑功能的一种抽象和简化。但是，即使经历了从符号主义到联结主义范式的转变，模拟人类高级智能的目标依然遥远。其中一个重要的原因是大脑结构是经历了长期生命进化与环境的交互作用形成的，试图通过机器程序建立一个与大脑功能类似的人工网络实在过于困难。正如德雷福斯所说，“如果分析的最小单元是同整个文化世界联系起来的有机体，那么，类似于符号化和程序化的计算机式的神经网络就仍然有很长的路要走”。① 另外，由于概括只能按照设计条款进行，设计者把网络限制于预先定义的一类恰当的响应，这个网络就会表现出设计者就这一语境植入其中的智能，而它很难像真正的人类智能那样具有能适应其他语境的常识。

对于神经网络的概括能力不足这一特点，德雷福斯认为，神经网络要想和人类一样具有恰当概括的意识，它也许必须具有和人类大脑一样的尺寸、构造和初始联结构形。如果它要从自己的“经验”学会人类式的联系，而不是由教会做出已经由训练者规定好的联系，它就必须具有和我们一样的关于输出恰当性的意识，而这就意味着它必须具有和我们一样的需求、欲望和情感，而且必须有一个似人类的身体，该身体能做恰当的物理运动，具有种种能力，也易免受伤害。显然，神经网络智能还不具有这种能力。

二、“智能无需表征”的内涵

（一）常识知识问题将引起人工智能的崩溃

人工智能大师麦卡锡指出，把常识知识的事实形式化是相当困难的。但他从未怀疑过常识知识是能够用事实来说明的，并认为人工智能的认识论部分研究的是有关世界的哪些种类事实可提供给在给定的观察条件下的观察者，这些事实在计算机的存储器中怎样表达以及有哪些规则可允许从这些事实中得出合理的结论来。可是，这种对认知科学有决定意义的形而上学假想从未被实践过它的人提出疑问。德雷福斯分析道，之所以说“组织世界知识的问题是人工智能的最大难题”，正是因为程序设计者把世界当成一个物体，把我们的技能当成知识来看待。

的确，20世纪60~70年代，常识知识问题成为理论人工智能所有进步的障碍。德雷福斯批评符号主义的强有力证据是：符号处理将不能解决常识知识问题，他甚至断言：常识知识问题将引起人工智能的崩溃，因为人类很可能根本不

① 玛格丽特·A. 博登. 人工智能哲学. 刘西瑞，王汉琦译. 上海：上海译文出版社，2001：359.

是按通常方式使用常识性知识的。他论证说，常识知识问题似乎总体上抵制人工智能处理它的企图，即如果我们把所有这样的知识输入计算机，我们会不知道怎样提取它。甚至没有人知道它是什么或怎样输入。多年来一些人工智能专家也一直认为常识知识问题是一个大问题，并试图编写专门解决此问题的程序，但并没有产生什么结果。

德雷福斯认为，目前的问题是，我们怎样才能提取这种巨量知识并存入超大储存器。对此，他表示怀疑，因为常识知识的最重要问题不是“知识”，而是处理事情和人打交道的“技能”，这种技能随着人的成长而获得。所谓“技能”，并不是指过程的规则，而是指在众多的特定场合知道该做什么①。例如，人们曾经发现常识物理学原来是极难用一组事实和规则详加说明的，因为这是一个没有理论结构的领域。所以，它也很难表示为一组抽象原理。一个孩子在每天玩弄所有类型的液体和固体数年后，有可能直接学会辨别各种固体、液体等的原型情况，并且学会在典型环境中对它们的典型行为做出典型而熟练的响应。同样，如果背景理解的确是一种技巧，而技巧又是以全体模式而不是以规则为基础的，那么就可以预期符号表述方式不能获取人类的常识性理解。

德雷福斯对符号主义的批评还集中在“专家系统”。专家系统是一个或一组在某特定领域中使用该领域专家的知识来做出判断推理，解决至今只有人类专家才能解决的问题的计算机软件系统。而人类专家的知识是以大量常识为基础的，这也成为专家系统运用的一大难题。德雷福斯指出，专家知识不是以“规则”为基础的。当你询问专家的知识时，他会追溯到他不是专家不得不使用规则的时期。这就是为什么专家系统绝没有像直觉的人类专家那样好。

联结主义从传统人工智能所信奉的原子论和理性主义中解脱出来。它通过改变神经元之间的连接强度来控制神经元的活动，以模拟生物的感知与学习能力，可用于模式识别、联想记忆等，比起符号主义，它有其发展潜力。人工神经网络就是其典型代表技术。德雷福斯也在《计算机仍然不能做什么》一书中，承认人工智能研究领域已经成功地研制出了一些相当高级精密的智能行为系统，如神经网络。但是话锋一转，他仍然认为那些研究项目最终会陷入困境，它同样无法摆脱常识理解这一难题。人类很容易做到的事对计算机来说却很难，甚至根本不可能做到。就拿语言理解来说，人们以一种显然无规则的但又是非随意的方式来理解语言，在人的生活环境中赋予它一种意义。人们即使在一个讲话者犯有语法错误或语义错误时，也往往能互相理解。说话不仅可以离开规则，而且实际上可以违犯规则。这种违犯常常不被注意，因为它们十分容易理解。而网络则永远落后于人，它需要经过大量的训练，不断地修改它的权值。

---

① 熊哲宏．认知科学导论．上海：华中师范大学出版社，2002：160.

（二）智能不能被表征

自 1965 年以来，德雷福斯就不断质疑人工智能的合理性。他对当时计算主义学派所持心灵的符号信息加工模型进行批判，认为我们的相关感觉是整体的，并且参与到不断变化的活动中去，而符号表征则是原子的，与这样的活动完全分离。后来，人工智能研究者开始认识到，对德雷福斯所说的整体情境的表征是人工智能的严重障碍。1979 年，德雷福斯在《计算机不能做什么》一书的再版序言中指出，人工智能研究者所说的常识知识问题其实并不是一个如何表征知识的问题，相反，当我们与外部事物及人打交道的时候，日常常识背景理解使得我们能够经验到当前有关的东西，这是一种知道如何做的能力，而不仅仅是一种知识。问题正在于，这种知道如何做的能力，以及兴趣、感觉、动机和体能，所有这些构成一个人的东西都要作为知识，作为巨大复杂的信念系统来传递给计算机。将我们的未加表述的、前概念的背景理解表述为一种符号表征是没有什么希望的。

然而，到了 20 世纪 80 年代，人工智能及与其相关的机器人制造遇到了前所未有的困难。人们开始密切关注联结主义提出的神经网络模型，人工智能研究出现新的转机。神经网络模型表明，信息的储存根本是没有必要的；设计者只需训练一个模拟的知觉神经网络对特定情境进行反应，并使它对其他情境以它习得的方式进行适当的反应。那么，神经网络模型是否可以取代传统人工智能而成功地模拟心的活动？德雷福斯认为，神经网络模型也不能完全逃避表征问题。因为计算机不是一个人，所以它就没有人的欲望、需求和情绪。因此，计算机就需要将这些对于人是自然而然的东西用规则表征出来。而这并不比将人的知识和能力用物理符号系统表征出来更为容易。这样，人工智能的所有工作似乎都面临一个深刻的两难境地：要建立一个传统人工智能系统，那么就不得不把一个人仅仅因为是一个熟练的人就能理解的所有东西都表征在一个信念系统中，通过将人类仅仅因为有一个熟练的身体就能理解的东西明确化，来成功地设计一个表现出常识的计算机是极为不可能的。新近的机器学习研究并不要求将人类仅仅因为是人而理解的所有东西都表征出来。但是这样一来，就陷入了另一个困境——所需要的学习装置要与人类关心同样的问题，有与人同样的结构来概括人类的行为方式。而正像不大可能使一个物理符号系统具有人的属性一样，要制造一个与我们足够相似的装置来活动和学习，至少是同样的不可能。

在德雷福斯看来，人工智能之所以未能在研究上取得突破性进展，是因为人工智能一直处在知识是可以表征的误区。鉴于此，德雷福斯提出无表征智能理论，试图引导传统人工智能研究走出困境。

德雷福斯无表征智能理论的内涵体现在以下三个方面：

（1）技能获取理论。新手要成为专家必须经过技能接受的五阶段：

①初学者阶段（novice）；

②高级初学者阶段（advanced beginner）；

③胜任阶段（competence）；

④熟练阶段（proficiency）；

⑤专家技能阶段（expertise）。

他试图从现象学出发来解释，新手是怎么通过指导语和规则来获取技能的，以及这种专家技能的本质是直觉的还是计算的，是可表征的还是不可表征的，是身体的还是与身体无关的。

在初学者阶段，新手要学会识别大量技能所涉及对象的客观特征，并且接受在相关事实和特征基础上进行行动的规则。这些事实和特征得到了精确而又客观的定义，使得新手即使没有语境也能理解它们。所有这些事实和特征被称为脱离情境的要素或者无语境的因素。就像计算机执行程序一样，初学者按照给定规则来决定其行为。因此，新手的行为特征是有限的、不灵活的、受规则驾驭的。

在高级初学者阶段，新手通过处理真实情境获得了大量实际经验，而使其技能达到一个差强人意的水平。在已有经验的基础上，新手开始认识到情境中包含着规则中没有涉及的要素。这些新的要素即“情境要素”。之所以能识别出这些新的要素，在于这些要素与他已有经验相似。这时，开始由精确化和客观化的文字描述世界进入模糊化和主观化的技能世界。因为情境要素既无法用语言来表述，也无法用脱离情境的特征来定义。例如，司机通过发动机声音来判断，当发动机声音听起来就像是车在加减速或是像是被卡住一样时就该换挡。发动机声音并不能用话语来表达，因此在学会区分这些时，话语并不能取代具体的范例。

在胜任阶段，新手必须学会制定计划来应付复杂的局面。因为随着高级初学者与真实世界接触的日益增多，可识别的脱离情境的要素、情境元素以及要遵循的程序的数量变得非常巨大。为了解决这样的问题，新手自己学会或者被教会采取决策的等级程序。首先，通过制定一个计划来把情境组织起来；然后，通过只检查一小部分在计划中是最重要的要素，来简化任务和提高绩效。例如，一个胜任的驾驶员在离开高速路进入一个匝道，在考虑速度、路况、时间等因素后，觉得他走得太快了。因此，必须决定是否减速，是否在踩制动器，如果他在急转弯时，没有打滑，幸运通过，就会感到轻松。

在胜任阶段，新手的情感投入发生了重大变化。在前两个阶段，初学者和高级初学者的态度是超然的，因为他们只是努力运用规则，错误是由他们所运用的规则和程序造成的，所以他们对行为后果不负责任。然而，进一步的提高需要一种对行动的特别投入。在第三阶段，胜任者看待学习行动时已经考虑到目标与计划，会根据当时的学习情境的重要特征做出选择，并把这些选择用于指导行动。

一个成功的结果会让他很满意，而失败会让他很沮丧。

在以上三个阶段，决策的特点是“哈姆雷特式”的：分裂的、迟疑的和苦恼的。在熟练阶段，熟练的操作者超越了这种哈姆雷特式阶段。情境识别及其关联反应替代了规则，直觉反应替代了推理反应，“知道怎样”取代了“知道什么”，迅速、流畅的行为替代了缓慢、迟疑的行为。

在熟练阶段，操作者会选取一些特定的视角来组织他的任务，情境的某种特征会变得醒目起来，其他特征则会隐入背景并被忽视。他会根据对过去类似情境的经验，来制定当前的工作计划。当他完全使用全局相似性认知，而不是使用计算程序来选择几个可能选项中的一个时，行动变得更容易而且压力也变小了。相比前三个阶段的技能行为是有意识的这个特点，熟练阶段的技能行为开始呈现出无意识，即对于行动的最佳计划的选择已经达到在潜意识里就可以做出决断的程度，对情况的总结与对计划的选择非常迅速。例如，熟练的司机在一个雨天到达道路拐弯处，这时他可能会直觉地意识到他的车开得太快，以致有危险。之后他决定是否踩刹车或只是通过加速器上的说明来减轻压力。当做出决定时，宝贵的时间可能已经丧失了，但是熟练的司机必然会尽可能安全地解决这一问题，而不像胜任者一样去花费更多的时间来考虑速度、倾斜度、重力，以便决定是否超速。

在专家技能阶段，专家不做有意识的考虑，而是完全投入技能世界，达到了无我之境。“专家技能成了他的一部分，以至于他不需要意识到技能，而只要意识到他自己的身体。”① 他不再以一种规则似的方式对一些特征做出反应，而是以一种灵活的方式对整个情境做出反应。仍以开车的例子来说，有技巧的司机在对一些情境做出反应时，并非以一种严格的反射作用踩在刹车闸上，而是他的大脑被调整到对整个车、高速路、弯道、天气、速度等情境做出反应，这是以一些有规律的但又不能用规则来描述的方式进行的，这也正是因为专家不是对特征做出反应，他的处理处于一个全新的却又相似的情境。因此，专家型司机在考虑刹车时并非把它表征为一个情境的独立成分。

在上一阶段，熟练操作者完全投入他的技能活动，知道需要做什么，但还是不得不考虑该怎么做；在这一阶段，专家不仅知道需要做什么，由于他有大量的情境差异的储备，他还能迅速知道如何达到目标。能否做出更精确的情境区分就是专家和熟练操作者的区别所在。专家技能的特征就是无意识的、直觉性的情境反应。“当事情进展顺利时，专家不解决问题，也不做决定；他们就做通常该做的。”②

---

① 徐献军．具身认知论．杭州：浙江大学博士学位论文．2007：64.

② 徐献军．具身认知论．杭州：浙江大学博士学位论文．2007：65.

总之，从以上技能获得的现象学描述可以看出，技能获取在开始通常是学习和应用一些与情境无关的规则，但是在技能发展的高级阶段，规则所起的作用越来越小，技能越来越表现为基于情境的直觉判断。对于一个完全掌握某一技能的人来说，规则可以说是完全不起作用，也不是在无意识中起作用。人工智能所假设的存在于无意识之中的规则根本就是子虚乌有。

（2）学习无需表征。对于我们当前对世界的知觉经验是怎么建立在过去经验的基础上这个问题，胡塞尔是通过心理表征来解释的，因为他认为所有的人类知觉和行动都是以意向内容为中介的。他主张“类似的东西使我想起类似的东西，……这一边的东西与另一边的东西是相关联的，而且这一边的东西使我想起了另一边的东西”。①

曾在我们的经验中起作用的事件，不知何故会被记下来，然后来影响和充实我们当前的知觉。人工智能吸纳了这种心理表征思想，而提出我们拥有对世界的心理表征，即在我们心中，必须存在关于世界的表征模型，而我们根据心理表征来做推理和行动。德雷福斯强调经验主义的联想主义、理性主义哲学以及它们的当代版本——人工智能哲学，都不能提出一种有效的心理模式来解释过去经验对现在经验的影响。只有梅洛·庞蒂的意向弧思想才能对之做出合理的解释。

但梅洛·庞蒂认为，心理表征解释的困难在于：它无法解释为什么经验会召唤起与它相似的特殊记忆，即它无法解决客体的表征连接问题。“一个印象永远不会自己与另一个印象相联结。它也没有引起其他印象的力量。只有在这个印象已经根据过去经验得到理解时，这个印象才会与另一个印象相联结。”② 为了把对这个客体的其他方面的恰当记忆与当前经验相联结，人们不得不把一个印象认作是这个客体的一方面。

对于客体的表征连接问题，德雷福斯提出的技能获取可以由现象学做出解释。新手已习得的东西按照世界呈现的方式来显现。更重要的是，他已习得的东西不是先在心灵中得到表征然后加入当前经验。换言之，新手是这样来进行学习的，即他能够区分越来越细致的情境，而这些情境要求越来越细致的反应。如果新手不明白情境所要求的反应是什么，或者说新手在情境要求下做出的反应是不好的，那么初学者就会进一步完善他区分情境的能力并提高其反应。

这个过程就是技能提高的过程。而这种由情境到人再由人回到情境的反馈回路，在梅洛·庞蒂那里被称为是身体的意向弧。他说：“意识的生活——认知生活、愿望生活或知觉生活，受到一个‘意向弧’的支撑，而它在我们周围投射

① Husserl E. Ideas Pertaining to a Pure Phenomenology and to a Phenomenology Philosophy. Second Book: Studies in the Phenomenology of Constitution, trans. By Rojcewicz R and Schuwer A. The Hague: Kluwer Academic, 1989: 127.

② Merleau-Ponty M. Phenomenology of perception. London: Routledge, 1962: 14.

出我们的过去、我们的未来、我们的人文环境、我们的物质环境、我们的意识形态环境、我们的心理环境。正是这个意向弧造成了感官的统一性、感官和智力的统一性、感受性和运动机能的统一性。"①

意向弧的存在，使得学习者不只是被动地接受外界输入然后处理它，而是对事物主动地做出反应。在过去经验的基础上，人总是从某种角度来看待事物，并且把它们看作是要求人做出某种行动。人能从当前情境中得到什么，取决于他过去对那种事物的经验。意向弧观念的中心思想是反表征主义，即对世界的最好表征就是世界本身，因为过去所有的经验都会被投射回到世界中去。

梅洛·庞蒂的意向弧思想得到了"前馈模拟神经系统网络"的支持②。"前馈模拟神经系统网络"提供了这样一种非心理模式，即在大脑不用储存特殊记忆的情况下，过去经验能影响当前的知觉和行动的模式。这种网络的优点是，过去的经验不需要被储存为记忆，就能修正模拟神经元之间的联系。新的输入能够激发基于过去经验的输出，而网络不需要回溯到任何过去的特定记忆。这项研究成果为我们放弃心理机制解释提供了支持。

在更好的模拟大脑的神经网络中，输入会与输出相联结，而且在收到输入刺激时，网络中的隐藏节点总是处于特定的激活状态，并且网络的输出会依赖这种最初状态。于是，输入加上初始状态会决定输出。如果输入与对当前情境的经验相持，那么当输入与专家对情境的期待和视角相符时，输入所决定的隐藏节点就被激活了，这说明了特定反应是在情境中引发的。这表明：神经网络与被动的联想主义是不同的，因而神经网络为梅洛·庞蒂的意向弧思想提供了神经学基础。

目前神经网络的最基本困难在于学习。例如，网络是通过被给予恰当的情境-行动匹配来进行学习，还是通过亲自寻找相匹配的情境-行动来进行学习？如果网络要学会认出我们能恰当地对之做出识别和反应的情境，那么网络必须学会对相似的情境做出与人相似的反应。此时，网络学习就碰到了它一直难以解决的概括难题，因为每件事物都在无限多的方面与其他事物是相似和不相似。神经网络的设计者们认为，网络要具备智能就得能够进行概括。例如，对特定的分类任务来说，如果有足够多的与一个特定的输出相联结的输入例子，那么网络就应该把更多的相同输入与相同输出相联结。但什么才是相同的类型？网络设计者通常会想到一种特殊的、为合理的概括所需要的典型定义。如果网络可以凭借这种定义推出这种类型中的其他例子，那么这个定义就成功了。对于相同情境，如果神经网络做出的反应与人的反应不相似，那么这种神经网络就失败了，它不能学到我

① Merleau-Ponty M. Phenomenology of perception. London：Routlege，1962：14.

② Dreyfus H. The Current Relevance of Merleau-Ponty's Phenomenology of Embodiment. The Electronic Journal of Analytic Philosophy，1996，(4)：250.

们的技能，因此在我们的世界中就没有出路。

因此，要设计出成功的神经网络，我们就必须知道人类是怎么解决概括难题和接受应付世界的技能的。究竟是什么限制了可能概括的范围？答案是身体限制了可能的概括范围。前馈神经网络的局限性就在于它没有身体。德雷福斯给出了身体限制概括范围的三种方式：大脑结构、依赖于身体的呈现次序和使身体感到满意的东西。

首先，大脑的神经结构决定了我们对于特定的输入能做出什么样的反应。这种内在结构解释了知觉恒常现象，但是单靠大脑结构还不足以限制概括空间。其次，对于概括的第二种限制是依赖于身体的呈现次序。感觉输入的次序和频率进一步限制了一个人会如何进行概括的方式，而感觉输入的次序和频率依赖于身体结构和世界结构之间的互动。最后，第三种限制是使身体感到满意的东西。对现实世界的人来说，感觉输入和输出的配对会在让人感到满意时固定下来。

在德雷福斯看来，这三种身体结构功能，解释了为什么所有人以类似的方式进行概括和进行技能化应对。由于缺乏上述三种身体限制，无身的神经网络不能很好地学习怎么应付人类世界，根本不可能让网络看到我们能看到的相似性，或者像我们一样来应对情境，也不可能让网络区分出对我们来说相关和不相关的东西，更不可能让无身的神经网络熟悉对我们来说是显而易见的东西。

(3) 技能行为无需表征。这可以运用如下两个理论得到阐明：

一是身体对情景的最大把握倾向。根据身体的意向弧思想，具身的人在行动没有产生令他满意的结果时，会自动修正他的反应，而且这种修正不依赖于表征。“生活朝向目标的极化完全是非表征的。客观思想绕过了真实的意向性，而真实意向性就在它的对象上，而不是确立了对象。”① 梅洛·庞蒂认为，非表征主义意向性才是更为基本的意向性形式，而客观思想的重构遗失了这种基本意向性。他有时称这种意向性为身体的运动意向性。“当我的知觉以不同的角度和尽可能清楚地向我呈现时，我的身体被整合进世界中，而且当我的运动意向展开时，运动意向收到了它们对世界的期待反应。”② 这种更基本的意向性的主体是身体主体。在每个日常的应对活动中，身体主体与世界之间建立比意识主体与对象之间更为基本和牢固的关系。他提出的这种更牢固的关系就是身体的最大把握倾向。人类总是倾向于去获得对情境的最大把握。

梅洛·庞蒂的最大把握概念源自日常知觉和操控活动。当我们看某物时，我们并没有思考它，而是在作为整体的事物和它的不同部分中，倾向于找到对它最好的把握距离。当我们把握某种东西时，我们总试图用某种方式来取得最大把

① Merleau-Ponty M. phenomenology of perception. London: Routlege, 1962: 14.

② Merleau-Ponty M. phenomenology of perception. London: Routlege, 1962: 14.

握。“对于每个客体，比如艺术画廊中的每幅画，存在着它所要求的最佳距离，即它本身所尽可能地允许的观看方向：小于或大于这个距离时，我们只能获得模模糊糊的过渡或不足的知觉。因此，我们倾向于最高的可见性，并像调节显微镜一样寻求最佳聚焦。”①

在上述思想的基础上，德雷福斯提出了反表征主义——在技能化应对中，人们不需要对目标的心理表征。当人们对情境做出反应时，行动被经验为稳定的技能活动流。当一个人对情境的反应偏离身体和情境之间的最佳关系时，他的活动会使他更接近身体和情境之间的最佳关系，从而减轻了偏离所带来的紧张感。“我和物体之间的距离不是一种增加或减少的东西，而是一种围绕着标准波动的紧张。”② 这时，他不需要而且也无法表达出这种最佳的关系是什么样的。他的身体完全是在情境的要求之下进入与情境的平衡。“不管动力或知觉系统是否在起作用，我们的身体不是‘我思’的客体，而是趋向其平衡的充满生命意义的组合。”③

与此相反，表征主义认为，在行动时，人们需要预先对目标进行表征，以便以此为参照来判断行动的成败得失。胡塞尔和塞尔就是这种行动的表征主义的支持者，而海德格尔和梅洛·庞蒂是这种思想的批评者。塞尔认为运动要成为行动，就必须具备逻辑条件和现象条件。逻辑条件指一个行动要有满意的条件。现象条件指行动者必须意识到一个目标，或者说，如果目标是无意识的，那么现象条件要求行动者至少能有意识地在往那个目标努力。反表征主义者赞同逻辑条件的要求，但是反对现象条件的要求，即，支配行动的意向内容（满意的条件）不必在心灵中表征出来。

德雷福斯以打网球为例来论证对行动的反表征主义解释。打网球的新手会努力盯着球，让球拍垂直于地面，然后平行地将球击出。但是，对正在进行比赛的网球专家来说，一切都会变得好起来，他全身心投入比赛中。他所经验到的是手臂上升并被引向恰当的位置，球拍与球场形成最佳的角度，一个他所需要的但他又意识不到的角度，而所有这些构成了由球场、竞争对手和击打来球等构成的格式塔。当他感到他的行为以这种方式被情境所激发时，他可以减少对格式塔的偏离。问题的关键在于：最终的格式塔从来都不需要在心中被表征，而且也不是人们所能表征的东西。人们只能感觉到它是接近还是远离最佳状态。正如梅洛·庞蒂所说：“移动身体就是通过身体针对事物；这就是允许某人做出反应，它完全独立于任何表征。”④

---

① Merleau-Ponty M. phenomenology of perception. London：Routlege，1962：14.

② 莫里森·梅洛-庞蒂. 知觉现象学. 姜志辉译. 北京：商务印书馆，2001.

③ Merleau-Ponty M. phenomenology of perception. London：Routlege，1962：14.

④ Merleau-Ponty M. phenomenology of perception. London：Routlege，1962：14.

为了让人们确信，有技能的行动者不需要对最终格式塔进行表征就能达到最佳格式塔型，德雷福斯还使用了肥皂泡的类比。肥皂泡的雏形是不成形的。少量的泡沫受力形成了球体，但是球形的结果在肥皂泡的产生过程中不起任何因果作用。以此来说明，最终格式塔型在其产生过程中不起因果作用。身体运用球拍的最佳格式塔型也属于这种情况。实际上，在运动中，人们意识不到或者说不能表征出他是怎么运用球拍的。

还有，即使一个人是有意识地去接受像打网球这样的技能，他也不是有意识地在区分越来越精细的情境，并将它们与越来越精细的反应相匹配。或者说，技能掌握不是一个有意识的过程。因为新手不知道他是怎么获得专家技能的。有意识的部分只限于：他为了提高技能而投身于技能学习和实践中。身体接管了意识的表征范围之外地带。这个能力为梅洛·庞蒂的身体获得最大把握的趋向做了进一步的说明。在这一基本的感觉中，仅仅是因为有了获得最大把握的趋势才有了意向弧。

正像我们所看到的，那种技巧性的处理并不需要对目标的心理表征。然而，塞尔认为是为了得到满意条件才引起人的身体移动。他称之为意向-行为。这就是我所能体会的我移动身体和我的身体被移动之间的区别。此外，塞尔说，在行为的范例中，我的意向性内容必须有一个从心智-世界的因果关系。那就是，当身体的移动引起世界的变化时，我的意向-行为才能被体验。

德雷福斯根据梅洛·庞蒂的思想，用最大程度的把握概念来表达身体运动机能意义生成的非表征性。他说："梅洛·庞蒂最重要的贡献就是对于环境和行为之间动态辩证关系的一种描述。梅洛·庞蒂清楚表明，对于目标是最大程度控制的身体运动，人们不需要对于目标的表征。相反，行为被体验为一种不断回应处境的连续技巧活动。这种技巧性的应对活动运转是否良好，也是体验的重要构成。一旦人们感到偏离了最佳的身体-环境结构，人们的活动就试图减轻'张力'，从而更加接近最佳身体-环境关系。"①

二是弗里曼的吸引子理论。反表征主义与表征主义孰是孰非，可以诉诸最近的生理学研究成果。如果没有一种大脑机制或活动的结构能解释行动者成功地被导向他所不知道的目标状态，那么反表征主义是让人难以置信的。德雷福斯认为，弗里曼的吸引子理论可以说明反表征主义思想绝非主观臆想，而是有科学依据的。因为弗里曼的吸引子理论解释了大脑是如何产生不可表征的技能化行为的，认为有目标的行为能够被这样一种大脑状态所控制，即这种大脑状态只在最弱的意义上，能被称为是对行为所朝向的满意完型的表征。

① Dreyfus H. Merleau-Ponty and Recent Cognitive Science, Taylor Carman and Mark B. N. Hansen. The Cambridge Companion to Merleau -Ponty. Cambridge, UK: Cambridge University Press, 2005: 136 -137.

在弗里曼看来，大脑是根据赫布的学习理论运行的。换言之，各个神经元之间的连接力量在经验的基础上得到增强或减弱。他的重要贡献是说明了赫布变化是更高层面的神经进程的基础。他发现，学习就是调整神经元之间的连接力量，而行动的突发会分裂出大量不同的混沌吸引子。源于感官的微弱输入的作用仅仅是限制突发，并让它跌入一个特定的吸引盆，而这个盆在学习的基础上，会与引发特定输入的客体相联系。大脑就是以这种方式不对微弱输入做出反应，而对产生这种微弱输入和诸如此类东西的客体做出反应。也即，学习者直接指向客体，而非对客体的表征。这印证了作为意向弧观念中心思想的反表征主义——对世界最好的表征就是这些实践不是与意向现象相分离的，而是意向现象展开的方式。世界本身，连同过去所有的经验都会被投射回到世界中去。

身体的最大把握倾向也得到了证明。弗里曼说，当一只哺乳动物如兔子在某种情况下体验到成功和失败时，它的大脑就会形成特定的神经元连接。当兔子再次处于这种情况下时，这种过去已形成的神经元联结会激发全局神经元活动，而这种激发始于特定能量情景中的某一点。这个在能量情景中的点就是让整个大脑进入那种状态的能量总和，而位于该点周围的点则拥有更多或更少的能量。因此，在弗里曼这里，大脑被理解为是一个具有能量波峰和波谷的动力系统。每个波峰或波谷都对应于能量的最大值或最小值。与爬山相似，攀到波峰的顶点需要消耗大量能量，而跌到波谷的底部是很容易的。激发神经活动的当前能量状态，要么向要求更多能量的方向前进，要么向要求更小能量的方向前进。当系统处于能量最小值的范围内时，系统就像一个从山上掉下来的球一样，倾向于更加接近这个最小能量状态，而接近最小能量状态的状态被称为吸引盆。由于以往经验建立了神经元联系，因此当前的知觉输入让大脑进到特定能量情景中。一旦大脑再次处于那种情景中，让大脑更接近最近的吸引盆底的运动就被激发了。兔子或德雷福斯例子中的网球运动员，感觉到了系统的这个寻找最小能量状态的倾向，于是就朝向最佳格式塔做出最大把握。这就是最大把握的神经活动基础。

另外，这种寻找最佳格式塔的过程当然是非表征的。因为能量情景只告诉运动员，应该更接近最佳格式塔，而不告诉他具体该怎么做。从而能量情景指引运动员做了那些运动，引起了大脑中趋向在当前能量情景中最低的可获得点，而不需要表征出最低的点或怎么到达最低的点，这就像从山顶掉落的球不需要表征出从山上下来的最佳路径，就能找到最佳路径一样。

在德雷福斯看来，弗里曼理论中的吸引子只能在最弱的意义上被称为是表征，而它合并了过去的经验并且在过去经验的基础上导致了行动。因此，弗里曼的工作证明了表征主义是错误的，而反表征主义不但在现象学层面上，而且在神经生理学层面上，都能得到辩护。

（三）身体在智能行为中有着不可替代的作用

1. 人工智能的哲学假设

面对种种难题，人工智能研究者始终保持着乐观主义态度，而没意识到他们所信仰的无身认知思想是有问题的。实际上，人工智能中的挫折不仅仅是技术上的挫折，更是哲学思想上的挫折。无身认知的实质是在考虑认知活动或智能活动时，以表征为核心，而忽视身体的关键作用。德雷福斯把人工智能的努力比喻为炼金术。向人们清楚地表明了自己对人工智能研究的态度，那就是人工智能研究者其实与炼金师是一样的，人类思维的仿真智能是永远无法通过程序系统来实现的。他认为人工智能研究者们的乐观主义，源于三个未经证实的哲学假设：心理学假设、认识论假设和本体论假设。这三个哲学假设是人工智能赖以建立的核心思想，并且延伸到认知科学的其他领域，而成为无身认知的核心假设。

（1）心理学假设。心理学假设认为，在人脑中存在着一种信息加工层次，并且在这一层次上，思维运用诸如比较、分类、查表等方式来处理信息，而大脑可被看作是一种遵循形式规则来加工信息的装置；由于这种信息加工过程是一种第三人称的加工过程，所以“加工者”并无实质性的作用。这其实就是认知心理学的主要观点，而且这种假设受到逻辑经验主义哲学的支持。在 1952 年的美国物理学会大会上，卡尔纳普应邀发表了关于概率和归纳理论的演说。他提出，归纳与逻辑的结论一样，由离开人的客观必然性决定，而且人的主观性不起作用，因而归纳可以由计算机来执行。

德雷福斯认为，心理学假设是站不住脚的。

首先，“信息加工”一词就是非常有歧义的。通常人们会认为，“信息加工”指心灵整理出有意义的数据，并把它们转化成其他有意义的数据。但在人工智能这里不是这样的。人工智能学者们是在香农的信息控制理论的信息意义上来使用这一词的。在香农的理论中，信息与意义是毫无关系的。“事实上，从这个观点看来，一个意义负荷很重的消息与一个根本没有意义的消息，当做信息来看，可能是完全相同的。”① 计算机程序设计者所做的工作就是：把有意义的话转化成无意义的、离散的信息单位串，来供计算机运算。人工智能的理想就是设计程序，使计算机自己就能进行这项转化工作。

德雷福斯认为，无论如何也看不出可以不用人来做转化工作。因为作为一个现象学学者，他接受胡塞尔的这一观点：主观性是一切奇迹中的奇迹。主观性是一切意义的源头。日本著名的计算机专家渡边慧也持类似的观点。他认为不具备

① 休伯特·德雷福斯．计算机不能做什么．宁春岩译．北京：生活·读书·新知三联书店，1986：174.

主观性的机器与具备主观性的人是完全不一样的。因为机器可能具有目标，但不可能具有价值。人是按照非特定、情感性的价值系统做出评价的，而机器只能按照特定的表来做出评价。那么这种价值性评价有什么用？众所周知，归纳是从个别命题推出一般命题，其结论无论在逻辑上，还是在概率上，都没有一义性。那么，从许多可能的一般命题选出少数或者一个时，人们就会援引逻辑外和证据外的条件，而这些归根结底就是价值性评价。由于机器没有价值，所以机器无法独立完成归纳推理。

其次，心理学假想缺乏充足的经验证据。因为要检验心理学假想，就必须详细比较人类和机器信息加工所包含的各个步骤。然而，即使纽厄尔和西蒙本人也坦陈他们的程序是非通用的，因为可用的证据不包括模式识别和自然语言的使用，而且机器的信息加工只能与一个个体的行为进行部分地匹配。只有相当少的证据说明：人类的信息加工类似于计算机的信息加工。更具讽刺意味的是，计算机提供的证据说明人的认知过程与计算机的信息加工是非常不同的。人工智能学者们也发现他们缺乏经验性的证据，所以从事认知模拟的人工智能研究者们又诉诸先验论证，而认为心理学假设是一个哲学公理。

再次，心理学假设的先验论证也同样是靠不住的。先验论证是指，如果心理学假设要成立，那么“任何对行为的完整描述都应作为一套指令，换言之，这一套指令就是引导所描述行为的计划”①。更进一步讲，在纽厄尔和奈瑟看来，心理学假设要成立，就必须使任何对行为的解释可以表示为一种可以编程为计算机程序的指令序列。

德雷福斯认为，纽厄尔和奈瑟等诉诸的是一个古老的哲学传统——柏拉图认为任何有意识的行为，即非任意的行为，都拥有某种可用理论来表达的规则，而且任何做这种行为的人都要遵循（至少是暗中遵循）这套规则。对柏拉图来说，这些指令已经在头脑中，在以前的生活中就预先编制为程序了。如果人们同意柏拉图的这种思想，那么人们肯定会赞同认知模拟论者的假设，而相信完整的行为描述是一套给数字计算机的精确指令，而且这些规则实际上可被用来为计算机编上程序，以产生所说的行为。这种观念正是海德格尔所反对的。因为现代物理学确保我们能用精准的定律来对一物理物体的行为做出完整描述。如果将这一定律用作计算机指令，那么在原则上计算机可以模拟这一物理物体的行为。于是，认知心理学家们想到，是否能用一套规则来描述大脑中的物理化学过程，然后将这一套规则用作计算机指令。如果可以，那么在原则上计算机就可以模拟人的认知活动。但问题在于，虽然我们能用万有引力定律来描述自由落体的运动，但这并

---

① Dreyfus H, Dreyfus S. What Computers Can't Do: A Critique of Artificial Reason. Harper, Row: The MIT Press, 1972: 86-89.

不意味着自由落体通过学习万有引力定律来完成运动，即使我们能用一套规则来描述人的认知活动，也不意味着人是通过遵循规则来进行认知活动的，而即使真有这样的规则，计算机也不一定就能运行这一规则。

最后，认知心理学缺乏对它的工作层次的辩护。因为它是在将物理学、神经生理学以及现象学的工作层次混为一谈。计算机为认知心理学提供了实证模型。计算机是一种物理客体，但在描述它的运算过程时，人们并不描述芯片中电子的振动，而是描述它的开/关触发器的组织层次。如果能从这些受规则支配并由触发器组成的较高层次的角度来理解心理学的概念，那么心理学将发现一种可用来解释人类行为的语言。

奈瑟实际上是把物理学和现象学层次搅在了一起："晶体调好焦距……光束照在敏感的视网膜上，在这里，光束激活神经过程，这些过程最终导致了看、读、记忆等加工过程"。落在视网膜上的光束引起了大脑中的物理和化学过程，这是物理学层次。看、读、记忆则是现象学层次。为了解决这种不合法性，新的词汇"知觉输入"和"转化"被引入了。这时，我们的知觉似乎必定要由"知觉输入""转化"而来。但根据现象学，我们是直接知觉到物体的，而我们的意识不能知觉输入光线。所以奈瑟必须解释人脑中知觉到底是什么。这些概念上的混乱，实际上是由于认知心理学试图说明介于生理学和现象学之间的工作层次而产生的。没有事实可以说明人的行为可以用信息加工来解释，因为在物理层次上，我们面临的是不断变化的能量模式，而在现象学层次上，我们面临的是组织好了的经验领域中的对象。

（2）认识论假设。认识论假设认为，在用规则将人的智能行为形式化后，机器可以复制人的智能行为。认识论假设和心理学假设十分相似，都认为智能行为可以形式化，但它们之间有着一种细微但又重要的差别。心理学假想是由人工智能中从事认知模拟的人提出的，而他们认为，对行为做形式化表达的规则与产生行为的规则是相同的。认识论假设是由人工智能中的另一派人提出的，他们不认为，对行为做形式化表达的规则与产生行为的规则是相同的，只是确认：首先，所有非随意性的行为都可以按照某些规则来加以形式化；其次，计算机能够通过复制这些非随意性规则，从而复制并产生这些非随意性行为。明斯基就是一位纯正的认识论假想的代表人物。他坚信所有非随意性行为或者说有控制行为都可形式化，而数字计算机能使用像计算机程序这样的形式化系统来复制这些行为。针对有关行为的非形式特性的反驳，他援引了图灵的经典文章"计算机器与智能"。图灵的反驳的要点是：要区别"指导规则"和"行为规律"。"指导规则"指的是像"看到红灯即停"这样的条例，人们可以根据它来行动，也能意识到它的存在。"行为规律"是指适用于人体的自然规律，例如"你刺痛他，他就会尖叫起来"。我们不能像认为完备的指导规则不存在一样，简单地认为完备的行为规律也不存在[①]。在这里，图灵针对的是维特根斯坦的这一论断：不可能提供事先规定了一个单词在所有场合中的正确用法的规则。然而，德雷福斯指出，就算人的行为确实是有规律的，但也不意味着这种规律能体现在计算机程序或某种类似的形式化系统中。

另一位认识论假设的支持者卡伯特森（J. Culbertson）则断言，人类行为至少在理论上是可复制的："既然这些完备的机器人原则上可满足任何一种特定的输入-输出规定，那么它们也就能在任意一种预先规定的环境下，做任何一种预先规定的事来明确地解算问题、编写交响曲、创作文艺作品和工艺品以及实现任意一种目标。"[②] 德雷福斯主张，没有理由认为人的输入和输出可以分离出来，然后将它们的相互关系形式化。卡特伯森提出的假想也是无法得到证实的。不过，认识论假想受到两个成功的形式化领域，即物理学和语言学的支持。所以像明斯基这样的形式主义者可以诉诸现代物理学的成功，即不把人的行为当作有意义的运动，而只看作是物理运动。由于人的身体是物理世界中的一个物体，而物理世界中的物体已被证明是有规律的，并且这种规律是可以在计算机上运行和形式化的规律，因此可以主张，存在像计算机这样的形式化系统所要求的有关人类行为的规律。但是，他们并没有证明：即使人们没有意识到他们在加工信息时使用了离散运算，他们仍然在无意识地执行指令的心灵主义主张。所以这一策略也是行不通的。

形式主义者还有一条出路，那就是诉诸现代语言学的成功。语言学家乔姆斯基发现，把人的一部分活动（在具体场合下对具体句子的运用）加以抽象化，就能使其余部分得到形式化。换言之，人的这种能力可以被形式化：即识别在语法上造得好和造得不好句子的能力。这意味着他们能够提供了一部有关大部分语言能力的形式理论。这一成功鼓励人工智能研究者们主张人类行为无须还原到物理层次上即可被可形式化，因为这种成功至少确认了认识论假设中人类行为可形式化这一部分。但这也是行不通的。"有两个理由：①原则性论点：要得到语用的形式化理论就必须有关于全部人类知识的理论，但这是根本不可能的。②描写性的反对意见（对此我们现在加以讨论）：并不是所有的语言行为都是有规则的。我们发现有些词语表达式是奇怪的——违犯了规则——但我们仍能理解它们。"[③]

（3）本体论假设。实际上，认识论假设源于本体论假设。要彻底驳倒认识论假设，就得驳倒本体论假设。由于计算机是无身的，所以它无法处在任何情境

① Turing M A. Computing Machinery and Intelligence. Mind, 1950, (61): 452.

② 休伯特·德雷福斯．计算机不能做什么．宁春岩译．北京：生活·读书·新知三联书店，1986：201-202.

③ 休伯特·德雷福斯．计算机不能做什么．宁春岩译．北京：生活·读书·新知三联书店，1986：206.

中，而且所有的数据值是一样的。因此，人工智能研究者们必须将世界分解为脱离情景的数据，好让计算机处理它们。认识论的假设要成立，就得证明这个可能性：即找到最基本的非歧义要素是可能的。如果找到终极的非歧义性数据是不可能的，那么人工智能将不得不放弃认识论假设。这种“关于世界可以全部分解为对上下文环境无关的数据或原子事实的假想，是人工智能研究及整个哲学传统中隐藏得最深的假想。我们将把这一假想称作本体论假想”。① 明斯基认为本体论假设是源于我们的文化习惯的：“我们的文化习惯一直认为，智能存在于某种独立、清晰的元素之中，而我们可以把它称为意识、理解、洞察力、格式塔或者其他随便什么……智能发达者解决问题的能力，一方面存在于他用于知识结构的优越启发法，一方面存在于这个结构本身。两方面是不可分割的。在任何情况下都没有理由认为，不运用恰当具体的知识结构或模型结构就能具有智能。”②

但是，德雷福斯则认为人的知识不能分解为明斯基所认为的明晰元素。比如，把一个事物当做一把椅子识别出来，就要求理解椅子同其他事物及人之间的关系。这涉及的不是单个的元素，而是人生活在其中的整个环境。他甚至把维特根斯坦的逻辑原子论思想当做是本体论假设的绝好阐述，即用一些可表达为逻辑独立命题的原子事实来定义世界。由于计算机是由触发器组成的，而且采取两种稳定状态中任一种状态的电子电路与非对即错的原子事实或命题相对应，因此所有人工智能研究工作的必要前提就是这个本体论假设：世界必须表征为由非对即错的事实或命题组成的结构化系列。这意味着世界中的一切存在都必须是确定无疑的。

海德格尔和梅洛·庞蒂等现象学家都反对这种表征主义思想。尽管这种本体论假设同现象学所揭示出来的生活经验不相符，但它的影响还是很大的。随着原子弹的爆炸，人们见识了现代物理学的力量，并随之接受了物理学的理念。于是人们开始倾向于把人类情境看作是物理系统的状态，即人类的情境像物理系统的状态一样，是由脱离情境的要素构成的。麦卡锡就是这么来分析人类的情境的。麦卡锡详细讨论的一个情境是“在家里”（at home）。他用“At（I，home）（s）”的形式来表示：在情境 s 中，我在家里。麦卡锡觉得这和“在房子里”是一回事，就是说“在家里”也是一种物理状态。他想把情境看作就是一种物理状态、一种物理状态的演变，并且这种状态可以形式化为微分方程，并可用数字计算机复制出来的。

然而，德雷福斯认为，我在院子里也可以是在家里，就是说，从物理学的角度看，根本就不在房子里。我这个人也可以是在房子里，但不在家里。将人类情

---

① 休伯特·德雷福斯．计算机不能做什么．宁春岩译．北京：生活·读书·新知三联书店，1986：213.

② Minsky M. Semantic Information Processing. Cambridge，MA：The MIT Press，1969：27.

境看作是物理系统，会抹杀情境中的存在论意蕴。在人工智能研究者中，也有人认识到情境不同于物理状态，如计算机技术开创时期的著名专家威曾鲍姆（J. Weizenbaum）。他在研究一个人通过自然语言能与计算机交谈的程序时，认识到情境的重要作用，并认识到不能简单地把情境看作是物理事实。

但是，只是认识到情境的重要作用，这还不能成为放弃人工智能的充足论据。人工智能研究者们还可以辩解说，所使用的事实已从全局性情境中选出来，并做了解释，进而得出结论说我们只需要把那些标志着更广情境的特征选出来编成程序。但是，在日常生活经验中，我们不能感受到我们曾做过这种分离。我们从词义方面对情境所做的理解，和从情境方面对意义所做的理解似乎一样多。可是，对于计算机来说，这种词义与情境相互确定的过程，肯定得分解成一系列独立的操作。出路只有一个，即计算机不应该从下向上进行从较窄情境到较广情境的操作，而应该从一个终极情境开始，从上向下进行操作。这个终极的情境，就是威曾鲍姆所说的那种为我们共有的文化。在现象学看来，即我们共有的生活世界。我们从一开始就在世界中，一刻也不曾离开，而我们所有的智能活动就是以这个世界为背景来进行的。

另外，如果本体论假设要成立，就得证明将人们的生活形式化是可能的。2000 多年来，哲学家有一个隐约的目的，就是将人类生活形式的主要特性明晰地表达出来。例如，柏拉图就认为人们能够以离散的方式来理解宇宙，并可以获得关于一切的理论，并且人与事物相联系的方式是拥有关于事物的清晰理论，而方法是去发现丰富的现象背后的原则。但是，反传统哲学的存在主义现象学家们揭示，人体现了另外一种可能——我们对目前情境的识别，是把它当作以往情境的继续或修改，而不是语境的层级网；而且，我们在日常生活中与各种事物打交道时，并不需要时刻伴随着清晰的表征意识。人之所以可以避免像计算机那样从外部来识别情境，是因为像人这样的具身存在，始终处在世界中，始终处在一个情境中，并因此拥有非具身存在不能拥有的相关性和意义。因此，如果存在主义现象学家们的思想是对的，那么，以传统哲学为根基的本体论假设也就是错的。

综上所述，人工智能背后未经检验的心理学、认识论和本体论假设都是站不住脚的，所以德雷福斯得出结论说人工智能是炼金术，是一种要从铅当中提炼出金子、顺着大树爬到月球上的努力。那么，人为什么能处于一个情境中，为什么能进行自上而下的“信息处理”，而机器不能？人与机器的本质区别究竟在哪里？

从柏拉图到笛卡儿，他们始终把身体看作是智能和理性的多余之物，而不是智能和理性的必要之物。而在德雷福斯看来，人类身体至少拥有三种数字计算机程序中现在没有、也尚未构想出来的功能：①内视域，它能给予已被预先勾画好的部分以非确定的期望；②这一期望的整体性特征与它所同化的各细节的意义之间，彼此互相确定的关系；③这一期望从一个感觉通道和运动器官向另一个感觉通道和运动器官的转移。所有这些都包括在人获得身体技能的能力之中。由于有了这种基础技能，一个身体化主体才能生存在这个世界上，而不必承担把万物都形式化这项无穷尽的任务。德雷福斯对专家技能的论述正说明了这一点。

2. 专家技能的身体性

德雷福斯认为，专家技能是无法清晰表征和形式化的东西。不具备身体的计算机无法达到技能的专家阶段。德雷福斯把专家定义为这样的人——其身体能够做出相应的情感反应和正确的直觉来对情境做出反应的人。在日常应对的最基本的层面上，每个人都可以是一个专家。首先，从专家技能的知识基础上看，专家是“知道怎么”（knowing how）而非“知道什么”（knowing that）的人。“知道什么”是命题知识和关于事物的知识，而它们是通过反省和有意识的行为得到的。“知道怎么”是一种身体技能，如走、说、开车等能力，而它们通常被体验为日常无意识的掌握，而且在执行时，不需要考虑如何去做[①]。例如，你可能知道如何使用筷子，这是因为你拥有某种叫作“知道怎样”的东西，这些东西是你从实践的经验中得来的，你很难向外国人解释清究竟该怎么使用筷子。因为“知道怎样”是你不能用事实和规则的形式来表达的东西。“知道什么”即知道相关的事实和规则。新手就是根据相关的事实和规则来行事的，而专家则不然。“知道怎么”包括一个不能完全解释清楚的、不可言说的技能。在德雷福斯的技能模型中，各阶段之间的本质差异是身体的知觉方式的差异。专家与新手的差异就是他们拥有一个能对情景做出不同反应的身体。

在德雷福斯看来，只有那些具有身体委任的人才可以是专家。他的这种强调，使得一些通常不属于专家范畴的人成了专家，同时又排除了一些公认是专家的人。

首先，一些通常不属于专家范畴的人成了专家。例如，德雷福斯宣称一般人都能在行走和说话这样的技能上达到专家水平，而且他们都能在某项身体技能上成为专家，而不需要社会的承认。这与通常的用法相抵触。人们一般把“专家”这个形容词留给那些经历过社会训练、提供专业建议和拥有专业知识等等的人。人们不把有证的司机称作“专家”，也不把业余赛车手当做专家，即使当他们在操控车辆时，与车辆有着直觉的联系。人们把这个词留给那些属于职业驾驶组织、参加各种职业竞赛等的司机，比如赛车手。

其次，他排除了一些公认是专家的人。例如，在农业上的专家能有效地传

---

① Dreyfus H, Dreyfus S. What is Morality? Phenomenological Account of the Development of Ethical Expertise, Rasmussen D, Universalism vs. Communitarianism: Contemporary Debates in Ethics. Cambridge, MA: The MIT Press, 1990: 244.

达、整理、综合有关农业的精确命题信息，但他可能会被犁和拖拉机的轰鸣声吓着。在体育上的专家，能把过往的经验与现在的情形相联系，但他可能是手脚不便的和缺乏从事竞技体育的物理能力的人。在音乐上的专家，可能并不能演奏音乐。这些人不能算是真正的专家。因为在他的术语中，“专家X”（expert X）与“知道怎么做”相联系，而“在X上的专家”（expert in X）与“知道什么”相联系。“专家X”可能是“专家农民”，而“在X上的专家”可能是在“在农业上的”专家。他不认为“在X上的专家”所确定的命题知识就是专家知识，或者说，他不认为那些掌握命题知识而不能用自己的身体来执行相应技能的人是专家。“讲解员，他们经常做博学的脱口秀，就像对于国际象棋的走法，他们对每一步都有见解并且会调用一系列规则，但是他们没有亲身承受国际象棋竞赛中的压力和风险，因此他们没有专家技能。”他把“在X上的专家”的知识和公众领域中的空谈联系在一起。“在X上的专家”的推理不是建立在地方实践的基础上的，而是建立在不具身的抽象方案和匿名原则基础上的。因为，“在X上的专家”缺乏真正的“专家X”所具有的身体委任，只有具有身体委任的“专家X”才在感情上在乎行动的结果，才能经验到执行的危险，才能全身心地投入执行。真正的专家不应该是“只知不行的专家”，应该是“知行合一的专家”。

德雷福斯假设，接受技能的身体没有相关的传记、性别、种族或年纪，而这就是成人主义立场。虽然他也承认“文化风格”对技能学习有影响，如美国妈妈和日本妈妈照看婴儿方式的差异。然而，文化风格概念的发展没有超越无确实根据的一般性，并且这个概念假设共享一个文化的个体的传记差异是不重要的。仅仅通过实践，一个人就可以发展出专家的身体能力、感情态度和直觉能力，至少原则上，接受技能的身体被假设为是纯粹的技能地点，而且不受外在学习力量的影响。

著名的跨学科研究学者希茨·约翰斯通批评了这种“成人主义”的立场。她认为把成人的身体当做现象学的基本零点是方法论的错误，因为它忽视了“我们的知识、能力和存在的起点”①。成人身体的行为不只是就这样发生的，而是本身就是从幼年时开始的学徒身份的结果，而且这种学徒身份使得成人的身体充满了意义和经验，这些意义和经验对所有成人未来的行为（当然包括技能来说）是必需的。“无论什么特殊的成人技能学习情景——弹钢琴、开车、下棋、做裤子等都是由源自我们成长历史中的技能和概念经验混合而成的。”② 其实，她所讲的学徒身份与德雷福斯所讲的学徒身份是不一样的。在她看来，学徒身份包括长期在黑暗中的摸索，而规则源于这些摸索而非先于这些摸索。而德雷福斯来认

① Sheets-Johnstone M. The Primacy of Movement. Philadelphia: John Benjamins, 1999: 232.

② Sheets-Johnstone M, Kinetic Tactile-Kinesthetic Bodies: Ontogenetical Foundations of Apprenticeship Learning. Human Studies, 2000 (23): 359.

为学徒身份是一个清楚而又深思熟虑的过程，并且遵循规则的程式。不过，她指出了为德雷福斯所忽视的东西，即学习中的身体总已经是嵌入的（embedded），而不是在技能的获取中离身自己的（disembedded itself）。例如，为了学习跳舞这样的技能，我必须能够移动我的身体。每个能跳舞的身体都已经被嵌入一种运动方式，并且学习跳舞不是简单地学习运动，正如学习一门外语不同于学习说话那样。成人的身体从来不以一般的方式运动，而总是以这种或那种方式运动，并且其运动方式反映了他被培养或训练的方式。

概言之，对专家技能的现象学分析表明：技能是具身的，也就是决不能离开身体来分析技能的本质。技能的具身性决定了技能的非表征本质。人工智能的知识工程正是因为忽视了技能的身体性，所以没有达到预期的成功。

德雷福斯在2001年出版的《关于互联网》中阐述道：我们的身体包括我们的情绪在我们理解事物、发展人类能力过程中起到关键的作用。他坚持认为，只有大小和回路结构与大脑近乎完全等同的联结主义系统才能作为人类智能的模型，这种系统还要具备人类动机、文化追求和血肉躯体。使这位技术家感到惊异的是，他自己的哲学论断使他认识到，没有思维不如缺少躯体对于数字计算机的局限大。因此，对于具身认知的产生，在哲学上做出最大贡献的当数德雷福斯。

（四）人的行为是不依赖规则的有序行为

人工智能在讨论问题求解时，只局限于那种主体必须根据给定的规则来处理无歧义的符号形式化问题，以及其他一些像模拟智力测验这样的与语境无关的问题。如果要认知模拟提供一种心理学理论，以及如果人工智能程序被看成有智能的，那么认知模拟和人工智能都必须把信息的机械加工扩展到人类活动的所有领域，甚至包括日常生活遇到并解决结构开放问题的领域。德雷福斯指出了结构开放问题会引起以下三种困难：

（1）必须确定哪些事实是相关的；

（2）必须确定哪些事实实际上是相关的；

（3）必须从实际相关的事实中确定哪些是本质的，哪些是非本质的。

然而，事实不是以固定的方式成为相关或无关的，而要看人的目的，因此所有事实在某种境遇中都可能是相关的。相关性的这种境遇性特点表现在两个方面：在任何一个具体境遇中，可能是相关的事实与可能不相关的事实都是数量不定的。但是，由于计算机不处于某一境遇之中，所以它必须在所有情况下把所有事实看作是可能相关的。这使人工智能研究者们陷入这样一个两难的境地：要么得去面临存储和提取无限多的事实的任务，要么得从计算机计算的范围中排除某些可能相关的事实。

即使能够为每一个具体的问题把宇宙局限于可能的相关事实，这些只许程序设计者完成，而不许由程序完成，如何确定哪些信息实际上是相关的问题仍旧没有解决。德雷福斯以像赛马这样非形式化的比赛为例，认为在比赛当中仍有数量无限多的事实是可能相关的。比如在下赌的时候，人们通常是局限于马的年龄、骑师及他们以往的表现和竞赛情况等事实上。如果把竞赛的形式限制为这些事实，机器也许会做得更好，可能要比一般的残疾人强。但是，总还会有别的一些因素。比如，马是不是对黄菊花过敏，骑师是不是刚刚同马主打了一架。这些在某些情况下也许会起决定性的作用。残疾人绝不比机器能做的事情多，但是他们能够在碰到上面几种情况时，识别它们的相关性。获得人的这种能力的人工智能方法应该赋予机器有关兽用药品的知识，以及人在同雇主们吵架时会怎样表现的知识等。但是，这便产生了查询大量存储的数据问题。这个问题的答案是：所有这些信息都在机器存储中有其恰当的编码和标记，这样机器只需扫描出"赛马赌注"一项并取出相关的材料即可。但是，并不是所有相关材料都参照其具体用法被代码化了。比如人的心情不好时，常常不能发挥最佳本领，这种信息在无限多的语境中都可能是相关的。

残疾人是如何识别那些相关的奇异因素的？德雷福斯论证说，如果人们把自己对世界的了解看成是产生用不同能力应对这个世界和根据不同的兴趣同这个世界接触的结果，那么他们就会看到，不会产生某种给定的兴趣或目的会怎样选出有关他们的环境相关特性的问题。因为在某一方面感兴趣或有某种目的，不是同人们对境遇的了解相分离的东西，而正是对这一境遇在某种方面上的了解，正是对一种具有某种结构的局势的了解。

这样，人类世界预先就按照人的目的和兴趣建构好了，以致究竟什么可当作物体，或者什么对于物体是有意义的，已经是这种兴趣的一个函数，或者说已经体现了这一兴趣。计算机无法胜任这一点，它只能处理一般定义的，即与语境无关的物体。为了模拟这一兴趣的领域，程序设计者只能对确定的事实赋予后来确定的事实的值，这只会使机器的检索问题更加复杂。

由此，德雷福斯得出结论：人的行为不仅仅可在不受形式化规则支配情况下是有规律的，而且人的行为必须如此，因为事先确定用于可能发生一切情况的规则是毫无意义的。在对德雷福斯的一次访问当中，他指出，人工智能是一个符号象征，而他其实是将它作为一个人类行为科学的代表来看待的。它能够应用到各行各业的观点让他忧心忡忡，这也是他之所以斗争了这么多年的原因。

（五）非确定的目标和需要不能被计算机模拟

哲学和心理学传统一直设法把人类需要在智能行为中的作用略去不计。计算机模型又强化了这一倾向。但是德雷福斯看到，人类肉体的需要，会间接或直接地使他们对眼下的任务有所感觉，并把我们的经验建构为重要的或不重要的。这需要有一种非常特殊的结构，这种结构比较特定，但同艺术创作相似。他认为，当人们经历一种需要的时候，先是不知道自己需要的是什么，必须探索着去发现，什么可减轻自身的不安和不适感。这不可能靠把各种各样的物体和活动同某一目标及确定的标准相比较找出，而是通过被托德（Todes）称作满足感的东西做到的。这种满足在经验中是作为对人们在全过程中需要的发现而感受到的。也就是说，对任何需要的最初实现是托德称作创造性发现的东西。因此，人的活动并不始于一张后来才逐渐向他们自己展开的需要或价值表，也不是当它们变为事实时，人们就随意地获取由环境加至他们身上的价值，而是在发现他们的需要时，使一直存在着的不确定的、一般性的需要变得更加具体。

德雷福斯认为，正是这个世界创造了各种条件，使一些特定事实可由人当做相关的和有意义的东西去接触它们，因为这些事实最初是按照需要组织起来的。这使我们能看出人的智能同机器智能间的根本差别。人工智能一定是始于事实产生的客观和理性的层次，把这些事实从组织成它们的境遇中抽象了出来，并准备把其结果用于模拟智能行为。但是，这些从情景中分离出的事实是大量难以控制的中性数据。对于它们，人工智能研究者到现在还无法应对。除了事实累加外，目前还没有任何其他数据加工技巧。一旦人们对支撑人工智能研究工作的传统哲学假想提出质疑，那么也就找不到任何根据，认为数据存储和检索技巧可以应对得了我们在设法明晰表达这个世界的知识时所产生的数据量。既然关于世界的数据可能是无限的，而使我们的生活形式化是不可能的，那么认为数字存储技巧将永远无法应对大量数据的任务，可能更有道理。说到底，他认为既然人制造了事实，那么事实本身也就随概念革命而变化，因此根本就没有固定的事实。

另外，德雷福斯坚信，人类所处的终极境遇取决于他们的目的，反过来，这些目的又成为他们的躯体和需要的一个函数，而这些需要又不是一劳永逸地固定下来，而是靠文化移入，又靠人类自我解释的变化而得到解释和确定下来。这样，到头来我们便能理解为什么没有意义固定的事实，没有可望编成程序的固定的人类生活形式。因此，非确定的需要和目标，以及导致它们进行确定的关于满足的经验，不可能在一系列确定状态的数字机上模拟下来。这并不是说，儿童不是从某些固定反应开始人生的，事实上，如果他们不是这样的话，学习将永远无法开始，而是说这些反应在成长的过程中过多或超余。因而，在不受境遇意义控制的成人身上，没有固定的反应留下。

三、对“智能无需表征”思想的评析

（一）“智能无需表征”的特色

德雷福斯是把现象学同人工智能研究结合在一起研究的代表。尤其在《计算机不能做什么》一书中表现突出。他甚至说那是海德格尔主义的书。但德雷福斯所理解的现象学是很宽泛的。他把所有符合现象学描述原则的哲学观点、特征和关于认知问题的看法都称之为现象学的。梅洛·庞蒂和海德格尔的一些观点被他看作现象学研究成果，它们弥补了胡塞尔现象学研究中的不足。

德雷福斯非常重视胡塞尔现象学对认识活动的具体过程的研究。他认为，胡塞尔首先指出了认知活动，即智能活动的整体性。心理学的格式塔或完整的心理学派，正是在胡塞尔的这种整体主义影响下形成的。所以，德雷福斯在文章中经常交错使用格式塔理论和现象学这两个概念。这里所谓的整体，是指由人的意指行为产生的、由意义的广泛联系构成的整体。

德雷福斯发现，在人的智能研究中，人们是把世界分成两个层次：物理的层次和心理的层次。人的智能就是用物理材料复制出具有心理功能的机器。但是德雷福斯认为，还存在第三个层次，即现象学的层次。在这个层次，人们感知的是物理对象，比如，我们看到一把椅子，它可以作为物理对象，可以“被定义为原子的集合，或者木头或金属的集合”。[①] 在这种情况下，椅子没有意义，但因此我们也无从辨别什么是椅子。而人们实际上看到的是椅子。听到的音乐、动物的叫声，不仅是一定频率的空气振动；我们听懂的是单词和句子，而不是千差万别的、声带引起的空气振动，甚至不是人的声音本身。“人们所做的是在意义场合中的有意义的行为。”人的行为中意指的各种意义实际上是一种指称客体的功能。以椅子为例：“使它能起物的作用的是它在全部实践环境中的地位。这预设了有关人类的某些事实（疲劳、人体弯曲的方式）一种由文化所决定的其他设备（桌子、地板、灯）的网络和技能（吃、写、开会、讲读等）的网络。”[②] 人可以理解这一网络，被我们理解的意义指称着椅子的功用，以及它发挥功用的背景，所以能区别凳子和炕桌。人工智能研究者试图用“可坐于其上的某物”来定义椅子，以便使计算机能识别它。这样一来，机器便会把炕桌也叫椅子，甚至把便桶也叫椅子。

由于人工智能研究者忽视现象学发现的第三层次，即意义网络的层次，所以他们设计的计算机连日用品也不能区别（椅子的形状也是五花八门，不下万种）。按照德雷福斯的看法，具体的观念和物理能一样都是具体的，但又是完全不同种类的现象。无论通过怎样复杂的手段也不可能把变化不居的能量输入与持续（不变）的乐音之间沟壑填平。在听音乐时，绝对的物理声响根本没有被感知到，感知到的只是乐音。总之，物理对象不能转化为被现象学描述发现的意向性对象，即不能直接转化为意义。

① 休伯特·德雷福斯．计算机不能做什么．宁春岩译．北京：生活·读书·新知三联书店，1986：43.
② 休伯特·德雷福斯．计算机不能做什么．宁春岩译．北京：生活·读书·新知三联书店，1986：43.

意义网络的整体性是由意向性活动构建而成的。德雷福斯将意向性活动的构建活动称为非确定性的全局预感或设定①。人类对外界事物的感知都是由于对整体的感知确定的。在人类的感知中存在着一种图形-背景现象，“这对任何一种感知都是必不可少的：我们经验中突出的、会引起我们注意的东西都会出现在某种背景上”。② 也就是说，我们经验到的大部分东西都必须停留在背景中。这种复杂的背景关系只有人类的身体才能够经验和做出判别，因为“传达意义的正是我们的躯体”。③ 人类的智能活动——思维不可能离开人的躯体而存在。

胡塞尔的意向性内容，即全局性期望（noema）实际上是一条规则，它独立于对它的经验的运用而先验地存在于意识中。德雷福斯认为，胡塞尔之所以提出这类假设，是因为他没有完全摆脱传统唯理论所致。胡塞尔的假设应该由梅洛·庞蒂的躯体化理论来取代：“传达意义的正是我们的身躯”。人类的智能活动——思维不可能离开躯体而独立存在。人类的思维在各个方面都包含着诸如情绪、躯体的感觉-运动技能、对行为的深远意义的解释，等等。所有这一切方面都十分紧密地融合在一起，人们无法用抽象的明晰的观念之网把这种具体的日常生活实践整体复制出来。这就是现象学揭示出的人的智能活动的描述性结构。目前人工智能的研究尚未找到一个方面来模拟人这种实践生活整体。甚至相反，人工智能的研究者认为，日常生活中的理解和自然语言交际根本不包含我们的具体化的、社会化的技能，因此形成了对人的智能曲解。所以，目前人工智能工作的研究还没有走上正确的道路。

1972 年德雷福斯《计算机不能做什么》一书首次出版之后，的确引起了不少人工智能研究者的注意，不少人提出，应该接受胡塞尔对意义的整体、社会文化背景的理解，以及有关意向性活动的思想，并提出了模拟这些功能结构的方案。在这本书的 1979 年第二版中，德雷福斯着重指出，胡塞尔的发现固然重要，但整个研究都失败的原因，就是胡塞尔忽视了躯体及其技能在智能中的关键作用。人工智能真要达到人的智能水平，必须解决如何模拟人的躯体化及其技能的问题。另外他还指出，胡塞尔发现人可以理解不合语法惯例、甚至是错误的句子的能力，是人的智能理解的意向性和整体性的明证：直到今日，任何电脑也无法理解不符合该机语义惯例的句子，更不用说理解错误语句了。

（二）对“智能无需表征”思想的评论

格拉什（R. Grush）和麦迪克（P. Mandik）对德雷福斯的技能获取理论提出

① 休伯特·德雷福斯．计算机不能做什么．宁春岩译．北京：生活·读书·新知三联书店，1986：245.
② 休伯特·德雷福斯．计算机不能做什么．宁春岩译．北京：生活·读书·新知三联书店，1986：43
③ 休伯特·德雷福斯．计算机不能做什么．宁春岩译．北京：生活·读书·新知三联书店，1986：256.

质疑，认为表征是被理解为具有命题意向内容的可分解的心理结构①。基于此，人们才能做出假设，形成计划和解决问题。德雷福斯辩护道："我在介绍技巧获取的前四个层次上，为心理表征留有余地，继而认为当我们最终成为专家时，我们对待事物和人的日常方式已经从前四个阶段指导性的目标和计划转换到了对整个情境需要做出什么的迅速反应。我所要反驳传统表征主义的是智能行为的一些重要情形并不包含心理表征，但反对者坚持有计划的行为需要心理表征。但是格拉什和麦迪克不仅误解了我前四个阶段的叙述，他们似乎对第五个阶段的现象论也是盲目的。"② 一些学者认为，所有智能行为能够而且必须依照意识或无意识的命题表征来解释。他们试图找到一个论据来说明心理表征在引起所有智能行为中所起到的必要作用，并坚持认为德雷福斯所描述的处理行为，如象棋和推动离合器，仅仅是一个次要的活动（在赢比赛或开车回家这样整个的应用目标的活动过程中）。也就是说，仅是一个决定引起了行为，所有技巧处理必须被理解为次要的活动，并依赖于心理表征，而且表征会在某阶段被无心理过程所代替。因此，最初由表征产生的反射弧最终不再需要表征了，它们自动地产生作用，因此，德雷福斯的技能获取理论应该是正确的。

马萨诸塞州大学哲学系教授巴克（L. R. Baker）在《对德雷福斯无表征智能的评论》一文中说道："他非常赞赏德雷福斯的无表征智能理论，并且认为他对梅洛·庞蒂思想的运用给心理学哲学注入了新鲜活力。"③ 德雷福斯在面对心灵的可选方法上运用了许多方式。德雷福斯声称，我们的身体移动被体验为行动的充分条件是：①我能控制自身的活动，停止做正在做的事；②并且我的活动是由我和情境所形成的格式塔引起的。巴克对于第二个条件中的"引起"一词颇有疑问，他这样说道："这个'引起'在这究竟是什么意思？它是否在某种意义上与物理学家所描述的画面是相容的？"物理学家一般认为身体的移动是由大脑状态而非经验引起的，而德雷福斯则认为是由经验引起的，如果经验是不同于任何大脑状态的，而只是移动的部分原因。这样，岂不是会陷入二元论泥潭吗？因此，巴克怀疑德雷福斯有吸引力的观点被置于更大的形而上学之中。

总之，双方争论的焦点在于如何看待思维模型。目前大多数的人工智能研究是建立在这样一个理论基础之上的，即思维中包含着一种模型，这种模型内部又含有"物理符号"，而信息加工技术可以对这些符号进行操作和加工。认知或智

① Grush R, Mandik, P. 2002. Representational Parts. Phenomenology and the Cognitive Sciences. 2002, 1 (4): 389-394.

② Dreyfus H L. Refocusing the question: Can there be skillful coping without propositional representations or brain representations? Phenomenology and the Cognitive Sciences, 2002, (1): 413-425.

③ Baker L R. Comments on Hubert L. Dreyfus, Intelligence without representation. Phenomenology and the Cognitive Sciences, 2002, (1): 412.

能行为就是遵循规则的内在表征操纵，并且情境也可以表征。而对德雷福斯来说，人类思维并没有包含一个有关现实的模型，也不是一台进行信息处理的机械设备。相反，思维是在知觉与客观世界的持续交流互动的过程中突然闪现的，而这种突然闪现的思维是无法预先表征的。

德雷福斯的《炼金术与人工智能》这篇论文真正地在人工智能界触犯众怒，尤其是西蒙对此非常不满，他曾经与明斯基一起从事神经网络方面的研究，并发展了自己有关基于计算机的学习理论。为了给予德雷福斯以强有力的回击，他撰写了一篇题为“德雷福斯对于人工智能研究的评价——一派胡言”的文章，在文章中他首先指出，德雷福斯对于最基本的编程知识和计算机设计概念都不懂，而且他根本不了解他所评论的那些人工智能项目的真正研究目标究竟是什么。

此外，德雷福斯似乎也并不了解人工智能“停滞”的原因。人工智能学者们也抱怨说，每次当他们千辛万苦地教会计算机完成一些复杂的任务之后，德雷福斯就会挑剔地审视计算机的表现，然后总结说它缺少某种人类智能中最核心的特质，之后就会宣称他们离找到真正的那块“哲学家的石头”还远着。随后，在那篇文章的基础上德雷福斯写了一本名为《计算机不能做什么》的著作。同时，越来越多的抱怨涌来，人们评论说德雷福斯每次评论的对象和侧重点都不一样，但有一个永恒的主旋律，那就是“如果计算机完成了这个任务，那么就一定不是真正的智能表现”。

我们赞成德雷福斯关于专家阶段的观点，人类在专家阶段完全不依赖规则，并且能在最短的时间内做出最佳的反应，这就表明专家根本无需预先表征，他的经验也不能完全形式化。这也正是为什么专家系统没有直觉性的人类专家好的原因。此外，尽管人工智能发展迅速，计算机可以具备许多与人类相似的能力：记忆、推理、学习，还有着人类无可比拟的优点：不知疲劳、不为感情所动、不会出现粗心的错误、不受外界干扰。凡是人类已经完成的事情，理想地看，计算机都能做到，但是它在学习时表现出的创新性和认识能力是远不及人类的。事实上，机器只是按照人事先规定的去做，它还是依赖于人。凡是学习中可以形式化的部分，机器能去做；凡是不能形式化的，机器就无能为力了。人的需要和目的是无法进行归纳并将之赋予机器的，机器很难获得主体意识。意向性以及与此相关的创造性，可以被看作主动和被动的分界线。

目前，很多机器人都具备一些人类的动作或技能，比如上下台阶、跳舞、端茶甚至踢球等。但我们认为它们永远不可能达到人类那样的灵活程度以及随机应变能力。人的身体是人特有的，任何机器都不可能完全成为人的复制品。正像德雷福斯所强调的身体的重要性一样，人类世界是由人靠使用满足他们身体需要的躯体化能力组织起来的。没有理由认为，按人类的这些根本能力组织起来的世界，可用其他的手段进入。

四、结　　语

在论述人工智能发展基础上，我们着重阐述了德雷福斯的“智能无需表征”的思想。德雷福斯人工智能哲学的思想渊源于海德格尔、梅洛·庞蒂以及后期维特根斯坦的理论，是对其认知思想的应用和升华。在阐释了常识知识问题将引起人工智能的崩溃、躯体在智能行为中有着不可替代的作用、非确定的目标和需要不能被计算机模拟以及人的行为是不依赖规则的有序行为等内容的基础上，概括了德雷福斯人工智能哲学思想核心是智能不能被表征。其中，他始终强调，身体的特性是无论如何不能完全赋予机器的。德雷福斯认知哲学思想有助于对当前人工智能发展的停滞状况进行深层次反思，同时启迪人工智能专家从崭新的角度来研究人工智能未来的发展走向。

第二十二章　巴特莱特：记忆作为表征方式

记忆，无论在一个人的成长过程中，还是在整个人类发展历史中，都具有极其重要的作用。没有记忆，人只能总是处于婴儿般的混沌状态中，对外部世界的感知也只能局限在动物性的本能之中。记忆，作为同语言、思维等高级活动密切关联的一种能力，构成了人类获得经验和知识的最基本条件。正是由于记忆的重要性，古希腊神话中的记忆女神摩涅莫辛涅（Mnemosyne）便是专管文艺科学的缪斯女神之母。

一、引　　言

早在古希腊时期，人们便将记忆看作文艺、科学的源头。古希腊哲学家赫拉克利特就曾仔细观察过记忆现象，并指出对阅读材料的记忆要比听觉材料的记忆更精确。柏拉图认为一切知识都不过是记忆而已，记忆如同飞鸟回巢一样是灵魂存在的最好证明。亚里士多德则指出，记忆既不是感觉也不是判断，而是当时间流逝后它们的某种状态或影响，感觉属于现在，希冀属于将来，记忆属于过去。他还发展了后来联想主义的基本定律——邻近律，并且论述了年龄的增长会导致记忆力下降。到了公元 5 世纪，神学家奥古斯丁则在前人研究基础上提出了记忆的比喻模型，将记忆比喻为在山洞里探索，还最早探讨了情绪和记忆的密切关系。

到了近代，随着科技水平的提升，人们对记忆的认识也逐渐深化，并开始科学地研究记忆问题。在经验主义哲学家洛克看来，记忆有着极其重要的作用："在有智慧的生物中，记忆之为必要，仅次于知觉。它的关系是很重要的，因此，我们如缺少了它，则我们其余的官能大部分失了效用。因此，我们如果没有记忆的帮助，则我们在思想中，推论中和知识中，便完全不能越过眼前的对象。"①洛克以此来反对唯理论的"天赋观念"论，更视记忆为人类知识得以确立并延续的基本保障之一。可以说，正是由于有了记忆，人对世界的感知和体验才能超出动物的本能，跨越时间和空间，形成人类统一的文化和认知模式。

但这些对记忆的论述都是不全面，比较笼统的。真正采用科学方法研究记忆的肇始于德国心理学家艾宾浩斯。艾氏曾在 1885 年让被试用不引起意义和情感联想的简单材料来获得对记忆基本过程的理解，并且把记忆分为识记、保持、联想和复现四个阶段，以无意义音节及诗歌为材料，用完全记忆法和节省法来测

① 洛克．人类理解论．关文运译．北京：商务印书馆，1983：119.

量，并由此描绘了经典的艾宾浩斯记忆保持曲线。艾氏的研究开创了科学研究记忆现象的先河，使得心理学研究开始深入高级心理过程。继艾宾浩斯之后，铁钦纳（Titchener）专门研究了人类记忆中对记忆表象、后象、意向类型和类似过程的内省描述。可以说，直到20世纪60年代初期，记忆的研究主流一直在联想主义和行为主义的框架中进行，包括像巴普洛夫、斯金纳、托尔曼等均属于这一主流。

英国心理学家巴特莱特①便是一个旗帜鲜明的反联想主义者。在《记忆：一个实验的和社会的心理学研究》（以下简称《记忆》）一书中，巴特莱特主张记忆有规律、可预测，并且受系统性误差的控制。他特别指出，记忆错误现象是受到记忆者的态度、信仰、图式等一系列预见综合影响的，记忆过程中我们自己的解释和偏见对我们“记住”什么起了巨大的作用。鉴于艾宾浩斯的研究过于理想化和简单化，并没有对实际生活中真正起作用的记忆问题有所阐明，他抛弃了艾氏所用的无意义音节重复方法，转而运用“每一个正常人在日常生活中经常接触到的材料”来设计实验。通过这种简单而有效的方式，巴特莱特最终发现了记忆产生和变化的社会背景因素并对其进行分类归纳，成为了记忆研究的另一个代表人物。

二、记忆研究的思想基础

对记忆的研究尽管有着漫长的历史，但大多停留在猜想和臆测的层次上。真正把记忆当作一个科学命题来进行研究的，应首推艾宾浩斯。巴特莱特也是在艾宾浩斯研究的基础上才对记忆有了不同的见解。接下来，我们将对这两人研究的各自特点做比较研究。

（一）艾宾浩斯的古典联想主义

艾宾浩斯对记忆的心理学研究，应当说受到了费希纳《心理物理学纲要》的启发，加之19世纪盛行的科学主义思潮，使艾宾浩斯最终决心用自然科学的方法来研究比简单感知更复杂的心理过程和现象。同期进行心理学研究的还有德

① 巴特莱特1886年12月20日出生于格洛斯特郡斯托昂德伍德，曾就读于伦敦大学，并于1909年获得文学学士学位，这也是他在哲学上的第一个一级荣誉。两年后由于他在社会学和伦理学的杰出贡献获得硕士学位。1912年他前往剑桥大学圣约翰学院学习，并于1914年获得该学院道德科学一级荣誉毕业证书。于1922年始任剑桥大学心理实验室主任助理，1922年到1952年任剑桥大学心理实验室主任，1931年到1952年任剑桥大学实验心理学首席教授，1957－1958年任伯明翰大学赫胥黎讲席。巴特莱特一生所获荣誉无数，特别是他在两次世界大战期间对士兵心理的杰出研究让他在战后获得极大声誉，并于1948年被加封为“勋爵”，是第一个获此殊荣的英国心理学家。1969年9月30日巴特莱特在剑桥病逝，享年82岁。

国的冯特，他建立了第一个心理学实验室。与冯特不同的是，艾宾浩斯的试验中主试和被试都只有他一个人，实验材料也是他首创的“无意义音节”（nonsense syllables），即由两个辅音和一个元音组成一个无意义的音节，再由几个音节组成音节组，以此作为测量记忆效果的一个单元。通过反复的诵读和回忆，艾宾浩斯发现，包含7个音节以内的词组他诵读一遍即可记住，这是他实验中的瞬时记忆深度。随着音节数量的增加，达到记忆的诵读次数也在急剧增加，但这两者并不成比例。艾宾浩斯通过大量重复试验发现，诵读次数越多，记忆越牢固，但这也有一个限度，超过了这个限度，依靠单纯增加次数来巩固记忆的效果就开始递减。而当经过了一段时间以后，记忆的保持数量也会随之递减。从1879年开始正式实验到1885年出版《论记忆》一书，艾宾浩斯以惊人的毅力识记了近10000组无意义音节，他的贡献就在于他把这个生活中每个人都有的直观感受予以量化，并进行总结和分析。

正是在数据分析的基础上，艾宾浩斯整理并绘制了经典的记忆保持曲线（也称为遗忘曲线）。通过这组曲线，艾宾浩斯详细划分了从“记”到“忆”的过程，这其中包括了识记、保持、再认和回忆，而其成果也被广泛应用于语言教学之中。可以说，这一发现是划时代的，它不仅第一次用科学的方法描绘了人类千古以来的记忆之谜，为以后记忆的科学研究打开了大门，更用实际成果证明了通过科学实验的方法是可以对人类的高级心理过程进行研究并得出科学结论的。因此，艾宾浩斯研究的开创性意义对于刚刚取得独立的心理学，特别是实验心理学来说，无异于一针强心剂，大大鼓舞了后来心理学家对记忆问题的探索和研究。

当然，抛开这些富于开创性的标志意义，艾宾浩斯对记忆的实验研究在当时就引起了很大争论，其实验方法也远谈不上完善，还存在诸多困难甚至是漏洞。艾宾浩斯本人也在其著作中声明，由于主试和被试都是他一个人，因此其实验结果的普适性要受到严格限制。而且他所选用的“无意义音节”在简单的同时也远不够理想，简单的无意义音节固然便于识记和进行量化统计，但同时也严重脱离了语言实际应用环境，从而使其成果在实用中的效果大打折扣。

不论如何，艾宾浩斯仍是第一个将科学实验方法引入记忆心理学研究领域的人。他秉承着19世纪科学家特有的机械唯物主义情怀，以古典联想主义作为指导，认为记忆的本质就是神经系统在各种认知材料中建立各种联系。他有意无意地对记忆者所处的文化和自然环境的忽视，也恰恰成为后人对其诟病最多的地方。正是在对艾宾浩斯研究成果进行批判和反思的过程中，产生了反联想主义的记忆研究思潮。这其中，英国的巴特莱特就是典型的代表。

（二）巴特莱特的反联想主义

巴特莱特同艾宾浩斯一样，是一个具有强烈经验主义倾向的实验心理学家。

但不同于艾氏的是，他的实验更加注重实用性而非简单停留在实验室中，这也得益于他在二战期间所从事的战时士兵行为研究，因为没有实用价值的纯学术研究很难获得军方的支持，他所领导的心理学实验室研究成果都直接用来为飞行员科学轮休提供依据。巴特莱特在1932年出版的《记忆：一个实验的与社会的心理学研究》堪称是继艾宾浩斯《论记忆》一书后关于记忆研究的又一部经典著作。这本书的创作其实早在巴特莱特在剑桥三一学院学习时就开始了，其中的主要观点都来自于他的学位论文。巴特莱特一反艾宾浩斯已成为经典的观点，尤其是反对他用无意义的音节这种严重脱离实际的材料来进行记忆相关实验。巴特莱特认为，只有研究处于真实生活环境中的日常语言材料，才能获得关于记忆的真实面貌。为此，他采用了比较接近日常生活的图画和故事，主要是一些通俗易懂的民间传说和故事作为识记的素材，通过"描述方法""重复再现方法""象形文字方法"以及"系列再现的方法"等一系列颇具独创性的方法来考察不同被试识记同一记忆材料的过程，从而研究记忆形成和变化的全部过程。

这其中最为著名的实验便是对"幽灵之战"（The war of the ghost）的研究。"幽灵之战"是一则北美传统民间故事，大致讲述了两名土著士兵在参加了一场离奇的战斗后相继死亡的故事，其中包含了许多具有神秘主义色彩的传说成分。这种类型的民间故事在绝大多数文化中都存在，只是具体细节和表现形式略有区别罢了。巴特莱特让被试在读完这个民间故事一段时间以后进行复述，通过比对经被试加工过的故事与原故事的差异，就可以发现在记忆过程中许多不易发觉的因素如何交替发挥各自的作用。选取的被试开始时是20名剑桥大学的学生，后来逐步扩大到40多人，涵盖了当时英国社会的各个职业，而故事的重复时间间隔也从15分钟、20小时到4个月之间不等，最长的甚至达10年之久。通过这一系列长期的实验观察，巴特莱特总结出了记忆的五种构成方法，即描述、重复再现、象形文字、系列再现Ⅰ、系列再现Ⅱ，初步描绘出了记忆在社会传递过程中如何最终成型。

在所有实验过程中，巴特莱特所运用的实验技术和工具都是非常简单的（基本上只有纸和笔），他既不靠精密的仪器，也不用深奥的定量和统计方法。这是他有意为之的，因为作为一名心理学家，不管他是否运用了现代的实验方法，他始终不仅仅是在与各种生理反应打交道，更多的也是更重要的，是在同反应的主体——活生生的"人"在打交道。这也是对以艾宾浩斯为代表的联想主义以及后来的行为主义者把心理学过度试验化、操作化以至于脱离了日常生活实际的反省与矫正。

巴特莱特第一次把"图式"（schema）这个源于康德哲学的词汇正式引入了心理学，并且使之真正成为了一个心理学的基本术语，用以表达他的记忆图式理论。1920年英国神经病学家赫德出版了《神经病理学研究》，书中利用神经生物学的方法对直觉和大脑皮层进行了研究。巴特莱特受这种方法的启迪，提出了一套自己的解释记忆过程的方案。在最终选定“图式”这个术语时巴特莱特也颇为踌躇。这个术语带有浓厚的哲学色彩，在古典逻辑中它代表三段论的“格”，康德又用它来表达“先验图式”的概念，当时也有部分心理学家套用这个概念表达各自不同的理念。开始巴特莱特还用过“模式”（pattern）和“场景”（setting）等术语。在巴特莱特看来，“图式”一词专指“某种持续的但是不完全的‘安排形式’（form of arrangement），而且它并没有指出对整体概念来说什么是最基本的，它们不时地完全和我们一起向前发展”。[①] 而“模式”这一词汇不同，“现在虽已十分广泛地被使用，而且以多种方式被使用，可它也有其自身的困难。像‘图式’一样，‘模式’意指一种比平常看来更具联结的细节。‘有组织的场景’（organised setting）这个术语十分接近并显然类似于我们所需的概念”。[②] 但最后巴特莱特还是选定了“图式”这个词。“图式”指的是过去反应或过去经验的主动组织作用，它不仅使个别成分一个接一个地组织起来，而且还使之成为一个统一的、有机的“团块”（mass），这些团块再组织成“情景”（situation）。

在这个过程中，感觉到的信息作为记忆图式一起被结构化后储存，而心理图式本身则被表征到记忆中。图式是通过抽象获得的，表征了一类刺激的本质特征。记忆的内容便是往事的图式，图式也成了反应的目标，人类的记忆和回忆便是对以往场景的分析，通过构念（construction）或推论过去，建立场景的成分和顺序，最终形成对往事的明晰回忆（recall）。这个过程分为许多层次，图式的不同组合构成了不同的场景。视觉、听觉、味觉等感官刺激属于较低的层次，文学、艺术、科学和哲学等复杂体验则属于较高的层次。在这里，巴特莱特的观点与艾宾浩斯为代表的联想主义发生了很明显的断裂。和当时的很多心理学家一样，巴特莱特寻求证明我们关于世界的知识是以生物学意义上的刺激-反应为基础的，但同时，他又认为知觉的构成过程却不仅仅依赖与生俱来的刺激，它更是一个精神性和智力型发展过程[③]。他认为，人的情感产生和记忆形成绝不是单纯的生物电流汇入和应激反应，也不是单一的存储在有机体内的个别独立事件，而是有机体有意识的主动构建。传入的每组冲动或经验也不是孤立的，而是积极的、相互关联的有组织场景。在记忆中，记忆的内容便是往事的图式。如果有机体能想出一种办法来寻找自己的图式，并使图式成为反应的目标，那么他就会分

---

① 巴特莱特．记忆：一个实验的和社会的心理学研究．黎炜译．南京：江苏教育出版社，1998：263.

② 巴特莱特．记忆：一个实验的和社会的心理学研究．黎炜译．南京：江苏教育出版社，1998：264.

③ Milner B，Squire L R，Kandel E R. Cognitive Neuroscience and the Study of Memory. Neuron，1998，(20)：445-468.

析场景，进而构念或推测过去用以建立场景的成分和顺序。这种对记忆的性质和动力的思考，对认知心理学的形成起了重要作用。

（三）巴特莱特对记忆研究的传承与发展

巴特莱特取消了联想主义被动储存的观点，提出了记忆的主动建构，并指出了图式对于记忆和知觉、思维等更高级活动的重要性。他的观点被后来的埃文斯等接受，并将其用于解释概念的形成。可以说，巴特莱特在记忆研究中占有重要位置，他不仅跳出了艾宾浩斯联想主义的窠臼，促使后人从完全不同的角度去思考记忆的性质和动力问题，还在记忆的经验性研究 50 年后第一次提出了“表征”问题。

但遗憾的是，巴特莱特的观点在当时学界一直未受到足够的重视，或者说是将注意力过多地放到了他在剑桥心理实验室期间的杰出工作成绩上，对他的心理学观点也是颇有争议，而对其中蕴含的认知心理学、认知哲学思想的发掘更是少之又少。后世对巴特莱特记忆方法研究的主要有高尔德（Gauld）和斯蒂芬森（Stephenson）1967 年关于巴特莱特记忆理论的相关研究，伯格曼（Bergman）和罗伊迪杰（Roediger）1975 年对“巴特莱特重复再现实验能被重复吗”的重复测量，以及惠勒（Wheeler）和罗伊迪杰 1992 年关于重复测试不同结果的研究，还有温恩（Wynn）和洛基（Logie）1998 年的长时记忆真实性实验等，均是侧重于心理学实验方法比较研究的。

巴特莱特真认为感觉、意向和思维只是如他表面上说的那样“各得其所”、“互不关联”吗？尽管表面上看来确实如此，“每个成分各有自己的优点和缺点”，但是在认真分析巴特莱特的著作以后就可以清晰地看到，他还是保持着把思维看作最高的心理过程这一颇具古典气息的追求，尽管在他的著作中很难找到明显地讨论思维缺点的文字。在这方面巴特莱特对情绪心理学的贡献可以在古希腊哲学家柏拉图那里找到遥远的回应：柏拉图就是把理智高高置于情感之上，更认为应当由“哲学王”——理智的最典型代表来统治整个理想国，只有拥有杰出的、极其明晰的理智的人才有资格在有限的资源条件下获得统治的地位。这种对思维和理智的极端崇拜和拔高，也许就是为什么巴特莱特的许多观点都散发着现代认知模型的气息，尤其是关于情感和思维对精神生活的平等拥有更大潜在贡献的观点①。这也能部分解释为什么巴特莱特在世时便认为自己后续关于情感的研究著作应当是更重要的。遗憾的是，直到今天他后面的著作影响力都没能超过其经典《记忆》，他在 1956 年的另一本代表作《思维》甚至被认为只显示了巴

① Dalgleish T. The thinking person’s emotion theorist：A comment on Bartlett’s ‘Feeling，imaging，and thinking’. British Journal of Psychology，2009，（100）：199-201.

特莱特的局限而非实力。

三、记忆研究的方法论

在《记忆》一书中，巴特莱特以通俗易懂的民间传说和故事作为识记单元，先后选取40多名不同年龄和职业的人作为被试，通过“描述方法”，“象形文字方法”，“重复再现方法”，以及“系列再现方法”等一系列颇具独创性的方法来记录被试们在固定时间间隔以后对同一则故事的复述情况，通过对每一次复述故事内容的删减变化来考察共性的记忆是如何形成的。

（一）记忆研究的主要方法

1. 描述方法

这是最简单也是最基本的方法。被试通过尽可能详细的描述来回忆他对之前看到的故事的全部印象。与艾宾浩斯对无意义音节的记诵不同，巴特莱特揭示描述性回忆模式的记忆材料均来源于被试的日常生活，对被试来说既无需采用特别的观察方式和回忆方式，也排除了时间限定的要求。通过对描述内容的时序考察，巴特莱特初步揭示出记忆反应的结构，并做了简单的排序：“①系列顺序的保持；②凝视的方面；③情感态度的影响；④材料的相对清晰度；⑤细节的迁移与引进；⑥意象化回忆和言语化记忆。”①

2. 象形文字方法

“象形文字”在这里只是个比喻，指的是用三组符号或图画搭配上相应的文字，写在一张卡片上，让被试去把符号和文字的联系起来，在固定的时间间隔之后进行复述，以考察符号对于保持记忆的作用和机理。运用这种方法，巴特莱特归纳了五种最为常见的回忆模式：①通过分类法进行分组记忆；②通过省略符号或重新命名；③改变原有的符号；④通过有倾向性和偏爱性的意向和言语记忆；⑤被试的态度。在对一些符号的遗忘和记忆过程中，被试的记忆决心很大程度上受到其态度影响。巴特莱特观察到，当被试认为不会再看到他所熟悉和中意的符号时会感到不安和沮丧，随之很可能就会遗忘。巴特莱特由此做出推论：“认知因素以及与之相伴随的情感因素，是构成这种态度的一个重要成分。”② 这在当时记忆心理学刚刚兴起的背景下是一个了不起的发现，现代心理学也是直到20

---

① 巴特莱特．记忆：一个实验的和社会的心理学研究．黎炜译．南京：江苏教育出版社，1998：4-6.

② 巴特莱特．记忆：一个实验的和社会的心理学研究．黎炜译．南京：江苏教育出版社，1998：13.

世纪七八十年代才开始重视情绪、情感的心理学研究。

3. 重复再现方法

这是巴特莱特最重要的实验方法。它是通过设计一个故事，或是一篇文章，也可能是一幅简单的图画，把它提供给被试，要求他们在规定的条件下进行阅读或观察。然后，在一定的时间间隔后进行首次再现或表征。通过比较不同被试的再现记录，就可以很明确地看到正常的个体是如何将改变的形式引入他自己的记忆，而且这种改变还往往具有某些共同点，甚至会表现出一些规律性的特征。正是通过这种方法，巴特莱特从材料的逐渐改变中看到了社会文化背景的重要作用，在某些民间故事的记忆中，社会文化背景甚至起着决定性的作用。由此巴特莱特揭示出了记忆反应结构，即：接受故事→省略和换位→合理化→凸显细节→创新或引进→形成回忆。

4. 系列再现方法

这种方法可以说是重复再现的变式。其区别在于：重复再现是由被试进行第一次再现后，经过一段间隔后进行再现。系列再现则是被试 A 的再现由 B 再现，B 的再现再由 C 来再现，组成一条再现链。这种再现的时间间隔也被大大延长，有的被试在几个月甚至几年后都曾对当时看到的故事进行再现。系列再现的记忆材料可以采取民间故事、记叙文或议论文等多种形式。相较于重复再现反映出的记忆结构，这种方法更侧重比较记忆内容的变化方式和特点，概括起来有如下三点：

（1）名称和标题最容易发生改变。重复再现中标题和一些专有名词是很少发生变化的，但在系列再现中最不稳定的就是名称和标题，故事中人物的姓名和一些数字也是最容易被遗忘或混淆的。

（2）被试的态度和偏爱对故事复述的完整性程度影响更加明显。由于从看到故事到进行再现所经历的时间大大延长，绝大多数被试对故事内容进行了省略，少数人会增加一些错误的细节，有趣的是大部分被试对自己的再现都深感满意，总认为自己已将全部重要信息在变化很少或没有变化的情况下传递给了别人，而一些原本重要的信息却被他们认为是可以省略掉的、微不足道的信息。这其中个人的喜好、偏爱就发挥了重要的作用。

（3）社会文化背景对故事的省略、增加、改变都有着更加明显的影响，特别是一些具有传统意义和道德色彩的故事在再现过程中都有所体现，并且往往在很大程度上体现了被试所在群体的习俗。这些改变在日常的真实生活中往往会更容易发生。

（二）记忆的相关实验与社会考察

巴特莱特所做的诸多记忆实验中，“重复再现方法”和“系列再现方法”是最重要的两种。他选取了一则北美民间故事“幽灵之战”，让20名剑桥大学的学生在阅读以后进行再现，这一实验先后绵延数年之久，成为心理学史上的一个经典案例。巴特莱特在《记忆》一书中详细解释了自己选择北美传说故事的四点理由①：

（1）北美传说故事属于另一种文化，其社会环境和巴特莱特选取的被试所处的英国社会环境明显不同，更容易为持续不断的转换提供良好的材料。

（2）在这个故事的某些情形中，描述性的事件没有任何明显的内在联系，不会给被试造成过多的暗示和拘束。

（3）这则故事所记录的一些事件所具有的戏剧性特征，在适合的被试身上很容易唤起相当清晰的视觉形象，被试在阅读和回忆过程中不会感到烦躁无聊，情绪也比较稳定，不会产生抵触和反感。

（4）故事的结论可以容易地被认为是有超自然的要素介入。巴特莱特希望看到对这类状况被试将如何处理。

下面，我们将对这个实验做一个详细的分析。“幽灵之战”故事梗概是：

一个晚上，有两个从埃古拉科来的青年男子走到河里想去捕海豹，当时，天空充满了浓浓的雾气，非常平静。突然他们听到了很多人嘶喊的声音，他们想到也许是有人在打仗，就逃到岸边，躲在了一根木头后面。就在这时，这两个人听到了摇桨的声音，接着有几艘独木舟出现了，其中一艘向他们驶来，船上坐着5个人，那些人问道：

“我们想带你们一起到河的上游去跟敌人打仗，你们觉得如何?”

其中一个年轻人说：“我没有箭。”那些人就说：“箭就在船上。”

另一个年轻人害怕了，就推说：“我不想跟你们去，我可能会被杀死，我的亲戚朋友都不知道我去那里，不过我的同伴可以跟你们一起去。”

因此，一个年轻人就跟他们走了，另一个年轻人回家了。

这些战士们便沿河而上，到达喀拉玛另一头的村庄。村庄里的人涉水而来，双方开始战斗，许多人被杀死了。战斗的过程中，这个跟随而来的年轻人听到其中一个战士说：“快，我们回家去！那个印第安人又被打死了。”又说他也被射死了，但这个年轻人并没有感到任何不适，只是突然反应过来，原来这些人都已经是幽灵。

① 巴特莱特．记忆：一个实验的和社会的心理学研究．黎炜译．南京：江苏教育出版社，1998：80-81.

于是，这些独木舟又回到了艾古拉克，这个年轻人上岸后就回到家里，并且点起了炉火。他还告诉周围的人说："看！我跟这些幽灵一起去打仗，同伴中有许多被杀死了，攻击我们的对方也死了不少人。他们说我也被射死了，但我感觉一点事也没有。"

就在他讲完这些话之后，周围突然安静了下来。这时太阳升了起来，这个年轻人突然摔倒在了地上，从他的嘴里流出了一些黑色的东西，脸也开始扭曲变形。围观的人们惊叫着跳了起来，过了许久才发现，这个人死了。

对这个颇具惊悚色彩的民间故事，大部分被试表现出了浓厚的兴趣，但相同时隔后的再现却各自不同。我们选择几个差异较大的例子：

被试H，在时隔20小时后提出第一次再现。再现后的故事发生了变化：①故事通过省略大大缩短。②措辞更现代化，更加新闻报道化。③一些名词和概念上发生了转换。"船"代替了"独木舟"，猎海豹变为捕鱼，艾古拉克变成艾杜拉克，卡拉马变成卡洛马，幽灵的主要论点则完全被误解。而当经过了8天后，再次再现的故事变得更加紧凑，卡洛马这个地名消失了，事件的前后联结也出现了混淆。

被试N，第一次短期再现时将整个故事加以形象化，尽管在故事再现中把"幽灵"放在了中心，却是按自己的想象写出了全部故事，并且有着强烈的"合理化"倾向。只要故事中的某些东西显得不可思议，它们就会被略去或者被再解释。"幽灵"仅作为首字母大写的标题出现于题目中，并成为了部族名称。这位被试对他的再现十分满意。再经过两周后，再现故事中的"幽灵"变得更为突出。而经过四个月后，被试已经记不得故事的题目，只记得有一个男子到了一个岛上，战斗，死亡，最后有幽灵显形。

被试P是一名画家，他把整个情景形象化，还画出了意象的轮廓图。尽管他把故事的中间部分完全忘记了，但对结尾做了富有戏剧化的描述。因为他在看到故事的时候想起了一则传教故事，还模糊记起听说过的有关埃及人的传说，他认为埃及人想象人死亡时灵魂会从口中吐出。

被试R是一名来自印度北部的土著，尽管他是一个非常聪明的人，但按照英国大学的水平来看，他显然缺乏足够的知识背景，但这也是巴特莱特专门将他请来的原因。被试R显得很激动，认为这个故事的场景非常形象，故事主人公的形象就是头带羽毛头饰的红皮肤印第安人。两周后，再现的故事中"幽灵"的地位被大大强化，而且彻底取代了两个年轻人。又过了一个月，整个故事变成了幽灵之间的战争，其他人物和细节都消失了。在被试本人看来，故事尽管有些拗口和不连贯，却是足够清楚的。

在六个月后，一名被试的回忆更加简洁，所有不寻常的术语，所有专用名词，所有提及超自然成分的事情都消失了。故事变成了四个男子参加战斗，一名黑人受伤后口吐白沫最后死亡。两年半以后，这名被试再次进行再现，故事没有明显的变化，死亡时间则被认为是日落时分，因为很多人都认为人应该是在日落的时候离开人世的。

通过比对这些被试的再现，巴特莱特总结出了在这则故事的再现中最常见的省略（omissions）和换位（transpositions），它们通常是：①题目；②专用名称；③明确的数字；④“幽灵”的确切意义；⑤独木舟[①]。

由此可见，无论是作为整体的故事结构，还是作为部分的很多细节，被试们都有着省略和简化的倾向，而对他们自己所感兴趣的细节则往往添枝加叶甚至是有所夸大。但不论是省略还是增加，都体现了一种将再现的故事（包括故事结构和细节）变得更符合情理的倾向，这在处理带有神秘主义色彩的非自然现象的时候特别明显。巴特莱特写道：“一则故事应当有一个一般的情景。……呈现的每则故事，必须联结成整体，而且，若有可能，也应当考虑到它的细节必须与其他东西相联系，可称之为‘意义之后的努力’”。[②] 后来，巴特莱特便把这种努力统一称之为“合理化”（rationalise），并认为“由记忆引起的不断的合理化是这种构念特征发挥作用的特例，记忆主要建立在这种构念特征的基础之上”。[③] 在对故事进行“重复再现”的过程中，每一个正常的、受过教育的被试都会在复述故事的过程中去简化和省略掉那些离奇的、拗口的和缺乏关联性的环节，并以自己的经验常识和知识背景为基础对原有的故事进行“合理化”，以使那些表面上不关联的材料形成相对固定的联结，并越来越接近可被人理解的程度。这种转换在初期阶段是有意识的，但后来就产生了无意识的转换，并且随着复述时间的延长和复述次数的增加，无意识的转换越来越成为“合理化”最重要的来源：“合理化极少是意识努力的结果。通常，它恰恰是明显的无意识的结果——被试不知不觉地在转换原来的故事内容。”[④]“合理化”有时用于整体的故事，有时用于特殊的细节。对于“合理化”的表现模式，巴特莱特总结为三个方面：①从有意识的初级阶段转换到无意识的过程。②从头至尾的无意识。③把孤立的细节转换成更熟悉的特征[⑤]。

尽管合理化的过程通常是无意的，特定的材料开始时总是与某些东西相关

① 巴特莱特．记忆：一个实验的和社会的心理学研究．黎炜译．南京：江苏教育出版社，1998：103.

② 巴特莱特．记忆：一个实验的和社会的心理学研究．黎炜译．南京：江苏教育出版社，1998：107.

③ 巴特莱特．记忆：一个实验的和社会的心理学研究．黎炜译．南京：江苏教育出版社，1998：272.

④ 巴特莱特．记忆：一个实验的和社会的心理学研究．黎炜译．南京：江苏教育出版社，1998：86.

⑤ 巴特莱特．记忆：一个实验的和社会的心理学研究．黎炜译．南京：江苏教育出版社，1998：8-9.

联，但在个体实施合理化过程中其名称、短语和事件都会改变，这种改变直接取决于被试的特定气质和性格，其更深层次的原因则是社会历史文化背景，因为它们的表现形式一定是被试当时所属的社会环境中流行的。因此，巴特莱特断言："只要观察者来自同样的社会阶层或群体，合理化就容易展现出同样的结果。……合理化的作用一般是相同的。它提供了可以接受的、可以理解的、令人舒适的和比较直率的材料，并排除了一切令人困惑的成分。……它在一切知觉的和再现的过程中是一个有力的因素。它所采取的形式从有意义的角度说通常是社会性的。"① 由此，巴特莱特的研究也超出了实验室的狭小空间，把视野投向了更广阔的社会领域。

（三）记忆作为社会行为的意义

通过以上分析可以看出，巴特莱特的实验在方案设计、被试选取、材料整理和追踪回馈等各个环节都非常全面和到位，程序的严格也保证研究成果的严谨。正是这种严谨的作风，才使得他和他领导的剑桥心理学实验室在创立之初就成为实验心理学理论和实践的重要阵地，并且在二战期间被英国皇家空军选中承担军事任务，他个人也以实验心理学家闻名于世。但巴特莱特的很多观点同当时被奉为主流的艾宾浩斯所代表的联想主义有很大不同，他本人对艾氏的方法和观点都表示反对。这在当时看来是颇不合时宜的，也使得巴特莱特的观点一度被掩盖。但今天我们回头再看巴特莱特对艾宾浩斯的批判，确实很多地方表现出了超前的意识和更为深刻的理解。

如前文所述，艾宾浩斯的记忆研究具有开创性意义，证明了通过科学的手段是可以研究像记忆这种人类高级心理过程的。他所选取的"无意义音节"进行的记忆——遗忘规律性研究，也具有划时代的意义，一直被刚刚创立的实验心理学和记忆心理学都奉为圭臬。但巴特莱特却对艾宾浩斯的方法提出了批评，认为艾宾浩斯实验的预设是有漏洞的：尽管选取"无意义音节"组成的材料看上去是整齐一致的，但这些材料对每个被试来说其意义绝不会是一样的。即便艾宾浩斯实验中只有他自己一个被试，但一个个体的心理状态也不是完全一致的，也是会随着时间推移发生许多变化的。

巴特莱特详细研究了艾宾浩斯的报告后，意识到这种记忆的实验比艾宾浩斯想象的要更加不易，那些看似没有真实内容的"无意义音节"在反复的诵读和记忆过程中很容易产生各种稀奇古怪的联想，而且这种联想是非常个性化的，是随着阅读者知识背景、情绪和态度的变化而变化的，这种变化相较于日常语言常

① 巴特莱特．记忆：一个实验的和社会的心理学研究．黎炜译．南京：江苏教育出版社，1998：112.

见的那些联想还要古怪得多。巴特莱特指出："无意义音节的实验结果，只有当非常特殊的接受习惯和重复习惯已经建立起来时，才开始会有意义。确实，它们可能使建立和控制这些习惯的方式清楚明白地显示出来，但是，它们是否有助于我们认识记忆反应如何被决定，至少值得怀疑。"① 巴特莱特已经意识到，尽管素材是一样的，方法和过程也都是可控的，但这并不能保证这些统一的素材运用到被试身上后所产生的意义和理解就是预设的那样。

巴特莱特以打球作比喻来说明这一点。打球的过程可以理解为我们重复了一系列的动作，这些动作看上去是我们从书本上或者老师那里学来的，是他人传授给我们，我们再靠记忆使自己的动作逐渐符合他人的要求。但运动研究表明，实际上我们是在运动过程中不断调整自己的姿势和动作以达到平衡，最后实现的是属于我们自己的击球方式，而且每个人在做各自的动作时必然有各自独有的特点，所以貌似相同的机械动作其实本身在实施过程中已经发生了变化，因此对简单重复的记忆研究脱离了正常的记忆过程，没有太大的使用价值。为此，巴特莱特抛弃了无意义的材料，这种材料始终是为了有利于机械重复的证据而加权。他所运用的材料大部分是那些我们在日常生活中必须加以处理的材料。由此他认为记忆看来更有可能是一种构念，而不仅只是一种再现。

在《记忆》一书中，巴特莱特对艾宾浩斯提出了三点批评②：

（1）只要刺激因素继续能唤起人类的反应，排除意义的刺激便不可能。

（2）倘若这样去做，会造成一种记忆实验的人为状态，并使记忆实验成为建立和维持重复习惯的研究。

（3）对回忆反应（recall response）多样性的解释，主要根据刺激和刺激程序（呈现的频率和方式）的变化，但是却危险地忽视了那些同样重要的反应条件，它们属于主观态度和预定的反应倾向。

表面上看，这似乎是对艾宾浩斯机械主义实验方法的批评，但更深层次的是巴特莱特对这种把物理学研究方法照搬到心理学研究的担忧和不满。这种把心理问题还原为简单的"刺激-反应"模式很容易把所有的问题都降低到生物学层次去寻求答案，无论是联想主义还是后来兴起的本能主义，都主张可以按照生物本能和刺激反应原理来解释心理问题，进而顺理成章地推广到社会生活领域。"好像只要把本能本身列表，便可把社会反应清晰明白地解释出来。"③

巴特莱特对这种生物本能决定论持坚决地反对态度。他认为不同社会长期以来形成的各自独特的习俗和文化传统对社会反应的影响要远远大于生物层面的影

① 巴特莱特．记忆：一个实验的和社会的心理学研究．黎炜译．南京：江苏教育出版社，1998：6.

② 巴特莱特．记忆：一个实验的和社会的心理学研究．黎炜译．南京：江苏教育出版社，1998：7.

③ 巴特莱特．记忆：一个实验的和社会的心理学研究．黎炜译．南京：江苏教育出版社，1998：316.

响。在“幽灵之战”不同被试的再现中，巴特莱特通过比较其中的相似点，发现只要观察者来自同样的社会阶层或群体，再现就容易展现出同样的结果，特别是关于普通物体的名称、特殊短语，或诸如此类细节性的东西如果出现相同或相似，则说明了被试对故事的合理化处理手段也是相同的。因此，“在一切知觉的和再现的过程中，所采取的形式从有意义的角度说通常是社会性的”。[①]

巴特莱特举了这样一个非常实际的例子。假定有三个人在乡间散步，他们分别是艺术家、博物学家和地理学家。面对同样怡人的风景，艺术家看到的是自然色彩的美丽，博物学家则会详细观察其中的动物群和植物群的分布情况，地理学家则主要对岩石土壤和演示的构成有着浓厚兴趣。这表明：同样的刺激源对每个人产生的效果是不同的，每个观察者选择的出发点不同，对刺激源的认知和选择也是有区别的，显然在回忆中所作的记录也会不同。表面上，不同的反应源于业已确立的兴趣，但深究一下就会发现，兴趣导源于被试的知识结构和背景，更深层的显然是社会文化环境的影响。巴特莱特承认不同的理解使得相同的刺激可能产生截然不同的反应，记忆更是会发生很多的变化。但他并不认为这种变化是单纯生物学意义上的，因为神经系统只是人认知和记忆的生理基础，人的现实记忆能力是在社会生活的发展中形成的。因此“无意义音节”并没有反映出我们真实的反应媒介，因为几乎“没有人在进入心理学实验室以前会梦想要去费力地学习一长串无意义的材料”[②]。这也是对当时实验心理学一味追求实验精细化、程式化这种“为科学而科学”的外壳而严重脱离社会生活实际的尖锐批评。

关于社会背景对记忆的重要影响，巴特莱特还举了另一则斯瓦兹民间故事。故事梗概是一只黄鼠狼欺骗了狮子，狮子追赶黄鼠狼，黄鼠狼躲到树下，狮子使劲要拔起这棵树，黄鼠狼却说狮子在揪它的尾巴，狮子拔的更起劲了，最终耗尽了气力不得不离去，黄鼠狼从树底下钻出来并嘲笑狮子。或许这个例子并不是很有趣，但这种拟人化的表述在世界各国的故事形态中都很常见。这个套路可以概述为：弱小的一方凭借智慧去戏耍强大而愚蠢的对手，最终取得胜利。这类故事几乎遍布世界各国民间流传的寓言和传说之中，直至今日这一段仍被广泛运用于各种影视叙事的过程中去，最著名的莫过于美国米高梅电影公司制作的《猫和老鼠》系列卡通片，片中看似弱小的老鼠杰瑞在成百上千集的节目中不厌其烦地戏弄那只看似强大实则近乎白痴的汤姆猫。

这一方法近年来也被中国大陆卡通制作商直接拿来复制，便有了庞大而简单的《喜羊羊与灰太狼》系列，其叙事方式完全照搬以上套路，只不过主角从永

---

① 巴特莱特．记忆：一个实验的和社会的心理学研究．黎炜译．南京：江苏教育出版社，1998：112.

② 巴特莱特．记忆：一个实验的和社会的心理学研究．黎炜译．南京：江苏教育出版社，1998：7.

远吃不上老鼠的猫换成了永远吃不上羊的狼。不只是卡通片，当代年轻人在观看《辛德勒的名单》、《兵临城下》、《建国大业》等影视作品时，并没有把它们当做是故事片，而是很大程度上理解为最权威的文献资料，以为真实的历史就是荧幕上的那个样子。很多年轻人是把影片中的画面当作对历史本身的忠实模仿而加以认知的。按照巴特莱特的观点，这种广泛存在的故事背后是一种真实存在的社会情境。在这个社会情境中，强大的一方占据着最多的优势和资源，但一个相对弱小的角色或群体可以通过机灵甚至有些狡诈的外交手腕去和这个处于统治地位的敌人作斗争，并且往往可以取得胜利。这种情境的预设有着很深刻的社会背景。对斯瓦兹人而言是他们长期受到祖鲁人压迫，这种心理处于对祖鲁人的反抗和抵触。在中国则是由于近代长期以来的屈辱所形成的一种弱者心理，也许我们比斯瓦兹人更倾向于同情弱者，对很多问题有着更加天真的幻想和企盼。

巴特莱特由此断言，存在着对社会反应的特定倾向。这些倾向深深扎根于每个持久的社会群体，个体的回忆方式受到持久的社会倾向的强烈影响。这一点的例证更是显而易见。尽管中国目前的80后、90后并未经历日本侵华战争的损害，但很多人普遍表现出比长辈更加强烈的仇日情绪，他们对20世纪的那次战争并没有清晰可靠的认识，对那段历史的记忆完全沿用了各种流传的官方和非官方的叙述。同样的情况也发生在日本、韩国和中国台湾，以至于很难说出到底为什么对同一历史事件，不同国家和民族、同一国家内部官方和民间也都存在着迥异的观点和看法。抛开固有的利益和偏执，正因有感于此，巴特莱特才说："这种不同的回忆方式本身就是一种社会构念，包括制度、习俗和传统在内的社会财富都将沿着群体优先保持倾向的方向发展。……这些倾向构成了一种持续的'社会图式'，它的基础便是发生在回忆中的许多成功的构念性运作。"① 巴特莱特的这一观点对后来由"记忆"衍生出来的"社会记忆"研究有很大的启发。在社会史学派看来，个人的回忆绝不是一个个体的单独行为。"人们所回忆的往日的当今和人们回忆时所立足的现在的当今一样，都是关于一个有意义的经历和行为世界的社会构造物。这些构造物依赖人们的集体回忆，并通过集体回忆得到保持。……因此，回忆实践总是在生产着一种超越个人的、文化的当今。"②

巴特莱特及他领导的心理实验室在二战期间为英国医学研究会和军方个人行为研究会做了大量研究，主要研究人在高压力下的行为表现和可能出现的问题，并以此为预防飞行员长期疲劳驾驶而造成的危险提供依据。其研究成果对英国空军飞行员合理延续驾驶时间提供了重要支持，对英国能取得不列颠空战的最终胜

① 巴特莱特．记忆：一个实验的和社会的心理学研究．黎炜译．南京：江苏教育出版社，1998：344.

② 哈拉尔德·韦尔策编．社会记忆．季斌译．北京：北京大学出版社，2007：87.

利做出了不小的贡献。也正是这一段非凡的经历，让巴特莱特深刻认识到脱胎于哲学的心理学必须走出封闭的小众实验室，摆脱那种以为通过几个样本和病例的研究就能得出关于人类普遍的心理规律的自大和狂妄，必须通过细致的观察和合理的推测，尤其是要在社会这个大环境中，重点考量个人心理和行为发生发展背后隐藏的社会因素的重要影响甚至是决定作用。这其实就是我们主张的社会语境论观点。

在巴特莱特看来，心理学意义上的个体绝不是一个分离的和孤立的存在，而是他所处的社会群体中的一个不可分割的部分。尽管进入心理实验室的被试很多都是自愿参加或者随机抽取的，这使得他们看上去是一个个独立的存在，他们之间也没有什么明显的关系。但这并不意味着这些被试在实验中就是一块块的“白板”。相反，他们早已内含了很多潜在的“图式”，更多的要素是在后天的社会环境中习得的，而每一种社会形态都会形成相对稳定又富于特色的文化环境，因此，巴特莱特得出结论：心灵是一种集体行为，由欲望、本能、风尚、兴趣、情操或理想等因子构成。这些因素组合起来构成了社会反应的直接决定因素。每一个群体内成员的记忆，必须符合其所在群体的框架或者背景。人类的记忆是对群体特征的直接的条件反射，而群体的偏爱，包括欲望、本能、理想等，也在个体中唤起一种积极的倾向对“图式”进行构念。这种方式也许可以通过遗传，但他更倾向于认为在个体中发生的一切都是通过某种方式的社会暗示（social suggestion）潜移默化地在成员之间发生了传承。其结果就是，这种群体的社会偏爱直接决定着个体在其所处的社会环境中将会观察什么，以及个体会把自己的何种经验与这种直接反应结合起来，最终形成自己的认知方式。

关于社会背景对记忆的重要影响，除了在“重复再现方法”中提到的“幽灵之战”的事例，巴特莱特还举了一些非常生动形象的例子，用来证明他的观点。巴特莱特再次以斯瓦兹人为例。这些土著人在很多英国人看来是非常原始甚至野蛮缺乏文明教化的，但是巴特莱特通过一位苏格兰的殖民者了解到斯瓦兹人在牛群方面有着惊人的记忆力，因为大多数斯瓦兹文化以拥有和看管牛群为核心，牛群是许多持续的和重要的社会习俗的中心。这名热心的殖民者还专门找来了他的一位牧牛人，让他在毫不知情的情况下向巴特莱特回忆一下一年前他的老板购买的牛群，并讲出他愿意提供的细节。结果，这名牧牛人提供了一份十分详尽具体的牛群交易名单。值得注意是，由于熟悉的社会背景，牛群的个别特征可被清楚而鲜明地记住，因为牛群和牛群的交易有着巨大的社会重要性。

通过这个事例，巴特莱特认识到社会因素对记忆的重要影响。斯瓦兹牧牛人对牛的惊人记忆就是直接受到这个土著群体中有关牛群的重要社会作用而被激发起来的。而且，完全没有必要到那些偏远地区去寻找回忆的社会条件的例证，在我们眼皮底下每天都会涌现出很多这样的例子。《幽灵之战》故事中“家中老母”和“子女的孝敬”这两个故事细节，如果放在中国等东亚儒家文化氛围中，一定会得到更大程度的突显，这就表现出了回忆的形式和风格随着社会背景的变化而变化。

无论何时，只要强烈的、优先保持的社会倾向屈从于任何一种强制的社会控制形式，社会记忆就会有意无意地表现出一种构念性的和创造性的特征。社会记忆的方式就会趋向于变得武断、教条和自信，而回忆将伴随着兴奋和情绪。这也许能部分解释为什么我们在提到一些敏感词汇时，相比较其他民族总是表现得有些过激或者过冷，这些都是由中国独特的政治经济文化背景所决定的，绝不仅仅是某一个人或某一群人的意志体现。

社会群体的某些最有趣的产物，是装饰性的和现实主义的艺术形式，以及民间故事。在同类故事的循环往复的传播过程中，可能产生特征上的扭曲，特别是当它们在不同的特定群体中发展时，常发生类似情况。

在谈到社会群体如何保持其对往事的记忆的时候，巴特莱特再次强调了“习俗化”的重要性，这种作用可能是简单的简化，也可能是保留了核心要素之后的精心重制，也往往保留了一些看起来并不重要的外来因素，从而形成了看似庞杂的多种多样记忆形式。

巴特莱特在二战时通过为军方工作，也发现了习俗化在一个功能小组形成共识时的具体过程。首先是军方召集，将各个领域的专家集中起来，在特定的时间和地点共同从事同一件目标很明确的工作，这些专家往往互不相识，在一开始时也没有清晰的工作思路，对共有的目标也可能只有个模糊的概念。最常见的过程是：物理学家甲提议了一点，化学家乙提出了不同的改进意见，生物学家丙提议了其他东西，组长丁本人并没有提出任何特别的细节，而是把每个人各自的细节进行汇总分析，从而形成一套实践形式。在这个过程中甲、乙、丙的细节都已经不是甲、乙、丙当时构思时的样子了，但又分别保留了部分甲、乙、丙的本质特征。从一个小组到大的社会群体，这个构念的过程本质上是相同的，包括不同体制的群体成就也可以用作类比，无论是在寡头政治还是在民主政治中宪法手段都是以相似的方式成长起来的，这主要是因为“社会组织取得的任何一种构念性成就，既有赖于在成就取得以前群体的形式和趋向，也有赖于群体中无数个体的努力。”

巴特莱特还参考了同年代英国的社会心理学家拉斯韦尔（G. H. Lasswell）关于战争中的宣传技巧的研究成果，特别是宣传者如何巧妙利用“领土偏见”、“社区一般紧张水平”等要素来进行有效和快速的战争动员。这其中提到的几个西欧主要国家特点也颇符合一般人对这几个国家的粗略印象，如德国主要靠年老国民的同情心和其强烈的民族自豪感；法国主要靠对宿敌的憎恨，以及对“民主”、“人道”等对法国人来说具有特殊意义的词汇；英国则主要通过人道主义的呼吁，以及通过外交瓦解分化敌方同盟的策略。

他还举了一个很典型的不同文化对同一社会事件的截然不同的反应。一名斯瓦兹土著人在南非旅行，晚上投宿于一位朋友家中。两人聊天时从地上的一个洞里钻出一条黑色的毒蛇，这个斯瓦兹人随手拿起一只短矛投掷过去，杀死了这条毒蛇。但令人惊异的是，他的这名南非朋友立刻用力举起一块沉重的木头将他击倒在地，几乎当场杀死了他。这名斯瓦兹人设法逃了出来，伤口被一个医生胡乱医治一番，并进行了所谓的手术，结果导致了伤者死亡。

当作者问起为何要杀死这名斯瓦兹人时，当地人给了一个简单的答复：因为他杀死了这名南非朋友的祖父。在南非，蛇往往被视为是死者亡灵在人世的化身，而黑色的毒蛇更是被认为是家中长者在亡故以后所化身的家族保护神，其地位甚至高于在世的活人。正因为这个看似荒谬的传统，那名南非房东和庸医并没有因为故意杀人而受到任何法律处罚。

而同样的事情如果发生在英国，一名房东看到他的客人杀死了一条家中的毒蛇，这个英国人一定会热烈地和他握手，并且送给他很多礼物，因为这种行为在英国被认为是保护了房东家人特别是孩子的安全，两人很可能因此而成为最忠诚的朋友。同样一种行为在不同的社会环境中会产生如此不同甚至是截然相反的效果，巴特莱特认为这就是最典型的社会文化和习俗对社会行为产生的影响，这种影响的代代相传无意会对社会群体关于同一事物产生完全不同的社会记忆，比如上述例子中的“蛇”在南非土著人中会被渲染成是自己家族祖先的化身，家族成员对蛇从小便会形成敬畏的记忆心理。而同样的蛇在英国则肯定不会招人喜欢，英国人一定会把它等同圣经中引诱亚当夏娃偷吃禁果的蛇联想起来，蛇也会被赋予邪恶、狡诈等令人厌恶的记忆形象。

四、记忆研究的哲学意义

在心理学草创之初，很多心理学家都希望把心理学变成一门如同物理学、生物学一样的“硬科学”，为此，他们采用了大量的自然科学研究方法和工具，希望通过彻底的“改造”心理学纲领和方法，最终能像物理学、化学那样，通过在实验室中的观察、记录和研究，最终能获得关于人类最神秘的心理现象的形成机理和规律。艾宾浩斯就是这一方法的忠实拥趸，尽管他也意识到了人类心理现象有着不同于自然现象的不确定性，但他还是坚信“对于因果关系的内部结构获得准确的测量——数量上准确的方法，由于它的性质，是一般可靠的”。因此，“它（自然科学）的方法的逻辑性质使其可以普遍地应用于一切现象和存在的领域中”。① 所以早期的心理学家们大多和自然科学家一样，对传统的形而上学要

① 艾宾浩斯．记忆．曹日昌译．北京：科学出版社，1965：6.

么不屑一顾，要么完全排斥，认为这些东西只会干扰甚至阻碍科学的发展。这种唯科学主义的论调至今仍然存在，并且得到很多人的认同。

第一，记忆研究要把实证与形而上学结合。巴特莱特对当时的这种主流思潮持批评意见。他早早地便看到了这种过度推崇甚至盲目迷信科学手段和仪器的思潮的武断和危害。也正是因为他试图沟通联想主义和古典理性主义的努力，才使得他不仅作为一名实验心理学家获得了巨大的成功，还成为了后来兴起的认知心理学和认知哲学的先驱之一。这都要得益于他早年在剑桥受到的哲学和逻辑学训练，以及师从哲学家沃德（J. Ward）和社会人类学家里弗斯（W. H. Rivers）的学习经历。他发现哲学的争论更有助于刺激心理学的成熟，使得心理学在诞生初期能摆脱派生出来的各种奇怪理论，从而为心理学的健康发展打下基础①。

巴特莱特的研究既注重实验，也注重形而上学关怀。他对被艾宾浩斯等刻意忽视的社会历史背景因素非常重视，不仅进行个体微观层面的记忆研究，更强调不能把个体同其所在的群体、社会和文化割裂开来研究，而要充分重视和发掘隐藏在个体行为背后的社会文化在记忆过程中隐含的巨大作用。他进而认为，记忆，特别是群体记忆或人类记忆，必须符合这一群体的特定框架和背景，记忆本身必然包含了这一群体的各种偏爱，这些都在个体中唤起一种积极的倾向，再通过对图式进行构念，从而才能形成真正意义上的记忆。

在巴特莱特的研究中，形而上学是必不可少的。他认为“纯思辨性的方法尽管为其自身设置了困难，”但“当我们正在探讨过去反应中保持效应的一些基本例子时，这种解决方法具有很大的益处。我还认为，它在充分的意义上指出了满意地解决记忆问题的途径”。② 巴特莱特还比较了“记忆”对生物学家、心理学家以及哲学家来说不同的意义。在生物学家看来，记忆主要被看成是人脑的一种“存储—重复—再现”功能，他们专注于记忆的“痕迹”（traces）是如何产生以及用何种方式重新兴奋起来。心理学家则坚持把每种心理过程看作正在呈现或已经呈现出的问题，通过分析呈现出的表现和行为就可以得到背后真实动机的成因。这些问题的答案可以在特定过程本身的范围之内，而不是在其范围之外来寻找。而哲学家更多的是设法找出回忆的东西如何与“存在的”世界相联系，讨论的是回忆所提供信息的有效性和真实性。正是基于这种判断，巴特莱特才没有把自己的记忆研究仅仅局限于罗列和分析实验室数据，他把目光投向了记忆背后更复杂的社会背景因素，并探讨了记忆的重要认知哲学意义。

第二，记忆的预设作为对象的记忆如何存在。巴特莱特第一次把“图式”

---

① Gregory R L. The 26th Bartlett Memorial Lecture: From Truths of Bartlett to Illusions of Vision. The Quarterly Journal of Experimental Psychology, 1999, (4): 801-812.

② 巴特莱特．记忆：一个实验的和社会的心理学研究．黎炜译．南京：江苏教育出版社，1998：262.

这个哲学术语引入了心理学，用以表达他的记忆图式理论，这也是他对心理学发展的一大贡献。对“图式”的引入和发掘要归功于巴特莱特早年参加的一系列人类学探险活动，巴特莱特的早期研究一直围绕着他称之为“习俗化”的过程，也就是观察社会环境中的事物究竟如何从一种文化氛围中转移到另一种文化，这个过程中他用“图式”的转换作解释。这一观点也许只是英国人类学关于文化扩散研究诸多观点之一，但巴特莱特的影响却不只限于对土著人社会模式的研究之中，他的“文化接触”的观点对欧洲本土市民社会的演变过程也有很强的说服力。①

在我们看来，巴特莱特的“图式”就是记忆的预设，它是指过去反应或过去经验的主动组织起来，使之成为一个统一的、有机的整体。感觉信息和记忆图式一起被结构化后储存，而心理图式本身被表征到记忆中。图式通过抽象获得，反映了某一类刺激的本质。记忆的内容构成往事的图式，图式反过来成了反应的目标，人类的记忆和回忆便是分析场景，构念或推论过去用以建立场景的成分和顺序②。由此，巴特莱特取消了联想主义被动储存的观点，提出了记忆的主动建构观点，强调图式对记忆、知觉和思维高级活动的要功能。他的建构观点被后来的埃文斯等所接受，并将之用于解释概念的形成。皮亚杰更是把“图式”概念发扬光大，建立起了他的发生认识论心理学体系。

巴特莱特的“图式”概念已经成为了心理学的一个基本概念，并且得到了更加全面的阐释和发展。当代记忆心理学认为，“图式”是“组织经验的一种连贯的结构化表征，它不是经验的复制，而是对经验规律性表征的概括化。……图式在社会与物质环境的交互作用中得以建立，它们组织和解释经验，其中知识的当前状态通过依赖于过去编辑体验所形成的图式予以定义与解释。”③ 可以说，“图式”作为一种范式已被广泛地运用到记忆研究之中。“图式”把抽象的记忆过程相对具体化，它们分布于各个不同层次的水平，从感官知觉经验等非常具体的范畴到非常抽象的人类高级情感表征（如“爱”、“恨”、“崇高”等）。抽象的“图式”往往包含许多具体的“图式”，遵循等级排列的原则。“图式”本身也不是一成不变的，它也是不断发展变化的。这种变化同样发生在认知主体人，“一个有机体必须获得一种转变其自己‘图式’的能力，以便重新构筑‘图式’。这在机体的发展中是关键一步。它是意识进入的地方，也是意识为何进入的原因；它是为意识提供最突显功能的东西”。④ 这是“图式”最重要的作用，也是巴特莱特回答人们关于“图式”究竟干什么这一问题的答案。“图式”说到底是

① Costall A. Frederic Bartlett and the Idea of an Historical Psychology. Ethnographic Studies，2009，(11)：24-32.

② 巴特莱特．记忆：一个实验的和社会的心理学研究．黎炜译．南京：江苏教育出版社，1998：13.

③ 杨志良．记忆心理学．上海：华东师范大学出版社，1999：582.

④ 巴特莱特．记忆：一个实验的和社会的心理学研究．黎炜译．南京：江苏教育出版社，1998：270.

一种反应模式，它最终将“与直接居先传入的冲动在一起，使特殊的适应性反应成为可能。……而且，‘图式’使有机体产生一种倾向，朝着此刻它所指向的无论什么东西”。①

可以说，通过对“图式”概念的解析和运用，巴特莱特祛除了长久以来记忆身上笼罩的神秘色彩，但同时并没有把记忆等同于低级的感官知觉应激反应。记忆等高级心理过程绝不是简单的生物电流的汇入和总结，而是主体有意识地主动构建。作为记忆表征的“图式”也被看作是属于主体活的成分，不能简单视为是存储在有机体内的个别独立事件。如他所说，“记忆并非无数固定的、毫无生气的和零星的痕迹的重新兴奋。它是一种意象的重建或构念。这种重建或构念与我们的态度有关，与突出的细节有关”。② 当一个物体在人们脑中被重现时，人们凭借感觉或判断来“知道”这个物体，这便是再认（recognition）。事先“被知觉”是再认的前提，再认通过“图式”以人们所熟悉的形式做出反应，就形成了对往事的记忆，当然并非所有已被知觉的每一事物都能被再认或回忆。

他还打了一个很形象的比方：“图式”对“记忆”过程来说，就好像是出租车上的自动计价器，后者把距离转换成了货币，前者把记忆进行了输出。在当时神经科学和脑科学还没有兴起的条件下，巴特莱特的这种观点无疑是超前了，这也是他为什么能在19世纪初就提出心灵的表征和记忆的存储等一系列后来为认知科学所重点关注的问题。

第三，记忆的心灵表征体现为词语、意象和思维的关系。巴特莱特对“图式”的引入大大方便了对记忆过程的描述，但这并不代表语言学上对记忆的表征问题就此解决了。“图式”并不一定就是表征本身。在很多的情况下，“图式”更像是在每次被激活时所表现出的一种分布性特征或属性。当物理环境中发生的刺激被组织进单一图式时，也往往激活另一种图式，而当两个或两个以上的图式需要进入更高级的程序加工时，单靠感官知觉的刺激已经不足以完成。这就需要更进一步的精细加工，这种加工在语言学上就表现为表征问题。

根据当代认知心理学，表征意味着“被记忆项的一种模拟物以这些或那些形式被存储在人的某个地方”。③ 这其中广泛存在的记忆存储隐喻，以及把记忆作为表征基础的思想在巴特莱特那里已体现了出来。词语不仅仅是表征的载体和工具，它还内含了丰富的背景意义和价值判断，“词语可以在其一般意义上表明一种情境的质的和关系的特征”。④ 人们透过词语来用当前可利用的信息构建一种具体的表征，也就是对正在进行的反应予以“图式”化的再现。因此，巴特莱

① 巴特莱特．记忆：一个实验的和社会的心理学研究．黎炜译．南京：江苏教育出版社，1998：272.
② 巴特莱特．记忆：一个实验的和社会的心理学研究．黎炜译．南京：江苏教育出版社，1998：279.
③ 罗姆·哈瑞．认知科学哲学导论．魏屹东译．上海：上海科技出版社，2006：228.
④ 巴特莱特．记忆：一个实验的和社会的心理学研究．黎炜译．南京：江苏教育出版社，1998：293.

特把词语称为是“人类实施久时反应的所有创造物中最佳的创造物”。[①] 这种类型的“图式”一旦产生就能够表征思维与知觉单元，它们是独特的和富于弹性的，“图式”的产生和变化可以组成一个相对致密的关联链条，在受到认知主体情绪、态度等影响下就会朝着可预期的倾向发展，这便形成了“意象”。“意象”取自“图式”，是对直接的环境条件做出某种必要的反应，具有一种把组成“图式”的每件事情按年月进行编排的特征，这对人们对往事进行详细回忆有着重要的意义。而为了让人们认识意象如何发生，对意象的描述就得把词语与意象的方法结合起来，这就要求词语比意象要更加具有分析性，它们是思维过程的主要工具。作为一种假设，如果我们被要求去证明意象，那么我们可以通过构念或重建它的场景来做到这一点。

在巴特莱特看来，应当把大脑作为“意象”（image）的仓库，用以存储一系列的知觉，而且记忆并非一系列固定的、零星的刺激与反应，而是一种意象的重建和构念。正如他通过大量实验所得出的结论显示的那样，意象始终倾向于降到习惯水平上。意象是有意识的有机体对外部环境的挑战所作的一种回答，但“要是让意象进行交流，就必须使它自己用语言表达”[②]。这里所谓的“自己的语言”，其实就是心理表征或者思想语言。而一旦经过表征，我们所得到的关于世界的印象必然就会和真实的世界发生偏离，即，我们对世界的表征不是一定会与实际世界相符的。尽管表征与感觉器官接受的刺激有关，但也是被感官修正过的，并且这种修正在经历了记忆的过程之后，会发生多大的偏离并不确定，但实际上往往是这些被抽象甚至某种程度上被扭曲的信息保留了下来，并通过“图式”的转化和传递，最终储存于个人的记忆系统之中。

这个过程是非常复杂的，但并不是不可研究的。巴特莱特先从生物学角度出发，认为思维是在意象形成过程之后发生的，因为“只有当我们已经找到一种方法，能排除过去的刺激和情境产生的‘团块’影响。……只有当我们已经发现一条途径，能克服过去反应的专制统治时，才有可能进行思维。”[③] 与此同时，思维和语言的使用又是紧密关联的。在某些方面，词语和意象是相似的，两者都充当了指示其他某种事物的信号。它们的关系用巴特莱特的话说就是：“意象的方法保持了鲜明表现的方式。思维-词语的方法则保持了合理化和推理的方式，通过这种方式，迄今为止不相联系的东西就有可能被联结起来。与此相伴随的结果不仅能够得以展示，而且可以得到证明。”[④]

---

① 巴特莱特．记忆：一个实验的和社会的心理学研究．黎炜译．南京：江苏教育出版社，1998：394.

② 巴特莱特．记忆：一个实验的和社会的心理学研究．黎炜译．南京：江苏教育出版社，1998：292-293.

③ 巴特莱特．记忆：一个实验的和社会的心理学研究．黎炜译．南京：江苏教育出版社，1998：294.

④ 巴特莱特．记忆：一个实验的和社会的心理学研究．黎炜译．南京：江苏教育出版社，1998：295.

而对于意象和思维之间的递进关系，巴特莱特认为："尽管思维是一种后来的和更为高级的发展，但它并不取代意象方法。它也有自身的缺点。与意象相对照，它失去了一些主动的、鲜明的和多样性的东西，思维的优势工具是词语，不仅由于词语是社会性的，而且也由于在使用词语时必然排成序列，比起意象来词语更容易降至习惯反应。"① 因此，巴特莱特才断言，词语的习俗是社会性的，它对所有的人来说都是差不多一样的，而且其个人性化的程度要少得多。在对思维的理解中，词语通常被看作是对意义的一种直接表述，只有当人们从意象中发掘出特定的意义时，词语才能流畅，才能被记忆。在他的视野中，"记忆"主要涉及：①一种最初的感觉模式；②一种最初的心理倾向或态度；③用某种场景坚持这种倾向或态度，至少在暂时意义上说这种场景和最初的场景不同；④把心理材料的倾向或态度组织起来②。

可见，记忆既组织心理材料又组织态度和兴趣。"记忆"好像一座桥梁，它沟通了不同感觉方式和不同的兴趣，也正是基于这种作用，巴特莱特才得出："正如我们将会看到的那样，有充分的理由把记忆与意象的日益增长的重要性和词语的作用联系起来。"③

根据当代认知哲学，记忆表征的内容都是来自现实的，是一种信息、推论和重构的结合。当代英国著名认知心理学家哈瑞的观点也证实了这一点："'表征'论题这样做某事：记忆某事就是处于一个对应于原先经历的事件或原先习得的惯例的长期不变的精神或物质状态。记忆只是形成那个状态的一个有意识的表征或只是行为惯例的一次显示。"④ 通过比较可以很明显看出，巴特莱特的观点正是对这种观点的一种契合，这种契合也使得巴特莱特的思想对未来我们进一步完善关于"词语—意象—思维"的认知模型，具有十分重要意义。

第四，记忆的意义在于语境演变的社会性。巴特莱特断言："人类的心灵也不是个别的、孤立的存在，而是一种集体的功能。"⑤ 而一个社会群体也不是一群人的简单集合，每一个社会群体都是由某种特定的心理倾向或一组倾向而组织和凝聚在一起的。巴特莱特假定，肯定存在某种积极的影响力，把构成群体的人们集合与容纳在一起。他称这种影响力为"倾向"，它由欲望、本能、风尚、兴趣、情操或理想等因子组成。随着这些因子的成长，每一种因子都会发展起特定的"偏爱"，"这种偏爱构成了群体文化的特别持续的特征，包括它的工艺，它

① 巴特莱特．记忆：一个实验的和社会的心理学研究．黎炜译．南京：江苏教育出版社，1998：294.
② 巴特莱特．记忆：一个实验的和社会的心理学研究．黎炜译．南京：江苏教育出版社，1998：256.
③ 巴特莱特．记忆：一个实验的和社会的心理学研究．黎炜译．南京：江苏教育出版社，1998：256.
④ 罗姆·哈瑞．认知科学哲学导论．魏屹东译．上海：上海科技出版社，2006：220-221.
⑤ 巴特莱特．记忆：一个实验的和社会的心理学研究．黎炜译．南京：江苏教育出版社，1998：371.

的传统和制度”。[①] 这些因素组合起来构成了社会反应的直接决定因素。因此，每一个群体中成员的记忆必须符合该群体传统和制度。“这种群体的社会偏爱以两种明显的方式做到这一点：首先，通过提供有利于特殊意象发展的兴趣、激动和情绪等场景；其次，通过提供制度和习俗的持久框架，它成为构念性记忆的一种图示的基础。”[②]

在这个分析过程中，巴特莱特提出了一种和“语境论”十分相似的观点，并且他对记忆的“意义”成因做了大量社会人类学式的分析，详细论述了他对自己记忆实验的理解和解释。但是，心理学界一直以来只是重视巴特莱特的实验方法本身，对这些具有浓厚理论色彩的论点大多熟视无睹。这无异于舍本逐末，纠缠于具体的实验细节可能会让心理学看上去更加程式化、细致化，但没有提出自己的理论体系和方法论原则，永远不能让心理学真正走向成熟。

“语境”（context）直接含义是指同一文本的上下文之间的一种结构关系。随着语言学应用范围的不断扩展，“语境”的含义也超出了语言学的范畴。心理学中的“context”常译为“来龙去脉”或“场合”。记忆心理学中的“context”是指事件发生的背景或场景（settings）。它所涉及的范围很广，远到我们的生存环境，近到我们内在的各种生理状态（如激素活动状态、药物状态、中枢神经活动状态等）和心理状态（如情绪或情感状态，尤其是心境状态）。[③] 由此可见，心理学的“场合”或“来龙去脉”只是一种译法的约定俗成，并不表示和“语境”一词有着本质的不同。在科学哲学中，“语境”是“语形、语义和语用的统一”[④]。随着认知哲学的兴起，“认知语境”的提出再次丰富了语境论的内涵[⑤]。按照这种观点，传统的语境论局限于狭义的文本和广义的实践，忽视了最重要的中间环节：认知过程。因此，在认知语境论看来，认知是语境的核心，是沟通狭义语境和广义语境的桥梁。相较于广义语境（社会语境）的不确定性和模糊性，认知语境具有类似于狭义文本语境的“可表征性”、“可计算性”和“可变换性”。

巴特莱特对“语境”的运用是指心理材料和心理反应构成的有组织的场景（即“图式”）。进一步考察认知过程就能发现，从知觉到思维还需要有一种“意义”的表现方式，否则这些知觉之流不过是混乱的散射，并不能形成有效的长时记忆。巴特莱特比较了当时心理学界对“意义”研究的两种代表性观点：一种是华生的行为主义，认为行动就是意义，意义是一种反应的顺序；另一种是铁钦纳的结构主义，认为知觉是有意义的，而意义则是知觉材料的一种安排和构造。

① 巴特莱特．记忆：一个实验的和社会的心理学研究．黎炜译．南京：江苏教育出版社，1998：332.
② 巴特莱特．记忆：一个实验的和社会的心理学研究．黎炜译．南京：江苏教育出版社，1998：333.
③ 杨志良．记忆心理学．上海：华东师范大学出版社，1999：473.
④ 郭贵春．后现代科学哲学．长沙：湖南教育出版社，1998：88-89.
⑤ 魏屹东．广义语境中的科学．北京：科学出版社，2004：169-184.

在铁钦纳看来，"意义是事情的来龙去脉。一种心理过程是另一种心理过程的意义，如果它是另一种心理过程的来龙去脉。在这个意义上，事情的来龙去脉不过是通过有机体发现自己的情境随着特定过程而自然增长的心理过程"。[①] 对这两种观点巴特莱特都表示了部分赞同，但认为它们都没有找到"意义"的本质来源，"意义"的真正源头在于社会生活，也就是广义的社会语境。在那里，我们"有足够的理由认为，每一种社会象征指明了同样一般的来龙去脉。如果来龙去脉与十分强大和广泛分享的人类兴趣或倾向有关，那么这种社会象征的适应性便是所有象征中最显著的了"。[②] 巴特莱特的这种观点可以看作是对行为主义和结构主义的一种调和。一方面，他赞同"意义"产生于由反应倾向引起的心理材料的组织，但否认存在生理上的"意义"，坚持不能降至感官层面讨论意义问题；另一方面，承认"意义"的确立有赖于它所在群体的认知程度，特别是在一个社会群体中建立时，更倾向于通过一种社会化的反应方式在该群体的每个个别成员身上表现出来，这些倾向将最终决定整个群体的情境和意义。巴特莱特对铁钦纳敏锐地把"意义"和心理情境联结起来，引入"语境"的解释表示赞赏，但不同意他把"意义"和"语境"简单地等同，特别是将"语境"归之于"社会象征"的倾向性，认为这种做法的错误性早在中世纪宗教象征主义大行其道的愚昧中被证明是荒谬的了。

巴特莱特一方面认为情感从心理学角度讲必须被视作意义的一个组成部分，但为了避免因为滥用"语境"可能产生的麻烦，他认为对"意义"的研究应该是"有限的"，为此他提了三条建议：

（1）确立优势的一些因素全部属于积极倾向的性质。其中，有些是个人方面的，如气质、性格和某些兴趣等倾向。其他的则较为共同，如群体决定的兴趣、情操、习俗和理想。

（2）在发展的某个阶段，按年月顺序的编排与意义的确立有很大关系。

（3）日常生活中的大量情境和意义是由大量获得的材料构成的，而且是由兴趣的复杂组合和整合构成的。这一情况绕过了任何一种简单地按年月顺序编排的组织原则[③]。

总之，无论是"意义"还是"语境"，巴特莱特认为都只能用科学的话语去予以解释，并且这种论述只是一种"推断性的证据"，包括对他自己提出的"图式"理论和五种实验方法，他也保持了一名实验心理学应有的严谨和慎重，认为唯有保持这种谨慎的态度，对"意义"的阐释才是相对明确的，其所形成的记

① 巴特莱特．记忆：一个实验的和社会的心理学研究．黎炜译．南京：江苏教育出版社，1998：299.

② 巴特莱特．记忆：一个实验的和社会的心理学研究．黎炜译．南京：江苏教育出版社，1998：377.

③ 巴特莱特．记忆：一个实验的和社会的心理学研究．黎炜译．南京：江苏教育出版社，1998：305-306 页．

忆也才是真实有效并且具有稳定价值的。而对记忆的“意义”功用认识，巴特莱特更是超出了心理学范畴，认为记忆应该被看成是一项成就，即为掌握和享用充满着多样性和迅速变化的世界而进行永无休止的斗争。正是在这种斗争过程中，“记忆”保证了人类不仅能构建自我，还能与他人进行有效沟通，人类理性才得以确立和彰显，人类的文化才能得到传承和发扬。

五、结　语

巴特莱特认为，记忆问题是由个体因素和社会因素共同决定的。记忆不能仅仅视为一种生理上的官能，也不是一种狭小的生理应激反应，记忆是被图式地决定的，而那些能引起记忆的环境，无论是狭小的实验室还是广阔的社会环境，最终都是靠态度来朝向一种特定的“图式”结构。而对于记忆的“意义”，巴特莱特是从时空有限性和解脱人类精神的高度来看待的，“记忆，以及与记忆在一起而获得生命的意象和词语，是与时间久远的旧时感觉的获得有关的一种东西。……由于记忆，我们终于找到了从呈现的时间和地点的狭隘性中完全解脱出来的途径”。①

对于巴特莱特在心理学方面的杰出贡献，《认知科学大辞典》在“巴特莱特”词条下对他的工作有着很中肯的评价：“巴特莱特是英国两次世界大战期间最出色的心理学家。他对于当前认知科学有三个主要贡献：一是方法论上对‘生态有效’（ecologically valid）实验任务研究的争论；二是建立人类记忆结构的尝试；三是用‘图式’的理论结构来表征普遍知识的结构。”② 除了心理学上的贡献，对在研究其间所触及的大量社会问题，巴特莱特没有回避和满足于单纯的解释，而是透过他的研究展望了一种人类对外部环境的要求所做反应的发展图景。对这个图景，巴特莱特做了很动情的描述：“在这个世界中，只有当人类学会用日益增强的反应精细程度来适应世界的无限多样性时，只有当他们发现摆脱直接的环境制约的方法时，他们才能生活并成为世界的主人。”③ 这也是巴特莱特记忆研究的出发点和落脚点：让大写的“人”成为其所生活的世界的主人。

---

① 巴特莱特．记忆：一个实验的和社会的心理学研究．黎炜译．南京：江苏教育出版社，1998：406.

② Wilson R A，Keil F C. The MIT Encyclopedia of the Cognitive Sciences. Cambridge，MA：The MIT Press，1999：66.

③ 巴特莱特．记忆：一个实验的和社会的心理学研究，黎炜译，南京：江苏教育出版社，1998：391.

第二十三章　卡罗尔：人机交互的方法论

卡罗尔（J. M. Carroll）是美国弗吉尼亚大学计算机科学系研究人机交互的专家。早在1984年，卡罗尔就创办了IBM Thomas J. Watson研究中心，致力于研究便捷人类生活的人机交互系统。20世纪80年代后期，在企业研究实验室的用户界面研究所，他的研究成果为企业带来了巨大效益。1994年，他加入弗吉尼亚大学计算机科学系建立的一个国际知名的人机交互中心，正式成为一名学术研究者，也就是在这时，他开始关注认知科学对于人机交互技术的指导作用。至今，他仍活跃于人机交互的前沿，出版13本书，发表250多篇技术论文，做了70多场报告，包括在澳大利亚、巴西、加拿大、德国、日本和英国的人机交互国际会议以及主题演讲，演讲报告的内容涉及人机交互理论与技术各个方面。他曾说："我虽然是位技术人员，但是不得不重视认知科学的研究以及发展进程，因为，只有如此，我的研究才能走得长远。"①

一、人机交互的内涵

所谓人机交互（human-computer interaction，HCI），就是研究人、计算机以及它们之间相互影响的技术②。通俗来说，人机交互是人与计算机之间进行相互间的通信。而人机界面就是人-机沟通的媒介、手段。

近年来，人机交互技术发展迅速且成绩卓越。人与机器的对话不再局限于键盘输入、鼠标操作。通过面部表情、眼睛转动、甚至声波在空气中的转动都能够进行信息的传播，完成人与机器的对话。随着人机交互方法的变化，人机交互界面也发生了诸多的变化。例如近来悄然兴起的"有机用户界面"（organic user interface）使得生物识别传感器、皮肤显示器、乃至大脑与计算机直接对接。家里卧室的墙壁上，可以随意变换墙纸的颜色；厨房里，菜谱会在墙上显示；衣橱里，自动播放的衣服上身画面。而这个时候，我们不再通过鼠标、触屏来控制电脑，仅仅通过声音、手势就可以完成指令。

卡罗尔认为，人机交互是通过理解人类的心理行为方式，运用技术，建立起与人直接沟通、对话的技术平台。这种互动的结构是由技术提供和实现，而认知科学、社会科学等基础性学科为其提供方向。作为交叉学科产物的人机交互，来

---

① Carroll J M. Becoming social: Expanding scenario-based approaches in HC. Behaviour and Information Technology, 1996,（4）: 266-275.

② 董士海，王衡．人机交互．北京：北京大学出版社，2004：1.

源于多学科的共同发展，也会为多学科的发展提供新的视角与方法。

近年来，国际上对于人机交互的设计普遍遵循“以用户为中心的设计”（user centered design）的原则，该原则已被国际标准化组织（ISO）作为人为中心的交互系统设计过程正式发布。这一原则的主要特征是用户的积极参与，对用户及其任务要求的清楚了解，在用户和技术之间适当分配功能，反复设计解决方案。其主要设计活动是了解并确定使用背景；确定用户和组织要求；提出设计解决方案；根据要求评估设计。在具体的交互设计中，卡罗尔独创的方法是“基于场景的设计”，即该方法从用户的观点详细地给出交互过程的全部角色（人、设备、数据源、系统等）；各种场景的假设；剧情的描述；某种形式（如用事件表来刻画用户动作、设备响应、事件叙述、事件处理、动作结果等）的人机对话逐步分解；其他各种条件（如协议、同步、例外事件等）。由于该方法符合人的认知过程，在较高层次上描述了用户的意图，又便于实现，因而人机交互系统设计被广泛采用。

卡罗尔在HCI建模过程中广泛运用分布式认知理论。该理论认为，人类的认知过程是并行的，不仅是大脑的各个部分并行协作，而且从智能水平上存在并行的认知。不同水平（层次）的多个认知过程同时存在，相互协作完成认知过程。在基于分布式认知的基础上，在同一事件场景中，认知任务被分割在不同的模块，卡罗尔规定了7块认知资源——语境、工作空间、任务、目标、事件、用户、角色。这是一个采用多通道交互分布的方式，建立多通道协同工作的人机交互模型。

1. 计算机支持的协同工作

计算机支持的协同工作（computer supported cooperative work，CSCW）如今在人机交互设计中被普遍应用，是在分布式认知的框架下，建立从单纯支持个体工作转向了能够同时支持群体的协同工作的交互系统。而建立高效的CSCW系统，关键就在于交互环境的设计。

人机交互的活动不仅仅是人的认知活动，还受到情境、文化、工具等的影响，即认知也是语境化的，也是在一定情景中的。在整个人机认知活动中，情境、工具等角色共同工作，这样就会减轻人的认知负担。通过协同的软件模型把用户、评估者和检查方法联系起来，有效的模型需要覆盖最基础的协同工作的原子行为和团队协作的语境信息。在面向评估的协同工作系统建模时，卡罗尔以场景（一种用于可用性测试或快速的可用性检查工程的评估工具）为单元进行分析，借用认知理论中“资源”的概念，并赋予它含义：能够在交互协作的步骤中指导动作的信息集合，在交互环境中，这个信息集合是能够清晰定义的。

卡罗尔在设计过程中具体用到的协同方式是多通道交互（multi-modal interaction，MMI)，通道（modality）涵盖了用户表达意图、执行动作或感知反馈信息的各种通信方法，如言语、眼神、脸部表情、手势、肢体、姿势、触觉、嗅觉或味觉等，采用这种方式的计算机用户界面称为“多通道用户界面”。它适应了“以用户为中心”的人机交互准则，强调的是直接的、不精确的和冗余的三维空间交互，且允许用户单独或同时使用不同效应通道，多个通道之间协同工作互为补充以完成特定的交互任务①。

多通道用户界面包括三种：手势识别通过鼠标操作传达信息；语音识别技术的重点在于显示部分的设计；表情识别的关键在于识别和记录人的表情变化，而表情变化是跟随情绪变化的。多通道界面的发展大大提高了人机交互的自然性和高效性。随着科技的发展，界面无处不在，交互无处不在。在此基础上的人机交互是双向交互。人的感觉和效应通道均具有双向性的特点。如视觉可接收、可注视，手可控制、可触觉等。多通道人机交互要求每个通道具有双向性，即每个通道兼有输入和输出的功能。

我们知道，人类大多数活动领域都具有三维和可直接操控的特点。人生活在三维空间，习惯于看、听和操纵三维的客观对象，并希望及时看到这种控制的结果以及效果。而多通道人机交互就反映了这种特点，并拥有了更自然交互的优点。与传统的交互相比，人的感官感觉信息、机器通道分析的信息并不是明晰限定的，很多情况下是混成的。从这个意义上讲，多通道交互更准确的表达是通道整合。即在用户的一次输入过程中，可能有多个通道参与其中，每个通道都携带了一部分的交互意图，系统必须将这些通道的交互意图提取出来，加以综合、判断，形成具有明确语义含意的命令。

通俗地说，计算机支持的协同工作，不只是人与计算机的交互，更是人与计算机之外的媒介的交互，媒介与媒介之间的交互。通过交互知识库模块、信息处理器模块以及工具集、操作集和协调机制的共同作用，相互适应地修改和更新当前交互环境，更有效地支持协作者之间的交互活动，使之交流更为自然、顺畅。

2. “基于场景”的人机交互

“基于场景”的设计是卡罗尔独创的人机交互场景设计方式。它是根据人体结构特征、人类日常活动的主要元素，设计出这些元素包含在人机交互场景中。一般说来，场景描述的基本要素有：用户、角色描述（角色生活环境和背景信息知识描述）、角色的目标和期望描述、使用语境描述（事件、行为的关联与序列）。这四个元素共同构成了整个场景设计的一个程序，但对于完整的设计来说，场景的描述体现人类日常实践的层次结构。

① 董士海．人机交互的进展及面临的挑战．计算机辅助设计与图形学学报，2004，(1)：20.

首先设定场景角色、预定角色目标、选择角色支持工具、角色的思想性格以及角色所经历事件间的联系序列。其次，还要考虑到，在角色目标实现过程中，角色发生思想转化，有了阻碍角色行为的事件，然后面对变化、角色的多种选择。方案要经过不断的分析、修改和细化、深化。场景的变幻应用隐喻和启示技术，通过实证，经过人机界面设计的权衡和约束，最终有评价反馈。这才是一个完善的场景设计。它是根据使用背景来提炼和描述系统未来的使用过程，从而帮助确定系统和设计需求，提供评估基础。

卡罗尔基于场景的设计强调叙事而不是理论。他认为，一个方案就是被描述的一个场景。卡罗尔用“盲人摸象”的故事表达这种认知隐喻，他说每一个盲人摸到大象的某一部分，就以那个部分来描述整个的大象，事实上，任何一个部分都不能算是完整意义上的大象。基于场景下的每个元素也都是这样，它们共同构成了整个的方案。情景在实际交互过程中，建立起不同的形式，例如故事文本、图片信息、视频，等等。

另外，也可能是一些程序字符。常见的场景就被程序字符定格下来运用在人机交互过程中。运用这种场景的方法，不仅仅是简单的人机交互的过程，还用于研究用户的需求、用户的个性化分析及其整体方案的策划。卡罗尔多次强调，“基于场景”的设计是流动着的，它们会在设计过程中考虑实际的、专业的知识，情景要体现用户的利益取向，同时也要注意外部约束，例如社会文化背景、环境区域分布，等等。这样建立起来的人机交互系统，就有明确性、一贯性、完整性，也更符合用户的需求。

在卡罗尔看来，基于场景的设计方案不仅仅只是工具，它是人们的日常生活的一部分。在卡罗尔这里，没有机器与人的明显界限，机器的运作和人的行为是在一个场景中共同担任角色，共同完成一项活动。“身体”与“心灵”也没有完全的界限，它们被设计在同一整体中。

二、人机交互认知方法论

古往今来，研究一门科学，一般都需要一个前提假定或理论基础。人机交互的研究也是如此。传统人工智能的预设源于笛卡儿的主客两分，即大脑在认知中承担主要的功能，身体只是附庸。如果说心、脑的思维过程都可以被表征为计算机，那么承担主要认知的就是计算机本身。但是，随着计算机科学的深入发展，单靠技术上的进步，硬件的研究远远满足不了人们对于计算机的需求。于是软件开发人员越来越发现认知科学对于计算机科学的指导意义。梅洛·庞蒂通过对知觉的描述和感觉与世界的关系分析，得出心灵所具有的能力是身体在世界活动中实现的。皮亚杰则更进一步认为心灵主体与环境是相互作用的。如今，在脑科学、神经科学的佐证下，心灵与大脑密切相关，而生存在复杂多变的世界，我们不能简单认为心灵与世界及身体的关系，是谁决定谁，谁可以替代谁，而是应该把它放入特定的语境中，借助科学和哲学的不断进步和发展系统地进行分析。

对于人机交互来说，传统意义上，人们把心灵的状态看作是一种计算状态，处理外界对主体输入的内容，并且认为可以不依赖脑来研究心灵。而人机交互是人与计算机之间的对话，对于输入主体（人）、环境都有极强的依赖性。那么从哲学角度来看待人机交互，它的哲学预设和方法论是怎样的？

（一）身心关系方法论

几千年来，人们没有停止过对心灵的研究。心灵与世界关系的神秘性、复杂性，总是吸引着前沿科学、哲学研究者对它浓厚的兴趣和深入探究。古希腊时期，奥尔弗斯教派认为是心灵赋予了宇宙众生，是诸神世系的始祖，这时候的心灵具有创造一切的强大力量，它赋予了宇宙万物以生命。古希腊哲学家阿那克萨戈拉提出“奴斯说”，认为奴斯（心灵）是独立的、自主的、永恒的、无限的、无处不在的，但阿那克萨戈拉认为心灵之外存在有某种力量，这种强大的力量支配着安排着这一切。朴素的哲学观都认同于心灵是伟大的力量，但是却均未涉及人的心灵，人本身的心理状态。苏格拉底可能是关注人的心灵的第一人，是他把哲学从天上拉回人间，他关注自身，认为灵魂不灭。他的学生柏拉图则认为理念下的心灵是自我满足的理性实体。另一个需要提及的心灵哲学家是新柏拉图主义的代表人物柏罗丁，在他那里“心灵”是指“太一”的精神、思想、原则和理智，有心灵产生的灵魂使一个表现和展示自己的过程。笛卡儿把身心彻底割裂开来，认为身体仅是心灵的附庸。斯宾诺莎则坚持身心一元论，认为身体和心灵都具有各自的属性，观念和思维都是身心合一的产物。

而现代西方哲学流派，例如现象学、存在主义却有一种类似的观点，但是又不同于传统哲学，就是认为没有严格的身心二分，他们强调的是认知的意义存在于心灵和身体、环境的交互活动中，倡导身心在交互活动中的统一。当代的身心关系试图克服身心关系、行为和意识的分离问题，摆脱笛卡儿式生物还原论和社会还原论的“二元论模式”，转变为从“三元模式”的心理、身体和世界环境这三个维度，从“三元模式”去重新审视身心活动、神经活动和心理机制。卡罗尔作为计算机研究者，他的人机交互思想中也体现出反传统的主客两分的二元论，认为认知离不开环境，有了环境这个概念，把认知活动看作是孤立于真空中的个体活动是不可能的。

1. 身心二元论

要从本质意义上理解现代认知科学的预设和前提的转变，以及对计算机科学乃至人机交互的影响，就得从笛卡儿的身心二元论开始。笛卡儿提出“我思故我在”。他认为精神实体的心灵不同于物质实体的身体，心灵既不是空间可延伸的东西，也不是可分为部分的东西。他宣称，物质的本质是延伸性，心灵的本质是思想，思想没有延伸性。他把思想分为两个主要部分：在如此考虑所有独自属于身体的功能后，容易理解的是：除我们的思想外，我们身体中没有留下任何应该归于我们灵魂的东西。思想原则上分为两类，一类是灵魂的行动，另一类是它的激情。一方面，我称之为它的行动的东西是我们全部的意志，因为我们通过经验发现它们直接来自我们的灵魂，而且好像仅依赖灵魂；另一方面，当我们的身体上所发现的所有情形的成就或知识一般可以称为灵魂的激情时，时常不是因为我们的灵魂使它们变得如此，而是因为它总是从它们呈现的事物中接受它们。

不难看出，笛卡儿强调身体与灵魂是有分别的，灵魂能自己思想，不需要肉身。思想甚至也是一个实体，它的本质或者本性只是思想而已。即使笛卡儿认为身体与灵魂有着亲密的联系：至于欲望，明摆着，当它发生真实的认识时，它不可能是坏的，假如它是适中的，这种认识会调节它。同样清楚的是，关于灵魂，欢乐不会是不好的，悲哀也不会是不坏的，因为灵魂从邪恶接受的所有悲痛都存在于后者，所有属于它的好的坏的都存在于前者。身体让思想有了善恶之分，而思想的来源与终结，显然和身体的关系不大。

可见，笛卡儿认为精神和物质是彼此独立的两个实体，而且在认知过程中，大脑是具有主体性地位的，身体是附庸，甚至是可有可无。笛卡儿的“二元论”是人的认知发展的起点。传统的计算机表征就来源于二分的哲学假设，把计算机表征为大脑。于是，作为大脑表征的计算机就承担了负担沉重的认知任务。而人机交互式认知不是如此，在整个认知系统中，大脑显然不具有明显的优势，它只是整个系统中的一个部分。认知的主体不局限于是灵魂，对于在环境中的机体，机体的认知就无法孤立于环境之外。现在的人机交互，不单纯是人下指令，机器去执行，而是机器主动帮助人去完成一项认知任务，甚至在此过程中，人要去适应机器。认知不仅通过主体活动显现出来，更重要的恐怕是认知在主体活动过程中形成。

2. 身心统一论

如果说笛卡儿的“二元论”是计算机表征的起点，那么怀特海的身心统一论便是人机交互表征的起点。怀特海认为，物质活动和精神活动是难解难分地相互交织在一起，这与上述的笛卡儿的身心二元论是大相径庭的。怀特海对于笛卡儿的想法是深感痛心的，他认为我们看到的自然是物体的色、声、味以及其他身体感受相互作用的结果。同时，这种整体的结果是一种流变，随着时间的推移而改变，像这样的系统化整体展示在我们面前时是一个事物的综合体。任何事物都存在于此情境下的时间段、地点段。

由此，怀特海提出了他的“身心统一论”。首先，心和身体都是抽象之物，对于满足心或物为物质世界的本体来说是有用的，但基于人的身体和心灵方面的体验在描述实在的性质方面却产生了误会。凡是存在之物都必然包含有心物两极，以作为人的认知过程的两种存在之物的两极。如果我们在认识事物时将其中任意一个分别开来理解以说明它们之间的区别，要么就是强调有意识的心，要么强调无意识的物，那我们无疑又是在对实在的有机整体进行抽象，甚至是割裂。然而，在一般情况下，人类对于存在物的体验实际上都是在心灵和身体在协同作用下完成的，不可能对某个东西，或心灵或物质，或有意识或无意识的认识中获得对存在物的全部知识。不仅心物对于认知来说是相互关联的两极，而且认知在时间、空间即环境中是彼此关联的。人类对于新经验的体验和认识也是基于历史上那些具有连续性经验的，我们无法割断历史的过程和事物间的联系。其次，怀特海认为身心是统一于过程的，作为认知对象的世界是以整体性面貌呈现在我们面前的，即，我们是以整体式方式去认识世界的。他提出哲学的关键是存在的个体性与相关性之间的平衡，即，既不能泯灭每个独特的个性，又要清醒的认识到，这一个性与整体的存在密切相关，不可能被孤立地考察。

3. “心理-身体-环境”三元论

在研究身心问题之初，哲学家们对于身体并未给予如同心灵一样的重视。身体不参与认知，甚至有些哲学家认为，身体会给认知以错误的导向，认为抛去身体，心灵才能获得真理。直到尼采喊出“一切从身体出发”，“身体”才开始进入学者们的研究视野。于是，身体不再是个躯壳，身体链接心理和环境，而身体、心灵只有和世界交融，才能去获取知识。也只有从三元关系去理解，才能从真正意义上把握认知。

现象学家梅洛·庞蒂是具身（embodiment）思想的提出者，他通过知觉与身体的联系论证身体是知觉、行为的主体。身体感受具有基础性的地位，感觉知觉是依赖于身体的。他也清楚地表明环境和行为之间的关系是可以被描述的。传统人工智能研究心理学、认识论和本体论，都基于一种假想：“人一定是一种可按规则和事实形式的数据做的计算装置。梅洛·庞蒂却不认为认知目标是能被表征的，我们只能很大程度去控制身体的运动，却决定不了认知任务的达成与否。因为身体是在环境结构中的，人的认知是要在环境中被考察的。

“心理-身体-环境”三元论的提出有助于摆脱人工智能目前的困境。传统二元论基础上的人工智能知觉与行为作用是有中介的，这样表达纯粹的心理状态只能表现状态本身，却无法分辨程度。我们知道此刻悲伤，却无法表达是伤感还是悲痛。而“心理-身体-环境”身心三元论基础上的人工智能：表征是已经具有内容的身体体验的，并且表征不是通过自主心灵给予内容或者形式的，表征的布局为行动身体自身所控制，是“我能”而不是“我思”。所以知觉与行为是一个整体，它们在环境中共同被表征。

（二）认知的功能主义

在心灵哲学中，“功能主义”是目前受到广泛支持的身心关系理论。它问究竟是什么使得一个心的状态成为心的状态，而不是问心的固有特性是什么。按照功能主义，一个心的状态或时间应当由其功能，也就是它与主体的其他的心的状态、感觉输入和作为结果的行为（输出）之间的关系来解释。与心的同一论不同，它宣称一个心的状态并不直接是神经状态，而是某种更为抽象的东西，即某种神经状态所具有的因果作用或功能作用。功能主义的积极作用在于借用计算机的程序模式，开始正视心灵与世界的关系。几千年来，人们对于心灵和世界的问题争论不断，从一开始的心灵是事物以外的东西，是给予事物以运动的东西，到心理思维的东西只在心灵自身之内，再到心灵产生的灵魂是一个表现和施展自己的过程，到身心割裂，身心对立。斯宾诺莎则认为认识不应当从心灵出发，应从自然出发，人的心灵可以把握自然的本质、秩序和联系，达到心灵和自然的同一。

在认知科学中，图灵机是计算表征模型的基础。它是一个简单的计算机器，由一个任意长的磁带、一个读写机制、一个有限的内部状态列表和一个机器表组成。图灵机的原理包括三个命题：可以设计由符号逻辑完成，并需要适当的翻译程序的模型；机器学习是必要的，以便计算机能够从经验归纳，并演绎地发现知识；需要人性化的界面使机器能够适应人，以使人指导性地获得知识。这三个命题一直是人工智能实现的目标，它们的整合在归纳逻辑设计中，特别是在应用科学中，对于计算机科学的发展具有划时代意义，它表明了心理状态和物理状态的可计算关系。图灵机这个由认知科学在一定范围实现的模型，激发了功能主义。功能主义在认知科学中有几种形式，对于人机交互的研究，有两种是我们必须首先明晰的。

一是机器功能主义。图灵机是机器功能主义采用的模型，它表明了心理状态对生物状态的关系。我们应注意到，图灵机既是一个物理系统，又是一个抽象计算装置，它处于特殊的物理状态和特殊机器状态，这里是不存在心身问题的①。但是，这种物理装置能否像进行加法运算那样进行心理操作？机器功能主义假定：系统的每一机器状态是可计算描述下的系统物理状态，并声称，这对于人也有可能是真实的，因为图灵机可以表征任何人类显示的信息处理系统。它们像我们一样是有限的物理系统。如果我们的大脑是物理地显示信息处理系统，那么我

---

① 魏屹东. 认知科学的功能主义本体论. 晋阳学刊，2011，（1）：25.

们就在功能上等同于图灵机。

二是心理功能主义。人的心理状态之于人，如同图灵机的计算状态之于图灵机。它在两个方面不同于机器功能主义：一是设计我们喜欢用理论处理的心理状态种类的无限性；二是涉及我们用来把心理状态归结为人或机器的标准。假设人是图灵机，人就具有有限多个可能机器状态。而功能主义者认为，能够运用计算机表征模型模拟思维、记忆、知觉、推理、心理表征、问题解决来描述这些状态。人能够通过他们的感觉接受信息，在大脑中处理信息，并通过意志控制肌肉而行动。因此，人的认知构架是一个复杂系统，它由感觉系统、中枢系统、语言系统和运动系统构成。各个子系统之间是相互关联的，我们并不清楚它们是如何相互作用的。或者说，一方面我们知道各系统间是相互区别的；另一方面我们却不能明确各子系统之间的界限。

我们都知道，计算机包括硬件和软件，在计算机发展初期，硬件的成本是整个应用系统的90%；而如今，90%的成本来源于计算机软件。人们越来越认识到，计算机软件的开发更为重要。而软件完全是一个逻辑元素，极大地依赖于人的智慧。如果说计算机硬件是音乐家的钢琴，作家的笔，画家的画布，是人创作用的工具，那么计算机软件就是人本身或者是人的表征。2004 年美国启动了生物激励的认知结构（biologically inspired cognitive architectures）计算研究，确定了新一代计算机的认知逻辑研究方向①。认知逻辑可以用符号逻辑表达，所以机器可以被模拟。这可以说是所有计算机技术研究的逻辑起点。

卡罗尔的人机交互设计，也是在认知逻辑这一基础之上建立起来的。卡罗尔认为有一个大的场景，这个场景被描述为一定的时间段，一定的空间，有一个既定的目标，有确定的角色，及其语境关联，可以被当成是一个网络，网络中各个要素间相互关联。卡罗尔把网络分成为用户、角色描述、角色目标和语境关联四个要素。由用户做出指令，角色接收任务，通过背景知识、语境关联角色去完成被指定的目标任务。整个认知活动有着一定的结构层次，但是它们又是被整合的整体。整个认知活动都是发生在既定的场景中，认知过程也受到整个场景的制约。

1. 心理模块与人机交互

福多在 1983 年《心理模块性》一书中提出心理模块理论。福多和大多数认知科学家一样借助计算机来研究人的认知能力。通过与图灵机的类比，他把心理分为传感器、输入系统和中枢系统，输入系统的功能是将感官所受刺激的信息转

---

① 北大未名生物工程集团有限公司生物智能技术研究组．第五代计算机及其认知逻辑方法．前沿科学季刊，2007，(1)：19.

换为外部对象的表征，并把这些信息传输到中枢系统。输入系统是传感器的输出与中枢认知机制之间的中介，不仅将传感器提供的表征翻译成中枢编码下的表征，而且其本身是可进行推理的系统。中枢系统的主要功能是参与思维、问题解决等高级的心理加工过程，这种心理加工过程与输入加工过程恰恰相反，是要充分利用人的各种背景知识校正输入系统提供的表征来形成对世界的最佳解释。输入系统具有模块性，中枢系统是非模块性的。输入系统（听觉、视觉、触觉、味觉、嗅觉和语言）是范围特异性的，有固定的神经结构，在发生步骤和顺序上是特定的。而中枢系统则不同，它是利用一切信息校正输入表征形成对世界的解释，是整体性的，所以是非模块性的①。在福多看来，人的感觉神经系统在结构上和功能上是相对独立和分工明确的，但同时，它们又是在综合各种信息表征情况下一起参与认知的。

卡罗尔在设计人机交互模型过程中，就运用认知的这一特点。在分布式认知的基础上注重场景的设计。他的人机交互认知机制的计算表征思想体现在“基于场景”的设计中。在一项认知任务的固定场景中，场景被概念规定、被计算表征，在此过程中，人的概念被虚拟化，或者说，人的认知思维与机器一样被计算表征，信息的录入、传递、加工与信息分析如机器般有序进行，或者说，人与机器是同一的，人类的心理活动如同计算机程序被模拟、被刻画。以往的人工智能，是构造一部机器，当它被输入认知任务的一个形式化版本时，它将输出一个计算结果，以表示这个工作的完成。而人机交互是，在被规定化了的认知场景下，人和机器一起完成既定的认知目标，它们能够相互配合，相互交流，这就是人机交互带给我们的思考。如果一个人无法判断和他合作的是人还是机器，那么是不是可以说计算机可以思维？

2. “蚂蚁”比喻与人机交互

西蒙创建的物理符号系统假设被认为是功能主义对于认知本质的经典解释。物理符号系统是把人脑和计算机进行类比，用计算机来模拟人类智能。这个假设认为，一个完善的物理符号系统也是一个具有智能的物理符号系统，它必能执行六种功能：输入符号、输出符号、存储符号、复制符号、建立符号结构、条件性转移。既然人具有智能，所以人必定是一个物理符号系统，人类智能是通过这六种简单信息加工（符号操作）进行的②。

卡罗尔在1997年发表的论文《HCI：作为心理学的科学设计》中，提到功能主义心理学家西蒙的“蚂蚁”比喻。蚂蚁在布满大大小小石块的海边沙滩上

① 福多．心理模块性．李丽译．上海：上海人民出版社，2002：23.

② Fodor J A. The Modularity of Mind. Cambridge，MA：The MIT Press，1983：39.

爬行，留下了曲曲折折的痕迹，蚂蚁只是为了要到达蚁巢，它虽然知道蚁巢的大致位置，但是不能预知途中可能出现的障碍物，其视野是有限的，遇到障碍它不得不改变前进的方向，所以曲曲折折的痕迹不能说明蚂蚁认知的复杂性，只能说明海边沙滩地形的复杂性。同理，人的认知目标是单纯的，认知能力是单纯的，人的行为的复杂性也不过是反映了其所处环境的复杂性。

西蒙的“符号系统假说”给出了认知计算模型的形式表达。最一般的概念是信息处理系统，在这样一个系统中，有符号和符号结构、规则的符号组合。对于西蒙来说，把符号理解为真实的物质实体很重要。符号和符号结构式是一个物质系统的无意义状态，指定的符号指向目标。然而，在符号的特性和指定目标的特性之间不存在必然联系。像“蚂蚁”比喻揭示的道理一样，被符号规定了的蚂蚁认知目标和蚂蚁实际爬行过程中产生的符号认知不存在必然联系。可以说，符号化了的蚂蚁的认知目标与蚂蚁本身爬行中的符号直接有相关性，但并不具有同一性，即使方向是一致的，但是实际过程中又拥有独特的属性。

卡罗尔在介绍设计模型时，多次提到“蚂蚁”比喻，就是强调在认知现象中，环境会影响认知，“基于场景”的设计就是考虑到在实际工作中存在的“蚂蚁”现象。所以，他并不会把所有的精力放在提高工作效率上，而是在整个场景设计中，环境因素、角色描述、语境关联是他更加看重的。

3. 建构认识论与人机交互

皮亚杰认为“知识产生于不断地建构，在每一个理解活动中都包含某种程度的发明，在发展中一个阶段向另一个阶段过渡，其特征总在于形成一些在外部世界或内心中原先并不存在的新结构”。① 知识不是终极答案，也不是终极目标，只是人类对于客观世界的一种解释。这种解释不是简单的信息输入、储存、提取，更不是简单意义上的累积。在皮亚杰的解释中，人是一种高度适应环境、具有复杂结构的图式主体。图式是人类进行活动的内在功能结构，而不只是神经系统的物质生理结构。思维图式和现实世界是同构的，是外部世界在人内心结构上映射的缩影。总之，主体的活动的发展是随着内化不断建构发展的，即认识不来源于主体外的客体，也不独立于客体外的某一主体②。这种机体和环境之间相互作用的观点给卡罗尔以启发。

卡罗尔定义模型中有七种资源：语境、工作空间、任务、目标、事件、用户、角色。他把这七种资源分布在整个认知活动中。认知活动环境包括内部的用户、角色和目标，外部的工作空间和任务。整个认知活动的进行都是通过资源和

① 皮亚杰．发生认识论．北京：商务印书馆，1990：53.

② 秦文学，魏屹东．皮亚杰心理学研究方法的科学哲学思想．南昌教育学院学报，2011，(2)：28.

环境的同化和顺应。认知主体将物体同化到他的计算结构中，同时这些结构被调节，以顺应它在现实中所遇到和未预见的部分。在认识发生和认知发展过程中同化和顺应的功能是：同化把感知得来的经验纳入主体已有的图式中，图式发生量变，形式和内容就会变得丰富，同时主体的动作也得以加强。顺应是主体图式和客体不相符，无法做到同化时，主体要建立新的图式或者调整原有的图式，使得图式发生质的转变，主体认识结构得以适应环境。同化和顺应就是通过这样的主客体之间的相互作用，主体的认知结构从单一到繁复、从简单到复杂、从低级到高级的发生发展起来[①]。主体越来越适应环境，主体本身也越来越丰富。因此，建构主义强调情境性和语境性。卡罗尔认为，人机交互设计过程中，要注重情境和用户主体的相互作用，好的设计产品要针对具体问题对已有的程序进行改进和重设。这就对软件设计者提出了更高的要求。设计者们需要更多的考虑用户特有的喜好、特殊的环境、文化的差异、时间上的差别等，才能设计出人性化的认知工具。

三、人机交互方法论

传统计算机源于二分的哲学假设，而当代认知科学的研究，给予了身体功能和世界环境同样的重视。人机交互不仅仅是人下指令机器执行，而是机器主动协助人完成认知任务，其中包括一些重要的方法论。

（一）分布式认知方法

分布式认知是加利福尼亚大学哈钦斯（E. Hutchins）[②] 20 世纪 80 年代中后期提出来的。它是指一种包含有认知主体及其环境的综合系统　分析包括所有参与认知的方式。认知不再单纯依赖认知主体，还涉及其他与认知相关的认知语境、认知对象、认知工具、认知环境等。分布式认知是在身心“三元模式”上建立起来的新的认知方法。

哈钦斯用海上船只定位的例子来说明分布式认知。一次完整的船只定位要做到：船员发现并标识所到区域的位置，然后要运用照准仪测量标识的方位，接着把得到的方位数据报告给操舵室里的记录员，再接着，记录员要在日志上记录下方位数据，最后，船长通过查看日志结合自己以往的经验或者直接听取记录员的报告做出决策。这个过程被计算机表征的完整过程是：标识是内部表征状态交

---

① 魏屹东．认知表征的方法论：隐喻、假设与建模．山西大学学报（哲学社会科学版），2009，(9)：15.

② Hutchins E 于 1978 年在加利福尼亚大学获得文化人类学博士学位。1988 年任教于加州大学圣地亚哥分校认知科学系，与 Hollan J 教授合作领导分布式认知与人机交互实验室。他主要研究真实世界中认知活动的特征。

互；测量是内部表征与技术工具表征交互；报告是不同内部表征与社会性的交互；记录又是内部表征与技术工具表征交互；最后的决策是船长内部表征与环境外部表征的经验等的交互。可见，分布式认知理论是内部表征（个体记忆、个体经验等）与外部表征（主体环境、感知的外部信息）之间的关联发生。所以，知识的产生和传播的重要特征是不同表征系统之间的交互和转换。交互的形式是多种多样的，包括对话、手势、表情等。由此知识便是在内外部表征结合的基础上建立起来的。人在认知时，身、心并没有明显的界限，它们可能共同表征为某种信息被认知，也可能作为认知的媒介，共同作用去记忆某种行为。

人机交互的模型分析、建立和评估是建立在这一基础之上的。而一个好的模型，它一定是具有高的使用效率和便捷的可用性，一定是在很大程度上分担了人的认知任务。分布式认知无疑就是解决这些问题的可行性方法。它在考虑人脑本身认知活动的同时，还要考虑认知发生的语境，尤其是通过外部媒介与环境等帮助用户认知。按照分布式协同认知，一个事件被认知，不仅是大脑的功能，而且与语境、媒介、计算机一起，事件认知被分布，被共同储存、记忆、评估。这与传统的认知框架不同，传统的认知概念框架都是基于用户内部的心智活动的（基于分布式认知的人机交互资源模型），这样，势必会造成大量的计算、推理、记忆、决策、认知都集中到用户的大脑里进行。随着系统结构和功能的日趋复杂，就会给用户带来极大的认知负荷。而在卡罗尔看来，这不是一个合理的人机交互方式。

1. “场景”分布方法

“基于场景”的设计是卡罗尔人机交互设计采用的主要方式。在“场景”基础上，他对场景中的每个主体进行了明确的规定。他运用用户、角色描述、角色生活环境和背景信息知识描述、角色的目标和期望描述、使用语境描述（事件、行为的关联与序列）分别来表征我们不可能触及的认知。在场景中的诸要素都是认知过程中被具体化、规定化了的人和事件。如果说大脑是个极其复杂的黑盒子，那么我们的模拟和推测难以进行。但是，如果黑盒子被分成几个部分，每个部分被规定、被具体化，我们能否去窥探它的奥秘？从理论上讲，这是可行的。卡罗尔就选择用“分布式认知”来建构他的计算机模型，我们也运用“基于场景”来打开他的认知大门。“基于场景”包含以下几个预设：

（1）在“场景”内的各个元素是基于“场景”这一共同语境的。

（2）认知能够通过把它分解成几个元素被理解。

（3）“场景”内的元素是平行分布的。

这些元素代表场景中必备的环节、人机交互中必备的程序编码。比如完成选衣服这项活动，在整个人机交互模型的认知活动中，每一个动作的描述，包括用户（体型、爱好等）、用户手势（手势指向目标）、环境（模拟衣橱）、背景（以往的历史记录、数据分析等）。在这个具体的人机交互模型中，记忆不仅被用户大脑的神经元记住，也不止被电脑程序记住，而是由场景每个元素分布式地被记忆。在整个活动中，记忆分布于整个场景，而不是其中的某个系统。

据前所述，卡罗尔把认知活动分布在语境、工作空间、任务、目标、事件、用户、角色7个资源里。语境描述交互过程某一时刻的系统状态，根据状态的内部表征属性和外部表征属性，将语境分为“外部语境”和“内部语境”。外部语境是指社会的、政策的、团队组织特性方面的信息；内部语境是指用户的偏爱、直接的认知任务的集合等。工作空间是指整个场景中所有对象的指称。任务是整个模型的核心，描述整个交互过程的一系列动作。目标是用户预期的结果，事件是诱发任务的条件，由语境引发。用户是任务的主体，可能是人，也可能是团队。角色是用户的类别。分布式协同就是每一部分的共同工作。

从语境论的角度看，我们认为心灵是其心理语境的产物，它一定通过在心理表征上进行逻辑、规则、概念、类比、表象、联结这些不同类型的心理程序产生思维和行为。不同的认知活动是对这些心理程序进行不同的整合。任何物体都不是孤立出现在生活场景中的，而是存在于和其他客观事物之间的联系中，包括活动相关物、生活场景、自然环境以及文化道德背景，而且不同的用户对于同样程序存在不同接受度等，作为设计者要注重相同语境的场景设计。例如，他提到，“基于场景”设计用到的逻辑规则“如果-那么”模式。它虽然与逻辑条件句相似，但却有不同的表征，它通常是包含目标的行为。例如，如果你想成功，就得加倍努力学习。这是包含有成功这样的目标的。“基于场景”的设计背景就是包含“如果……那么……”的具体化逻辑思维，计算机表征设计是对于人类思维的延续，“基于场景”的人机交互可以帮助用户和开发人员去描述和评价真实的客观实在本身。系统基于人类相同的语境去描述可能出现的未来行为，当然，不同的场景源自于不同的客观情境，但是关于被抽象了的逻辑思维却是一致的。

2. 统一于“场景”方法

上述提到，分布式是从多个并行、非精确的交互通道中获取用户要传达的信息。但是，分布式认知不是单纯依靠主体认知，分布是将认知任务分散到不同的认知要素中。换言之，分布即分享。例如，家庭成员中父亲、母亲、孩子共同在房间内完成一项游戏，三方共同完成游戏，没有发号施令者，也不是一个评估游戏结果。分布意味着缺乏一个明确清晰的定位，由手势、视觉、表情得来的信息，分布式是全面描述了认知的对象，但是却缺乏一个明确清晰整体的信息。这个时候就需要统一与整合。

在分布式认知的框架下，卡罗尔的人机交互理论的认知路径可以概括为以下三点：第一，“情境性”，即用户主体的认知活动在影响它行为的情境中，其行为是靠角色预期目标驱动的。第二，“具身性”，即认知主体用户利用身体、感知器官、视觉系统等进行认知，并且受到整个系统情境的影响，它们在一个整体之下，共同构成人机交互的认知过程。第三，认知主体的“身体”和“心灵”没有完全分开，而是把它们同时设计在一个整体的情景描述中。重点在于，不论怎样分布，还是要“基于场景”，也脱离不了“场景”。

需要注意的是，在分布式认知下，不代表所有的智能活动都能被分布。例如高级的知识和技术都是不可分布的，无论在个体中还是在环境中都没有它们合适的表征。即使在最基本的场景活动中，也无法忽视个体表征的作用。例如，即使人机交互发展到不用手动去直接操作系统，也还是需要人的面部表情或者其他方式参与的，也就是个体表征是不能被忽视的，即使他依然被分解。同时，与普通智能计算机不同的是，人机交互是人的智能参与计算机的计算活动的，智能在活动过程中，就不能避免思维的参与。这不是否定分布式认知的意义，而是要强调主体和客体在环境中相互作用，二者相对立但必须是在一起才能有新的意义的产生。

在人机交互设计中，卡罗尔注重角色的描述，希望通过规定性的角色来确定和评估人机交互系统。但是同样存在困难，例如：①在情境中的用户智力与计算机中角色智力是有区别的，那么如何区分机器知识与人类知识，如何使两者结合，得到更大化的认知目的；②采用分布式认知，场景认知是否大于用户认知；③外部环境如何更好地被信息表征，从而更好的分担主体认知的负担。这是人机交互研究热点同时也是难点。

（二）认知隐喻方法

作为人，一生可能会有无数的期望、失望、恐惧，就是说人的心理状态比计算机所能描述的计算状态复杂丰富得多。把这些信念归于机器是牵强的，或者说计算水平是一个描述它们的特殊兴趣的想法是古怪的，但我们相信、恐惧、怀疑的事物，至少在心理上它们是真实的。但是，这些状态，我们没办法为它设立标准，也就是说机器没法去和你分享这样的状态。可是，反过来想，我们非要为相信、恐惧、怀疑设定标准，至少是接近真实的标准，就需要认知的假设和隐喻。

假设和隐喻可以说是机器与人之间的桥梁。机器通过假设和隐喻表征现实世界、表征人的认知系统，人通过隐喻和假设了解机器，隐喻帮助人去更好的应用机器。认知过程中有很多假设，例如关于感觉的假设：能够探测和解释感觉刺激；关于感知、阅读和信息加工的假设：能够从字母和单词中提取意义；关于知识的假设：能够把握关于环境的物理特性的详细知识；关于心理表象的假设：能够形成一个“认知地图”的图像；关于记忆的假设：能够使用“记忆技巧”促进信息的回忆①。

如果把诸如此类的假设整合成一个大系统或者一个认知模型，它可以给予观察和推理、能够描述认知方向、储存和使用信息的一个隐喻，例如，记忆可以被设想为文件柜、计算机等隐喻。每个隐喻提供了一个框架来概念化记忆的结构和功能。因此，隐喻特别是概念隐喻为假设提供范式。在人机交互模型设计过程中，卡罗尔非常重视隐喻的研究和把握。他认为认知科学、科学哲学研究的假设和隐喻问题没有过时，关于本质的、深刻的、核心的哲学精神也没有过时，只有真正了解隐喻的计算机工作者，才能设计出完美用户体验的划时代的产品。

然而，基于心理表征的概念是复杂的、多样性的。此时，假设和隐喻就显得尤为重要，通过一个人们熟悉的情境去处理我们认为复杂的新的情境，用一个熟悉的事物去定义另一个我们陌生的事物的结构和性质。例如，在文学比喻中，“你的脸像苹果”，通过我们熟悉的苹果来形容我们难以形容的脸，于是一个红扑扑、水灵灵的脸就呈现在了我们的面前。而对于人机交互来说，传统的图形界面模型（WIMP）以“桌面”为隐喻。菜单选项对于非计算机人员用户来说很方便，它不需要用户去做大量的记忆和训练。这是因为设计人员已经做了大量的前期工作，以减少用户的负担。设计菜单选项一个重要的问题是：如何针对某一应用，建立一种合理的、易理解的、易记忆的语义组织，计算机菜单选择系统往往项数繁杂，通过一个个易于理解的概念对计算机的程序进行表述，把计算机程序进行合理分类，以便用户提高选取的速度。

1. 交互隐喻

传统的计算隐喻把人和其他有机体的认知看作是通过输入输出符号进行信息处理，把人的心智比喻为计算机，强调“认知的可计算性”。物理符号理论假定了一个从输入经过编码、记忆储存、恢复到输出的处理阶段序列，要说明认知过程是一个从知觉、模式识别、记忆、概念形成、问题解决、语言处理和思维等一系列可以抽象为符号结构的表征、储存、变换、输入和输出的过程。这种认知框架的工作机制是：心灵对外部世界的表征通过在心理表征平台运用逻辑、规则、概念、类比、表象、联结这些心理程序进行思维②。这些心灵程序是人机交互过程中不得不考虑的认知规则，它已经深深植根于认知习惯中，例如，针对科学家的人机交互，就以逻辑、类比为主；艺术家以概念、表象为主；普通人可能以规则、表象为主。

---

① 魏屹东．认知表征的方法论：隐喻、假设与建模．山西大学学报（哲学社会科学版），2009，(9)：16.

② 魏屹东．“语法隐喻”及其对认知科学的意义．科学技术与辩证法，2006，(4)：5.

人机交互设计人员可以通过认知逻辑、概念、规则进行表征和计算，接近最大可能的用户思维。认知逻辑确定了认知的方向与路线；认知概念确定了认知的内容或者范围；认知规则规定了准许、禁止、命令等道德及文化观念。规则是要考虑可能性，是根据经验性规则求得满意的解法。规则可以是正向的，规定了准许，也可以是反向的，规定了禁止。规则还可以是双向的，即从准许到禁止。例如，在做数学证明题时，可以根据已知推出未知，也可以从未知推出已知。概念是判断和推理的基础，认知科学的概念是指从经验或其他概念学习获得新概念的具体过程，认知科学家引入框架、程式和脚本、原型等术语来描述概念的本质。由框架、程式、脚本等构成的概念是从对典型实体或情境的表征来理解的，而不是根据定义①。人们拥有一定的概念，并通过形成运用概念的程序。实际上，人们在思维的时候，都有意识无意识地运用到心理程序，人们通过心理程序去提出问题、解决问题、科学解释等等。所以，清楚知道并且明晰这些心理程序，对于人机交互模型的设计有着重要的意义。

在此基础上，不论身还是心，在同一场景中，只是场景中的一个角色，它们共同构成了被认知的整个事件，即在情境中的交互认知。整体过程下的情境认知不仅仅强调认知中主体与高度结构化的环境的交互的重要性，同时还强调一种角色视角。而角色不单纯是人，只要承担任务，就有角色意义在其中。如同上述提到航海的例子，个人、仪器装置、技术工具，甚至海上环境的变化都有其角色意义在其中。而认知的结果也不单纯是大脑思维的结果，有可能会是整个环境系统或者被扩展的环境系统的相互交互的结果。所以，对于卡罗尔来说，在整个认知活动中，认知中的每一项信息都是指向场景任务的。任何交互，都发生在一个共同的场景世界。任何交互过程中被提到的实体，就会进入场景世界，即多通道整合式围绕会话语境来进行。

2. 物化隐喻

物化隐喻（the reification of metaphor）是指用现实中的物体来清楚表现计算机的处理能力。在日常生活中，人们往往参照对熟悉的、有形体的、具体事物的感知经验来认知那些无形的、难以定义的抽象概念。隐喻是通过熟悉事物对抽象概念的联想和理解，而物化隐喻就是用现实中有形体的事物去思考计算机设计中难以被人理解的程式。人机交互人机界面的设计就是基于物化的隐喻。例如“窗口”，电子邮件的图标是“信封”，先前提到的“菜单”，认知过程中的逻辑组织是复杂的，但是通过“菜单”，我们可以简单理解它的含义，并做出选择。

丹尼特首先假定心灵是作为某物存在的，而且是独立存在的。他不主张用类

① 魏屹东．计算、表征认知理论的认知语境分析．自然辩证法通讯，2003，(2)：10.

似物理、化学自下而上的还原论的方法去研究认知，而是主张借鉴人工智能的方法，不去深究大脑深层的物质结构，而是只研究它是如何进行信息输入、传递和储存的。他把这种方法概括为自上而下的方法。这是一种高度抽象的哲学方法，他所应用的隐喻是，大脑对我们来说是“黑箱”，大脑这个被认知的客体是一种“物理立场”，人们试图要去发现这个“黑箱”的物质构造，当然，“物理立场”只是能达到基础性了解计算机的物理构造，而不能更进一步预见它做出的反应。他还提出“设计立场”和“意向立场”，只有把计算机表征成为有理性和意向性的系统，才能从真正意义上弄清楚它是如何处理信息和完成任务的。说到底，丹尼特的三种立场都是在本体论意义上去认识的，采取每一种立场时，都必须假定存在着有形体的某物，我们大脑的概念是以物质存在为基础的。

传统人机交互图形界面采用的是“桌面”隐喻，由于“桌面”是二维的，人与机器的交互受到屏幕大小的制约，信息以一种“位图比特”（painted bits）的形式呈现于一个个矩形窗口中。随着信息量的膨胀，信息的近乎“无限性”与计算机屏幕的“有限性”之间的矛盾越来越尖锐。尽管我们可以通过“桌面”的层叠来表现信息，但是用户很容易迷失在浩瀚的信息海洋中，用户的负担也因此增加。所以，人机交互的发展趋势是人和信息空间的交互，我们生活在两个世界中，一个“比特”（bits）世界，它对应于一个信息空间；另一个是“原子”世界，它对应于一个物理环境。传统的 WIMP 界面将信息世界和我们熟悉并生活其中的物理世界完全割裂开来，不能充分利用人体丰富多彩的感知和动作器官以及人们与日常物理世界打交道时所形成的自然交互功能①。而卡罗尔是要建立一种适合表现三维界面的虚拟现实世界，实现多通道的人机交互。计算机要生成的是一个虚拟的世界，如果说传统人机交互隐喻为“桌面”，那么如今人机交互的发展是“房间”隐喻（virtual informationroom，VIR）。

在此基础之上，我们就可开发和利用三维空间中的各种隐喻。各种建筑学中的概念都可在其中觅得踪迹，而且可以借助各种建筑结构的不同含义来表示信息数据之间的抽象关系。例如，我们可以利用不同形式的嵌套空间的概念来象征地理位置和内容相关程度各异的超链结构，用“门”来代表空间内容紧密相关而且地理位置也相邻的信息链接，用“走廊”来代表空间内容紧密相关但地理位置上不相邻的信息链接，等。通过一个虚拟的房间将信息空间和物理空间自然地联系起来，人们仿佛觉得自己正同熟悉的世界打交道，代表某物件的最合适的图标就是该物体本身，VIR 中所有因素都是被实物化了的，用户可以想当然地认为它们就像在现实世界中有一样的表现和行为。

---

① Carroll J. Making use：scenario-based design of human-computer interactions. Cambridge，MA：The MIT Press，2000：56.

3. 隐喻的局限性

虽然说隐喻对于人机交互的建立和发展有着不可或缺的重要作用，但是事实上，隐喻的应用远没有如此简单。卡罗尔在人机交互设计过程中发现新手在明确知道隐喻含义时操作计算机系统更为糟糕。

传统隐喻观认为，隐喻是类比的。亚里士多德认为，隐喻是用一个陌生的名词替换，或以属代种，或以种代属，或通过类推。布莱克反对隐喻的比较观，认为隐喻是本体和喻体相互作用，互动的隐喻产生了新的意义。在这个意义上，隐喻具有了扩展事实的作用，它将两个词语并列，互动带来了新的维度。科学哲学家玛丽·海西进一步强调，语言的本质是隐喻性的。她认为通过表述用于家族分类的意义转换实际上就是一种意义的隐喻转换。这种意义转换根源在于不同事物间的相似性和概念关联性。在一个特定的语境中，这种意义的转换依赖于一个给定的家族相似表述所应用对象之间的相似性和差异性。所以，当用户通过不同成分构建物质意义比在具有一致性的成分系统中更为庞大。例如，现在的网络流行语，"浮云"，对于一个初见这个词的人，他只是会以为这代表天上的云，但是对出现在网络不同场合感到一头雾水。他不知道这个词带着无奈，代表着难以言说又无奈的过去。也不知道它代表着一种释然，用释然的态度去面对生活的智慧。因此，要理解隐喻，除了要依赖隐喻的意义，还得明白字面意义的内在张力，隐喻是在各种可能、合理的解释之间往复转换。

再者，知觉心理学家吉布森曾创造"可视性"（affordance）来描述一位行为者（人或动物）和外界相互作用时的行为属性。可视性是自然的一部分，但它不一定非得是可见的、可知的和合意的。我们感觉到的自然未必是自然本身。卡罗尔也指出，在设计范畴中，设计者们往往关心用户的主观感受而非客观存在本身。设计者与客观物体打交道，但是可能同时存在两种可视性——真实的可视性和被感知的可视性，这两者不一定是相同的。而隐喻是一种逻辑和惯例，客观世界的物理逻辑与文化惯例是约定俗成的，却非客观物理世界本身。不仅如此，我们不断改进工具并使之驯服于人类，工具的制造和完善都是在此基础之上进行的。但是人是有区别的，人类对于工具的使用和操纵也是有区别的。所以在约定俗成的隐喻之上，建立起来的人机交互就不具备自然交互的特点。这与我们的初衷是相悖的。

概言之，我们要应用隐喻，只是要应用一个相对的概念，而非绝对。未来的人机交互是利用人的日常技能去自然交互，这样的交互灵活性更强，它不仅是依赖于约定俗成的隐喻与规则。未来的人机交互界面将发展成为智能代理式界面，这种界面的特点是只需要人把他的目的告诉计算机，计算机会自动完成所需要的相应的工作，甚至人不必将自己的需求告诉计算机，计算机也能够基于自己的知识和推理去自动为人服务。将来，人们最迫切的需求是将计算机技术不断深入地集成到我们的物质生活中，而人机交互的研究无论是实际的还是隐喻的意义上，都正将我们带离桌面，去探索更广阔的、物理的、生活的和数字的世界。

四、结　　语

计算机作为直接表征思维的物理装置，它的作用无可替代。计算机不仅仅局限于是人类的工具，它甚至可以和人类一起完成一项工作。这就是人机交互技术。有科学家认为，计算机在未来会消失，这种消失并不只是技术发展的直接后果，而是人类心理的作用，因为计算变得无所不在。当人类对于某些事物掌握得足够好的时候，这些事物就会和我们生活密不可分，我们就会慢慢意识不到它的存在。就像我们赖以生存的氧气一样，我们看不到也触碰不到它，但是却随时呼吸着它。未来强调的是把计算机嵌入环境中，融入我们日常生活工具中，使之成为人类的一部分，人们的注意力集中在任务本身，而不是工具。所以未来的人机交互是追求“人机和谐”的，是基于“人性化”的多维信息空间的和“基于自然交互方式”的。不论从哪个角度看，人机交互的趋势体现了对人的因素的不断重视，使人机交互更接近于自然的形式，也让我们更加便捷、自由的生活。现在人们已经使用 iphone、ipad 了，相信在不久将来，人们将会使用 ibrain、ilag 和 iarm① 进行人机交互了！这些工具已经成为我们生活的一个不可分割部分。

① Ibrain、ilag 和 iarm 均是著者造的词，这是对人机交互未来发展的一种预测和展望。

第二十四章　布鲁纳：知觉表征的方法论

作为美国著名的认知心理学家和教育学家，也是第一次认知革命的先驱以及认知教育改革的发起人，布鲁纳（J. S. Bruner）的认知研究理论以其实验的科学态度，从对前人研究成果的批判和对自我理论的自省和发展规划中，广泛地借鉴各个领域的认知研究成果，对知识及其习得的思维过程和思维方式，以及历史文化背景的自我和沟通的行为预设和构建意义都有着普遍的理论意义和现实的实践成效。

一、“知觉表征”形成的背景

（一）社会背景

布鲁纳的认知思想是在带动美国两场教育革命的发生、发展中形成的。

一是美国的课程改革运动。美苏“冷战”时期，苏联人造卫星的成功发射，给美国人以强烈震撼，面对人才培养难以适应未来发展的现实，美国出现前所未有的危机感，问题的聚焦点开始投向了美国教育界，以改革教育来与苏联抗衡。另外，一直以杜威“儿童中心主义”为指导的美国教育太强调儿童实际经验的获得，忽视了儿童的内部因素而体现出其弊端。1959 年美国“国家科学院”在伍兹霍尔召开会议，布鲁纳任主席，与各领域专家共同讨论了教育改革问题，后依据大会讨论的结果结合自身研究成果，提出结构主义的教育思想，由此推动了美国以结构主义教育思想为指导的课程改革运动。布鲁纳随后于 1960 年出版了《教育过程》，深入探讨了结构主义教育思想的改革成果，而这部著作也成为其前期思想的关键著作。

二是美国的第一次认知革命。美国心理学长期以来是以行为主义的刺激—反应理论占据主导地位，它撇开人的思维、意识等高级心理过程，把全部心理行为描述为环境刺激下的反应现象，将人类心理学的研究归为纯客观的条件反射的被动方式。在不断的实践过程中，行为主义的弊端逐渐显露。以 1967 年奈瑟出版的《认知心理学》为标志，认知心理学思潮开始形成。此时的布鲁纳也融入了这一思潮中并成为领军人物，他一方面从中寻找促成教育发展的心理学依据，另一方面又试图改革现代心理学的研究方向。1956 年，布鲁纳发表了《思维研究》，他从知觉入手，研究人的高级心理机制——概念的获得，从而颠覆了行为主义的被动实在论，一场革命已经拉开帷幕。此次认知主义思潮并没有仅限于心理学，而是包括哲学、心理学、语言学、计算机学等领域都受到影响。而布鲁纳也大力提倡跨学科的研究，于1960年跟心理学家米勒一起创办了“哈佛大学认知研究中心”，以不同学科的特有方式和角度研究认知，很快使一场思潮转变或一场革命。

布鲁纳的认知理论就是在这种背景下产生的。两种革命并不相互独立，而是相辅相成，布鲁纳集合两股力量，得认知理论在不断的深入研究中发展和成熟。

（二）对经验行为主义的颠覆与继承

在一般意义上，认知心理学的哲学渊源可以追溯到经验主义，并与实证主义、逻辑实证主义、行为主义一脉相承，并受到理性主义的影响。这些哲学思想对布鲁纳认知理论产生了复杂而深远的影响。

早期的心理学研究侧重于对外显的行为上的研究，表现为行为主义。其哲学依据是继承经验主义的一贯传统，它将心理机制也纳入经验的范畴，把认知过程表现为被动地接受客观，强调外部环境的重要性。20世纪60～70年代，研究方向以内部的认知过程为转向，探索内部的认知机制对行为调节的作用。而布鲁纳探讨了人类心理的高级思维过程，认为一定存在先备的认知系统自觉地对反应物进行归纳、推论。从不可观察的认知过程的可观察刺激到可观察反应的认知模式，不仅颠覆了行为主义的刺激反应论，也保存了一些经验主义的特性。一方面他依然承认外部环境与认知机制间的互动影响以及知识来源的客观性，另一方面他试图将认知机制通过实验外化以得到可观察的心理机制，“经验主义的模式被完整地保留下来”①。

作为对行为主义的颠覆性理论，布鲁纳做了突破性的研究。但是行为主义有效的方法论却没有被抛弃，反而得到很好的利用。认知主义在方法上是对行为主义的深化，借鉴行为主义的科学方法尽可能地使心理过程的探讨保持操作性，完成认知科学的客观性。在理论上，布鲁纳强调行为的目的与意义，将行为与认知进行了整合。认知科学哲学家哈瑞对这一现象评价道：“这个新的认知主义的产生是行为主义的消亡——但是其作为一种方法论，行为主义在作为一种普遍性的理论消亡很久之后依然存在。”②

（三）对早期实验心理学与格式塔心理学的借鉴

自冯特的实验心理学建立后，人们对认知的研究有了更为广泛的探讨。认知

① 叶浩生．第二次认知革命与社会建构论的产生．心理科学进展，2003，(1)：45.

② Harré R. The rediscovery of the human mind: The discursive approach Asian. Journal of Social Psychology, 1999, (2): 44.

心理学不再只是作为哲学研究的一部分，而是独立出来并逐步建立科学的认知心理学。实验心理学旨在对心理学进行认知心理学本身的批判以改造心理学，用客观的实验方法分解心理元素，从而获得认知的思维规律。布鲁纳的认知思想继承了早期实验心理学的研究传统，比如思维的反应实验被布鲁纳运用在其早期的认知实验研究中，包括著名的“牌色实验”、“窥视孔实验”、“硬币实验”等，都是布鲁纳在研究方法上的借鉴。后期布鲁纳极力扭转信息主义所引导的认知心理学回归到认知意义的研究上来，以文化的普遍工具包容性构建一系列实体、自我与能力，并且在自我的构建中引入了冯特的“内省法”，从而开始深入地探讨认知的意义。但同时，布鲁纳对实验心理学持一种辩证的态度，他看到了实验的计算主义倾向和局限性，后期的文化主义转向也是布鲁纳在方法上的拓展。

与实验心理学元素分解的认知研究方式相反，格式塔心理学强调整体组织的心理学体系。格式塔心理学对知觉、人的思维做了大量的研究，提出了知觉领域方面的原则，认为思维是“情境的改组”或整个问题语境的“顿悟”。而布鲁纳的认知研究也十分重视思维过程的研究，认为思维的过程是一个归类的结构性构建过程，其中的知觉过程运用了格式塔心理学的知觉原则，并强调知识的习得是一个构造性的过程，包括信息的组织、记忆的检索等复杂而有序的思维过程，提出其结构主义的认知理论。同时他还注重心理的内部动力与自觉性，强调直觉思维的作用，认为我们对事物的判断很多都是直觉的思维判断而不是分析的，这与其可谓相通。但是，格式塔心理学的组织原则范围有限，无法解决人的复杂的意向活动和认知活动，并且对整体性原则与直觉经验的难以把握，使得对直接经验与内部心理结构间的相互作用无法深入研究，而这些却是布鲁纳所要研究的内容。

（四）对两种相对立的思想精髓的融合

人类具有自然的存在体和社会的构建体两种共存的属性。就像马克思所讲的那样，人具有社会属性和自然属性，而在心理学中也存在以此为基础分割对峙的两类派别：一是将人看成生物-心理存在图像的生物心理学派；一是将人比作历史-文化存在图像的历史文化学派。皮亚杰是前者的代表，维果茨基则是后者的代表。

皮亚杰是当代著名的发生认识论专家和儿童心理学家，日内瓦学派创始人。早期的布鲁纳在探索儿童认知发展的心理机制和学习方法之时追随皮亚杰。布鲁纳结构主义的认知思想构架就是受皮亚杰思想感召而发展成熟的。借鉴皮亚杰的认知结构思想，布鲁纳认为认知结构即内部知识结构，是学习者全部观念或某一知识领域内观念及组织，新的经验或材料的不断获得与旧有知识相结合，从而形成一个内部的知识结构，即认知结构。皮亚杰对儿童的认知能力按生理的成熟阶段做了划分，布鲁纳承认儿童认知结构的变化，但对皮亚杰纯生理的划分标准持怀疑态度，同时论证了儿童学习的主动性，得出了其著名学习方法——发现法。

在不断的教育实践和理论探索中，布鲁纳看到皮亚杰理论的局限，同时也发现认知主义向极端信息主义发展的危害。后期布鲁纳逐渐将认知研究转向文化主义方向，其思想灵感主要来自维果茨基。维果茨基认为人生活在一个符号世界之中，人类所具有的高级心理机制是社会文化的符号系统的产物，我们的行为不是由对象本身决定的，而是由与对象联结在一起的符号决定的，我们赋予客体意义并按照那些意义行动，同时我们的语言是我们思考、认知以及自我调节和反省的最关键的工具。布鲁纳吸收其精髓，将文化看作一个大的符号工具包，它影响着个人的心灵、教育等，个人又从文化中交换获取文化工具，构建一系列实体、自我等的系统，同时他也肯定了文化语言以及语境对认知的意义。

皮亚杰和维果茨基的思想均是布鲁纳吸收和借鉴的源泉。虽然在后期布鲁纳更多地接纳了维果茨基的文化认知理论，但对前者并未全盘否定，而是批判地对二者进行综合。为此，在两位大师的纪念周年，布鲁纳撰写《赞颂分歧：皮亚杰与维果茨基》一文，以明其意："皮亚杰关注人类成长过程的不变逻辑，而维果茨基则重视文化意义预设下的语境在促进人类成长过程中的重要作用，从中可以得出二者的发展途径是不可通约的。这一不可通约性表明二者的认知方式可能存在不可调和的区别：前者寻求人类生长和人类状态的'解释'，而后者则探求其'诠释'……"① 在布鲁纳的认知思想中存在着两位大师的思想线索，这是理解布鲁纳思想的双重理论背景。

此外，布鲁纳以其宽广的思域，不仅从各科学吸收关于研究认知的理论精华，并且也关注其他相关科学的借鉴意义。乔姆斯基的关于语言习得的过程，说明语言的习得不仅是学习的过程，更是自我在实践中的创作和发展过程；同时，计算机科学以及信息加工理论的发展壮大提供了实验和知觉理论的方法论基础。第一次认知革命的兴起与发展促进了人工智能的发展，尤其是图灵机对智能的分析和研究，而人工智能的发展也帮助了布鲁纳理论的深化，更影响到布鲁纳对认知发展的深思，启发了布鲁纳认知研究方向的转型。

二、"知觉表征"的认识论

布鲁纳从一开始就明确了认知研究的范围。关于认知主义的光明前景一定是拥有其正确的哲学观点与立场，将它与人类科学领域的认知思想互动起来，并且达成关于"心灵"、"自我"等核心见解的共同目标。布鲁纳不仅以其心理学与教育学家的身份认真研究对认知的内部认识与外部推延，同时拓宽认知研究的广

① 布鲁纳．布鲁纳教育文化观．宋文里，黄小鹏译．北京：首都师范大学出版社，2011：91.

义与深度，一方面形成了其普遍的认识论，另一方面确立认知的普遍认识论规律来指导具体的认知过程与行为意义。

作为认知心理学家和认知教育学家，布鲁纳的认知理论系统既是心理学意义的思维规律，也是教育学意义的发展规律，同时也是其哲学立场的结构主义以及历史文化主义认识论的总结或统领。因此，了解布鲁纳的认知理论中的认识论可以从三个方面来分析，即以作为认知心理学的认识论研究基础，作为认知教育学家的认识论研究主体以及作为结构主义认知哲学的认识论研究体系。

（一）作为认知心理学的认识论

作为第一代认知心理学革命的先驱之一，布鲁纳以其敏锐的观察与思维能力，首先站在心理学的角度对认知研究进行了深刻的思考与有效的实验，使其认知理论系统建立在认知心理学的认识论基础上。他激活思维在认知过程中的活力，改变行为主义被动的思想极端，以期探寻真实的心理规律，从而整合出更为完整的互动认知过程与反应模式，以运用于普遍认识，作为行为依据，这是其心理学认识论的基础与目的。其内容包括思维的认知模式与知觉过程、记忆的信息结构和概念的产生与获得。

1. “世界模式”下的知觉过程

为了对认知心理学的能动认识过程获得更为客观的科学依据，早期的布鲁纳借鉴实验心理学的方法，对人的认识以及知觉过程做了大量的实验论证，包括早期的“牌色实验”、“硬币实验”等，并提出了著名的“窥视孔”预设。他指出：在我们感知时，我们的思维中一定存在先备的认知模式，并在我们不清楚的认知程序中被加以利用[①]。在布鲁纳看来，人类的认识过程会基于这种先验的认知模式而完成对自我以及世界的认识与建构。

布鲁纳认为，一个人对世界和周围环境的认识首先是以他构想的现实模式为基础的，而这样的模式最先是从个人的文化背景或信仰中汲取的，并且适应于个人的各种不同的用法。这种被预设的人类认知的基本模式布鲁纳称之为“世界模式”（models of the world）。布鲁纳对这种认知模式做了简明的描述，并且认为这种认识模式使人类认识具有可预见性而化为知识。实质上，所谓的世界模式就是个人所期望的事物，有了这个模式能使人预言、内推和外推更多的知识，即超越所给的信息。对于布鲁纳来说，内推就是通过新知识的应用而改变某种见解，合理地改造自我的知识结构；外推就是以有效的整合来获得所给知识的外延。因此，一个人关于世界的认识和知识的获得，在某种程度上就是把不断经历的事物

① 魏屹东，刘柏轩．布鲁纳“牌色实验”与知觉模式预设的意义．中国社会学学报，2012-1-9.

和已学到或构建的心理模式进行比较分析、归纳或推演，以旧有模式为基础获得所需知识，并接纳新信息的输入不断更新或构建自我的认知模式，从而根据新的模式进行有意义的预言。

布鲁纳以“世界模式”的框架为基础，认为一个人对某个事物的知觉，实质上是一种构成过程。个人并不是像行为主义所描述的那样仅仅是对客观信息被动的刺激反应状态，而是一个积极主动的构建过程，个人把他所获得的感觉材料和他的世界模式联系起来，推论出一个关于外部事物的根据性假设，并且利用这些假设对现实的信息进行判断和预见。因此，一个知觉者不应被看成是一个被动反应的有机体，而应更确切地被看作是一个积极地选择信息、形成知觉的假设的主体。值得一提的是，布鲁纳肯定了人类的知觉过程除了对信息的构建和整合外，还存在着这对信息的辨别和对新知识的评价机制，即利用所获得的新事物的另外一些特性来检验他推论的假设，并且有时为了减少意外的事情或达到有价值的目的而歪曲从环境中输入的信息。

比如，“牌色实验”中被试由于对纸牌花色的原有常识结构判定视速仪下观察到的纸牌花色。而长期以来，人们一直认为，客体的物理特征（如客体的大小和形状）和观察情境的条件（如光线和现实者离开客体的距离），是人类知觉物体的最为重要的决定因素。但布鲁纳的知觉理论却认为，对观察物的知觉会受个人因素的影响，不同的人对同一事物的知觉会有相当大的差异。为此，布鲁纳总结了人类知觉过程的两个特征：

第一，归类和推理的特征。即人们根据对刺激物反映出的关键特征或属性，有选择地把它们进行归类；然后根据原有的这一类别知识对其加以推论。知觉过程的这一主要特征，也是一般认知的特征。因此，布鲁纳断言：与认知理论一样，知觉理论也需要一种能够归类和推理信息的机制。这一论断是布鲁纳早期对知觉过程进行试验和分析的结果，他的“窥视孔实验”已经蕴含这样的预设：知觉的某些基本属性或认同性（identification）是天生的，而不是习得的。这与皮亚杰观点是一致的，即，用某种特定方式归类的基本能力，取决于某些更为基本的能力是否存在。进一步说，要识别某种事物，首先要有将事物分属于不同的类别。而随着类别的不断复杂化，归类就涉及学习的过程，即要学会如何识别、划归、权衡和使用决定性属性。

第二，多种真实性特征。在这里，布鲁纳引用美国实用主义哲学家皮尔斯的观点：一个命题的意义在于人们对与该命题有关的属性或结果做出的假设性结论。布鲁纳由此推断：一件事物的意义，是因为把它置于假设性推理的网络中，然后分析、比较，从而推断出它的特征和效应。人们在知觉到某种东西时，实际上多少会以不同程度的精确性来预见该物体本应是什么样的。当人们把某一事物归入一类别时，就会对该物体必须具备的、但还没有知觉到的属性做出有效的预测。据布鲁纳的“牌色”实验预设，知觉的准备程度会对刺激物输入以精确的归类特性。越是接近的事实显示，或是人们接受性越强的特性，刺激物的信息输入会越少越快，输入信息的类别特征范围会越大，而其他的类别特征会自动滤掉。对牌色的先备认知会快速辨别纸牌花色，就像期待某事发生时会对与此事相关的信息特别的敏感。

在布鲁纳看来：“我们在学习知觉时，实际上是在学习我们所遇到的物体和事件的各种特征之间的关系，学习适当的类别与类别系统，以及帮助预测和检索什么东西与什么东西是合拍的。”① 他以此总结出知觉过程应经历的一个前设以及三个相继的步骤，用来描绘知觉的整个过程：

首先，知觉的产生一定有一个前提的刺激物存在。布鲁纳将这个客观存在的刺激物表现为一个环境事件，这一环境事件是知觉启动的热身环节，它在知觉上是彼此孤立的，我们只是开始关注一些刺激大脑形成初步印象的某些属性，但已开始进行首次归类（primitive categorization），只是缺乏总体的连接性（也可以归为知觉的第一个步骤），从此知觉开始了。

（1）线索搜寻（cue search）是知觉过程的第一个步骤，这一阶段人们以开放的态度尽可能的搜集有关刺激物的材料，以便寻找出可以用来辨别该事件的那些属性，此时人的知觉对大量的信息敏感，对每一个与此相连或有关的特征进行集中，以便对事物进行精确的归类。

（2）证实检索（confirmation check）是将所有材料通过知觉结构进行可能的归纳与分析，从而得出事物的答案，并且尽可能地搜寻那些可以用来证实该推理的线索，以检索原来所得归类的确切性。

（3）完成确认（confirmation completion）是将经过检索的事物的归类做最后的定论，完成整个知觉过程。然后封闭信息检索，将其他干扰线索排除②。

布鲁纳认为，知觉过程即归类的过程，从某种意义上说，知觉与归类是同一回事。布鲁纳研究认知的目的是为了得出更为有效的认知方法论。所有认知活动都涉及类别的问题，对此的深入研究得出其最重要的认知学习观，从所得的信息中不断以世界模式为基础进行所谓归类的活动，从而超越所给信息。这便是学习的关键之所在。也正因如此，人类处在庞大又复杂的可辨别的不同物体、事件和人物之中，并随时间、地点而不断转移和转化，却不被周围这些环境的复杂性所压垮。

---

① 黄印玲，陈丽霞. 现代教育技术教程. 上海：华南理工大学出版社，2009：13.

② Bruner J S. A Study of Thinking. Wiley publications in psychology, Science Editions, 1962,（1）: 11-14. Edward Aloysius Pace, James Hugh Ryan. The New scholasticism. American Catholic Philosophical Association, 1975,（49）: 505.

2. 记忆线索中思维的概念化

布鲁纳认为，知觉过程是一种类型化的过程，与思维的过程达成统一的协作。完成认知的整个过程包括前期的知觉模式的设定和归纳，也包括后期的思维剪辑和整理过程。人类知识的形成和获得是先天归纳能力与后天信息归纳的不断构建的过程。而使得知识成为知识不是随意的信息累加，而在于类别辨认的概念。而在这个思维过程中，记忆将信息连成线索，以帮助信息的整合和概念的形成与获得。

记忆是同语言、思维等高级活动密切关联的一种能力，它构成了人类获得经验和知识的最基本条件。心理学对记忆的研究主要体现在实验心理学的认知社会意义，布鲁纳并没有对记忆做单独的研究，但是他认为记忆在人类的认知过程中是重要的，它是与自我的认知模式相互关联，并且在知觉过程中自觉地产生作用和反作用。实验心理学家巴特莱特认为，记忆是有规律且可预测的，并且受系统性误差的控制，产生记忆的内容受到记忆者的态度、信仰、图式等一系列综合的影响。并且他把记忆的过程理解为一种具有构建意义的过程，而其中自我的意识对我们记忆取向和反应有很大的作用，同时他强调记忆的历史文化意义，记忆主体的社会语境和时代特征会对记忆过程和内容产生巨大的作用。巴特莱特以此用“图式（schema）”来表现记忆的社会属性和建构意义。“图式”把事件碎片进行组装，并积极构建连接模式，以结合成记忆的有机统一体。感觉信息和记忆图式一起被结构化后储存的，而心理图式本身被表征到记忆中去，从而作为表示某一特定的类属性而被定性，然后用于对事件的经验性预测。巴特莱特的记忆观被后来的埃文斯等所接受，并将之用于解释概念的形成①。巴特莱特的“图式理论”与布鲁纳的知觉理论的“世界模式”是相似的，二者都表示了结构与归纳在对形成概念和知识方面所具有的意义，同时二者都强调了记忆所具有的时代性和社会性。

我们所认为的记忆是关于存储的，我们的头脑记下了知觉活动赋予我们的刺激资料，这些资料作为我们对事物的记忆印刻在脑海，以此我们来完成对事物的认识。记忆不是一个人对固定的、没有生气的痕迹的重述印象，而是一个人完成想象的重建的问题。记忆是在知觉的过程中自觉地充当知识的储存和分类机制，并且在记忆的线索中整合信息，从而完成思维对信息的归纳概括，形成知识体系。

在此，布鲁纳认为首先我们的知识都是类属物，即在完成对刺激物的认知过

---

① 巴特莱特．记忆：一个实验的和社会的心理学研究．黎炜译．南京：江苏教育出版社，1998：263-264.

程后，我们已经将刺激物做了归类，形成我们的知识体系。人的大脑就像是一个层层的储物柜一样将各种知识进行不同的分类，而有关改进我们整个记忆过程的理论中，第一个前提就是人类记忆的首要问题不是储存，而是检索。有关这样的例子我们可以举出很多，当我们在进行识别（也就是尽可能充分的提示帮助下的回忆）的过程中，我们很快能够觉察到有关事物特征的属性和信息来。布鲁纳认为带有类性质的记忆在人类所具有的所有记忆方式中是非常优秀的，这种瞬间记忆产生于在没有外部帮助或提示的情况下信息必须被回忆出来的时刻。因此，利用检索的记忆的关键在于将信息安排组织，即将“储物柜”像图书馆的书架一样进行分门别类的归整。对此，布鲁纳在儿童的记忆测评中做了大量的研究，表明通过把组织结构后的信息材料归整镶嵌在儿童所建构的心智结构中去，儿童的记忆会有明显的提高。信息的组织会降低信息材料的复杂性，从而使得检索过程变得更易。为此，布鲁纳从中得出了他最为关注的儿童教育以及知识的习得的方式：儿童为自己去“解决”或“发现”问题并找出事物的特征，这种态度或活动使材料更容易被记住，即儿童学习动机的主动性会自发加强对信息的组织，从而也更容易习得知识并构建自我的知识体系。

在布鲁纳看来，组织和构建的过程就是思维的过程，认知过程的基本操作是对外部事物的类型化和概括化。布鲁纳确信，我们通过认知来获得知识，而所谓知识不是那些杂乱的信息，而是这种经过整合和分类后的概念，同时这种类型化是基于一个人从观察到的线索到认出物体的种类所作的推理上的飞跃，这个活动要靠记忆的充分支持。人们为了寻求意义以及合理性来审视他们的周围环境，环境中的种种现象都是我们所要审视的对象。人类之所以拥有在如此复杂的环境中生存的能力是其先天的知觉能力使然，而真正使其应运自如的则是概念。人们为了弄懂他周身环境中事物的意义，他必须能够从其中几乎数量无限的可区别的物体和事件中得出共有之意，并且把这些共性看作一个单独的种类，或看作容易处理的若干类型，并且将同一的类型与其他类型区分甚至关联起来。布鲁纳在这列举了很多例子来说明概念的含义。比如，简单区别水的概念，将浓度在一定范围的性质同一的液体统称水的概念，然后我们根据地理的不同分为河水、海水、湖水；或者根据纯度分为地下水、自来水等，这与布鲁纳的记忆分层理论也是一致的；甚至在讨论复杂的人的概念时，我们会做物理的分类如黄种人、白种人，或抽象的心理分类，如感性的人、理性的人等。

在讨论获得概念的方法论问题上，布鲁纳还认为人的思维在其中并不是僵化的，而是极其具有能动作用的，而这种能动作用在完成这个过程中是相当关键的，信息思维的概念化需要运用一定的策略，概念化正是通过策略的作用才发生的。

（二）作为认知教育学的认识论

毫不夸张地说，布鲁纳的认知教育学理论才是布鲁纳赢得世界声誉的重要理论。布鲁纳也为此投入大量的心血，可以说布鲁纳的认知心理学也是其认知教育学的基础理论。根据布鲁纳心理学实验与研究成果以及教育的实践，布鲁纳一方面反对行为主义在教育上的环境决定论，另一方面他也指出了统治美国教育界的“儿童中心主义”。他认为儿童的教育与学习过程应当是一个主动的自我建构和不断发展的过程。在此，布鲁纳认知教育学的核心是其认知发现说，并且以其前设的智慧生长的表征系统理论作为基础理论。

1. 智慧生长的表征系统理论

早期的布鲁纳受到皮亚杰认知发展阶段论的影响。他认为智力乃是人先天的能力或潜力，是人类获得知识、保持知识以及将知识转化成自身可以利用的工具的能力。布鲁纳十分重视生长（growth）的问题，认为作为万物的统治者的人，就是因为生长的力量才可以如此地生活在这个世界上，这个生长不仅是生物的或是生理的生长，它还包括思维的生长或是智慧的生长，而后者更为重要，它是我们区别于其他生物的根本理由。我们能够不断的认识和改造自然和社会，都是源自于这种生长的力量。

在布鲁纳看来，教育工作者必须重视已有的有关生长的知识。忽视“生长”，就是误人子弟。他相信有关生长的学问是一门重要的科学内容，甚至希望能够建立这门科学。布鲁纳为此对考察人类智慧生长的方式提出了自己的看法，并且提出了在对智慧生长的考察上必须遵循的原则。尽管对智慧生长的考察方式应该是多种多样的，但在考察的具体过程中必须遵循一定的原则，因为只有遵循这些原则，这样的智慧生长观才有助于我们对教育的理解与实践，才是成功的。

总的来说，这些原则归结起来就是布鲁纳的思维研究观和文化主义，即结合当时当地的社会文化特质影响，运用体现心理活动的精确形式，考虑到符合思维方式的各种可能特点，并将人类置于演进的背景中加以考察①。儿童的认知发展阶段是建立在这样的智慧生长的力量上的。

皮亚杰的认知发展阶段论也给了布鲁纳关于智力“生长”阶段研究以巨大的启发。认知发展阶段论是皮亚杰认知理论的重要内容，皮亚杰认为人在生理生长过程中其认知也在相应发展，这种发展并不是简单的数量增加的过程，而是有着质的差异的生长阶段，每个阶段个体会发展出新的适应环境的方式表现在新的

① Bruner J S. Pacifier-Produced Visual Buffering in Human Infants. Developmental Psychology，1973，(6)：45-51.

认知能力的出现。皮亚杰以生理年龄的发展成熟为划界，将儿童的认知能力分为四个“运算”阶段①。布鲁纳承认认知发展的阶段性态势，并且认为这种发展态势具有重要作用，但是布鲁纳反对将智力的发展阶段进行纯粹性的生理化的划分，提出表征模式。所谓表征模式（model of representation）是指人们将自身有关对世界的知识经验表征的方式，根据人类智力发展水平表现为不同的表征方式。，在人类智慧生长期间，有三种表征知识的方式即表征系统在起作用，布鲁纳按其发生顺序分为“动作模式”（enactive model）；“映像模式”（iconic model）和“符号模式”或“象征模式”（symbolic models）。三者相互作用，其实质是人类认知的三种信息加工系统，人类凭借这三个系统来认识世界。表征或表征系统，是人们知觉和认识世界的一套规则，也是布鲁纳发现教育与学习的理论前设和基础。

（1）早期阶段：动作表征模式。有关动作模式是布鲁纳表征模式的最基本的认知阶段模式，它是人们对自我所拥有的有关世界的知识和经验的动作表达。在这种模式中，认识主要通过动作或行为来表现，自我明白现行的动作或行为的结果而进行动作或行为的操作。例如，儿童懂得系鞋带的结果并知道如何去系鞋带。这一模式和皮亚杰儿童认知发展阶段论中的“感知运动水平”是类同的，都具有低级知觉特征和高度操作性，描述的都是儿童初级的认知方式或智慧水平，即通过感知动作去认识外界事物，适应外部环境。二者的主要区别在于皮亚杰重在认知过程的探知，而布鲁纳强调认知结果的完成。布鲁纳的动作性表征模式是儿童的最早最普遍的认知模式，这是人类认知或智力发展的最初阶段，其重要性在于自始至终在人类的认知活动中发挥着普遍作用。

（2）二级阶段：映像表征模式。映像表征模式也被称作图像模式，是认知或智力发展的第二级水平阶段。儿童在这一阶段的认知发展比起前一阶段有了些本质的变化，儿童运用动作的表征能力已熟练，并且开始用意象、图形或表象来表征知识经验，把时间、空间和定向结构的知觉转化为表象，从而进行概括。布鲁纳反对纯粹的生理划分，但布鲁纳还是指出认知活动中这种认知方式在6至7岁的儿童中表现得最为明显。这一阶段相当于皮亚杰儿童认知发展阶段论所描述的“具体运算”的认知活动，儿童依赖于事物的外部特征或事物在头脑中形成的表象来认识和掌握事物。

（3）能力阶段：符号表征模式。这是认知模式发展的高级阶段。儿童已经有了一套关于事物客观表现特征的感觉认知系统，并开始对应符号来表征，从而可以清楚的表征更为复杂的或抽象的心理活动或认知过程，其中最重要的就是语言。符号不同于一般的特性是其抽象性、间接性和任意性。正是基于这样的抽象

① 雷永生．皮亚杰发生认识论述评．北京：人民出版社，1987：27-52.

符号，人们最终能够假设或预测他们从来没有经历过的有关人、地方、事情以及可能性。并且作为人类世界的特有产物，语言作为最大的符号系统发挥着极其重要的作用。通过语言，人们能为将来计划，能从其他人的行为中抽象出意义和打算，与“他我”进行沟通，从而知道不同的时代、世界和观念①。

与皮亚杰相似，二者都有着对年幼儿童注意力单一的看法。就是说，处于认知低层次水平或阶段的儿童不能同时保持对几件事件的注意。同时二者都看到更高级的认知发展，其标记就是能在同一时间内注意和考虑到几种不同的事件。不过，对布鲁纳来讲，这一特征的呈现并不是一个认知发展产生的新的内部结构，而是由于语言使这种高级思维方式成为可能。在对认知教育做出更多解释的布鲁纳认知发展理论对教师来讲还有其最重要的内容，就是当人们达到符号表征表象阶段时，仍然在大量利用前阶段方式，特别是当他们研究某种新事物时。

布鲁纳对儿童认知生长与人类演进过程做了比较，说明人类之所以能以弱小的身躯战胜其他最凶猛、最强壮的食肉动物，最终能成功地征服其他所有动物，是因为其理智和智慧。这些智慧来源于人类演进过程中经历的三大工具的发明，布鲁纳在这所指的也就是马克思所谓的生产工具的进步。

首先是与儿童智慧生长的表征动作能力相对应的帮助扩展动作能力的器具，如轮子、弓箭；接着是能够拓展视觉、听觉等知觉能力的工具的发明，如望远镜、收音机等；最后是帮助解决人类思维抽象推理的符号工具的出现，如语言的发展以及现代计算机的发明。儿童使用的表征系统类似于人类生产工具的历史演进过程②。

儿童智慧生长的自觉性发展过程也说明人类认知结构变化的主动与抽象特征，也表明了布鲁纳对刺激-反应理论（无论是邻近理论还是强化理论）的怀疑态度。不过，布鲁纳并没有片面去理解刺激-反应理论，认为这一理论可以恰当地说明学习者是如何利用动作表征来学习的。而借鉴早期认知心理学的优秀成果，布鲁纳发现格式塔理论可以很好地说明映像表征系统。人类智慧发展始终是沿着这三种表征系统的顺序前进的，并且三者不可以互相代替。各个表征系统或模式都在我们认知的方方面面发挥作用，被我们交替使用。

2. 认知发现说

作为一名以教育风暴闻名世界的认知教育学家，发现说是布鲁纳认知理论的核心和精髓。从严格意义上说，发现法是布鲁纳探索美国教育走向深远意义的教

① Bruner J S. In search of pedagogy: the selected works. New York: Routledge Taylor andFrancis Group, 2006: 111-116.

② Bruner J S. Pacifier-Produced Visual Buffering in Human Infants. Developmental Psychology, 1973, (6): 45-51.

育学说或教育方法。这种方法要求学生努力通过自身的探索和学习，发现事物变化的因果关系及其内在联系；而教育者也要帮助和鼓励并利用一定的方法指导学生去发现真理。这种主动性的自我认知会使学习者产生学习的兴趣，进而转化成为其内部动机。布鲁纳强调："发现不限于寻求人类尚未知晓的事物，确切地说，它包括用自己的头脑亲自获得知识的一切方法。"①

"发现"这一说法可以追溯到法国启蒙思想家卢梭在《爱弥尔》中所作的表达——以发现的方法寻找到所需要的关系。其实在布鲁纳之前已有很多教育学家和哲学家提出引导学生自主地学习，只有这样学习才会更深入，所学到的东西才会更加牢固。美国实用主义者杜威也曾提出过学校教育有关求知的目的，求知之根本不在于其内容，而在于所得其方法，学习更应该在于过程中，以寻得获得知识的方法。这些观点，无疑是发现法的思想基础。

发现法作为一种严格意义的教学法是布鲁纳在《教育过程》一书中提出的，而这本书的问世可以说是集成当时美国社会教育家、心理学家、哲学家等思想之精华的合力。因此，在讨论发现法的各个层面是全面和深刻的。发现法能较正确地、较充分地体现出教和学这对矛盾在发展中的关系，并且具有难得的辩证法特质，学生在学的主体地位和教师在教的主导作用体现出层次和侧重关系。这样一种方法有利于培养学生的发明创造能力，但不至于失去科学的态度。

布鲁纳并不否认，学生的心智发展受环境的影响，但是他更认为环境不是关键之所在，主要是因为个人有其不同于其他的认知程序，每个人都在独自遵循各自的程序去构建和发展自我的认知结构和知识体系。只有运用发现的方法才能真正达到这样的目的，因此他大力提倡发现法，并且根据前面的理论研究和大量的实验以及实践归结了发现学习的特征：

第一，强调自我的探究过程。布鲁纳认为，认知应该表现为一种过程，学习者的学习过程相当关键，其自我的学习态势直接影响到个体的认知状况。个人在自我的探究中，自觉形成获得知识的方法以及发现新的知识，这种求知的过程就是布鲁纳认为的发现的过程。布鲁纳强调说，学习的主要目的不仅是各类具体知识本身，而更重要的是自我参与或建立学科的知识体系过程。因此发现的学习对教师教授提出了更高的要求，教师不是一个像饲养员一样的简单的喂食者，为学生提供精神食粮就可以了，更重要的是要帮助和指导学生去自主地求知，其作用就是要形成一种学习者能够独立探究获得知识的情境。信息不在于储存而在于组织，知识不在于收藏而在于建构，主动的探究过程才是学习体现的意义，而不是消极接受。

第二，强调利用直觉思维。在现实的工作生活中，我们时常发现直觉带给我

① 吴杰．教学论．长春：吉林教育出版社，1986：587.

们的正确选择，比如挑衣服时的直觉选择买到了合适的衣服；对某个印象不深的问题给出直觉的正确答案，甚至有些老师还会告诉你不要轻易改正你不熟的答案。布鲁纳经过研究以及一些实验说明：发现的学习过程中直觉思维也很重要。思维包括分析思维与直觉思维，前者根据仔细规定好了的步骤，推理出正确的或合理的答案，也是我们常说的理性思维方式；而后者不同，它是思维的跃进与捷径。布鲁纳指出，人们的判断行为多应用其直觉猜测而非逻辑分析。不论是生活还是科研，也不论是科学家还是小学生，使用直觉思维的性质都是一样，所不同的只是程度问题，在科学中也不乏这样的例子，如牛顿因为苹果落地发现万有引力。另外，布鲁纳还指出，直觉思维的形成并不是通过抽象的符号语言，其本质是映像或图像性的。因此，想象的培养或创造性思维更为重要。

第三，强调积极的内在动机。马克思将事物的内部矛盾定义为事物发展的原因，内因是根本，外因是条件。布鲁纳在讨论发现法的实施引擎问题上，也似乎遵循了这一原理。他认为摆正学习者的内部驱动力，对其认知发现是具深远影响的，同理，对发现所带来的刺激也会对其内在动机产生作用。大部分初学者并没有形成有效的学习态度，更加趋于被外部动机所牵制，也就是说是一种被动的学习，如与奖罚机制挂钩或是出于一种竞争机制。布鲁纳强调内在动机是发现的根本驱动力，它包括形成内部动机的建构和外部动机向内部动机的转化。学习者由发现活动刺激引起的好奇心或兴趣，布鲁纳称之为“学生内部动机的原型”。

布鲁纳认为，在考虑学习者外部转为内部动机的问题上关乎学习者对自身能力的信心，也就是说主动的发现是对自身能力的挑战，他强调与其对外做比较、找对手，不如对自我提要求，找激励。但是，布鲁纳并没有在此忽略教育者的作用。内部动机是根本，但对于处在混乱动机影响的学习者来说，正确的外部教育的指导，以及及时的纠正性反馈，会帮助其向内部动机的转化。布鲁纳详细地说明了这种纠正性产生的原因，以及教育者在什么样的情况下发送正确有效的纠正信息。他指出学习者利用矫正性信息的能力与他们的内部状态有关，而且会受到学习的妨碍性心理定势的影响，这涉及教育者的发送与反馈纠正信息的能力与受用的可能情景，这里也许需要更多的技巧。最后，布鲁纳提醒人们注意，纠正无法替代内部动机的形成与构建，外部知道必需转化为内部的驱动力，否则可能会带来负面影响。

第四，强调有组织的提取信息。布鲁纳对记忆过程持比较激进的观点。他认为，人类记忆的首要问题不是对新的知识和信息的储存，而是对已有的材料或信息的提取。尽管物理上不太可能，但是在现实中可做要求，信息储存的目的也是为了随时利用以作判断，而精心的组织才能帮助无条件地提取。我们所了解的联想记忆法大概来自这种认知，组成句子的单词比起其自身来更好记忆，所以，学生如何组织信息，对提取信息有很大影响。

总之，发现法虽有一定的优点，但并不是唯一，必须同其他方法结合一起使用，才能取得良好效果。有人已经提出质疑，发现法并不是对所有学科都是有效的，它更适合于那些能引出多种假设、原理，能明确展开的数理学科；并且发现法需要学生具有相当的知识经验和一定的思维发展水平，并不是对儿童发展的任何阶段都是适用的。同时，发现法的使用，还需要逻辑较严密的教材和具有较高水平的通晓本学科体系的教师。

（三）作为认知哲学的认识论

在这一点上，虽然我们一直更加关注将布鲁纳的各项研究成果运用于教育实践和认知心理学的发展，但是对于这样一种极具哲学预设的有关思维、知识的理论体系，显然布鲁纳的整个认知理论是以其认知哲学观为指导的。前期的布鲁纳关注结构、归纳、组织在认知中的作用，具有结构主义的认识观；后期的布鲁纳做出了更加全面的改进，认为认知研究方向应该是关于意义的，应放置在具体的语言或其他预设情景当中，具有社会性。布鲁纳对哲学怀有神圣的态度，他一直怀疑认知心理学家禁锢思想的范围，以至于限制了心理学的发展，他认为"认知革命从本质上要求心理学与人类学和语言学、哲学和历史，甚至于法律学形成合力"①，他还指出了心理学家要走真正的科学大道，就必须利用哲学分析。布鲁纳重视各个认知学科的研究成果，认为自己并非真正的哲学家，但是在研究认知的过程中，他不仅拥有哲学思维，并且对认知哲学的发展做出了贡献。

1. 结构主义的系统论

早期的布鲁纳作为皮亚杰的追随者，俨然运用结构主义来构建自己的世界观、认识论，不论是在认知心理学的心灵观，还是认知教育学的知识观，最后都要统设于此，就像这个世界，任何事物都统一于这样大大小小的框架中，成为一个有机的系统，各自都有其结构和意义。

前期的布鲁纳将"结构"奉为世界的内核，结构是我们认识和构建科学的重要依据。这在布鲁纳的《教育过程》这部代表作中阐述的特别明确。他认为任何学科的内核都是结构，而不是其中的细枝末叶，结构是学科不同于他者的规则与本质，学习具体的知识，不如去了解它的结构。结构的重要性在于它是任何学科的基础构成，任何学科都是以结构为中心的符号形式系统，其内核是相一致的，但是其外延却是广阔的，布鲁纳强调结构的内核是发现的内驱力，因此也是推动科学发展的动力。为此他强调了两点：一是描绘认知发展过程的层次与阶段。我们在其对于知觉过程的描述和表征系统理论中可以看出，布鲁纳认为人的

① 布鲁纳．有意义的行为．魏志敏译．长春：吉林人民出版社，2008：2.

认知是如阶梯般发展的过程，具有不同的阶段特征，每一个阶段以一定具有规律性的方式来完成对事物的认知，并且为下一个阶段做准备，可以说各个阶段表现为一种层层递进的关系。并且每一层或每一阶段都有其相同的结构内核，即所谓类属的特性。

这种发展的阶段论与系统理论为布鲁纳引导第一次认知革命给予很大的启发。认知的阶段特征和发展态势遵循一定思维规律或模式——不可观察的认知模式，“它会解释他们已经观察到的东西”①。布鲁纳的认知模式的预设仅仅还是一种假设，但已引起了人工智能的探讨，而对于布鲁纳来说，根据人类认知的阶段性特征，模式的预设可以寻求激发人们积极探索的内部动机。

二是阐述知识的形成与建构。布鲁纳的知识观有点类似于康德的先验主义，他认为人类一定具备先天的认知模式，经过对刺激物的归纳分析而获得知识。因此，他强调事物都有其特殊的构成，即所谓表现为类的结构，世界就是一个以类为元素的系统，也就是概念的系统。同时结构还影响到记忆的实现，“所学的知识若没有用足够的结构连接起来就极有可能被遗忘”②，组织化了的信息事件或知识内容会更容易被我们记得。

后期的布鲁纳对这种结构主义做了意义上的深化，将文化作为这种意义的核心。文化是以符号形态呈现的活动体系，分两个层面理解：宏观上他把文化作为由各种成分构成的复杂的符号体系，将符号与各种社会体制等社会意识组成一个体系性整体，并对个人施加影响。微观上他更系统地表明了各部分的关联，比如他说明一个刺激物的本质，不能仅仅从它本身的大小、轻重、久暂等方面来界定，必须考虑还有那些可能发生的其他刺激的整体情况，以及所传递的信息量等，而个人利用文化作为工具库来构建自我，在构建自我时从中获取力量，组建自身工具包。

2. 因果与意图的行为解释

哲学家们一直在寻找如何使心灵与刺激物相关联的渠道，用以解释知识的获得以及对人类行为的有益解释。在这一问题上经验主义说明是因果规律，而目的论则认为是个人意识作用的结果。批判前者的哲学家认为这会导致唯物主义宿命论，将人的作用推入更加被动的地位；而目的论的反对者休谟已经说明，这会陷入循环论的泥潭。后期的布鲁纳强调认知应该更侧重于意义的建构，即“意义构成的本质和文化结构，及其在人类行动中所处的核心位置”③。我们对外部力量

---

① 罗姆·哈瑞．认知科学哲学导论．魏屹东译．上海：上海科技教育出版社．2006：101.

② 布鲁纳．布鲁纳教育文化观．宋文里，黄小鹏译．北京：首都师范大学出版社，2011：41.

③ 布鲁纳．有意义的行为．魏志敏译．长春：吉林人民出版社，2008：3.

与内部意志间的行为牵涉的理解是寻求有关意义的前设。

在布鲁纳看来，人类认知在本质上就是一个二元复合结构：用于解释的因果关联和用于理解的意义建构。二者不可调和。皮亚杰阶段论和维果茨基文化主义虽然并不融合，甚至对立，但是布鲁纳却看出二者各自所具有的不同于一般的作用。理论是服务于因果性的，前期的认知主义重视计算，更关注于因果的解释；而后期开始转向于意义的研究，认为认知主义的主要目的在于意义的建构，这应该是注重于诠释的，诠释是认知的本质。二者各有特点，各具不同的作用，但缺一不可。

“有关从因果做出解释，以及从意向做出描述，现在且让我提出两个问题。第一个是可辨性问题，第二个是后果性的问题。……但是，意图的行为与不包含意图的行为之间存在着一个本质上类属的分别。”① 布鲁纳确信“因果性”是一种假设性的勾连或机制，它是我们对各具独立特征的关联事物间的假定性引起与被引起搭配，无所谓必然，这里布鲁纳否定了因果的必然性，认为因果具有范畴性而不具有特殊性，因为它是基于命题而不是依赖任何语境境遇，可以被检验，而不生成意义；而“意向性”是以结果为目的而采取的行动，目的实现就是行动的意义。二者表现在个体的可控性和不可抗性。前者我们可以看作外因，后者我们可以看作是内因。布鲁纳指出意图及其执行是被假设为结构性地相勾连，即具有因果性，排除意图的行为的因果解释是无意义的，没有被执行的意图，它要么是转入另一意图，要么是受到外部阻力。“正如奈瑟恰当的指出的，如果不给行动指认一个意图，此中的行动之于句子的意义扮演怎样的角色，是不能得以分析的……我们所要做的是界定一个行动里一组成分的结构。当我们给一个意向结构配上一个行动，所做的就正是这一点……如果不把意图考虑在内，任何有关人类行为的“起因”的解释或探讨都是徒劳无功的”②。

但是，布鲁纳说明：真正的意图的评判并没有统一的客观的测试方法，对意图的推定完全是在习惯背景下指认的，这里必须引用哲学分析的预设，布鲁纳称之为“提引”，它是受事件参与者对事件的结构性描述和诠释，即，行为是否具有意图的评判者做出的推测，基于认知结构中此类情景的关联性的预设，对参与者做出的描述的可能性推断，即行为的意义是对主观意图的推定和建构。因为“人类能够——亦且无可避免地——把人的某些行为认定为有意图的，也就是说，人们心目中有某些想法而依循那些想法行事。至少，在涉及社会性或交易性的行为时，前因与后果间的因果链总得考虑到参与行动的人怎样把对方的所作所为归

① 布鲁纳．心理学与人的图像 // 哈里斯．科学与人．商梓书，江先声译．北京：商务印书馆，1994：18.

② 布鲁纳．心理学与人的图像 // 哈里斯．科学与人．商梓书，江先声译．北京：商务印书馆，1994：18.

类（无论是意向的还是无意向的）”①。

我们对事件所做的意向推断与个人的描述和所处的情景有关。在现实情境中，人们会自动分辨意图引起的行为和非意图的情境行为，越贴近自身利益其判断就会更加偏于这种自觉性或主观性，如果情境牵涉自身，对行为的解释会倾向于由情境引发；而观察者是无关的第三者，他们对行为的评判会出于一般习惯或行为期待。对自我行为的评价会更倾向于外因，而对他人的行为评定会更多理解为是其内因或主观的意思。这种对自我和他者心灵的不同态度是基于对解释和诠释的认知倾向，“因果解释取向的目标所要揭示，乃是使我们能够辨识一种心理状态的必要充分条件，……而诠释的途径则是事发之后的，且都是有赖于脉络②的，因此都具有‘历史性’”③。“但一个具有普遍意义的结论应该是：行为是属于个人的，景况的‘场’则作用于每一个人。可是研究并没有真找出那些可推断出意图存在的线索。事实上并没有一般意义上的简单的线索，此种涉及的是关乎一整个群集时间的结构性推导。”④

不过，布鲁纳依然给出了我们两条有形的线索去面对意义的探索：文化境况下的心灵和语境叙述下的自我。能够包容整个群体的结构性系统的就是文化，每个事件发生的景况都是文化系统下的子系统，在这个系统中，语言是关键的环节，构成了自我和他者的桥梁，是传递信息的手段，能让我们看出更多认知的端倪。

3. 文化主义的心灵认知

心灵是心理学家首要的研究对象。探求对心灵的认知以期获得对世界和人生的意义是认知哲学的职责所在。布鲁纳的心灵观前期重点放在认知的过程，即心灵作为信息处理机制的工作，但他强调这种处理机制主要对象是“不良信息”；后期布鲁纳的认知研究做了更多历史性补充，将文化主义的观念作为对心灵观的预设，以及我们探求认知意义的基础框架，因此他认为心灵是在文化的大环境中塑造的，并且每个人都在自我的语境中获得心灵的感知，是心灵的主动建构者，人人都是潜在的心理学家。

在对心灵的研究过程中，布鲁纳将其认识论做了重要的转向和更加深入的哲学理论高度的补充。前期的布鲁纳强调认知过程，希望能够获得心灵的模式，注

① 布鲁纳．心理学与人的图像 // 哈里斯．科学与人．商梓书，江先声译．北京：商务印书馆，1994：21.

② 这里是“脉络”就是语境（context）这个词，由此推知，布鲁纳也是一位语境论的支持者。

③ 布鲁纳．布鲁纳教育文化观．宋文里，黄小鹏译．北京：首都师范大学出版社，2011：231.

④ 布鲁纳．心理学与人的图像 // 哈里斯．科学与人．商梓书，江先声译．北京：商务印书馆，1994：22.

重认知的可描述的过程，以便发现记忆和获得知识的更有效的方式，因此他的认知观就是心灵是一部信息处理机制，将外部的信息进行过滤、加工成知识的结构。但是后期布鲁纳怀疑计算主义是否真正能够广泛地说明心灵运作的方式，因为一定情景中，心灵运作本身必须依赖它所运用的工具，布鲁纳将这一必要存在的工具称作文化。布鲁纳的心灵观与文化观是紧密相接的。

在他看来，“心灵要是不通过文化，就根本不能生存。因为人类的心灵乃是和一种生活方式的发展紧紧相连，其中，‘现实’经由一种符号构成而再现，而这种符号又是由一个文化社群的成员所共同分享的，他们必须通过这种符号构成来组织和构想他们的技术、社会生活。一个社群不只是共同享有这种符号模态，他们还将它保留、琢磨、并传递给下一代，并且就是通过这样的传递，才使得他们的文化认同和生活方式得以维持不坠”①。也就是说，文化和心灵以及意义都是高度关联的，文化是由人类社群共同生存，借由心灵对实践和现实世界的各类经验积累而成的“超有机体”（superorganic）。虽然文化本身并不是先天存在的客观实体，但是构成心灵机制赖以工作的意义与境况，这样，布鲁纳就阐明了心灵在文化中的“后设认知”。

首先，“学习与思考永远都是置身在文化情境里，并且永远都需依赖文化资源的使用”。② 心灵是观念的集中营，心灵集合了我们一切的世界观与人生观，有关习俗或是常识所体现的功能告诉我们，文化赋予了我们共同的约定，即，文化让我们对世界或是其他有了统一的认识，我们根据文化的特征来对观念做统一的基础认知和基本结构。如山水这些概念，属于同一时间的同一社群人，他们对固定概念的特征应该是一致的。但是布鲁纳也说明了，文化作为理性的一面对心灵加注世界的认识并不能抹掉心灵在自我的经历中所获得的世界意识，二者在观念的构建中会有消融以至于重构。

其次，就是表现在群体生活方式的确立与运用中，在这里文化作为社会符号系统的工具箱被心灵所利用，分为内化和外化的心灵作用，内化表现为建构，外化体现为交换。作为一种超级混合的社会有机体，文化被视为一套包含各种价值、权利、义务、机会等等的系统，可以说是认识世界的工具包，即使心灵在自身经历所获得的观念并不是一般观念，也可以从文化中找到现实的出路，并帮助心灵重新建构。因此，布鲁纳强调教育应该是指引青年学会使用“工具”，以协助他们适应所处的世界；“文化并不是把一群人所共享共用的语言和历史传统集合起来，就可以成其事。文化是由各种体制构成的。只有通过这些体制，人才能

① 布鲁纳．布鲁纳教育文化观．宋文里，黄小鹏译．北京：首都师范大学出版社，2011：101.

② 布鲁纳．布鲁纳教育文化观．宋文里，黄小鹏译．北京：首都师范大学出版社，2011：102.

扮演具体而确定的角色……"[①] 文化的外化是指所有集体文化活动的主要功能，能够自成一物的"作品"，包括各类艺术、科学及一系列体制。文化通过体制来表现其特有的生活方式，体制执行文化的事物，包括强制和自愿的不可预测事物。体制并不是单一的，每个人都从属于各种相协的不同的体制，每个人都会在各个体制中扮演不同的角色，心灵却让这些角色都可以很好的协调。布鲁纳指出："一个文化的力量如何，就看它是否能通过辩证的整合之法，来为其中所内涵的各个体制达成冲突的解决"[②]。因此，每个人都要在各个体制中达到平衡，需要对各个体制有充分的认识以及学会适应各种体制的能力，并构建身份隔区以区分。而此时文化提供各种能力知识，并建立交换市场，使人们交换体制身份和特权。

最后，文化作为对心灵集体的认知表现方式同样影响着个体。文化在每个人的心灵中同样也赋予内外意义。布鲁纳认为在个体表现上与生俱来的方式乃是意义的生成，即在各种情景中的特定事物赋予意义。意义的产生应该是在心灵的运作过程中生成的，但其内容的根源却是从文化中抽离或具深刻影响的，其意义表现在本质上是同心灵的作用是一致的，但是更加具体，它表现为单面和双面意义[③]。单面体现为对于身份认同与自视的主张，其核心是"自我"的构建与意义。自我意识的前设便是自我对自身与他者的区分，文化对自我的认知环境体制化，赋予自我行事的意义与评价，同时自我也在寻找方式构建认同并在文化中确定。布鲁纳表明自我的内设化形成与发展，首先在文化作用中认定，其次在自身的实践中对应，并且自我并不是被动的，它会利用自我描述和组织的方法作选择或是中和。布鲁纳强调意义置身文化事态的性质正是它的双面性——沟通与交换。"'私有意义'究竟是否存在，就根本不是问题，重要的是：意义提供了一个基础，来做文化的交换。"[④] 这种互动的特殊性基于人类所具有的语言，但是布鲁纳强调人类具有能够了解他者的能力，可以利用一切可体现沟通的方式，如语言、行动、姿态等，并且通过这种交流来发现文化的特征与意义。

另外，布鲁纳说明任何文化中的意义生成形式都存在着两大限制：一是人类心灵本身的先天本性，我们无法构建不受先导心灵状态影响的"自我"，我们常把心灵经验的产物以"常识"认定为客观现实而被体制化，我们遵从先备的知觉、认知等思维模式，布鲁纳将此视为人类在意义生成能力的极限；另一限制是心灵所提取的符号系统的语言的限制，语言是思想赋予表现的桥梁，由于文化等的差异，心灵的表达因为语言在文化情景中语用及方式上的各种不同而被限制。

---

① 布鲁纳．布鲁纳教育文化观．宋文里，黄小鹏译．北京：首都师范大学出版社，2011：130.
② 布鲁纳．布鲁纳教育文化观．宋文里，黄小鹏译．北京：首都师范大学出版社，2011：131.
③ Bruner J S. The Culture of Education. Cambridge，MA：Harvard University Press，1996：ix-x.
④ 布鲁纳．布鲁纳教育文化观．宋文里，黄小鹏译．北京：首都师范大学出版社，2011：101-102.

不过布鲁纳还是做了说明，这种限制都不是固定而不能被超越的，我们可以通过更有潜力的符号系统而超越心灵的先天秉性，“我们人类在理解意义和建构现实的能力上，是可以改善的”①。

三、“知觉表征”的方法论

在以上讨论中，我们已经看到了布鲁纳方法论的端倪。布鲁纳对认知的这种充分研究，其目的就是要获得认知的工作规律，从而改进人类认知的方式。他不仅挖掘了大量可行的学习方式和教育方式，同时也形成了一整套有关结构主义以及文化主义认知的方法论。

（一）系统归类法

结构主义的系统论是布鲁纳哲学预设的基础。人类的知觉、思维以及记忆运算体系无不以结构作为基础。具体说就是，以概念作为我们认知的元素，将其做出分类，用无限的分类结构系统如金字塔结构、树形结构等就可以组成我们的社会体系，而不论是概念的形成包括知识的产生，以及分类系统等无不是在归纳分类的作用下完成的。布鲁纳重视知觉的工作过程，甚至认为知觉与归纳可以通用，所有的问题都涉及归类问题。归类是我们认知中所包含的功能性机能，同时也是我们可以广加利用的可操作性方式，因此布鲁纳的归类研究是极具意义的。

1. 作为认知模式的启示

在探究认知的初期，借鉴实验心理学研究方式，布鲁纳一直找寻有关表现认知规律的物理特征和可操作原则。在早期的大量试验中，布鲁纳肯定了我们的知觉和认知过程一定存在着一种规律性，遵循一定的方式或模式，并且我们的心灵天生具有这种能力，这一能力便是归类的能力。既然认知就是思维主动对事物进行归类的过程，而这一认知模式既是我们先天的功能，也是我们后天可以改进的方法论依据，对思维的外延和内涵就具有两点重要启示：

其一，思维的延伸是否可以如同听觉、视觉意义那样可以无限延伸。以往的行为主义认知科学限制了认知的发展前程，把认知作为被动的对刺激物的反应，而布鲁纳说明认知必须做出实在论的解释。布鲁纳认知模式的提出促进了第一次认知革命的飞跃性发展，其结构主义的系统论预设更是促使我们在扩展人脑外延方面上有了理论的假设和长足的启迪。一方面是计算主义的符号归类系统的实现，计算主义用物理的程式或符号操纵系统模拟人脑，可以完成人脑的计算过程，甚至比人脑更加精准和快捷。我们可以建立起类脑的系统，从而使我们的事

① 布鲁纳．布鲁纳教育文化观．宋文里，黄小鹏译．北京：首都师范大学出版社，2011：119.

情变得更加程序化和简易化。另一方面是计算机的实现又激发了人们的新的想象，“使用认知范畴描述第一代工作模型明显地具有隐喻性，因为机器是物质的。然而那些机器所做的是要实现某种既不是物质的也不是非物质的抽象规划”①。人工智能的概念及研究的发展就是在这样一种背景中兴起的，首先计算机实现了符号操作的相同的抽象模式，其次思维的机器观开始蔓延，思维是否可以脱离人脑而存在。有关思维的机器是一个复杂的系统，超出了我们现实的信息，但是不论如何有关表征和分类系统工作模式得到了长效发展。

其二，如何摆脱内部认知结构的限制超越所给信息。认知自身的先天结构一方面影响着我们的判断和认知结果。例如，在“牌色实验”中，我们根据以往对牌色的经验对牌色做出判断；在硬币实验中，我们会根据现实环境中形成的认知结构来推测硬币的大小。对新事物的认知似乎存在限制。另一方面，认知的先天能力却又给了我们答案。那就是归类法是我们认知的先天技能，它让我们不断在实践中改进我们的认知结构，增添我们的知识，超越信息本身；它靠两种方式来增加知识，一是具体的知识迁移过程，并伴随一种学习的转换模式；二是非具体性的，即我们理论或态度的迁移，我们都有一双发现现实和未来的眼睛并且有能力实现。

2. 作为现实意义的手段

“任何学习活动的首要目标，在于它能为我们的将来服务，而非学习本身带给我们的快乐。”② 我们所关注的认知模式的研究不只在于求知，更在于帮助适应我们现实的环境和生活体制，以及扩展并实现我们未来的一切可能性。布鲁纳表明，认知的归类性特征或手段是我们可以生活在如此纷繁复杂的社会环境中的重要理由，也是我们可以倍加利用的可能性有效手段。

首先对事物的主观性认识基于客观的分类系统，因此对事物的理解我们会有一个特定的标准，而使我们个人间和个人与社会间达到一种平衡，如法律就是一整套有关约束我们行为的分类系统，可以很宏观，具有普遍的约束力，也可以很具体，规定各种可能的行为惩罚，以保证这种平衡的持续运行。其中运用了因果推理和归纳规则。所谓因果关系就是以合理方式对事物间的可能性进行的联系和归纳，所谓的规则甚至规律都是归类法的运用，体现了我们的意志。人们不仅通过归类来加工所有信息，而且所有决策都涉及分类。创建可行的分类方式或系统作为我们评判的工具，以便对人类行为的意义做出评价和判断。

其次获得习得的策略。布鲁纳的概念假设–检验理论被公认为是对认知心理学的一个重大贡献，他用实验的方式考察了思维的一个重要方面，即概念获得的

① 罗姆·哈瑞. 认知科学哲学导论. 魏屹东译. 上海：上海科技教育出版社 2006：102.

② 布鲁纳. 布鲁纳教育文化观. 宋文里，黄小鹏译. 北京：首都师范大学出版社，2011：32.

过程，或获得的策略。所谓策略，就是为达到一定的目的而做出决定的任何程序。人们是将输入大脑的刺激信息置身于类的区分中来进行加工的，一个类别也就是一个概念。因此，概念是思维过程的核心。布鲁纳强调帮助学生有效地习得概念是学校教育的基本目的之一，但以往许多教育家都没有意识到概念学习与其他类型学习的区别并进行区分。他最早系统地提出了概念假设-检验理论（hypothesis-testing theory）。同时，布鲁纳对容易混淆或忽略的概念形成与概念获得做了区分。概念形成（concept formation）是指人们知道某些东西属于同一种类别，而其他东西并不在这一范围；概念获得（concept attainment）则是指我们能够发现可用来区别某同种类别事物与其他事物所不同的各种属性。概念的学习并不等同于概念的获得，而只有后者才是可以真正用来实践的。

那么，我们如何选用获得概念的策略，布鲁纳大致给出客观和主观方面的条件：

（1）客观的信息情景（informational situation）。思维过程是在一定的信息或材料的基础上进行的，没有信息，我们的思维也无材料可加工，所谓“巧妇难为无米之炊”，没有加工的过程也就不会产生思想工作的过程。而完成一项工作的所需要的信息量与策略的其他条件有关。

（2）主观的认知难度（cognitive strain）和风险（risk）。布鲁纳一直强调思维的主动性与能动作用。思维的过程是一项复杂的运动，思维的结果与个人的认知能力有关，思考越深入，越能达到认知能力的上限或超出能力范围，就越会费时费力，可靠性就会越低，策略应考虑认知难度及其可能性。而认知的风险表现在两方面：概念化结果的风险承担程度以及个人的风险承担限度。风险越大，选择的策略就越谨慎与细致，反之则降低认知的劳作；同理，个人的承担限度越低，对策略的选择会越趋于谨慎。

在完成概念化之后，我们还会进行对概念的类型化。布鲁纳认为类型化有两个标准，即同一性（identity）和等值性（equivalence）。同一性是归纳所有同一事物的各种形态；等值性是归纳所有具有相同本质的不同事物。概念获得是我们想要对事物进行操作的基础或元素，而类型化是我们推理或证实的类别系统，人们若要超越直接的感觉材料，需要这种类别系统来进行推理。布鲁纳将这种系统称为编码系统，类似于关系链金字塔，越低级的类别会越具体。

不过，布鲁纳的认知模式依然处在可操作的假设阶段，对模式应具有的结构分析并不细致，而且认知的过程如何？到目前为止我们依然只能从结果中来想象它的过程。“把某物当做某物去知觉，不只是对刺激的一种反应。它是认知过程的结果，到目前为止还只是猜测。”① 但是这样的一种过程一定是存在的，而且

① 罗姆·哈瑞. 认知科学哲学导论. 魏屹东译. 上海：上海科技教育出版社，2006：100.

正在进行着。

另外，关于情绪和感情的作用，布鲁纳没有做具体的说明，但是他承认这一作用应该是有用的，在他的实验中也不难看出情绪的反应影响到了认知效果，起码在记忆过程中会帮助获得更多的联想，也许会更少。

（二）综合发现法

从教育的过程入手，认知的过程即两个对立面的双方进行知识迁移的过程，也即施教者和被教者的教与学的过程。行为主义将教学表现为施教者主动授予被教者被动接受的知识的传递，但布鲁纳认为施教者作为学习的客体应该回到自己的辅助性位置，而被教者应该具有更强的自觉性。而从社会环境角度，行为主义代表人物华生曾经说过，任何孩子都可以在环境中培养成为教育家、数学家、律师抑或是小偷、强盗。布鲁纳并没有否认环境的作用，但是它是一个充分而非必要的条件，环境应该作为外部的指引力来帮助内部的吸收和发挥作用，内力才是灵感的源泉。毫无疑问，发现法就是布鲁纳所要替换行为主义方式的重要方法，而它也是布鲁纳研究的核心成果。

布鲁纳认为，发现包括一切亲身经历的事物的认知和学习过程。将被动接受变为主动的探索是发现法区别于他法的关键内容。任何有关习得知识技能的过程都是一个双方互动的过程，但是有关获得知识的方法，我们应该把握更多的主动性，并且我们甚至可以超越发现法，获得学习方法的方法。

综合发现法有两个重要功能：一是发挥外部引导力；二是挖掘内部推动力。关于发挥外部引导力，行为主义告诉我们，我们的知识是世界赐给我们的礼物，环境会改造我们成为任何人。虽然发现法意味着我们可以以自己的兴趣和力量获得知识和方法，但是布鲁纳强调外部力量依然是帮助能力实现的重要部分，在关于牌色实验的预设讨论中，布鲁纳似乎已说明认知是一种先验的能力，需要实践的帮助与考验；而发现法更是需要一种适合情景的引导，我们可以做出很多努力。

首先，发现法需要双方的合作，施教者要做出正确指引。要做好充足的准备，在准备期利用认知模式的阶段性特征，施教者必须做出判断，对每个阶段的特征进行把握，关键是对结构的合理排列才可以使被教者更容易吸收。布鲁纳强调认知的每个阶段的实质过程是一致的，发现探究的过程对普通人和科学家是一致的，只不过会有结构组合的问题。这与生理的思维发展和个人环境及经历或阅历有关，但是只要方法得当，任何知识都可以以其结构的发展递进关系输送给任何阶段的被教者，因此对知识结构的排列就非常重要。

概念是知识分类系统的基础，于是对概念的结构性特征一定要有清晰的认识。有关对概念的施教并且帮助被教者形成认知是施教者必要的工作之一，对概念的认识那就一定是对结构的正确认知，而布鲁纳也说明了基本的原理和结构不够明了，被教者的主动性会降低，重要的是帮助对方从具体走向对概念正确思维方式的运用。掌握基本原理的方式一靠机构的组合，二靠合适的想象，记忆是我们知识结构形成的关键性功能，其中核心的一点就是：布鲁纳强调记忆在现实情境中更表现出一种检索性，因此分类系统的选择性关联性的记忆，才能更有助于我们学习能力的提高，归类法在其中发挥了极其重要的作用。这些对我们自觉去发现以后经验的规律是很有用。

最后一点也是重要的，就是利用我们的外部动机。任何有目的的行为都可能会存在主观性的意愿或客观性的期待，如希望考试名列前茅，可以是出于客观期待比如想得到父母的奖励，或是出于主观的意愿，希望对学习兴趣的付出获得有评价的成就，布鲁纳认为大部分的人都会存在前者的心理特征，但是后者获得的积极因素以及知识或方法的掌握远远胜于前者。将外部动机内化于内心是具有现实意义的，因为学会学习的方式比内容可能还要重要，理解教育的真谛，合作性大于竞争性。当然利用各种设备来扩展自身经验，这些设备可以阐明经验，并赋予经验个人意义。

另外，作为受情景影响的一种能力，是有关意义的认知行为的结果，外部环境的影响对个人的认知系统产生作用。布鲁纳在《意义的行为》一书中曾阐明，家庭的环境以及语境会让儿童不自觉引用甚至构建自身认知系统，并且儿童会以一种自我的方式进行巩固和施以缘由。因此，作为有影响力的社会团体或个人，在行为和语用上要做出调整和跟进，使发现更趋积极的意义。

关于挖掘内部推动力，布鲁纳指出："掌握某一领域的基本思想，不仅包括对基本原理的掌握，还要培养学习求知的态度，培养猜想和使用直觉的能力，培养独立解决问题的能力"①。所有这些自觉都会产生重要的效果，而这些就是布鲁纳所谓的获得方法的方法，可以超越信息，获得心灵的无限扩展。"要建立积极的自主性，与旁观者的被动性恰好相反，只有与唤起注意的技术相结合，才能逐步迈出初始几步……"② 也就是说，心灵要得到更广阔的发展空间，一定要靠自我力量的调节，并且具有可训练的方法或方法的依据，而在这一点上也许我们走的路会更长。

拓展发现法的内部自觉性方式，在布鲁纳的认知说中我们已经有所认识，作为内部系统，要加速处理机制以实现自主性探究。有两种内部的可改进的情景：一是作为自我改进的生物上的有形计划，可被外部力量参与唤起内部的推动机制；一是内部的自知性机制，需要内化，如叙事的语言，我们更多会以内需作为

① 布鲁纳．布鲁纳教育文化观．宋文里，黄小鹏译．北京：首都师范大学出版社，2011：34.
② 布鲁纳．布鲁纳教育文化观．宋文里，黄小鹏译．北京：首都师范大学出版社，2011：72.

改进的根据。

概括起来，综合发现法应该满足如下条件：

第一，发现要有可靠的基础作为我们获得知识的工具和评价机制。我们需要一个基本的预设，即构建我们的结构储备。在建立我们自己的知识储备时，对现有知识做出系统性的梳理非常必要，以便于我们在做判断时能够迅速地从自身储备中检索到相关信息，从而做出正确的判断；而在从新事物中提取有用信息时，一方面我们本身的认知系统会自主提取事物的特征将先备的认知结构做比对来完成认知过程；另一方面对事物的认识很可能受我们先备知识的客观影响，也就是说思维定势的问题。所谓定势，是指用某种方式做出反应的心理倾向。这种心理倾向直接影响知觉和学习，对学习的心理定势，将决定我们能在多大程度上掌握适用于新情境，并能使它们超越新情境的编码系统。布鲁纳不无感叹地认为，很少有人试图系统分析定势的各个方面，阐述有关定势在认知学习中所起的作用。前面我们也说过这是我们认知的限制，因此做出经验的因果联系以降低认知成本固然重要，但是做出理性的推测也很必要，而理性的推测特别是新知识的建立和知识体系的重构就是他需要运用归纳的方法，以形成知识、增加认识，从而超越所给的信息，完善我们的思维系统。

第二，发现要培养直觉思维的辅助作用。布鲁纳指出："应该本着一丝不苟的学术态度去教，但是要强调对这些观点的直觉把握和应用"①。我们应该时刻锻炼我们的大脑去做一些感性的判断，布鲁纳的实验告诉我们这种判断是可行的，人的心灵本来就具有感性和理性的情感或思维方式，忽视一方就像不停地锻炼右脑，忘记左脑的开发，左脑的机能就会退化。布鲁纳也说明了这一因素是与掌握知识的程度紧密相关的。因此，也是与我们的记忆系统是息息相关的，所以思维的训练应该一是具有多样性，二是不断发现记忆的方式，例如联想记忆法，布鲁纳认为这是一种信息的加工或提取方式。直觉思维的本质是映像或图像性的，所以，探究活动需要形成丰富的想象，防止过早语言化。同时，布鲁纳并没有否认理性思维的重要性，他认为二者是互补的。

第三，发现需要提升内部需要以推进内部动机的作用。布鲁纳强调兴趣才是人对知识求得的推动力，是我们可以产生主动性探究的关键内驱力，培养求知的兴趣或态度是发现法的内部动机，并且认知需求推动学习产生。人应该主动地去发现，才能激发自身的潜能，而现实的情况便是需求才会寻找答案，就像内需会推动生产一样，通过自身的亲身经历或自主研究，所获得的任何知识或方法都会更加牢固。而且布鲁纳说明了有些预设或是过程必须依赖内驱力，如自我叙事。自我叙事过程是一个自我延伸的方法论过程，它依靠语言的运用表现诠释心灵

① 布鲁纳．布鲁纳教育文化观．宋文里，黄小鹏译．北京：首都师范大学出版社，2011：29.

的过程，对自我进行保护性构建，尼采认为他人就是地狱，他人毁灭自我的存在与发展，而布鲁纳认为自我在他人的沟通中才能显示自我，自我无法孤立于社会。

不过，发现法太过费时费力，并且完全独立地发现学习也不存在。因此，强调发现学习与接受学习的相互配合是有效的补充，而且有关发现的探究性学习很多科学家表示应该放在更加成熟的认知阶段才具有可行性或可操作性。

（三）意义建构法

布鲁纳在探讨教育目的时曾提出了三组悖论：“个体实现对文化自保的悖论、资赋本位对工具本位的悖论、特殊主义对普同主义的悖论。”① 个体自我的实现是否对文化进行复制；个体突出的自我实现是文化加强心灵的力量还是心灵对文化更好的使用；我们对世界判断的依据源于各自的情景还是绝对的权威。这并不是一个两难的问题，后期布鲁纳反省认知研究的内容与方向，表明我们应该对我们的心灵及心智的社会形成，自我及行为意义作一个总的说明，布鲁纳强调意义的生成体现在我们自身的需求与文化的渗透，我们有能力去做一番改变或努力地去建构，以实现或解决文化、心灵、自我的框架或情境。

所谓“科学建构是指人们一般怎样把知识结合在一起的方式，不管其规模大小，实在依赖于一种结构敏感的辨别能力，这种能力的运用还应该是容易的、迅敏的，且在有关问题上还不必接受怎样的教育。因为我们无法孤立于我们的世界，我们的活动以及活动方式一定产生或是空间时间，或是社会历史的境况或情境的预设，我们有能力诠释以至于建构这个世界，包括我们的认知意义、行为意义以及心灵的自我的意义。

1. 认知文化意义的功能建构

文化赋予我们产生意义的客体以及规则，心灵依存于文化，从文化中获得工具包以认识和改造这个世界；但是布鲁纳也说明了文化的功能是在心灵的作用下才赋予意义，我们对文化的构建既要帮助个体发挥其潜能，又要保持文化的稳定性与整体性；既要辨别和给予不同特征的心灵资赋以适合的框架，同时必须赋予所有人一致的文化装备以实现公平；并且尊重各自的自我的身份认同和体验，但是应该放置于同一文化群体整体的结构中，具有普遍的意义，否则就失去了整体与部分的关系所形成的文化现实和意义。因此，在对整体的认知意义的文化背景构建中，一定具有双方面的特征或者准备：一是文化背景的描述，作为认知基础；二是发挥个人的主动性，作为补充或改进。

---

① 布鲁纳．布鲁纳教育文化观．宋文里，黄小鹏译．北京：首都师范大学出版社，2011：189.

在布鲁纳看来，“我们认识到意义不仅取决于符号和指示物，还取决于符号解释，从调整符号-指示物关系的角度说，它代表着这个世界”①。布鲁纳首先表示文化所预设的背景即我们整体的社会或意识形态组织体和作为子系统的文化群体，以及表明文化正当性的文化历史。我们不仅要考虑文化的大背景的认同性，表现为现实依据，还要考虑亚系统的群体认同和环境影响，表现为境况作用，并且应该放置于历史的发展背景中，而不是以静止的观点，这样会影响到判断和选择的适应性。

文化的特征除了其现实的依据外，还需要能够表现其文化特质的文化符号来进行认证，这样才可以将文化特质达入到我们的认知系统，并使我们对其有一个意义的准备。但是符号要依靠一个标记系统，即语言。乔姆斯基早期便提出了人的“语言获得工具”是先天的，依靠文化背景下的语言符号系统支持，而布鲁纳认为我们对环境的认知需要对其进行特征的描述，叙事则是我们描述的方法，因此对文化的认知意义构建要加强对语言的运用和描述方式。一方面要建立环境中适当的参照物和敏感源，另一方面构建自身语言结构系统并适应统一系统的语言规则。

布鲁纳强调，复制文化的既有状态只会造成停滞不前，对文化功能的认知意义建构必须依靠个体的主动性，一定要有一个合理而稳定的机制而使我们有机会有意识地进入一种文化。认知获得的最佳条件是拥有前行的经验引导，以社群性、协作性过程，具有参与感而有意识的建构，认知才会具有广泛的意义，从而在文化的适应或塑造中获得成功。

2. 情境下的行为意义建构

布鲁纳一开始便已说明，文化是一个系统的构成，是一个互动和沟通的情景或者境况。个体非孤立的存在也表现在与他者的心灵存在于文化统一体中，并在各自的自我之间建立可联系的桥梁，尤其是在知识的迁移和分享中表现出更加重要的意义。理解他者的心灵的过程便是作为文化中的心灵意义建构的过程，以及文化情境中的行为意义的过程。

布鲁纳提出对他者心灵的理解是属于诠释的过程，因为我们无法运用因果解释来处理意义的问题。诠释他者的心灵具有一种隐喻，即各自的心灵都拥有着一套预设的基础理论，它给予个体意义的标准，如何用自我的心灵构成去理解他者的心灵，从而获得沟通与行为的意义。这是决定于文化的情景预设以及文化能量与构成。我们应该构建这样一套体系，以作为世俗的力量来建构我们的生活和心灵本质。

① 布鲁纳．有意义的行为．魏志敏译．长春：吉林人民出版社，2008：68.

布鲁纳认为，沟通的行为或对行为的解释中存在一种默认的预设。人类之间具有一种共识，这种共识只能在行为中表现，并对行为做出前设准备。“默识的预设会引导我们交互主体的行为，而理论则在事实之后为我们提供可以对该事实作明确描述计算的方法。”① 默识的预设无法依赖一个明确的心灵理论，他是人们之间无意识的交互先识，似乎理论的构建并无太多的意义。黑格尔曾经提出过哲学的七个比喻，其中有一条就是“消化与生理学”，即人不是学会了生理学才会消化的，生理学不是教人消化，同样，哲学也不是教人思维，但是学习哲学可以训练思维以达到别的目的。在此方面布鲁纳似乎有着黑格尔的哲学思维，他阐明默识的预设并不意味着其完全决定于先天控制和只能生物性适应，对模式预设的诠释具有重要的意义，有着文化的构建性和自我的叙事性。

在布鲁纳看来，文化最卓著的功能是培养出习俗，习俗便是行为和互动的心灵依据，它可以表示心灵状态，也用来理解我们的心灵和心灵方式的表现状态及其意义。同时，布鲁纳说明这种文化习俗的形态或者外延存在于我们的方方面面，包括艺术、神话、语言语法、日常习惯、伦理道德等等，行为意义应该设置文化习俗的情景，同时也会在自我的指涉及论述位置以及自我在对他我的置换性中参与意义。个体应该在文化的情景构建自我的角色特征，以及在自我内心世界对比外部世界的实践中构建预设的预测结构。同时他也强调利用文化能量的必须性，心理过程的探测需要文化的途径来进行因果意义的补充或构建。意义的生成是认知过程的核心特征，诠释表明了意义的生成过程。实验为诠释提供了养料，诠释需要通过自我的心灵论述，论述应该着力表明现实性，为我们所信服，它需要一套灵活而又有原则的系统，一种自我的心灵建构和叙事法的系统。

3. 自我制造的叙事活动与建构

自我是对自身存在的体验，对自我的探讨是人类直接的感受体验。自我体现了我们特有的心灵和灵魂，心灵通过自我传输意义，行为的意义在于自我的意图。我们穿越自我的眼睛来看待世界，构建世界框架，以获得我们的知识、观念和现实态度，以及获得认知的方式。自我是社会范畴的一部分，我们对自我的建构意义是布鲁纳文化主义意义建构的核心，也是其哲学方法论的核心之一。“自我必须被当做一个所谓的构建过程来对待，这个过程既可以从外到内又可以从内到外，既可以从文化到心灵也可以从心灵到文化。”② 自我的意义建构既是个体参与文化视角的意义定位，又是自我意义的实现和运用。

文化给予个体以意义的工具包，个体参与文化视角的意义定位：自我是无意

---

① 布鲁纳．布鲁纳教育文化观．宋文里，黄小鹏译．北京：首都师范大学出版社，2011：234.

② 布鲁纳．有意义的行为．魏志敏译．长春：吉林人民出版社，2008：106.

识的创造，是我们现实需要的产物。我们一直无法摆脱自我的概念，在自我的引领下，面对一切有关世界和思想的描述及表达，都离不开自我概念的运用。那么什么是自我，弗洛伊德理论将自我解释为过去的本我对现实的自我的创造，本我是自我的基础。布鲁纳对自我的概念也提出了一个整体的观念：所谓直觉能够认识的、明显的、本质的自我并不存在，我们无法只凭直觉发现和表达真实的自我；自我存在于我们现实的需要中；有关自我的认识是不断更新于历史的积累中，在我们对过去的记忆，对未来的希望与恐惧的指引下被构建和再构建。自我是非意识的产物，并通过各种隐秘的机制防卫着我们的心灵。自我既有以自尊的表象来从内部做调整以保护我们丰富的内心世界；同时又以个性的方式与他我划界，在不断适应外部变动中构建自我的防御体系，防卫着我们有意识的揣测。自我存在于现实文化的情境中，依赖在文化中的各种角色平衡，它一方面不断探寻自身的意义，时刻追问着"我是谁"，适应着现实的各种角色，深刻挖掘心灵的奥秘——"认识你自己"，维护着自己的主体地位；另一方面又时刻为我们现实的需要构建屏障，建立行为和意图规则，阐述利己的生活现实和揣测他人的行为意义，以保持自我区别与他我的特性①。

自我对文化建立和发展施加影响，同时又在文化的情景中运用自我构建实现真正的自我。自我制造是一个不确定的过程，"它的内部性，我想用一种笛卡儿哲学的方式来说明，是记忆、感觉、信条、主观性"。② 这些内部性很多是来自外部的即文化模式的引导，文化提供了有关自我的预想和视角。文化规定了我们把什么视为常规，而自我又在杜撰着自身的意义和合理性，它以一种辩证性来包容冲突和对立，即叙事法的引入。布鲁纳认为叙事是自我制造所产生的必然，所谓叙事即论述，其基本法则便是言之有理，使现实的冲突在故事中达到平衡。科学建构的过程本身也是叙事法，因为我们也是在实践中记录我们的科学思路与过程，并将其表达和描述。叙事法建立了自我的权利义务平衡关系，使我们遵从着一种隐含着"自述契约"，它对我们的公共的自我叙述附加了适当的规则，使我们自觉去构建合适的公众自我言行。在此，布鲁纳指出了自我同样也是他者，因此自我在本质和塑造上既是个人的，也是文化的，自我的构建既要包含对自身的真实，也要负起对他人的承诺。布鲁纳认为自我的故事叙事受生活文化的各种事件的限制以及故事本身需求的各种限制，环境的改变会影响自我的权利义务的失衡，一个人的自叙会限制了世界的可能性。

因此，叙事的模式更多的是双向的自我叙事体。"自我制造和自我讲述既是

① 布鲁纳．有意义的行为．魏志敏译．长春：吉林人民出版社，2008：106.

② 布鲁纳．故事的形成．孙玫璐译．北京：教育科学出版社，2006：53.

私人活动，同样也是公共行为。对它们的评论也如此。”① 经验被语言进行描述，自我在描述性事件中会参照他者的分析指示，进行双向的叙事交流，每个人都进行着自我规范性的叙事模式。然而，布鲁纳说明每种事件都有其结构模式，就像每个家庭成员都会遵照家庭叙事模式成为家庭一份子，而这种模式其方式就是故事模式，并且故事加入了自我对信息的再次加工，具有自我的隐喻，我们希望我们应该是如何。我们时刻在构建着自我的“自发式自传”。

总之，布鲁纳认为每个人都有着自我的自传体，自传体是自我肯定或反省自身的自带程序；奥古斯汀认为人的记忆反映了真实世界，自传是叙事的现实主义；而维柯则说明生活是由精神操纵的，基于我们心灵的反省。布鲁纳说明自传并没有固定的版本，但也不是随心所欲自由自在的构建，“一个人所能建议的所有内容只是某种特定解释性建议的实践而已”②。也就是说，自我的现实意义要在实践中所体现，它是适应自我生存的现实环境，平衡自我的现实与想象，指向我们未来的可能世界。

四、“知觉表征”的语境论

通过上述分析，我们发现，布鲁纳不仅是一位心理学家，而且是一位颇具哲学头脑的哲学语境论者。这一部分我们探讨他的认知语境论和文化语境论思想。

（一）语言与认知互动：一种认知语境论

儿童为什么能在短短的几年内掌握并成功使用各种抽象而又复杂的语言规则？儿童的语言知识和应用语言的能力到底是先天具有的，还是后天习得的呢？针对这些问题，心理语言学家主要形成三种不同观点：一是“环境论”，认为语言获得的决定性因素是语言和学习；二是“先天决定论”，主张环境和学习这两个因素并不足以成为人类在语言获得过程中的决定因素，人类先天禀赋的语言能力才是语言获得的决定性原因，这种先天禀赋类似于笛卡儿所说的天赋观念；三是“后天建构说”，其代表人物是皮亚杰和布鲁纳，他们主张从认知结构的发展来诠释语言的发展，认为儿童的语言能力只是他们大脑的一般认知能力的一个方面，其认知结构的形成和发展是认知主体和客体相互作用的结果，由此得出，儿童的语言能力是环境与主体相互作用的结果。这是一种典型的认知语境论。

布鲁纳在其主导的第一次认知革命中，对知觉与知觉刺激反应中认知因素作用的研究，给予行为主义语言学以致命的打击。他认为人类认知生长的过程是形成表征系统的过程，人类知觉和认识世界的规则存在于这种表征系统之中。他在

① 布鲁纳．故事的形成．孙玫璐译．北京：教育科学出版社，2006：57.

② 布鲁纳．有意义的行为．魏志敏译．长春：吉林人民出版社，2008：120.

批判继承皮亚杰认知发展三阶段理论的基础上，把人类认知生长的过程划分为三种表征系统：一是动作性表征，儿童通过对事物的作用来学习和再现那些已经了解的事物，之后他们就可以凭借相应的动作来反应或再现过去的事物；二是映象性表征，儿童的世界中发生的事件可以以表象或图像的形式呈现在他们的大脑中；三是符号性表征，儿童能够通过符号再现他们的内心世界。

布鲁纳强调语言就是这些符号中最重要的形式之一。语言使得一个人具备了进一步了解世界需要的基本工具，我们能通过语言为将来的事情做出计划，能在与别人交流的过程中了解到不同时空中的世界，可以使不同地域的人们拥有各种各样的观念，甚至可以从他人的行为中领悟出他的意图或者是他对将来的打算。对于年幼的儿童来说，将自己的注意力同时集中在几件不同的事情上是不可能的，而布鲁纳认为，如果一个人的认知能力能够在同一时间内注意并思考几件不同的事情，那么这个人的认知就发展到了较为高级的阶段。

毋庸置疑，正是语言的作用使得这种更为高级的认知思维方式成为可能。而且在语言习得过程中，对句法的掌握使学习语言的个体获得了一定的语言表达能力，这种语言符号提高了理解他人意向性的能力。正如布鲁纳所说："句法为完成交流功能提供了高度抽象的系统，它对于调解共同的关注和行动，对于用一种分割现实的方式创造话题并加以评价，对于提出一种看待事物的视角并将这种视角加于事件之上，对于展示一种对我们所指称的世界和他人的态度，对于提出若干假设等，都是起关键作用的。"① 作为一种掌握语言具体程度的规则，句法也可以同时让我们了解到一种共享的意义体系。

由此可见，随着个体认知的成长，我们习得了语言，语言不仅是人类认知活动的产物，而且是人类认知的重要的工具。反过来，语言的结构和功能为我们提高和丰富认知能力提供了很好的基础，对于儿童的语言知识和应用语言的能力是从何而来的这一问题，布鲁纳的认知语境论可概括为以下几点：

（1）语言是认知发展到符号性表征阶段的儿童能够支配的众多符号中的一种，这种符号功能使儿童运用一种符号来表示某种事物的能力得以体现，儿童在动作性表征阶段经常把一个对象的名称和这个对象本身看成是一个不可分割的整体。"语言是我们指称的主要工具，即使是失败的指称也是有意义的，因为它可以激发他人在可能的语境（情景）中去寻求其可能的意义。"②

（2）语言结构的发展是以认知结构的成熟为基础而发展的，认知结构是语言发展的必要条件。因此，儿童语法结构发展的顺序和儿童认知结构发展的顺序一样，二者都具有普遍性。布鲁纳通过以人为被试的实验发现，即使是认知水平

① Bruner J S. Actual Mind, Possible Worlds. Boston: Harvard University Press, 1986: 11.

② 彭莉莉．布鲁纳的新自我观及其教育意义．全球教育展望，2012，7：47.

处于初级阶段的一岁儿童，他也会顺着成年人观察事物的视线去观看，假如这种模仿的行为没有让他发现任何物体，他就会转过头重新跟踪成年人的视线，直到他确定物体所在的位置为止。通过实验可知，处于前语言阶段的儿童拥有的认知能力是低下的，但他也可以去理解他人的心灵。

（3）人类的语法结构源于前语言的叙事冲动。布鲁纳对儿童的语言能力到底是先天具有的还是后天习得的这一问题也给出了自己的看法，“类似于维特根斯坦语言游戏的词汇-语法训练在儿童的语言发展中起着一定的作用，但是，有一种系统化、抽象化的前语言规则促进了儿童语言能力的发展”①。如果我们要想使我们所感知的东西超越那些单纯由感官受到刺激以后才产生的信息，那么一个人就必须具有一些关于被感知事物的先备知识，他的很多研究认知能力的实验，如“窥视孔”（Judas eye）实验，揭示了人们在感知时一定存在先备的认知模式。这种模式在我们不清楚的认知程序中悄然起着作用，基于这样的认知结构模式，布鲁纳也认为某种可以提高儿童的语言技巧的认知天赋是存在的，为了支持他这一观点，布鲁纳在研究认知天性的同时扩展了乔姆斯基语言获得图式的思想精髓。

我们知道，乔姆斯基继承了笛卡儿的天赋观念思想，认为语言学的核心是先天语言能力（innate language faculty），也就是说：“在认识和知识的获得过程中，理性是先于感觉的。人们是凭借这种与生俱来的语言能力，而不是凭借经验去理解自然语言。”② 布鲁纳继承了乔姆斯基关于语言能力是人类心智的体现，是人类所特有的先天语言能力的观点，认为存在着一种认知的天赋，它通过基因遗传到每一个健康人的大脑之中，每一个健康的个体就像拥有视觉、嗅觉和听觉一样拥有使用语言的能力。这种存在于人类大脑中的先天语言能力在生物学意义上表现为一种先天原则，这种先天性原则对所有语言都是共同的。人类语言的语法都是一样的，乔姆斯基把这种先天语言能力的假说，以及以这一假说为基础的其他语言学理论当成他反对传统英美经验主义语言学的有力武器，并开创了半个世纪以来英美唯理主义的先河。

不仅如此，布鲁纳还从先前以动物为被试的实验研究转向以人为被试的实验，他曾经用录像带和录音去观察婴儿在家庭生活中是怎样从家长那里学习包括语言能力在内的各种能力的。结果显示，6 个月左右的婴儿开始咿呀学语，他们可以把辅音和元音混淆在一起进而发出类似于成人语言中的一些音节。当然，婴儿发出很多种声音是不限于母语的，而且，生长于不同种族和不同社会文化环境中的婴儿们的发音竟然是十分相似的。从咿呀学语开始，婴儿首先会经历一个逐

---

① Bruner J S. Child′s Talk: Learning to Use Language. New York: W. W. Norton & Company, 1983: 75.

② Chomsky N. Grammar grows in mind. In Rules and Pepresentations. Oxford: Blackwell, 1980: 134.

步增加符合母语的声音的过程，之后他就会淡忘甚至是淘汰那些在自己所处语言环境中用不着的声音。可见，似乎在语言学习中也存在某种进化论的思想，这种进化论的思想可以解释为什么人类的语言是可以互通的，因为人们具有相同的进化规律，这正是乔姆斯基普遍语法理论的科学根据。

在这里我们有必要区分乔姆斯基所说的“先天的语言能力”和布鲁纳在假设儿童学习语言能力中声称的“先验的一面”。首先，乔姆斯基所说的“先天的”是指儿童大脑中具有一种由基因决定的程序，在儿童准备学习语言时这种程序便可投入使用。这并不意味着语言在儿童的大脑里已经完全被设定，这种先天的语言能力从儿童的心-脑中产生并会经历以下三个状态：①初始状态 S_0；②连续状态 S_1，S_2，S_3，…；③稳定状态 Ss，对于三个状态的关系，乔姆斯基说：“儿童从初始状态 S_0开始，这时他的语言知识为零，然后经过一系列的状态 S_1，S_2，S_3，…，这时他航行在大量数据构成的语言海洋之中，最后到达稳定状态 Ss。此后，他的语言知识的扩展，或者说是状态的改变只是一种边际性的了。”[①] 乔姆斯基认为，语言的习得像儿童四肢的生长发育一样，是一个很自然地发生在儿童身上的事情，我们的语法植根于我们的头脑之中。很显然，这是一种唯理主义的语言学观点。

布鲁纳扩展了乔姆斯基的这一思想，认为在儿童语言能力提高的过程中存在着一种抽象化、系统化的前语言形式，布鲁纳所说的“先验的一面”的语言能力正是儿童具有的这种认知天性的混合体。由于儿童在学习语言的初始阶段他的认知方式也是一种处于初始状态的能力，又因为这种认知能力离不开各种形式的社会支持和文化语境，因此，儿童拥有的这种先天抽象化系统的语言学习的能力，需要在后天所学的情境中得到加强。为了解释儿童为什么能在学习语言过程中可以学会那些他们并不能理解的话语这一种特殊的现象，布鲁纳提出了儿童在语言习得过程中存在“先验的一面”能力的假设。由此我们可以看出，布鲁纳只是在支持自己语言与认知相互作用理论的观点时，有条件地吸收了乔姆斯基唯理主义的语言学习观，他没有有力地去为这种先验的假设做出有效的论证。

随着学科种类的增加，语言病理学作为应用语言学的一个分支应运而生。现在语言病理学家可以通过脑部疾病导致语言障碍的患者来研究语言的某种特性。在脑医学的试验中发现，左脑受伤的病人仍然可以使用由他的右脑控制的左手来感知物体，但是由于人类的句法结构功能分布在大脑的左半部分，所以他不能正确地使用语言，患有失语症的人正是因为大脑中中枢神经的语音影响中枢受损导致的病症。哥普尼克（M. Gopnik）等对一个存在一种特殊语言缺陷的家族进行了病史研究，这个家族中的成员除了语言能力之外其他的能力都是正常的，但部

① Maher J，Groves J. Introducing Chomsky. Icon Books UK，Totem Books USA，1996：14.

分成员缺失对所有语法形态特征的语言能力。研究结果表明："K 家族的 SLI 遗传树图完全符合遗传规律，这就证明了乔姆斯基关于人类语言能力是由基因遗传的语言。"① 这些语言病理学的例子至少可以说明语言学的范畴与神经科学的范畴有着千丝万缕的关联性，健康的大脑确实会遗传一些人类语言能力。从这个意义上来讲，布鲁纳所说的存在于人脑中的那种抽象的、系统的前语言能力是合理的，因为他的所指并不是那种狭义的形而上学的天赋观念，当然，作为高级认知能力和语言使用能力的拥有者，有些能力确实是可以通过遗传信号让我们轻而易举地获得。

总之，对于开头两个问题的论证和说明，构成了布鲁纳语言与认知相互作用的认知语境论。20 世纪 70～80 年代，布鲁纳的认知思想发生了转变，随之他对语言学的研究也有了进一步的修正和深入，开始转向了文化心理学，一种文化语境论。

（二）文化心理学：一种文化语境论

布鲁纳在批判行为主义弊端的基础上开启了他的第一次认知革命。当时的行为主义语言学面临着很大的困难，在学习语言中最大的困难就是一种被称为"刺激匮乏"（the poverty of the stimulus）的问题，它是指人们在学习语言时并不是依靠刺激反应一个个地学习语词和语句，因此行为主义语言学没法解释人们为什么能够自然地理解和获得句子，包括那些从未听说过的句子。

针对这一问题，布鲁纳把解决问题的重点转移到语言获得图式上。他的语言获得图式的观点是在研究了后期维特根斯坦关于语言学习的观点之后形成的。维特根斯坦在其后期的著作里体现了一些关于儿童在早期语言学习的观点，认为自然语言是纷繁复杂且具有多面性的，在语言习得的早期，我们没法像指出一个单词在语句中的位置那样易如反掌地去解释一个概念，他否认儿童在学习语言过程中对概念和语法具有一种天然的领悟能力，因此主张以游戏的形式，通过不断的训练去掌握概念性的词语与事物之间的关系，当训练涉及语言使用的规则时，儿童需要从语言共同体中学习那些已然被成年人认可的用法。他建议师生之间进行一种让学生只去记忆，不必理解词语和句子的表演式的训练，在训练的过程中那些被记忆的词语和句子在他们拥有较为成熟的认知能力和判断能力时，就可以被理解和应用了，儿童在之后的学习互动过程中就会去理解语言而不是简单的言语模仿。让学生长期晨读就是基于这个道理。

布鲁纳并不完全认可维特根斯坦的这种观点。他认为儿童对那些引起他们注意的共同的指称有一种"天性"，这种"天性"在儿童准备学习语言时便投入使

① 蔡曙山．没有乔姆斯基，世界将会怎样？社会科学论坛，2006，（6）：13.

用的蓝图，并且能在一个语言图式中得到增强，进而获得语言。儿童这种获得语言的本领在他们熟悉的互动过程中会得到很大程度的增强，随着儿童认知能力的提高，他们对语言的使用水平也会提高。当一个人的认知能力达到布鲁纳所主张的三种表征系统中的最高阶段时，并不意味着他的认知能力已经达到最高的水平，它仅意味着这个人拥有了进一步理解世界的基本工具，这个工具就是语言。语言根植于文化之中，通过语言我们与他人进行沟通并了解自己与他人的思想意图。

布鲁纳继承了后期维特根斯坦的“语言游戏说”，并在此基础上提出“语言就像生活”的观点，认为丰富多彩的自然语言远好过那种抽象的理想的形式化语言。维特根斯坦认为，早期学习语言的一个重要环节就是学会指称和所指对象的关系，他在《哲学研究》里写道：“一方喊出一些词，另一方就重复它们，让学生随着老师在一定的语境中去重复那些词，直到他们理解记忆一些词语、句子和语法。”① 布鲁纳也认为语言游戏是儿童众多游戏中的一种，儿童在玩这种游戏时不是随意发挥的，而是需要遵守一定的语法规则的，他们的这种“玩”就是为融入文化的社会技术生活做准备。布鲁纳认为儿童在其语言学习过程中要经历两个阶段：第一阶段，我们要注意到儿童具备的那种天生的语言学习能力；第二阶段，随着儿童认知能力的成长，他对语言的学习和使用必须是在一定的社会环境中进行，这样的社会文化环境成为一个支持儿童学习语言的系统，在这种社会文化系统中充满着我们共同的社会历史、习惯以及期望。由此看来，布鲁纳的确是一位文化语境论者。

布鲁纳在受到维特根斯坦后期思想的影响后，促使他在研究心理学的同时也开始研究哲学、人类学以及语言学等，这扩大了他的研究视野。他发现皮亚杰的认知心理学理论过于形式化，忽略了社会和文化因素对人们心理的影响，于是在20世纪70～80年代，他的认知理论研究转向了被人们认为是第二次认知革命的文化心理学，开始强调文化的重要性，认为自我首先是文化的，语言是根植于社会文化之中的。

其实，布鲁纳在其早期的认知心理学研究中对“文化”这一概念就产生了很大的兴趣，同时，他也意识到存在心理学在解释文化如何在人们的思想中产生这一问题时的缺陷，正如他所说，儿童从出生就处于特定的文化中并且一直受到这种文化的影响，这是一个很显然的事实。但是，认知心理学理论并没有很清楚地解释这一事实。随着布鲁纳对哲学和语言学的深入研究，他对“文化”这一概念做出了自己的解释，认为文化并不是一种简单的整体性的存在，而是包含了文化和亚文化的各个层次，文化表征着我们所生存的环境，也是我们所生存的环境中一整套的价值观、技能和生活方式的象征。

---

① 维特根斯坦．哲学研究．上海：上海人民出版社，2001：138.

布鲁纳还把文化比喻成我们意义获得和交流的“工具箱”，例如，“文化增强了我们在行动中的天赋能力、感知能力、意义获得能力和思维能力”①。作为一种文化的工具，语言被广泛地应用于特定的传统文化中，这种根植于某种社会文化的语言不仅包括语法和词组，它还包括知识、信念和处于同一文化共同体中人们的价值观。文化是个体成员在评价事实和现象是否有意义的大前提，同时也是一种对个人的束缚，就像我们的母语对我们思维和交流方式的那种限制一样，个体掌握的语言种类越多，越有利于其思维的活跃性和与他人的交流，正像擅长使用各种语言表达形式的人们似乎很少受到语言句法结构的约束那样，文化并不缺乏让个人超越来自于可能是人类固有的天赋，或者是文化自身强加给个人的限制的条件。

布鲁纳试图用一些规则和教育实践去解释以上观点的前提条件。他认为没有任何事物可以脱离它所处的文化背景，同时，每一个个体都像一面镜子一样反映了它的文化背景，个人对意义的解释和判断服从于特定的文化和文化价值观总的规则和标准，他在认可人的生物性的前提下，把文化以及文化中对“意义”的寻求看成是个人行为塑造的力量，人的心灵构建于对文化的理解和使用的过程中，于是他提出了心理学的核心不再是“刺激-反应”，而是寻找出个体甚至是人类在与周围世界的相互作用中所产生的意义，由于这样的信念，布鲁纳批判了认知心理学研究的“计算化”趋势，转向了对文化心理学的研究。

布鲁纳拒斥认知心理研究中出现的“计算化”，尤其是计算机成为心理的理论模型，他无法接受“心灵等于程序”的思想，因为计算力（computability）作为衡量计算机的标准时，忽略了人们在心理学上的信念、希望和意向的作用。因此，他认为人类思维是计算的观点只能是加速了思维理论从传统的经验主义向行为主义理论的转变，它把人类的认知能力当做“一块白板”，并且把学习的过程看成是人类心灵如何去分类、储存，甚至是恢复那些已经明确显现于认知过程中的事实。

显然，布鲁纳基于对“文化”的理解，批判那些远离文化背景和人类思维而构建的事实、价值和意义，也批判那些关于语言的明晰性和知识的中立性的观点。随着个体认知能力从动作性表征到印象性表征再到符号性表征的发展，伴随着其文化心理学的转向，布鲁纳对语言学习和使用的理解有了更为广泛的文化背景的支持，而不是仅仅从心理学的角度去研究，处于前语言阶段的儿童就可以表现出对他人心灵意图的初步的理解。到了语言符号表征阶段的儿童逐渐掌握了句法和语法规则后，再加以融入他所处的大的文化背景，可以拥有很高的理解他人的能力。在某种意义上讲，掌握一种语言就是掌握了一种共享的文化体系，不

---

① Bruner J S. The relevance of education. New York, NY: Norton & Co. 1971: 53.

同的社会个体对于同一种语言的共同使用和约定俗成，使个体之间在互相理解的过程中向彼此的心灵迈进了一大步，使用同一种语言的人们不仅拥有相似的语言组织能力，在他们互相沟通的过程中可以达到共同的指称，这样有利于他们在共同的文化语境中去寻求语言所给出的信息以外的意义。语言是我们指称的重要工具，指称某物就意味着把认知的意向投向某物。语言也是我们理解他人心灵的手段，对语言的学习不仅是为了掌握使用语言的能力，还在于学会如何去表达自己所处社会文化背景中的意向，正如布鲁纳所言："达到共同的指称，就是与他人达到了一种团结。"①

概言之，布鲁纳的文化心理学转向早已不是他单纯对心理学的研究，而是一种哲学人类学的思考，更是为研究认知与语言学习提供更为广阔的社会文化背景，同时又对新兴的认知语言学的兴起有着重要的理论意义。

（三）文化语境论的意义

从语境论来看，布鲁纳从早期的语言认知互动论到后期的文化心理学的发展，体现了从认知语境论向文化语境论的转变，对认知语言学与认知科学都产生了重要影响。

第一，文化语境论启迪了认知语言学要解决的问题。认知语言学的主要研究内容是与知觉、知识相关的人类语言，它解决的基本问题就是人类语言与心智的关系问题，布鲁纳在回答"儿童是怎样习得语言的?"这一问题时表明了他在语言与认知关系上的观点。

首先，他把人类的语言能力看作是人类认知能力的一部分，它随着个体认知的发展而发展。一方面，语言能力的发展以初级的认知发展为基础；另一方面，语言能力的发展又促进了认知能力的发展。

其次，他把作为语言环境的文化因素看成是影响语言与认知关系的一个外部因素，把儿童当前的认知能力、当前的语言能力和语言环境以及它们之间相互作用看作是影响儿童学习语言的语境因素。随着认知语言学的兴起和发展，人们对语言与认知关系的探讨也逐渐深入，心理语言学在研究怎样习得语言问题时，发现某些语言能力和认知能力可以相互分离，认知能力极其低下的人却可以拥有正常的语言能力。相反，一些"狼孩"、"熊孩"在十几年中没有人类语言的输入，经过多年人为的强化训练，他们可以在认知方面达到正常人的水平。有些心理语言学家认为："词法和句法获得的进程相对独立于其他认知发展，而意义的获得似乎严重依赖于非语言的认知发展。"② 尽管布鲁纳关于语言的认知研究理论不

---

① Bruner JS. Actual Mind, Possible Worlds. Boston: Harvard University Press, 1986: 63.

② 朱曼殊主编．心理语言学．上海：华东师范大学出版社，1990：391.

是面面俱到的，它甚至有颇多被质疑的地方，但他至少让认知语言学家把目光转向对语言与认知关系不同层次的研究。

再次，布鲁纳的“结构主义认知”学说引起的问题也成为认知语言学家需要解决的问题，他认为我们的学习过程就是一个认知结构形成的过程，这种认知结构是人们经过对外界事物经验性的感知而形成的观念结构，这种认知结构在我们学习知识时起着很大的作用。每个学科内的知识都有其独特的结构，我们可以通过学习这种结构来有效地掌握知识。他还将其语言的认知研究成果应用到教学改革中，这也引起了认知语言学开始关注认知、语言与知识的关系，“我们的知识是以怎样的结构存在的?”“语言是如何利用知识的?知识又是怎样限制人们的语言的?”① 布鲁纳的结构主义教学观引起的这些问题后来都成为认知语言学家要回答的问题。很多认知语言学家采纳了布鲁纳认为认知结构是一种植根于说话者的知识和文化系统里的一种心理现象的认知结构理论，只有当我们激活相关的认知结构时，我们才能理解一个语言形式的意义。

第二，文化语境论作为认知语言学的心理学基础。认知语言学虽然只有二三十年的历史，但是它的研究范围很广，目前较为成熟的研究课题有范畴化与典型理论、意向问题、框架理论、概念隐喻、脚本理论、语法化和认知语用推理等领域。最近几年在认知语言学的研究方法也从传统的“内省法”过渡到以心理和实验为基本方法的实证研究法，其目的在于解决发展过程中发现的许多新的语言事实和现象。作为一门部分基于心理学研究的学科，认知语言学发展太快，并没有来得及充分吸收心理学的研究成果，它只是为了叙述上的便捷，对心理学理论成果的吸收仍然停留在通俗的心理学水平上。因此，很多认知语言学家开始把目光投向研究认知语言学科学的心理学基础之上。在这个意义上，布鲁纳的认知心理学研究成果还有待于充分地被吸收到认知语言学的研究领域，特别是他晚年对认知心理学的反思与批评，他强调的文化心理学认为人的心理是社会文化的产物，并将其早期语言的认知性研究置身于更为广阔的社会文化语境中，他这种从认知心理到文化心理转变的研究路线是值得认知语言学参考的。他一方面强调把语言的各个层次与认知的各个层次结合来深入探讨语言与认知的关系，另一方面又强调对语言与认知的文化语境进行考察。

随着认知语言学的研究方法从内省法逐渐扩展到以心理和实验为基础的实证研究法，具有精确性的心理实验的案例在认知语言学的研究当中得到了广泛的使用。布鲁纳在其早期的认知研究做了大量的实验来验证其思想的正确性，譬如：“窥视孔”实验、“硬币估值”实验等②，他还以实验的形式把认知与语言的研究

① 杰罗姆 · 布鲁纳. 教育过程. 邵瑞珍，王成旭译. 北京：文化教育出版社，1982：27.

② 罗姆 · 哈瑞. 认知科学哲学导论. 魏屹东译. 上海：上海科技教育出版社，2006：99.

深入无意识的认知过程，并把一些具有攻击性的和情绪上重要的词提供给被试，被试会因其个人对词语的认知情况的不同而对词语做出反应的速度也不同。在布鲁纳的著作中，随处可见他把实验结果作为支持其认知理论思想的证据。后来的认知语言学研究在借助仪器的实验研究中，也不约而同地使用实验的方式，给被试一些语言刺激，来测试其认知能力和记忆能力。因此，在现在的认知语言学实验中，我们应该借鉴一些布鲁纳在研究认知心理学方面的实验成果和实验方法，使认知语言学充分吸收认知心理学的理论研究成果，进而使这一门新型的交叉学科研究的范围越来越大，研究成果的应用领域越来越广。

第三，文化语境论发展了语言学习方法。布鲁纳的认知心理学研究转向了文化心理学之后，他在语言认知研究中把社会文化因素看成是影响人们语言学习的重要因素之一，认为语言习得除了受教育的影响以外，还与我们所处的社会文化语境和文化传递方式有关，在这样的理论背景下他主张“直觉思维”① 在语言学习中的重要性，并强调文化因素在语言认知中的重要作用。

首先，布鲁纳非常重视直觉思维在人类认知过程中的重要作用，认为直觉思维与分析思维不同，它在我们熟知的知识领域及其结构为根据的基础上可以使思维者实现认知的跳跃式前进，这种“捷径式”的思维模式在一定程度上可以超越一次前进一步的演绎推理或归纳推理为特征的分析思维。在语言学习的过程中，我们可以极大地发挥直觉思维的作用，儿童可以大胆地凭借自己的直觉思维去练习他们的语言能力，进而描述出他们对外部世界的认知结果，这种大胆的假设性的猜测在儿童学习语言的过程中起着重要的作用。布鲁纳强调机灵的推测、丰富的假设和大胆迅速地做出试验性结论，是从事任何一项工作的思想家极其珍贵的财富，我们应该倡导学校让儿童掌握这种天赋。直觉思维产生的认知结果不一定全部是正确的，它需要我们用比较分析的方法去检验这种或然准确结论，但是直觉思维这种方法的重要性是值得我们重视的。

其次，布鲁纳晚年的文化心理学转向将其语言认知研究置身于更为广阔的社会文化语境之中。认知语言学是参考认知科学的研究方法、研究范围和研究成果来进行的语言学研究。作为认知能力的一种，语言能力承载着整理和传递人类认知成果的重大使命，由于不同的文化系统拥有各异的语言符号系统，这种多样的文化系统限制了人们对多种语言的学习能力，要想深入探索人类使用语言和理解语言的内部学习机制，我们就要特别关注文化因素在语言学习中的作用。语言的认知内容既包括人类对语言的获得和使用，也包括将那些通过语言所获得的知识经过加工整理再传递给他人的能力，我们是如何运用认知能力把我们的认知成果通过语言编码程序传达给他人的这一问题，就是认知语言学需要解决的问题，在

① 杰罗姆·布鲁纳. 教育过程. 邵瑞珍，王承旭译. 北京：文化教育出版社，1982：68.

解决这一问题中，文化因素是我们必须要考虑的主要影响因素之一。尽管布鲁纳没有具体地提出语言学习中“文化语境论”思想，但他对文化因素的重视在其语言认知思想中随处可见。

概言之，布鲁纳后期思想的文化心理学转向是他对前期认知心理学思想的深刻反思的结果，他对不同学科的深入研究极大地丰富了他的理论成果，他的语言认知的研究成果也为后来的认知语言学研究内容、研究范围和研究方法提供了很多值得借鉴的思想。

五、结　语

布鲁纳的认识论和方法论是统一的。其统一的方式或方法可以从其哲学的指导意义中得以体现。就像认知的概念是从哲学的具体分类中源起和发展的一样，布鲁纳的认知理论也从哲学的视觉中找到了认知产生和发展的结构主义和文化主义基础，从而为其发现的认知主义教育观和心灵学发展寻找科学依据，并且其结构主义知识观以及文化主义心灵观为认知主义哲学提出新的问题。同时，布鲁纳在对自身认知理论的改进过程中，不断协调理论与实践的辩证关系。在认知研究的发展方向上，协调计算与意义的“解释”与“诠释”的辩证关系；在有关心灵的研究意义上，协调“自我”与“他者”的辩证关系。

作为其理论依据依然存在一种理想主义而带有偏向。从认知心理学出发，布鲁纳对认知模式的描述过于笼统，其物理性特征为我们留有无限的空间，而在对认知研究的发展方向上一方面引发了人工智能的广泛讨论，另一方面却质疑人工智能的社会性可能；从认知教育入手，布鲁纳的教育观具有明显的乌托邦理想，过多地陷入了理想的方法而缺乏具体的可操作步骤，而发现法作为教育理论在基础教育的实践中并不可行。在这里我们依然有很长的路要走。

第二十五章　丘奇兰德：基于神经哲学的心身关系表征

心身问题一直是哲学家们关注的焦点。丘奇兰德（P. S. Churchland）对传统的心身理论进行了批判，从对常识心理学的取消中对心身问题进行了全新的认识。他的神经哲学的提出，不仅从语言、意识上推动了心身问题的研究与发展，而且开辟了一条新的研究路径。要弄清心身问题的神秘面纱，丘奇兰德为我们揭开了其中一角。

一、心身问题及其历史考察

（一）心身问题的含义

历史地看，“心灵”这个词有不同的意义。笛卡儿的心灵是具有心理属性的东西，能思想、能认知，心身问题就是人的心灵和身体之间的关系。这就有两种可能：一是身体和心灵一致，二是身体和心灵不一致。如果身体和心灵不是一致的，又分两种情况：一是心灵和身体的某一部分一致，二是心灵和身体完全不一致。可以说，人们正是借助心灵才得以思维。在这种情况下，心灵就成了一个独立的东西，而一个人之所以能够思维主要是由于大脑的存在，那么心灵就意味着是大脑或是大脑的一部分。这种情况下心身问题就涉及了对神经生物学中神经系统的研究。还有人认为心灵就像人类的智能，在这种情况下对心身问题进行研究就是研究人的心理了。有人又认为心身问题应该被看作是人的心理与物理的属性之间的关系，它们只不过是人类的同一物质的两种属性而已。

对心身问题的探讨始于2500年前。柏拉图试图用二元论的观点来解释这个问题，他认为心和身是并不存在相互关联作用，是两个独立的实体。直到笛卡儿对心身问题的研究，我们对这个问题才有了鲜明的理论形态。黑格尔说过：“从笛卡儿起，我们踏入了一种独立的哲学，这种哲学明白：他自己是独立地从理性而来的，自我意识是真理的主要环节。”[①] 笛卡儿认为，人的身体和灵魂是两个不同的实体，灵魂具有延展性，身体只不过是一个机械操作的实体，“可以引起怀疑的事物由于很久以来我就感觉到，我自从幼年时期起就把一大堆错误的见解当做真实的接受了过来，而从那时以后我根据一些非常靠不住的原则建立起来的东西都是十分可疑、十分不可靠的”[②]。只有把我们的身心分开而来，才能得到

---

① 黑格尔．哲学史讲演录（第4卷）．贺麟，王太庆译．北京：商务印书馆，1959：76.

② 笛卡尔．第一哲学沉思集．庞景仁译．北京：商务印书馆，1986：112

清醒正确的认识。

笛卡儿对身心进行了区分之后就开始证明他的理论，他说我之所以存在是因为我在思考，如果我知道我的存在，但并不意味着我知道我有身体。“我可以设想我没有身体，没有我所存在的这个世界，也没有我所在的地点，但是我却不能设想我不存在。相反地，正是从我想到怀疑其他一切事物的真实性这一点，可以非常明白正确的推出：我是存在的，另外一方面，如果我停止思想，则即使我所想象的其他事物都存在，我也没有理由相信我自己的存在。因此，我就认识到，我是一个实体，这个实体的全部本质或本性只是思想，它并不需要任何地点以便存在，也不依赖任何物体性的东西，因此这个我，亦即我赖以成为我的那个心灵，是与身体完全不同的，甚至比身体更容易认识，纵然身体并不存在，心灵也依然不失其为心灵。”① 在笛卡儿看来，真实的我不是我的物质的身体，而是思考着的灵魂。“就是一个在怀疑、理解、设想、肯定、否定、愿意、不愿意、想象和感觉的东西。”他还说：“我是我的灵魂，是一个形体的存在和实体。”② 虽然人的身体和心灵天生在一起，但完全是两个不同的实体。

然而，如果人的身体和灵魂是两个独立的实体，那它们是如何保持一致性的？笛卡儿做出了这样的解释，他认为在身体和心灵之间存在着一种叫松果腺的东西，身体和心灵通过松果腺来保持一致。精神既然不占空间，他怎么得出存在松果腺？而且如果心灵是独立存在的实体，不依赖于肉体，那么就容易得出灵魂不灭的谬论。虽然笛卡儿的二元论存在着很多矛盾和问题，但他开启了心身哲学的大门，笛卡儿理论中的困难和矛盾也成为后来的哲学家们难以回避的问题，为后来心身问题的不断创新奠定了基础。

（二）心身问题的历史考察

心身问题几乎同哲学本身一样古老，一直以来也是唯物论和唯心论争论的焦点。对于人的身体和心灵的本原是什么、是否都是实体等一系列问题，历来哲学家都做出了种种的解释。在古代有灵魂不灭说，灵魂原子说等，自笛卡儿提出了他的心身观后，出现了“心身二元论”和“一元论”两种主流看法。二元论认为世界存在着两个本原，一元论认为世界只存在一个本原。一元论又包括“唯物”和“唯心”两种理论，前者认为物质是唯一的实体，不存在所谓的心灵的实在性，心灵只不过是物质的产物而已，没有物质便没有心灵；后者恰恰相反，认为我们的心灵是真实存在的实体，没有心灵便没有物质，没有非精神的物质的存在。一元论者斯宾诺莎认为，身体和心灵虽然同属于一个实体，却不能相互作

① 笛卡尔．第一哲学沉思集．庞景仁译．北京：商务印书馆，1986：77.

② 笛卡尔．第一哲学沉思集．庞景仁译．北京：商务印书馆，1986：77.

用，也不能相互制约。而马赫的经验批判论也是一元论的，认为经验统一于心和身，心和身都是由经验所构成。这两人都是一元论的代表人物。二元论的代表则属笛卡儿，其理论也影响了后来很多的哲学家。对于笛卡儿理论中的矛盾与困难，后来的哲学家为解决这个问题进行了种种的尝试，并且形成了各种学派，其中主张还原性的理论就要有行为主义、同一论、功能主义等。

行为主义是把人的精神现象归结为人的一种行为的理论。行为主义者认为，心灵应该归结为行为或者是一种行为倾向。按照这种理论，人的一切思想如"信念"、"想象"不过是人的现在的或者潜在的一种行为。例如，李四想去看书＝李四倾向于看书。对于"倾向"，我们并不能进行观察，但可以通过其后来的行为进行定义。就如区分一个人是平静还是愤怒，就要看他的行为，是大叫、砸东西等。因此，行为主义对于我们所说的心灵现象描述为一种行为或是行为倾向。但是，行为主义者也并不是说我们的精神现象就等同于行为。因为同一个行为可以用很多不同的行为来表述，例如，"愤怒"这一精神现象表现为大叫、砸东西等，但不能说愤怒就等同于砸东西。行为主义强调人的精神现象通过行为来测试，而一个人的所作所为与他所处的环境有关。

在行为主义者看来，所谓心身问题就是人和人的活动之间的关系问题。表面看来，行为主义是一种如何理解和分析心的词汇的理论。它所谈论的我们的状态、情绪、感觉等并不是说谈论这种内在状态，而是我们潜在的一种行为模式。心理状态虽然与我们的行为有很紧密的关系，但是并不能完全用行为来替代。很多哲学家认为行为主义不探讨人们的一种内在状态，忽略了很多重要的真实存在的东西，而且我们的一些心理状态并不一定完全与我们的行为有关，即使两个人的行为完全一样，他们的内心状态也有可能是不一样的。在现实生活中，我们做出行为，仅仅是我们的愿望与适当的信念想结合时才会发生。例如，我想喝一杯水，仅仅当我面前的那一杯是水，我才会去喝。如果我面前的不是水而是不能喝的液体，我就不会做出喝水的行为。

行为主义还漏掉了我们的行为与我们的心理状态的联系。如果将我们的心理状态等同于行为倾向，那么我们的心理状态就不可能是我们行为的原因，事物与事物产生的原因就成了两个不同的东西。行为主义的代表人物赖尔曾指出我们日常中的"希望"、"思想"等指称并不是我们某个人的特殊的存在，而是一种物理现象。赖尔就是想把我们的心理状态转化为一种物理状态。他拒绝承认任何精神的实体存在，不承认精神的任何意义，拒绝把人当成有精神存在的实体。

同一论是将人的精神现象等同于大脑的神经系统的物质的理论。同一论又分为两种：一种是类型同一论，这是一种强同一论，认为一个人的精神现象就是他的大脑里的某些神经细胞的活动状态。就如一个人感觉到疼痛，那只不过是他大脑的某一处的神经细胞在活动而已。这种理论否认心灵的独立存在，认为心灵也只是一种特殊的物质，这种物质是人的身体的一部分，能控制人的行为与目的，这种物质就是大脑。他们不仅认为人的精神是产生人的行为的原因，还用人脑中神经系统的活动来解释人的精神现象。大脑的神经系统只有物理和化学的特性，以及这些特性的延伸，并没有认为非物质的特性。人的精神现象就是大脑的神经系统的活动运作，离开了大脑，精神现象就不会存在。强同一论者认为人的精神现象与神经系统活动是一一对应的，主张人的意识与大脑过程所对应的本体是同一的。另外一种则是弱同一论，又叫记号同一论，认为人的精神现象和所对应的神经系统活动做到一一对应是不可能的，但是心理现象和大脑过程所做的标记却可能是同一的。心灵和我们大脑之间的关系就如同电脑中硬件和软件之间的关系一样，同一种程序可以在不同的硬件系统中运行。

功能主义则是一种把人的精神现象看作是人脑或者其他物质功能的理论。功能主义赞同同一论的精神对应人脑，但不同意精神仅仅等同于人脑。功能主义并不像同一论一样把人的心理状态完全等同于人的物理反应，而是从因果角度出发，把人的心理状态具体地去等同于某一种具体的功能。他们认为人之所以会有精神现象是因为人们有产生精神现象的物质所发挥的功能，这和这种物质是什么属性以及怎么运作无关，所以精神现象不只是人脑的产物，它也可以是其他的物质构成的。例如，我们的手表可以是石英表，也可以是电子表。功能主义者认为这种因果关系是可以被复制的，不管主体是什么材质。按照功能主义，如果我们产生意识的这种因果关系能够被复制，那么机器人也是可以产生意识的。

功能主义者认为人的身体和心理是一种复杂的因果复合物，它既包含人的身体和外部世界之间的联系，又包含人的身体和我们自身心理的联系，还有心理与心理之间的联系，这些形式是多种多样的。功能主义的中心论点是将精神现象描述为一种信号的输入与输出。和行为主义相比较，它承认了心灵之间的相互作用。和同一论相比较，它避免了多种心理现象的可能性，它能够解释为什么一个相同的精神理念能够出现在不同的大脑中，因为他们不同的心理状态表现的是不同的功能。普特南曾形象地指出："（大脑物理状态理论家）坚持每种心理状态都是大脑状态。因此，如果我们能发现一个心理谓词能明显地运用于哺乳动物和章鱼上（比如，"饥饿"），但在这两种情形中，它们的物理化学关系是不一样的，那么大脑状态理论就崩溃了。显然，章鱼并没有哺乳动物的大脑，但我们不能说章鱼不会感觉到饥饿。"[①] 然而功能主义的问题在于，它并不是精神现象产生的充要条件。例如，一个机器人即使可以表现出疼痛的感觉，模仿人疼痛的功能，然而它并不会真感觉到痛。

虽然哲学家一步步地试图揭开心身问题的面纱，但总有一些不解的困惑促使

---

① 吴彩强．普特南的功能主义及其困难．哲学动态，2006，(3)：26.

着哲学家们前进的脚步。一些现代的心灵哲学家又转向了一种非还原论的心身理论，主要有属性二元论、生物自然主义等。

属性二元论认为人的大脑既有属于其物理性的一面，又有属于其精神性的一面。其物理性的一面表现为人的神经系统的综合功能的器官，精神性的一面即表现为精神现象。构成生命本身的化学元素并不具有生命的特质，而是这些所有的元素以某种方式结合在一起才产生了生命。例如，水的分子结构是 H_2O，若是分开，H 则是 H，O 是 O，只有结合在一起才是水。形成精神现象本身是物理的，而不是精神的，但是当物理的部分结合在一起时，就形成了精神现象。这种精神现象不可以还原为其物理属性的一部分，也不可以还原为人的大脑的神经系统。我们的心灵只不过是我们大脑属性的一部分而已，心灵只是大脑整个系统的一个功能属性，如果人类能够造出和大脑一样的物理系统，那么它也会产生心灵等自我意识。属性二元论看起来似乎中和了心灵和身体，但是它并没有彻底地解决心身问题，它只说心灵是大脑的一个属性，但无法说明心灵是如何产生的。

生物自然主义是美国哲学家塞尔提出来的。塞尔认为心身问题中的心是指："不论是有意识的还是无意识的，构成我们精神生活的思想、感情和经验的序列。"① 因此，所谓的心身问题应该从心脑问题中去寻找。"心灵首要的和最根本的特征是意识性，意识的本质特征是它内在的、质的和主观的性质。这些特征使心灵区别于物理世界，从而产生了心身问题。"② 他主张将意识或人的精神现象归结为大脑的一种生物属性，一种本质上可以和其他物理属性相互作用的属性。这个理论认为第一人称所感受到的意识状态是真实的世界现象，我们无法通过第三人称来还原或取消这种意识状态。意识状态是由大脑的神经系统所反映出来的，是大脑的系统层面上的生物特性，意识状态是真实世界的真实特征。塞尔认为人的精神现象本身就是大脑所处的状态，意识是大脑特有的生物特性。他将意识与大脑神经系统做了许多类比，如消化与消化道的关系、水的液态流动性与 H_2O 的分子运动的关系。他强调意识并不是一个独立的属性，而是对一个生物过程或物理过程的描述。我们如果想要解开意识的秘密，就必须去寻找意识相对应的大脑的过程，这样意识可以转化为微观层次上的一种活动。

纵观以上种种学说，它们都对我们研究心身问题做出了贡献，使得后人能够站在巨人的肩膀上不断前进。但放眼历史与未来，心身问题的解决很明显需要当代的神经科学、心理学、语言学、哲学等学科的交叉、融合。神经哲学就处于当代哲学的前沿，它主要建立在对神经科学、生物学、神经元科学、哲学等学科的交叉之上，神经科学的发展更是对心身问题的研究有着重大的意义。

---

① 陈世锋．生物学的自然主义——塞尔论心身问题．新疆社会科学，2005，(2)：25.

② 陈世锋．生物学的自然主义——塞尔论心身问题．新疆社会科学，2005，(2)：25.

二、关于神经哲学中的心身问题

丘奇兰德夫妇以取消式唯物主义来研究心身问题，在当代有着很大的影响。他们以科学实在论为基点，认为我们日常所使用的语言以及我们所习惯的大众心理学都是一种错误的理论，需要通过神经科学来进行消除，主张通过神经生物学和认知神经科学等实在的经验资料来解释心身问题。

认知神经科学是20世纪70年代由米勒和加扎尼共同创造的，他们通过功能定位和神经元活动来研究人类脑的秘密。"神经哲学"是丘奇兰德于1986年提出的，就是将神经科学与哲学研究统一起来，集合两门学科的研究方法、综合双方的研究成果，以此来共同推进人类心身问题的研究，它有着学科交叉的研究领域和特殊的跨学科研究方法①。神经哲学的一个目的就是将人类心身问题的研究还原到神经科学中，用神经生物学的语言来解释人类的心身问题。丘奇兰德认为，民间心理学以及以往一切哲学对心身问题的解释都是错误的。世界上只有物质存在，其他任何心理现象都是不存在的，"我们关于心理现象的常识观念所构成的是一种完全虚假的理论，它存在着根本的缺陷，因此无论它的基本原理还是它的本体论都将被完备的神经科学所取代，而不是被神经科学平稳地还原。我们的相互理解乃至我们的内省都可以在成熟的神经科学的概念框架内重新建构，与之所取代的常识心理学相比，我们可以期待神经科学有大得多的威力，而且在一般意义上的物理科学范围内实质上更加完整"。②

（一）丘奇兰德对传统认识论的反驳

在以笛卡儿二元论为基础的认识论中，认识的主体与认识的客体及外部世界是绝对分开的，只有外部的对象对主体的刺激，认识主体才会获得关于外部对象的认识。这种认识论是以认识主体为核心，预设了主体和外在对象的一致，预设了中立与可靠的主体观察和认识过程，预设了一个判断真假的普遍标准。尽管到现在传统的认识论还是大家认识的标准模型，但是还是存在很多疑惑。

首先，我们并不能确定心灵的特性，笛卡儿的二元论从本体论上来说是缺乏基础的。其次，从外部对象对主体的刺激引发主体对外部对象的认识来说，这是一个很复杂的转换过程，在这漫长的转换过程中，怎么能确保主体对外部对象刺激的认识是真实的，因此很容易走向一种主观的过程。为了避免这种弊端，有的哲学家提出取消主体和客体的区分，主张没有主体的认识论。但是这种主张却使认识论失去了它存在的基础，根本上取消了认识论。蒯因认为传统的认识论存在

---

① 王小健，苏云星，刘芳．论神经哲学的兴起．医学与哲学，2007，(4)：5.

② 贝内特．神经科学的哲学基础．张立译．浙江：浙江大学出版社，2008：375.

过多的缺陷，认识论应该从抽象走向具体，要以现代的自然科学为支撑。他曾提出："认识论或某种其他类似的东西，是心理学的一章，也是自然科学的一章。"① 因此他提出了自然化认识论，认为自然科学相比较哲学更能使人信服，认识首先就是一个自然的过程，是自然科学研究的对象，自然科学就包含神经生物学、心理学等。坎贝尔、胡克等也认为人的认识过程是一个自然科学的过程，应该用自然科学来研究，哲学家们应该用自然科学的方法来研究人的认识问题。现象学的代表人物胡塞尔认为我们应该从现象的角度去研究认识论问题，认为我们的认识就是我们所意向的东西。正是通过"意向性"，我们才有可能去认识我们自己以及我们的世界，才能真正把握世界的本质。胡塞尔用"意向性"来建立物质的和心灵的，外在的和内在的统一，他对意向性的分析建立在对纯意识的分析基础上，这样就会造成与外面物质世界的分离。当代的分析哲学家则认为，我们认识事物是通过事物的逻辑与本质，从语言方面以及意义方面来分析心身问题。

总之，传统的认识论有两个极端：一个是彻底的唯物主义，认为我们所研究的心身问题都应该是在物理基础上去研究，如近现代的经验主义与还原主义；另一个是唯心主义理论，这种理论坚持一切从心灵方面着手研究，这就从一个极端跑到了另一个极端，如心灵主义。然而，把物理世界与心灵相分离的研究方法在根本上就是一种缺陷性分析，因此，我们必须脱离这两种极端，以客观的合理的方法去研究。

丘奇兰德通过反对计算主义来捍卫联结主义，反对功能主义来构建还原式的神经哲学。计算主义认为，我们的宇宙本身就是个大型的计算机，我们的周围存在着各种形形色色的自然计算，他们用计算的方式来看待我们和外部世界的联系、我们的意识问题。对于我们思维的最恰当的理解就应该是我们身体结构的一种计算程序。计算主义把人的思维过程等同于机器的一种计算过程，计算机可以模拟人的计算过程，甚至可以相当于人类的思维。丘奇兰德认为这种理论存在着很大的弊端，因为："相关的功能可以有潜在无限多的方式被计算，而并非仅仅以人类碰巧计算它的方式，而且这些不同的计算程序可以实现于潜在的无限多的不同物理基础，而不仅仅是实现于人类特殊的生物基础。相应地，将民间心理学的范畴还原为特殊的人脑活动程序和机制，就会将那种计算的典型功能的无限多的其他实现方式，排除在真正认知行为者的领域之外。"②

丘奇兰德认为这种观点存在着很大的局限性。首先，计算机无论在计算速度还是记忆性和复杂性上面都远远比不上人的大脑，我们用一秒钟能解决的事情，

① 黄正华. 认知科学中的心身问题与认识论. 科学技术与辩证法，2006，(2)：5.

② 丘奇兰德. 功能主义40年. 一次批判性的回顾. 田平译. 世界哲学，2006，(3)：5.

计算机需要几分钟甚至更长的时间。即使计算机的内存容量很大，也无法像人的大脑一样遇见事情立刻从复杂、大量的记忆中提取出适合解决这件事情的合理方式。因此，从实现的效率方面，计算机并不能像人一样能够快速有效地处理认知问题。其次，计算机的表征形式假定了语言的句法结构是认知的唯一特征，目前来说，地球上能够掌握语言句法结构意义的显然只有人类，其他任何生物肯定有其他非语言形式的表征模式。丘奇兰德认为，“无论如何，人脑在其微观解剖学方面与其他哺乳动物大脑只有少许差异：我们都是地球之进化大树的同一个树枝上的临近的末梢。”① 因此，从语言角度来说，计算表征的模式也是无法立足的。再次，在计算机中，真正对上层起作用的不是计算机本身，而是我们所编的那些程序。它不存在可还原的物理基础。因此丘奇兰德认为计算主义是站不住脚的，心理活动只能在大脑的基础上显现。

功能主义的代表人物福多认为心灵是大脑的计算机。人的各种器官加上语言组织起来成为了计算机的输入程序，人就是通过信息输入大脑加工，然后信息输出，完成认知过程。功能主义者试图用人工智能来模拟人类的认知过程，英国著名哲学家斯洛曼就试图通过理性经验的帮助下来开发有情感与认知能力的人工智能。人类心智的因果关系就是计算机的输入与输出关系，大脑的意识思维与认知等过程全是由功能性的计算来实现的。随着人工智能研究的不断推进，人们发现功能主义的局限性越来越明显。功能主义所说的计算机程序只不过是一种逻辑符号的运行，就像算术一样，本质上还是一种数学运算，计算机的输入与输出还是需要一定的形式系统来承载，必然会受到它的限制。

我们都知道生物认知主体不仅能够同外部世界进行作用，而且能够同自身发生作用，能够认识到自己在思维，而人工智能则不可以。因此，人工智能同人类生物类比，其局限性显而易见。丘奇兰德在功能主义的基础上构建了他的神经哲学框架：首先他假设了功能主义的正确性，即承认认知生物体的认知过程是一种复杂的功能计算，且这些计算活动能够作用于不同的物理基础。接着丘奇兰德提出新的“矢量-矩阵”解释，“这种解释将体现与大量专有神经元之中的短暂的激活矢量看作是短暂表征的基本模式；它将出自突触连接干预矩阵的矢量到矢量的转换看作是对那些表征的基本计算模式；它将特殊的加权突触联结构造看作是一般或背景知识的基本模式；它还将那些正在进行的加权突触联结的值看作是学习的最基本模式”②。丘奇兰德的神经哲学也是赞同计算模式去解释心身问题，但不同的是神经计算生物学坚持科学主义立场，主张神经计算状态的生物还原。神经计算生物学是将大脑置于能量流中，从科学的神经生物原理去探索人类认知

① 丘奇兰德．功能主义40年．一次批判性的回顾．田平译．世界哲学，2006，(3)：5.
② 符征，李建会．丘奇兰德的神经哲学思想．科学技术哲学研究，2011，(5)：6.

的秘密，通过科学的手段，将神经科学与大脑认知、环境等一系列因素结合起来达到对大脑的认识。丘奇兰德将大脑置于更广阔的空间，从多角度、多方面去探讨大脑的意识产生以及同外部世界的联结，而不是像功能主义那样将大脑置于单一的计算中。

（二）丘奇兰德对常识心理学的取消

丘奇兰德借助现代科学成果的发展，从神经生物学的角度着手，开辟了新的认识论路线。丘奇兰德指出，首先我们对于我们日常生活中所描述的心理词汇诸如“愿望”、“精灵”等的用法就是错误的，因为这些词汇本身就不具有任何意义。我们的大众心理学本身就是经验性的产物，这种大众心理学的内容本身就是错误的，它对我们毫无用处。就如燃素、以太等一样是虚幻的，如果建立在这种虚幻的理论基础上的大众心理学去解释我们的意向行为必然是错误的。他认为，人身上根本不存在信念、希望等状态和实在，因此这种表达就一定是一种空的指称，这些概念和词语必然随着科学的发展而逐渐消失。随着神经科学的发展，我们在未来必然会用科学的语言来代替这些大众心理学的词汇、内容，取代诸如“信念”、“希望”等类似的词语。因此，丘奇兰德认为我们应该转变我们的思维方式，即对我们传统认识论进行革新，由此丘奇兰德主张采用取消式的唯物主义方法。

取消主义的思想可以追溯到布罗德。他在《心灵及其自然中的位置》中指出，心理属性本身就是一种不适合任何一种事物的属性，它是没有意义的。蒯因也指出，日常的心理描述、心理概念本质上是一种没有科学价值的“戏剧用语”，不能够融入世界观，因此，我们应当从哲学和科学话语中取消心理语言。早期的取消主义者对这些心理概念的理解不同，有的认为心理概念是一些空的、虚无的概念；有的认为心理概念虽然指的是大脑状态，但是科学术语比这些心理概念更准确，因此这些心理概念最终会被科学术语所取代。罗蒂认为心身问题本身就是个假问题，我们之所以认为有心存在，只不过是赞同某种专门哲学的语言游戏的倾向而已①。因为我们的神经生物学还不够发达，而我们在社会的发展中养成了这种语言习惯，因此只能通过这种心理概念来表达我们的心理状态。但是，如果神经生物学发展到一定程度，我们的这些心理语言必然会被取代。罗蒂提出了随着神经生物学的发展科学语言可能会取代心理语言，但并没确定这种可行性。丘奇兰德则明确提出我们这些关于心理现象的常识理论最终将被完善的神经生物学所取代。他认为，判断理论好坏的基本条件是：好的理论比坏的理论适用范围更广、解释预测更准确；好的理论是不断发展的；好的理论与相邻领域的

① 王健．罗蒂心身学说评析．自然辩证法通讯，2002，（2）：38-40.

理论更具有一致性和连续性。

大众心理学在这几个方面都受到质疑。首先，它不能解释我们的睡眠问题，我们为什么需要睡眠，我们是如何通过学习成为一个有教养的成年人的，记忆如何工作等。我们所能认识能和看到的只有神经元的活动，并不能看到大众心理学所具有的信念、痛等概念的存在，因此大众心理学从这些不正确的语言上所建立起来的观点也必然是虚假的、站不住脚的。其次，大众心理学在过去的几千年中没有取得任何重要的进展，而且这种理论不具有扩展性，不会随着发展而变得繁荣。例如愿望、信念等一些心理词汇并不能被还原为神经科学，而且它们并没有一定的科学依据，即使科技不断地进步，这些词汇也不会随着科技的进步而发生变化与发展，因此应该被取消。最后，大众心理学也不可能和现代的生物学、物理学等先进的科学融合，因此它必然会被取消。因此，丘奇兰德首先要消除的便是错误的、阻碍我们认识世界的大众心理学概念。他主张在消除大众心理学后建立起以科学为基础的语言体系。我们日常的话语过于粗糙、模糊，根本无法认清事物的本质，在消除我们日常的经验性的理论之后，再用科学的方法和科学的语言来对我们所认识的世界进行合理的解释。我们之所以能够认识世界全是因为我们的大脑，我们的大脑就是我们认识世界的工具，我们知觉和理解就随着我们大脑对外部世界的认识而不断开发，我们大脑的知觉与理解力等都与我们的外部世界相关联。

（三）丘奇兰德对心身问题的神经哲学解读

第一，丘奇兰德以神经计算生物学的方式来解释我们的大脑如何与外部世界联系的问题。他认为："知觉就在于对包含在我们的感觉或感觉状态中的自然信息的开发。"① 我们每一个人其实生来脑中就形成了一定的概念，我们脑中的知识概念构架就影响着我们的知觉。就如同萝卜白菜，各有所爱。我们每个人所形成的概念不同，影响着我们对外部世界的理解，所以我们每一个人对外部世界的认识也是各不相同，而且我们的知觉还随着我们的概念构架的改变而改变。"这些构架通常是一种文化遗产，经过许多代累计起来的，而熟练并掌握它们以后，就能给我们的感官生活加上除此以外就不会有的丰富性和深刻性。"② 而在经验主义看来，词语的意义是与我们的感觉有一定的关系的，词语的意义正是由我们的感觉所给出的。例如，我们对一杯水的理解，当水上面冒着热气，我们视觉认为这杯水是热的，那么"热"这个词汇的意义便是我们的视觉所给予的。如果我们喝了一口水是凉的，那么"凉"这个词汇的意义便是我们的触觉所给予的。

---

① 丘奇兰德．科学实在论与心灵的可塑性．张燕京译．北京：中国人民大学出版社，2008：8.

② 符征，李建会．丘奇兰德的神经哲学思想．科学技术哲学研究，2011，(5)：6.

但丘奇兰德认为，我们的感觉不是纯粹的，而是受到我们心里的概念构架所影响，我们并不能客观地对词语做出准确的判断。我们的大脑的状态就表征了外部世界，他提出了“大脑建构模型”，这个模型是关于外部世界作用于我们的身体及大脑的一些活动的解释。身体的状态是通过感觉以及我们身体的神经系统环境所决定的，这些状态包含我们的身体基本所需、血压等基本身体数值。而大脑对外部世界的表征可以通过一些计算模拟来实现，运动神经通过对身体的模拟运行仿真器，从而预测其在执行前的行动结果。

神经科学家达玛西奥认为，人的身体与外部世界相互的关联性是通过人的自我意识来表现的。然而大脑对内在的自我与外部世界的真实存在是有很大分歧的，大脑还不能完全通过自身对外界进行恰当的模拟。对于大脑和外部世界的关联性，丘奇兰德认为，智能神经生物系统中的表征模型和我们所模拟的外部世界的地图类似。我们的神经系统的结构复杂程度就同这个世界不同事物的复杂程度一样，只是我们现在对神经科学的研究还不够深入，还不能很好地去理解大脑内部和外面世界的关系。并且，我们的大脑也可以和地图一样显示外部世界，正如地图能显示一个城市的道路交通，我们的大脑也一样能显示外部世界的结构。但是大脑之间也是有区别的。例如，一个动物的脑结构所反映的外部世界和一个人脑所反映的外部世界的图像是不同的；又如，一个婴儿所反映的世界相比较一个成人所反映的外部世界的关联要少很多。

第二，丘奇兰德用生物进化论来论证我们的神经系统是一个多维度复杂系统的观点。他认为我们的大脑和外部世界具有很强的一致性，动物通过各种行动使自己生存下来，而神经系统通过帮助它们记忆及协助行动而使它们繁衍下来。而且大脑的智能越高，其组合行动的能力越强，其生存下去的能力越大。大脑所介入的神经元越多，统计能力就越强，大脑所反映的同外部世界的构架就越一致。大脑所获得的外部世界的信息同生物体自身的探索就更具有逻辑一致性。这种动态循环比单纯地被动接受能够获得更多的关于外部世界关联性的信息。我们的大脑还能够运用外部的工具来扩展我们对外部世界的认识，如显微镜和望远镜。同样，我们的大脑还能够运用内部的工具来延伸我们的认识，如地心引力、相对论、磁场等。

正是由于科技的不断发展，我们的认识也在不断进步。一方面，我们的大脑借助外部的工具如火箭、卫星等认识到我们的地球也只不过是宇宙的一部分；另一方面，随着对外部世界认识的改变，我们大脑的内部认识也发生了巨大的变化。丘奇兰德正是试图借助我们的大脑对外部世界的表征来认识我们大脑的认知结构，从而表达我们是怎样认识外部世界的。我们应该利用脑神经科学的发展，比如神经元科学、医学、神经系统的发展以及心理学等多方面的领域的结合，才能使我们更好地去研究我们大脑对外部世界的表征问题。

第三，丘奇兰德认为传统的认识论大多是一种“语句认识论”，这是一种以臆想的语词为理论工具来描述和解释人类的理性和认识问题[①]。传统的哲学家们大多数以语言和逻辑的角度来研究认识论问题，这是一种纯粹的理论方式，这种研究方式存在很多问题，会导致人类对认识的误导。他说：“我们的一切认识都取决于我们的神经元——我们的脑细胞。更精确地说，我所知道的取决于我的神经元的特殊组织，神经元起到神经组织之间相互连接的作用，而且对应于不同类型的神经元。”[②] 我们所了解的东西的范围，就像是我们这个城市所拥有的东西一样，有的东西我们本身是认识的，有的东西则我们本身就拥有，有的我们既认识又拥有，而有的我们认识却未必拥有。有些是短暂的，有些是永久的。有些是我们能言会道的，如人体的构造，有些则是我们不知道的，如构造一个逻辑理论。有些学习是有意识的，有些则不是。

神经元如何运行，使我们认识？在生命的进程中，从动物身上发现，神经系统会根据过去进行预测，进化中会吸收这些优点。不同于植物的被动反应，动物是主动行动者，有一个大脑，有学习竞争的优势，会寻找食物、配偶以及住房，还会躲避危险。神经系统会不断保持预测服务，并把这作为一个目的，与自己相关的社会关系、危险等会形成一个地图。当然，相对于它们的需要、设备、生活方式和习惯等，不同的大脑有不同的复杂地图。因此，人、青蛙和狗所代表的区域完全不同。比如，人可能对池塘的来源、作用以及灌溉的潜力感兴趣，狗则考虑在里面游泳或喝水，青蛙则考虑找个好地方产卵、捕食苍蝇、晒太阳或隐藏。当然我们会有这些疑问：神经结构组织是如何安排和体现这些知识的？就是如何显现的问题。从动物的经历来讲，神经元是如何在结构中发生变化的，例如，神经元是如何变化才发现新的事物的？在过去几十年中，遗传学、心理学、神经行为学取得了很大的进步，并且提出了一个疑问——大脑是如何呈现和学习，并如何建立一种新的面貌？许多原始的范式在这个过程中受到了冲击，古老的理论同我们自己的思维完全是一种不同的框架，以及我们的大脑是如何使世界有意义的。

在历史上，哲学家们争辩有多少知识是基于我们的本能，有多少知识是基于我们的经验。理性主义主张我们的知识完全是先天的，经验主义认为所有的知识都是后天获取的，受文化影响很大。一方面，我们的知识要么来自于基因，要么来自于经验。但从分子生物学、神经胚胎学和神经生物学最新发现来看，在先天和后天培育方面的差异正在消除。最早的阶段依赖于基因和后天两个条件。例

① 丘奇兰德．科学实在论与心灵的可塑性．张燕京译．北京：中国人民大学出版社，2008：8.

② Churchland P S. Studies in Neurophilosophy. Cambridge，MA：Bradford Book / The MIT Press，2002：273.

如，一个女的在怀孕中，胎儿在子宫中的发育环境，雄激素高可能是发育为男性。另一方面，通过长时间范式的学习，如记住一个穿过森林的路线，依赖于基因在细胞中的变化，这是学习的功能。如果你遇到了新的事物，例如你学习投掷钓鱼线，你的大脑将会演习，事件将会出现在你的深睡眠周期，你的基因也会上调。第二天的改进将取决于你的基因和神经元的功能。

第四，丘奇兰德认为五个重要的发现已经搞清楚了“先天”和“后天”的联系与区别。

（1）基因的蛋白质编码是什么。基因是一序列的基本组合，包含信息，允许 RAN 将一系列的氨基酸组合成蛋白质。

（2）自然选择不能直接选择，尤其是特别主要的知识。动物的生存是依赖于其行为、设施、神经或其他东西来巩固它的行为。神经系统中的代表实力可以被选择，尽管是间接的，只有在明白什么行为代表了动物的竞争优势。

（3）有一个真正令人惊叹的结构组织在所有的脊椎动物中保护和发展，有一个保护程度非常高的细胞结构组织，从蠕虫到蜘蛛到人类，所有的神经系统基本用同样的神经化学物质，而且它们的神经元工作方式也基本相同，相似性大大抵消了变化性。人类大约有 3 万个基因，与人类不同，小鼠大概只有 300 个基因。同时，我们与黑猩猩有 99.7% 的相似基因。我们的大脑与其他的灵长类动物有着同样的组织、相同的毛发结构、大致相同的比例、同一神经类型，而且据我们所知，有着相同的发展时间和模式。

（4）由于组织的高度保护性，多细胞的生物体有着多样性。分子生物学家已经发现，一些基因调控其他基因的表达，而且它们本身是由另一些基因所规定的，整个基因在一个复杂的、互动的、系统的组织中。但基因（通过 RNA）制造蛋白质，一个基因到另一个基因会影响蛋白质的产物。此外，蛋白质会在细胞内部和外部相互作用，并产生管理作用。调控基因微小的差异就可以造成巨大的影响，因为它们之间有复杂的联系层次。基因之间相互复杂的影响可以产生奇特的效果，比如说我们人类。

（5）一个有机体从受精卵到出生的各个方面的发展取决于细胞何时何地出生。神经元来自于神经细胞分裂的最后一个子细胞。无论一个子细胞变成神经胶质细胞或是神经元，取决于后生环境。而且，神经元是以何种方式来自于一个区域，如丘脑，联系到细胞皮质，很大程度上依赖于后生环境。这并不是说没有显著性的因果差异。例如，新生儿知道如何吸吮，知道如何取火。这显然是很不同的。

迄今为止，人们认为人出生时大脑中枢就存在一个模块专门用于特定的任务。我们能够看见，是因为有专门的模块用的是视觉系统，我们可以触摸，用的是感觉系统，等等。例如，读盲文，这明显是一种非视觉的触觉系统，不论主体是先天还是后天失明。原来，主体的视觉皮层会刺激诱导盲文的性能。更值得注意的是，一个正常的人在视觉皮层的活动下，被蒙住眼睛，学习几天盲文，只要防止任何光线在视网膜上出现，那盲文阅读性会稳定提高，当然眼罩是必不可少的，例如，五天后眼罩被摘除，哪怕是暂时的，当主体在睡觉之前看电视，他的盲文会下降到原先的水平。如果视觉皮层可以被利用在非视觉中，我们将会更普遍的利用视觉模块和模块假说。

第五，丘奇兰德认为自然与培育二分法更是一种倾向。一个有吸引力的想法是，如果你学习什么东西，那么信息则储藏在一个特定的位置。一个好的存储方法是把工具和纸张都放在一个固定地方，但是这并不是大脑存储的方式。拉瑟里在20世纪20年代就提出，如果老鼠学会了一些东西，如通过一个迷宫的固定路线，如果那个信息存在一个单一的、点状的地方，那么你应该在老鼠的右脑固定地方正确地提取出来。拉瑟里训练了20只老鼠来进行迷宫游戏。他移动了每个老鼠的不同皮质，并给了老鼠恢复的时间。然后他再进行试验，看看哪一部分的皮质影响了老鼠关于迷宫的记忆。拉瑟里发现，老鼠的记忆不可能固定存放在一个区域。看来这些老鼠在一定程度上有些受损，但更广范围的组织将会损失更多的记忆。拉瑟里的结论基本是正确的。没有专门的事情是固定在大脑的某个器官的，信息不是像文件柜似的储存，而是储存在神经元中。

从计算机模型的理解来看，信息像网络一样储存在神经元细胞中。一个基本观念是，网络中人工神经元的链接与其他人工神经元可变物的链接可能代表某事物的样式，如一张男性面孔或一张女性面孔。经过训练，链接优势会有充足的反馈。但是，如何实现神经系统像电脑一样实现点到点的链接，神经系统和电脑模型如何同步进化，这种细节问题难以实现。神经科学家正试图学习使用结构以进行两种战略：一种战略是搜寻神经元在何时、为什么、以什么水平发生改变。另一种战略涉及大规模的学习。大脑在发生病变或是开发过程中，或者当正在扫描动物或做实验的情况下，当大脑在执行记忆任务的时候，当某些基因在消退时，行为会发生什么样的变化。这还需要心理学、神经科学、分子生物学互相合作。

神经科学的研究表明，人类大脑的表皮层是输入工具，接收来自感觉和大脑其他皮质的输入，而深层皮质是输出性的，大脑通过大脑皮层之间的相互作用构成了意识的形成，而信息的交换就是通过深层与浅层之间上下的交互作用形成的。人类大脑的脑皮质有精确的感觉协调能力，大脑是个多维的系统，它对外界的反应也受到先天的概念构架影响，大脑所经历的结构发展会使大脑能够以越来越复杂的方式处理信息。例如，婴儿能以极高的效率来进行学习，并不是说他有意识地运用某些原则来指导，而是由人类大量的在先的认知发展之后的一个结果。而动物或机器并不能获得这种能力，尽管动物也有显示从经验中去学习的能力，但是它们并不像人类一样能这么好的使用语言。同时，人类的神经系统的感觉末梢不断接收着大量的信息。我们的每一个感受体例如视觉的、听觉的、触觉的等，每一个感受体的神经末梢都有大量的信息输入，而且我们从一个感受体到另一个感受体之间的信息交流几乎是瞬间不断变化的。当我们运用语言去交流时，我们不可能把所有的信息都进行交换，而且大部分的信息是没用的，因此那些从我们感受末梢进入我们神经系统的信息在过程中就不断地被过滤、改变、整合。这些信息经过不断过滤、整合、再过滤，直到我们的大脑形成类似的等式：乌云 = 即将下雨。大脑从我们的感觉末梢输入的大量信息抽象出这些概念构架。

在丘奇兰德看来，我们的语言充当了我们沟通交流的工具。通过语言的运用，我们处理信息的能力不断向高级的方向发展。我们的信息的这种承载与自然界的其他生物类似，比如，树木在成长过程中由于受到降雨、日照、寄生虫等的影响，树木的年轮上就有不同的记录，这就像是树木的信息库一样。同为信息库，却有很大的不同。比如，现代的彩色电视机同以前的黑白电视机相比较，彩色的信息库就大得多。当然这种信息库并不是说就是认识的机器，认识的机器不仅需要“感觉”的状态，还需要对外界的行为的一种反应能力。丘奇兰德假设，我们的感觉输入与运动输出之间存在着某种函数关系，函数关系随着它们以往运算的某些感觉结果的变化而确定地变化。比如，对于事物的消化来说，我们的系统会尽量最大程度去促进营养物的吸收，以及最小程度地减少组织的破坏。我们对于这些事物的反应是有一定的因果关系的，但是丘奇兰德认为，所有的学习进化的过程并不一定是向着好的方向进化的，有的物种因为这种能力而使自己走向灭绝。例如，在哺乳动物眼睛中对信息的分析是在一个视网膜光轴中的小区域，然后信息在神经区域中心进行分解组合。而蝙蝠具有独特的传递信息系统，蝙蝠能够发出各种频率的声波，用这些信号的反射来确定物体的远近、大小。

概言之，丘奇兰德将人的认知能力用原型矢量探究方式来解释，将人类对事物的解释归结到人类大脑网络的矢量的激活。原型矢量拥有强大的信息量，每个人都有不同的原型矢量，对于同一样东西，不同的人有不同的解释。比如，一个电工肯定比我们大多数人对各种电线具有更高程度的理解。大家都知道我们能够反思我们自己的行为，而且还能反思我们对我们行为的反映。正是这种自我体验与反映形成了自我意识的概念。

三、神经哲学对心身问题的意义

第一，从语言角度推动了心身问题的发展。格莱斯指出：“作为哲学思考的基础，对日常语言的细节特征的详细考查是必需的。”① 20 世纪开始，很多哲学

① 李绍山．论格赖斯的非自然意义理论．现代外语，1990，（5）：8.

家就接受了维特根斯坦发起的“语言转向”，朝着语言哲学家的路线发展，如赖尔等的双重语言论、石里克的平行论等。他们的任务不再是提供新的知识而是分析语言概念。赖尔就表示，他的任务不是要增加我们对心的认识，而是想修正一下那种描述我们早已具备的种种知识的逻辑地图。在对心身问题的分析中我们应该对心理词汇进行具体的、细致的分析。他们的主张是不存在独立于生理之外的心理过程，我们的心身之间没有相互作用，日常中的“思想”、“意识”等术语并不是某个人身上特殊存在的东西，而是一种物理现象。我们的哲学问题应该还原为这些概念的特征问题，要分析事情的真相，就要了解我们的词汇到底意味着什么，为什么要这样使用等一系列问题。经验主义认为，我们的知识由两部分构成：一部分是非理论知识；另一部分理论知识，用来检验第一部分。

对于概念和信念也有经验与理论之分，而丘奇兰德否定了经验主义的说法。他认为，所有的知识、概念和信念都是理性的，根本不存在非理性理解的东西。丘奇兰德以科学实在论作基础，从知觉问题出发探讨语义学问题，认为知觉就在于对包含在我们的感觉或感觉状态中自然信息的概念的开发，而所谓的概念开发就是我们的感觉状态是不断在更新、变化，是一种动态的形式。我们每个人在成长过程中慢慢地形成了一个概念框架，我们的知觉就在框架的范围中发生，并随着我们的框架的变化而变化。传统的经验主义认为，我们对语词的意义理解是与我们的感觉息息相关的，而丘奇兰德认为这些语词与我们的感觉并没有关系，而是与我们成长过程中形成的概念框架有关系，语词的意义是由我们所接受的包含该语词的语句网络所表征。因此，丘奇兰德提出了“语义空间”的概念，“如果一个语词在语义空间占据了一个确定的位置，那么它在那个空间中必定处于联系之中；它必定与语义空间中其他成分具有一定的语义关系，并且它的地位将由这些成分来确定。其他语词可算作这些成分，而感觉本身并不算作这些成分”。①语义的重要性在于我们语言的交流，语词的意义就以语言使用者的相关信念，即与成长过程中形成的概念框架有关。“我们之所以能够发展到现在，研究各门学科是因为我们掌握了丰富精彩的语言，我们要理解世界和我们自身，并且从中获得的一切都不过是一种言语表述——因为这些是思考和推理的工具，我们应当关注我们的工具并确保其纯净。”②

在丘奇兰德看来，我们日常所使用的这些心理概念的言语就属于这个范畴，本身就是虚无的、错误的，因此我们应该对我们日常的语言体系首先做个重大的变革，消除我们日常的错误的心理概念词汇。我们应该用神经科学所发展的语言来取代那些模糊的、虚无的语言，从而使我们的语言体系能够和科学的发展保持

① 张燕京．论丘奇兰德基于科学实在论的语言哲学思想．自然辩证法研究，2009，(4)：3.

② 张燕京．论丘奇兰德基于科学实在论的语言哲学思想．自然辩证法研究，2009，(4)：3.

一致，才能使我们的研究成果更加准确。而且语言作为我们日常交流和信息传递的一个重要的工具，才会使我们人类同动物分别开来，从而使我们得到的信息能够得到最大的利用。丘奇兰德无疑从根本上对语言进行了彻底的改变，而且又肯定了语言对我们认识心身问题的重要性，从这方面来讲，促进了我们对心身问题的进一步的解决。

第二，从意识角度促进了心身问题的研究。人类的意识和行为也许是世界上最复杂、最奇异的现象。直到现在也没有一个对“意识”概念普遍公认的定义。难怪认知科学家达玛西奥在研究意识时发出这样的感叹：“还有什么比知道如何知道更困难的事情？正是我们有意识，才使我们能够，甚至不可避免地要对意识提出疑问，还有什么比认识到这一点更让人惊异和迷乱？”① 对于意识的研究，不同的哲学家提出了不同的观点。埃德尔曼和托诺尼声称：“意识是作为一种特殊的脑的过程出现的”。还有许多哲学家把对意识的研究重点放在感受质的研究上。比如查尔默斯认为意识研究的主题应该被描述为“关于经验的主观的性质”，他声称，某种心理状态是有意识的，“如果它具有某种质的感受——某种关于经验的关联性的性质，这些质的感受也被称为现象的质，或简称为感受质。解释这些现象的质的问题就是解释意识的问题”。② 因为我们每个经验主体所拥有的感受质或者感受性是不同的，而且是不可转让的，无法向别人展示他的感受质，也无法知道别人的感受质是否与他相似。感受质与意识是密切相关的，因为“意识是由大脑过程所引起的，它是大脑系统在更高层次上的特征。”③ 塞尔从两方面对意识进行研究：一条是建构模块进路，另一条是统一场进路。第一条通过研究意识活动对应的神经系统中的区域来找到意识的相关神经连接，第二条则是偏重于对神经系统的整体性的研究。两条研究路线的相同点都是把意识归结到对神经系统中神经相关物的研究，这和丘奇兰德的神经哲学体系基本是一致的。

丘奇兰德主张从整体上研究意识活动与神经系统之间的联系，没有专门的事情是固定在大脑的某个器官上的，信息不是仓库式的储存，储存行为发生在神经元中。我们的行为是连接到的我们大脑的每一个神经元中，而不是某一处。丘奇兰德的这个原则对于我们研究心身问题有着重要的意义。首先，他说明了我们研究意识时应该从综合方面去考虑，我们意识的产生是同外部世界相联系的，外部世界的变化会影响到我们大脑的变化，大脑对外部世界所产生的意识也在不断进行修正。其次，丘奇兰德对我们的意识用神经生物学的角度进行了说明，认为随着神经科学的不断发展，我们的心理现象与状态最终都会被还原为神经生理的现

① 贝内特．神经科学的哲学基础．张立译．浙江：浙江大学出版社，2008：375.

② 江怡．感受质与知识的表达．社会科学战线，2009，(3)：6.

③ 陈真．心身问题和塞尔的生物自然主义．自然辩证法研究，2009，(6)：4.

象与过程。再次，丘奇兰德认为意识研究必须从整体出发，考虑我们所面临的综合因素，不再是以前单纯地从意识与大脑之间去考虑，而是综合了外部所处的整个环境等因素。最后，对于我们意识的研究，丘奇兰德还考虑到了我们意识的性质，他把意识的研究即我们的心理状态和心理过程都还原到我们的神经生理系统，从我们的神经细胞去研究意识的产生。原先的还原主义只是把我们的思维意识具体定位到我们大脑的某一个部分，丘奇兰德的主张与他们有着很大的区别。他承认我们的意识是我们大脑的神经系统活动的作用，但是不能具体定位到某一个部分，而是与我们的整个神经系统有关系，并且与我们所处的外部世界的环境也有很大的关系，我们应该从多因素去考虑。

第三，为心身问题的发展开辟了一条新的路径。心身问题是一个古老的问题，但现在已经快转化为一个科学的问题。在心身问题的探讨上，可谓百花争鸣，神经科学、脑科学、神经生物学、心理学等都对这个问题进行了深入探讨。传统的对心身问题的探讨主要是在笛卡儿的心身二元论的基础上形成的，这种观点认为身体和心灵是两个独立存在的实体，心灵没有质量、形状等，但能和身体发生相互作用，这种观点有着它自相矛盾的地方。到近代也有很多理论去分析心身问题，如同一论、行为主义、功能主义等都对心身问题的发展做出了一定的贡献，同一论者认为我们的心理状态和大脑是一回事，我们的心理过程就是我们的大脑过程，这种主张其实就是一种非还原的唯物主义。而行为主义又简单地把我们的心理过程与状态归结为一种（潜在的）行为，这根本就不能和我们的心理状态相符合，因为我们的一些行为未必同我们的心理状态相一致。功能主义则把我们的心理状态归结为我们的物理系统的一种功能，同时认为人工智能能够模拟人类，能够产生同样的意识状态。但是功能主义也有其局限性，因为功能主义者目前还无法制造出能够达到模拟人类意识的人工智能，一切也只是理想罢了。

神经哲学则为我们研究这一问题提供了很多的方法与途径。在神经哲学对心身问题的探讨既立足于理论上的知识，又结合现代科学发展的成果，并把我们哲学的相关理论转化为可以操作的科学实验去检验。这样对心身问题的探讨就不仅仅是纸上谈兵，而是可以从实际的、可观察的角度去对这个问题进行解读。丘奇兰德的神经哲学从语言方面为我们解决心身问题清除了障碍，去掉了我们所习以为常的日常用语，然后又通过建立神经生物进路来对我们的意识进行梳理，把我们传统的心身问题同现代的科学技术以及先进的理论结合起来。在这个问题的探讨中不得不说丘奇兰德的取消唯物主义是独树一帜的，为我们探讨心身问题开辟了一条新的路径。

第四，从神经哲学解释心身问题而为科学辩护。丘奇兰德在对大众心理学和功能主义的批判中，提出反对大众心理学来捍卫物理主义，反对计算主义来捍卫联结主义，反对功能主义来构建还原主义神经哲学，并通过知觉的可塑性理论为神经哲学进行辩护。他强调哲学要和现在的科学发展联系在一起，要消除日常不规范的心理语言词汇，重新建立科学的理论体系，从而使我们的研究更加科学与准确。当然，不论是传统的心身二元论还是近代的行为主义、功能主义到现在的神经哲学都有一定的局限性。例如，对于大众心理学的取消，反取消论者对取消主义做出了尖锐的批判。首先，他们认为对于我们心理常识的取消有悖于我们的直觉，也不符合科学。虽然我们所使用的词汇有可能是模糊的、片面的，但是我们的直觉告诉我们，我们在使用这些词语时并没有确定它是一个实在或事实，只不过是我们的一个内在的状态。一些神经科学家在对我们的思维进行研究时发现，当我们使用这些心理词汇时，我们的脑电波会发生变化。这就说明了我们在说这些心理词汇时，我们的大脑确实发生了一些实在存在的事情。其次，我们的大众心理学已经在长期的社会发展中融入我们社会的文化、生活，如果没有这些大众心理的词汇，我们将无法进行正常的交流与学习。因此，取消心理词汇是我们很难接受的。最后，大众心理学的发展缓慢并不能作为取消它的一个理由，它发展缓慢，是因为其常识理论发展缓慢。

总之，丘奇兰德以神经生物学的角度切入，使得传统的心身问题能够同神经生物学、神经科学、心理学等结合起来，将我们习以为常的理论也置于怀疑之下，为心身问题的研究开辟了一条新的路径。我们在研究心身问题时，首先清除模糊的、不确切的概念，以神经科学的经验结果为基础，用科学的方式来进行哲学的思维辨析。随着现代科学技术的不断进步与发展，认知神经科学也在诸多方面如脑成像、分子遗传、神经元运动等有了突破性的发展，对于我们研究心身问题中的诸如感觉、知觉、意识、记忆等方面也有了实质性的进步。对于未来，如果能将神经科学与哲学真正的结合起来，将会对我们研究心身问题有全新的发展。

四、结　　语

心身问题是我们能够更好地去认识人类自身的一个核心的问题。如果能将人类心身问题的神秘面纱揭开，能够使我们更好地去了解我们自身，对我们哲学的发展有着重大的作用。虽然自笛卡儿以来，历代哲学家对这个问题进行了很多的探究与思考，但我们对心身问题的疑惑还是未能解决。随着神经生物学、细胞学、脑科学以及神经科学等学科的发展，人们越来越倾向于科学实在论，由于人类的大脑是物质的，而科学认为物质的能量只能与物质发生作用，这样就容易使人类的心身问题理解为心脑同一论。而且以现在的科学技术来讲，心脑同一也存在着一定的缺陷，就是无法用神经的生理活动合理地解释人类的一些心理状态，如痛、高兴等主观的存在。而功能主义为了克服心身同一论的缺点，将人类的心理意识现象看作是人类大脑的一种高级功能，认为它虽然由大脑的神经系统所产生，但是并不能还原为大脑的神经细胞与成分。功能主义虽然反驳了同一论但它却难以说明意识的主观感受性问题。

丘奇兰德从神经哲学对传统认识进行了大胆有力的批驳，对我们的认识有了颠覆性的改变。他重塑了我们的语言系统，清除了我们以前习以为常的日常心理词汇，然后在他的神经哲学构筑他的心身问题的框架。他运用矢量空间来描述我们的大脑神经活动系统，认为意识是由神经元之间的活动传递的，并把神经元看作是一种基本的运作计算单元装置，它管着我们的神经的输入—输出，管理着我们的神经系统的变化，为我们解释心身问题提供了一种新的矢量计算的神经活动模式。当然，丘奇兰德的理论也受到一些哲学家的批驳，但是我们认为未来的心身问题的进一步发展，确实是需要神经科学同哲学的结合，才能更好地去探索。

第二十六章　诺曼：人造机器的情感化设计

诺曼（D. A. Norman）是一位享誉全球的认知心理学家。他是美国西北大学计算机科学、心理学和认知科学教授，也是尼尔森·诺曼集团的联合创办人，苹果公司先进技术组的副总裁和一家远程教育公司的管理者。他提出的认知加工的三层次理论成为人机交互设计的理论依据。

一、认知情感化设计的基础：认知加工层次理论

根据人脑中复杂的结构，诺曼将其归为本能、行为、反思三个层次，并且把它作为研究认知情感化的理论基础。

（一）认知与情感的内涵

1. 认知与情感的定义

认知是获得某方面知识的一个心理过程。美国大百科全书提出："认知是生物体得到关于客体的思想或理解的心理过程，或者是获取世界知识的过程。"① 霍斯顿等一些美国心理学家把认知总结为：①认知用于信息加工；②在心理学上认知是一种符号运算；③认知是一种解决问题的方法；④认知表征着一系列的相关活动，如知觉、记忆、思维、判断、推理、问题解决、学习、想象、概念形成、语言使用等。

情感是人类最基本的心理活动之一。在心理学上，情感是人类对客观事物和人的需求之间相联系的一种内心体验的表达，也就是指人类对于客观世界的一种特殊反映形式，是人类对于客观事物是否能符合人类的需求而产生的一种态度体验。情感的特点包括：作为一种以人类的需求为中介的心理活动，情感反映的是主体需求与客观世界之间的某种关系；情感体现的是一种人类的主观感受，或者说是对于人类内心的一种体验；情感有其外部的一些表现形式，即人类的表情，包括我们的面部表情、身体表情和语言表情；情感的变化会引起相关的生理变化。

在价值上，情感指的是主体人对于客观事物的价值特性所产生的一种主观反映形式。这里的主体人既可以指个人，也可以指集体，还可以指整个社会，与此对应的是个人情感、集体情感和社会情感。集体情绪、集体荣誉和集体意向等就

---

① 孟昭兰．情绪心理学．北京：北京大学出版社，2005：93.

是集体情感的典型表现，社会伦理道德、社会舆论和民族感情等就是社会情感的典型表现；客观事物的价值特性指示的并不是客观事物的使用价值量，而是客观事物对主体价值率的高低，它包括事物的劳动价值量与使用价值量以及劳动时间和主体中值的价值率等四个变量；事物所具有的价值特性不仅仅和客体自身的品性有关，而且还和主体以及周围环境（即中介）的品性有关，所以主体、客体以及中介三者的全部特性决定了情感的反映；作为表现主观反映的情感，它和价值特性的联系是一种主客观的关系。因为任一种主观反映都会有自身的局限性，都在某种程度上或多或少地偏离主观所反映的客观事物，所以导致情感也必定会在某种程度上或多或少地偏离情感所体现的价值特性。但是无论怎样偏离，情感总是以价值特性作为基础，并且围绕着价值特性不断地上下波动。

“情感化设计”中的情感主要是指情感在哲学上的意义，是人类对于所感受对象的一种主观体验，是人类的需求是否得到满足的反映形式。人类的情感尽管存在于自身所具有的客观生理和心理的基础之上，有着自身生物体自然本性的一方面，但是更重要的体现是形成于社会生活中，受到社会生活的制约，具有社会性和历史性的一面。所以，情感是人类的重要组成部分之一，是人类的一种本质力量。

2. 情感研究的转向

20 世纪 60 年代，世界范围内开始兴起人本心理学。它主张把情感与认知结合起来探讨。70 年代，认知和情感的关系在极大程度上引起了许多心理学家的关注。80 ~ 90 年代涌现出了大量关于认知和情感的研究，并且提出了很多关于认知和情感交互作用和交互影响的一系列系统理论。认知和情感是彼此独立的系统，同时又是不可分离的两个过程，它们无时无刻地不影响着对方。在认知的加工过程中，情感不可避免地会介入，对认知起到负面或正面的影响。迄今为止，情感仍然被看作人类心理学中没有得到充分理解和研究的一部分。有些人把情感看作是人类从动物进化而来的过程中遗留的一种遗留物，大多数人则会把情感看作是一个问题，一个需要用逻辑与理性思考并加以克服的问题。

我们发现，大多数的研究关注一些负面情感，诸如害怕、慌张、焦急、忧虑和愤怒等，而现代研究已经彻底改变了这种观点。现代科学显示，进化上那些更高级的动物远比原始动物拥有更丰富的情感，人类就是情感最丰富最多样的动物。

此外，情感在人类的平常生活中发挥着非常重要的作用。它可以帮助评价我们的处境是好的还是坏的，是安全的还是危险的，可以为人们做决策有某种程度上的帮助。对于人类而言，我们的正面情感与负面情感这两者有着同样重要的地位，在学习的积极性、对事物的好奇心与研究创造性思维等方面，正面情感都起着关键的作用，而且今天对情感的研究也正在朝这一方面转向。

3. 正面情感的作用

情感可以改变人脑在解决问题时的思维方式。情感系统同样可以改变人类在认知系统方面的运行过程。在情感化设计中，正面情感主要指的是人在设计产品时所需要的轻松愉悦的心情和氛围，因为这样的环境可以刺激人们在设计时的创意和灵感的出现，使设计可以进一步做到“以人为本”。

人在遇到焦急和忧虑时，思维方式会随之变窄，只仅仅集中在与问题有直接相关性的方面。当我们试图逃离危险时，这无疑是一个非常有用的策略，然而却不能视为一种富有想象力和用创新的方法解决所遇到问题的有意义的思维方式。当人们处于一种轻松愉悦的氛围时，思路也会随之变得拓宽，变得更有想象力与创造力。正面情感使人变得更聪明，这也正是诺曼当前研究的主要课题。我们有证据表明：一个物品在美观上可以产生令人愉悦的心情，这种物品能使人更好的投入工作。反过来，这种良好的感觉又可以使人们更好地发挥创造性的思考。正如下面的例子所说明的那样，人们会使用那些让人感觉很好的产品和系统，并且能得到更和谐的效果。当车子被擦洗打蜡后，不是看起来更容易更好驾驶吗？当洗澡过后穿上干净整齐的衣服时，你不会感觉到更舒服更好吗？当你使用一个漂亮的、平衡性非常好的、在功能上又非常实用的工具或羽毛球拍、滑冰鞋时，你不会表现得更好吗？因此，正面情感更容易让人找到所遇到问题的答案。

就大部分产品而言，如果你尝试做的第一件事情没有能达到所期望的效果，我们最自然直接的反应就是接着试，只不过是不同的接着试。然而在当今由计算机所控制的产品中，重新做一样的操作几乎不太可能得到更好的效果。其实正确的反应应该是寻找其他的解决方法，然而有一类人更容易对相同的操作再重复，这类人的情感非常焦虑和紧张。对于这种情感，我们称之为负面情感，此类人会把自己的工作精力全部集中在一些非常细小和琐碎的问题上，如果这些工作中存在的微小问题没有被很好地解决，那么他们就无法进行和开展接下来的工作，甚至在情绪上会变得加倍的焦虑和紧张。然而，当具有正面情感的人遇到此类同样的问题时，他们的行为会表现的不同：拥有正面情感的人会更倾向于寻找其他的解决方法，而往往这些其他的方法通常又会达到非常令人欣慰的结果。工作完成后，那些情绪上焦虑和紧张的人们，会不断地和别人抱怨他们在工作过程中所遇到的问题，然而相反，那些具有轻松愉悦情绪的人们几乎忘记了这些遇到的困难。

（二）认知加工的三个层次及其作用

1. 认知加工的三个层次

我们的大脑有着非常庞大和复杂的结构。虽然我们有很多的因素，如爱好、性格等等是在出生时就随之而来的，也是作为保护我们身体最基本的一部分而存在。但是除了这些，人类同样还拥有更多的大脑机制比如积极完成工作任务、不断研究和发明创造。正是因为这样，我们这个世界才有了非常著名的音乐家、画家、设计师等等。我们可以对自己在世界中所扮演的角色进行很好的意识和定位。我们对过去不断地进行回首，是为了从中吸取经验和教训，从而更好地开展学习；对未来所有的畅想，都是为了从现在起就可以为此做好准备；不断地对自己进行反省，是为了更好更合理地安排现在的生活。

诺曼认为这些人类属性是由大脑的不同层次引起的并把人类对外界事物的认知加工能力分为三个层次：自动的预先设置，被称为本能层次（visceral level）；包含支配日常行为人脑活动的部分，被称为行为层次（behavioral level）；人脑思考的部分，被称为反思层次（reflective level），如图 26-1 所示。每一个层次都在人类的整个机能中发挥着重要作用，因此，每一个层次都需要一个不同的与之相对应的设计风格①。

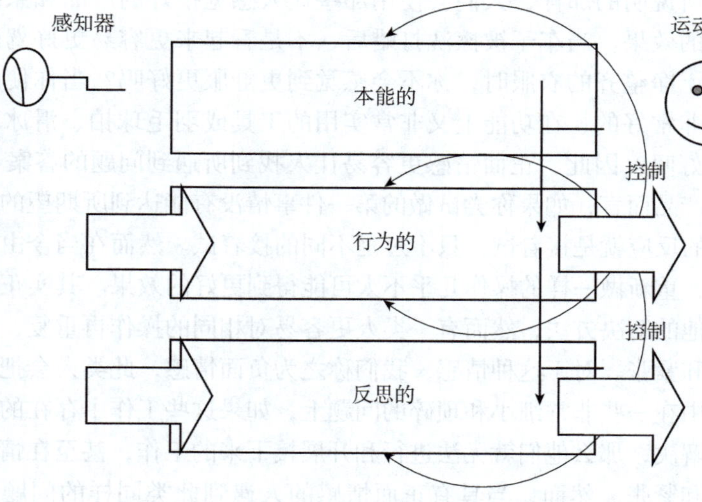

图 26-1　加工的三个层次

“本能层次反应很快，它可迅速地对好或坏、安全或危险做出判断，并向肌肉（运动系统）发出适当的信号，警告脑的其他部分。这是情感加工的起点，由生物因素决定，可通过控制上一级信号来加强或抑制它们。行为层次是大多数人类的行为，它的活动可由反思层次来增强或抑制，反过来，它还可以增强或抑制本能层次。最高水平是反省的反思层次，它与感觉输入和行为控制没有直接的

① 诺曼．情感化设计．北京：电子工业出版社，2005.

通路，它只是监视、反省并设法使行为层次具有某种偏向①。

2. 三个层次之间的关系

这三个层次在一定程度上客观地反映了人脑的生物起源过程，即从原始的单细胞有机物，经过一段时间逐渐地进化为相对比较复杂的动物，并接着再发展到脊椎动物以及哺乳动物，到最后演化成猿和人类。对于简单动物来说，它们的生命是由机遇与威胁构成的连续体，因此动物必须学会怎样对这些连续体做出适当的反应。这些基本的大脑回路事实上就是反应机制：对情景进行分析并做出反应。这种系统和动物的肌肉紧紧相连在一起。如果我们所面对的事情是有危险的或者是有害的，肌肉就会紧张起来并准备开始奔跑、进攻或者变得警觉；如果我们遇到的事情是合意的或者是有利的，动物就会自然地放松并且充分利用这种情境。由于不断的进化，大脑的神经回路对事情进行分析和反应的能力也在慢慢地改进，并且变得更好更加成熟。

例如，我们把一段铁丝网放到可口的食物和动物之间，小鸡很有可能会被永远地拦在外面，挣扎在栅栏前面却吃不到食物，然而小狗则可以自然地绕过栅栏。而人类则具有一个更为发达和更为高级的脑结构，回想起自己过去的经历，并且和他人沟通交流自己所经历的事情。所以，人类不仅可以绕过栅栏而得到食物，还可以回想这一过程——认真思考这个过程——并且最终采取移走栅栏或者食物的方法。这样，下回我们可以不需要再绕过栅栏。而且我们还可以把这样的问题告知其他人，让他们甚至可以在到那里之前就知道应该怎么做。

再例如蜥蜴这样的动物主要停留在本能层次的活动上。它的大脑只可以用固定的程序分析外界并做出相应的反应。狗和其他的哺乳动物，则可以进行更高级的，即行为层次的分析，因为它拥有强大和复杂的大脑，所以能够分析情境，并且相应地改变自己的行为。对于那些易于学习和掌握的常规操作，人类的行为层次在这方面就显得格外起作用。由于行为层次本身并不具有意识性，因此人们在行为层次上可以成功地和熟练地进行下意识地驾驶汽车，而且还可以同时在另一个层次——反思层次上进行有意识地思考其他事情。所以，我们可以常常看到那种娴熟的表演者边用手指流畅地弹奏乐曲，同时还可以思考音乐本身的高级结构。这就是他们在演奏时可以与人交流的原因。

以上三种层次交互补充和交互作用。每一个层次都具有可以调节其他两个层次的作用。当活动由最低的本能层次开始时，被称做“自下而上”的行为；当活动由最高的反思层次发起时，被称做“自上而下”的行为②。这些术语源自说

① 诺曼．情感化设计．北京：电子工业出版社，2005.

② Norman D A. The Design of Everyday Things. New York：Basic Books，2002.

明脑的某种加工结构的特定标准模式，这里的底层与解释人类身体的感觉输入相互关联，而顶层则与人类高级的思维形式和过程相互关联。由知觉来驱动自下而上的行为过程，而思维驱动自上而下的行为过程。神经细胞间神经冲动的传递方式由神经递质改变（通过突触）。有一些神经递质可以在某种程度上加强传递，而有些神经递质则抑制了传递。

3. 三个层次在情感化设计中的作用

事实上，人们所做的这种过程不仅仅包括情感成分，还包括认知成分。认知是用来评价意义，而情感则用来评价价值。人类永远不能够逃离情感，因为它无处不在、无时不有。而且对我们影响最大的是，这两种情感——正面的和负面的，在不同程度上潜移默化地影响着我们的思维方式。

本能层次的设计是我们人类在自然界中不断进化的结果。人类为了与大自然中的其他生物可以友好共存，所以我们必须有一种可以快速地接受情感信号的生存能力。而这些情感信号又是可以在我们的本能层上得到合理的解释。本能层的基本设计原理就是源自我们的本能反应。虽然这类设计可能很简单，但会非常吸引人。若想在设计上更加完美，那么人们就必须运用反思层的作用。这是因为生活中的各种流行元素和各种文化中的多样性，这些不断变化的因素都会给反思层的设计带来很大的影响。今天设计中的尽善尽美很可能成为明天的废物。那种伟大的设计就像伟大的艺术品和文学作品一样，是可以打破这一规则而永远存在，当然只有极少数的设计拥有这样足以被称为伟大的资质。在本能层次上的有效设计需要制图艺术家的视觉和工艺工程师的高超技艺。材料质地和物理手感是很重要的，形态和外形也是特别重要的，而且重量也同样重要。所以即刻的情感效果是在本能层次上的设计重点，是设计是否吸引顾客的一个“关键点”。

在行为层次上的设计追求的是实用性。在这里，设计原理不重要，外形也不重要，那么什么是重要的？性能才是最重要的。在行为层次的大部分设计中，第一位的是功能。即，一种产品是用来做什么的？它能实现怎样的功能？如果产品在实用性上没有一点作用，那么谁会在乎它设计的是否好看？如果某些产品设计得很好，但是不能实现其实用性的目标，这种产品也是失败的。例如一个马铃薯削皮器却不能给马铃薯削皮，又或者一块手表不能准确报时，那么即使再好看也是没有用的。所以，一个产品首先必须具备的就是该产品是否满足客户的需要。如果我们仅仅从表面上看，似乎恰到好处的产品才是最好的。

然而，这种想法也是最难实现和完成的。因为客户的需求不是那么显而易见就被我们发现和注意的。如果一类产品已经存在，那么就能通过观察人们怎样使用这些已存在的产品从而了解到还能做怎样的改进。但是，如果某种产品根本不存在时，该怎么办？设计者应该如何去发现那些还无法知道的需要？这其实正好是产品突破的关键点。产品开发有两种形式：改进和创新。改进指的是选取某一种已经存在的产品和服务以使它更好；创新是指提供一种全新的做事方法，或者去实施一种全新的事，是在以前一种不可能的事①。很明显，在这两者中，最难的是创新。

创新是非常困难的。在引进打字机、个人电脑、复印机或者手机之前，谁能想到我们需要这些产品？当然任何人都不曾想过。但是在今天，我们无法想象假若没有上述这些产品，人类的生活会是怎样的。通过仔细观察人们如何使用已有的产品，达到发现该产品在使用中所遇到的困难，并且想办法来改进这些困难，这就是改进一种产品的主要途径。然而，即便是这样，想要真正确定人们的需要还是比看起来可能的需要难得多。人们会发现，即使他们意识到了某个问题，但是真想要把这个问题清晰地表达出来，却非易事。而且，甚至有时人们不认为这个问题是设计上存在的问题。你有过下面的经历吗？当你用一把钥匙费劲地开锁，竟然发现你用错了钥匙的方向？你是否曾不小心把你的钥匙锁在汽车里？或者当你锁车之后，才发现某一扇车窗没有关上，所以你不得不再次打开车把窗户关上？你是否意识到这是设计缺陷吗？可能不会，大多数情况可能是：你只是在责备自己。

事实上，通过适当的设计，以上这些缺陷是全部可以被改进的。比如我们可以设计一种对称的钥匙，使得用任何方式都能插入锁孔开门；我们可以设计汽车，必须用钥匙来锁门，这样几乎不可能发生把钥匙留在车子里的现象；难道不可以设计出在车外面也能锁上窗户的产品吗？这些设计实际上现在都存在，可是意识到这些缺陷可以被克服的事实，则离不开设计者敏锐的观察。

当然，你也可以记住最基础的操作步骤。然而或许你不得不对这些步骤进行一遍遍的记忆。相反，如果你在很好地理解了一个操作后，你就会发现原来是如此简单，并不需要死记硬背。从这时起你不再需要不断的解释和记忆。理解设计的真谛应该是“一旦学会，便永远记住”。当理解没有到位时，如果物品发生了故障，那么人们就会不知所措。因此一个好的理解必须是建立一个合适的概念模型。因为无论什么物品都会有三种不同的概念模型。首先是设计者头脑中的形象——称为“设计者模型”。然后，使用设备的人对设备和设备运行方式具有的形象——称为“使用者模型”。由产品和书面材料（如广告和手册）表达的形象称为“系统模型”，如图 26-2 所示，设计者必须通过产品的系统模型与最终的使

---

① Buxton W. There's more to interaction than meets the eye：Some issues in manual input // Norman D A，Draper S W. User centered system design：New perspectiues on human-computer interaction. Hillsdale，NJ：Lawrence Erlbaum Associates，1986：319-337.

用者交流①。

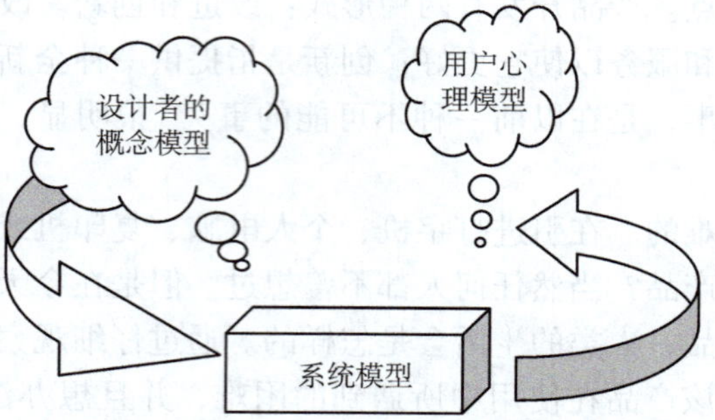

图 26-2 概念设计的系统模型

对成功地使用一个产品的人来说，他们必须具备与设计者的心理模型（设计者模型）相同的心理模型（使用者模型）。但是，设计者只能通过产品本身与使用者对话，因此，整个交流必须通过“系统模型”进行：由物理产品本身表达系统模型的信息②。

理解的一个重要部分来自反馈：一个设备必须提供连续的反馈，以让用户知道它在运行，这包括所有命令、按键或其他实际上已接受的请求。这个反馈可以非常简单，就好比你刹车时引起的汽车减速，或者推动某物时产生的声音或光的那短暂一闪。当电脑的反应比较缓慢时，大多数计算机系统都会显示出一个沙漏（鼠标正处于等待状态），或者一个时钟的界面，这表示系统在响应。

反思层次的设计包括很多领域。它注重的是信息、文化以及产品或者产品效用的意义③。反思层次的设计意义在于该物品对某个人来说是有相关意义的，某些物品总是可以引起个人的某种回忆。同样的物品，对不同的人，回忆也是不同的。在反思层次上的活动通常决定某个人对某种产品的总印象。当你用反思层次活动时，你会回忆起使用这个产品的经历及其魅力所在。很多因素在共同起作用，在这方面的缺陷可能会被其他方面的魅力所掩盖。当对回忆这一过程进行总体评价时，小的缺陷可能会被忽视——或者无限扩大，甚至到完全失真的状态。

① Norman D A & Wickelgren W. A Strength theory of decision rules and latency in retrieval from short-term memory. Journal of Mathematical Psychology, 1969, (6): 192-208.

② Smith E E , Spoehr K T. The perception of printed English: A theoretical review // Kantowitz B H. Human Information Processing: Tutorials in Performance and Cognition. Potomac. MD: L . Eribaum Associates, 1974.

③ Draper S W. Display managers as the basis for user-machine communication // Norman D A , Draper SW. User centered system design: New perspectiue on human-computer interaction. Hillsdale, NJ: Lawrence Erlbaum Associates, 1986.

所以，反思就是对产品的总印象进行再回忆和重新评估。

从反思层次上来说，用户之间的关系在用户对产品的印象中起着至关重要的作用，以至于一种好的用户关系能够完全改变用户对产品的某些消极经历。所以，当用户对产品感到不满意时要尽可能的帮助和解决这个问题，这样可以把这些用户变成公司最忠实可靠的支持者。其实，一个人在购买某种产品有不愉快的经历，但是这些不愉快的经历被公司很快很好的处理时，这种用户对公司的满意度远远超过那些购买产品时只有愉悦经历的人。当然，这是赢得忠实用户的一种很昂贵的方式，但是它反映了来自反思层次的真正力量。在反思层次上的设计与用户的长期感受关联非常密切。

二、认知情感化设计的原理：概念模型理论

针对如何使排队等候这件枯燥无聊的事情变得让人感觉更愉悦，设计者在餐厅、主题公园及其他场所进行了深入调查研究。在某些地点，每一位管理者都不得不告诉人们需要去排队等候。我们所有人也不得不花时间等候，这是一个关于时间和娱乐的简单事情。无论何时这两个体系都是交互作用的，一个总是先于另一个。事实上，这种先后的不同可以导致商品囤积或管理瓶颈的出现。当人们置身其中，这会增加无用功和激起人们的愤怒，这种状态对于顾客或工作人员都是无益的。但是等候的心理印象是可以被管理和设计的，设计领域的研究向我们展示了如何实现这一目标。

诺曼对设计的介绍开始于交互影响的基本原则，致力于提高技术的使用性。某些地方等候室的设置是被要求的、是必需的，这些原则不仅仅能使排队等候变得更愉悦，而且可以让人感觉这并不是在等待。有时诱导式的排队方法能加深消费者的经历。研究显示：当排队等候是必须时，我们的目标应该是对消费者和工作人员进行最优化的排队过程，由此提升消费者的满意度和减轻工作人员的压力。这项研究已经表明在许多情况下，甚至与排队无关的事情中，设计都是可以帮助管理者克服这种瓶颈的。因此，在交互作用的设计中，潜在操作性知识和积极性知识是非常重要的，诺曼称之为概念模型①。

诺曼给出了概念模型的一些基本原则。

1. 管理理解原则

管理理解原则是说：传达真正的实际情况、信息并且要公开交流信息；通过重构等候概念让人感知管理的实时性；对一事件的管理方式远比事件本身更能长久地留在人的记忆中。当人们置身于一个不明确的概念模型中，他们将自成一

① Norman D A. Desinging Waits That Work. New York: Basic Books, 2009.

体，并且这会严重影响管理和服务的积极性。因此，诚实和及时提供相关信息是避免慌乱等消极情绪的关键[①]。

例如，一架从广州飞往北京的航班，由于一些技术问题，飞机晚点起飞。随后播音员告知我们是飞机尾部的卫生间出现了故障，工作人员一处理好，我们就可以起飞。接着航班上的全体成员告诉我们即使卫生间无法正常使用，飞机也有可能起飞，我的手机每 20 分钟就可以收到最新出发时间的短信。经过一个小时的努力维修，机长告诉我们他已经决定我们不应该在仅有一个卫生间正常使用的情况下开始飞行。相反，我们可以换乘稍后起飞的其他航班。尽管这是意外事件，但是乘客很冷静并且理解机长的决定。机上的乘客说由机长亲自做决定并通过广播告知原因，这种态度是积极的，所以乘客感到很欣慰。然而，在目的地发生的事情却让人非常不悦。出口通道出现了一些故障，但是没有任何信息告知我们。一个工作人员说根据正确的航班号换用其他出口通道，但是乘客很快发现目的地不一致。此时乘客开始担心贻误约会或耽误转乘其他航班的时间。这时一名工作人员试图解释这件事情，但是她的解释让乘客更加困惑以至于他们打断了她的解释。乘客用合理的语气提出很理性很合理的问题，但是这名工作人员如此的慌乱，并说如果乘客再打断她的讲话内容，她就叫警察。

为什么行为会如此不同？缺乏信息和对合理意见的反馈，这是乘客无法理解的潜在原因。工作人员比乘客还紧张：因为工作人员也是普通人，受同样的原则支配。然而，他们的情况比他们的乘客还糟糕，他们必须承受抱怨，尽管他们既不是促使这一故障出现的原因，也无法向乘客提供解释原因的信息。当工作人员缺乏管理和理解时，他们开始变得慌乱。事实上，慌乱是一种很大的消极情绪。其实，合理的向你的上级反馈信息和向你的乘客传达信息这两者是一样重要的。比较这两种经历我们会发现，出发时，我们知道延误的原因，了解工作人员正在努力地解决问题并理解，最后不得不换乘其他航班的决定。但是，在目的地，乘客无法理解关于事情的发展，无法理解为什么要等候那么久，或无法想象如果耽误约会和转机时间将会发生什么事情。后者如此的慌乱，只在于管理方式的不合理，对管理理解原则的不了解和对概念模型的不清楚。

2. 管理感知中的不公正性原则

管理感知原则是说：感知远比实际经历更重要。当人们看到所发生的事情并相信这是合理的情况下，他们的感受就会增加[②]。

---

① Thomas E A C. On expextancy and the speed and accuracy of responses. S. Kornblum. Attention and Performance. New York：Academic Press，1973：IV.

② Anderson N H. Information integration theory：A brief survey // Krantz D H，Atkinson R C，Luce RD and Suppes P. Cpntemporary Developments in Mathematical Psychology. San Francisco：Freeman，1974.

主题公园中排“长龙队”的现象是游客非常头痛的事情。迪斯尼公园为游客提供了一种名为“快速通道”的服务系统，即在特定的时间可以预定一个一小时窗口服务，在这一小时内，游客可以避开排队直接进入游区。任何游客都可以根据自己的需求来使用这项服务，但是一人在一时间内只可享受一次这样的服务。这种“快速通道”看上去似乎是不公平的，因为一些游客可以不通过正常排队而直接进入游区，但是在等候排队的人们并没有感觉到一种被欺骗的感觉，因为他们知道他们只是选择了不同的“快速通道”。这里的公正性至关重要的体现在每个人都有选择的权利。其他的一些主题公园让只有那些购买了快速通道入场券的人才可以优先通过，这与迪斯尼的情况貌合神离。这种方式无形中体现了一种不公平性。“富人可以优先通过，这是不公平的。”为了阻止人们有这种想法，公园要求需要优先通过的人说出合理的理由，或者避免优先特权的特例发生。迪斯尼的经验说明：即使是很高级别的政府人员一样需要排队，这里没有特权。设计者们很清楚，他们必须重视他们的目标对象的感受。

通过分析该案例，我们找到两个实现目标的方式：提高具有共鸣感的设计，消除感知不公正的潜在原因。公平性的提高就是管理期望目标的提升。先进的预定方式可以最小化排队等候时的精神创伤，但是那些没有预定的人们必须被感知到这种方式是公平和平等的。人们必须相信如果提前计划，他们也可以享受到同样的优先待遇。我们知道餐厅的预定是非常明确的，按号等候特别是同样等候的人中有序的被安排就餐，这会使顾客感知到公平和平等。

3. 管理中的文化原则

文化原则是指：不同的国家和地区有着不同的文化因素，因此在管理中也渗透着不同的文化，管理应该基于文化，文化反过来又可以影响管理。大量的社会文化因素决定了行为和期望的效果①。不同的文化有着不同排队等候的准则。其中一个最重要的差异是这里究竟是否存在排队这种情况。礼貌有序的排队是一些文化的准则。相反，在其他某些地方，无礼或者粗暴的人取得胜利。还有一些地方，不向排在自己身后的人征询的情况下，擅自让其他人直接站在自己的前面，这些都是被社会文化允许的，或者只是人们对这种行为皱眉表示不满罢了。因此，我们不得不考虑这些各种各样的文化。在大多数亚洲国家，一群人吵闹的围住服务台窗口，而不是排队等候，每个人都向工作人员说着自己的要求。尽管许多西方人为此感到不可思议，然而这种方式仍可以让他们的工作有序进行。文化行为是可以被改变的，虽然这可能需要很长的时间。比如西方人对中国人出游的

---

① Brooks L. The suppression of visualization by reading. Quarterly Journal of Experimental Psychology, 1967,(19): 289-299.

不文明现象多有诟病，但中国人已经意识到，而且正在改变。

一个成功的案例就是麦当劳改变了香港人的排队行为。在20世纪60年代，还是殖民地的香港处处充斥着假斯文的文化现象。结账、乘公共交通或者买火车票等等，都充斥着野蛮的暴力行为。当麦当劳于1975年在香港开业时，顾客蜂拥至收款台，喊叫着点餐，手里挥舞着钱。麦当劳不得不承担起引导人们排队的责任——年轻女性工作人员引导人们有序排队点餐。之后有序排队的行为成为香港的世界性标志。本土的香港人也由此信任麦当劳，排队这种行为的形成是这个社会转型期的一个关键因素。当然文化可以被改变，但是不要过分依赖这一想法，因为这种改变需要非常长的时间，也许几十年。所有事情都是可变的，然而文化是最难的。

4. 管理与记忆原则

关于人类记忆的近一个世纪的研究表明，对于一次经历来说，其他所有的因素都是平等的，在人类记忆中最深的是一开始时的最初印象和终结时的印象，中间部分是最少被记起的（唯一的、重要的经历除外）①。

研究显示这个过程杠杆作用是非常有效的。当这个过程开始时是很慢的，但最后是在不断地加速。这说明结尾处的记忆是出于支配地位的。因此对于顾客，开始和结束时积极的过程管理是非常重要的。如果可能，在过程中间部分尽可能的埋葬任何不可避免的延误，或者减少可以使人愉悦的元素。人类对过去的记忆不是正确的和真实的想象，它是受到许多可能曲解的记忆的一种积极重构。结果，任何可能的提示因素都可能对经历起到正面的作用，例如纪念品和其他提示因素，这些都可以改变记忆。例如照片，可以提示我们那些高兴的时刻，每当人们看到这些照片，无需消极因素的再次提醒，愉悦的回忆就会自然增强。每经历完一个事件，事件中的所有人都会有一定的回忆。因为最大的等待是在通往结果的路上，因此，结束时的记忆控制着一切，而不是中间的部分。如果结束时特别高兴，那么任何不高兴的回忆都会达到最小化，这种现象被称为“充满希望的回想”。

为此，米切尔（Mitchell）和他的同事做了一个为期12天的欧洲之行的试验。学生们回家过感恩节，并用3周的时间骑自行车环游加利福尼亚州。在所有参与的案例中，结果几乎是相同的。在事件开始前，人们积极期待着预期的效果，结果他们高兴地记忆着一切。事件的中间过程呢？事情几乎不合乎他们的经历，所以大量的事情是不正确的回忆。当记忆控制一切，不高兴的事情在消退，而好的部分被留下，甚至被放大。人们甚至有时天真地回忆那些从没有发生过的

① Carrol J M. What's in a name? An essay in the psychology of reference. New York: Freeman, 1985.

事情，并兴奋地坚持认为这些事情是实实在在发生过的，尽管毫无根据。在一项试验中，实际上给人们看的是一只由其他公司制作的狡猾的兔子，然而人们回想起的却是迪斯尼世界中的甲虫邦尼。这项研究表明，虽然记忆并不是真实的事件，但是人们还是乐在其中。这说明对于一事件的记忆远比真实经历更重要。

而对整个过程的记忆比过程中各部分的记忆更重要。诺曼指出，用混合着积极和消极元素的有效战略去解决不同的情况，包括结束时的震撼，结合着痛苦的片刻欢乐，过早经历糟糕的事情等等。所有这些及大量其他的关于人类记忆事件的结果，都是要我们加强基础设计的原则：经营结尾，提供纪念品带回家，强有力的开始和结束，这些都是为了隐藏中间所有不可避免的不愉快的部分，给人们留下好的回忆。顾客的经历、情绪和回忆都可以通过运用合理的设计原则得到很好支配。而所有这一切，最重要的就是情感化设计。

这种概念模型的意义在于：当人们感觉受到随意无礼的行为和服务不好的事情时，他们会非常焦虑、困惑最后导致愤怒。然而，发生这些不良后果的原因却是因为消极情绪的潜在管理不到位所引起的。在很多的主题公园，装扮成卡通人物的工作人员会积极地加入排队的人群中，这样做使排队等候变得不再那么无聊和漫长，使枯燥的等待时间转化成有趣的娱乐时间。在排队时，工作人员会为人们讲解一些关于公司的历史和如何运行的信息。这些做法使消费者可以直接地感知和参与，让等待这件事变得不仅仅是等待本身，而是一种娱乐的心态在等待。

这种管理哲学可以拓展到其他领域。假设当乘客在下飞机后等待领取自己的行李时，乘客可以通过电视监控器看到行李从飞机托运的地方被逐步传输到最终运输带上的过程。难道这种把后台运行的情况传播给乘客观看会不提高他们的兴趣吗？咖啡店就是用这种方式让顾客看到咖啡出炉的过程。还有许多我们熟悉的快递在送货期间，我们都是可以从网上直接看到货物已抵达什么地点的实际情况，以及快递员的姓名、联系方式和货物送达目的地所需要的时间。这种概念模型是清晰的和直观的，而且这种反应方式使不耐烦的等待变成个性化的经历。

因此，感知远比实际经历重要得多。通常我们在同一地点如餐厅、银行等会看到有许多行队在等候，如果很少时间过后，我们发现其他队比自己队排的快时，我们可能就会产生抱怨，那么如何解决这一问题？诺曼有一个好建议，那就是用诸如使用缓冲器一样作用的方法。

在计算机系统中，使用两个缓冲器（存储区域）以达到加速运行的方法是非常普遍的。在这两个存储器之间切换进程，以便一个正在使用时，另一个也是可以被启用的。一样的程序同样可以适用于其他任何需要服务于人的情况。当一组人正在享受他们所经历的事情时，可以带下一组人到为了活动已经安排好的特殊区域。缓冲器在餐厅结账台的两边都是可以看到的，左边的顾客，右边的顾客，服务台在中间。该服务台的工作人员在等待左边的顾客，结束后转向右边。

这种选择可以给每一位顾客充分的时间为即将享受到的服务做准备，随后到停止工作的时间才离开。然而这一切并没有降低工作进程。这种心理收益在于方法的可视性。顾客可以清晰看到这种工作系统是如何进行的，并且会不自觉的配合工作人员更好地完成工作。

当顾客在一个地点提出某种要求时，而此时缓冲器正在其他地点工作，那么它就必须转移到这个地点来实现顾客的要求。这种从一个窗口到另一个窗口的转移就是缓冲器，而且设计者们知道这种充满积极性的转移并没有作为等待的一部分而被顾客所感知，因为这种积极的行为使顾客感觉到时间是紧凑的，从而很好地掩饰了时间的延误。在两个地点之间切换时间被感知为程序中必不可少的元素。在“得来速”（Drive-Thru）餐厅，顾客开车到订餐窗口，然后直接开车到取餐窗口。如果这种设计是正确的，那么这中间开车的时间是配合制作食品的时间而设计的。从顾客角度想，服务是及时的。因为缓冲器为服务的不同组成部分提供了独立的区域，它们都服务于心理印象并获得更好的效果。

此外，有时顾客需要时间去思考和做决定，所以缓冲器允许这种合理的时间存在。在速食餐厅，顾客需要时间去阅读菜单和选择菜肴，所以在服务员来之前这些最初的等待是很有意义的。如果前面排队的人非常少，那么顾客可能不得不延长等待的时间。顾客理解点餐需要时间而且希望这个时间可以长点，工作人员也明白这个道理。

三、认知情感化设计的表征：认知人造物

（一）认知人造物的含义及其表现形式

人造物在我们的生活中，无处不在，无时不有。人造物的发明迅速地提高了人类的速度、力量和智力，以至于劳动工具的创造和使用成为人类区别于动物的本质特征之一。虽然大量的人造物深深地影响着人类的认知，但是我们科学理解中的大部分思想是无辅助物的，如记忆、注意力、直觉、行动和思想。我们几乎不能理解人造物在信息过程中所起的作用和它们是怎样与用户的信息过程活动相关联的。

20 世纪初期，美国心理学从关注心理作用转向了行为学时代。在研究中，表征作用、直觉、意识和文化都被最大程度的考虑在内，然而与科学无关。人造物意味着在个体认知的基础上强调信息处理的重要性。然而，大部分工作已经被狭义地聚焦在人与机器“面对面”的细节上。但是，我们越来越清晰地认识到这个面对面的本质是在人和任务对人造物及它的使用效果上。正如我们所看到的，人造物不可能真正地改变一个个体的能力，但它们却通过人改变了任务表现的本质。

1. 认知人造物的两种观点

人类对于人造物的认识有两种不同的观点：系统观和个体观①。人造物在人类活动中主要体现在直接性和参与性的程度，这就是人造物在对行为的实施和自然环境状态的评估方面所起的服务作用与控制或参与直接性的情感结果之间的关系。

大多数关于人造物的分析都旨在强调说明它增强了人类的能力。比如，汽车提高了我们的速度，纸和笔把我们变得更聪明。书和录音这类人造物扩大了人类记忆的认知能力；数学和逻辑学则加强了思维能力。人造物可以提高人类的性能，但是作为一种规则，它不可能通过提高或扩大个体能力达到这个目的。扩音器的出现可以让人类即使相隔很远也可以听到彼此的声音，并且人的声音在形式和内容上没有发生改变，但它增强了声音的强度。但是写作和数学即使你不使用它，这类人造物同样具有演示的功能，但是这种功能不能通过扩大来完成。从人造物角度看，我们发现它扮演着不同的角色。当人使用人造物完成一些任务时，局外的观察者把这个过程定义为系统观。在完成任务的过程中，人和物是一个整体的结构（图 26-3 和图 26-4）。然而，这是一种个体观：人造物是怎样实现这些有待被完成的任务。系统观认为人造物提高了个体的认知能力，然而个体观认为这并没有提高个体的认知能力，只是扩大了个体认知的内容，如会议前的准备等。

图 26-3　认知人造物的系统观

根据系统观，我们看到整个系统是由人、任务和人造物组成的。从人的角度看，人造物增强了认知能力，人造物的辅助作用使得系统可以完成比没有人造物的辅助作用更多的任务②。

按照个体观，作为必须使用人造物的个人，对于任务的观点已经发生改变，因为人造物不能提高认知任务的能力。所以，个体必须学习新事物，而且旧程序和信息也可能不再被要求：个人的认知能力是不能被改变的③。

---

① Norman D A，Bobrow D G. Descriptions：An intermediate stage in memory retrieval. Cognitive Psychology，1979，(11)：107-123.

② Norman D A. Cognitive artifacts. Cambridge，UK：Cambridge University Press，1991.

③ Norman D A. Cognitive artifacts. Cambridge，UK：Cambridge University Press，1991.

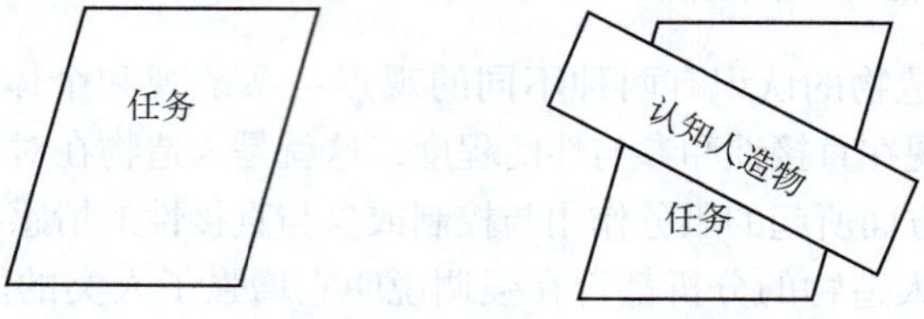

图 26-4 认知人造物的个体观

2. 认知人造物的表现形式

诺曼认为，事物可以让我们变得更聪明，同样也可以让我们变得更愚蠢。技术是如何对我们的认知能力产生影响的？技术在某种意义上“让我们变得比想象中更聪明”，同时也使我们“陷入困惑”，受到“控制和支配”。诺曼把这种技术称为认知人造物。认知人造物是对信息进行维护、显示或运行的一种人造装置，它的主要功能是表征。诺曼将人造物分为辅助认知的物质人造物，如铅笔、计算器；心理人造物，如读书、逻辑、语言；特定程序与路径的人造物，如算术。而且这种分类又被细划为服务于经验上的认知工具和思想反映上的认知工具。他进一步解释到，经验型的包括理解和反映，思想型的包括对比和比较、思维和做决定。通常经验型的认知人造物会让我们经历一种似乎是身临其境的感觉，而思想型的认知人造物集中关注人造的表征世界的语言和思维。当这两种类型都对人类的能力起到必不可少的作用时，诺曼认为思想型才是直接导致新思想、新反应的出现，并提高了人类的理解能力。技术拥有加强这两种类型和提高人类能力的能力。我们从人造物那里学到的仅仅只是它拓宽人类的知识这种能力。但是在我们所有的能力中，设计人造物，这本身才是真正拓展了我们的能力。我们发明了让我们变得更聪明的东西。

无论在行动还是感知方面，人造物作为一种媒介在连接我们与世界之间起到了重要的作用。人与任务目标之间互动的本质在不断地改变，从直接参与到间接参与和远程互动。因此，当我们用铅笔在纸上写或画时，铅笔的运动和它在纸上留下的图画之间存在着一种直接关系。然而，当我们让其他人为我们写或画时，这种直接性的关系就在逐渐减弱。一些互动关系非常间接和遥远，以至于我们很难及时得到关于世界状态的反馈，因为这些信息可能是不完整和不准确的。这些差别给完成任务带来很大的影响，并且在非常大的程度上被任务和人造物的设计所控制。在某些情况下，虚拟世界仅存在于计算机中。例如，构建空白表格程序或图表，这些是在计算机之外绝不会存在的。这些客体可能虚拟地存在于计算机之外，但是它们是通过人造物的虚拟世界被创造或运行的。例如，用计算机显示和控制工业加工，或者用计算机中的文字处理和打印系统来丰富内容和改善打印格式。在这些情况中，表征有许多级别：表征真实客体的被表征世界；表征人造物内的表征世界；表征人造物显示的虚拟世界；表征人类的内部表征。

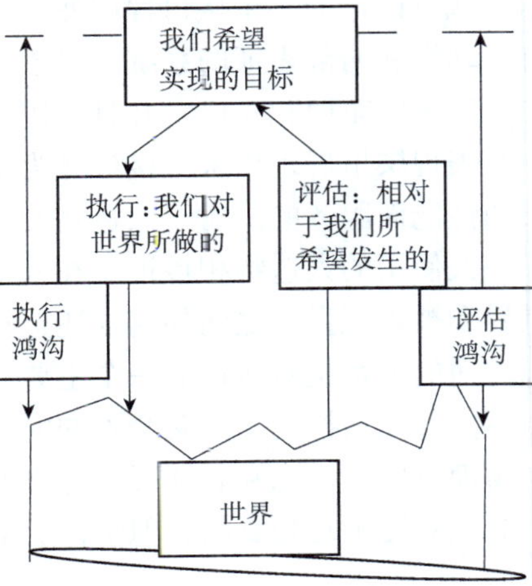

图 26-5 人造物的表征模型

通过执行和评估阶段中的机构反馈，我们完成行动（图 26-5）。这些行动循环的各个阶段需要用人造物的表征形式对其进行支持。无论真实或者虚拟，人造物对人的互动性的影响决定了表征和互动性的选择。不同的人造物形式有不同的表征形式，它们深深地影响着互动性。

支持这一过程的人造物常常是通过不同的表征达到同时支持这一过程中的执行和评估阶段。执行和评估的难度指的是在表征上我们对客观世界与对未知的、预期的和已知信息的不匹配。前者的难度在于环境对它的影响，而后者则难在对周围环境的评估上①。

（二）认知人造物的表征作用

认知人造物的力量来自它作为表征装置的功能。诺曼把认知人造物定义为用于维护、显示或运行信息以达到表征作用的一种人造装置。一个表征体系有三个必不可少的成分：有待表征的世界、表征世界的一系列符号和一个解释者。通常情况下，表征分为内部表征和外部表征。一些人造物只拥有外部表征的能力，诸如纸、书和黑板，它们考虑了表征的显示性和相对地永久存在性；计算尺和算盘仅仅包含它们信息的外部表征。这些之所以被称为外部表征，是因为这些信号被维护在装置可见的“表面”部位，例如外部标记：纸上的铅笔和墨水痕迹，黑板上的粉笔，沙子、泥土或木头中的凹痕。人造物的内部表征是指一系列符号被

① D. A. Norman. Cognitive artifacts. Cambridge, UK: Cambridge University Press. 1991.

维护在装置的内部。这对人造物提出一个要求：必须有一个接口程序可以将内部表征转化为可以被人理解和使用的外部表征。人造物若只有外部表征而没有这个要求，说明该外部表征本身就可以作为一个接口程序使用。

人本身就是一个具有能动性和内部表征的系统。对于一个待用的人造物，外部表征必须与某些可以被人理解的东西相对应，并且使用者必须调节人造物内的某些信息，从而使其操作在表现层里展现出来。接口是为把人造物表征系统的性能转化为与之相匹配的人的性能而服务的。对于人造物的使用者，表征世界是人造物信息结构的表层易于与人使用的人造物相接近。在人造物的发展过程中，基本的争论之一是对表征世界和被表征世界之间如何描述选择问题。

控制运行与系统状态之间的关系是对接口的一个主要考虑。通常，接口的这两个方面是分离的并且由不同的元素控制。这两个不同的方面不总是出现，甚至当它们都出现时，它们在物理位置、概念和表征形式等方面也是与其他方面相当的不同。这种控制和显示的独立性不总是真的，似乎由历史偶然性导致的情况多于由设计所引发的情况。

图 26-6 是一个关于物理的操纵杆引起任何一个控制系统被运行的简单例子。移动这个操纵杆不仅能改变系统状态，还能改变装置的物理表现。操纵杆的位置既是装置的真实状况，又是它的表征。诺曼将这个既是被运行的客体又是其状态的符号的物质客体的状况命名为“客体符号”。同一客体既作为其价值的一种控制服务，也作为其价值的一种表征服务①。

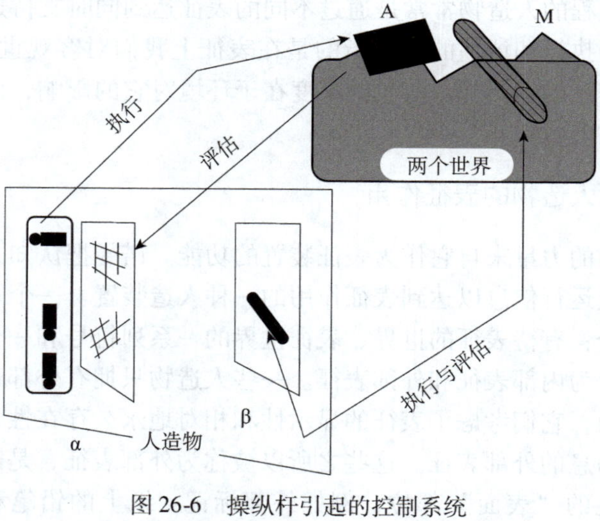

图 26-6　操纵杆引起的控制系统

① D. A. Waterman, F. Hayes-Roth. Pattern directed inference systems. New York: Academic Press, 1978.

当一个人通过一种人造物操作一个真实或虚拟世界时，当人造物中的该客体既是控制的方式，又是该客体状态的表征时，我们就有了客体符号这样一种例子。在A情况下，执行和评估的完成是独立的。在M情况下，执行和评估是共同完成的。在α情况下，同一个表征被执行和评估共同使用；β就是表征客体符号的情况[①]。客体符号被当做运行的主要方式来使用，因为它们自然地和经常地表征那些发生在用机械系统运行的方式，特别是简单系统中。许多机械系统有这样的性能：其中一个直接操纵有意义的部分，另外一个从它们的同一部分的位置处评估装置的状态。当控制器从行动的位置自动地复位时，客体符号情况消失。在计算机控制的现代化世界中，客体符号是非常罕见的。由于现代化的电子系统，控制器和指示器与装置本身几乎没有物理的或空间的关系，这说明在控制器、指示器和系统的状态之间是一种任意的或抽象的关系。但是这种情况是偶然发生的，而不是设计导致的。把控制器从物理设备中分离出来的优势是引起客体和符号的自然分离。一旦存在分离，控制器不再表示系统状态。在一些系统中，状态的控制从状态的指示器中分离出来的结果是：无论是控制器还是显示器，都在合适的表征形式的发展中被忽略了。

（三）认知人造物在情感化设计中的假设

在情感化设计的基础上，诺曼提出了以下用于认知人造物的相关表征形式的两个假说。

假说1：描绘的“自然性”与描绘的直接性相关。这里的直接性可以通过表征与值之间关系的复杂性来测量，可以用绘制地图的描写的长度进行测量[②]。作为自然性测量“描写的长度”的使用是从复杂理论中复杂状态的类似物的详述使用说明中得出的。描写的长度是指用于描写的功能形式。诺曼认为这个形式是心理的、原始的感知。把绘制地图术语的理念与自然语言或意识区别开来是非常重要的。绘制地图是单纯的形式，不暗示一个人意识到它们。它们不是用自然语言表达的术语。

假说2：专家获得更多、更有效绘制地图的术语，从而减少了绘制地图的复杂性并增加了地图本身“自然性”的感觉[③]。然而，尽管这些已获得的术语可能会简化绘制地图的过程，但是它们总是为它们的解释设置一些障碍。假说2说明

---

① Anderson N H. Information integration theory: A brief survey // Krantz D H, Atkinson R C, Luce R D, et al. Copntemporary Developments in Mathematical Psychology. San Francisco: Freeman, 1974.

② Norman D A, Bobrow K G. On Data-limited and Resource-limited Processes. Cognitive Psychology, 1975, (7): 44-64.

③ Norman D A, Bobrow K G. On Data-limited and Resource-limited Processes. Cognitive Psychology, 1975, (7): 44-64.

一种现象，那就是在性质上没有明显减少的情况下（除了学习时间外）专家们能够显而易见地习惯于任何一种表征。随着专家技术的发展，这种假说允许改变明显的复杂性和表征的自然性。然而，因为这个被获得的绘制地图术语建立在一些原始的感知之上，所以这些术语有待被解释，因此需要抽取一些信息处理的工作量。在正常行为下，这是不可能被引起注意的，但是在大量工作量和工作强度下，额外的工作量要求使用获得的术语，这样可以升级性能。换句话说，尽管专家能够习惯于任何事物，甚至声称使用它是自然的和容易的，过少的自然表征将会遭遇第一个巨大工作量和工作强度的低谷时期。

诺曼提议在表征世界和被表征世界之间绘制地图的表征选择，可以根据从马切莱（Mackinlay），卡德（Card）和罗伯逊（Robertson）著作中选出的合理化准则作为标准：为了完成任务，由人造物使用的外部表征应该或多或少允许人类用更精确更宜接受的信息工作①。

根据这些假说，表征的高级形式在数字大小的基础上将会呈现出表征本身的大小，然而大小的比较需要附加的比较。线长提供了一种附加表征。阿拉伯计数方式在表示数字上不是这样的。它的计数方法是用记号与表征客体的数字相符合，并用这种方式将数字转化成长度表征，该空间的长度要求显示与之相符的记号（图 26-7）。

如果一个人只是简单希望比较数字的值，记号优于阿拉伯数字，因为表征的长度类似于数字的值。如果一个人想要做算术运算，符号的表征（阿拉伯数字）会更好，即使长度不是值的一个好的指示。相比罗马数字的表征，不仅是一些符号，而且与被表征的值在比例上大约相符②。

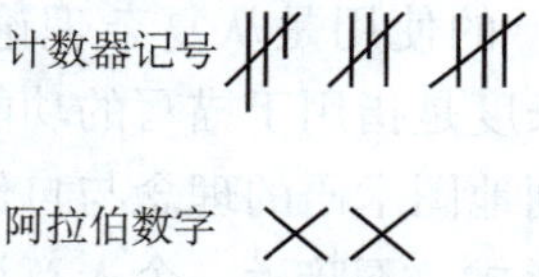

图 26-7　数字数量的不同表征

因此，相符的记号提供一个附加表征，并且该表征的大小与数字的值相关。因此，根据假说 1，与布尔代数体系相比较，阿拉伯表示法是较不好的，因为它的感知表征与它的数字值几乎没有关系：在数字表征的物理空间与它的数字值之间只存有微弱的感知关系。例如，$H(A)>H(B)$，$H(A)>H(C)$。由这两个式，我们无法得到关于 $H(B)$ 和 $H(C)$ 之间的关系，而且这种符号形式的表征不能迫使我们达到表征它们关系的目的。这种表征形式的正面作用是非常重

① Mackworth N H. Visual noise caused tunnel vision. Psychonomic Science. 1965（3）：67-68.

② Norman D A. The Design of Everyday Things. New York：Basic Books，2002.

要的。然而它的负面作用无法阻止下面的争论：$H(B)>H(C)$ 或者甚至是：$H(A)>H(A)$。假设我们用可见的图像（图 26-8）表征客体：在图像中，客体的高度将会被图像的高度所表征。对这三种客体的一个可能性表征。图像指明，在没有表征本身形式和大小的情况下，表征客体虽然简单但是不可能实现：在这种情况下，高度的表征是可视图像的内部特性。此外，以其他的表征形式，用同样的方式进入相矛盾的内容也是简单而不可能的。

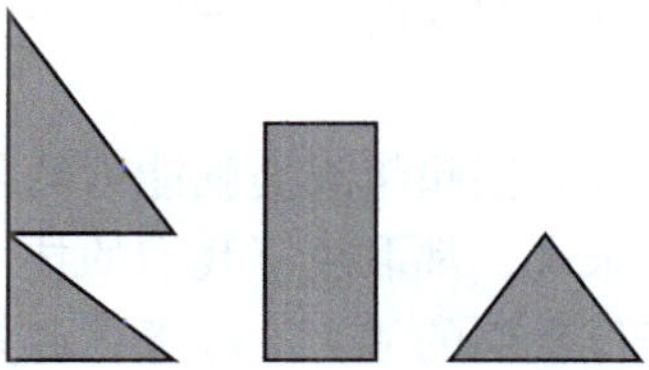

图 26-8　不同图像高度的内部表征

用图像表征客体 A、B 和 C，我们也不能避免表征它们的形式和空间。即使我们不知道 C 的高度，我们仍可以在这种表征形式下被迫选出同样的值[1]。

（四）认知人造物情感化设计的意义

人造物使用的表征形式在决定它的功能和使用性上起到了非常大的作用。表征的选择不是任意的：每一个特别的表征都提供一系列强迫的、内部的和外部的性能。在其他受损害的情况下，每一个表征都在其他被忽略的地方作一些明确的和可见的表征，用来建议并提醒那些可能操作这一系列的人们。内部性能的合理化使用能够约束行为，无论是用称心的还是不称心的方式。强迫功能就是设计性能，即：使用表征的内部性能去迫使人们执行一个特殊的行为。因此，正常操作下，在没有合适的钥匙时，想打开一个现代化的汽车是不可能的，因为只有旋转钥匙引擎才能开始运行：这个引擎有一个固定的强迫功能，那就是要求必须插入钥匙。锁的内部性能之一是不能自身旋转。钥匙的一个内部性能是提供在锁内旋转的功能。

然而也存在这样的情况，人离开了汽车却没有拿钥匙。当然，这一动作就不是强迫功能。假如没有拿走钥匙，这一行为也是设计者允许的。但是，铃声和警铃声会伴随着开门这一动作，虽然这也不是强迫的功能，这仅仅是设计者对系统设置的外部的或增加的性能，但它们可以用来提醒使用者拿走钥匙。强迫功能的要求是这样的：只有把钥匙从发动开关中拿走，门才会被开启。当然，这种强迫

① Norman D A. The Design of Everyday Things. New York：Basic Books，2002.

功能会有不称心的后果。

任何一种设计都可以被视为一种表征。设计者不得不决定怎样去表征装置的特征，怎样去执行操作和怎样去表征现在的状态。在设计的选择时，许多因素要被考虑，包括美观、成本、制作效率和实用性。强迫功能就是设计表征的内部性能的一个简单证明。表征给它们带来许多难以捉摸的内部性能，通常不是由设计者有意制造的。线长表征数量，不同长度的两条线本质上呈现长度的对比，即使这不是设计者有意为之的。许多曲线的不合理使用能被追溯到与曲线的无意的内部性能所引起的冲突。

认知人造物的能力是允许我们超越人类脑能力的限制。因此诺曼认为人类的真正能力，无论是今天还是未来，都取决于我们的技术。然而，正是这些加强了我们能力的技术，也可以降低我们的能力。今天，许多的科技和工程都用一种机器是中心的观点设计机器，并让人去理解如何使用这些机器。结果，技术更多的在干涉和困惑人类的认知，而不是辅助和阐明人类认知。这从工业上严重的因人为错误导致的事故发生率就可见一斑。这其实是用一种隐藏的方式对人类认知进行侵蚀和浪费的。这种机器是中心的观点强调复合、准确的行动，忽视了人类的技术的人性化和灵活性。

诺曼更倾向于用一种人为中心的观点来使用认知人造物。简单来说，手持计算器和书作为“软件”是一种更具有人性化的东西，因为它们“支持我们的能力”，并允许我们控制如何使用它们。电视可以使我们更聪明，如果它给我们提供更多的互动和反馈。一个好的以人为中心的设计应该更强调与人的接口界面，让人感觉到“舒服”，“正是人类所需要的”和与人类的“基本能力”相匹配的性能。诺曼强调设计应该用技术为人类服务，提高和增强人类的能力，最重要的是人类可以控制这些认知人造物并通过使用它们使人类变得更聪明。

在诺曼看来，人和机器技术的观点是建立在决定论的基础上的。技术有能力去控制、主导和使人依赖于它，并且它有一种要求、不放弃和强制性的趋势。这种语言风格在很多流行的技术评论中非常普遍，用一种说教的风格，让复杂的问题变得简单，如果我们了解如何掌握技术，那么技术会使我们变得更聪明。诺曼承认“这种复杂的问题也是社会问题”。事实上，他似乎是希望承认这些复杂的事物可能在我们掌握之外。因此，这种复杂的问题也是概念问题。这里有一个内在问题有待考虑，即把技术作为一个统一体，作为一种被具体化的事物与我们相分离，而不是作为一种与我们自身有着错综复杂和无法摆脱的一部分来衡量。诺曼找到了一种实用的方式可以减少复杂现象，并增加了更多容易被理解的部分。

然而，这种理论本身就带着一种风险，它可能忽视一个事实，那就是复杂物是与生俱来的，是自然现象的一个重要部分。这种理论还带着另外一种风险，即假设这些理论都是可以全部被单独理解的。认知人造物，心理工具或技术，诺曼的描述都包含语言和程序及路径等这些对于解释原因的重要性。我们真可以用自己单独和独立的语言或思考程序来理解这些吗？在什么程度上，诺曼相信我们必须控制和掌握技术？问题就是：技术如何影响了我们的认知能力？技术和认知能力是如何相关并交互影响的？

我们对于技术和认知能力之间关系的理解是非常重要的。技术可以让使用者参与其中并及时地反馈信息，与使用者产生互动。诺曼的这种理论引发了许多与技术和人类关系的问题。如果计算器比人类计算更省时、更准确，那么学生们还有必要花费大量时间和精力学习那么复杂的除法和乘法等这些运算吗？如果使用文字处理器会给我们更完美的关于拼写的语法错误的提示，那么我们还需要关注拼写和语法技巧吗？如果可以取代供大家使用的百科全书，我们有足够的电脑化处理信息的能力，那么为了搜索和找到合适的信息，学生需要学习什么样的技能？因此技术影响着我们学什么和如何学。相反，对新知识的学习也影响着技术的发展。当两者交互作用，它们将适应并改变彼此。毋庸置疑，所有这些交互作用将导致两者都有突破和进步，不仅仅在人类的认知上，而且还在人类的生活和行为上。

总之，认知人造物在人类活动中扮演着重要的角色。对人造物的研究能促进许多方面的发展。首先，由于人类的许多活动都需依靠人造物才能完成，因此，对人类活动的充分理解就必须做到对人类信息处理机制、人类自身知识、结构、能力和人造物的表征情况达到充分理解。其次，认知人造物是服务于人类认知的，通过对这种服务方式的理解，我们能够更好地设计出新的并改进已有的人造物。

四、结　　语

情感和认知，虽然都是处理信息的系统，但是由于它们有着不同的功能，反映在现实中是不一样的。其中情感系统是对环境中的事物的危险系数做出判断的用途，它可以帮助人们迅速确定周围的事物对人类的危险性有多少，以及这些事物对我们人类又有多大的正面影响。认知系统则是用来对世界进行解释的，目的是想要明白世界的含义是什么。情感只是判断系统中的一个普通术语，它既包含意识的又包含潜意识的；情感中的一种意识体验就是情绪，它的特点是具有某些特定的原因和对象。情感就是我们常常可以感受到的那种忧虑和不安而又无法言表的那种莫名其妙的感觉。情绪则是我们比如偶尔会因为生某件事的气而非常气愤的表现。认知和情感这两者是相互影响的，一些情绪和情感状态是可以由认知来驱动的，而情感也常常在不同程度上影响着认知。或者说，人类的情感作为一种意识体验，具有某种特定的对象与原因。情感状态能够被认知驱动，而认知也常常被情感影响。

总之，许多判断人类的认知和情感之间已经逐渐进化，能够互相补充和互相影响。认知用来解释世界，形成更多的知识和理解。情感是一个判断坏的还是好的、危险的还是安全的系统，它可以进行价值判断，可以使人们更好地生存。认知是在理解与解释人们周围的世界，而情感可以让人们对世界做出快速的判断。人们是对情景先进行情感反应，接着再进行认知评估，因为人类的生存远比理解更为重要。在人和技术之间，人们更注重技术而忽视人看到在使用产品时会产生的心理和情感，以及这些所引起的影响和作用。事实上，我们人类才是任何产品的创造者和设计者，并且同时又是产品最终的使用者，我们才是应该更被关注的焦点。人们也开始把更多的注意力转移到人自身上，提出了“以人为中心”（human-centered）理念，并朝着这个方向进行着持之以恒的探讨。

第二十七章　明斯基：知识的框架表征

明斯基（M. Minsky）1975 年首创框架理论，以框架这种形式来表征知识。他坚信人的思维过程是可以用机器模拟的，机器也是有智能的。他广为流传的“大脑无非是肉做的机器而已”成为强人工智能的口号。明斯基的框架不是一种单纯的理论，除数据结构上有单纯的一面外，在概念上是相当复杂的，是针对人们在理解事物情景或某一事件时的一种心理学模型。

一、框架理论与知识表征

明斯基将框架看作是知识的基本单位，将一组有关的框架连接起来整合成框架系统。系统中不同框架可拥有共同节点，系统的行为由系统的子框架的具体功能来实现，推理过程由子框架的协调来完成。框架理论类似于人工智能中的面向对象化程序设计。它的成功之处是它利用框架这种结构将知识有机地整合起来，使其有一种特定的结构约束，同时保持了结构的相对独立性和封闭性。

（一）框架理论对知识的表征

作为认知科学核心的人工智能，它既是认知计算模型的具体化，又是知识表征的典型范例。如果我们能够把智力信息处理系统建立在用数字进行知识表征的基础上，这将说明数字信息处理系统可以是有智力的①。

明斯基框架理论的基本观点是：人脑中已存储有大量事物的典型情景，也就是人们对这些事物的一种认识，这些典型情景是以一个被称作框架的基本知识结构存储在记忆中的，当人面临新的情景时，就从记忆中选择一个合适的框架，这个框架是以前记忆的一个知识空框，而其具体内容依据新的情景而改变，通过对这个空框的细节加工、修改和补充，形成对新的事物情景的认识，而这种认识的新框架又可记忆于人脑之中，以丰富人的知识②。一个框架通常由若干个称为“槽”的结构组成，每一个槽又可以根据实际情况拥有若干个侧面，每一个侧面也可以拥有若干个侧面值。整个框架的丰富与发展就如同人类对事物的认识一样，呈现出从低级到高级曲折前进、螺旋上升的趋势。

明斯基认为，一个框架表征系统是模块化的、先天规定好的和信息相对封闭的。框架系统以及子框架也是信息封闭的。框架与非框架之间具有严格的界限划

① 魏屹东. 认知科学哲学问题研究. 北京：科学出版社，2008：102.

② Minsky M. A Framework for Representing Knowledge. New York：McGraw-Hill，1975：1.

分，中央处理器并不能够提取子框架的过程表征，而只能够提取其处理结果。也就是说，它并不参与子框架的运行表征过程。不同的子框架具有各自的程序。在明斯基看来，子框架有自身的表征，它只从低层中提取特定的信息，除此外，任何其他的信息都无法进入特定框架。也即在框架的运行处理信息过程中，只存在外界数据按照特定的数据结构反映到高层处理系统，再由子框架之间的协同动作做出相应的处理。这样，模块的封闭性导致了表征过程的独立性和封闭性。

在框架理论中，视觉、景物理解和知觉符号系统等并不是随机存储的，而是通过框架表征的形式整合起来的。框架具有相应的属性和取值，其属性表达了对象的表征关系，它们通过表征对象的各个未定义的子框架来确定对象的整体特征，其取值则是后来具体化过程中赋予子框架内容的视觉、知觉符号。框架的建构过程需要受到一定的关系结构和表征框架的制约，如因果关系、映射关系以及在取值之间的对应关系，甚至是来自上层框架的限制约束条件。框架能够在视觉、知觉符号的表征过程中定义相关属性和取值，并构造关于特定数据结构的对象理解。因此，视觉、知觉符号系统不仅可以展示视觉、知觉经验的整体表征，而且能够构建关于范畴的知识。基于框架表征的整合起来的框架系统可以看成是对特定类型的表征，框架系统的整体构成了基本完备的知识表征系统，它能够提供相应的范畴推理。换句话说，框架的结构表征，一方面能够整合为一个模拟系统；另一方面能够为视觉知觉对象提供理解。

例如，一个关于汽车的框架如下：

名称：汽车。

超类：交通工具。

次类：轿车、面包车、吉普车。

车轮个数：

值类：整数。

缺省：4。

价值：未知。

车身长度：

值类：浮点数。

单位：米。

价值：未知。

其中超类和次类分别表示该对象的父类和子类，“车轮个数”和“车身长度”是两个槽，反映汽车的结构属性，分别由若干侧面组成。例如，价值表示属性的值，价类或类型表示属性值的类型，缺省表示默认的属性值，等等。

明斯基最初是把框架作为视觉感知、自然语言对话和其他复杂行为提出来的。框架理论一经提出，由于它既是层次化的，又是模块化的，因此在人工智能界引起了极大的反响，成为通用的知识表示方法被广泛接受和应用。不仅如此，它的一些基本概念和结构，也被后来兴起的面向对象技术和方法所利用。明斯基的框架理论也成为当前流行的一些专家系统开发工具和人工智能语言的基础，例如，知识表征语言（KRL）就是1979年由鲍勃罗夫（D. G. Boborow）基于框架结构设计与实现的。框架理论最早提出了“缺省”（default）的概念，成为常识知识表征的重要对象，从框架发展出“脚本”表示方法，用于描述事件及时间顺序，并成为基于案例的推理（CBR）的基础。

明斯基还把人工智能技术和机器人技术结合起来，创建了“思维机公司”，开发出世界上最早的能够模拟人活动的机器人。20世纪80年代中期，思维机公司推出著名的“连接机”系列CM-1，CM-2和CM-5，把大量简单的存储处理单元连接成一个多维结构，构成大容量的智能存储器，再通过常规计算机执行控制、I/O和用户接口功能，能有效地用于智能信息处理。CM-l由4个象限组成，每个象限包含多达16384个位处理器，全部处理器则分为4096组，组间形成12维超立方体结构，其集成峰值速度达到每秒600亿次。CM-5的结点数更多，功能更强。

明斯基也是“虚拟现实”（VR）的倡导者。其实早在20世纪60年代，明斯基就造了一个名词“telepresence”，意思是“远存在”或“远距介入”或“远程监控”，telepresence实际上是这样一种设备或环境，它允许人体验某种事件，而不需要真正介入这种事件，比如感觉自己在驾驶飞机，在战场上参加战斗，在水下游泳，等等，实际上这些事都没有发生。明斯基提出利用微型摄像机、运动传感器等设备来实现telepresence的一些方案。telepresence和虚拟现实异曲同工。

（二）框架理论与计算表征

随着认知科学与计算机科学的发展，人们往往把心灵状态看作是计算状态，处理外界对主体输入的内容，且认为可以不依赖脑来研究心灵。但是，心灵与大脑密切相关，而作为拥有大脑的人，生存于这个复杂多变的世界中，我们不能简单地把心灵与世界的关系说成谁决定谁的关系，而应该把它放入特定的背景中，借助科学及哲学来详细分析。正如普特南所说的那样：“既非心灵单方面地创造了世界，也非世界单方面地创造了心灵，而是心灵与世界一起创造心灵与世界。”①

表征是指实在物不存在情况下重新指代这类实物的任何符号或符号集。表征分为实物表征、知识表征、心理表征等。心理表征储存知识的内容和形式②。用

① 希拉里·普特南．理性、真理与历史．童世骏，李光程译．上海：上海译文出版社，2005：11.

② 艾森克M W，基恩M T. 认知心理学．高定国译，上海：华东师范大学出版社，2002：361-363.

框架理论进行知识表征和推理，与其说框架理论是一种“系统化的理论”，倒不如把它看作是将以往提出的各种有关假想的理论用框架这一形式进行统一整合而形成的性质。

框架理论还对它出现以后的人工智能和知识工程学的研究产生了极大的影响。这不仅是此领域中首屈一指的哲学思想构成了它的根基，而且它并没有停留在单纯的框架表征手法上，而是包含着对许多基本的思想方法和研究方向上。生产式系统的知识表征中已经表现出这样的问题：如果知识表征的单位过小，则难以用它很好地说明人类的日常推理，或人类记忆的有效性。因此，人们一直希望能找到一种更好的知识表征方式。对于人类来说，希望它具有较好的适应性，又具有更强的概括性，进而还应具有良好的“结构化”构造。从推理方式上看，比起全局统用单一的推理方法来，根据问题解决的境遇分别采用不同的推理方法更加自然。因此，就有必要使关于事实的知识和有关过程的知识更紧密地结合，进而将它们作为一个整体加以结构化。框架正是适用这种思想而用于表征知识的一种方法。

框架系统是与信息检索网络相连接的、作为候选的框架在不能适合现实问题时，可以表征事实、类似性，以及关于有助于理解其他信息的知识。如果为表征某种状况选择了此框架，匹配过程则是对各种各样的场所的标识器条件进行符合，也就是试行在各框架的各终端结点中代入有关数值。这种匹配过程必须根据各框架所附加的信息，特别是根据系统在该节点的目标来进行控制。框架的容错性、纠错性也是衡量框架表征的功能的重要指标。

我们可以设想一下，人们在陌生的地方旅行时，猛然遇见了以前见过的某种风景的场面，或是在驾驶汽车来到某个视线不良的十字路口时，想起以前有过在类似的场合下，突然蹿出自行车的经验，便会把脚移向刹车踏板；或者，在解决某个问题时，想起以前的经验中遇到过类似的问题，因而把它作为解题的线索；等等。如果把它们都认为是从我们记忆中取出某个特定的框架，那么我们就会自然而然地领会框架的概念了。因此，框架理论对于人类的记忆和认知来说是极其自然且又具有相当程度的普遍性的模型。

特别是，对于基于概念的抽象度来表征的阶层性知识以及关于物体结构的结构性知识，可以用框架系统很自然地予以表征。用默认值来补充不充分的信息以便进行类推和理解的推理过程，也可以用框架这种单一的数据结构，即表征形式来实现，把这些优点结合起来，框架系统自然成为知识库系统中强有力的工具。

概言之，框架理论除了在数据结构上有单纯性的一面外，在概念上是相当复杂的。明斯基认为，如果从我们视觉经验的丰富性来判断，在现阶段是无法求得其中非常完美而又单纯的理论的，而且无论何种科学在其最终阶段都可以用少数原理来统一，但在现阶段追求这种目标是不够合适的。比起追求这种目标的必要性来，我们还是应该把注意力集中在理论的充分性和效率上。

（三）表征与计算

如何使机器具有意识成为明斯基要探讨的重要议题。赋予机器以智能，让机器具有意向性是人工智能的最终目标。只需要告诉程序要干什么，程序就能自动生成算法，自动进行处理。这就是非过程化的程序语言。

1. 计算表征与人工智能

明斯基坚信人的思维过程可以用机器去模拟，机器也可以有智能。1985 年明斯基就明确提出，问题不在于智能机器能否有情感，而在于没有情感的机器能否实现智能。

我们知道，认知科学中有两种基本范式：一种是传统的物理符号主义，另一种是联结主义。无论其理论形式如何变化，它们都是将心灵看作是一台或多台能够执行计算任务的计算机。图灵在 1936 年就认为，可求值计算的功能可以等同于一种在有限步骤之内能够求值的计算功能的实现过程①。因此，完全可以设计具有这样一种功能的计算机器。这样一来，形式与计算因此紧密交叉而产生了一个推论：能够被形式化的任何自然现象也能够通过合适正确的某种机器复制。在这个意义上，机器能够“复制”人类计算者所做的一切，包括人的心智，这就奠定了“机械程序可以实现心智的计算，心灵的本质是计算”的基本思想。

1935 年前后，邱奇（A. Church）、克林尼（S. C. Kleene）和歌德尔（K. Gödel）等在普林斯顿对于直观的可计算性概念进行了一系列讨论，并用可定义性、一般递归函数等做了数学刻画。同时，图灵独立思考了可计算性问题，并以图灵机的概念刻画了可计算性，可表达为“每个算法可在一台图灵机上程序化。”当图灵得知普林斯顿在可定义性和一般函数递归方面取得的进展后，他给出了图灵可计算与可定义性概念之间的等价证明。1931 年歌德尔证明不完备性定理时，形式系统的概念基本上还是模糊的，1936 年有了图灵机概念人们才认识到，形式系统只是一个产生定理的机械程序，如同明斯基的框架理论一样，形式系统的概念就是要把推理转换成“机械运算”。这里的“机械运算”就是图灵机概念准确刻画的“算法”的意义，形式系统不过是一台准许在某些步骤上按照预定范围做出选择的多值图灵机②。正是在算法概念的基础上，以它为核心产生了一系列“可计算性”、“计算复杂性”、“串行处理和并行处理”等概念，对

① 赵泽林，高新民．计算主义在心灵哲学中的两大前沿问题评析．科学技术与辩证法，2007，(4)：25.

② 李德毅．不确定性人工智能．北京：国防工业出版社，2005：25.

认知科学的研究起到了巨大的推动作用。

明斯基和西蒙首先提出“认知可计算主义”的概念，主张“认知的本质就是计算”，人脑无非是肉做的机器；计算概念具有抽象数学结构和多重性，由物理系统完成计算。无论人脑和计算机在硬件和软件层次上有多大不同，但在计算理论的层次上，它们都具有产生、操作和处理抽象符号的能力。作为信息处理系统，描述认知和智能活动的基本单元是符号，无论是人脑还是计算机都被看作是操作、处理离散符号的形式化系统，而这种离散符号的操作过程就是图灵意义上的“计算”。认知和智能的任何状态都是图灵机的一种状态，任何活动都是算法可计算的，这就表明人类一切的认知活动都可以用计算机模拟。有人由此得出，在将来电脑将能做人所能做的一切，甚至能超过人脑。这就是强人工智能的观点。

“计算表征思想”的提出，使人类认知的研究进入了常规科学的研究阶段。正如西蒙 1988 年在回顾认知科学发展历史时所说的：“在把计算机看作通用符号处理系统之前，我们几乎没有任何科学的概念和方法研究认知和智能的本质”。“计算表征思想”很快成为人工智能、认知哲学和认知心理学的主导思想，大大推进了人工智能领域的进展。萨伽德将认知科学不同概念和不同理论进行整合，形成了综合式唯物主义，主张计算、神经生物学和意识经验的理论综合，对认知科学研究起到了重要启示作用①。

2. 计算表征与心智

20 世纪 90 年代，认知逐渐成为很受关注的研究领域。认知科学家试图从计算机科学的成功中获得启发，用来回答关于人类心智的许多疑难，最直接的做法就是将心灵隐喻为计算机。计算机隐喻强大而纯粹直觉的吸引力，使其成为各领域专家追捧的对象。它利用人们对计算机技术方面已有的思想获得了学界的公认，并成功应用在心理学、认知科学等各个研究领域。计算主义的产生依赖于从机械机制到逻辑机制的发展。从最早的“水钟”、“Jacks”等机械装置，到后来的动物“自动机器”，都是一种以机械装置形式出现的计算模型。随着逻辑的发展，人们开始探索把机器自动控制加以“形式”抽象的可能性。计算机技术、可编程控制技术以及机器的形式理论的发展，产生了普适计算机。普适计算机的发展，促使人们从生命机制的研究转向生命逻辑研究。在这种背景下，人机类比以及计算隐喻理论就应运而生了②。计算主义者提出了心灵的计算理论试图解开人类的心智之谜，创造人工生命。

---

① 魏屹东．论哲学对认知科学的作用．哲学动态，2003，(6)：12.

② 派利夏恩．计算与认知．任晓明，王左立译，北京：人民大学出版社，2007：117.

一般来说，一种知识理论的主要作用就是对人类知识的产生和增长进行辩护。这既需要描述人类知识的结构，又需要描述人类知识得以增长的逻辑过程。由于对人类最具有影响力的知识来自于系统观察、实验以及对观察和实验结果的理论化，因此，对科学知识的结构和增长的理解就成为一种知识理论的主要任务。在对科学知识的结构和增长的理解中，科学哲学家们传统上采用的是语言和逻辑分析以及案例研究等方法。随着计算机技术和认知科学的发展，计算的观念已逐渐影响到哲学、心理学、语言学等先前似乎与计算并无太多关系的学科领域。同时，认知模型化、人工智能技术和计算理论的发展也为科学哲学家提供了理解理论评价、科学发现等传统哲学问题的新方法。

在对认知加以解释时，人们感兴趣的不仅仅是为采用计算形式的认知合理性找出理由，甚至不是模仿所观察到的行为。人们实际上关心的是行为的具体实例是如何由心灵产生的，以及由这一行为如何与认知容量相联系。这就要求计算过程与心灵中实际发生的过程是“强等价的”。

在计算机技术和认知科学中，“计算”的含义指的是一个装置或一种元件可以执行一种准确而完整的、由数字、符号和语句所表示的解决问题的方案。也可以说，“计算”指的是一个装置或一种元件与一种可形式化的算法之间存在着的某种模型化关系①。这种现代“计算”的观念源于图灵对计算概念的分析，即对任何一个过程而言，如果它能够具体表现在一个算法中，那么当且仅当它能够被一台图灵机实现，也即可计算性等于图灵可计算性②。从那时起，图灵的计算概念已成为数理逻辑和认知科学中的标准概念。如果从一种更广泛的意义上将“计算”看成仅是与数字或符号的运算有关的概念，那么事实上哲学家们并不是随着现代“计算”观念的产生才开始对计算产生兴趣的。古希腊的毕达哥拉斯就热衷于通过计算将实在与数等同起来，他注意到音乐的和谐之美依赖于音程之间的数学关系，从而在音乐与数学之间建立了密切的联系③。霍布斯对人类心智提出了一种机械的计算说明，感知、想象和记忆都可以根据力学定律运动的物质来进行说明，而理性就是计算。法国数学家帕斯卡设计出了一种早期的计算机器，这种计算机器可以通过相互啮合的齿轮进行加减运算。之后莱布尼茨设计出了一种可以进行乘除运算的计算机器。

莱布尼茨认为，对于复杂事物的陈述可以通过一种类似乘除运算的过程从关于这些事物的组成部分的陈述中得到。如果一些基本的概念可以被分离出来，那么所有的真理都可以从这些基本概念中被计算出来。如果人们对某一问题的看法

---

① Copeland B J. What is computation ? Synthese, 1996, (3) .

② 王浩. 数理逻辑通俗讲话. 北京：科学出版社，1981：21.

③ 桂起. 科学思想的源流. 武汉：武汉大学出版社，1994：54.

产生分歧，那么原则上只要他们坐下来计算一番就可以解决这种分歧[①]。第一个为自动计算机器的设计提出详细方案的是巴比奇。1812 年巴比奇首先提出了用于计算数学函数的差分机的构想，随后在 1832 年又提出了能够进行任何类型计算的、完全自动的分析机的构想。尽管这两种计算机器的构想当时都没能真正得到实现，但这两种构想却为现代电子计算机的设计提供了进一步的启发。

这些历史思想使得计算主义者认为心灵的本质就是计算。如果接受这一观点，那么人类的思维过程似乎均可用计算术语来进行表征，而分析哲学以及心灵哲学、科学哲学，由于从事人类推理的分析，则必然涉及人类智力活动领域中计算能力结构的问题，而与计算分析的方法密切相关。无疑，现代计算理论及其有关概念、方法和模型已经或正在对一些传统哲学研究的问题和方式产生根本影响。

而对人类心灵进行计算表征理解的现代认知哲学假定：人类的精神表征与计算数据结构相似，且精神活动过程与算法相似。这样，通过计算人们就可以在一定程度上理解自身的思维活动。在计算科学哲学中，对诸如科学发现和理论评价等问题，同样可以用上述认知科学方法进行研究，如认知哲学家可以借助于相应的认知计算模型来理解科学家如何发现和评价假说。对认知哲学来说，如果构造认知计算模型的目的在于对科学家提出和评价假说时所运用的思考方式的模拟，那么在人工智能领域中许多有价值的研究并不要求心理上的可靠性。弱人工智能研究的目的并不在于模拟真实的人类智能，而在于构造一些并非完全和人类智能相一致的有用的算法，以便完成一些由人类很难完成的任务。相反，强人工智能研究的目的就在于创造出具有人类真实智能和意识的“人工心灵”。

具体地说，一方面，计算为传统哲学研究带来了新的论题、方法和模型；另一方面，计算正在改变传统哲学家理解心灵、意识、经验、推理、知识、真和创造性等哲学基本概念的方式。当然，计算的观念现在还并未影响到哲学研究的全部，对精神的自我省察，对先验真理的思考，以及对某些问题元层次上的讨论，目前还保留了传统哲学的某种特质。比如，人工智能哲学就是哲学、逻辑与计算机科学交叉的最富于生命力的新兴学科。对于科学发现的计算研究，并不是要为如何做出科学发现提供一种最终的解决方案，它只是试图探求科学发现中所蕴含的某些心理的、逻辑的机制，并尽量在人机合作中运用这些机制以便创造出更多的科学知识。

心灵表征理论把心灵描述为语义机，即对纯形式的和句法的原则进行加工的一个装置，但它又并没有舍弃语义。尽管心理运算对处理的符号的语义熟视无睹，但它们的处理与某些理解这些符号的人所完成的处理是没有区别的。当你让

① Hollingdal E S H，Tootill G C. Electronic Computers. Penguin Books，1982：11.

打字机或语音命令告诉计算机打印一个文本时，这个装置并不是首先解释这个命令，然后按照它对那个解释的理解来行动。执行命令的机械装置并不关心它的意义。然而，这个机器的程序是这样编制的，它的句法反映了它的语义学，因此它在运行时就好像理解了你的命令。当然，心灵是一个能够执行特定类型运算的装置，心灵的状态类似于计算状态。具有心灵的人，只不过是机器。这一观点表明：心灵与它们的物质性载体之间的关系，类似于计算机程序与计算机硬件装置之间的关系。每个程序都独立于硬件装置而存在。但是，完全相同的程序可以在完全不同的硬件装置之上运行。

总之，认知涉及人对信息的选择、接受、处理、理解和存储的能力和过程。处理最关联的信息是一个自动倾向，语用者总是能够在所得信息和付出的努力两者之间取得最佳平衡，从而获得最佳信息效益。在言语交际过程中，影响话语理解的正是构成语境的这些假设，而不是具体的情境因素。构成语境的因素是语言学家从具体的情景中抽象出来的。这些因素对语言活动的参与者所产生的影响系统地决定了话语的形式、话语的合适性和话语的意义。

二、明斯基的框架表征法

框架表征法是基于框架理论而发展起来的一种适应性强、概括性高、结构良好、推理灵活、可以将陈述性知识与过程性知识相结合的知识表征方法。

（一）框架表征的实例

框架理论为人工智能科学以及认知科学的发展开辟了新的进路，使得认知科学的研究有了很好的模型建构。

1. 框架实例：教室

明斯基的框架理论针对的是人们在理解事物情景，或某一事物时的心理学模型，表述了人们理解问题的一种思维方法。他以教室为例进行说明。

当一个人要走进一个教室前，可以想象这个教室一定有四面墙、门、窗、天花板和地板，还有黑板、讲台、桌子、凳子等，尽管他对这个教室的具体细节如教室的大小、门窗的个数等还不清楚，但是对教室的基本结构是可以预见的①。之所以如此，是由于在以前的生活实践中，他已经有教室这一概念映像到他的头脑中，并且形成了关于“教室”这个概念的一个基本框架。这一基本框架不仅指出了相应事物的名称，而且还指出了事物各有关方面的属性。通过对教室这一框架的查找就能表征教室的各个属性。在他进入教室之后，经观察得到了教室的

① Minsky M. A Framework for Representing Knowledge. New York：McGraw-Hill，1975：11.

大小、门窗的个数等细节属性，把这些数据填入教室框架，就得到了教室框架的一个具体实例。这就是明斯基关于这个教室的视觉印象，即实例框架。社会学中的调查问卷的设计与此相似，即在进行某一项社会调查前，我们预先设计好问卷，然后到实地进行调查来填充具体的问题。这其实就是一种概念或者问题框架表征。

像这样根据以往经验去认识新事物的方法是人们经常采用的。人们根据过去的经验和认识形成对某一事物的概念模型，该模型是通过一种通用的数据结构的形式存储起来的，称之为知识结构。当遇见新的问题时，只要把新的数据加入该知识结构，便形成了一个具体的描述，这样的知识结构就称为框架。对于一个框架，当人们把观察或认识到的具体细节填入后，就得到了该框架的一个具体实例。在框架表征法中，这些需要填充的数据元素被称为槽（slot）。

概言之，框架理论将框架看作知识的基本单元，把一组相关联的框架整合起来形成框架系统。系统中不同框架具有共同的节点，系统行为由系统内的框架的变化来表征。推理过程由框架间的协调来完成。

2. 侧面值与槽的表征

明斯基的框架理论中的框架是一种表征对象的数据结构。所表征的对象可以是一个事物、一个事件或一个概念。一个框架有若干个“槽”组成，而槽又是填充框架结构的实例和数据。每个“槽”又可划分为若干个“侧面”。一个槽用于表征所描述对象的某一个方面的属性，一个侧面用于描述相应属性的一个方面。槽和侧面所具有的属性值分别称为槽值和侧面值。槽值可以是逻辑型或数字型的，具体的值可以是程序、条件、默认值或是一个子框架。

一个框架一般由框架名、槽、侧面和值四部分组成。框架一般表示为如下格式：

框架名
<槽名 1>
<侧面 11>
<值 111>…<值 11k1>
…
<侧面 1n1>
<值 1n1>…<值 1n1kn1>
<槽名 2>
<侧面 12>
<值 121>…<值 12k1>
…

<侧面 1n2>

<值 1n21>…<值 1n2kn2>

…

例如，要表征“计算机主机”这一概念，首先分析它所具有的属性。一台计算机应该具有的属性包括：品牌、生产厂商、处理器（品牌、型号）、内存（品牌、型号）、主板（品牌、型号）、硬盘（品牌、型号、容量），等等。“主机品牌”、“生产厂商”、“处理器”、“主板”、“内存”、“硬盘”就定义为框架“计算机主机”的槽，“处理器”、“主板”各有两个侧面，“内存”、“硬盘”则有三个侧面。“主机品牌”和“生产厂商”有侧面，我们给各个槽和侧面赋予具体的值，就得到一个“计算机主机”这一概念的一个实例框架。

框架名：<计算机主机>

主机品牌：DELL XPS 1330

生产厂商：DELL

处理器：品牌：Intel

型号：Core（TM）2Duo

主板：品牌：QDI

型号：845E

内存：品牌：BENQ

型号：DDR

容量：1GB

硬盘：品牌：SATA

型号：ST3243A

容量：120GB

我们很容易在相应的网页上查到这些具体的数据。

（二）框架表征知识的程序

明斯基指出，框架是一种表征认知对象及对象间关系的数据结构，且可以将其看作是知识的单位。对于要被表征的知识，可能会包含许多互相关联的事物、事件。各对象之间客观上存在着千丝万缕的联系，将这些相互关联的对象框架整合起来就构成了框架系统。具体地说，框架以及框架系统表征知识的程序大致如下：

1. 框架子系统的映射

首先，分析被表征知识中的对象及其属性，就要对框架的槽进行合理配置。通常情况下，被表征的知识比较复杂，其中包含着多个对象（事物或概念），对象之间有着各种联系，要用框架正确地表征知识，就必须首先把被表征的知识中的所有对象找出来。找出对象后，再用框架将各对象表示出来，框架中要包含有足够的槽及侧面，以充分表征对象的各有关方面的属性。在槽及侧面的设置上要考虑两个因素：一是要符合系统的设计目标要求，凡是系统设计目标中所要求的属性或是问题求解中可能要用到的属性，都要在框架中设置相应的槽，或对某些槽再设置相应的侧面，把它们表征出来；二是又不能盲目把所有的甚至是无用的属性都用槽表示出来，仅仅需要对有关的属性设置槽即可，从而保障系统的运行效率。这就要求充分分析被表征的知识，并依此对对象的属性进行筛选，只把需要的找出来，为它们设置相应的槽。也就是说，被表征事物的属性是有选择的，而不是任意的和全部的。

其次，需要对各对象之间的各种联系进行考察。使用一些常用的或根据具体需要定义一些表征联系的槽名，来描述上下层框架间的关系。现实世界中的各种事物之间存在着千丝万缕的联系，为了将被表征的知识中各对象之间的联系准确地反映出来，就需要在相应对象的框架中设置一些特殊的槽来表征对象之间的关系。在框架系统中，对象间的联系是通过在一个框架的某个槽中填入另一个框架名字来实现的，至于它们之间究竟是哪一种关系，则是通过这个槽的槽名来表征的。通常在框架系统中定义一些公用、常用且标准的槽名，并且把这些槽名称为系统预定义槽名。人们在使用这些槽名时，不用说明就知道它表征何种联系。我们在使用框架系统表征知识时，可以根据具体的需要，进行槽名的定义。例如：

Isa 槽（is a）：

Isa 槽用于指出对象间抽象概念上的类属关系。它的直观含义是“是一个”、“是一种”、“是一只”……一般情况下，用“Isa”槽指出的联系都具有继承性，也就是下层框架可继承上层框架所表征的属性及值。

Ako 槽：

Ako（a kind of）槽用于具体指出对象间的类属关系。它的直观含义是“是一种”，当用它作为某下层框架的槽时，就明确地指出了该下层框架所表征的事物是其上层框架所表征事物的一种，下层框架可继承上层框架所表征的属性及值。

Instance 槽：

Instance（例示）槽用来表示 Ako 的逆关系。当用它作为某上层框架的槽时，可在该槽中指出它所联系的下层框架。用“Instance”槽指出的联系都具有继承性，即下层框架可继承上层框架所表征的属性及值。

Part-of 槽：

Part-of 槽用于指出部分与全体的关系。当用其作为某框架的一个槽时，槽中所填入的值称为该框架的上层框架，该框架所表征的对象只是其上层建筑所表征对象的一部分。例如“两只手”是“人体”的一部分。可以将“两只手”和“人体”分别定义成框架，“两只手”称为下层框架，“人体”则为其上层框架。在“两只手”的框架中设置一个槽，其中填上 < 人体 > 这个框架名。下面的例子只简单地给出了两个槽。

框架名：< 两只手 >

Part-of：< 人体 >

手指数：单位（个）

可以看出，由 Part-of 联系所表征的上层、下层框架不具有属性继承性。

2. 框架的含义

框架可以用来表征所讨论的对象，比如一个事物、一个事件或一个概念。它是知识表征的基本单位，表征这些对象就是建立这些对象的知识结构，这些知识结构描述了对象的各种属性。一般说来，单个框架只能表示简单对象的知识，在实际的应用中，当对象比较复杂时，通常需要把多个相互联系的框架组织起来进行表征，这些相互联系的框架就形成了一个框架系统。

在框架系统，框架之间的关系主要分为横向和纵向联系。在表征事物和对象的框架中，槽可以用来表征事物和对象的属性及特征，槽值或侧面值表征了这些属性或特性的值。槽值或侧面值可以是另一个框架的名称，这样就建立起了框架之间的联系，被称为框架之间的“横向联系”。

框架和实例框架之间具有包含关系和属于关系。框架是事物和概念的一种抽象，而实例框架是框架的一个具体体现，可以把框架作为上层框架，而把实例框架作为下层框架。它们之间通过一个专用的槽（一般称为“继承”槽）联系起来，这样就使得上下层框架之间有一种继承关系，这种具有继承关系的联系被称为框架之间的“纵向联系”。

例如，在师生员工框架系统（图 27-1）中，教职工框架和学生框架是师生框架的下层框架。学生又可以分为哲学系、社会学系等下层框架。学生框架可以表征学生的共同属性，而下层框架，如哲学系学生可以继承上层框架已具有的共同属性和值。

继承性是框架表征方法的一个重要特征，它不仅可以在两层框架之间实现继承关系，而且可以通过两两的继承关系，从最低层追溯到最高层，使最高层的信息逐层向低层传递。框架的实用性就在于框架之间的这种层次结构和继承性，通过在槽值中使用框架和继承，可以建立起强大的知识表征系统。

（三）景物理解与框架

框架系统表现立方体的景物时，明斯基从视点变换和移动关系做出了具体的

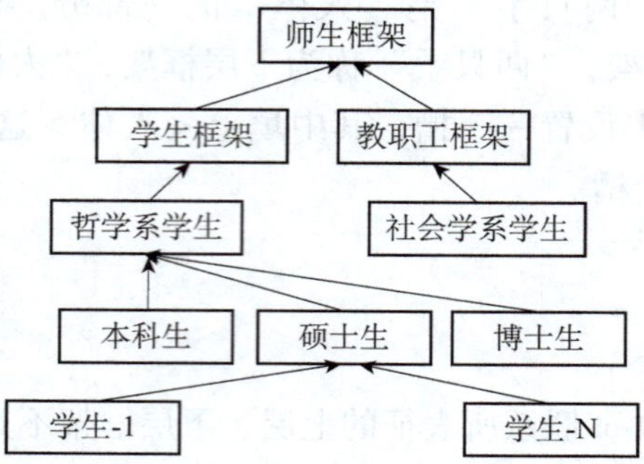

图 27-1　师生员工框架系统

说明。让我们思考这样一个问题：从某个角度观察立方体时所感知到的信息。我们先构建一个能够表征这种信息的框架系统，接着考虑在观察位置发生变化时分析的处理方法和在框架中的变化操作。

我们先假设在观察立方体时所使用的框架用具有 4 个节点的网络来表征。子结构 A、B 及 E 是表示立方体的三个面上更详细信息的框架的指针。这种表征是语义网络的一种①。如果让我们向右移动，此时 A 将会从我们的视野中消失，而具有 C 这一子结构的新的面则会显露出来，如果用修正以前的分析来表现这一变化，则需要做三件事：①消去有关 A 的知识；②重新计算 B；③计算有关 C 的描述②。当观察者向右移动时，A 将从视野中消失而 C 进入视野，可用图示的方法将看不到的面也记入一个端点。因为知道这是向右的移动，我们可以将 B 原封不动地分配给第二个立方体框架的"左边的面"这一终端结点，并予以保存。如果要保存 A（这要根据场合而定），可用将其与一个特别的终端结点，即新的立方体框架所见不到的面相结合。

接下来我们向左移动返回原先的位置。我们可以完全不进行透视画法的计算而重新构成最初的景物。即我们只需将顶层的指针返回指向第一个立方体。这时 C 的场所可以用在最初的立方体的框架的右侧再加上一个看不见的面来表征。我们还可以进一步扩展这种表征，将立方体的不同的"观察信息"的框架集合构成一个全面的框架系统。

明斯基认为，在我们记忆中，事实上早已收集了许多这种框架，基于从现在见到的景物所得到的信息，我们可以从记忆中找出最适合的框架来，进而为了给找出来的框架的各个终端节点添上合适的值，就得更进一步求得新的信息。这时，如果完全一致，则认为此框架是合理的，有效且可以得出正确的结论。如果

① Minsky M. A Framework for Representing Knowledge. New York：McGraw-Hill，1975：6.
② Minsky M. A Framework for Representing Knowledge. New York：McGraw-Hill，1975：7.

在表征过程中产生了错误，则在记忆中进一步检索其他框架，再次进行同样的处理。如果最终仍然错误，则可理解成该景物是初次面临的，这时可将框架系统进行部分修正，同时将其作为新的框架存入记忆之中。

三、框架表征的哲学特征

第一，框架表征具有模块性和语境性。框架系统的表征模型包含着若干个相互协同动作的子框架，具有立体结构和并行处理机制，能够同时并行处理框架系统所承担的所有运算，操作所有单元，体现出了很强的模块化思想。在框架系统中，被表征的知识是以互相关联的模式存在于整个系统中的。与此相适应的是，表征方法也采用了分布并行的表征方式来表征知识。这样的结构使得框架表征系统既具有独立性也具有超强的纠错性。这与人的大脑如出一辙。

首先，明斯基框架理论的模块化思想与福多的认知模块论有着相似之处。福多把心、脑从功能的角度划分为两个非常不同的模块——输入-输出系统和中心系统。输入-输出的功能是将器官所受刺激的信息转化为对外部对象的表征，使之适合于中心系统加以处理的信息；中心系统的功能则是专门负责推理、思维和表征的高级处理。一句话，明斯基框架理论体现出的模块化思想是：各个子框架就是一个功能完善的子系统，它能够对上层框架系统表征特定的功能。

不过，明斯基并没有明确给出模块定义，但提供了构成模块的一组确定的标准。模块标准的两个重要的指标为域特殊性和信息封闭性，其中域特殊性是一个模块只处理与其特定的功能相适应的内容特殊化的信息，模块作为特殊化的“计算”机制，它只是计算那些受约束的自下而上的特定输入。所谓自下而上和自上而下是认知心理学中的两种相互关联的视觉、知觉加工过程。自上而下加工指的是由外部刺激开始的加工，一般先对较小的视觉、知觉单元进行分析，然后再转向较大的视觉、知觉单元，经过一系列连续阶段的加工而达到对感觉刺激的解释。自上而下的视觉、知觉加工是由一般知识引导知觉加工，较高水平的加工制约较低水平的加工。福多的理论是自下而上的知觉加工，它仅仅关注与其特殊处理能力关联的信息。还有一个重要的标准是“信息封闭”，也称“认知的不可入性”（cognitive impenetrability），这是一个系统为“模块”（module）的关键特性。模块除了它们自己专有的信息源之外不能利用其他任何东西。一个加工系统若为模块，则它必须通过独立于主体背景的方式加工它的输入，也就是说它是封闭的。

认知模块涉及一系列假设、命题或意向构成的表征的感知系统和涉及若干演绎逻辑运算规则的中央处理系统。认知模块理论认为，人的大脑是一个能形成和转换心理表征的相互作用系统。交际中语用推理不像逻辑推理那样通过一定的前提推导出一定的结论。语用推理过程属于中心系统，与视觉、听觉以及语言解码之间存在区别，推理的前提是开放性的，任何想象都可以作为推理的前提。

其次，框架表征也是基于语境的认知表征。认知语境就是“人类语言使用的有关知识，是与语言使用有关的意境概念化或图形化了的知识结构状态。”[①] 它是在传统语境的概念上发展而来的，它把人的认知活动和语境结合起来。认知语境把传统语境所包含的内容结构化和认知化，它不但包含了传统语境研究的内容，而且包含语言使用者大脑中所有关于世界的假设以及语言使用者的认知处理能力，为语用推理提供了一个平台。

明斯基的框架理论把认知语境作为一种背景知识，是人类对世界的假设和概念的内在的认知能力。智能体对世界的假设以概念的表征存储在大脑中，构成一个人的认知环境。一个人的认知环境是一系列可以映现的事实或假设的集合。认知环境包括各种各样的信息，这些信息构成潜在的认知语境。说话人的话语信息与受话人的认知图式相匹配，达到知识共享，从而给隐含的推理提供证据，否则意图传递受挫，交际无法进行。不过，认知语境是社会心理性质的，因为在具体语言使用过程中所涉及的情景知识、语言语境知识和背景知识三个语用范畴所构成的认知环境是社会中人所共享的东西。尽管人与人之间的差异肯定存在，但人与人之间相似是主流，否则人际交往就难以进行。人们的交际往往是建立在交际双方的共有知识与非共有知识相互作用的基础上的，交际双方完全没有共同知识的交流是无法进行的，也是不存在的。认知语境又代表着社会团体所共有的集体意识，这种共有的集体意识在个人的知识结构里以“社会表征”的方式存储下来，以协调人际间的行为和语言使用，使之适应社会、文化和政治环境。

再次，明斯基的框架理论把框架作为一个表征知识的工具，有着方法论上的突破。明斯基将头脑看作是一个逐步进化完善的可以产生意向性的系统，这个系统由相互联系的、合作的、竞争的行动者组成。这个行动者同时有由更加小的行动者组成。他用这些行动者的活动来表征思维和计算。例如一些行动者只能指导子框架来表征处理声音信号，另外一些更加细致的行动者可以表征处理声音的频率、波长，音色，等等。行动者有序组织成一个功能强大的系统，以便管理其他更加复杂的事件。

可以说，明斯基的知识表征系统，一方面支持我们对感知到的客观世界做出表征，另一方面，又限制了这一理解表征的过程，导致了表征过程不能是随意的、主观的。在基于视觉与知觉的知识表征中，知觉符号图示表征的构成性特征，使得视觉、知觉符号不仅不需要对特定对象做出表达，而且这一表征是不充分确定的，这为框架系统表征知识提供了可能。存储在记忆中的视觉、知觉符号

---

① Sperber D，Wilson D. Releuance，Communication and Cognition. Oxford，UK：Blackwell Publicers，1995：25.

系统能够整合为具有结构层次的框架。框架的属性和取值，将数据结构映射关系的表征与子框架内容表达对应起来，并得以构造关于视觉、知觉对象的表征。框架和模拟所构成的框架表征系统在其功能上等价于概念系统，这样框架系统不仅能够对类型做出表征，而且能够进行认知推理。

概言之，基于视觉、知觉表征的框架系统能够对感知到的对象做出相关的推理和表征，并能够对没有被感知到或未经验的对象做出相关的推理和表征。显然，视觉、知觉符号的整合允许我们对已知和未知的世界做出不同方式和不同方面的表征理解。框架系统在子框架上的整合，使无限模拟成为可能。内省状态符号与外在物理世界之间的关联，为抽象概念的表达提供了可能的实现路径。通过类似于概念系统的表征系统，为其所生成的无限表征，能够对客观世界做出多方式、多层次、多结构的理解与认知。

第二，框架表征具有认知性。根据心灵优先性论题，认知表征问题可以改述为：心灵表征对象是如何可能的。这里的“表征”指的是对心灵内容的表达，但起这种表达作用的不是我们所使用的日常语言，也不是自然科学中的专用语言，而是一种类似于计算机编码的生物学层面的固定编码，福多称其为“思想语言”。根据有关思想语言的假设，我们可以把心灵设想为一种独特的语义机（semantic engine）：它只在句法层面处理思想语言的形式关系，而完全不用考虑其意义是什么。这里所处理的句法关系恰恰反映了思想语言的语义关系。也就是说，心灵的意向性状态被转换成了思想语言的表征状态，进而转换成心理词汇的句法与日常语言的语义之间的反映关系。这类似于普特南的“孪生地球”思想实验得出的结论：思想语言中的表达式之所以有意义，是因为那些表达式的使用者与其周围环境中的事件之间具有因果关系。明斯基框架理论引发了认知性产生过程中的机制和特点①，并进一步把塞尔的意向性、意义理论置于心灵哲学和认知哲学的双重背景下来进行正、反两方面的评价。

自20世纪50年代的“认知革命”发生后，认知科学试图以表征概念来描述脑内的信息加工，但表征的经典观念一直以来也受到不同的批判②。人的思维活动是从表达某种意向性的意义开始的，而任何意义的表达都以人的身体的活动图式、心理意象或言语来呈现；而无论是身体的活动图式、意象还是言语都以一个脑-身体的统一系统的内在的神经过程为中介。但是这种内在状态不只是表征的计算过程，它还牵涉人和世界之间的意向性意义的关联，即必须涉及人作为主体的种种方面，包括情感-意动（conation）等③。

---

① Minsky M. A Framework for Representing Knowledge. NewYork：McGraw-Hill，1975：25.

② Markman A B，Dietrich E. In defense of representation. Cognitive Psychol. 2000，(40)：138-171.

③ Kriegel U. Naturalizing Subjective Character. Philosophy and Phenomenological Research. 2005，(3)：37.

要探究人这种智能体的思维活动，我们就不能把脑以及身体的内在状态仅仅局限于符号表征的计算过程中，而应该扩展表征的观念，即重新恢复认知过程中原有的主观方面。表征又表现为替代（stand-in），“表征是指可反复指代某一事物的任何符号或符号集。也就是说，在某一事物缺席时，它代表该事务；特别地，那一事物是外部世界的一个特征或者我们所想象的一个对象（即我们自身的内心世界）。”① “按照这种理解，表征是指代某种东西的信号。是一种模型建构，它代表某种事物，并传递某种事物的信息。例如，一个词代表着某个特定的思想或概念，如猫、狗；一张照片代表着被摄入的人物或风景；一张地图代表着一个国家、一座城市或山脉。它们都是不同事物的表征。

对于人而言，表征与感觉相关，它是一个具有语义性的过程。内在的神经过程同时有一个“为我”的感受。在人类智能体的高级认知过程中，认知就不单纯是客观的计算或逻辑形式的智能，相应地，主观感受的认知意义必然具有不可或缺的内在价值。正像格林菲尔德（S. Greenfield）说的：“问题的关键是，与人脑有关的最大秘密，不是执行一系列的客观任务（说出你体重的机器就可以这么做），但人脑除了思考之外，还有感觉。”②

第三，框架表征具有意向性。明斯基认为，意向性是一个行动者成为有意识的主体必要的核心条件，只有具有指向性的智能体才能称为是主动的。从这个意义上说，框架表征也是主动的也表现出意向性，不过表征框架缺乏情感-意动特征，而情感-意动是意识的最基础形式③。而缺乏情感-意动的框架表征不能算是有真正的意向性，它实质上还是基于算法概念的，明斯基和西蒙提出“认知可计算主义”研究纲领④，就是要说明“认知的本质是计算”，因而框架表征的本质也只能是计算。无论人脑和计算机在硬件和软件层次上有多大不同，但是在计算理论层次上，它们都具有产生、操作和处理抽象符号的能力。正如西蒙所说：“在把计算机看作通用符号处理系统之前，我们几乎没有任何科学的概念和方法研究认知和智能的本质。”⑤

明斯基的框架系统是一个相对开放同时又独立的知识表征系统。智能体的智能活动可以由智能体的内在认知作用机制，即人类的思维和机器的计算过程来表征。这种方法有助于说明各个领域内与人类的智能有关的许多现象，框架理论本

---

① 埃森克 M W，基恩 M T. 认知心理学. 上海：华东师范大学出版社，2002：362.

② 苏珊·格林菲尔德. 大脑的故事——打开我们情感、记忆、观念和欲望的内在世界. 黄瑛译，上海：上海科学普及出版社，2004：104.

③ Damasio A R. Descartes' error：emotion，reason，and the human brain. New York：G. P. Putnam，1994：178.

④ Minsky M. Semantic Information Processing. Cambridge，UK：The MIT Press，1969：58.

⑤ Simon H A. The Sciences of the Artificial. Cambridge，UK：The MIT Press，1997：3.

身没有什么特别的新内容，因为这些内容在巴特利特的模式中和库恩的范例中已经存在。但是，当明斯基的框架理论是计算机数据表征结构的理论原型。

虽然说意向性与认知有着相似之处，但是它们有着本质的区别。在认知主义框架结构下考察表征知识的框架的模块性，明斯基认为不仅需要解决，而且还要假定知觉者所有的背景信息都能够进入知觉处理中。框架理论所呈现的意向性特征能够帮助我们全面地认识知识表征和处理的过程。计算机科学家认为，程序的表征是建立在计算机的数据运行机制即由特定的能由机器识别的程序语言平台，而算法是其程序的核心。作为程序语言的核心“算法”体现了一种知识结构的封闭性、独立性。明斯基的框架理论体现了框架系统一种相对独立的各个子框架的模块化思想，这与福多的关于模块性有着异曲同工之妙。总之，框架作为一种模型建构，其突出的贡献在于为诸如人工智能、计算机软件工程、面向对象程序设计等领域的研究提供了一种全新的思路。

四、结　语

明斯基框架理论利用框架这一人工智能领域的数据结构，通过对知识、景物、视觉和知觉的表征，使得认知哲学的研究出现了新的进步，丰富了认知哲学发展的形式和内容。框架理论目前虽然存在一定的不足，但这并不影响其理论在方法论、认识论层面上对认知哲学的启迪。可以说，框架理论是将以往提出的各种有关假想的理论用框架这一形式进行整合而形成的。明斯基论述了一些关于人在理解情景和故事时的心理模型，将论述的重点置于思想方法之上，同时几乎没有涉及具体方法。框架理论尽管存在着不完善之处，但是由于其方法论上的启迪作用还是对其以后出现的人工智能和知识工程学的研究产生了极大的影响，其理论蕴含的哲学思想是其理论根基。景物、视觉和知觉符号在人的记忆中运作，如何构建框架以及框架如何确定词义构成了框架表征的基础。

第二十八章　加德纳：多元智能的表征

伴随着科学哲学的认知转向，美国哈佛大学认知哲学家加德纳（H. Gardner）的多元智能理论引发了西方教育界的“哥白尼式革命”，其多元智能理论在20世纪90年代的西方与东方都产生了深刻的影响。美国著名的心理学家奈瑟（U. Nelsser）认为，多元智能理论摆脱了心理测量理论以及信息处理的狭隘模式，提出在许多领域内人类能力的新概念。斯滕伯格（R. J. Storberg）关注信息加工过程中一元化的智能的处理程序，忽视智能认知过程中的处理信息的内容；认知科学当前面临的困难之一是符号主义和联结主义的认知构架无法说明心灵中最本质的东西——智能。与人脑相比，这两种认知构架都是不完善的。它们不仅无法说明意识现象，也不能说明在文化、经验环境和社会中成长起来的“常识问题”。多元智能的认知机制试图对两大范式进行整合，它采取并行与串行结合的方式，在心理表征上通过运用逻辑、规则、类比、概念、联结、表象这六种算法程序进行表征和计算。我们从认知哲学视角，厘清自古希腊以来多元智能认知思想的发展，与哲学、脑科学、认知心理学、计算机等学科之间的相互渗透与交叉；从认知方法论视角，构建智能理论认知模型，对信息加工的内在过程进行模拟与阐释，探讨多元智能的认知机制；在此基础上，剖析多元智能认知研究的认识论及方法论意义。

一、“智能”思想：从一元到多元

关于“智能”的确切含义至今仍众说纷纭。有人认为，智能既是人们认识客观事物的能力，又是改造客观现实的能力，它属于认识活动的范畴；有人认为，智能是人类认识世界和改造世界的本领与才智，“智”主要指人对事物的认识能力，“能”则主要指人的行动能力；还有人认为，智能是脑神经活动的针对性、广泛性、深入性和灵活性在任何一项神经活动和由它引起并与它相互作用的意识性的心理活动中的协调反映。加德纳认为，“所谓智能，是指人类在认识、改造客观世界与人类自身的整个过程中由脑力活动所表现出的能力”①。要弄清智能的含义，我们首先需要厘清有关智能的历史思想。

---

① Gardner H. The Mind's New Science. New York：Basic Books，1985：31.

（一）一元智能认知思想

1. 天赋论

天赋论认为人对世界的认识及其所形成的“知识”、“观念”等是从头脑里固有的某种精神派生的。柏拉图是“天赋论”的始作俑者。但柏拉图就思想渊源而言受到苏格拉底的“精神助产”思想的启发。苏格拉底认为，人的灵魂中原本就天生潜存着概念，只要合理利用一定的方法，就能使其正常显现出来。柏拉图在苏格拉底的影响下，提出了“回忆说”。他把世界分为“阴影世界”与“理念世界”。在进入肉体之前人的灵魂居于理念世界之中。人在尚未出生以前的灵魂中早就具有了知识。当人形被灵魂取得之后，因为肉体玷污和束缚了人形，暂时遗忘了理念的知识，造成刚出生的婴孩处于无知的状态。人为了恢复那些原有的知识，就得“学习”，即原有的理念知识通过学习的方式被回忆起来。所以，柏拉图的回忆说就变成了唯心主义论述个体知识起源的“天赋论”。

笛卡儿是欧洲文艺复兴之后有影响的天赋论者。在笛卡儿看来，演绎和直觉产生出真理性的知识。既然知识的感性来源被笛卡儿所否认，这就造成只能从心灵本身去寻求源泉，于是笛卡儿主张的“直觉论”与“天赋观念论”也就变成一种必然的归宿。他认为在人出生之前，上帝就把观念、知识印入人的心灵之中，后来人们便能在思想高度专一时发现它们。同样，天赋观念和理性直觉是理性演绎进行的基础，理性演绎排斥了经验归纳的作用，使演绎完全失去了客观标准，变成了从概念到概念的空洞的抽象的逻辑推理。

莱布尼茨继承了笛卡儿的“天赋观念论”。他在《形而上学谈话》中谈到：“我们常常以为，我们的心灵好像是收受某些种外界的消息似的，或者它们好像是具有门户或窗户以收受消息似的。其实这想法是一种坏的习惯，在我们的心灵中，关于一切时候之一切种‘形式’早已经就具有了……凡是在我们的心灵中没有其观念的东西，我们都不会知道它”① 原因就在于：“其他的创造物不可能对灵魂产生直接的影响，因此观念原先就是存在于我们心灵之中的；我们的思想只是来源于我们自身的本性的深处。”② 与前人相比，莱布尼茨的“天赋观念论”有其自身特点，他十分强调人的习性倾向、自然或禀赋的潜在能力，即强调天赋的潜在性，并不只强调具体的知识。

康德是用完整的先验论体系来解释知识来源的哲学家。他认为，“人要形成

---

① 北京大学哲学系外国哲学史教研室编译．西方哲学原著选读（上卷）．北京：商务印书馆，1981：181.

② 莱布尼茨．人类理智新论．陈修斋译，北京：商务印书馆，1982：445.

任何一种知识，取决于两种成分的配合：一是内在的有条理的形式；二是来自感觉的杂乱无章的原料。当我们观察事物时，我们会把观察到的感觉材料放到内心已有的这一套现成的形式中去，使不成形的混乱状态的感觉材料依据先天的认识形式成为有条理的知识，如此得到的知识才具有普遍性与必然性。"① 要想成为知识，只有素材被先天的认识形式主观地把条理加在上面，知识的配料也就成了感性材料，先天的认识形式在其中起决定性作用。可以看出，天赋观念论与康德的说法在本质是一致的。

从苏格拉底的"精神助产思想"到柏拉图的"回忆说"，经莱布尼茨和笛卡儿的"天赋观念论"到康德的"先天认识论"，均强调内在的天赋因素对于主体在智能增长和知识获取中起决定性作用，但忽视了后天感觉经验的重要性。

2. 白板论

一般认为，最早提出"白板论"的是亚里士多德。他认为，人在婴儿时期其灵魂上面没有任何印记，犹如一块白板。感觉和知觉由于受外部刺激而产生。在感觉基础上，记忆、回忆和知觉进一步形成。这些均是感觉灵魂的功效。除此以外，人还存在具有灵魂的理性。人的智能随着能力和知识的增长发展起来。其后的培根强调经验的作用，他在《新工具》中这样写道："人们若非想着发狂，则一切自然的知识都应求之于感官②"。言外之意，知识起始于感觉经验，而并不是来源于主体的天赋因素。霍布斯明确指出，早已包含在感觉之中的是理智中存在的东西，他说："我们所有的一切知识都是从感觉获得的。"③霍布斯的知识观具有唯物论倾向，强调"知识"和"观念"是后天获得的。

坚持"后天论"的是洛克。洛克在说明知识的来源方面坚定地指出："心灵中没有天赋的原则，人的心灵好比一块白板，原来上面没有任何记号，观念只是由于后天的经验，才在这块白板上留下了痕迹，所以知识是建立在经验上面的；知识归根到底是导源于经验的。"④ 构成知识的条件和前提是观念的获得，有了观念后，心灵把两个不同的观念联结起来，如能确切断定它们具有某种一致或不一致的关系，就产生了知识。洛克坚持心灵的"白板论"，肯定知识的"后天论"，这无疑是对"天赋论"的沉重打击。

显然，唯心主义的"天赋论"和唯物主义的"白板论"为科学说明个体智

---

① 北京大学哲学系外国哲学史教研室编译．十六—十八世纪西欧各国哲学．北京：商务印书馆，1975：505.

② 弗朗西斯·培根．新工具．北京：商务印书馆，1984：22.

③ 北京大学哲学系外国哲学史教研室编译．十六—十八世纪西欧各国哲学．北京：商务印书馆，1975：90.

④ 约翰·洛克．人类理解论．关文运译，北京：商务印书馆，1997：129.

能的起源与发展提供了思路，两者也形成了鲜明的对照。

3. 建构论

建构论的主张是：人的智能是在操作、实践和活动中发展与形成的。认识的功能结构被连续的建构和再建构也就是智能的发展，导致初级的结构过渡到较复杂的结构，最终建立起结构的系谱。皮亚杰是智能“建构论”的代表。他认为，智力的发展不能被知觉说明，应该从动作方面来解释知觉，强调知识的唯一源泉是动作，动作是知识的源泉与基础。动作可分为两种：一种是动作协调组织由个别动作所组成，客体被它们间接地作用；另一种是直接作用于客体的个别动作，如触、推、摸等行为，这些相当于动作元素。两种经验由于儿童发出的动作作用于客体而产生：一种是数学逻辑经验。这类经验是儿童从对物体所做的动作中习得的一种知识，这类知识并非直接来源于客体，而是直接来源于动作，即这种知识是从自己的动作协调的思考中获得的；另一种是物理经验，这类经验是通过经验抽象而获得客体的物理特性，主体的个别动作直接作用于客体。在数学逻辑经验与物理经验两者之间，皮亚杰主张数学逻辑经验均是物理经验在认识发展的所有进程中的基本前提，关于客体的知识只有将物理经验的内容同化在数学逻辑经验的形式框架内才成为可能，甚至数学逻辑经验的形式也先于物理经验本身的形式。他指出：“反省抽象致使数学逻辑经验可以得到相对独立的发展，但是物理经验无法自身独立发展，因为它总是包含着相应的数学逻辑概念”①。皮亚杰认为认识发展是一个主体自我的建构过程。建构有两层基本含义：其一，建构带有创造的意味。认识的建构是发明，也是发现；其二，发展与发生的过程就是图式的建造，主客体间的相互作用是发展的根本和发生的起源。这便是认知建构。

概言之，“天赋论”、“白板论”、“建构论”都强调智能的一元论，将智能作为一个整体加以研究，侧重于分析智能的来源，而忽视了智能的结构、运作机制和评价。

（二）三元智能认知思想

三元智能认知理论代表人物主要有吉尔福特（J. P. Guilford）和斯滕伯格。吉尔福特构造了智能结构的“三维模型”，将智能具象化，澄清了智能活动的对象，剖析了智能活动的操作过程，整合智能活动的成果，使智能的认知理论走向动态化、立体化。斯滕伯格使智能认知与经验外部世界和内部世界发生互动，在一定程度上将天赋论与后天经验相结合，同时引入社会文化语境因素，使智能的认知理论走向语境化。强调智能是可教育性的，智能的测量应包含测量个人外在的知识、外在的适应能力及使两者结合的能力，以形成一个完整而独立的三元

---

①　皮亚杰．发生认识论原理．王宪钿译．北京：商务印书馆，1981：188.

智能。

1. 吉尔福特的三维智能认知理论

吉尔福特在 1967 年将考察点从静态转向动态，平面的板块组合转向三维立体，从而形成了有关智能结构的全新的"三维模型"。

按照吉尔福特的理解，内容是智能结构的第一维，是智能活动的对象或材料，其中包括听觉、视觉、符号（字母、数学等）、语义（语言的意义和观念）和行为。智能结构的第二维是操作。操作是由认识对象或材料引起的智能活动的过程，其中包括认识（理解、再认）、记忆、发散思维（寻求各种答案或思想）、聚合思维（寻求最好、最适当的答案或思想）、评价（按一定标准做出某种决定）。智能结构的第三维是产物。产物是智能活动的结果，其中包括单元（单词、概念等）、类别、关系（单元之间的关系）、系统（用逻辑方法组成的概念）、转换（对安排、组织和意义的修改）、蕴含（从已知信息中观察到某种结果）。如果我们把智能结构的三个维及其各自的包含项组合起来，就形成了一个具有长、宽、高三维的长方体（图 28-1）。

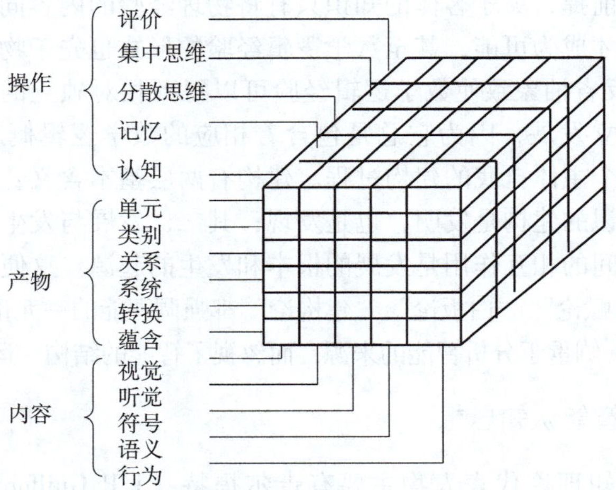

图 28-1　吉尔福特的智力三维结构模型

吉尔福特的理论模型客观上推进了人类关于智能的认识。这既使人们认识到极为复杂的精神现象，但它却并不神秘，同样有规律可循，使人们对智能的认识变得具体和全面。

2. 斯滕伯格的三元智能认知理论

1985 年，斯滕伯格对个体的经验世界、外部世界和内部世界进行了区分，相应地提出了智能的经验亚理论、情境亚理论和成分亚理论。经验亚理论表示经验可看作一个连续体，并有程度性的不同，经验连续体的一端是达到自动化的加工，另一端处理完全新异的情景或任务。成分亚理论是对智能活动内部机制的刻画，它包括三种心理过程：元成分的功能是计划、监控执行过程和评价结果；操作成分的功能是执行元成分的指令，并提供反馈信息；知识获得成分的功能是学会如何解决新问题。元成分构造策略、支配操作成分和知识获得成分，把后者协调统一成一种指向目标的程序，因此，这个主要基础构成了智能。情境亚理论认为，智能的内涵被主体所处的社会文化环境所决定。智能不同的标准被不同文化环境产生。主体实现对环境和现实世界有目的的改造、适应和选择的心理活动就是智能。通过这些心理活动环境达到与主体的最佳适合状态。1996 年斯腾伯格在继三元智能理论之后，又提出了成功智能理论。他所说的成功智能包括创造性智能、实践性智能和分析性智能。个体与环境只有在三种智能平衡时，才能达到最适宜的适应状态。

（三）加德纳的多元智能认知理论

加德纳在 1983 年提出多元智能理论的同时也说明了自己对智能概念的认识：个人的智能一定会带来一整套解决困难的方法，智能能够解决个体所遇到的真正困境或难题。假如必要，还能使个体可以创造出一种有效应的产品；智能又肯定会产生那种找出或制造出难题的潜力，因而能够给新知识的获得打下坚实的基础。

1. 多元智能认知理论的内涵

加德纳为自己的智能概念设置了前提："人类智能一定是重要的、真正有用的，最少在某一些文化情境中应当是这样的"，① 1999 年他对智能定义做了修改："处理信息的心理与生理的一种潜能是智能。在文化背景之下，这种潜能会被激活，用以解决困难或创造该文化所珍视的产品。"②

加德纳对智能的定义包括三方面含义：

第一，创造社会重视的作品或解决问题是智能的功能。个人的智能一定会带来一整套解决困难的方法，智能能够解决个体所遇到的真正困境或难题。假如必要，还能使个体创造出一种有效应的产品；智能又肯定会产生那种找出或制造出难题的潜力，因而能够给新知识的获得打下坚实的基础。这意味着，真正运用人的智能在创造他所处社会所重视的作品，或当人们积极稳妥地解决问题时。

第二，智能的发展形成和使用都与文化环境紧密相关，在一定的社会文化情

① 霍华德·加德纳．再建多元智慧．李心莹译．台北：远流出版社，2000　286.

② Gardner H. Intelligence Reframed. New York：Basic Books，1999：33-34.

景中广泛分布。在考虑智能的概念时，加德纳指出“我们必须承认它是社会需求和个人理想之间相互作用的产物，而不是只存在于个人头脑中的东西”。① 由此可看出，多元智能理论是建立在科学的严格分析基础之上。

第三，智能是一种生理潜能。某些方面，某些个体是具有很强潜能的。“有这种能力的个体不仅能轻松地学会新的式样，而且他那轻松的程度使他在一旦学会之后，根本就忘不了这种式样。简单的旋律在他心中回响着，语句在那里逗留，空间或手势的外形轮廓随时都可以呈现到记忆中来，虽然这些东西暂时还没有受到利用”。② 而教育工作者必须在了解学生的可塑性与适应性及其倾向的基础上对学生因材施教。

2. 多元智能认知的结构

多元智能的认知结构可分为不同层次。从“纯”智能视角看，它分为八类：音乐智能、身体运动智能、语言智能、空间智能、自我认识智能、人际交往智能、博物学家智能、逻辑数学智能。在认知哲学视角看，它分为认知内容与认知心理功能两类。从认知科学视角看，颅相学、遗传学、心理学、生物学等对多元智能认知结构的分类也不同。从认知内容与认知心理功能视角看，这八种智能包括了思考能力和知觉能力，如对音调、语言、音调、形状与色彩等视觉感受的知觉能力；把握情绪的能力，如对希望、尊敬和自重等情绪的控制；表达感情的能力，如爱人的情感表达能力及隐藏感情的能力。

事实上早在19世纪前，人们就开始尝试把大脑与心理功能联系起来，以揭示心理功能在生理上的本质。古埃及人认为是心脏产生了思想，大脑或肾脏操纵判断力。柏拉图和毕达哥拉斯认为，大脑决定人的心理能力。亚里士多德认为生命的位置在心脏，而笛卡儿的“二元论”则认为位于脑部的松果体是心灵和身体的交接点，松果体被心灵活动所驱动，使身体随着心灵的运动而运动。19世纪的科学家们并不是最早把人类智能的范畴加以分类的人。在中世纪，学者们认真研究了三艺和四科③，也就是当时每一个受过教育的人都掌握的那些知识领域。印度的《奥义书》实际上描述了知识的七种形式。到了19世纪，出现了关于人类心理能力方面的主张，出现了以经验主义为基础的实验室研究与医学临床，进一步将大脑的特定认知功能与特定区域联系了起来。

3. 多元智能认知评价的特征

加德纳多元智能认知的评价主要有三个特征：

① 霍华德·加德纳．未受学科训练的心智．张开冰译，北京：学苑出版社，2007：24.

② 霍华德·加德纳．未受学科训练的心智．张开冰译，北京：学苑出版社，2007：23.

③ 中世纪的三艺是语法学、修辞学和逻辑学，四科为算术、天文学、音乐和几何。

第一，多元智能认知评价具有实用性。人类智能必须是真正有用的、重要的，至少在某些文化情境中应当如此。例如，识别面孔的能力似乎是一种相对自律的，而且体现在人类神经系统特定领域中的能力。

第二，多元智能认知评价具有相对性。那就是个体所表现出的不平衡的才能与欠缺现象。在神童情形里，我们碰到的是一种在某一项人类才能领域里有突出早慧的个体。在心智不健全而有专长者以及其他受滞碍或异常的个体，我们所能见到的是在其他领域中能力平庸或极受滞碍的背景下，对某一项能力所特有的过剩现象。若认为神童或心智不健全而又有专长者的状况可能与遗传因素相关，或与特殊神经区域相关，那么在这一定程度上可以提高我们对特定智能的断定。

第三，多元智能认知评价具有历史性。所有的物种都有其智能的表现。一种智能应当有一种加以区别的发展史，正常个体与天才个体都在个体发育过程中通过了这一发展史。现有的智能，其根源要追溯到我们这个物种几百万年前的历史中去。如果一个人能指出某个特殊智能的进化前身，并包括那种与其他物种所共有的能力，那么从这种意义上说，这个特定的智能便显得更加真实了。

二、多元智能理论的认知语境

伴随科学哲学的认知转向，认知科学家与认知哲学家对多元智能认知的研究由多元智能认知本质转向多元智能认知过程。多元智能作为一种认知活动，对于认知行为具有决定性。多元智能理论的认知是立体化多元的整体，因而只有在一个整体的认知语境中，才能得以探究多元智能的表征机制。

（一）多元智能理论认知语境的结构

认知科学最成熟的方法就是思维通过表征理解心理活动，实现对科学知识的认知，其核心前提是，思维是心智的表征结构及其之上执行的操作程序，而多元智能理论的认知表征则是其中具体智能的表征结构及其之上执行的操作程序。

语境论是一种新的方法论和世界观，它在认知问题上主张，所有人类的认知都发生在一定的语境中，是语境制约的认知过程。而使认知科学研究走向语境论的是联结主义的复兴。联结主义主张人的智力产生于大脑神经系统的整体结构。这与智力形成的语境密切相关。根据认知语境论，多元智能理论的表征与计算过程的认知语境为图 28-2 所示①：

（二）多元智能理论认知语境的工作机制

目前，认知科学有三种典型的认知模型及其对应的认知机制是：信息加工机

① 魏屹东．计算−表征认知理论的认知语境分析．自然辩证法通讯，2003，（1）：37－43.

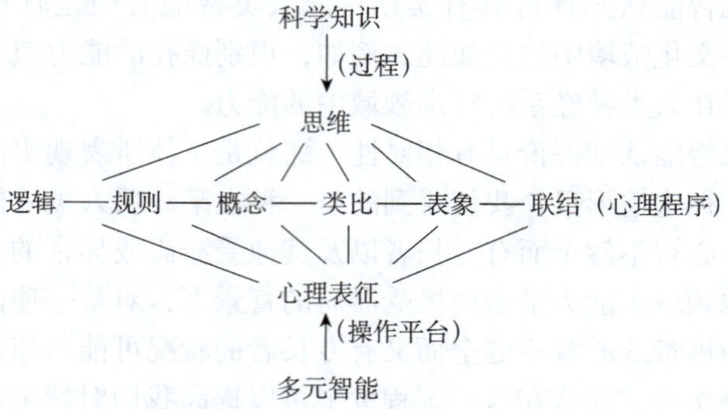

图 28-2　多元智能理论的认知语境表征构架

制、神经网络机制和进化认知心理机制。这三种认知机制的不同主要体现在信息处理过程、信息处理方式、信息心理表征方面。

首先，对于信息处理过程，信息加工机制认为，认知能够通过把它分解成为一系列的连续阶段而被理解；神经网络机制认为，认知通过神经网络被理解；进化心理学机制认为，认知包括感知、思维、记忆、语言等，在人的社会和物理进化的语境中才能够得到最好的理解，所有认知包括大脑支持认知过程的结构是在普遍环境力量和生物进化的框架内得到说明的。

其次，对于信息处理方式，信息加工机制的信息处理方式是一种计算；神经网络机制的信息处理方式是在神经网络中平行分布加工；进化心理学机制的信息处理方式是认知的动力学过程。

最后，对于信息的心理表征，信息加工机制认为，信息的心理表征具有相对独立性与次序性，每个阶段接承接先前阶段的信息而执行其独特功能；神经网络机制认为，信息的心理表征依赖于基本单元，通过基本单元相互作用，发送抑制和激活的信号；进化心理学机制认为，信息的心理表征具有普遍性，这种属性不是社会相互作用的结果，而是进化心理机制作用的结果。

上述三种认知机制，在一定程度上解释了多元智能的认知机制类型。但是，随着对多元智能认知本质理解的不断深入，这些类型的局限性就凸现出来。鉴于加德纳多元智能认知思想的跨学科性、多元性、整体性，我们试图运用语境分析方法来整合加德纳多元智能理论。多元智能的认知活动通过执行逻辑、规则、概念、表象、类比、联结等心理程序进行心理表征，从而形成对科学知识的认知。

1. 逻辑表征

逻辑表征可以分为形式逻辑表征和数理逻辑表征两类。逻辑形式表征始于亚里士多德的“三段论”，经由弗雷格和罗素的现代演绎逻辑形式表征，发展为现代的认识逻辑、谓词逻辑、命题逻辑、道义逻辑、模态逻辑等多种表征形式。命题逻辑通过一组关系与命题进行表征；模态逻辑通过算子表征事件的可能性和必然性；认识逻辑引入代表知识与信念的新算子；道义逻辑则引入道德观念的算子；谓词逻辑通过谓词与常项演算进行表征复杂思维。事实上，人们在求解问题和科学思维的时候，都会不自觉的运用数学-逻辑智能。它涵盖科学研究问题的能力、逻辑分析的能力和数学运算的能力。这种智能在数学家、逻辑学家和科学家身上表现尤为突出。

2. 规则表征

规则表征接近于逻辑表征，然而操作方式不同，前者是“检索”，后者是逻辑演绎。不同之处还在于：一是规则表征具有指向性，指向特定的目标，二是规则表征具有实用性，它一定要表征出实现问题解决的可能性方法。规则表征可以描述很多人类知识，而且人类思维活动可以基于规则的系统来模拟，从密码数字问题求解到语言的运用都可以运用规则表征来实现。

始于规则的问题解答者被携带目标的意愿促使而完成当前的目标。比如，假如某同学想要考上北京大学，那么他就必须在班级里争得第一，这便是规则表征的指向性。努力必能成功是正向推理，逆向推理为上述的“要想成功必须得努力”。许多规则存在于长时记忆中，但仅有一部分规则可在短时记忆中搜索来激活长时记忆。譬如两个恋人因为现实问题，在毕业的那一天在火车站的进站口宣告彻底分手，在以后的年月里，恋人之一每次走在火车站人来人往的人群中，就会触景生情想起当时肝肠寸断的悲剧。原因是过去的恋情在短时记忆中被激活了。

加德纳提出的八种智能中，语言智能与数学-逻辑智能在规则表征上有集合点。因为语言智能是基于规则的启发式搜索，它表现为个体能够高效而顺利地利用语言来与人交流、描述事件并表达思想的能力，以及对单词、声音、韵律的语言和意义不同功效的敏感能力，主要指读、写、听、说的能力。

3. 概念表征

概念表征对于科学认知具有十分重要的作用。概念形成的表征实质是获得事物的表征，而概念结构的表征则是这种表征的内部组织。首先，从概念的来源表征来看，不同种观点之间存在很大的争议。传统观点认为，概念来自心灵；逻辑主义哲学家认为，概念来自先天，是人类与生俱来的；经验主义哲学家认为，概念来自人的感知与经验；建构主义者认为，概念是主体与客观世界相互作用中建构的。其次，从概念的本质表征来看，概念本质上不是由科学家或哲学家“给予”的，而来自人类大脑的创造。再次，从概念表征的不同形式来看，当代心理学认为，概念的表征可以有四种方式：命题、表象、线性排列与图式。概念可以由语言信息在头脑中通过命题形式表征，一个命题由一个关系和两个以上的论题两部分组成，论题可以是认知的主体，认知作用的客体，认知活动的目的，认知行动的工具，认知客体的接受者。命题并非仅仅独立作用，也可以通过共有论题的不同命题发生协作，形成命题网络。最后，从概念表征的不同层次而言，概念的表征不仅局限于概念的逻辑表征，即使是对于科学概念，其表征不只是限于理性表征，也存在社会、历史、文化、心理层次的非理性表征。概念表征强调主体认知客体的一种主动性创造，更重要的在于揭示概念背后的思想内容，揭示主体的动机、问题困境，在此基础上，剖析或进一步评价思想，这才是概念分析的真正目标之所在。

在加德纳多元智能中，音乐智能是指作曲、音乐鉴赏、音乐表演等能力，包括记忆、表达音乐、感受、改变与辨别的能力，表现为对音乐表现形式的欣赏以及个人对音乐包括音色、旋律、节奏和音调的感触。身体运动智能表现为对事件能够做出适当的身体反应、善于利用肢体语言来表达自己的情感和思想，以及能够相对较好地控制自己的身体的能力。空间智能包括记忆感受、辨别物体的空间关系，并以此表达情感和思想的能力。人们通过对音乐和身体表达自己的情感、对空间的极其敏感，将已经拥有的概念通过类别和部分层次以及其他方式将概念组织起来，使得一个概念与一个情境相适合。

4. 表象表征

概念的命题表征形式与表征论题之间的语义关系，表象表征形式再现心理表征的旋转、扫视、组合与分解的心理过程，而线性排列的优越性在于能够进行表征排序。整合以上三种概念的表征形式，形成图式表征。图式表征思想最早源于康德，指一种特定的规则。皮亚杰在 20 世纪 20 年代应用图式（schemas）理论分析儿童成长。30 年代英国心理学家巴特莱特通过记忆实验提出文化图式在记忆中的重要作用。现代图式理论日趋完善，不同图式理论构成“图式塔”结构。在现代图式理论中，社会交往图式理论研究包括事实和概念图式、个人图式、自我图式、角色图式、情境图式、程序图式也称脚本（script）、策略图式、情感图式，为概念外部的社会、文化、心理等非理性层次表征提供了有效的方式。

自我认知智能与人际交往智能突出反映了社会交往图式理论。前者主要是指反省、认识和体察自身的能力，表现为在恰当的自我评价和自我意识的基础上形成自制、自尊与自律的能力，并能够正确地评价和意识个人的性格、欲念、动机、意志、情绪。后者是指与人交往和相处的能力，表现为体验觉察其他人需求、情感、情绪、意图与气质的能力，并据此做出相应反应的能力。

5. 类比表征

类比表征是形成概念创新的重要途径。类比是根据两个主体某些相似或共同的性质，推断可能也存在其他性质相似的推理形式。从语境论视角看，类比表征的语境通过新建语境与熟悉语境的相似性的类比进行推理。

在实际生活中，主体通过内感受、感官、行为等各种方面全方位接受各种信息。主体活动的阶段性划分就是组块构成的边界条件。也就是说，在同一个活动中产生的信息就是对同一项实践活动的反映而接受下来的信息，因此构成一个整体。这样，接受下来的信息结合的整体性就被活动的阶段性所决定。经过主体处理后这种成块的过程才形成头脑中事实上存在的组块，而并不是各种信息在实践活动中产生的简单归纳。

类比表征表现为博物学家智能。这种智能主要指认识自然环境、植物和动物等生物，并对其加以分类辨别的能力。比较突出的表现在解剖学家、猎人或动植物学家等身上。这种处理的过程包括三个部分：首先，在接受过程中人对自然界生物的选择；其次，已有组块与进入大脑的生物信息的归合；最后，在将来的调用过程中，初步形成了这种智能的逐渐稳定。主体内部的接受过程与个体的具体实践活动过程完全决定了组块内容的千差万别。个人经历就是这种思维主体过程的表现。

6. 联结表征

联结主义将大脑看成神经单元网，通过模拟并行神经元单元构成的巨大网络，各神经元之间相互作用，执行共时信息加工，因此，又被称为“并行分布加工”（PDP），“神经网络模型”，其实质在于：通过模拟类似大脑的结构表征心理过程，强调类神经元结构的联结过程。神经网络模型的组成有输入单元、输出单元以及隐藏单元，通过习得对内部状态或结构进行表征。联结主义对概念与命题表征的总特点是：“联结主义网络是高度结构敏感性的，通过学习调整其联结权重，使得激活模式发生变化。从这个意义上说，联结主义网络是有句法结构的，但它不是通过规则约束来实现的，而是通过状态空间内被激活先前的频率以及相邻点的相似性来实现的。因此，联结主义对概念和命题的表征与它们的哲学解释并不是一一对应的。看以看出，联结主义模型设计的方法论基础是费耶阿本德的多元方法论。”①

这个过程不仅在随意地联结的过程中显现，且更存在于高度抽象的科学研究的领域，在逻辑-数学智能中有较高体现。比如数学研究领域里以数字、公式、

① 杨盛春，贾林祥．心理表征哲学机器——联结主义诠释．心智与计算，2007，(2)：188-194.

符号作为工具，其他的智能仍然有必要去参与。在创立相对论的过程中，爱因斯坦行之有效地运用了逻辑-数学智能的抽象思想实验这一工具，相对论的公理基础是通过升降机、追光等思想实验找到的。这时的逻辑-数学智能是以空间智能的视觉意象展开的。关于视觉意象（空间智能）的思想实验（逻辑-数学智能）对于爱因斯坦形成相对论的框架有根本性的意义。

除此以外，科学家在表述自己的研究成果时，类似上述的多样性也会展现出来。比如："CH_4"在化学中是一个正四面体的立体几何结构，在结构的顶点标记有元素符号 H，结构核心是 C，它既抽象地运用了化学元素概念的逻辑-数学智能，又有几何直观的空间智能。还有在生物学当中 DNA 链状图、原子模型等，都具有明显的几何特征。

（三）多元智能理论认知语境的再语境化

多元智能认知语境的再语境化从整体观出发，从多元智能认知与其周围社会诸因素的相互作用和关联，以及从多元智能认知内部和其外部的结合上，体现了不同层次的结构。多元智能认知狭义语境，对于多元智能认知而言，包括语言认知、逻辑-数学认知、空间认知、身体运动认知、音乐认知；就其广义语境而言，多元智能认知还包括自我认知、人际交往认知，在此基础上形成情绪认知、知觉认知和社会认知包括道德认知。

情绪具有评价行为的重要认知功能，是一种非理性思维特质。情绪来自刺激情境或对事物的评价，受认知过程、环境、生理因素的影响，其中认知过程是关键因素。詹姆斯-兰格理论的代表人物是 19 世纪末期美国心理学家詹姆斯（W. James）和丹麦生理学家兰格（C. Lange）。他们分别于 1884 和 1885 年提出了观点基本相同的理论：情绪与机体生理变化的直接联系，强调生理活动在情绪产生中的作用。美国心理学家阿诺德提出评估兴奋论，认为情绪是大脑皮层与皮下组织协同活动的结果，而关键是大脑皮层的兴奋，通过对刺激环境的评估，产生不同的情绪，从而使得认知表征的效果出现差异。美国心理学家沙赫特和辛格提出二因素情绪论，认为生理唤醒与认知唤醒是情绪的二要素，心理唤醒是指个体体验达到很高的程度，而认知唤醒是个体生理状态变化的认知唤醒。拉扎勒斯提出认知评价论，认为情绪是个体与环境不断相互作用而调整自身反应的过程，这个过程存在三个层级：初价、次价、再评。总之，情绪的认知理论从情绪主体的生理出发，站在进化论立场，同时整合社会文化环境情绪认知的复杂作用。其缺陷是未能统一情绪产生的直觉评价与理性认知过程。

生理学表明：人类行为受遗传基因的控制，又受情绪的控制。对于情绪与识别的教育显然就包含着一种认识过程。对某种方式进行感受（妄想的、嫉妒的、快乐的）便是以某一种方式去分析一种情境，便是把某种情况当做是一个人对自己或对其他个体可能有效应的情况来看待。一个人也许能发展起恰当的评价能力，发展起精细的识别、准确的分类及为情境进行划分的能力。或许他的识别是粗糙的，分类是不恰当的，推断是不正确的。因此，他便会对情境做出错误的释义。一个人若对自己的情绪理解得越少、应对及行为理解得越少，那么他便越易于与他人进行不正确的交互作用，因而便不能在较大的群体中确保自己恰当的地位。

在认知过程中，直觉思维超越常规思维的连续性，凸显间断性的跳跃，使得潜意识模块组得以形成创新性内容。直觉最根本的特征就是直接性，而不是通过逻辑推理形式就可以获得认识。直觉思维的基本内容包括直觉判别、直觉想象、直觉启发三个方面。直觉判别是人脑对客体与关系的洞察力。直觉想象是在信息不充分条件下，通过猜想来获得科学认识。直觉启发凭借实物载体所载信息，解决新问题，做出新发现，从而形成科学创新。

例如直觉学习者，他们是指对语言等符号系统一学就会以及发展出有关物质和人文世界之实用理论的人。加德纳在研究神童、白痴专家（idiot savants）及其他具有特殊能力之个体后认为，“在有专长但心智健全的情形下，某一特殊能力的超常表现乃是我们所见在某些领域中严重落后和有平庸能力的背景下的。这方便学者观察相对孤立下人类的智能”①。所谓的“神童”在现实生活中常常从小就表现出某种天赋。比如音乐、绘画或数学等超常能力。世界上的确有“白痴专家”，他们在许多方面根本无能和低能，但在某方面却有突出表现。比如一般人用计算器计算的速度有时可能不如某位“白痴专家”心算速度快，但这位“白痴专家”连话也不会说甚至生活不能自理。

社会环境是形成认知的客观外部环境，它在一定程度上对于认知所能达到的高度具有决定性作用。社会环境对个人认知的影响表现在认知选择、认知刺激反应与调节等方面。在认知选择方面，人们首先对刺激物进行社会价值评估，然后选择进行社会认知；在认知刺激反应方面，个人随受社会刺激影响程度的变化而变化；在认知行为调节方面，个人认知体验受社会约束条件的影响，能在一定程度上尽量自发地与外部社会环境保持平衡。主体对社会认知过程的表征主要有分类与图式两种。心理学家坎特认为，人们分类时常基于与原型的相似性，也就是将被分类的物体与该类物体的一个典型或理想原型比较。因此，“对于智能的表现和发展会因教育条件与社会文化环境的差异而发生变化。不同教育条件与社会文化环境下人们智能发展的程度与方向有着显著的差异”②。比如，空间智能重视以航海为生的文化，生活在这种文化环境下的人的共同特征是辨认方向能力和

① 霍力岩．重新审视多元智力．北京．北京师范大学，2007：65.

② 沈致隆．加德纳·艺术·多元智能．北京：北京师范大学出版社，2004：278.

空间认知的相对突出；而言语智能和逻辑-数学智能是以大规模复制产品和机械化为特点的工业社会所重视。这种环境下的人以逻辑-数学能力和言语能力的相对突出为特征。以产品不断更新和信息化为主要特点的信息社会要求我们以个性的展示与人的多种能力的充分发展为智能发展的共同特征。就智能的发展程度来说，不论何种智能其最大程度的发展都有赖于教育和环境的影响。

总之，多元智能的认知特征不是一元的，而是多元化的，认知不仅仅是语言、逻辑的认知，还包括空间等本体感的认知；多元智能认知不仅仅是主体对客体世界的单向反映，还包括主体与客体世界的双向互动，形成情绪认知、直觉认知、社会认知与道德认知；多元智能的认知不是一种静态反映，而是一种动态变化、不断演进的过程（图 28-3）。

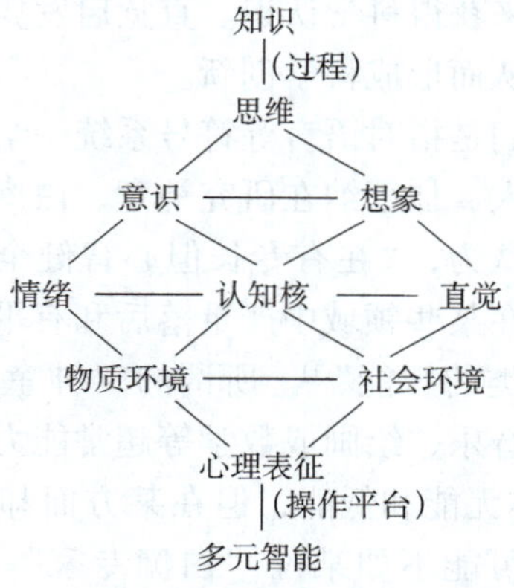

图 28-3　多元智能认知语境的结构

三、多元智能理论的功能

实现系统最优化的途径与方法就是认知机制化。我们认识真实系统的规律与本质可以通过对认知模型分析来进行。那么，多元智能认知理论的作用如何？

（一）多元智能认知理论推进认知科学的发展

第一，多元智能认知研究促进认知心理学的发展。加德纳之所以把认知科学所包含的学科列为哲学、语言学、心理学、神经科学、人类学、人工智能六个学科，目的在于表明心灵问题需要这些学科的联合攻关才能解决。“在当前直接深入人脑内部认识心理机制的手段尚不具备时，认知科学哲学倡导用认知机制来检验认知理论，无疑是一种大胆的尝试。”① 认知机制把原来是抽象的不可捉摸的

① 章士嵘．心理学哲学．北京：中国社会科学文献出版社，1994：18.

心理事件置于与物理事件同样的理论体系中来加以客观的描述和具体研究，这样就为认识人脑内的活动机制开辟了一条新的通道。

心灵的组织和设计是认知构架。操作规则和符号表征是冯·诺依曼构架的核心。串行是它的处理方法，认为信息加工和处理通话的过程就是人类认知的过程。它把世界看作是符号化的世界，思维过程按照存储、处理、提取、变换对符号进行组合。认知仅仅存在于形式符号操作过程中，而不管硬件是什么，所以“硬件不要紧”。联结主义认为认知是网络整体结构活动的结果，而不是简单的符号运算。这主要是在本体论意义上对冯·诺依曼构架的革命性变革，因此“硬件要紧”。这两种构架之间并不是相互独立的，尽管有争论，却是相互补充的。高级认知适合符号系统，低级认知适合联结系统。多元智能的认知机制把这两大范式或构架进行了整合的尝试，采取并行与串行相结合的方式，在心理表征上运用逻辑、规则、类比、概念、联结、表象算法程序进行计算与表征。

第二，多元智能认知理论填充神经科学的理论认识。首先是智能的规定性与可塑性。规定性指的是任何一种机制系统（像神经系统）沿着某一路线，而不沿着其他路线发展的倾向。诚然，任何系统的发展同时也反映了环境的影响。倘若借用了实验方法，一个人改变了化学平衡，那他便能影响特殊细胞的转移，或甚至会使某个细胞去执行通常由另一个细胞所执行的功能。即便一个人寻求阻止或改变预期的式样，该生物也会倾向于找出一条抵达该式样“正常”的道路。另外，生物体通过多种方式表达其可塑性。一方面，在某些发展阶段，许多个别的环境都能带来恰当的效应。年幼生物体在事件中受到严重伤害或障碍的情况下常能表现出惊人的复原能力。总的来说，在发展的最早期阶段，生物体有较大的可塑性。其次是区别神经系统中的因素。人们对神经系统的研究揭示了一种使人吃惊的高度组织化的结构，其在表现与组织上有着令人难以置信的独特性。组织上的差异似乎与那种受动于大脑不同部分的功能上的差异密切联系着。例如，大脑皮质较早成熟的区域与基本感觉功能（对物体与声音的知觉）有关，而较晚成熟的联想感觉皮质则在感觉形态之间传递了刺激物的含义与效果联结。因此，由特定大脑皮层所管辖的相对独立的不同种智能确实存在于个体身上。

第三，多元智能认知深化了智能科学的评价理论。多元智能认知在讨论智能本身的问题之前，先考虑了两个问题：一是把加德纳引入多元的因素指出来；二是智能的前提是什么，也就是说，在某一组智能技巧值得计入主要智能名单之前，它必须符合的普遍要求是什么。加德纳认为，多元智能认知的评价是智能选择的一个规则系统。对于候选智能的评价不像是一种科学的评估过程，而更像是一种艺术的评价过程，他注重这一过程中“主观”因素的作用，原来是不可捉摸的抽象的多元智能，认知机制把它置于与物理事件同样的理论体系中来加以具体研究和客观的描述，这样就为认识人脑内部的活动机制开辟了一条新的通道，深化了智能研究。

（二）多元智能理论的认知语境分析充实认知哲学的方法论

关于认知研究的进路目前有神经科学（主要是脑科学）、语言学、系统科学（主要是控制论、复杂性和协同学）、心理学（主要是认知心理学）、广义进化论、人类文化学、计算机科学（主要是人工智能）、哲学（主要是科学哲学和心灵哲学）。这些进路表明，对于认知的研究是复杂和多样的。就方法论而言，认知心理学主要表现为建模、隐喻和假设①。

1. 哲学的方法论

认知科学特别是其中包含的认知心理学直接面对的一个永恒的基本问题是知识在心中是如何被表征的，并且它从何而来？这个问题自从人类诞生以来，就一直存在。这个问题的答案我们只能通过自然主义与经验主义来解答。知识基于大脑固有的特性是自然主义的主张，大脑是“硬件”就是其现在的说法；而知识来自经验是经验主义所认为的，知识是从我们经验的教材中所获取的，比如我们关于“牛顿三大物理定律”的认识。从“常识”的视角看，必须有一个大脑来接纳经验。很明显，信息是被经验所导致，它从印象中产生意义并思考经验。我们把知识定义为“记忆中的信息的组织和储存”是这种持续争论的困难产生的原因。经验是“储存”观点的要求，某些前存在结构能力存在于神经系统就是“组织”观点的要求。然而，心理学家和哲学家批评了这种调和的概念，因为在早期的著作中对于知识的渴望就出现了。早期的理论关注记忆和思想所在的场所，云南纳西族的东巴象形文字隐喻了他们民族的作者相信心中是有知识存在的。尽管亚里士多德也有如此的看法，但柏拉图认为知识的场所是大脑，这种观点与亚氏的观点是完全相反的。

2. 哲学式心理学的方法论

文艺复兴时期的神学家和哲学家通常认为大脑中存在知识，知识不仅通过生理感官获得，并且某种超人的力量也促成它们的生成。英国的经验主义哲学家贝克莱、休谟认为，感知对象被储存在记忆中，或知觉对象的模糊复制品；存在即被感知，即直接感觉事件；联结的思想，正如这些模糊复制品的转变。休谟曾对关于内在表征的能力时指出：“连接不适宜表现和形状，要形成心理图像，构思

① 魏屹东．认知表征的方法论：隐喻、假设与建模．山西大学学报，2009，(5)．

最自然和熟悉的物体与这一切所耗费的想象力同样很麻烦。"① 这个关于转化和内在表征的看法是预设：第一，确定规则促成内在表征的形成；第二，这种转化和形成花费大量的精力和时间。现代心理学最基本的假设就是这两个假设。与特定心理过程相关的解剖结构已经被现代认知神经科学的最新发现所确定。

3. 多学科交叉的方法论

行为主义在19世纪末取代了对心理过程的概念化的心理学研究。行为主义认为，假设结构是"居间变量"的定义，假定表征过程，这个过程是调整刺激对反应的效果，而且这些变量在非心理过程上是赞同行为观察。"居间变量"的标签下包含着内在状态，行为的基础恰恰就是这些被忽略掉的心理过程。从语境分析的角度看，心理过程是支配行为的东西，隐藏在行为后面。它正是语境中的行为。这样看来，忽视了支持行为发生的心理过程就是行为主义失败的最主要原因。心理学家再次关注模式识别、记忆、注意、意识、语言过程、语义组织、思维、表象和实验心理学之外的其他认知方面是认知心理学在20世纪50年代的最主要的表现。米勒在1956年把认知的经验评价带到了最前沿，他描述了人的某些能力限制于信息加工。可以看到，知识一直被认为完全依赖感觉的输入，这从早期的表征知识概念到现在的认知研究便可得出。可是，世界的物理特性与人类对世界的内在表征是完全一致吗？认知建模能为我们提供一些假设性的结论，因此心理机制在认知方面的研究还没有更为直接和有效的路径时，它能启迪我们去思考一些新出现的问题，这确实能积极地推动认识心理活动的内在机制。

（三）多元智能认知理论促进科学主义与人文主义的融合

人的世界是一个文化的世界。人能够存在于社会中，也就是能够存在于一种文化中。因此人在社会中的全部活动和认知活动，也都具有文化的内涵和性质。可以说，多元智能认知研究是具有人文主义依赖的，没有人文主义，也就没有多元智能认知理论。加德纳构造的多元智能世界的基点之一就是他特别强调人类学与文化视角。自多元智能提出伊始，加德纳就反复强调其理论所体现出的文化含义。他指出，多元智能理论比其他一些智能理论的优越和高明之处就在于：智能并不仅仅是生物学意义上的存在于大脑之中的先天遗传之物，对智能的讨论和考察是在不同的文化背景中展开的。在加德纳那里，智能永远代表着一种生物先天倾向性与特定文化背景的可塑性的集合之物，始终代表着一种先天遗传与后天学习之间的互动。具体来讲，我们属于同一物种，因此在本质上我们是相同的。每

① 北京大学哲学系，外国哲学史教研室编译．西方哲学原著选读（上卷）．北京：商务印书馆，1981：189.

个人都有自己独特的基因图谱，我们也能够具有不同的潜质，加上我们生活的不同家庭和文化环境，最终确保了我们将成为独特的个体。在这样一种视野下，加德纳声称他所要竭力展示的是关于人类认知丰富性的完整报告，他试图根据个人的倾向和文化偏好对他提出的八项智能进行利用与联结。

加德纳十分强调“跨文化”视角的重要性，认为它对我们极具启发意义，因为一种智能可以由展示出截然不同的价值体系的各种文化所滋养。例如，部落文化中的头领和美国文化中的医生都要运用人际交往智能，但他们运用这种智能的方法不同，进而结果也会不同。也正是在这样一个指导思想下，加德纳提出智能是分布的和情境化的。这一总体性观点可以看作是加德纳本人对多元智能理论内涵的进一步阐释，那时他就指出了多元智能理论所呈现的两个互补的观点。首先，该理论是对完整的人类认知的解释，每个人都被描述为拥有八种智能的有机体。也正是从这个视角，该理论启发我们关注其他物种的智能，甚至包括人工智能的情形；其次，我们每个人都拥有独一无二的智能组合。他也提醒人们不管一个人的智能组合如何，这项智能突出抑或是那项智能缺乏，任何智能是没有道德与非道德之分的。这便是加德纳多元智能认知研究在文化视野中对人类认知的阐释。

四、结　语

多元智能认知机制的语境分析给予我们研究认知哲学的启示是：首先，坚持从整体到部分，再从部分到整体的思维线路，即多指标、多水平、多角度、多层次的分析研究应该在整体意识的指导下对对象进行研究。其次，多元智能应该被看作是一个系统，力求对过程单元（或诸多要素）和心理现象有全面研究。而在分析具体的单个智能时，则应注重智能之间的组合方式，看到智能与智能之间的相互关系的总和。这样才能比较客观地反映心理过程与现象的整体特征，解决之前那种先分析后相加的传统方法的缺点。最后，一个以其组成部分的不断变化为生存条件的动态系统便是多元智能。建构认知模型应该注意心理系统的开放性特征，因为随着境遇的变化和时间的推移，任意一个智能的过程在不同的发展阶段中和不同的时间会展露出特定形态。加德纳认为，基于经验的研究对各种智能中最关键部分的“猜测”是特别重要的。目前的首要工作是通过“猜测”找到不同智能中最关键的部分来确定它们的神经部位的位置，再去证明最关键部分的确是分开的。“假如研究中发现某种智能的最关键部分与其他智能的最关键部分并没有发生分离，这种线索正好指示我们对这种智能的最关键部分进行改正或重新确认。”①

① Gardner H. Frames of the mind. New York：Basic Books，1985：199.

第二十九章　达玛西奥：情绪感受的认知表征

达玛西奥（A. Damasio）作为当代著名心理学家和神经科学家，他运用先进的计算机技术，借助X线断层摄影术和核磁共振手段，向我们直观形象地展示了人脑的神经运作机制。同时通过对大量的神经疾病患者进行长期的跟踪观察及实验分析，使我们了解到情绪和感受的神经生物学机制，并证明情绪并不完全是非理性的，它一定会干扰认知过程。也就是说，情绪感受的缺失，不仅会影响理性，甚至会摧毁理性，使得明智的推理决策变得不再可能；同时，情绪感受也会参与到建构意识的活动中，意识就是一种对认识活动的感受；自我也并不总是有意识的，存在着一种前意识的原始自我，它是对当前身体状态的初级表征，没有知觉的力量，也就不会拥有知识。达玛西奥的情绪感受认知思想为身心一体论、具身认知提供了一种科学依据，同时使我们更深刻的了解人类的一些痛苦产生的主要原因，促进了人类的心理和身体健康。

一、历史上的情绪、感受与认知关系

情绪、感受与认知之间的关系问题是哲学界和心理学界长期关注的一个基本问题。从古希腊的柏拉图、亚里士多德到近代的笛卡儿、斯宾诺莎及心理学家詹姆斯、扎荣茨等，他们都对这个问题做了深入研究。

（一）哲学史上对于情绪、感受与认知关系的认识

1. 柏拉图的“灵魂三重划分”

柏拉图认为，人是由灵魂和肉体组成的，灵魂属于理念世界，肉体属于可感世界。灵魂是永恒的，在肉体产生之前就存在，在肉体消亡之后也依然存在。当灵魂寄居于肉体中时，由于受到肉体的遮蔽，从而忘记了关于理念的知识，只有当人们在生活中遇到可感事物时，才会回忆起可感事物所模仿的理念。因此，在柏拉图看来，认识就是回忆，学习就是重新发现已有的知识。

在《理想国》中，柏拉图将灵魂分为理性、激情和欲望三个部分，它们分别对应于人的行为所必须遵守的三个原则：理性控制着思想活动，与智慧相对；激情控制着合乎理性的情感，与勇敢相对；欲望控制着人们趋乐避苦的倾向，与节制相对。其中理性是灵魂的最高原则，是不朽的，与神圣的理念相通，是灵魂的本性，处于支配地位；而激情和欲望是可朽的，激情高于欲望，二者处于附属地位。灵魂和身体的关系实际上就是灵魂内部理性和欲望的关系：当理性原则支

配着灵魂时，灵魂正当地统摄身体；当欲望原则支配着灵魂时，身体反常地摧毁灵魂。因此，柏拉图将情绪或激情视之为一匹不易驯服的野马，是人类灵魂的潜在威胁，它不断地想要挣脱象征理性的御者的控制，威胁着人的心理世界。

2. 亚里士多德的“灵魂感觉-理性认识”

亚里士多德认为，求知是人类的本性，灵魂是自然有机体最初的现实，是潜在的具有生命的自然物体的形式。人的灵魂中执行认识功能的是感觉灵魂和理性灵魂，感觉灵魂主要执行感觉、记忆、想象等功能，理性认识依赖于感性认识。“没有感觉，就不能认知或理解任何东西”，“当理智认知事物时，必然伴随着表象。没有表象，灵魂就无法思维。”①

亚里士多德反对柏拉图的二元论，认为并不存在隐于肉体中的精神，事物可以被分为无机体和有机体。有机体是指包括人类在内的各种各样的动物。心理学就是研究人类这种动物更为高级的机能，亚里士多德将其称为认知。他认为情绪以及人类的爱恨愤憎是人类高级认知与低级的纯感官欲望相结合的产物。在亚里士多德看来，个体所处的世界导致了人的大量的身体感觉。当然，一些身体感觉不会以这种方式唤起。

例如，我们可能因为什么都没有吃而感到胃疼。或者，你会由于被铁锤砸了一下而感到疼痛。但是，我们人类所特有的感觉还是通过对我们周围的世界以及人们的信念与欲望所产生的。愤怒可以看作是我们或我们的朋友受到不公正的轻慢所导致的情感伤害或者报复的愿望或冲动，是一种复仇的欲望，是当我们感觉到被伤害的时候伴随着的一种消极的感觉。因此，不同情绪之间的区别不在于感官与生理唤醒的不同，而在于信念的不同。

3. 阿奎纳的“感觉认识论”

由于受到基督教的“灵魂即思想”观点的影响，中世纪哲学抛弃了亚里士多德的情绪认知理论，转而偏向了柏拉图。亚里士多德认为人的本质是物质和实体，人是有理智的动物，而中世纪的神学家和哲学家却认为人是所有高级认知和评价机制所能寄居的非实体的精神。因此，关于情绪是源于肉体还是精神的争论，就成为中世纪哲学家们关于情绪理论探究的主题。

阿奎纳将情绪归于肉体，他认为“情绪首先是一种激情，使我们感到痛苦的事情和突如其来的事情远胜于我们逐渐形成的对自己和世界上与自己相关的事物的看法。”② 因此，情绪就是一种冲击精神和认知的肉体感觉的趋势或期望，情

---

① 冒从虎．欧洲哲学通史．天津：南开大学出版社，2006：153.

② 许远理，郭德俊．情绪与认知关系研究发展概况．心理科学，2004，(27)：241.

绪能力直接反映内部感觉与外部感觉，它是人和动物所共有的，但灵魂的理智能力却是人所独有的。在他看来，知识始于感觉，感性以个别事物为对象，理智以普遍事物为对象，感性认识先于理性认识，理智知识在某一阶段上源于感性知识。

4. 笛卡儿的“二元情绪观”

笛卡儿从普遍怀疑出发，通过“我思故我在”、“上帝存在”、“物质存在”这三个命题确立起了三个实体的存在：心灵、上帝与物质。心灵实体的本性是思想，物质实体的本性是广延；心灵是能动的，物质是被动的；思想不占空间，没有广延，物质有广延，没有思想。心灵和物质两个实体各自独立，彼此平行，互不影响，性质完全不同。当然，心灵和物质都只是相对实体，是由上帝这个绝对实体创造出来。在他看来，人类精神生活是如此的软弱和没有生理意义，以至于对他来说，去论述我们怎样意识到正在发生的和对我们的肉体所发生的与经常发生使我们肉体产生机械动作的命令都是一个难题，于是他提出在我们的大脑中存在着一个叫作松果腺的腺体，非实在的意识与非意识的肉体在松果体处相遇。笛卡儿将情绪定位为人类的情绪，并认为动物在情绪压力下照样能做出反应，但是它们不可能真正体验任何情绪，因为它们的灵魂中不具备相应的体验。而人的情绪是由外界环境和体内变化引起的，容易扰乱人的心灵。有些情绪主要是心灵的作用，如当我们欣赏一部歌剧时内心所感受到的情绪；有些情绪则源于身体对心灵的影响。笛卡儿的情绪学说促使对情绪的研究走向科学化，他认为正是我们对环境的感知的身体反应和另一方面被灵魂中的记忆、认知力量、想象和沉思的指导，不同情绪的不同特征才得以产生，也正是由于身体反应模式存在着质的不同，才导致了灵魂中的镜像感知模式的质的不同。

5. 斯宾诺莎的“情绪即认知”

笛卡儿的情绪说深刻影响了后来的斯宾诺莎。斯宾诺莎在批判笛卡儿二元论的基础上，提出了唯物主义的实体学说。他认为实体的属性有很多种，思维和广延只是实体的两种最根本的属性，而不是两种独立的实体，它们只不过是表现同一实体的两种不同方式而已。它们互不影响，互不制约，物体不能限制思想，思想也不能限制物体，身体不能决定心灵使其思想，心灵也不能决定身体使其动或静。可以看出，斯宾诺莎的观点中仍有二元论的残余，他的这种观点，通常被称为“心物平行论”。

与笛卡儿哲学不同，斯宾诺莎主要将情绪看作是认知的，当然并不排除欲望和感觉。情绪是身体的感触，它会提升或降低身体活动的力量，同时情绪本身也会随着身体活动的力量提升或降低。当外物提升了身体活动的力量时，人们就会产生快乐感；而当外物降低了身体活动的力量时，人们就会产生痛苦感；如果外物既没有提升也没有降低身体活动的力量，那么人们就会产生欲望。快乐、痛苦和欲望是人类的三种最基本的情感，这三种基本的情感经过不同的排列组合派生出了其他一些诸如爱、恨、恐惧、愤怒、嫉妒和厌恶等的情感。

斯宾诺莎还进一步认为，引起情绪的过程和感受过程是不同的，也就是说，引起我们情绪的东西和感受本身是不一样的。当然，它们最终都会在心灵中汇集，但它们却是沿着不同的道路在我们身体中开始的。在斯宾诺莎看来，人是自然的一部分，自然事物的本性是自保，因此人的本性也是自保，"构成心灵的本质的最初成分就是一个现实存在的身体的观念，所有我们心灵的首要的、基本的努力就是要肯定我们身体存在的。"① 也就是说，人的一切活动的最终目的就是保存自己。情感就是保存自我的努力的一种心理反应形式。凡是能够有利于自保和能够带来快乐的东西都是善的，反之，就是恶的。由于并非所有的情感都是善的，所以如果不加限制的放纵自己的情感，不仅无法达到至善，相反会成为情感的奴隶，成为人生不幸的根源。而理性可以洞察人的本性，对善恶是非做出正确的判断。因此，他主张用理性去理解和控制情感。对情感理解的越多，情感和欲望就越容易得到控制。只有接受理性的指导，我们才能不受激情的束缚，从激情的奴隶变成情感的主人，最终成为自由人。

（二）心理学史上关于情绪、感受与认知关系的观点

1. 詹姆斯的"生理变化产生情绪"

受19世纪实证哲学的影响，詹姆斯的情绪理论认为"情绪是对外界事物所引起的身体变化的感知"②，情绪体验是对身体生理变化的反应。例如因为我们哭了，所以我们感到悲伤，而不是因为感到悲伤才哭。也就是说，我们之所以产生悲伤这种情绪，是因为我们意识体验到我们在哭泣。有些时候我们是在感知到某种情境之后才自动做出反应的。首先是这些反应引起生理唤醒，然后我们意识到这些生理波动。这些生理波动所产生的感觉就被称为情绪。

我们可以描述一下这个过程。我们当前的境遇信息通过感觉系统传递到大脑，大脑对这些信息进行加工并传递到身体，从而引起身体的肌肉状态和心跳频率的改变，感觉系统再对这些改变做出反应。这种反应的结果就是情绪。因此，是身体的生理变化引起了情绪。如果没有了这些生理变化，情绪也就不会产生。每种情绪只不过是一些复杂的生理唤醒在大脑皮层所形成的镜像。生理唤醒的机

① 斯宾诺莎．神学政治论．温锡增译．北京：商务印书馆，1996：214.
② 许远理，郭德俊．情绪与认知关系研究发展概况．心理科学，2004，(27)：242.

制不同，所引起的情绪也就不同。这样，情绪心理学就被生理学化了，最终可以与生理学一样，实现科学化和实用化。

2. 坎农-巴德的“丘脑决定情绪”

随着心理学的科学实验发展，人们逐渐发现根本不能通过生理唤醒机制的不同来将情绪区分开来。于是出现了坎农-巴德学说，他们认为在没有情绪表达的情况下情绪体验也可以发生。也就是说，即使没有感觉到生理变化，情绪也可以被体验到，例如很多瘫痪的人虽然丧失了部分躯体感觉，但没有丧失情绪。同时，他们也认为，情绪体验和身体的生理状态之间没有必然的关系。

例如，人们恐惧时会出现心跳加快、消化抑制和出汗增多等现象，但在很多其他情绪状态下如愤怒同样也会出现这些生理变化。因此，我们根本不能通过这些生理变化来判断到底是处于哪种情绪状态之下。坎农-巴德学说强调在情绪体验中丘脑所起的特定作用。大脑皮层通过接受感觉输入引起身体的某些变化。这些刺激-反应神经回路与情绪无关。只有当直接来自感受器的，或者来自皮层的下层信号到达丘脑时才会产生情绪。换句话说，情绪的特征是由丘脑的活动模式决定的。

根据詹姆斯的理论，你之所以感到悲伤是因为你哭了，如果你能强忍住不哭，你就不会感到悲伤；而根据坎农-巴德学说，不是非得哭才能感到悲伤，只需对丘脑有个适当的激活便可以产生悲伤情绪。

3. 扎荣茨的“情感独立于认知”

扎荣茨认为，实时的情感处理是后认知的，情感性判断是独立于各种知觉和认知活动的，而不像很多的心理学理论所认为的那样是发生于各种认知活动之后的。而且，对情感和认知进行控制的神经系统是不相关的。进入大脑中的周围环境中的各种事物的刺激是无意义的，杂乱无章的，人脑就要像计算机那样，对各种无意义的信息进行记录、编码、储存，将其转化为有意义的信息。因此，认知是理性的，而情绪是非理性的，两者之间相互独立，没有必然的因果关系。

为此，扎荣茨从五个方面论证了情绪的首因效应：①情感反应体现出种系发生上的和个体发生上的首因；②情感和认知有独立的神经解剖上的结构；③认知评价和情感常常是不相关的和独立的；④没有认知评价的参与，新的情感反应也能建立；⑤情感反应能有非认知的和非知觉的过程产生。

4. 拉扎勒斯的“认知活动是情绪的充要条件”

拉扎勒斯认为认知和情绪在本质上是相关的。认知既可以指合乎理性的缜密的逻辑思维，也可以指一种朦胧的、类乎阈下知觉的下意识觉知过程。一个完整的情绪体验通常包含思想、行动冲动和身体障碍这三种相互融合在一起的成分，缺少其中的任何一部分，我们都不是处于一种真正的情绪状态中。“情绪反映了个体与环境关系的持续变化。当个体经历某个重大的生活事件时，个体与环境的关系就会成为情绪的一个来源，因而情绪过程不能仅仅局限于个体内部或大脑内部进行理解，而应该在个体与其所评价的环境的相互作用中进行理解。体验某种情绪，无论是以原始的知觉形式，还是以某个较高级的区分符号的过程，个体都必须进行认知评价。”① 他将意向性引入认知，认为人类是意义定向和创造意义的生物，对事物评价的过程伴随着相应的情绪反应。因此，情绪和认知如影随形，认知是情绪的充分必要条件。

那么，情感与认知是相互独立还是互为因果，辩论双方都给出了大量的实验依据和理论根据，但最终都没有说服对方。原因在于，双方都坚持认知与情感的二分法，事实上，这种二分法只是一种科学构想，本质上是并不存在的。既然两者是统一的，那么关于两者谁更为重要的争论就变得毫无意义可言。在心理活动发生过程中，认知和情绪是一个连续的过程，个体可以在这个过程中的任何一个环节切入，因此任何反应同时又可能是一个刺激，刺激和反应都既可能是原因又可能是结果。

二、情绪、感受与理性的内在关系

对情绪、感受与认知之间关系的问题研究，达玛西奥不同于以往的研究者。他从认知神经科学的角度，结合认知科学、神经生物学、脑科学及人工智能等不同领域的研究成果，通过对大量的神经疾病患者进行跟踪研究，向我们展示了过去一直被认为是过于私密以至于科学都不能对之有所解释的情绪与感受的神经生物学基础，指出情绪在高水平的认知过程中发挥着非常重要的作用。这一观点超越了20世纪的哲学、神经科学和心理学的传统理论。他认为情绪并不像传统的哲学家和心理学家所认为的那样，一定会干扰认知过程，相反，纯粹的理性即情绪与感受的完全缺失，这会使个人与社会的推理决策受到严重阻碍。同时他也证明情绪与感受参与到建构自我的过程中，加强了意识的自我过程。

（一）情绪先于感受

达玛西奥强调情绪和感受虽然是一个紧密的受约束的循环部分，但仍然是可区别的过程。假设我们承认情绪的本质和感受的本质是不同的，它不影响我们选择什么词语涉及这些有区别的过程。

达玛西奥首先将情绪本身分为三层：背景情绪、基本情绪和社会情绪。背景情绪在一个人的行为中并不是特别明显，如果你能准确地察觉到你刚刚见到的某

① 许远理，郭德俊．情绪与认知关系研究发展概况．心理科学，2004，(27)：242.

个人的能量或热情，或者察觉到你朋友和同事的细微的不适或兴奋，急躁或平静，那么你就是一个背景情绪的良好感受者。背景情绪是配置较简单的调节反应，包括基本的体内平衡过程、痛苦和快乐行为及欲望等的复合表现，它与正在引起的或已被满足的各种内部需要相连的新陈代谢调整，以及现在被其他情绪、欲望或理性思考所评估和处理的各种外部情境相连的新陈代谢调整相互作用，结果就形成我们所处的好、坏，或介于两者的某处的一种存在状态。

基本情绪常见的种类包括：恐惧、愤怒、惊奇、厌恶、悲伤和快乐，它是人生早期所体验的情绪。当客观世界或有机体内部的刺激的某些特征，例如，动物体型的大小、行走方式、发出的声音，或者有机体出现某种疾病时所体验到的难受、痛苦等，单独或整体地被我们感知到时，有机体就会以有组织的方式产生某种情绪反应。因此，在很多情况下，恐惧的产生并不是因为我们真正看到了令我们害怕的实体，如熊、蛇等，而是我们的早期感觉皮层（包括早期视觉、听觉、触觉、味觉和嗅觉等感觉皮层）检测到了该实体的一个或多个关键特征，从而得出来该实体整体存在的信号。确定了某种情绪的相关身体反应后，下一步就是要感受到客体所激发的情绪，实现激发情绪的客体与情绪性身体状态的关联。

在这里，意识被引入这个过程。一方面，意识可以使人采取一种扩大化的保护政策，例如对于可以引起恐惧的事物，我们可以预先对其进行思考，预测其在某个特定环境中出现的可能性，以便提前避开该事物；另一方面，你也可以对自己的知识进行归纳，然后做出决定，例如你要对任何看起来像恐惧事物的客体保持警惕。此外，你也可以寻找令你恐惧的事物的弱点，并在下次遇到它时好好地利用该弱点。简言之，感受到自己的情绪或者说意识到自己的情绪可以使你在与环境相互作用的基础上做出更加灵活的反应。

基本情绪机制并不能描述所有范围内的情绪行为，从个体发展的角度来看，在基本情绪机制之后就是次级情绪机制，一旦我们开始体验到各种感受，并形成了各种物体和场景，以及各种该物体和场景与基本情绪之间的系统联系时，次级情绪机制就产生了。次级情绪也可被成为社会情绪，它包括同情、尴尬、羞愧、罪疚、自豪、嫉妒、感恩、敬佩、愤慨及轻蔑等。在我们体验上述这些情绪时，我们的身体也会发生一些相应的变化，包括可见的面部或四肢的变化，以及不可见的神经系统所产生的一系列变化。因此，情绪的本质就是身体状态变化的总和。

在达玛西奥看来，情绪就是“一种简单或复杂的心理评价过程，以及对评价过程产生的痕迹反应两者的组合。痕迹反应主要指向身体，可以产生一种情绪性身体状态；同时也指向脑，可以产生其他的心理变化。”① 也就是说，感受客体

① Damasio A. Descartes' Error: Emotion, Reason and the Human Brain. New York: Avon Books, 1994: 139.

能够激发情绪，在清醒和警觉状态下，所有的情绪都能形成感受，但并不是所有的感受都是由情绪激发。那些不是被情绪激发的感受可被称为背景感受，它产生自“背景身体状态”，是一种在进化过程中早于其他类型出现的感受，是对生命自身及其存在的感受，它对应于处于不同情绪之间的身体状态。当我们感受到快乐或痛苦时，背景感受就被情绪性感受所抑制；当背景感受未受情绪影响时，它就是我们对自己身体状态的表象。通过背景感受，我们就可以对有机体周围发生的事件了然于心。没有了背景感受，我们自我表征的核心就会不完整。

这可以从一些疾病失认症患者的表述中得到说明，他们对自己的疾病状态浑然不觉，对自己所遭受的某些重大疾病通常会引起的破坏性后果一无所知，虽然在他们面对或者被迫看到无法移动的左手臂时，会承认自己的左肢确实失去了行动能力，但他们并没有意识到自己已经瘫痪了。他们无法描述自己的疾病所带来的后果，也不关心自己将来的生活。他们的情绪表达是缺失的，感受是平淡的。这些疾病失认症患者由于无法获得当前身体状态的输入信息，因而也就无法更新自己身体状态表征的信息，无法通过躯体感觉系统迅速自动地意识到自己的身体状况事实上已经发生了改变。也就是说，他们在心理中形成的自己身体状态的表象是过时的。

情绪性感受是对情绪的感受。当我们产生一种情绪时，我们的身体外部，如面部和肢体会发生变化，身体内部的各种神经系统同时也会产生一系列变化，这些都是能够从内部感受到的。“如果情绪是与特殊心理表象有联系的身体状态的变化的聚集地，这种特殊的心理表象会激活一个特定的脑系统，那么感受一种情绪就是这种变化的经验，这种变化与发起这个循环的心理表象是并列的。换句话说，感受依赖于身体表象和其他的表象，如面部的视觉表象或旋律的听觉表象的并列。”[①] 之所以使用“并列”这一概念，是因为身体的表象是在其他的表象形成并生效之后才出现的，这是一种组合而非混合。被限定者即面孔与限定者并存的身体状态是组合在一起，而非混合在一起。

尽管感受是由情绪所改变的实际身体状态的知觉，但这种类型却并不是必须的，它产生在体感区（主要区域是从脑干到大脑皮层）任何时候都能构建的实际映射。在任一给定时刻在体感区呈现的活动模式是有意识心灵的唯一的知识来源。然而，由于受到其他脑区的干扰，体感区对特定时刻身体所呈现的状态所产生的映射是虚假的。例如，当我们听到有人在火灾中被烧伤，我们就会感受到一阵痛楚出现在脑海中，似乎我们也受到了火的伤害，而且这种感受也会因为事故大小和对受害者的了解而产生或多或少的不同。产生这种感受的机制就是“好像

---

① Damasio A. Descartes' Error：Emotion，Reason and the Human Brain. New York：Avon Books，1994：145.

身体回路”（as-if-body-loop）机制①，它包含在一个由对当前身体状态映射的迅速调整构成的内在脑刺激中。某些脑区，比如前额叶皮层或前运动皮层直接发信号给体感区，从而实现这个过程。

在通常意义上，情绪这个词事实上是倾向于包含了感受概念的。但是，当试图要理解始于情绪感受的一系列复杂的活动链时，我们可以从公开化过程和私人化过程的原则性分离中得到支持。情绪是一种行为和动作，我们可以从一个人面部表情、声音及他的具体的行为中，发现大部分的情绪，它们是公开的、可见的。感受就像所有的心理现象那样，总是隐藏在内心的，除了所有者本人之外，其他人是感受不到的。它们产生于有机体的脑中，是有机体的最私人化的财产。通常情况下，我们倾向于相信外显源于内隐。而且，就心灵而言，感受是其真正的价值所在。我们从真实的感受中承受痛苦或快乐，感受这种情绪性掩盖了感受是如何发生的问题，同时也让人们相信，感受是以某种方式首先出现，随后由情绪表达出来。

那么，情绪为什么会先于感受？达玛西奥从达尔文的生物进化论的角度给出了答案，因为在进化过程中，我们首先有了情绪，然后才进化出了感受。情绪由简单的反应组成，这些反应很容易就可以提升有机体的存活率，因此，也就更容易从进化中流传下来。

当表象在脑中加工使许多情绪起动区域生效时，情绪就开始工作了。例如，杏仁核或前额叶皮层的特殊区域被激活时，就会产生特定的结果——化学分子被内分泌腺和皮层下神经核团分泌和被大脑和身体传达，例如在害怕情况下的皮质醇，采取特定的行为（如突然消失或凝固、在害怕的情况下内脏的收缩），假定特定的表情（如一张恐惧的脸或姿势）。重要的是，至少在人类中，特定的观点和计划也出现在心灵中。例如，“一个消极的情绪，像悲伤就会导致关于消极性事实的概念的回忆；积极的情绪则相反；在我们的心灵中描写的行为的计划伴随着情绪的全部的信号。特定模式的心理过程被迅速地设置为一个情绪发展。”②悲伤减慢思维，并且可能导致人考虑引起它的情境；快乐加速思维，并且降低对不相关事件的注意力。所有这些回应的合计构成了一个展开在时间里的情绪状态，相当迅速地，然后下沉直到新的刺激能够引起被引进心灵的情绪，接着又开始另一个情绪链反应。情绪的感受组成了下一个步骤，迅速地跟随在情绪之后，情绪过程的合理的、有意义的、最终的成果：所有在情绪中进行的复合知觉——行为、观点、观点流动的模式——快的或慢的，固定在表象中或是迅速地交换。

---

① 安东尼奥·达玛西奥．寻找斯宾诺莎——快乐、悲伤和感受着的脑．杨延军译，北京：教育科学出版社，2009：73.

② Damasio A. Self Comes To Mind：Constructing the Conscious Brain. New York：Pantheon Books，2010：89.

从神经学的观点来看，情绪-感受循环始于大脑，伴随着潜在地包含引起一种情绪及其起动的刺激的知觉和评价。然后，这个过程遍布大脑和身体，建构这种情绪状态。最后，这个过程返回大脑开始循环的感受部分，虽然回程包含的大脑区域不同于开始时的区域。

（二）情绪与感受参与理性决策过程

长期以来，人们都一直认为：情绪与感受是非理性的，它们会影响人的推理决策过程，因此要做出良好的决定，就必须保持冷静的头脑。达玛西奥通过对大量的神经疾病患者的研究，向我们展示了情绪与感受不仅不会影响推理决策的正常运行，相反，它们的缺失却是会引起推理决策的严重缺陷，导致个体在个人和社会生活领域中的失败。

1. 情绪感受障碍与推理决策缺陷并存的实例证明

达玛西奥向我们讲述了一个名叫埃利奥特的人，这个人从表面上看与其他的正常人没有什么区别，因为他的语言能力和行动能力都很正常，他具有必要的知识、注意和记忆能力，而且他可以进行计算以及应对抽象的逻辑问题。那么他与别人不一样的地方是什么？如果我们把他称作病人，那么他的疾病体现在哪里？

达玛西奥指出，埃利奥特之前曾经做过一次脑肿瘤切除手术，就是这次手术，使他的整个人格发生了彻底的转变。最明显的变化是在于他的形成决定的能力受到了非常严重的损害。他无法恰当地安排自己的时间，例如，他会整个下午都在考虑应该用哪种分类法对文件进行分类：是根据日期、文件大小、案例相关性还是别的什么；他会和一个口碑不怎么好的企业合作，并把自己所有的积蓄都投资到这个注定会失败的合作项目里，最终输了个精光，而在这之前朋友已经劝告过他很多次了。要知道埃利奥特曾经从事商业活动，而且具有丰富的商业知识。

埃利奥特无法做出正确决策的原因是什么？达玛西奥从下面的实验中找到了原因。这是一项心理生理实验，研究人员向被试出示承载情绪内容的视觉刺激，如地震中坍塌的图片、房屋燃烧的图片、事故中血淋淋的伤者或者洪水中快要淹死的溺水者的图片。埃利奥特在观看完其中一组图片之后清楚地告诉研究人员：他可以感觉到这些图片在他患病之前能激起他强烈的情绪，然而现在却不能引发他任何反应了。由此达玛西奥得出结论：埃利奥特的情绪和感受衰减了，而且这种衰减的情绪和感受在他的决策失败中可能扮演着重要的角色。

为了更好支持这一种观点，首先要排除埃利奥特存在任何基本的理智障碍的可能性，即埃利奥特是否还知道那些他每天都忽略使用的行为规范和原则。达玛西奥的同事通过一系列与社会习俗和道德价值有关的控制组实验任务对埃利奥特的行为进行了研究，这些任务包括测量对假定社会问题提出替代的解决办法的能力，对被试考虑行为后果的自发倾向，对达成某种社会目标所需的有效方式进行想象的能力，对事件的社会后果的预测能力及对于道德两难问题的处理能力。

达玛西奥以其中的一项任务进行举例说明。这些任务与行为选择的产生有关，它的目的就是测量个体对假定的社会问题提出替代的解决办法的能力。首先，向被试口头描述四种社会场景，然后要求被试对每个社会场景做出不同的语言描述。在其中一个场景中，假设有人打碎了配偶喜欢的花瓶，被试可以提出哪些方法不让对方生气。在这期间，主试可以引导被试做出不同的回答。最后，对被试在提示之前和提示之后做出的一些相关性回答和不相关性回答的数量进行计分。与控制组相比，埃利奥特在提示前做出相关性回答的数量、总数及得分方面都没有表现出缺陷。

达玛西奥对埃利奥特的行为所进行的这些研究表明：他对社会情景的反应和自发考虑某些后果的反应很正常，他还具有想象某些方法以达到某个社会目标的能力、预测社会情景的可能结果的能力，以及在一个高级发展水平上进行道德推理的能力。埃利奥特在实验室中的正常与在现实生活中的失败形成了鲜明的反差，出现这种反差的原因我们可以从实验室中这些任务的条件和要求与现实生活中的条件和要求之间存在的一些差异中去寻找。

通过分析，达玛西奥发现，在实验室中所有任务都没有要求被试进行多选一的选择，而是能够想出选择项及可能后果就行了，也就是说，对问题进行推理就行了，而不必要继续得出一个结论。在实验室中的正常也表明：他有社会知识，并可以提取这些知识，对过程或选择本身不需要做任何说明。然而在现实生活中，你却必须要做出选择。正如埃利奥特在完成每项任务后所说的那样："这些结束之后，我还是不知道该怎么办。"从这里就可以看出，埃利奥特的决策失败不在于他缺乏社会知识，或者是无法提取这些知识，抑或是他的推理能力受到损害。他的缺陷似乎存在于推理的后期阶段，接近或者就在选择产生或反应选择就要发生的那一刻。也就是说，无论后期阶段发生了什么，他都不能有效地选择，或者他根本就不选择，或者他会做出不好的选择。

由此达玛西奥发现：埃利奥特极度冷静的推理能力使得他无法为不同的选择赋予不同的价值，使得他的决策选择看起来总是一成不变，时间上他无法达到做出反应选择所需的时间长度，也就是说，工作记忆的一个细微而非基本的缺陷可能改变了决定产生所需的其他推理过程。

2. 情绪感受障碍与推理决策缺陷并存的生物学依据

为了更好的证实上述观点，达玛西奥从另外一个角度，即从神经生物学的角度来分析情绪、感受与推理、决策之间的关系。通过计算机 X 线断层摄影术和核磁共振来观察埃利奥特的大脑。他的左右额叶有损伤，右侧的创伤要远远大于左侧，伤口位于前额叶腹内侧区。两侧额叶中与运动控制有关的部分（运动和前运动区域），与语言有关的额叶皮层（布洛卡区及其周围脑区）以及学习和记忆所需要的脑区——额叶基底、基前脑后面的脑区都没有受到损害。而且他的左右半脑的颞叶、枕叶和顶叶，以及皮层下的大灰质核团、基底神经节和丘脑都完好无损，这也证明了之前所观察到的：埃利奥特具有正常的语言、学习和记忆能力，而且运动能力也很正常。

通过对其他同样部位，即前额叶腹内侧区受损病例的研究，达玛西奥得出结论：前额叶腹内侧区的受损一定伴随着情绪、感受障碍和推理、决策能力缺陷，尤其是在个人和社会领域最为严重；当出现情绪、感受障碍和推理、决策能力缺陷，而神经心理状况大致完好无损时，损伤在前额叶腹内侧区最为严重；当然，其他脑区的受损也会出现情绪、感受障碍和推理、决策能力缺陷，但也会同时伴随其他的现象：如右半脑的躯体感觉皮层的损伤除了对情绪、感受和推理、决策能力造成损害之外，还会中断基本身体信号的传导过程；前额叶皮层腹内侧区域之外的脑区的损伤也会对推理和决策能力造成损坏，但损坏方式不同，要么是损坏了所有区域的智性活动，要么损坏具有很大的选择性，相对于个人和社会领域的活动，更多的是词语、数字、物体或者空间的活动。

综上所述，人脑中似乎有一个始终专注于服务的系统集合，它被我们称为推理的、有目标的思维过程和我们称为决策的反应选择过程。尤其是在个人和社会领域，这个系统集合也和情绪及感受有关，还部分参与对身体的信号加工。

3. 模型的建立：躯体标示器假设①

推理的本质是决策，而决策的本质是做出反应选择，即在特定情境下的很多可能性之中，选择某种非言语行为、某种词语、某个语句或者几种选择的结合。推理和决策要求决策者对需要做出决定的情况、行动的不同选择及每个选择的即时和将来后果有所了解，这表明决策者具有某种逻辑策略以产生有效推论，并在其基础上进行相应的反应选择。此外，推理所需的支持过程也同时产生，在支持过程中，注意和工作记忆经常被人们提及，但情绪、感受及各种选择产生的机制却很少被人们提及。

从这里就可以看出，并不是所有最终导致反应选择的生物过程都属于上述的推理与决策的范围。例如，当我们发现上方有物体掉落下来时，我们做出的第一反应必然是迅速地躲避开。在我们选择做出这样的反应方式时，并不需要任何有

---

① Damasio A. Descartes' Error：Emotion，Reason and the Human Brain. New York：Avon Books，1994：171.

意识的知识或任何的推理策略。这类反应是自动本能的，不需要意志努力或刻意思考。

再来看另外一个例子。将被试分为两组，一组做职业选择、决定和谁做朋友、决定是否要原谅一个曾经伤害过你的人、决定上什么大学或者选择何种专业。另外一组对大多数人来说包含了推理过程，如解决一个数学问题、建立一个网站、创作一首音乐作品、写一部小说等。这两组例子明显与前面所举的例子不同，它们都是基于以下这一清晰的假设过程：根据假定的前提条件推理出逻辑后果，得出可靠的结论，然后根据推论，不受激情的影响，在最糟糕的情况下，做出最好的选择。从这两组例子中，我们也可以看出，前一组例子更接近决策者所处的个人和社会环境。从前面所述的对埃利奥特及其他神经疾病患者的相关研究中，我们也可以看出情绪感受所影响的推理决策大多正是属于个人及社会范畴的推理决策。

在生活中，有很多场景需要我们做出选择，不同的选择所导致的相关后果也是截然不同的。现在就假设有这样一个需要你做出选择的场景。你是一个公司老板，有一个客户可以给你带来一笔大生意，但他是你最好朋友的敌人，那么你是否要与这位客户见面并达成交易？这时你的头脑中就会形成可能的反应选择及其相关后果的一些场景，这些场景由很多想象的画面组成，它们在我们的意识层面同时快速的显现。可能的画面有：考虑到公司利益，与这个客户合作，但你将失去友谊；不与这个客户合作，失去一次赚钱的机会，但你巩固了与朋友之间的友谊。面临这样的两难选择，你会采取什么措施来解决这种困境？

达玛西奥提出了两种可能性：一种就是传统决策的“高级推理”（high-reason）观点；另一种就是“躯体标示器假设”。“高级推理”的观点也就是传统的理性主义观点，柏拉图、笛卡儿、康德等就是这种观点的积极拥护者。他们认为，要想做出正常的推理决策，就必须把情绪排除在外。按照这种观点，面对上述的假设情景，你要做出一个非常清晰的成本/收益分析，考虑每种选择在未来的不同时间段所产生的影响，权衡相应的得失。假设你选择公司利益，与客户见面，那你就会获得即时的利益回报和将来的高利益回报，但是这个回报具体有多少却是不可知的，你必须随着时间的推移来估计回报的大小和回报率，从而弥补潜在的损失，比如你现在必须考虑的失去友谊的后果。由于将来的损失随时间流逝而变化，你也必须计算出它的折旧率。实际上，你面对的是一项复杂运算，一项存在于各个假想时间段上的复杂运算，并且还时刻处于需要对不同性质的结果进行比较的重压之下。如果按照这个方法一直做下去，那么最终你不会做出任何决定。

为什么？因为你需要比较很多不同的涉及你得失的具体内容，仔细检查你已经存储好的中间步骤表征，并把它们转换成任何一种使你的逻辑推论顺利进行的符号形式，但是这些中间步骤的表征很容易就从你的记忆中消失，再加上注意和工作记忆的容量有限，最终你就很有可能做出错误的选择，或者你被这种纷繁复杂的运算搞得晕头转向，最终不得不放弃做出选择。埃利奥特及其他神经疾病患者的经历告诉我们，笛卡儿、康德等所提出的冷静策略与前额叶损伤患者决策方式的关系紧密度远远大于与正常人决策方式的关系。他们正如纯粹理性主义者所推崇的那样，不受情绪感受的影响，但始终无法做出正确的推理决策。

现在我们再回到之前的那个假设场景。想象一下，在你思考如何解决这个问题的方法之前，有一件非常重要的事情发生：当与某个反应相对应的不利结果出现在脑海中时，你会体验到一种不愉快的内脏感受，由于这种感受与身体有关，我们可以将其称为躯体状态（somatic state），又由于这种现象“标示”了一种表象，所以可将其称为标示器（marker）。这里所谓的躯体就是与身体有关的，躯体标示器包括内脏感受和非内脏感受。那么，躯体标示器在我们做出决策时会起到什么作用？它会把注意力集中到某种行为可能导致的消极结果上，并会像自动警报信号那样发挥作用：如果你选择这种行为，就要当心前面的危险。这种信号会让你立即拒绝这种导致消极结果的行为，从而去选择其他的行为。它会保护你将来免受损失，避免产生更多的麻烦，然后使你可以从更少的选项中做出选择。当然这并不是说，你就可以运用躯体标示器直接做出决策，因为很多时候，你还需要运用成本/收益分析和必要的逻辑判断做出推理决策。躯体标识器只是提高了决策过程的精确性和效率。如果没有躯体标示器的参与，决策过程的精确性和效率就会大大降低。

简言之，“躯体标示器就是一个产生于次级情绪的感受特例，这些情绪和感受通过学习被连接在一起，预测特定情景的未来的结果。当一个消极的躯体标示器和一个特殊的未来结果并列时，它们的组合作用是一个警报器。相反，当一个积极的躯体标示器与一个特殊的未来结果并列时，它就会变成一个刺激的信号。”① 这就是躯体标示器假设的本质。躯体标示器并不会为我们仔细考虑，它会帮助突出某些有利的或有害的选择，并将这些选择从随后的考虑中迅速去除。它就像是一种自动预测限制系统，评估可预期的未来的极其多样的场景。因此，与躯体标示器的论述相一致的一个观点是：有效的个人和社会行为要求个体对自己的心理和他人的心理形成足够的理论。在这些理论基础上，我们就可以预测他人形成的关于我们心理的理论。这些预测的细节和精确度对于我们在某个社会情境下采取关键决定是非常重要的。

此外，需要详细审查的情境数量是巨大的，躯体标示器可以过滤掉大量的细

---

① Damasio A. Descartes' Error：Emotion，Reason and the Human Brain. New York：Avon Books，1994：174.

节，因为它可以自动检测出相关性高的情境成分，从而减少过滤的需要。认知过程和情绪过程之间的合作关系应该是很明显的。这个普遍性论述也可以解释那些直接的后果是消极的，但可以产生积极的未来结果的行为选择。例如，人们可以忍受一些当前的牺牲以获取之后的利益。为了考上理想的大学，很多学生不得不放弃自己的业余爱好，全身心投入学习。即时的前景可能是不愉快的，但有一个有利的未来创造了一种积极的躯体标示器，从而忽略即时痛苦选择的排斥倾向。这种由美好的未来结果的表象引发的积极躯体标示器使得个体能够忍受当前的不快，并将其作为潜在的、更美好未来事物的前奏的基础。

在神经系统层面，躯体标示器起源于哪里？我们如何拥有这样有益的装置？"首先我们天生就具有基本情绪机制，可以形成与特定刺激相对应的躯体状态。这种机制内在偏向于拥有与个人和社会行为有关的信号，并在起初就包含了把大量社会情境和适应性躯体反应组成一对的配置情况。"① 当然，我们用于理性决策的大多数躯体标示器可能是在教育和社会化的过程中，通过将特定的刺激类型和特定的躯体标示器类型结合起来，进而在我们的脑中形成的。也就是说，躯体标示器是基于次级情绪过程。适应性躯体标示器的形成要求同时具备正常的脑和正常的文化环境。在形成之初，无论是脑还是文化环境都存在缺陷，躯体标示器都不可能形成适应性。例如，我们在新闻或影视剧中所看到的一些精神疾病患者或者发展性反社会者，他们偷盗、抢劫、谋杀，这些人通常都很聪明，当他们在做出这些恶行时，都毫不惊慌，情绪感受阈限相当高。他们的行为不管是对自己还是对其他人来说都是相当不利的，但他们却在不断地重复着自己的罪恶。事实上，他们是处在一种病理性状态之下，在这种状态下，理性的衰退伴随着情绪感受的衰减甚至消失。出现这种病理性状态的最根本原因可能就是发育早期出现的神经回路或化学信号传导的异常。

相比较脑损伤对人的推理能力所造成的影响，非正常文化对人的推理能力所造成的影响是相当有限的。因此，"躯体标示器是通过经验获得的，在内部偏好系统的控制下与外部环境的影响下产生。"② 内部偏好系统的神经基础大部分由保障有机体生存的先天调节系统组成，保证生存这一目标与最终减少不舒适的身体状态和获得身体状态的体内平衡是一致的。内部偏好系统先天就倾向于避开痛苦，追求潜在的愉悦，并且为了在社会情境中达到这些目标可能已经做了调整。外部环境包括：个体必须对其做出反应的实体、物理环境和事件，可能的行为选择及后果，以及与行为选择相伴随的即时或未来的惩罚或奖赏。在发展的早期，

① Damasio A. Descartes' Error：Emotion，Reason and the Human Brain. New York：Avon Books，1994：177.

② Damasio A. Descartes' Error：Emotion，Reason and the Human Brain. New York：Avon Books，1994：179.

惩罚和奖赏不仅由实体本身增加，也由父母和其他长辈或同步增加，这些人通常具体体现了个体所属文化的社会习俗和文化道德规范。内部偏好系统和外部环境之间的相互作用，扩充了未来将被自动标识的刺激的数量。人们是在童年期和青年期就获得了这一系列重要的发展性刺激与躯体感觉的匹配，而且其数量会随着生命历程的延长而不断增长。在神经层面上，躯体标示器依赖于某一系统中发生的学习，该系统可以在某类实体或事件与某种愉悦或者不愉悦的身体状态的设定之间建立相关联系。

当然，情绪并不总是有利于推理决策的正常运行。"躯体标示器假设主张情绪对于即将到来的决策任务是完整的。如在高速公路上的加速，因为当你意识到时已经迟了。被警察拦住的想法，或者遭遇一场事故的想法引发了躯体状态（例如某种形式的害怕的反应）。无论如何，这些躯体状态对于即将到来的决策任务（是否加速）是完整的。这些躯体状态的确是有益的，因为它们有意或无意的偏向有利的决策方式。然而，所诱导出来的与即将到来的决策任务无关的躯体状态（如开车时接一个关于家人死亡的电话）就可能是破坏性的。"①

（三）情绪与感受强化自我的建构过程

达玛西奥在研究了情绪与感受的神经生物学基础之后，转向了另外一个更为深层的问题：即我们是如何知道自己感受到了某种情绪的呢？当我们知道我们感受到某种情绪时，在有机体内尤其是在人脑中还有哪些事情发生呢？这里出现了意识与自我的障碍，因为只有通过一种向自我感的东西发出信号，有机体才会知道自己感受到了某种情绪。

达玛西奥将意识的问题概括为两个方面：首先是理解的问题，即理解人类有机体内部的人脑是怎样产生客体的表象这种心理模式的。用神经生物学的术语，这个问题就可以表述为：脑是怎样在神经元回路中产生神经模式的，以及怎样设法把那些神经模式转换成明确的心理模式的。意识的第二个问题是与产生一个客体的心理模式是并行的，即在认识活动中，脑是怎样产生一种自我感的。

1. 意识的种类

通常情况下，对于意识的定义是认识到自我和周围环境的一种能力。这种定义其实是一种循环定义。"因为察觉（awareness）被看作是意识（consciousness）的同义词，或者至少是意识的一个重要组成部分。"② 但是尽管带有这种循环性，

---

① Bechara A，Damasio A. The somatic maker hypothesis：A neural theory of economic decision. Games and Economic Behavior，2005，（52）：351.

② Damasio A，Meyer K. Consciousness：An Overview of the Phenomenon and of Its Possible Neural Basis. The Neurology of Consciousness，2009：4.

这种定义仍然抓住了这样一个本质：意识确实允许我们知道自身和出现在有机体内部或外部的客体和事件的存在。然而，无论如何，这种定义并不是非常成功。尤其是，它没有认识到意识研究的双重视角：一种视角是内在的、第一人称的和心理的；另一种视角是外在的、第三人称的、客体的和行为的。后者当然是观察者的视角，这个观察者可能是临床医生或者研究者。意识必须要从两个立场进行考虑：外在的（行为的）和内在的（认知的、心理的）。

从外在的立场来看，当人类有机体在清醒、背景情绪、持续注意环境中的客体和事件及对这些客体和事件做出持续的、适当的和有目的的行为时是有意识的。从内在的立场看，当人类有机体的心理状态表征与他自身有关的客体和事件，客体和事件的表征伴随着有机体就是知觉代理人的感觉时，就是有意识的。缺乏上述行为标志，就不能说人是有意识的，除非这个人通过手势、语言或者其他的一些行为表现（尽管缺乏这些标志，但事实上是一个有意识的心灵在工作）传达意义。这恰恰就是闭锁综合征患者的状态，他们通过最低限度的活动表现出意识心理活动的明确证据。缺乏任何常规的交流模式，假定个体是有意识的虽然可能是错误的，但目前还无法证实。因此，一方面，我们要警惕把连贯的静止或运动的大脑活动的标志解释成意识的根据。除非我们拒绝认知现象的当前理解，意识与行为有关，这种行为传达了认识到自我和周围环境的心灵的内容。另一方面，我们赞同尝试鉴定受到干扰的意识条件，在受干扰的意识中，特殊的刺激模式可能暂时储存到意识的一些方面。

按照意识的复杂程度，达玛西奥将其分为简单意识和复杂意识。简单意识被称为核心意识，它符合上述所描述的意识的概念，它给有机体提供一种关于此时此地的自我感。复杂意识被称为扩展意识，它给有机体提供一种精心制作的自我感和在个体的历史中的、过去的和可预期的未来的自我的位置。两者的区别在于：核心意识是一种简单的生物学现象，它的心理的方面是比较简单的；它以一种稳定的形式存在于有机体的一生中；它不依赖于常规记忆、工作记忆、推理或语言。扩展意识是一种复杂的生物学现象；它根据信息的水平进行心理分层；它在有机体的一生中不断进化；它依赖于记忆，通过语言来提高自己。

在达玛西奥看来，在核心意识中出现的自我感是核心自我，它是一种知识的短暂的形式，被与有机体相互作用的每一个客体重新创造。无论如何，自我的传统概念与同一性和人格是联系在一起的，它与被我们称为扩展意识的这种更为复杂的意识是一致的。在扩展意识中出现的自我是一个相对稳定的、标志一个人特征的单一事实的联合，它被称为自传式自我。自传式自我依赖于过去情境的记忆。那些记忆是后天获得的，因为核心意识允许单独情境的经验存在于第一个地方。

核心意识的损伤会危害到扩展意识，这表明扩展意识是建立在核心意识基础之上的。核心意识受到干扰，会危害到心理活动的方方面面，因为核心意识建立了一个最基本的自我感，由此允许有机体的心灵占有与它相互作用的客体，并把它们增加到自传式自我当中。只有当最基本的自我形成时，任何当前的或从记忆中回忆起来的客体或事件才会成为有意识的。核心意识是一个中心源泉，为产生于大脑的整个神经模式服务。

达玛西奥认为，核心意识根本不同于其他有关的认知过程。相反，核心意识是使注意力和工作记忆集中和增强的先决条件，使得明确记忆的确立成为可能，对于语言和正常交流来说是必不可少的，也使表象的智能操作呈现可能性（如计划、解决问题和创造力）。一方面，核心意识不等于觉醒或低水平的注意，但它仍然需要之前提及的那样正常的操作。核心意识与工作记忆有关，但它们并不相等。正如我们所看到的，核心意识对于每一个客体和事件都是以新的和个体的方式产生。另一方面，工作记忆对于扩展意识的过程来说是必不可少的，因为一个知觉对象必须保持超过一定时间的活跃度，才能被放在扩展意识所赋予的丰富的语境中。核心意识不依赖于传统的学习和记忆的过程，也不依赖于表象的生成记忆或对它的回忆。而且，核心意识不依赖于语言，它不等于计划、问题解决和创造力中的表象处理。虽然推理和决策有严重缺陷的病人高水平的扩展意识受损，但经常能表现出正确的核心意识。换句话说，觉醒、表象处理、注意、工作记忆、传统的记忆、语言和智能可以通过对认知成分进行分析而区分开。一些功能（觉醒、表象处理、注意）可以在核心意识起到作用，其他的（工作记忆、传统的记忆、语言和推理）则存在于扩展意识当中。

2. 意识的产生：自我感的出现

我们是如何开始产生意识的？尤其是我们是如何在认识活动中产生自我感的？当有机体与一个客体相互作用时，有机体内部就会建构起关于这个客体的一种特殊的无言的察觉，此时意识就此产生。使这种察觉出现的最简单的形式就是对认识活动的感受。就脑而言，在上述过程中，有机体的状态，包括内环境、内脏肌肉、骨骼框架等的状态是由原始自我提供的。“原始自我是对有机体相对稳定的方面的神经描述。原始自我的主要结果是身体的无意识感受，即原始感受。”① 当客体引起有机体内部状态的改变时，客体的价值得到提升，这时，你认识到你是有意识的，你能感受到你正在进行这种认识活动，这时你的原始自我就被这个在你心灵中出现的客体改变了，非意识的原始自我得到重新表征，你感受到了核心自我。从这里我们也可以认识到：每当一个客体改变原始自我的时

① Damasio A. Self Comes to Mind：Constructing the Conscious Brain. New York：Pantheon Books，2010：139.

候，这种叙述就会出现，核心自我可以被任何客体引发出来，而且是转瞬即逝的。

我们的脑具有巨大的记忆能量，可以保留大量的记忆痕迹，我们把它称作自传式记忆。这些痕迹记录了我们在身体上是谁、我们通常在行为上是谁，以及我们计划将来成为谁。在我们的整个生命过程中，随着经验的不断积累，自传式记忆得到不断扩展，形式也在不断改变。当某些个人的记录根据需要在重新建构的表象中数量不等的明显表现出来的时候，这些记录就变成了自传式自我。

可以看出，自传式记忆与无意识的原始自我，以及与每一个生活瞬间必然出现的、有意识的核心自我有着结构上的联系。一方面核心意识不断地持续，另一方面是与一些独特的历史事实以及一个人的一致性相关的、越来越多地建立起来的记忆，这种联系在这两者之间建立了桥梁。也就是说，建立在身体基础之上的无意识的原始自我时刻都在被重新建构，当一个客体对其进行改变时，有意识的核心自我便通过那些被记住的和一成不变的事实显现出来，例如你的姓名、出生地、喜好等，无意识的原始自我和有意识的核心自我都得到了丰富的发展。虽然自传式自我的基础是稳固不变的，但随着经验的积累，它的范围也会随之不断扩大。因此，与核心自我相比，自传式自我的表现对形式的改变持更加开放的态度，这种表现以基本相同的形式在人的一生中不断地重复。

概言之，核心自我是作为基本叙述的一个主角所固有的，原始自我是对有机体当前状态的基本表征，而自传式自我则是建立在一个真正认知和神经生物学意义的概念基础上的。这个概念是以带有痕迹的内隐记忆的形式存在，这些记忆包含在某些相互联系的脑的网络之中，有很多可以在任何时候成为外显的，如果以表象的形式把它们激活，它们就可以构成健康心理生活的每一时刻的一个背景。需要注意的是，无论自传式记忆和自传式自我发展到何种程度，它们都必须以核心意识为基础。只有当对核心自我和认识活动进行新的建构，而且这些内容都能被认识时，自传式自我的内容才能被认识。因此，当一个癫痫自动症患者在病情发作时，他对自己所有行为都是无意识的，只有当病情发作结束，核心意识又回来时，他的自传式记忆的内容才能根据需要被回想起来。因此，自传式自我虽然是以独特的方式与个体相关，但它也必须要依赖于核心意识的努力，才能像其他的已知事物一样变得活跃。“客体之所以在我们的心灵中出现，不是因为它们就在我们的周围环境中，而是因为我们从记忆中把它们回忆起来，当这种情况发生时，它们的表象也会引起核心意识。”① 理由是，我们在记忆中储存的不只是一个客体的物理结构的那些方面（包括其颜色、声音、味道等），而且还有我们理

① 安东尼奥·达玛西奥．感受发生的一切——意识产生中得身体和情绪．杨韶刚译　北京：教育科学出版社，2007：143.

解这些方面的过程中对该客体的情绪反应。结果是对一个客体的回忆及其表象在心灵中的展开就伴随着对至少某些表象的重新建构，重新建构有机体对你回忆起来的客体所进行的一系列调节就会产生一种情境，这种情境和你直接感知外部客体时所发生的情境相似。因此，当你考虑一个客体时，对这些调节的一部分进行重新建构，就必须要有过去对它的感受以及过去对它做出的情绪反应。

核心意识中的自我感是产生于每一次情绪波动中而得到新的建构的认识活动的细微和短暂的感受。然而，扩展意识中的自我感却是产生于一些能够随时证明我们的同一性及个体性的经验的持续不断的反复的表现中。扩展意识产生于两种方式：第一种方式要求在一种特殊种类的客体中，要积累许多由具体事实而组成的记忆成分；这些客体就是有机体的生平，就是通过核心意识来解释的、隐藏在过去生活之中的我们自身的生活经验。这些具体的事实组成了自传式记忆的基础，当对一个客体进行加工时，它们就会被回忆起来。这些自传式记忆的每一个部分，以及正在进行加工的某一个具体的非自我客体，都能够诱导核心意识得以产生。扩展意识依赖于与核心意识的相同的基本机制，这种机制对有机体和客体之间持续发展的关系进行映射解释，并把它不仅应用于某一个非自我的客体身上，而且应用于一系列始终一致的、与有机体的个人经历有关的、以前记住的客体身上，对这些客体的永无休止的回忆不断地得到核心意识的例证，并且形成了自传式自我。第二种方式包括对自传式自我和客体进行界定的许多表象的积极的、长时间的保持。自传式自我和该客体的那些反复出现的成分都沉浸在对起源于核心意识的认识活动的感受中。因此，扩展意识就是能够对大量的实体和事件产生觉知的能力，能够产生一种比在核心意识中所包含的知识范围更大的对个人观点、所有权和代理行为的感受，这种更大范围的知识归因于自传式自我，对自传式自我的感受包含着一些独特的个人经历的信息。

三、情绪感受认知思想的意义

第一，为身心同一论提供了科学依据。身心关系问题一直都是哲学研究的一个重要问题。柏拉图认为人是由肉体和灵魂组成的，灵魂居于理念世界，肉体居于可感世界，当灵魂进入肉体之后，由于受到肉体的遮蔽，就忘记了关于理念的知识；回忆灵魂在理念世界就具有的知识；灵魂要不断地摆脱肉体，才能真正地占有知识和真理。笛卡儿认为，人是由身体这种物质实体和心灵这种精神实体组成的。身体占据空间，但不能思维；心灵能思维，但没有广延。二者性质完全不同，彼此平行，互不影响。心灵实体远比身体更重要，自我的心灵和思维才是人的本质。“我是一个实体，这个实体的全部本质或本性只能是思想。”[①] 斯宾诺莎

① 车文博．中外哲学心理学比较思想史．北京．首都师范大学出版社，2010：144.

将思维和广延看作是同一实体的两种不同的属性，即神和自然的属性，他不需要解决二元论所面临的困境：身体和心灵这两种实体是如何相互作用并整合起来的；他认为身心来自于同一个实体，二者以不同的表现相互模拟对方，身体不是心灵的本原，心灵也不是身体的本原；身体是“特定形状的一定量的物质”①，有机体由很多部分组成，它们会消亡并且需要不断更新；心灵是由有关身体的观念所构成的，身体中的事件以心灵中的观念来表征，没有身体的存在，心灵中对物体的观念就不能产生。

尽管斯宾诺莎所处的时代不会对脑的神经通路以及脑与身体之间信号的传递有清晰认识，但他所提出的观点却预示了后来我们解决身心问题的一个重要方向——将身体与心灵看作是平行的，但在这个平行现象的底层存在着一个心灵表征身体事件的机制，身体决定心灵表征的内容要大于心灵决定身体的内容。现代神经生物学技术的发展，说明身体和心灵之间有着千丝万缕的联系，很多的心理现象紧密地依赖于许多特定的脑神经回路，高级心理功能如视觉、听觉、运动或语言都可以在脑中找到相应的脑神经区域，当这些神经区域受损，相应的心理功能亦会受损。这一观点使得身心关系逐渐转变成心灵和脑与身体之间的关系。这就是兴起于20世纪50年代心理学中的行为主义及认知科学中的符号主义和联结主义，它们基本上是利用现代计算机技术，以算法和逻辑为规则，在某一层面上对心智行为进行量化表征和自然主义的实证，认为心智行为是大脑中枢神经系统的突显功能，认知源于大脑，而身体只是给大脑提供感觉刺激和执行大脑发出的命令，不参与认知过程，认知完全是离身或无身的。20世纪90年代认知科学发生的具身认知思潮认为，“认知和心智的特性在很大程度上与身体的物理属性相关。不仅脑神经水平上的细节对认知过程有重要影响，身体的结构，身体的感觉运动系统也对高级认知过程的形成有着至关重要的作用。认知等高级心理过程是被身体及其活动方式塑造出来的。”② 认知依赖于身体，扎根于环境。认知、身体和世界共同构成一个有机整体。

达玛西奥的情绪感受认知则从另一个角度向我们解释了心灵、脑与身体二元论的不可能性。他通过对一些前额叶受损的神经疾病患者的研究，向我们证明了情绪感受的缺失会影响到推理决策的正常进行。情绪感受与身体都有很大的关系，情绪的本质就是身体状态变化的总和，感受就是情绪所感受到的身体状态的知觉。当人的负责特定情绪和感受的脑区受到损伤之后，他们驾驭社会生活的能力就会受到极大的破坏。这些病人在受损之前，往往是一个对工作认真负责、拥

① 安东尼奥·达玛西奥．寻找斯宾诺莎——快乐、悲伤和感受着的脑．杨延军译，北京：教育科学出版社，2009：129.

② 叶浩生．有关具身认知思潮的理论心理学思考．心理学报，2011，(5)：43.

有较高经济收入、努力上进的优秀人士，但在脑区受损之后，他们的社会生活的能力遭到极大的破坏，他们无法判断什么才是适当的社会行为，在需要做出选择的生活情境中，他们往往会做出明显不利于自己的选择，例如他们会投资一些明显会失败的项目，或者会与一些不利于自己的人交朋友，无法完成一个目标所必须的各种任务。他们的推理决策缺陷并非由认知问题造成，而是由于情绪和感受上的缺陷造成。他们的社会情绪是如此单一、贫乏，以至于他们在面对一个给定的情境时，不能激发与情绪相关的记忆来帮助自己做一个更有利的选择。

它的基本原理在于每当我们要做出一定的行为选择时，总是会有一些积极或消极的情绪相伴随，这些不同的情绪体验是由我们之前做出的行为选择以及结果所导致的，也就是说，在我们生命历程中的每一次经历都会伴随有不同程度的情绪体验。通过这种不同的选择和结果与不同的情绪和感受之间的关系，我们在面对相类似的情境时，就会同时自动迅速地产生相适合的情绪。这就像是一个自动预警信号，在你用逻辑推理做出决策之前就用一种积极或消极的情绪性信号告知你应该做出哪种选择。这种正性或负性的信号标记了不同的选择和结果，它有效地减少了需要面对的不同选择的细节的数量，使决策的空间大大缩小，提高了决策的精确度和效率。因为这些情绪性体验与感受都是与身体之间有着密切的联系，因此这种观念也就被称为“躯体标示器假设”。

躯体标示器假设概念的提出，使我们认识到心灵、脑与身体之间有着密切的联系，心灵产生于属于身体一部分的脑。一方面，身体对正常心理的运作提供生命的支持与调节，并为正常脑的工作提供内容；另一方面，心灵有助于维持身体本身，并在进化中得以不断发展，它源于神经回路的活动，具有与身体本身其他组织部分相同的特征。如果失去身体，那么心灵也就不复存在。普特南的“缸中之脑”假设将脑从身体里切除，将其浸泡在营养液里以维持生命活力，然后按照脑在颅腔里被刺激的方法对那些浮在营养液中的神经进行刺激，那么这样一个脑是否会具有一个正常的心理体验？答案是不可能的。因为这些刺激无法传递到身体，引起身体状态的更新和调整，而只有身体状态被激发和调整的表征被传回到脑，人才会产生存在感。很多癫痫病患者在病情发作开始时，能感知到自己身体各部位的奇怪发展，他们会准确地描述出始于胃部并上升到胸部的一种奇怪感觉，当他会有一种麻醉的感觉发展至喉咙是，就会陷入昏迷状态，在这短暂的几分钟中内，他是没有任何意识的。也就是说，在这种情况下，脑对身体不再产生映射，心灵也便不再存在，当对支持我们感受和持续感的身体表征中断后，我们对物体和情境的观念也会受到严重阻碍。因为心灵产生于脑，而脑是有机体所不可或缺的一部分，因而心灵也就是这个运转良好的机构的一部分，心灵、脑与身体都是同一个有机体的各种表现。

第二，反驳了笛卡儿的“小矮人”理论。笛卡儿认为哲学的主要功能在于应用，借助于确实可靠的知识，推动具体科学的研究，指导人类生活。为了获得确实可靠的知识，笛卡儿提出普遍怀疑的原则："如果我想要在科学上建立起某种坚定可靠、经久不变的东西，我就非要在我有生之日认真地把我历来信以为真的一切见解通通清除出去，再在根本上重新开始。"[①] 凡是不能通过理性检验的东西，都要被排除在知识的基础之外。这里的理性是指人生而具有的判断和辨别是非真假的能力，这种能力是人人天然均等的。怀疑是一种思想状态，思想必须要有思想的承担者即自我的存在，于是笛卡儿得出了他的第一条确实可靠的原理"我思故我在"。"我"并不是指人的身体，而是指能够思想的心灵。"我"作为一个实体，其全部本质只是思想。在这里，笛卡儿一反神学和经院哲学的旧传统，不再把"上帝"而是把"我"作为一切知识的出发点。在面对身心之间在现实中可以相互作用的困境时，笛卡儿提出在人的大脑中存在着一个叫作"松果腺"的腺体，人的灵魂就暂时寄居其中，这就是坐在笛卡儿剧院里的小矮人。

小矮人假设脑主管认识活动的一部分，具有解释在脑中形成的那些表象所必须的知识，把这些表象呈现给主管认识活动的认识者，它就知道应该怎样对它进行处理。这样，认识者就像是一个有一定空间限定的容器，即所谓小矮人。脑就像是由许多有身体结构的人组成的，一个小矮人按照比例缩小为脑的大小所规定的限度内。这个无所不知的小矮人会为我们每个人提供认识活动，那么又是谁为它提供认识活动的呢？是另一个比它更小的小矮人，以此类推，第二个小矮人也需要有一个内部的第三个小矮人成为它的认识者。这样就陷入无穷退行中。这就说明用小矮人的解决方法是不恰当的，不能用传统的脑中枢来说明一些像认识活动这么复杂的事情。对于这样一个类似于认识者、具有全部知识、位于脑的一个有限范围内的小矮人，在生理学上没有任何根据和意义。所有可以利用的证据都表明，并不存在一个类似于它的东西。

然而，这并不是说不存在一个自我的概念。当我们开始认识事物时，在正常人的心灵中确实存在着一个类似于自我感的东西。人的心灵被不断地分裂为两部分：被认识的东西和认识者。"在核心意识的表象中所包含的这个故事并不是某个聪明的小矮人讲述的，这个故事也确实不是作为自我的你所讲述的，因为，当这个故事开始讲述时，你才刚刚在这个故事内部诞生。在讲述这些原始的故事时，而且只有在那时，你才作为一个心理的存在而存在；只有在讲述那些原始的故事，而且只有在那时，你才作为一个心理的存在而存在。"[②]

大脑除了具有感觉和运动装置外，还配备有其他可以形成有机体表象的装

① 笛卡尔．第一哲学沉思录集．庞景仁译．北京：商务印书馆，1986：14.

② 安东尼奥·达玛西奥．感受发生的一切——意识产生中得身体和情绪．杨韶刚译，北京：教育科学出版社，2007：148.

置，这是在形成对其他事物的表象和对那些表象进行反应的活动中形成的。一个有机体在以前就具备这种能力，能够表征一个稳定不变的原始自我和其身体本身以及在它身上发生的大量的事情，那些额外的装置使这种认识活动能够在有机体身上发生。这样，就不存在小矮人的那种无限的退行，不需要有一个具体认识活动的代理人来解释所发生的事情。这些有机体的表象由原始自我进行表征，以非言语叙述的形式放在它面前，这种叙述在以后可以用语言进行转换。在这里，原始自我不是一个理智的理解者，它是一种参照，参与认识活动的过程，耐心等待脑通过回答那些从未提出过的问题来解释所发生的事情，这些问题包括：事情是谁做的？是谁在认识？当这种回答第一次做出时，自我感就出现了。

第三，促进人类的幸福。哲学除了要给人们提供理智和思辨外，在实践上还要使人达到至善，过上幸福的生活。德谟克利特第一次明确提出至高无上的善的概念，这种善就是幸福或快乐，人要想在灵魂上达到善的目标，就应该追求某种神圣的东西，即精神上的愉悦，而非易于幻灭的肉体快乐。苏格拉底和柏拉图将追求完善即德性作为人类幸福生活的关键。亚里士多德则进一步认为："德性的价值在于从事符合德性的活动，而符合德性的活动是幸福的唯一基础，因为有德性的人在有德性的活动中发现了真正的快乐。"① 伊壁鸠鲁将快乐看作最大的善，这种快乐是指身体的健康和心灵的宁静。斯宾诺莎认为哲学研究的目的是使人通过对必然性的把握，从而在道德上达到人生的圆满境界，保存自己就是人生最大的德性。人们要阻断引起消极情绪如恐惧、愤怒、悲伤的刺激和情绪机制之间的联系，然后用引发积极情绪的刺激来代替。

达玛西奥从认知神经科学的角度解释情绪与感受，这有利于我们理解人类的一些痛苦如抑郁、头痛以及药物成瘾等产生的原因，从而使生物医学能够有针对性地开发出有效治疗的方法。这种治疗方法并不仅仅是一般的针对症状，而是矫正特定的正常功能受损区域，并结合心理干预方法，从而使心理健康得到革命性的提高。情绪和感受是我们自身和社会联系的一个组成部分，知道情绪和感受的运作机制究竟对我们的生活有什么作用呢？人们除了追求家庭、爱情、友情、健康、财富等，还有更多的要求，例如生活的意义。不管我们对这种需要是否能够清晰的表述，我们都渴望知道我们来自何处，将去往何方。当我们忍受着痛苦，特别是面对着我们自己或者我们所爱的人的现实或以后的死亡时，我们就会意识到这种作为人类本质的自我保存的自然倾向。"正是痛苦和死亡的现实破坏了个体的内部平衡。自我保存和追求幸福的本能努力为阻止这种不可避免的事情发生，并恢复内部平衡。这种奋争促使我们为这种非平衡趋势找到补偿策略，意识

① 韩震．西方哲学概论．北京：北京师范大学出版社，2007：37.

到这种困境是我们内心深处悲伤的原因。”①

这种困境首先是因为我们具有情绪和感受，通过移情我们可以认识到我们与他人自然的情绪的感受，这就使得悲伤成为可能。同时也因为我们具有意识和记忆，因此，当我们面对生命时，与此有关的过去的欢乐或痛苦以及可能会有的更多欢乐或痛苦都会同时出现在心灵中。如果没有这种高级的人类意识，那么我们就不会有深刻的痛苦，因为我们不知道的东西无法伤害我们。如果我们仅具有意识，但基本上没有记忆，也不会体验到深刻的痛苦，因为我们现在知道但不会把它放在我们个体的生活历史中的事情，只能伤害现在的我们。只有同时具有意识和记忆，人类生活才会产生悲剧意识。幸运的是，这两种特性也倾向于快乐和荣誉。因此，人类拯救就包含着如何才能抵制死亡和有限性带来的痛苦，消除它们并用快乐来替代的方法。当人类在早期具有了社会情绪和同情、快乐和悲伤的情绪和感受、自传式自我的扩展的自我意识，以及具有可以调整情绪状态、恢复内部平衡的想象和行动能力时，人类就开始体验到了这种由于死亡和痛苦所导致的体内不平衡状态。

人类的这种向往恢复体内平衡的努力通过基因代代相传。通常在一个人的人性中，既有悲伤的因素，也有其在生物性的构成中寻求补偿性的舒适。因此，人类要得到拯救，就必须要适应被预见到的死亡或身体和心理上的痛苦。达玛西奥所希望的一个通往幸福的结局的道路是：依靠科学知识和审美体验来获得一种理解力，再加上自我克制来获得快乐。这种生活实践会缓解人类的一部分悲剧命运，使人摆脱悲剧困境。因此，对人类心灵及情绪感受生物机制的了解，可以帮助我们更好的解决像暴力、吸毒、偷窃等这样的社会问题。很多的社会政策及改革的失败除了是由于人计划失误和执行不力之外，其原因也很有可能是由于对做出这些努力的人类心灵的理解错误，这种错误使我们要求人类做出自我牺牲，无视种族、地区、宗教、文化的差异及其冲突中的社会黑暗面。现在我们获得了这些新的知识，我们可以理性地将其用于改变人类的活动领域，这使我们的人类生活充满希望。

四、结　　语

达玛西奥作为当今世界神经生物学界的领军人物，从认知神经科学的角度，结合神经生物学、认知科学、脑科学及人工智能等不同领域的研究成果，向我们展示了情绪和感受在脑中的运作机制，及情绪感受与身体、意识之间的关系。而以往的哲学家、心理学家关于情感与身体、意识之间的关系更多依靠的是理论探

① 安东尼奥·达玛西奥．寻找斯宾诺莎——快乐、悲伤和感受着的脑．杨延军译，北京：教育科学出版社，2009：129.

索，达玛西奥的研究则为其提供了科学的证明，最终使得这种理论成果得以巩固。而且以往的研究更多的是关注情绪与认知之间的关系，将感受排除在外，或者是将感受看作是情绪的附属品。达玛西奥给予情绪和感受同样的关注，认为情绪的本质是对实际身体状态的变化的综合。感受既有对情绪的感受，它的本质是对引起身体状态的这些变化以及引发这一过程的心理表象的体验；也有一种在进化过程中早于其他类型出现的感受，即背景感受，它产生于“背景身体状态”，是对生命自身的感受，是我们对自己身体状态的表象，它关系到对于自我的合理表征。在对情绪和感受的生物学机制有了充分认识的基础上，达玛西奥通过对大量神经疾病患者的长期跟踪研究及实验分析，建构了他的情绪感受认知观，他更多采用的是反面论证的方法，例如在他谈到情绪感受与推理决策之间的关系时，他并不是直接去论证情绪感受是有利于或阻碍推理决策，而是假定情绪感受完全缺失，那么所做出的推理决策是否就是完全理性的。通过对具体的神经疾病患者案例的研究得出结论，情绪感受的缺失并不像人们所想象的那样，会达到完全的理性，而是会严重阻碍推理决策的正常运行，特别是对涉及个人和社会领域的推理决策，从而得出了他的一个完全不同于20世纪哲学、心理学和神经科学的传统观点的新结论：情绪在高水平的认知中发挥着非常重要的作用。

他所提出的躯体标示器假设，不仅向我们证明了情绪感受会影响推理决策，更重要的是为身心同一论提供了科学上的支持，深刻批判了建立在笛卡儿二元论基础上的第一代认知科学。大脑并不是计算机，思维并不仅仅是计算，身体在认知的过程中发挥着非常重要的作用，它会大大缩小决策的空间，提高决策的精确度和效率。身体不仅会对正常心灵的运作提供生命的支持和调节，而且会对正常脑的运作提供内容，而心灵正是产生于属于身体一部分的脑，它来源于神经回路的活动，具有与身体本身其他组织部分相同的特征，当然，它的正常运作也有助于维持身体本身，促进身体机能的正常运转。

在达玛西奥的认知哲学思想中，对意识、自我的研究也是一个非常重要的方面。他将意识看作是一种对认识活动的感受。由于你在记忆中储存的不仅是一个客体的体积、颜色、声音等的物理结构的那些方面，还包括对这个客体在当时情境下的情绪感受的反应。因此，当你考虑一个客体时，重新建构的不仅有该客体的表象，还有过去对该客体的感受及情绪反应。如果缺少情绪与感受，那么自我表征的部分或者在与他人的交往中就会发生严重的障碍。达玛西奥的自我并不像以往的哲学家那样，总是有意识的。他认为存在着一种前意识的原始自我，它是对当前身体状态的表征，是没有意识的，它时时刻刻都在表征着有机体的状态，只有客体出现时，原始自我才会被改变，变成有意识的核心自我。当然这个原始自我并不是坐在笛卡儿剧院里的小矮人，它不是固定存在于一个地方，而是动态的和持续不断地从各种相互作用的神经信号中出现的。

总之，达玛西奥的情绪感受认知思想促进了认知科学、心灵哲学及社会科学的发展，它对于身心关系问题的解决提供了科学上的理论支持，使得人们对于情感与认知、意识与自我的认识更加深入。同时，它可以帮助我们更有效的了解人类的一些痛苦产生的主要原因，提高个体的心理健康。

第三十章 豪格兰德：心灵表征的设计

人类在对宇观世界与微观世界进行科学探索之时，却对人的“自身”、“意识”、“心灵”以及“大脑的运行机制”知之甚少。然而，随着20世纪70年代中期认知科学创立与发展及其哲学探究，这种情况有了很大改变，它试图了解人大脑的运行机理、心灵进化的特殊过程，探索心灵是如何建构的，心灵是怎样工作的。自古以来，人类就不断探索、追问一系列人类自身及心灵的问题，人类为求解这些困惑，可谓“上穷碧落下黄泉”，从“念天地之悠悠”转而“独怆然而涕下”，这样刻苦钻研虽然寄托了美好的期望，富含着深切的诉求，但未能从根本上解决人类对自身心灵的不解与困惑，这样深邃思索的结果产生了历史悠久而又系统专业的心灵哲学以及新近的认知哲学。豪格兰德①心灵设计就是这种探讨的一种新尝试。

一、“心灵设计”形成的三个阶段

豪格兰德从心灵如何形成以及如何工作的视角出发，以人类大脑结构和行为机制为主要研究对象，通过实验方式，构造智能人造物或智能系统的“大脑结构”和“行为机制”。他的心灵设计思想受益于心灵哲学，“心灵哲学作为一个古老而又年轻的哲学分支，凭借自身的独特优势成为哲学领域中具有举足轻重地位的学科”②，无论是传统的心灵哲学还是当代的心灵哲学都对豪格兰德心灵设计思想产生了一定的影响。

传统心灵哲学主要探究原始思维即灵魂或精神观念与人类身体的关系，将抽象的哲学问题与人的身体、心灵联系起来，使哲学不再是一个脱离人类自身的抽象概念，而成为一种与人的生理、心理结构特别是人的心灵状况密切相关的理论体系。“传统心灵哲学传承了哲学界对身心关系问题的探究，这也正是传统心灵

---

① 豪格兰德（1945年3月13日至2010年6月23日）出生于美国，他在哈维玛德学院（Harvey Mudd College）学习并获得物理学学士学位；而后在加州大学伯克利分校（University of California, Berkeley）继续深造，德雷福斯（H. Dreyfus）是其一位很重要的导师，在这里豪格兰德经过汉斯斯雷格的精心指导获得了哲学博士学位。豪格兰德于2010年6月23日突发心脏病去世，享年65岁。从1999年直至他去世，他一直是芝加哥大学的哲学教授。2004~2007年，他一直在匹兹堡大学从事哲学工作，并且是芬兰赫尔辛基大学的客座教授，也是一个国家人文基金会（National Endowment for the Humanities）和高级学习中心行为科学（Center for Advanced Study in the Behavioral Sciences）的研究员。豪格兰德的工作主要集中于心灵哲学、认知科学、现象学、和海德格尔哲学思想研究，在人工智能方面他创造了GOFAL——老式人工智能这一术语。

② 高新民，储韶华. 心灵哲学. 北京：商务印书馆，2002：前言.

哲学产生的根源所在”[①]。由于传统心灵哲学主要以心理现象的涉猎范围、外在形式、表现特征、内在本质、身心间关系、心理内容及其产生根源等为主要研究对象，特别是对常识心理解释模式和心理学进行深刻反思，这在很大程度上为豪格兰德心灵设计思想的萌生创设了一种具有心理学、哲学等多学科相互交融的哲学氛围。

当代心灵哲学主要探讨认知层面上所确认的智能现象或认知过程中研究理念的内涵与本质，其发展大致可分为孕育、成长、成熟三个阶段，这三个阶段对豪格兰德心灵设计思想的萌生、发展以及完善起了很大的促进作用。

第一，心灵设计萌生于当代心灵哲学的孕育阶段。20 世纪上半叶，活跃于哲学舞台上的“逻辑实证主义”[②] 中孕育了当代心灵哲学的早期形式。逻辑实证主义是对知识进行逻辑分析，特别是对科学语言进行逻辑分析，它遵循可证实性和可确认性的原则，主张物理语言是科学的普遍语言，试图把一切经验科学还原为物理科学，实现对科学的统一。逻辑实证主义不仅通过对语言的逻辑分析拒斥形而上学，而且对当代心灵哲学所关注的心灵问题进行了概念的逻辑分析，同时也对心灵意向进行了实证的物理还原，进而为当代心灵哲学的发展奠定了逻辑分析基础，这使得豪格兰德心灵设计思想得以萌生。

第二，心灵设计发展于当代心灵哲学的成长阶段。当代心灵哲学与分析哲学及语言哲学是一脉相承的，它是语言哲学在认知科学发展背景下的理论重建。由于分析哲学旨在凭借语言分析来解决哲学问题进而促成了哲学的“语言转向”[③]，使得语言由工具上升为人类存在的家园，让语言成为“人作为人生命存在”的根本媒介。当代心灵哲学以“语言转向”为契机，提出心灵是语言的造物者，故以对心灵活动能力的关注取代语言哲学对连接主客体之间的语言媒介的关注，也正是这一转变加速了豪格兰德的心灵设计思想的发展。

第三，心灵设计完善于当代心灵哲学的成熟阶段。“当代心灵哲学迅猛发展取决于从语言到心灵本身和认知研究的转向，塞尔通过对意向性和人工智能的探究完成了当代心灵哲学的认知转向；当代心灵哲学的发展也受益于 20 世纪计算机科学、神经科学、语言学、心理学等领域研究所得的成果。当代心灵哲学与以往的哲学不同，它不是普通关注主体，而是关注主体的心灵和认知能力，进而使

① 孙晓霞，成晓光．心灵哲学的演化和语言研究的取向．外语教学，2012，(1)：19-22.

② 逻辑实证主义最显著的特点体现在“实证原则”上。其观点是：任何不可验证的陈述都既非真，也非假，而是没有实在意义。逻辑实证主义只允许逻辑上的同义反复或者第一人称的，从感官经验得到的观察结果。由此认为传统的形而上学和伦理学中的规范命题都没有实在意义。艾耶尔作为逻辑实证主义在英语国家的代言人，他在 1936 年的著作《语言，真理与逻辑》中将实证原则表达为：“一个句子，当且仅当它所表达的命题或者是可以分析的，或者是经验上可以证实的，这个句子才是字面上有意义的。”

③ 蔡曙山．论哲学的语言转向及其意义．学术界，2001，(1)：16-27.

得脑与心灵处于哲学的核心地位，这也正是哲学认知转向的意义所在”①。塞尔认为“50 年前，语言哲学被认为是第一哲学，而现已被当代心灵哲学所取代”②。“自 20 世纪 80 年代起，随着认知科学迅猛发展，探索人类心灵的方法论不断加强深化，当代心灵哲学完成了认知转向，语言的研究由形而上学‘范式’③ 的意义取向转向为以科学范式旨在探讨其生物根源的认知机制取向”④，进而当代心灵哲学成为 21 世纪的第一哲学。

基于此，豪格兰德的心灵设计思想也随着当代心灵哲学的成熟而不断完善，其研究领域从以往单单对人类大脑结构和行为机制的探究，拓展为通过对人类大脑结构和行为机制的研究，进而凭借实验构造智能人工产品或智能系统的“大脑结构”和“行为机制”。

当代心灵哲学不仅对豪格兰德的心灵设计思想有很大影响，而且它的四个哲学问题也对豪格兰德的心灵设计思想的不断发展起了积极的促进作用。

首先是关于心的本体论问题。“与笛卡儿为代表的‘实体二元论’不同，当代心灵哲学的主流是实体唯物主义，这也是豪格兰德的心灵设计思想遵循的原则之一，从其根据对人类大脑结构和行为机制研究进而对智能人工产品的‘大脑结构’和‘行为机制’进行设计就可窥见一斑。并且心的本体论问题引发了诸多争论，焦点是心的性质，这也是‘性质二元论’⑤ 和多种物理主义观点包括还原物理主义、非还原物理主义以及取消式物理主义等的分歧所在”⑥，同样的问题也存在于豪格兰德的心灵设计思想中。

其次是关于意向内容问题，该问题主要涉及两个子问题：“一是意向内容的关系性质问题，自普特南在 70 年代提出‘孪生地球思想实验’以及‘意义不在头脑之中’的主张之后，意向内容与环境的关系问题就得到广泛讨论，尤其关于意向内容的‘外在论观点’⑦ 得到充分关注”⑧。“二是意向内容的自然化问题，实际是对布伦塔诺挑战的回答，布伦塔诺认为‘意向性’⑨ 这种心之为心的标志

---

① 蔡曙山．从语言到心智和认知：20 世纪语言哲学和心智哲学的发展，以塞尔为例．河北学刊，2008，(1)：43-52.

② Searle J R. The Future of philosophy. Philosophical Transactions Biological Science，1999，(354)：2069-2080.

③ 库恩对科学发展持历史阶段论，认为每一个科学发展阶段都有特殊的内在结构，而体现这种结构的模型即“范式”（paradigm）。

④ 孙晓霞，成晓光．心灵哲学的演化和语言研究的取向．外语教学，2012，(1)：19-22.

⑤ 性质二元论主张：心灵与其他各种性质都是由物质的作用所产生，心灵主观性质却无法由物质的性质所解释。

⑥ 田平．心灵哲学．哲学译丛，2000，(4)：71-72.

⑦ 外在论者主张意向状态持有者所处环境对意向状态内容的确定具有决定性的意义。

⑧ 田平．心灵哲学．哲学译丛，2000，(4)：71.

⑨ 对于“意向性”，布伦塔诺本人所使用的术语是“intentional inexistence”。

是不能够通过唯物主义得到解释的。然而，当代心灵哲学家们则从唯物主义的立场出发，为意向性在自然的秩序中寻找位置，将心的意向性在不同程度上解释为非意向的、非语义的、可被自然科学的框架所容纳的性质和关系。因此产生因果论趋向和目的论趋向，前者以信息理论为基础，将意向关系解释为特殊的因果关系；后者基于进化论，将意向关系解释为服务于生物进化目的的功能关系"①。这种关于意向内容问题的探究在很大程度上为豪格兰德的心灵设计思想的意向性特征阐释做了很好的铺垫。

再次是关于意识问题。一般认为，当代心灵哲学中有两个最棘手的问题：意识问题和意向性问题。内格尔对意识能否做出客观的解释曾提出异议，他认为对事物的客观解释必须独立于任何特殊的观点，但意识与特殊观点密不可分，那么对意识做出客观解释是不可能的。在意识问题的意识经验层面中搞清楚意识经验与物理世界的关系一直是哲学家头疼的问题之一，认为在“大脑物理的或功能的解释”与“对意识经验的解释”之间有一条难以逾越的鸿沟，即“解释鸿沟”。随着科学的发展，这条鸿沟是否能够被跨越成为哲学家们争论的焦点，有人认为是由于人类心灵自身认识能力的局限性导致其存在；有人则将这条鸿沟的存在归因于人类无法对意识现象作物理的概念分析。豪格兰德的心灵设计试图填充这个认知鸿沟。

最后是关于“他心问题的理论论和模拟论”以及以计算机科学为基础的“心的计算理论和联结主义”的问题。这些问题恰恰就是豪格兰德的心灵设计思想建构需要解决的问题，当代心灵哲学对这些问题的把握也在一定程度上为豪格兰德的心灵设计思想的建构扫清了障碍。当代心灵哲学的硬核主要围绕以下几个问题展开②：

第一，语义学问题与心理语言的本质问题，具体包括几个子问题：心理语词的源起，命名式的初始阶段，人们创造出某种符号的动机是什么？心理语词在某种程度上与物理语词的关系怎样？人类是从哪里获得关于心理现象常用术语的含义的？人类运用于自身和其他有意识物体的恰当的心理语词定义是什么？它们指称是何物？现象学上具有什么特征、外部行为有哪些？

第二，心理现象学问题，主要探究诸多心理语词所指称的具体心理现象的具体表现形式和心理语词的分类及其所反映的本质，具体是感觉、知觉、情感、思维等心理语词问题。

第三，本体论即心身关系问题，主要探究心理或心灵或精神的东西在本质上是什么？诸多心理语词指称的本质有无共性？若有则与物理的本质关系如何？心

① 田平．心灵哲学．哲学译丛，2000，(4)：71-72.

② 高新民．西方心灵哲学的问题、前沿争论与历史发展．广西社会科学，2000，(4)：49-50.

理现象与物理现象关系如何？

第四，认识论问题，包含两个子问题：一是他心知问题，即一个人如何确定自己之外的某种东西？判断标准是什么？怎样认识的？二是内省与自我意识问题，即有意识的存在怎样获得自身的思想、情感、理念等直接知识？内省是否能够成为自我认识的途径和方法？

第五，心理现象的特殊特征问题，主要围绕心理现象是否具有与物理现象不同的单独的显著特征？一般公认的心理现象有四个特征：意识、意向性、感受性和随附性。针对其中的随附性豪格兰德提出"'唯物主义一元论'的一种变种，即'弱随附性'①；豪格兰德认为它既不同于标记同一论，又有别于二元论、类型同一论，随附性如此之弱，以致"它不含任何种类的同一论，然而又坚持物理的东西的适度的优先性"②。

总之，无论是传统心灵哲学的历史演变，还是当代心灵哲学孕育、成长、成熟的三个阶段及其关注的主要问题，甚至是当代心灵哲学中硬核的东西都对豪格兰德心灵设计思想的萌芽、发展、完善及其建构起了很大的促进作用，它们不仅为其创设了一定的哲学氛围，而且在一定程度上为其顺利发展扫清了障碍。

二、"心灵设计"的思想内涵

豪格兰德的心灵设计思想是整合认知哲学、心灵哲学、脑神经科学等学科的历史经验而创立的一种新的研究路径。豪格兰德通过对心灵设计含义的阐释、心灵设计意向性特征的描述与辨析，以及对心灵设计的载体——智能系统的探究，进而完成了其心灵设计思想的建构。

（一）心灵设计的含义

假如没有笛卡儿，就不会有对整个西方哲学历史长河的流动起着推动作用的心灵；假如没有心灵，也就不会有以理性和意识为基石而发展的西方哲学；假如没有心灵，更不会有当下众所周知且广为探究的主观和客观、内在和外在、事实和价值以及知识和情感等哲学关系问题的产生。"笛卡儿的心灵观，其内涵是一种只有思维而无广延、无内在的精神实体，心灵这一精神实体与存在于物质世界的物质实体相对。由于存在于物质世界的物质实体在本质上没有思维，所以对客观事物的认识就只能在心灵中进行。基于认识只能在心灵中进行这一观点，从而产生了主体性原则即哲学领域的第一原则；心灵这一精神实体不仅符合新科学领

① Haugeland J. Having thought：Essays in the metaphysics of mind. Cambridge，MA，Harvard University Press，1998：89-107.

② 高新民，储昭华. 心灵哲学. 北京：商务印书馆，2002：236，脚注**.

域的世界观，而且在很大程度上不可能甚至不会把人类本身看作一台机器。这样就在很大程度上不仅保全了启蒙的理性精神，而且也不会让宗教视角下的灵魂消失的荡然无存”①。

加之西方哲学的分化，随之而来产生了两种不同的心灵，即两种谈论心灵的不同视角：一种是英国视角的心灵；另一种是德国视角的心灵。英国视角的心灵在休谟的推动下发展到了极致，然而这种心灵观遇到了困境，而正是这种困境才使得德国视角的心灵观得以顺利诞生。康德作为该视角心灵的重要演绎者，详细地阐述了心灵工作的主要内容，即心灵凭借普遍理性思想来统率复杂繁多的感性思想的工作。

从认知逻辑的角度看，心灵的工作反应出普遍的先验自我高于经验自我，同时也表明心灵成了一种被个体释放且超越个体本身的先验普遍的东西。正因为如此，在哲学领域内谈及心灵时不再采用那种经验的心理学式的方式，取而代之的是一种形式的、逻辑的、崭新的方式，即一种在客观视角下的谈论，心灵不再是形式化的而是有内容的。心灵不仅普遍凌驾于个体之上，而且又通过个体的精神活动把自己完美地呈现出来。从休谟的心灵困境催生出德国视角的心灵，到黑格尔用内容与形式的统一取代康德的形式化的精神以及黑格尔用演变中的精神代替康德静止的先验自我，心灵内涵发生了重大演变——心灵由一种精神转变成了一个过程，即一种形式与内容统一的形成过程。但是，从推动心灵内涵演变的演绎者来看，他们都未突破精神的枷锁，心灵内涵的演变范围依然是在精神的范畴之中。

随着哲学的发展，心灵概念在杜威那里给出的阐释和在黑格尔那里所给出的如出一辙，他们都认为心灵是一种形式和内容的统一、一种呈现时代变化中的理性、一种在变化中生成的东西。从具身认知的视角看，心灵是在人与环境交互作用的过程中逐渐形成的、流动着的意义系统，并且该意义系统在一定程度上由文化传统和文化习俗所构成。换句话说，心灵作为一种隐藏的意义系统既限定了我们对当下所发生的事情的理解，同时其自身也在我们与环境交互作用的过程中不断地演变。对于我们个人而言，文化传统和文化习俗固然是先验的，但我们在当下的日常生活中也参与了对心灵这一意义系统演变的过程。可见，心灵存在于日常的生活当中并且自身就是生活的一部分。这种说法也正是杜威区分“个体的心灵”和“心灵的个体”的原因，杜威认为前者就是心灵这个意义系统，后者就是所谓的意识。

① 陈亚军．“心灵”是如何被解构的？哲学研究，2007，（12）：17-22.

总之，心灵这一哲学术语经过“本体论变革”① 之后，在很大程度上指明了两条心灵内涵演变的路径：一条是采用外延的思维方法获得的，在保留心灵概念的基础上继续沿用杜威的心灵观，即心灵是一种隐藏的意义系统；另一条是继续坚持笛卡儿的心灵观。我们认为传统哲学的心灵概念已经脱胎换骨，心灵原有的、内在的、直观的、先验的、神秘的特征已经被或正在被独立化、实体化、人工智能化等特征所取代，这也正是时代的变迁赋予心灵内涵新的特征。

豪格兰德认为：“心灵设计是着眼于心灵的设计层面，从心灵怎样形成以及心灵如何工作的视角去诠释心灵。心灵设计探索的领域在一定程度上相当于认知心理学所研究的领域，但与之不同的是心灵设计更多地指向大脑结构和行为机制，而并未指向相关性及规律的描述和总结；心灵设计研究的更多是心灵如何运作，而不是传统经验心理学所研究的心灵是什么；心灵设计通过实验途径，构造出一些智能人造物或智能系统并使其产生心灵，而并非凭借实验去观察或分析已经存在的心灵。”② 因此，心灵设计的核心是指在人工智能领域内，采用实验的方式，运用人类的心灵去构造智能人造物和智能系统的“大脑结构”和“行为机制”。当然，自然的智力特别是人类的智力仍然是人类探索、挖掘的终极目标，是人类最终要探明的现象。

心灵设计与众不同之处不是它选定或确立的目标特殊，而是其设计途径的别样化，故而心灵设计又叫“逆向工程心理学”。虽然“智能人工产品”这一理念就像希腊神话一样古老，像科幻小说的主题一样众所周知，但它被真正作为哲学思想来认真对待的时间并不长，正因为缺乏概念和技术上的突破，人们不知道该如何继续往下研究，即使该学科专家也是跌跌撞撞地在未知领域内大胆摸索，其实他们对自己探索的事物大多也不太清楚，因而其他人也就更不清楚了。

豪格兰德认为，当前几乎没有一个哲学家认为智力取决于像生命灵气或不朽灵魂这样的非物质或超自然的事物。在某种程度上他们都可以算作物理主义者，至少他们认为合理选择的物质足够决定智力。随之产生的问题是——如何才能认定所选的物质足以决定智力？如果认为心灵仅仅是处在运动中的物质是令人难以置信的，人类想象所有的原子在热运动中冲向另一个原子时，人类是否会进行深刻的思考？换言之，倘若不是一个接一个，而是不计其数的原子集体冲向其他原子，这个原子集体也会进行深刻的思考吗？

探究以上问题答案的同时，向我们说明了一个道理，同一事物可以从不同的角度被观察，即我们从不同的角度看待同一事物，那么我们看到的也将会不同。

---

① 高新民，殷筱．心灵的解构：当代西方心灵哲学的“本体论变革”．江海学刊，2005，（2）：39-46.

② Haugeland J. Mind Design II：Philosophy Psychology Artificial Intelligence. Revised and enlarged edition. Massachusetts Institute of Technology，1997：1.

例如，在显微镜下看到的构成磨损绳索的纺织物，而将其放在商店橱窗中则成了光彩夺目的丝巾。在古董修复者眼中不可思议的旧发条装置只不过是不值几分钱的黄铜、废弃的金属。同理，某人认为空间中微不足道的原子，而在另一些人的眼里则是智能系统。当然，你也不能依据自己的喜好来看待事物。比如，一个废品经销商不可能也不应该把一个木板凳看作是只值几分钱的烂铜，因为它压根不是铜；古文物研究者也不会把一只铜猴看作是发条装置，因为它不能像钟表一样工作。但令人尴尬的是：当把这两点放在一起时，似乎让人觉得矛盾。按前者所说是粗糙还是精致，是发条装置还是废弃金属，取决于你怎么看它。根据后者，你如何正确看待事物取决于它是什么。人们不禁会问，到底以哪个为标准，是你怎么看，还是它是什么？很明显，上述问题存在一个错误，某物是什么和它如何才能被正确认识从本质上讲并不是区别性特征，二者没有先后之分，因为它们是一回事。

对于这些问题，豪格兰德认为“我们强调的支配性地位的视角只不过是突出了以下问题：是什么条件限制了某个事物如何才能被人们正确地认知、描述，从而决定它是什么，这点很重要的。因为考虑的角度不同得出的答案也就不同，正如我们上文中提到的例子那样。有时候某物是什么从细节层次上讲取决于它的形状或形式；有时候是由它是什么材料制成而决定；有时候根据它的制作原理，甚至仅仅依据它的用途而决定的。这些因素中有没有哪点能够决定某物被正确认识或描述或被认为是智能的”①。

豪格兰德认为图灵测试更能够说明心灵设计视角的独特性。1950 年，计算机科学家图灵②提出智力是一种行为或行为能力，即无论该系统有想法还是它有多么聪明，都必须取决于它能做什么或者不能做什么。目前大多数唯物主义哲学家和认知主义科学家都普遍接受这一观点。图灵还提出了一个实际标准或测验来说明一个系统做什么才能够充分证明它是智能的或是聪明的，但他并没有说如果一个系统不能通过他的测试就不是智能的；只是说如果可以通过，那么它便是智能的。这就是著名的“图灵测试”。

图灵测试是通过模拟或模仿来进行的。如果一个非人类系统可以在特定方面表现的像普通人一样，并且其他普通人无法区分它与人类的表现有何区别，那么

① Haugeland J. Mind Design II：Philosophy Psychology Artificial Intelligence. Massachusetts Institute of Technology，Revised and enlarged edition，1997：3.

② 图灵 1912 年出生于英国伦敦，19 岁进入剑桥大学，他是计算机逻辑的奠基者，也是人工智能理论的开拓者，他在 24 岁时提出了图灵机理论，31 岁参与了 Colossus（二战时，英国破解德国通讯密码的计算机）的研制，33 岁时构思了仿真系统，35 岁提出自动程序设计概念，38 岁设计了“图灵测试”。他的思想“用有限的指令和有限的存储空间可算尽一切可算之物”令当时的科学家惊叹，同时他认为最好的人工智能研究应该着眼于为机器编制程序而不是制造机器。

这个非人类系统就被认定为是智能的。但此处的模仿理念本身并不是图灵假设的关键，而关键是图灵为他的测试选定的特定模仿行为，即他的特定言语行为作测试的模仿行为。图灵测试之所以会选择言语行为作为测试的模仿行为，很大程度上是因为："语言在人类社会当中占据着独特的地位，在社会性世界的各种存在形式中，规约的存在不仅势在必然，而且具有很重要的认知功能，图灵测试就是最好的例证；语言规约性的本质已经得到普遍承认，我们从小就习得语音、词汇、语法形式、句法结构以及其他语言形式，它们所具有的一定意义都是社会默认的结果，认为它们是客观对应物的象征"。这显然说明社会性的"默契或者规约在一定程度上首先通过语言渗透到人类所有认知活动中，其中包括科学认知活动"① 以及认知科学实验。也就是说，图灵测试是指如果一个系统凭借电子手段避免因外观、语调不同等造成影响能够像普通人一样进行普通的交流，那么这个系统被认为是智能的。

豪格兰德认为，图灵测试是一种大胆的、有魄力的简化。证明智能的方式有许多种，为什么专挑对话作为证明智能的途径？既然图灵并没有认可这种对话方式是证明智能的必要条件，只能说明这种途径充其量是个充分条件，所以没有必要担心证明智能途径的选择问题，真正要担心的问题是图灵测试是不是太宽泛了。例如，众所周知，有可以调节温度、制造复杂节奏、甚至是无需人驾驶就可以飞的系统（无人机），无论从哪方面讲都是智能的。而图灵认为选择普通对话作为标准是因为普通对话在诸多智能中是唯一的，若有一个地方变动整个对话也会随之改变。

一般而言，人们无法让对话产生韵律或驾驶飞机，但是可以凭借对话谈论韵律或驾驶，甚至谈论人类的吃、穿、住、用、行等。倘若一个人不知道另一个人在谈论什么，我们很容易就能发现。可见对话不仅仅是众多智能中的一种，而且还是一种能够让我们表达其他许多种智能所必需的能力。然而，如果不具备这种能力至少会在一定程度上给我们明智地谈论其他能力带来一定的障碍，这也正是图灵测试如此令人强有力地信服的原因所在。

在豪格兰德看来，图灵测试选择对话或言语行为作为模仿行为的标准，虽然充分说明了图灵测试的可行性以及图灵测试所选角度的特殊性，同时也很有力地论证了心灵设计视角的独创性。但"该测试还是无法遮掩或避免一些现实中的困难，通过聚焦于对话能力，完全可以通过凭借电脑终端写字来代替展示。图灵测试不仅忽略了现实世界中的知觉和作用方面的问题，而且也忽略了现实世界中环境交互的作用，同时也曲解了系统设计者对于智能体系是如何更普遍地与现实世界联系这个问题的设想。比如，如果一个系统要应对它周围的事物，但不能持续

① 隋然．分析哲学与认知语言学研究的理论问题．外语学刊，2005，(3)：102-106.

地从外部追踪这些事物，那么它就需要运用某种方法从内部追踪或表现它们，所以忽略现实世界的知觉和作用会导致过分强调表现和内部塑型”①。

由此可见，豪格兰德的心灵设计这一逆向工程心理学，不仅是从心灵形成和心灵工作的角度去诠释心灵，而且更侧重于依据人类的大脑结构和行为机制、凭借实验的方式构造智能人工产品和系统，这也正是豪格兰德心灵设计视角的独特所在。

（二）心灵设计的意向性特征

豪格兰德主要通过对意向性内涵的阐释、对意向性到底是原初的还是衍生的对意向性究竟是感性的还是理性的辨析，完成了对心灵设计意向性特征的阐述。

1. 意向性的内涵

意向性“原为中世纪经院哲学的一个重要概念，后成为德国现象学哲学家胡塞尔的用语；它具体指意识对于对象及其内容的指向性，即表示意识的对象性，意识凭借意向性意识某物，再采用现象学的还原法，即不考虑事物的存在或不存在的问题之后，所有反省的描述和阐明流动都是意向活动；现象的陈述必须是关于意向活动的陈述，意向性是意识的基本结构，即‘意识总是对某物的意识，同时意识并不是消极地接受某物的印象，而是积极能动地将这些印象综合为一个统一的经验，没有意识的这种积极能动作用，经验只是一些缺乏联系的印象之流’”②。同一意向对象可以有不同的意向活动，同一意向活动也可以有不同的意向对象③。

在豪格兰德看来，意向性既是判断一种现象是否是心理现象的标准，又是研究语言哲学与心灵哲学的纽带。意向性作为心灵哲学关注的重大问题之一，不仅是心灵哲学在总体上把握、探究心理现象本质特征的必然产物，同时也是心灵哲学定位于宇宙结构中的必然产物。豪格兰德阐述了通过分配不同的哲学家在棒球运动中的不同位置：二垒、左外野、投手等，进而诠释了意向性的哲学争辩，并且他把这一争辩当中的意向性命名为“全明星的意向性”④。布伦塔诺曾指出心灵最忠实的代表者就是意向性。这表明：几乎所有的心理活动都蕴含着意向性，

① Haugeland J. Mind Design II：Philosophy Psychology Artificial Intelligence. Massachusetts Institute of Technology，Revised and enlarged edition，1997：4.

② 黄颂杰，胡塞尔．现象学与西方哲学传统．复旦学报（社会科学版），1995，(3)：126-128.

③ 程志民，江怡．当代西方哲学新词典．长春：吉林人民出版社，2002：307.

④ Haugeland J. 1998. Having thought Essays in the metaphysics of mind. Cambridge，MA：Harvard University Press.

其他的“非心理活动”[①] 则不具有意向性。更确切地说，意向性要表达的是两个事物拥有相关或相类似的特征，可以采用表征、描述或涉及意向性这一方式来表达。

豪格兰德认为意向性是独特而复杂的。从表面上看，意向性指的是两个事物之间的联系，然而单独的一个事物当中也存在意向性，例如“开罗是热的”这句话是有意向的，因为这句话讲的是有关开罗的事——开罗是热的，并且其中有意向的行为或状态，所描述的事情开罗或此地很热就是它的意向性目标，这种意向性目标正是有意向的状态所“延伸向”的地方。与此类似，如我渴望得到某件衬衫，我想在某天举行一场派对，通常我害怕狗，描述的都是“关于”的事情，正如这些句子的意向性目标中所包含的意思：衬衫、某天的一场派对、普通意义上的狗。

在豪格兰德看来，阐释意向性的另一种方式是“包含”目标，这种“包含”看起来是一种联系即状态和目标之间的联系。假如意向性是种联系，这种联系不同于其他联系，它包含的是一种典型的联系。例如，如果一件事 Y 包含着另一件事 X 是事实，那么这两件事必须都是存在的；如果 Y 不存在，那么 X 不可能包含在 Y 中，或者说 X 与 Y 的确以某种方式相关联。对于普通联系，这点是真的；但对于意向性，就不是这样了。我完全可以想象在某天有个派对，也可以对这个派对产生信念、期望或恐惧，即使并不存在这个派对。当然，这些信念有可能是错误的，这些期望和恐惧也许并不会成为现实，但是它们仍然是有意向的，那就是“关于”或“包含”这些目标。

豪格兰德的这种无论某事物是否存在，都能使这个事物成为目标这一令人费解的能力引起了布伦塔诺的注意，尽管布伦塔诺不是唯物主义者，但他认为心理现象是存在的一种形式，物质或自然现象则是另一种截然不同的存在。他弄不明白如果后者不存在，单纯的物质或自然事物是如何真正与其他事物相联系的；但是每种精神状态或信念、期望等在这种情况下，却仍然可以相关联。因此，布伦塔诺认为意向性是心灵最虔诚的代表者。

然而，豪格兰德认为丹尼特不是这样认为的，丹尼特主张：“制约着某件事是否有意向性状态的因素不是它的形状、材质，而是其产生的效果，更准确地说是一个连贯的理性模式产生的效果”[②]。例如，我们推断兔子能够通过反复观察狐狸和其他兔子相应时间的行为，以区分开狐狸和兔子，从而总想远离狐狸，而不是远离兔子。因此，在一个特定的情境下，我们把一只狐狸的意向性状态转嫁到兔子身上，这不仅基于其当前的行为，也基于其在一段时间内的行为模式。这

---

① 此处的非心理活动指的就是排除把心理活动作为间接方式的活动。

② 高新民．解释与解构——丹尼特的心灵哲学及其意义．天津社会科学，2005，(3)：38-42.

样看来，连贯模式为单独的个体属性提供了专一性和可信性。丹尼特的这种观点称为“意向性立场”①，实体则被当做是“意向性体系”。如果立场在任何特定的情况中有任何可信性，那么它所依存的模式最好是广泛的、可靠的，不过不需要是完美无瑕的。

事实上，借着其周围模式的规则性，我们不难理解“水晶中的裂纹”这个理念；只有大部分晶体都是规则的，特定的部分才能被测定被视作是有瑕疵的。类似的“意向性立场”：只有兔子几乎总是做出理性行为，我们才能在一个特定的场合说它恰巧是错的，把另一只兔子误认为是狐狸。错误的信念和未实现的愿望可被理解成是整个连贯模式中的一个鼓励的错误，就像水晶中的裂纹。这就是一个特定的意向性状态如何恰当地“属性化”的过程，即使它假设的意向性物体不存在。因此，这也就成为了丹尼特对布伦塔诺的疑问做出的回答，同时也是对豪格兰德意向性观点的肯定。

2. 意向性的原初与衍生争论

豪格兰德认为意向性不能完全是衍生的，它内部必须有一部分是原初的。他主张很多物质的东西是非意向性系统，但仍然和某个事物有关，甚至有时候该事物是不存在的。例如，书面的句子和故事在某种意义上是物质的，然而它们往往表达的是虚构的人物和事件。甚至是图片和地图也可以表示出不存在的场景和地方。对于这种意向性，布伦塔诺和丹尼特都了解这一点，豪格兰德认为他们能而且只能说这种意向性是衍生的。又如，从碑文上的句子到纸上的墨迹，我们仅仅只能认为是与某个事物有关，因为人类就是以这种方式赋予了该事物意向性，即该事物的意向性是源自使用者已经赋予它的意向性进一步衍生出来的。

例如，句子“圣诞老人住在北极”、圣诞老人的照片或圣诞老人的旅行地图等都是与圣诞老人有关，这仅仅只是因为我们认为他住在那里，认为他的样子就是那样以及认为他去过那里。这些人造物——句子、照片、旅行地图的确包含了我们的意向性，只不过这些意向性是衍生的，因为我们把自己的意向性赋予在这些人造物上，并且运用它们来表达我们的意向性。换句话说，我们用人造物表达意向性的同时，人造物也间接地具有了意向性。由于我们的意向性本身是“原初”② 的。所以对于任何意向性，它自身的一部分必须是原初的而它不能完全是衍生的。这在一定程度上就将意向性的“衍生”与“原初”区别开来。

豪格兰德在区分了意向性的原初与衍生的基础上，进一步阐释了产生这种区

① Dennett D C. Real Patterns. Journal of Philosophy，1999：88.

② 此处“原初”的意思一般认为不是衍生的，也不是从其他某个地方转借过来的，如果真有意向性，至少其中一些必须是原初的，不可能都是衍生的。

别的原因。豪格兰德认为心灵设计的问题关键就在于人工智能系统，就像句子和图片也是人造物，那么这些人造物的意向性是衍生的而非原初的，也许它们的意向性是从其设计者或使用者那里转借而来的。然而，如果一个系统曾经真正成功地凭借自己的心灵设计制造出一个工程，那么该系统可能是一个拥有真正原初意向性的人工系统，正如人类所做的一样，但这是不可能的。再次分析人类和句子，它们分别拥有各自原初的和衍生的意向性，究竟是什么导致这种差异的产生呢？难道真是因为句子是人造物而人类不是？或还有其他的原因。然而，句子按照他们的意向性什么都不能做，比如不能追踪目标、归纳结论、制订计划、回答问题，更不说关心世界是对是错，它们只是无效的、无所关注的呆在原地，相比之下，人类可以根据自己的意愿、信仰做出明智的选择或有效的行为，并且人类根据某种需要不断地关注自己的意愿是否正确。换句话说，人类真正的意愿或信仰是以一种理性的、主动的方式表现出来并与整体是相关联的，并且能够与周围的环境智能互动。与其他任何有关自然和人工的起源相比较，也许这种积极、理性地参与和意向性是否是原初的关联性很大。

3. 意向性的感性与理性争论

豪格兰德通过对丹尼特的意向性理论的阐释和论述使得意向性的感性和理性得到了明显的区分。豪格兰德认为按照丹尼特的观点，丹尼特想要表达的是：一个意向性系统，就像一个人做出一个合适的、连贯的、理性的、模式的行为，积极参与周围的世界。如果人工系统可以在适当不同的场合独立地做出“理性行为”①，并且有足够的连贯性，那么它就有了原始意向性——它有了自己的理智，就像我们人类一样。丹尼特认为智力讲的是一个体系如何运行的问题，但与图灵不同的地方是丹尼特明确列出了可以使某个行为变为智能的必要条件，或用布伦塔诺的术语来说是使其成为意向性状态的一个系统的行为。

这个理念分为两个部分：

(1) 这个行为不应当理解为是孤立的行为，而是情境中的行为，就像语言有一定语境一样，它是“连贯模式行为”② 的一部分；

(2) 在某些体系中，情境中的连贯模式行为可以理解或阐释为是“理性”的。

豪格兰德认为，丹尼特在此处提到的“理性”的意思是：根据你所在的环境，表现到最好以实现你全部的目标。有了这个条件的约束，通过观察一个体系的行为，我们能够推测出一个体系需要什么或相信什么。不过，这个行为不是孤

① 此处的理性行为，一般认为只需要在逻辑层面上连贯就可以，不必要做到完美无瑕。

② 此处连贯模式行为实质上指的就是整体论，在这里只不过换了一种说法而已。

立的。你能够孤立地说出的行为中，即使是一个单一的行为，也可能会显现出许多不同的信念或意愿，或什么都无法呈现出来。只有你看到连贯模式的理性行为时，在大量的组合中重复显现出相同的认知状态和能力，你才会认为“这些是该体系的状态和能力”是合理的，甚至是“该系统的确有认知状态或能力”。但是，换个角度来看丹尼特，他并没有谈到如何甚至是否能制作出这样的意向性系统。豪格兰德认为依据丹尼特的观点，意向性完全且仅仅取决于一个系统的行为中的某种模式，与系统内部构造和原理并没关系，这种观点在某种程度上是欠妥的，对于科学的心灵设计，意向性是如何工作的这个问题，即如何才能制造出意向性系统无疑是最主要的。

（三）心灵设计的载体——智能系统

豪格兰德心灵设计思想旨在通过对人类大脑结构和行为机制的研究，在采用实验手段的基础上去构造智能人造物或智能系统的“大脑结构”和“行为机制”。由此可见，智能系统是豪格兰德心灵设计思想得以实现的重要载体。

1. 智能系统的智能真伪性

豪格兰德首先对图灵的预言做出了评价：尽管现在我们知道图灵预言在某种程度上是错误的但并非是愚蠢的。图灵预言的具体内容是到了2000年将会出现能够通过他的智能测试的计算机。豪格兰德认为这项工作是相当严谨的，不论是从理论上还是实践上，都是从人工智能层面开展的，图灵是依据什么给出这种预言的？图灵的确没有说明，然而我们通过豪格兰德的阐述不难明白是什么促使图灵做出大胆的预言。

豪格兰德认为在图灵的测试中，唯一相关的输入和输出就是语言（全部都是形式符号）。所以人类的能力是将有效的行为与形式输入、输出功能相匹配。但是图灵的工作已经表明：从某种广泛的分类看，任何形式的输入、输出功能都可以在常规的通用机器上实现，只要通用机器有足够的内存和时间，而且图灵认为可以在20世纪末实现。从目前看来，这不是真正意义上证明“图灵预言”的依据，因为图灵没有也不能够说明人类文字输入、输出功能可以归到他的原理所运用于的功能大类中。但是图灵有充分的理由去相信任何数字机器可以计算的功能都可以归到他的原理应用到的功能大类中，并且图灵确信人类身上没有什么是非物质的或是超自然的。由此看来，剩下的唯一可供替代的选择只有非数字机械，也就是图灵所认为的非数字机械是可以进行数字模拟的。

但是，豪格兰德注意到在此处的争论中，并未涉及实际操作中心灵是如何运行的，也没有提到实际操作中心灵设计的问题。豪格兰德认为这只是提出一种假设，该假设认为一定有某种非巧合方式可以使其运行，无论是什么方式，计算机要么可以执行它，要么可以模拟它。换句话说，在人工智能随后的发展进程中，大量有关人类心灵的实际设计的具体假设基本上是两种：一种是部分强调心灵本身就是一个特殊的数字计算机；另外一种就是不赞成以上观点。

豪格兰德大胆地把第一种方法称为“老式人工智能”①。从20世纪50年代中期至少到80年代中期老式人工智能派研究统治该领域。正是由于它曾是并仍然是关于智能机制的清晰观点，在直观上貌似明显地能够实现。有了这样的观点作为理论基础，豪格兰德认为心灵就是一个有某种特性的计算机，即心灵就是一种视作是明确思维或理性的内部状态或进程。豪格兰德断言计算机对于科学的心灵设计在两个基础的不同方面是重要的：一是很久之前激发了图灵灵感的东西，它现在仍然激励着其他许多的科学家；二是真正推动人工智能，第一次认真地寄予人工智能成功的希望。

为了更好地理解这两个方面及它们之间的区别，有必要从基础层面阐释一下形式系统这一概念。一个形式系统就像为了看到并且能得到某种立体“矩阵”②，而根据确定的规则来操控符号的一场游戏。许多常见的游戏如国际象棋、西洋棋、井字棋等均是简单的形式系统。但是也有许多游戏不是形式系统，许多形式系统也并不是游戏。前者“许多游戏不是形式系统”，例如有类似弹球、弹塑料片游戏、台球和棒球游戏；后者“许多形式系统也并不是游戏”则有大量的系统被逻辑学家们、计算机科学家和语言学家研究。这不是尝试给形式系统下完整定义的时候，然而这也无形之中表明掌握这三个基本特征就可以把握形式系统这一基本理念，这三个基本特征分别是：①它们是符号操控系统；②它们是数字的；③它们是独立于媒介的。

“符号操控系统”特征是说，一个形式系统是符号操控系统，也就是说你可以完全根据指定的三个要点来明确它：有一套各种类型的形式符号或棋子；有一个或多个认可的起点，也就是对这些不同类型的符号的最初的有条理的规定；有一套正式规则具体说明这种有条理的安排如何才能或必须转换成其他。

这个定义就是要表明这套操控系统完全是独立的，并且这些规则的形式是双重的：它们仅仅指明符号下的一个有条理的位置；它们仅仅依据目前有条理的位置来指明下一步，再没有什么其他事情在形式上加以明确。豪格兰德以国际象棋的例子很好地阐述符号操作系统这一特征。对于国际象棋来说，有12种棋子，每个颜色的棋子有6枚，并且仅有一个许可的起始位置，即按照一定方式摆放在8×8的方格列阵中的12种类型的32枚棋子中的一枚；指明棋子位置如何变化的

① Haugeland J. Artifical Intelligence: The very idea. Cambridge, MA: The MIT Press, 1958.

② 将一些元素排列成若干行，每行放上相同数量的元素，就是一个矩阵。这里说的元素可以是数字，排列成的形状是矩形，所以称为矩阵。

规则也就是简单指明棋子如何移动、消失（被吃）、或转换类型（成为王后或其他大于卒的子）的规则（在国际象棋中，新棋子从不会加到这个位置；但这在其他形式游戏中是以一种更进一层的移动）①。值得注意的是国际象棋是完全独立的，即其他棋子与正在移动的棋子没有任何关系，除了与它现在正落下的位置有关。又如，学习形式逻辑的每个学生至少熟知一种逻辑系统是符号操控的游戏。有一种显而易见的方式使这个游戏进行：逻辑符号的种类就是棋子类型，在纸上实际做出的记号是这些类型的符号；许可的棋子位置是一套形式合法的规则或当作默认的契约；而形式规则是指明游戏步骤的参照规则，就是你写下并施加到当前位置的深层规则，即正式而有根据的推理。

“数字系统”特征是说，数字是某种制造东西的技术的特征，然后运用数字来识别造出了什么东西。关于这种技术，豪格兰德举了一个大家熟知的例子，就是写下一些东西，随后再去读它。这些写下的东西就被认为是指定的类型，随后再去识别它，也就是说出它是哪种类型。因此，你也许被要求写下字母表中特定的字母，而我的工作就是依据你写出的东西说出你写的是哪个字母。那么问题就随之产生了，我能说对多少？随后的识别中能复原出多少之前写下的东西？

豪格兰德认为如果该技术是真实可信的，那么就是数字化的。如果这种重新识别是绝对完美无瑕的，它就是真可行的。如果一个真实的技术一直是完美无瑕的，我们就说它是可信的。我们习惯了这个理念——没有事物至少在宇宙中或现实世界中是完美的，完美只是一种理想，在实践中从未完全实现，但是“数字化”的定义要求这种完美不仅是可能的，还是有可信性的。

在豪格兰德看来，一切事物都会激发所谓的成功。对比以下两个任务，每个任务都涉及棋子和八英寸棋盘。第一个要求：把便士准确放在离棋盘最近的边缘0.43747英寸处，距左边缘0.18761英寸处；第二个要求是：把棋子放在第四排（行）第二列（从左数）的某处。当然，实现第一个任务也就实现了第二个任务。但是，第一个任务从严格意义上来说是不可能的，也就是说它永远不可能实现，只能是无限接近；第二个任务却可以绝对完美地执行。现实中任何有轻微差别的位置都可以看作是完全的成功，因为棋子只要放在特定的方格里就可以了。“国际象棋是数字化的，如果一个选手把棋子放在了某个位置，那么对手就可以确信地将它完美识别出来；国际象棋的位置和移动就像上文中棋子的第二个任务一样，从国际象棋的角度来看，小棋子在实际位置中的轻微的差别不算什么差别；西洋棋、围棋、井字棋在这方面和国际象棋类似，但是棒球和台球就不一样了；后者不同于前者，实物在位置、速度、光滑度、弹性上任意微小的差别，都

① Haugeland J. Mind Design II：Philosophy，Psychology，Artificial Intelligence. Revised and enlarged edition. Massachusetts Institute of Technology，1997：9.

会对游戏产生显著的差异。数字化系统，尽管是具体的、物质的，却不同于这种实际的变化”①。

以上对形式系统的两个特征的论述，不仅区分了形式系统智能的真伪，而且也无形之中辨析了智能系统的智能真伪，因为智能系统也属于形式系统。

2. 智能系统介质的独立性

豪格兰德通过对形式系统的第三个特征“它们是独立于媒介”的阐释，进而说明了智能系统介质的独立性。豪格兰德认为假如一个具体的系统产生的结果与它的物理媒介材质和应用无关，那么它就是独立于媒介的。当然，这个系统必须应用于某个具体事件当中。此外，这个具体事件必须支持问题中提到的系统所必需的结构和形式，由此看来，除了这个先决条件，媒介方面的问题也就没有什么特别的。可见，只有形式系统的形式是重要的，而不是组成它的物质，同时在另一个角度上也反映了智能系统介质是独立的。

豪格兰德仍然以国际象棋为例来说明。国际象棋就是独立于媒介的系统，棋子可以是木制的、塑料材质的、象牙制的或者任何你想要的材质，只要它们足够稳固，并且可以由下棋者自由移动。同样，你可以在电视屏幕前看着屏幕上的图案下棋，可以在沙盘上画出的棋盘中下棋，甚至如果你是“土豪”而且喜欢追求个性，那么你还可以通过无线电操控，或者在带有直升飞机的舰艇上下棋。但是，你不可以用一只活青蛙下棋，因为活青蛙无法静静地坐着；也不能用水中的影像下棋，因为它们无法触摸；更不能用山头来下棋，因为没人能挪得动它们。通过以上的例子，我们可以追溯到其本质，在逻辑符号和其他所有的形式系统中都能得到这种相似点。

然而，与之相比你用来点燃火、给养家庭的食物或是用来给电路装电线的东西就不是独立于媒介的，因为某物是否易燃、是否可食用、是否有导电性不仅取决于它的形式，也取决于其材质。台球和棒球也无法独立于媒介：台球、球棒或比赛的台面的材质十分重要，必须依据很高的标准来制造。实际上，台球的材质可以是象牙，也可是某种特殊的塑料，但很少用木材或玛瑙来制成。你不能用直升飞机或沙滩中的影子来玩台球或棒球。原因是，这些对象不同于国际象棋和其他形式系统，这些游戏中的球和其他设备的动力性对于配合行为起关键作用：如何弹出、有多少摩擦力、想让它们到达某个位置需要多大力气等等一系列影响因素有相当大的关系。这就是豪格兰德的心灵设计的载体——智能系统介质的独立性。

---

① Haugeland J. Mind Design II：Philosophy，Psychology，Artificial Intelligence. Revised and enlarged edition. Massachusetts Institute of Technology，1997：9-10.

3. 智能系统的解释性

智能系统作为“自动形式系统”①，要想成为一个自主“移动”的形式系统，即能够自主移动的实体装置或机器，需要满足两个条件：

第一，这个“自动形式系统”的部分或状态的立体矩阵可以被看作是某个形式系统的符号或位置。

第二，“自动形式系统”正常运行时，该系统根据系统自身的规则来自动操控这些符号。

换句话说，它就像一套在棋盘上跳跃的棋子一样自主遵守规则或像一支可以不需要逻辑学家指导就能写出形式上正确的逻辑衍生物的“魔法铅笔”。

逻辑地看，计算机应该就是这样的。然而，如果我们要正确地领会这些“自动形式系统”对于心灵设计的重要性，仍然需要对“自动形式系统”的一些基本的事实和特征的相关概念作进一步的阐释，该系统涉及的相关概念有：执行和普遍性、算法和启发式程序以及数字化模拟等。

豪格兰德认为计算机科学最基本的理念是人们可以用一个“自动形式系统”来执行另一个系统即编程。绝对不是运用硬件制造出一个特别的计算机，而是运用软件制造出一个特别的计算机。换句话说，你为自己已经拥有的“一般用途”的计算机写了一套程序，依据这些程序使这台“一般用途”的计算机成为满足你需求的特殊的计算机。那么，根据豪格兰德的上述观点，一台“一般用途”的计算机要想实现另一台“特殊计算机”的功能需要符合两个条件：

第一，“一般用途”的计算机的一些符号的立体矩阵和位置可以被当做是“特殊计算机”的符号和位置；

第二，“一般用途”的计算机遵循自身的规则，并且能够依据“特殊计算机”的规则自动操控“特殊计算机”的符号。

豪格兰德认为在通常情况下，这些被视为特殊计算机符号和位置的立体矩阵仅仅是普通计算机符号和位置的一小部分，那其余的大部分则是程序。“一般用途”的计算机遵循自身的规则来管理所有的符号，并且这些程序符号会尽量安排得使有效的效应可以用来操控立体矩阵，只有做到这样才可以使“一般用途”的计算机完全按照“特殊计算机”的规则执行“特殊计算机”的符号。

在豪格兰德看来，想要描述清楚这种想法有一定困难，更别说把这种想法付诸实践。基于这种情况，产生了“原则上成功实现这种想法的概率有多大?”的问题，但得出了令人惊讶的答案，因为这种想法成功执行的频率是随机的。豪格

① 此处对于“自动形式系统的理解”，一般认为是该系统凭借其自身的符号规则，通过某个形式系统的符号　自行运行进而产生位移。

兰德认为图灵1937年在事实上已经展示了“这种想法的成功执行”的发生总是有可能的，更确切地说，图灵阐明了一些他自称为“通用机器的计算机”，假如有足够的内存和时间，是完全可以执行任何定义精确的执行行为进而成为一个“自动形式系统”。不仅如此，图灵还表明这种“通用机器”转化为“能够自主移动的自动形式系统”的过程是惊人的简单，并且他还给出了一个完整的设计规格。

根据图灵的观点，豪格兰德认为每个可编程的普通的计算机就是一个通用机器。也就是所说，现在摆在你桌子上的计算机，如果它拥有正确的程序和足够的内存，并且排除了速度的影响，那么你的这台计算机就可以在理论上从各个方面做成任何计算机，同时这台计算机可以做其他计算机能做的一切事情。事实上仔细研究这种状况：你桌子上的“通用计算机”可以立马成为许多计算机。一方面，你的这台计算机是依据严格的形式规则、复杂的微型电压符号（常常称为“比特”）的模式修饰的“硬件”计算机；另一方面，你的这台计算机也是个完全不同的系统，它是通过一些程序或者代码来指挥其他机器的，这些程序或者代码有“操作码”、“数据”和“地址”等。你的这台计算机根据你所提出的要求，也有可能是一个文字处理器、拼写检查器、宏观解释器或是其他种类的处理器。

豪格兰德认为一台特殊的计算机经常是为了某种特定的目的而设计制造或编程的，其中会涉及符号的某种复杂的重组。这台特殊的计算机只有凭借“算法”或“启发式”这两种途径，才能使其变为自动的。假如一个设计者对能够非常容易执行简单重组的设备进行改造，改造的关键就是要找到能共同实现二者预期结果的结合点，通常情况下这些结合点是一系列的步骤。

通过许多案例反复验证表明：设计者假如能够设计一个总是可以确保有效的运行程序，即在一段有限的时间内，无论输入的内容是什么，均可以达到期望的重组，那么这个运行程序就是成功的。例如，我们假设输入的内容总是一串英语单词，而且我们期望的重组就是把这些英语单词按照字母表顺序排列，并且已知在一个有限的时间段内。如果能够保证将任何给定的列表按字母表顺序成功排列的程序就是成功的。这种在有限时间内可以确保执行成功的程序就叫作“算法”。很多重要的计算问题均可以通过算法自动解决。但是，由于理论层面和实践层面中的存在着差异因素，许多计算问题无法通过算法来解决。比如，在任何给定的棋子位置要找到最佳的下一步的走法，从技术层面来看下象棋的机器人是有限的，所以理论上讲，检验每种可能的走法带来的结果都是可能的，这样就可以根据完整的信息，完美而正确地走好下一步。但事实上却不是这样的，即使整个地球是一个巨大的、由目前最好的技术制成的计算机，也无法在太阳系生命时间内解决这个问题，哪怕只是仅仅一次。所以这种程序运用在下象棋的机器人上是不切实际的。但是，很明显，这并不是说机器无法找到下一步棋子的最佳走法。

那么机器是如何实现的？豪格兰德认为机器是依赖“概算和经验法则”来完成的。“概算和经验法则”是无法保证每次都给出正确答案的程序，不过大多时候这些程序给出的答案是相当可信的。这种程序就叫作“启发”。在国际象棋这个案例中，明智的“启发”竭力从多个角度来预测一些移动，然后评估像棋子数目和种类、移动性、控制中心、兵卒的配合等因素，这些并不是选对棋子要下对位置的绝对可靠的措施，但是把这些因素结合起来，产生的效果就很厉害了，这也就是下棋计算机的工作原理。与之相类似，对于通过“算法”没有解决方案的问题，许多其他机器就利用“启发”这一原理来解决。

计算机上启发程序的成功运用的可能性有时候令人困惑。一方面每个数字化计算是“算法”的，所以它们怎么会是启发式的？豪格兰德认为答案和你看问题的角度有关。一个给定的程序是“算法”的还是“启发式”的，取决于你如何描述你的任务。一个相同的程序，如果描述为是对棋子数目和种类的计算，那它就是“算法”的，但当你把它描述为对位置要点的估计，那么就是“启发”式的经验法则。这也是对另一个常见疑惑的解决方法。人们经常说计算机永远都不会出错，除非是某个程序存在缺陷或存在硬件故障。但是任何与小型下棋计算机玩过棋的人都知道它会出许多错，因为这仍与你如何描述这个任务有关，即使是便宜玩具也执行着每次都完美实现其启发的算法。从这个角度来看，它从未出错，但是这些“启发”并非很精致。所以，从象棋游戏参与者的角度来看，这个系统是出现了很多失误。这也正体现出智能系统的解释性。

4. 智能系统的数字推理的清晰性

智能系统的一个重要应用不是符号操控而是数字模拟，而数字模拟的过程正是智能系统数字推理的过程。

人类在自己的计算机上总能发现，文字处理器和电子表格按照字母对应的数字符号对字母和数字进行处理。然而，图像处理器则不然，虽然图片不是数字，但图片是“数字化”的，即图片被分成细小的圆点和层次，它们的增量很难被发觉，进而呈现出是光滑持续的效果。但计算机可以储存、修饰这些图片，它对这些图片处理加工实质上是对图片的像素点进行加工甚至重新描述，并且这些像素点都是数字。不仅如此，数字模拟也可以用在交互的动态系统中，并按照规律的方式随时间变化。如果相关变量和关系已知，那么时间就可以被划分为小间隔，系统就可以一小步一小步地计算，这也正是智能系统进行数字推理的过程。最著名的例子就是通过模拟地球气候来做天气预报。

豪格兰德引入“意向性阐释”和“语义性阐释”两个概念并对其充分论证，

进而阐释了智能系统数字推理的清晰性①。例如，翻译一些包含迄今为止都未知的古文献手稿。如果一些译者依据手稿中出现的无用数据对文本提出一个方案，如果它看起来像句子就不会给我们留下印象，除非其错误程度达到了极致，或其与任何事物都不相关，才会引起我们的注意。另一方面，如果从某个严谨的系统方案中发现真理或我们从其途径得知的任何东西，我们就很容易被触动。这是为什么？原因是翻译仅仅是一种阐释而不是讨论某个系统的理念或决定性因素，但对于系统的译者，他们讨论的是一些字符串的意义。

为了更好地区分二者，豪格兰德把对系统的讨论叫作“意向性阐释”，因为它属于意向性状态；把翻译叫作“语义性阐释”，因为它侧重语义。

“意向性阐释”在给定的情形下着重寻求一个系统，其结果始终是合理明智的；而“语义性阐释”在给定情形下寻求解释全部符号，使全部符号的含义转化为始终合理和明智的。“语义性阐释”是使文本有道理，也正是“语义性阐释”寻求的目标，然而实际操作中不会有在给定情形下始终精确、清晰的定义。“意向性阐释”可以和自动化结合起来。比如，一个简单的计算器本质上讲就是字母游戏样例的一个自动化版本，只不过计算器还包括“语义性阐释”。“图灵测试”系统是一个具备输入和输出系统的计算机，并且这一系统将是一种经过“意向性阐释”的自动形式系统，但它不是老式人工智能。

目前为止，我们未曾考虑过在这些系统内部到底发生了什么，也就是说，我们未曾注意到它们是如何从一个输入转换为一个恰当的输出。即使一个简单的计算器，我们也很少关注这一点。但是设想一个可以处理更难问题的系统，正如代数或物理课本中的应用题一样难。此处我们要考虑的关键点不是运算，而是要找出运算过程。有许多种可能的事情可以去尝试，但最终起作用的只有一个或个别几个。当然，一位有经验的问题解决者，不会随意地尝试各种事情，而是会根据经验和经验法则来决定自己下一步要做什么以及事情现在进展如何，应该继续还是放弃。我们不难想象某人咕哝道：“要是我能弄清楚那个，我就能解决这个问题；但想要搞清楚那个，我就需要这个，还有这个。现在，让我看看……哎，要是……”这种谨慎条理的阐释，既不是系统规则也不是随机反应，而是一种众所周知的、清晰的推理或想办法解决问题的方法，但形式上这些步骤中的每一步仅仅是另一种符号串，那么这些字符串在“意向性阐释”或“语义性阐释”过的“智能系统”②中很容易成为中间状态。这些中间状态的字符串应当被“意向性阐释”或“语义性阐释”成思考或推理问题的步骤吗？

---

① Haugeland J. Mind Design II：Philosophy，Psychology，Artificial Intelligence. Revised and enlarged edition. Massachusetts Institute of Technology，1997.

② 这里的智能系统是指把问题作为输入，给出解决方案作为输出的一种自动形式系统。

豪格兰德认为要使智能系统成功或明确地完成期望，系统必须满足两个条件。首先该系统最好能够处理多种多样开放式的问题，不只是一些已经有了解决方案的问题；其次该系统最好是真正通过这些步骤而得出解决方案，如果已经通过其他方式解决了这个问题，然后在随后的展示中把步骤添加上去，那么这个系统就不是智能的。

老式人工智能正是以可以制造出用于推理或思考问题的方法来解决问题的理念为基础的，这同样是人类解决问题的方式。当然我们并不总是能有意识地注意到这种推理，尤其是对于日常生活中的问题，如谈话、处理琐事或人与人一般相处中涉及的问题，这些都是我们一直在解决的问题。虽然我们没有意识到这种推理并不意味着这种潜意识的或幕后的推理没有发生。老式人工智能努力强调解决问题的方法，特别是有效的启发式和搜索程序的设计针对各种特定的问题。这些早期的系统在某种程度上趋向狭隘的，并且在被给出的问题和信息上让人很容易收到奇异古怪的反应，尽管这些老式人工智能能够产生十分智慧的解决方案来针对那些被小心提出的复杂的问题。这些老式人工智能明显缺乏基本常识，也可以说它们是绝望的无知，所以它们倾向于有趣的错误，以至于没有普通人会这样做。

因此，豪格兰德建议新式人工智能系统设计时特别强调广泛的常识性知识，当然问题求解诱导法和搜索等技术依然是必要的。在这里最大的问题就是如何将十分广泛的常识知识组织起来，表面上看任何琐碎的常识性知识都是我们避免愚蠢错误随时需要的。由于对整个知识库反复的全程搜索是不切实际的，所以需要设计在大多数时候都能行之有效的一些捷径，这就是有效的组织，或知识结构化被期望能够提供的东西。与启发式问题求解相比，知识表征研究倾向于自然语言能力的研究，因为语言中出现的困难最为明显。从一个设计者的角度来看，普通对话最主要的挑战是对话经常是模棱两可、不完整的，这主要因为说话者认为这是理所当然的。同时，涉及一个语言认知的交际性和规约性问题。人类日常生活和思维中的交际互动依赖的是一系列类型化的日常生活的构成物，在任何情况下，这种清晰或模糊的甚至无意识的规约和契约的构成物都发生作用。这就意味着系统必须能够填补各种琐碎的空缺来弄清楚谈话内容，只有这样的系统才是老式人工智能，因为这种填补是理性的填补，幕后系统根据它对世界和语境的了解，明白地弄清了讲话者真正要表达的意思，也只有这样这些智能系统的智能推理才会更加明确。

豪格兰德认为，尽管老式人工智能系统最初似乎是合理的并且它承诺是合理的，然而老式人工智能曾经在一些方面令人失望。扩大和组织一个系统储存的显性知识似乎能够部分解决常识问题。这就是为什么图灵测试曾经不被通过的原因。进一步说，令人惊讶的设计系统是很难调整自身的知识经验。问题不是它们不能够修改它们自己，而是它们很难找出应该修改的部分，并且要同时保持一切是连贯的。然而，在当注意到意想不到的相似之处或者适应意想不到的特点时，的确就连最普通的诸如感知到的面孔、声音或者多种多样的对象时，它们表现的都十分差劲，更不用说让它们去学习识别，因而说老式人工智能是差劲的识别系统。

不过，老式人工智能通过明确的思考或者推理启发使智能成为可能，即通过理性的操作内部符号系统。因此，老式人工智能在翻译的可能性时有充足理由的语义解释。相比之下，联结主义的新式人工智能是有灵感的、最初通过大脑的结构，而非正式的模式处理的重要性和普遍性，即这里可能没有语义解释的符号。因此，为了考虑这些系统拥有的意向状态将会采取丹尼特的意向立场，换句话说这就是对意向的解释。

综上所述，智能系统只有通过意向性阐释并且不断扩充、更新其拥有的常识知识，才会使其数字推理更加清晰。

5. 智能系统的联结主义网络

联结主义系统是由许多简单的活跃单元凭借链接组成的网络，通过此网络系统可以彼此影响。这里没有中央处理器，也没有单独的储存器或者储存机制。在系统中唯一活动的就是这些小单元的状态变化，在这些链接当中通过小单元的状态变化反应信号的到来，然后自身再发出信号。这样的网络实现一种记忆有两种方式：一是在短期内信息能够被保存在这个系统内，随着时间的推移只有单元趋向于改变状态；二是从长远来看有一种记忆在自身的链接内。由于它们不可能环绕，因而导致每个链接总是连接这两个相同的单元，而且每个链接都拥有一个称作权重或强度的属性，随着时间的推移这些属性被保存下来。

很显然，联结主义网络在某种程度上是受大脑和神经网络的启发。活跃的单元像单个神经元，并且它们之间的连接像“轴突”① 和“树突”② 以及电化学脉冲发送从一个神经元到另一个神经元。然而，它不应该过分强调是什么使得联结主义系统作为一个人工智能的方法，它模仿生物学结构在描述的一定程度上并不是重点，重点是它们能做什么。毕竟这里有无数其他级别的描述，正如联结主义网络是完全非生物学，并且如果把一些老式人工智能解释为人类的智能，那么将会一定程度产生基于对大脑非常准确的描述。

为了理解网络模型的独特性，重要的就是要记住简单的和相对孤立的活动单

---

① 轴突是指由神经元，即神经细胞的细胞本体长出突起，功能是传递细胞本体的动作电位至突触。在神经系统中，轴突是主要的神经信号传递渠道。大量轴突牵连一起，以其外型类似被称为神经纤维。

② 树突是神经元解剖结构的一部分，为从神经元的细胞本体发出的多分支突起。树突为神经元的输入通道，其功能是将自其他神经元所接收的动作电位或电信号传送至细胞本体。

元这样一个单元状态是典型的，而且仅仅是一个单一的定量的且能指明量级的，即被称作它的激活水平。这个激活水平的变化针对来自其他单元信号的到达，但是这个信号的传输只运用原始的方式。首先，它没有关注信号来自其他单元或这些信号如何与其他相关，它简单地不加选择地将它们放在一起并且只对整体做出回应；其次，激活的变化做出的反应是对整体的一个简单作用，并且信号发送给其他单元仅仅是一个简单的运行进而产生激活。

因此，豪格兰德认为联结主义网络是基本模式处理器。事实证明的确如此，它们十分擅长一定程度上的重要的多种模式处理，特别是擅长发现各种各样多方面模式间的相似处，识别重复的模式或填充不完整模式中丢失的部分，甚至转换模式成为其他相关的模式。人类也擅长这些多种类的模式处理，但老式人工智能系统往往不会，但不排除在特殊情况下老式人工智能系统也会多种类的模式处理，这一点正是认知科学家对联结主义模型感兴趣的部分。

豪格兰德认为老式人工智能系统不是如此擅长模式处理。然而与心灵设计的方法相比，辨认那些特殊情况中的一些重要情况显得尤为重要。特别是老式人工智能系统非常善于处理语法的或符合语法规则的模式，以及这类带有逻辑公式特点的普通句子，并且会产生许多推理。更重要的是联结主义网络不是特别擅长处理这些模式，然而语言无疑是一个人类中心智慧的表现。心灵设计没有足够的方法以至于不能够调节语言能力。

联结主义的研究人员在工作中使用电脑就像老式人工智能的研究人员所做的那样，但他们使用计算机很困难。模式处理网络本身并不是自动形式系统，即它们本质上不是数字的。可以肯定的是，个别单元和从一个单元到另一个单元链接是明显不同的，并且为了方便起见，它们激活和权重有时是仅限于一小部分“离散值”。但是，这些是非常相似的，对于信息的数字化在计算机上信息的处理，胜过国际象棋对基本数字、逻辑符号或者语言的处理。

因此，豪格兰德认为联结主义的心灵设计依赖计算机，更多的像气象服务的这种方式，为了模拟数位系统而它本身不是数字。然而，一些联结主义网络实际上能够实现符号操作系统，并且应该已经被证明了。尽管这些实施往往不会是很有效，不过他们是很感兴趣的。一则它们可能显示符号处理怎样能够被实现在大脑中；二则它们以可能产生的方式去建立和理解真正的混合系统，换句话说，系统拥有这两种方法的优点。然而，在这样的可能性之外，象征意义的实现是充其量付出极大代价而获得的胜利，网络将会降低到硬件的角色，而对于心灵的相关性，真实的心灵设计仍将可能是老式人工智能。

6. 智能系统的行为趋向现实世界

豪格兰德认为老式人工智能是一个相当连贯的研究系统，该系统以一个单一的基本想法为基础，进而对想法进行符号的内在处理。与之相比，新式的人工智能更多的却是术语，这就意味着科学的心灵设计不是老式人工智能。联结主义属于这种伞形结构，但是其他的几个同样也有这样的发展可能，豪格兰德仅仅提到其中一种。

虽然联结主义和老式人工智能系统不同，但它们有一个共同的特性：接受来自某处的一个输入，它们对这个输入暂时起作用，然后它们提供一个输出。所有的“行动”都是在系统之内，而不是成为一个整体的部分，与主体有一个更大的互动并且拥有一个活跃的环境。替换物在根本上将会拥有的智能系统成为更大的互动的整体，包括躯体和环境作为必要的组件。当然，这个整体不可能是智能的，如果它不是一个特殊的“子系统”，正如在一台电脑里或者一个大脑中的可能执行；但是，也许是同样的，那个子系统不能成为智能的，也在部分构成整体的其他组件之外。

为什么会有人认为是这样？豪格兰德认为一般而言这是理所当然的，智能系统应该能够拥有智能行为在其所处的世界当中，那是其智能所在。然而，实现最基本能力对于真正的机器人而言是很困难的。豪格兰德举了一个简单的例子能够阐明一点，并且也有适当的变化促使一些最近的研究。例如，考查一个系统的方法是使它拿到钥匙，同时该系统能够打开一扇门。它将如何得到在锁中的钥匙？命令机器人按照下列方法采用一种途径：

（1）精确的传感器用来鉴定和开锁，以及通过机器人的手和手臂的关节调整监控的角度；

（2）为了变换联合信息坐落位置的表示以及取向的关键，需要足够的模仿能力、计算所需的关键运动，然后转换为联合运动；

（3）进而确定下滑的关键是系统发动机运动的精确度足以影响计算，以及机器人的手臂是否光滑而且直。显然，这样的系统是完全不切合实际的，也许根本不可能，即使运用最先进的技术。但是，昆虫在机体上拥有极少的计算能力，却能够经常执行更加困难的任务。

怎样将昆虫智能的方法应用于钥匙与锁的问题？豪格兰德认为系统应该具备两个条件：第一，系统将有一个天然的探测器去观察和瞄准锁。然后或多或少它将生成没有表示锁中央的位置，对于在计算臂的运转中使用了其他子系统。当然，臂自己将会有它自己的特别之处，但是在一个锁当中更多的地方探测器能够启用同样的或多或少的装置；第二，臂和它的柄在按钮上是相当的灵活，以及锁将拥有一种形似漏斗的东西在其开口的地方，所以任何尝试将会被指导物理地进入关闭的锁当中。按照目前的研究来说这是工程学的理论知识，某种程度上是可信赖的。但它是智能的吗？肯定的答案不是很多。但是这也不可能是要问的正确的问题。相反，我们应该怀疑是否一些相似的要素参与身体和世界可能是不可或缺的能力，这似乎是合理的。如果是这样，它可能会大大减少核心知识的解决问题的负荷，甚至通过模式处理来解决问题，从而绕过一些瓶颈进而改进当前的设计。

在设计事物的能力以及使其有用的情况下人类智能被证明是肯定的。以木板和钉子的情况为例。对于这样一个设计工作，在某种程度上它是一定合理的驱动。钉子进入木头，并将它们黏在一起。但既不是一个设计师，也不是一个木工，曾经考虑它从未需要发生（这是理所当然，正如一条鱼在水中游一样）。这些材料的适用性以及技术嵌入它们的文化结构，如伐木产业、流线制造业、储木场的存在。当然，这其中也包含无数的身体技能和习惯，代代相传。

豪格兰德认为思考智能系统的行为趋向现实世界很重要，即思考在传统模型当中包含了多少知识以及思考的重要性，以及在学习中应用思考理解的反应，尽管没有人曾经想到它。许多的思考不只是通过那种方式进化。然而很多也许甚至是大多数，基本的专业知识使得人类智能化被维护在这些物理结构中，任何人运用思考不仅是在它们的身体里，更多的还面对外面的世界上。这也正好在一定程度上反映了智能系统的行为趋向现实世界。

（四）心灵设计的不足

由于心灵设计主要通过人工智能系统实现，所以人工智能系统的狭隘性也在一定程度上反映出心灵设计的不足。一个常见的关于人工智能系统的抱怨是，人工智能对感觉很少关注，无论这种感觉属于哪个种类，比如情感、想象力、情绪、意识甚至是整个现象学内在的活动。无论多么智能的系统，依然存在力不从心的担忧，并且目前对于人工智能系统的重新理解没有确切的、操作性强的途径或办法。豪格兰德认为对自身的理解是对其他东西或不同于自身知识的理解的先决条件。在这个意义上，能够做到理解任何东西的不是动物，也不是人工智能系统，而仅仅是人类。由此可见，对于任何东西的理解没有一个系统能够拥有一个精确的、适当的观念，即使它们对其他任何东西真诚地相信和向往。这也就在某种程度上说明，人工智能系统在理解诸如情感、想象力、情绪、意识等感觉层面上存在不足，而心灵设计也很难弥补这种不足。

那么怎样才能证明一些东西不能被人工智能系统理解？到目前为止，人类只知道对人工智能系统的理解，仅仅是人类对于人工智能系统的目前情况观察所得的经验值。豪格兰德认为人类给人工智能系统提供的假设不应该基于任何一个原则。为了让系统能够了解这是什么东西，我们假设，让一个系统在应对一定范围内的对象时，标识出一连串相关的区别。通过这些区别将会反映出人工智能系统针对不同的符号结构会存在不同的、熟练的响应，即人工智能系统拥有一个典型的概念关于每一次遇到这样的区别。在此，豪格兰德认为系统理解的对象应该在系统能够应用它自身的典型概念的范围内，系统自身需要满足以下三个条件[①]：

（1）系统能够运用适当、正确的概念；

（2）系统所运用的这些适当、典型的概念，其本身具有一定的经验性；

（3）物质世界中系统必须存在，无论这种响应能否发生。

满足了以上条件的同时，系统还必须既了解这些典型概念的字面意思，又了解这些典型概念的完整正确的意义，并且我们通过语言描述系统在面对一些似乎可能要发生的紧急情况时，系统却不能精确正确地运用典型概念，而只能做出某些方面的反应。假如能够满足以上所有条件，我们就有可能证实系统可以理解一些东西。

然而，豪格兰德认为这种可能存在的概率几乎为零。对于系统而言概念本身出现的时间太频繁，这就导致系统不能够发现任何错误的概念，如果这样，概念本身的结构必须被修订，或者通过增加系统识别错误概念的能力进而体现概念，或者通过修改系统产生反应的立场，即在这种规定的情况下是成立的，而在其他那种非规定的情况下是不成立的，或者让系统兼具这两种立场。只有这样，系统才能够在某种程度上或多或少拥有新的概念。然而，系统更新概念的速度远低于世界存在更新的速度，说明这种可能是不存在的，也就论证了人工智能系统存在缺陷，同时也阐释了心灵设计存在着不足。尽管豪格兰德在其大胆假设的基础上给出了相应的改进措施，但一定程度上这些改进措施的执行系数很小，即使这些改进能够付诸实施，但随着改进的不断深入，缺陷也会随之产生。

三、“心灵设计”的意义

豪格兰德的心灵设计思想是在心灵哲学故有知识的基础上，摆脱了以往心灵哲学对心灵内涵限定的枷锁，随着认知哲学的迅猛发展，心灵内涵逐渐披上了人工智能系统核心的外衣，由原来的对心理状态的反映转变为现在的行为机制的导向者。

第一，心灵设计思想在很大程度上将心灵哲学领域内看起来只能凭空想象的东西付诸实验，即心灵设计理论把心灵哲学当中的理论知识或理论上的衍生物，通过心灵设计的实验这一途径，转化为一些系统或人工智能的产品。也就是说，豪格兰德的心灵设计思想不仅为心灵哲学理论的完善和发展搭建了一个实体化和操作系数较强的平台，而且对心灵哲学与认知哲学的交流互动起到了一个桥梁作用，充当了一个发动机或助推器的角色。

第二，这一思想验证了人工智能化的标准。“1950年，图灵提出‘机器能否

---

① Haugeland J. Mind Design II：Philosophy，Psychology，Artificial Intelligence. Revised and enlarged edition. Massachusetts Institute of Technology，1997：27.

思维'① 进而开创了人工智能研究的先河，随后人工智能很快成为认知科学研究的一种范式；1991 年《心灵与机器》在荷兰创刊，成为连接人工智能、哲学和认知科学之间的桥梁；自图灵在《心灵》杂志上发表了《计算机器与智能》，在文中提出'机器能够思维吗'这样的问题，并针对可能遇到的诘难进行了解答；图灵相信：'计算机器'如果能够被正确地设计和教育，就能够显示出智能行为，甚至是不同于人的智能行为"②。

第三，心灵设计系统或衍生产品一定会对人类的生产生活产生影响。目前，在人工智能领域备受关注的前沿动态是：关于人工智能系统的建构以及人工智能系统的应用。然而，影响不外乎有好有坏，好的影响则不必细谈，在这里值得我们注意的是那些将会给我们带来不利的影响。我们通过一个真实的案例来探讨人工智能系统或其衍生产品给我们带来的危害。"前不久，一名加拿大男子在互联网上传了一个短片，展示他以 3D 打印手枪为蓝本，打印出一支塑胶步枪，并且成功发射子弹，但发射后枪管裂开了"③。"3D 打印机是一位名为恩里科·迪尼的发明家设计的一种神奇的打印机，这种打印机是从 20 世纪 90 年代开始研发的；它是'快速成形技术'④ 的一种机器，它采用的是计算机辅助制图（Computer Aided Drafting，CAD）软件；它是一种以数字模型文件为基础，运用粉末状金属或塑料等可粘合材料，通过逐层打印的方式来构造物体的技术；它的原理是把数据和原料放进 3D 打印机中，机器会按照程序把产品一层层造出来，打印出的产品，可以即时使用"⑤。

通过上述案例分析我们认为：3D 打印机在某种程度上是属于人工智能系统的衍生品，这是因为"人工智能是开发、研究用于模拟、延伸和扩展人的智能的理论、方法、技术及应用系统的一门新的技术科学"。而 3D 打印机也正是被用来拓展、延伸人类制造产品的智能的。换句话说，案例中的加拿大男子通过人工智能系统制造出了枪支，这难道不足以引起人类的深思吗？

很明显，人类通过人工智能系统制造出了对人类有威胁的东西，虽然制造出的枪由于技术原因对人类造不成威胁了，但在某种程度上也证明了上述观点——人工智能系统或其衍生品给人类产生了危害。这种危害的存在也在一定程度上与人类制造这些人工智能系统或智能人造物的初衷是想违背的。有危害存在，我们

① 玛格丽特·博登．人工智能哲学．刘西瑞，王汉琦译．上海：上海译文出版社，2001：56-57.

② 赵玉鹏，刘泽源．当代"心灵与机器"研究进展评述．心智与计算，2009，(1)：64-66.

③ 此案例来自网易数码频道的新闻．

④ 3D 打印源自 100 多年前美国研究的照相雕塑和地貌成形技术，20 世纪 80 年代已有雏形，其名为"快速成型"。

⑤ 百度百科中关于"3D 打印机"的相关理论知识．http：//wenku. baidu. com/view/8a270e52168884868762d66f. html. 2013-11-02；在办公室制造手枪——3D 打印技术：3D 打印机简介．http：//wenku. baidu. com/view/4b0f62c7ba0d4a7303763a15. html. 2013-12-10.

就要思考怎样去避免这种危害的产生或怎样将这种危害的系数降到最低？豪格兰德的心灵设计思想正好对这一问题的解决有所帮助。因为豪格兰德的心灵设计思想的内涵核心是：在人工智能领域内，运用或根据人类自身的心灵去构造智能人造物或智能系统的“大脑结构”和“行为机制”。换句话说，豪格兰德的心灵设计思想可以作为对智能系统或智能人造物是否智能或其智能是否对人类有益的一个验证或判断的标准。“对哲学来说，豪格兰德的心灵设计思想在人工智能机器上的应用，不仅将促进哲学改变一些纯思辨的研究传统，而且在一定程度上赋予了传统哲学问题的解决方式极强的可操作性；对于认知哲学来说，豪格兰德的心灵设计思想在人工智能机器上的应用，不但提供了一种工具和思维方法，而且使认知哲学问题更加具有穿透力。”①

四、结　语

豪格兰德的心灵设计思想汲取了心灵哲学、认知科学、脑神经科学等一系列相关学科的历史经验的基础上创立的一种崭新的思维方法。心灵设计思想的核心主要是通过对人类的大脑结构和行为机制的研究，再采用实验的方式进而去构造智能人造物或智能系统的“大脑结构”和它们的“行为机制”，以期让这些智能人造物或智能系统能够更加明确、精准地展现其智能的特征。通过分析，我们可以得到两点启示：第一，豪格兰德作为从第一代认知科学向第二代认知科学过渡的代表性人物之一，他的心灵设计思想不仅为认知科学智能化的发展提供了新的思维方法或研究路径，而且为人工智能系统的智能发展提供了一个验证标准，进而使人工智能系统能够最大限度地、更好地为人类服务。第二，豪格兰德的心灵设计思想不仅打破了哲学界一些纯思辨的研究传统，而且在一定程度上赋予了解决哲学问题的传统方式极强的可操作性。

然而，豪格兰德所从事的哲学工作远不只这些，还表现在对心灵哲学、现象学和海德格尔哲学思想的研究，这里只是选取了一个方面，即心灵设计，来阐述其认知哲学思想。假如能够对豪格兰德所从事的哲学工作都加以研究论述，那么将会更全面地把握豪格兰德的哲学思想，这是我们今后要做的一项工作！

---

① 赵玉鹏，刘泽源．当代“心灵与机器”研究进展评述．心智与计算，2009，(1)：64-66.

后　　记

本书是我和我的研究团队（包括研究生）经过十多年的努力共同完成的。为此，我们倾注了大量的心血。在这里，我要衷心感谢团队中的每个成员所做的工作，感谢我的研究生对资料的收集和整理工作，没有他们的协作和配合，完成这样一个工作量非常巨大的研究任务是不可能的。感谢山西省教育厅对认知哲学研究项目的长期支持，特别感谢山西大学科学技术哲学研究中心对本书的资助，也要感谢科学出版社科学人文分社的领导和编辑，正是他们的鼎力相助，才使本书得以出版。

本书的写作分工如下：导论，魏屹东；第一章，魏屹东、莘平；第二章，魏屹东、宋尚玮；第三章，王艳菊、魏屹东；第四章，武建峰、魏屹东；第五章，周宸宇、魏屹东；第六章，陈敬坤、魏屹东；第七章，李媛、魏屹东；第八章，朱晓婷、魏屹东；第九章，刘丛胜、范莉；第十章，王变珍、魏屹东；第十一章，魏屹东、安晖；第十二章，杨小爱、魏屹东；第十三章，狄俊光、魏屹东；第十四章，白冰、魏屹东；第十五章，杨小爱、陈健、魏屹东；第十六章，刘茜、魏屹东；第十七章，朱香花、魏屹东；第十八章，宋禄华、魏屹东；第十九章，苗云霞、魏屹东；第二十章，乌福明、魏屹东；第二十一章，裴利芳、魏屹东；第二十二章，周振华、魏屹东；第二十三章，孙静、魏屹东；第二十四章，刘柏轩、张晓娟、魏屹东；第二十五章，李艳芳、魏屹东；第二十六章，王静、魏屹东；第二十七章，张慧彪、魏屹东；第二十八章，张毓强、范莉；第二十九章，史梦华、魏屹东；第三十章，殷鹤、魏屹东。